英汉餐饮词典

An English-Chinese Dictionary of Food and Drink

陈丕琮 编

上海译文出版社

目 录

前言
体例说明
语源略语表
正文……………………………………（ 1 ）
附录……………………………………（561）
    鸡尾酒配方
主要参考书目……………………………（673）

前　　言

笔者几年前曾从事过一本欧洲烹饪教材的翻译工作，而后又为好几位外籍烹饪教师担任过课堂口译。在工作中深深感到需要一本有详尽汉语释义、内容新颖而又实用的英汉餐饮词汇一类的工具书，它既可以供专业餐饮业人士使用，又可供广大烹饪爱好者查阅。由此便萌发了编写本书的念头。

在收集资料的过程中，原打算只收集英语词汇，但后来发现，这种想法是不切实际的。大量餐饮方面的外来语不但已经渗透到英语词汇中，而且往往原封不动地保留了原来的拼法。国际上通用的菜谱和菜单中以法语外来语所占的比例最大。其次，意大利语、西班牙语和德语外来语所占的比例也不小。随着全球性旅游业的蓬勃发展，许多民族风味的菜肴获得了交流与推广，而这些词汇的语源可能涉及到几十种语言。例如：table d'hôte 和 hors d'oeuvre 等源自法语；pizza 和 macaroni 等源自意大利语；panada 源自西班牙语；shish kebab 则源自土耳其语。这些词语对于以英语为母语的人们来说，并没有什么太大的困难，但对于中国读者来说，就觉得很头痛。一方面，在一般的英语词典中找不到这些词的解释；另一方面，要读者去查阅每种所涉及的外语词典也是不现实的，更何况也不一定能查到。

因此，本词典力求实用，参考了许多国外最新出版的餐饮类词典，尽可能多地收集有关词汇。并且，为了使读者对每一个词语有一个比较透彻的了解，在主要词条的后面加上详尽的释义。对有些词语的背景知识或典故，也适当加以介绍，使词典具有雅俗共赏、查阅两便的优点。为了跟上当今迅猛发展的国际餐饮业的潮流，本词典又注意收集了不少新词汇，如 gastro-norm 和 mise en place 等。

本词典的另一特色是在大多数词条释义后注有的"参见……"。如 Brause (G.) 汽水，参见 soda water。也就是说，对前一词条的意义如需进一步了解，可以参阅后一词条的释义。这样，本词典不但避免了许多释义上的重复与雷同，又把整本词典的内容有机地联系起来了。

酒类和饮料是餐饮业中的重要方面，尤其是近年来，鸡尾酒已成为餐饮服务中的一大热点。本词典为此在书后增加一个有1700多种鸡尾酒配方的附录，以供酒吧服务人员和其他爱好者参考。

本词典共收集了有关食品名称、食品原料、食品加工、营养、菜式、菜名、酒名、饮料、点心、水果、餐具、厨房设备和烹饪方法等各餐饮环节所常用的词汇约 18 000 条。本词典可供餐饮业管理人员、厨师、餐厅服务员、旅游业人士、餐饮专业学生、导游、出国人员及广大餐饮爱好者使用。

在本词典的编写过程中，笔者得到澳大利亚阿德莱德市丽晶管理学院餐饮专家 Val Cook 和 Terry Mckay 的指导，他们分别通读了全书的原稿。英国诺里奇市立大学的高级烹饪讲师 Martin Jermey 先生也对本书提出过许多宝贵的意见和建议。原上海红房子西餐馆特一级西菜厨师、上海旅游高等专科学校烹饪教师侯根全也为本书的编写给予过大力协助。特别是本词典的责任编辑张磊先生为词典的出版作了大量深入细致的工作。为此，编者一并表示由衷的谢忱。限于编者水平,书中难免有缺点和错误,恳请有关专家和广大读者予以批评和指正。

编 者

一九九七年二月

体例说明

一、条目

1. 全书条目收词以英语词汇为主(含外来语)。非英语的其他语种或语源的条目用加圆括号的略语注明,如:escargot (F.) 食用蜗牛
2. 条目一律不注音标。
3. 拼法相同而词源不同的词语分立条目。如:piment (F.) 辣椒;Piment (G.) 多香果
4. 条目中的逗号表示该词语的实际顺序应以逗号后的部分在前。如:Carême, Antonin 应读为 Antonin Carême; Landaise, à la 应读为 à la Landaise
5. 条目一律按字母顺序排列;如条目由两个或两个以上单词组成,也按条目第一个单词的字母顺序排列。

二、释义

1. 同一条目有两个或两个以上对等释义时用逗号隔开。如:potato 土豆,马铃薯
2. 同一条目有两个或两个以上不同释义时用阿拉伯数码分项列出。如:accessary food 1. 辅助食品 2. (食品中添加的)佐料

三、圆括号

1. 用于表示拼写中可省略的字母。如:caviar(e) 表示可拼为 caviar 或 caviare
2. 表示条目的词语来源。如:(F.) 法语;(abbr.) 缩略语。本词典所使用的全部缩略语可参见语源略语表。
3. 表示在释义或注解中予以补充说明的部分。如:普罗旺斯地区(Provence);(餐桌上的)碎冰锥

语 源 略 语 表

(abbr.) abbreviation	缩略语	(Hu.) Hungarian	匈牙利语
(Af.) Afrikaans	南非语	(In.) Indonesian	印度尼西亚语
(Al.) Albanian	阿尔巴尼亚语	(Ir.) Irish	爱尔兰语
(Am.) American English	美国英语	(It.) Italian	意大利语
		(J.) Japanese	日语
(Ar.) Arabic	阿拉伯语	(Je.) Jewish	意第绪语
(Be.) Belgian	比利时语	(Ko.) Korean	朝鲜语
(Bm.) Burmese	缅甸语	(L.) Latin	拉丁语
(Bu.) Bulgarian	保加利亚语	(Ma.) Malay	马来语
(C.) Chinese	汉语	(No.) Norwegian	挪威语
(Cz.) Czechoslovakian	捷克语	(P.) Portugese	葡萄牙语
(Da.) Danish	丹麦语	(Pe.) Persian	波斯语
(Du.) Dutch	荷兰语	(Po.) Polish	波兰语
(F.) French	法语	(R.) Russian	俄语
(Fi.) Filipino	菲律宾语	(Ru.) Rumanian	罗马尼亚语
(Fl.) Flemish	佛兰芒语	(Sc.) Scotish	苏格兰语
(Fn.) Finnish	芬兰语	(Sp.) Spanish	西班牙语
(G.) German	德语	(Sw.) Swedish	瑞典语
(Gr.) Greek	希腊语	(Tu.) Turkish	土耳其语
(He.) Hebrew	希伯来语	(We.) Welsh	威尔士语
(Hi.) Hindi	印地语	(Yu.) Yugoslavian	南斯拉夫语

A

à (F.) 按…式的
参见 à la

à deux (F.) （菜肴）供两人食用的

à la (F.) 按…式的　指某一种特定的配料或烹调风格，如 bifteck à la Créole 意为克里奥尔式牛排，从 Creóle, à la 词条中可知道其独特的配料和菜式。

à la votre (F.) 祝你健康　敬酒用语。

à point (F.) 适度的　指烹调得恰到好处的肉或鱼等菜肴，既不老也不太嫩。参见 medium 和 rare

à su salud (Sp.) 祝你好运　敬酒用语。

à votre santé (F.) 祝你健康　敬酒用语。

A and B (abbr.) 苹果白兰地与本尼迪克丁酒　参见 applejack and Benedictine

Aal (G.) 鳗鲡
参见 eel

Aal grün mit Gurkensalat (G.) 浓汁鳗鲡　以黄瓜和土豆为配料，是德国柏林的夏季传统菜。

Aalborg Jubilaum (Da.) 阿尔博格酒　丹麦产的一种著名露酒，以土豆为原料制成。参见 aquavit

aardappel (Du.) 马铃薯
参见 potato

aâssida (Ar.) 水煮面团　一种北非特色风味点心，常加入黄油、胡椒等作为配料。

abacate (P.) 鳄梨
参见 avocado

abacaxi (P.) 巴西菠萝　与普通菠萝近缘，果型大，味甜。

abadejo (Sp.) 腌鳕鱼
参见 cod

abaisse (F.) 馅饼酥皮　指糕点馅饼等的一层底皮，也指用擀面杖擀薄的面皮。

abaisser (F.) （将面团）擀平
参见 roll out

abalone 鲍鱼　腹足类软体动物，有耳蜗形外壳。最早于 1850 年传入英国，现主要产于美国的加利福尼亚沿海和太平洋水域，品种约有 100 种之多。鲍鱼肉质原较粗，但经捶打后则嫩而鲜美，常制成罐头食用。其外壳称石决明，可入药。

abalone chowder (Am.) 鲍鱼杂碎
参见 clam chowder

abat-faim (F.) 头道菜　一般泛指开胃菜和餐前食用的汤等。

abat(t)is (F.) 家禽杂碎
参见 giblet

abats (F.) 杂碎
参见 offal

abatte (Am.) 拍刀　具有较厚刀身的一种双刃刀，用于片开肉块或将肉拍平。

abattoir (F.) 屠宰场
参见 slaughter house

abavo (Hi.) 冬南瓜
参见 winter squash

abbacchio (It.) 乳羔羊　指尚未脱离哺乳期的小羊羔，从未喂过青草，肉质特嫩。参见 lamb

abbacchio al forno (It.) 烤羊羔　意大利罗马一带的传统风味菜肴。

abbocato (It.) （酒）半甜的　该种酒的口味往往并不醇厚。参见 demi-sec

abbott's bitters 阿波茨苦味酒　一种美国芳香利口酒，味苦。参见 bitters

abbrühen (G.) 焯
参见 blanch

abdelavis 埃及甜瓜
参见 Jerusalem melon

Abelmoschus (G.) 秋葵 一种有麝香味的热带植物,可用作食品调料。
参见 okra

abelmosk 麝香槿 也叫黄葵或秋葵,为一种热带灌丛状草本植物,产于亚洲,尤其是在印度尼西亚。其果实有麝香味,可用作菜肴或咖啡的调香料。

abel-musk 麝香槿
参见 abelmosk

Abendbrot (G.) 晚餐
参见 supper

Abendessen (G.) 晚餐
参见 supper

Aberdeen 阿伯丁奶酪 一种奶油状的软质干酪,香味浓郁。原产于苏格兰的阿伯丁岛,故名。

Aberdeen Angus 安格斯牛 原产于苏格兰阿伯丁岛的一种肉用牛。毛黑色,无角,也常简称为 Angus。

Aberdeen crulla 阿伯丁炸面 一种形似麻花的面食,以油炸食。产于苏格兰的阿伯丁岛。

Aberlour 阿伯洛 著名苏格兰麦芽威士忌酒牌,味细腻爽口。参见 whiskey

Abernethy biscuits 艾伯内西饼干 英国一种硬质甜饼干,常拌有荷兰芹籽。由英国医生 James Abernethy (1764—1831) 创制而得名。

abertam (Cz.) 羊奶酪
参见 urda

abgerahmte Milch (G.) 脱脂牛奶
参见 skimmed milk

abgeschmackt (G.) 淡而无味的
参见 insipid

ablagern (G.) (酒的)窖藏
参见 age

able (F.) 银鲤
参见 bleak

ablet 银鲤
参见 bleak

ablette (F.) 银鲤
参见 bleak

ablette de mer (F.) 白鲟
参见 beluga

abluent 洗涤剂
参见 detergent

ablution 洗手液 以洋苏叶、牛至、迷迭香等芳香植物浸煮而成的一种香味水,加橙皮作点缀,作为餐桌上菜肴更换时洗手用。该习俗起源于古代的希腊和埃及,可能和当时以手取食品有关。

abocado (Sp.) 甜酒 泛指甜味的利口酒或葡萄酒等。

abondance (F.) 掺大量水的酒 该词来源于过去学校中供孩子饮用的饮料常掺入大量水的典故。

Abondance (F.) 阿邦当斯干酪 法国萨瓦省沙布利地方产的一种牛乳干酪。呈圆柱形,高 8—9cm,直径 45cm,重 7—10 千克,含乳脂 48%。

above proof (酒含)标准酒精度以上 指某一种酒内所含的酒精已超过规定的标准。参见 proof

abramis 欧鳊
参见 bream

abrau-durso (R.) 俄罗斯香槟 19世纪由法国农艺师、酿酒专家 Georges Barberon 协助生产的一种香槟酒,以酒窖命名。

abrelatus (Sp.) 开听刀
参见 can-opener

abricot (F.) 杏子
参见 apricot

abricoté (F.) 1. 杏脯 2. 杏子蛋糕 一般涂以杏子酱、缀以杏脯蜜饯或浇以杏子白兰地等。

abricotine (F.) 杏子白兰地 一种以白兰地酒加杏子汁或杏仁汁和糖调配成的利口酒,呈黄色,含酒精约 27%。

abroach 1. (酒桶)开口的 2. 打开(酒桶口) 或打开瓶盖和罐头,使流出或取出食品。

abrotonite 加香葡萄酒 指在普通葡萄酒加入艾蒿等芳香植物,以提高酒的香味。参见 absinthe

abrühren (G.) 调配

参见 blend

absengen (G.) 燎毛
参见 singe

absinthe 苦艾酒 一种呈黄绿色的香料型蒸馏酒，味略苦而不甜。一般以白兰地为基酒，加入苦艾、甘草、小茴香和桔梗等调香料调配而成。苦艾酒与水混合时成乳白色。该酒有毒性，易成瘾，已为许多国家所禁止销售，并被一些风味相似的茴香酒所取代。

absinthe frappé (F.) 苦艾冰酒 以苦艾酒为基酒，加入糖和碎冰搅拌而成的一种混合酒。参见 absinthe

absinthe suissesse (F.) 瑞士式苦艾鸡尾酒 以茴香酒、奶油、蛋白和糖浆为配料调配而成，加碎冰摇匀。

absinthism 苦艾酒中毒 因习惯性饮用过量的苦艾酒而引起的中毒症状，主要如头痛及视物不清等。参见 absinthe

absinthium 苦艾油 用苦艾植物提取的一种香精油，用作苦艾酒的调香料。参见 absinthe

absintio (Sp.) 苦艾酒
参见 absinthe

absolute alcohol 纯酒精 也叫无水酒精，实际含酒精 99.9%。

absolute juice 纯果子汁 指不掺和其他拌料的果汁，如橙汁等。

absorption 饮食
参见 food and beverage

abutilon 苘麻 也叫白麻，原产于南美洲。在欧洲作为观赏植物，但巴西产的一种苘麻可供食用。

abyssinian banana 埃塞俄比亚香蕉 与香蕉近缘的一种芭蕉科植物，一般仅食用其幼嫩的花梗，而果实则不可食。埃塞俄比亚旧称阿比西尼亚，故名。

Abzugsabfüllung (G.) 在葡萄产地装瓶的酒 参见 mise en bouteille

AC (abbr.) 酒类名称监制
参见 Appellation Contrôlée

a.c. (abbr.) 气调保藏
参见 atmospherical control

acacia 金合欢 也叫洋槐，一种热带乔木。其花可作果仁酒或杏仁甜饼的配料；其树胶则可作口香糖的基质。

acacia gum 金合欢胶 也叫阿拉伯胶，原产自非洲北部和阿拉伯半岛等地一种常绿的金合欢乔木，树干中的树胶可溶于水，常用作口香糖或止咳糖的基质。

Académie des Gastronomes (F.) (法国)美食家协会 成立于 1927 年，当时有 40 名成员，包括美食家、烹饪作家和著名厨师等，是最有名望的组织之一，今已发展到数百名成员。

acajou (F.) 鸡腰果
参见 cashew

acaju (P.) 鸡腰果
参见 cashew

acanthus 莨苕 产于法国南部地区的一种植物，其嫩叶可作凉拌菜和其他菜肴的配饰。

acaraje (P.) 巴西豆 产于巴西的一种豆类，常经煮熟后拌以虾肉酱食用，为巴西地方菜肴之一。

acaramelar (Sp.) 香脆食品
参见 sweet-pickle

acarne 欧鳊
参见 bream

acates (abbr.) 美味食品
参见 delicacy

acavus 食用蜗牛 常见于法国的菜园和葡萄园内，可供食用。参见 snail

Accelerated freezing and drying 快速冷冻干燥 一种食品保存方法。先用低温使食品速冻，然后以红外线辐射使食品迅速干燥，再抽去空气。这种方法可使被保存食品的营养成分基本不变，风味如鲜。

accessories 副菜 也叫小碟菜，常与主菜同时上桌，如面包片、蛋黄酱等。有时也指一些调味料，如胡椒粉。

accessory substance 补助食品 指维生素、营养补剂和食品添加剂等。

acciuga (It.) 鳀鱼
参见 anchovy

acciughe, all' (It.) 佐以鳀鱼沙司的

accola (It.) 醋渍金枪鱼
参见 tuna

accolade (F.) 双拼 两只鸡或两条鱼,背对背置于餐盘上的一种饰配方法。

accommodage (F.) 烹饪
参见 cooking

accommodement (F.) 调味
参见 season

accompaniments 副菜
参见 accessories

accote-pot (F.) 搁炉架 一种三脚铁架,用于搁置较大的直桶锅。

accra 油炸米饼
参见 cala

accredited milk 特级牛奶 特指符合卫生要求,已经检验与消毒的牛奶。

acebuchina (Sp.) 野橄榄
参见 olive

acedia 南美无线鳕 产于西印度群岛及南美洲大西洋沿岸的一种大比目鱼,可供食用。

acedira (Sp.) 酸模
参见 sorrel

aceitada (Sp.) 酥皮糕点
参见 pastry

aceite (Sp.) 食用油 如生油、豆油和橄榄油等。

aceituna (Sp.) 橄榄
参见 olive

acéline (F.) 欧洲鲈鱼 外形似河鲈,肉质嫩美,其烹调方法也相同。参见 perch

acemita (Sp.) 麸皮面包
参见 bran

acepipes (P.) 冷盘
参见 hors d'oeuvre

acerb 酸涩味的
参见 acerbity

acerbezza (It.) 酸涩味
参见 acerbity

acerbity 酸涩味 一种刺激性口味,不同于单纯的酸味或辣味,其特征是舌部有收敛的感觉。生柿子和干性葡萄酒所产生的效果均可视为酸涩味。

acerola (Sp.) 西印度樱桃 比普通樱桃果实稍大的一种樱桃品种,常用于酿酒。

acetabulum 醋杯 古罗马时代一种盛醋或其他调味汁的容器,常置于餐桌上备用。

acetarious 用于凉拌的 蔬菜用于凉拌的很多,主要有黄瓜、莴苣、番茄等。肉类和硬煮蛋也常用于凉拌。参见 salad

acetary 酸味果肉 如柠檬和芒果肉的果肉,味极酸,可视为酸味果肉。

aceteux (F.) 醋的
参见 vinegar

acetic acid 醋酸 一种有机化合物,为无色液体,有刺激性气味,稀释后可获得供腌泡用的白醋,也可用于作酸味糖果的原料。日常食用醋中的主要成分就是醋酸。

acetic ferment 造醋酵素 指一些微生物或酶等,经发酵后可制成醋。

acetimeter 酸度计 一种食品分析仪器,可用于测定酒或饮料的含酸百分比。

acetine carmine 醋酸胭脂红
参见 carmine

aceto (It.) 食醋
参见 vinegar

aceto-dolce (It.) 糖醋拼盘 将蔬菜或水果浸以醋后拌入糖或蜂蜜而成,其味甜中带酸,可作为餐前开胃小吃。

acétomel (F.) 蜜醋 一种以蜂蜜和醋配成的调味汁,用于糖渍各种水果等,可作为糖醋拼盘的配料。参见 aceto-dolce

acetone 丙酮 一种无色可燃液体,味刺激略似奎宁。在人体内参与对脂肪的分解,尤其在食品缺乏淀粉时起作用,对造成糖尿病有很大关系。

acetosella (It.) 酸模
参见 sorrel

achaia (Gr.) 阿乔亚甜酒 希腊伯罗奔尼撒半岛产的一种甜白葡萄酒。

achar 香泡菜 以蔬菜或水果经腌泡后加入各种调味料,味浓辛辣,略带甜酸,并以藏红花着色,故色红宜人。为菲律宾、印度及印度洋岛屿地区的特色风味。

achards (F.) 酸泡菜

参见 Sauerkraut
ache (F.) 野芹菜
  参见 smallage
achene 瘦果 干果的一种,形小,里面只有一粒种子,果皮和种皮间只有一处相连。白头翁、向日葵和荞麦等都属于瘦果。
achicoria (Sp.) 菊苣
  参见 chicory
achillée (F.) 蓍草
  参见 alpine yarrow
Achilles tendon 蹄筋 猪或牛蹄的跟腱组织,质韧而有弹性,富含蛋白质,常用于煮汤等。源自希腊神话中英雄阿基利斯之名,据信他除脚跟外,浑身刀枪不入。
achinee(Gr.) 海胆子冷拼盘 一种希腊地方风味。参见 sea urchin
achiote 果红
  参见 annatto
achira 姜芋 一种美人蕉属植物,其块茎含有大量淀粉质,可供食用。
achras 人心果
  参见 sapodilla
acid casein 酸酪蛋白
  参见 casein
acid cheese 凝乳
  参见 rennet
acid condiment 酸性调味品 泛指任何呈酸性的调味品,如醋、柠檬汁和醋油沙司等。
acid curd 酸凝乳
  参见 rennet
acid drop 酸粒糖 用酒石酸下调味料的一种白色糖果,味甜而酸。
acid food 酸性食物 指含有较多磷、氯和硫等矿物质,在氧化分解后呈酸性的食物,其pH值低于4.5,但不是指柠檬等有酸味的食品。肉类、野味和谷物为强酸食品;鸡蛋、鱼类、黄油、干酪、巧克力和洋葱等为弱酸食品。
  参见 basic food
acid ice (Am.) 蛋白酥皮 用搅打过的蛋白加上柠檬汁以及糖制成。也作 meringue
acid stick 酸味水果糖 一种味甜带酸的条形水果糖,深受儿童们喜爱。
  参见 acid drop
acide (F.) 酸涩味的
  参见 acerbity
acidified milk 酸牛奶
  参见 yoghurt
acidifier 酸性食物
  参见 acid food
acidity 酸度 食品的pH值低于7则呈酸性,其中以水为中性,其pH值正好为7。以下液体的pH值依次递减,因而酸度依次增强:淡水、牛奶、汗液、啤酒、乳酸菌饮料、橙汁、葡萄酒、柠檬汁、胃酸、醋酸、盐酸。
acidophilus milk 酸牛奶 一种经嗜酸菌发酵的酸乳脂,富有营养,可作为饮料。参见 yoghurt
acidulated 1. 加酸的 2. 矿泉汽水 在矿泉水中充以二氧化碳气体的一种清凉饮料。
acidulé (F.) 酸味的
  参见 sour
acitron (Sp.) 枸橼
  参见 citron
ackee 阿开木 广泛种植于牙买加的一种热带灌木。其果实呈椭圆形,内皮鲜红,含有my黄色的果肉,其味颇似炒鸡蛋,常制成酸果羹或佐食咸鱼等,有罐头产品供市售。
acorn 橡实 也叫浆栎果,为橡木的果实,可供生食或烤熟食用。橡实粉常用作咖啡的代用品,味苦而略有毒性。
acorn barnacle 藤壶橡子 一种圆锥形小海贝,常吸附于沿海带礁上。烹饪方法与蟹相同,味鲜美。
acorn shell 藤壶橡贝
  参见 acorn barnacle
acorn squash (Am.) 1. 橡实果冻 以橡实果仁制成的一种冷饮。2. 冬南瓜 一种橡实形南瓜,直径约10—15cm,重1—2千克。外皮呈深绿色或橙黄色,有条纹;瓜肉黄色,味甜。以前曾是美洲印第安人的主要食品之一。
acqua (It.) 水
  参见 water

acqua bianca (It.) 银露酒 一种银白色甜味利口酒,酒中含有极小的银箔。用丁香、肉豆蔻和肉桂等作调香料。参见 acqua d'oro

acqua de Seltz (It.) 苏打水
参见 soda water

acqua d'oro (It.) 金露酒 一种含有金箔的甜味利口酒,用丁香、肉桂和白芷等调香。最早在13世纪酿于意大利,1533年由法国国王亨利二世的王后卡特琳·美第奇传入法国。

acquacotta (It.) 蔬菜浓汤 一种意大利托斯卡纳风味食品,常用于佐食浸过鸡蛋的炸面包片。

acquavit (No.) 露酒
参见 aquavit

acquette (F.) 芳香露酒 一种配料包括丁香、豆蔻和肉桂等的古老烈性酒,并搀以金箔或银箔。名贵而高雅,流行于意大利和法国。参见 Danziger Goldwasser

acrat de morue (F.) 油炸米饼
参见 cala

âcre (F.) 辛辣的,刺激的
参见 acrid

âcreté (F.) 酸涩味
参见 acerbity

acrid 辛辣的,刺激的 指食品含有辣椒、胡椒或芥末等调味品时所呈现的风味。

acridity 辣味,苦味
参见 acrid

acropoma 真鲷
参见 red porgy

actinator 光化器 一种用紫外线处理食品的装置,以达到杀菌消毒的目的。

actinia 红海葵 一种色彩艳丽的海生动物,能分泌含有刺激性的液体,在法国南方作为食品,被视为美味。烹调前须经反复捶打,以使其质地变嫩。加工方法很多,但一般以油炸等,据说肉味鲜美而可与蟹肉媲美。

actinidia (F.) 猕猴桃
参见 Chinese gooseberry

activated flavour 氧化味 指牛奶受光照射后产生的一种异味,为牛奶及奶制品的缺陷之一。

acucar (P.) 糖
参见 sugar

Adam and Eve on a raft (Am.) 熏肉煎蛋吐司 一种早餐食品,在面包上置两个鸡蛋,用油煎成。鸡蛋代表亚当与夏娃。

Adam's ale 水 俚称,据圣经记载,人类的始祖亚当所能获得的饮料只有水。该词常用于出售汽水的柜台。

adder's mouth 山慈菇
参见 arrowhead

additive 添加剂 指任何添加到食品中产生特殊效应的化合物,包括人造或天然色素、调味剂、稳定剂、乳化剂、定形剂、增稠剂、防腐剂、增味剂和营养剂等。其目的是为了改善食品外观和质地等,其中醋和食盐最为安全而常用,但其他则可能影响食品的营养价值,甚至有损于健康。

addle egg 臭蛋 指腐败变质而发黑的蛋,绝对不可食用。

add-water-only 速溶食品 指冲入热水或凉水即可食用的饮料,如咖啡、奶粉和果汁等。参见 instant food

ade 果汁饮料 指含有水果果肉并添加着色剂和增味剂等的人工饮料,如柠檬汁和橙汁等,以区别于天然果汁。
参见 lemonade

Ädelost (G.) 贵族干酪 瑞士产的一种牛乳干酪,直径18cm,高10cm,呈圆柱形,常用作瑞典式自助餐的配料。

aderezar (Sp.) 烹调
参见 cooking

adhering salt 精盐
参见 table salt

adipe (It.) 肥肉,脂肪
参见 fat

adipose 脂肪
参见 fat

adjunct 添加剂
参见 additive

adlay 薏苡
参见 Job's tears

admiral 热宾治酒 以红葡萄酒加糖

然后用香草和肉桂调香，再以蛋黄增稠，趁热食用。参见 punch

adobado (Sp.) 腌猪肉　一种加香料、盐和其他调香料腌制的猪肉食品。

adobo (Fi.) 焖牛肉　一种菲律宾风味。将牛肉用文火焖煮到酥软，再取出用油炸即成。

adobong labong (Fi.) 焖肉杂烩　以猪肉、大虾肉和竹笋作配料制成，是菲律宾的地方风味。参见 adobo

adoc 酸牛奶
参见 yoghurt

adoucir (F.) 冲淡　将调味汁或汤加水冲淡，使滋味更为可口。

adragante (F.) 西黄蓍胶
参见 tragacanth

adschempilave (Tu.) 腌肉烩饭
土耳其地方风味之一。

adulterant 搀杂物　指在食物中搀以质量较差的辅料或在酒中搀水等。其目的为降低成本，但同时，食品的质量也受到不同程度的影响。

advocaat (Du.) 蛋黄白兰地酒　以鸡蛋黄和白兰地调配而成，加入香子兰、砂糖和咖啡香精等，有时也可搀以柠檬汁。味甜香浓，为荷兰常用酒类之一，含酒精约15%。参见 eggnog

adzuki bean 赤豆
参见 red bean

aeble (Da.) 苹果
参见 apple

aeblekage (Da.) 苹果馅饼
参见 apple pie

aeg (Da.) 鸡蛋
参见 egg

Aegis (Gr.) 依基斯　古希腊著名大厨师，生活在公元前3世纪左右的罗得岛。他以烹调鱼类菜肴闻名于世，但菜谱均已失传。

aegle (F.) 柚桔
参见 ugli

aemono (J.) 酱拌菜　用醋、酱油拌入青菜和鱼等制成的一种凉拌菜，是日本的风味菜肴之一。

aerate 充气　指将二氧化碳通过一定装置加压，充入饮料，用于制汽水或人工发泡酒等。

aerated bread 充气面包　用二氧化碳直接发起的面包。

aerated candy 充气糖果
参见 aerated work

aerated flour 自发面粉　一种事先混合酵母颗粒的优质面粉，加工时可直接加水制成面团。

aerated water 汽水　在果汁中充以二氧化碳即成为发泡软饮料，打开瓶盖时即有大量气体逸出。该词有时也指一些天然的发泡矿泉水。

aerated wine 汽酒　尤指用人工方法充以二氧化碳的葡萄酒。

aerated work 充气糖果　一种压入二氧化碳的膨松糖果，其味类似果汁汽水，但不是泡泡糖。

aerating agent 膨松剂　用于面团即时发起的食品添加剂，如小苏打等。
参见 baking powder

aéromètre (F.) 液体比重计　测定酒类不同比重，并可测定含酒精的重量百分比或含酒精度的仪器。主要用于酒吧中调制彩虹鸡尾酒等。

aerosol can 气溶胶罐　一种装调味料的密封罐，便于携带，常用于野餐时使用。

Aettekees(Be.) 伊特基斯干酪　比利时布拉班地方产的一种全脂牛奶干酪。含乳脂量不定，一般重150—200克左右。

Afd (abbr.) 快速冷冻干燥
参见 Accelerated freezing and drying

affadir (F.) 使(食品)失味　指食品储存时间过长或加工不当而失去原有滋味。

affetati misti (It.) 混合冷肉拼盘　以冷肉片和冷香肠片为主的一种意大利式开胃食品。

affinage (F.) (干酪)成熟　法国制酪业术语，指在温度受到控制的地窖中使干酪逐渐陈化的过程。

affination syrup 洗炼蜜　将蜂蜜经离心分离而得的纯净糖蜜。

affogato (It.) 蒸

参见 steam

affranchir (F.) 洗桶　酿酒前为除去木桶的不良木质气味而用陈酒清洗的过程,是酿制优质酒的必要手段之一。

affriander (F.) 饰形　将菜肴加工或拼排出美观的外形,并进行必要的点缀或饰配。该技艺可归入烹饪美学的范畴。

affriolé (F.) 新鲜水果　或指开胃的新鲜蔬菜。

affumicato (It.) 烟熏
参见 smoke

aflatoxin 黄曲霉素　由某种真菌株产生的毒素,常存在于霉变的花生及其他食品中,是迄今为止最强烈的致癌物质之一。黄曲霉素耐热,一般的烹调加工温度不能使其破坏,故对人体的危害极大。

africain (F.) 小甜饼干　常指一种巧克力杏仁糕点,用于作餐后甜食。

Africaine, à l' (F.) 北非式　指以非洲北部地区产的食品原料作配料的菜肴,如茄子、伞菌、土豆、番茄等。一般用油炸,再加入各种辛辣味的调味料。
参见 Algeria

African cubeb 非洲胡椒　热带非洲的一种灌木,因其实味似胡椒而得名,可作食品调味。

African ginger 白姜　产于非洲、印度及其它热带地区,经腌制后可成为美味食品。

African spiderherb 白花菜　产于非洲的一种香料植物,可用于作食品的调香。

African valerian 非洲缬草　一种败酱属草本植物,其红色的花瓣可作拌色拉的配菜。

Africander 非洲牛　南非产的一种高大的肉用牛品种,毛呈红色,有大角,肉质较佳。该词有时也指一种非洲羊。

africano (It.) 巧克力杏仁糕点
参见 africain

Afrothe (G.) 发泡葡萄酒
参见 sparkling wine

after mature 后熟　指香蕉等水果采摘后的继续成熟过程。掌握后熟时间有利于水果的储藏和运输。

after-cooking lackening 暗熟　蔬菜在烹调后色泽变深的过程。

after-dinner drink 餐后酒　也叫消食酒,一般为甜味的风味酒,如本尼迪克丁酒、查尔特勒酒和库拉索酒等。

after-fermentation 后发酵　面团的第二次发酵,即在发酵后经揉制重新发起的过程。

after-run 酒尾　酿酒时后期蒸馏所获得的次酒。

after-taste 回味　也叫余味,是品尝过饮料或食品后依旧留在口中的滋味。在品酒过程中,回味是鉴别酒的质量的依据之一。

afternoon-tea （午后）茶点
参见 high tea

afters 餐后甜食
参见 dessert

agami 鸨　一种水鸟,肉质嫩美,常用于煮汤,主要见于南美洲的烹调中。

agape 友爱餐　早期基督徒的会餐,用以纪念耶稣的最后的晚餐。也作 love feast

agar 琼脂　又名洋菜,一种以海藻类石花菜或红海藻制成的明胶产品,常用于肉、鱼、禽类罐头中。在葡萄酒酿造中用作澄清剂,并作为冰淇淋、糕点和色拉的增稠剂。市售琼脂为半透明的颗粒、粉末或薄片,易溶于沸水,但不溶于冷水。

agar fruit jelly 水果软糖　一种胶冻状软糖,常用明胶代替琼脂作致凝剂。

agar weed 石花菜
参见 agar

agar-agar (F.) 琼脂
参见 agar

agaric 伞菌　木耳、香蕈和蘑菇等的总称,品种多样,可供食用。但应注意某些伞菌是有毒的,如鬼笔蕈等。

agateware (Am.) 仿玛瑙彩釉　一种有美丽的玛瑙状彩饰的铁合金厨房器皿,坚固耐用,色泽艳丽,易于清洗,是一种高级搪瓷器皿。

agave 龙舌兰 也叫世纪树,产于南美洲和美国南部。其幼嫩的头冠可供食用;叶片硬而带刺,可用糖浆煮后食用,味似洋蓟。其果肉经发酵后可用于酿制龙舌兰酒,为南美洲的主要饮用酒之一。

age 陈化 酒类在发酵后一般需装入木桶内陈化。装瓶后,白兰地等蒸馏酒不再陈化,而葡萄酒还会继续陈化。陈化的酒味醇而香。

aged flavour 陈熟风味 食品经贮存后形成的独特风味,如陈酿酒或老熟的肉等具有的香味。

agemono (J.) 油炸食品
参见 frying

Agenaise, oeufs à l' (F.) 阿让式炸蛋 将鸡蛋在鹅脂中炸黄,配以茄子和洋葱。阿让为法国西南部城市。

agenized flour 漂白面粉 用三氯化氮漂白的上等面粉,制成的面包极白。源自该工艺的发明者 Agene。

ageratum (F.) 藿香蓟 一种食用洋蓟品种。参见 artichoke

ägg (Sw.) 鸡蛋
参见 egg

aggregate fruit 聚合果 指果实呈聚合状的浆果,如草莓、黑莓等。

ag(e)ing 1. (酒)陈化 2. (肉)变嫩
参见 age

aginomoto (J.) 味精
参见 monosodium glutamate

agitate 搅动,摇匀
参见 blend

aglianico (It.) 阿利阿尼克酒 产于意大利坎帕尼亚(Campania)的一种干红葡萄酒。

agliata (It.) 蒜泥蛋黄酱
参见 aioli

aglio (It.) 大蒜
参见 garlic

agneau (F.) 1. 羔羊 2. 羔羊肉
参见 lamb

agneau à la Gascogne (F.) 加斯科涅式去骨羊肩肉 填以火腿泥、大蒜和面包等配料的一种法式风味菜肴。
参见 Gascogne

agnelet (F.) 幼羔羊
参见 lamb

agnelle (F.) 雌羔羊
参见 lamb

agnellotti (It.) 雌羔羊
参见 lamb

Agnes Sorel (F.) 艾格尼丝·索雷尔 法国国王查理七世的情妇,美食家,生卒年代为 1409—1450。参见 Sorel

agnolotti (It.) 半月形馅饼 一种意大利特色面食,常以肉糜和帕尔马干酪作馅,以沸水煮熟食用。参见 ravioli

agone (It.) 湖泊西鲱
参见 shad

agone d'Istria (It.) 意大利沙丁鱼 产于科莫湖和加尔达湖中的一种淡水鳀类鱼,常腌制成罐头出售。参见 sardine

agoni (F.) 湖鲑
参见 fera

agou 黑西米 烹调方法同大米,主要用于煮粥或做成饼食用。参见 sago

agoursi (F.) 菜园黄瓜 一种小黄瓜,常经盐渍后制成酸黄瓜。参见 ridge cucumber

agouti 刺鼠 产于巴西的一种啮齿类动物,大小似野兔,肉可食用,但较老。烹调方法same烤小猪。

agras (F.) 阿格拉 原产于阿尔及利亚的一种饮料,用杏仁粉、生葡萄汁和糖调配而成,饮时常经冷冻。

agridulce (Sp.) 甜酸味的
参见 aceto-dolce

agrio (Sp.) 1. 酸味 2. 酸果汁

agriote (F.) 野樱桃
参见 cherry

agro dolce (It.) 糖醋沙司
参见 aigre-douce

aguacate (Sp.) 鳄梨
参见 avocado

aguacate batido (Sp.) 橙汁鳄梨 一种水果甜品,常加糖增甜后食用。

aguachirle (Sp.) 次葡萄酒 常指一些加酒精调配的劣质酒。

aguamiel (Sp.) 龙舌兰酒

参见 pulque

aguardiente (Sp.) 次烧酒 泛指经蒸馏后得到的烈性酒,一般质量较差,如西班牙的次白兰地、葡萄牙的石榴酒和南美洲各国的甘蔗烧酒等。

aguaxima (P.) 巴西辣椒 与普通辣椒相似。

ague tree 檫树
参见 sassafras

aguglia (It.) 颌针鱼
参见 garfish

agurkesalat (Da.) 黄瓜凉拌
参见 salad

ahi 黄鳍金枪鱼 产于太平洋海域。该词源自夏威夷语。参见 tuna

Ahorn (G.) 枫
参见 maple

Ahr (G.) 阿尔 德国的酿酒区之一,在波恩以南,面积不大,但该地生产的红葡萄酒产量超过白葡萄酒,这在德国是绝无仅有的。

ai ferri (It.) 铁扒烤
参见 grill

aibiki (J.) 猪牛肉混合绞肉

Aigle (F.) 艾格尔酒 瑞士日内瓦湖地区产的一种白葡萄酒,味不甜,口味浓郁。

aiglefin (F.) 黑线鳕
参见 haddock

aïgo bouïdo (F.) 大蒜汤 法国普罗旺斯地区的传统菜肴,常在婚礼或圣诞时食用。汤中缀以烤面包片。参见 garlic

aigre (F.) 酸味的
参见 sour

aigre au cédrat (F.) 混合橙汁 一种配以柠檬汁、桑葚汁和蜂蜜的甜饮料,但很酸。据说路易十四时代的红衣主教黎塞留最喜饮此。参见 Richelieu

aigre de cédre (F.) 酸柠檬 产于法国普罗旺斯地区的尼斯附近,用于制混合橙汁。

aigre-douce(F.) 1.酸甜味的 2.酸甜沙司 由醋、糖、松仁、杏仁、巧克力和醋栗汁配制成的一种热调味汁。

aigrefin (F.) 黑线鳕
参见 haddock

aigrelet(te) (F.) 微酸的
参见 acerbity

aigrette (F.) 干酪酥 一种法国式奶油松软点心。

aigroissade (F.) 蒜泥沙司 一种法式基本调味料,用大蒜泥制成,用于佐食蔬菜和鹰嘴豆等。参见 bouillade

aiguière (F.) 大口水壶
参见 ewer

aiguillat (F.) 角鲨、狗鲨
参见 dogfish

aiguille (F.) 颌针鱼
参见 garfish

aiguille-à-brider (F.) 穿肉针 将熏肉或肥膘切成细条,嵌入鸡腿或瘦肉中。参见 larding needle

aiguillette(F.) 1.(家禽的)肉片 2.牛的前臀肉

aiguiser (F.) 使变酸 如加柠檬汁或其他刺激性调味料等。

ail (F.) 大蒜
参见 garlic

ailanthus prickly ash 食茱萸 一种落叶乔木,有羽状复叶,花淡绿黄色。果实球形,成熟时红色,可入药,也是一种调味用的芳香料。

aile (F.) (鸡或家禽的)翅膀 烹调方法与一般家禽同。

aileron(F.) 1.(禽类的)膀尖 2.(鲨鱼的)鳍

ailerons de requin (F.) 鱼翅
参见 shark's fin

aillade (F.) 蒜泥蛋黄酱 法国西南部朗格多克地方风味之一,常用于涂抹在面包片上食用。

ailler (F.) (在面包上)擦大蒜 把大蒜泥涂于某种食品上的加工方法。

ailloli (F.) 蒜泥蛋黄酱
参见 aioli

aine (F.) 牛腰肉上端
参见 sirloin

aioli (F.) 蒜泥蛋黄酱 由大蒜泥、鸡蛋黄、橄榄油和柠檬汁调制而成的一种调味料,用于佐食鱼、冷切肉片和其他蔬菜。该词也指以蒜泥蛋黄酱调味的菜肴。

aipi 甜木薯
参见 cassava

Aiquebelle (F.) 艾格贝勒甜露酒 18世纪由法国艾格贝勒修道院修士酿制的一种著名露酒,色泽黄绿,含有50多种芳香草药。据说是根据古代记载在羊皮纸上的秘方配制的,价格昂贵,口味醇厚。

air bladder 鱼鳔 鱼腹内的一种白色囊状器官,可用于制鱼胶。

air cooking 热烤 以干燥热空气烘烤加热食品的一种烹调方法。

air dehydration 风干 依靠空气使食品直接脱水的加工过程。

air, en l' (F.) 炸松的 指油炸食品表面松脆的状态。

air set (食品的)自然硬化

air shake 潮解 食品或其他干燥物质在吸收了空气中的水分后的自然还潮现象。

air whip 空气打擦机 一种厨房器具,用于搅拌稀奶油或蛋白,一般以电作动力。参见 balloon whisk

airan (R.) 爱伦乳酒 以发酵牛奶制成的一种土耳其风味乳酒,也产于乌兹别克,是一种夏季饮料。

airelle (F.) 欧洲越橘
参见 bilberry

airelle myrtille (F.) 欧洲越橘
参见 bilberry

airelle rouge (F.) 红蔓果 也叫红莓,可用于制果酱和调味汁,也可作为新鲜水果。

air-proof 密封的
参见 air-tight

air-tight 密封的 指食品罐头不透气的良好保存状态。

airzol food 加压罐装食品
参见 canned food

aiselle (F.) 红菜头
参见 beetroot

Aisy cendré (F.) 艾西干酪 法国勃艮第艾西地方产的一种绿灰色软质牛

奶干酪,重250—450克,呈扁盘状,含乳脂45—50%。因产地为Aix,故名。

aitch-bone 牛臀骨 指牛后臀部位的叉状骨。该词往往泛指牛臀肉,通常用于烤和腌等。

ait-jannock (Sc.) 燕麦油酥饼
也作 jannock

aj (abbr.) 苹果汁
参见 apple juice

ajacho (Sp.) 阿哈乔酒 用辣椒和奇恰酒混合的一种烈性饮料。参见 chicha

ajada (Sp.) 蒜泥蛋黄酱
参见 aioli

ajedrea (Sp.) 香薄荷
参见 spearmint

aji (Sp.) 1.青辣椒 产于南美洲安第斯山区,味极辣。 2.辣酱油 和 Worcestershire sauce 相似。

ajo (Sp.) 大蒜
参见 garlic

ajoarriero (Sp.) 蒜烧鳕鱼 西班牙的一种地方风味。

ajouté (F.) 副菜 有时也指一些饮料。参见 accessories

ajowan (Hi.) 香旱芹 也叫印度藏茴香,是一种草本植物的果实,可供药用或作调味品。参见 chervil

akadashi (J.) 红酱汤 日本大阪风味,以鱼肉、萝卜、小洋葱等加酱油煮成。

akala 夏威夷悬钩子 也叫木莓,具有大而呈紫色的果实,可供食用,味似覆盆子。

Akazie (G.) 金合欢
参见 acacia

akee 阿开木
参见 ackee

akkra (Sp.) 油炸米饼
参见 cala

akola 阿拉伯辣椒
参见 pepper

akule 大眼鲹 产于夏威夷的一种海水鱼,当地人常用盐腌后晒成鱼干食用。参见 scad

akvavit 露酒
  参见 aquavit

al (Sw.) 鳗鲡
  参见 eel

al burro (It.) 涂上黄油的
  参见 butter

al dente (It.) 耐嚼的 指面食等烹调得恰到好处,嚼起来坚实而有弹性的程度。

al fresco (It.) 野餐 泛指户外用餐,如花园、游廊或街道边等。参见 picnic

al modo de (Sp.) 按…式的
  参见 à la

alajú (Sp.) 阿拉糊 用杏仁粉、胡桃屑、面包屑等加香料和蜜做成的一种甜食。

alamalt 白薯粉 烧煮或烘烤白薯所得的淀粉物质,用于制作糖果的配料。

alambic (F.) 酒精蒸馏器 一种古代蒸馏制酒精的器具,现已不用。参见 alembic

alaria 翅菜
  参见 badderlocks

Alaska blackfish 阿拉斯加黑鱼 鱼体长约20厘米,黑色,呈流线形,是北美及西伯利亚地区的重要食用淡水鱼之一。

Alaska cod 大头鳕 一种阿拉斯加鳕鱼。参见 cod

Alaska crab 王蟹
  参见 king crab

Alaska pollack 狭鳕 也叫明太鱼,产于北大西洋海域,肉质肥美。

Alaska redfish 红大麻哈鱼
  参见 red salmon

Alba Flora (Sp.) 阿尔巴酒 西班牙马霍卡岛(Majorca)产的一种优质干白葡萄酒。

albacore 长鳍金枪鱼 一种远洋海水鱼类,有很长的胸鳍,以肉质鲜美细腻而闻名。

albahaca (Sp.) 甜罗勒 一种芳香植物,用作食品与菜肴的调香料。参见 basil

Albana-di-Romagna (It.) 阿尔巴那·罗马纳酒 一种甜味或半甜白葡萄酒,产于意大利北部艾米利亚地区。色泽金黄,含酒精12—13%。

Albany beef (Am.) 鲟 俚称,因产于美国纽约州哈德逊河近奥尔巴尼的水域而得名。参见 sturgeon

albarda (Sp.) 猪肥膘条
  参见 lardoon

albarelle (F.) 小伞菌 产于栗子树或白杨树上,可供食用。参见 agaric

albaricoque (Sp.) 杏子
  参见 apricot

albatross 信天翁 一种海鸟,肉质粗糙,故只食用其幼禽,烹调方法同野鸭。

albedo 内果皮 柑桔类果实的果皮内层白色部分,富含果胶,可用于制果冻等。参见 zest

albemarle apple (Am.) 翠玉苹果
  参见 Newtown pippin

alberge (F.) 粘核白桃
  参见 clingstone

Albert sauce 艾伯特沙司 以黄油与面包屑在汤中煮沸,过滤后加入干酪、辣根、蛋黄、芥末和醋即成。常用来佐食鱼类菜肴。

Albertine sauce 艾伯丁沙司 一种佐食鱼类菜肴的沙司,以蘑菇、块菌和白葡萄酒作配料制成。艾伯丁是17世纪萨克森帝侯,该沙司以其得名。

albicocca (It.) 杏子
  参见 apricot

albicore 长鳍金枪鱼
  参见 albacore

Albigeoise, à l' (F.) 阿尔比式 阿尔比为法国西南部地名。该式指以火腿、填馅番茄和炸土豆作配菜的菜式。

Albignac salad 阿尔比涅克色拉 一种法式凉拌,以鸡肉片、白块菌片、虾仁、块根芹、莴苣心、硬煮蛋和芳香植物等拌制而成。

albóndiga (Sp.) 大肉丸 主要用牛肉糜制成,拌入鸡蛋和香料,常作为填馅料。也有用猪肉或鱼肉制成的。

albondiguilla (Sp.) 小肉丸
参见 albóndiga

alboronia (Sp.) 辣椒蔬菜 西班牙地方菜肴,以辣椒、茄子、番茄和南瓜等为主要配料。

alboroto (Sp.) 甜玉米花
参见 popcorn

albran (F.) 幼野鸭 其烹调方法同家鸭。参见 mallard

Albufera, à l' (F.) 阿尔比费拉式 指一种加浓味马德拉沙司调味的鸡肉菜肴或一种以块菌、鸡肉、鸡肝和腌牛舌为馅的馅饼。阿尔比费拉在法国南部滨地中海。也有人认为阿尔比费拉是法国的一位贵族,曾随拿破仑出征过西班牙。

albula 北梭鱼 一种银白色海鱼,广泛分布于温暖的海域,可食用。

albumen 胚乳 谷类食物如玉米、大麦、小麦等富含蛋白质的部分,并含有其他营养成分。

albumin 白蛋白 也叫蛋清,是一种可溶于水的营养物质,其中鸡蛋蛋白占总重量的59%。白蛋白也存在于血清、牛奶和种子中。白蛋白在78—80℃时凝固,烹调中可用于澄清肉汤、制成糕点等。

albumin milk 蛋白奶 一种加凝乳制成的半脱脂肪牛奶。

albumin powder 蛋白粉 一种干燥的蛋白制品,用于代替鸡蛋清作蛋白冻等,以作为糕点的点缀料。

albuminoids 硬蛋白 存在于一切有机物中的蛋白质之一,是人体蛋白质的主要来源,尤其存在于肉类、坚果、豆类和奶酪中,其次为谷类食品。蔬菜与水果等含有极少量的硬蛋白。

albundigas (Sp.) 1. 墨西哥肉丸汤 2. 腌烩饭 用牛肉、熏肉、小牛肉或猪肉均可,是一种墨西哥的风味菜肴。

albur (Sp.) 淡水鲤鱼 产于欧洲与北美洲等地。参见 carp

alcaparra (Sp.) 刺山柑花蕾 用作调味香料。参见 caper

alcaraza (Sp.) 西班牙陶罐 一种不涂釉彩的本色陶罐,用于盛放液体并使其冷却等。

alcazar (Sp.) 杏仁酥饼 也指一种李子酱馅饼,以杏仁、糖、面粉、黄油和蛋白等作配料制成。

alcazuz (Sp.) 甘草
参见 licorice

alchermes (It.) 胭脂红酒 以胭脂红色素着色的酒。参见 carmine

alcohol 乙醇 俗称酒精,一种有机化合物,无色、可燃,有特殊的气味。由含糖的物质发酵分馏而得,可用作防腐剂和清洁剂等。食用酒精主要存在于啤酒、葡萄酒和其它烈性酒中,是致醉的主要因素。

alcohol content 酒精含量 以体积百分比或用重量百分比表示的酒中酒精浓度。参见 proof 和 GL 等词条。

alcohol-free beverage 不含酒精的饮料 参见 soft drink

alcoholic fermentation 酒精发酵 指各种酵母或霉菌作用于碳水化合物或糖类而转化成酒精与二氧化碳的化学过程。

alcoholism 酒精中毒 酒精能使人产生头晕、头痛、恶心、食欲减退等中毒症状。参见 hangover

alcomeal 粗粒面粉
参见 semolina

alcool (F.) 1.酒精 2.烧酒,白酒
参见 alcohol

alcoolique (F.) 酒精中毒
参见 hangover

alcorza (Sp.) 糖霜
参见 icing sugar

alcuzcuz (Sp.) 蜜糖面团
参见 dough

aldabo (Sp.) 古巴甜烧酒 以朗姆酒为基酒调配而成的一种烈性酒。

alderman's walk 牛腰肉中段 或鹿肉与羊肉的后腿中段。据说,该词来源于英国的一次市政厅宴会,有一名市议员指名要点这一部分肉而得名。

alderney 奥尔德尼牛 产于英吉利海峡中一些岛屿上的一种棕色肉用牛。

ale 上面啤酒 俗称爱儿啤酒。经发酵的一种麦芽饮料，酒体丰满，略苦，有强烈酒花味，流行于英国。17世纪以前，上面啤酒不加酒花，用酵母及麦芽酿成。现代则采用富含硫酸钙的水，以上面发酵酵母酿成。浅色上面啤酒含酒精5%；深色上面啤酒含酒精可达6.5%。

Aleatico de Puglia (It.) 阿列蒂科酒 意大利南部普利亚产的一种深红色甜味葡萄酒，含酒精15—17%。历史悠久，名闻遐迩。

aleberry 肉桂啤酒 英国的一种配制酒。用烈性啤酒、糖和肉桂等调配而成。

alecost 艾菊 一种外形似纽扣的芳香草本植物，也叫香膏菊。过去曾用作麦芽酒的调香料，现被啤酒花所替代。艾菊可用作调味香料和凉拌菜食用。

alegar 啤酒醋 由啤酒发酵制成的醋，也叫麦醋。有时也用于指一种发酵的啤酒。

alehouse 酒店，酒吧
参见 bar

Alella (Sp.) 阿莱勒 西班牙的酿酒区名，在巴塞罗那东北，酿酒历史悠久，可追溯到公元前600年左右。现产各种红葡萄酒与白葡萄酒。

alembic 酒精蒸馏器 一种古代蒸馏器皿，用铜制成，外涂锡，顶端为一个连接蛇形管的盖子。液体放在下面的一个锅内，加热后，酒精蒸气顺蛇形管进入冷却壶，从而获得含酒精度较高的液体。

alénois cresson (F.) 水芹
参见 cress

Alésienne, tripe à l' (F.) 阿莱斯牛肚 用胡萝卜、芹菜和西红柿作为配菜。阿莱斯在法国南部。

Alessandria salami (It.) 亚历山大萨拉米香肠 意大利产的一种未经熏制的猪牛肉混合香肠。

aleuronat 高糊精面粉 其面筋含量高于一般面粉，营养丰富，韧性强。

alewife 大肚鲱 也叫河鲱、油鲱或灰西鲱，产于北美洲大西洋沿岸。腹部呈圆形，故名。

Alexandra 亚历山德拉 英国国王乔治六世的王后，美食家，生卒年代为1844—1925。以其命名了许多菜肴，如 pêche Alexandra 等。

alfa process 阿尔法流程 一种采用冷却高脂乳油来制取奶油的生产流程。

alfoil 铝箔 一种压延成极薄的铝金属箔，其强度高，密封性好，可用于食品、卷烟或软罐的包装用纸，是现代化的包装材料之一。也作 aluminium foil

alfonsino 金眼鲷 几种海水鱼类的统称，属金眼鲷科。产于大西洋和太平洋地区，是一种可食用的深水鱼。体表色泽艳丽，味可口。

alfredo, all' (It.) 佐以罗马沙司的
参见 Romaine, à la

algae 藻类植物 隐花植物的一大类，由单细胞或多细胞组成。植物体没有根、茎、叶的区分，绝大多数是水生的，因此也叫水藻。品种主要有红藻、褐藻和绿藻等，其中紫菜和海苔等是常用的食用海藻，富含碘质。

algaroba 长角豆
参见 carob

algarrafa (Sp.) 长颈大肚玻璃酒瓶
参见 fiasco

Algeria 阿尔及利亚 阿尔及利亚位于非洲北部，滨地中海，其烹调风格为典型的阿拉伯菜式，带有强烈的伊斯兰特式。食品以奶制品、粗粒面粉、蔬菜、牛羊肉、枣等为主，其中尤以西红柿和茄子为特色。进食时应先吃盘子边缘的菜，而将中间的菜留下以示敬重其主。在斋日则一天不食。其他风味参见各相关词条。

Algeria wines 阿尔及利亚葡萄酒 阿尔及利亚在法国统治时期在首都阿尔及尔附近建立了一些葡萄园，并按照法国的工艺酿制出含酒精度较高的优质葡萄酒，如马斯加拉酒和莫斯达纳酒，大量出口到欧洲。

Algérienne, à l' (F.) 阿尔及利亚式 指以油炸小番茄、甜薯丸和黄油等作

配料的菜肴。参见 Africaine, à l'
algin 褐藻
　参见 alginate
alginate 藻酸盐　从褐藻中提取的一种胶质淀粉,可用于制果冻、替菜肴或汤增稠等,以改善质地为主要用途。
alho (P.) 大蒜
　参见 garlic
Ali-Bab 阿里·巴伯
　参见 Babinski
Ali-Baba salad 阿里巴巴色拉　以甜菁、番茄、硬煮蛋、虾、欧芹和龙蒿等为配料的一种凉拌菜。该菜以阿拉伯传说故事《天方夜谭》中的一位主人公阿里巴巴命名。
alica (It.) 硬麦片粥　流行于意大利那不勒斯一带的一种流质食品,并拌入少量粘土,富有特色。
alicante (Sp.) 阿利坎特酒　西班牙阿利坎特产的一种强化红葡萄酒。该地濒临地中海,盛产廉价红葡萄酒,主要出口到英国。
alice (It.) 鳀鱼
　参见 anchovy
Alice salad 艾丽丝苹果冷拌　一种英国式甜食。源自 Lewis Carroll(1832—1898)的童话《艾丽丝漫游奇境记》。
alici sott'olio (It.) 油浸鳀鱼
　参见 anchovy
alicot (F.) 鸭膀　或指鹅膀,常配上蘑菇和栗子制成一种焖杂碎,是法国西南部朗格多克地区的一种地方美味。
alicuit (F.) 鸭膀
　参见 alicot
Aligot (F.) 阿里戈干酪　法国勃艮奥弗涅地方产的一种硬质干酪,以牛乳制成,含乳脂50%。有时该词也泛指以阿里戈干酪拌大蒜和土豆泥为配料的菜肴。
aligoté (F.) 阿里戈白葡萄　法国勃艮第地区的优秀酿酒用葡萄品种,用于酿制具有清新口味的同名白葡萄酒,有时常与醋栗利口酒调配成基尔酒。
　参见 Kir
aliment (F.) 食品
　参见 food
alimentación (Sp.) 食品
　参见 food
alimentary pasta 营养面食　以粗粒面粉、淀粉等加入牛奶、鸡蛋和其他营养物质制成的各种面食。参见 pasta
alimentation 营养法　又叫饮食法,指以食物供给人体营养的方法。
alimentotherapy 营养疗法　俗称食疗,指通过具有治疗作用的药用食物或在饮食中加入药物等方法治疗慢性病的方法。
alisander 亚历山大芹　产于英国深海地区的一种香料植物,曾被用作凉拌和调香料,现在已被欧芹或洋芹代替。参见 parsley
alise (F.) 花楸果
　参见 mountain ash
Alismales 泽泻目　单子叶植物的一目,均为多年生草本水生植物,以慈菇、睡莲为主。其果实含有淀粉,在东方常可供生食或煮熟食用。爱斯基摩人还将根茎晒干磨粉以制面包。
alivenca (Ru.) 干酪点心　产于罗马尼亚农村地区的一种风味点心。
alizarin 茜草红
　参见 madder
alkalescents 弱碱性食物　指含有钠、钾、镁等元素的食品,其中动物性食品只有牛奶和血;植物性食品则多,如蔬菜和水果等。有趣的是有些酸味食品,如柠檬和醋栗等均属于弱碱性食物。参见 basic food
alkaloids 生物碱　也叫植物盐基。咖啡、茶和巧克力等食品中含量较高,具有兴奋作用。
alkanet 紫朱草　也叫牛舌草,为产于欧洲的一种草本植物。常将其根磨制成一种红色的食品着色剂。
alkekenge 灯笼果　一种酸味茄科浆果,略带甜味。也作 strawberry tomato
alkermes 胭脂红利口酒　一种鲜红色的浓利口酒,产于意大利。由在白兰地酒中加入月桂、肉豆蔻、丁香和肉桂等调香料和胭脂虫粉色素调配

alki 掺水酒精
参见 alcohol

Alkohol (G.) 酒精
参见 alcohol

all bran 全麸面粉 一种含麸皮的营养面粉,用于制作各种早餐保健食品。由于粗纤维含量高而有软化粪便、预防结肠癌等作用,故有益于人体的健康。该面粉最早由英国 Kellogg 公司生产。

all day sucker 棒糖
参见 lolly

all grenat (F.) 蒜泥沙司
参见 bouillade

all the way (Am.) 巧克力三明治 以莴苣、洋葱、黄油和蛋黄酱作馅料,外涂巧克力酱。

alla (It.) 按…式的
参见 à la

alla salute (It.) 祝你健康 敬酒用语。

allache (F.) 地中海沙丁鱼
参见 sardine

allaria 蒜芥 具有十分浓烈的大蒜味,可用作色拉的调味料。

all'arrabbiata (It.) 爆炒 用旺火迅速在热油中翻炒。参见 stir-fry

Allasch Kümmel (G.) 茴香酒 德国东部邻近波兰边境的地区酿制的一种烈性酒,其配料还包括苦杏仁、当归和橙皮等。香味浓郁,味略甜,含酒精约 41%。

alléchant (F.) 引起食欲的
参见 appetizer

alleluia (F.) 酢酱草
参见 sorrel

Allemande, à l' (F.) 德国式 指以面条、熏肠、泡菜和土豆泥作配料的菜,并使用酸味奶油沙司作野味的佐料。参见 Allemande sauce

Allemande sauce 德国沙司 一种浓厚的黄色沙司,以小牛肉鲜汁、蛋黄、奶油、柠檬汁和肉豆蔻等为配料制成。该词源自沙司的产地,以区别于棕色的西班牙沙司。

Allerlei (G.) 蔬菜水果凉拌
参见 Macédoine, à la

allesso (It.) 1. 煮的,炖的 2. 煮肉,炖肉

alliacé(e) (F.) 大蒜的
参见 alliaceous

alliaceous 大蒜的 指具有大蒜或洋葱气味的,也包括具有这种气味的植物,如大蒜、葱、韭菜和洋葱等。

allice 河鲱 也叫糟白鱼或大肚鲱。
参见 alewife

Allice and round pompano 大肚鲱
参见 alewife

alligator 短鼻鳄 一种美洲鳄,一般可长达 15 米。鳄肉可食用,有麝香味,以腿肉和尾肉最佳。也作 cayman

alligator apple 人心果
参见 sapodilla

alligator fish 海盗鱼
参见 pogge

alligator pear 鳄梨
参见 avocado

alligator tortoise 鳖 也叫甲鱼或团鱼,卵生爬行动物,营养丰富,蛋白质含量很高。参见 turtle

Allinson bread 阿林森全麦面包 用全粒小麦粉制成的一种市售商品面包,由英国人阿林森氏于 19 世纪末创制,美国人格雷厄姆也同时创制。参见 Graham bread

allis 河鲱
参见 alewife

Allison tuna 黄鳍金枪鱼 一种可食用的海水鱼,以美国鱼类学家 James Allison(1920—)命名。

allmouth 鮟鱇
参见 goosefish

all-night dough 隔夜面团 也指存放时间过长的面团,往往不能很好发起。

allodola (It.) 云雀
参见 lark

allonge (F.) 挂肉钩 指在肉铺中使用的铁钩。

allongé (F.) 冲淡 尤指在饮料或酒

中搀水。

all-purpose flour 通用面粉　指既适于烤制面包,也适于烤制蛋糕,符合各种烹饪要求的硬质小麦粉,但不用于制最精美的糕点。

all-sorts (Am.) 什锦糖果　指将各种不同的糖果,如硬糖、水果糖、软糖、乳脂糖、牛轧糖等混合出售。

allspice 多香果　桃金娘科热带常绿树,原产于西印度群岛和中美洲。浆果可提取香料,其风味综合了丁香、桂皮和肉豆蔻等的香味。广泛用作烘烤、腌制食品和肉馅的调香料。果实含丰富的精油,是烹饪常用的高级调香料。过去曾误称为牙买加胡椒。

allumette (F.) 冰糖细条酥　一种甜食,常作为餐前拼盘的配料。有时也指炸土豆条。

allumette à la reine (F.) 王后式细条酥　以鸡脯肉和块菌作配料,再淋以浓肉汁沙司的一种点心。

almavica (It.) 粗粉布丁
参见 semolina

Almeira 阿尔梅拉葡萄　一种淡绿色的葡萄品种,味甜,产于西班牙。

almeja (Sp.) 蛤蜊　指缀锦蛤、帘蛤和贴只等的通称。参见 clam

almejón (Sp.) 贻贝
参见 mussel

almendra (Sp.) 杏仁
参见 almond

almôco (P.) 午餐会
参见 luncheon

almodrote (Sp.) 奶酪蒜油　用油、蒜和奶酪等调制的一种调味汁。

almojabana (Sp.) 1. 奶酪饼　2. 奶油鸡蛋饼

almond 扁桃　俗称杏仁,原产于西南亚的一种乔木,坚果有甜仁型和苦仁型两种。甜杏仁通常作干果,也可烹食,制杏仁油和杏仁粉,用于作糖果和糕点的配料。苦杏仁含50%的固定油,除去氢氰酸后可用作食品和利口酒的调香料,也可生吃或作鱼、肉等菜肴的配料。扁桃的主要生产国为美国、西班牙、意大利和伊朗等。

almond, blanched 去皮杏仁　把杏仁投入沸水,然后取出剥去表皮,用于作糕点的配饰,也可用作糖果、冰淇淋等的配料。

almond butter 杏仁脂　将杏仁去皮碾碎制成酱状,拌入黄油后经过滤制成,可用于制开胃品或汤等。

almond cake 杏仁蛋糕　以杏仁点缀的蛋糕或以杏仁露、杏仁霜及杏子酒作配料的蛋糕。该词有时指榨取杏仁油后剩下的杏仁渣饼。

almond cream 杏仁酪　用鸡蛋、黄油、杏仁粉与糖成的一种甜食。

almond, devilled 辣杏仁　将甜杏仁去皮后先用油炸熟,再用盐和辣椒粉调味,作为一种点心或开胃品。

almond essence 杏仁精　将苦杏仁经压榨去除油脂,然后浸以酒精,经发酵和蒸馏后成为杏仁香精。可作为糕点、饼干和布丁的调香剂。

almond extract 杏仁精
参见 almond essence

almond junket 杏仁豆腐　一种以杏仁粉和明胶等为原料制成的果冻状甜食。

almond meal 杏仁粉　把经过沸水煮烫去皮的杏仁经碾碎而成的粉末,用作糕点的馅料或涂抹酱。

almond milk 杏仁露　一种杏仁甜味饮料。

almond oil 杏仁油　也称作苦杏仁油,一种无色或淡黄色的温和脂肪性油。用杏仁榨出,除去其所含有的氢氰酸后,用作调味。

almond paste 杏仁酱　以杏仁、糖粉和其他调料制成的调味酱,用作糕点的馅料或涂抹料。

almond sauce 杏仁汁
参见 almond paste

almond, sugared 糖衣杏仁　用麦芽糖或糖浆裹苦杏仁或甜杏仁制成的一种点心。

almond syrup 杏仁酱
参见 almond paste

almôndega (P.) 肉丸
参见 albóndiga

almori (Sp.) （做糕点用）面团
参见 dough

almuerzo (Sp.) 午餐
参见 lunch

aloe 芦荟 也叫沉香，是一种百合科乳汁植物，可用于提炼成调味香料。

aloque (Sp.) 淡红葡萄酒
参见 rosé

alose (F.) 美洲西鲱 产于大西洋，味美多刺，被称为鲱鱼之王。参见 shad

alose de l'Adour (F.) 阿杜式西鲱 法国加斯科涅风味。常指以酢酱草作填馅并与火腿一起烘烤而成的西鲱菜肴。

alouette (F.) 云雀 在法式菜肴中，云雀常被用来制成肉糜作馅或在煮砂锅中作为一种配菜。参见 lark

alouette de mer (F.) 沙锥
参见 snipe

alouette sans tête (F.) 带馅肉片卷 一种法式菜肴名，因形似去头的云雀而得名。

Aloxe-Corton (F.) 阿洛克斯·科尔通酒 参见 Corton

aloyau (F.) 牛腰肉 常指连臀牛腰肉，肉质细嫩。参见 sirloin

alphabet soup 字母汤 一种以字母形通心粉煮成的清汤，加入肉汁或蔬菜等配料。

alphabétique (F.) 字母形面 常用于制字母汤。参见 alphabet soup

alphee (F.) 小龙虾
参见 alpheus

alpheus 小龙虾 产于法国沿海以及地中海海域，比普通龙虾略小，烹调方法与龙虾相同。

Alphonse (F.) 阿方索 指西班牙国王阿方索八世，1902—1931 年在位。以其命名的菜有 filets de sole Alphonse 等。

alpine yarrow 蓍草 也叫锯齿草，多年生草本植物，茎有棱，叶子互生，呈羽状深裂。全草可入药，有健胃作用，其茎和叶含芳香油，可作调味香料。

Alpino salami 高山萨拉米香肠 一种不经熏制的猪牛肉混合香肠，产于欧洲的瑞士等地。

alpiste (F.) 虉草
参见 canary grass

Alpkäse (G.) 阿尔卑斯干酪 瑞士的一种软质奶酪，重7—10千克，一般需成熟半年以上。

alque (F.) 海雀
参见 auk

Alsace (F.) 阿尔萨斯 法国的主要酿酒区之一，以斯特拉斯堡为中心，面对黑森林。生产多种优质葡萄酒，采用的葡萄品种有雪尔瓦纳、雷司令和灰比诺等。用绿色的长颈酒瓶盛装，口味独特，其中四分之三为 AOC 酒。

Alsacienne, à l' (F.) 阿尔萨斯式 指若干种烹调方法，如用酸泡菜、斯特拉斯堡香肠、土豆，偶尔也用鹅肝酱作配料的肉类或鸡，再以雷司令白葡萄酒调味。阿尔萨斯在法国东部，邻近德国边境，历史上多次隶属德国，故菜肴具有强烈的德国风味。

Alse (G.) 西鲱
参见 shad

Altbier (G.) 上面啤酒
参见 ale

Alter Kuhkäse (G.) 陈干酪 德国的一种酸奶干酪，味浓重芳香。

alubia (Sp.) 豆类
参见 bean

alum 明矾 一种复合硫酸盐，具有收敛作用，曾作为食品配料，如油炸食品的膨松剂等。因对人体健康有害，现为欧洲法律所禁用。

aluminite 矾土瓷 一种能耐高温的瓷器，色泽洁白，能制成各种炊具和餐具。

aluminium 铝 一种银白色的金属，硬度高，导热性能好，重量轻，是厨房设备中用处最广的金属之一。与各种酒类、咖啡和茶等不发生作用，因而受到人们的重视。

aluminium foil 铝箔
参见 alfoil

alupag 大戟木 产于菲律宾等地的一种灌木植物，其甜味果实可供食用。

alyssum 荠菜
参见 pickpurse

alzavola (It.) 绿翅鸭 烹调方法同普通野鸭。参见 mallard

amabile (It.) （葡萄酒）甜味的
参见 dry

amalgamer (F.) 混合，搅拌
参见 blend

amande (F.) 杏仁
参见 almond

amandes, crème d' (F.) 杏仁甜露酒 一种低度甜味利口酒，可用作餐后消食酒。

amandine (F.) 加杏仁的 或指杏仁经去皮与切片的。

amanita 蛤蟆菌 一种可食蕈类，但有一些品种有毒。参见 fungus

amanite (F.) 鹅膏菌
参见 fungus

amarante (F.) 苋菜
参见 amaranth

amaranth 苋菜 一年生草本植物，茎细长，叶子呈椭圆形，有长柄，色泽紫或绿均为。其花绿白色，在法国可作为凉拌，而意大利则采用苋菜叶作凉拌，是一种常见的蔬菜品种。苋菜叶还可用于提取一种叫苋红的紫红色食用色素。

amarelle 酸樱桃 以欧洲樱桃栽培而成的品种，其液汁色淡，与黑樱桃汁不同，可用于酿酒和冲饮果子露。

amarena (It.) 酸樱桃
参见 amarelle

amaretto (It.) 杏仁利口酒 一种香料型餐后酒，事实上可能仅用杏仁核为原料酿制。常用于作冰淇淋、咖啡和各种糕点及甜食的调香料。最初酿于意大利，近年来传入美国。

Amaretto di Saronno (It.) 萨罗诺杏仁酒 一种杏仁利口酒，呈深琥珀色，口味清新，味略甜，含酒精28%。产于意大利的萨罗诺镇，据说创始于1525年。

amargo (Sp.) 苦的
参见 flavour

amaro (It.) 苦的
参见 flavour

Amaro Cora (It.) 科拉酒 意大利产的一种芳香苦味酒，饮时须加冰和苏打水。

amassette (F.) 刮铲 一种厨房炊事工具。参见 spatula

amazake (J.) 甜米酒
参见 sake

Amazon canistrum 亚马孙凤梨
参见 pineapple

Ambalema (Sp.) 安白伦玛 一种烟草品种名，可用于制雪茄。

Ambassadeur (F.) 大使酒 一种增香开胃酒，味略苦，可纯饮或用于调配鸡尾酒。有时搀入伏特加以增加酒度。

ambassadrice (F.) 1. 虾仁板鱼卷 一种鱼类主菜，用沸水煮后佐以浓奶油沙司食用。2. 嫩煎鸡块 或煎肉块，用蘑菇、鸡肝、鸡冠、鸡腰和块菌作配料，并淋以马德拉沙司。

ambercane 南非甜黍 一种高粱属谷物，主要用作饲料或粗粮。参见 sorghum

amberfish 鲫鱼
参见 amberjack

ambergris 龙涎香 在巨头鲸肠道内形成的一种固体物质，呈黑色，质软，遇阳光、空气和海水则硬化，并产生宜人的香气。另有一种龙涎香类植物也可提取类似的香精。龙涎香在东方主要用作食品调味；在西方则用作高级香精的定香剂。

amberjack (Am.) 鲫鱼 产于大西洋沿岸的一种海洋食用鱼，体型大，肉味鲜美。

ambigue (F.) 双拼冷餐 同时有肉类和甜食的冷餐，常供应自助午餐。

ambrette (F.) 1. 麝香梨 一种产于法国的餐后食用梨品种。味甜，因其有突出的麝香味而得名。2. 麝香槿
参见 abelmosk

ambrosia 1. 美味珍馐 原指传说中希腊奥林匹亚山上诸神的食品，现用于指各种芳香食品。2. 餐后烩水果 上覆盖椰丝和奶油，为美国的一种

ambry 食橱 一种立式橱，用以盛放食品和餐具。参见 cupboard

ameaux (F.) 鸡蛋泡夫 一种用松软的糕点。参见 puff paste

amêijoa (P.) 蛤蜊
参见 clam

ameiurus 鼠尾鲇鱼 一种淡水鱼类，包括北美洲产的美洲鲴鱼。参见 catfish

amelanchier (F.) 唐棣 一种甜而可口的浆果状梨果。参见 shadbush

améléon (F.) 阿梅林酒 法国诺曼底地区产的一种苹果白兰地。

Amélie (F.) 阿梅莉 指法国国王路易·菲利普的王妃 Marie Amélie (1782—1866)。以其命名了许多蛋类菜肴。

Amer Picon (F.) 亚马·皮孔酒 法国的一种苦味利口酒，常加入糖浆或醋类汁等增甜后作为开胃酒。

Américaine, à l' (F.) 美国式 指以黄油炸西红柿制成西红柿酱后加入洋葱末、葱头、大蒜、欧芹、香旱芹和龙蒿等芳香植物，然后淋以白兰地或白葡萄酒制成调味沙司，用来饰配各种菜肴的佐餐方式。该词还指一种鲜美的家养牡蛎品种。

American aloe 龙舌兰
参见 agave

American artichoke 菊蓟 产于北美洲的一种洋蓟品种。参见 artichoke

American bread 美式面包 常混和大豆粉制成的一种营养面包。参见 Graham bread

American bunch grape 美国蔓荽葡萄 参见 foxy

American Can Company 美国制罐公司 美国大公司名，1901年创建，其主要业务为向罐头食品业供应金属罐头。本世纪又发展了纸和塑料包装，其所制造的迪克西纸杯已成为餐饮业家喻户晓的产品。参见 dixie cup

American cheese 美国干酪 指在美国生产的切德干酪。参见 cheddar

American crab apple 野香海棠 美国东部的一种乔木，果实呈黄色，味酸，常用于制果酱和蜜饯。

American cranberry 大果越桔 也称大酸果蔓。参见 cranberry

American fried potatoes 美式土豆煎饼 将土豆泥压成扁圆形，加入黄油煎至两面呈金黄色即成。

American frosting 美式糖霜 一种软质糖霜，用于糕点的点缀。参见 icing

American ginseng 西洋参 原产于美洲的一种参，性温和滋阴，与朝鲜的高丽参和中国的长白山参同为人参中的名贵品种。

American gooseberry 美国鹅莓 热带美洲的一种灌木植物，所产果实类似草莓。

American lobster 美洲龙虾
参见 Maine lobster

American salad 美式色拉 以胡萝卜、土豆、番茄、芹菜丝和硬煮蛋等为配料拌制的一种凉拌，加入调味料即成。

American service 美式餐桌服务 也叫盘式服务，由宴席的东道主负责切开肉或鱼等菜肴，并将餐盘传递给宾客，依次取用。蔬菜等则由客人随意从餐盘中取用。参见 Russian service

American Summer Pearmain, the 祝光苹果 一种苹果品种。参见 White Winter Pearmain

American tossed salad 美式色拉
参见 American salad

American watercress 圆叶水芹 一种蔬菜植物，有极薄的叶片，可用作凉拌或汤的配料。

American whiskey 美国威士忌 指用玉米酿成的波旁威士忌或其他麦芽威士忌。酿制方法与苏格兰威士忌有所不同，因而口味也不一样。参见 bourbon

American white walnut 灰胡桃
参见 walnut

American wine 美国葡萄酒 泛指产于加利福尼亚、纽约、俄亥俄和弗吉尼亚诸州的各种葡萄酒。品种多,质量高,常可与欧洲的一些名酒媲美。尤其在加利福尼亚,其酿酒方式已经现代化。用大型不锈钢桶代替橡木桶,机械化程度极高。除供本国消费外,大量出口到欧洲等地。

amidon (F.) 淀粉
参见 starch

Amiens (F.) 亚眠 法国城市,以安杜叶香肠和鸭馅饼著称。参见 andouille

amincir (F.) 弄薄,变细 指将肉切成薄片或将面团搓成细条等加工方法。

amino acid 氨基酸 一种含有氨基和羧基的有机化合物,是组成蛋白质的基本单位。参见 protein

amiral, à l' (F.) 海军元帅式 指以块菌或蘑菇作配菜的各种海味,包括虾、蟹、贻贝和牡蛎等。

Amish baby Swiss 小瑞士干酪 产于美国俄亥俄州的一种烟熏干酪,以厂商命名。

ammaperdrix 欧洲斑鸠 原产于阿尔及利亚、印度和伊朗等地。腿部有红色羽毛,味鲜美。

ammocète (F.) 幼七鳃鳗 产于塞纳河口的一种法国鱼类,烹调方法与鳗鲡相同。

ammonia water 氨水 俗称阿摩尼亚,是一种高效的厨房洗涤剂。因具有强烈刺激气味,现已改用各种芳香洗涤剂。

amome (F.) 小豆蔻
参见 cardamom

amomum 豆蔻
参见 nutmeg

Amontillado (Sp.) 阿蒙蒂拉多酒 西班牙赫雷斯地方产的一种雪利型白葡萄酒,色淡不甜,一般陈酿8—14年,含酒精18%。其字面含义为仿制蒙特拉酒。参见 Montilla

amoroso (Sp.) 阿莫罗索酒 西班牙的一种深色甜味雪利酒。参见 sherry

Amou (F.) 阿姆干酪 法国加斯科涅省的一种羊奶酪,呈圆盘状,含乳脂45—50%,重4—5千克。

amouille (F.) 初乳
参见 beestings

amourettes (F.) 1. 牛骨髓 一种营养丰富的食品,常切成细条状,裹以面包屑用油炸脆后食用。2. 阿姆莱特酒 一种利口酒,常用来代替苦艾酒。参见 absinthe

Ampfer (G.) 酢酱草
参见 sorrel

Amphicles 安非克勒斯 古希腊著名厨师,曾创始烹调小猪的方法,即将猪以水煮熟,垫以洋苏叶等作点缀即成。他对各种芳香植物在菜肴中的应用有独到的研究。

amphora 双耳陶罐 希腊陶器中主要造型之一,制作年代为公元前900年。瓶颈细窄、有双柄,平均高度45厘米,容量22—29升。可用于盛橄榄、谷类、油类和酒等。

ampoule 细颈瓶 一种小酒瓶,用于装样品酒,容量为通常的十分之一。

ampulla (It.) 圣油瓶 古罗马的一种细颈油瓶或酒瓶。

Amstel (Du.) 阿姆斯特丹啤酒 一种著名荷兰啤酒。

Amundsen macaroni 阿蒙森通心面 一种通心面品种,以挪威航海家阿蒙森命名,他在1911年到达南极。

amuse-gueule (F.) 餐前开胃品 如小块三明治、菜肴吐司、咸饼干等,用于佐饮开胃酒。参见 canapé

amygdala (L.) 杏仁
参见 almond

amygdalaceous 樱属植物的 泛指如桃、杏、樱桃等多肉的水果植物。

amylase 淀粉酶 催化淀粉分子分解的一类消化酶,有的存在于酵母中。淀粉酶制剂可用于将谷类食物转变为可发酵的糖。

anabas 攀鲈 产于非洲及东南亚等地的一种鲈鱼,因能离水攀树而得名。味鲜美。

anacarde (F.) 鸡腰果

参见 cashew

anada (Sp.) 佳酿 指一种未经勾兑的陈年原酒。

anadama bread 安娜面包 一种以小麦粉、玉米粉和糖蜜制成的发酵面包。该面包源自一位叫安娜的渔夫妻子,她每天为丈夫准备的玉米面包没有发过酵,硬而无味。丈夫于是在一天晚上自己放入酵母,口味立刻十分可口。渔夫禁不住说道:'Anna, damn her!'

anadara (R.) 赤贝 一种小海贝,产于沿海浅水区,味鲜美。参见 baby clam

anakajam (Ma.) 焖炖嫩子鸡
参见 spring chicken

analcolico (It.) 软饮料 指不含酒精的果汁饮料。参见 soft drink

analeptic 滋补饮料 指任何一种用于恢复体力的兴奋性营养饮料,如牛肉汁、肉冻、巧克力酱、木薯粉汁和药酒等。

analogue 代用食品 如人造肉或无盐酱油等。参见 engineered food

anana (Sp.) 菠萝
参见 pineapple

ananas (F.) 菠萝
参见 pineapple

Ananas, Crème d' (F.) 菠萝甜露酒 以朗姆酒为基酒,加入菠萝香精,然后在木桶中陈酿而成。色泽金黄,风味独特。

ananasso (It.) 菠萝
参见 pineapple

anato 果红 也叫胭脂树橙,一种食用色素。参见 annatto

anchoa (Sp.) 鳀鱼
参见 anchovy

anchoiade (F.) 大蒜鳀鱼酱 通常用于涂在面包片上作为餐前点心。由大蒜末和鳀鱼肉泥拌和而成,味咸而鲜美。

anchois (F.) 鳀鱼
参见 anchovy

anchois de Norvège (F.) 黍鲱
参见 shad

anchor cap 咬口瓶盖 一种饮料或啤酒瓶盖,其盖边有几个卡点,经用机械压扣后可抓紧瓶口。参见 pilfer proof cap

anchovy 鳀鱼 也叫鲟鱼或凤尾鱼。一种银白色的扁平鱼类,尾部细长,常被腌制成咸鱼或制成罐头。咸鳀鱼酱是受到西方高度重视的调味料之一。

anchovy butter 鳀鱼酱 将鳀鱼去骨后碾碎,加入盐和香料。常少量用于烹调中的调味,也可制成罐头出售。

anchovy oil 鳀鱼油 挤压鳀鱼肉而成的一种油,用于调味。

anchovy paste 鳀鱼酱
参见 anchovy butter

anchovy pear 鳀梨 西印度群岛的一种乔木,其果实常糖渍或蜜饯食用。

anchovy sauce 鳀鱼沙司 将鳀鱼经腌制后捶碎,加入蘑菇、块菌和各种配料,用于佐食其他食品。

anchovy spear 鳀鱼叉 食用鳀鱼类开胃菜用的一种三齿餐叉。

anchoyade (F.) 大蒜鳀鱼酱
参见 anchoiade

anchusa 牛舌草
参见 bugloss

ancienne, à l' (F.) 古风式 指传统的几种牛肉烹调法,如烧、焖、烩等,加入各种配料。也指以酥面点心配饰的牛、羊、鸡肉。

ancobar 安康芦花鸡 由安康鸡和白洛克鸡杂交而成的优良蛋肉兼用鸡。

Ancona (It.) 安科纳鸡 原产于意大利安科纳的肉用鸡,其羽毛有黑白相间的花斑。

Andalouse, à l' (F.) 安达卢西亚式 指以蛋黄酱、番茄酱、甜椒、胡椒、大米、茄子和香肠等为配料的各种菜式。安达卢西亚是西班牙古地名,包括今天塞维尔和马拉加等地区。

Andalusian 安达卢西亚鸡 产于地中海西班牙沿岸的一种鸡的品种,与莱亨鸡相似。参见 Leghorn

andiron 烤肉铁架
参见 firedog

andouille (F.) 安杜叶香肠 一种法式烟熏香肠，以猪杂碎肉制成，通常冷食。主要产于法国的亚眠等地。该词原意即为"香肠"。

andouillette (F.) 小安杜叶香肠 通常油炸食用。参见 andouille

Androuet (F.) 安德罗埃 法国巴黎的著名干酪销售商，并经营餐厅和写作。全名为 Pierre Androuet。

anelletto gratino (It.) 面拖炸目鱼 将目鱼切成环状，涂以面糊，用深油锅炸成棕黄色即成，是意大利西西里岛的一种风味。

anello (It.) 小圆面包
参见 roll

anemone de mer (F.) 海葵 一种水生动物，偶尔可用作食品。有时泛指海星、水母和海蜇等。

aneth 小茴香
参见 dill

aneth doux (F.) 大茴香
参见 fennel

aneto (It.) 小茴香
参见 dill

aneurin 硫胺 能维持正常代谢及神经消化系统功能，用于防治缺乏维生素所致的脚气病，也叫维生素 B₁。
参见 vitamin

anfora (It.) 1.安弗拉 意大利酒量单位，约合114加仑。2.(希腊、罗马的)酒罐 参见 amphora

ange (F.) 天使鲨 产于大西洋沿岸的一种扁鲨，可供食用。参见 shark

angel bread 天使面包 用伞菌、姜和燕麦粉制成，因色泽洁白而得名。

angel cake (Am.) 天使蛋糕 也叫安琪儿蛋糕，是一种用面粉、糖和蛋白制成的卷筒蛋糕。松软可口，洁白细腻。

angel on horseback 熏肉夹牡蛎卷 俗称马背天使。将牡蛎肉卷在熏肉片内，用扦子扎起串烤，烤熟后夹入面包片内，再浇上蛋液和其他调味料。

angel onion 角葱 一种白色葱，用于调味。

angel pie 天使馅饼 一种餐后甜点，色泽洁白。以压碎的水果如草莓等加搅打乳脂填入蛋白酥皮内，经烘焙而成。

angel's food (Am.) 天使蛋糕
参见 angel cake

angel's kiss (Am.) 天使吻 一种鸡尾酒，形似彩虹，也叫彩虹酒。用棕色可可酒、绿色薄荷酒、红色樱桃利口酒和黄色的白兰地加稀奶油分层次倒入杯中配成。参见 Pousse Café

angelfish 神仙鱼 一些鲈形目鱼类的统称，色泽艳丽，体型侧扁，绝大部分为观赏鱼。但刺盖鱼科神仙鱼也叫乌鲂，可供食用。

Angelica 安琪利加酒 一种伴甜食用的甜白葡萄酒，与雪利酒风味相似。因产于美国洛杉矶(Los Angeles)附近而得名，是利福尼亚最老的一种酒。由18世纪西班牙带到当地的密星葡萄品种酿造。

angelica 当归 伞形科芳香草本植物，品种有圆当归和白芷等。产于欧亚大陆各地。其根和叶可提炼当归油，用于利口酒和糖果的调味，其嫩苗在冰岛等可用作蔬菜。糖渍当归则可作甜点的配饰。

angelica oil 当归油 具有麝香香味的一种香精油，由当归的根制得，主要用于利口酒的调香剂。

angelique 当归酒 以当归油和其他调味剂如芫荽和苦杏仁油等加酒精调配的一种烈性酒。

Angelot (F.) 小天使干酪 法国诺曼底的奥格(Auge)地方产的一种小干酪，质软色淡。可能源自产地名，但拼法搞错了一个字母。

Angers (F.) 昂热 法国西部安茹地区城市名，以科涅克酒和多种菜肴闻名。参见 Anjou

anges à cheval (F.) 熏肉夹牡蛎卷
参见 angel on horseback

Angevine, à l' (F.) 安茹式 安茹在法国西部，所产的葡萄成熟早、味甜，果肉呈淡黄色。该式指用安茹葡萄酒作主要烹调用料之一的菜式。参见 Anjou

Angier (F.) 昂热酒 法国科涅克白兰地的酒牌之一，创始于 1643 年。口味豪华，价格昂贵。据说曾为纪念法国国王路易十世登基而特酿的。参见 cognac

Anglaise, à l' (F.) 英国式 指用水煮、蒸和烫的各种鱼类菜肴，或用鸡蛋和面包屑裹后油炸的鱼等菜式。

angler (Am.) 鮟鱇
参见 goosefish

Anglet (F.) 安格列 距法国巴荣讷市 4 公里的小镇，靠近海岸。产一种著名的葡萄酒 Vin de sable。

angoni 安格尼牛 非洲东部的一种肉用牛品种。参见 Angus

Angostura 安古斯吐拉酒 一种红色苦味朗姆酒，由委内瑞拉医生西格特（J. Siegert）在 1824 年发明。起初用于退热药酒，现广泛作为开胃酒饮用。主要产地在特立尼达和多巴哥等地。

angostura bark 安古斯吐拉树皮 也叫苦精，以一种产于南美洲的乔木树皮汁制成，味苦，是鸡尾酒的重要配料之一，也可作滋补药与退热药。

angostura bitters 苦精
参见 angostura bark

Angouléme (F.) 昂古莱姆 法国中部昂朗德地区（Charente）城市，以优质白兰地和鹌鹑肉糜等著称于世。

anguila (Sp.) 鳗鲡
参见 eel

anguille (F.) 鳗鲡
参见 eel

anguille à l'Angevine (F.) 安茹式鳗 一种熏肉填鳗，浇以虾味奶油沙司和安茹葡萄酒。

anguille à la Beaucaire (F.) 博凯尔式鳗 指以白兰地作调味的填馅鳗鲡菜肴。博凯尔为法国地区名。参见 Beaucaire, à la

anguille de mer (F.) 康吉鳗
参见 conger eel

anguillette (F.) 红鳗
参见 eel

Angus 安格斯牛
参见 Aberdeen Angus

anhydrated potato 脱水土豆 将土豆经去皮、煮熟和脱水制成干土豆片，食用前只需冲入沸水经烹调即可。

anhydrated vegetable 脱水蔬菜 将各种蔬菜煮熟后，经真空高温脱水成干片状，投入沸水即可食用，但滋味受到一定程度的影响。

anhydrous butter oil 无水黄油 将黄油经脱水而成，比重较大，不易变质。

aniba 安尼巴木 产于热带美洲的一种樟科乔木，具有芳香味的叶子和多汁的果实，可作滋补剂。

anice (It.) 茴芹
参见 anise

anice stellato (It.) 八角茴香
参见 badian anise

animal casing 动物肠衣 如猪肠、羊肠和小牛肠等，用于制香肠。

animal cracker (Am.) 动物饼干 一种动物形的小甜饼干，味脆，常加入芋粉以增加营养，是儿童喜爱的食品之一。

animella (It.) 小牛胸腺
参见 sweetbread

animelles (F.) 羊睾丸菜 以羊睾丸、羊肝和其他下水制成的一种杂烩，流行于法国、西班牙和意大利等国。

anis (F.) 1. 大茴香 2. 茴香酒 以蒸馏酒为基酒，加入茴香子制成，常作为鸡尾酒的拌料，含酒精 26%。该酒无色微甜，有甘草香味。法国的波尔多地区最早在 18 世纪即能酿制。

Anis del Mono (Sp.) 西班牙茴香酒 产于巴塞罗那。无色，味干或味甜均有，含酒精 38%。

anis étoile (F.) 八角茴香
参见 badian anise

anis vert (F.) 茴芹子
参见 aniseed

anise 茴芹 伞形科一年生草本植物，原产于埃及，现栽培于欧亚和北非地。茴芹籽多用于糕点调味，如德国的茴芹面包。茴芹油可用作苦艾酒和茴香酒的调香。

anise hyssop 北美藿香 一种草本植物,具有类似茴香的香味,故也用作调味料。

aniseed 茴芹子 也叫八角子、茴香子。色泽洋红,含有挥发性芳香油,常用作利口酒或食品的调香料,并具有药用价值。

aniseed star 八角茴香
参见 badian anise

Anisetta Stellata (It.) 星牌茴香酒 产于意大利,含酒精31%。

anisette cordial 大茴香酒
参见 anis

Aniskräpfchen (G.) 脆炸酥点
参见 fritter

Anislikör (G.) 茴香酒
参见 Pernod

anitra (It.) 鸭
参见 duck

anitra in creta (It.) 泥焙鸭 意大利艾米利亚·罗马涅地区的一种风味菜肴。在鸭子的肚内塞入肉、香料和各种调味,用泥包在外面,烘焙而成,颇类似于中国常熟的"叫化鸡"。

Anjou (F.) 1.安茹 法国产酒区名,在卢瓦尔河谷,盛产甜白葡萄酒和玫红葡萄酒,有些还是发泡酒。 2.安茹梨 一种有酒香味的黄梨,个儿大,用于水果甜食或罐头食品。

ankare (Sw. Da.) 安克 瑞典、丹麦等国的酒类液量单位,约合31—39升。参见 anker

anker 安克 荷兰、丹麦、瑞典等国的液量单位,用于酒精类液体时合37.85升,或10加仑。

Anna potatoes (Am.) 炸土豆片
参见 potato chip

annacquare (It.) 搀水,冲淡
参见 adulterant

annatto 胭脂树 或称红木,为美洲热带胭脂树科唯一乔木品种。其褐黄果可生产一种红色或黄色染料,用于黄油、干酪或人造黄油的着色,有时也叫果红。西印度群岛当地居民的菜肴常用该色素染色后食用。

annette (F.) 炸土豆片
参见 potato chip

Anniviers (F.) 阿尼维埃干酪 瑞士瓦莱州产的一种牛乳干酪,呈小圆柱形,重10千克,一般含乳脂45—48%。

annona 番荔枝 原产于南美洲,现种植于各热带地区。外形似洋蓟心,其色泽也相似,可用作水果。参见 sweetsop

Annot (F.) 阿诺干酪 法国尼斯地方产的一种绵羊干酪,重约1千克,质软味淡。

anolini (It.) 意大利小圆饺 一般有馅,佐以肉汁浓汤或黄油与干酪等。

ânon (F.) 鳕鱼 尤指产于英吉利海峡的一种白鳕鱼。参见 cod

anone (F.) 番荔枝
参见 sweetsop

anothole 茴香脑 一种碳氢化合物,因具有强烈的茴香味而得名。天然茴香和龙蒿等也含有茴香脑,可用于作糖果、甜食和甜酒的调香料。

Anrichte (G.) 1.餐具柜 2.配菜室,餐具室 参见 pantry

Anschnitt (G.) 面包头 泛指从面包、点心、烤肉等顶端切下的第一片食品。

anseikan 柚
参见 pomelo

ansonica (It.) 安佐尼卡酒 意大利托斯卡纳产的一种干白佐餐葡萄酒。

antelope 羚羊 一种哺乳动物,形状和山羊相似,雌雄皆有角,毛灰黄色,四肢细长,肉可供食用。羚羊角粉具有清热、解毒和平肝等作用,是名贵的药材。

anthofle (F.) 子丁香
参见 clove

anthony pig 乳猪
也有 suckling pig

Antiboise, à l' (F.) 昂蒂布式 指奶酪、大蒜、西红柿和沙丁鱼作配菜的菜肴。昂蒂布在法国南部,是地中海沿岸风景胜地城市。

Antillaise, à l' (F.) 安的列斯式 指用朗姆酒烹调或调味的菜肴。安的列

斯群岛在加勒比海地区。

antipasto (It.) 开胃菜 意大利烹饪中的第一道菜。家庭中用脆肉、熏肉、香肠、橄榄、咸鳀鱼、新鲜或腌渍蔬菜,并用奶酪和胡椒调味。在餐馆中则可增加海味色拉、蘑菇碎丁、蛋黄酱炖小牛肉等。参见 appetizer

antisepsis 防腐法 通过使用化学防腐剂达到杀菌防腐的目的。最简单的食品防腐是盐渍和烟熏,其次是加入防腐剂。参见 preservative

antiseptic 防腐剂 能抑制微生物的活性,从而破坏其生长机制的化学物质。常用于食品的防腐,多数对人体有毒性,如用于罐头食品的亚硝酸盐已被认为是一种致癌物质。参见 preservative

anti-staling agent 保鲜剂 一种能防止食品陈化的物质,尤指用于面包等烘焙食品中的保鲜剂。

Anversoise, à l' (F.) 安特卫普式 指用奶油浸泡啤酒花和茎作配料的肉、蛋和小牛胸腺等菜肴。安特卫普是比利时城市名。

AO (abbr.) (酒类)产地名称监制
参见 Appellation d'Origine

AOC (abbr.) (酒类)名称监制
参见 Appellation Contrôlée

aomi (J.) 青菜菜码 加在汤、菜、鱼和生鱼片中作配料的青菜片。

aonoriko (J.) 青海苔 一种绿色的海苔粉末,用作色素或食品的调味。参见 algae

aoudzé (F.) 香味辛辣沙司 起源于埃塞俄比亚的一种辣沙司,由辣椒、姜、丁香、百里香等作配料制成。

aparador (Sp.) 餐具柜
参见 cupboard

apee (Am.) 酸奶曲奇 一种脆酥甜点,以酸奶油、糖和黄油为主要配料烤成。该词源自该种点心的创制者,宾夕法尼亚州一位叫 Ann Page 的厨师。

apéritif (F.) 开胃酒 指在餐前饮用以引起食欲为目的的各种酒,一般不包括烈性酒。开胃酒可以是香槟酒或葡萄酒,也可以是雪利酒、苦艾酒甚至鸡尾酒等。

aperitivo (Sp.) 开胃酒
参见 apéritif

apéro (F.) 开胃酒
参见 apéritif

Apfel (G.) 苹果
参见 apple

Apfelmost (G.) 苹果酒
参见 cider

Apfelquitte (G.) 榅桲
参见 quince

Apfelsaft (G.) 苹果汁 一种淡金黄色软饮料,因不含酒精,受到妇女儿童的喜爱,是德国的著名饮料之一。

Apfelsine (G.) 橙
参见 orange

Apfelstrudel (G.) 烤苹果卷 一种德国点心。用薄面卷填入苹果、葡萄干、糖、黄油和柠檬汁,经烘焙即成。

aphie (F.) 鲉鱼
参见 rockfish

Aphrodite 美神酒 塞浦路斯产的一种干白葡萄酒,酒名源自希腊神话中的美神阿芙洛狄蒂。

Aphtonitus 阿夫托尼特斯 古希腊著名七大厨师之一,据说他发明了布丁。参见 Amphicles

api 红皮小苹果 英国一种苹果品种名。
参见 apple

Apicius 阿庇修斯 古罗马美食家。他将全部财产都用于饮食的研究,著有许多有关烹调的书籍,但均已失传。

A-pie (Am.) 苹果馅饼
参见 apple pie

apio (Sp.) 木薯
参见 cassava

aplet (Am.) 苹果糖 美国华盛顿州特产,用苹果、丁香、茴香、肉豆蔻和坚果仁等作配料,拌入明胶致凝即成。

apogon (F.) 天竺鲷 产于地中海的一种鲷属鱼,因其体表呈鲜红色,俗称红衣主教鱼。也作 cardinal fish

Apollinaris (G.) 阿波利那利斯 德国莱茵地区产的著名矿泉水名,质量上乘,无气泡。

apothecary jar 香料瓶 一种陶瓷有盖瓶,装饰华丽,用于盛放调香料。

appareil (F.) 套菜 指将各种菜肴的配料事先配齐的过程。

appel (Du.) 苹果
参见 apple

Appellation Contrôlée (F.) (酒类)名称监制 法国在1935年7月30日颁布了一项法规,规定质量优良的葡萄酒受到国家保护。经检验获准的名酒可在酒标上注明酒的产地、葡萄品种、酿造时间、厂商和含酒精百分比等。该法规确保了法国名酒的地位,并为酒的等级划分和购买者选购提供了依据。后来这种名称监制法规也扩展到其他食品。

Appellation d'Origine (F.) (酒类)原产地名称监制 据法国的一项法规,凡在葡萄酒酒牌上标明原产地名的酒为国家核准的优质酒,以保证该酒的来源纯正。参见 Appellation Contrôlée

appelmoes (Du.) 苹果酱
参见 apple sauce

äppelvin (Sw.) 苹果酒
参见 cider

appelwijn (Du.) 苹果白兰地
参见 calvados

Appennio sausage 亚平宁香肠 意大利的一种猪牛肉混合香肠,形粗大但不经烟熏,经风干而成。

Appenzell (G.) 阿彭策尔干酪 瑞士阿彭策尔地方产的一种牛奶干酪。干酪中有小孔,重6—8千克,质硬色白,外裹蜡纸,含乳脂50%。陈化前浸以苹果酒或白葡萄酒,故果香味特别浓郁。

Appert, Nicolas (F.) 尼古拉·阿佩尔 法国食品科学家,生卒年代为1750—1840。经过多次试验,他发明了真空瓶装食品的方法,被认为是现代罐头食品之父。他的发明曾受到拿破仑的重视,被应用于战争中。

appetence 食欲 一种进食的愿望,并进而到达开胃阶段。参见 appetite

appetising 开胃的 指能引起食欲的菜肴。其特点是色泽宜人,香浓可口,搭配得当,烹调符合口味等。

appétissant (F.) 开胃的 或指能引起食欲的。参见 appetising

appetite 食欲 指人由于文化背景不同而对食物有所偏好的一种生理现象。可伴有或不伴有饥饿感,并且对食品的色、香、味有所选择,对美味佳肴表现出极大的兴趣等。

appetite sild 醋渍鲱鱼片 一种用作开胃菜的冷食。参见 herring

appetitlich (G.) 开胃的
参见 appetising

appetitost (Da.) 开胃品
参见 appetizer

Appetitsbissen(G.) 开胃面包片 一种小方块面包片,上加各种肉和其他馅料。

appetizer 开胃品 正餐前用以刺激食欲的各种小吃或饮料,如菜肴吐司、冷盘等。口味以咸鲜与辛香为主,以区别于甜食。饮料则以开胃酒或鸡尾酒为主。参见 apéritif 和 hors-d'oeuvre

appetizer wine 开胃葡萄酒 一种从极干到半甜的加度葡萄酒,如雪利酒、苦艾酒等。通常在餐前饮用,或用作鸡尾酒的拼料。参见 apéritif

Appignato (F.) 松果干酪 法国科西嘉岛北部地区产的一种羊奶酪,因含有松果香味而得名。含乳脂45—50%。

apple 苹果 原产于温带地区的一种乔木果实。通常为圆形,味甜而富有营养,有重要的经济价值,品种愈百种。除作为水果外,广泛用于制成果酱和苹果酒。烹饪中也被用作烩、烤或腌制食品的配料。

apple banana 苹果蕉 一种比普通香蕉小的香味薄皮香蕉。

apple bonne femme 烤苹果 将苹果去核后,填入黄油和砂糖以及少量水烘焙而成的甜食。

apple brandy 苹果白兰地
参见 calvados

apple brown Betty 苹果千层酥 以

苹果酱和黄油面团等烤成的一种甜食,类似 charlotte。

apple butter 苹果泥 一种涂抹用调味酱,用苹果加糖和香料制成。

apple cake 苹果糕 以面粉、糖、奶油、苹果果肉和肉桂等香料烘烤而成的一种松软糕点。

apple charlotte 苹果酱吐司
参见 charlotte

apple cream 苹果酪 将苹果捣成泥,设法搅打入气泡而成,作为糕点的涂抹料。参见 apple butter

apple crumble 苹果屑布丁 将苹果切片,拌以面粉、人造黄油和糖,搓成面屑状烘烤而成。

apple dumpling 苹果饺 以苹果泥为馅的一种烘烤甜点,常用肉桂、豆蔻、黄油和糖作配料制成。

apple florentine 佛罗伦萨苹果 源于英国贝德福德(Bedford)的一种传统圣诞食品。用烤苹果、糖、柠檬等拌入油酥制成,油酥中常浸以啤酒调香。

apple fool 苹果冻糕 拌有糖、牛奶与奶油,并加入肉桂和丁香等调香的一种甜味糕点。

apple fritters 炸苹果片 一种甜味点心。将苹果切片后涂以面糊,放入深油锅中炸脆而成,其加工方法类似于炸土豆片。该词有时也指一种油炸的苹果馅饼。

apple gin 苹果金酒 一种绿黄色的杜松子酒,因含有一定比例的苹果汁而得名。

apple grunt 苹果馅饼
参见 apple pie

apple hedgehog 苹果刺猬 将苹果去核后填入苹果酱,做成刺猬形状,撒上杏仁屑和糖粉,再烘烤成金黄色,作为一道甜点。

apple honey 苹果蜜 一种澄清的浓缩苹果浆,在食品工业中用作调味剂。

apple Jonathan (Am.) 糖蜜苹果馅饼 参见 apple pandowdy

apple juice 苹果汁 经压榨苹果后直接取得,可用作饮料或酿制苹果酒。

apple meringue 苹果蛋白霜 将苹果泥与蛋白拌和经搅打后放入烤炉中烤黄,可用作糕点的点缀料。参见 apple snow

apple mint 圆叶薄荷 一种欧洲薄荷,常用于泡茶。参见 mint

apple nuggets 苹果干丁 一种松脆的苹果干小方块,含水分仅2%,可用于制苹果沙司。

apple of love 番茄 俚称。番茄最初传入欧洲时味酸,果小,由于其色泽鲜红,被人们用来作为装饰品及爱情的象征,故名。参见 tomato

apple pandowdy (Am.) 糖蜜苹果馅饼 一种美国式甜点心,和 apple pie 相似。

apple pie 苹果馅饼 俗称苹果攀。用面粉和起酥油、麦淇淋混合后制成面团酥皮壳,烘烤后填入苹果酱即成,是著名的西式甜点之一。

apple pudding 苹果布丁 用苹果肉、面包屑、黄油、鸡蛋、糖等混合填入布丁模中隔水炖成,浇以热糖汁作配饰。

apple pulp 苹果肉 指切碎的苹果肉,可用于制苹果酱等。

apple sass (Am.) 苹果沙司
参见 apple sauce

apple sauce 苹果沙司 也叫苹果酱。制法为将苹果切片烩熟,加入糖、柠檬汁、肉桂和洋葱末等配料,可作为餐末点心或调味酱。

apple sauce fluff 苹果冻 将苹果沙司与明胶混合,搅打成透明状,作为一种甜食。

apple snow 苹果霜 将蛋白与苹果沙司混合后搅匀,经冷冻后成为一种甜食,流行于本世纪初。

apple tansy 炸苹果脆片 将苹果片涂以面糊、鸡蛋和奶油,用黄油炸脆即成。也作 apple fritters

apple toddy 苹果托地 一种含有苹果肉的热酒精饮料,参见附录。

apple vinegar 苹果醋 以苹果汁为原料制成的甜味醋。

apple whip 苹果冷饮 以苹果酱、糖、蛋白和柠檬汁调制而成的一种甜味冷饮。

appleberry 苹果藤果实 产于澳大利亚。有令人愉快的酸味，可食用。

applejack (Am.) 苹果白兰地 从冰冻的苹果酒中取出其未冻结的部分，含酒精度一般达到 40%，作为烈性酒饮用。参见 calvados

applejack and Benedictine 苹果白兰地与本尼迪克丁酒 为以上两种酒的混合调配酒，酒品单上常标记为 A and B。

applejohn 约翰苹果 欧洲的一种苹果品种，其特点是在风干后能增进风味，滋味更甜。

apprêter (F.) 烹调 在法语中常指烹调过程的完成。参见 cooking

âpreté (F.) 涩味
参见 astringent

apricoat (Am.) 涂以杏子酱的 有时也指糕点等淋以杏子甜露酒的。该词是 apricot 和 coating 两词的缩略词。

apricot 杏 蔷薇科乔木，普遍栽培于世界温带地区。杏原产中国，品种很多，18 世纪由传教士带到加利福尼亚。杏富含维生素 A 和天然糖分。鲜果可食用，也可制成果酱、罐头、杏干和酿酒等。杏仁有的味甜，有的则有毒。杏干也叫杏脯，富含铁质。

apricot à l'ancienne (F.) 古典式甜杏 一种餐后甜食，将杏子分成两半，除去杏核，浸入糖浆中，然后取出放在蛋糕上作点缀，上撒杏仁屑即成。

apricot brandy 杏子白兰地 用成熟的杏子或杏仁发酵并蒸馏而成，含酒精 32%。

apricot gin 杏子金酒
参见 apricot brandy

apricot palm 杏椰 巴西产的一种椰子品种，有杏的香味，味甜。

apricot plum 红李 原产于中国的一种李子，略具收敛风味。

apricot shine 杏子酱 常用来涂于糕点的表面，作为配饰料。

apricot-kernel oil 杏仁油 从杏仁中榨出的油脂，用作调味。

Aprikose (G.) 杏
参见 apricot

apriscatole (It.) 开听刀
参见 can-opener

apron 1. 厨房围裙 2. 欧鲈 一种小鲈鱼，体长约 18cm，上体呈棕黄色，并有深黑条纹，腹部为灰色。肉味鲜美，烹调方法同 perch。

Apry (F.) 阿普利白兰地 法国波尔多地区产的一种著名杏子白兰地，据说酿酒师为 Marie Brizard。

aqua mirabilis (L.) 芳香药酒 一种古老的兴奋饮料，由酒精、鼠尾草、香薄荷和其他调香料制成，有滋补作用。

aqua vitae (L.) 烈性酒 指以蒸馏法制得的意大利烈酒，和白兰地相似，字面含义为"生命之水"。参见 Eau-de-Vie

aquavit 露酒 一种无色透明或淡黄色的香料型蒸馏酒，味淡，含酒精 42—45%。用土豆作原料，加入葛缕子、枯茗子、柑橘皮、小豆蔻和小茴香等一同蒸馏而成，一般不经陈酿。主要产于斯堪的纳维亚诸国，约有 20 多个品种，其中丹麦的奥尔堡露酒为名牌，而瑞典的露酒产量最高。

Arab bread 阿拉伯面包 一种扁平状的圆饼面包，略加发酵。其中心膨松隆起，可用于填入肉、蔬菜和干酪等馅料。

Arabia gum 阿拉伯树胶 取自金合欢的一种胶质。参见 acacia

Arabian coffee 阿拉伯咖啡 一种咖啡冲饮方法，具有独特的风味。其特点是在冲泡咖啡时加入豆蔻子、蜂蜜和玫瑰露等调香料。

Arabian millet 高粱
参见 sorghum

arabica 咖啡 俗称。参见 coffee

Arabique, à l' (F.) 阿拉伯式 该菜式没有指明具体的配料，常用于泛指一些装饰华丽的菜肴。

arachide (F.) 花生
参见 peanut

arachido (It.) 花生
参见 peanut

arack (F.) 阿拉克烧酒
参见 arak

aragosta (It.) 鳌虾,龙虾
参见 lobster

araignée de mer (F.) 蜘蛛蟹
参见 spider crab

arak 阿拉克烧酒 西印度群岛及印度尼西亚等地酿制的一种烈性酒,口味与朗姆酒相似。用椰子汁、大米或废糖蜜发酵蒸馏而成,含酒精 40%。

arak (Ar.) 阿拉克烧酒 一种有茴香味的烈性开胃酒。在黎巴嫩和叙利亚等地用葡萄酿成;在埃及则用枣子或棕榈果酿成。

aramon (F.) 阿拉芒葡萄 产于法国南方的一种酿酒用葡萄品种。

arancia (It.) 甜橙 有时可泛指柑桔类水果。参见 orange

arapaima 巨骨舌鱼 南美洲产的一种淡水鱼,体长可达 3—4 米。可食用。

arapede (F.) 帽贝
参见 limpet

Araules (F.) 阿罗尔干酪 法国奥弗涅省阿罗尔地方产的一种牛羊奶混合干酪,含乳脂量不固定。

arbenne (F.) 雪松鸡
参见 grouse

arbia (It.) 阿比亚酒 意大利托斯卡纳地方产的一种干白葡萄酒。

Arbois (F.) 阿尔布瓦 法国汝拉省(Jura)的一个小镇,以产干白葡萄酒与发泡葡萄酒著称,海鲜也很著名。

arbolade (F.) 梨汁蛋黄 一种著名法式甜点,以梨汁、黄油、糖和蛋黄拌和而成,有时加入玫瑰花汁调香。

arbouse (F.) 野草莓
参见 arbutus

arbre à liqueur (F.) 酒棕榈 因可酿制棕榈酒,故名。参见 palm

Arbuckle's (Am.) 咖啡 俚称,源自美国西部的一种咖啡商品名。

arbutus 野草莓 一种红色果实,类似于中国的杨梅,产于北美洲南部(如墨西哥)以及欧洲南部地区。用于酿制各种烈性酒和利口酒等。

Arcachon (F.) 阿卡雄 法国比斯开湾(Biscay)沿岸的小镇,以养殖牡蛎闻名于世。

arcanette (F.) 水鸭 也叫凫,原产于法国洛林地区的一种野鸭,肉质鲜美,烹调方法也同野鸭。参见 teal

arc-en-ciel, truite (F.) 虹鳟
参见 rainbow trout

archiduc, à l' (F.) 大公爵式 指用奶油加上辣椒粉调味的菜肴。

archil 苔色素 一种食用色素,呈紫红色,用于腌猪舌的着色剂。

arctic char 北极鲑 也叫红点鲑,产于加拿大北部及阿拉斯加等地。

arctic cisco 秋白鲑
参见 cisco

Ardennaise, à l' (F.) 阿登式 阿登为法国北部城市。该式指以杜松子为配料的一些砂锅菜肴。

Ardennes ham 阿登熏腿 一种深红色熏火腿,经去骨烟熏后用网袋包装。产于法国的阿登。

ardent drink 烈性饮料 泛指含酒精的各种饮料。参见 soft drink

ardent spirits 烈性酒 如白兰地、威士忌等。俗称烧酒的各种酒均为烈性酒,一般含酒精超过 38%。

Ardi gasna (F.) 阿尔地干酪 法国巴斯克地区纳瓦尔高地产的一种羊奶酪。有轻微的羊膻味,质软,色泽淡黄,重 4—5 千克,含乳脂 45—50%。

arec (F.) 1. 槟榔 参见 areca nut 2. 西米 参见 sago

areca nut 槟榔果 两种不同植物的总称。在南亚和印度等地,人们取之共嚼,估计食槟榔的人占世界人口的十分之一。槟榔果经去皮、煮沸,切成薄片晒干,呈深褐色。咀嚼时卷入蒟叶内,加少量酸橙和其他芳香剂。食用槟榔后牙齿往往被染黑。

Arèches (F.) 阿瑞希干酪 法国萨瓦省产的一种羊奶酪,重 200—300 克,质硬味浓,含乳脂 45%。

arenga 糖棕榈 棕榈品种之一,其树

干含有丰富的淀粉质,可用于制西米,其树汁味甜。参见 sago

arenque (Sp.) 鲱鱼
参见 herring

arête (F.) 鱼刺,鱼骨
参见 fish

Arfensuppe mit Snuten und Poten (G.) 豌豆猪脚浓汤 一种德国汉堡风味。

argal 粗酒石 酒类在陈酿过程中积聚在酒桶内壁和底部的一种不纯凝乳状固体沉淀,可用于作醋的发酵剂。

argali 盘羊 一种野生羊,角粗大而向下弯曲,毛厚而长,呈棕灰色,产于中国的西北地区,是一种重要的野味。

argenterie (F.) 银餐具
参见 silverware

Argenteuil (F.) 阿尔特让伊 法国圣瓦茲省地名,以芦笋著称,故该词即指以芦笋为配料的菜肴。

Argentinean wines 阿根廷葡萄酒
阿根廷生产的葡萄酒产量居世界第5位,占南美洲总产量的70%。其最早的葡萄园建于16世纪,由西班牙殖民者创建。现生产各种红葡萄酒和白葡萄酒,以出口欧洲为主。

argol 粗酒石
参见 argal

argon oil 阿贡油 以阿贡椰果实制的一种脂肪油,用于烹调。

argus pheasant 孔雀雉 因其羽毛艳丽如同孔雀而得名,产于爪哇岛和苏门答腊等地。其肉味十分鲜嫩可口,烹调方法同野鸡。

Ariége (F.) 阿列日 法国西部临近西班牙的城镇名,以矿泉水著称于世。食品方面则以优质猪肉驰名,香肠、火腿均是该地的特产。

Ariégeoise, à l' (F.) 阿列日式 指用白菜、咸肉、土豆和扁豆为配料的羊肉或鸡类菜肴。参见 Ariége

aril (F.) 肉豆蔻
参见 nutmeg

aringa (It.) 鲱鱼
参见 herring

arista (It.) 烤猪里脊 源自希腊语"好极了"。传说15世纪时,希腊东正教徒到罗马和佛罗伦萨朝拜,当他们吃到这道菜时,高呼 arista,因而得名。

arista alla Fiorentina (It.) 佛罗伦萨式煮猪里脊 其配料包括大蒜、丁香和迷迭香等调味香料。参见 arista

Arizona walnut 亚利桑那核桃 一种薄壳型可食坚果仁,主要产于美国和墨西哥等地。

ark shell 蚶 蚶科海产软体动物,壳呈船形,约200余种。大部分见于热带海洋中,如老蚶、毛蚶和泥蚶等,均可食用。

arlac 强化婴儿奶粉 一种花生脱脂奶粉,产于非洲的尼日利亚,源自商品名。

arlequin (F.) 残肴剩菜 该菜有各种颜色,犹如小丑的杂色衣饰,故名。过去是餐厅中施舍给穷人的食品。

Arlés (F.) 阿尔 法国南部城镇,近罗讷河口,以香肠著称于世。

Arlés sausage 阿尔香肠 法国南部阿尔产的一种猪肉香肠,不经熏烤,风味独特。

Arlésienne, à l' (F.) 阿尔式 指以西红柿、茄子、橄榄、洋葱、土豆和米饭作配料的各种菜肴。参见 Arlés

arm pot roast (Am.) 猪肘 或指炖牛颈肉。

armadillo 犰狳 产于南美洲的一种哺乳动物,形状奇特,被视为美味珍稀食品。

Armagnac (F.) 阿马涅克酒 法国阿马涅克地区(即从热尔省加斯戈涅到波尔多等地)产的一种棕黄色或紫色白兰地酒,含酒精34%。味干冽,以葡萄酒蒸馏而成,在橡木桶中陈化。已有500多年历史,与科涅克酒齐名,是法国最优质代表酒之一。

armoricaine (F.) 优质牡蛎 一种美味牡蛎品种,但常误拼成 américaine。

armoured cow (Am.) 炼乳 俚称。
参见 concentrated milk

army bread 发面饼干 一种类似压

缩饼干的硬饼干,用于航海或行军时作干粮。因为军队食品而得名。

arnaki tis souvlas (Gr.) 烤全羔羊 一种著名的希腊风味。

Arnéguy (F.) 阿涅基干酪 法国巴斯克地区的一种羊奶酪,重4—5千克,色泽淡黄,有橄榄香味,含乳脂45%。

arogel 粉胶 以土豆淀粉制成的一种增稠剂,用于沙司或罐头食品。

aroma 芳香 植物、菜肴等发出的香味,尤指酒类,如某种葡萄酒的独特香味等。参见 bouquet

aromates (F.) 芳香植物
参见 herb

aromatic herbs 芳香植物
参见 herb

aromatic vinegar 香醋 加入芳香物质的酿制醋,香味浓郁,用作调味。

aromatics 香料 尤指用于烹调中的草本芳香植物,如百里香、欧芹、龙蒿、月桂叶、香旱芹、迷迭香和月荳等。

aromatise 食品调香 指在糕点或甜酒中拌和合成香精等。

aromatizzato (It.) 加香料的

arome (F.) 香气
参见 bouquet

Arômes au Gène de marc (F.) 果渣香味干酪 法国里昂地区产的一种羊奶或牛奶干酪,质软,重100—150克,味强烈,色白,因外贴葡萄果渣而得名。另一种为白葡萄酒香干酪,质量相仿。

Arômes au vin blanc (F.) 白酒香干酪 法国里昂地区产的一种秋季干酪,重80—120克,味强烈。以牛乳或羊乳制成,常加入白葡萄酒调香。

Arpajonnaise, à l' (F.) 阿尔帕容式 指以四季豆作配料的菜肴。阿尔帕容在巴黎南部,为一小市镇。

arquebuse (F.) 阿凯布斯酒 一种古老的芳香利口酒,以多种香料植物作配料制成。

arracacha (Sp.) 秘鲁胡萝卜 形似普通胡萝卜,可食用,其淀粉含量较高,烹调方法可参照山药或甜薯。

arracher (F.) 拉出(鸡)的内脏 参见 draw

arrack 阿拉克烧酒
参见 arak

arrière-cuisine (F.) 后厨房 厨房的一部分,主要用于进行肉类或蔬菜的初加工。

arrière-goût (F.) 回味
参见 after-taste

Arrigny (F.) 阿里尼干酪 法国香槟省产的一种软干酪,以牛乳制成。

arroba (Sp.) 阿罗瓦 西班牙重量单位,合25.36磅。或葡萄重量单位,合32.38磅。也指液量单位,用于西班牙语诸国,相当于13到17夸脱。

arroche (F.) 滨藜
参见 orach

arrope 浓缩葡萄汁 用于葡萄酒的增甜和加色。

arrosé(e) (F.) 浇汁 指用肉汤、黄油或植物油拌和成一种调味沙司,用于浇在烤肉上。也作 sprinkle

arrosto (It.) 烤肉
参见 roast meat

arrowhead 山慈菇 一种可食根茎,味鲜美,其主要成分为碳水化合物,可作菜肴的配菜。

arrowroot 竹芋,葛
参见 arrowroot starch

arrowroot starch 竹芋粉 从竹芋根状茎中提取的食用淀粉,几乎不含蛋白质和维生素。易于消化,可煮成无色透明无气味的糊状物,故用来作汤、调味汁、布丁和甜食的增稠剂,也可用作病人和婴儿的流质食品。在英国常将马铃薯粉称作竹芋粉。

arroz (Sp.) 大米,米饭
参见 rice

arroz con pollo (Sp.) 鸡肉饭 佐以大蒜,并用胭脂红和番红花着色,具有西班牙的风味。

Arsac (F.) 阿尔萨克 法国波尔多的梅多克地区村名,生产著名的淡红色葡萄酒。参见 clairet

arsella (It.) 贻贝
参见 mussel

arsenic 砷 一种非金属元素。某些食品中含有微量的砷，如芫菁、鱼、蛋黄与牛奶等。如含量过多则有毒性。

Arsinoe 阿西诺különös 塞浦路斯产的一种优质干白葡萄酒。

artaba (Pe.) 阿塔巴 伊朗葡萄酒的计量单位，约等于14.53加仑。

Artagnan, à l' (F.) 阿塔南式 指以牛肝菌、填馅西红柿和土豆丸等配菜的肉类或鸡等。阿塔南为法国市镇。

artémise (F.) 苦艾，蒿
参见 wormwood

Artésienne, à l' (F.) 阿图瓦式 指用啤酒作为菜肴配料之一的菜式。阿图瓦在法国北部。

artichaut (F.) 洋蓟
参见 artichoke

artichaut à la diable (F.) 辣味洋蓟心 一种填馅洋蓟心菜肴，以大蒜、刺山柑和面包屑拌合作馅，以辣椒粉调味。参见 devil

artichaut d'Espagne (F.) 西班牙南瓜 参见 pumpkin

artichaut d'hiver (F.) 菊芋
参见 Jerusalem artichoke

artichaut, fond d' (F.) 洋蓟心 可采用许多烹调方法，加入各种调味汁或黄油等。

artichoke 洋蓟 菊科菜蓟属多年生草本植物。其成熟的头状花序肉质部分是一种美味佳肴，也叫球蓟或朝鲜蓟。洋蓟叶味鲜美，有核桃味，可煮食或凉拌，常加入柠檬汁或醋沙司用于佐食肉类菜肴。

artificial butter 人造黄油 如麦淇淋等。参见 margarine

artificial flavoring agent 合成香味料 如合成食用香精及合成调味品等。

artificial sweeter 人工甜味剂 不具有营养价值的非糖类甜味化学物质，甜度一般比蔗糖高数倍至数百倍。最常见的人工甜味剂为糖精。参见 saccharine

artocarpe (F.) 面包果 一种菠萝蜜属植物。参见 baobab

Artois (F.) 阿图瓦 法国旧省名，属今加来地区。有许多菜肴采用此名，主要以海味为特色，如鳕鱼和鲐鱼等。

aruba roast (Am.) 阿鲁巴烤羊羔 一种以黄瓜丝为主要配料的烤羊羔菜肴，因最早从荷属西印度群岛中的阿鲁巴岛传入美国而得名。

arugula 芝麻菜
参见 rocket cress

arum (F.) 海芋 在法国被称为chou-poivre，因为其根与叶含有辣味。在美国也叫野姜，常用火烤后食用。

arza (Ar.) 阿扎酒 一种用马奶酿制的阿拉伯烧酒。

asafetida 阿魏 一种树胶脂，其气味类似洋葱。在印度和伊朗等地用作咖喱食品、肉丸和腌菜的调味配料；在欧美用作香料及调味品。成熟的阿魏全株可作新鲜蔬菜，其茎的中心部分尤其被视作美味。

asali 非洲蜂蜜酒
参见 mead

asaret (Ar.) 细辛
参见 asarum

asarum 细辛 原产于北温带地区的一种芳香植物，其根味辛辣，磨碎后可用作调味料或苦味芳香剂。

Asbach (G.) 阿斯巴赫酒 一种德国白兰地酒。

asciutto (It.) （酒）干的，不甜的 意大利西西里岛的称法。参见 dry

Asco (F.) 阿斯戈干酪 法国科西嘉岛产的一种羊奶酪，色泽纯白，呈方形，厚6cm，边长约为12—14cm，含乳脂45%。也作 Niolin

ascorbic acid 抗坏血酸 维生素类药，参与体内多种代谢过程，减低毛细血管脆性，增加机体抵抗力，用于防治坏血病。参见 vitamin C

Asehe (G.) 茴鱼
参见 grayling

aseptic paper 消毒纸 用于食品包装的一种薄型纸。

ash 梣 木犀科梣属乔木，产于北半球。其树皮含葡萄糖梣皮精，可作滋补药；其树叶和种子经糖渍后可用作柠檬汁的调香料；其嫩芽则可用

ash bread (Am.) 灰烤饼 美国的一种用热炉灰焙烤的玉米饼。

Ash Wednesday 大斋首日 也叫圣灰星期三。该日要将棕榈叶烧成灰,故名,并要戒40天,为基督教重要节日之一。参见 Lent

ash-drink 梣木汁 将从梣木树叶中榨出的汁,加糖和柠檬汁调配而成的液体饮料,据说有滋补作用。

ash-leaved maple 梣叶槭
参见 box elder

Ashley bread 匙面包 源自17世纪美国的一位农场主 Anthony Ashley Cooper(1621—1683),因他喜食此种面包而得名。参见 spoon bread

ashtray 烟灰缸 一种容纳烟灰、烟蒂和什物的容器,花式多,色彩丰富,是餐桌的重要装饰品之一。

Asiago (It.) 阿齐亚戈干酪 产于意大利维琴察的一种牛乳干酪,重8—12千克,质韧味淡,香味浓郁,含乳脂30—45%。以产地阿齐亚戈平原而得名。

Asian pear 沙梨 也叫亚洲梨,为一种普通梨品种,因产于亚洲而得名。

Asiatic class 亚洲鸡种 起源于东亚的鸡种总称,包括婆罗门鸡、九斤黄和狼山鸡等。所产鸡蛋为棕黄色,不同于欧洲鸡的白色蛋。

asohos 鳝鱼
参见 sand borer

asopao (Sp.) 鸡肉烩饭 南美洲波多黎各菜式,以鸡肉、猪肉、海鲜和米饭等烩成,汤汁较多。

asparago (It.) 芦笋
参见 asparagus

asparagus 芦笋 也叫石刁柏或龙须菜,为天门冬属百合科的多年生草本植物,叶子退化,其嫩茎可以作蔬菜。早在罗马时代,芦笋就受到高度重视。今天芦笋的烹调方法很多,但以凉拌和蒸煮为主,佐以融化黄油或醋沙司食用。

asparagus bean 豇豆
参见 cowpea

asparagus broccoli 花茎甘蓝
参见 broccoli

asparagus lettuce 莴笋 俗称香菜心,一年生或二年生草本植物,是普通莴苣的变种。叶呈长圆形,茎部肉质,呈棒状,是一种普通的食用蔬菜。

asparagus pea 四棱豆 一种食用豆类品种。

asparges (Da.) 芦笋
参见 asparagus

aspartame 阿斯巴特糖精 含有天冬氨酸成分的一种食用糖精,比蔗糖甜200倍。

asperge(s) (F.) 芦笋
参见 asparagus

asperges à la Flamande (F.) 佛兰德斯式芦笋 常以硬煮蛋和融化黄油佐味。参见 Flamande, à la

asperges à la Polonaise (F.) 波兰式芦笋 用炸面包屑和硬煮蛋末作配料。

aspergille (F.) 食用蜗牛
参见 snail

asperula 艾蒿 其白色的花蕾可用于作酿酒的调香料,北欧国家也用作香肠的配料。也作 mugwort

aspic 肉冻 一种用原汤制成的美味透明凝冻食品。其汤用牛骨、鸡骨等煮成,有时加入骨胶。肉冻可用来外涂食品,如冷盆肉、鱼、蛋和家禽等,使其表面有光泽。肉冻的配料有柠檬汁、醋、酒和胡椒。蛋黄酱或白汁与肉冻液混合即可制成法式肉冻。

aspic jelly 花饰果冻 以水果碎块,加糖和明胶制成的冷冻甜食。

aspiquer (F.) 使变酸 指在食品或饮料中加醋或柠檬汁等。

asprezza (It.) 涩味的
参见 astringent

assai 阿萨依棕榈 产于热带地区的一种棕榈植物。其果实呈深紫色,有肉质纤维状的果肉,可供食用。也可用果肉浸出一种液汁,加糖后制成营养饮料。

assaisonné (F.) 用…调味的
参见 season

assaisonnement (F.) 调味品
  参见 seasoning
assam 阿萨姆茶 一种茶叶品种,味香浓可口。产于印度北部,以产地命名。
assay 阿萨依棕榈
  参见 assai
assenzio (It.) 苦艾酒
  参见 absinthe
assiette (F.) 餐盘
  参见 plate
assiette Anglaise (F.) 英式冷盘 一种冷肉拼盘,以水芹、酸黄瓜等作配料,常作为头道菜。
assorted 什锦的 指包括多种拼料的,如各式糖果、色拉和菜肴等。
assorti (F.) 什锦的
  参见 assorted
assortiment (F.) 什锦拼盘
  参见 hors d'oeuvre
astaco (It.) 小龙虾
  参见 crayfish
astakos (Gr.) 龙虾
  参见 lobster
Asti (It.) 阿斯蒂 意大利北部皮埃蒙特地区名,距都灵40公里。以有麝香香味的发泡白葡萄酒驰名于世。参见 Asti Spumante
Asti Spumante (It.) 阿斯蒂发泡葡萄酒 以马斯喀特葡萄酿制的一种意大利发泡白葡萄酒,果香味浓,有麝香,含酒精7—10%,产于意大利北部的皮埃蒙特(Piedmont)。
asticciola alla calabrese (It.) 烩什锦 以牛肉、干酪、香肠、面包等作配料。为意大利特色菜肴之一。
astragal 黄蓍 产于亚洲的一种植物,可分泌出胶状物质,其中有一种可用于制成胶姆糖;另一种则可用于拌色拉。参见 tragacanth
astrigent 涩味的 指食品由于含有单宁酸而带有一种收敛性的麻舌状酸涩味。这些食品有柠檬、榲桲、黑莓及某些葡萄等。
astrocaryum 星果 产于热带美洲的一种多刺棕榈果,其果实可食用。

astroderme (F.) 星鱼 一种体表有黑色或银色斑点的桔红色小鱼,常用于煮法式鱼羹。参见 bouillabaisse
Aszu Tokay (Hu.) 阿兹托卡伊酒 匈牙利最优秀的甜白葡萄酒,价格昂贵,有滋补作用。参见 Tokay
atap (Ma.) 聂帕果汁 马来亚的一种棕榈植物果汁,可食。
atelet (F.) 扦子 作菜肴装饰用的银扦或木扦。参见 skewer
atemoya 杂交番荔枝 产于热带美洲的一种水果,果肉色白,味甜。参见 sweetsop
Athènienne, à l' (F.) 雅典式 此式指用浅炸的洋葱、茄子、番茄和甜椒作配料的菜肴。
athérine (F.) 沙银汉鱼
  参见 whitebait
athole brose (Sc.) 阿索尔蜜酒 苏格兰的一种酒精饮料。以蜂蜜和燕麦威士忌酒各一半调配而成,发酵后二天即可饮用,饮时常加入一个打匀的鸡蛋。
atka mackerel 单鳍多线鱼 产于阿拉斯加及其邻近地区的一种有价值的食用鱼。
Atlantic croaker 细须石首鱼 一种极有食用价值的海洋鱼类。也叫大西洋黄鱼。
Atlantic halibut 大西洋庸鲽
  参见 halibut
Atlantic sailfish 美洲旗鱼 一种很受欢迎的游钓用鱼,鱼肉常经熏制,被视为珍肴。
Atlantic sturgeon 大西洋鲟 即普通鲟。参见 sturgeon
Atlantic tomcod 大西洋小鳕
  参见 cod
atmospherical control 气调保藏 控制空气的组成比例以保藏鲜果和鲜菜的方法。
atol (Sp.) 玉米糊
  参见 corn meal
atriplex 滨藜
  参见 orach
atta (Hi.) 印度小麦粉 一种粗杂面粉。

attacher (F.) 结底 俗称巴锅,因烹调时间过长或其他原因而形成的食品沾锅变硬过程。

attar 玫瑰油
参见 attar of roses

attar of roses 玫瑰油 从蔷薇科各品种如法国玫瑰及大马士革玫瑰等的新鲜花瓣经蒸馏而得的一种无色或淡黄色挥发性芳香油,是优质香水和甜烈性酒的贵重调香成分。生产1盎司浓郁的玫瑰精油约需250磅玫瑰花瓣。保加利亚玫瑰油产量居世界首列。

attendrisser (F.) 拍刀 用于使肉质变嫩变软,刀身厚。参见 abatte

attendu (F.) 风干微腐
参见 hang

attenuate (面团)变稀

attereau (F.) 串烤肉 以牛肉、羊肉等切成小片夹以鸡肝、番茄或茄子等炙烤而成。参见 skewer

attested milk 合格牛奶 经卫生检验证明已消毒可以上市的牛奶,尤指无结核菌而言。也作 accredited milk

attignole (F.) 肉丸子
参见 meatball

atun (Sp.) 金枪鱼
参见 tuna

au beurre (F.) 涂黄油 一般指面包和吐司等涂上黄油食用的方法。

au blanc (F.) 白煮的
参见 blanch

au bleu (F.) 煮成蓝色 将带鳞的鳟鱼在酸性水中煮,使鱼皮呈现蓝色的烹调方法。

au four (F.) 以烤箱烘烤的
参见 oven

au gratin (F.) 表面烤黄 在食品上盖以面包屑、干酪和黄油等,然后入烤炉使表面成棕黄色。这种食品表面有一层脆皮,香酥可口。

au jus (F.) 佐以原汁 指一些嫩煎或烘烤的菜肴在上桌时以烤盘中未经增稠的剩余原汁作为该菜肴的佐汁。

au naturel (F.) 清水煮的 指食品不加任何调料的烹调方法,如水煮芦笋等,有时也指食品新鲜的。

Aubenas (F.) 奥本纳 法国小镇,以块菌著称于世,但稍逊于佩里戈尔。
参见 truffle

aubergine (F.) 茄子 一种可食蔬菜,色泽从黄到深紫色均有;形状从椭圆到细长。可切成片用油炸、嫩炒或作填馅、煮汤,也可作为其他菜肴的配料。参见 eggplant

aud man's milk (Sc.) 蛋诺酒 俚称。
参见 eggnog

Aude (F.) 奥德 法国朗格多克·鲁西荣产酒地区,在法国西南部近西班牙。酿制大量佐餐用普通红葡萄酒以及世界上最古老的发泡酒。

audit ale 烈性淡色啤酒 最早由英国的牛津大学和剑桥大学酿制的一种啤酒。学生每逢节日大量饮用,故名。该节日通称为啤酒节(Audit Day)。

Audit Day 啤酒节
参见 audit ale

Aufbaukost (G.) 营养食品
参见 engineered food

aufbrausen (G.) 发酵 尤指葡萄酒的发酵过程。

auffait (F.) 水果夹心冰淇淋
参见 sundae

Auflauf (G.) 烤饼 泛指酥脆的饼食品,如土豆烤饼和槌面烤饼等。

Aufschnitt (G.) 片状食品 如肉片、香肠片和火腿片等,通常冷食。

Aufstrich (G.) 涂抹食品 用于涂抹在其他食品上的涂层,如果酱、黄油等。

auk 海雀 一种最长达38cm的小鸟。原产于北极地区,但常飞到英国海岸。肉质较肥,受到渔民的喜爱,常用于烤食。

Aulagnier (F.) 欧拉尼埃 法国著名美食家和医学博士,生卒年代为1767—1839。曾编有《饮食辞典》一书,原书名为 Dictionnaire des Aliments et des Boisson。

aulx (F.) 大蒜
参见 garlic

aux choix

aumonière (F.) 荷包式的 即将各种配料卷成荷包状薄煎饼的烹调方式。

Aunis (F.) 奥尼斯 法国地区名,以牡蛎、海味、水果和蔬菜著称。因靠近拉罗榭尔海峡,其风味食品也以海鲜为主。

Aurillac (F.) 欧里亚克 法国奥弗涅地区市镇名。生产的坎特尔干酪具有世界声誉。参见 Cantal

auriol (F.) 鲭鱼
参见 mackerel

aurochs 野狐 产于欧洲温带地区的森林中,常捕来食用,烹调方法同牛肉。

aurora (It.) 朝霞沙司
参见 aurore

aurore (F.) 朝霞沙司 也叫震旦沙司。在白汁沙司中加入蛋黄、番茄汁和虾肉等,使其色泽呈桃红或金黄,犹如朝霞一样艳丽而得名。该词有时也指法国诺曼底地区产的一种金黄色干酪。

aurum (It.) 橙味金酒 意大利产的一种甜味金黄色利口酒,以白兰地、香料和苦味汁配成。口味与curaçao相似,含酒精40%。

Auslese (G.) 优质干白葡萄酒 酒类术语,指用精选的葡萄品种酿成的酒,其产量一般只占总数的10—15%。
参见 AOC

ausnehmen (G.) 取出(鸡)内脏
参见 draw

Ausschank (G.) 小酒馆
参见 bistro

ausschmücken (G.) 配饰,点缀
参见 garnish

Auster (G.) 牡蛎
参见 oyster

austere 涩味的
参见 astrigent

Australian nut 昆士兰果 产于澳大利亚的昆士兰州(Queensland),故名。为一种可食的干果。参见 macadamia nut

Australian pea 黑扁豆 澳大利亚产的一种可食豆粒品种。

Australian wines 澳大利亚葡萄酒 由于气候和土壤十分适宜于葡萄的生长,澳大利亚从1788年起在悉尼附近开始种植葡萄,到1854年葡萄酒就已出口到英国。今天,澳大利亚的葡萄酒产量和质量均居世界前列。目前主要供本国消费,仅少量供出口。

Austria 奥地利 奥地利的菜肴综合与提高了意大利、德国和东方烹调风格。匈牙利的菜炖牛肉、维也纳的煮牛肉、西班牙的甜椒等已经结合起来。奥地利又是以布丁著称的国家,各种糕点甜食不胜枚举。奥地利已酿成世界最优秀的啤酒之一,并大量消费各种葡萄酒。

Austrian wine 奥地利葡萄酒 早在罗马帝国时期,奥地利地方就开始种植葡萄和酿酒。今天,生产的85%为白葡萄酒。产酒地区以维也纳为中心,多数为小型葡萄园和酿酒作坊。

autoclave 烹饪高压蒸锅 一种密封的高压锅,主要用于餐具及布件的消毒等,也可用作炊具。在锅内烹调的食品易熟,香味可充分发挥。

autocuiseur (F.) 高压蒸锅
参见 autoclave

automat 食品自动售货柜 一种供顾客自取饮食的食品柜。各种饭菜陈列在分格中,当顾客投入符合标价的硬币或辅币后,即可打开分格,自行取用。

automatic refrigerator 冰箱
参见 refrigerator

Autrichienne, à l' (F.) 奥地利式 指用辣椒粉作调味料,佐以炸洋葱、大茴香和酸奶油的各种菜肴。

autumnal tea 秋茶 印度阿萨姆与大吉岭等地产的一种红茶。参见 assam

Auvergne (F.) 奥弗涅 法国南部地区名,以优质肉类、蔬菜、水果、栗子、核桃和干酪著称。

auvernat (F.) 奥弗纳酒 法国奥尔良地区产的一种葡萄酒。

aux choix (F.) 供顾客自选配料的 该词为菜单用语之一。参见 menu

Auxerre (F.) 欧克塞尔　法国地名，距巴黎175公里，是著名的葡萄酒产地。Boivin 和 La Chainette 等均为该地产的优质酒。

avancé (F.) (水果)早熟的　也可指蔬菜及水果等快要变质或腐烂的。

avant-goût (F.) 预想中的滋味　指在就餐前凭过去的经验设想的菜肴的滋味，有助于引起食欲。参见 after-taste

avdp. (abbr.) 英制常衡
参见 avoirdupois weight

ave (P. Sp.) 家禽
参见 poultry

avec (F.) 以…为配料的　菜谱菜单用语之一。参见 menu

aveline (F.) 欧洲榛子
参见 filbert

avellano (It.) 榛子
参见 filbert

aver cake 燕麦饼　英国的一种常见食品。参见 oatmeal

avesnoise, carpe à l' (F.) 阿韦奈式鲫鱼　用鱼子填入鲫鱼内作馅，加入葡萄酒、虾尾和奶油沙司等作配料。

avgolemono (Gr.) 柠檬蛋黄鸡汤　一种希腊式风味，以蛋黄、柠檬汁、鸡汁和米饭为配料制成。有时也指鸡肉柠檬调汁。

Avice (F.) 阿维斯　法国著名大厨师，卡雷姆的同时代人，其专长是点心。参见 Carême, Antonin

Avignon (F.) 阿维尼翁　法国著名游览胜地，也以美食著称于世。

avocado 鳄梨　樟科乔木果实，原产于墨西哥，也叫牛油梨。有的可重达24克，呈梨形或圆形，外皮绿或暗紫色。果肉淡绿色或淡黄色，似黄油一般粘稠，有强烈坚果味，常用于色拉。鳄梨富含维生素和钙质。鳄梨泥是墨西哥独特的菜肴鳄梨色拉的主要配料之一。

avocado sauce 鳄梨酱
参见 avocado

avocat (F.) 鳄梨
参见 avocado

avocet 反嘴鹬　几种海滨鸟类的统称，具有鲜艳的羽毛，其黑色长嘴的嘴尖向上翘，因而得名。分布于热带和温带地区。其烹饪方法与鸭相似，可制成各种菜肴，但其滋味却与鱼相似。

avoine (F.) 燕麦
参见 oat

avoirdupois weight 英制常衡　以格令、打兰(27.3格令)、盎司(16打兰)和磅(16盎司)为基本单位的衡制，常缩略标记为 avdp。

Avola (It.) 阿伏拉　意大利西西里岛城镇，以甜杏仁著称。

avondeten (Du.) 晚餐
参见 supper

awabi (J.) 鲍鱼
参见 abalone

awayuki (J.) 雪花羹　一种用鸡蛋蛋清、糖和琼脂制成的甜点，为日本的风味食品之一。

awenda bread 碎玉米面包　以碎玉米、鸡蛋、糖、麦片和牛奶等为配料，再经发酵烤成，食时涂以黄油。源自美洲印第安人食品。

axonge (F.) 熟猪油
参见 lard

ay (F.) 阿伊酒　法国的一种著名葡萄酒，以产地命名。该地也以香槟酒著称。

ayapana (F.) 泽兰　巴西的一种草本状灌木，具有窄长的叶片。可用于冲饮，为类似茶叶的温和饮料，略有兴奋作用。

Aydes (F.) 埃德干酪　法国奥尔良地区产的一种干酪，一般在秋冬季节上市。

Aylesbury 埃尔兹伯里鸭　产于英国白金汉郡。毛色纯白，为佐餐上品。

ayocote (Sp.) 红花菜豆
参见 kidney bean

ayoli (F.) 蒜泥蛋黄酱
参见 aioli

ayrshire (Sc.) 艾尔夏牛　苏格兰艾尔夏地区产的一种强壮的乳用牛，毛色白或红棕色。

Ayse (F.) 艾斯酒　法国产的一种白葡

萄酒名。
aythya (F.) 红头潜鸭
参见 pochard
ayu (J.) 香鱼
参见 sweetfish
azafran (Sp.) 番红花
参见 saffron
Azeitao (P.) 阿齐托干酪　葡萄牙埃什特雷马杜拉(Estremadure)产的一种羊奶酪。膻味较浓，质软，含乳脂至少45%。
azeitona (P.) 橄榄
参见 olive
azerole (F.) 意大利山楂　以产于意大利那不勒斯附近的质量最佳。该山楂果实呈椭圆形，外皮呈红黄色，口味微甜，常用于制果酱与酿酒。现在法国等地也有种植。参见 hawthorn

azhabsanda (R.) 清蒸羊肉蔬菜　一种俄罗斯民族风味菜肴。
azi (F.) 凝乳
参见 rennet
aziminu (F.) 科西嘉鱼汤　类似法式鱼羹，配料随意。参见 bouillabaisse
azucar (Sp.) 糖
参见 sugar
azumbre (Sp.) 阿孙勃雷　西班牙的液量单位，约合 2.016 升或 3 品脱。
azurine 青背雅罗鱼　一种淡水食用鱼。参见 chub
azy (F.) 粗凝乳酪　法国产的一种乡下干酪，以脱脂牛奶和醋为原料制成。
azyme 无酵面包
参见 matza

B

b. & b. (abbr.) 1. 膳宿 参见 bed and board 2. 住宿及早餐 参见 bed and breakfast 3. 白兰地与本尼迪克丁酒 参见 Brandy and Benedictine

B and L (abbr.) 苦汁柠檬水 参见 bitter and lemon

B and S (abbr.) 白兰地苏打汽水 参见 brandy-and-soda

B and T (abbr.) 熏肉番茄三明治 参见 bacon and tomato

B and W (abbr.) 掺水白兰地 参见 brandy-and-water

baalie (Sc.) 薄燕麦饼 参见 oatmeal

baba 婆婆蛋糕 参见 baba au rhum

baba au rhum (F.) 婆婆蛋糕 以松软的水果蛋糕浸入朗姆酒或樱桃酒中,然后涂以糖浆,并用柠檬汁调味,再点缀上一些干果。该词源自波兰语的 babka,意即老婆婆。

babassu oil 巴巴苏油 以巴西棕榈果实榨取的食用油,已逐渐成为椰子油的代用品。

babassu palm 巴西棕榈 一种羽状叶高大棕榈树,野生,产于巴西东北部热带地区。其坚果外壳坚硬,核仁可制巴苏油,质量与椰子油相似,可用于烹饪。巴西棕榈果成熟时可食,营养丰富。其液汁发酵后成为酒精饮料;中层果皮则可制取类似巧克力的饮料。

babawte 烤咖喱牛肉片 一种南非风味食品。

babeurre (F.) 酪乳 提取奶油后的一种脱脂牛奶。参见 butter milk

babida (Sp.) 饮料 参见 beverage

Babinski (F.) 巴宾斯基 法国著名烹饪书《美食实践》的作者。其笔名为阿里·巴伯(Ali-Bab)。

babiroussa 马来野猪 外型略似犀牛,生活在潮湿的沼地。肉质甚佳,是马来半岛上的珍贵野味之一。

babka (Po.) 婆婆蛋糕 参见 baba au rhum

baboy (Fi.) 猪肉 参见 pork

babracot 木格栅 一般有三脚或四脚,是南美洲的印第安人用来晾干或熏制肉类的工具。

baby 小瓶香槟酒 或小瓶矿泉水,一般容量为 0.25 升。

baby beef 嫩小牛肉 也指刚断乳的小牛,出生不满半年,肉质特佳。参见 veal

baby clam 蚶 也叫小赤贝,是一种蛤属动物,肉质嫩美。

baby clam sauce 蚶油 以小赤贝肉制成的调味油,在法国被视为上品。参见 oyster

baby food 1. 小包装食品 或小罐头水果、蔬菜或肉类等。 2. 婴儿食品

baby Gouda 小豪达干酪 一种荷兰干酪,呈圆形,质细腻,含脂肪少,外包红色封蜡。参见 Gouda

baby lamb 小羊羔 参见 lamb

baby meal 乳儿糕 一种以谷类面粉为主的婴儿食品,调配有多种营养成分,如维生素和矿物质等。质地细腻,易于消化,食前可用沸水冲调。

Babycham 甜梨子汽酒 源自商标名,产于英国。

bacalao (Sp.) 咸鳕鱼干

参见 cod
bacalhau (P.) 鳕鱼
参见 cod
bacalhau do ceu (P.) 烩鳕鱼 以土豆、硬煮蛋和洋葱为配料的鳕鱼菜肴，上浇橄榄油和奶油沙司饰配。
Bacardi rum 百卡地朗姆酒 1862年由古巴的百卡地家族创始。无色透明。现主要产于波多黎各等南美国家。参见 rum
bacca 浆果
参见 berry
baccala (It.) 腌鳕鱼干
参见 cod
baccala alla livornese (It.) 里窝那腌鳕鱼干 意大利托斯卡纳地区的一种地方风味，以鳕鱼干、土豆和番茄作配料。
baccala mantecato (It.) 咸鳕鱼干酱 流行于意大利的托斯卡纳地区。
baccello (It.) 豆荚
参见 pod
Bacchanalia 酒神节 纪念酒神巴克斯的盛大节日，源自埃及和罗马。参见 Bacchus
Bacchus 酒神巴克斯 据罗马神话，巴克斯是主神丘比特之子，在众缪斯教会其音乐和舞蹈，并由西伦纳斯教其种植葡萄和酿酒之术。几千年来，巴克斯一直受到葡萄园主和酿酒者的崇拜。
bachelor's button 杏元饼干 因形状似钮扣而得名。用奶油、鸡蛋、香草等作配料烤成。美国杏元饼干常在顶端放一颗樱桃。
Bachforelle (G.) 淡水鲑鱼
参见 salmon
bacile (F.) 海蓬子
参见 samphire
bacillus bulgaricus (L.) 保加利亚杆菌 存在于酸乳酪和酸牛奶中的一种嗜酸菌，对人体有益。据说因保加利亚许多百岁老人常年饮用酸奶而保持健康，故将此杆菌以保加利亚命名。
back 1. **大浅缸** 啤酒酿造中用来调制和冷却麦芽汁的容器。2. **(牛、猪的)腰背部**
back burner 煤气灶后灶 用于炖煮已熟的菜肴。
back fat 背膘 指猪背上的肥肉，也叫背脂。
back fat fleshing knife 片肥刀 一种刀身薄而锋利的厨房用刀，用于片切猪背膘的肥肉。
back label 瓶后商标 尤指葡萄酒酒瓶在正面商标外另在瓶后贴的其他商标，如显示酿制年月或调配厂商名等。
back pork 通脊肉 猪脊椎骨下的两条长形瘦肉，肉质优良。
back rasher 熏猪脊肉
参见 back pork
back spittle (烤面包的)长柄铲
back split 背剖 指将鱼从背面切开的刀法，一般用于较大的鱼或需用盐腌的鱼。
backboard 擀面板
参见 breadboard
backdaag (Du.) 烤饼日 每逢星期五，在美国宾夕法尼亚州的荷兰农庄中烤一整天的各种饼，以供终日辛劳的农民食用一个星期。
backen (G.) 烘焙
参见 bake
backenoff (F.) 醋渍牛肉 也可指羊肉或猪肉，用葡萄酒和土豆、洋葱等配料焖煮而成。
Bäckerei (G.) 面包房
参见 bakery
Backhühn (G.) 油炸子鸡
参见 broiler
backing (Am.) 油炸馅饼 美国的一种早餐食品，以猪肉为主要馅料制成。
Back'nbier (G.) 巴肯啤酒 德国的一种浓啤酒，在面包房中酿成，故字面含义为面包房啤酒。
Backobst (G.) 干果, 坚果
参见 nut
back-packing cure 回复腌制 将腌肉制品重新腌浸于稀盐水中，并在低温状态下保藏的一种加工方法。

Backpflaume (G.) 李脯
参见 prune

backribs 后肋 包括牛肩胛骨上边肉部分。

backspan (Sc.) 烤燕麦饼锅

Backstein (Du.) 巴克斯泰因干酪 产于荷兰豪德的一种砖形干酪,与林堡干酪相似。参见 Limburger

backward dough 迟发面团 指发酵慢的生面团。参见 dough

Backwert (G.) 面点,糕点
参见 pastry

bacon 熏肉,咸肉 俗称培根肉,亦称腊肉。一般选用皮下脂肪多的猪肋条肉经盐渍熏制而成;另有一种是不经烟熏的咸肉或白腌肉。熏肉在西方食品占有很重要的位置。参见 green bacon

bacon and cheese (Am.) 熏肉干酪三明治 一种美国式食品,以面包片夹以熏肉和干酪,佐以黄瓜片、炸土豆片和番茄片等。

bacon and eggs 熏肉荷包蛋 一种传统的英国式早餐食品,将蛋置于熏肉片上,蛋煎一面。参见 sunny side up

bacon and tomato 熏肉番茄三明治 以熏肉和番茄为馅的烤面包三明治,常用作快餐食品。

bacon belly 腌五花肉 一种腌熏的奶脯肉。

bacon hocks 烟熏猪腿肉

bacon hog 腌肉猪 为制腌肉而饲养的肉猪,一般是出生一年的阉猪。也作 bacon pig

bacon pig 熏肉用猪 其瘦肉与肥肉有一定的比例。参见 bacon hog

bacon square 腌肉方 将猪的颊肉修整成方形,然后经盐腌和烟熏而成。

baconer 熏肉猪 尤指专为制熏肉而饲养的猪。参见 bacon hog

bacteria 细菌 微生物的一大类,体积微小,有球形、杆形、弧线形和螺旋形等多种,自然界中分布很广。有的细菌对人类有益,而有的可使人致病。大肠杆菌和沙门氏菌是引起食物中毒的主要菌类。

badderlocks 翅菜 产于欧洲北部,尤其是苏格兰和法罗群岛等地的一种黑褐色海藻。味中微甜,可供食用,常用作拌色拉的配料。

badèche (F.) 鲈鱼
参见 perch

Baden (G.) 巴登 德国最南部的酿酒区,在莱茵河东岸,产各种醇厚的红葡萄酒和白葡萄酒。

badian anise 八角茴香 一种常绿灌木,叶子呈长椭圆形,花红色,果实呈八角形,也叫大茴香。该果实含有挥发性油,比普通茴香味辛辣,常用于作酒类、蜜饯和菜肴的调香。

badimdzhan mussambe (R.) 茄子羊肉焖锅菜

Badisches Ochsenfleisch (G.) 巴登式煮牛肉 用辣根沙司调味,产于德国黑森林地区。

badminton 葡萄酒苏打水 主要流行于英国,以糖和芳香植物调味。

bael fruit 孟加拉苹果
参见 bel fruit

bag 啤酒壶 因古代常用皮囊装酒,故名。

bag of flour 一袋面粉 在欧洲通常重63.5公斤。

bag pudding 袋布丁 一种裹在布袋中蒸煮的餐后布丁甜点。

bagasse (F.) 蔗渣 甘蔗经榨糖后剩下的纤维,曾泛指橄榄皮、棕果壳、甜菜和葡萄渣。现专指甘蔗渣,可用于酿次等酒。

bagel 百吉圈 一种水煮硬面圈圈。制法为先将面包圈涂上蛋黄,经沸水煮熟,然后淋上黄油烤黄,可用于佐食大马哈鱼等菜肴。该词源自意第绪语。

bagged Bologna sausage 布袋波伦亚香肠 一种含水分较多的香肠,以牛、羊、猪肉制成,装入布袋煮熟。参见 Bologna

baggot 幼鲑 已成长但尚未产卵的幼鲑鱼。参见 salmon

baggy 包装袋气味　茶叶的一种异味,来自包装不洁的口袋,是一种缺陷现象。

bagna caoda (It.) 热沙司　意大利皮埃蒙特地区(Piedmont)风味。用黄油、块菌、大蒜、鳀鱼酱和芹菜、洋蓟等蔬菜作配料拌和而成。

Bagnes (F.) 巴涅干酪　瑞士瓦莱州产的一种牛乳干酪,重7—9千克,色白质软,含乳脂45%。常用于作热融干酪食品,在法国称为Raclette。

bagnomaria (It.) 水浴锅　一种隔水加热或保温的方法。参见 bainmarie

bagoong (Fi.) 菲律宾虫虾酱　以小鱼、虾子和鱼卵等经过盐腌而制成的一种沙司,广泛用于食品的调味。

Bagozzo (It.) 巴戈佐干酪　意大利伦巴第的巴戈佐地方产的一种脱脂牛乳干酪,呈低圆台形,重18—25千克,含乳脂30%。用于佐食意大利玉米粥。参见 polenta

Bagration (F.) 巴格拉季昂　指俄国将军Pierre Bagration,生卒年代为1765—1812。他曾与拿破仑作战,并雇佣过著名法国大厨师Carême。以他命名的菜很多,如potage crème Bagration和langouste à la Bagration等。

bagration egg 通心粉佐蛋
参见 Bagration

baguette (F.) 1. 长棍面包　指一种传统法式面包,一般长约30—100厘米,非常有特色。 2. 筷子　参见 chopsticks

Baguette Laonnaise (F.) 拉昂干酪　法国拉昂地区产的一种牛乳干酪,呈长方形,重500克,含乳脂50%。

Bahia (P.) 巴希亚咖啡露酒　巴西产的一种调配酒,味甜略苦。

baht (Tu.) 祝你好运　敬酒用语。

baie (F.) 浆果
参见 berry

baie de ronce (F.) 黑莓
参见 blackberry

baigner (F.) 浸没于　指浸入液体尤其是酒中的一种加工方法。

baikhovi tea 白毫茶
参见 pekoe

Bailey's Irish Cream 贝利露酒　爱尔兰都柏林产的一种甜露酒,由威士忌、巧克力奶油等调配而成,含酒精17%。

bain de pied (F.) 溢杯　指咖啡太满时溢出杯子,流到杯托上。字面含义为"洗足"。

bain-marie (F.) 隔水炖锅　也叫水浴锅。一种双层套锅,下层置热水,用来给食品保温或加热。也作 double boiler

Bairols (F.) 巴伊罗尔干酪　法国尼斯地方产的一种羊乳酪,重量不固定,含乳脂一般在45—50%之间。

baiser (F.) 蛋白酥皮
参见 meringue

baissière (F.) 酒垢
参见 sediment

baisure (F.) 粘连
参见 kissing

bait (Am.) 食品　俚称。参见 food

bajativo (Sp.) 餐后酒酒杯

bajet 西非牡蛎　产于非洲西海岸的一种牡蛎。外型扁平,肉质一般,比普通牡蛎厚实。参见 oyster

bajiao banana 芭蕉　一种多年生草本植物,叶子很大,花白色,果实和香蕉相似,可食用。

bajou(e) (F.) 猪面颊肉
参见 Bath chap

baka (Fi.) 牛肉
参见 beef

bakagai 凹线蛤蜊
参见 clam

bake 烘焙　基本烹调方法之一,其特点是食品被放入烤箱、烤炉或置于明火上烘烤。热源一般在下方,温度控制在140—250℃之间,而且不添加水或油脂等辅料。用于烘焙的食品主要有面包、糕点和土豆等。

bake beans 茄汁烤豆
参见 Boston baked bean

bakeberry 云莓
参见 cloudberry

bakeboard 揉面板,擀面板
参见 breadboard

baked Alaska 烤冰淇淋 也叫黑阿拉斯加。将冻得坚硬的冰淇淋放在松软蛋糕上,浇盖一层稀软的生蛋白酥皮,立即放入高温烤箱迅速烤焦食用。这样,蛋白酥皮是脆的,而冰淇淋还未化开。是一道著名的美国式甜点。

baked apple 烤苹果 将苹果去核,填入糖和葡萄干,食时浇以酸奶油、搅奶油或冰淇淋。

baked beef bones 烤牛骨 一种低热量减肥食品,以瘦肉和牛骨髓制成。

baked pancake 烙饼 一种烘烤面食制品,加工时仅使用少量油脂,故质地较硬。参见 pancake

bakehouse (Am.) 面包房
参见 bakery

bake-in-bag 袋装焙烤食品 一种简易快餐,用铅箔袋包装,是近年来快餐发展的新趋势之一。

bakemeat (Am.) 1. 烤肉 2. 肉馅大烤饼 有时泛指烘烤的食品。

bake-off 烘烤比赛 由业余厨师进行的一种公开竞赛,参加者必须在规定时间内完成烘烤品种若干。

baker 1. 面包师 2. 轻便烤箱 3. 适于烘烤的食品 如肉、水果及某些蔬菜。

baker's cheese 面包师干酪 一种柔软的未经成熟的农舍式干酪,经脱脂而成。参见 cottage cheese

baker's dozen 十三 源自面包师为避免斤两不足而在一打面包售出时附带奉送一个的习俗。用今天的概念理解,就是一种公关意识。

baker's flour 面包专用面粉
参见 patent flour

baker's patent 上等面粉 制优质糕点用。也作 patent flour

baker's yeast 发面酵母 通常用于作面包的发酵,发力大于一般酵母。

bakery 面包房 最早的面包房出现于意大利,后来法国的菲利普国王将其引进到法国。1366年查理五世命令所有面包房的面包必须拿到市场出售。1650年出现了用筛过的细粉制的面包,花色品种也增多了。法国大革命以后,面包房才由宫廷管理改为自由销售,但真正采用今天的方法经营则在1863年以后才成为事实。

bakery shortening 起酥油
参见 shortening

bakes 油炸饼干 特立尼达和多巴哥式风味。

bake-shop 面包房
参见 bakery

bakestone 烘烤石板 一种形状扁平的炊具,下置热源,也指烘烤铁板。

bakeware (Am.) 烤盘 一种耐热瓷盘,可用于焙烤而不会开裂,也可用于盛放食品。

Bakewell tart 巴克韦尔馅饼 英国的一种以杏子果酱配馅的甜食,原产于德比郡的巴克韦尔,故名。

bakhlava (R.) 果仁千层酥
参见 baklava

baking agent 发酵粉
参见 baking powder

baking blind 烤馅饼底壳 在花模容器的边缘铺上面皮,压上防油纸,再填充干豌豆或干大米,放入烤箱,待熟硬后取出,然后倒出干豆或大米即成。用来盛放各种馅料制成开馅饼等糕点。

baking cup 焙烤用纸碟 一种波纹小碟,用于烤制小蛋糕。

baking oven 焙烤箱 一种厨房设备,其规格大小各异,以电或煤气为能源,用于焙烤面包及其他菜肴。参见 oven

baking pan 烤盘 一种有边的长形或圆形炊具,用于焙烤各种食品。

baking powder 发酵粉 以小苏打、酒石和淀粉配制而成的一种白色粉末,用于制面包或油炸食品的膨松剂。由于小苏打为碳酸盐类,遇水和酸即产生化学反应,释放出大量二氧化碳气体而使面团迅速膨松。

baking powder biscuit (Am.) 松饼干 以面粉、油酥、发酵粉、牛奶、盐

干酪和姜等作配料制成,味松脆可口。

baking sheet 烤板 一种无边的平底盘,用于烤制饼干、松糕和蛋白酥。参见 baking pan

baking soda 小苏打 即碳酸氢钠。参见 baking powder

baking strength 面团的发力

baklava (Gr.) 蜜糖果仁千层酥 原产于希腊与土耳其的一种薄脆点心,含有坚果仁,上涂蜂蜜或糖浆,切成菱形食用。也作 baklawa

baklawa (Gr.) 果仁千层酥
参见 baklava

baksheesh (Tu.) 小费
参见 tip

bakupari 瑞地亚木 巴西产的一种藤黄科植物,其果肉色白味酸,可食用。

balachan 发酵虾酱 泰国、马来西亚风味。加入盐后在阳光下晒干食用,十分开胃。

balance 平衡 酒类术语。指酒在香味、果味、醇度、酒体和余味等均达到和谐与统一。

balanced diet 平衡饮食 指全面考虑人体每日所需的脂肪、蛋白质、维生素等营养物质的一种科学饮食方法,对病人、老人和婴儿尤其重要。

balane (F.) 藤壶橡贝
参见 acorn barnacle

balantier (F.) 野石榴
参见 pomegranate

balanus 沙枣 产于上埃及的一种灌木的果实,大小同榛子,压榨后可产油,常用于香料中。沙枣与其他食品同食则滋味更佳。

balaou (F.) 鱵鱼
参见 halfbeak

balarrasa (Sp.) 烈性烧酒
参见 spirit

balatan 沙嗖 一种食用海参。

Balaton 巴拉顿 匈牙利中部的产酒区,在巴拉顿湖一带。生产干白葡萄酒为主,如醇厚的 Balatoni Riesling 和清淡的 Balatoni Furmint 等。

balbakwa (Fi.) 厚条咸鱼 产于菲律宾吕宋地区的一种地方风味食品。

Balbino d'Altromonte (It.) 巴尔比诺酒 意大利卡拉布里亚地区(Calabria)产的一种禾秆黄色甜白葡萄酒,有强烈的果香味,含酒精15%。其历史可追溯到古罗马时代。

balche 巴尔切发酵饮料 由墨西哥的尤卡坦人用合生果的树皮汁和蜂蜜配制而成。

bald wheat 裸麦 一种大麦品种,粒大皮薄,类似于青稞。主要用作饲料,但也可用于制成面食或酿酒。

balderdash 奇异混合饮料 如啤酒加牛奶或葡萄酒加茶等。

baldface (Am.) 劣等威士忌酒
参见 moonshine

baldface dishes (Am.) 瓷盘 美国西部牛仔俚语,以区别他们使用的铁皮罐头等粗劣餐具。

baldrib 无肋骨瘦肉 从带肉肋骨接近臀部处切下的瘦肉。

Baldwin (Am.) 鲍德温苹果 美国东北部广泛种植的一种苹果品种,以培育者命名。果皮呈红色,可用作烹调中的凉拌。

Bâle (F.) 巴塞尔
参见 Basel

bale 包 烟草重量单位,相当于22—27千克。

baled tea 压块茶砖
也作 brick tea

baleine (F.) 鲸鱼
参见 whale

Bali cattle 爪哇野牛
参见 banteng

baliki (R.) 烟熏鲟鱼
参见 sturgeon

baliste (F.) 鳞鲀
参见 triggerfish

Balkan cookery 巴尔干半岛烹调 匈牙利以菜炖牛肉和辣椒粉著称,又以托卡伊酒享誉天下。捷克的矿泉水、土豆、鹅和卷心菜也十分出色。罗马尼亚主要产各种猪肉和野味食品。南斯拉夫和希腊则以羊肉、鱼和橄榄油驰名。这些国家的特点是烹调风格综合了土耳其和俄罗斯的影响。

ball 1. 鱼丸,肉丸 泛指球状的食品,如球形糖果,面团和球状蔬菜等。 2. 球根,块根

ball cheese (Am.) 球干酪 美国宾夕法尼亚州产的一种德国式酸奶干酪。

ball tea 珠茶
参见 gunpowder tea

balling scale 巴林标度 一种比重计标度,能指出溶液中可溶固体的重量百分比,如测定葡萄酒中的含糖量。

ballon 1. 球形矮脚酒杯 2. 圆筒去骨羊肉卷

balloon fish 河豚
参见 puffer

balloon whisk 打蛋器 一种用钢丝制的有柄工具,因形似气球而得名,是厨房中最常用的器具之一,可用于打匀鸡蛋和奶油等。

ballotine (F.) 肉糜丸 专指去骨的家禽、肉或肉制成的圆形肉丸,趁热食用,一般也可用作填馅。

ballotine de lievre à la Périgordine (F.) 佩里戈尔式填馅野兔 以猪肉或小牛肉糜加块菌和鹅肝酱作馅,是法国佩里戈尔的地方风味食品。

balm 香脂草 唇形科几种芳香草本植物,尤指香蜂花。叶芳香可作香料和作色拉、汤、酱汁、填馅、利口酒、葡萄酒或果汁饮料的调味剂。该词有时也指多种植物,如蜂香草、欧洲活血丹、贝壳花、风轮菜和没药属的香脂草等。

balsam herb 艾菊
参见 alecost

balsam hickory 甜山核桃 产于北美洲的一种乔木,具有甜味可食小坚果。

balsam of Tolu 塔鲁香脂 用于制造止咳糖浆等的一种香脂。

balsam pear 苦瓜 一年生草本植物,其果实呈长圆形,两头尖,表面有许多瘤状突起,熟时为橘黄色。瓜肉有苦味,具有清热作用,可作为蔬菜食用,富有营养。

balsamo (It.) 香脂
参见 balm

balthazar 大香槟酒瓶 容量为 13 夸脱和 416 盎司,相当于普通的 16 瓶酒,仅次于最大号酒瓶。该词源于 6 世纪古巴比伦国王的名字,他因为沉湎酒色而导致国家的灭亡。

balut 毛鸭蛋 菲律宾的一种食品,将几乎要孵化的鸭蛋烹煮而成,类似中国的喜蛋。

balyx (R.) 烟熏鲟鱼
参见 sturgeon

Balzac (F.) 巴尔扎克 法国著名小说家、美食家,以他命名的菜有很多,如 crème d'orge Balzac 等。

bambelle (F.) 淡水湖鲤 主要产于瑞士的湖泊中。参见 carp

bamboo 竹 产于热带或亚热带的一种空茎植物,其嫩芽称为竹笋,可供食用。烹调方法很多,如水煮、红烧、醋渍等。竹果形似小米,也可食用。

bamboo juice 竹节酒 指以竹节盛的黄酒,流行于亚洲东部地区国家。

bamboo partridge 竹鸡 一种形状像鹧鸪的野禽,可食用。上体橄榄色,胸部棕色,因生活在竹林里而得名。

bamboo shoot 笋 从竹子的根状茎上发出的嫩芽,一经长出地面即可取下食用,是一种常用的蔬菜。味嫩脆,色白,常用于作配菜和煮汤。品种有竹笋、毛笋和冬笋等。

bambuk butter 牛油果油 由西非洲产的鳄梨坚果提取的一种烹饪用油。
参见 avocado

bamies (Gr.) 黄秋葵 一种食用蒴果。参见 okra

banana 香蕉 一种常见水果,为产于温带和热带的乔木,有 30 多个品种,但以牙买加和卡那里岛等地的为最佳。香蕉外皮黄色,果肉软,呈淡黄色,富含维生素 C 和淀粉质。除作为水果外,烹调中常可炸或烤食,或制成香蕉脆片、色拉、果冻和冷饮甜点等。

banana bread 香蕉面包 一种松软的蛋糕状面包,面团中含有碾碎的香

蕉片。
banana cake 香蕉蛋糕
　参见 banana bread
banana chips 香蕉片　可以油炸或烘烤食用。
banana chutney 香蕉辣酱　以香蕉、咖喱粉、姜和枣泥作配料制成。
banana cream pie 奶油香蕉馅饼　以香蕉作馅,上置搅打奶油,可作为餐后点心。
banana figs 香蕉干　一种深褐色干制香蕉,质粘,因形似无花果而得名。
banana fish 北梭鱼
　参见 bonefish
banana flour 香蕉粉　以香蕉干磨碎制成,富有营养,易于消化。
banana fritter 炸香蕉　外涂奶油面糊,以深油锅炸成,外脆里软。
Banana Leaf 香蕉叶　一种烟草品种名。
banana melon 香蕉香瓜　一种细长形甜瓜,其果肉呈橙红色,有香蕉香味,故名。
banana prawn 墨吉对虾　一种缅甸大对虾。参见 prawn
banana split 香蕉圣代　以香蕉纵切成条状作底,上置冰淇淋球,再浇以掼奶油、果仁和糖浆等的餐后冷饮甜食。
banana squash (Am.) 香蕉南瓜　一种冬南瓜,体形长,两端尖细,常用于制汤。
bananas Foster 奶油烤香蕉　一种甜食。以香蕉切成片,上置黄油、糖、朗姆酒、香蕉利口酒和香草冰淇淋。源自美国新奥尔良一位专门到餐厅点名吃奶油烤香蕉的一位顾客的名字。
bananase 香蕉粉
　参见 banana flour
banane (F.) 香蕉
　参见 banana
banane flambée (F.) 火烧香蕉片　将香蕉片浸入糖浆,然后淋上朗姆酒。食用时用火点燃,形成一层薄焦膜,又脆又香。
banania (F.) 香蕉利口酒
　参见 liqueur

Banbury cake 班伯里馅饼　英国班伯里镇特产,呈三角形,以葡萄干和果酱等作馅。也作 Banbury tart
Banbury cheese 班伯里干酪　一种小圆形浓味干酪,质软。产于英国的班伯里镇,该镇离伦敦不远。
Banbury tart 班伯里馅饼
　参见 Banbury cake
bancelle (F.) 餐厅条形软凳
　参见 banquette
bancha (J.) 番茶　一种日本粗茶,可用于泡茶,但仅限于其国内消费,不供出口。
banded barracuda 斑条魣
　参见 barracuda
Bandeira (Sp.) 班德拉酒　产于西班牙西北部,属于波尔特型葡萄酒。参见 port
bandeja (Sp.) 托盘　用于菜肴的送餐服务。参见 tray
bang (Am.) 1. 苹果啤酒　以淡啤酒和苹果白兰地混合而成,加入姜、豆蔻和糖,有时加杜松子酒或威士忌酒提高酒度。 2. 小沙丁鱼　产于大西洋和加勒比海地区,形似鲲鱼。
banger (Am.) 香肠　俚称。参见 sausage
bangi 班吉果　一种青色果实,大小似橘子,产于菲律宾等地。
banille (F.) 香草香精　常用于制巧克力。参见 vanilla
banjo shark 犁头鳐
　参见 guitarfish
bank cod 大头鳕
　也作 Alaska cod
Bankett (G.) 宴会
　参见 banquet
banneau (F.) 摘葡萄用的木桶
banner screen 防火隔屏　吊在炉口前,以防止火星飞溅。
banneton (F.) 网油　猪肠膜,用于制香肠。参见 caul
bannock 大烙饼　苏格兰食品,指一种扁平的不发酵面饼。大烙饼多用燕麦粉制作,也可用大麦、豌豆或其他谷类面粉制作,有时还可嵌入水果。在美国,该词专指一种薄玉米烙饼。

Banon (F.) 巴农干酪 法国普罗旺斯地区产的一种羊乳奶酪,重量仅为100克左右。奶味清淡,质软色浅,含乳脂约为45%。出售时外裹新鲜翠绿的栗树叶,故很有特色。

banquet 宴会 豪华的礼仪性会餐,其席次、内容和习惯取决于参加者的习俗要求,菜肴丰盛。罗马宴会一般上三道菜:开胃品、正菜和甜食。13世纪中国的宴会十分豪华,菜肴多到100种。16世纪法国宴会注重布置和装饰的精致,异常豪华。今天的宴会最多曾一次宴请30000人,但近来开始逐渐简化,并讲究实效。

banquette (F.) 餐厅条形软凳 一种沿墙或近窗口的长凳,上铺软垫,供餐厅顾客就座。

banquière, à la (F.) 银行家式 一种十分浓腻的菜式,用胸腺、鸡肉、蘑菇、块菌、肉丸、云雀泥等作配料,加马德拉沙司调味而成。

Bant (abbr.) 素食减肥法
参见 Bantingism

bantam 矮脚鸡 产于印度尼西亚爪哇岛的珍贵鸡种,也叫斗鸡,味极鲜美。

banteng 爪哇野牛 产于东南亚的一种野生动物,与家牛相似。在爪哇等地当作家畜饲养,可供食用。

Bantingism 素食减肥法 由英国医生 W. Banting 倡导的节食减肥法,主要限制动物性脂肪的摄入。

Bantu beer 班图酒 南非产的一种用玉米、小米和其他谷物酿制的低度酒。也作 kaffir beer

banuti 奶油果汁 以香蕉、胡桃、奶油、糖和柠檬汁为配料制成的一种甜食。

Banville (F.) 邦维尔 法国诗人、美食家,生卒年代为1823—1891,与音乐家罗西尼过往甚密。参见 Rossini

Banyuls (F.) 巴纽尔斯酒 一种法国佐餐红葡萄酒,口味类似于 port。产于地中海港口城市,以产地命名。

baobab 猴面包树 一种热带乔木,产于非洲、印度及澳大利亚等地。果实可食用,略带酸味,因猴子常食用而得名。也作 monkey bread

bap (Sc.) 小面包卷 苏格兰产的一种长椭圆形面包,表面涂有牛奶,再撒以干面粉即成。

Baptist cake (Am.) 洗礼蛋糕 美国新英格兰地方的一种油炸蛋糕,因为在深油锅中炸,与基督教徒接受洗礼相似而得名。

bar 酒吧 供应酒类饮料的商店或餐柜,也指一种有轮活动酒柜,上部为调酒台;下部供存放各种酒具。

bar car 酒吧餐车 豪华客车之一,配备有饮料和茶点的供应设备。

bar de mer (F.) 海鲈
参见 perch

bar fork 吧叉 一种长型餐叉。参见 fork

bar glass 吧杯 泛指酒吧用玻璃酒杯,有很多种。比较常见的有鸡尾酒杯、柯林斯杯、高杯、酸酒杯和古典杯等。

bar room (Am.) 酒吧间
参见 bar

bar shaker 摇酒器 酒吧器具之一,主要用于调制鸡尾酒。外形为两端渐小的圆筒,用不锈钢制成,分上下两部分,分别放入冰块和酒或饮料。使用时剧烈摇动,从而使各种配料均匀混和。

bar spoon 吧匙 一种长柄匙,在酒吧中用于鸡尾酒的调配。

bara pikelet 发面饼
参见 pikelet

Barack Palinka (Hu.) 杏子白兰地 匈牙利的杏子白兰地用杏仁经蒸馏制成,口味与一般杏仁白兰地不同,含酒精44%。

baraquille (F.) 三角野味酥卷 以胸腺、鹅肝酱等作馅,趁热食用。

barashek iz masla (R.) 复活节羊 用黄油制成羊的形状,先放入冰水中使其坚实,上盖棉纱代表羊毛,用葡萄干作为眼睛,并在羊嘴中饰一绿色的枝叶。该象征性的复活节羊是传统俄罗斯菜肴中的主要装饰品之一。
barattage (F.) 奶油搅制 用搅乳器提取黄油的一种加工过程。
baratte (F.) 搅乳器 用于制取黄油的一种厨房器具。
barattolo (It.) 小锅
参见 petit pot
barb 鲃
参见 barbel
barbabietola (It.) 甜菜 俗称甜萝卜。参见 beetroot
barbacoa (Sp.) 烧烤野餐
参见 barbecue
barbadine (F.) 鸡蛋果
参见 passion fruit
Barbados cream (Am.) 巴巴多斯甜露酒 以原产地命名的一种朗姆型甜味利口酒,以肉桂、丁香、豆蔻、糖和柠檬皮等作配料酿成。
Barbados gooseberry 巴巴多斯醋栗 原产于西印度群岛,味略带酸。参见 gooseberry
Barbados rum 巴巴多斯朗姆 产于西印度群岛的一种琥珀色烈性酒,含酒精为 40%。
Barbados water (Am.) 巴巴多斯露酒 以朗姆酒、橙汁和柠檬皮等作配料调制而成。
Barbantane (F.) 巴本坦酒 法国罗讷河口市镇巴本坦产的一种普通佐餐用红葡萄酒。
barbarano (It.) 巴巴拉诺酒 意大利威尼斯地方产的一种普通佐餐葡萄酒。红葡萄酒和白葡萄酒均有。
barbarea 山芥
参见 winter cress
Barbaresco (It.) 巴巴列斯科酒 一种芳香干红葡萄酒,与巴罗洛酒相似,但酒体较轻盈,含酒精 13%,产于意大利的皮埃蒙特地区。参见 Barolo
barbarin (F.) 鲻鱼
参见 mullet
barbarine (Am.) 美洲弯颈南瓜
参见 gourd
barbarine (F.) 西番莲
参见 passion fruit
barbe de bouc (F.) 婆罗门参 在盐水中浸泡后煮,然后烘干食用,用作配菜。参见 salsify
barbe de capucin (F.) 野苣
参见 wild chicory
barbeau (F.) 鲃
参见 barbel
barbecue 烧烤野餐 指用木材或木炭烤炙的肉或鱼,也指在地坑中烤熟的食品。地坑用石块砌成,烧数小时,再将大块肉或整头猪用青菜包后放入坑内烧烤即成。也可烤羊肉或牛肉,并采用番茄汁、香料和柠檬汁调味。在美国,烤肉为公众所喜爱。
barbecue mix 烧烤沙司
参见 barbecue sauce
barbecue pit 烧烤坑 用于烧烤整头猪或大块牛肉,坑内放木头等明火,直接烤肉或形成热炭后烤。参见 barbecue
barbecue rack 烧烤架 置于烧烤坑上的金属架,用于烤肉、鱼或鸡等。
barbecue sauce 烧烤沙司 以醋、调味料和辛香料制成的卤汁,用于烹调及涂抹在烧烤肉类的表面。
barbe-de-chèvre (F.) 珊瑚菌
参见 clavaria
barbel 鲃 鲤科鲃鱼一大类淡水鱼,原产于欧、亚、非洲。其典型种类为口周有一对或多对须,鳞大而亮。鲃体色浅绿,一般体长 75 厘米,重 3 千克,为优等食用鱼,常制成罐头等,其中印鲃为名贵的鱼种,滋味鲜美。
barber 梅鲷鲈 一种鲐科鱼。产于澳大利亚的塔斯马尼亚岛海域,可食用。
Barbera (It.) 巴贝拉葡萄 意大利皮埃蒙特地区的深色葡萄品种,常用于酿制一种同名的干红葡萄酒。酒色深宝石红,粗犷辛辣,有果香味,与基昂蒂酒相似,但较涩,含酒精 12—15%。
Barberey (F.) 巴贝利干酪 法国香槟省产的一种脱脂干酪,含乳脂仅 20%,一般重 250 克左右。味强烈,质软,呈平圆台形。1814 年拿破仑在特鲁瓦时,有一农妇曾送给他该种干酪,故也叫特鲁瓦干酪。

barberon (F.) 婆罗门参
  参见 salsify

barberry 小檗 一种灌木,产红色酸涩味果实,用于制果冻和蜜饯,也可制干果或罐头。其未熟的果实呈青色,常作为醋渍凉拌食品。

barbillon (F.) 小鲃
  参见 barbel

barbio (It.) 鲃
  参见 barbel

barboteur (F.) 家鸭
  参见 duck

barbotine (F.) 艾菊
  参见 tansy

barbotte (F.) 江鳕
  参见 burbot

barbounia (Gr.) 扒烤红鲻鱼
  参见 red mullet

barboy 酒吧服务员助手 其职责是负责酒杯和冰块的供应,并做一些杂活,如削水果、倒垃圾等。

bar-b-q (Am.) (abbr.) 烧烤野餐
  参见 barbecue

barbue (F.) 菱鲆
  参见 brill

Barcelona 巴塞罗那 西班牙濒临地中海的港口城市,著名葡萄酒产地之一。

Barcelona nut 巴塞罗那果 一种常用于烤食的榛子,产于西班牙。参见 filbert

barchette (It.) 小油酥面包 常有馅,作为餐前开胃点心。

bardane (F.) 牛蒡
  参见 burdock

bardatte (F.) 野兔肉填馅白菜 用白葡萄酒烹调,佐以栗子,为法国布列塔尼地区风味。

barder (F.) 盖以熏肉片 指在肉类、家禽、野味或大块鱼上盖上熏肉片或新鲜肉片,用线扎紧,烤炙后取下,其目的是使肉更鲜嫩。

barding fat 熏肉条 有时也指肥膘肉条或肉片,用于覆盖在烤炙的鸡外面等。参见 lardoon

Bardolino (It.) 巴多利诺酒 意大利维罗纳地区小镇巴多利诺产的一种优质干红葡萄酒。该镇滨加尔达湖,所酿的酒酒体轻淡,回味甜,饮时侧可经冰镇。

barefoot (咖啡)不放糖和牛奶的
  参见 black coffee

barefoot bread 纯玉米面包
  参见 corn pone

Bärenfang (G.) 巴伦芳酒 德国的一种蜂蜜露酒,带有酸橙和毛蕊花香味。

Barford pudding 巴福德布丁 起源于18世纪的一种英国水煮布丁,依产地命名。配料有牛板油、葡萄干、面粉、糖、鸡蛋和肉豆蔻等。

barge (F.) 长嘴涉水鸟
  参见 godwit

barigoule (F.) 乳菇 产于法国南部地区的一种食用菌类,味极鲜美。

barigoule, à la (F.) 佐以乳菇的 乳菇产于法国南部地区。该菜肴配料为朝鲜蓟和火腿,加蘑菇、香肠和大蒜等饰配。

Bar-le-Duc (F.) 巴勒迪克蜜饯酱 巴勒迪克在法国东北部。该蜜饯酱由去籽整形的醋栗和其他水果制成,为该地特色食品之一。

barley 大麦 谷类作物之一,一般用作饲料,但也充任早餐食物。此外,大量用于酿造麦芽饮料,如啤酒和威士忌等。

barley broth 苏格兰烈性啤酒
  参见 stout

barley candy 麦芽糖,饴糖
  参见 barley sugar

barley flour 大麦粉 将大麦去壳,与其他面粉混和后用于制面包、蛋糕、饼干、煎饼等,也常用于制成婴儿和病人的营养食品。

barley grits 大麦碎粒 常用于制牛肉饼、谷粉和汤的增稠料。

barley meal 大麦粉 一种粗磨全麦粉,常用于煮成大麦粥。

barley sugar 饴糖 即麦芽糖,一种透明光洁的食用糖。制法为先将蔗糖

加热融化,添加浓缩的麦芽汁,然后冷却而成。也作 barley candy

barley water 大麦茶 用珍珠大麦在水中煮沸而成,可加糖和柠檬汁调味。19世纪起就流行于欧洲,据信有补肾益气的医疗作用。

barley wine 大麦酒 一种呈深棕色的高浓度啤酒,通常以14毫升的小瓶盛装。参见 ale

barleybree 1. 烈性啤酒 2. 威士忌酒

barleycorn 1. 大麦粒 2. 啤酒 据说曾有一个叫 John Barleycorn 的人,喜饮啤酒,故有人将他的姓名作为啤酒的代称。

barm 酵母菌种 俗称老面,是麦芽酒发酵时浮在表面的泡沫状酵母,也可用于面包发酵,现改用 yeast。

barm biscuit 发面梳打饼干
参见 cracker

barman 酒吧服务员
参见 sommelier

barmbrack 醋栗甜饼 爱尔兰的一种精美甜点。

barmixer 酒吧调酒师
参见 sommelier

barmy sponge 1. 发泡的面团 2. 流体酵母 可用于酿酒。参见 barm

barnache (F.) 黑雁
参见 wild goose

barnacle 藤壶 也叫茗荷介,为一种蔓足类海产甲壳动物。可生吃,肉质鲜嫩,常以醋沙司为佐料。

barnacle goose 藤壶黑雁 一种欧洲候鸟,可供食用,但肉质粗而难以消化。

Barnett salmon 肺鱼
参见 barramunda

Barnevelder 巴讷费尔德鸡 一种蛋肉兼用鸡品种,蛋呈深棕色,鸡肉质量上乘。巴讷费尔德为荷兰东部村镇。

barnyard millet 稗子 一年生草本植物,叶子似稻,但果实似小米,可用于酿酒或作饲料。

Barolo (It.) 巴罗洛酒 意大利皮埃蒙特地区产的一种醇厚的不甜红葡萄酒,以棕色酒瓶盛装。据说可与法国勃艮第酒媲美,一般含酒精13—15%。

baron (F.) (牛、羊的)整腰肉方 一种后腿带臀肉,脊骨就未切开,包括腰肉和上腰连脊肉。参见 sirloin

Barossa Valley 巴罗萨河谷 澳大利亚的主要酿酒区之一,在澳大利亚南部。

Barotse 巴罗策牛 非洲赞比亚产的一种长角肉用牛。

Barousses (F.) 巴鲁斯干酪 法国比利牛斯地区巴鲁斯产的一种牛奶干酪。呈小圆柱形,重2千克,含乳脂40—50%。

barquette (F.) 船形奶油千层酥 一种填入各种馅的餐末糕点。

barquillo (Sp.) 煎蛋卷
参见 omelette

barquito (Sp.) 1. 煮鸡蛋 2. (汤里的)面包块

barracouta 鲟
参见 barracuda

barracuda 鲟 也叫梭子鱼,鲈形目鲟科鱼的统称,遍布于热带海域。大西洋、加勒比海等的鲟鱼可长达1.8米,是一种优质食用鱼。可用于扒烤、油炸和烟熏等。

barramunda 肺鱼 产于澳大利亚南部水域的一种淡水鲑属鱼,食用价值很高。

barred pickerel 带纹狗鱼 美国产的一种淡水鱼。

barrel 1. 桶 液量单位,在英国为36加仑;在美国为31.5加仑。也可以指一种干量单位,装面粉等于196磅;装鱼或肉类则等于200磅。 2. 琵琶桶 一种筒状圆桶,可用于装酒或其他食品。

barrelgoods (Am.) 酒类 泛指啤酒、葡萄酒和烈性酒等,因以木桶装而得名。

barrelhouse 低级酒店 常附带舞会和住宿设施。

barricas (Sp.) 大酒桶 容量约为

200—250 升。

barril 小酒桶 容量约合 16.74 升。

barrique (F.) 大桶 容量为 200—250 升。

barrot (F.) 小鳀鱼桶 内装腌鳀鱼为主。

barrow 1. 阉公猪 2. 鲨鱼子

barrow's goldeneye 巴罗鹊鸭 产于北美洲的一种鸭，口味类似野鸭。

Barsac (F.) 巴尔萨克 法国西南部吉伦特省的索泰尔纳(Sauternes)村落名，产一种优质的半甜型同名白葡萄酒，色泽金黄。

Barsch (G.) 河鲈
参见 perch

barsez barszez (Po.) 甜菜汤 也叫红菜头汤。参见 beetroot

barstoncello (It.) 细长形小面包

barstool 酒吧高脚凳 一种圆形高凳，常铺以软垫，列成一排置于酒吧柜台前。

bartavelle (F.) 红鹧鸪 一种野禽，其烹调方法与松鸡等相同。参见 rock partridge

bartender (Am.) 酒吧服务员 在酒吧担任调酒服务的专业人员，对酒类的知识非常丰富。参见 sommelier

bartender's shaker (Am.) 摇酒器
参见 bar shaker

Bartlett 巴特利特梨 俗称巴梨，原产于英国。外皮呈黄色，硕大多汁。因由 Enoch Bartlett 引种到美国，故名。

bartolillo (Sp.) （三角形）奶油肉馅饼

barware 酒吧酒具 包括吧杯、吧匙、摇酒壶、碎冰机等。参见各相关词条。

bascoutou (Ar.) 菠菜面包 北非特有风味，以蛋黄、面粉和橙花等为配料制成。

base 1. 酒底 2. （餐具的）底座

Basel 巴塞尔 瑞士城市，以蜂蜜糕著称。参见 leckerli

basella 落葵 原产印度的一种热带植物，也叫印度菜。现广泛种植于欧洲，用作凉拌菜。

baselle (F.) 落葵
参见 basella

basi 倍西饮料 菲律宾等地的一种发酵饮料。

basic food 1. 主食 2. 碱性食物 经氧化后呈碱性的食物，如牛奶、水果和蔬菜等。参见 acid food

basig (Sp.) 菲律宾烧酒

basil 罗勒 唇形科一年生草本植物，原产于印度和伊朗。有小叶罗勒、大叶意大利罗勒和莴苣罗勒等多种，可作为蔬菜栽培。其干叶可制香料，鲜叶则用于肉、鱼、色拉等的调香料。以罗勒叶浸渍的罗勒醋十分有名。罗勒味似茴香，辛甜而微辣，在意大利为爱情的象征。

basil balm 罗勒香 欧洲产的一种芳香薄荷，也叫北美香蜂草。

basil mint 山薄荷
参见 mint

basil oil 罗勒油 一种淡黄色香精油，由甜罗勒花经抽提而得，用作调香剂。

basil thyme 罗勒百里香 一种芳香植物，其香味综合了罗勒和百里香两种香草的香味。

basilic (F.) 罗勒
参见 basil

basilico (It.) 罗勒
参见 basil

basket dinner (Am.) 野餐
参见 picnic

basket-fired tea 筐烤茶 日本的一种长叶绿茶品种，是将茶叶嫩芽放入小竹筐中筐烤而成，制备方法比较独特。

basking shark 姥鲨 最大的鲨鱼之一，常可达 40 英尺长。其巨大的肝有重要商业价值，用于提炼鱼肝油等。因常躺在水面晒太阳而得名。

Basler Leckerli (G.) 巴塞尔蜂蜜糕 用香料和蜂蜜制成的甜蛋糕，产于瑞士的巴塞尔镇。参见 leckerli

Basquaise, à la (F.) 巴斯克式 巴斯克为法国西南部地区名。该菜式指用火腿、土豆和炸牛肝菌等为配菜的菜肴。

Basque barbecue (Am.) 巴斯克烧烤野餐 指以羔羊肉为主的一种烧烤

野餐。据说许多西部牛仔的祖先是巴斯克人。
basquet (F.) (装水果的)板条箱　可能源自英语 basket。
bass 鲐鱼　鲈形目许多食用鱼类的统称，包括鲐鱼、石斑鱼、石鲐、条纹鲐、黑鲈、石首鱼和太阳鱼等。主要产于大西洋及地中海地区，烹调方法有煮、炸、烧、烤等。
basse-pâte (F.) 馅饼底皮
参见 abaisse
Bassereau (F.) 巴塞洛酒　法国勃艮第地区产的一种发泡酒。
bassin (F.) 大浅盆
参见 bowl
bassora gum 西黄蓍胶
参见 tragacanth
bastard 1. 粗黄糖　2. 劣质葡萄酒　尤指西班牙等地产的一种甜味劣酒，价格便宜但对人体有害。
bastard halibut 牙鲆
参见 lefteye flounder
bastardeau (F.) 鲽　俗称。
参见 dab
baste 卤汁　以融化奶油、烤肉汁和油脂等调制而成，用于炙烤时涂抹在食品上防止烤干，又可增加风味。这种涂卤汁的过程也称溜油。
basted egg 油淋蛋　将整只蛋炸一面，然后用油汁或卤汁淋在蛋上，至蛋热时食用。
basted meat 叉烧肉　在烤肉的一边涂上卤汁而制成。参见 baste
Bastelicaccia(F.) 巴斯特利克干酪　法国科西嘉岛南部地区的一种羊奶酪，重约400克，有柑橘香味。
baster 涂油器　一种替烤肉浇上卤汁或吸取多余卤汁的工具，形似针筒。
basterma (R.) 辣牛肉　以红辣椒和胡芦巴等作配料，是高加索地方风味食品之一。
basting 1. (在烤肉上)涂油脂　2. 肉汁，油脂　参见 baste
basting brush 卤刷　一种长柄小刷子，用于烤鸡或肉时涂刷卤汁和其他调味料等。

basting fat 卤汁　一种调味用油脂或肉汁。参见 baste
basting spoon 长柄卤汁匙　用来将调味卤汁浇在烤肉上。
bataclan (F.) 酥面点心　用去皮杏仁、香草、面粉、鸡蛋、糖和朗姆酒制成，经烘烤后冷冻食用。
Batailley (F.) 巴塔依酒　法国波尔多地区梅多克产的一种优质干红葡萄酒。参见 Médoc
batalia pie 肉馅饼　一种英国式馅饼。参见 muffin
bâtard (F.) 花式面包　一般重500克，略大于 baguette。
bâtarde, sauce (F.) 奶油沙司
参见 butter sauce
batata (Sp.) 甘薯
参见 sweet potato
batavia 爪哇莴苣　也叫雅加达莴苣，结球较紧密。一般在夏季或冬季上市。参见 endive
Batavia arrack 巴达维亚酒　产于印度尼西亚爪哇岛的一种干味烈性酒，口味芳香，类似于朗姆酒，含酒精40%。Batavia 是雅加达的别称。
batch 1. 生面团　指用于烘烤面包的面团。2. 一炉　指每一次烤成的面包总数。
batch flour 粗制面粉
参见 patent flour
bateau (F.) 船形拼盘碟　用瓷器、玻璃或金属制成，用于盛开胃拼盘，因外形似船而得名。
batelière, à la (F.) 水手式　指以鱼类作配菜的菜肴，加入油炸蛋、蘑菇、洋葱等辅料。有时也指用浓味海鲜作馅的酥面点心。
Bath biscuit 巴斯饼干
参见 Bath Oliver
Bath bun 巴斯甜点　用鲜酵面团制成的一种圆形糕点，用鸡蛋、奶油、葡萄干和罐头水果作配料。因产于英国的萨默塞特郡的巴斯而得名。
Bath chap 巴斯肉饼　英国巴斯地方的一种风味食品，主要采用猪头肉，尤其是面颊肉作配料制成。

Bath Oliver 巴斯饼干　一种不带甜味而易于消化的饼干。1764年由英国巴斯地方的一位叫 William Oliver 的医生首次创制，故名。

bath towel (Am.) 牛肚　俚称。
参见 tripe

bathtub gin 仿杜松子酒　一种烈性蒸馏酒，加入香精、香料使其与杜松子酒口味相似。是美国在禁酒法案通过期间非法私酿的酒之一。参见 moonshine

batido (Sp.) 1. （糕点用）面糊 2. （搅拌好的）生蛋 3. 鸡蛋奶茶　以牛奶、鸡蛋和果汁等调制的饮料。

bâton (F.) 1. 短棍面包　一种比 baguette 稍短的面包。 2. 条状油酥糕点　常嵌入干酪等作填馅，有时也用于干酪薄面条。

bâtonnet (F.) 短棍面包
参见 bâton

batte (F.) 搅乳棒　一种圆棍状木棒，可用于搅拌奶油。

Battelmatt (It.) 巴特尔麦特干酪　产于意大利皮埃蒙特地区的一种高山牛奶干酪。呈圆柱形，重10—12千克，含乳脂45%。

Battenberg cake 巴滕贝格蛋糕　一种双色长方蛋糕，上涂杏仁酱。

batter 面糊　也叫稀面糊，由面粉加水及糖、盐、蛋、发酵剂和牛奶等搅拌而成。用于制作焙烤食品，如烤饼、松饼，茶点发糕等。面糊也常作嫩煎或油炸食物表面的外涂料，使食品松脆可口。参见 dough

batter bread 匙面包
参见 spoon bread

batter cake 薄煎饼
参见 crêpe

batter mix 面拖料　指涂在鱼肉上的蛋白面粉混合料，然后入油锅炸。参见 batter

batter process 洗面筋法　指洗涤面团以制取面筋和小麦淀粉。参见 gluten

batter pudding 面糊布丁　一种不甜的布丁，用面粉、鸡蛋、牛奶和奶酪调香后烘烤而成。

batterie de cuisine (F.) 成套金属厨房用具

battering 挂面浆　俗称面拖，在炸鱼片或炸肉片表面涂抹稀面糊后再入油锅深炸。

battery beef 牛舍菜牛肉　指未经放牧的一种菜生产的牛肉，肉质较嫩。

batteur à oeufs (F.) 打蛋器
参见 whisk

batticarne (It.) 打肉锤　用来打平肉片，使肉变软。参见 abatte

battuto (It.) 菜肉酱　由切成泥的蔬菜、香料植物、肉糜拌和植物油制成，常作为煮浓汤的基料。

batwinia (R.) 浓味冷汤　一种俄罗斯风味汤。

Batzi (G.) 巴茨酒　瑞士产的一种苹果烧酒。

Bauch (G.) 肚子，胃
参见 tripe

Bauden (G.) 博登干酪　奥地利产的一种酸味干酪。

baudroie (F.) 鮟鱇
参见 goosefish

baudruche (F.) 牛羊大肠膜　常用作香肠的肠衣。参见 caul

Bauernbrot (G.) 黑面包　常指农村中家庭自己烘制的面包。

baume (F.) 柠檬薄荷　一种芳香植物，用作调味。

Baumkuchen (G.) 树蛋糕　一种外形制成似一段树木的蛋糕，中心填入馅料，外涂奶油和巧克力。

bauno 轮生叶芒果　产于菲律宾的一种果实，味酸多汁。

bavarese (It.) 1. 巴伐利亚奶油冻甜食　参见下条。2. 牛奶巧克力饮料

Bavarois, à la crème (F.) 巴伐利亚奶油糕点　指用鸡蛋、糖、香草、杏子、樱桃和其他配料制成的一种甜点。

Bavaroise (F.) 巴伐利亚奶茶　一种加牛奶、糖或咖啡的浓茶，有时加入鸡蛋和甜露酒。也指一种奶油冻甜点。据说原产于德国的巴伐利亚而得名。

bavetta (It.) 细面条 常用于煮汤。
参见 vermicelli

bavette (F.) 牛腰肉,腹肉
参见 flank 和 sirloin

baveuse (F.) 流糊蛋
参见 scrambled egg

baxter 面包师 有时泛指熟练的高级厨师。参见 chef

bay 月桂
参见 bay leaf

bay bean 海刀豆 生长在海岸边的一种蔓生植物,与普通刀豆相似。

bay leaf 月桂叶 樟科常绿树甜月桂的干叶,是一种受欢迎的香料,用于腌渍、填馅、炖菜和鱼等的调香。气味芬芳,但略有苦味。烹调后再从菜中取出,也可使用月桂叶粉调香。

bay oil 月桂油 也叫月桂叶油,由月桂树叶经提炼而成,其香味类似于丁香,可用作调香料。

bay rum 月桂液 以原产于西印度群岛的月桂的黑色果实蒸馏而成的一种香精油,其香味类似多香果。

bay salt 海盐 以海水晒干制得,不及岩盐纯净。

baya (Fi.) 菲律宾米酒

baya (Sp.) 1. 葫芦 2. 智利葡萄酒

bayberry 1. 月桂果 生长在西印度群岛一带的一种多香果植物,可用作食品的调香。2. 宾州杨梅 美国宾夕法尼亚州产的一种杨梅品种名,味甜。

Bayonnaise, à la (F.) 巴约讷式 指以巴约讷火腿、醋渍黄瓜和鳀鱼作配料的菜式。参见 Bayonne

Bayonne (F.) 巴约讷 法国下比利牛斯地区城镇,以火腿著称,其实产于邻近的 Orthez。该地是蛋黄酱的发源地,其他名菜有腌鹅、腌猪肉和血布丁等,此外巴约讷巧克力也很出名。

bazzotto (It.) (蛋)煮成溏心的

beach plum 海滩李 北美洲东北岸的一种灌木,果实可食,常用于制果酱。

beading (酒等的)发泡
参见 sparkling wine

beaked parsley 有喙欧芹 也叫细叶芹。参见 chervil

beaker 大口酒杯 一种无柄无脚的大容量酒杯。

bean 豆 一些豆科植物的种子或荚果,最初仅指蚕豆,后泛指各种豆类。一般均含蛋白质、铁质和维生素,是人类的主要食品。重要的豆类如大豆、菜豆、蚕豆、豌豆、利马豆、扁豆、云豆、红花菜豆和豇豆等。

bean cake 豆饼 将大豆榨油后所得到的豆渣经压实而成,常用作饲料。

bean cheese 豆腐
参见 bean curd

bean clam 豆蛤 产于美国加利福尼亚和墨西哥等地的一种海洋动物,味鲜美。

bean curd 豆腐 中国、日本和东南亚菜肴中蛋白质的重要来源。其制法是先将干黄豆浸泡,磨碎,然后加入钙镁的氯化物或硫酸盐使其凝固而成。其副产品豆渣和乳清亦可食用,易于消化。豆腐营养丰富,可用于冷拌、烤、炖、炒、炸,还可发酵制成乳腐。中国豆腐的质地较日本的结实且味重。

bean curd sheets 百页 也叫千张。用大豆汁经沉淀后压制成的薄片,含水分较少,是一种常见的副食品。

bean curd stick 腐竹 用大豆作原料,经磨浆煮熟后表面结出的一层薄膜称为豆腐衣。用干燥的豆腐衣制成一种条状食品,即是腐竹。可用于多种菜肴,尤其在素食餐厅中更为人们喜爱。

bean feast 豆宴 雇主每年一次招待雇员的聚会,因席间必有熏肉豆子拼盘,故名。

bean flour 豆粉 指用干燥的豆类磨成的粉末,尤指蚕豆粉。

bean hole 烘豆炉 一种以砖或石块砌成的炉灶,或在地上挖洞,用于加热烘食豆子等。源自北美印第安人的烘烤方法。

bean jelly 凉粉 俗称麻腐,色洁白细腻。由绿豆为主要原料加工而成。

bean milk

可用于凉拌。

bean milk 豆浆 一种牛奶状液体食品,以大豆为原料磨制而成,富含蛋白质,可纯饮或制成豆腐。

bean noodle 粉丝,粉条 以绿豆为原料制成的半透明细条状食品,在中国被用作菜肴和汤的配料。

bean oil 豆油 将大豆经机械压榨或经有机溶剂浸提脂肪而获得的透明食用油。色泽淡黄,含有丰富的人体必需脂肪酸,是高营养食用油脂之一,广泛应用于烹调中。

bean paste 豆瓣酱 将黄豆或蚕豆经发酵酿制而成,色泽酱红,味香,可用作调味或佐食菜肴等。

bean pot 煮豆罐 一种带盖的笨重瓦罐,专为煨豆子而制。

bean sprouts 豆芽 黄豆、绿豆等发出的嫩芽,常用作蔬菜,富含维生素C。

bean store 小吃店
参见 snack

beanery 廉价饭馆 一种经济小餐馆,常供应素食或简易饭菜,并以烧豆等菜肴为主菜而得名。

beanvine 美洲菜豆 一种多年生攀援植物,其果实鲜嫩可食。

beany 豆腥味 指大豆食品所特有的气味。也作 beany flavour

bear 熊 熊肉须先经嫩化才可食用,一般认为熊掌是美味食品。

bear claw bread 熊掌面包
参见 isleta bread

bear huckleberry 美洲越橘
参见 bilberry

bearberry 熊果 杜鹃花科熊果属常绿灌木,原产北美洲。果实呈红色,光滑可食。

beardie 1. **须鳕** 澳大利亚的一种鳕鱼,因其下唇有一触须而得名。 2. **泥鳅** 参见 loach

Bearnaise, à la (F.) 贝亚恩式 贝亚恩在法国西南部的比利牛斯地区,是法国国王亨利四世的故乡。该式为以贝亚恩沙司作调味料的各种菜肴。

Bearnaise sauce 贝亚恩沙司 一种浓厚的蛋黄黄油沙司。以分葱、龙蒿、欧芹末和白葡萄酒作配料制成,用于佐食烤鱼或烤肉等。参见 Bearnaise, à la

beast 菜牛 亦可泛指供屠宰的牲畜,如马、驴和骆驼等,有时甚至也包括一些野味,如獐、鹿和野猪等。

beastings pudding 初乳布丁 用牛产犊后的初乳制成的甜点,富有营养。参见 beesting

beat 抽搅 指用打蛋器等抽打和搅拌蛋白或奶油等,目的使其均匀。

beaten biscuit 泡沫松脆饼干 以面糊、水和油脂打起泡沫,再经烘烤而成的折叠饼干。

beaten confection 薄片软糖 一种经搅打充气的糖坯软糖。

beaten-up white 蛋白酥皮糖霜
参见 meringue

beatilles (F.) 碎块 指鸡冠、腰、羊胸腺、蘑菇等杂碎,佐以白汁沙司,用来作各种酥面壳点心的填馅。参见 vol-au-vent

beating machine 打蛋机 厨房设备之一,用于搅打大量的鸡蛋或蛋白,有时也可调制蛋黄酱等调料。

Beatrice salad 贝雅特里齐色拉 以芥末色拉油淋在冻薯片上,加入鸡丝、块菌丝和芦笋等配料而成的凉拌菜。贝雅特里齐是意大利诗人但丁爱慕过的女子。她死后,诗人把抒写对她的爱情的诗编成诗集出版,取名《新生》。

Beaucaire, à la (F.) 博凯尔式 指以白兰地酒和洋蓟心等作配料的菜肴。博凯尔为法国罗讷河地区名。

Beauceronne, à la (F.) 博斯式 博斯在法国的卢瓦尔河沿岸。该式常指以洋葱、熏肉和土豆等作配料烧煮的牛腿肉菜肴。

Beaufort (F.) 博福尔干酪 法国萨瓦省产的一种圆柱形牛乳干酪。一般重40—60千克,无气孔,含乳脂55%。该干酪以法国国王亨利四世的孙子博福尔公爵命名,他的本名是 Francois de Bourbon (1616—1669)。

Beaugency (F.) 博尚西 法国中部山区的村名，产优质葡萄酒,以产地命名。

Beauharnais, à la (F.) 博阿尔内式 一种古典式牛排烹调法，用贝亚恩沙司拌以龙蒿酱，并以洋蓟心、小土豆丸和填馅蘑菇等作配菜。博阿尔内是拿破仑的皇后约瑟芬的姓氏,该菜式即以此命名。

Beaujolais (F.) 博若莱 法国东南部一个大区,位于中央高原正东,地势起伏不平。以家庭小葡萄庄园为特色,盛产世界闻名的博若莱红葡萄酒。酒味新鲜,名牌有博若莱、福勒里耶和尤里耶纳等。

Beaulieu (F.) 博留 法国地中海沿岸尼斯附近地名,以博鲷鸡闻名于世。
参见 poulet de Beaulieu

Beaumont (F.) 博芒干酪 产于法国萨瓦省的一种牛乳干酪,味柔和,重1.5千克,含乳脂50%。

Beaune (F.) 博讷 法国中东部科多尔省城镇,位于第戎西南。18世纪随葡萄酒贸易而复兴,拥有很多上好的葡萄园,盛产各种普通干红佐餐酒。每年11月举办地区性的葡萄酒大销售。

beautiful bean 菀豆
参见 kidney bean

Beauvilliers, Antoine (F.) 安托瓦·波维叶 法国著名大厨师,生卒年代为1754—1821,著有《烹饪艺术》一书。有一道以菠菜和填馅西红柿饰配的叫婆罗参煎肉的菜是以他的名字命名的。

beaver 水獭 美国常见的一种水生哺乳动物,有时可供食用,但具有一种令人不快的气味。

beb 优质瓶装酒 由 best bottled 两词缩略而成。

bécard (F.) 雄鲑
参见 salmon

bécasse (F.) 山鹬
参见 woodcock

bécasseau (F.) 小山鹬
参见 woodcock

becassine (F.) 沙锥
参见 snipe

beccabunga (F.) 婆婆纳
参见 brooklime

baccaccia (It.) 山鹬
参见 woodcock

beccafico (It.) 园莺
参见 becfigue

Beccaro Napoleon 培卡罗酒 一种意大利白兰地酒名,创始于1867年,产于米兰附近。酒瓶中装有一樽木制拿破仑像,因而被视为收藏珍品。

becerro (Sp.) 牛犊 指不满一岁的小公牛。参见 calf

becfigue (F.) 园莺 也叫燕雀,是产于欧洲尤其是法国西南部的一种灰褐色小鸣禽。烹调方法以扒烤或串烤为主,被视为美味。

becfigue à la Landaise (F.) 朗德式串烤园莺 外用熏肉片和葡萄叶包起。参见 becfigue

becfin (F.) 园莺
参见 becfigue

Bechamel sauce 贝夏美沙司 一种用面粉、奶油、柠檬汁和蘑菇等为配料制成的白汁沙司。色泽洁白,奶味浓郁,为法式菜中的主要沙司之一。该沙司依法国国王路易十四的宫廷总管 Louis Bechamel (1648—1703) 的名字命名。

bêche-de-mer (F.) 海参
参见 sea cucumber

Becher (G.) 大酒杯 常指一种无柄的平底大酒杯,主要用于喝啤酒。

Becherovka(Cz.) 贝雪罗夫卡酒 1807年起产自捷克的卡尔斯巴德。色泽淡黄,属利口酒型,含酒精38%。

bechetel crab 贝克特尔野苹果 在美国衣阿华州培育而成的一种优质苹果。

Beck's (G.) 贝克啤酒 产于德国的不来梅市 (Bremen)。

bec-plat 阔嘴鸭 烹调方法同野鸭。参见 mallard

bec-pointu (F.) 鳐
参见 skate

bécune (F.) 梭鲈
参见 pike-perch

bed 菜底 指餐盘中置于肉类或其他主菜下作垫底的各种蔬菜。

bed and board 膳宿 旅馆用语,指房费中包括饮食的计价方法。

bed and breakfast 住宿及早餐 旅馆用语,指房费中已包括一顿早餐的计价方法。

Bedienungsgeld (G.) 小费
参见 tip

bedstraw 猪殃殃 茜草科多年生草本植物,花黄色或白色,果实坚硬,品种很多。香猪殃殃的幼嫩茎可制香料和饮料的调味。黄猪殃殃也叫蓬子菜,可用于使牛奶致凝和使干酪着色。

bee milk 王浆
参见 royal jelly

bee wine 发酵酒 用梨形酵母和乳酸菌使糖液发酵而成,其乳酸菌块随产生的二氧化碳如蜂群沉浮而得名。主要产于苏格兰等地。

beech 山毛榉 一种树皮光滑,木质坚硬的乔木,其三角形的小坚果却香甜可食,常用于制糖果或生吃,也可按腌杏仁方法腌制。

beech oil 山毛榉果油 一种高级食用油,用山毛榉果实为原料制成。

beechnut 山毛榉坚果
参见 beech

beef 牛肉 指供食用的牛肉,以二岁左右的肉牛肉质最佳。肉色深红,脂肪软肥,组织细腻,肉质坚实,富含蛋白质、铁质和维生素。该词有时也指任何肉用牛。

beef bouillon 牛肉茶
参见 beef tea

beef bread 牛胸腺
参见 sweetbread

beef breed 肉用牛 任何生长迅速、肉质好、颈部结实供肉用的牛品种,如 Aberdeen Angus 等。

beef cattle 菜牛
参见 beast

beef essence 牛肉精 一种咸味牛肉汁,由牛肉汤收浓熬成。营养丰富,为病人康复和婴幼儿喂养的理想食品之一。

beef extract 牛肉浸膏 以牛肉精及其他可溶物质制成,用于制调味汁或焖煮菜肴的调香料。

beef glaze 牛肉浓汁 以牛肉原汁熬浓到糖浆状浓度即成。

beef jerky (Am.) 干牛肉条 常加作料或烟熏食用。该词来源于印第安语的熏肉(charqui)。

beef juice 牛肉汁 将牛肉经压榨或熬煮而得到的浓汁,压榨法获得的汁较多。

beef marrow 牛骨髓 牛骨中的脂肪物质,经长时间熬煮后,可用于涂抹在面包或其他烘烤食品上。

beef master 肉牛王 泛指任何一种生长迅速的优质杂交肉用牛。

beef muzzle 牛唇
参见 ox palate

beef olive 焖牛肉卷 把牛排切片锤平,卷入肉糜,用黄油轻炸后焖烂成。

beef palate 炸小牛头 小牛头经水煮去皮后切成片,以深油锅炸成,为一种传统菜肴。

beef ragoût 蔬菜炖牛肉 以牛臀肉、牛肩肉或牛肋肉加蔬菜缓慢焖炖而成。

beef Stroganoff 炒牛肉丝 一种俄国式菜肴,由牛肉丝加蘑菇和酸奶油等煎炒而成。该菜源自俄国 19 世纪时的一位外交官、贵族 Count Stroganoff 的名字。

beef tea 牛肉茶 一种牛肉汁饮料,制法多样,如将瘦牛肉切碎,用热水抽提肉汁或将牛肉浸渍溶入沸水中制成肉汁等。营养丰富,滋味鲜美。

beef Wellington 威灵顿牛肉馅饼 用涂抹鹅肝酱的嫩牛肉夹入糕点中食用的一种馅饼食品。

beefalo 皮弗娄牛 一种用黄牛与北美野牛杂交而成的肉用牛。参见 beef 和 buffalo, 该词即为以上两词的缩略形式。

beefaroni (Am.) 牛肉通心面 佐以

番茄沙司。该词由 beef 和 macaroni 组成。

beefburger (Am.) 牛肉汉堡包
参见 hamburger

Beefeater (Am.) 御林军酒 一种著名美国产金酒,创始于 1800 年。参见 gin

beefish 牛肉鱼肉混合酱 常用于作汉堡包的涂料。该词由 beef 和 fish 两词拼合而成。

beef-n'-reef (Am.) 牛肉龙虾拼盘
参见 surf-n'-turf

beef-on-weck (Am.) 烤水牛肉 美国纽约州风味,以香旱芹子调香。

beefsteak 牛排 一种大块牛肉片,通常选用后腿或里脊,切成厚片状,适于扒烤或油炸。

beefsteak à l'amèricaine (F.) 美式牛排 用碎牛肉制成扁圆饼状,中有一凹陷,用于放入一个生鸡蛋。

beefsteak fungus 牛排菌 也叫牛舌菌,一种鲜红色的食用菌,因形似牛排而得名。滋味鲜美,被誉为佳肴。也作 beeftongue

beefsteak pie 牛排馅饼 将瘦牛肉丁加蘑菇、腰片等配菜铺盖在面团制的饼上即成。

Beefsteak Society 牛排社 英国厨师 John Rich 在 1735 年创办于伦敦,类似烹饪协会,1867年解散。

beefstew 浓味炖牛肉
参见 ragoût

beeftongue 1. 牛舌菌 参见 beefsteak fungus **2. 牛舌** 牛舌被视为一种美味。参见 ox palate

beer 啤酒 用谷物或其他淀粉原料的浸出物发酵制成的酒精饮料之一。起源于埃及或更古老,是今天北欧地区的大众饮料。世界上大多数啤酒用发芽大麦加酒花酿制成,有底层发酵、表面发酵等。美国的窖藏啤酒起源于德国的下面发酵啤酒,英国流行上面啤酒,酒花味强,美国流行博克啤酒,色黑味甜,非洲用小米、高粱等制酒,而俄国则用黑麦面包制作克瓦斯。

beer bash (Am.) 啤酒宴
参见 beer bust

beer bust 啤酒宴 以啤酒为主要饮料的宴会,参加者大多是青年人。

beer cellar 1. 地下室啤酒店 2. 啤酒窖

beer comb 啤酒撇沫匙 一种用塑料或骨制的小匙,用于撇去啤酒杯表面的泡沫。

beer engine 啤酒泵 一种手摇泵或机动泵,用于从啤酒桶或酒窖中将啤酒抽提到酒吧以供市售。

beer garden 露天啤酒店 常指设在花园或空地的流动柜台,出售各种饮料和甜食。

beer hall 啤酒店 除供应啤酒外,还提供舞会或音乐表演节目。参见 cabaret

beer money 小费
参见 tip

beer parlour 啤酒酒吧
参见 bar

beer pump 啤酒泵
参见 beer engine

beer wort 麦芽汁 尤指用于制啤酒用的麦芽汁。参见 wort

Beere (G.) 浆果
参见 berry

beeregar (Am.) 啤酒醋 以啤酒为原料发酵制成的一种食用醋。该词由 beer 和 vinegar 两词缩略而成。

Beerenauslese (G.) 采摘酒 由手工采摘的葡萄酿成的优质葡萄酒,一般有甜味,价格昂贵,而且主要是白葡萄酒。该词有时也指优质精选水果。

beerhouse 啤酒店 只允许供应麦芽酒,不可出售烈酒。参见 beer hall

beery 有啤酒气味的

beestings 初乳 尤指母牛产犊后的初乳,一般在一周之内才可称初乳。

beeswing 膜状酒垢 形成于陈酒底部的沉淀,因形似蜜蜂翅膀而得名,也指该种有酒垢的陈酒。

beet 甜菜 或称糖萝卜,藜科植物栽培品种,是最重要的蔬菜之一。甜菜分 4 种:菜用甜菜或称红菜头、糖用甜菜、作调料和食用的叶用甜菜和饲料甜菜。甜菜在美国常用于腌食。俄罗斯甜菜汤则是传统菜汤。甜菜是核黄素、维生素A和C及铁质的来源，常制成切片加香料食用。

beet chips 甜菜丝
也作 beet cossette

beet cossette 甜菜丝 常用于煮汤或作为其他菜肴的配料。

beet sugar 甜菜糖 将甜菜切成细丝，通过渗透法获得糖液，经蒸发结晶，即可制得优质砂糖。

beetroot 甜菜根 俗称红菜头，可作为蔬菜、配饰菜和制糖等。

begoon 茄子
参见 eggplant

begti 尖吻鲈 一种产于东南亚和澳大利亚的鲈鱼，因可食用而受到高度重视。

beguinette (F.) 园莺
参见 becfigue

béhague (F.) 盐沼羊 一种产于法国沼泽地区的羊种，以农牧学家 Marquis de Béhague (1807—1884) 命名。也作 pré-salés

beichao (C.) 白毫 一种带银白色茸毛的茶叶品种，甚为名贵。

beignet (F.) 油炸馅饼
参见 fritter

Beijing duck 北京烤鸭 名闻中外的中国北京名菜，古代称炙鸭。北京鸭用填食法关笼喂养，使鸭肉肥嫩，炙烤方法独特。北京烤鸭食时分三步：鸭皮用薄煎饼卷蘸上面酱的葱段，其次是鸭肉炒菠菜，最后是青菜鸭骨汤。

Beilage (G.) 配菜 指西餐中配在鱼和肉中的蔬菜。

Beinwurst (G.) 腿肉香肠
参见 sausage

bekmes (R.) 生葡萄汁
参见 grape juice

Bel Air (F.) 贝列尔酒 法国波尔多地区梅多克(Médoc)酿制的一种干红葡萄酒。

bel fruit 孟加拉苹果 芸香料乔木的果实，主要产于印度。果实呈椭圆形或梨形，外皮灰色或黄色。果肉厚而甜，呈橘黄色，味清凉，可用于制糖果、果酱和蜜饯，被视为珍品。

Bel Paese (It.) 丽乡干酪 意大利伦巴第米兰地区产的一种农舍牛乳奶酪，含乳脂50%。质软色白，奶味浓郁，重约2千克，外裹坚韧的干酪皮。最早出现于1906年。

Belag (G.) 三明治配料 放在面包片上的熏肉、香肠、干酪、果酱或腌黄瓜等。

Belegtes Brot (G.) 三明治
参见 sandwich

Belgian hare 比利时野兔 一小野兔，常用于炙烤或焖烩。参见 hare

Belgian loaf 比利时面包 一种船形面包，表面有几条划痕，底部硬脆。

Belgian pastry 比利时馅饼 一种多层馅饼。

Belgium 比利时 每年比利时有一个历时三天的布丁节，人们尽情品尝各种带有法国风格的名菜佳肴，如李脯烩兔、酥面卷等。其民族风味为鸡，连国王查理五世也曾赞不绝口。此外各种家禽和鱼也很受欢迎。

Belgrave (F.) 贝尔格拉夫酒 法国波尔多地区产的一种干红葡萄酒。

bélier (F.) 雄山羊
参见 goat

bell pepper 灯笼椒 也叫柿子椒和甜椒，是辣椒的一个品种。果实近球形，略扁，表面有纵沟。色泽红或绿，肉质厚，味略甜而不辣。可作蔬菜、填馅或配饰菜。

bellarmine 贝拉明那罐 一种细颈大肚的石制水罐，装饰风格为典型的蓄须男人头像。以意大利1611年时的红衣主教贝拉明那的名字命名。

belle comtoise (F.) 小牛肉薄片 外裹面包屑，与干酪屑和火腿同烤而成。

belle meunière (F.) 面拖炸鱼
参见 meunière

Belle villoise, œufs à la (F.) 贝尔维尔式烤蛋 一种洋葱末烤蛋，以奶油洋葱沙司和安杜叶香肠(andouillette)作配料。贝尔维尔在法国罗讷省。

belle-alliance (F.) 冬梨
参见 belle-angevine
belle-angevine (F.) 冬梨 一种个大味甜的梨子品种，外皮初呈绿色；后熟时呈鲜黄色，微具红色或棕色斑点。该梨色彩鲜艳适于观赏，但口味一般。
belle-dame (F.) 菠菜 俗称。
参见 spinach
Belleek 伯利克陶器 一种有珠光彩釉的薄装饰陶器，因最早产于爱尔兰的伯利克，故名。也作 Belleek china
belle-garde (F.) 贝拉嘉德桃 一种秋桃品种，主要用于糖渍水果和甜点等，产于法国南部地区。
belle-héléne (F.) 海伦式 指以芦笋、蘑菇和块菌为配料的菜式。海伦是古代斯巴达王梅内拉斯的妻子，美艳绝伦。特洛伊王子巴利斯得到美神维纳斯的许诺，夺走海伦，从而引起特洛伊战争。
Bellelay 贝勒莱干酪 法国汝拉省和瑞士伯尔尼等地产的一种工业化干酪，最初产自贝勒莱大修道院而得名。质软，形似圆罐，重500—1200克，含乳脂50%。有人把这种干酪比作僧侣的圆脑袋。常可用刮刀切成花朵状作各种菜肴的点缀。
Bellevue, à la (F.) 贝勒维尤式 指以肉冻作配料的菜肴，再以块菌、牛舌等作点缀，上浇清汤。贝勒维尤为法国巴黎西南的小镇。
Bellocq (F.) 贝洛克干酪 法国巴斯克地区贝洛克修道院制成的一种羊奶干酪，重约5千克，质硬，有松果香味，含乳脂45%。
bellone (F.) 大无花果 产于法国的普罗旺斯，主要用于制果酱或蜜饯。
参见 fig
belly side（猪）腹肉 指猪的胸腹部夹心肉，俗称五花肉。
bellywash 酒,饮料 俚称,尤指清凉饮料等。
Belmont 贝尔蒙特烟 一种埃及产的混合型卷烟。
belon (F.) 扁牡蛎 一种牡蛎品种，产于法国布列塔尼的贝隆河，味美。

参见 oyster
belt fish 带鱼
参见 cutlass fish
Beltsville small white 贝茨维尔小白鸡 美国马里兰州产的一种优质食用鸡种。
beluga 白鲟 产于黑海和里海地区的一种鱼类，供食用，其鱼子质量极优，价格昂贵。
Belval (F.) 贝尔伐尔干酪 法国阿托瓦的贝尔伐尔修道院首先创制的一种牛乳干酪。重约2千克，呈圆盘形，含乳脂40—42%。
Belvoir Castle bun 贝尔瓦城堡面包 以普通面粉、黄油、牛奶、糖加酵母制成，嵌以醋栗干果。据说是为英国的拉特兰公爵(Duke of Rutland)定做的。
Bemax 麦胚食品 一种由小麦胚芽制成的食品,富含维生素B，源自商品名。
Bemme (G.) 面包片 常涂以黄油或夹以肉和香肠等。
ben cotto (It.) 煮透的,熟的
参见 well-done
Ben Davis 倭锦 一种苹果品种名。
参见 apple
ben oil 山崙油 从山崙植物中提炼而成的一种脂肪油,用于烹饪。
Benedictine (F.) 本尼迪克丁酒 法国诺曼底的费康(Fécamp)产的一种甜露酒，创始于1510年。最初由本尼迪克丁教团僧侣酿，故名，原始配方至今保密。该酒瓶上有D.O.M.字样，为拉丁文"献给仁慈伟大的上帝"之意，故为世界酒类品尝家所珍视。含酒精42%。
Bénédictine, à la (F.) 本尼迪克丁式 指以咸鳕鱼酱、大蒜和块菌作配菜的煮蛋,以荷兰沙司点缀。
Benediktiner (G.) 本尼迪克丁酒
参见 Benedictine
bengal gram 鹰嘴豆
参见 chick pea
Bengal quince 孟加拉苹果
参见 bel fruit

beni shoga (J.) 红姜 日本一种以醋腌的红色鲜姜，常切成片作配饰和加味辅料。

bénitier (F.) 扇贝
参见 scallop

benjamin tree 山胡椒
参见 pepper

benjoin (F.) 安息香
参见 benzoin

benne (Am.) 芝麻
参见 sesame

benne cake 芝麻糖饼 一种用扁芝麻和糖制成的糖果甜食。

Bennington 本宁顿陶器 美国佛蒙特州产的一种棕色或斑纹釉面陶器。也作 Bennington ware

beno (Fi.) 棕榈烧酒 菲律宾的一种烈性酒，以棕榈叶发酵和蒸馏而成。

benoite (F.) 水杨梅
参见 herb-bennet

bento (J.) 便餐 供上班职工食用的一种盒装轻便午餐，常为米饭和鱼。

benzoate of soda 苯甲酸钠 一种食品防腐剂。参见 preservative

benzoin 安息香 一种落叶乔木，开红色的花，其树脂为乳白色或黄色固体，质地硬而脆，有香气。烹饪中可用作调香料。

beoreg (R.) 果馅饼
参见 tart

berawecka (F.) 果仁蛋糕 常以梨干、梅干、无花果干和枣子等作点缀。

berce (F.) 牛防风
参见 cow-parsnip

Berchoux (F.) 贝尔舒 法国诗人，美食家，全名为 Joseph Berchoux (1765—1839)。1800 年他写成有关烹调和美食的诗集，把烹调视为一门高尚的艺术。后来又出版过《美食法》(*Gastronomie*)一书。

bercy 贝西调味汁 一种美味沙司，用切碎的分葱、欧芹、柠檬汁、白葡萄酒和奶油等调制而成，过滤后再加骨髓和香料。贝西为1860年巴黎市的酒类集散地名称。

berenjena (Sp.) 茄子
参见 eggplant

bergamot 香柠檬 唇形科薄荷属植物，原产北美，其叶可用作香料或草药，印第安人用来泡茶。后来美洲移民也用以制果汁饮料和其他调味品。香柠檬橘主要产于意大利南部，果实呈梨状，其果皮有油脂，可作调味和香精油。香柠檬梨是一种意大利冬梨，果实硕大，味甜。

bergamot liqueur 香柠檬甜露酒 以地中海产的香柠檬调香的一种利口酒，因配方不同而具有多种口味。

bergamot mint 香柠檬薄荷 一种薄荷品种，香味与橙子相似，叶子呈卵形，常用作调味香料。

bergamotta (It.) 香柠檬
参见 bergamot

bergèr(e) (F.) 牧童式 指好几种烹调方法，但主要是一种大蒜洋葱汤。
参见 soupe du bergèr

bergerette (F.) 蜂蜜酒
参见 mead

Bergues (F.) 贝尔格干酪 法国佛兰德地区产的一种低脂干酪，含乳脂仅10—20%，重2.5千克，味强烈，由维诺克修道院制成。

berinjela (P.) 茄子
参见 eggplant

Berkshire 伯克夏猪 英国南部伯克郡产的一种白猪品种，有黑白相间的花斑，头短，两耳竖立，生长快，易催肥。

berle, ache d'eau (F.) 野芹菜
参见 water parsnip

Berliner 柏林火腿 以瘦猪肉、猪头肉和牛肉经调味后放入模子压制成火腿状的一种特色食品，以产地命名。

Berliner blood sausage 柏林式血肠 加有五花肉丁和碎猪肉皮等作配料。

Berliner Kuhkäse (G.) 柏林软质干酪 用香菜芹籽调味的一种德国式干酪。

Berliner Pfannkuchen (G.) 柏林煎饼 一种厚煎饼或炸面圈。

Berliner sausage 柏林香肠 一种油煎与烟熏的香肠。

Berliner Weiss (G.) 柏林白啤酒 一种浅色啤酒,乳酸味极强,通常以大啤酒桶盛装,为柏林地区特产之一。

berlingot (F.) 薄荷水果糖 一种呈四角形的透明糖果。该词也指一种盛牛奶或果酱的四方形塑料包装盒。

berlinois (F.) 炸圆蛋糕 或指油炸包子和油炸圆饼等。

Bermuda onion (Am.) 百慕大洋葱 一种形状扁平的大洋葱品种,味淡而香,皮呈黄色。原产于意大利,现种植在美国和百慕大群岛等地。

bernache (F.) 黑雁
参见 wild goose

Bernard, Emile (F.) 艾米尔·贝尔纳 法国著名大厨师,生卒年代为1827—1897。他连续任德国皇帝威廉一世的宫廷御厨达20年之久,著有《古典烹饪》一书,至今仍被奉为典范。

bernard-l'ermite (F.) 寄居蟹
参见 hermit crab

bernicle (F.) 帽贝
参见 limpet

Bernkasteler Doktor (G.) 伯恩卡斯坦勒葡萄酒 德国摩泽尔地区产的一种著名轻质干白葡萄酒。因伯恩卡斯坦勒大主教饮用此酒起死回生而富有传奇色彩,后被推荐给英王爱德华七世。

Berrichonne, à la (F.) 贝里式 指以血烹调或以血增稠的调件,用大块肉如羊肉等作配料,再加小洋葱、栗子和熏肉等。参见 Berry

Berry (F.) 贝里 法国中部地区名,在巴黎以南400公里,以牧羊业和优质葡萄酒著称。其中 Sancerre 红葡萄酒曾受到大文豪巴尔扎克的推崇。

berry 浆果 一种肉质单果,常含多颗种子。一般可食用,如醋栗、番茄、黑莓、葡萄等。

berry spoon 浆果匙 一种大而深的汤匙,用于取食浆果、色拉或其他多汁食物。

berry sugar (Am.) 细砂糖
参见 castor sugar

Bert (F.) 贝尔 法国生理学家 Paul Bert (1833—1886),以其命名了一种鲭鱼菜肴。

berza (Sp.) 卷心菜
参见 cabbage

beschuit (Du.) 饼干
参见 biscuit

besciamella (It.) 奶油白汁沙司
参见 Bechamel sauce

beshow (Am.) 裸盖鱼 北美洲西海岸的一种鱼类,呈黑色,可食用。参见 sablefish

besi (F.) 1. 咸牛肉干 法国汝拉和弗朗什·孔泰地区的特有名称。一般由盐渍而成。**2. 冬梨** 几种冬梨品种均以此命名,如 Besi de Caissoy 和 Besi d'Hery 等,产于安汝省。

bespice 加香料调味
参见 spice

Bessay-en-Chaume (F.) 贝西干酪 法国勃艮第博恩地区产的一种绵羊干酪,呈圆柱形,质硬,有果香味,重仅120克,含乳脂45%。

best back 半烟熏腰肉
参见 sirloin

best end 羊腰肉,羊肩排

best finish 上等肥膘

Besteck (G.) 一套餐具 包括餐刀、餐叉和餐匙等。

beta carotene β 胡萝卜素 一种黄色食用色素,用于黄油,人造绵黄油和起酥油等的着色,并能转化生成维生素A。

bête rousse (F.) 野猪 尤指出生6—12个月的幼野猪,一般用于烤食。

betel 蒌酱 指槟榔果的叶子。参见 areca nut

betel nut 槟榔果
参见 areca nut

betel pepper 蒌酱
参见 areca nut

Bethmale (F.) 贝斯玛尔干酪 法国孔泰地方的一种牛奶干酪,重5—7千克,质硬,含乳脂45%。

Béthune (F.) 贝休恩干酪 法国阿特瓦地方产的一种浓味牛奶干酪,重量与形状不固定。源自洛林地区的一家矿工常光顾的餐厅名。

bette (F.) 甜菜
参见 beet

betterave (F.) 甜菜,红菜头
参见 beetroot

betty 贝蒂蛋糕 一种奶油果馅糕点,常以烤苹果作馅。也作 betty pudding

between maid 打杂女佣 常充任厨房的下手。参见 kitchen helper

between the sheets (Am.) 就寝酒 一种鸡尾酒,以等量朗姆酒、橙皮酒口酒和白兰地加入酸橙汁或柠檬汁而成。参见本书附录。

between-meal nibble 零食 在正常饭食之间的零星小吃,如蜜饯、糕点、糖果和水果等。

beugnon (F.) 炸甜面圈 一种环形甜脆点心。参见 ring

beurre (F.) 黄油
参见 butter

beurre blanc (F.) 黄油白沙司 以黄油加醋或柠檬汁调制而成,通常加热后佐食各种鱼类菜肴。

beurre clarifie (F.) 清黄油 把黄油加热使其融化,这时澄清的黄油液体就与乳清和奶渣分离而成清黄油,烹调中用途很广。

beurre d'ecrevisse (F.) 奶油虾酱
参见 crayfish

beurre de Gascogne (F.) 蒜泥黄油 产于法国加斯科涅地区,故名。

beurre de Montpellier (F.) 蒙彼利埃黄油 一种食用黄油,呈青绿色,主要用于装饰。蒙彼利埃在法国东南部地中海沿岸,以葡萄贸易著称于世。

beurre douce (F.) 淡黄油 指未加盐的黄油。参见 butter

beurre fondu (F.) 融化黄油
参见 butter

beurre, lait de (F.) 酪乳
参见 butter milk

beurre maître d'hôtel (F.) 餐厅主管式黄油酱 一种调味黄油,用欧芹末、柠檬汁、辣椒粉和盐等为配料制成,用于佐食扒烤的鱼或肉等。

beurre manié (F.) 黄油面酱 用手捏和面粉和黄油而成的一种调味增稠料,但不炒黄。参见 roux

beurre noir (F.) 黑黄油 将黄油加热至焦黄或棕黑色,加入醋或柠檬汁调味,用于佐食猪脑、鱼、蔬菜和鸡蛋等。

beurre noisette (F.) 栗色黄油 将黄油融化熬成浅棕色而成,用作调味。

beurre printanière (F.) 春季黄油 将黄油和煮豌豆、芦笋及其他蔬菜拌和后制成,用于制汤、调味汁和各种小吃。

beurre salé (F.) 咸味黄油
参见 butter

beurre vert (F.) 青黄油 在黄油中加入菠菜泥,使其柔软,用于制各种调味汁或作为菜肴的配饰。

beurreck (Tu.) 开胃菜
参见 appetizer

beurrier(e) (F.) 黄油碟
参见 butter boat

beursaudes (F.) 烤熏肉片 将肉类先油炸后熏烤而成,作为开胃拼盘的配料。

bevanda (It.) 饮料
参见 beverage

beverage 饮料 除水之外的饮用液体,如茶、牛奶、果汁、啤酒、葡萄酒和咖啡等。

beverage room 饮料室 或旅馆的酒吧,但只供应啤酒。

beverage wine 佐餐普通葡萄酒
参见 table wine

beveran 比夫兰兔 比利时产的一种蓝眼兔,可供肉用或观赏。

bezieu soep (Fl.) 醋栗通心粉汤 一种比利时地方风味。

bhang 荨麻酒 源自印第安方言。参见 nettle

biali (Po.) 葱花面包卷
参见 bialy

bialy 葱花面包卷 面包卷上方中央有一凹陷,状扁平,可放入碎葱末等配料。产于波兰的比亚韦斯托克。源自产地名 Bialystok。

bianco (It.) 白葡萄酒
参见 white wine

bianco piceno (It.) 皮切诺酒 意大利翁布里亚产的一种干白普通佐餐葡萄酒。

biancomangiare (It.) 杏仁水煮饭

biarrotte, à la (F.) 比阿里茨式 指用牛肝菌和土豆作配料的菜式。

bib 大眼鳕 鳕科常见鱼种,产于欧洲沿岸海域。体长不足30厘米。

bibaoce (F.) 枇杷
参见 loquat

bibasse (F.) 枇杷
参见 loquat

Bibb lettuce 比布莴苣 一种深绿色的莴苣,头小,由19世纪美国农民 John Bibb 培育而成,故名。

Bibbelskas (F.) 比布干酪 法国阿尔萨斯地区产的一种牛乳干酪。

bibite (It.) 饮料
参见 beverage

bicarb 小苏打
参见 bicarbonate of soda

bicarbonate of soda 小苏打 学名碳酸氢钠,俗称发酵粉,用于面点的发酵和某些加色剂。以前曾用小苏打来使老蔬菜保色,但因有损于维生素C而停用。

bicchiere (It.) 平底玻璃杯 在意大利的餐饮业中用于作量杯,其容量约等于8液量盎司。

biche (F.) 雌鹿,母鹿
参见 doe

bichique (F.) 多鳍鱼 产于印度洋非洲海岸的一种小鱼,肉柔嫩,常与咖喱同煮。

bichir 多鳍鱼
参见 bichique

Bickbeere (G.) 欧洲越橘
参见 bilberry

bicker (Sc.) 木碗 苏格兰的一种盛酒或粥的器皿。

biddies on a raft (Am.) 水煮蛋吐司
参见 Adam and Eve on a raft

biddy 小鸡
参见 chicken

bidi (Hi.) 皮迪雪茄 印度产的一种两端尖的雪茄。

bidon (F.) 大水杯
参见 drum can

biefstuk (Du.) 牛排
参见 beefsteak

bien cuit (F.) 熟透的
参见 well-done

Bienenstich (G.) 蜂蜜点心 一种奶油点心,上撒有一层杏仁屑、黄油和糖等。

bienmesabe (Sp.) 鸡蛋甜食

Bier (G.) 啤酒
参见 beer

bière (F.) 啤酒
参见 beer

bière à la pression (F.) 散装啤酒
参见 bulk

bière blonde (F.) 黄啤酒
参见 pale ale

bière brune (F.) 黑啤酒
参见 porter

bière douce (F.) 甜啤酒 产于美国路易斯安那州的一种低度啤酒,其配料还有菠萝皮、糖和米汤等。

bière forte (F.) 浓啤酒
参见 stout

Bierhaus (G.) 小客栈,小酒店
参见 tavern

Bierkäse (G.) 啤酒干酪 德国巴伐利亚产的一种软质干酪,重0.15—0.2千克,形状不定,味浓烈而刺激,因常用于佐食啤酒而得名。美国的威斯康星州也有生产。

Bierkeller (G.) 德式啤酒店 出售德国啤酒,陈设也是德国风格的。

Bierritz 比利兹酒 一种麦芽酒与桔子酒的混合酒,以小瓶装出售,含酒精7%。

Bierseidel (G.) 大啤酒杯
参见 mug

Bierstube (G.) 酒吧
参见 bar

Biersuppe (G.) 啤酒汤 用啤酒、蛋、乳脂和香料等混合而成。

bietola (It.) 甜菜,糖萝卜

参见 beet

biffin 苹果饼 英国诺福克郡的一种甜果馅饼,用深红色的一种餐用苹果作馅制成。源自该苹果品种名。

biffstek (Sw.) 牛排
参见 beefsteak

biftec (Sp.) 牛排
参见 beefsteak

biftec à la pobre (Sp.) 穷人式牛排 一种智利风味,以炸洋葱圈和两个炸鸡蛋作配菜。

bifteck (F.) 牛排
参见 beefsteak

bifteck à l'Americaine (F.) 美式牛排 将牛肉切细,制成圆饼状,中间放一只生鸡蛋,并以芥末蛋黄酱调味。

bifteck saignant (F.) 半生带血的牛排

big capsicum 灯笼椒
参见 bell pepper

bigarade 苦橙 一种略带苦味的橙子,产于塞维尔。该词也指用苦橙制成的沙司,为缓和苦味常加入焦糖,用于佐食鸭肉。

bigarde (F.) 苦橙
参见 bigarade

bigaroon (F.) 欧洲甜樱桃
参见 bigarreau

bigarreau (F.) 欧洲甜樱桃 一种浅红色樱桃,香味浓郁,果肉比一般樱桃坚实,可用于酿酒或作菜肴的点缀。

bigarrure (F.) 炖野鸡 常以刺山柑作配菜炖成。

bigeye 大眼鲷 产于大西洋的一种食用鱼,体表呈红色或银色。

big-eyed herring 大肚鲱
参见 alewife

big-eyed mackerel 鲐鱼 一种鲭属鱼。参见 mackerel

big-eyed scad 大眼鲹
参见 scad

bigg (Sc.) 四棱大麦
参见 barley

biggin 咖啡滤渗壶 能使咖啡保温,流行于19世纪初,以发明者命名。

bighead 鳙鱼 也叫花鲢,俗称胖头鱼,是重要的淡水食用鱼。有时泛指头部肥大的其他鱼,如鳡鲉等。

big-necked clam (Am.) 穴居蛤 产于太平洋海域。参见 clam

bigoli (It.) 扁宽面条 流行于威尼斯一带的名称。参见 lasagne

bigorneau (F.) 滨螺
参见 periwinkle

bigos (Po.) 香肠泡菜 波兰的民族风味,以卷心菜经腌泡后加香肠和蘑菇等制成。

Bigoudenn, à la (F.) 比古登式 比古登为法国西北部布列塔尼省小镇。该式指以熏肉、土豆为主要配料的菜式。

bijane (F.) 酒味面包汤 法国安茹地区的一种风味,以面包小块浸入甜味红葡萄酒中食用,一般仅供冷饮。

bilberry 欧洲越橘 也叫酸果蔓,为乌饭属灌木植物。其果实呈蓝色或紫红色,味酸甜可口,富含维生素C,可用作糖渍水果、蜜饯、果酱或馅料。用牛奶浸泡后则可为白葡萄酒着色,该酒即称为染色酒。

bile 胆汁 一种浓厚的黄绿色液体,味苦,由动物胆分泌而成。故在洗家禽时注意不可弄破胆囊,以免使食品中有苦味。

bilgy odour 土腥味 或叫草腥味,淡水鱼的一种特殊气味,尤其如白鱼、草鱼等土腥味尤重。

bill of fare 菜单
参见 menu

bille (F.) 擀面杖
参见 rolling pin

billfish 尖嘴鱼 泛指具有尖而长的鱼颚的鱼类,如雀鳝、旗鱼和枪鱼等。

billibi (F.) 贻贝奶油汤 用贻贝原汁、白葡萄酒和奶油等制成。以美国实业家 William Leeds 命名,bill 为 William 的昵称,因其酷爱此汤,故名。

billot (F.) 切肉砧板
参见 cutting board

billycan 圆筒铁皮罐 一种系有铁丝的有盖容器,供野外烹调、煮茶或盛放食品。

Bilston 比尔斯顿瓷器 英国的一种搪瓷器皿，其特征是在浓暗的底色上涂以金色花纹。

biltong (Af.) 干肉条 南非产的一种用牛肉或鹿肉制的干肉，一般用肋条肉腌制，切成条状晒干，往往可存放多年，生食或烤食均可。

bim 咸鱼干 指一种有铁锈色的鱼干。

bimbo 柠檬汁葡萄酒

bind 勾芡 烹调加工方法之一，指在汤中加入奶酪、黄油、鸡蛋、骨胶或淀粉等使其增稠并改进口味。

bind-corn 荞麦
  参见 buckwheat

binder 粘合剂 指使肉类等食品保持水分的一些食品添加剂。大豆蛋白即是最常用的一种粘合剂。

bingarrote (Sp.) 宾加罗特酒 一种龙舌兰烧酒。参见 tequila

bingo (Am.) 白兰地酒
  参见 brandy

bingui (Sp.) 宾吉酒 以龙舌兰汁酿成。参见 tequila

bino (Fi.) 棕榈烧酒
  参见 beno

biolac 炼乳 一种浓缩牛奶。参见 concentrated milk

bionda (It.) 香烟
  参见 cigarette

biquet (F.) 山羊羔
  参见 lamb

birch beer 桦啤 一种用桦树油或冬青油作调香料的低酒度饮料。参见 sweet birch

bird cherry 稠李 一种小李子。
  参见 plum

bird grain 藨草
  参见 canary grass

bird pepper 鸟辣椒 一种长椭圆红色辣椒，辣味居各种辣椒之首。产于温带地区。

bird seed (Am.) 谷物 俚称。参见 cereal

bird's foot trefoil 百脉根 生长在草地、公路边和谷物田间的一种野草，其叶、茎和花均有令人愉快的香味。干燥后可用于为果酱调香，或用于作烤乳兔的馅料。

bird's nest pudding (Am.) 苹果布丁 一种非常古老的新英格兰风味，以苹果片、鸡蛋、豆蔻、牛奶和葡萄干等为配料制成。

bird's nest soup 燕窝汤 中国筵席名肴，以金丝燕等的唾液凝成的巢为主料烹调而成。产于东南亚和中国的广东、福建沿海地区。燕窝含丰富的蛋白质、糖和无机盐等，有养阴益气补中等功效，是滋补佳品。燕窝汤采用经热水浸泡的燕窝，洗净后冲入鸡、鸭或肉的清汤，加入调料即成，味鲜美。

bird-grape wine (Am.) 鸟葡萄酒 以鸟葡萄为原料酿制，产于巴哈马群岛和美国的佛罗里达等地。

biriba (P.) 比丽巴 巴西的一种酸果番荔枝果实。参见 sweetsop

birlie 长形小白面包
  参见 loaf

Birne (G.) 梨子
  参见 pear

birra (It.) 啤酒
  参见 beer

birra chiara (It.) 黄啤酒
  参见 pale ale

birra scura (It.) 黑啤酒
  参见 porter

birrinaque (Sp.) （次等的）牛奶鸡蛋小面包

birthday cake 生日蛋糕 常缀以蜡烛或过生日者姓名的大奶油蛋糕。

biryani (Hi.) 比尔亚尼米饭 印度的一种羊肉或鸡肉米饭，用藏红花和姜黄调味。

bisagre 蜜饯仙人球 墨西哥和美国西南部的一种小刺仙人球，常切成小片制成蜜饯，故名。

Bischof (G.) 加香酒 以红葡萄酒和苦橙皮制成的一种鸡尾酒。

Bischofbrot (G.) 主教面包
  参见 bishop's bread

biscotin (F.) 小脆饼
  参见 cookie

biscotte (F.) 脆面包干 也指一种袋装脆饼干。参见 rusk

biscuit 饼干 一种松脆的干点心,字面含义为经过二次烘焙的意思。在法国指鱼肉酱;在美国则指一种热松饼。参见 cracker

biscuit cap 饼干用薄包装纸

biscuit cone 锥形蛋卷 一种用制饼干原料制成的圆锥形卷筒,供填入冰淇淋。

biscuit cutter 饼干切刀 一种将擀好的面团切成饼干的圆盘机械。

biscuit de reims (F.) 雷姆饼干 一种细长条状的小饼干。

biscuit tortoni 饼干果子冰淇淋 用纸杯盛装,上涂蛋白杏仁。

biscuitware 充瓷 一种本色陶器,有茶杯、盆子和啤酒杯等。

biset (F.) 岩鸽
参见 rock pigeon

bishop 1. **主教鱼** 南非产的一种鲷科海鱼,因鱼头似主教帽而得名。 2. **主教鸡尾酒** 一种热饮酒,用波尔特酒加糖、丁香橙汁等调配而成。在美国则指用果汁、苏打水、糖、朗姆酒或葡萄酒调成的冷饮。

bishop's bread 主教面包 一种干果甜面包,以黄油、干果、奶脂、鸡蛋和肉桂等为配料烤成。

bisk 1. **虾酱浓汤** 一种以贝类和虾肉等海味制成的浓汤,加蔬菜饰配,也叫鸟汤。另一种则以兔肉和野禽为主制成,也叫野味浓汤。 2. **果仁冰淇淋** 含有杏仁粉、杏仁饼和其他果仁。

Biskotte (G.) 长条饼干 产于奥地利。参见 Einback

Bismarck (G.) 俾斯麦 普鲁士的政治家,"铁血宰相",全名 Otto von Bismarck (1815—1898)。以其命名了一种食品浸蚀,据说作息食;另有一种香槟与黑啤酒混合饮料。据说以上两种食品都是他最喜爱的,故名。

Bismarck herring 咸鲱鱼片 以咸鲱鱼片切开后腌泡在葡萄酒、醋和香料中,用生洋葱和柠檬汁调味,通常冷食。据说是普鲁士"铁血宰相"俾斯麦的即兴所制。参见 Bismarck

bison (Am.) 北美野牛
参见 buffalo

bisque (F.) 虾酱浓汤
参见 bisk

Bisquit (F.) 比斯克酒 一种法国香槟酒名。参见 champagne

bissar (Ar.) 豆粉冻 非洲北部风味,以干豆在水中煮烂,加入油,待其结成冻而成,冷热食用均可。

bistec (Sp.) 牛排
参见 beefsteak

bistecca (It.) 牛排
参见 beefsteak

bistecca alla cacciatora (It.) 酒炖牛排 以芳香葡萄酒和番茄酱作配料。

bistecca alla Fiorentina (It.) 炭烤牛肋 意大利佛罗伦萨风味。

bistecchino (It.) 汉堡包
参见 hamburger

bistik (Ma.) 牛排
参见 beefsteak

bistort 拳参 一种含有淀粉质的草本植物,根呈 S 形。在萨摩亚岛被放在热炭上烘烤以代替面包,其嫩叶则可按菠菜方法烹调。

bistouille (F.) 搀酒咖啡 流行于法国北部,也指一种劣质烧酒。

bistro (F.) (欧洲的)小酒馆 也指小咖啡馆、小酒吧等,一般地处偏僻,以出售饮料为主。

biting 刺激的,辛辣的

bitky (R.) 小肉丸 常用牙签取食。

bitochky (R.) 肉丸,肉饼
参见 meatball

bitok (R.) 焖薄肉片 可用任何肉类,如鸡肉、牛肉、羊肉、猪肉和兔肉等。先用牛奶浸过,加入洋葱末和面粉,用黄油炸过后再拌入酸奶油焖煮 5—7 分钟,为俄罗斯传统风味之一。

Bitry (F.) 比特利干酪 法国纳韦尔地区产的一种羊奶酪,质软,重约 250 克,含乳脂 45%。

bitter ale 苦味啤酒

参见 bitters

bitter and lemon 苦汁加柠檬水 一种清凉混合饮料。

bitter apple 药西瓜
参见 colocynth

bitter cassava 苦木薯 其根经漂洗后可用于制酒,即木薯酒,也可直接食用其根,富含淀粉质。

bitter chocolate (Am.) 不甜的巧克力 主要用于烹调,而不是作为糖果。

bitter cress 山芥
参见 winter cress

bitter cucumber 药西瓜
参见 colocynth

bitter gourd 苦瓜
参见 balsam pear

bitter herb 苦草 一种苦味的凉拌菜,通常包括辣根和直立莴苣等。

bitter orange 苦橙 产于西班牙,因其果肉酸而苦得名,用于制果酱或榨油。也作 bigarade

bitterballe (Du.) 肉丸
参见 meatball

bittern 盐卤 熬盐时剩下的黑色液体,是氯化镁、硫酸镁和氯化钠的混合物,味苦有毒性。过去用于使豆浆凝结成豆腐。

bitternut 心果山核桃 产于美国东南部,果壳坚而薄,味苦。

bitterroot 苦根 马齿苋科肉质观赏植物,产于北美洲。其根形似分叉的小萝卜,含淀粉质,在春季可供食用。

bitters 苦味酒 也叫比特酒,芳香但味苦的含酒精饮料,用作利口酒、开胃酒,也可增加其他酒精饮料的风味。苦味酒的苦味来自龙胆、大黄、橙皮、酒花和奎宁等,并用桂皮、杜松子、茴香、肉豆蔻和丁香等调香。酒精浓度各异,一般为 40%。

bittersweet chocolate (Am.) 半甜巧克力 仅加入少量糖和奶粉。

Bitto (It.) 比托干酪 意大利加莫地区产的一种大干酪,重 15—30 千克,质硬实,含乳脂 40%。

bitty cream 结块奶油 奶油变质时产生的结块现象,是一种缺陷。

bivalve 双壳类动物 如蛤、贻贝、牡蛎等,可供食用。参见 mollusc

bizcochada (Sp.) 1. 饼干奶汤 2. 长形小面包

bizcocho (Sp.) 饼干,硬饼干
参见 captain's biscuit

bizcocho borracho (Sp.) 醉饼干 用酒和糖浆等浸渍而成。

bizcochuelo (Sp.) 松软蛋糕

blachan 发酵虾酱
参见 balachan

black abalone 黑鲍鱼 外壳呈黑色,产于太平洋沿海。参见 abalone

black and tan 黑淡啤酒 以黑啤酒与淡啤酒掺合起来的一种混合啤酒。

black and white (Am.) 冰淇淋巧克力苏打

black apple 黑苹果 一种李形苹果,呈暗褐色。参见 apple

black bass 黑鲈 产于北美洲的一种淡水鱼,食用价值很高。体绿色至淡黑色,通常重 2—3 千克,味鲜美。

black bean (Am.) 黑菜豆 产于南美洲的一种食用菜豆,外皮呈黑褐色,故名。主要用于煮汤。

black bean soup (Am.) 黑菜豆汤 以芹菜、硬煮蛋、熏肉或咸肉加调味料煮成。

black beauty (Am.) 黑美人干酪 美国威斯康星州产的一种切德干酪,因封裹在黑色蜡包装中而得名。参见 cheddar

black beer 黑啤酒
参见 dark beer

black birch 香桦
参见 sweet birch

black bottom 巧克力圣代 一种冷冻冰淇淋甜食,用巧克力作点缀,也指一种巧克力奶油攀。

black bread 黑面包
参见 rye bread

black bream 黑鲷 产于澳大利亚的一种食用鱼。

black bun (Sc.) 苏格兰黑面包 一种李脯香面包,用燕麦制成。在苏格

兰人称为 Hogmany 的新年除夕时候食用，面包往往在几天之前就做好。

black butter 黑黄油
参见 beurre noir

black caraway 黑茴香 一种欧洲的草本芳香植物，用于烘烤食品及凉拌菜等。也作 black cumin

black carp 青鱼 也叫黑鲩，形状像草鱼，但较细而圆，背部青黑色，腹部色浅，是重要的食用淡水鱼类之一，常可熏制或煮汤。

black cattle 无角黑牛
参见 Aberdeen Angus

black caviar 腌鲟鱼子 一种黑色鱼子酱食品，价格昂贵。参见 beluga

black cherry 黑樱桃 一种深红色樱桃。也作 cabinet cherry

black cock 黑松鸡
参见 grouse

black cod 裸盖鱼 也叫黑鳕。参见 sablefish

black coffee 清咖啡 指不加任何牛奶或糖的纯咖啡汁。

black cow (Am.) 冰淇淋苏打 俚称，用巧克力浆、牛奶和啤酒为配料制成。

black crab 黑蟹 美国佛罗里达南部的一种食用蟹，体表色彩鲜艳，味极美，是一种名贵的食用蟹。

black crappie 黑斑太阳鱼 在银白色的体表上有黑斑，故名。分布于美国东部水域，是一种重要的食用鱼。

black croaker 黑叫姑鱼
参见 croaker

black cumin 黑茴香 产于印度和地中海地区的一种香料植物，其籽有辛辣味，可代替胡椒。

black currant 黑醋栗 也叫黑茶藨子或黑加仑子，含有丰富的维生素 C，可用于作布丁、冰淇淋和其他甜食的配料。

black drink 黑饮料 以代茶冬青叶制成的饮料，美国东南部的印第安人常用作礼仪茶。

black East Indian 东印度黑鸭 一种家鸭，体形小，羽毛有绿色光彩。

black fat 黑脂 一种经特殊加工的深色烟草，专销非洲，含义双关。

black fungus 黑木耳 食用真菌之一，常经干燥后保存，食前再用水发开。蛋白质含量较高，据信有滋补作用。

black game 黑松鸡
参见 grouse

black ginger 带皮的干生姜
参见 ginger

black gram 印度黑绿豆
参见 green gram

black grouse 黑松鸡 产于北欧地区的一种野禽，毛色黑，肉质鲜嫩，是野味中上品，但不如白松鸡与红松鸡名贵。参见 grouse

Black Hamburg 汉堡黑葡萄
参见 Frankental

black head 黑头白胸鸭
参见 duck

black marlin 黑枪鱼 产于太平洋，体重可达 1000 磅，长 14 英尺。

black mold 黑霉 霉菌的一种，生长在腐败的面包、馒头和水果等有机物上。初生时为白色绒毛，以后菌丝的顶端长出球形的黑色孢子。

black mustard 黑芥末 与普通白色的芥末相似。芥末籽作为调味；芥末叶可用于泡菜。

black pea 黑山黧豆 欧洲的一种苦味豌豆。

black pepper 黑胡椒 胡椒科多年生攀援灌木，原产于印度。其果味辛辣，是人们最早使用的香料之一。将黑胡椒外皮除去，则是白胡椒，其辣味稍逊于黑胡椒。烹调中常用作调味品，也可提取精油作调香料。

black perch 锯鮨 一种鲈属鱼，体色较黑。参见 perch

black pudding 血肠
参见 blood pudding

black raspberry 糙莓，黑莓 产于美国的一种野生黑莓，果实呈紫黑色，也叫黑覆盆子。参见 raspberry

black rot 黑腐病 葡萄或蔬菜等的一种虫害，其结果是枝叶发黑、脱落。

black Russian 黑俄罗斯人 一种混合酒,由伏特加和咖啡利口酒(kahlua)各一半调配而成,加冰块饮用。

black salsify 细卷鸦葱 欧洲的一种草本植物,常食用其根茎部分。

black sapote 黑肉柿 墨西哥的一种柿子,其果肉呈暗黑色,无籽。

black sea bass 黑色海鲈 产于美国大西洋沿岸的一种重要食用鱼,体表带有黑纹和白色斑点。

black spot 黑斑病 虾、奶油等食品因存放时间过长而产生的黑斑,表明食品已变质,不可食用。

black sugar (Am.) 甘草汁 参见 licorice

black tartarian 大紫 一种樱桃品种名。

black tea 红茶 茶叶的一大类,是全发酵茶。色泽乌黑油润,沏出的茶色红艳,具有特别的香气和滋味。中国著名的红茶品种有祁红和滇红等。参见 green tea

Black Velvet 黑天鹅酒 一种混合黑啤酒,用等量的香槟酒和啤酒调配而成。参见本书附录。

black vinegar 黑醋 一种变质的醋,醋色发黑,不可食用。

black walnut 黑胡桃 产于美国的一种胡桃,用其为糖果和冰淇淋调味。

blackberry 黑莓 蔷薇科悬钩子属灌木,主要产于北温带地区,尤见于北美东部和太平洋沿岸。黑莓果汁多,味甜带酸,富含维生素C。可鲜食,也可制成蜜饯、果酱、果冻和馅料,并常用于酿酒。

blackbird 乌鸫 俗称画眉,也叫紫鹣哥,常捕捉后供食用,烹调方法同云雀。参见 lark

black-bordered oyster 黑边牡蛎 一种北美大牡蛎,因其贝壳呈蓝黑色,故名。

blackbuck 印度羚 一种行动快速的印度羚羊,偶可用作野味食品。

blackcap 黑莓, 糙莓 参见 raspberry

black-eyed pea 豇豆 参见 cowpea

blackfellow's bread 雷丸 澳大利亚产的一种食用菌。参见 mushroom

blackfin 黑鳍白鲑 产于北美五大湖地区的一种笛鲷类鱼,是有价值的食用鱼。

blackfish 黑隆头鱼 产于大西洋北部水域的一种淡水鱼,生命力极强,长期冰冻后仍可复活,但口味不佳,故食用价值不高。

blackjack 1. 皮制酒杯 一种用皮革制成并外涂柏油的酒杯,呈黑色,故名。**2. 焦糖** 参见 caramel

blackstrap 1. 废蜜红 一种低劣的普通红葡萄酒,产于地中海沿岸国家,有时也指一种甘蔗和糖蜜混合酒。**2. 咖啡** 俚称。参见 coffee

blackthorn 黑刺李 蔷薇科具刺灌木,原产于欧洲,已引种到其他地区。其果实蓝黑色,味酸,常用于制成果酱和酿制黑刺李酒。

blackthorn cocktail 黑刺李鸡尾酒 以野刺李酒或裸麦威士忌加苦艾酒和苦味酒调配而成,常加入大茴香调味。参见附录。

bladder 猪膀胱 一种膜状组织,可用于制熏肚等。

blade chop (Am.) 羊肩肉 常用于炙烤。

blade meat 猪前肩肉 一种夹花瘦肉,是腌制火腿的最佳用肉。

blade steak (Am.) 小牛肩肉排 参见 steak

blaeberry 欧洲越橘 参见 bilberry

blaff 清烩鱼汤 西印度群岛风味,以辣椒、大蒜和酸橙等调味而成。

blageon (F.) 雅罗鱼 参见 chub

Blaisois (F.) 布卢瓦 参见 Blois

blake (食品) 奶黄色的

blanc (F.) 1. 白肉 指浅色肉,如鱼、鸡脯肉或小牛肉。也作 white meat

2. **白葡萄酒** 参见 white wine

blanc, au (F.) 白煮的 或指加白汁沙司的,使食物不变黑或焦黄的。参见 court-bouillon

blanc de blanc (F.) 以白葡萄酿制的白葡萄酒

blanc de Chine (F.) 浮花白瓷 专指中国德化窑出产的优质白色瓷器,也叫中国白瓷。

blanc de noirs (F.) 用深色葡萄酿的白葡萄酒

blanc de poulet (F.) 鸡胸脯肉

blanc d'oeuf (F.) 蛋白
参见 egg white

Blanc Fumé (F.) 索维农白葡萄
参见 Sauvignon Blanc

blanc-cassis (F.) 加仑子露酒 一种白色奶味开胃酒。

blanch 焯 一种烹调加工方法。将蔬菜或肉类在沸水中浸2—3分钟后取出,并立即浸入冷水激。这时蔬菜等因终止促酶作用而发白;番茄、土豆等容易去皮;肉类等质地硬实;洋葱等辣味缓和。是重要的初步烹调过程之一。

blanchaille (F.) 小鲱鱼
参见 whitebait

blanched almond 去皮杏仁 将杏仁用沸水迅速煮烫去皮,用于作糕点、糖果和菜肴的配料或点缀,也用于冰淇淋。

blanched garlic leaves 蒜黄 在适当温度下并避免受日光照射而培育出的一种黄色大蒜叶,可作为蔬菜,味特别香。

blanche-neige (F.) 白雪沙司 一种奶油沙司,用于拌鸡或鱼,作为一种冷食。

blanchet (F.) 滤布
参见 cloth filter

blanching bath 焯锅 一种尺寸比一般锅大的金属预煮锅。

blanchir (F.) 焯
参见 blanch

blanc-mange (F.) 牛奶杏仁冻 一种餐末甜点,用明胶或淀粉加入牛奶制成,加入糖和香料调味,尤以杏仁为主要配料。色泽洁白,不加色素,类似中国的凉粉。有时也指白色的肉冻。

bland 1. 淡而无味的 参见 insipid
2. **(烟)味醇的** 即烟丝具有比较柔和口味的。

blank boiling 预煮拉丝 将糖加热到呈粘稠状能拉起丝的状态。

blanquet (F.) 布朗克梨 法国的一种夏梨品种,因肉质白而得名,也叫白梨。

blanquette (F.) 白汁焖小牛肉 有时也可指焖羊肉或鸡肉。一般先入浅锅嫩煎,然后浇以奶油沙司,用蛋黄增稠即成。

Blanquette de Limoux (F.) 利穆发泡酒 法国奥德省卡加松地方产的一种极干白葡萄酒,用香槟法制成。酒液清彻透明,气泡来自天然。

blanquillo (Sp.) 1. 方头鱼 指产于日本及太平洋海域的一种鲈科鱼,是重要的海水食用鱼。 2. **布朗克梨**
参见 blanquet

Blatterteig (G.) 泡夫酥面
参见 choux pastry

Blatz (G.) 莱茵饼干 一种锥形脆饼干,内填搅打乳脂。

Blaubeere (G.) 欧洲越橘
参见 bilberry

blaze 火烧 将白兰地酒、朗姆酒或威士忌等浇在食品上点火烧燃,然后上桌。参见 flambé

blé (F.) 小麦,面粉
参见 wheat

blé cornu (F.) 裸麦
参见 bald wheat

blé d'Espagne (F.) 玉米
参见 corn

blé d'Inde (F.) 玉米
参见 corn

blé dur (F.) 硬粒小麦
参见 hard wheat

blé noir (F.) 荞麦
参见 buckwheat

blé turquois (F.) 玉米
参见 corn

bleach (Am.) 焯
  参见 blanch
bleak 银鲌 也叫欧鲹,是产于欧洲一些淡水河流中的一种小河鲤。其鳞片色白,常用来制造假珍珠。可供食用,一般以油炸为主。
blend 调配 指酒类的相互搀和,也叫勾兑,是酒厂为了达到预期的质量和特定口味所采用的必要手段,一般由经验丰富的调酒师掌握。经调配的酒称为调配酒。该词有时也指食品的混和。
blended whiskey 调配威士忌 在美国,一般指在威士忌中加入纯酒精等;而在苏格兰则指不同的威士忌的混和勾兑,如大麦威士忌加玉米威士忌等。参见 straight
blender 多功能食品搅拌器 一种电动厨房用具,具有切、拌、粉碎和调合等功能。
blending 1. (酒的)调配、勾兑 2. (烟、茶的)混叶
Blenheim Orange 布莱尼姆苹果 一种金黄色晚秋苹果品种,因产于英国默尔勃罗公爵的庄园 Blenheim 而得名。
blennie (F.) 鳚鱼
  参见 blenny
blenny 鳚鱼 一种体长仅 5—8 cm 的小鱼,体侧扁,无鳞,生活在近海,可用油炸食。
blet (F.) 水果过熟 有时内部已经腐烂,而外表尚完好。参见 overripe
blette (F.) 甜菜
  参见 beet
bleu (F.) 1. 蓝纹干酪 指由于霉菌作用而使干酪内部或表面带有蓝绿色不规则条纹,据说风味独特。以法国产的 Roquefort 为最著名。 2. (肉)半生不熟的
Bleu d'Auvergne (F.) 奥弗涅蓝纹干酪 法国南部奥弗涅地区产的一种牛乳干酪,呈圆柱形,重 2.5 千克,质硬,外裹铝箔,含乳脂约 45%。
Bleu de Bresse (F.) 布雷斯蓝纹干酪 法国安省产的一种牛乳干酪,呈短圆柱形,重 500 克,含乳脂 50%。
Bleu de Corse (F.) 科西嘉蓝纹干酪 法国科西嘉岛产的一种圆柱形干酪,用羊奶制成,含乳脂 50%。
Bleu de Gex (F.) 热克斯蓝纹干酪 法国弗朗什·孔泰地区产的一种牛乳干酪,重 5—6 千克。最早在 13 世纪由圣克劳德修道院制成,后在 1530 年传入上汝拉省,并受到当时勃艮第的统治者 Charles Quint 的赞赏。
Bleu de Haut Jura (F.) 上汝拉蓝纹干酪 参见 Bleu de Gex
Bleu de Laqueuille (F.) 拉克叶蓝纹干酪 参见 Laqueuille
Bleu de Loudes (F.) 鲁特干酪 法国朗格多克地区产的一种蓝纹干酪,味强烈,呈高鼓形。
Bleu de Saint-Foy (F.) 圣福瓦蓝纹干酪 法国萨瓦地方的一种羊奶或牛奶干酪,以制干酪的村庄命名。质硬,有蓝纹,重 5—6 千克,含乳脂 45%。
Bleu de Sassenage (F.) 撒逊那什蓝纹干酪 法国多菲内省产的一种牛乳干酪,重 3.5—6 千克,含乳脂 45%。是法国从 14 世纪以来最为著名的一种蓝纹干酪。
Bleu des Causses (F.) 科斯蓝纹干酪 法国朗格多克地区产的一种白色优质牛乳干酪,重 2.5 千克,含乳脂 45%。
Bleu du Quercy (F.) 凯尔西蓝纹干酪 法国佩里戈尔地区产的一种牛乳干酪,呈圆柱形,味强烈,重 2.5 千克,含乳脂 45—50%。
blewit 面口蘑 一种优质食用蘑菇,味鲜美。
blin (R.) 荞麦煎饼
  参见 blinchiki
blinchaty pirog (R.) 煎薄馅饼 先用油煎一面,然后放入炖锅,锅中配料为牛肉片、硬煮蛋和奶油鸡丁,炖至金黄即成。
blinchiki (R.) 薄煎饼 一种俄罗斯风味,常佐以鱼子酱、酸奶酪等,用荞麦烤成。
blind, bake 烤馅饼底壳

blind tiger (Am.) 劣质酒 尤指价格低廉而质次的威士忌酒。

blini (R.) 荞麦薄烤饼
参见 blinchiki

blinky 略带酸味的 尤指牛奶和啤酒的酸味。

blintz (Je.) 薄饼卷 犹太食品之一,用奶酪、果酱或水果作馅。

bliny (R.) 荞麦薄烤饼
参见 blinchiki

bloat 1. 腌熏 将鲱鱼或鲭鱼用盐腌后,再用烟熏加工。参见 kipper **2. 胖听** 指罐头食品变质时的向外膨胀凸出现象。参见 swell

bloater 熏鲱鱼
参见 kipper

bloats (罐头)胖顶 尤指由于变质而引起的罐头向顶端或两侧膨胀的现象。参见 swell

block 1. 糕点木模 2. 切肉砧板 一种短而厚的硬木板,放在三脚架上,用于斩肉。

block bottom bag 长方形硬底袋 用于作为购物袋,以硬质纸或塑料制成。

block fillet 整开鱼片 一种鲜鱼的切制方法,以整条鱼切成两半成纵条,去骨而成。

block ice 小块冰
参见 cube ice

block milk 固体奶粉 一种浓缩奶粉,呈砖块状,含糖40%,外涂可可脂。

block shaving machine 刨冰机 用于刨碎冻结的冰、牛奶、奶油或可可脂等的一种加工机械。

blockading 私酒 尤指美国南部非法酿制和贩卖的烈性蒸馏酒。参见 moonshine

blodkogtaeg (Da.) 软煮蛋
参见 soft-boiled

Blois (F.) 布卢瓦 法国卢瓦河沿岸地区,以猪肉产品著名,香肠、野味和鱼类也很丰富。该地区产的葡萄酒口味较酸,但与本地区的菜肴则十分相配。

blomkal (Sw.) 花椰菜
参见 cauliflower

blond (F.) 金黄色
参见 brown

blond de veau (F.) 小牛肉汤 味极浓腻,用于作其他调汁或汤料的增稠料。

blond de volaille (F.) 鸡肉原汤 清汤与浓汤均可,用于作其他蔬菜如芹菜、洋蓟和莴苣的烩烧汁。参见 stock

blonde (Am.) 奶油咖啡 俚称。也作 white coffee

blonde ray 短尾鳐 产于英国与法国沿海的一种扁平食用鱼。参见 skate

blondir (F.) 使烤至微黄
参见 brown

blood 血 经屠宰后的动物血,烹调中主要用鸡鸭血和猪血,虽然营养价值不高,但可用于澄清汤汁、酒或糖等。猪血还可用于制血肠布丁或其他菜肴的增稠料。加工血的温度不可超过70℃。用血块煮汤十分可口。

blood clam 蚶子 也叫毛蚶,一种坚硬厚壳的软体动物。外表淡褐色或白色,有瓦垄状纵线,边缘有锯齿,是十分鲜美的一种水产品。

blood orange 血橙 其果肉呈鲜红色,故名。也作 maltese orange

blood pudding 血肠 也叫血布丁,是一种以猪血为主要配料的香肠。将混合猪牛肉、燕麦片、大米、乳脂和土豆泥等灌入肠衣,掺以葡萄酒制成。色泽暗黑,香味浓烈。

blood sausage 血肠
参见 blood pudding

blood-proof paper 不渗血纸 用于包装新鲜肉类的一种油纸,现已不用,为塑料薄膜所代替。

bloody Mary 血玛丽 著名鸡尾酒。以伏特加、番茄汁和辣酱油等其他调香料拼成。据说该鸡尾酒以苏格兰女王玛丽(1542—1587)命名。

bloom 起霜 巧克力由于存放过久而在表面泛出的白色脂肪斑点。

bloomer loaf 开花面包 以牛奶、油

脂和糖作配料制成,面包上方有松软开裂,故名。

blowfish 河豚
参见 puffer

blubber 鲸油
参见 whale

blue (肉)半生不熟的
参见 rare

blue blazer 蓝焰鸡尾酒 以高浓度威士忌和沸水溶解的甜味料调配而成,加入柠檬汁调味。该酒点燃时会发出蓝色火焰,故名。

blue cat 蓝鮰 也叫长鳍叉尾鮰,产于美国密西西比河。体呈蓝色,味美,体重可达100磅以上。

blue cheese 蓝纹干酪 通常以牛乳制成,具有因霉菌引起的斑纹,因而有独特的风味。比较著名的有洛克福尔干酪。参见 Roquefort

blue crab 蓝蟹 大西洋西岸常见的一种食用蟹品种,味极鲜美,因外壳呈青蓝色而得名。

blue Dorset 多塞特蓝纹干酪 一种白色松软干酪,产于英国的多塞特郡。不宜久藏,故知名度不高。

blue fin 蓝鳍金枪鱼 广泛分布于温带海域的一种食用鱼,尤指蓝鳍大口白鲑。

blue gage 青李 一种紫色李子,主要用于制果酱。也作 blue plum

blue john 脱脂牛奶 也作 skimmed milk

blue leg 面口蘑
参见 blewit

blue ling 双鳍舒鳕
参见 barracuda

blue meat (Am.) 嫩小牛肉 尤指尚未断乳的小牛。

blue milk 青牛奶 因霉菌作用而使牛奶变青色的变质现象。

blue mould 青霉 面包或干酪表面因霉菌作用而产生的青斑。有的可能是变质,有的却可能是为了增进口味。

blue pig (Am.) 威士忌酒 俚语。参见 whiskey

blue plate 特价餐 餐厅供应的一种简便快餐,因以蓝色分格餐盘盛放各种菜,故名。

blue plum 青李
参见 blue gage

blue point (Am.) 蓝点蚝 因产于美国长岛的蓝点岬而得名。参见 oyster

blue pointer 尖吻鲭鲨 产于大西洋沿岸的一种小鲨鱼,可食用。

blue ruin 劣质杜松子酒 俚称。参见 gin

blue sailors (Am.) 菊苣 俚称。参见 chicory

blue spot 蓝斑 由于面粉袋上打标记的颜料污染引起的面包色斑。

blue sprat 银带鲱 一种鲱科小鱼,产于澳大利亚沿海。

blue Swedish 瑞典蓝鸭 与北京鸭相似的一种肉用鸭,体型稍小,羽毛为蓝色。

blue trout 蓝鳟
参见 truite au bleu

blue vinny 蓝纹干酪 也叫英国多塞特干酪,以牛奶制成,有蓝色纹脉。参见 blue Dorset

blue weed (Am.) 牛舌草 在美国有时用来代替琉璃苣食用。参见 borage

blueback 青鳕 一种背部呈蓝色的鳕鱼,主要品种有英国青鳕和加拿大白鲑等,均是重要的食用鱼。

blueback salmon 红大麻哈鱼
参见 red salmon

blueback trout 蓝背鳟
参见 trout

blueberry 南方越橘 杜鹃花科灌木,原产于北美。果甜,富含维生素C和铁质,常加奶油作为餐后水果甜食或糕点馅。参见 bilberry

bluefish (Am.) 1. 蓝鲑 产于北美大西洋沿岸的一种跳鱼,也泛指其他浅蓝色的食用小鱼。 2. **短吻秋刀鱼**

bluegill (Am.) 大翻车鱼 一种大淡水鱼,通常油炸后食用。

blue-gray 蓝灰牛 一种白色短角公牛,是安格斯牛和盖洛威母牛杂交生成的牛,肉用价值很高。

bluestem wheat 青秆小麦 一种白色软粒小麦。

blue-veined cheese 蓝纹干酪
参见 blue cheese

Blume (G.) 1. 酒香 2. 啤酒泡沫

Blumenkohl (G.) 花椰菜
参见 cauliflower

blunt 1. 冲淡,稀释 2. 小雪茄烟

blusher 红鹅膏菌 一种黄色偏红的食用蘑菇。参见 fungus

blutage (F.) （面粉等）过筛

Blutapfelsine (G.) 血橙 也叫红橙,以果肉与果汁均鲜红如血而得名。参见 maltese orange

Blutgeschwür (G.) 鸡蛋利口酒 用鸡蛋和樱桃利口酒混合而成的一种鸡尾酒。

Blutwurst (G.) 血肠
参见 blood pudding

boal 马德拉加度酒 一种搀和烈酒酿的马德拉葡萄酒,色泽金黄,甜度适中。参见 Madeira

boar 野猪
参见 wild boar

boar's head 野猪头 英国的传统圣诞菜肴,现已少用,但在某些地方依旧有此习俗。

board 餐桌 尤指已经布置好各种餐具和菜肴的餐桌。

boat 船形碟 用于盛放肉汁、融化黄油以及各种调料汁。

boat steers (Am.) 蛤肉炸饼
参见 fritters

bob 1. 未断奶的小牛 2. 香味糖浆 由砂糖和花香膏调配而成。

bob veal 犊牛肉 指小牛尚未出生,从母牛腹中直接取出的小牛肉。

Bobbio (It.) 博比奥香肠 意大利产的一种萨拉米香肠,以产地命名。参见 salami

bobby calf 小牛犊 出生不久即行宰杀,重量在100磅以下的嫩小牛。

bobotee (Ma.) 杏仁布丁 起源于马来半岛的一种甜味布丁,用牛奶、面包屑、杏仁、洋葱和辣味沙丁鱼配料制成。

bobwhite 白喉鹑 一种白色小鹌鹑,体长约10英寸。参见 quail

boca chica (Sp.) 菜肴吐司
参见 canapé

bocadillo (Sp.) 1. 早午餐 一般吃夹肉面包。参见 brunch 2. 番石榴奶糖 由可可、香蕉和番石榴汁等为配料制成。

bocado (Sp.) 小块食物
参见 morsel

bocal (F.) 短颈大口瓶 用于作腌泡菜的容器,也可放水果、洋葱、樱桃和白兰地浸的各种水果甜食。

boccaro ware 紫砂器 中国江苏省宜兴的陶器,素胎无釉,胎质细腻,呈赤褐或紫色,质地坚硬。宜兴紫砂是泡茶的最佳容器之一,畅销国内外。

bocconcino (It.) 1. 烧肉块 2. 一小口美味 参见 bouchée

bock 啤酒杯 一种咖啡馆用的大玻璃杯,容量约为0.25升。

Bock beer 博克啤酒 因最初在德国的Eimbock地区酿成而得名,是一种荞麦制的黑啤酒。质浓味甜,比普通啤酒色泽暗,含酒度也高。该啤酒的商标为一头站在酒桶上的山羊,知名度较高。美国还专门有博克啤酒节活动。

Bocksbeutel (G.) 绿酒瓶 德国的一种扁平状深绿色酒瓶,流行于弗兰肯地区。参见 Franken

Bockwurst (G.) 猪肉小香肠 须趁热食用的一种德式香肠,也常用小肉制,质地较硬。

bodega (Sp.) 酒窖 也指一种带酒窖的酒店或杂货铺。

Bodenheimer (G.) 博登海姆酒 德国莱茵地区产的一种白葡萄酒。

Bodensatz (G.) 酒垢
参见 sediment

body 酒体 酒类术语,指酒在口中的总体感觉丰厚浓实或清淡轻盈等,而达到高度和谐者则是优质酒。参见 balance

boels (Da.) 波尔干酪 一种口味柔和的丹麦干酪。

Boerenkaas (Du.) 农舍干酪　南荷兰省产的一种半硬牛乳干酪，奶味重，重 8—12 千克，含乳脂 45%。

boero (It.) 樱桃酒心巧克力

boeuf (F.) 1. 牛　2. 牛肉
参见 beef

boeuf à la ficelle (F.) 煮烤牛肉　将牛肉烤熟后再浸入汤中煮的方法。

boeuf à la mode (F.) 胡萝卜焖牛肉

boeuf bouillé (F.) 白煮牛肉

boeuf bouilli froid à la Parisienne (F.) 巴黎式冷牛肉片　以洋葱圈、香草、豌豆、土豆片作配料，再加入醋沙司食用。

boeuf Bourguignon (F.) 勃艮第牛肉丁　一种法国风味，以牛肉块、洋葱、蘑菇加红葡萄酒烩煮而成。

boeuf braisé jardinière (F.) 菜焖牛肉　参见 jardiniere, à la

boeuf en ballon (F.) 牛肩肉卷　以牛肩肉制成的一种扎肉卷。

boeuf en daube (F.) 加香煨牛肉

bof (Da.) 牛排
参见 beefsteak

bof tatar (Da.) 蛋黄沙司牛排　以生牛排先拌入刺山柑与生蛋黄作的沙司中。参见 tartar sauce

bog bean 睡菜
参见 buckbean

bog myrtle 1. 香杨梅　2. 睡菜　参见 buckbean

boga (It.) 欧鳊
参见 sea bream

bogavante (Sp.) 大螯龙虾
参见 lobster

bogberry 酸果蔓
参见 bilberry

bogus 博格思酒　以朗姆酒和废糖蜜酒等混合而成的饮料。参见 Calibogus

bohea (C.) 武夷茶　产于中国福建武夷山的一种著名茶种。

Bohemian presky sausage 波希米亚香肠　用碎猪肉灌在牛食道中扎紧，经热熏制成。

Bohemian rye 波希米亚黑麦　一种黑麦品种，有时也指以小麦和黑麦混和而成的粗制面粉。

Bohémienne, à la (F.) 波希米亚式　也叫吉卜赛式，指用米饭、西红柿、甜椒、洋葱和辣椒作配料的菜式。

Bohne (G.) 菜豆
参见 bean

Bohnenkaffee (G.) 1. 香薄荷　2. 咖啡饮料

boil 煮
参见 boiling

boil down 煮浓　通过加热煮沸使液体体积缩小，甚至可能煮干。

boil in clear soup 清炖　烹调方法之一，在汤中不放酱油慢慢炖煮肉和鱼等。

boil out 煮过头　指食品煮得时间过长变粗、变烂等，常失去滋味及营养。

boiled 1. 煮熟的　2. 清水罐头　以水或稀盐水作汤汁的罐头，如清水马蹄、清水蘑菇等。

boiled dinner 熟食午餐　以熟食为主的菜肴，如土豆、卷心菜、玉米粉拌牛肉和火腿等，不供应凉拌菜。

boiled egg 白煮蛋　蛋在沸水中煮 3—4 分钟，视蛋是否新鲜或所需硬度不同而改变水煮时间。一般说来，新鲜蛋煮的时间稍久，但硬煮蛋则需至少煮 10—12 分钟。

boiled ham 熟火腿　经腌制去骨的火腿，然后蒸熟压制成形，但不经烟熏。

boiled peanuts 煮花生　一种南美风味，将新鲜花生带壳在盐水中煮，以胡椒调味。

boiled rice 白米饭　中国、日本及其他亚洲国家的主食，在欧洲则往往作为菜肴，加入各种配料食用。

boiled sweets 水果硬糖
参见 hard candy

boiler 1. 水煮鸡　一种出生 18 个月以上的大鸡，因经水煮后肉质较嫩而得名。参见 chicken　2. 煮器　泛指壶、锅等烧者用饮具。

boilermaker 一杯啤酒加威士忌　或指喝过啤酒后喝的一杯威士忌。参见

chaser

boil-in-bag foods 袋煮食品 将食品装在铝制薄膜袋中煮熟,也叫软罐头。

boiling 煮 食品烹调方法,指将食物浸没在液体中加热到接近沸点的过程,用于煮肉或蔬菜。法国新式烹饪强调快速煮,以保存食物的新鲜、色泽和滋味。煮的方法有各种专门名词:如"㸆"为85℃的热水通过双层锅传导到上方;温度再高称为"余";用文火加盖称为"煨";用开水浇在蔬菜上或迅速取出称为"焯";以及从冷水缓慢加热到沸腾称为"炖";此外隔水上煮则称为"蒸"。

boiling point 沸点 如水的沸点为100℃或212°F。

boiling rings 煮香肠圈 以猪牛肉混合后,加入大蒜调味的一种波兰香肠。

boire (F.) 饮(酒)
参见 beverage

Bois Communs (F.) 布瓦 法国酿酒地区,在拉洛谢尔以北。出产科涅克白兰地,常与其他酒调配出售。参见 cognac

boisson (F.) 饮料 泛指含酒精饮料或不含酒精的软饮料。参见 beverage

boîte (F.) 1. 夜总会 一种提供歌舞表演的小酒店。 2. (葡萄酒)成熟度

boîte de conserve (F.) 食品罐头
参见 canned food

boivin, poulet 嫩煎子鸡 以洋蓟、小洋葱和土豆作配料。

bok choy (C.) 青菜,小白菜
参见 Chinese cabbage

bokking 淡腌鲱鱼
参见 herring

bokser (He.) 角豆,刺槐豆
参见 carob

bol (F.) 洗手钵
参见 finger bowl

bolacha (P.) 咸味硬饼干
参见 captain's biscuit

bold loaf 松软的大面包
参见 bread

boldo (Sp.) 波耳多 产于智利的一种乔木,其果实可食,味甜。

boldro (It.) 鮟鱇鱼
参见 goosefish

bolée (F.) 陶碗 法国诺曼底和布列塔尼等地区的一种棕色浅碗,用于盛苹果酒。

bolet (F.) 牛肝菌
参见 boletus

boletus 牛肚菌 产于法国波尔多地区等一种优质食用菌,常生长在松树下,属有孔菌类。其伞盖呈浅棕色,下为黄色,茎杆白色,但如有红斑点者则不可食用。滋味鲜美,营养价值极高,可作为各种汤和菜肴的配料。为美食家所推崇。

bolillo (Sp.) 小甜糕点

boll (Sc.) 波尔 苏格兰的重量单位,约合140磅。

Bollinger (F.) 博林格香槟 由博林格家族首次在1821年酿制的著名香槟酒,产于艾伊地区。

bolliti misti (It.) 什锦清炖肉 蔬菜、豆类炖肉,以香料调汁或番茄汁调味。

bollito (It.) 1. 炖的,煮的 2. 清炖肉,白煮肉 参见 bouilli

bollo (Sp.) 玉米面团子 加入黑眼花豌豆粉和调味品,入油锅炸成。

Bologna (It.) 波伦亚香肠 一种湿处大香肠,以牛肉、小牛肉及猪肉切碎后混合,加入香料再经烟熏成红色即成。波伦亚为意大利南部市镇。

Bologna bull 波伦亚公牛 用于提供低品质牛肉。产于意大利波伦亚镇。

bolognese, alla (It.) 波伦亚式 以葡萄酒、蔬菜、鸡肝调和黄油及擦干酪屑作配料的一种浓肉汁沙司菜肴。

Bols (Du.) 波尔金酒 创始于1575年。参见 Bols apricot brandy

Bols apricot brandy 波尔杏子白兰地 一种荷兰产的利口酒,创始于1575年,以创始者波尔家族命名。含酒精29%。

Bolsberry liqueur 波尔利口酒 也叫越橘利口酒,由荷兰的波尔家族酿

制。该酒名既是果名,又是酿制者姓名,可谓一种巧合。

bolt 筛,筛选 尤指豆类、谷类的面粉为去除杂质进行的筛选工序。

bolti 尼罗罗非鱼 产于非洲尼罗河的一种食用鱼。也作 bolty

bomba di riso (It.) 鸽肉米饭

Bombay duck 龙头鱼 产于印度洋的一种独特鱼种,富有营养,滋味鲜美,常腌制后供出口,以咖喱调味。在美国与欧洲等地被视为美味。也作 bummelo

Bombay gelatine 琼脂
参见 agar

bombe (F.) 半球形蛋糕 或指半球形水冰淇淋。

bombe favorite (F.) 酒味球冻 用樱桃酒、蛋白糖霜、奶油等制成球状甜冻,食用时佐以覆盆子酱。

bombe glacée (F.) 半球形冰淇淋

bombe mo(u)ld 球形冰淇淋模
参见 bombe

bombo (Am.) 混合朗姆酒 在美国的北卡罗来纳州指以朗姆酒、水和废糖蜜各三分之一混合的一种饮料。源自殖民地时代的一位英国将军 John Benbow (1653—1702)的名字。

bombolone (It.) 夹馅炸糕

bombone (Sp.) 酒心巧克力 或奶油夹心巧克力。

Bommes (F.) 博姆 法国西南部索泰尔纳地区的酿酒市镇之一,生产优质甜白葡萄酒,质量优异。参见 Sauternes

bon appétit (F.) 祝你好胃口 敬酒用语。

bon goût (F.) 美味 指食品调味适当的。

bonanza 邦南莎烟 一种烤烟品种。

Bonbel (F.) 圣保林干酪
参见 Saint Paulin

bonbon (F.) 糖果 欧洲人在13世纪十字军东征后才向东方国家学会了制糖果的技术。采用甘蔗或甜菜为原料,而以前则仅用蜂蜜。糖果中常加入果汁、香料或夹心,外涂巧克力等。糖果一般分硬糖、软糖、夹心和乳脂等几种,是老幼咸宜的食品之一。

bonbon spoon 糖果匙 一种瓢形匙,以金属或塑料制成,匙面有孔,可用于取糖果和坚果仁等。

bonbonne (F.) 短颈大腹瓶

bonbonnière (F.) 1.糖果盒 一种有小花饰的果碟。 2.糖果店

bonbons acidule (F.) 酸味糖果
参见 acid drop

bonchero (Sp.) 邦其乐雪茄 一种低级的哈瓦那雪茄。

bon-chrétien (F.) 麝香大黄梨 有两个品种:一为夏梨;一为冬梨。味极甜,但粒子较粗,故常煮熟食用。

Bondard (F.) 邦达尔干酪 法国诺曼底地区产的一种软质牛乳干酪。呈圆柱状或心形圆台状,重300克,含乳脂60%,色淡黄,但味强烈。

Bondaroy au foin (F.) 邦达瓦草灰干酪 也叫蒂维埃干酪。参见 Pithiviers au foin

bonded 存仓以待完税的 酒类或其他货物在政府监督下存入仓库,以待完税。这样,这些酒尤其是波尔特酒经过长期贮存后口味特别醇厚,为行家所珍视。参见 bottle in bond

bondiola (It.) 腊肠
参见 sausage

Bondon de Neufchâtel (F.) 纳沙泰尔邦当干酪 法国诺曼底地区产的一种软质全脂牛乳干酪。呈圆柱形,重约100克,味柔和,有水果香,含乳脂45—50%。

bone 1.剔骨 指把肉从骨头上切割下来的加工工序。 2.(供食用的)带肉骨 泛指牛骨、猪骨、羊骨和鸡骨等,用作制各种汤的基料。骨中含有骨髓,经长时间熬煮提炼后,可用于作面包或吐司的涂抹料。

bone adhesive 骨胶
参见 gelatin

bone china 骨灰瓷 一种以瓷土与骨灰或磷酸钙混合烧制成的半透明白色瓷器,由英国在19世纪初创制。骨灰瓷瓷质硬,且不易碎裂,具有象牙

bone glass 骨灰玻璃 一种乳白色玻璃器皿，其配方中含有一定比例的骨灰，故名。

bone knife 剔骨刀
参见 boning knife

bone marrow 骨髓 含有丰富的脂肪质，营养丰富。

bone meal 骨粉 除去脂肪的动物骨骼粉末用于饮食中作补充钙质及无机盐的来源。

bone porcelain 骨灰瓷
参见 bone china

boned chicken breast, French style (Am.) 法式去骨鸡脯
参见 breast

bonefish 北梭鱼 海鲢目海产鱼类，产于热带水域，最长可达 80 厘米，最重约 6 千克，为重要食用鱼品种之一。

bonensoep (Du.) 豆荚汤

bonga 槟榔果
参见 areca nut

bongo bongo soup (Am.) 邦哥邦哥汤 一种牡蛎菠菜汤，发明者是旧金山 Trader Vic 餐厅的老板 Bergeron。

bonification (F.) 陈化 指酒在存放过程中变得芳醇。参见 age

boning knife 剔骨刀 其特征是刀刃狭而短，锋利无比。

bonite (F.) 狐鲣
参见 bonito

bonito (Sp.) 狐鲣 一种小金枪鱼，常见于地中海和大西洋沿岸，其烹调方法同金枪鱼。参见 tuna

bonne femme (F.) 家常式 一种简易的烹调方式，往往以新鲜蔬菜、香料植物和奶油等作配菜。

bonne-bouché (F.) 美味 如鸡肉一口酥或牛肉馅饼等。参见 bouchée

bonne-dame (F.) 滨藜
参见 orach

Bonnefoy (F.) 博讷福瓦 巴黎的一家著名餐厅名。以其命名了一种调味汁，类似餐厅主管沙司。参见 maître d'hôtel

bonnekamp (Be.) 苦味酒
参见 bitters

Bonnes-Mares (F.) 博讷马尔酒 法国勃艮第地区的 Côte de Nuits 产的一种优质干红葡萄酒，以产地命名。

bonnet de Turquie (F.) 土耳其蛋糕 一种形似土耳其帽子的传统法式糕点。

bonnet fleuk (Sc.) 菱鲆
参见 brill

bonnet pepper 帽椒 一种产于热带美洲的辣椒，可用于制辣椒粉。

bonnet-turc (F.) 大南瓜 一种矮圆形南瓜，形似过去土耳其人的头巾。
参见 pumpkin

bonnyclabber 酸凝乳 指乳清未经分离的凝乳，味酸。

Bontoux (F.) 邦都 法国富豪，生卒年代为 1820—1904，以其命名一种鸡肉酥点心（vol-au-vent Bontoux）。

bonvalet (F.) 冰淇淋杏仁蛋糕 撒以樱桃酒和糖霜，由厨师 Beauvilliers 创制。参见该词条。

bonvalet egg 波维利叶蛋 在挖空的面包片中缀以鸡蛋，再浇以肉汁沙司。
参见 Beauvillier

bony fish 硬骨鱼 鱼的一类，骨骼大而坚硬，有两凹状椎骨主体，鳍有硬刺。供食用的鱼多属硬骨鱼类。

Boonekamp (G.) 博内康酒 德国一种健胃的苦味酒。

boops 布普斯鱼 产于地中海的一种小鱼，长 35 cm，可用于油炸或水煮，尤用于作普罗旺斯鱼汤。参见 bouillabaisse

boose 烈性酒 尤指烈性蒸馏酒。参见 spirit

bootleg 私酒 非法酿制或携带的酒。
参见 moonshine

boova shenkel (Du.) 焖牛肉 美国宾夕法尼亚州荷兰人后裔创制的一种风味菜肴。配料有土豆、黄油、洋葱、鸡蛋和牛肉等，食时佐以浓肉汤。

boozy (F.) 布齐酒 法国香槟省产的一种干白葡萄酒。

bop (Am.) 松蛋糕 产于美国的北卡罗来纳州,以牛奶、鸡蛋、黄油等制成。

boque (F.) 布普斯鱼
参见 boops

boquettier (F.) 山楂
参见 hawthorn

bor (Hu.) 葡萄酒
参见 wine

borage 琉璃苣 一种紫草科植物,有黄瓜香味,其叶子可作凉拌菜的调味料,也可用于炖菜和汤类的调味。鲜叶在欧洲用作蔬菜。也作 cucumber herb

borax 硼砂 一种硼酸盐结晶物,用作食品防腐剂,但法国从1891年起就禁止使用。参见 preservative

bordé de (F.) (在主菜周围)配以饰菜 参见 border

Bordeaux Rouge (F.) 波尔多红葡萄酒 将近三分之二均为优质酒,久负盛名。参见 AC

Bordeaux wine 波尔多葡萄酒 在英国称为克拉瑞酒(claret),为法国波尔多地区种类繁多的葡萄酒的总称,历史悠久。该地分36个区,每区拥有若干庄园,按成熟先后分5苑。波尔多酒以梅多克、格拉孚等酒牌最为有名,一般以红葡萄酒为最佳。酒味浓郁,果香味强,并陈酿8年到30年。波尔多酒以独特的高肩深绿色酒瓶盛装,一般含酒精8—11%。

Bordelaise (F.) 1. 波尔多葡萄酒桶 容量为225升。**2. 波尔多葡萄酒瓶** 容量为750毫升。**3. 波尔多沙司** 一种用波尔多酒增香的褐色调味汁,用骨髓和葱头作配料。

Bordelaise, à la (F.) 波尔多式 指用波尔多葡萄酒、骨髓、蔬菜细丁、蘑菇、土豆作配料的各种菜肴和甜食。

border 边饰 餐盘上置于外围的配菜,富有装饰性。以肉丸、肉羹、土豆泥、米饭、奶油或果冻最为常用。也可将面包屑、蛋白以黄油炸后作为餐烫的边饰,也叫围边。

bordure (F.) 边饰
参见 border

borecole 羽衣甘蓝
参见 kale

borek (Tu.) 薄煎饼 以干酪、鸡蛋和欧芹等调味的一种主食品。另一种甜煎饼则加以糖浆、肉桂和干果。

borer 取样钻 供提取出干酪或奶油内芯的一种穿孔探子。

boric acid 硼酸
参见 borax

borneo camphor 龙脑 有机化合物,为白色半透明结晶,经化学合成。也可用常绿乔木龙脑树的树干提炼而成。龙脑味清凉,有清热和止痛作用,食品工业中可用作调香剂。

Borovička (Cz.) 波洛维卡酒 捷克产的一种无色透明的烈性酒,有桧子香味。风格接近杜松子酒,味干醇厚,含酒精40%。

borsa di pastore (It.) 荠菜
参见 pickpurse

borsch(t) (R.) 俄罗斯甜菜汤 俗称罗宋汤,以发酵的或新鲜的红甜菜垫底,加入牛肉、土豆等煮成浓汤,上桌时再加入酸牛奶食用。

borshchok (R.) 甜菜烩牛肉丁 一种俄式风味,加洋葱和柠檬汁调味。

bortsch (R.) 俄罗斯甜菜汤
参见 borsch

bosa (Ar.) 布沙酒 一种阿拉伯人常饮的低度酒,特指用小米酿成的带酸味的酒。也作 boza

bosc (F.) 博斯克梨 一种黄褐色梨,以法国博物学家 Bosc d'Antic (1758--1828) 命名。

bosse de chameau rôti (F.) 烤驼峰 以幼骆驼的肉质驼峰烤成,被视为一种美味。

Bosson (F.) 博松干酪 法国朗格多克地区产的一种羊奶酪,重量不定,味强烈,含乳脂45%。

Boston baked bean (Am.) 波士顿烤豆 以糖浆和腌猪肉为配料,用文火长时间烘烤一种白色的豆子菜肴,因原产于美国的波士顿而得名。

Boston beans (Am.) 波士顿烤豆

Boston blue fish (Am.) 青鳕
参见 pollack

Boston butt (Am.) 波士顿猪肩 一种包括小片肩胛骨的猪瘦肉,通常用于烤食。

Boston cracker (Am.) 波士顿淡硬饼干 一种厚饼干,呈圆形,常用于佐食咸味菜肴。

Boston fillet 波士顿牛排 指以牡蛎汁为佐料的炸牛排。

boswella 乳香 产于非洲北部或印度的一种香料乔木,可提炼出食用香料。

botagueña (Sp.) 杂碎香肠
参见 chitterlings

botargo (It.) 鲻鱼子酱 常切成薄片,佐以柠檬汁或醋。参见 mullet

botella (Sp.) 酒瓶
参见 bottle

boter (Du.) 黄油
参见 butter

boter melk (Du.) 酪乳
参见 butter milk

Botherel, Vicomte de (F.) 博瑟罗子爵 法国著名金融家,贵族,生卒年代为1784—1859。因创立公共餐厅而常被收录进烹调名人词典中。

botijo (Sp.) 陶制大肚水壶

bottaccio (It.) 酒瓶,小酒桶
参见 bottle

bottarga (It.) 鲻鱼子酱
参见 mullet

botterigo (It.) 鲻鱼子酱
参见 mullet

bottiglia (It.) 酒瓶
参见 bottle

bottiglione (It.) 大酒瓶
参见 bottle

bottillon (F.) 一小束,一小扎 指蔬菜或香草等。参见 bouquet garni

bottle 酒瓶 一种玻璃或陶瓷制的容器,形状、容量与色彩各异,根据不同的酒采用不同的特色酒瓶。因此波尔多酒就不可装入勃艮第酒瓶中。可参见各相关词条。

bottle block 酒瓶塞
参见 cork

bottle champagnization 香槟酒瓶内酿造 酿制香槟酒的重要过程之一。参见 champagne

bottle club 饮ραλ俱乐部 一般在其他酒店打烊后营业。

bottle cream 瓶装奶油 一种浓奶油。参见 double cream

bottle fermented champagne 瓶内发酵香槟酒 参见 champagne

bottle gas 罐装燃料 一种压缩天然气或丁烷气,用于在无能源的地方使用,尤其是野餐。

bottle gas stove 丁烷炉 泛指使用压缩罐装燃料的炉灶,用于野餐。

bottle gourd 葫芦
参见 calabash

bottle in bond (酒类)存仓完税 将威士忌或白兰地在政府监督下存入仓库,以待完税,保证不搀杂质,一般至少存放4年,因而该种酒质量可靠。

bottle opener 螺丝锥
参见 corkscrew

bottle party 自带酒的聚餐
参见 brown bag

bottle rack 酒瓶架 使酒瓶保持一定角度的存放架,尤指香槟酒制造工艺的重要环节所使用的特制瓶架。

bottle stink 酒瓶味 一种不愉快的陈腐味,是由于酒长期封闭在酒瓶内引起的,在打开瓶盖后不久即会自行消失。参见 breathe

bottler bases 浓缩果汁 用于配制充气或不充气饮料的半成品。

bottling 装瓶 食品通过消毒、密封等工序装入瓶内的过程。装瓶的食品可保存较长时间。

bottling ring 瓶圈 一种橡胶细圈,以使瓶口密封。

bottom fermentation 底层发酵 一种缓慢的发酵过程,温度掌握在4—10℃之间。这时酵母集中在液体的下部,窖藏啤酒和低度酒一般为底层发酵酿制。参见 ale

bottom round 圆牛腿肉

bottoms 酒垢
　参见 sediment
Bottoms up 干杯　敬酒用语。
botulism 肉毒中毒　由新鲜或罐头食品中的肉毒杆菌引起的食物中毒。
Botzaris 博察里斯　希腊独立运动领袖，生卒年代为1788—1823。以其命名的一种羊肉清汤，以米饭、豆泥等作配料。
boucan (F.) 熏肉　尤指产于加勒比海地区者。参见 bacon
boucaner (F.) 熏制(鱼、肉)
　参见 smoke
boucarde (F.) 鸟蛤
　参见 cockle
boucaud (F.) 褐虾
　参见 shrimp
bouchée (F.) 鸡肉一口酥　一种小馅饼，内填入蘑菇，以奶油佐味。也可以鱼肉作馅，味甚佳。参见 vol-au-vent
bouchée à la reine (F.) 鸡肉一口酥
　参见 vol-au-vent
boucherie (F.) 肉店
bouchon (F.) 1. 酒瓶塞　2. 小酒店
boucon (F.) 菜炖牛肉
　参见 goulash
boucot (F.) 褐虾
　参见 shrimp
boudanne (F.) 牛乳干酪
　参见 cheese
boudin (F.) 香肠　分两种，一种叫红香肠，即猪血香肠；另一种是白香肠，即肩肉香肠。常用于作其他菜肴的配菜，是法国的传统圣诞早餐食品。
boudin blanc (F.) 白香肠
　参见 boudin
boudin rouge (F.) 猪血香肠
　参见 boudin
boudinade (F.) 肉馅填羊腿
boudiniere (F.) 灌肠用漏斗　尤指用于灌猪血香肠。参见 blood pudding
boudon (F.) 纳沙泰尔干酪
　参见 Neufchâtel
boudreuil (F.) 鮟鱇

　参见 goosefish
Bougon (F.) 布冈干酪　法国南部夏朗德地方产的一种羊奶酪，色泽纯白，呈圆盘形，重225克，质半硬，含乳脂45%。
bougras (F.) 洋葱汤　以土豆、韭葱和白菜作配料，加猪血香肠原汁煮成。流行于法国的佩里戈尔地区。
boui-boui (F.) 低级咖啡馆
　参见 bistro
bouillabaisse (F.) 法式鱼羹　用数种鱼烧成的汤，源于法国地中海沿岸地区，是普罗旺斯地方的名菜。以马赛的菜谱最为正宗，其配料除鱼外，还有橄榄油、洋葱、番茄、大蒜、欧芹、茴香、藏红花、月桂叶和桔皮等。使用的鱼类则以牙鳕、海鳗、梭鱼、龙虾、蟹、贻贝和牡蛎等。这汤香味浓郁，汤稠味美，为著名法式菜肴之一。
bouillade (F.) 蒜泥沙司　用大蒜、甜椒和白葡萄酒为配料制成的一种浓味沙司，常用以佐食蜗牛或其他鱼类菜肴，是法式著名沙司之一。
bouillant (F.) 1. 奶油酥面泡夫　以鸡肉丁填馅，作为一种餐前开胃小吃。　2. 沸腾的
Bouille (F.) 布叶干酪　法国诺曼底地区产的一种优质干酪。
bouilleture (F.) 焖鳗鲡　或焖淡水鱼。用红葡萄酒加入黄油、蘑菇、小洋葱和李子作配料，用来佐食炸面包吐司，为法国安茹地区风味。
bouilli (F.) 白煮肉　尤指白煮熟牛肉，是法国的民族风味之一。
bouillie (F.) 糊,粥　分两种：一种是牛奶面糊粥，另一种是玉米粥。
bouillie de riz (F.) 稀饭
　参见 congee
bouillinade (F.) 焖鱼　用洋葱、胡椒、大蒜和土豆作配料。
bouillitine (F.) 酒炖兔肉　法国安茹地区特有风味菜肴之一。
bouilloire (F.) 开水壶
　参见 kettle
bouillon (F.) 肉汁汤,肉羹　以牛肉或其他肉块放在水中慢煮沸而

成，特指澄清的瘦牛肉汤。参见 consommé

bouillon blanc (F.) 白汁清汤
参见 consommé

bouillon clair (F.) 清汤
参见 consommé

bouillon concentre (F.) 浓肉汤
参见 broth

bouillon cube 浓缩汤料 一种块状汤粉，由调味肉汁及蔬菜汁经蒸发脱水后制成，食时只需冲入沸水即可。

bouillon cup 肉羹杯 一种有两个把手的小杯。

bouillon powder 浓缩汤粉
参见 bouillon cube

bouillon spoon 肉羹匙 一种圆形匙，比汤匙略小。

Bouillonwürfel (G.) 肉汁块 用开水一冲即可成为一碗汤。

bouillotter (F.) 用文火炖
参见 simmer

boujaron (F.) （酒的）一口 指品酒时一次仅饮用少量酒。

boukha (Ar.) 突尼斯烧酒

boula (Am.) 青豆甲鱼汤 常用雪利酒、奶酪和搅打乳脂作配料。

boulange (F.) 麦粉
参见 flour

boulangère, à la (F.) 面包师式 指用炸洋葱片作配料的菜式，常佐以羊肉或鸡肉。

boulangerie (F.) 面包房
参见 bakery

boule (F.) 大圆白面包
参见 bread

Boule de Lille (F.) 利尔干酪 法国佛兰德斯和波尔多等地产的一种全脂牛乳干酪，重约3千克，味淡质半软。在荷兰也有类似产品。

boule-de-neige (F.) 雪球
参见 snowball

bouleau blanc (F.) 桦啤
参见 sweet birch

boulette (F.) 炸小肉丸 或指炸小鱼丸，以鸡蛋和面包屑混和肉糜或鱼糜，搓成小丸状，以深油锅炸成。

Boulette d'Avesnes (F.) 梨形干酪 法国埃诺省的一种硬质牛乳干酪，列日和波尔多地区也有生产。有龙蒿香味，重约300克。因外形似梨而得名，用手工捏制成形。

boulonnaise, maquereau à la (F.) 水煮鲐鱼 佐以浓奶油沙司。

boulot (F.) 酥面烤苹果

boumiane (F.) 焖茄子 佐以鳀鱼酱。参见 eggplant

bounce (Am.) 果汁甜酒 以朗姆酒或白兰地为基酒，调配糖、柠檬汁、香料和水而成，类似于 shrub。

bouquet (F.) 香味，芳香 如水果、花卉和泥土等散发的香味，尤指酒类散发的独特果香或花香。闻酒香的方法为：将杯中酒轻轻摇晃，这时酒不可注入太多，然后用手轻拂或直接用鼻子嗅闻。

bouquet garni (F.) 香料束 将各种调味用芳香植物如欧芹、月桂叶、百里香和罗勒等用细丝扎成一束，或用布袋包扎，加入芹菜、大蒜、茴香、橘皮和薄荷等一起放入汤、炖菜、卤汁或其他菜肴中同煮，以使菜肴芳香可口。烹调后取出。

bouquetière (F.) 卖花女式 一种十分华丽的菜肴摆配方式。以豌豆荚、青椒、醋沙司花椰菜、土豆泥丸以及用胡萝卜作馅的洋蓟心等各种蔬菜作餐盘的边饰，围成花台状，中间放主菜。

bourbon (Am.) 波旁威士忌 一种玉米威士忌，含酒精约在40—63%之间，是典型的美国口味威士忌酒。源自肯塔基州一个叫波旁的城镇，最早酿于1746年。

bourbon biscuit 巧克力夹心饼干

Bourbonnais (F.) 波旁内 法国中央高原北部山区地名，以肉类、蔬菜和维希矿泉水著称。参见 Vichy

bourdaloue (F.) 水果甜点 主要以苹果为主的一种香草蛋冻。源自17世纪法国的宗教演说家 Bourdaloue (1632—1704)。

bourdane (F.) 苹果馅饺子
参见 ravioli

bourdetto (Gr.) 红辣椒煮鱼 一种希腊传统风味。

boureka (Sp.) 薄饼卷 其面皮薄如纸，卷入干酪、菠菜和肉等作馅，烧烤后食用。

bourgeoise, à la (F.) 家常式 一种肉类烹调方式。用胡萝卜、小洋葱、莴苣、芹菜和熏肉丁作配料，烹制方法简便，鲜美而有营养。

Bourgogne (F.) 勃艮第葡萄酒 从理论上说勃艮第葡萄酒要优于波尔多葡萄酒。口味较浓，而酒体则淡雅。许多博若莱地区的酒也以勃艮第酒的名称出售。参见 Burgundy wine

Bourgogne, à la (F.) 勃艮第式
参见 Bourguignonne, à la

Bourgueil (F.) 布尔洛伊酒 法国卢瓦尔河谷图赖讷产的一种卡百内干红葡萄酒，果香味浓、酒体较淡。

Bourguignonne, à la (F.) 勃艮第式 也叫布尔戈涅式，指一种肉类的烹调方法。一般以牛肉、鸡肉和鸡蛋为主要用料，而以洋葱、蘑菇等为配料的菜式。参见 Burgundy wine

bourguignote (F.) 浓味炖块菌 以野味作配料。

bourlghour (Am.) 保加利亚麦
参见 Bulgarian wheat

bourlghourlama (Am.) 蔬菜麦片焖羊肉

Bournvita 保必塔 一种麦乳精类饮料的商品名，由麦芽、牛奶、砂糖、可可、蛋和香料等混合而成。

bourrache (F.) 琉璃苣
参见 borage

bourre (F.) 雌鸭 俗称。也作 drake

bourride (F.) 蒜味蛋黄鱼羹 佐以面包或吐司，流行于地中海沿岸一带，与普罗旺斯的法式鱼汤 (bouillabaisse) 相似。

bourriolle (F.) 甜味荞麦煎饼 法国中央高原风味之一。

bourru (F.) 生的，未加工的
参见 raw

Boursault (F.) 布索尔干酪 法国布里地方产的一种浓乳脂干酪，呈圆柱形，重 225 克，色淡黄，质软，含乳脂 75%。

bourse-à-pasteur (F.) 荠菜
参见 pickpurse

Boursin (F.) 布桑干酪 法国诺曼底地方产的一种牛乳干酪，重 225 克，含乳脂 75%，以创制者命名。

bousin (F.) 低级酒吧
参见 bistro

bout saigneux (F.) 小牛颈
参见 calf's head

boutargue (F.) 咸鱼子酱 用金枪鱼或鲻鱼子晒干磨碎后拌上油即成。也作 poutargue

bouteille (F.) 酒瓶 泛指葡萄酒瓶和香槟酒瓶，其形状和容量差别很大，但以 750 毫升为最普通。参见 bottle

bouteillon (F.) 野营用大锅 一般呈扁形。

bouter (F.) (酒)发粘 尤指葡萄酒等变质后发酸，而且酒变得混浊粘稠的现象。参见 ropiness

Bouton-de-culotte (F.) 裤扣干酪 法国勃艮第的马孔地区产的一种硬质羊奶干酪，重仅 30—40 克，含乳脂 45%。因外形如马裤的钮扣而得名。

boutylka (R.) 一瓶 俄罗斯的液量单位，约合 0.76 升。

bouvillon (F.) 阉小牛 从第一颗乳牙开始更换起才可冠以此名，肉质极佳。

bouzellouf (Ar.) 煮羊头 一种北非风味，以盐、醋、大蒜和胡椒调味。

Bouzy (F.) 布齐 法国香槟地区最著名的葡萄园，以黑比诺葡萄品种著称。该葡萄用于酿制高级香槟酒和红葡萄酒，酒香浓郁，为美食家所称道。

bovril 牛肉汁 源自商标名。可冲ења饮用，或涂于面包上，或作佐料及调味料使用。

bower actinidia 软枣猕猴桃 一种野生灌木植物，其实微酸而甜，常用于制果酱或饮料。

bowie 1. **木碟** 一种浅底木碗。2. **啤酒桶** 尤指苏格兰的一种盛装淡色啤酒用的木桶。

bowl 碗, 缸 一种凹圆形容器, 以瓷、陶、玻璃和金属制为最普遍。在法国也用于盛咖啡、巧克力和混合饮料等。

bowl cutter 转盘切碎机 一种厨房机械, 用于切碎肉等食品。

Bowle (G.) 波列酒 一种用葡萄酒、水果、香料和糖等混合制成的饮料。

bowlen 宝伦饮料 以葡萄酒和果汁汽水配制而成。

bows 弧形通心面
参见 macaroni

bowwow (Am.) 热狗 俚称。
参见 frankfurter

box crab 盒子蟹 一种海水蟹, 背部有斑点, 脚细小, 形略方如盒子, 故名。烹调方法同普通蟹。

box elder 梣叶槭 槭科耐寒乔木, 原产美国, 后引入欧洲, 其树液可制糖和糖浆。

box lunch 盒装午餐 俗称盒饭, 是一种简易快餐, 一般包括菜和饭等, 并配以调味料。尤其流行于日本。

Boxbeutel (G.) 绿酒瓶
参见 Franken

boxfish 箱鲀 箱鲀科浅水海鱼类的统称, 其特点是身体大部包在一个坚硬的箱状保护壳内。有的头上具有角状突, 因而也叫牛鱼, 肉味美, 常用于烤食。

boxty 爱尔兰土豆面包 以小麦面粉和碎土豆等制成。

boyau (F.) 肠衣 用于制香肠的肠衣一般为猪肠。该词有时也可指猪内脏或杂碎。

boysenberry 波伊森莓 一种具有覆盆子风味的果实, 供制成罐头和蜜饯果脯等。1923 年由美国园艺学家 Rudolph Boysen 培育而成, 故名。

boza (Ar.) 布沙酒
参见 bosa

bozbash (R.) 羊肉蔬菜汤

Bra (It.) 布拉干酪 意大利皮埃蒙特居内奥省产的一种牛乳干酪, 质软, 口味柔和, 重 6—8 千克, 含脂量约 35—40%。

braaivleis (Af.) 1. 铁扦串烤肉 2. 南非烧烤野餐

Brabançonne, à la (F.) 布拉班松式 一种肉类配菜, 以菊苣、土豆丸和奶油啤酒花作配料。

brace 一对野味 如野鸭或松鸡等。

bracer 晨酒 一种鸡尾酒, 一般为清晨喝的提神饮料。参见附录。

Brachetto (It.) 布拉凯托酒 意大利皮埃蒙特地区产的一种普通红葡萄酒。

braciola (It.) 酒烩肉卷 一种意大利风味, 用薄片牛肉裹以菜肉馅, 再用葡萄酒烩煮而成。

bracioletta (It.) 小烩肉卷

bracken 蕨菜 也叫龙头菜, 是一种蕨科野菜, 其嫩茎和叶可供食用。

brackish 微咸的
参见 saltish

Bradenham ham 布雷顿汉姆火腿 英国一种深色糖渍火腿, 味甜, 以产地命名。

brado (Du.) 荷兰去骨熏鲱鱼片

Braford 布拉福特牛 由婆罗门牛和海福特牛杂交的一种肉用牛。该词由 Brahman 和 Hayford 两词缩略组合而成。

Bragget 布拉吉特 一种市售饮料名, 用淡啤酒、蜂蜜、糖和香料等调配而成。

Brahma (Hi.) 婆罗摩鸡 原产于印度的一种肉用鸡种, 腿部有长毛, 鸡冠稍小。

Brahman 婆罗门牛 亦称瘤牛, 原产于印度。在美国与改良的肉牛杂交后育成适应性强的布拉福特牛, 也叫美国婆罗门牛。

brai (F.) (酿啤酒的)碎大麦粉

braid 辫形面包
参见 fancy bread

brain 脑 指供食用的猪脑、小牛脑和羊脑等。食前先用清水洗净, 除去血块, 再在冷水中漂 1 小时, 然后与香料等同煨或油煎食用。

braise 炖 食品制作方法, 在盖紧的容器中用水或油缓慢地煮肉或蔬菜的过程, 温度在 180—200℃ 左右。与焖的区别是后者将食品全部浸入液体中。因而炖是干烧与蒸的结合;而干烧则不另加汁。要炖的食物一般在平锅中加入少量油脂炒至棕黄色,再加少量液体。炖肉通常以蔬菜垫底,炖大块肉则叫锅烧。

braise in soy sauce 红烧 一种烹调方法。把鱼、肉等加油、糖略炒,并加酱油等作料,焖炖后成暗红色即成。

braiser (F.) 炖
参见 braise

braisier (F.) 煨肉锅
参见 braising pan

braisière (F.) 大煨肉锅
参见 braising pan

braising pan 煨肉锅 以金属或陶制成,有一个密封的锅盖,供以文火煲煨肉类食品为主。

braize 炖煮
参见 braise

brake 欧洲蕨 一种草本植物,高数英尺,常用来作饮料的基汁。

bramble 欧洲黑莓 一种多刺的灌木,其果实可用于酿酒或制果酱,其嫩芽可按芦笋加工方式食用。也作 blackberry

bramble jelly 黑莓酱 原产于英国的一种食用果酱,以黑莓和棠棃果为原料制成。

bramley 绿苹果 一种仅供烹调用的绿皮苹果。19 世纪时由英国人 Matthew Bramley 培育成功,故名。

bran 米糠,麸皮 谷类种子或麦的碎裂外皮,其中含有较丰富的无机盐和维生素 B 等,可混合小麦面粉制成麸皮面包或麸皮饼。

bran brack 麸皮饼 一种古老的英国食品。以荷兰芹子、糖、鸡蛋、黄油、牛奶等经发酵而成。

bran dough 烤麸 清洗小麦麸皮而获得的一种面筋食品,是素食主义者的主要食品之一,可加工成多种美味菜肴。

bran muffin (Am.) 麸皮馅卷 以麸皮、面粉、鸡蛋、糖蜜和葡萄干为配料制成。

branch water (Am.) 净水 俚称,指最纯净的水,可用于调配饮料。

branche, en (F.) 整枝的 用整枝芦笋或整枝菠菜等蔬菜作菜肴饰配的。

brandade (F.) 普罗旺斯烙鳕鱼 将胡椒、欧芹、大蒜、柠檬汁和牛奶作配料,搅拌成浓奶状,再加橄榄油作为佐料。

brander (Sc.) 苏格兰烤肉

brandered steak (Sc.) 炙炸牛排

brandevin (F.) 葡萄烧酒
参见 brandy

brandied 1. 掺入白兰地的 2. (水果等)以白兰地浸渍的

brandied fruits 白兰地糖渍水果 以白兰地酒和糖浆浸渍桃、杏、梨、枣或无花果等。

branding-iron 烤箱铁格 或烤肉用铁丝网架。

brandling 小鲑鱼
参见 salmon

brandy 白兰地 以葡萄酒蒸馏而成的酒精饮料。一般用木桶陈酿,含酒精 40%以上。酒液呈琥珀色,装瓶后即不再陈化。白兰地一名源自荷兰语 brandewijn,意为烧过的酒。法国夏朗德等地产的白兰地被公认为是最佳品种。白兰地一般单独饮用,也可加汽水冲饮,也可作许多甜露酒的酒基。此外尚有多种水果白兰地,如樱桃、苹果、李子和草莓白兰地等。

Brandy and Benedictine 白兰地本尼迪克丁酒 一种调配酒,比一般本尼迪克丁酒味更干,含酒精 42%。

brandy ball 白兰地酒味糖
参见 candy

brandy balloon 球形白兰地杯
参见 glass shapes

brandy butter 白兰地黄油 用白兰地增香的黄油,用来佐食甜布丁等甜食。

brandy sauce 白兰地沙司 以牛奶、竹芋、蛋黄、奶油加白兰地酒调制成的一种浓厚调味汁。

brandy sling 白兰地司令酒 一种冷饮鸡尾酒,以白兰地、苏打水、糖加柠檬汁等调配而成。参见附录。

brandy snap 酒味姜汁饼干 用白兰地酒调味的一种小脆饼干。

brandy-and-soda 白兰地苏打水 用苏打水冲淡的白兰地饮料。

brandy-and-water 掺水白兰地 将白兰地酒兑水的一种冲淡饮料。

brandy-pawnee 掺水白兰地酒 俚称。参见 adulterant

Brangus (Am.) 布兰格斯牛 美国的一种无角肉用牛,由婆罗门牛和苏格兰的无角黑牛杂交而成。该词由 Brahman 和 Angus 两词缩略复合而成。

brank 荞麦
参见 buckwheat

Brankäse (G.) 酸奶干酪 加啤酒调香的一种德国干酪。

Branntwein (G.) 白兰地酒
参见 brandy

brant(s) 黑雁 一种野雁,颈细长,嘴呈锯齿形,在北极圈繁殖,是一种美味的野禽。烹调方法同鹅。

Branzi (It.) 布朗齐干酪 意大利伦巴第地方产的一种全脂干酪,呈圆球形,重1.5—2千克,质半硬,含乳脂45%。

branzino (It.) 1. 狼鲈鱼 2. 北梭鱼
参见 bonefish

braou bouffat (F.) 大米卷心菜汤 一种乡下浓汤,为法国西南沿海地区风味。

brasato (It.) 炖
参见 braise

brasenose ale 布拉森诺斯啤酒 一种用细砂糖和热淡啤酒制成的混合饮料,饮料上漂浮一些烤苹果片。在传统的忏悔星期三节日里,英国牛津大学的布拉森诺斯学院学生饮用而得名。

brash bread 燕麦黑面包
参见 rye bread

brasière (F.) 煨肉锅
参见 braising pan

brasse (F.) 1. 酿(酒) 2. 搅拌(食品)

brasserie (F.) 啤酒餐厅 一种大众化的餐厅,规模小,价格低廉。常供应各种啤酒等低度饮料和小吃,营业时间较长。

brassica 甘蓝 十字花科植物之一,包括卷心菜,花椰菜,球芽甘蓝,皱叶甘蓝,萝卜等多种蔬菜。

brassy 铜腥味 茶叶有黄铜味的一种缺陷。

Braten (G.) 烤肉,烧肉
参见 braise

Bratenfett (G.) 油滴
参见 dripping

Bratwurst (G.) 油煎香肠 一种鲜猪肉香肠,常用油煎后食用。

Brau (G.) 啤酒
参见 beer

Braunbier (G.) 淡啤酒
参见 lager

braune Ecke (G.) 大麦面包
参见 rye bread

Brauneberger (G.) 布朗贝格酒 德国摩泽尔地区产的一种白葡萄酒,字面含义为"褐山"。

Braunekohl (G.) 花茎甘蓝 也叫嫩茎花菜。参见 broccoli

Braunschweiger (G.) 熏肝香肠 德国不伦瑞克产的一种辛香料调味肠,以肝泥作馅。

Braunschweiger mettwurst (G.) 熏碎肉香肠

Brause (G.) 汽水
参见 soda water

Brauselimonade (G.) 柠檬汽水
参见 lemonade

brawn 头肉香肠 以剁碎的猪头、猪耳、猪舌加胡椒、醋和其他香料调味,用其原汁肉冻一起填入肠衣制成的一种香肠食品,用作开胃菜。

brawner 小公猪 或指供食用的野猪。

braxy pie 羊肉馅饼

brazier 烤肉锅 主要用于烤肉的一种大锅。锅下置炭火,锅底隔有铁栅烤架,锅侧还有能转动的铁杆。

Brazil nut 巴西果 原产于南美洲巴

西的一种高大乔木的果实,呈三角形,色泽乳白,富含脂肪和蛋白质。可生吃或制成糖果和糕点等。

Brazilian arrowroot 巴西竹芋淀粉 用苦味木薯制成,用作食品中的胶凝料。参见 arrowroot starch

Brazilian tea 巴拉圭茶 参见 maté

Brazilian teal 巴西野鸭 一种名贵野禽,味极美,原产于巴西。烹调方法同普通野鸭。参见 mallard

Brazilian wine 巴西葡萄酒 巴西为最南端的气候适宜种植葡萄,因而葡萄酒产量不高。国内消费均大量依靠进口,近年来有所好转。

breach yeast 絮状酵母 酵母的一种,以外形而得名。参见 yeast

bread 面包 以面粉加水、牛奶,有时经发酵后焙烤而成的食品。最早由埃及人发明,中东和亚、非地区至今仍食用一种古老的扁平形面包。除面粉外,还可用玉米、小米、荞麦、黑麦和木薯等烤制面包。面包种类繁多,风格各异,如全麦面包、面包卷、面筋面包等,并加入奶油、葡萄干和其他配料,是西餐中的主食之一。

bread and cheese 面包和干酪 泛指家常食品。

bread and milk 牛奶泡面包 参见 milk sop

bread and scrape 涂少量奶油的面包片 参见 bread-and-butter

bread flour 面包用粉 一种优质面粉,含有高面筋成分,专用于烤制面包。

bread grain 面包谷物 指烘面包用的粮食谷物,如小麦、黑麦等。

bread knife 面包刀 一种有锯齿刃或扇贝形刃口的长刀,用于切面包。

bread of St. Mark 杏仁软糖 参见 marzipan

bread palm 面包棕榈 大苏铁属几种植物的统称,原产于非洲南部。其茎含有淀粉,可制成面包状食品;其种子外皮肉质,也可食用。

bread pan 面包烤盘 也作 baking pan

bread pudding 面包布丁 以面粉、干果、面包头、鸡蛋、牛奶和糖加调味制成的一种糕点。

bread roll 小圆面包 参见 roll

bread sauce 牛奶调味汁 也叫面包沙司,英国特有风味之一。以牛奶或奶油加入面包粉增稠制成调味酱,并加入大蒜和其他香料而成。

bread spread 面包涂抹料 如果酱、肉糜酱、调味沙司等。

bread taste 面包味 变质啤酒的一种缺陷现象。

bread-and-butter 黄油面包 一种涂黄油切片面包。

bread-and-butter pickle (Am.) 什锦泡菜 以黄瓜片和洋葱等制成,用于佐食抹黄油的面包片,故名。

bread-and-butter plate 黄油面包盘 一种盛放黄油面包的平餐盘,直径12—15厘米。

bread-bin 面包箱 以金属、塑料或木材制成,用于存放面包,有通风装置。

breadboard 擀面板 也叫切面包板,可用于揉制面团和切面包等。

breadcrumb 面包屑,面包粉 用于油炸食品的外涂料或汤类的增稠料等,也叫面心。

breaded 滚上面包屑的 参见 breading

breadfruit 面包果 产于南太平洋诸岛或西印度群岛的一种热带桑科菠萝蜜属植物,当地也叫木菠萝。形圆无籽,果皮黄色,果肉白色,含有淀粉,可经烘烤后食用。因味似面包,故名。

breading 滚上面包屑 鱼或肉在入油锅炸以前的必要烹调工序之一。可使原汁不致流失,受热均匀,又可达到外脆里嫩的效果。

breadnut 面包坚果 桑科几种热带美洲乔木的果实,与面包果(breadfruit)近缘。其种子可经烤干后磨成粉或作为咖啡的代用品食用。

breadsoy 大豆粉 英国的一种大豆制

品商品名,是未经加热和脱脂处理的大豆生粉,可用作各种食品的原料。

breadstick 烘脆面包卷 一种棒形面包卷,常用来佐食汤类菜肴。

breadstuff 1. 面包 2. 面包原料

breadwheat 面包小麦 指任何一种适用于做面包的小麦。

break 1. (牛奶或酒的)絮状沉淀 2. 拔出(酒瓶塞)

break down 1. (食品)腐烂变质 2. (油脂)败解

break flour 1. 极细面粉 经高度粉碎而成。 2. 拌粉 将冷水缓缓注入面粉,直到成为浆状即成。

break up (肉块的)切,割

breakfast 早餐 英式早餐传统上有谷类、果汁和熏肉鸡蛋,最后是果酱或馅饼,同时饮茶或咖啡。欧洲的大陆式早餐以面包、黄油为主,饮料则随意,甚至牛奶也可。目前早餐习惯已经发生很大变化,因人因地而异。

breakfast cereal 早餐谷类食品 指经加工或制成方便食品的谷类食物,一般用于早餐。食时可加糖或牛奶,或佐以水果。常见的有粥、小麦片、玉米片和爆玉米花等。

breakfast cream (Am.) 稀奶油
参见 single cream

breakfast food 早餐食品
参见 breakfast cereal

breakfast knife (Am.) 早餐餐刀 一种中型涂黄油刀。

breakfast plate 早餐盘 一种直径为7—8英寸的瓷盘。

breakfast sausage 早餐香肠 一种菜肉香肠,也叫小吃香肠,用肥瘦夹心的猪、牛肉制成。

bream 鳊鱼 一种鲤科淡水食用鱼,身体侧扁,头小而尖,背部呈淡青色。肉质细腻,是食用鱼中上品。

breast 胸肉 指小牛、羊或家禽的胸脯肉,肉质较嫩。

breath (Am.) 洋葱 俚称。
参见 onion

breathe 飘香 指红葡萄酒在打开瓶盖后放置片刻,使其接触空气,从而去除瓶味,并充分散发香味的过程。

brebis (F.) 母羊
参见 ewe

Brechbohne (G.) 菜豆,四季豆
参见 French bean

brechet (F.) (禽类的)胸骨
参见 carina

brèdes (F.) 炖菜杂烩 以卷心菜、菠菜、莴苣等在调味料中炖烩而成,是大西洋克里奥耳风味食品之一。

bredi 菜心炖肉 非洲马达加斯加的一种地方风味。

Bredsoy 全脂大豆粉 源自英国的一种商品名。

bree (Sc.) 浓肉汤
参见 broth

Breganze (It.) 勃列根兹酒 意大利威尼斯地方产的一种佐餐用干红葡萄酒,也有白葡萄酒。

Brei (G.) 粥,面糊食品
参见 porridge

breid 1. 小白面包 2. 长方面包

brekker 早餐 学生用俚语。
参见 breakfast

brème (F.) 欧鳊
参见 bream

brème de mer (F.) 金头鲷鱼
参见 daurade

Brennsuppe (G.) 棕色浓汤
参见 brown sauce

brenta (It.) 圆锥形酒桶 流行于意大利皮埃蒙特地区,约合50升。

brente 瑞士酒桶 容量为50升。参见 brenta

bresaola (It.) 腌牛肉干

brési (F.) 烟熏咸牛肉片

Brèsilienne, à la (F.) 巴西式 指以鹰嘴豆、番茄等作主要配料的菜肴。

brésolles (F.) 夹馅薄牛肉 也可指薄羊肉。用火腿、洋葱、大蒜和橄榄作馅,佐以烤栗子和马德拉沙司等。

Bressan (F.) 布雷斯干酪 法国弗朗什·孔泰地区的布雷斯产的一种羊奶干酪,重60—100克,质硬,含乳脂45%。

Bressane, à la (F.) 布雷斯式 布雷

斯为法国东南部弗朗什·孔泰地区地名，以家禽菜肴著称。故该式泛指以鸡等为主要配菜的菜式。

brestois (F.) 布雷斯特蛋糕 以鸡蛋、杏仁、糖和柠檬汁作配料制成，上涂融化黄油。如裹在铝箔中可保存很长时间。以产地 Brest 命名。

bret 菱鲆
参见 brill

Bretagne (F.) 布列塔尼
参见 Brittany

Breteuil, baron de (F.) 布勒特伊男爵 法国路易十六时代的著名美食家、外交官，生卒年代为1730—1807。以其命名的菜有布勒特伊式板鱼等。参见 sole

Bretonne, à la (F.) 布列塔尼式 布列塔尼在法国西北部，该式指以新鲜四季豆和洋葱作配料的菜肴。参见 Brittany

bretonneau (F.) 大菱鲆
参见 turbot

Bretzel (G.) 纽结形椒盐脆饼
参见 cable

breuvage (F.) 饮料
参见 beverage

brew 1. **酿造** 将大麦芽通过浸泡、煮沸及发酵等工序制成啤酒的过程。2. **泡茶，沏茶** 将咖啡或茶叶冲以沸水等调制成饮料。

brewer 1. **酿酒师** 2. **煮泡用具** 如茶壶、咖啡壶等。

brewer's yeast 1. **啤酒酵母** 适用于酿造啤酒，由于含有丰富的维生素B，也可作为食品。2. **干酵母粉** 酿酒副产品，可用于作食品或制药。

brewery 啤酒厂
也作 brewhouse

brewis 牛肉蔬菜汤 常在汤中泡入面包等配料。

breyes beylicale (Ar.) 坚果小方饼 北非风味食品，以杏仁、胡桃或阿月浑子作配料制成。

bricheton (F.) 面包，食物
参见 bread

briciola (It.) 面包屑,饼干渣
参见 breadcrumb

brick 冰砖 一种方块状冰淇淋，在美国称为 brick ice cream。

brick cheese 砖形干酪 一种美国干酪。将新鲜凝乳迅速加热制成砖状，成熟后出售，外表光滑，色泽乳白，味柔和。

brick ice cream (Am.) 冰砖
参见 brick

brick sugar (Am.) 方糖
参见 cube sugar

brick tea 砖茶 以茶叶或茶末压制成砖状而成。砖茶一般须经水煮沸才可饮用。

Bricquebec (F.) 布里魁北克干酪 法国诺曼底地区布里魁北克修道院制的一种牛奶干酪，重1.4千克，含乳脂45%。

bridage (F.) 捆扎
参见 truss

bride and groom on a raft (Am.) 熏肉鸡蛋吐司
参见 Adam and Eve on a raft

bride cake 结婚蛋糕
参见 wedding cake

bride's pie 新娘馅饼 流行于英国的一种喜庆礼饼，外形美观、配料丰富，但以肉馅为主。

bridecup 合欢酒 新婚夫妇在新婚之夜喝的一种加香饮料。

brider (F.) 捆扎
参见 truss

bridge roll 细长形鸡蛋面包

bridie 英式肉馅饼 原指由新娘的朋友送给新娘的喜饼，即 bride's pie。

Brie (F.) 布里干酪 法国最著名的干酪之一，因产于中央省的布里地区而得名。有许多品种，一般色泽从淡白到淡黄，质软味咸，奶香浓郁。呈圆碟状，直径达18—35 cm，重量1.5—2千克，含乳脂45%。布里干酪最早制于17世纪，1918年被称为"干酪之王"，享誉世界。

brié (F.) 诺曼底硬面包 产于法国的布里地区。

brifeur (F.) 美食家

参见 gourmet

brif(e)ton (F.) 面包
参见 bread

bright （酒、水等）透明的
参见 clear

bright beer 淡色啤酒
参见 pale ale

bright flesh 纯精肉 以区别于带脂肪的肉或五花肉等。

bright tobacco 烤烟 一种淡色烟叶，是制香烟的上好原料。

Bright Yellow 黄金烟 烤烟品种之一，俗称黄金叶。

brigidino (It.) 扁圆甜饼 产于意大利托斯卡纳地区。

brignole (F.) 红李子干 产于法国南部普罗旺斯的布里尼奥勒，以产地命名。常用作烹调中的点缀。

brik (Ar.) 酥面炸蛋 一种口味松软的北非点心，配以金枪鱼片。

brill 菱鲆 欧洲产的一种比目鱼，肉色浅，味鲜美，可整条煮或切成鱼排763食。以每年4月到8月时最肥，苏格兰称为 bonnet fleuk，在其他地方也称为 kike。

brillance 亮度，净度 指葡萄酒和啤酒质量指标之一的透明度。

Brillat-Savarin (F.) 布里耶·萨伐林干酪 法国诺曼底地方产的一种全脂干酪，呈圆盘形，重约500克，含乳脂75%。以著名烹饪学家萨伐林命名。
参见 Brillat Savarin, Jean

Brillat Savarin, Jean (F.) 让·布里耶·萨伐林 法国著名烹饪学家、政治家和美食家，生卒年代为1755—1826。原是律师，曾参加1789年的国民议会，后流亡美国。1797年回到法国，从事烹饪研究，著有《品味生理》一书，并对许多大厨师有精到的评价。以他命名的菜很多，包括诺曼底的一种干酪。

brilloli (F.) 栗子粥
参见 brioli

brin (F.) （香草的）一枝
参见 sprig

Brindamour (F.) 花香干酪 法国科西嘉岛产的一种羊奶酪，呈方形，重600—800克，含乳脂45%。因有花香味而得名。

brinde (F.) 双耳酒杯
参见 cup

brindis (Sp.) 祝你健康 敬酒用语。

brindza (Hu.) 勃林查干酪 匈牙利产的一种羊奶干酪，并流行于整个巴尔干半岛地区。微咸，含盐达3%。

brine 盐水 用盐和水混合的溶液，常可供腌制黄瓜、番茄等蔬菜。

brine shrimp 咸水虾 一种小甲壳动物，栖息于世界各地高盐度内陆水中，有重要的经济价值。

brined herb 盐水泡香料 如茴香、莳萝等，用于食品的调香和配饰。

brined vegetable 咸菜 将新鲜蔬菜如青菜、雪里蕻等加盐腌后，压实不使通风，隔几星期后即可食用。

brinjaul (Hi.) 印度茄子
参见 eggplant

brinzen (Hu.) 勃林查干酪
参见 brindza

brioche (F.) 奶油鸡蛋卷筒 也叫奶油圆球蛋糕。以轻度发酵的面团，掺加多量奶油和鸡蛋，用苹果蜜饯等作馅，放入小松糕杯中，经烘烤制成，是法国的一种普通早餐食品。该词源于17世纪一位木偶戏演员的名字。

brioli (F.) 栗子粥 产于法国科西嘉岛的一种风味食品，常加入牛奶和奶油调味。

brionne (F.) 佛手瓜
参见 chayote

Brisego (F.) 布里斯戈干酪 法国萨瓦地区的一种秋冬季成熟的脱脂牛乳干酪，含乳脂仅10%，质硬味浓。

brisk 1. (饮料)有气泡的 2. (酒)芳醇的

brisket 牛胸肉 在美国指肩部边缘的去骨胸肉。烹调方法一般为慢火煮，压榨后制成牛肉干。参见 breast

brisling 北欧小鲱鱼 也叫黍鲱，味似沙丁鱼，常用于制成罐头。

Brisolett (G.) 炸小牛肉丸

brisotine (F.) 肉糜冷食

brisquet (F.) (牛、羊、鸡)胸肉
参见 brisket

Brisse, Baron (F.) 布里斯伯爵 法国烹饪作家,全名为 Iledefonse Leon Brisse (? — 1876)。著有《小碟菜》(*La Petite Cuisine*),并编辑《餐厅》杂志等。

bristle 烤焦,烤干 指食品烘烤已超过正常程度而言。

bristling 北欧小鲱鱼
参见 brisling

Bristol milk 布里斯托尔酒 英国一种芳香利口酒,回味甜而芳香。

Bristol ware 布里斯托尔瓷器 指英国普利茅斯在1770—1781期间生产的瓷器。其特点是富丽堂皇、做工精巧,常用花卉彩饰。其最著名的咖啡具和茶具无与伦比。

brit(t) 幼鲱,幼鲭
参见 herring

britannia 不列颠金 以铜、锌、锡和锑制成的一种银白色合金,外表似白镴制品,用于制造厨房容器或餐具。
参见 pewter work

British mold 酒香酵母菌 一种食用菌类,味佳,有酒香。

British plain spirits 英国烧酒 也指一种无香味或甜味的酒精制品。

British proof 英国酒精含量标准 指酒类在温度为15.6℃时,其所含的酒精为重量的49.28%或容量的57.1%。

British wines 英国葡萄酒 泛指苏格兰、英格兰、威尔士和北爱尔兰等地酿制的各种葡萄酒,大部分是加度的强化葡萄酒。

Brittany 布列塔尼 法国西北部大区,以丰富的鱼类、野禽、奶制品和苹果酒著称于世。该地所产的葡萄酒味干而醇厚,为美食家所推崇。该地特色菜很多。

brittle 1. 果仁薄脆饼 2. 脆的

broach 1. 烤肉叉 2. 把(肉)串在铁叉上 3. (在酒桶上)开洞

broad bean 蚕豆,胡豆 一种光滑扁平的豆类,是欧洲南部部分地区的主食。嫩蚕豆可连壳食,而一般以盐水煮后,拌以融化黄油和欧芹末食用。也作 fava

broad bill 1. 阔嘴鸭 一种野鸭。2. **(Am.)** 剑鱼 参见 swordfish

Broad leaf 阔叶 雪茄烟的品种之一。

broad shad 银鲈 产于美国佛罗里达州及西印度群岛附近的一种海水鱼,可食用。

broad tail 大尾绵羊 一种肥壮的绵羊品种,毛肉兼用。

broc (F.) (有柄)大口水壶
参见 jug

brocard (F.) 幼雄狍 被视为野味中的珍品,烹调方法同鹿。

broccana (F.) 香肠小牛肉糜 法国中央高原风味。

Broccio (It.) 布罗乔干酪 法国科西嘉岛和意大利撒丁岛等地产的一种羊奶干酪。味略酸,质地细腻,重约1千克,含乳脂45%,大量供出口。

broccoli (It.) 花茎甘蓝 意大利甘蓝的一种,原产地中海沿岸,早在古罗马时代即开始栽培。其味似甘蓝而较淡,菜心小而嫩,呈绿色或紫色,富含维生素C。烹调方法同普通花椰菜。

brochan (Sc.) 苏格兰麦粥 用燕麦片熬制而成。

broche (F.) 烤肉铁扦
参见 skewer

broche, à la (F.) 串烤的
参见 shish kebab

brochet (F.) 白斑狗鱼 欧洲的一种海鱼,味鲜美。每年汛期为10月到次年1月。参见 pike

brochette (F.) 1. 烤肉小铁扦 2. 叉烧肉 以明火串烤而成,一面涂抹卤汁。参见 shish kebab

brochette à la Juraissienne (F.) 汝拉式火腿 用干酪作配菜,产于法国的汝拉地区。

brocket 幼鹿
参见 daguet

Brocotte (F.) 布罗戈特干酪 法国洛

林地区的一种新鲜牛乳干酪，含乳脂量不固定。

brod (Sw.) 面包
参见 bread

broda (It.) 菜汤
参见 minestrone

Brödchen (G.) 小圆面包
参见 roll

brodettata alla romana (It.) 烩牛肉 以蔬菜和香料植物相配，佐以用鸡蛋增稠的柠檬沙司，是意大利罗马地区的风味之一。

brodetto (It.) 鱼杂烩汤 将各种不同的鱼做在一起的菜肴，加大量大蒜等调味料而成。

brodo (It.) 肉汤
参见 broth

broeto di pesce (It.) 鱼杂烩 意大利威尼斯一带的特有名称。参见 brodetto

brogiotto (It.) 大无花果
参见 fig

broil (Am.) 炙 食品烹调方法，指将食品直接置于辐射热中加工的过程，一般温度在 220—250℃ 之间。炙与烤和焙略有不同，烤焙时食品一般单面受热；而炙则在加工过程中不断将食品翻转，全面受热。适用于鱼、肉和野味等，并用支架帮助，适当拌以醋、蒜泥等。

broiler (Am.) 1. 烤肉厨师 2. 烤肉铁架 3. 烤鸡 一种重 3 磅以下适用作扒烤的肉用鸡。参见 broiled chicken

broiling dish (Am.) 炙烤盘 也作 grill pan

broiling pan 炙烤盘 一种长方形烤盘，两侧有手柄，专用于烤箱中放置烘烤食品。

broiled chicken 炙烤乳鸡 用铁叉烤的一种童子鸡，重量以 3 磅以下为最佳。

broke 厨房食品残渣

broken nut meats (Am.) 碎果肉

broken tea 茶末, 碎茶叶

brolio (It.) 基昂蒂酒 参见 Chianti

Brombeere (G.) 黑莓
参见 blackberry

bromelain 菠萝蛋白酶 以菠萝经丙酮沉淀而制得的消化蛋白质和凝乳酶，可用于使肉质变软和使啤酒耐冻等。

brominated oil 溴化油 在软饮料中作乳化稳定剂。

Bronte 勃朗克蒂酒 英国约克郡的一种甜露酒，以白兰地、蜂蜜和香料调配而成，含酒精 34%。

bronx (Am.) 布朗克斯鸡尾酒 以法国或意大利的苦艾酒和杜松子酒加桔子汁充分摇匀，加碎冰配制而成。参见本书附录。

bronx vanilla (Am.) 大蒜
参见 garlic

brood (Du.) 面包
参见 bread

Broodkaas (Du.) 面包干酪 荷兰埃丹地区产的一种羊奶干酪。重 2.5—3 千克，质软色白，奶香味浓，含乳脂 40%。因常夹在面包中食用而得名。

brook trout 溪红点鲑
参见 trout

brooklime 婆婆纳 产于欧洲的玄参科野生植物，常生长在河溪或湖边。其烹调方法与水芹相同，也可单独作凉拌。

Brooklyn cake (Am.) 布鲁克林蛋糕 一种松软蛋糕。该名称源自产地美国康涅狄格州的布鲁克林镇，而不是纽约市的布鲁克林区。

broom 金雀花
参见 genista

broomcorn millet 黍 一年生草本植物，叶子线形，子实呈淡黄色，去皮后叫黄米，比小米颗粒略大，煮熟后有粘性，可用于煮粥、蒸糕和酿酒等。是重要的粮食作物。

Bros (It.) 布罗斯干酪 意大利皮埃蒙特奥斯特地方产的一种硬质干酪，分浓、淡和中三种口味。

Brosame (G.) 面包屑
参见 breadcrumb

brose (Sc.) 麦片粥 将沸水或酒冲入麦片中,加入小块肥膘、鱼和蔬菜即成,也叫燕麦粥。

Brösel (G.) 面包屑,面包心
参见 breadcrumb

Bröselknödel (G.) 面包粉丸子

Brot (G.) 面包
参见 bread

Brötchen (G.) 小面包 常涂有黄油或夹有香肠和奶酪等。

broth 肉汤 指未经过滤的牛肉浓汤或其他肉汤,汤中可加入蔬菜、谷类和调味参配料。该汤与一般的清汤截然不同。

Brother Jonathan's hat (Am.) 羊脂布丁 一种美国式布丁,外形似一顶帽子。源自18世纪康涅狄格州一位州长的名字,即 Jonathan Trumbull (1710—1785)。

Brotzeit (G.) 点心 指两餐之间的小吃。

brou de noix (F.) 核桃酒
参见 walnut

brouet (F.) 薄糊,粥 泛指淡而无味的汤或调味汁。

brouet d'andouille (F.) 牛肚汤
参见 andouille

broufado (F.) 炖醋渍牛肉 以洋葱、鳀鱼和刺山柑作配料。

brouillard (F.) 肉汤 俗称。
参见 broth

brouillé (F.) 搅拌,混和 常指与蛋一起搅拌,如流糊蛋。参见 scrambled egg

Brouilly (F.) 博若莱酒
参见 Beaujolais

Brousse (F.) 布鲁斯干酪 法国普罗旺斯和尼斯等地产的一种羊奶酪,色白质软,味淡,奶味浓,含乳脂45—50%。

broussin (F.) 干酪醋 一种调味汁,加胡椒佐味。

broute (F.) 煮白菜 法国贝亚恩地区农村在四旬斋节食用的风味菜,佐以醋油沙司。

brouton (F.) 煮白菜
参见 broute

brown 金黄色 指将食品经油炸或烘烤成金黄色或淡褐色。此时,食品尤其是鱼或肉的表面变脆,而内部的原汁得以保存而不致流失。该词有时也指将咖啡烙炒成棕色。

brown ale 棕色淡啤酒 一种略带甜味的麦芽啤酒,酒色深,浓度低。

brown algae 褐藻 一群较高级的藻类,分布于大陆沿岸的冷水水域中,其颜色取决于褐色素和绿色素的比例。褐藻是碘和钾碱的主要来源,也是食品烘烤和冰淇淋制造中的稳定剂。在东方还可作为蔬菜,海带就是供食用的褐藻。

brown bag (Am.) 牛皮酒袋 该词有时直接指顾客自带酒上餐厅饮用的行为。美国在禁酒令实施期间不准餐厅出售酒类,结果顾客用棕色的牛皮酒袋盛酒上餐厅就饮。

brown Betty 1. 苹果布丁 也叫棕色贝蒂布丁,用苹果、面包屑、糖蜜、红糖和香料烤成。 2. 贝蒂饮料 由红糖、淡啤酒、柠檬汁、白兰地加香料调制而成,盛在玻璃杯中再缀以面包片。

brown bread 黑面包
参见 rye bread

brown butter 棕黑黄油
参见 beurre noir

brown gravy 褐色肉汁 以肉汁和面粉混和、炒成焦黄,然后加水稀释,作为一种基础调味汁。

brown prawn 印度对虾 一种褐色大虾。参见 prawn

brown rice 糙米 碾去外壳但仍保留一定麸皮的粗碾米,含有丰富的维生素B。

brown roux 褐色炒面酱 将面粉炒成褐色,加入黄油,作为汤类的增稠料。参见 roux

brown sauce 棕色沙司 一种基本调味沙司。其制法是将洋葱和黄油加粉炒黄,再增稠拌和各种香料即成。
参见 Espagnole, à l'

brown sherry 棕色雪利酒 色泽最

深的一种雪利酒,味甜,由 Oloroso 作基酒,掺入甜味剂而成。

brown shorts 粗米糠

brown shrimp 褐虾 一种棕色小虾。参见 shrimp

brown stew 红煨牛尾 以牛肉、牛尾、牛肝等涂以面粉,用黄油炒黄后,再用文火炖煨而成。

brown stout 黑啤酒
参见 brown ale

brown sugar 红糖 即软湿糖,其糖粒晶体外部因已覆盖经烤制而变深的糖浆而呈显棕色。也指一种细粒红糖粉,俗称赤砂糖。

brown Swiss 瑞士褐牛 一种大而健壮的奶牛,原产于瑞士,故名。有些地方作为乳肉兼用牛,产奶能力持久,乳脂含量均衡。

brown trout 褐鳟 美国的一种淡水鳟,可油炸或炙烤食用。

brownie (Am.) 巧克力方蛋糕 常作为餐后甜食,味浓而香,并以葡萄干和果仁等作点缀。该名称源自蛋糕的色泽。

browning 1. 焦糖色,酱色 2. 褐变 如牛奶、水果和蔬菜变质引起的色变。这是由于食品在加工、贮藏过程中的异常引起的,对食品的外观、风味和营养均发生一定影响。

browning and steaming cooker 蒸烤锅 一种既可导入蒸汽蒸煮,又可经电热系统将食品表面烤黄的两用锅。

browning, gravy 肉汁酱色 一种食品着色剂,有市售或家制。方法是将面粉铺于烤盆上加热,待其焦黄后加入肉汁即成。

brownware 棕色陶器 泛指粗陶器,用于制水缸等大型厨房用品。但也可制小茶具等,如紫砂陶,一般不上釉。

broye (F.) 玉米粥 法国贝亚恩地区的一种早餐食品。

bruant (F.) 圃鹀
参见 ortolan

bruciata (It.) 炒栗子
参见 chestnut

brugnon (F.) 油桃 外皮光滑如丝绒状。参见 nectarine

Brühkartoffeln (G.) 肉汁土豆 一种德国南方风味。

bruingebrande suiker (Du.) 焦糖
参见 caramel

bruiss (Am.) 牛奶煮面包 以盐和黄油作配料,将面包放入牛奶中以文火慢煮而成。

brul 布尔酒
参见 bual

brûlé (F.) 1. 焦味 2. 烤焦的

bruler (F.) 烧煮
参见 braise

brûlot (F.) 热加糖烧酒

brun(e) (F.) 1. 烤成棕色的 2. 棕色啤酒

brun, au (F.) 以棕色沙司烹调的
参见 brown sauce

brunch 早午餐 迟吃的早餐或指午两餐合并的一种便餐。该词为 breakfast 和 lunch 的缩略复合词。

brunello di montalcino (It.) 布伦涅洛酒 意大利托斯卡纳地区产的一种干红普通佐餐葡萄酒。

brunkaalssuppe (Du.) 嫩卷心菜汤

brunnoise (F.) 蔬菜细丁 指切成细丝或细丁状的各种蔬菜,如胡萝卜、韭葱、芹菜和洋葱等,可用作汤料或填肉料。该词也指用蔬菜细丁作配料的菜式。

Brunostene (No.) 棕色干酪 挪威的一种牛奶干酪,重量和规格不定,呈面包形,含乳脂 20—30%。常用作瑞典式自助餐的拼料。

Brunswick stew (Am.) 不伦瑞克炖肉 过去用松鼠肉,现改用鸡肉或其他肉类加洋葱等炖成,并以玉米、黄秋葵和西红柿作配菜。源自地名,但美国北卡罗来纳州和弗吉尼亚州均有一个不伦瑞克镇,双方均声称该菜原产于本地。而德国也有一个不伦瑞克。

bruscolino (It.) 咸味炒南瓜子

brush 涂抹 用黄油、油脂或鸡蛋在食品上刷一薄层,然后加以炸或烤等。

brush roast (Am.) 串烤牡蛎 以黄

油、泡菜和玉米面包为佐料同食。

Brussel sprout 汤菜 或叫球芽甘蓝，一种小而可食的球芽状卷心菜。叶宽而肥厚，可作蔬菜食用，富含维生素A和C。

Brust (G.) 鸡脯肉
参见 breast

brustolino (It.) 咸味炒南瓜子
也作 bruscolino

Bruststück (G.) 胸肉，胸排
参见 brisket

brut (F.) (酒)干的 指香槟酒不甜的，其含糖量在1%以下。有时也可泛指其他发泡葡萄酒。参见 dry

brut cellar 1. 香槟酒窖 2. 香槟酒陈酿库

brut non dosé (F.) 最干性酒 指几乎不含任何糖份的香槟酒。参见 brut

Bruxelles 布鲁塞尔 比利时首都和政治、经济、文化中心。该词也指一种软质牛乳干酪，经脱脂发酵而成。

Bruxelloise, à la (F.) 布鲁塞尔式 以球叶甘蓝和黄油炸土豆作为配菜的肉类菜式。参见 Bruxelles

bruyère, coq de (F.) 雄松鸡
参见 grouse

brynza (Ru.) 勃林查干酪
参见 brindza

bryone (F.) 佛手瓜
参见 chayote

Bual 布阿尔葡萄 一种白葡萄品种，主要用于酿制甜味的马德拉酒。参见 Madeira

bub 1. 花泡酒 一种烈性麦芽饮料。 2. 发面包 用面粉、麦芽汁和酵母混合而成。

bubble gum 泡泡口香糖 区别于一般口香糖，后者吹不出泡泡。

bubble-and-squeak 卷心菜煎土豆 该菜源自加热油煎时发出的声音和泡沫，是英国的传统菜肴。现在往往不再加肉，仅作为快餐食用。

bubbly 香槟酒 英国在本世纪20年代流行的俚语，因当时这种发泡低度葡萄酒价格昂贵，非一般人可以问津。

香槟酒的气泡好比是一种梦想，故名。

bubbly-jock (Sc.) 火鸡
参见 turkey

bucarde (F.) 鸟蛤
参见 cockle

bucatini (It.) 通心粉
参见 macaroni

bucayo (Fi.) 红糖碎椰子 菲律宾的一种甜食，由磨碎的椰子肉伴以红糖经油炸而成。

buccan 1. 熏肉，烤肉 将长条鲜肉铺开，在火上先烘烤，再放在熏肉架上用烟熏。 2. 熏肉木架(或铁笼子) 该词源于加勒比海海盗的烤肉食品。海盗即食烤肉者(buccaneer)。

Bucelas 布塞拉什 葡萄牙里斯本附近的酿酒区名，以白葡萄酒著称。但该地产的红葡萄酒却不准以此命名。

bûche (F.) 卷筒蛋糕
参见 bûche de Noël

bûche de Noël (F.) 圣诞卷筒 一种甜点，以栗子、巧克力作配料，做成一段树木状，用作圣诞节节日佳肴。

Bûchette d'Anjou (F.) 木柴安茹干酪 法国安茹地方产的一种圆柱形羊奶酪，重100克，质硬，因外形如烧焦的木柴而得名。

Büchsenfleisch (G.) 肉罐头
参见 canned food

Büchsenöffner (G.) 开听刀
参见 can-opener

Buchweizen (G.) 荞麦
参见 buckwheat

buck 雄鹿 泛指雄性动物，如雄兔、公羊和公牛等。

buck and breck (Am.) 什锦酸辣菜
参见 chow-chow

buck barrel 大啤酒桶 容量约为36加仑。

buck rarebit 干酪面包水波蛋 一种威尔士风味。参见 Welsh rarebit

buckbean 睡菜 一种长在沼泽地的水生植物，有强烈的苦味，偶可供食用。

bucket shop (Am.) 小酒馆

buckling 1. (罐头的)胖听 参

swell 2. **熏鲱鱼** 产于奥地利的一种烟熏鱼。

Buckling (G.) 烟熏鲱鱼
参见 kipper

buckpot 陶锅 一种陶制烹调用锅,常用于罐焖等。

buckram 软壳蟹 指刚蜕壳的成长蟹。参见 crab

buckwheat 荞麦 一年生草本植物,茎红色,花白色或淡红色。其瘦果为三角形,子实可磨成粉,是一种重要的谷物品种。过去主要作饲料,近年来认识到荞麦含有多种维生素和营养物质,适用于作荞麦烤饼和荞麦面等。

buckwheat groats (Am.) 碎荞麦片 广泛用于作谷物食品、煎饼、汤、馅和焖煨菜肴的配料。

buckwheat honey (Am.) 荞麦蜜 蜜蜂从荞麦花采蜜而成的一种曙红色浓香蜂蜜。

budafok (Hu.) 布达福克酒 匈牙利产的一种白兰地酒。

budare (Sp.) 玉米饼煎锅

Budde's process 布德法 一种由添加过氧化氢并加热到50℃以上来保藏牛奶的方法,以发明者命名。

buddego (It.) 烩鱼 意大利古里亚地区的专用名称。

buddha's hand 佛手 亚洲的一种观赏植物,果味很香,果肉分叉似人的手指。果皮可制成调味料。

budding (Da.) 布丁
参见 pudding

buddy sap 槭糖树汁 常制成一种低品质的槭糖浆,供食用。参见 maple sugar

budge (Am.) 烈性酒 俚称,专指易使人致醉的低级酒。

budin (Sp.) 布丁
参见 pudding

budino (It.) 布丁
参见 pudding

bue (It.) 牛肉
参见 beef

Büfett (G.) 餐具橱
参见 buffet

buffalo 北美野牛 一种体型短,头骨粗大而背部高耸的野生牛。肉味与普通牛相似,但近年来已濒于绝迹。

buffalo berry 水牛果 一种灌木,也叫兔果,产于北美大平原地区。果实呈红或金黄色,味酸,可用于调制肉类及果冻。

buffalo currant 香茶藨子 产于美国西部的一种红醋栗,果实呈黑色,常用于制果酱。

buffalofish 牛鱼 一种淡水食用鱼,外表呈黑色,产于大西洋沿岸淡水河中。味鲜美,为上等游钓及食用鱼。

buffet 1. **自助餐** 一种新兴的餐饮方式。就餐者一般站立,手持餐盘和刀叉。餐厅准备了多种不同的食品,陈列在餐桌上,花式繁多,供就餐者随意取食。 2. **碗橱,餐具架**

buffet car 餐车 铁路客车之一,具有烹调与供应快餐的设备。

bug 花泡酒 一种麦芽烈性酒。参见 malt liquor

bug juice (Am.) 劣质威士忌 俚称,但美国的学生用此词来指一些甜味的不发泡软饮料。

Bugey (F.) 布吉 法国地名,也叫贝莱 (Belley),是著名法国大厨师布里耶·萨伐林的故乡。以龙虾、干酪、葡萄酒和家禽等著称。参见 Brillat Savarin, Jean

bugger up 拌和,搅匀
参见 blend

bugloss (F.) 牛舌草 一种花卉植物,可用于拌入色拉,有的地方则将其嫩叶按菠菜烹调法食用,有滋补作用。据说牛舌草是法国国王路易十三 (1601—1643)最喜爱的菜肴之一。

bugnes (F.) 油炸酥饼 法国里昂风味。参见 Lyon

buisson (F.) 灌木丛式 将鱼或蔬菜堆成金字塔状的一种装饰方式,置于餐盘上即成。

bukayo (Fi.) 红糖碎椰子
参见 bucayo

Bukett (G.) 酒香,芳香
参见 bouquet

buko (Da.) 布科干酪 以火腿、龙虾、蘑菇和大虾等调味食用。

bul (Sp.) 布尔酒 以啤酒、糖、水和柠檬汁配制的一种混合饮料。

bulb 鳞茎，球根 重叠生长的球茎，如百合、洋葱、风信子等。

bulbous chervil 鳞茎细叶芹 一种二年生植物，主要食用其鳞茎。味香，富含淀粉，烹调方法同甘露子。参见 Chinese artichoke

Bulgarian milk 酸牛奶 因保加利亚的酸奶质量较好而得名。参见 yoghurt

Bulgarian wheat 保加利亚麦 一种小麦品种，用于制优质面包。以产地命名。

bulgarlac 酸牛奶
参见 Bulgarian milk

bulge 胖听 罐头食品变质引起的两端突出现象。参见 swell

bulgood 酵母
参见 yeast

bulgur 蒸谷麦 一种小麦食品。先将小麦浸泡数日，取出蒸煮后加以烘干和粉碎，并除去麸皮。出售时磨成细粒，可用于煮汤或熬粥。

buljong (Sw.) 浓汤
参见 broth

bulk 散装的 指奶粉等各种大包装食品，也指桶装的酒或大块的干酪。

bulk bread 散装面包 按重量而不是按只出售的面包。

bulk milk 奶粉
参见 desiccated milk

bulk vegetable 粗菜 指未拣清的普通蔬菜，与净菜正好相反。

bulk wine 桶装葡萄酒 常指从桶中直接取出饮用，以区别于瓶装酒。其质量一般，但价格便宜。

bull 1. 公牛 小公牛的肉质极佳，但比一般小牛肉稍粗。 2. 酒味水 在空酒桶中注水，或用水冲涮糖袋而制成的一种饮料。

bull and bear (Am.) 咸牛肉三明治 俚称，指用猪肝片、莴苣、番茄、冷拌卷心菜丝和千岛沙司作配料的一种大三明治。该名称与三明治的配料无关，而是股票市场中分别指多头和空头的意思。

bull cheese (Am.) 野牛肉干 一般呈长条状，流行于19世纪的美国西部。

bull grunter 多斑石鲈 产于非洲南部的一种银白色暗斑鲈鱼。

Bull's Blood 牛血酒
参见 Egri Bikaver

bull's eye 牛眼糖 一种形状不规则的大粒薄荷硬糖。

bullace 西洋李 原产于热带地区的一种李子品种。参见 damson

bullbrier 拔契 美洲的一种根状茎植物，含淀粉，是印第安人的主食之一。

bullfrog 牛蛙 蛙的一种，体形比普通青蛙大得多，四肢特别发达。原产于北美洲，因叫声似牛而得名。肉味鲜美，被视为一种美味佳肴。

bullhead 鲍鱼 北美淡水鱼类，体长不超过30厘米，主要产于太平洋沿岸。品种很多，如黑鲍、黄鲍和斑鲍等，可供食用。

bullido 蒜泥沙司
参见 aioli

bullneck 美洲野鸭
参见 mallard

bullock 小阉牛 一般指在四岁前阉割的小公牛，肉质较嫩。

bullrush 宽叶香蒲 也叫水烛，一种水生植物，其嫩叶和茎尖可用作色拉。

bully beef 罐头牛肉 俚语，有时也指腌牛肉或卤汁牛肉罐头。

bumaloe 龙头鱼
参见 Bombay duck

bumbalo 龙头鱼
参见 Bombay duck

bumbo 朋博酒 也叫香糖酒，为一种酒精性饮料。通常用朗姆酒与金酒为基酒，加入糖和香料等调配而成。

bumbu (Ma.) 五香料
参见 spice

bummelo 龙头鱼
参见 Bombay duck

bumper 满杯 饮酒时使酒从酒杯中溢出的注酒方法。

bumping 喷酒 指香槟酒或啤酒等气泡酒在打开瓶盖时酒的剧烈喷出现象。

bun 1. 泡夫奶油面包 各种甜面包或夹心面包,加有黄油、奶油或者香料,经发酵后制成。 2. 甜点心 泛指不发酵的圆形或椭圆形卷饼。参见 brioche

bun fight 茶会 俚称。一种以茶为主要饮料的聚会。

bun loaf 模制小圆甜面包

bun wash 面包着色料 在烤面包时进行涂抹,由鸡蛋和油制成。

bunch 1. 一串,一束 如一串葡萄或一束细挂面等。 2. 小雪茄烟

bunchberry 御膳橘 山茱萸科多年生草本植物,产一种红色果实,可食。

buncuit 加馅夹层甜饼干 由 bun 和 biscuit 两词组合而成。

Bündenfleisch (G.) 风干牛肉片 以薄如纸而著称。参见 Grison's salt beef

Bundner Geisskäse (G.) 羊奶酪 瑞士格里森地方产的一种羊奶酪,质软,含乳脂 45%。

bung 1. 家禽的肠衣 用于装填小香肠。 2. 桶孔塞

bunion 花生 俗称。参见 peanut

Bunte oder Gepflückte Finten (G.) 花色拼盘 德国下萨克森风味,以青豆、芸豆、苹果和胡萝卜等作配料。

bunting 圃鹀
参见 ortolan

buntop (Am.) 热狗
参见 frankfurter

buñuelo (Sp.) 油炸甜饼 一种扁平的半甜饼,用鸡蛋、面粉和牛奶制成,放在深油锅中煮熟,再拌以砂糖、肉桂等。

buñuelo de espicaca (Sp.) 菠菜炸甜饼 南美洲乌拉圭风味食品之一。

Buon appetito (It.) 祝你胃口好 饭前客套话。

bur gherkin 小刺瓜
参见 gherkin

Buranello, alla (It.) 布拉诺式 指意大利威尼斯风味食品,如鱼类和贝壳类,因产于布拉诺河而得名。

burbot 江鳕 一种有长鳍、长尾并且有须的淡水鱼,可供食用。江鳕鱼子质地柔软,可作薄煎饼的馅,鱼肝则受到美食家的推崇。

burdock 牛蒡 一种多年生草本植物,其叶有药用价值。在欧洲常将牛蒡的根和嫩茎拌入色拉中作配料。

burdwan 回锅野味 一种印度菜肴,以鹿肉或家禽经反复烧制而成。

burette (F.) 油醋调味瓶架
参见 cruet

burgall (Am.) 蓝背鲈鱼
参见 bluefish

burgao 布尔戈螺 产于西印度群岛的螺肉被视为珍贵食品。参见 periwinkle

Burgenberg (F.) 布尔根堡葡萄 法国的一种酿酒用葡萄品种。

burger 1. 夹心牛肉饼 一种炸熟或烤熟的碎牛肉饼,夹在两片面包中。参见 hamburger 2. 肉丸,鱼丸

Burger (Am.) 布格尔葡萄 美国的一种酿酒用白葡萄品种。

bürgerliche Küche (G.) 清淡食品

burgoo (Am.) 杂烩汤 一种加入多种调香料的美味菜肴,其配料有牛肉、鸡肉、番茄、白菜、洋葱、胡萝卜、土豆、玉米、胡椒、咖喱粉、番茄酱和雪利酒等。源自美国肯塔基州在 1895 年一次供 5000 人就餐的野宴。

Burgos (Sp.) 布尔戈斯干酪 西班牙布尔戈斯地方产的一种羊奶酪。色泽纯白,质软,重 0.5—1 千克,含乳脂 45%。

Burgundec (Yu.) 勃艮德克酒 塞尔维亚产的一种醇厚葡萄酒,由于采用法国勃艮第的葡萄品种,故名。

Burgundy sauce 勃艮第沙司 以勃艮第葡萄酒为主要配料,加入其他芳香植物的一种调味沙司。

Burgundy wine 勃艮第葡萄酒 法国中部勃艮第地区包括沙布利、第戎、

博讷和博若莱等地所产的各种葡萄酒的总称。红酒甘醇浓郁；白酒干洌清新。意大利、美国和西班牙等国争相仿效。最好的葡萄酒以产地、村庄或葡萄园的名字命名，受到法律保护。勃艮第酒香味浓郁，以独特的溜肩深绿酒瓶盛装。

burnet 地榆 蔷薇科灌木植物，其叶片有黄瓜香味，用于作色拉、汤和调味汁的配料。也作 salad burnet

burnt (食品)烧焦的

burnt almond 烤甜扁桃
参见 almond

burnt orange 焦橙 一种外皮带红色的橙子。

burnt-sugar colouring 焦糖色
参见 caramel

buro (Fi.) 布罗 一种菲律宾菜肴，用鱼、米饭和各种香料制成。

burrida (It.) 热那亚鱼汤 一种意大利地方风味。参见 bouillabaisse

Burriello (It.) 布里埃洛干酪 意大利坎帕尼亚的那不勒斯地方产的一种水牛乳干酪，重 200—300 克，含乳脂 45%。

burrito (Sp.) 玉米粉圆饼 该词在西班牙语中意为"小毛驴"。参见 tortilla

burro (It.) 黄油
参见 butter

burst rice 开花米粒 指米粒在煮沸后的破裂状态，此时米粒已充分煮熟，淀粉质已溶于水中。

Burton 伯顿啤酒 产于英国，原指伯顿的井水酿的啤酒，现泛指这种深色醇厚的干性啤酒。

busa (Tu.) 土耳其发酵牛奶
参见 yoghurt

busboy 餐厅服务助手 负责擦桌子、端盘子和拆席打扫等杂活。

busecca (It.) 烩牛肚 以各种蔬菜作配料。

busecchia (It.) 牛肚
参见 tripe

busecchina (It.) 栗子汤 以牛奶、葡萄酒调味，是意大利米兰地区的风味。

busgirl 餐厅女服务助手
参见 busboy

bush 1. 灌木丛式 参见 buisson 2. **酒店招牌** 在欧洲有些国家，常将一束葡萄藤作为酒店的标识。

bush pumpkin 密生西葫芦 一种栽培南瓜，颈长而弯，可供食用。

bush redpepper 辣椒 一种食用茄果植物，品种很多，如柿子椒、朝天椒等。富含维生素 C，可用作食品调味。

bush vetch 野豌豆
参见 vetch

bushel 蒲式耳 英制谷物计量单位，合 36 升。

bustard 大鸨 一种大野禽，在欧洲常被捕来烤食，其幼鸨肉较鲜美。烹调方法常参照鸭与鹅等。

butcher 肉用猪 指不同于乳猪或作香肠用的猪，一般肉质肥瘦相宜。

butcher's broom 假叶树 一种灌木，其苦味的根可用于酿制开胃酒。

butcher's knife 切肉刀 一种中等大小的宽刃刀，用于切割肉类。

butcher's meat (猪、牛的)鲜肉 常指剁碎的肉。

butcher's paper 包肉纸 一种肉类包装专用纸，能防水和防油。也作 blood-proof paper

butirro (It.) 1. 黄油 2. (蔬菜)嫩的,(水果)软的

butler's pantry 配膳室 位于厨房和餐厅之间，供服务员进行餐盘的菜肴准备之用，并存放餐具。

butt 1. 巴特 液量单位，盛葡萄酒为 126 加仑，盛啤酒为 108 加仑。 2. **大酒桶** 一种盛葡萄酒或啤酒的大木桶,容量为 500 升。

Butte de Doue (F.) 杜埃干酪 法国中央省布里地区的一种乳ží干酪。重 500 克，呈方形，质软色白，含乳脂 70%。

butter 黄油 也叫奶油或白脱油，是由牛奶中的乳脂经提炼而成的柔软固体油脂。色泽淡黄，广泛用于烹调中。为便于运输和保存，往往在黄油中加少量盐。该词有时也可泛指各种呈糊状的食品,如花生酱和果仁泥等。

butter almond 酪皮杏仁 包乳脂糖衣的杏仁。

butter bean 菜豆 也叫肾形豆或干利马豆。参见 kidney bean

butter boat 黄油碟 一种船形小碟,用于盛黄油、酱油和肉汁等调味料。

butter cake (Am.) 奶油蛋糕 一种往往有几个夹层的蛋糕。

butter chip 黄油碟 参见 butter dish

butter clam (Am.) 奶油蛤 产于太平洋沿岸的一种食用蛤。

butter colour 黄油色料 指用来使黄油染上预期黄色的各种食用色素,如胭脂树红等。

butter cooler 黄油防融器 一种内盛冷水,以防黄油融化的用具。

butter cream 奶油淇淋,奶油酪 由奶油加糖粉、咖啡、巧克力和柠檬等调成的一种乳酪状油脂,用作糕点的填充料。常加入各种不同风格的香料调香。

butter dish 黄油碟 一种有盖圆碟或方碟,用于盛黄油。

butter duck 黄油鸭 美洲产的一种鸭,肉肥多油。参见 ruddy duck

butter horn 奶油角 一种奶油酥皮卷筒状甜点。

butter icing 奶油糖霜 一种均匀的调味料,以黄油和糖粉拌成,用于糕点的顶层涂饰。

butter knife 黄油刀 一种宽刃钝边餐刀,用于切割与涂抹黄油。

butter lamb 黄油羊羔 制成羊羔状的黄油块,是俄式复活节蛋糕上的装饰品,也可食用。

butter milk 酪乳 俗称白脱奶,是牛奶经搅拌提炼出奶油后的剩余脱脂牛奶,常用于制蛋糕或冷冻后供市售。酪乳含有酪蛋白,经酸化后变得易于消化,矿物质较多,富有营养。

butter muslin 奶油包布 一种未经浆过的细薄布,用于包裹奶油。

butter oil 乳脂油 指经溶化和澄清的乳脂,含脂肪99.5%。

butter pat 奶油花式球 一种球状或其他形状的奶油块,供餐厅使用。也指市售的四分之一奶油块。

butter sauce 奶油沙司 一种白汁沙司,以奶油、水、肉汤加调味料制成的调汁。常加面粉增稠,用作其他调味沙司的基料。

butter scotch 奶油硬糖 俗称司考奇,用红糖、奶油和淀粉糖浆加水熬煮而成的一种硬质糖果。不含牛奶及奶制品,因而和普通的奶糖不同。可作为各种曲奇饼、布丁、糕点糖衣和法奇软糖的原料。

butter sponge 奶油松软蛋糕 参见 Genoese sponge

butter spreader 涂黄油刀 一种不开口的小餐刀,用来在面包上涂黄油。

butter-and-honey cream 蜂蜜黄油浆 以等量蜂蜜与黄油调制成的调味料。

Butterbirne (G.) 乳脂梨 一种多汁的德国梨品种。

butterbread 夹黄油面包 或指奶油面包。也作 bread-and-butter

Butterbrot (G.) 涂黄油面包 参见 butterbread

buttercup squash (Am.) 毛茛南瓜 一种有甜薯香味的美国冬南瓜。

buttered tea 酥油茶 把从牛奶或羊奶中提取的脂肪煮沸,用匀搅动,然后放入竹桶中加茶水挤压均匀。这时加入少量食盐即成一杯香浓的酥油茶。流行于中国的西藏、青海和四川一带。

butterfat 乳脂 牛奶的天然脂肪和奶油的主要成分,常用于烹调。乳脂不易酸败,不经冷藏也可保存数月。

butterfish 鲳 鲈形目鲳科一些体薄而高的银白色鱼类的统称,有时也指锦鲬,分布于暖水和温带水域。体内富含脂肪,可食用。

butterfly chop 碟形肉片 把鱼或肉切开后摊平呈蝴蝶状,故名。

butterhead (Am.) 莴苣嫩头 一种嫩叶状头叶丛,味极美,色泽以白色与淡黄色为主,主要用于凉拌。

butterie 1. 奶油面包 2. 奶油饼干

butteriga (It.) 鳐鱼子
参见 mullet

butterine 人造奶油
参见 margarine

buttermilk biscuit 酪乳饼干 一种奶油味脆饼干,以脱脂牛奶制成。

butternut 灰胡桃 一种美国乔木,其坚果味甜,可供食用。也指一种软糖,由玉米淀粉、灰胡桃等加油脂及香料制成。

butternut squash 笋瓜
参见 Hubbard

butternuts 灰胡桃软糖 以油、玉米淀粉和灰胡桃香精油制成的软糖。

butterteig (G.) 泡夫酥面
参见 chou pastry

buttery texture 奶油状纹理 冰淇淋质地不够均匀的一种缺陷现象。

butting 切去(食品的)一端

buttock 牛后腿肉 包括臀肉、腱子和腹脂等的牛肉切块。

button 1. 嫩黄瓜 2. 小蘑菇 一种未完全成熟的整蘑菇,以菌盖刚要张开者味最鲜美。

button onion 乳洋葱 以醋浸渍的嫩洋葱,用作泡菜或饰菜。

butyric acid 丁酸 一种脂肪酸,以酯的形式存在于动物脂肪和植物油中。酸败奶油的恶臭气味就是这种甘油酯水解产生丁酸所致。丁酸可制取低级醇酯,是调味香料的原料之一。

butyrometer 酪度计 测量牛奶中含脂肪百分比的器具。

buvette (F.) 酒吧,小酒店
参见 bistro

Buxton pudding 巴克斯顿布丁 以牛奶、黄油、糖、蛋黄和柠檬皮为配料的一种英国烘烤甜点,以产地命名。

buyo 布耶槟榔 菲律宾的一种食品,由槟榔叶、石灰和烟丝制成,食时需咀嚼。参见 areca nut

BYOB (abbr.) 自带酒餐厅 餐厅标识用语,其含义是 Bring Your Own Bottles。

Byron 拜伦 英国浪漫派诗人,全名为 George Noel Gordono Byron, Lord (1788—1824)。主要作品有《曼弗雷德》、《唐璜》和《青铜时代》等。以他的名字命名了一种沙司。参见 sauce Byron

Byrrh 比尔酒 法国的一种开胃酒。以红葡萄酒为基酒,加入奎宁水和少量白兰地即成。味略苦,可用于调配鸡尾酒。

C

C. (abbr.) 1. 杯 参见 cup 2. 摄氏的 参见 Celsius

caapi 卡披藤 产于南美洲的一种藤本植物,当地人用于制刺激性饮料。

caballa (Sp.) 鲐鱼
参见 chub mackerel

cabaret 卡巴莱酒馆 又称夜总会。这种餐馆供应酒,有伴舞的音乐和各种表演。大约起源于19世纪的法国,后传入德国、英国以及美国。该词有时也指一种彩绘瓷酒具。

cabassolles (F.) 羊杂碎 指羊肚、羊蹄和羊头的菜肴,佐以火腿和蔬菜等配菜。

cabbage 甘蓝 一种短茎簇生蔬菜,品种很多,包括圆白菜、红叶卷心菜、花茎甘蓝和汤菜等。一般有紧密的球形头状花序,富含维生素、铁质和钙质等。甘蓝最早在英国的亨利八世时代从荷兰引进到英国。烹调中可用于切成菜丝、煮汤和作其他菜肴的配菜。

cabbage lettuce 卷心莴苣 也叫结球莴苣,常作为凉拌菜食用。

cabbage mustard 芥蓝菜 二年生草本植物,叶片短而阔,是一种不结球的甘蓝品种,其嫩叶和菜梗均可作蔬菜食用。

cabbage palm 卷叶棕榈 其顶芽常作为凉拌蔬菜食用,烹调方法同洋蓟等。参见 artichoke

Cabecou (F.) 小羊奶酪 法国朗格多克地方产的一种羊奶酪,重量仅 30—40 克,色白质硬,含乳脂 45%。

Cabecou frais (F.) 鲜凝乳干酪
参见 Cailladous

Cabernet (F.) 卡百内葡萄 一种深色酿酒用葡萄品种,也叫品丽珠。主要种植于法国波尔多地区和美国的加利福尼亚。酿成的酒常称为解百纳葡萄酒。酒色澄清,酒体适中,丰醇而略涩,果香浓郁,是法国最著名的佐餐用干红葡萄酒之一。

Cabernet Sauvignon (F.) 卡百内·索维农葡萄 一种与卡百内葡萄相似的深色酿酒用葡萄品种,也叫赤霞珠,产于法国波尔多地区等地。酿成的酒酒体较清淡,呈宝石红色,有特殊的香草香味,含丹宁酸较多,是著名的法国干红葡萄酒品种之一。

cabessal (F.) 去骨填馅野兔 用红葡萄酒和血制成的调味汁佐食。

cabillaud (F.) 新鲜鳕鱼
参见 cod

cabinet (Am.) 牛奶冰淇淋 美国罗得岛的独有称法。参见 milk shake

cabinet cherry (Am.) 黑樱桃
也作 black cherry

cabinet oven 柜式烤炉 用于烤制面包或其他食品,其特点是炉内有多层柜架,可烤食品数量多,效率高。

cabinet particulier (F.) 雅座 餐厅中就餐用的小间。

cabinet pudding 干果布丁 用面包、糕饼、罐头水果或干果加以牛奶和鸡蛋经模压成型的食品,填入果馅作为甜食,常趁热食用。

cabinet wine 珍品上等葡萄酒 德国莱茵河流域产的一种干白葡萄酒,代表最优质的酒。源自德语 Kabinett。

cabiros (F.) 幼山羊
参见 lamb

cable 扭花饼干 因形似扭转的锚链而得名。

cabob 1. 叉烧肉片 常夹以洋葱片和番茄片。 2. 串烤烧肉 参见 shish kebab

caboulot (F.) 小酒馆
参见 cabaret

Cabrales (Sp.) 卡布拉尔斯干酪
西班牙桑当特地方产的一种圆柱形奶酪。以牛乳和羊乳混合制成，重达2.5千克，质硬味浓。

cabri (F.) (非洲)母山羊

cabrilla 拟红鲭鱼　产于地中海的一种食用鱼，也叫鲈鲉。

cabrillon (F.) 山羊乳干酪
参见 urda

cabrito (Sp.) 炖小山羊肉　产于美国西南部近墨西哥的地区。

cabs (abbr.) 甘蓝
参见 cabbage

cabuya (Sp.) 龙舌兰
参见 agave

cacada (Sp.)　1. 椰子羹　2. 古柯叶石灰团　美洲土著人咀嚼用的刺激性食品。

cacahouete (F.) 花生, 长生果
参见 peanut

cacao 可可　原产于热带美洲的一种常绿乔木。其果实称为可可豆，呈卵形，色泽红或黄，经烘熟后可磨成可可粉，用于冲成饮料或作巧克力的原料。可可豆还可榨油，称为可可脂，是糖果的主要原料之一。

cacao butter 可可脂
参见 cacao

cacao, crème de (F.) 可可利口酒　一种无色或深棕色的甜露酒，加入巧克力或香草香精，含酒精一般为30%。

Cacao mit Nuss (G.) 榛子可可露酒　一种德国产的利口酒，有巧克力和榛子的香味，含酒精30%。

cacau (P.) 可可
参见 cacao

caccavelli (F.) 柠檬干酪蛋糕　法国科西嘉岛风味食品之一。

cacciagione (It.) 野味, 鹿肉
参见 game

cacciatora, alla (It.) 猎人式　将鱼或肉在调味沙司中煮，以番茄、小洋葱、蘑菇、月桂叶和红葡萄酒等混合作为沙司，并以桧子调香。是意大利著名的菜式之一。

cacciatore (It.) 罐焖的　指一种意大利烹调方法。在密封锅内加芳香植物和其他调味料焖煮肉类，也叫猎人菜肴。参见 Chasseur, à la

Cacciocavallo (It.) 卡乔卡瓦洛干酪
参见 Caciocavallo

cacciu (It.) 鸡腰果
参见 cashew

cacciucco (It.) 鱼汤　以红葡萄酒调味，是意大利托斯卡纳地方风味之一。

cacerola (Sp.) 有柄浅口锅

Cacetto (It.) 卡切托干酪　意大利的一种牛乳干酪，重量不定，含乳脂44%。常用作意大利馅饼的配料。

cachaca (Sp.) 巴西朗姆酒
参见 rum

cachalot 抹香鲸
参见 sperm whale

cachapa (Sp.) 玉米面馄饨

cachar 卡恰尔茶　印度阿沙姆邦卡恰尔地区产的一种茶叶品种。

cachat (F.) 卡夏干酪　法国普罗旺斯省产的一种羊奶干酪，加以醋陈化，味强烈。其形状和重量常不固定。

Cacheille (F.) 卡歇依干酪　法国普罗旺斯地区的一种羊奶干酪，其外形、重量与含脂量均不固定。

cachi (It.) 柿子
参见 persimmon

cachiri (Sp.) 卡奇里　西班牙一种发酵饮料。

cachou 口香片　一种香味胶姆糖，由金合欢树液为原料制成，加入琥珀、麝香、檀香、肉桂和甜菖蒲等多种香料。味香而清新，入口时微苦而涩，后即回甜。缅甸和斯里兰卡等地人们常作为一种大众化食品咀嚼于口。

cachuela (Sp.) 炒猪杂碎
参见 offal

cachundé (F.) 口香片
参见 cachou

cachuse (F.) 洋葱烧肉
caciato (It.) 撒以干酪屑的

cacimperio (It.) 干酪佐肉杏力蛋
参见 omelette

cacio (It.) 干酪,奶酪
参见 cheese

Cacio Romano (It.) 罗马干酪
参见 Chiavari

Caciocavallo (It.) 卡乔卡瓦洛干酪 意大利西西里岛等地产的一种羊奶酪。外形似葫芦,重量为3—5千克。表面为粗糙的凝乳,经烟熏加工而成。该干酪历史悠久,早在公元35—45年罗马时代就已有生产。其名称源自将干酪每两个扎成一对干燥的制作过程,形似骑马状。字面含义为"骑马的干酪"。

Caciofiore (It.) 花香干酪 意大利乌尔凯地区的一种羊奶酪,重约100—300克。

Caciotto (It.) 卡齐奥多干酪 意大利翁布利亚产的一种牛乳干酪。

cackleberry (Am.) 鸡蛋 俚称。参见 cacklers

cacklers (Am.) 鸡蛋 以母鸡下蛋时发出的叫声谐音而得名的俚称。

cacouete (F.) 花生
参见 peanut

cactus 仙人掌 一种生长在沙漠中的有刺植物,呈球形或扁平形,去皮后可用于腌制或生食,也可用于酿酒。

cactus candy (Am.) 仙人球糖 用仙人球叶去除叶脉和表皮制成的蜜饯糖果。参见 prickly pear

cadavre (F.) 空酒瓶 等于英国的俚语 dead man,含义相同。

caddy 茶叶罐 最初指从中国输入英国的装茶叶的瓷罐,后采用金属、象牙等昂贵材料制作,近来则改用木料或竹。用于存放茶叶、咖啡、火柴等物品。

caddy spoon 短柄匙 用于从茶叶罐中取食。

cadelinha (P.) 蛤
参见 clam

cadenera orange 卡特尼拉甜橙
一种柑桔品种名。

cadger 硬饼干 尤指英国的一种压缩饼干。

cadgéry (F.) 什锦烩饭
参见 kedgeree

cadgéry de saumon (F.) 鲑鱼鸡肉葱豆饭 参见 kedgeree

Cadillan (F.) 卡迪扬酒 法国波尔多地区产的一种白葡萄酒。

Cadurcienne, tripe à la (F.) 藏红花煮牛肚 参见 Caen,tripes à la

Caen (F.) 卡昂 法国西北部城市,以牛肚等风味著称。

Caen, tripes à la (F.) 卡昂式牛肚 以苹果酒、洋葱、胡萝卜和多种香料为配料煮成,尤其以藏红花着色为特色。

Caerphilly 卡菲利干酪 一种淡味全脂干酪。色洁白,柔软,奶香浓郁,重18—27千克。产于英国的威尔士地区。

caesar salad 恺撒色拉
参见 Caesarean salad

Caesarean salad 恺撒色拉 一种用长莴苣、大蒜、凤尾鱼和油浸面包片等拌成的色拉,以帕尔马干酪和辣酱油调味。由旅居墨西哥的意大利人,餐厅老板 Caesar Cardini 首创而得名。

café (F.) 1. 咖啡馆 供应咖啡和各式点心的餐厅或露天酒座。**2. 咖啡** 尤指用咖啡豆烧煮而成的饮料。

café à la Liegeoise (F.) 列日式咖啡 一种加掼奶油的冰咖啡。列日为比利时城市。

café au kirsch (F.) 樱桃酒咖啡 由清咖啡、樱桃酒、鸡蛋清和砂糖混合,再加入冰屑过滤而成的一种清凉饮料。

café au lait (F.) 牛奶咖啡 尤指用热牛奶加入热咖啡的混合饮料。在法国常用菊酒粉等代替咖啡。

café brûlot (F.) 烈酒咖啡 用清咖啡、科涅克白兰地、糖、柠檬皮、丁香、肉桂和香子兰等配制而成,味甜。

café car 便餐车厢 配备有厨房,以供应饮料和点心为主,故与餐车不同。

café chantant (F.) 歌舞咖啡馆 一种有歌手或乐队的夜总会。参见 cabaret

café complet (F.) 大陆式早餐
指以咖啡、热牛奶、小圆面包和黄油为主的早餐。参见 breakfast

café con leche (Sp.) 牛奶咖啡
参见 white coffee

café, créme de (F.) 咖啡甜露酒 通常由咖啡加入甜味料和着色剂制成，各种酒的配方有所不同。含酒精 26—31%。

café decaféiné (F.) 无咖啡因咖啡
一种除去咖啡因的咖啡，可不致成瘾。参见 caffeine

café espresso (F.) 蒸汽咖啡
参见 espresso

café filtre (F.) 过滤咖啡 将沸水淋于磨碎的咖啡上，经过滤而成，味浓而佳。

café listo (Sp.) 速溶咖啡 专指南美洲产的速溶咖啡，如巴西咖啡等。

café nature (F.) 清咖啡
参见 black coffee

café noir (F.) 清咖啡
参见 black coffee

café royale (F.) 白兰地咖啡 在清咖啡中加糖和科涅克白兰地酒而成。

Café Salvador 萨尔瓦多咖啡 一种蒸汽冲饮咖啡，颇有些类似 espresso。

café vierge (F.) 童贞咖啡 即用咖啡豆焙烤后直接冲饮，而不经过磨碎的阶段。

caféine (F.) 咖啡因
参见 caffeine

cafeteria 自助餐厅 一种自我服务的餐厅。食品放在盘里陈列在敞开的柜台上任顾客选择，在收款处付帐后自己端到餐桌上食用。由于方便、廉价而受到机关、学校、医院等公务人员的欢迎。1891 年由美国堪萨斯基督教女青年会创办。

cafetiere (F.) 咖啡壶

cafetorium 自助食堂大厅
由 cafeteria 和 auditorium 组成。

cafèzinho (Sp.) 巴西浓咖啡

caff (Am.) 小餐馆 通常只供应便餐和咖啡的小餐厅。

caffe espresso (It.) 蒸馏咖啡
参见 espresso

caffeine 咖啡因 一种白色结晶化合物，味苦，呈弱酸性，存在于茶、咖啡等果实中，有时称为茶碱。有兴奋与利尿作用，饮后会引起失眠。空腹饮用清咖啡为害甚大，应避免。

caffellatte (It.) 热牛奶咖啡

cafiroleta (Sp.) 甘薯羹 一种甜食。

cagaraulat (F.) 朗格多克式蜗牛
参见 escargots à la Languedocienne

Caggiada (It.) 凝乳干酪 意大利伦巴第地方的一种牛奶干酪，重量不定，奶香味浓，含乳脂 45%。

cagliata (It.) 凝乳, 干酪素
参见 rennet

cagouille (F.) 蜗牛
参见 snail

cagouilles à la vigneronne (F.) 酿酒师式烙蜗牛 以大蒜、青葱、欧芹和白葡萄酒沙司佐食。产于法国波尔多地区。

caguama (Sp.) 海龟
参见 turtle

Cahors (F.) 卡奥尔 法国西南部酿酒区，产各种深色干红葡萄酒，传统上称为黑葡萄酒，口味醇厚。

caienna, pepe di (It.) 红辣椒
参见 chili pepper

caieu (F.) 1. 大贻贝 2. 小鳞茎

Cailladous (F.) 鲜凝乳干酪 法国朗格多克地区的一种羊奶酪，重 50 克，含乳脂 45%。

caille (F.) 鹌鹑
参见 quail

caille-lait (F.) 猪殃殃 一种凝乳植物。参见 rennet

Caillebotte (F.) 卡叶博特干酪 法国普瓦图地方产的一种羊奶或牛奶干酪，口味柔和，奶香浓郁，重量不固定。常用布袋过滤后制成，故质地细腻，一般趁新鲜食用，平时放入小罐中贮藏。

cailler (F.) 凝乳
参见 rennet

Cailles rennaises (F.) 浓凝乳干酪

法国布列塔尼地方的一种鲜凝乳干酪,以牛乳制成,形状与重量不定。

cailleteau (F.) 小鹌鹑
参见 quail

cailletot (F.) 小菱鲆
参见 brill

caillette (F.) 1. 小鹌鹑 参见 quail
2. 猪肝咸肉肠 参见 gayette

caillier (F.) 木杯 一种中世纪的饮用杯,沿用到16世纪。有底脚,雕有花纹,有时用来盛酒。

caillot-rosat (F.) 玫瑰梨 一种梨品种,有玫瑰香味,故名。

caion (F.) 猪肉
参见 pork

caisse (F.) 糕点模
参见 mold

cajasse (F.) 婆婆蛋糕
参见 baba au rhum

cajasse à la Sarladaise (F.) 萨拉式蛋糕 一种淋朗姆酒的蛋糕。

cajou (F.) 鸡腰果
参见 cashew

Cajun (Am.) 卡真烹饪 美国路易斯安那州的法国移民后裔的烹饪风格,继承了原法国阿卡迪亚的许多特色,又结合了西班牙、印第安人和黑人的一些影响。现在,对究竟什么是卡真烹饪still存有争议。

cake 糕点 将糖、油脂、鸡蛋、面粉、盐和发酵粉充分搅拌后,缀以水果、果酱或奶油,经烘烤后制成的食品。有的脆,有的不脆,如蛋糕、松饼、薄饼和起酥饼等。烘烤温度在177℃～232℃之间,是西方的主要食品之一。

cake bread (Am.) 小白面包 一种类似蛋糕的精白面包。

cake cheese 奶渣干酪 一种凝乳块状干酪。

cake cooler 蛋糕架 用于搁放刚做好的蛋糕,一般用铁丝制成。

cake cover 蛋糕罩 以金属或塑料制成

cake decorator (Am.) 蛋糕裱花袋
参见 pipe

cake flour (Am.) 糕点粉 以软粒小麦磨制的一种高级精白面粉,用于制蛋糕或薄片饼,口味松软。

cake ice 块冰
参见 cube ice

cake icing 糕点用糖粉
参见 icing sugar

cake mix 蛋糕粉 俗称点心粉,一种制糕点用现成配料,只需加入鸡蛋和水即可制成蛋糕。

cake pan (Am.) 蛋糕烤盘 一种镀膜金属盘,底层可脱ął,各种形状均有,但以长方形为最普通。规格为$340 \times 220 \times 50$(mm)。参见 gastronorm。

cake rack 蛋糕架
参见 cake cooler

cake soup 汤粉冻 将汤煮浓至凝冻状,然后待需要时加热水稀释即可食用。

cake tea 茶砖,砖茶
参见 brick tea

cake tin 蛋糕模 用铝或镀膜金属制成的圆模,形状与尺寸各异。

cakebox 面包箱
参见 bread-bin

cal. (abbr.) 卡
参见 calorie

cala (Am.) 油炸米饼 西印度群岛的一种油炸饼,以大米、大豆和豇豆混和咸鳕鱼泥入油锅炸成。尤以牙买加产者为最有名。

calabacin (Sp.) 瓠瓜
参见 calabash

calabash 葫芦 也称瓠瓜,果大,中间细缩,上、下部膨大,是产于亚热带的一种一年生攀援草本植物。果肉可食,味似甜瓜,但成熟后壳硬,可用于制成瓶、瓢、匙及各种工艺品。

calabaza (Sp.) 笋瓜
参见 Hubbard

calabresse, alla (It.) 以姜汁番茄沙司调味的

calabriada (Sp.) 混酒 以白酒和有色酒搀和而成。

caladon (F.) 杏仁酥糖

calalu 卡拉罗 美洲产的一种植物,

西印度群岛人作为蔬菜食用。

calamansi 四季桔 产于菲律宾的一种柑桔。

calamar (Sp.) 枪乌贼
参见 calamary

calamare (It.) 枪乌贼
参见 calamary

calamaretto (It.) 小鱿鱼
参见 calamary

calamary 枪乌贼 一种软体动物,俗称鱿鱼。形状略似乌贼,但稍长,体色苍白,有淡褐色斑点,触角短。生活在海洋中,是一种常见的美味食品。

calamus 菖蒲 其根可用于制香料或调味品。也作 sweet flag

calamus oil 菖蒲油 从甜菖蒲的根茎制得的一种淡黄色芳香油,用作调味料。

calapé (Sp.) 烤龟汤
参见 turtle

calappa 盒子蟹
参见 box crab

calas 卡拉斯 一种西印度群岛的脆饼,用鸡蛋、面粉、米、糖、酵母等制成。食时极烫,撒以细糖粉点缀。

calcium 钙 一种矿物质,存在于牛奶、干酪、蔬菜、蛋黄和鱼类食品中,是人体骨骼和牙齿的生长所不可缺少的元素之一。

calcium propionate 丙酸钙 一种食品防腐剂,主要用于面包的防霉。

caldana (It.) 烘箱 放在面包炉上促使面包发酵用。

caldarrosta (It.) 烤栗子
参见 chestnut

calderon orange 卡地隆甜橙 意大利的一种甜橙品种名。

caldillo (Sp.) 1. 调味汁 2. 肉末汤

caldo (Sp.) 1. 汤,肉汤,菜汤 2. (凉菜用的)调味汁

caldo verde (P.) 蔬菜汤 以卷心菜丝和土豆泥制成。

calebasse (F.) 葫芦
参见 calabash

cale-cannon 土豆卷心菜 一种爱尔兰地方菜肴,有时苏格兰也有类似的食品。其配料常有萝卜、胡萝卜和黄油等,也可加入其他绿叶蔬菜。食前往往先将各配料捣成泥。

Caledonienne, à la (F.) 喀里多尼亚式 即古代苏格兰式。以黄油、欧芹与柠檬汁为调味配料烹制的食品。

Calenzana (F.) 卡伦扎那干酪 法国科西嘉岛尼奥洛地方的一种羊乳酪。重500—700克,含乳脂45%,质硬,有干果味。

calf 小牛 指尚未长到菜牛阶段的牛,其肉质比仔牛肉稍差。参见 veal

calf fry 炸小牛睾丸 美国西部牛仔风味之一。

calf liver 小牛肝 比普通牛肝鲜嫩,常用于油炸或扒烤。

calf meat 小牛肉
参见 veal

calf's bone jelly 小牛骨冻 一种以小牛骨熬制而成的营养食品。也作 calf's foot jelly

calf's brain 小牛脑 一种美味食品。
参见 brain

calf's crow 小牛肠膜 有许多种烹调方法,被视为美味。

calf's ear 小牛耳 食前必须洗净,用沸水迅速烫焯后经炙烤而成。

calf's foot jelly 小牛脚胶 将小牛脚用沸水熬煮制得一种明胶状透明冻胶,再加入糖、柠檬、白兰地酒及其他调味料即成。

calf's head 小牛头 烹调方法很多。一般是先去除骨肉,以沸水烫后,填馅、切块和油炸均可,也常用于煮汤。

calf's sweetbread 小牛胸腺 包括小牛喉、胰和胸腺,被认为是内脏中最美味的佳肴,其中尤以喉腺为最佳。可红烧炙烤、水煮或拌入面点。

calf's udder 小牛乳腺 广泛用于犹太民族食品中。参见 calf's sweetbread

Calibogus 卡利博格思酒 一种用朗姆酒、云杉酒和废糖蜜混合成的饮料,流行于加拿大的纽芬兰和新斯科舍一带。

calice (It.) 高脚酒杯

calico 大麻哈鱼
参见 chum salmon

calico bass (Am.) 斑纹鲈 产于美国大湖区和密西西比河的一种淡水鱼，味嫩美，也叫比鲈。

calico bean (Am.) 芸豆
参见 kidney bean

calico corn (Am.) 印第安玉米
参见 corn

calico crab (Am.) 斑纹蟹 产于大西洋沿岸的一种浅水蟹，有鲜明的红色斑点。

California burclover 金花菜 也叫南苜蓿。一种一年生草本植物，其嫩叶可作蔬菜食用。

California dip (Am.) 浓洋葱调汁 加入酸奶油佐味。

California halibut 北美牙鲆 产于大西洋的一种重要食用鱼。参见 lefteye flounder

California ham 肩肉火腿
参见 picnic

California laurel 加利福尼亚月桂 有香味很浓的常绿树，产一种形似橄榄的肉质果实。月桂叶常用于作烹调中的调香料。

California long white (Am.) 长圆形土豆 因原产于美国加利福尼亚而得名。

California orange 脐橙
参见 navel orange

California pompano 黄油鱼 也叫加利福尼亚鲳鳊，是一种受到高度重视的食用鱼。

California sardine (Am.) 加利福尼亚沙丁鱼 产于太平洋沿岸。参见 pilchard

California wine 加利福尼亚葡萄酒 美国的主要产酒区加利福尼亚在不同程度上生产类似法国的优质葡萄酒。其葡萄品种也来自于欧洲，著名的有勃艮第、卡百内、基昂蒂和索泰尔纳等。参见 American wine

calipash 鳖裙 指鳖的背甲四周的肉质软边，富含蛋白质，味鲜美。煮熟时已成凝胶状。

Calisay (Sp.) 卡里赛酒 西班牙产的一种甜露酒，有奎宁树皮香味，常用于调配鸡尾酒。含酒精32%。参见 bitters

calisson (F.) 小杏仁蛋糕

callaloo (Sp.) 芋叶海鲜汤 用芋叶和虾蟹等为主加入火腿片及各种蔬菜为配料煮成的一种浓汤，为加勒比海地区风味。也作 callalu

callaloo greens 芋叶
参见 taro

callampa (Sp.) 蘑菇
参见 mushroom

caller （水果，蔬菜）新鲜的

calmar (F.) 枪乌贼
参见 calamary

calonche (Sp.) 仙人掌果酒

caloric punsch (Sw.) 卡洛里酒 北欧的一种混合饮料，以朗姆酒与糖浆调配而成。

calorie (F.) 卡路里 热量单位，简称卡。使1克水的温度升高1℃所需要的热量。通常用大卡，即1卡的1000倍。1盎司食糖可产生约100大卡热量。

calostro (Sp.) 初乳
参见 beestings

calot (F.) 核桃
参见 walnut

caluso (It.) 卡鲁索酒 意大利皮埃蒙特产的一种甜红葡萄酒。

calvados 苹果白兰地 尤指法国诺曼底地区的一种深色苹果酒，用苹果发酵并蒸馏而成。果香味浓而不甜，一般含酒精40%。

Calvaise, homard à la (F.) 番茄沙司龙虾 参见 lobster

calville (F.) 卡尔维苹果 一种苹果，以法国的产地命名。

calzon (Sp.) 辣椒炒猪肉

calzone (It.) 意大利馅饼 常在上面放一层鸡蛋作点缀，但不是 pizza。

camara nutmeg 圭亚那肉豆蔻
参见 nutmeg

camarão (P.) 对虾
参见 prawn

camaron (Sp.) 对虾 一种淡水斑节虾。参见 prawn

Cambaceres, Jean-Jacques, Regis de (F.) 让·雅克·康巴塞雷斯 法国拿破仑时代的国务大臣,著名美食家(1753—1824)。他对法国古典式烹饪的完美起过杰出的作用,并参与《拿破仑法典》的起草工作。

cambar 康巴鸡 英国的一种优质家鸡,公鸡毛色浅灰;母鸡棕色。

cambric tea 坎布里克茶 一种清淡热饮料,用牛奶、蔗糖、开水和少量茶调制,供儿童饮用。

Cambridge 剑桥干酪 英国的一种软干酪,以产于剑桥而得名。也作 Cambridge cheese

Cambridge sausage 剑桥香肠 在猪肉中加入面包粉及米粉而成的一种烟熏香肠。

cambur (Sp.) 香蕉
参见 banana

camel 骆驼 一种哺乳动物,有单峰或双峰。幼骆驼肉质嫩,其肉峰、脚和胃被阿拉伯人视为美味。驼腰肉可切成肉片,经盐浸渍后烤食。

camel couscous 驼肉古斯古斯 一种阿拉伯菜肴,以驼肉代替羊肉制成。参见 couscous

camel pilaf 骆驼肉烩饭 用幼骆驼肉的腰肉片加大米和蔬菜制成。参见 pilaf

Camembert (F.) 卡门培尔干酪 法国诺曼底地区产的一种优质软干酪,未经压榨而成。有特殊味和蓝纹霉斑,外皮硬,在常温下贮藏而不需冰冻。该干酪由乡村农妇 Harel 在 1790 年创制,今在其故乡立有纪念碑。

camerain (F.) 卡梅琳清汤 一种豪华的汤,由 18 世纪法国演员卡梅琳创制,故名。

camerera (Sp.) 餐厅女服务员
参见 waiter

cameriere (It.) 餐厅服务员
参见 waiter

camomile (F.) 春黄菊 菊科草本植物,产于欧亚大陆,味香而苦,可用于泡茶。

camote (Sp.) 甘薯 最早由西班牙殖民者在美洲新大陆发现,然后传入欧洲。参见 sweet potato

camotillo (Sp.) 甘薯酱
参见 sweet potato

campagna, alla (It.) 乡下式
参见 campagnard

campagnard (F.) 乡下式 指简单的菜肴或不很精致的点缀,但常以肉糜、蘑菇、胡椒和其他辛香料为配料,并佐以乡下干酪。

Campagne, à la (F.) 乡下式
参见 campagnard

Campania 坎帕尼亚 意大利南部地区名,首府那不勒斯,以产葡萄酒著称于世。

campanula 风铃草 一种有紫色花瓣的野生草本植物,其叶片和根茎可供食用,常用于腌制或拌色拉。

Campari (It.) 堪培利酒 也叫金巴利酒,意大利产的一种以干红辣椒调味的开胃酒。色泽亮红,香味芬芳。常可与苏打水、冰和柠檬片等拌合饮用。现各地竞相仿制,但原始配方至今保密。参见附录。

Campbell 坎贝尔 英国著名诗人,生卒年代为 1777—1844。以其命名了一种奶油浓汤和一种酿酒用葡萄品种。

Campeachy wood 洋苏木 也叫坎庇茎木。参见 logwood

Campénéac (F.) 卡培涅克干酪 法国布列塔尼卡培涅克修道院创制的一种牛乳干酪。重约 2 千克,含乳脂 40—43%。

campfish 在非捕捞季节捕的鱼

camphor 樟脑 有机化合物,为无色透明的固体,味苦,有清凉香味,易挥发。日常生活中用于防虫蛀,但也可用于制香料等。

campine (F.) 肥小母鸡 比利时的优良鸡种,以产地卡比纳命名。

camuesa (Sp.) 卡姆塞苹果 一种西班牙苹果品种名。

Camus (F.) 加缪白兰地 俗称开姆士，一种法国科涅克酒，世界驰名。口味清淡顺口，销量居全球前列。

can 罐头，听 圆筒状金属容器，用于盛放食品与饮料，可保存较长时间，又便于携带，风味独特。

Canada 加拿大 北美洲国家，位于美国以北。其烹调风格与欧洲相似，但更接近于一些地方菜肴风味。加拿大以野味著称于世，主食为小麦与玉米。甜食中，加拿大的枫糖浆独具一格，其次魁北克的姜饼也很有特色。

Canada blueberry 加拿大越橘 花呈白色，果实有甜味，可用于制果酱等。

Canada potato (Am.) 菊芋
参见 Jerusalem artichoke

Canada tea 冬青茶 一种代茶饮料。

Canadian bacon (Am.) 加拿大式熏肉 用去骨猪腰肉经烟熏而成。

Canadian whiskey 加拿大威士忌 多数为大麦酿造的混合威士忌，经调配而成。酒质轻盈，含酒精40%。一般在瓶贴上标明酿造年份。

Canadian wines 加拿大葡萄酒 从17世纪起，加拿大就以安大略省为中心开始葡萄种植和酒类酿造。今天，加拿大的葡萄酒风格仍属于欧洲，但生产工艺先进，酒质优良。

cañadul (Sp.) 甘蔗
参见 sugarcane

canaigre (Am.) 野麦 一种荞麦品种，在美国的南方各州常用于烤制一些不发酵的饼。

cananga 卡南加油 一种食品增香剂。

canapé (F.) 菜肴吐司 一种餐前开胃食品。在一片薄脆饼、面包或吐司上加以鱼子酱、干酪、鳀鱼酱和其他美味。也作 open sandwich

canapé butter 菜肴吐司酱 将黄油或奶油拌以虾肉、洋葱、细香葱、鸡蛋和辣根等配料，用作菜肴吐司的佐料。

canard (F.) 1. 雄鸭 参见 duck **2. 浸酒方糖** 一般浸过烈性酒和咖啡，作为佐料。

canard montmorency (F.) 樱桃烤鸭 参见 caneton montmorency

canard pressé (F.) 腌鸭 用盐腌后经压制而成，类似板鸭。

canardeau (F.) 幼鸭
参见 duck

Canary banana 加那利香蕉 一种芳香味香蕉，产于加那利群岛。参见 banana

canary grain 藨草
参见 canary grass

canary grass 藨草 其籽富含淀粉质，可供食用。因原产于加那利群岛而得名。

canary pudding 加那利布丁 以面粉、脂肪、糖、鸡蛋、咖啡、柠檬和巧克力等原料制成的一种糕点，常在表面点缀新鲜或罐头水果。

canary tree 橄榄
参见 Chinese olive

Canary wine 加那利白葡萄酒 一种原产于加那利群岛的白葡萄酒。与马德拉酒相似，属西班牙雪利酒类型，一度畅销英国。参见 Madeira

canaster (Sp.) 板烟 用于作烟斗烟丝的一种烟草品种，原意为"篮子"，因该烟草一般装在篮子中出售而得名。

canavalia 刀豆 豆荚硬而长，其种子可作为食品或干制磨碎后用于搀杂咖啡。俗称中国刀豆。

Cancalaise, à la (F.) 康卡勒式 一种奶油牡蛎或奶油配上白葡萄酒沙司，也叫诺曼底沙司。康卡勒是法国的一个渔港，以牡蛎著称于世。

Cancale (F.) 康卡勒 法国西部渔港，以牡蛎著称于世。所产的牡蛎色泽金黄，肥嫩可口。

Cancoillote (F.) 康夸约特干酪 法国弗朗什-孔泰地区制的一种浓味硬质干酪，洛林地区也有生产。经充分脱脂，故几乎不含乳脂，但食前须先经融化。

candi (F.) 冰糖
参见 sugar candy

candied angelica 蜜饯当归 以糖蜜浸渍当归的茎秆，用于作糕点的点缀。

candied floss 拔丝　烹调方法之一。把油炸过的山药、苹果等食物放在熬浓的糖锅里，用夹筷取出，糖遇冷就拉成丝状。

candied fruit 果脯　将桃、杏、梨、枣等水果加糖或蜜制成的食品的统称，也叫蜜饯。

candied peel 蜜饯果皮　主要以柑桔、柠檬、柚子、橙、橘和葡萄柚等的表皮经糖蜜后制成，用于糕点、布丁和肉片的点缀。

candiel (Sp.) 蛋黄酒　一种用蛋黄和白葡萄酒调制的甜食。

canditura (It.) 蜜饯

candle 对光检查　用光照法检查鸡蛋是否新鲜，俗称照蛋。因最初以蜡烛为光源而得名。

candlefish 太平洋细齿鲑　俗称烛鱼，系产于太平洋北部的一种小鱼，有高度食用价值。含油质，其干鱼制品可代替蜡烛点燃，故名。

candy (Am.) 糖果　泛指各种颗粒状、块状、条状和其他形状的甜味糖块。有的加入多种色料和香料，有的裹以巧克力或嵌以果仁和奶脂夹心，有的质硬，有的松软。该词甚至也可指一些蜜饯食品。品种不胜枚举，如太妃糖、棒棒糖、果仁糖、水果糖、冰糖和巧克力夹心等。

candy bar 条块糖　内含或外涂巧克力、果仁、果冻、花生酱、水果、乳脂、焦糖、椰仁等的各种糖果制品。

candy center (Am.) 糖果夹心

candy peel 蜜饯果皮
　参见 candied peel

candyfloss 棉花糖　一种绒丝状糖果食品，常缠绕在小木杆上。狂欢节或集市中常成为儿童喜欢的食品。

cane (F.) 雌鸭
　参见 duck

cane 甘蔗
　参见 sugarcane

cane juice 蔗汁
　参见 sugarcane

cane shoot 茭白
　参见 wild rice stem

cane spirit 甘蔗酒精　从废糖蜜发酵蒸馏制得的纯酒精，是伏特加和杜松子酒的基酒。

cane sugar 蔗糖
　参见 sucrose

cane wine 蔗汁
　参见 sugarcane

caneapple 甜草莓
　参见 strawberry

caneficier (F.) 山扁豆

canella 白桂皮　用于作调味香料。参见 cinnamon

canello (It.) 面食，面条
　参见 pasta

canepetière (F.) 大鸨
　参见 bustard

Canestrato (It.) 果篓干酪　意大利西西里岛的一种羊奶干酪，含乳脂量不定。因常装在果篓中出售而得名。

caneton (F.) 幼鸭
　参见 duck

caneton à la bigarade (F.) 橙味烤鸭　也作 caneton à l'orange

caneton à l'Alsacienne (F.) 阿尔萨斯式烩鸭　以酸泡菜作佐料。

caneton à la Rouennaise (F.) 鲁昂式填烤鸭　以鸭肝馅作填料，并以鸭血增稠汤汁。

caneton à l'orange (F.) 橙味烤鸭　用塞维尔橙汁沙司佐味的炙烤鸭。

caneton montmorency (F.) 蒙莫朗西樱桃烤鸭　以樱桃作点缀，淋以波尔特酒的一种菜肴。

canette (F.) 雌幼鸭
　参见 duck

cangrejo (Sp.) 蟹
　参见 crab

canil (Sp.) 黑面包　西班牙一种全麦粉面包品种。

caniste (Sp.) 蛋黄果
　参见 canistel

canistel 蛋黄果　山榄科小乔木，原产南美洲北部，现也栽培于其他热带地区。果实呈卵形，果肉橙黄色，味甜，可食。

canister 茶叶罐
参见 caddy

canistrelli (F.) 茴香杏仁蛋糕 也可以榛子代替杏仁。

cann 球根状大酒杯
参见 glass shape

canne à sucre (F.) 甘蔗
参见 sugarcane

canneberge (F.) 酸果蔓
参见 cranberry

canned cow 炼乳 俚称。参见 concentrated milk

canned food 罐头食品 经密封真空加热和烹调的食品,可保持食品的新鲜和原味。

canned fruit 水果罐头 种类很多,几乎所有水果均可制成罐头,但其共同特点是:碳水化合物增多,维生素及其他营养物质大量损失。

canned goods (Am.) 罐头食品
参见 canned food

canned heat 罐装燃料 一种装在小容器内的凝固酒精,供烧水或轻便火炉使用。

cannelas (F.) 桂皮糖杏仁

cannelé (F.) 罗纹花饰面点

cannella (It.) 桂皮
参见 cinnamon

cannelle (F.) 桂皮
参见 cinnamon

cannelloni (It.) 斜方馅饺 一种意大利特色点心,以肉或干酪作馅,佐以番茄酱等。参见 ravioli

cannelon (F.) 锥形奶油面卷 一种空心的烤奶油卷,呈尖锥形。用美味的乳脂或果馅填充,作为开胃品或餐末甜点。

canner 劣质肉,老牛肉 因只能用于制成罐头,尤其是狗食罐头,故名。

cannette (F.) 小啤酒瓶

cannikin 小酒杯,水杯

canning 罐头制造 将食品洗净后装入罐头,经真空密封加热,使食品便于携带和保存。近年来又出现了软罐头,成为现代食品的主要发展方向之一。

cannoli (It.) 脆甜馅酥 意大利西西里岛的一种点心。在酥面中填入巧克力、乳清干酪、蜜饯水果等,外形呈筒状,可作为餐后甜食。

cannon 雪茄烟中段
参见 cigar

Cannonau (It.) 卡诺诺酒 意大利撒丁岛产的一种甜红葡萄酒。

cannoncino (It.) 奶油卷心甜食 产于意大利西西里岛。

cannuccia (It.) 麦管 也叫吸管,供吸饮料用。参见 straw

can-opener 开听刀 一种厨房或家庭用具,以金属制造,用于开启罐头食品。现在出现一种电动开听刀,非常实用省力。

Canotière, matelote à la (F.) 船夫式炖鳗 指用白葡萄酒或白兰地,以及用蘑菇和嫩洋葱作配料的鳗鱼菜式。

Cantal (F.) 康塔勒干酪 法国奥弗涅地区的欧里亚克镇生产的一种浓味硬质干酪。呈圆柱形,重35—45千克,色泽棕黄,质量上乘,驰名世界。

cantaloup (F.) 罗马甜瓜
参见 cantaloupe

cantaloupe (It.) 罗马甜瓜 也叫麝香瓜,产于意大利中部罗马地区。果皮硬而有折皱;果肉呈桔红色,可生食,味甜可口。

canteen 1. 食堂 指企业和机关等的公共食堂,有时也泛指小卖部和酒吧等附属设施。2. 餐具柜 一种小型家用厨房设备,供存放餐具、水瓶和饮料罐等。

Cantenac (F.) 康特那克 法国波尔多梅多克地区的酿酒地名,生产世界最优秀的干红葡萄酒之一,常冠以 Margaux AC 的名称。

cantharelle (F.) 鸡油菌
参见 chanterelle

cantina (Am.) 小酒馆,酒吧

Canton ginger 广东蜜饯生姜 用新鲜生姜糖渍而成,味极佳,质量上乘,以产地命名。Canton 为"广州"的旧式英语拼写法。

Cantonware 青花瓷 一种中国白底青花瓷器,因从广州出口而得名。

cantuccio (It.) 一小块食品 如面包或奶酪等。

canvasback (Am.) 帆背鸭 一种受高度重视的野鸭,用于炙烤。主要产于北美洲等地。

caoua (F.) 咖啡
参见 coffee

cap (Sp.) 卡普酒 一种用葡萄酒、果汁和水果块配制的饮料。

cap 酒帽 葡萄酒发酵时浮在酒液表面的泡沫和果渣等。

cap opener 开罐头刀
也作 can-opener

capacola 去骨猪肩肉 加红辣椒调味,口味独特。

cape cod turkey 烤鳕鱼 源自美国一些家庭在感恩节时用烤鳕鱼代替火鸡的习俗。

Cape crawfish 好望角螯虾 南非的一种普通刺龙虾,有很高食用价值,常制成罐头。

cape gooseberry 灯笼果
参见 strawberry tomato

Cape grape 南非葡萄 常用于酿酒,源自地名开普敦(Cape Town)。

Cape Horn rainwater 合恩角甜酒 产于智利,以产地命名。

cape jasmine 栀子 常绿灌木或小乔木。叶子对生,呈长椭圆形,花大,白色,有强烈的香气,其果实可制成一种黄色的食用色素。

Cape smoke 南非白兰地 以产地开普敦(Cape Town)命名。

Cape wine 南非葡萄酒
参见 South African wine

capelan (F.) 鳕鱼 产于大西洋及地中海地区的一种小鳕鱼。

capelin 毛鳞鱼 一种小鲑鱼,产于格陵兰、冰岛和阿拉斯加等寒冷水域。外形与胡瓜鱼相似,可供食用,味鲜美。参见 smelt

capellini (It.) 极细面条 在所有意大利通心面中最细的一种,常用于水煮。参见 spaghetti

caper 刺山柑 产于地中海沿岸的一种灌木的果实,品种有150种之多。其绿色的花蕾和幼常经腌制后作为调味香料。

capercaillie (F.) 林松鸡 欧洲最大的一种松鸡,大小如小火鸡。参见 grouse

caperon (F.) 大草莓
参见 strawberry

capétienne (F.) 卡贝式 以白葡萄酒和西红柿等为配菜的菜式。卡贝为法国贵族家族名,从公元987—1792年世代相袭,拿破仑下台后又继续存在了33年(1815—1848)。

capia (Sp.) 白玉米 也指用这种玉米制的甜食食品。

capillaire (F.) 铁线蕨果片 有桔子花香味的一种蜜饯食品。

capil(l)otade (F.) 炖碎肉 由鸡或肉等剁碎炖熟而成。

capirotada (Sp.) 大蒜鸡蛋调料 用桂皮、松果和乡下干酪作配料制成。

capitaine (F.) 鲤鱼海鱼 烹调方法与普通鲤鱼相同。参见 carp

capiteux (F.) (酒)上头的 指极易引起酒醉的。参见 heady

capitone (It.) 大鳗鲡
参见 eel

caplan (F.) 毛鳞鱼
参见 smelt

capocollo (It.) 腌猪颈肉
参见 chuck

capoletti (It.) 三角饺子
参见 ravioli

capon 阉鸡 肉嫩味美,一般重5—7磅。有时也指阉兔,出生在8个月之内。

caponata (It.) 番茄什锦菜 主要用于作配饰菜的一种蔬菜什锦,其用料一般有番茄、芹菜、茄子和橄榄等。流行于西西里岛地区。

capone (It.) 绿鳍鱼
参见 gurnard

caporal (F.) 法国粗烟丝
参见 tabacco

capoun (F.) 烤卷心菜
参见 sou-fassum

cappelletti (It.) 蜗牛状通心面 一种意大利面食,呈蜗牛壳状。有时以肉和干酪等作馅料,或水煮,或烘烤均可。

cappero (It.) 刺山柑
参见 caper

cappicola sausage 卡毕可拉香肠 一种不经烟熏的辣味猪肉香肠。

cappie (Sc.) 苏格兰蛋卷冰淇淋

cappone (It.) 阉鸡
参见 capon

cappuccino (It.) 卡普契诺咖啡 一种深色意大利咖啡,常用蒸汽加热后加牛奶或奶油饮用,有时也加入朗姆酒或白兰地,趁热饮用。源自天主教圣方济会(Capuchin)一位僧侣的名字,他在1774年从巴西引进了该种咖啡。

cappuccio (It.) 1. 卷心菜 2. 牛奶咖啡

câpre (F.) 刺山柑
参见 caper

capretto (It.) 小山羊肉
参见 kid

Capri (It.) 卡普里酒 产于意大利卡普里岛的一种干白葡萄酒。

Caprice des Dieux (F.) 造物主干酪 法国香槟省的一种牛乳干酪,质软,呈椭圆形,含乳脂约60%,质量极佳。

Capricornia 摩羯宫酒 澳大利亚产的一种利口酒,用热带水果酿成。

caprifig 野生无花果
参见 fig

caprini (It.) 羊奶酪 泛指意大利生产的各种羊奶酪,尤其集中于皮埃蒙特、伦巴第和利古里亚等地。

capriolo (It.) 狍肉 一种野味食品,烹调方法类似鹿肉。

capsaicin 辣椒素 一种类脂化合物,为辣椒属植物中辛辣味的主要有机成分。

capselle (F.) 荠菜
参见 pickpurse

capsicum 辣椒
参见 chili pepper

capsule 蒴果 干果的一种,由两个以上的心皮构成,内含许多种子,成熟后裂开。芝麻、百合等均是蒴果。参见 achene

captain's biscuit 船长饼干 一种航海用硬质饼干,味淡,含水分较少,可久藏而不变质。食时常佐以杂烩或炖菜。

capucin (F.) 野兔
参见 hare

capucin, barbe de (F.) 菊苣
参见 chicory

capucine (F.) 旱金莲
参见 nasturtium

carabao 卡拉博芒果 产于菲律宾,有高度食用价值。参见 mango

caracas (Sp.) 可可,巧克力
参见 cacao

caracol (Sp.) 蜗牛
参见 snail

caracu (Sp.) 菜牛
参见 beast

carafe (F.) 长颈饮料瓶
参见 decanter

caraffa (It.) 1. 酒瓶 一种长颈大肚玻璃瓶,用于盛水或饮料。 2. 瓶 意大利容量单位,约合1.164品脱。

carafon (F.) 小饮料瓶
参见 decanter

carambola 杨桃 也叫五敛子,一种常绿木本植物的果实。色泽黄或绿色,味甜带酸,有棱角,常用于制成蜜饯。

caramel 焦糖,糖油 一种糖食,以接近或超过115℃的温度熬煮白糖,使呈现浅黄色并带有焦香味而成。分松软和耐嚼两种, 常加玉米糖浆结晶或牛奶调味。在焦糖中加入脂肪和淀粉则可切块包装。焦糖是糖果的基础,可用各种水果、果仁和咖啡浸渍;也可用于布丁、汤和酒的着色等。

caramel custard 糖油格司布丁 用焦糖浆作底,加入鸡蛋和牛奶等,烘烤成型后冷却,然后反扣取出置于餐盘上,可作为一种餐后甜食。

caramel fruit 糖衣水果 将焦糖涂在水果外的一种甜食。

caramel malt 焦麦芽 用于啤酒的加色。

caramelise 涂以焦糖 在糕点模内壁涂上焦糖,使糕点四周在烘烤后带以棕色。

caramella (It.) 糖果
参见 candy

caramello (It.) 焦糖
参见 caramel

caramote (F.) 大虾
参见 prawn

caraota (Sp.) 菜豆
参见 French bean

carapace 龟甲,虾壳
参见 shell

carapacho (Sp.) (带壳烧的)海味

carapulca (Sp.) 土豆辣椒烧肉

carassin (F.) 鲫鱼
参见 crucian carp

caraway 葛缕子 又名黄蒿或芷茴香,伞形科二年生草本植物。原产欧洲和亚洲西部。其干燥的果实称为黄蒿籽,有类似茴芹的芳香,味辛辣,用于肉类、面包、干酪、泡菜和蔬菜的调味。用黄蒿籽提取的精油用于酒类饮料的调味。荷兰黄蒿籽质量最优,久负盛名。

caraway cheese (Am.) 黄蒿干酪 以黄蒿子调香的一种全脂干酪。

caraway comfits 黄蒿蜜饯 一种苏格兰甜食,以黄蒿嫩叶加糖做蜜饯而成。

caraway loaf (Am.) 黄蒿干酪
参见 caraway cheese

caraway oil 黄蒿子油 广泛用于利口酒、色拉、调味品和药品的调香料。

caraway-seed biscuit (Am.) 黄蒿子饼干 参见 Abernethy biscuit

carbo (Am.) 碳水化合物
参见 carbohydrates

carbohydrates 碳水化合物 包括淀粉、糖和纤维素等,可由人体转化为能量。但如摄入过量则可转化为脂肪积累,引起肥胖症。

carbon dioxide 二氧化碳 一种气体,用于矿泉水、啤酒和其他发泡饮料的充气。固体二氧化碳俗称干冰,可代替天然冰块用于冷冻,其优点是体积小、不返潮。

carbonad 加味炙烤肉片
参见 carbonado

carbonada (Sp.) 肉丁菜饭 一种南美洲风味食品,以牛肉碎块加南瓜、辣椒等为主要配料。

carbonada criolla (Sp.) 南瓜瓢烩牛肉 一种阿根廷风味菜肴。

carbonade (F.) 啤酒烩牛肉 一种法式菜肴,以洋葱和啤酒烩制牛肉而成,用砂锅盛装。字面含义为"炭火烤的",因该菜肴最初以炭火烤成,故名。

carbonade à la Flamande (F.) 佛兰德斯式烤牛肉 以洋葱、啤酒和香料作配料。参见 Flamande, à la

carbonado (Sp.) 烤肉片 先在肉片表面花刀,微烤后涂抹黄油和面包屑,再烤到微焦即成。食时佐以辣椒和其他香料。以烤小牛肉片、烤枪鱼和烤鸡肉片最为普遍。

carbonara, alla (It.) 农家式 指以火腿碎块和鸡蛋为配菜的意大利式细条面。

carbonata (It.) 砂锅烩牛肉 加入香料和洋葱调味。

carbonated 充入二氧化碳的 指使饮料产生气泡的自然发酵过程,如香槟酒等。也指以人工充入二氧化碳的过程,如矿泉水和汽水等。

carbonated drink 汽水
参见 soda water

carbonated water 汽水
参见 soda water

carbonated wine 汽酒 指充入二氧化碳的葡萄酒。

carbonique (F.) 二氧化碳
参见 carbon dioxide

carbonized beer 充气啤酒 一种二氧化碳已经达到饱和状态的啤酒。

carbonnade (F.) 啤酒烩牛肉
参见 carbonade

carbonnade à la Nimoise (F.) 尼姆式烩羊肉 以熏肉、土豆、大蒜、香

料植物和橄榄油作配料,再以文火炖烩而成。

carborundum stone 金刚砂 学名碳化硅,硬度极高,常作为厨房中磨刀石或砂轮的原料。

carcase (猪、牛)骨架 或指鸡壳。也作 carcass

carcass (猪、牛)骨架
参见 carcase

carcavelos (P.) 卡卡凡洛斯葡萄酒 一种葡萄牙产的优质甜白葡萄酒或干白葡萄酒,产于里斯本附近。

carciofi (It.) 洋蓟
参见 artichoke

cardamine (F.) 碎米荠 一种野生植物,口味与水芹相似,用于作凉拌菜。含有丰富的维生素,故可作为坏血症患者的食品。

cardamome (F.) 小豆蔻
参见 cardamon

cardamon 小豆蔻 原产于印度的一种多年生草本植物。外形似芭蕉,花淡黄色。其果实呈扁球形,有芳香,可用作咖喱、蛋糕和糖果的调香。

cardamon oil 小豆蔻油 以小豆蔻种子蒸馏而成的香精油,用于酒类和食品的调香。

cardamum 小豆蔻
参见 cardamon

cardboard flavour 纸板味 一种牛奶的缺陷,由于包装不当而引起。

carde (F.) 刺菜蓟叶柄 常烧煮成泥状食用。参见 cardoon

carde à la moëlle (F.) 熏肉烧骨髓片

Cardinal 红衣主教酒 一种鸡尾酒。将莱茵白葡萄酒加热但不沸腾,然后加入糖、丁香和橙汁等。参见附录。

cardinal fish 天竺鲷
参见 apogon

cardinal of the sea 煮龙虾 也叫红衣主教虾。因虾在煮熟时呈大红色,酷似红衣主教的衣服而得名。

cardinal sauce 红衣主教沙司 一种红色沙司,用龙虾黄油、贝夏美沙司、柠檬汁和奶油制成。用于佐食鱼类菜肴。

Cardinale, à la (F.) 红衣主教式 泛指红色或粉红色菜肴。用鱼、蘑菇、块菌和扇贝作配料,或用覆盆子糖浆及杏仁作点缀。

cardinalizer (用虾汁)煮红 将虾肉、蟹等放入葡萄酒与奶油中煮,使汤汁变红,作为一种调味料使用。

cardine (F.) 黄盖鲽
参见 dab

cardio (It.) 乌蛤
参见 cockle

cardite (F.) 心蛤 因外形似装饰性的心形而得名。

cardium (F.) 乌蛤
参见 cockle

cardo (It.) 刺菜蓟
参见 cardoon

cardoon 刺菜蓟 菊科多年生草本植物,原产于欧洲南部和北非,在产地被用作蔬菜食用。通常将全株煮熟、经调味后冷冻加入色拉而成。

carême (F.) 四旬斋
参见 Lent

Carême, Antonin (F.) 安东尼·卡雷姆 法国著名厨师,生于1784年,卒于1833年。著有多种烹饪书籍,曾任英国摄政王乔治四世和沙皇亚历山大一世的御厨,被誉为法国古典烹饪之父。

Cargèse (F.) 卡杰斯干酪 法国科西嘉岛北部地区的一种羊奶酪,重约350—500克。

cargolade (F.) 炭烤蜗牛 将蜗牛经调味后在炭火上烤熟,然后加葡萄酒炖煮而成。为法国朗格多克地方风味。

carhop (Am.) 路边餐厅服务员
参见 drive-in

cari (F.) 咖喱
参见 curry

caribbean cabbage 芸苔 一种甘蓝,可作为蔬菜食用或作凉拌菜。

caribou 北美驯鹿 产于北美洲北极地区的一种野鹿,毛粗而蓬松,高约4英尺。其肉质类似普通驯鹿,常可经腌制或炖焖而食用。

carica 番木瓜 可供生食的一种鲜果,也可制成多种加工食品。其种子可用于榨油,果实中含有丰富的维生素 C 和胡萝卜素。

Carignan (F.) 佳丽酿葡萄 法国最普通的红葡萄品种,其种植面积极大,而且已分布到西班牙、美国的加利福尼亚和非洲等地。常用于酿制一种同名普通佐餐用干红葡萄酒。

carimañolas (Sp.) 脆肉片 一种巴拿马风味食品。参见 carbonado

carina (禽类的)胸骨 该胸骨软而有弹性,尤其是幼禽的胸骨。能左右弯曲者说明该幼禽肉极嫩美。

cariñena (Sp.) 卡利涅纳葡萄酒 依产地命名的一种西班牙红葡萄酒。

Carinthia 卡林西亚 奥地利地名,近南斯拉夫边境。该地的一种菜肴为卡林西亚式煮菠菜,颇有特色。

cariucho (Sp.) 辣子炒肉

carline thistle 卡林蓟 一种山区植物,其花可用于色拉,根可入药,香味类似大茴香。以产于法国的塞文山区(Cévennes)为最佳。

Carling 卡林啤酒 加拿大多伦多地区酿制的一种淡色啤酒。参见 ale

Carlowitz (Yu.) 卡尔洛维奇酒 南斯拉夫产的一种干红葡萄酒,以产地命名。

Carlsbad 卡尔斯巴德 捷克的著名矿泉,世界驰名。该词也指用卡尔斯巴德矿泉水酿制的一种香草利口酒。

Carlsberg 卡尔斯堡啤酒 一种著名丹麦啤酒,产于哥本哈根。以实业家卡尔斯堡的名字命名,他曾将淡啤酒率先引进到丹麦。

carmelitano (Sp.) 香草利口酒

carmine 洋红 也叫胭脂红,由胭脂虫获得的一种活性红色染料。可用于糕点、糖果和酒类的着色,如果汁、果子露、红绿色蜜饯和罐头等。

carnation 康乃馨 花名,其花瓣常用于制糖浆与杏仁酒的调香料。

carne (Sp.) 1. 肉,食用肉 2. 果肉

carne secco (Sp.) 野牛肉干

参见 bull cheese

carnero (Sp.) 羊肉
参见 mutton

Carnico (It.) 卡尼科干酪 意大利弗利沃尔地方产的一种牛乳干酪,重 7—15 千克,含乳脂 30—45%。

carnival 狂欢节 也叫嘉年华节或谢肉节,是西方天主教国家在四旬斋前一周的狂欢活动。通常有盛大的化妆游行和宴饮,因而也是烹调方面的重大活动。各地方风味食品流派纷呈,争奇斗艳。

carnoso (It.) (水果)肉厚的

carob 角豆 也叫刺槐豆,是一种常绿乔木角豆树的果实,产于地中海沿岸地区。其种子可磨成粉用作汤类的增稠料或作为巧克力的代用品。也作 St. John's bread

carob bean 角豆,刺槐豆
参见 carob

carob flour (Am.) 角豆粉
参见 carob

carob powder 角豆粉
参见 carob

Carolaus Irish Cream Liqueur 卡罗劳斯甜露酒 一种爱尔兰产的甜利口酒,以威士忌、奶油和蜂蜜调配而成,含酒精 17%。

carolina bean (Am.) 卡罗利纳豆 也叫利马豆。参见 lima bean

carolina rice 卡罗利纳大米 一种颗粒细长,且有棱角的米,外表光洁。

carolina tea (Am.) 印度绿茶
参见 green tea

caroline (F.) 1. 奶油长条酥 2. 利马豆粉

caroni 卡罗尼酒 特立尼达产的一种白色朗姆酒。参见 rum

carota (It.) 胡萝卜
参见 carrot

carotene 胡萝卜素 也叫叶红素,为橙色或红色结晶,存在于黄色或绿色植物以及动物脂肪中。能转换成维生素 A,是人体必需的营养物质之一。

carotte (F.) 1. 胡萝卜 2. 烟叶卷

carottes au jus (F.) 肉汁胡萝卜

caroube (F.) 角豆
参见 carob

carp 鲤鱼 原产亚洲的一种软鳍淡水鱼,体型较长,体表呈绿褐色,为常见食用鱼之一。可炸、烤、填馅或加入红葡萄酒烩煮等。

carpaccio (It.) 白汁红肉 配有调味汁的小牛肉片,因意大利画家卡帕奇奥擅用红白两色而得名。

carpe à la Neuvic (F.) 奈韦克式鲤鱼 一种以块菌和鹅肝酱作填馅的菜式,为法国佩里戈尔地区风味。

carpe à la Polonaise (F.) 波兰式煮鲤鱼 以红葡萄酒烹煮,在鱼腹中填以杏仁。

carpeau (F.) 小鲤鱼 也指一种淡水鳊鱼。参见 carp

Carpentras, à la (F.) 卡尔庞特拉式 法国卡尔庞特拉地区以块菌驰名,本式为块菌作主要配料的菜式。

carpetbag steak 毯包式牛排 将牛排先切出一个口袋状缺口,然后填入牡蛎经炙烤而成。源自1840年流行于美国的一种手提包的名称。

carpillon 小鲤鱼 产于法国的罗讷河,肉质极嫩。参见 carp

carpione (It.) 鲤鱼
参见 carp

carpsucker 黑眼鱼 一种鲤科亚口鱼。参见 carp

carrageen 鹿角菜,角叉藻 产于欧州和北美洲海岸附近的一种紫色海藻,经ську干后可用于制胶冻食品,以代替明胶或骨胶。也作 Irish moss

carraspada (Sp.) 卡拉斯帕达 一种用淡葡萄酒加蜜和香料调制的饮料。

carré (F.) 1. 小方块食物 2. 羊臀肉

carré à la Beaucaire (F.) 博凯尔式烤羊臀肉 一种以洋蓟作配菜的羊肉菜肴,有时淋以白兰地酒加香。

Carré de Bray (F.) 布雷方形干酪 法国诺曼底地区的一种牛乳干酪,重仅100克,含乳脂45%。

Carré de l'Est (F.) 东方干酪 产于法国香槟省或洛林地区的一种方形全奶干酪,重250克,色白质软,含乳脂45%。

carrelet (F.) 菱鲆 一种鲽科鱼类。
参见 plaice

carrier pigeon 岩鸽
参见 rock pigeon

carrot 胡萝卜 伞形科二年生草本植物,具有可供食用的根,呈锥状。味甜质脆,可供凉拌或烹煮,富含维生素A。原产于阿富汗,现已分布于世界各地。胡萝卜在刚引种到欧洲时曾作为女帽的装饰品,后来才用于烹调。

carrot cake 胡萝卜蛋糕 以胡萝卜、鸡蛋、干果和葡萄干作配料制成。

carrot seed oil 胡萝卜籽油 从胡萝卜籽中提取的一种浅黄色油,用于甜酒增味或作为调味香料,富含维生素A。也常用于奶油着色。

carry out (餐厅的)外卖食品

carta (Sp.) 菜单
参见 menu

carte, à la (F.) 点菜 指按菜单点菜就餐。按每一菜肴的标价累计付帐,顾客有较大的选择余地。参见 table d'hôte

carte des vins (F.) 酒单
参见 wine list

carte du jour (F.) 当日菜单 在每道菜后均标有价格的一种菜单。

carte promotionelle (F.) 最低价格菜单

cartilage 软骨 一种动物结缔组织,主要由胶原和硫胺软骨素组成,是熬制骨胶的原料之一。参见 collagen

cartilaginous fish 软骨鱼 鱼的一类,骨髓全由软骨组成,鳞片多为粒状,或无鳞,生活在海洋中。鲨鱼、鳐鱼都属于软骨鱼类,大多可食用。

cartoccio (It.) 用纸包烤 以保存食品的原汁和原味。

carve 1. 切割(肉等) 2. (作为食品的)肉

carver 1. 切肉刀,切肉叉 2. 切肉厨师

carvi (F.) 茴蒿子
参见 caraway

carvie (Sc.) 蜜饯贯蒿子
参见 caraway comfits

carving 切割 将肉和家禽经切割后上桌。肉类应横纹理切,以使其保持最大的柔嫩度。大块肉则应剔除骨头后进行切割。

carving board 砧板
参见 cutting board

carving set 切肉炊具 如切肉刀,割肉叉等。

carviol 奥地利花椰菜
参见 cauliflower

carypton 卡里普顿利口酒 产于西印度群岛,以碎冰鸡尾酒和苦味料调配而成。

cas(s)aba 冬甜瓜 一种外皮呈金黄色、肉呈淡黄或白色的甜瓜,味甜而易于保存。原产于土耳其的城镇卡萨巴(Kasaba),故名。

casaberia (Sp.) 木薯甜饼

casalinga, alla (It.) 家ախ式 尤指使用佐食面条的家庭制番茄沙司。

casanova (Am.) 卡萨诺瓦 一种以芹菜、块菌为主要配料的凉拌菜。

cascarilla 卡斯卡里拉树皮 西印度的一种灌木的芳香树皮,用于制食用香料。

case 箱 指一打葡萄酒或烈性酒,即12瓶。

casein 干酪素 也叫酪蛋白,是从动物乳汁中所含的蛋白质遇酸凝固而析出的一种黄白色粉末。主要存在于乳清或干酪中,可供食用。

caseralla (Gr.) 软奶酪
参见 cheese

Caserette (F.) 卡萨雷特干酪 法国诺曼底地区的一种牛乳干酪,味淡,重120克,含乳脂50%。

cashaw 南瓜,倭瓜
参见 pumpkin

cashew 腰果 也叫鸡腰果或槚如果,是腰果树的肾形坚果,味甜可食,色泽淡红或黄色。可做饮料、果酱和果冻。也可生食。在欧洲常被去苛性油后经烘烤食用,在印度是鸡和蔬菜的特色佐料,在巴西则用于酿制一种十分有名的腰果酒。

Casiacca (It.) 卡齐亚卡干酪 意大利萨丁岛产的一种牛乳干酪,形状、重量和含脂量均不固定。

casing 肠衣 用于制香肠或红肠,有时也泛指其他肉制品的薄膜包衣。

cask-ageing 酒桶中陈化 指葡萄酒等在放入木桶中的陈化过程,目的使酒味更醇美。有时使用橡木桶等更为有效。

caspiroleta (Sp.) 鸡蛋牛奶 可作为一种热饮早餐食品。

casquinon (Sp.) 杏仁糖

cassabanana 香蕉瓜 葫芦科多年生藤本植物,原产美洲热带地区。果实味香可食。

cassante (F.) 脆的
参见 brittle

cassareep 苦木薯浆 将苦木薯汁煮沸熬成浓浆状,作为一种调味汁,产于西印度群岛。参见 tapioca

cassata (It.) 卡萨它 一种果子冰淇淋或果子蛋糕,以巧克力作点缀,产于意大利的西西里岛。

cassava 木薯 原产于美洲热带的大戟科植物。其块根可食,可磨制木薯粉、做面包及酿酒,富有营养。参见 tapioca

casse (F.) 破败病 葡萄酒因变质而引起的一种缺陷现象。

casse-croûte (F.) 快餐
参见 snack

casse-gueule (F.) 烈性烧酒
参见 spirit

casse-museau (F.) 硬蛋糕
参见 jawbreaker

casse-noisette (F.) 胡桃夹子
参见 nutcracker

casserole (F.) 砂锅,炖锅 由陶瓷、金属或玻璃制成的一种带柄深圆形器皿,可用于烤、炖或焖各种菜肴。使用砂锅烹制的菜有时统称砂锅菜,其用料一般有肉类、干酪、通心粉、米饭和沙司等。

casserole, à la (F.) 以砂锅烹调的

Cassette (Be.) 卡赛特干酪 比利时

列日地方产的一种牛奶干酪,其形状和重量不固定。

cassia 肉桂 樟科植物,其芳香的树皮和棕色果实可作香料。肉桂皮用菜肴的调味,尤其用于利口酒和巧克力。肉桂产于中国及南亚等国,尤以越南的西贡肉桂质量最佳。

cassia bark 肉桂皮 主要用作调香料。参见 cassia

cassia bud 肉桂花蕾 一种干制花蕾,在烹调中常用作调香料,与肉桂皮香味略有不同。

cassia oil 肉桂油 从肉桂的叶和嫩枝中提取的芳香油。参见 cinnamon

cassina 冬青茶 作为茶叶的代用品,可泡制冬青茶饮料。参见 wintergreen

cassiri 发酵玉米粉 南美洲的一种民间食品。

Cassis (F.) 卡西 法国罗讷河口地名,在马赛以东,滨地中海。以产极干的优质白葡萄酒著称于世。

cassis (F.) 黑醋栗 也指与苦艾酒混合的一种饮料。参见 black currant

cassis, crème de (F.) 醋栗甜露酒 法国第戎的僧侣从16世纪起就开始酿制的一种利口酒。含有丰富的维生素,有滋补作用,含酒精17%。

cassivi 木薯酒 将木薯汁经发酵后制成,味浓郁。

cassola (It.) 烩沙丁鱼
参见 sardine

cassolette (F.) 小吃碟 以耐热瓷器、金属或玻璃制成的浅碟,用于放开胃小吃或甜食。有时还可将土豆泥经油炸后浇上白汁沙司放在该碟子中上菜,用处很多。

casson (F.) 碎糖块

cassonade (F.) 粗黄糖 一种未经精炼的食糖,有朗姆酒香味,常用于制糕点。参见 brown sugar

cassoulet (F.) 法国锅菜 用白扁豆与鲜肉烤制的法式菜肴,曾是一种简易农家食品,后演变为丰富多采的佳肴。其配料主要有扁豆、猪肉、火腿、番茄、大蒜、洋葱、香草和原汤。图卢兹地方采用鸭或鹅肉,加上香肠,在菜上面用面包屑和油脂浇盖,用烤炉烹调即成。该词也指该菜肴的砂锅。

cassoulet périgordine (F.) 佩里戈尔式什锦砂锅 以菜豆、羊肉、大蒜和填馅鹅颈作配菜。

cassoulette (F.) 1. 小瓷碗 2. 什锦小砂锅炖肉

cast 小块面包

castagna (It.) 栗子
参见 chestnut

castagnaccio (It.) 栗粉脆饼
参见 castagnaci

castagnaci (F.) 栗粉脆饼 法国科西嘉岛风味,比一般华夫饼干厚。

Castagnon (F.) 卡斯他农酒 著名法国阿马涅克白兰地之一,浓度稳定。
参见 Armagnac

castaña (Sp.) 栗子
参见 chestnut

castanha do Brasil (P.) 巴西果
参见 Brazil nut

Castel Danielis (Gr.) 达妮丽丝酒 希腊南部帕特雷地方产的一种醇厚的干红葡萄酒。据说早在820年由一位美丽的寡妇达妮丽丝酿成而得名。837年她成为拜占廷国王的王后。

castelane (F.) 青梅
参见 greengage

Castellamare (It.) 卡斯坦拉玛列酒 意大利西西里岛产的一种红葡萄酒。

caster (餐桌的)调味品瓶架
参见 condiment

caster oil 蓖麻油 从蓖麻子中榨取的一种食用油,因有刺激胃肠粘膜作用,临床上用作因积食引起的便秘的催泻剂。

caster sugar 绵白糖
参见 castor sugar

Castiglione, à la (F.) 卡斯底里昂式 指以蘑菇、骨髓、炒茄子等作配料的一种黄油煎肉菜肴。卡斯底里昂为意大利北部城镇,1796年拿破仑在此击败奥地利军队。该战役的统帅奥杰罗Augereau(1757—1816)被授予卡斯底里昂公爵称号,后以该菜式纪念他。

Castillon (F.) 卡斯蒂隆酒 法国著名科涅克白兰地之一,创始于1814年。

castle pudding 城堡布丁 一种松软的稠厚糕点,用模子蒸或烤成,上浇果酱。

castor 1. **调味品瓶** 瓶盖上有小孔,可撒出粉状调味品。 2. **调味品架** 有若干个调味品瓶的架子,放在餐桌上,可自由转动。

castor sugar 绵白糖 一种颗粒极其细腻的白砂糖,色泽洁白,用甜菜或棉籽等提炼而成,品种与普通蔗糖不同。常放在餐桌上供人们取用。

castradina (It.) 烤羊肉 意大利威尼斯地区的名称。

castrate 去势 雄性家畜或家禽经阉割去势可加速肥育,使肉质更加鲜嫩。
参见 capon

castrato (It.) 阉小羊肉

cat 猫 一种家养动物,其肉可食用,滋味类似野兔。但一般只在发生饥荒时才食用猫肉。

cat lap (Am.) 冲饮饮料 用沸水冲制的饮料,如茶和咖啡等,以区别用冰水冲淡的浓缩果汁等。

cat's eyes (Am.) 木薯 俚称。
参见 tapioca

cat's tongue 狭长巧克力饼干
参见 langue de chat

catacomb 酒窖
参见 cellar

Catalan (Sp.) 卡特兰酒 西班牙泰罗尼亚地方产的一种红葡萄加酒。

catalana 卡达拉纳鸡 产于地中海沿岸的一种肉用鸡种。

Catalane, à la (F.) 加泰罗尼亚式 西班牙地名,与邻近的法国鲁西永地区风味相似。指用大蒜、苦橙、茄子、西红柿、洋葱、胡椒、鹰嘴豆等为配料的肉类菜肴。

catanes (F.) 杏仁果酱小蛋糕
参见 Genoese sponge

catawba (Am.) 卡托巴葡萄 产于美国东部北卡罗来纳州卡托巴河岸的一种酿酒用葡萄品种。该地还有一种叫拉布鲁斯卡葡萄,均可用于酿制甜味的各种红、白葡萄酒。1842年尼古拉·朗沃斯用卡托巴葡萄酿出了美国最早的香槟酒。

catchup 调味番茄酱
参见 catsup

catechu 口香片
参见 cachou

cater 承办酒席 泛指任何提供饮食方面的服务活动。

catfish 鲇鱼 一种淡水鱼类,背部苍黑色,腹面白色,头扁口阔,体表无鳞,体形短肥。生活在湖河池沼等处,是重要的食用鱼。

catigau (F.) 炖鳗鲡 指用红葡萄酒、大蒜、土豆、洋葱等为配料炖煮而成。有时也加入番茄和鳀鱼油炖煮小牛肉等。

catigou (F.) 炖鳗鲡
参见 catigau

catillac (F.) 冬梨 常用于煮熟食用的一种梨。

catillard (F.) 冬梨
参见 catillac

catmint 猫薄荷 一种调香用野生芳香植物。也作 catnip

catnip 猫薄荷
参见 catmint

catsup 调味番茄酱 也叫番茄沙司,由番茄、蘑菇、盐和其他调味料配制而成,常制成罐头出售。也作 catchup 或 ketchup

cattail 蒲菜 亦称香蒲,一种多年生草木。其嫩芽可作蔬菜食用,根状茎含有淀粉,可用于酿酒。

cattle 家牛 指其肉和奶供食用的驯化牛类,品种很多,较著名的有安格斯牛、瑞士褐牛、沙罗莱牛、加洛韦牛、泽西牛、短角牛和荷尔斯泰因牛等。

cattley guava 草莓番石榴
参见 strawberry guava

catuto (Sp.) 圆面包

caucara (Sp.) 排骨肉

Caucasian milk 高加索酸奶 格鲁吉亚的一种凝乳牛奶品种。

caucau (Sp.) 辣椒杂碎土豆

Cauchoise, à la (F.) 科式 该地在法国诺曼底。指用苹果沙司和奶油鸡肉作配料的菜式。

Caudiau (F.) 科迪沃干酪 法国诺曼底地方产的一种牛奶干酪,奶香味浓,味略酸。

caudière (F.) 洋葱贻贝炖鱼

caudle 蛋奶甜粥 英国一种有疗效的热饮,由淡啤酒、葡萄酒、辛香料、蛋黄、糖、面包和稀粥等拌合而成。据说对治疗感冒有奇效。该饮料历史悠久,最早可追溯到16世纪莎士比亚生活的时代。

caudle cup 蛋奶甜粥杯 一种小而带两个把手的银杯,通常均有盖,该杯常呈葫芦形,无足,饰有浮雕花卉图案。17世纪后半叶最初产于英国。用于盛装流质滋补食品。参见 caudle

caul 肠网膜 俗称网油,用于包裹肉酱、香肠泥等。猪网油质量最佳。

cauldron 带柄大锅 用于炖煮肉类等菜肴。

cauli (abbr.) 花菜
  参见 cauliflower

cauliflower 花菜,花椰菜 与甘蓝近缘的一种蔬菜,主要食用其紧密的白色头状花序。常放在盐水中白煮,加入干酪奶油等调味汁制成凉拌食用。

caustic potash 苛性钾 一种无机化合物,为白色固体,容易潮解。成分为氢氧化钾,呈强碱性,可用于作厨房洗涤剂等。

caustic soda 苛性纳 俗称烧碱,学名氢氧化纳,为一种白色固体,有强烈洗净作用。厨房中主要用于清洗油污的炊具和设备等。

cava 卡瓦胡椒
  参见 kava

cava (Sp.) 卡瓦 西班牙酒类术语,指采用法国香槟法制造的气泡葡萄酒,也是最优质酒的代称。参见 champagne

Cava Carras (Gr.) 卡瓦卡拉斯 希腊北部酿的一系列干红,干浅红或干白葡萄酒,含酒精12%。

cavaillon (F.) 绿皮西瓜 形体长而圆,产于法国的卡瓦荣镇,以产地命名。

cavalla 1. 马鲛鱼 参见 cero 2. 长面鲹 参见 crevalle

cavatappi (It.) 螺丝锥
  参见 corkscrew

cave 1. 酒窖 参见 cellar 2. (干酪的)小孔

cave à liqueurs (F.) 酒窖 设有专门储藏利口酒的有格酒柜。

caveau (F.) 小酒窖
  参见 cellar

cavedano (It.) 圆鳍雅罗鱼
  参见 chub

cavendish 1. 卡文迪许板烟 英国卡文迪许地方产的一种饼状或圆塞状烟块,经软化和加香出售。 2. 小香蕉 也叫中国香蕉,味甜香糯,以区别于美洲的香蕉。

Cavendish Manor 卡文迪许酒 英国东部产的一种中干白葡萄酒,以产地命名。

caviale (It.) 鱼子酱
  参见 caviar

caviar(e) 鱼子酱 鲟鱼或大马哈鱼的鱼卵,经腌制而成,用于开胃品或菜肴吐司。食前必须冷冻,以黑色与鲜红色最为名贵。在俄罗斯和欧洲被视为一种美味。最珍贵的鱼子酱是用小鲟鱼的金黄色鱼子制作的,过去专为沙皇准备。

cavim (P.) 木薯烧酒 产于巴西的一种土烧酒。

cavoletto (It.) 球芽甘蓝
  参见 Brussel sprout

cavolfiore (It.) 花椰菜,花菜
  参见 cauliflower

cavolo (It.) 卷心菜,甘蓝
  参见 cabbage

cavolo de Brusselle (It.) 球芽甘蓝
  参见 Brussels sprout

cavolo romano (It.) 花茎干蓝 也叫嫩茎花菜。参见 broccoli

Cavour, à la (F.) 加富尔式 指用小牛胸腺和薄肉片作配料,加鸡肝酱、块

菌,填馅蘑菇等的一种菜式。

cayenne pepper 红辣椒粉 一种热性的红色辛辣粉末,是辣椒粉中最辣的。可用于干酪、蛋类、鱼和其他食品的调味。该词源自法属圭亚那一个岛屿(Cayenne Island)的名字,但实际上该辣椒粉却产于其他地方。

cayman 短鼻鳄
参见 alligator

Cayo Verde (It.) 绿卡约酒 美国的一种酸橙汁利口酒,口味清淡。

Cayuga duck 卡育加鸭 美国培育的一种家鸭品种,毛色黑绿,肉质类似于中国的北京鸭。

caza (Sp.) 野味
参见 game

cazabe (Sp.) 木薯面饼
参见 cassava

cazuela (Sp.) 1. 炖菜 2. 砂锅
参见 casserole

cc (abbr.) 立方厘米
参见 cubic centimeter

C.E. (abbr.) 佳酿
参见 cuvée

cebada (Sp.) 大麦
参见 barley

cebiche (Sp.) 辣子鱼片

cebolla (Sp.) 洋葱,玉葱
参见 onion

Cebrero (Sp.) 塞布雷洛干酪 西班牙加利斯地方产的一种牛奶干酪,呈圆柱形,重 500—2000 克。

ceci (It.) 鹰嘴豆
参见 chick pea

cecil 炸鱼丸 以鳀鱼油、柠檬皮调味的一种旧式菜看配料。

Cécilia (F.) 塞西莉亚 传说中一位盲女的名字。在菜肴中常指以芦笋为主的一些菜式。

cecina (Sp.) 咸肉干

cecubo (It.) 塞库沃酒 意大利拉齐奥地区产的一种著名葡萄酒。

cédrat (F.) 枸橼,香橼 产于法国南部和科西嘉岛。个大味酸,类似于柠檬,既可榨油,也可用于蛋糕、布丁和冰淇淋的调香。

cedrata (It.) 香橼甜食 泛指香橼果汁饮料和果味甜食等,为意大利西西里岛风味食品。

cédratine (F.) 香橼利口酒 产于法国科西嘉岛。

cefalo (It.) 鲻鱼
参见 mullet

ceinture d'argent (F.) 细尾带鱼
参见 cutlass fish

cel. (abbr.) 芹菜
参见 celery

celeri (F.) 芹菜,旱芹
参见 celery

celeriac 香旱芹 也叫块根芹,一种形状如芜菁萝卜的细根蔬菜,可食用。常用于煮菜或佐以融化黄油。

céleri-rave (F.) 香旱芹
参见 celeriac

celeris en branche (F.) 原茎芹菜 一种将芹菜整枝进行加工而不切碎的烹调方法。

celery 芹菜 一年生或二年生草本植物,有羽状复叶,其小叶为卵形,叶柄肥大,绿色或黄白色。味脆清香,可供生吃、白煮、制汤和作冷拌等。欧美芹菜与中国芹菜的品种不同。

celery knob 块根芹
参见 celeriac

celery oil 芹菜籽油
参见 celery seed oil

celery root (Am.) 香旱芹
参见 celeriac

celery salt 香芹盐 用磨细的洋芹子和盐拌成的调味料,用于烩菜和色拉等。

celery seed 芹菜籽 经干燥后磨成粉,可用作调味品,用于色拉、鱼和肉等菜肴。

celery seed oil 芹菜籽油 从芹菜的干籽中提取的一种无色或黄色油,味香,可用作食品的调香剂。

celery-and-olive 芹橄分格食盘 一种用搪瓷、玻璃或金属制成的便餐盘,以最早用于盛芹菜和橄榄而得名。

celestina (It.) 面点清汤

Celestine (F.) 塞勒斯丁矿泉水 法

Céléstine

国维希矿泉水名牌之一。参见 Vichy

Céléstine (F.) 塞勒斯丁 拿破仑的大厨师,以其命名的菜肴很多。参见 potage Céléstine 和 poularde Céléstine 等。

cellar 酒窖 一种地窖,用于存放葡萄酒或香槟。良好的酒窖应潮湿而通风,温度保持在 10—12℃ 左右。

cellar milk 窖藏牛奶 一种保存性能优良的挪威发酵牛奶。也作 kaelder milk

cellarette 酒柜 一种可移动的小型冷酒柜,也指餐具柜内分格存放酒瓶的冰柜,供放置各种酒类和饮料。

cellarman 地窖管理员 从事饭店或餐厅的酒精饮料管理工作,包括葡萄酒过滤澄清及供应等。

cellophane 赛璐玢 俗称玻璃纸,无色透明,有光泽。是经过纤维素经化学处理后的溶液压过窄缝制成,可染以不同颜色,广泛用于作食品、糖果等的包装材料。

cellothene 赛璐森 一种聚乙烯薄膜,无色透明,类似于玻璃纸,可用于食品包装。参见 cellophane

cellulose 纤维素 一种由葡萄糖分子组成的碳水化合物,是植物细胞壁的主要组成部分,常和木质素和树脂等伴生在一起。蔬菜、水果中含有较高的纤维素,虽不能作为营养物质为人体所吸收,但对食品的吸收和抗病具有重要的生理作用。此外,纤维素的衍生物可用作食品的增稠剂。

Celsius 摄氏的 一种温度标,以水的冰点为0℃,沸点为100℃。1742年由瑞典天文学家 Andre Celsius (1701 — 1744) 创始。也作 Centigrade

celtuce 芹莴苣 芹菜与莴苣的杂交品种,具有可食的主茎和叶子,兼有芹菜和莴苣的风味。该词由 celery 和 lettuce 两词缩略而成。

cena (Sp.) 晚餐
参见 supper

cendré de Troyes (F.) 特鲁瓦干酪
参见 Barberey

cendres, sous les (F.) 热炭烤 一种以热炭作热源以代替明火的加热烹调方法。

cendrier (F.) 烟灰缸
参见 ashtray

Cendrillon (F.) 灰姑娘
参见 Cinderella

center ham slices (Am.) 烟熏火腿片

center mould brick (Am.) 夹心冰淇淋

Centerbe (It.) 百草利口酒 意大利阿布鲁齐山地区(Abruzzi)产的一种甜露酒,因采用 100 多种芳香草药,故名。也作 Mentuccia

centerpiece 餐桌饰架
参见 epergne

centigrade 摄氏的
参见 Celsius

Central and South America 中美洲与南美洲 通称拉丁美洲的中南美诸国,其烹调风格除了原土著印第安人之外,均带有西班牙与葡萄牙的影响。其主食为玉米,菜肴中以海味、小牛肉和羊肉为主。古巴的蔬菜、波多黎各的山药、热带地区的菠萝均很有名。此外,该地区的朗姆酒首屈一指。

centrino (It.) 刺绣小垫布 一般放在碗碟或摆设下面。

century plant 世纪树
参见 agave

cépage 葡萄苗木 用于嫁接或移植优秀的葡萄品种,如卡百内、加美、比诺、索维农和赛米雄等。参见各相关条目。

cèpe (F.) 牛肝菌
参见 boletus

cèpes à la Périgordine (F.) 佩里戈尔牛肝菌 以大蒜、熏肉、欧芹和生葡萄汁作配料的一道法式名菜。

ceramic 陶瓷器皿 包括各种搪瓷和玻璃餐具,具有坚硬光滑耐酸等特性。

Cerasella (It.) 赛拉赛拉酒 意大利最优秀的雪利型利口酒之一,加入多种芳香植物调香。

cercis 紫荆

参见 judas tree

cerdo asado (Sp.) 烤猪肉

cereal 谷物　主要包括小麦、稻米、玉米、黑麦、燕麦、大麦、高粱和粟等栽培作物。淀粉含量很高，适于制糕点、面包、米饭和粥等，是人类的主食。

cereal filler (香肠的)谷粉馅料

cereale (F.) 谷物
参见 cereal

cerelose 结晶葡萄糖　含水约 9% 的市售葡萄糖制品。参见 glucose

ceremonial tea 礼茶　一种日本绿茶，挑选在阴凉处生长的嫩叶加以蒸制、晾干，研碎加工而成，用于茶道。

cereza (Sp.) 樱桃
参见 cherry

cerf (F.) 雄鹿
参见 buck

cerfeuil (F.) 细叶芹
参见 chervil

cerise (F.) 樱桃
参见 cherry

cerises au vinaigre (F.) 醋渍樱桃
加糖、桂皮和酒等配料，味酸可口。

cerneau (F.) 青核桃(肉)
参见 walnut

cerneaux aux verjus (F.) 生葡萄汁浸青核桃肉　法国卢瓦尔河地区风味之一。

cernia (It.) 鲈鱼
参见 perch

cero 马鲛　又名卡瓦拉马鲛，一种优质食用鱼，产于大西洋西部的暖海区域。

Cérons (F.) 塞隆　法国波尔多地区的酿酒地名，在加龙河西岸，生产多种甜味白葡萄酒。参见 Sauternes

certified milk 消毒牛奶　经结核菌试验合格而不需要加以高温消毒的牛奶。

Certosa (It.) 切尔托萨干酪　意大利伦巴第地方产的一种牛奶干酪，重 1 千克，质软味淡，含乳脂 50%。

certosino (It.) 杏仁蜂蜜蛋糕　常以柠檬皮作配饰。

Cerveceria (Sp.) 墨西哥黑啤酒

cerveja (P.) 啤酒
参见 beer

cervelas (F.) 干烟熏香肠
参见 saveloy

cervelat 那不勒斯香肠　意大利那不勒斯的一种烟熏半干香肠，以细绞牛肉为主要馅料。

cervella (It.) 脑
参见 brain

cervellata (It.) 那不勒斯香肠
参见 cervelat

cervelle (F.) 小牛脑
参见 brain

Cervelle de canut (F.) 里昂干酪
参见 Claqueret Lyonnais

cerveza (Sp.) 啤酒
参见 beer

cervo (It.) 野味, 鹿肉
参见 game

cetriolo (It.) 黄瓜
参见 cucumber

Cévenole, à la (F.) 塞文式　指用栗子和蘑菇作配料的菜。塞文为法国南部地区名。

ceviche 腌泡酸鱼拼盘　一种开胃菜肴，将鱼浸泡在柠檬汁或酸橙汁中而成。

Cevrin (It.) 切伏林干酪
参见 Chevrin

Ceylon cinnamon 锡兰桂皮　一种高级食用调香料。锡兰是斯里兰卡的旧称。

Ceylon moss 红藻　海藻的一种，常用于制琼脂。参见 algae

Ceylon tea 锡兰茶
参见 pekoe

chabela (Sp.) 恰维拉酒　葡萄酒和奇恰酒的混合饮料。参见 chicha

Chabi (F.) 安ази干酪　一种纯白色的圆柱形小干酪，用栗叶包装。泛指其他同类产于夏朗德和普瓦图的干酪。

Chabichou (F.) 夏比苏干酪　法国普瓦图地方产的一种羊奶软甜干酪。色泽洁白，呈圆柱形，质硬味浓，一般重仅 100 克，含乳脂 45%。

Chablais (F.) 沙布莱　法国罗讷河沿

岸酿酒区,与瑞士交界。

Chablis (F.) 沙布利葡萄酒 法国勃艮第地区的一种上等白葡萄酒,以该地区的谐同耐葡萄为原料酿造。色泽为禾秆黄色、浓郁芬芳,味干微酸,酒精含量较高。在酒类品评中被列为“硬货”。

Chablis Grand Cru (F.) 沙布利大苑葡萄酒 法国勃艮第的最著名干白葡萄酒名牌,味浓烈芳醇。参见 Chablis

Chablisienne, à la (F.) 沙布利式 指用著名沙布利白葡萄酒作配料的菜肴。

chaboisseau (F.) 大头鱼 产于地中海,用于作法式鱼汤。参见 bouillabaisse

chabot (F.) 杜父鱼 产于地中海的一种淡水鱼,常用于制普罗旺斯鱼汤。

Chabot (F.) 沙博白兰地 法国著名的阿马涅克酒之一,口味圆满。参见 Armagnac

chabray 沙布雷牛 美国南方的一种肉用牛品种,由沙罗来牛和婆罗门牛杂交而成。该词即 charolais 和 brahman 两词的缩略。

chabrol (F.) 酒味菜汤 将酒倒入鹅肉卷心菜汤中的一种菜肴。参见 garbure

chabrot (F.) 酒味菜汤
参见 chabrol

chachlik (F.) 烤羊肉串
参见 shish kebab

chacina (Sp.) 1. 咸猪肉 2. 猪肉罐头

chaff 1. 麸皮 2. 碎米

chafing dish 火锅 一种以金属或陶瓷制成的用具,锅中央有炉,可置炭火,使菜保持相当热度。这时锅中汤水沸腾,锅中的肉或蔬菜则随煮随吃。现在的火锅则已改用压缩煤气、固体酒精等作热源。

chai (F.) 酒库 尤指法国波尔多地区存放大酒桶的酒库。一般在地面以上,以区别于地下酒窖。参见 cellar

chaine (F.) 里脊肉
参见 sirloin

Chaingy (F.) 夏宁干酪 法国奥尔良产的一种软干酪。

chair (F.) 肉类食品
参见 flesh

chair à pâté (F.) 碎肉,肉糜

chair blanche (F.) 白肉
参见 white meat

chakka (Hi.) 茶卡凝乳 印度南部的一种民间食品。

challa(h) 犹太节日面包 一种以白面粉为原料,略加糖增甜并涂上蛋白浆的成型面包。其形状有辫形、方格形或鸽子形多种。犹太民间常在安息日食用。

Chalon (F.) 沙隆 法国马恩河畔有名的白葡萄酒产地。参见 Chalonnaise, à la

chalona (Sp.) 咸羊肉干

Chalonnaise, à la (F.) 沙隆式 指 Chalon-sur-Saône 或 Chalon-sur-Marne 两地。前者在法国勃艮第地区;后者在卢瓦尔地区。该菜式指用鸡或小牛胸腺以及蒜泥、蘑菇、鸡肉、块菌和白汁沙司等作配料的菜肴。

chalop (R.) 酸奶汤 加入各种香料调味的一种夏季俄国饮料,常冰冻后饮用。

chalota (P.) 小葱
参见 shallot

chalumeau (F.) 麦管
参见 straw

chalupa (Am.) 玉米粉饼 常制成船形,以猪肉、牛肉、鸡肉、番茄、洋葱和干酪等作馅料,用作开胃品,也是美洲墨西哥人的主食。参见 tortilla

Chambarand (F.) 尚巴朗干酪
法国多菲内地区尚巴朗修道院产的一种小干酪。色泽淡黄,呈圆盘形,重160克,含乳脂45%。

Chambérat (F.) 尚贝拉干酪 产于法国中央高原的一种饼状干酪。质硬,有强烈的水果味,色泽棕黄,重700—1000克,含乳脂45%。

Chambertin (F.) 尚贝坦酒 法国勃艮第科多尔地区产的一种干红葡萄

酒,口味丰富醇厚,回味悠长。该词也指一种干酪。

Chambéry (F.) 尚贝里干味美思酒 产于法国萨瓦省,以产地命名。该酒有较浓的草莓香味。

Chambolle-Musigny (F.) 尚博列·姆西尼酒 法国勃艮第地区产的一种优质干红葡萄酒,口味隽永,香气突出。

Chambord, à la (F.) 尚博尔式 尚博尔为法国卢瓦尔地区村名。该菜式指以鱼子、鱼丸、块菌和红葡萄酒浸虾或鱼焖煮的菜肴。

chambré (F.) 置于室温中 指红葡萄酒的最佳饮用温度,即18℃—20℃。现代居室的温度已经偏高。而白葡萄酒要置于2℃—8℃之间。

chameau (F.) 骆驼
参见 camel

chamois (F.) 岩羚羊 烹调方法与鹿肉相同,常见于欧洲的阿尔卑斯山和比利牛斯半岛等地。

chamomile (F.) 春黄菊
参见 camomile

champ 洋葱土豆泥 一种北爱尔兰菜肴。

champagne (F.) 香槟酒 一种高级发泡葡萄酒,以其发源地和唯一产地命名。其最优秀的酒在沿马恩河到埃佩尔奈称为白山的细长地带及兰斯高地。香槟酒芳香浓郁清新。其方法为先在罐内发酵,在冬季前装入瓶中,事先经过调配。酒在瓶中第二次发酵,然后把酒瓶转动,使之倾斜,直至倒置,使杂质沉淀到瓶塞处,接着拔出塞子取出沉淀物。一般须陈放1年。香槟酒质量优异,价格昂贵,为法国酒中的上品。

champagne cider 香槟苹果酒 一种经两次发酵的发泡酒,酿造方法参照香槟酒而成。

champagne cup 1. 香槟汽水 2. 大香槟酒杯 也作 champagne glass

champagne glass 香槟酒杯 一种有柄高酒杯,容量为4—6盎司,其外形上部似一个圆锥形的漏斗。

champagne jelly 香槟果冻 一种由水果糖和果胶加香槟酒制成的冷饮。

champagne nature (F.) 不甜的香槟酒

Champagne-Ardenne (F.) 香槟·阿登 包括法国上马恩、奥布、马恩和阿登等省。其葡萄种植业集中在埃佩尔奈和兰斯等地,年产香槟酒和佐餐葡萄酒1亿瓶。

Champagner (G.) 香槟酒
参见 champagne

champaña (Sp.) 香槟酒
参见 champagne

Champenoise, à la (F.) 香槟式 指以炖火腿、熏肉、香肠和白菜等作配菜的菜式。香槟省在巴黎附近。

champignon (F.) 香菇 也叫香蕈或冬菇,为一种食用伞菌,原为野生,现多为人工栽培。参见 mushroom

champignon de prairie (F.) 草菇
参见 straw mushroom

Champigny (F.) 尚皮尼 法国卢瓦尔河安茹地区名,与索米尔邻近,产多种优质葡萄酒。参见 Saumur

champiñon (Sp.) 蘑菇
参见 mushroom

champoreau (F.) 搀酒咖啡 一般常在热咖啡中掺以朗姆酒、白兰地或樱桃白兰地等。

chancua (Sp.) 玉米面

chanfaina (Sp.) 杂碎菜肴 以羔羊肝、洋葱、面包心加调味品烩成。

chang 西藏啤酒 用大麦芽或大米酿成,但不是青稞酒。

changua (Sp.) 洋葱肉汤

channel bass (Am.) 眼斑石首鱼 产于墨西哥湾及大西洋沿岸的一种著名食用鱼。也作 red drum

channel cat (Am.) 鲇鱼 产于美国南部海域。参见 catfish

chanoinesse (F.) 香槟小圆饼

Chanoinesse, à la (F.) 修女式 以小圆馅饼、小胡萝卜和奶油块菌作配料的菜式。

chanoyu (J.) 茶道
参见 ceremonial tea

Chantecler 尚特克利鸡 加拿大培育的一种多用途鸡种,体格强壮,肉冠小,羽毛呈白色。

chanterelle (F.) 1. 鸡油菌 一种分布广泛的食用蘑菇,色泽鲜艳,味美,有一种令人愉快的杏子香味。形似小高脚酒杯。也作 girolle 2. 小高脚酒杯

Chantilly (F.) 1. 尚蒂伊瓷器 18世纪产于法国尚蒂伊的一种软粘土瓷器,有细花花边装饰。尚蒂伊在巴黎以北,有著名的森林和赛马场。2. 甜味搅奶油 也指含有搅奶油的糕点和糖果,以产地尚蒂伊命名。

chaomein (C.) 炒面
参见 chow mein

Chaource (F.) 夏沃尔斯干酪 法国香槟省生产的一种桔黄色干酪。奶味浓,质软,呈圆柱形,重 300—600 克,含乳脂 50%。

chap 猪颊肉
参见 Bath chap

chapat(t)i 印度薄饼 一种未发酵的面食品,通常为小麦粉,放在铁盘中烤成,是印度和斯里兰卡等地居民的主食。参见 tortilla

chapeau (F.) 1. 馅饼酥皮 参见 abaisse 2. 蘑菇顶盖

chapelure (F.) 面包屑,面包粉
参见 breadcrumb

chapon (F.) 1. 蒜泥面包 在面包上涂抹蒜泥,可泡在汤中或放入凉拌中食用,以增风味。2. 阉鸡 参见 capon

chaponneau (F.) 小阉鸡
参见 capon

Chaptalization 夏伯塔尔法 将蔗糖加入正在发酵中的白葡萄汁以提高其酒精度。这种方法制成的酒的质量不及加糖葡萄酒,但有利于葡萄酒的最后酿成。该法以发明者法国人夏伯塔尔(J. A. Chaptal)命名。

char 红点鲑 鲑科几种淡水食用鱼的统称,一般体上有淡红色斑点,如北极红点鲑、湖红点鲑和溪红点鲑等。主要产在英国、法国和瑞士等地。味极鲜美,被美食家视为上品。

charbon de bois, au (F.) 炭烤的
参见 charbroil

Charbonné (F.) 炭烤干酪 法国图赖讷地方的一种羊奶干酪,重约 300 克,含乳脂 45%。

charbonnier (F.) 黑鳕
参见 pollack

charbray (F.) 沙布雷牛 法国的一种优质杂交种牛,由沙罗莱牛和婆罗门牛杂交而成。该词由 Charolais 和 Brahman 两词缩略复合而成。

charbroil 炭烤 一种把肉放在木炭上或搁在架子上焙烤的方法。

charcuterie (F.) 1. 熟肉食品 尤指猪肉、火腿、香肠等的美味熟食,也指加有调料的肉类盘菜。2. 熟肉店
参见 delicatessen

chard 莙荙菜 二年生藜科植物的变种,叶大,叶柄粗壮,色鲜绿,脆嫩,可煮食。食法同菠菜,叶柄的食法同芦笋,均富含维生素 A 和 C。莙荙菜俗称牛皮菜,也有人称为叶甜菜。在家庭菜园中十分普遍。

chardon (F.) 野刺菜蓟
参见 cardoon

Chardonnay (F.) 谐同耐葡萄 著名法国勃艮第白葡萄品种名,用于酿制香槟和沙布利白葡萄酒等。美国加利福尼亚也采用此品种,酿成的酒口味干冽而丰厚。

charentais melon 夏朗德甜瓜 一种黄绿色小甜瓜,肉色深黄,味香甜。
参见 Charente

Charente (F.) 夏朗德 法国西部内陆省份,土地肥沃,产小麦、玉米和葡萄等。其葡萄园十分著名,生产质量优异的白兰地和葡萄酒。此外,夏朗德的黄油在法国名列前茅。

Charente butter 夏朗德黄油 一种圆柱形或酒桶形黄油产品,质量上乘,口味纯正。参见 Charente

charged water 汽水 指充入二氧化碳的发泡饮料。参见 soda water

charger 大餐盘
参见 tray

chargouère (F.) 半圆李子酥饼

charlock 田芥菜 也称野欧白芥，为十字花科杂草，生长在欧洲和北美。其香味似香子兰，角果中有大粒黄色种子，是制取调味芥末的原料。

charlotte (F.) 果酱吐司 传统法式甜点，用深圆筒模制作。有两种：一种将涂好奶油的面包衬在筒壁，中间填入果酱、杏酱等，上盖一片面包，然后焙烤热吃。另一种用松脆小饼衬在筒模内，中间填入冰淇淋或搅打乳脂，作为餐后甜食。

charlotte martinique (F.) 草莓奶油布丁 上置掼奶油的一种细长形松软甜点。

charlotte russe (F.) 俄式奶油布丁 与法式果酱吐司相似，但主要以奶油代替果酱作为馅料。参见 charlotte

Charmat (F.) 夏尔马法 一种酿制发泡葡萄酒的方法，也叫桶法式，成本较低，以发明者命名。

Charolais (F.) 沙罗莱 法国勃艮第南部地区名，其特产有著名的白色沙罗莱牛，为优质肉用牛之一。

charquecillo (Sp.) 鳗鱼干
参见 eel

charqui (Sp.) 肉干 一种干制肉类，由肉条纵切、干燥而成。主要产于南美洲，秘鲁多用羊肉；巴西多用牛肉制成。

charquican (Sp.) 辣味腊肉丁 一种智利地方风味，以瘦牛肉、南瓜、辣椒和各种蔬菜等作配料制成。

charr 红点鲑
参见 char

charring 烤焦 指将用于酿酒的木桶内壁用火烘焦，然后注入威士忌酒存放。其目的是有利于陈酿。

chartres, pâté de (F.) 鹧鸪肉糜酥饼 以巴黎西南88公里处的夏特勒(Chartres)命名，该地有著名的夏特勒大教堂。

Chartreuse (F.) 1. 查尔特勒酒 法国格勒诺布尔(Grenoble)的加尔都西会修士或称为苦修会修士所制作的一种苦味荨麻利口酒，最早酿于17世纪。酒呈黄、绿或白色，以白兰地为基酒，加入橙皮、荨麻、海索草等多种配料，含酒精38%。**2. 牛奶水果冻** 一种以牛奶、水果和冰淇淋配制而成的冷饮。

chaser (Am.) 小杯饮料 指在酒后或咖啡后饮用的软饮料，如汽水等，但有时也指小杯烈性酒。

chasse (F.) 加味酒 常在饮咖啡或抽雪茄后饮用的一种芳香小杯烈性酒。

chasse royale (F.) 烤野味杂碎 在餐盘上常堆成金字塔形。

chasselas (F.) 夏斯拉葡萄 一种有多种用途的著名早熟葡萄品种，主要用于酿制甜味葡萄酒。据说最早种植于罗马帝国时代，后移植到瑞士和法国，现以法国卢瓦尔河地区为最多，其名称也有变化，如瑞士称 Fendant，德国称 Gutedel，匈牙利则称 Leanyka。

Chasseur, à la (F.) 猎人式 以煎蘑菇、葱、鸡肉、鸡蛋为配料，常加葡萄酒调味的菜式。

chasseur sauce 猎人沙司 一种浓厚的调味棕色沙司，其配料有蘑菇、青葱、白葡萄酒等，用于佐食肉类和野味等。

chat (F.) 猫
参见 cat

châtaigne (F.) 栗子
参见 chestnut

châtaigne d'eau (F.) 荸荠 俗称地力或马蹄。参见 water chestnut

château (F.) 酒堡 法国波尔多地区分布着300多个著名葡萄种植园和酿酒作坊，其所酿的酒以此酒堡命名。梅多克地区常将葡萄酒按成熟先后分为5个等级，称为 cru。这些酒质量上乘，风味独特，代表着法国最优秀的葡萄酒。

château potatoes 炸土豆丸 将土豆去皮煮成半熟，用黄油炸成金黄即成。

château wine 波尔多葡萄酒 尤指法国波尔多地区一带葡萄种植园酿制的各种上等酒。参见 château

châteaubriand (F.) 腰肉牛排 将牛

里脊肉厚端制成的牛排，常以分葱、角椒和调味料作配料，用黄油嫩煎而成。源自法国19世纪的政治家、文学家和美食家沙多布里昂的名字(Francois de Châteaubriand)。该种牛排需用专门的沙司佐食，称为沙多布里昂沙司。其配料为牛肉原汤、黄油、葡萄酒、奶油、柠檬汁和芳香植物等。

châteaubriand sauce 沙多布里昂沙司　参见 châteaubriand

Châteauneuf-du-Pape (F.) 阿维尼翁红葡萄酒　产于法国罗讷河的 Avignon 附近，质量优越，色泽深红，据说有 600 年的历史。教皇乌尔班十世曾打算把教廷从阿维尼翁迁移到罗马，结果受到许多红衣主教的反对，其原因竟是不愿意离开这芳醇的葡萄酒。

Châtelaine, à la (F.) 庄园夫人式　指以莴苣、洋蓟心、栗子泥、大米作馅，裹以面粉炸黄，另用土豆丸炸黄作配料，用来佐食大块肉菜肴等。

chatouillard, pommes (F.) 炸土豆长条

châtrer (F.) 去势
参见 castrate

chauchat, sole (F.) 水煮板鱼　以炸土豆作配菜，淋以莫内沙司。源自法国陆军军官 Chauchat(1863—1927)。他曾发明自动手枪，在第一次世界大战中颇有建树。

chauche 白玉　一种葡萄品种名。

chaud (F.) 热的
参见 hot dish

chaudeau (F.) 蛋奶甜粥
参见 caudle

chaud-froid (F.) 1. 肉冻　或指一种鱼或肉菜肴，盖上肉冻或明胶增稠的沙司，通常用模子冷冻后上桌。是一种法式菜肴的风味食品。 2. 甜果冻　以柠檬冻和奶油饰配的水果冻，可作为一种冷饮甜食。

chaudiere (F.) 大锅
参见 cauldron

chaudin 填馅猪肚　将面包屑、牛奶混合，加入炸成焦黄的黄油和洋葱、青椒、大蒜等，再配以鸡蛋、山药等填入猪肚内，然后放在沙锅中炖熟即成。为卡真烹饪菜肴之一。参见 Cajun

chaudrée (F.) 炖海鱼汤　如康吉鳗汤等，用葡萄酒、洋葱和土豆作佐料。

chaudrée à la Rochelaise (F.) 拉罗谢尔式炖鱼汤　以白葡萄酒作佐料炖成的杂鱼汤。

chaudron (F.) 1. 小牛下水　参见 chitterings 2. 带柄大锅　参见 cauldron

chauffe-assiettes (F.) 餐碟加热器

chauffe-plat (F.) 菜肴保温器

chaufferette (F.) 火锅
参见 chafing dish

Chaumes (F.) 夏姆干酪　法国的一种农舍牛乳干酪，色泽棕黄，呈扁盘形，重约2千克，含乳脂50%。

Chaumont (F.) 肖蒙干酪　产于法国香槟省的一种软质牛乳干酪，重200克，含乳脂45%。

chausse (F.) 过滤袋　一般用细布制成，形似漏斗。参见 filter

chausson (F.) 酥面馅饼　一般呈扁圆形，馅心甜咸均可。参见 turnover

chausson à la Périgourdine (F.) 佩里戈尔式酥面饼　以肥鹅肝、块菌等作馅，淋以科涅克酒，是佩里戈尔地区的风味食品之一。

Chaux d'Abel (F.) 阿倍尔干酪　瑞士纳沙泰尔地方产的一种牛乳干酪，重8千克，质硬，含乳脂45%。

chawan-mushi (J.) 蒸蛋羹　以鸡肉、虾肉、银杏及其他配料加蛋炖成。

chayote (Sp.) 佛手瓜　产于西印度群岛的一种热带南瓜品种，外形浑圆或呈梨形，外皮有的光滑，有的有条纹，色泽从淡绿到深绿。果肉坚脆，口味优于普通南瓜。常用作蔬菜或填入馅料作为主食。

cheat 次小麦面包　质量比精白面包差一些。

cheater 小烈性酒杯　因底部厚，故实际容量很小。参见 shot glass

checharron 棕色猪油　一般香味浓重。参见 beurre noir

checks 碎壳蛋 一种新鲜鸡蛋，因外壳在运输中产生裂缝而成为碎壳蛋，价格较便宜，现买现吃。也作 chex

Chécy (F.) 切西干酪 法国奥尔良地方产的一种扁盘形牛乳干酪，重仅 130 克。

Cheddar 切德干酪 英国索默塞特郡切德地方产的一种硬质全脂牛乳干酪，历史悠久。色泽白或金黄，组织细腻，口味柔和，重 30—35 千克，含乳脂 45%。

cheddar cheese soup 切德干酪汤 以切德干酪、洋葱、牛奶、黄油和面粉调制而成的一种浓汤，为加拿大风味之一。

chee keufta (R.) 羊肉馅饼 一种亚美尼亚风味食品。

cheerio 恭喜恭喜 祝酒用语。

cheers 干杯 祝酒用语

cheese 干酪 也叫奶酪、乳酪或忌司，是经压榨成形的凝乳食品，以牛乳、羊乳为原料。将酸凝乳和乳清分离即成为鲜奶酪，但成熟后则称为熟奶酪或干酪。世界上生产奶酪的国家首推法国、荷兰和意大利等国，品种多，质量优。奶酪一般有全脂和脱脂两大类，而其色泽、形状、质地、香味和特点数以千计，非常丰富。

cheese biscuit (Am.) 干酪梳打 以干酪屑佐味的松脆饼干。

cheese butter 干酪奶油 一种干酪与黄油的混合料，用于涂抹面包。

cheese colour 干酪色素 用于涂在干酪外皮上，色泽种类很多，常见的有红和黄等色素。

cheese cutter 干酪切刀 一种钢丝切干酪器。

cheese dream 1. 干酪三明治 以油煎或烘烤均可。2. 干酪酱 一种调味酱，以干酪、牛奶和鸡蛋拌制而成，用于涂抹在面包片上。

cheese food 干酪食品 指在干酪中混合牛奶、奶油、凝乳、蛋白或盐等的加工食品。其干酪含量至少为 50%，食时往往加热。

cheese knife 干酪刀 一种宽刃刀，用于切割和涂抹干酪。

cheese paring 干酪碎屑 用礤床将硬质干酪擦成碎屑，用于作食品的面料或馅料。意大利帕尔马干酪是碎屑状干酪中最著名的一种。

cheese preserve 蜜饯果片 将水果在糖水中煮烂，放入小罐中渍数日，使其老熟，用于涂抹肉类。

cheese rennet 蓬子菜 也叫黄猪殃殃，是一种能使牛奶起凝的植物，其花或叶的汁可制成凝乳或使干酪着色。参见 bedstraw

cheese scoop 长柄干酪勺 放在餐桌上用于挖出球形干酪粒的尖勺形工具。

cheese server 干酪盘 一般为木制，用以供应各种干酪、拼盘和开胃小吃等。

cheese slicer 干酪切刀 参见 cheese cutter

cheese soufflé 干酪蛋奶酥 以黄油面酱、干酪屑、蛋黄和牛奶制成的一种松软食品。

cheese stick 干酪细条酥 参见 cheese straw

cheese straw 干酪细条酥 一种嵌面长条形油酥点心，在烘烤前撒上干酪屑，膨松可口。

cheese week 干酪周 在四旬斋后第一个星期内，据信为耶稣复活的最后时刻。人们常在此时吃各种干酪和鸡蛋食品。参见 Lent

cheeseboard 干酪板 餐桌上盛放干酪的容器。

cheeseburger 干酪汉堡包 在面包上或面包中间夹有一片干酪或涂抹干酪的食品。参见 hamburger

cheesecake 干酪蛋糕 一种干酪点心或凝乳点心，作为餐后甜食。通常用软质白色干酪加以鸡蛋和糖等配料涂在糕点上经烘酥而成，形状有四方形、三角形等。

cheesecloth (Am.) 干酪包布 一种薄纱布，系疏松的平纹棉布，用于包干酪、黄油等进行压榨。

cheesemonger 干酪销售商 同时也

出售黄油等乳制品。

cheesette 烤吐司　将面包的中段切片,涂以黄油和鸡蛋后炙烤,用于佐食汤和色拉凉拌等,也称为别司忌。

cheesewich (Am.) 干酪三明治　由 cheese 和 sandwich 两词组合而成。

cheesey 干酪味的
　　参见 cheesy

cheesy 干酪味的　有时泛指含有干酪的食品。也作 cheesey

chef (F.) 大厨师　餐厅中负责厨房的组织和管理,执命计划菜单、订购和指导工作,对食品的烹调和加工均有专门的知识和技艺。

chef de rang (F.) 餐厅服务员　指学徒期已满的正式餐厅工作人员。

chef's salad 大厨师色拉　一种分量很大的凉拌菜,由莴苣、芹菜、煮鸡蛋、肉丝、干酪丝及调味料组成。常足够一个人当一顿早餐。

chef's suggestion 餐厅推荐菜　也叫厨师推荐菜,指餐厅中的特色菜,一般选用优质原料,加工精细,作为餐厅的名菜,价格也较高。也作 plat du jour

chef-de-cuisine (F.) 厨师长
　　参见 chef

chekchuka (Ar.) 什锦烩蔬菜　一种北非风味菜肴,以番茄、茄子、小南瓜等切成小块,加入辣椒、大蒜和洋葱调味,再加一个鸡蛋用文火炖烩而成。

chela (虾、蟹的)螯
　　参见 claw

Chelsea bun 切尔西葡萄干面包　呈圆形,因首产于英国伦敦的切尔西区而得名。

Chelsea ware 切尔西瓷器　最初在18世纪烧制的一种英国细瓷,以伦敦的切尔西瓷厂命名。以小椭圆形奖牌上隆起的一只浮雕锚为标志,是世界著名的餐具瓷之一。

chemisée (F.) 挂浆　烹调用语,用面糊、肉冻、葡萄汁和其他浓汁淋在食品表面或菜肴的外层。有时也指在烤饼模中衬以果冻和肉浆等。

chempaduk 面包果树　产于马来西亚,其果实可煮食。参见 baobab

Chénas (F.) 谢讷葡萄酒　法国勃艮第的博若莱地区产的一种优质干红葡萄酒。

chenchalok 香辣泡菜
　　参见 Sauerkraut

chendol 牛奶甜饭　由糖浆、饭、豌豆和炼乳等配制而成,浇在刨冰中食用。

chene (F.) 山核桃
　　参见 hickory

chenin blanc (F.) 谢尼白葡萄　原产于法国卢瓦尔河中游河谷的一种重要酿酒用葡萄品种,所酿的酒从干到甜味均有,但往往微酸,香味很浓。现广泛种植于美国的加利福尼亚等地。

chenu (F.) 上等陈年酒

cherba-bel-frik (Ar.) 嫩玉米汤　一种北非风味食品。

chercan (Sp.) 玉米面粥

chère (F.) 菜肴
　　参见 dish

cherimoya (Am.) 南美番荔枝　原产于热带美洲的一种小乔木,其果实呈圆形,重约7千克,果肉可食,味甜带酸。

cheri-suisse (F.) 巧克力樱桃利口酒

cheroot 方头雪茄烟
　　参见 cigar

cherries jubilee 火烧樱桃甜冻　用去核樱桃炖煮后浸入樱桃原汁中,用竹芋粉或玉米粉增稠,然后浇以樱桃白兰地,用火点燃后上桌。参见 flambé

cherries vinegar 醋渍樱桃　一种酸味甜食,可用作开胃品或酒与菜肴的点缀。以白糖、桂皮、丁香和醋等配料浸渍樱桃而成,色泽艳丽、甜酸可口。

cherry 樱桃　李属乔木的可食用果实,原产于欧亚两洲,主要分甜樱桃与酸樱桃两个品种。果皮光滑,色泽有淡黄、深红或黑色,常用于酿酒、制果酱或作水果食用。有些樱桃利口酒口味独特,享有声誉。糖渍樱桃还常用于作鸡尾酒的点缀。

cherry apple 棠梨　果实较一般梨小,味甜。

cherry bay 樱月桂叶 其叶有苦杏仁味,用作调味料。因含有少量氢氰酸,故应适当掌握用量,以免导致中毒。

cherry bean (Am.) 豇豆
参见 cowpea

cherry birch 香桦
参见 sweet birch

cherry bounce (Am.) 樱桃露酒 一种家酿的樱桃利口酒,以白兰地或朗姆酒作基酒经调配而成。

cherry brandy 樱桃白兰地 由白兰地作基酒,加糖和樱桃香精调配而成,也指直接用樱桃发酵蒸馏而成的烈性酒,含酒精35%。

Cherry Burrell process 切里布雷尔方法 一种精制黄油的方法。将高脂肪乳经消毒、冷却,加入色料和盐,通过搅拌制得条状黄油,含脂肪80%。以发明者命名。

cherry cake 樱桃蛋糕 一种以樱桃作为主要点缀的蛋糕。

cherry compôte 糖水樱桃 将樱桃去核,加入糖和柠檬汁不加水烩炖到软而不破即成。

cherry currant 樱桃醋栗 红醋栗的变种之一,浆果较大。

cherry heering (Du.) 樱桃白兰地 丹麦哥本哈根产的一种白兰地酒,口味醇厚,含酒精不高,为世界公认的优质酒品之一。

cherry in vinegar 醋渍樱桃
参见 cherries vinegar

cherry laurel (Am.) 月桂叶
参见 bay leaf

cherry liqueur 樱桃利口酒 用野生黑樱桃汁和白兰地调配而成。参见 cherry brandy

cherry pepper 樱辣椒 一种色红的小圆形辣椒,味极辣。

cherry phosphate 樱桃汽水
也作 cherryade

cherry pie 樱桃攀 一种涂以樱桃果酱的果馅饼。参见 apple pie

cherry plum 黄香李 也叫樱桃李或稠李,在法国也称为 mirabelle,产于欧洲大多数地区。色泽金黄或红黄,呈圆形,常用于制成蜜饯或酿酒,外皮味涩,故食前应去皮。

cherry tomato 樱桃番茄 一种果实较小的番茄。

cherry whiskey 樱桃威士忌 一种调配利口酒,含酒精29%。参见 cherry brandy

cherryade 樱桃汽水
参见 lemonade

cherrystone (Am.) 樱蛤 一种硬壳蛤,产于大西洋沿岸浅滩。

chervil 细叶芹 原产于俄罗斯的一种园艺植物,其叶有喙欧芹,其叶片有绒毛,到秋天则成紫色,并富含维生素C。香味浓郁,可用作蔬菜,也可用作色拉、汤、烩菜和蛋等的配料。

chervis (F.) 贲蒿 也叫泽芹。参见 caraway

Cheshire (F.) 柴郡干酪
参见 Chester

chesky (Am.) 樱桃威士忌 由 cherry 和 whiskey 两词缩略而成。

chess cake 吉士糕 一种餐末点心,以鸡蛋、奶油和糖作馅,放在酥面壳内烘烤而成,营养丰富,滋味可口。

chess pie 吉士糕
参见 chess cake

chessel 干酪模
参见 mold

Chester 柴郡干酪 英国柴郡地方产的一种牛奶干酪,质硬,有蓝纹,是英国最古老的干酪之一。重约30—40千克,呈圆柱形,含乳脂45%。

Chester White 切斯特白猪 美国的一种早熟肉用猪。

chesterfield soup 小牛尾汤 以蘑菇、番茄酱和樱桃作配料,为英国切斯菲尔德风味,故名。

chestnut 栗 俗称板栗,一种栗属灌木的通称,原产于北温带地区。味甜,富含淀粉和维生素。品种很多,如欧洲栗、中国栗和甜栗等。常用于煮、烤、磨粉、制成泥作糖果和糕点的配料等。

chestnut bean (Am.) 鹰嘴豆
参见 chick pea

chestnut stuffing 栗子馅　将栗子磨成泥，加入面包屑和调味料，填入鸡内作为菜肴。

chevaine (F.) 雅罗鱼，雪鯠
参见 chub

cheval blanc (F.) 白马酒　法国波尔多地区的一种红葡萄酒。参见 château

chevaler (F.) 对称　将菜肴按上下对称或左右对称的装饰陈列方法。

chevalet (F.) 盖馅面包片　一般以黄油、肥肉或鸡胸脯肉作为盖馅。

chevalière, poularde à la (F.) 骑师式鸡　用酥面、蘑菇、块菌作填馅的一种炸鸡。

chevaliers (F.) 涉水禽
参见 wader

chevanne (F.) 雅罗鱼
参见 chub

cheveaux d'ange (F.) 细通心面
参见 vermicelli

chevène (F.) 圆鳍雅罗鱼
参见 chub

chevesne (F.) 圆鳍雅罗鱼
参见 chub

cheveuse d'Ange (F.) 嫩胡萝卜糖

chevin 圆鳍雅罗鱼
参见 chub

cheviot (Sc.) 舍维奥羊　苏格兰产的一种毛肉兼用绵羊品种。

chèvre (F.) 母山羊
参见 goat

chevreau (F.) 小山羊肉
参见 kid

chevrefeuille (F.) 忍冬
参见 honeysuckle

chevreton (F.) 山羊奶干酪　产于法国东部的布雷斯，以羊品种命名。
参见 Bressan

chevrette (F.) 1. 小山羊　2. 小虾

Chevreuse (F.) 谢弗勒兹　法国巴黎西南村名。也指谢弗勒兹公爵夫人，原名为 Marie de Rohan Montbazon (1600—1679)，她曾反对黎塞留主教和马扎林主教。以其命名了许多菜肴，如谢弗勒兹杏力蛋等。

chevrier (F.) 白扁豆　产于法国的 Arpajon，另一种为绿色扁豆，则叫做 flageolet。

Chevrin (It.) 切伏林干酪　意大利阿奥斯特地方产的一种羊奶酪，重 400—500 克，含乳脂 45%。

Chevrotin (F.) 雪伏罗丹干酪　法国萨瓦省产的一种羊奶干酪，质硬色淡，有干果味，重 500—700 克，含乳脂 45%。

chewie (Am.) 口香糖
参见 chewing gum

chewing gum 口香糖　一种甜味树胶食品，用树胶和其他可塑性的不溶物质调制而成，以咀嚼其芳香味。配料中以薄荷香味最受人欢迎，尤其在美国拥有广泛的市场。

chewing tobacco 嚼烟　用于咀嚼的烟，最初流行于印第安人部落中。1815 年以后嚼烟几乎取代了烟斗，品种有扁塞烟、水兵烟、烟草卷、细切烟和屑烟等。常搀以甘草、糖蜜、桂皮、肉豆蔻、糖和各种香料。20 世纪初香烟越来越受欢迎，嚼烟开始逐渐绝迹。

chewy candy 口香糖
参见 chewing gum

chex 碎壳蛋
参见 checks

chez nous (F.) 家常的(菜肴)　或指本地特色菜。

chianina (It.) 契安尼那牛　意大利的一种肉用牛品种。

Chianti (It.) 基昂蒂葡萄酒　一种无气泡的干红佐餐葡萄酒，用längs胖绿色玻璃瓶加盖封装，置于柳条筐内。最早酿于 1400 年左右，为世界名酒之一。产于意大利的托斯卡纳基昂蒂山区，含酒精 11%。

chiavari (It.) 罗马干酪　意大利罗马地区产的一种长条状干酪，味略酸。也作 Cacio Romano

chibouk 土耳其旱烟管　有一个由陶土或海泡石制的烟锅以及一个长筒烟管。

Chiboulette (F.) 葱香干酪　法国上

诺曼底地方产的一种白色牛乳干酪，重100克，外面裹有细香葱，故名。

chibouque (F.) 土耳其旱烟管
参见 chibouk

Chicago (Am.) 菠萝 俚称，源自美国伊利诺斯州城市芝加哥。本世纪20年代芝加哥市内出现骚乱，冲突双方互扔手榴弹。由于手榴弹外形类似菠萝而得名，并用来泛指各种菠萝食品。

Chicago sundae (Am.) 菠萝圣代
参见 Chicago

chicha (Sp.) 奇恰酒 由玉米发酵制成的饮料酒，产于南美洲。有时也指一种发酵过的玉米糊。

chicharrones 猪油渣
参见 crackling

chiche (F.) 鹰嘴豆
参见 chick pea

chichote (Sp.) 青辣椒
参见 bell pepper

chick 雏鸡，小鸡
参见 chicken

chick pea 鹰嘴豆 一种一年生灌木的果实，原产于亚洲。其荚果短，有多颗种子，富含淀粉，可食，味似豌豆，是今天地中海沿岸地区和印度的重要食品之一。也作 dwarf pea

chicken 鸡 烹调中最常用的家禽之一。鸡肉富含蛋白质和维生素，肉色洁白鲜嫩，产于世界各地。品种很多，烹调方法多样，为美食家所珍视。鸡按重量可分别称为 poussin, broiler, roaster, capon 和 boiler 等，参见上列各相关词条。

chicken à la king 奶油鸡丁 以奶油沙司和西班牙甜椒作配料的嫩炸鸡丁。该名源自美国纽约市一位叫 James Keene 的股票经纪人的名字，据说是他发明了这种菜的吃法。

chicken bog (Am.) 鸡肉烩饭 美国北卡罗来纳州俚称。参见 pilau

chicken broth 鸡汤 将老鸡用文火煨炖而成，常加入少量蔬菜和珍珠大麦作配料。

chicken cacciatore 砂锅子鸡 一种美国式的意大利食品。将嫩鸡切成大块，撒上面粉嫩煎后加入蘑菇片和洋葱，然后放入砂锅焖煨而成。常用白葡萄酒和番茄汁增香增色。

chicken gumbo (Am.) 1. 秋葵煮嫩鸡 2. 鸡肉浓汤 以蔬菜、香料和牛肉片作配料。

chicken halibut (Am.) 小鲽 重量一般不满10磅。

chicken Kiev 基辅炸鸡 用去骨鸡胸，调以黄油和调味汁在深油锅中炸的一种俄罗斯风味食品。

chicken Marengo 马伦戈鸡 将鸡块用黄油炸黄在马伦戈沙司中熬煮而成。参见 marengo

chicken Maryland 马里兰式炸鸡 用甜玉米脆饼、熏肉片和炸香蕉片作配料的一种美国式食品。

chicken mornay 莫内沙司鸡 以面包屑裹以鸡块，经油炸后浸入浓厚的干酪沙司中。参见 Mornay sauce

chicken Normandy 诺曼底式填鸡 用苹果填馅或以苹果酒烹煮。法国的诺曼底地区以优质苹果著称于世。

chicken sticks 冻鸡肉条 一种在超级市场出售的半成品，供购回后立即进行烹调。

chicken suprême 鸡胸脯肉 指鸡胸连鸡翅膀，可以油炸、水煮、嫩煎或填馅等方法烹调，加入各种调味料即成。

chicken Tetrazzini 泰特拉齐妮式鸡 以帕尔马干酪、细通心面、蘑菇、杏仁和面包屑等为配料制成的一种盘装烤鸡菜肴。该菜以意大利歌唱家 Luisa Tetrazzini (1871—1940) 命名，但她本人却从未予以承认。

chickenburger 鸡肉炸馅饼
参见 hamburger

chicken-in-the-shell (Am.) 蛤壳鸡 以奶油蘑菇、胡椒、豆蔻和块菌等为配料炖软的鸡肉，食时用乌蛤壳盛之上桌，故名。

chickling 1. 香草豌豆 一种野豌豆。也作 chickling vetch **2. 小鸡**

chicle 口香糖

参见 chewing gum

chico (Sp.) 1. 奇科 西班牙酒量单位，相当于1/6升。 2. 人心果 参见 sapodilla

chicon (F.) 生菜 也叫叶用莴苣或直立莴苣，用作凉拌菜。参见 cos lettuce

chicoree (F.) 皱叶莴苣 一种有卷曲绿叶的蔬菜，但与普通莴苣不同。参见 endive

chicoria (Sp.) 菊苣 参见 endive

chicory 菊苣 菊科多年生根茎植物，其叶作蔬菜或色拉，其根经烘烤磨碎后加入咖啡作增香剂或作咖啡的代用品，使咖啡增浓着色和增加苦味。参见 endive

chicory coffee 菊苣咖啡 以菊苣根烘烤磨制的代用咖啡。最早在1769年就在意大利西西里岛试制成功。具有无咖啡因和不成瘾等优点，食用效果要远优于普通咖啡。

chicory gourilos 菊苣根 用于作冷盘菜拼料，也可作蔬菜烤、炸或调和黄油食用。

chien-de-mer (F.) 角鲨 参见 dogfish

chiffon 松软甜味馅 由搅打蛋白、明胶、糖、肉桂和奶油等制成的一种凝冻状馅料，用于布丁、蛋糕和馅饼中。源自法语中一种叫雪纺绸的轻薄透明的衣料的名称。

chiffon cake 松软素油糕

chiffonade (F.) 混合蔬菜肉末酱 尤以酸模、莴苣等为主料，常切成丝后拌以黄油食用。

chiffonnade (F.) 奶油菜丝汤 加入切细的蔬菜丝或酢浆草等香料植物的汤或凉拌菜。

chiffonnier 移动式食橱 上置餐具柜，以在餐厅使用为主。

Chiguet (F.) 基盖干酪 法国萨瓦省产的一种脱脂牛奶干酪，重量、形状与含乳脂量均不固定。

chiguil (Sp.) 玉米蒸糕

Chihuahua cheese 契华华干酪 墨西哥北部地区产的一种白色羊奶干酪。

chikhirtma (R.) 1. 蛋黄浓汤 2. 烤去骨鸡 用蛋黄汁浇在上面点缀。

chilaquila (Sp.) 玉米馅饼

chilate (Sp.) 辣味饮料 一种用辣椒和玉米炒面制成的浓厚饮料。

chile (Sp.) 红辣椒粉 参见 paprika

Chile bonito (Sp.) 智利狐鲣 产于南美洲的太平洋沿岸。鱼体上部为金属蓝色，下部为银色。肉色深而多脂，肉味鲜美无比，尤其适宜制成罐头食品。

Chilean guava 智利番石榴 一种散发出令人愉快香味的可食浆果。参见 guava

Chilean nut 智利坚果仁 具有类似榛子的深红色果仁，可供食用。

Chilean wines 智利葡萄酒 智利葡萄酒产量在南美洲仅次于阿根廷。质量上乘，多数出口到欧洲，而且价格低廉，风格多仿效欧洲葡萄酒。

chiles rellenos (Sp.) 油炸填馅辣椒 参见 chili relleno

chili (Am.) 干红辣椒 参见 chilli

chili con carne (Sp.) 墨西哥辣味牛肉末酱 常加入香料和调味料等，为美国式的墨西哥菜肴之一。

chili pepper 辣椒 茄科植物的果实，其味极辣，用于制辣椒粉、咖喱和其他辛辣调味汁。

chili powder 辣椒粉 将干红辣椒磨成粉末，再加其他香料制成，用作调味。

chili relleno (Sp.) 填馅辣椒 常以肉糜、醋和各种香料植物作馅。

chili sauce 辣椒番茄酱 也叫辣椒沙司，由番茄酱、辣椒粉、辛香料和调味料组成。

chili vinegar 辣椒醋 以红辣椒浸入醋中制得的调味品。

chiliburger 辣味牛肉排 参见 hamburger

chilidog 辣味热狗 上有墨西哥辣味牛肉末的熏红肠面包。参见 frankfurter

Chilienne, à la (F.) 智利式 指以米饭与甜椒作配料的菜式。

chill 1. 一杯啤酒 2. 冰镇 不达到冰冻状态，一般在2℃到-2℃之间。

chilled 1. 冰镇 2. (面包底部)未烤熟的

chilli 1. 干红辣椒 一种长形小辣椒，味极辣，用于烩或炖的菜肴。 2. 辣味沙司 由肉和辣椒制成的一种浓调味料。参见 chili sauce 3. 墨西哥辣味牛肉末酱 参见 chili con carne

chilote (Sp.) 奇罗特 一种龙舌兰汁和辣椒制成的饮料，流行于南美洲等地。

chima (Sp.) 黄油麦麸 可用于制糕点的馅料。

chimchi (Ko.) 盘菜 以红辣椒和酸白菜加大蒜制成的一种朝鲜泡菜。参见 kimchi

chimera 银鲛 与鲨鱼或鳐类近缘，后体渐细，体长60—200厘米，体色由银白到灰黑不等，可供食用。也作 ghost shark

chimichanga (Sp.) 炸玉米饼 用牛肉糜、土豆泥和调味料作填馅制成。

chimiscol (Sp.) 甘蔗烧酒 一种类似于朗姆酒的土烧酒。

chimney-hook (厨房的)挂锅铁钩 参见 alonge

china 瓷器 起源于中国的一种白坯玻璃陶瓷，广泛用作餐具。一般需烧两次，第一次为素烧；第二次为釉烧，因而不同于 porcelain。17世纪时从中国传入欧洲，故名。

China bean (Am.) 豇豆 参见 cowpea

China-China (F.) 希那希那酒 法国产的一种利口酒，含有奎宁和其他多种草药，有滋补强身的功效。

Chinakohl (G.) 青菜，小白菜 参见 pak-choy

chinaware 瓷器 参见 china

chinchard (F.) 竹荚鱼 参见 scad

chinchona 金鸡纳树 一种常绿乔木，叶子呈椭圆形，其树皮含有生物碱，可提取金鸡纳霜，该树以西班牙驻秘鲁的总督夫人 Countess of Chinchon (1576—1639) 命名。参见 quinine

chine 1. 脊骨，脊肉 2. 沿脊背切开 一种加工方法，沿家禽或鱼的脊骨部切开，分成两半。

Chinese anise 八角茴香 参见 badian anise

Chinese artichoke 甘露子 原产于中国与日本的一种草本植物，其块茎性脆，可生食或熟食。也作 Japanese artichoke

Chinese banana 粉蕉 参见 dwarf banana

Chinese bean oil 豆油 也作 soya bean oil

Chinese cabbage 大白菜 俗称黄芽菜或白菜，一种二年生草本植物，叶子大而且白色，花淡黄色。品种很多，可作为普通蔬菜食用。有时也指一种小白菜，俗称青菜。参见 pak-choy

Chinese cassia 肉桂 参见 cassia

Chinese caterpillar fungus 冬虫夏草 一种真菌，寄生在鳞翅目昆虫的幼体中。幼虫冬季钻入土内，逐渐形成菌核，夏季则从菌核中长出草状菌株。有较强的滋补作用。

Chinese chive 韭菜 多年生草本植物，叶子细长，花白色，是普通的常见蔬菜，味香嫩绿。

Chinese cinnamon 肉桂 参见 cassia

Chinese cookery 中国烹调 中国的烹调历史悠久，流派纷呈，用料考究，口味突出，色、香、味、形俱佳。以京、广、川、鲁四大菜系为代表，采用丰富的蔬菜、鱼类、肉类、水果和其它资源，有的极尽豪华，有的素淡宜人。有些珍馐佳肴有如燕窝、鱼翅等令人神往。

此外,中国的酒世界驰名,享誉天下,因而素有"烹饪王国"之称。

Chinese corn 粟,小米
参见 millet

Chinese crabapple 花红 也叫海棠、沙果或林檎。参见 Chinese pear-leaved crabapple

Chinese flowering quince 木瓜
参见 papaya

Chinese francolin 鹧鸪
参见 partridge

Chinese gelatine 琼脂
参见 agar

Chinese goose 姜鹅 原产于中国,羽毛为白色或棕色,喙黑色,颈有黄条纹。

Chinese gooseberry 猕猴桃 生长在亚洲等地的一种缠绕藤本植物,其浆果形似大醋栗,味甜略酸,常用于制成罐头或酿酒。经初步研究表明,猕猴桃有滋补、促进代谢、抗癌和抗衰老作用。

Chinese hawthorn 山里红 一种落叶乔木,花白色,果实为圆形,深红色,有白色斑点。味酸,可供食用,主要用于制果酱。

Chinese herring 鲥鱼 也称鲢鱼或白鳞鱼,是一种淡水鱼,可供鲜食或加工成腌鱼。

Chinese mugwort 艾蒿
参见 wormwood

Chinese mustard 芥菜
参见 leaf mustard

Chinese nut 荔枝
参见 lychee

Chinese olive 橄榄 也叫青果,一种常绿乔木,有羽状复叶。其果实呈长椭圆形,两端稍尖,色绿,可供食用,又可入药,对咽喉肿痛有疗效。参见 olive

Chinese orange 金桔
参见 kumquat

Chinese parsley 芫荽
参见 coriander

Chinese pear-leaved crabapple 花红 也叫沙果,一种落叶小乔木,叶子呈卵形,果实球形,像苹果而较小,呈黄绿色带微红,可作为水果。

Chinese pepper 秦椒 一种外形细长的辣椒品种,常用于食用或作调味料。

Chinese pistache 黄连木 一种落叶乔木,有羽状复叶,果实为球形,紫色。种子可榨油,叶有香味,可提取作调味香料。

Chinese prickly ash 花椒 一种落叶灌木或小乔木,枝上有刺,果实球形,暗红色。种子黑色,是中国主要的烹调用香料之一。

Chinese restaurant syndrome 中华餐馆综合症 指某些人在吃了过量味精调味的中国菜后出现的头痛、晕眩等过敏症状。后据科学分析和检验,认为是偶然事件,与味精及中国菜无关。

Chinese toon 香椿菜 其嫩芽叫椿芽,可作蔬菜食用。

Chinese torreya nut 香榧 一种常绿乔木榧子树的果实,有硬壳,两端尖,常食用其果仁,并有驱除寄生虫的功效。

Chinese wampee 黄皮 一种常绿乔木,结黄褐色卵圆形小浆果,含有丰富的维生素C,可用于生食或制成多种食品。

Chinese water chestnut 荸荠 也叫马蹄,莎草科多年生草本植物,通常栽培在水里。其地下茎呈扁圆形,皮赤褐色,肉白色,富含淀粉质,可生食或作菜肴的配料,味甜脆而多汁。

Chinese water deer 獐 原产于中国的一种鹿科动物,是一种珍贵的野味食品。

Chinese watermelon 冬瓜 葫芦科蔓生肉质藤本植物,原产亚洲热带地区。果实硕大,可食,常用于作蔬菜和煮汤。

Chinese wild ginger 细辛 多年生草本植物,叶子呈心形,花紫色,其根有辣味,可以入药,也是一种调味料。

Chinese wolfberry 枸杞 一种落叶灌木,开淡紫色的花。其果实叫枸杞子,是圆形或椭圆形的小浆果,色泽鲜红,可供食用或入药,有滋补作用。

Chineseburger (Am.) 大米牛肉汉堡包　参见 hamburger

chinois (F.) 1. 漏勺　一种厨房用具，呈尖锥形，用于汤汁的过滤。字面含义为"中国人"，因其外形颇似中国清代的一种官帽而得名。 2. 金桔饼　一种甜味蜜饯。参见 kumquat

Chinon (F.) 希农葡萄酒　法国波尔多的卢瓦尔河地区图赖讷(Touraine)产的一种干红葡萄酒。

Chinonaise, à la (F.) 希农式　指用土豆和香肠馅填白菜作配料的。该地在法国中部。

chinook salmon (Am.) 王鲑　参见 king salmon

chinotto (It.) 酸橙　参见 lime

chinquapin 锥栗　一种常绿乔木，叶子互生，呈长圆形，边缘有锯齿。其坚果褐色，外被柔软的毛，含有丰富的淀粉，可供食用。

chiodo di garofano (It.) 丁香　参见 clove

chip 碎屑　泛指食物小片，如干酪屑、巧克力屑或脆水果片、甜菜片和香蕉片等，常用作糕点的装饰和点缀。

chip dip (Am.) 什锦切片　一种以熏肉片、切德干酪片、大蒜和辣根等组成的美式菜肴。

chip potato (Am.) 炸土豆片　参见 potato chip

chipa (Sp.) 玉米饼，木薯饼

chipolata (It.) 1. 香肠杂烩　以板栗、洋葱、猪脯肉丁和契普拉塔香肠和胡萝卜馅制成的一种杂烩菜肴。 2. 契普拉塔香肠　一种形状粗短的小香肠，以羊肠作肠衣，填入猪肉馅。

chipped beef (Am.) 牛肉干

chiqueter (F.) 滚花　用轮状滚花刀将蛋糕、果馅卷或其他糕点划出连续的边饰花纹。参见 jagger

chirmol (Sp.) 奇尔莫尔　指凉拌或爆炒的辣椒、番茄和洋葱等，用作调料。

Chiroubles (F.) 西鲁勒尔酒　法国勃艮第的博若莱地区(Beaujolais)产的一种优质干红葡萄酒，口味清新、滑爽，果香味浓。

chirpinol (Sp.) 烹鱼调味粉　由炒玉米粉、辣椒和笋瓜籽制成。

chirulio (Sp.) 奇卢利欧　一种用鸡蛋、玉米、辣椒、胭脂果和盐制成的食品。

chise 韭菜　中国特有绿色蔬菜之一，味强烈，类似大蒜或大葱；叶细长，其嫩芽叫韭芽或韭黄，颜色浅黄，味嫩而美。

chitchkee (Hi.) 咖喱煮菜　一种印度风味食品。

chito melon 芒果　参见 mango

chitterlings 杂碎香肠　以猪小肠作肠衣，填入猪、牛肉杂碎、蔬菜、洋葱等配料，通常冷食，相等于法国的安杜叶香肠。参见 andouille

chive 细香葱　百合科多年生植物，与洋葱近缘，鳞茎小，白色，叶薄呈管状。可用作调味，特别是作蛋、汤、色拉和蔬菜烹调时的佐料。

chivry (F.) 细叶芹　参见 chervil

chizza (It.) 鳀鱼干酪酥　参见 anchovy

chlodnik (Po.) 酸奶蔬菜冷汤　一种波兰传统食品。

chlorination 加氯消毒　用漂白粉澄清饮用水的一种消毒方法。

choc (Am.) 劣质啤酒　因过去由 Choctaw 部落的印第安人首先酿制而得名。

chocalu (Sp.) 甜巧克力酒　产于墨西哥和其他南美国家的一种朗姆型酒。

chocho (Sp.) 佛手瓜　参见 chayote

chocice 巧克力小冰砖　外裹巧克力薄层的冰淇淋，俗称紫雪糕，也叫 Eskimo pie。该词由 chocolate 和 ice 两词组合而成。

choclo (Sp.) 嫩玉米糕

chocolade taart (Du.) 巧克力蛋糕

chocolat (F.) 巧克力

参见 chocolate

chocolat liégeois (F.) 巧克力冰淇淋加奶油 以产于比利时的列日而得名。

chocolate 巧克力 一译朱古力,为一种可可豆制成的食品,用于作糖果、饮料、调料等。巧克力富含碳水化合物,但也含有微量咖啡因。巧克力最早见于墨西哥一种叫 xocoatyl 的苦味饮料,后传入西班牙。16 世纪起传遍法国和英国,并加入牛奶白味。1847年,英国的弗赖依制成甜巧克力糖。

chocolate baby 黑孩子糖
参见 nigger baby

chocolate cream 奶油巧克力甜食 如奶油夹心巧克力糖等。

chocolate pot 巧克力壶 用于加热巧克力的器皿,其造型和风格与咖啡壶相似。

chocolate sauce 巧克力酱 用巧克力、黄油、糖、面粉或玉米粉制成,有时还加鸡蛋,用作涂抹料。

chocolate shaving 巧克力丝 用纯巧克力或半甜巧克力擦成细长条丝,用作蛋糕和甜点的装饰。

chocolate soufflé (F.) 巧克力沙弗来 也叫巧克力蛋奶酥,一种松软甜食。

chocolate syrup (Am.) 巧克力糖浆 用巧克力或可可、玉米糖浆、糖、盐、香草精等调制而成,作为调味料使用。

chocolate tree 可可树 原产热带美洲的梧桐科常绿乔木,其种子经粉碎后可制成可可粉。参见 cocoa

chocolate truffle 巧克力球糖 将融化巧克力拌入蛋黄、奶油、朗姆酒等制成球状即成。

chocolate velvet cake (Am.) 巧克力丝绒蛋糕 一种十分浓郁的巧克力蛋糕,最早在美国纽约市的四季餐厅制成。

chocolomo (Sp.) 番茄炖肉

chocotl 苦味饮料 指一种由树皮和麦芽等发酵而成的发泡饮料。源自墨西哥印第安人的土语。也作 xocoatyl

choctaw beer 违禁私酒 美国实行禁酒法时非法酿造的低度酒。源自印第安部落乔克托。参见 moonshine

Choesels à la Bruxelloise (F.) 布鲁塞尔式蔬菜炖肉 一种比利时地方风味,用牛肉、牛胰、牛尾、牛腰、牛脚等杂烩而成。

choice 优质的 原指水果等经过精心挑选的,现可指其他优质食品。

choisi (F.) 优质的
参见 choice

choke apple (Am.) 山楂
参见 hawthorn

choke pear (Am.) 苦梨 一种略有苦涩味的梨。

chokeberry (Am.) 北美沙果 也叫花楸果,一种蔷薇科植物,味涩,用于制果酱或果冻等。

chokecherry (Am.) 美国稠李 一种小灌木,产于美洲。味涩,用于制果酱,俗称苦樱桃。

cholent 蔬菜烤肉拼盘 犹太教徒在安息日的食品之一。

cholesterol 胆固醇 一种脂溶性醇,为白色结晶,质软,存在于人的胆汁、神经组织和血液中,在日光的紫外线作用下能变成维生素 D,是合成性激素的原料之一。胆固醇在血液中含量过高会引起动脉硬化。食品中蛋黄、肝脏和黄油含胆固醇较高。

cholla 犹太节日面包
参见 challah

Chollair (Am.) 巧列酒 美国的一种椰子巧克力利口酒。

chollers 猪颊肉
参见 Bath chap

chongo (Sp.) 琼糕 一种墨西哥甜食。

chop 1. **切(肉),剁(肉)** 指把肉切成大块或剁成肉糜。该词也可指切成块的肉。 2. **切肉刀**

chop suey (C.) 炒杂碎 一种美国化的中式菜肴,最早出现于本世纪初。其用料有豆芽、竹笋、荸荠、香菇、猪肉、芹菜和鸡等。

chope (F.) 大啤酒杯 容量约为 12

液体盎司。参见 goblet

chophouse (Am.) 烤肉餐馆 常供应以烤肉为主的菜肴。

chopin (Sc.) 肖平 苏格兰液量单位,约合 1 夸脱。参见 quart

chopine (F.) 小酒瓶 约合普通酒瓶的一半,或 18 液体盎司。

chopped meat (Am.) 肉末,肉馅 常用作汉堡包的配料。

chopper 1. 菜刀 2. 低档肉 如老母猪肉或老牛肉等。

chopping board 案板 也叫砧板。参见 cutting board

chopping knife 砍刀 一种有月牙形刀刃的剁肉刀。

chopsticks 筷子 用竹、木、塑料、金属或象牙制的夹饭菜的细长棍状餐具。

chorizo (Sp.) 口利左香肠 一种西班牙式香肠,用烟熏猪肉加入胡椒、红椒、大蒜和其他调味品制成。味辣可口,香味浓郁。

Choron (F.) 肖隆 法国音乐家,生卒年代为 1772—1834,以其命名了一种沙司。参见 sauce Choron

choron (F.) 填馅洋蓟心 指用土豆丸、青豆和芦笋填馅的洋蓟心作配菜的菜肴。

chorote (Sp.) 浓巧克力饮料

chota hazri (Hi.) 印度早餐茶点 一种清淡的简易餐食。

chotapeg (Hi.) 威士忌苏打 印度的一种土则调配饮料。

chou (F.) 1. **甘蓝,卷心菜** 参见 cabbage 2. **奶油泡夫** 一种极松的糕点,由牛奶、鸡蛋、奶油和面粉等制成。参见 chou pastry

chou à la crème (F.) 奶油泡夫 参见 chou pastry

chou cabus (F.) 卷心菜 参见 cabbage

chou caraibe (F.) 芸苔 参见 caribbean cabbage

chou farci à la limousine (F.) 利穆赞式填馅卷心菜 以熏肉和栗子作馅。利穆赞为法国地区名。

chou marin (F.) 海甘蓝 参见 sea kale

chou(x) pastry 泡夫酥面 一种松软的含气泡油酥面团,以黄油、水、面粉和鸡蛋等调制而成。常用裱花袋将其直接挤出,制成泡夫甜点或各种花式点心,一般需经烘烤。该酥面由法国大厨师 Carême 所首创。参见 éclairs

chou, pâte à (F.) 泡夫 用酥面加黄油、鸡蛋制成的条状酥油点心。也作 chou pastry

chou rouge à la Flamande (F.) 佛兰德斯式烩红菜 以苹果、糖和醋等调味。

choucroute (F.) 泡菜 一种腌酸花菜泡猪肉。法国香槟省每年举行一次花菜节,供应该菜肴。参见 Sauerkraut

chouée (F.) 奶油土豆煮白菜 法国卢瓦尔河地区风味。

chou-fleur (F.) 花菜,花椰菜 参见 cauliflower

choumoellier 杂交甘蓝 一种羽衣甘蓝杂交品种,在新西兰与澳大利亚广泛被作为蔬菜食用。

chou-poivre (F.) 海芋 参见 arum

chou-rave (F.) 球茎甘蓝 参见 cabbage

choux (F.) 甘蓝,卷心菜

choux brocolis (F.) 花茎甘蓝 参见 broccoli

choux gras (F.) 肉汁卷心菜

choux profiteroles (F.) 巧克力夹心酥球

choux-navets (F.) 芸苔 参见 caribbean cabbage

chow mien (C.) 肉丝炒面 一种已经美国化的中国广式菜肴,由肉丝、蘑菇和蔬菜与面条同炒而成。有时也专指上述配料。

chowchow (C.) 什锦酱菜 以各种盐渍的蔬菜,如黄瓜、青椒、洋葱、花菜和萝卜拌以醋、芥末、酱油和胡椒等调味而成,常装入瓶中出售。最早出现于 1840 年建设美国西部铁路的中国劳工的食品中。

chowder 杂烩海鲜汤 用蛤肉、鱼或其他海鲜加以洋葱、牛奶、土豆、熏肉和蔬菜等杂烩而成，富有特色。该词源自法语 chaudiere。

chowder beer (Am.) 云杉啤酒 一种啤酒，常加糖蜜和水饮用。

chremsel 犹太饽糕 一种扁平状发酵面包炸糕，内装李子干等馅料。

christe-marine (F.) 海蓬子
参见 samphire

Christian anchovy 香辣腌鳀鱼

Christian Brothers 教友酒 美国加利福尼亚州神学院酿制的一种白兰地酒，口味清淡芳香。

Christmas 圣诞节 基督教宗教节日，为耶稣诞生之日，定为每年的12月25日。该时一般食用烤火鸡、杏子布丁、肉饼和圣诞大蛋糕等。

Christmas cake 圣诞蛋糕 一种专用于圣诞节食用的节日喜庆蛋糕。除奶油、面粉和糖等常规配料外，还特意加入糖渍樱桃、干果、杏仁酱、白兰地酒等，并以许多彩色纸条或丝带作装饰。

Christmas pudding 圣诞布丁 圣诞节吃的一种葡萄干布丁，以杏仁、干果、苹果丝、胡萝卜丝和牛奶作配料。烹调时先蒸煮数小时，取出后用冬青枝作点缀，再用白兰地浇后以火点燃食用。

christophene 佛手瓜
参见 chayote

chromeware 镀铬餐具 俗称克罗米餐具。

chronic alcoholism 慢性酒精中毒 因长期酗酒引起的中毒症状，一般有头痛、目眩、呕吐等，预后不良，且伴有肝硬化和脑病变等复杂后果。

chrysanthemum 菊花 一种东方花卉，其可食的花冠味似花椰菜，但更嫩，经切细后混和成凉拌菜食用，尤其在日本被视为美味。黄色菊花在各种色泽中评价最高。

chuamico (Sp.) 果汁饮料

chub 圆鳍雅罗鱼 产于欧洲淡水河流中的一种鲤科鱼，也称雪鲦。常用于烤食和煮汤，味平淡，但可在鱼腹中填入各种馅增味。

chub mackerel (Am.) 鲐鱼 产于北大西洋海域的一种食用鱼。又叫青花鱼或油胴鱼，味道鲜美。

chuck (Am.) 1. 鸡 参见 chicken 2. 颈肉 牛羊颈部到肩部的肉，质量较差。

chuck wagon (Am.) 活动厨房 一种由马拉的棚车式厨房，源自美国开发西部时的交通工具。

chuck wagon chicken (Am.) 炸咸肉 美国西部牛仔俚语。

chucky 鸡 俚语。参见 chicken

chufa 油莎草 具有可食的干果味块茎。

chuflay (Sp.) 楚弗莱酒 一种以烧酒、白兰地酒和柠檬汁调制的混合饮料，产于智利等国。

chukar 石鸡 原产于亚洲和欧洲等地的一种小野禽，属山鹑。参见 partridge

chuleta (Sp.) 肉条，排骨

chum salmon 果多鱼 大麻哈鱼的一种，体型长，稍呈侧扁，银灰色，体表有小圆鳞。可供鲜食或盐腌熏制，是名贵的食用鱼，其鱼卵尤其是高级营养食品。

chump 大块牛腰肉
参见 sirloin

chunk honey (Am.) 蜜脾
参见 honeycomb

chuño (Sp.) 1. 冻土豆干 玻利维亚和秘鲁的印第安人的食物，用连续冷冻、解冻和脱水方法制成。 2. 土豆淀粉 常用作勾芡粉。

chupatty 粗面粉薄煎饼
参见 crêpe

church key 开听刀 有一个三角形尖刃，用于穿透罐头外壳。也作 can-opener

churn 搅乳器 一种制奶油的设备，19世纪起广泛安装在框架上使用，用手摇木柄使桶在架上滚动。现代工业搅乳器则用大型桶状回旋容器，其中的

稀奶油被不断搅动使脂肪互相凝集,排去液体酪乳,即获得奶油。

churrasco (Sp.) 叉烧牛肉 用铁扦穿以牛肉在明火上炙烤而成,食时涂以调料。

chutney 酸辣酱 印度食谱中的一种调料,用水果、蔬菜、胡椒、醋、洋葱和辛香香草制成。味道有浓淡多种。英国产的酸辣酱常加入葡萄干和糖等,用于佐食冷盆肉类。

chutney butter 酸辣黄油 以印度酸辣酱加黄油和柠檬汁仔细混合而成的一种涂抹用调味料。

chuttie 胶姆口香糖
参见 chewing gum

chutty 胶姆口香糖
参见 chewing gum

cialda (It.) 薄脆饼

ciambella (It.) 圆环蛋糕

cibol 小葱
参见 shallot

ciboule (F.) 小葱
参见 shallot

cibreo (It.) 浓味蔬菜炖肉
参见 ragoût

cicada 蝉 俗称知了,产于南方地区的一种昆虫。据阿里士多德记载,希腊人十分喜爱食用。

cicchetto (It.) 小杯烈酒

cicciolo (It.) 猪油渣
参见 cracklings

cicely 欧洲没药 伞形科多年生草本植物,原产于欧洲中部和南部。茎中空,味芳香,有兴奋作用,可用于食品的调味。

cicoria (It.) 皱叶莴苣
参见 endive

cider 苹果汁 压榨苹果而取得的原汁,可用于作饮料或酿制苹果酒。苹果汁曾是美国老幼皆宜的大众饮料,受到法国大厨师 Brillat-Savarin 的赞赏。用苹果汁酿成的酒称为 hard cider。

cider apple 榨汁苹果 一种不适于食用,但适于制苹果酒的次级苹果。

cider brandy 苹果白兰地酒
参见 calvados

cider cup 苹果汽酒 常混和柠檬汁、茶、糖和果肉,充以二氧化碳。

cider oil 苹果蜜 以苹果汁与蜂蜜调制而成。也作 cider royal

cider royal 苹果酒蜜 以苹果酒与蜂蜜拌和而成的浓缩饮料。

cider sauce 苹果沙司 用以佐食烤火腿等菜肴。

cider vinegar 苹果醋
参见 apple vinegar

cider wine (Am.) 甜苹果酒
参见 cider

cidrada (Sp.) 香橼果脯
参见 citron

cidre (F.) 苹果酒
参见 cider

cieddu (It.) 意大利发酵奶

Ciel, Crème de (F.) 蓝天利口酒 丹麦生产的一种橘味甜露酒,以色泽呈天蓝色而得名,与库拉索酒(curaçao)相似。

ciernikis (R.) 奶油蛋丸 以面粉、鸡蛋、干酪、奶油等制成球状,作为餐前开胃菜,是一种东欧风味。

cigar 雪茄 一种圆柱形卷烟,内充以烟丝,外裹包叶,具有弹性、色、香、味和可燃性均较好。源自美洲印第安人的玉米烟卷,1600 年传入西班牙。现代雪茄品种很多,有王冠雪茄、标准雪茄、伦敦雪茄和哈瓦那雪茄等,按色泽分则有淡色、中色、暗色和极暗黑等几种。

cigarette 纸烟 也称香烟或卷烟,由薄盘纸裹细烟丝而成,形细长,口味比雪茄温和。纸烟源自美洲土著居民用玉米外皮包裹烟丝的习惯。1880 年邦萨克在美国发明卷烟机,从此纸烟成为全球消耗量最大的烟草制品。

cigué (F.) 毒芹
参见 hemlock

cilantro (It.) 芫荽
参见 coriander

ciliegia (It.) 樱桃
参见 cherry

cimier (F.) 牛臀肉

参见 rump

cinchona 金鸡纳霜树皮
参见 quinine

Cincinnati oyster 猪肉食品 俚称,字面含义为辛辛那提牡蛎。因该地的猪肉食品味美似牡蛎,故名。

cinder toffee (Am.) 夹心奶脂糖

Cinderella 灰姑娘 童话中一美丽姑娘,被后母虐待,终日与炉灰为伴,故称为灰姑娘。后由仙女帮助,在皇家舞会上压倒群芳,嫁与王子为妻。烹调中有灰姑娘沙司和灰姑娘烤肉等,各种配料均以炭烤为特色。

Cingalaise, à la (F.) 僧伽罗式 指用咖喱沙司或咖喱作调料的菜肴。僧伽罗人是斯里兰卡的民族之一。

cinghiale (It.) 野猪
参见 wild boar

cinghiale agrodolce alla Romana (It.) 罗马式酒浸野猪肉 一种以甜酸沙司佐食的意大利风味菜肴。

cinnamon 锡兰肉桂 简称肉桂,樟科常绿乔木,原产于斯里兰卡和印度等地,亦栽培于西印度群岛。其内层树皮可制香料,有幽香,味甜。在古代桂皮曾比黄金贵重,现多用于糖果、咖喱食品等调味。将肉桂皮经蒸馏后制成香精油,可用于食品、香水和利口酒的调香。

cinnamon bark oil 桂皮油 一种淡黄色芳香油,用于饼干、糕点等食品的增香。也作 cinnamon oil

cinnamon snail (Am.) 环形肉桂糖饼

cinnamon toast 肉桂吐司 一种黄油烤面包片,上撒有肉桂末和砂糖。

cinnamon vine 薯蓣
参见 yam

cinq-six (F.) 56度烧酒 俚称,字面含义为数字5和6,可能指一种土制烈性酒。

Cinqueterre (It.) 五山酒 意大利古里亚地区产的一种甜或半甜白葡萄酒。该酒最早由一个叫"五山"的岛屿在公元1世纪时酿成而得名。

cinquième quartier (F.) 下脚 指猪或牛的内脏、头和脚爪等。字面含义为第五部分。

Cinzano (It.) 沁扎诺酒 意大利的一种著名苦艾开胃酒,最早酿于18世纪的official的灵。有红、白、桃红等色泽,可加入苏打水调配成鸡尾酒等。源自商标名。

cioccalata (It.) 巧克力
参见 chocolate

cioppino (It.) 炖海味 流行于美国旧金山等地的一种意大利风味。其配料很多,有虾、蟹、贝类如贻贝、蛤和牡蛎、鱼、番茄酱、胡萝卜、韭葱、洋葱、芹菜、大蒜和辛香料等。

ciota (F.) 西奥塔葡萄 法国的一种酿酒用葡萄品种。

cioutat (F.) 西奥塔葡萄
参见 ciota

cipolla (It.) 洋葱,葱头
参见 onion

cipollina (It.) 小洋葱
参见 onion

ciquitroque (Sp.) 番茄辣椒炒鸡蛋

circassian walnut (Am.) 切尔卡西亚胡桃 欧洲的一种著名胡桃品种。

ciruela (Sp.) 李子
参见 plum

cisco 加拿大白鲑 一种北美洲白鱼,产于美国东北部及加拿大各大湖,为重要食用鱼之一。

ciseler (F.) 花刀 指在鱼背上划切几条斜刀的加工方法。有时也指将芳香植物如欧芹等切成细丝。

Cistercian ware 西多陶器 16世纪英国的一种深红硬质铅釉陶器。一般有饮用器、带柄高筒大杯、喇叭形杯和啤酒杯等,常饰以玫瑰花形纹彩。

cistern 1. (餐桌上)水瓶,洗手钵 2. (厨房的)水池

Citeaux (F.) 西多干酪 法国勃艮第地方西多修道院制的一种牛奶干酪,重1千克,呈圆形,含乳脂50%。

citrange 枳橙 一种由香橼和甜橙杂交而成的柑桔品种。该词由 citron 和 orange 两词缩略复合而成。

citric acid 柠檬酸 一种有机酸,可溶于水,广泛存在于各种水果中,如柠

檬、橙、鹅莓、覆盆子等。工业上则由葡萄酒发酵制成。可用作糖果的调味料，也可用于制各种饮料。

citrin 柠檬素
参见 vitamin P

citrique (F.) 柠檬酸
参见 citric acid

citroen (Du.) 香橼柠檬
参见 citron

citron 枸橼 芸香科常绿小乔木，也叫香橼，产于地中海沿岸等地。果实呈长圆形或椭圆形，果肉硬，味酸甜。果皮肉质，色白，有芳香，可提取精油，经盐水浸泡和糖煮后，可制成蜜饯，或用作糕点、面包和布丁的配料。

citron daylily 金针菜 也叫黄花菜，花蕾可供食用，常作为配菜。

citron liqueur 柠檬利口酒
参见 parfait amour

citron melon 枸橼甜瓜 一种瓜类果实，果肉呈白色，由西瓜变种而来，常用以制蜜饯。

citronella 香茅(油) 薄荷属植物，有强烈的柠檬芳香，其花瓣可用于榨油，为酿酒的调香料。

Citronen-eis Likör (G.) 柠檬利口酒 德国的一种黄色利口酒，用柠檬皮和汁蒸馏制成，加冰同饮。

citronnade (F.) 柠檬汁
参见 lemonade

citronnat (F.) 陈皮蜜饯

citrouillat (F.) 南瓜馅饼 法国卢瓦尔河地区风味之一。

citrouille (F.) 夏南瓜
参见 zucchini

citrus aurantium 酸橙 其叶可用于泡茶；其花瓣可用于作调香料或制糖果的配料。果实味酸，可制成蜜饯和果酱，也可用于佐食野禽菜肴。参见 lime

citrus fruit 柑桔 芸香科灌木，包括橙、枳、桔、橘和柠檬等。常用于制蜜饯、果汁和调香料等。

citrus sinensis 甜橙 也叫广柑或广桔，供生食或用于制橙汁。参见 orange

city chicken (Am.) 烤猪肉串 俚称，也叫假鸡肉，是一种由路边小贩串烤的嫩猪肉，味嫩可口。

city milk 消毒牛奶 指供市售的瓶装牛奶。也作 market milk

city roast 中度焙炒咖啡
参见 roast coffee

ciupin (It.) 烩鱼 意大利古里亚风味。

cive (F.) 细香葱
参见 chive

civelle (F.) 幼鳗
参见 eel

civet (F.) 酒焖野味 以红葡萄酒、洋葱和猪血等为配料焖成的菜肴，主要为野味，如野兔、野鸡和羚羊等。

civet de langouste (F.) 洋葱焖虾 以大蒜、西红柿等作配料，为法国朗格多克地区的一种特色菜。

civet d'isard (F.) 红酒焖羚羊
参见 civet

civette (F.) 细香葱
参见 chive

clabber 酸奶酪 一种酸牛奶制品，一般由牛奶经自然凝结并变酸而成。质地浓稠，但与酸牛奶有所区别。

clabber cheese 酸奶酪
参见 clabber

clafoutis (F.) 樱桃水果蛋糕 常用黑加仑子作配料，产于法国的利穆赞地区(Limousin)。

claggum (Am.) 奶脂糖 一种用废糖蜜为原料制成的明胶状糖果。

clair (F.) (汤)清的
参见 clear

claire (F.) 牡蛎
参见 oyster

clairet (F.) 淡红葡萄酒 该词原指一种香味醇厚的酒，现在专指产于法国波尔多地区的优质酒。色泽淡红，口味轻盈，但不是玫红酒。以新酿酒经冰冻饮用最佳。

clairette (F.) 白葡萄 产于法国南部的一种中等葡萄品种，可用于酿制口味滞重的发泡白葡萄酒。

clam 蛤 双壳类软体动物，产于太平洋、大西洋和印度洋等地区浅海表层海底。著名的品种有圆蛤、女神蛤、帘蛤和斧蛤等。肉味鲜美，含蛋白质丰富，被视为珍肴，常可煮、蒸、炸或新鲜食用。

clam bar (Am.) **蛤肉餐厅** 供应焖杂碎蛤肉等菜肴和其他海味为主的餐厅。

clam chowder (Am.) **蛤肉杂碎** 一种美国式风味菜，以蛤肉为主，并以牛奶、番茄、土豆、洋葱和甜玉米等作配料烩焖而成。

clam spread **蛤肉涂抹酱** 以蛤肉糜、干酪、碎洋葱和辣酱油等制成，用作三明治面包的馅料。

Clamart, à la (F.) **克拉马式** 指用青豆、土豆丸、洋蓟心或青豆酥面作配料的。克拉马为法国中部城镇。

clambake (Am.) **烤蛤** 美国新英格兰地区饶有情趣的传统海味野餐菜肴，起源于印第安人部落。方法是将海藻包以蚌蛤，放在热石头上蒸熟，也可在海滨挖掘深坑，以柴火烧烤，放入蛤、虾、鱼、鸡、甜玉米、洋葱和甜薯。

clammy bread **粘瓤面包** 指未烤透的面包。

clams Casino **卡西诺式烧蛤** 在半片蛤壳上加青椒与咸肉作配菜的烧蛤肉菜肴。

clams posillipo **那不勒斯烧蛤** 由居住在美国的意大利人后裔创制的一种菜肴，常以大蒜、红辣椒、番茄和其他辛香料作调味。源自意大利那不勒斯的海岸地名。

Clanrana (Sc.) **克兰拉纳酒** 苏格兰产的一种香料威士忌酒，质量上乘。

clapbread **烤燕麦饼** 将燕麦饼轻拍成薄层状，然后烤熟即成。

Claquebitou (F.) **克拉克别图干酪** 法国勃艮第地方科奴依产的一种牛奶干酪，重量与形状不固定。

Claqueret Lyonnais (F.) **里昂干酪** 法国里昂地方产的一种牛乳或羊乳干酪，常经捶打成形。

clarea (Sp.) **甜葡萄酒**
参见 wine

claret **波尔多红酒**
参见 Bordeaux wine

claret cup **波尔多红冰酒** 以波尔多红葡萄酒、白兰地、柠檬汁、冰糖和苏打水加香料调配而成。参见附录。

clarify **澄清** 指食品除去杂质或液体净化等，尤指黄油、汤和酒类的澄清。

clarity **(酒)清澈透明**
参见 cloudy

claro (Sp.) **克拉洛烟** 一种色香味俱佳的西班牙雪茄名牌。

clary 1. **加香蜂蜜葡萄酒** 以葡萄酒、蜂蜜和辛香料混合而成的饮料，经过滤和澄清而成。 2. **鼠尾草** 一种芳香植物，也叫南欧丹参。被广泛用作调味香料。参见 sage

clascal (Sp.) **墨西哥小玉米饼**

classé (F.) **苑** 法国波尔多地区的葡萄酒按成熟先后共分为 5 个苑。其中头苑成熟时间早，故在当年新酿酒中相应陈酿时间也最长，故质量也最佳。

Clause (F.) **克劳斯** 生于法国东北部洛林地区的厨师名，生卒年代为 1757—1828。据信是他发明了鹅肝酱食品。参见 foie gras

clavaire (F.) **珊瑚菌**
参见 clavaria

clavaria **珊瑚菌** 一种无伞盖的柱状食用菌，色泽以白、红和紫为主，可供食用，但味淡质粗，不易消化。如用黄油炸后食用则较可口。也作 club-top mushroom

Clavelin (F.) **克拉夫林酒** 法国汝拉省(Jura)产的一种黄色白葡萄酒，价格昂贵。参见 Côte de Jura

claw **蟹螯** 俗称蟹钳，一般有二只，去壳后可食其蟹肉。

clayon (F.) **(沥干酪用)草圈** 有时也可用铁丝扎成。

clayware **粘土制品** 如砂锅等餐具均为粘土制品。

clear 1. **(酒、汤等)透明的** 指清澈透亮，不含杂质。 2. **收拾(餐桌)** 在客人就餐完毕后撤走餐盆、刀叉和剩余的食物。

clear round **净牛圆臀肉**

参见 rump

cleaver 切肉刀 也叫剁刀，一种状如板斧的重刀，用于切割动物的骨肉，是厨房主要用具之一。其刀背可作槌用，用于击肉使其松软。还有一些切肉刀则相对较薄，用于切肉片等。

cleavers 猪殃殃
参见 bedstraw

clementine (F.) 细皮小柑桔 橙与柑的杂交品种。其外皮如橙，无籽。主要产于非洲北部地区。

Clermont, à la (F.) 克莱蒙式 指用填馅土豆、腌猪肉和炸洋葱作配菜。克莱蒙为法国北部城镇。

climat (F.) 小葡萄园 专指法国勃艮第地区的 Côte de Nuits 的葡萄园。因该地有十分理想的小气候而得名，而该地产的葡萄酒也常冠以此名。
参见 clos

clingstone 粘核果实 指果肉紧粘于核上的果实，如李子与桃等。

clinker (Am.) 饼干 俚称。参见 cracker

clipping-time pudding 上等布丁 英国坎伯兰一种旧式大米布丁，以剪羊毛季节制成而得名。

clisse (F.) 柳条瓶套
参见 wicker-bottle

cloche (F.) 餐盘罩 用于菜肴的保温或干酪的保鲜，常用银或其他金属制成。

Clochette (F.) 钟形干酪 法国夏朗德地方产的一种羊奶干酪，因其外形似钟而得名，重 250 克。

clod 1. **牛肩肉** 2. **小长条面包**

clos (F.) 葡萄园 尤指法国勃艮第地区的一种安有围墙的葡萄园。该葡萄园酿成的酒质量上乘，故常在酒牌上标明，如 Clos-de-Vougeot。参见 château

Clos Vougeot (F.) 乌若葡萄园 法国 Côte de Nuits 地方的著名葡萄园，以比诺、加美等上等葡萄著称，其土壤和小气候都十分适合于葡萄的生长。美食家对该葡萄园产的酒推崇备至。该地生产的乌若干红葡萄酒世界驰名。

Close, Jean-Joseph (F.) 让·约瑟夫·克洛斯 法国诺曼底的著名点心厨师，生于 1782 年。他发明块菌鹅肝酱饼等名点，后致力于阿尔萨斯地方菜肴的研究。

closeau (F.) 小葡萄园
参见 clos

cloth filter 滤布 一种白色细平布，用于过滤糖浆等稠厚的液体。

clotted cheese 凝脂乳酪
参见 Devonshire cream

clotted cream 凝脂奶油
参见 Devonshire cream

clou de girofle (F.) 丁香
参见 clove

cloudberry 云莓 产于北温带的一种草本覆盆子植物。花白色，果肉可食，用于作蜜饯、果馅或其他甜食，也可经发酵后制醋。

cloudy (酒)混浊 酒类因变质而使酒液失去透明状态，并产生絮状沉淀的现象。

clouter (F.) 镶嵌 将小块块菌、熏肉或牛舌嵌入鸡、小牛肉或小牛胸腺等食品中的一种加工方法。也作 stud

clove 丁香 桃金娘科热带常绿乔木丁子香的红褐色小花蕾，原产于印度尼西亚摩鹿加群岛，现主要产于印度尼西亚和中美洲各岛屿等地。香气馥郁、味辛辣，常用于肉食和面包等的调味。在欧洲和美国是圣诞食品特有的调味剂。

clove cassia 丁香桂皮 巴西产的一种乔木，用于和其他香料混合后作调香料。

clove July flowers syrup 丁香七月花糖浆 苏格兰中洛辛郡的古老配方。将方糖块投入沸腾的康乃馨花液中，过数小时即成。

clove nutmeg 丁香肉豆蔻 产于非洲东南部的一种乔木，类似普通肉豆蔻，作为调香料。

clove oil 丁香油 一种无色香精油，有强烈的芳香香味，用作糖果等的增味与调香。

clovisse (F.) 缀锦蛤 一种双壳类小食用蛤。新鲜食用时类似牡蛎,加工烹调则与贻贝方法相同,食时以柠檬佐味。

club cheese 冷装干酪
参见 cold-pack cheese

club sandwich (Am.) 总会三明治 通常为三片面包和二层夹馅,以鸡肉、火腿、咸肉、生菜、番茄和调味酱作夹馅,用牙签固定。

club soda (Am.) 苏打水 用于调制饮料,常有瓶装供随时取用。

club steak (Am.) 小酒馆牛排
参见 porterhouse steak

club wheat 棍子麦 一种冬小麦品种。参见 wheat

club-top mushroom 珊瑚菌
参见 clavaria

cluke cherry 欧洲甜樱桃
参见 marasca

clupe (F.) 鲱科鱼
参见 clupeid

clupeid 鲱科鱼 如青鱼、鳁鱼、鲱鱼等。参见 shad 和 herring 等词条。

cluster mallow 冬寒菜 也叫冬葵,一年或二年生草本植物,其嫩梢和嫩叶可做蔬菜。

cluster pepper 簇生辣椒 一种鲜红色的细长形辣椒,直立生长,味极辣。

coagulate 凝结 使液体经过化学反应而不是靠蒸发而变成粘稠状凝固的过程,如蛋白的凝结等。

coalfish 青鳕
参见 pollack

coalie 青鳕
参见 pollack

coal-oil stove 煤油炉灶

Coalport 科尔波特瓷 英国什罗郡(Shropshire)产的一种精美瓷器。

coarse fish 粗鱼 指一些肉质粗糙的淡水鱼,也叫杂鱼,一般用于油炸食用。

coaster 1. **虹鳟** 参见 rainbow trout 2. **杯垫,瓶垫** 有好几种:有的用于在餐桌上放酒瓶,下有轮子,常用银制成;有的放在餐盘中,使配菜不致散开;有的则是普通的杯垫。

coat 涂抹 在食物表面涂上鸡蛋、面包屑或稀面糊等。一般用于油炸,其目的可使食物受热均匀,保留原汁并达到外脆里嫩的效果。

coated rice 珍珠米 用葡萄糖和滑石粉涂漆的大米,以具有珍珠般光泽而得名。

coating 面衣,糖衣 食品外的涂抹料。

coating spoon stage 食匙挂浆 指调料在食匙上形成薄膜的阶段,是了解食品在加热中是否成熟的方法之一。

cob 1. **玉米芯** 2. **欧洲榛**
参见 cobnut

cob loaf 小圆面包
参见 roll

cobia 军曹鱼 鲈形目军曹鱼科细长海产鱼,广泛分布于热带海域。行动敏捷,体侧有数条深色纵纹,为优质食用鱼之一。

cobnut 欧洲榛 一种果实大而美味的榛子,以英国肯特郡产者为最佳。

coburg 开花包 英国的一种盘烤十字开花圆面包。源自英国维多利亚女王的丈夫 Saxe Gotha Coburg 的名字。

coca 古柯 古柯科热带灌木,原产于秘鲁,现在非洲、南美北部和亚洲东南部均有种植。其叶和浆果含有尼古丁等刺激物质,常经提取后用于酒类、糕点或饮料的配料。

Coca Cola 可口可乐 一种发泡软饮料,1886 年由美国制药商彭伯顿发明,配方至今保密。1892 年成立可口可乐公司,现主要从事软饮料原汁、咖啡、果汁和酒类的制造和销售。1961 年该公司又制成"雪碧"等其他软饮料。

cocaine 可卡因 也叫古柯碱,是从古柯树叶中提取的一种药物,其作用为收缩血管或局部麻醉,但有人用于吸毒而上瘾。

cocer (Sp.) 1. **煮,炖,熬** 2. **烘烤(面包)**

cochenille (Sp.) 胭脂虫红

参见 cochineal

cochifrito (Sp.) 烧羊肉

cochin oil 科钦油　一种高级椰子油，产于印度西南地区。

Cochin-China 交趾鸡　一种亚洲家鸡品种，体型高大，羽毛软而厚，有黑、白、浅黄、芦花等色泽，腿生毛，肉质佳美。

cochineal 胭脂虫红　一种用雌胭脂虫干体制成的红色食用色素，原产于墨西哥，在50℃左右的温度中烘干而成。每磅干粉需要约7万只胭脂虫才成。参见 carmine

cochlearia (F.) 辣根菜　十字花科植物，其嫩叶常用于制冷拌菜。也作 scurvy grass

cocho (Sp.) 玉米炒面粥

cochon (F.) 猪
　参见 pork

cochon de lait (F.) 乳猪
　参见 suckling-pig

cochonnaille (F.) 猪肉
　参见 pork

cochurra (Sp.) 番石榴甜食
　参见 guava

cocido (Sp.) 杂烩牛肉　以火腿、鸡、香肠和牛肉等作配料，是西班牙的一种地方风味。

cocina (Sp.) 厨房
　参见 kitchen

cock 公鸡　泛指雄家禽或野禽。参见 chicken

cock ale 公鸡啤酒　英国的一种非常古老的饮料，在淡色麦芽啤酒中加入肉汁或鸡汁制成。

cock-a-leekie (Sc.) 鸡肉韭葱汤　苏格兰地方风味之一。

cockerel 幼公鸡
　参见 chicken

cockle 鸟蛤　双壳类软体动物，平均长约为2—5厘米，颜色为褐色、红色或黄色，外壳光滑，从一端看呈心形，故也叫心蛤。通常鲜食或以盐和醋保存，也可作冷盘。鸟蛤营养丰富，是公认的佳肴。

cock's comb 鸡冠　公鸡及其他禽类动物的头冠，呈肉质状，可用作各种菜肴的配饰。

cockscomb oyster 鸡冠牡蛎　一种热带牡蛎，呈扇形。

cocktail 1. 鸡尾酒　以烈性酒或葡萄酒作基酒，混合果汁、鸡蛋、苦味汁、糖和苏打水，再适当加入点缀配料，如薄荷叶、桔皮或柠檬皮等调配成的混合饮料，加冰饮用。有关该词的起源很多。 2. 开胃混合凉拌　如浓味什锦水果、海鲜等的头道菜。

cocktail frank (Am.) 薄牛肉饼　俚称，因用于佐饮鸡尾酒而得名。

cocktail glass 鸡尾酒杯　一种高脚钟形酒杯或广口低酒杯，用于盛鸡尾酒，容量3盎司到4½盎司。

cocktail ketchup 什锦调味番茄酱　加少量糖，但加入较多辣椒，酱体较稀。

cocktail lounge 鸡尾酒吧　指俱乐部、旅馆或餐厅中供应鸡尾酒和其他饮料的休息室。

cocktail mix 鸡尾酒混合料　一般预先准备，或制成罐头出售，随时取用，简单方便。

cocktail party 鸡尾酒会　一种正式或非正式的社交活动，以供应鸡尾酒及其他饮料为主，兼有小吃和点心等。一般在下午举行，参加者常站立，随便交谈。

cocktail sauce 开胃沙司　用辣椒、胡椒和番茄酱制成，用于佐饮头道菜。

cocktail sausage 小香肠

cocktail shaker 鸡尾酒摇壶　用于加冰块摇匀鸡尾酒，一般用金属制成，分上下两层，中间有过滤装置。

cocktail snack 小点心　如花生和干酪等，用于佐饮鸡尾酒。

cocktail stick 取食签　用于挑起小块食物，如肉片、洋葱和香肠等。

cocktail strainer 鸡尾酒过滤片　装在鸡尾酒摇壶顶端的一薄金属片，有细孔。可用于过滤各种鸡尾酒或饮料，以使果肉、籽或残冰块分离出来。

cocky-leeky 鸡肉韭葱汤
　参见 cock-a-leekie

coclearia (It.) 辣根菜
参见 cochlearia

coco (F.) 椰子
参见 coconut

coco de mer (F.) 复椰子
参见 double coconut

coco plum 椰李 一种热带椰树的果实,可新鲜食用或制成蜜饯。

cocoa 可可 可可树原产于美洲热带地区,1502年由哥伦布带到西班牙。磨碎炒焦的可可豆可榨出可可脂后制造巧克力浆,再经充气乳化可制糖果。可可饼碎碎即为可可粉,常用来加入奶粉、水或牛奶制成饮料,香味浓郁可口。可可含有碳水化合物、脂肪、蛋白质和矿物质,易于消化,具有温和的兴奋作用,是极好的高能量食品。

cocoa butter 可可脂 从可可豆中提取的可食植物脂肪,色泽淡黄,味似巧克力,用于制巧克力糖果。可可脂价格昂贵,目前已广泛采用代用品。

cocoa plum 可可李 热带美洲的一种小乔木,果实为白色或黑色,用于制蜜饯。

cocoa powder 可可粉
参见 cocoa

cocoa shells 可可果壳 偶尔用于制造饮料。

cocolait 椰子乳 椰子果实胚乳的油水乳化物,呈牛奶状。菲律宾等国常用来制成罐头食用,以代替牛奶。

cocomero (It.) 西瓜
参见 watermelon

cocon (F.) 酒味杏仁酥糖 因形似蚕茧,故名。

coconut 椰子 棕榈科乔木的果实,呈卵形或椭球形。外壳很厚,内有椰肉和椰汁。干燥椰肉叫椰仁,可食,亦可用于榨取高级食用植物油"椰油"。椰汁甜,可供饮用,也可经发酵蒸馏后制糖或酒。椰子顶芽可做凉拌色拉。

coconut cream 椰酪
参见 coconut oil

coconut ice 椰子糖 用椰子汁加糖制成,常加入牛奶调味。

coconut milk 椰汁 新鲜椰子果肉中含有的液汁,味甜色白,可用于作饮料或糕点等的配料。

coconut oil 椰油 椰子果肉经晒干后榨取的油脂,为一种白色的半固体脂肪,可用作人造奶油或烹调用油,也叫椰酪。

cocoon 蚕茧 一种非常规食品。有人将蚕茧外皮去掉后用油炸食,以盐、胡椒和醋调味,据说滋味十分可口。

cocose (F.) 椰子油
参见 coconut oil

cocotte (F.) 煨炖锅
参见 stew

cocotte minute (F.) 压力锅
参见 pressure cooker

cocoyam 芋头
参见 taro

cozelle (It.) 西葫芦 一种绿皮南瓜,具有光滑的外皮,果肉呈浅绿或白色,常用于烹饪,也叫吉瓜。

coctel (Sp.) 鸡尾酒
参见 cocktail

coctelera (Sp.) 鸡尾酒摇壶
参见 cocktail shaker

cocui (Sp.) 龙舌兰酒
参见 tequila

cocuma (Sp.) 烤玉米
参见 corn

cocuzza (It.) 绿皮南瓜
参见 cozelle

cod 鳕 鳕科冷水性重要经济鱼,产于北大西洋西侧,为名贵的食用鱼。体色从淡红到淡灰、淡黑,甚至也有鲜红。一般体重达11千克,最重可达91千克。可用于烤、煮、扒和烟熏等,其肝可制鱼肝油。

cod roe 鳕鱼子 生鳕鱼子应包在布袋中,经煮熟冷却后切成片,然后再以油炸后食用,作为冷拼盘配料或另经烟熏后食用。

cod sounds 鳕鱼鳔 常在牛奶中炖煮后,加入各种调味食用。

cod's roe paste 鳕鱼子酱 把沥干的鳕鱼子用文火在黄油中炒熟,加入调料,然后碾碎过滤用作餐前开胃吐司的馅料。参见 caviar

cod-burbot 江鳕
参见 burbot
coddes (Am.) 炸鳕鱼饼　美国马里兰州风味。
coddle 煨　烹调方法之一。将食物置于盛有较多液体的容器内,用文火长时间炖煨至食物全部软酥即成。
Codex Alimentarius 食品规则　联合国在20世纪70年代开始编制的国际食品标准,包括各主要食品的卫生、食品添加剂、沾染物等的分析和取样条款。
codling 1. 幼鳕　2. (做菜的)锥形苹果
cod-liver oil 鱼肝油　从鳕鱼及其他鱼类,特别是大西洋鳕鱼的肝脏中得到的淡黄色脂肪油,可作为维生素A和D的原料,具有很高的营养价值。
Codorniu (Sp.) 科尔多纽酒　西班牙一种发泡葡萄酒,源自商标名。
coeur à la crème (F.) 奶油心形干酪　食时佐以果酱、糖或盐等配料。
coeur de palmier (F.) 棕榈嫩尖　用醋沙司拌和作为冷拼盘食用。
coffee 咖啡　茜草科热带常绿灌木,种子称咖啡豆,烘烤后磨碎即成咖啡,可冲饮。咖啡原产于非洲,现有许多变种,以阿拉伯地区,巴西和非洲等地最佳。饮时有的加水煮开;有的用蒸汽通过咖啡粉饮用。近年来又出现速溶咖啡,但口味和香味均不如冲煮的咖啡。咖啡有兴奋、利尿作用,是世界上除茶以外消耗量最大的饮料。
coffee bag 袋装咖啡　其分量可冲泡一杯咖啡。
coffee bar 咖啡馆
参见 café
coffee bean 咖啡豆
参见 coffee
coffee bread (Am.) 褐色水果面包
参见 coffee cake
coffee break 1. 咖啡茶会　参见 coffee hour　2. 工间咖啡休息时间
coffee cake (Am.) 咖啡糕点　一种早餐松软糕点,有各种形状,用发酵面团加鸡蛋、奶油和糖,放在铁板上烤成,佐以水果和辛香料,浇上糖汁抛光。也指一种褐色水果面包。
coffee cone 咖啡滤斗　一种漏斗状器具,中垫滤纸,用以过滤冲饮的咖啡粉末。
coffee cream 咖啡乳脂　一种含有18—30%的鲜奶油的乳脂。参见 whipping cream
coffee creamer 稀奶油盅
coffee cup 咖啡杯　常指一种有柄无盖杯,用玻璃、塑料、金属等制成。
coffee grinder 咖啡磨
参见 coffee mill
coffee grounds 咖啡渣
coffee hour 咖啡茶会　一般在正式聚会后举行的茶会,供应咖啡和其他点心。
coffee house 咖啡馆　一种进行非正式社交的俱乐部,尤指17、18世纪的英国咖啡馆。
coffee ice 咖啡冰淇淋
coffee lightener 咖啡冲淡剂　代替奶油冲入咖啡的一种代乳品,也叫咖啡粉末或咖啡牛奶。
coffee mill 咖啡磨　用于研磨咖啡豆的电动粉碎机。
coffee ring (Am.) 环形咖啡糕点　用发酵面团加水果制成,浇上糖浆食用。
coffee roll 咖啡面包卷　一种形似卷筒的咖啡点心或甜圆面包,加葡萄干、坚果仁等作点缀。
coffee room 咖啡厅
也作 coffee shop
coffee royal (Am.) 搀酒咖啡　在清咖啡中加入白兰地和朗姆酒等饮用。
coffee service 全套咖啡具　通常为银质或镀银餐具,近年来也改为瓷质或不锈钢,包括咖啡壶、糖缸、奶油钵和托盘等。
coffee shop 咖啡厅,咖啡馆　也指旅馆或餐厅中供应茶点、饮料和便餐的小吃部。
coffee spoon 咖啡匙　比普通茶匙略小,用于饮咖啡时搅匀食糖。
coffee table 咖啡茶几　常放在沙

发前。
coffee-and 咖啡点心 一种咖啡加炸面包圈的点心。
coffeemaker 煮咖啡器，咖啡壶
coffee-mate 咖啡伴侣 由葡萄糖、氢化棕榈果仁油、酪朊合纳、乳化剂、香味剂和色素等组成的一种白色粉末，用于冲饮咖啡时的增味和增香。
coffeepot 咖啡壶 一种有盖和手柄的煮咖啡器具，常以金属、陶瓷等制成。当今使用更多的是一种电热咖啡壶，配备有过滤咖啡渣的设备。
Coffey-still 科非蒸馏器 一种大规模生产威士忌等优质烈酒的设备，也叫连续式蒸馏釜，由爱尔兰人 Aenean Coffey 在1830年发明，故名。参见 patent still
coffin 馅饼酥皮 俚称。
参见 abaisse
coffin varnish (Am.) 烈酒 俚称，暗指多饮烈酒可以使人送命的意思。
Cognac (F.) 科涅克酒 也称干邑，法国夏朗德省生产的一种上等白兰地。法国的法律规定，只有在限定的地区内，用指定的葡萄品种，用特殊的蒸馏方法和容器经两次蒸馏，并在利穆赞橡木桶内陈酿的白兰地酒才能使用这一名称。该酒在17世纪开始生产，色泽红，口味柔和，芳香甘醇，为公认的世界名酒。陈酿时间为2—5年，少数达到40—50年。参见 V. S. O. P.
cognac oil 科涅克油 也叫白兰地香精油，是配酒用的一种调香剂。
Cognakpudding (G.) 白兰地布丁
cogno (It.) 科涅 意大利酒量单位，约等于100加仑。
coho 银大麻哈鱼 鲑科的一种珍贵的食用鱼，体重可达4.5千克，背及尾鳍上叶有小黑点，原产于北太平洋。
cohune oil 羽叶棕榈油 从羽叶棕榈果核中取得的油，色黄，呈半固体状，类似椰子油，可用于烹调。参见 coconut oil
coilia 凤鲚 俗称凤尾鱼或拷子鱼。常用于油炸或制成罐头。
coing (F.) 榅桲，木瓜
参见 quince
Cointreau (F.) 橘味利口酒 19世纪时由康德露兄弟创始的一种无色甜味烈性酒，用橘子香精调配而成。广泛用于调配其他鸡尾酒或烹调中，是法国最受欢迎的大众化酒品之一，含酒精35%。
coireau (F.) 玉米糕点
coke (Am.) 可口可乐，俚称。参见 Coca Cola
cokertines 椰蓉夹心硬糖
col (F.) 1. (啤酒)泡沫 参见 foam 2. 颈肉 参见 chuck
cola 可乐果
参见 kola nut
colabrodo (It.) 漏勺
参见 colander
colacion (Sp.) 什锦糖果
colander 漏勺 用于洗菜或煮饺子等面食的沥水盛器，也可用于过滤等。
参见 strainer
Colares (P.) 科拉雷什 葡萄牙的产酒地区名，濒临大西洋，生产一些最优秀的红葡萄酒和白葡萄酒。
colazione (It.) 早餐
参见 breakfast
Colbert, à la (F.) 科尔贝式 指用鸡蛋和面包屑裹后再入油锅炸的鱼。该词源自法国路易十四时代的政治家、美食家 Jean Baptiste Colbert (1619—1683)的名字。
colby (Am.) 科尔比干酪 一种质软多孔且含有许多颗粒的美国切德干酪，含乳脂不少于50%。因产于威斯康星州的科尔比镇而得名。
col-cannon (Sc.) 土豆卷心菜
参见 cale-cannon
colchester 英国牡蛎 一种受欢迎的食用牡蛎品种，因产于英国的科尔切斯特，故名。参见 oyster
cold buffet 冷肉类
参见 cold cuts
cold cellar 冷藏库
参见 cold room
cold cuts 冷切肉 切片冷吃的熏肉、腌牛肉、火腿、香肠和干酪等，用于非

正式的餐饮。

Cold Duck 科达克酒 用美国的发泡红葡萄酒和发泡白葡萄酒混合而成的一种鸡尾酒。源自德裔移民的一种"冷鸭酒"(Kalte Ente)。

cold flour 糖玉米粉 或加糖的碎玉米。

cold room 冷藏室 使室内温度保持在较低的恒温状态,以存放易于变质的食品。

cold shape 冻布丁 一种经模子成型的牛奶冻布丁。

cold shoulder 冷冻烤羊排

cold slaw 凉拌卷心菜丝
参见 cole slaw

cold smoking 冷熏 不以明火加温的一种食品熏制方法。

cold storage 冷藏 在不致冻伤的条件下,用低温保存新鲜食品的方法,一般将温度保持在2℃左右。冷藏设备包括冰箱、冷库和冷藏车等。

cold-pack cheese 冷装干酪 由新鲜干酪和熟化干酪等经磨碎后加入香料、葡萄酒等调味料,包装后经冷冻出售,故名。

cold-pack cheese food 冷装式干酪食品 指以高水分加糖和其他乳制品的食品,类似冷装干酪。

cole 芸苔 蔬菜中的一类,如花椰菜、卷心菜和油菜等。

cole slaw 凉拌卷心菜丝 用生卷心菜加盐、醋和胡椒等凉拌而成,味酸可口。源自荷兰语 koolsla。

colewort 宽叶羽衣甘蓝
参见 collard

coley 绿青鳕
参见 pollack

colifidret (F.) 野禽肉饼

coliflor (Sp.) 花椰菜,菜花
参见 cauliflower

colin (F.) 白鳕,狗鳕 一种鳕鱼,头背部呈黑色或灰色,腹部白色,肉质松散而味美,烹调方法同普通鳕鱼。参见 hake

colinabo (Sp.) 大头菜
参见 rutabaga

colineau (F.) 小狗鳕
参见 colin

collagen 胶原蛋白 指一种纤维状硬蛋白,是高等动物体内最丰富的蛋白质。猪蹄、牛肉等的结缔组织中如蹄筋、软骨和皮中含量最为丰富。

collapsing (罐头)瘪听 与胖听相反,一般由于运输中经压挤所致。参见 swell

collar 熏肉卷,鱼肉卷

collard 宽叶羽衣甘蓝 一种不结叶球的甘蓝,叶较宽羽衣甘蓝宽而得名。在美国南部常作冬季绿叶菜食用,加猪油调味。该品种含矿物质和维生素C,口味颇似菠菜。

collared 熏肉卷 经煮熟后加以各种调味,冷却后食用。

collation (F.) 点心,小吃 字含含义为僧侣委任书,源自中世纪以来在法国的修道院中每当吃夜点心时宣读僧侣委任书的习俗。

colle (F.) 明胶
参见 gelatin

colle de poisson clarifiée (F.) 鱼胶 参见 isinglass

college pudding 小葡萄干布丁 加羊脂调味,其他配料还有鸡蛋和干果等,可供一人食用。

coller (F.) 增稠,勾芡
参见 thicken

collerettes, pommes (F.) 油炸土豆薄片

collet (F.) (羊、小牛)颈肉
参见 collier

colli berci (It.) 科利贝尔西酒 意大利威尼斯地区酿的一种干红或干白葡萄酒。

collier (F.) (羊、小牛)颈肉
参见 chuck

Collins (Am.) 科林斯鸡尾酒 该酒由19世纪著名的伦敦餐厅领班 John Collins 创始。参见附录。

collins glass (Am.) 科林斯酒杯 容量为10—14盎司的圆柱形酒杯。

collioure sauce 鳀鱼蛋黄酱 常加入大量的大蒜佐味。

collon 条肉,片肉 或一薄片腊肉。

collop 1. 薄肉片 2. 熏肉炸蛋
参见 escalope

collyba 小甜饼 以压碎的小麦、坚果、扁桃和蜂蜜制成的饼,用于某些集会时的甜点。

collybie (F.) 金钱菌 一种食用菌种。
参见 fungus

colocasia 海芋 产于印度尼西亚的摩鹿加群岛(以前称为香料群岛)。海芋叶和块状根为当地人的主要食品。

colocynth 药西瓜 一种苦味黄瓜品种。色泽多样,其果肉呈紫色,装饰性很强,常用作菜肴的配饰。

Cologneware 科隆陶器 一种有灰色或棕色斑纹的上釉粗陶器,尤指起源于16世纪的有柄陶酒杯。因原产于德国的科隆,故名。

colombard (F.) 科隆巴葡萄 一种酿酒用白葡萄品种,原产于法国,但今天仅栽种于美国的加利福尼亚。

colombe (F.) 肉鸽
参见 pigeon

Colombière (F.) 科隆贝干酪 法国萨瓦省产的一种牛乳干酪,呈平盘状,重750克,含乳脂50%。

colombine (F.) 油炸丸 以粗粒面粉及帕尔马干酪作馅。参见 croquette

colombo (It.) 野鸽
参见 wood pigeon

colon bacillus 大肠杆菌 寄生在人体内的一种细菌,在肠内生活时一般没有危害,但如进入其他内脏则会引起发炎。食物沾染大肠杆菌的数量超过一定限度则会引起中毒症状。

colonche (Sp.) 仙人掌果酒

Colonna (It.) 科罗纳酒 意大利卢齐奥地方产的一种干白葡萄酒。

coloquinte (F.) 药西瓜
参见 colocynth

colorado claro (Sp.) 科罗拉多雪茄
参见 colorados

colorados 科罗拉多雪茄 一种颜色和烟味均不浓不淡的雪茄烟。源于西班牙语的"色泽"之意。

colorant (F.) 食用色素
参见 colouring

colouring 食用色素 用昆虫或植物原料制成的色素称为天然色素,用化学方法合成的色素称为人工色素。食用色素可用于糕点、糖果、酒类和饮料的着色。

colouring beer 加色啤酒 一种深色啤酒,加有着色剂,故名。

Columbia Excelso 哥伦比亚咖啡 一种浓味咖啡,质量上乘,以产地命名。

Columbia river salmon (Am.) 大鳞大麻哈鱼 也叫王鲑。参见 king salmon

Columbian coffee 哥伦比亚咖啡 一种优质上等咖啡。也作 Columbia Excelso

Colwick 科尔维克干酪 英国诺丁汉郡产的一种牛乳干酪,呈圆形,质软,裹在甘蓝叶中成熟。制成后从菜叶中脱出,就像脱去一件外套,因而按此义谐音也叫做 slipcote。

colza 油菜
参见 rape

colza oil 菜籽油
参见 rape oil

combinado (Sp.) 鸡尾酒
参见 cocktail

combine 调拌
参见 blend

comentin (F.) 橘子
参见 mandarin

comet wine 彗星葡萄酒 在彗星出现的年份中酿造的葡萄酒,据信十分醇美。

comfit 1. 果仁夹心球糖 以果仁或果酱作夹心,外裹糖衣。 2. 蜜饯果 以糖、醋和白兰地酒浸渍而成。

comfrey 紫草科植物 如琉璃苣等,用作凉拌菜。参见 borage

comice 大黄梨 一种圆形大梨,汁多味甜。

comida almuerzo (Sp.) 午餐
参见 lunch

comiteco (Sp.) 龙舌兰酒
参见 tequila

commander (F.) 凭菜单点菜
参见 à la carte

Commanderia 科马迪尔酒 塞浦路斯原骑士团辖区 Commandery 地方产的一种甜葡萄酒。由于气候炎热，葡萄酒色泽亮而鲜明，与其他葡萄酒混合，仍保持独特口味。该酒已有300多年的历史。

commensality caste 种姓共食 区分印度种姓及社会等级的重要标准。在印度北方可随便交换生食品，但不能交换熟食品，可接受水果和酥制制品，但禁止食牛肉、猪肉。高种姓的婆罗门烹调，被视为洁净的典范。

comminute 捣碎, 切碎 把肉类或干酪切开，研成小粒或磨成细粉。

comminuted cheese 冷装干酪 参见 cold-pack cheese

comminuted orange drink 全果桔饮料 一种连皮榨汁的饮料。

commis de rang (F.) 餐厅见习侍者 学徒期满，但尚未升为正式侍者。参见 chef de rang

common bean 豆类食品 泛指可供食用的菜豆、刀豆、扁豆、蚕豆和四季豆等。

common cracker 薄脆饼干
参见 cracker

commune (F.) 联社 法国波尔多地区以某市镇或庄园为中心的葡萄产地及葡萄酒酿制地，该地及附近地区各庄园的酒往往以此命名，并保持一定的质量和特色。参见 Bordeaux wine

companage (Sp.) 凉拌菜
参见 salad

compiègne (F.) 蜜饯干酪蛋糕

complimenti (It.) 饮料, 茶点

comport 高脚果盘
参见 compotier

composite flesh 调料肉馅 用于作香肠的充填料，常由猪肉或牛肉碎块加入调味料和香料等制成。

composta (It.) 糖水水果
参见 compote

compota (Sp.) 糖水水果
参见 compote

compote (F.) 1. 糖水水果 也叫烩水果。将水果切成片后放入糖浆中经文火烩煮而成，常作为餐后甜食。2. 果盘 一种玻璃或瓷制的盘子，有高脚或托座，用于放水果、烩水果和蜜饯等。

compotier (F.) 高脚果盘 用于放水果、果酱和其他冷甜食等。

compound essence 复合香精 由天然香精和合成香精调配而成。

compound lard 混合油脂 由植物油与猪油混合而成。

compris (F.) (费用)已计在内 菜单用语之一。

Comté (F.) 孔泰干酪 法国汝拉省产的一种压制干酪，呈车轮状，色淡黄，味柔和，重 40 — 45 千克，含乳脂 45%。

con anitra (It.) 浇以鸭卤的

coñac (Sp.) 科涅克白兰地酒
参见 cognac

concassé (F.) 碎块, 细丁 一种不规则的碎块。参见 dice

concentrate 浓缩 用加热等方法使溶液中的溶剂蒸发而增加溶液的浓度，如一些浓缩的肉汁等。该词也可泛指经脱水而浓缩的食品。

concentrated milk 淡炼乳 一种不加糖的浓缩牛乳，经高温杀菌除去一部分水分而成，其脂肪含量不少于 8%。

concentrato (It.) 1. 浓的 2. 浓缩食品

conch 海螺 一种外壳呈美丽的螺旋状的硬壳动物，肉质坚硬，常需加以捶打才可食用。常用作开胃凉拌、炖螺肉汤和各种海鲜杂烩等。

Conches (F.) 热融干酪 瑞士瓦莱州产的一种牛奶干酪，重 7—9 千克，常用作干酪火锅的原料。参见 fondue neuchâteloise

conchiglie (It.) 贝壳状通心面 一种意大利特色面食，常用于烘烤。

concoct 调制, 调配 指将生原料经烹制或调和，以制成饮料或汤等。

concombre (F.) 黄瓜

参见 cucumber

concombre de mer (F.) 海参
参见 sea cucumber

Concord 康科德葡萄 一种杂交葡萄品种,外皮呈紫色,用于作果酱、果冻和酿酒等。因原产于美国马萨诸塞州的康科德镇而得名,但现在纽约州种植得最多。

condé (F.) 1. 杏仁霜 2. 奶油水果甜食

condensed milk 甜炼乳 牛奶经浓缩加糖制成,常作为婴儿食品。参见 concentrated milk

condensed milk flavour 炼乳味 冰淇淋由于采用罐头炼乳为原料带来的一种不愉快气味。

condiment 调味品 泛指各种辛香佐料,如胡椒、盐、芥末辣椒和醋等。一般除在烹调中使用外,还须置于餐桌上的调味品瓶中,供人们取用。

condiment of condiments 盐 字面含义为调味品之王。

condiment set 调味品架 指一套容器,如水瓶、浅盘和架子等,盛放盐、胡椒、芥末、醋和橄榄油等。

condimento (It.) 调味品,作料
参见 condiment

condimento Italiano (It.) 意大利调料 以各种香草植物混和的调味料,如迷迭香、牛至、甜罗勒、百里香和欧芹等。

condition (肉用畜的)肥膘度

conditioning of meat 肉的调理 指将肉存放在接近冰点的温度状况中,以增进肉的排酸,经调理的肉比较嫩。

Condrieu (F.) 孔德里约 法国罗讷河沿岸的葡萄酒酿制区,在里昂以南,产干性或半干的多种葡萄酒。

cone 1. 圆锥形小杯 用蛋卷制成,用于放冰淇淋。**2. 蛋卷冰淇淋 3. 玉米粉** 用于撒在面团上,以防粘着。

cone gelato (It.) 蛋卷冰淇淋
参见 cone

cone ice cream 蛋卷冰淇淋
参见 cone

coneglio (It.) 家兔
参见 rabbit

coney-fish 江鳕
参见 burbot

confection 甜食 泛指各种甜味食品,如糖果、蜜饯、果酱、糕点、冰淇淋和水果等。

confectioner's custard 蛋奶馅
参见 pastry cream

confectioner's sugar (Am.) 糖粉
参见 icing sugar

confectionery 1. 糖食 包括糖果、巧克力和糕点。**2. (Am.)糖果** 在美国仅指巧克力与糖食而言。

confetti (It.) 糖果 意大利狂欢节时投撒的五彩糖果甜食。

confettura (It.) 1. 果酱 2. 蜜饯,甜食

confire (F.) 糖渍,醋泡
参见 pickle

confiserie (F.) 糖食,甜食
参见 confection

confit (F.) 焖肉冻 以原汁焖煮各种家禽,烹调时加盖使食品不接触空气而制成的肉类食品。

confitar (Sp.) 蜜饯,糖果仁

confiteria (Sp.) 甜食饮料店 南美洲的一种销售茶叶、咖啡、巧克力以及糕点、三明治的店铺。

confitura (Sp.) 蜜饯水果

confiture (F.) 果酱,蜜饯
参见 jam

confiturier (F.) 果酱碟

Confrèrie des Chevaliers du Tastevin (F.) 品酒师协会 法国勃艮第地区的专业行会组织,创建于1933年。当时一些爱国的酒业人士在 Camille Rodier 创议下为促进地区的酿酒业而组织起来。今天该组织拥有600余名成员,定期举行宴会,而其一般会员则遍及全世界。

congeal 凝结 指液体冻结或加入明胶等致凝。

congee 米汤 将大米经水煮沸而成,类似中国的稀粥或稀饭,有些国家作为一种饮料。也作 conjee

congélation (F.) 冻结,冰冻
参见 cold storage

conger eel 康吉鳗 产于大西洋沿岸的一种无鳞大海鳗,体长有时可达8英尺,是欧洲的重要食用鱼之一。烹调方法有油炸、煮汤和烤等。

conger pike 海鳗
参见 conger eel

congius (L.) 康吉斯 古罗马液量单位,约等于7品脱或0.84加仑。

congou (C.) 工夫茶 中国福建广东一带的一种饮茶风尚。

congre (F.) 康吉鳗
参见 conger eel

congress tart 杏仁蛋糕 用油酥在蛋糕表面作成十字形花饰,再撒以糖粉而成。

congrio (Sp.) 康吉鳗
参见 conger eel

conguito (Sp.) 辣椒,辣椒粉

coniglio selvaggio (It.) 野兔
参见 hare

conjee 米汤
参见 congee

conkies 玉米卷 西印度群岛巴巴多斯风味,以玉米和椰肉、葡萄干、猪肉糜等混和后裹入香蕉叶中食用。

connecticut (Am.) 康涅狄格 一种大叶烟草,产于美国的康涅狄格州,故名。

conseillee (F.) 餐厅推荐菜
参见 chef's suggestions

conservar (Sp.) 醋渍食品

conserve 果仁酱 将各种水果或蔬菜加糖和香料,以其本身汁液熬煮,再加入果仁和葡萄干即成。调味果酱是一种有名的蜜饯,各种水果酱均包括在这个类别中。

conserve (F.) 罐头食品 尤指糖水水果罐头。

consistency 浓度 指果酱、肉汁等具有一定的稠密度。

consolante (F.) 提神酒 专指供厨师在烹调时饮用的酒精饮料。

consome (Sp.) 清汤
参见 consommé

consommations (F.) 消费 尤指在咖啡馆或餐厅中食用各种食品和饮料。

consommé (F.) 清汤 一种清炖肉汤,以牛肉、小牛肉、鸡肉等加各种辛香料,经煮沸、浓缩、调味,以蛋白结凝和过滤等步骤,从而使汤清澈透明,色香味达到高度统一,是著名法式汤之一。

consommé à la Cancalaise (F.) 康卡勒式鲜鱼清汤 以鱼丸、牡蛎和香旱芹作配料煮成。

consommé à la Chasseur (F.) 野味清汤 以马德拉酒与蘑菇作配料。

consommé à la d'Artagnan (F.) 达达尼昂清汤 一种以番茄和蘑菇作配料的牛肉清汤。参见 d'Artagnan, à la

consommé à la flip (F.) 鸡汁清汤 以莴苣、韭葱与火腿切成丝作配菜。

consommé à la Gauloise (F.) 高卢式清汤 一种鸡冠、鸡腰清汤。

consommé à la jardinière (F.) 园丁清汤 以花菜梗和胡萝卜丁作配菜的一种特色汤。

consommé à la Madrilène (F.) 马德里式清汤 一种用番茄和甜椒丁作配料的鸡肉清汤。

consommé à la Parisienne (F.) 巴黎式清汤 以蔬菜丁和香旱芹作配菜的一种鸡肉清汤。

consommé à la princesse (F.) 公主式清汤 以鸡肉、芦笋为主料的清汤。

consommé à la royale (F.) 皇家清汤 一种鸡肉清汤,以牛奶和蛋糊片作配菜。

consommé à la Strasbourgeoise (F.) 斯特拉斯堡式清汤 一种杜松子清汤,以红卷心菜丝、香肠和辣根作配料。

consommé à l'Alsacienne (F.) 阿尔萨斯清汤 一种以酸泡菜和斯特拉斯堡香肠作配料的清炖肉汤。参见 Alsacienne, à l'

consommé à l'ancienne (F.) 古式清汤 以炖肉汁加蔬菜、面包丁和大米作配料的一种清汤。也作 croûte-au-pot

consommé à l'aurore (F.) 朝霞清汤 一种西红柿鸡汁清汤。

consommé à l'écossaise (F.) 苏格兰式清汤 以珍珠大麦和胡萝卜、韭葱、洋芹等切成丝煮成的一种奶油清汤。

consommé à l'Irlandaise (F.) 爱尔兰清汤 以羊肉块、珍珠大麦和蔬菜煮成。

consommé à l'Italienne (F.) 意大利清汤 以花式面条、字母面等作配料制成。

consommé à l'Orleans (F.) 奥尔良清汤 一种鸡肉鸡汁清汤,以奶油、番茄酱和阿月浑子等作配菜制成。

consommé Adèle (F.) 阿岱尔清汤 以胡萝卜、豌豆、鸡肉丸等作配料的清汤,该汤以法国路易十世的王后名字命名。

consommé Alexandra (F.) 亚历山德拉清汤 一种鸡肉清汤,以木薯、蘑菇作配料。参见 Alexandra

consommé all'uova (It.) 蛋黄清汤

consommé Brillat Savarin (F.) 萨伐林清汤 以鸡丝、莴苣、酢浆草、香旱芹和木薯作配料的清汤。参见 Savarin

consommé Céléstine (F.) 塞勒斯丁清汤 以小块鸡丁、香旱芹和小圆饼作配料。

consommé Colbert (F.) 科尔贝清汤 一种蔬菜丝清炖鸡汤,另加一只水波蛋配饰。

consommé commodore (F.) 蛤肉番茄与血清汤

consommé julienne (F.) 菜丝清汤 以胡萝卜、韭葱、芹菜、白菜等切成细丝作为配料。

consommé mercèdès (F.) 梅西狄斯清汤 以樱桃、鸡肝片和鸡冠等制的鸡肉清汤。

consommé monaco (F.) 摩纳哥清汤 一种鸡肉清汤,加竹芋粉增稠后滤清,再以干酪佐味。

consommé Nemrod (F.) 纳姆洛清汤 一种野味汤,以猪肉及野味肉丸作配料。纳姆洛为圣经中人物名。

consommé tortue (F.) 甲鱼清汤 以肉丸、块菌、蘑菇、橄榄和酸黄瓜作配菜,加入马德拉酒调味。

consoude (F.) 紫草
参见 comfrey

Constantia 康斯坦莎葡萄酒 南非开普敦郊区产的一种佐餐葡萄酒,有红、白等多种,一般不甜。

consumato (It.) 清汤
参见 consommé

consumazione (It.) 饮料,小吃

consumer's flour 二级面粉 一种供日常消费用的商品面粉,质量仅次于一级面粉。参见 patent flour

consumo (P.) 新酿普通葡萄酒

Conti (F.) 孔蒂 法国波旁王朝家族的旁系,历史上有几位成员颇负盛名,如 Armand, prince de Conti (1629—1666) 和 Louis Francois Conti (1717—1776) 等。据说都是美食家,有些菜肴以其命名。

continental breakfast 大陆式早餐 一种简便早餐,以咖啡、面包为主,偶尔加黄油,味较清淡。参见 English breakfast

contiser 块菌配菜 常用来佐食鸡肉,野味和鱼等。参见 truffle

contorno (It.) 配饰菜
参见 garnish

contre-filet (F.) 牛腰肉
参见 sirloin

convenience food 方便食品 一种快餐,以容易制备、携带方便、营养丰富和加工简单为特点,如方便面条之类。

conversation (F.) 油酥点心 以杏仁和奶油作馅,上撒糖粉。

convertissage (F.) 磨成细粉

cony 家兔
参见 rabbit

coo-coo (Sp.) 玉米布丁 一种巴巴多斯风味食品。

cook 1. 烹饪 参见 cooking 2. 厨师 泛指在厨房中的操作人员,如糕点厨师、冷肉厨师,汤类厨师等。参见 chef

cook cheese 煮制干酪 将未发酵的成熟凝乳煮到似糖蜜的稠度,然后盛入杯中食用。

cookbook 食谱 汇集烹饪方法、指导食品制备和供应的说明书。世界上最早最有名的食谱是公元前2世纪的希腊《宴席学》。法国在1394年出版了第一本食谱,题为《巴黎经理》。20世纪以来,人们对烹饪的兴趣日益提高,食谱也风行全世界,成为每年各国出版量最大的书刊之一。

cooked cheese 煮制干酪 参见 cook cheese

cooked flavour 煮熟味 加工食品的一种缺陷现象。

cooker 1. 炊具,烹调器具 如锅,压力锅等。 2. 厨师,炊事员 3. 供烹煮的食物 如蔬菜和苹果专用于烹调,以区别于仅供生吃的食品。

cookery 烹饪 除烹调的实践外,尤指烹饪的科学理论和知识。参见 cooking

cookery book 菜谱,食谱 参见 cook book

cookie (Am.) 曲奇饼 泛指各种奶香浓郁、味甜松脆的小甜饼,在苏格兰则指普通面包。常呈条状,以稀面糊用匙成型经烤焙而成。曲奇饼中有巧克力、葡萄干、花生、杏仁、果酱和姜汁等作配料,是深受广大人民欢迎的甜点。

cookie cutter 曲奇成型刀 一种食品机械切刀,用于切制曲奇饼、饼干和各种小甜饼等。

cookie jar (Am.) 饼干听 也作 cookie pan

cookie pusher (Am.) 餐厅女服务员 美国西部牛仔俚语。

cookie sheet (Am.) 曲奇烤板 一种扁平铁板,边缘卷起,用于烤制奶油曲奇或食物的加热等。

cook-in 烹饪讲座 也指各种烹饪培训班,既有理论也有实践的一种教学活动。

cook-in-pouch 袋煮食品 一种方便食品,装在铝箔制的包装袋内,可连袋煮沸后食用。

cooking 烹调,烹饪 烹调是一门十分古老的技艺,指通过将食品加热和施加各种调料制成可口而富有营养的菜肴。世界各国的烹调争奇斗艳,十分丰富。参见各有关词条。

cooking oil 食油 参见 edible oil

cooking salt 精盐 一种食用盐,为无色或白色结晶,味咸,用作调味和烹饪。

cooking wine 烹调用酒 俗称料酒,在烹调中酒精成分消耗完后会留下一部分酒香。虽然美食家主张烹调用酒要用优质好酒,而事实上在厨房中往往使用一些价格便宜的普通酒。

cookoff 烹饪比赛 参见 bake-off

cookshop 小饭馆 一种供应热菜的小餐厅,价格通常较便宜。

cookware 炊具 总称,泛指厨房中全部烹调用具和设备。

cooky 曲奇饼干 参见 cookie

cool 变凉 常将食品冷却到室温左右。

cool chamber 冷藏室 参见 cold room

cool tankard 冷饮 俚称,泛指各种清凉饮料。

coon (Am.) 黑皮干酪 切德干酪品种之一,因外涂黑蜡而得名。质硬味烈,常陈化一年以上。参见 cheddar

coon oyster 劣质牡蛎 由于生长过于密集而使牡蛎肉不肥壮,味也不鲜嫩。

cooper 混合黑啤酒 以等量烈性啤酒和黑啤酒混和而成。参见 stout

cooperage 生啤酒桶 即散装啤酒桶。

coot 水鸭 一种野生水禽,似似野鸭,但脂肪少,肉味干而粗。基督教僧侣

常在四旬斋期间食用,以代替素斋菜肴。参见 Lent

copa (F.) 烟熏猪肉香肠 法国科西嘉岛风味,常加入香料和辣椒调味。参见 sausage

copa (Sp.) 1. 酒杯 2. 椰子干

copeau(x) (F.) 碎屑 如干酪屑、巧克力屑等,常用作糕点的点缀和装饰。参见 chip

coperto (It.) (一套)餐具

coppa (It.) 1. 高脚酒杯 2. 猪头肉香肠 由头肉和猪皮为主要馅料制成。参见 sausage

copper sponge 铜丝棉 用于厨房中擦洗餐具和锅等。

copperware 铜炊具 铜是热的良导体,传热均匀快捷,可制成非常出色的锅和其他炊具。现代炊具则用铜作锅底,而用其他金属作锅壁或锅盖。

copra 椰仁干 椰子果实中的干燥果肉,可从中提取椰子油,曾作为主要的食用油。椰子油为黄白色的半固体,有特殊的椰仁香气,现在可作食用油脂、人造奶油、起酥油和面包馅料,也可作糖果的调香料等。

copra oil 椰干油 从椰子仁中压出的油脂,常用于烹调。

coprin (F.) 毛墨汁盖伞
参见 shaggy ink cap

coq (F.) 鸡
参见 chicken

coq au vin (F.) 酒焖子鸡 一种法式著名菜肴。将嫩子鸡切成6块,加入猪肉丁和洋葱等,用黄油炸黄,浇以红葡萄酒炖焖而成。

coq de bruyere (F.) 山鹑
参见 woodcock

coq de mer (F.) 盒子蟹
参见 box crab

coq en pâte (F.) 肉馅嫩鸡 烹调前常外裹面皮,以使鸡更鲜嫩。

coq noir (F.) 黑色野禽 如黑松鸡等羽毛为深色的野禽。

coque (F.) 1. 贝壳动物 2. (蛋)壳,(果)壳 参见 shell

coque de Lot (F.) 洛蛋糕 洛是法国地区名。该蛋糕是一种当地风味的复活节蛋糕。

coquelet (F.) 子鸡
参见 spring chicken

coquelicot (F.) 丽春花 也叫虞美人或罂粟花。参见 poppy

Coquelin (F.) 科克兰 法国著名演员,生卒年代为1841—1909,以其命名了许多菜名,如科克兰板鱼等。

coquemar (F.) 水壶
参见 kettle

coqueret (F.) 灯笼果
参见 strawberry tomato

coquetier (F.) 蛋杯
参见 eggcup

coquil 科奎鹌鹑 一种体型较小的鹌鹑。参见 quail

coquilla 巴西棕坚果
参见 babassu palm

coquillage (F.) 软体动物
参见 mollusc

coquille (F.) 贝壳烤盘菜 一种法式菜肴,以鸡肉、海味和其他配料制成,因盛在贝壳形的烤盘中而得名。

coquille Saint Jacques (F.) 酒香扇贝 法国著名海鲜菜肴,以扇贝经水煮或油炸后加入白葡萄酒佐味,再拌以各种沙司食用。该菜以基督的使徒之一 St. James 命名。

coquillettes (F.) 小贝壳面

coquina soup 滨螺汤
参见 periwinkle

coquito (Sp.) 智利棕榈 果实可食用,树汁可制糖浆。

corail (F.) 红辣椒
参见 chili pepper

coral 龙虾子 或扇贝等海味的卵,因煮熟后呈鲜红色如珊瑚而得名。

corata (It.) (动物)内脏,杂碎
参见 offal

coratella (It.) 肺
参见 lights

corbeau (F.) 乌鸦 在法国诺曼底地区被捕来烤食。

corbeille (F.) 水果篮

corbina 细须石首鱼

参见 croaker

corde (F.) 甜油酥点心 一种质地极硬的甜点。

cordero (Sp.) 幼羔羊
参见 lamb

cordial (Am.) 甜露酒
参见 liqueur

cordial glass 甜露酒杯 容量为1—2盎司的小酒杯。

Cordial Médoc (F.) 果味甜露酒 法国波尔多地区的梅多克产的一种红色利口酒,以白兰地作基酒,含酒精40%。

cordon (F.) 肉汁浓汤

cordon bleu (F.) 蓝缎带 法国在1587—1830年期间颁发给通过政府考试的优秀女厨师的深蓝色缎带奖章。现该词用来指任何有著名的厨师及其代表菜者。

cordon rouge (F.) 红缎带 英国政府颁发给优秀厨师的奖章,由樱红级带系结,也奖给烹饪书籍或菜谱的作者。该奖章图纹为一枚白色心形樱桃。参见 cordon bleu

core 1. (苹果、梨等的)果心,果核 2. 挖去…果核 常用小刀剔除水果或蔬菜中心不可食用的部分。

corer (水果、蔬菜)去芯机

coriace (F.) 1. (肉)老的 2. (面团)稠的,粘的 参见 tough

coriander 芫荽 芫荽俗称香菜,伞形科一年生羽状草本植物。原产地中海和近东地区,公元前5000年罗马人就已用于面包中。可用于食品的调味,尤其是香肠、咖喱食品、利口酒、糖果和面点等。芫荽嫩叶广泛用于美洲、印度和中国的烹调中。芫荽籽呈黄褐色,有适度的香味,类似柠檬果皮和洋苏叶,可提制香精油。

coriander oil 芫荽籽油 一种无色香精油,用于烹饪中的调香料。

coriandro (It.) 芫荽
参见 coriander

Corinthe (F.) 科林斯 希腊地峡,连接希腊本土和莫雷半岛,该地产一种著名的科林斯葡萄,常用于酿酒。

cork 酒瓶塞 一般为软木制成,塞于葡萄酒和香槟酒瓶口,常印有酿酒厂商名及年代等。

cork extractor 螺丝拔塞锥
参见 corkscrew

corkage 开瓶费 饭店、餐厅等对自备饮料的顾客收取的一种服务费用。

corked 1. 用木塞盖住的 2. (酒等)有木塞味的

corking 木塞损害 指葡萄酒或白兰地因软木塞破损引起的污染和漏气等。

corkscrew 螺丝锥 一种餐厅用具,有蝶形、钻形等,用于拔出酒瓶的软木瓶塞。也作 waiter's friend

corky 软木塞味 葡萄酒由于沾染木塞气味而造成的一种不良缺陷现象,但一般在打开瓶塞不久即会自行消失。如果酒味中不能除去木塞味则预示该酒已经变质,不可饮用。

corn (Am.) 玉米 原产于北美洲墨西哥等地的一种谷物,曾是印第安人的主食,栽培历史至少有两千年。被广泛用于烤制玉米饼中,嫩玉米可作为蔬菜食用。在美国还用玉米来酿制威士忌酒。

corn (Sc.) 小麦谷粒

corn cake 玉米粉糕
参见 cornbread

corn chip 炸玉米片 用作配餐或小吃。

corn cob 玉米棒子芯

corn dab (Am.) 玉米面包 俚称。
参见 cornbread

corn dodger (Am.) 玉米团子,玉米烤饼 美国中南部的一种主食,以玉米面包用手捏成团,放在铁盘上煎炸或烘烤,烹调时可加上绿叶蔬菜或火腿等配料。

corn dog (Am.) 玉米热狗 一种美国式风味食品。将香肠泥和玉米糊拌以洋葱、黄油和辣椒等配料交替涂在玉米棒上,经烘烤后食用。

corn flour 玉米粉 经精细研磨与筛选的白色或淡黄色玉米粉,用于烤面包、馅饼与薄饼等。参见 corn starch

corn grit (Am.) 玉米粗粉
参见 hominy grit

corn holder (Am.) 玉米叉 一种二齿短叉,用于食热玉米。

corn juice 玉米威士忌
参见 bourbon

corn liqueur (Am.) 玉米威士忌
参见 bourbon

corn meal 粗玉米粉 俗称包米,是一种呈黄色或白色的玉米粉,口味较甜。该词有时也指燕麦片。

corn mule (Am.) 玉米威士忌
参见 bourbon

corn oil 玉米油 一种以玉米胚芽提制的黄色干性脂肪油,其中亚油酸含量高达48%。玉米油以味纯色淡见长,适于作凉拌或煎炒用油,也可制成人造奶油。

corn oyster (Am.) 玉米蚝饼 一种油炸饼,含有嫩玉米粉和牡蛎等配料。

corn parsley 玉米欧芹 一种野生芳香植物,有特殊的香气,用于烹饪中的调味。

corn pone (Am.) 纯玉米面包 美国南方的一种食品,不加牛奶和蛋,用手压成不规则的形状,放在铁盘中烤熟即成。

corn popper (Am.) 爆玉米机 一种有盖的筛网状器皿,用于爆玉米花。

corn pudding 玉米布丁 以罐头甜玉米或从玉米芯上剥下的甜玉米加蛋、牛奶和其他原料等制成的一种甜点心。

corn salad 羊苣 也叫野苣或谷地色拉,属败酱科野生植物,原产南欧。可用于代替莴苣拌色拉,味似菠菜。

corn starch (Am.) 玉米淀粉 以玉米制成的精白粉,可加在布丁或肉汤中作为一种增稠剂。

corn syrup 玉米糖浆 一种呈白色或琥珀色的透明糖浆,含有麦芽糖、糊精,但甜度不及蔗糖。被用于啤酒制造和食品涂抹料等。

corn whiskey 玉米威士忌 以玉米和其他谷物,如黑麦等各半经发酵和蒸馏而得的一种威士忌酒,放入橡木桶中陈化,含酒精40%。参见 bourbon

corn Willie 威廉玉米蒸牛肉 以罐头甜玉米蒸煮牛肉,常作为军队的配给食品。

cornales 山茱萸目 有花植物的一个目,以灌木为主,包括许多经济作物,如芹菜、胡萝卜和欧洲防风,其次有香料植物莞荽、茴芹和蒔萝。欧洲山茱萸果可鲜食或制蜜饯和酿酒。

cornball (Am.) 糖衣爆玉米花
参见 popcorn

cornbread (Am.) 玉米粉糕 指磨得很细的玉米粉做成的各种食品。由于玉米粉无韧性、不能用酵母发酵,故仅采用发酵粉。最简单的是锄头饼,参见 hoecake。另一种匙面包是用牛奶、鸡蛋和玉米粉混合制成,因烤后仍很软,用匙食用而得名。此外还有用大油锅烙的玉米饼等。

corncrake 秧鸡
参见 rail

corne d'abondance (F.) 丰饶角蘑菇 一种棕色圆锥形蘑菇,味似块菌,极鲜美。参见 mushroom。也指一种圆锥形糖果角。参见 cornucopia

corned beef 咸牛肉 尤指制成罐头的腌咸牛肉,用作冷食、烩烩碎和凉拌菜等。

Corneille (F.) 高乃依 法国古典主义戏剧大师,全名为 Pierre Corneille (1606—1684),代表作有《熙德》和《贺拉斯》等。以其命名了一种奶油浓汤。

corneille (F.) 小乌鸦
参见 corbeau

cornel 山茱萸
参见 cornelian cherry

cornelian cherry 山茱萸 一种红色酸味果实,用于腌渍或制成果冻,也叫花楸果。参见 mountain ash

Cornell bread (Am.) 康奈尔面包 一种营养面包,含有高蛋白成分,其配料中有麦芽、大豆粉、脱脂奶粉和麸皮等。1930年由纽约康奈尔大学营养学家 Clive Mckay 试制成功。

cornet (F.) 1. 圆锥形蛋卷 用于盛冰淇淋。 2. **薄片火腿卷**

cornflakes 玉米薄片 以玉米为原料制成供早餐食用的薄片状食物。

cornhusker (Am.) 科尔比干酪 俚称。参见 colby

cornichon (F.) 小刺瓜
参见 gherkin

Cornilly (F.) 科尼利干酪 法国卢瓦尔河贝里地方产的一种羊奶酪,重 250 克,含乳脂 45%。

Cornish 康沃尔鸡 一种小肉用鸡,常用于扒烤,因原产于英国的康沃尔郡而得名。

Cornish cream 康沃尔凝奶油 一种深黄色浓缩凝乳奶油,是把牛奶静止 24 小时,然后缓慢用文火加热,使其结皮,再冷却撇出乳脂即成,含脂肪 48%。

Cornish pasty 康沃尔菜肉饼 一种由粗肉糜、洋葱和土豆等作馅的烘馅饼。产于英国的康沃尔郡,故名。

Cornish split 开花面包 常填入奶油或果酱馅。参见 Cornish pasty

cornmint 田薄荷 一种欧洲薄荷,可用作调味。

corn-on-the-cob 煮玉米 一种带玉米棒同煮的水煮玉米食品。

cornouille (F.) 山茱萸
参见 cornelian cherry

corn-soy-blend 玉米大豆粉 美国生产的一种婴儿食品,含有少量无机盐和维生素,是一种全营养食品。

cornucopia 丰饶角 一种圆锥形糖果角。也指一种纸袋包装法,类似中国的三角包。源自希腊神话中满载花果、蔬菜并象征富裕的羊角。

corona 科罗纳 一种哈瓦那雪茄烟品种。

coronado (Sp.) 烤蛋白酥 上置冰淇淋和马斯拉樱桃作点缀。

coronado (It.) 科罗纳多酒 原产于意大利热那亚附近的一种干白葡萄酒,以产地命名。

corossol (F.) 番荔枝
参见 sweetsop

corozo 象牙棕榈 可提取一种工业用白色淀粉,过去曾代替麸皮粉制成面包,现禁用。

corps (F.) 酒体
参见 body

correct 矫味 在烹调术语中,指将某一菜肴中过量的滋味通过加入其他调味得到纠正或补偿。

correct seasoning 调味 一般指加入盐和胡椒等调味品使食品更加美味可口。

corred-berry 山茱萸
参见 cornelian cherry

correzienne,galette (F.) 胡桃或栗子酥面甜点

corriedale 科利台尔羊 原产于新西兰的一种肉用羊。

corriger (F.) 矫味
参见 correct

corroboree water 廉价劣质酒 澳大利亚用语。

corrugated elbows 弯角状通心面

corrusco (Sp.) 硬面包块

Corse (F.) 科西嘉 法国东南部地中海岛屿,为法国的一省,产谷物、水果、野味、鱼类和橄榄油等。该地的葡萄酒芳香强烈,烹调风格简单明快。

Corsica (F.) 科西嘉干酪 法国科西嘉岛产的一种山羊奶干酪,重 400 克,质软。

cortes (It.) 科尔特斯酒 意大利皮埃蒙特产的一种干白葡萄酒。参见 Piedmont

cortland 科特兰苹果 一种优质秋冬季苹果品种,外皮红色,主要产于美国的纽约州。

Corton (F.) 科尔通 指法国勃艮第地区的 Aloxe-Corton,生产少量白葡萄酒和红葡萄酒,质量优异。

Corton-Charlemagne (F.) 科尔通·夏勒芒 法国勃艮第的葡萄酒产地之一,所产葡萄酒口味辛辣。

coruba (Sp.) 科鲁巴酒 牙买加产的一种朗姆酒,有特殊芳香。

Corvo (It.) 科尔伏 意大利西西里岛的葡萄酒产地,在巴勒莫(Palermo)以

东16公里。盛产优质葡萄酒。

coryphène (F.) 蓝鲑
参见 bluefish

cos 长叶莴苣 产于希腊科斯岛,故名。参见 cos lettuce

cos lettuce 生菜 也叫长叶莴苣,为一年生或二年生的草本植物,叶子狭长,花黄色,是常见的凉拌蔬菜品种。

coscia (It.) (猪、羊的)腿 用于制火腿等。参见 gigot

cosciotto (It.) 猪腿
参见 cuissot

coscurron (Sp.) 油炸面包块
参见 croûton

Cos-d'Estournel, Château (F.) 埃思杜奈尔酒 法国梅多克地区产的一种二苑红葡萄酒。参见 cru

Cos-Labory, Château (F.) 拉波利酒 法国梅多克地区产的五苑干红葡萄酒。参见 cru

cosse (F.) 豆荚,荚果
参见 pod

cossette (F.) 甜菜丝 也指切成细丝的土豆等。

costard 英国苹果
参见 apple

costata (It.) 牛排,猪排

costmary 艾菊
参见 alecost

costola (It.) 排骨
参见 côtelette

costoletta (It.) 炸牛排
参见 côtelette

costoletta alla Bolognese (It.) 波伦亚式牛排 一种上置融化干酪的小牛肉排。

costoletta alla Milanese (It.) 米兰式牛排 裹面包屑的炸小牛肉排。

costoletta alla Viennese (It.) 维也纳式牛排 一种嫩小牛肉排。

côte (F.) 山坡葡萄园 这些葡萄园通常均十分出色,酿制的酒有独特的风味。在圣·埃米扬地区指一些河谷的斜坡葡萄园。

Côte de Beaune (F.) 科博讷 法国勃艮第的科多尔产酒地区名,生产具有世界声誉的优质红、白葡萄酒。

Côte de Blancs (F.) 科布朗克 法国香槟省的产酒地区,在埃佩尔奈以南。参见 Épernay

Côte de Blaye (F.) 科布拉叶 法国波尔多地区北部加龙河东岸的产酒地区,生产以干红葡萄酒和半干白葡萄酒为主。

Côte de Bouilly (F.) 科布依 法国勃艮第博若莱地区产的一种干红葡萄酒,酒味浓郁活泼、果香味浓。

Côte de Nuit (F.) 科奴依 法国勃艮第的产酒地区,生产的几乎全是红葡萄酒。参见 Côte d'Or

Côte d'Or (F.) 科多尔 法国勃艮第地区最大的山坡酿酒地,分为 Côte de Nuit 和 Côte de Beaune 两部分。

Côte rotie (F.) 罗讷红葡萄酒
参见 Rhone

coteaux (F.) 山坡葡萄园
参见 côte

cotechino (It.) 煮腊肠 常趁热食用,为意大利摩德纳风味(Modena)。

côtelette (F.) 排骨 指猪、羊或小牛的肋间肉,常涂以蛋和面包屑入油锅炸食,味香而脆。

côtes à la Vosgienne (F.) 孚日式猪排 以醋和白葡萄酒沙司煮李子作配菜的一种法式猪排。

Côtes de Bourg (F.) 布尔格 法国波尔多的产酒地区,在多尔多涅河北岸,生产上等干红葡萄酒和半干白葡萄酒。

Côtes de Fronsac (F.) 弗龙萨克 法国波尔多的产酒地区,以生产干红葡萄酒为主。

Côtes de Jura (F.) 汝拉 法国东部的产酒小区,靠近瑞士边境,生产红、白葡萄酒与发泡浅红葡萄酒,其中以陈化6年以上的 Clavelin 为最佳,价格也最昂贵。

Côtes de Rhone (F.) 罗讷 法国的主要酿酒地之一,在里昂与阿维尼翁之间,沿罗讷河绵延200公里的地带,以红葡萄酒与浅红葡萄酒为主。

Côtes de Toul (F.) 图勒 法国洛林

地区产的优质白葡萄酒，口味轻盈，常称为 Vin Gris，即一种淡米黄色葡萄酒。

Cotherstone 斯蒂尔顿干酪
参见 Stilton

cotignac (F.) 木瓜酱　以法国奥尔良产的木瓜酱最为著名。参见 papaya

cotignelle (F.) 木瓜酒
参见 papaya

côtoyer (F.) 翻动　把肉翻转，使四面受热均匀，其热源可以是烤箱或明火扒烤等。

cotriade (F.) 布立吞式炖鱼汤　以康吉鳗、虾、贝、洋葱、土豆和香料作配料。参见 bouillabaisse

cottage cheese 农家干酪　又名荷兰干酪。口味柔和，新鲜柔软，不经成熟，往往混有乳清和奶油，呈白色，是一种流行的低脂食品。如添加奶油就叫做奶油农家干酪，可单独食用或与果蔬共食，也用于烤饼、馅饼或烹调等。

cottage fried potatoes 家常炸土豆条　参见 French fries

cottage loaf 农家面包　在大圆面包上重叠一个小圆面包，一起烤成。

cottage pie 农家馅饼　也叫做牧羊人馅饼。参见 shepherd's pie

cottage pudding 农家布丁　上盖糖浆而不加其他配料的简易布丁。

cottage roll (Am.) 猪肩部净肉

cotto (It.) 煮熟的
参见 well-done

cotton candy (Am.) 棉花糖　将蔗糖煮沸，再在机器中纺出类似棉花的糖絮，作为儿童食品。也作 candyfloss

cotton floss 棉花糖
参见 candyfloss

cotton shrimp 棉虾　一种肉质柔软的小虾。

cottonseed 棉籽　棉花的种子，其商业上的重要性在于它的油及其他产品。棉籽油用于作色拉油和食用油，氢化后作起酥油和人造奶油。棉籽粗粉则可制成无淀粉的面粉供人们食用。

cottura (It.) 烧，煮
参见 cook

cotufa (Sp.) 菊芋，洋姜
参见 Jerusalem artichoke

cou (F.) 颈肉
参见 chuck

cou d'oie farci (F.) 填馅冻鹅颈　以肉糜、块菌和鹅肝酱作馅，为法国佩里戈尔地区风味。

coucher (F.) 挤压
参见 force

coucou (F.) 杜鹃　欧洲常用来烤食，其烹调方式与 thrush 相似。

coucoumelle (F.) 鹅膏菌　一种食用菌。

coucouzelle (F.) 绿皮南瓜
参见 zucchini

coudenat (F.) 猪肉大香肠　常切成薄片趁热食用，是法国西南地区风味。

cough drop 止咳糖　配料中有薄荷香精和桉叶油等。

cough-sweet 止咳糖
参见 cough drop

cougloff (F.) 奶油圆蛋糕
参见 Kougelhopf

coukebootram (F.) 葡萄干奶油圆蛋糕　参见 Kougelhopf

coulemelle (F.) 食用小伞菌
参见 parasol mushroom

coulibiac (R.) 大酥面烤饼　以蘑菇、肉丁、鲑鱼、鸡肉等作馅，呈长形，可作为开胃点心。

coulis (F.) 1. 浓汁，汤　2. 海味酱　指一种经过过滤的稀薄状酱，用作调味。

Coulommiers (F.) 古洛米埃干酪　法国布里地方产的一种咸味软干酪，以牛乳制成，重 500 克，可新鲜食用，含乳脂 50%。

coumarin 香豆素　一种杂环有机化合物，有牧草般的特殊气味，常用作香料和调味品。

country captain (Am.) 咖喱鸡　俚语，原为美国佐治亚州的一种特色食品。

country sausage 农家香肠 一种新鲜猪肉香肠,用于夹在馅饼内,含有少量牛肉。

country-cured ham 干腌火腿 一种家庭自制火腿。

coup d'avant (F.) 餐前酒 原作任何含酒精饮料,现指在餐前饮用的各种葡萄酒。

coup de jarnac (F.) 蛋白蛋糕
参见 jarnac

coupage (F.) (酒的)调配,勾兑
参见 blend

coupe (F.) 1. 高脚玻璃杯 一种上宽而底浅的碗状甜酒杯,尤指香槟酒杯。据说是按照法国王后 Marie Antoinette 的胸部形状而设计的。2. 水果冰淇淋 浸以甜露酒和混合水果、搅打乳脂及其他点缀而成。

coupé (F.) 调配酒
参见 négociant

coupe glacée (F.) 水果圣代 一种冰淇淋冷饮,上置水果或其他配饰。
参见 sundae

coupe pâte (F.) 切面团机

Coupe St. Jacques (F.) 樱桃酒味水果冰淇淋

coupe-légumes (F.) 切菜机

couperet (F.) 大切肉刀
参见 carver

coupette (F.) 冷食杯 用于盛虾肉冷拌等海味开胃小吃或水果冰淇淋,一般为玻璃制成。

Coupi (F.) 克瑞斯瓦干酪
参见 Creusois

couque (F.) 糕点 尤指欧洲佛兰德(Flandre)地方的糕点。

courge (F.) 南瓜,笋瓜
参见 pumpkin

courgette (F.) 夏南瓜
参见 zucchini

courlieu (F.) 杓鹬
参见 curlew

courlis (F.) 杓鹬 一种野禽。参见 curlew

couronne (F.) 1. 圈形面包 2. (把食物)围成环状 参见 crown

course (菜的)一道 指一次餐食中风格不同的几种菜肴的一种,如第一道一般为汤,第二道为鱼,第三道为肉,第四道为甜食等。有些丰富的宴饮可多达数十道。

court cupboard 低碗柜 一种3层餐具柜,主要用于陈列盘碟,上层用于放食品;中层则是抽屉。流行于16—17世纪。

court-bouillon (F.) 葡萄酒奶汁烩鱼 或仅指葡萄酒奶油汤汁,其配料各异,一般有橄榄油、柠檬、醋、洋葱、胡萝卜、芹菜和调味料等。

Courvoisier (F.) 古瓦西埃酒 法国著名科涅克白兰地酒,历史悠久,口味醇厚。1796年曾献给拿破仑。参见 cognac

cous 卡乌丝草 产于美国西北部的欧芹属植物,其块根可供食用。

couscous 蒸粗麦粉 北非地区的一种粗小麦粉食品或配餐食品,俗称古斯古斯。该食品上部为粗麦粉,下部垫以炖菜,包括羔羊肉、鸡、鹰嘴豆和蔬菜,经反复蒸几次而成。食时用红番椒和酱汁佐食,也可与水果、牛奶等同食。

coush-coush caille (F.) 蒸粗麦粉
参见 couscous

cousinat (F.) 奶油水果栗子汤 法国中央高原风味食品之一。

cousinette (F.) 蔬菜杂烩汤 以菠菜、莴苣、酢酱草其他切碎的香料植物为配料制成,为法国西南部贝亚恩地方风味。参见 Bearnaise, à la

coussinet (F.) 蔓越橘
参见 bilberry

couteau de table (F.) 餐刀
参见 knife

coutelas (F.) 大菜刀
参见 knife

Coutet, Château (F.) 古丹酒 法国巴萨克地方产的一种甜白葡萄酒,风格类似 Sauternes。

couvert (F.) 全套餐具
参见 cover

couvert de table (F.) 全套餐具 指

餐叉、餐刀和餐匙等。
couverture (F.) 巧克力层 常指涂在糖果或点心上的薄层巧克力。参见 chocolate
couvre-plat (F.) 菜盆罩
参见 cloche
Coventry godcake 考文垂蛋糕 一种三角形的松软蛋糕，按英国沃里克郡风俗，在新年时由教父母赠给教子女。
cover 1. **全套餐具** 指包括刀叉、餐盘、台布和餐巾等供一个人使用的一套餐具。 2. **酒帽** 啤酒麦芽汁发酵时的上层棕色泡沫。参见 cap
covin (Sp.) 炒玉米，炒麦
cow 母牛 主要为取得牛奶而专门饲养的奶牛，但肉质不佳，故常常在未长成母牛之前充任肉牛供食用。
cow grease (Am.) 黄油 美国西部牛仔俚语。参见 butter
cow juice (Am.) 牛奶 俚称。参见 milk
cow plant 产乳植物 一种萝藦科植物，产于斯里兰卡，其乳状树汁为当地僧伽罗人的食品。
cow shark 灰六鳃鲨 产于大西洋水域的一种小鲨鱼。
cow tree 牛奶树 南美洲产的一种桑科乔木植物，其液汁似牛奶，营养丰富，可供食用。
cowanyoung 新西兰竹荚鱼 常做成罐头食品。参见 scad
cowberry 蔓越橘
参见 bilberry
cowboy (Am.) 牧童夹心面包 流行于美国西部地区的一种快餐食品。
cowboy cocktail (Am.) 纯威士忌 美国西部牛仔俚语。
cowboy coffee (Am.) 清咖啡
参见 black coffee
cowcress (Am.) 野水芹
参见 cress
cowfish 牛鱼
参见 boxfish
cowheel 牛蹄冻 将牛蹄筋在牛奶中煮，加入洋葱等配料用文火炖 3 个小时以上，取出骨头使其成为胶冻状即成。富有营养，适于病人食用。
cow-parsnip 欧防风 一种沼泽草本植物，有的仅食用其嫩芽，而在波兰则将欧防风的叶片和种子用于酿酒。
cowpea 豇豆 豆科一年生植物，原产印度和中东，也称中国豆或黑眼豆。荚果长，呈圆柱形，可供食用，富有营养。另一种呈长条形，也可作为蔬菜。
cowslip 立金花 一种甜味小花，用于色拉的点缀或用于制成糖浆、醋和酒。
cowslip wine 立金花酒 一种药酒，用樱草作配料。参见 cowslip
cowy 牛膻味 牛奶的一种畜舍气味，是一种缺陷现象。
cozza (It.) 贻贝，淡菜
参见 mussel
Cozzi porcelain 科齐瓷器 18 世纪后期意大利威尼斯生产的著名软瓷，色调丰富，高雅美观，有花瓶、雕像和洛可可风格的餐具。其传统标记为一只铁锚。
crab 蟹 产于沿海咸水及内河淡水中的一种甲壳类动物，有八足二螯，品种多达 4 千种，均可食用。味极鲜美，烹调方法有蒸、烤、冷拌和油炸等，还常制成蟹肉罐头等。
crab apple 花红 俗称海棠果和沙果，蔷薇科苹果属植物的通称。色泽红或黄；味酸涩，适于做果子冻及果酱蜜饯，也可用于制果酒。
crab butter 蟹黄 蟹背甲壳中的淡黄色脂肪质，被视为上等美味。
crab foo yung 芙蓉蟹 一种中国式菜肴，以蟹肉、豆芽、鸡蛋、洋葱和五香粉作配料。
crab louie 蟹肉凉拌 以蟹肉、硬煮蛋、番茄和其他蔬菜作配料制成。
crab Norfolk 诺福克蟹肉 以美国弗吉尼亚州诺福克市命名的一种蟹肉菜肴，主要以辣酱油、醋和胡椒调味，食时佐以融化黄油。
crabe (F.) 蟹
参见 crab
crabeater 军曹鱼
参见 cobia

crabmeat 蟹肉
参见 crab

crack (糖果)结硬
参见 firm-ball stage

crack stage 硬球法
参见 firm-ball stage

cracked ice 碎冰 用于饮料和鸡尾酒。

cracker (Am.) 脆饼干 一种极松脆的不甜薄饼干,常与汤等同食。有许多品种,如苏打脆饼干和牡蛎脆饼干等。源自咬饼干时发出的响声(cracking)。

cracker barrel (Am.) 大饼干听 本世纪初出现在美国的一些食品杂货店中。

crackerjack (Am.) 玉米花糖 以玉米、花生仁等外裹糖衣制成。

crackermeal (Am.) 碎饼干屑 用于食品的馅料或外涂料。

crackle 糕饼脆皮

crackleware 碎纹釉陶瓷器皿

crackling 猪油渣 也指猪肉脆皮或油渣玉米面包。

crackling bread (Am.) 油渣玉米饼

crackseed 蜜饯果仁 流行于夏威夷群岛的一种零食,有的水甜,有的味咸,如咸梅干、盐芒果、柠檬皮和陈皮等。

Cracow sausage 克拉科夫香肠 一种波兰香肠,以产地命名。

cradle 酒篮 旧时用于从酒窖取出酒瓶,以使酒的沉淀不致泛起,现在则用于餐桌边服务。

crakeberry 红藓苔
参见 cranberry

Crambambul 克拉姆彭布尔酒 英国维多利亚时代创制的一种加热淡啤酒,搀入鸡蛋、糖等,成为一种混合饮料,比美国的鸡尾酒要早许多年。

cramique (F.) 葡萄干小圆面包 一种荷兰或比利时风味。

cramp 低档蛋糕 以普通面粉制成。

cran (Sc.) 鲱斗 苏格兰的一种容量单位,用于计量鲱鱼,约合 37.5 加仑,或鲱鱼 750 条到 800 条。

cranberry 酸果蔓 也叫蔓越橘,杜鹃花科几种矮小蔓生植物的统称,分布于北美及欧洲等地区。果实为鲜红色浆果,味酸涩口,但煮熟后味美。在美国和加拿大被广泛用于作馅饼、果汁饮料和调料品等,尤其是感恩节和圣诞节等的传统食品之一。

cranberry butter 酸果蔓黄油 常用酸果蔓酱、黄油、柠檬汁、糖和橘皮制成。

cranberry sauce 酸果蔓沙司 用于佐食火鸡。参见 cranberry

crane 鹤 一种水禽,现极少用于作食物,但古罗马人曾十分重视,常经肥育后食用。中世纪时,鹤是最上流社会食用的野禽之一。烹调方法同大鸨。参见 bustard

crapaud (F.) 蛤蟆
参见 mountain chicken

crapaud de mer (F.) 鮟鱇
参见 goosefish

crapaudine, à la (F.) 蛤蟆式 将鸡分成两片,拍平后用线扎紧,形似蛤蟆,然后加以烹煮,用酸黄瓜作配料。

crappie 莓鲈 鲈科淡水鱼类的统称,产于北美洲,是常见的食用鱼。体重约 2 千克,常用于油炸等。

craquelin (F.) 脆饼干 一种极硬的薄饼干,松脆可口。

craquelot (F.) 熏咸鲱鱼
参见 kipper

crassane (F.) 水蜜梨 果肉具有香味。参见 pear

crawdad 螯虾
参见 crayfish

crawfish 螯虾
参见 crayfish

crayfish 螯虾 十足目甲壳动物,多数产于北美洲,几乎全部生活在淡水中,有人也称为小龙虾。滋味鲜美,冷热食用均可,更常用于煮汤。螯虾一般长 7.5 厘米,但产于澳大利亚的螯虾可长达 40 厘米。

crazy oats 菰
参见 wild rice stem

cream 奶油 也叫乳脂,为牛奶中的淡黄色成分,富含脂肪,一般达18—38%。商品乳脂按所含脂肪百分比分为轻质奶油、重奶油、酸高脂奶油和冰奶油等多种。

cream cheese 奶油干酪 一种未成熟全脂干酪,经加工后,其脂肪含量可超过50%,质地细腻,口味柔和。

cream crisp 奶油果酱松饼

cream horn 奶油角 一种松软奶馅甜点,以果酱、水果和搅奶油作馅。

cream liqueur 奶油甜露酒 也叫乳脂利口酒,指以白兰地酒或威士忌酒作基酒,加入奶油或其他调味料,其含酒精百分比和雪利酒等相似,味甜,香醇可口。

cream meal 白玉米粉

cream nut (Am.) 巴西果
参见 Brazil nut

cream of tartar 酒石 全称为酒石酸氢钾,存在于葡萄酒的沉淀中。具有令人愉快的酸味,可用于食品发酵和制造硬粒酸味糖等。

cream of tartar tree 猴面包树 澳大利亚的一种乔木,其果实味酸适口,可供食用。

cream puff 奶油泡夫 一种填有搅奶油或乳脂馅的油酥甜点。

cream roux 干酪面粉酱 用于浓汤的增稠。参见 roux

cream sauce 奶油沙司 用奶油、牛奶等调入黄油和面粉制成。

cream sherry 奶油雪利酒 以西班牙雪利酒 Oloroso 为基酒调配成的一种甜味棕色雪利酒。

cream soda 奶油苏打水 一种奶香味汽水,有气泡,用香子兰、奶油、糖制成。

cream soup 奶油浓汤 以谷粒粉、蔬菜泥、鸡或鱼加奶油制成的浓汤。

cream soup bowl 双耳奶油汤碗

cream soup spoon 奶油汤匙 一种圆形汤匙,比一般汤略短。

cream tea 奶油茶点 一般包括涂果酱和奶油的面包或其他甜点,时间常在下午。

creamed butter 稀黄油 一种通过搅打使黄油变得较为稀软的黄油制品。

creamer 1. 奶油分离器 一种搅打奶油加以分离的器械。 2. **奶盅** 一种有柄小口奶油壶,供盛奶油或咖啡。

creamware 米色陶器 18 世纪后半期英国生产的奶油色陶器及其欧洲仿制品。坯体轻巧,釉面洁净,有浓厚的淡黄色釉料,故名,是理想的日用器皿。

creamy 含奶油的,有奶油味的

creamy rock 奶油硬糖

creature 烈酒 特指爱尔兰产的威士忌酒。

crecy (F.) 克雷西胡萝卜 一种品种优良的胡萝卜,产于法国的 Seine-et-Marne 地区的 Crecy。也指以该胡萝卜制成的菜肴或肉汤。

credence 餐用柜 文艺复兴时期一种装饰华丽、存放贵重餐具的食橱。

credenza (It.) 餐具柜 其词义为"信任"。源于古代习俗,因餐具一定要严密保护,以免被人放入毒药,故名。

cree 煮粥 通过煮沸将谷类煮成糊状食品。

crema (Sp.) 1. 奶油 2. 蛋奶甜食
参见 cream

crema, alla (It.) (食品)加奶油或黄油的

crème (F.) 1. 奶油 参见 cream 2. 甜露酒 也叫利口酒,因酒味醇浓香甜如奶油,故名。

crème, à la (F.) 加奶油的 指各种肉类菜肴或蔬菜调和有新鲜奶油的菜。

crème Argenteuil (F.) 奶油芦笋汤
参见 Argenteuil

crème au beurre (F.) 奶油酪
参见 butter cream

crème Bacchus (F.) 奶油巴克斯 将蛋黄、糖、白葡萄酒和肉桂条调拌而成的一种奶油状甜食。参见 Bacchus

crème Bavaroise (F.) 巴伐利亚奶油
参见 Bavaroise

crème broye (F.) 焦糖蛋奶冻

crème brûlée (F.) 焦糖奶油 或蛋奶冻,为一种冷冻甜食,用玉米粉、蛋黄、糖和奶油制成。参见 crème caramel

crème brûlée (F.) 焦糖奶油 或蛋奶冻,为一种冷冻甜食,用玉米粉、蛋黄、糖和奶油制成。

crème caramel (F.) 焦糖蛋奶冻 俗称格司布丁,先用焦糖作底,然后加入牛奶和蛋,入烘箱烤成,冷却后反转在盆中,经冷冻食用。

crème chantilly (F.) 甜味香草掼奶油 参见 Chantilly

crème d'amandes (F.) 杏仁奶油 以黄油、鸡蛋、糖和杏仁制成的一种涂抹料。

crème de banane (F.) 香蕉甜利酒 以酒精浸泡成熟香蕉制成的一种甜利口酒,有香蕉香味,含酒精29%。

crème de cacao (F.) 可可香草甜露酒 一种较甜的利口酒,用可可和香子兰增香,用作餐后消食酒,或作为鸡尾酒的配料。

crème de menthe (F.) 薄荷甜露酒 一种绿色或白色的甜味烈性利口酒,加胡椒、薄荷等增香。

crème de noyau (F.) 苦杏仁甜露酒 以白兰地为基酒,以核桃、李子、樱桃和苦杏仁等香精油为调香剂制成。因以苦杏仁为主要配料,故名。

Crème des Vosges (F.) 孚日干酪 法国阿尔萨斯地方产的一种软干酪。

crème d'Homère (F.) 蜂蜜蛋奶冻 以葡萄酒、柠檬汁和肉桂等作配料,味甜而香。

crème fraîche (F.) 鲜奶油 常浇在水果上作点缀或制成蛋糕。

crème glacée (F.) 冰淇淋 参见 ice cream

crème pâtissier (F.) 鸡蛋杏仁糕点馅 加牛奶和一些调料的香味奶油。

crème renversée (F.) 糖油格司布丁 参见 caramel custard

crème St. Honoré (F.) 蛋白奶点 以圣徒圣奥诺列命名。

crème vichyssoise (F.) 维希奶油汤 以韭葱和土豆作配料的冷汤。

Crème Yvette (F.) 紫罗兰甜露酒 一种以紫罗兰花瓣浸以白兰地制成的甜味利口酒。原是20世纪初为纪念法国著名演员 Yvette Gilbert 而命名的。

crèmant (F.) 半气泡酒 指气泡较少的一些香槟酒。参见 sparkling wine

Crémet (F.) 克里曼干酪 法国安茹(Anjou)产的一种口味柔和的牛奶干酪,常用于佐食水果、奶油和糖果等。

crèmeux (F.) 奶油味的 参见 creamy

Créole, à la (F.) 克里奥尔式 指用米饭、橘子、甜椒、西红柿作配菜,也可用米饭、甜食和布丁作配菜,并抹上一层巧克力。克里奥尔为加勒比海地区名。

Creole mustard 克里奥尔芥末 一种醋浸芥末调味酱,味极辣。

Creole sauce 克里奥尔沙司 一种辣味辛香沙司,用于佐食鱼或肉类菜肴。

crêpe (F.) 法式薄饼 用面粉、蛋、融化的奶油、盐、牛奶和水拌和的稀面糊制成的薄煎饼。食时可加糖和各种调汁,作为开胃食品,风味独特。

crêpe suzette (F.) 苏珊薄煎饼 一种法式薄饼,其特点是将薄饼折成四叠,浸以含有橘子酒味的糖浆中,放在餐桌上烤热食用,并用柠檬汁、干酪屑和科涅克白兰地作配料。参见 crêpe

crêpine (F.) 网油 参见 caul

crépinette (F.) 扁平小灌肠 一种以猪网油作肠衣以腌猪肉作填料的香肠,常切成薄片食用。

crescent 羊角面包 一种弯月形面包或饼干。参见 croissant

crescenza (It.) 克莱沁扎干酪 意大利伦巴第地方产的一种牛奶酪,呈方形,重2千克,含乳脂50%。

crescione (It.) 水田芥 参见 cress

cress 水田芥 也叫水芹或独行菜,原产于英国,生长迅速,富含维生素C。其叶有适度辣味,用于制色拉或作食品的点缀。

cresson (F.) 水芹

参见 cress
cresson des pres (F.) 碎米荠
参见 cardamine
cressonnière (F.) 水芹配菜 指以水芹为主要配菜的菜肴。
crestfish 冠带鱼 月鱼目冠带鱼科鱼类的统称，见于世界各大洋。体窄长，长达1米以上，背鳍延至吻端而形成冠毛状，故名。可供食用。
cretan dittany 白鲜 一种芳香草本植物，以前常用于作糖浆的调香，现主要用于作甜露酒的配料。
crête (F.) 鸡冠 也泛指家禽的杂碎和下水。参见 cock's comb
cretons (F.) 猪油渣
参见 crackling
Creuse (F.) 1. 克勒兹干酪 法国沿海克勒兹地方产的一种凝乳干酪。2. 克勒兹牡蛎 一种粗壳牡蛎，以产地命名。参见 oyster
Creusois (F.) 克勒兹干酪 一种以脱脂牛奶制成的低脂淡味干酪，质硬，并具有一层很硬的外皮，重500克，含乳脂仅10％。
creux (F.) 酒体轻薄的
参见 body
crevalle 马鲹 也叫长面鲹或竹荚鱼，是一种重要的食用鱼，产于西大西洋和美国的佛罗里达沿岸。
crevette (F.) 虾
参见 shrimp
Crézancy (F.) 克勒桑西干酪 法国贝里地方产的一种羊奶酪，重100克，有榛子香味。
criadilla (Sp.) 小圆面包
参见 roll
crib (Am.) 午餐 美国矿工俚语，因用童床形的盒子装午饭而得名。
crible (F.) 疏孔筛 一种厨房用具。
参见 sieve
crimp 花刀
参见 slash
crimson beauty 艳红苹果 一种红色苹果品种。
criquet (F.) 劣质葡萄酒
crispbread 黑麦面包干
参见 sm∅rrebr∅d
crisp-head lettuce 卷心莴苣
参见 lettuce
croaker 石首鱼 鲈形目石首鱼科鱼类的统称，大部分分布于暖海和温带水域。多数能发出鸣声，有时也称叫姑鱼。大小不一，大多为食用鱼。
croccante (It.) 1. 松脆的 2. 杏仁甜食
crocchetta (It.) 油炸丸子, 炸肉饼
参见 croquette
crock pot 电气低温锅 一种烹调器具，隔热良好，常可加热数小时之久，适于焖、炖汤类和砂锅菜等。为此厂方设计了适用于此锅的各种菜谱。也作 slow cooker
crockery 陶瓷餐具(总称)
crocus 藏红花属 属鸢尾科，有多种品种，矮生，具球茎，其中藏红花可用作调香料或食品上色。参见 saffron
croissant (F.) 羊角面包 一种新月形面包，含奶油味极浓。刚烤好时外皮较脆，但不久就变软。法国人常用作早餐。
Croissy, à la (F.) 克鲁瓦西式 指以胡萝卜加白萝卜作配料的。法国外交家和美食家克鲁瓦西是一位侯爵，生卒年代为 1625—1696。
cromesqui (F.) 炸面肉卷 以肉糜蘑菇作配料, 也可用鸡肉或龙虾肉代替猪肉, 卷入薄熏肉片中, 蘸以面糊后加油炸成。
crookneck (Am.) 长颈南瓜
参见 zucchini
crop 嗉囊 禽类尤指食用谷物的鸟类或家禽的消化器官之一, 烹调前必须除去, 不可食用。
croquant (F.) 1. 脆的 2. 脆糕点 3. (肉中的)软骨
croque-en-bouche (F.) 环形甜饼 一种涂有各种甜味料的脆点心, 其表面的糖液在干燥后结硬, 十分松脆。
croque-madame (F.) 鸡蛋三明治 或指香肠及熏肉干酪三明治。
croque-monsieur (F.) 火腿干酪夹心面包片 主要以格吕耶尔干酪作调

料。参见 Gruyère

croquet (F.) 杏仁香脆片 法国波尔多地区的一种著名小甜点。

croquette (F.) 1. 炸丸子 用鱼、肉、蔬菜等蘸以面包粉，放在油里炸成。 2. 银圆巧克力

croquignole (F.) 小脆饼

croquignolle Parisienne (F.) 巴黎式脆饼 以糖粉和蛋白涂在脆饼表面作装饰。

crosne de Japon (F.) 甘露子
参见 Chinese artichoke

crosscut 横切的 指与肉或其他食物的纹理成直角方向切断的加工方法。

crosscut shank 横切小腿肉 将一头牛的前腿用横切零售的方法。

crosse de boeuf (F.) 牛腿端肉

crostaceo (It.) 甲壳动物
参见 shellfish

crostata (It.) 小果酱馅饼
参见 vol-au-vent

crostino (It.) 油煎（或烤）面包片 上盖虾肉、干酪或其他菜肴，类似 canapé。

Crotonese (It.) 克罗通干酪 意大利卡拉布尔地方产的一种羊奶干酪。

crottin (F.) 深色山羊奶干酪

Crottin de Charvignol (F.) 夏维涅尔羊奶酪 法国贝里地方产的一种半硬深色奶酪，重仅60克，含乳脂45%。

croustade (F.) 脆皮酥盒 一种用面包或玉米片等捏成的杯形饼皮，经油炸或烘烤后填入肉、鱼和其他海鲜作馅。

croustille (F.) 野味片 或炸土豆片，面包片等。

croûte (F.) 烤面包片 一种油炸或烘烤的面包片，有各种形状，上垫各种配菜，作为开胃小吃。

croûte-au-pot (F.) 古式清汤
参见 consommé à l'ancienne

croûte-rouge (F.) 荷兰干酪 因外皮为红色而得名。

croûton (F.) 油炸面包片 或烘烤面包片，用作汤和菜的配饰料。

crow 网油
参见 caul

crow garlic (Am.) 野生洋葱

crow's nest pudding (Am.) 苹果布丁 参见 bird's nest pudding

crowberry (Am.) 红莓苔 一种野生黑莓，用法与蔓越桔相同。参见 cranberry

Crowdie (Sc.) 酸奶酪 苏格兰的一种脱脂酸奶酪。

crowdy (Sc.) 燕麦片粥 用燕麦片加牛奶制成的一种稠粥食品。

crown （将菜肴）制成环形 包括糕点、蛋糕等，是一种饰配方式。该词原义为皇冠，因环形糕点形似皇冠而得名。

crown roast 皇冠形花式烤排 把小羊肉、猪肉或小牛肉的腰肋，剔除脊骨，用肉扦将两端扎成圆圈，使肋骨向外烤熟，因形似皇冠，故名。

crowndaisy chrysanthemum 茼蒿 一年生或二年生草本植物，叶互生，长形羽状分裂，花黄或白色。其茎和叶有特殊香气，有的地方叫蓬蒿菜，是一种常见的蔬菜。

crown-pigeon 小肉用鸽
参见 squab

Crozes-Hermitage (F.) 克罗兹·赫米蒂奇 法国罗讷河的酿酒地区，生产各种著名的干红葡萄酒，滋味独特。

cru (F.) 苑 法国波尔多地区的梅多克有85个优秀葡萄园，按成熟先后分为5个苑。该词有时也指一些未经充分陈酿的新酒，不经调配，直接出售。
参见 classé

Cru Bourgeois (F.) 特酿 指次于 Cru Classé 的质量等级，往往指法国波尔多地区最佳几个葡萄园以外的庄园酿制的酒。

Cru Bourgeois Supérieur (F.) 极品 比 Cru Bourgeois 质量稍佳的一个等级。

Cru Classé (F.) 珍品 梅多克地区葡萄酒的第一质量等级，是最优秀的陈酿酒，该种质量分级法起始于1855年。参见 classé

Cru Exceptionnel (F.) 特佳酿 仅次于 Cru Classé 而优于 Cru Bourgeois Supérieur 的一个质量等级。

cruchade (F.) 牛奶玉米粥 产于法国南方地区佩里戈尔以及意大利等地。

cruche (F.) 大口水壶
参见 jug

crucian carp 鲫鱼 一种重要的淡水食用鱼,身体侧扁,头部尖,尾部较窄,肉质细嫩,味鲜美。

crude 未熟的,生的
参见 raw

crude salt 粗盐 一种颗粒较大的食用盐,一般可用于烹调,但不放在餐桌上调味。

crudeza (Sp.) (水果,食物)生的

crudites (F.) 1.蔬菜色拉 2.生的,未经加工的

crudo (It.) 生的,未熟的
参见 raw

cruet 调味品瓶 一种小玻璃瓶,在餐桌上盛放醋、芥末、盐和酱油等。

cruet-stand (餐桌的)调味瓶架
参见 condiment

cruller (Am.) 油炸麻花 一种快餐点心,用油酥面团制成环形或辫形,入油锅炸成,也指作面包圈的。

crumb 面包屑
参见 breadcrumb

crumble 面包屑
参见 breadcrumb

crumbly 1.酥的,易碎的 2.沾上面包屑的

crumbly texture 松散组织 面包、奶油和干酪等容易掉落碎屑的一种缺陷现象。

crumpet 烤脆面饼 用不加糖的搅打面糊放在铁盘上烤,上桌时呈开裂状。在英国北部称为 pikelet's crush。

crunch candy (Am.) 酥心糖 一种松脆可嚼的夹心糖果。

crunchie 脆饼干
参见 cracker

crush 压榨 用各种硬质器具将饼干、面包、干果、葡萄和水果等压碎或榨取果汁。该词有时也指压碎的食品或果汁。

crushed ice 碎冰屑 用于调制饮料,尤其是鸡尾酒。

crushed juice 带果肉的果汁

crusher 碎冰器 酒吧中用于打碎冰块。

crust 1.面包皮 与面包心相对。参见 breadcrumb **2.干面包片**

crust coffee (Am.) 面包屑咖啡 一种咖啡代用品,流行于19世纪美国的东北部各州。将面包表面烤焦,冲以沸水,加牛奶和糖饮用。

Crusta (Am.) 古色古香鸡尾酒 用苦味汁、橘皮酒和柠檬汁混和,加香料调味,放入玻璃杯内,盖上糖粉即成。参见附录。

crustacé (F.) 甲壳动物 如蟹、虾、龙虾等。

crustacean 甲壳类动物
参见 shellfish

crusted (酒)有沉淀的 或陈年的,老熟的。

crusted Port 陈年波尔特葡萄酒 一种优质酒,通过调配而成,一般不注明酿造年代,但往往有沉淀,斟酒时应注意不要倒出沉淀物。参见 Port

crusty (面包)皮硬的

cryptoxanthin 玉米黄素 一种胡萝卜素,为构成各种黄色食品的色素,如玉米、木瓜、柿子等,在体内可转变为维生素 A。

crystal 铅晶玻璃 俗称水晶,一种最优质的玻璃器皿,价格昂贵,高雅富丽,常制成酒杯等高档酒具。

Crystal Palace pudding 水晶宫布丁 按1851年的配方制成。其配料有柠檬甜冻、水果、鸡蛋、鱼胶等,放入布丁模蒸成,因上涂透明糖浆如水晶,故名。

crystal sugar 冰糖 一种块状食品,用白糖或红糖水溶化成糖汁,经过蒸发和结晶而成的一种透明或半透明优质糖制品,色泽多为白色或淡黄色。

crystal vinegar 冰醋 通过蒸馏法或

过滤法脱色的食用醋。
crystallize （食品）盖以糖粉　或指用糖浸渍干果以制成蜜饯等。
crystallized violets 蜜饯香堇菜　一种蜜饯甜食，常用作糕点的配饰。
crystallo ceramic 水晶陶瓷　一种嵌有陶瓷装饰的雕花水晶玻璃品，呈银灰色，可作为精致的装饰品，亦用于制细颈水瓶、瓶塞及各种餐具。
Csopaki-Furmint (Hu.) 卓帕基酒　匈牙利产的一种优质白葡萄酒。
Cuaranta-y-Tres (Sp.) 特雷斯酒　西班牙产的一种香草利口酒，色泽金黄，含酒精 31%。
cuartera (Sp.) 夸尔特拉　西班牙干量单位，相当于 70 公升。
Cuba libre (Sp.) 自由古巴　一种高杯鸡尾酒，以朗姆酒、可乐果汁和酸橙汁等调配而成，饮时加冰，并以酸橙皮作点缀。
Cuban rum 古巴朗姆酒　一种淡色的轻质朗姆酒。
Cuban sandwich 古巴式三明治　将白面包片横切，夹以生菜、干酪与火腿等。起源于美国新奥尔良州。也作 poorboy sandwich
Cuban spinach 圆叶冬青
参见 wintergreen
Cubat (F.) 居巴　19 世纪法国著名大厨师，全名 Pierre Cubat。曾任沙皇亚历山大二世的御厨，有著作传世，以其命名了一种煮板鱼排菜肴等。
cubat, sole (F.) 煮板鱼片　加蘑菇酱和莫内沙司。参见 Cubat
cube 1. 丁　指食物小方块，如土豆丁和肉丁等，也指一种块状汤料。 2. **切成方块状**　将肉排纵横相切，目的在于使肉在烹调时变得较嫩。
cube ice 方块冰　家用冰箱冰格中制成小方块冰，用于放入饮料中。
cube soup (Am.) 肉丁汤　或鸡丁汤，因把蔬菜及其他配料都切成丁，故名。
cube sugar (Am.) 方糖　将精细白糖制成方块，常用于放入咖啡中。
cubeb 荜澄茄　一种胡椒科植物，其干果在东方可作调味或药用。最早由中世纪的阿拉伯人使用于饮食。也作 cubeb pepper
cubeb pepper 荜澄茄
参见 cubeb
cubic centimeter 立方厘米　体积单位，常缩略成 cc，每 1 立方厘米的水重 1 克。
cubiertos (Sp.) 餐具
cucchiaino (It.) 茶匙，咖啡匙
参见 tea spoon
cucchiaio (It.) 木勺
参见 spatula
cuchara (Sp.) 大汤匙
cuchifrito (Sp.) 炸肉丁
cucina (It.) 1. 厨房　2. 烹调
cuckoo 杜鹃
参见 coucou
cucumber 黄瓜　葫芦科一年生攀援植物，起源于印度。通常有 3 个品种，外形美观、呈鲜绿色，营养价值不高但很受欢迎。其中一类果小而带刺，可用作蔬菜、腌制、色拉和配菜。另一类叫西印度黄瓜，主要用于腌制。参见 gherkin
cucumber herb 琉璃苣
参见 borage
cucumber sauce 1. 黄瓜沙司　将黄瓜煮熟、磨碎过滤后加入贝夏美沙司即成。 2. **奶油黄瓜丝**　用于佐食鱼或羊肉。
cucumber vinaigrette 醋渍奶油黄瓜　将黄瓜切片，加洋葱和酸奶油浸渍，用作开胃菜。
cucurbita pepo (Sp.) 西葫芦　也叫美国南瓜，其嫩果可作蔬菜。参见 zucchini
cud 1. 口香糖 2. 嚼烟
cudbear 地衣红　一种紫色，红色或蓝色染料，可用于食品和药物的着色。
参见 lichen
cue (abbr.) 黄瓜
参见 cucumber
cuete (Sp.) 牛腿部肉条
cuff and buttons (Am.) 南康福特酒
参见 Southern Comfort

cuiller (F.) 木匙
参见 spatula

cuillere de cuisine (F.) 厨房用大木匙　可用于调拌各种沙司。

cuillerée (F.) 一汤匙量
参见 spoonful

cuire (F.) 烧,煮
参见 cook

cuire vert (F.) 烹调得极生的
参见 rare

cuiseur (F.) 大蒸煮锅
参见 pressure cooker

cuisine 烹饪　指任何地区或民族的食品及其传统制作方法,它受到当地气候、原料、宗教信仰和经济条件的影响。如中南美洲以玉米为主食,欧洲则以小麦为主食,中东地区以小羊肉、橄榄油和胡椒为主食,印度则以素食豆类为主食等。高级厨师的烹调技术很高,而家庭菜肴就比较简单。

cuisine minceur (F.) 法式清淡菜　指与传统法式烹饪风格不同,只使用少量淀粉、糖、黄油和奶油等作佐料。

cuisinier (F.) 1. 厨师　2. 菜谱

cuisinière (F.) 1. 女厨师　2. 小炉灶

cuisse (F.) 腿肉
参见 cuissot

cuisson (F.) 烧、煮
参见 cooking

cuissot (F.) 腿肉　包括猪、小牛和野味的腿肉。

cuit (F.) 1. 煮熟的　参见 well-done　2. 浓缩葡萄酒　用葡萄酒经加热熬浓而成。

cuivre (F.) 铜　古代曾经流行过铜制炊具。

cul-blanc (F.) 岩雀
参见 white-tail

culinaire (F.) 烹饪的,厨房的
参见 culinary

culinary 烹饪的,厨房的　指有关餐饮和烹调的全部活动以及菜肴等。

cullender 爪篱　一种粗眼筛箩状工具,用于食物的沥水。

cullis (F.) 浓汁肉汤

culotte (F.) 牛臀肉
参见 rump

culter 鲅鱼,白鱼　一种体长侧扁的淡水鱼类,大者可达5千克以上,肉质细嫩,为经济鱼类之一。

cultured milk 发酵牛奶　将脱脂或半脱脂牛奶以乳酸菌培养而致酸化的牛奶,富有营养,滋味可口。

Cumberland sauce 坎伯兰沙司　用芥末、醋栗果酱、蛋黄等作配料制成,用于佐食火腿、烧猪舌或冷切牛肉片等。坎伯兰在英国西北部,英王乔治二世的第三个儿子曾被封为坎伯兰公爵。

cumin 欧莳萝　也叫枯茗,伞形科一年生草本植物,原产于地中海地区和中国。是许多混合香料、印度酸辣酱、五香辣椒粉和咖喱粉的主要成分。欧莳萝香气浓郁、味辛而似芜荽,可用于制油、烹调调香和利口酒调味。

cumino (It.) 欧莳萝
参见 cumin

cumquat 金桔
参见 kumquat

Cuncia (It.) 肯齐亚干酪　意大利弗雷尔地方产的一种牛奶干酪。

cundido (Sp.) 蜜酱食品　指涂面包用的蜂蜜、干酪和果酱等。

cuocere (It.) 煨
参见 coddle

Cup (Am.) 杯形干酪　产于美国宾夕法尼亚州荷兰人后裔村落的一种加工干酪。制时将凝乳加热,混和盐、黄油、乳脂和鸡蛋,然后装入一种白色瓷杯,待冷却后连杯上市,故名。

cup 1. 杯　容量单位,约合8—10盎司。　2. 杯子　泛指以玻璃、陶瓷、塑料、金属或其他材料制成的容器,常用于盛饮料。其形状很多,有的有脚和底座;有的有柄。

cup fungus 杯菌　菌类真菌,种类很多,其中羊肚菌和钟菌属可供食用。因其外形如杯盘状而得名。

cupboard 柜橱　起源于中世纪的一种家具。原指存放杯盘的餐桌,后指用以陈列盘碟的阶梯形餐具柜和餐具

架，现泛指厨房碗橱。柜橱表面雕刻精致，刻有窗格状的通风洞。

cupcake 纸杯蛋糕 在纸杯或松饼烤模中烘出的一种松软杯形蛋糕。

cupful 一满杯 约合半品脱，为烹调时的计量单位之一。

cuppa' 一杯茶 其含义等于 cup of tea 或 cup of 等。

Cups (Am.) 卡普鸡尾酒 以白兰地、葡萄酒或苹果酒等加入果汁、柠檬汁或苏打水调配而成。参见附录。

curaçao (F.) 库拉索酒 即橙皮甜露酒。一般以橙皮加香料制成，颜色从黄到棕，也有透明的，是唯一经蒸馏而成的利口酒，含酒精 35—40%。除纯饮外，常用于调配鸡尾酒。因最早酿于西印度群岛的库拉索岛而得名。

curb service 路边餐饮服务 由路边餐厅对停车顾客提供的各种饮食服务。

curcuma (F.) 姜黄 咖喱调料的主要配料，也叫郁金，原产于印度。味辛辣而苦涩，香味类似藏红花。参见 turmeric。

curd 凝脂食品 指呈凝乳状的各种食品，如豆腐、干酪和脂肪凝块等。

curd cheese 农舍凝乳干酪
参见 cottage cheese

curd knife 干酪切刀
参见 cheese cutter

curdle 凝结 指牛奶等因凝乳作用制成奶酪或变质形成结块等。

cure（鱼、肉）腌、熏保藏

Curé Nantais (F.) 南特干酪 法国布列塔尼地方产的一种方形干酪，用牛乳制成，重 200 克，含乳脂 40%。

cure-dent (F.) 牙签
参见 toothpick

curled mustard 雪里蕻 一种亚洲产的草本植物，叶卷曲，可用作蔬菜。

curlew 杓鹬 产于北半球温带地区的一种野禽，嘴弧形向下曲。19 世纪时曾是主要食用野禽之一，但由于过度滥捕而今已濒临灭绝。

curling 翻泡 啤酒麦芽汁在发酵时泡沫的积聚现象。

curly kale 卷叶甘蓝
参见 kale

Curnonsky (F.) 冠农斯基 法国著名大厨师，美食家，全名为 Maurice Edmond Sailland，其生卒年代为 1872—1956。曾创建法兰西美食协会，是许多烹饪组织的名誉主席，1927 获贵族头衔。

currant 醋栗 学名茶藨子，原产北温带地区，尤在南美洲西部。其浆果成熟时为红色，汁多味甜，富含维生素 C，主要用于制果冻、蜜饯和糕点的配饰等。

currant tomato 醋栗番茄 秘鲁的一种深红色小番茄，味略酸。

curried rice and beef 咖喱牛肉饭

curry 咖喱 传统的印度混合调味粉，泛指其中的印度风味的菜肴。咖喱的基本成分包括姜黄、芫荽、辣椒、众香子、肉桂、丁香、豆蔻、姜、芥末、茴香和胡椒等。自古以来，咖喱菜肴就是南亚的主要食品。用于羹汤和酱汁调味，尤以烹调牛肉、羊肉和家禽最佳。

curry leaf 咖喱叶 亚洲产的一种灌木的叶子，具有辛辣味的汁液。

curry paste 咖喱酱 以咖喱粉加各种调料制成，一般有现成市售。

curry powder 咖喱粉 一种调味料，味辛辣。参见 curry。

curry sauce 咖喱沙司 以咖喱粉、咖喱酱、水果、椰子汁和洋葱等制成，用于菜肴的调味。

Curtis 柯蒂斯酒 英国产的一种名牌杜松子酒，口味犀利爽口。

curuba 香蕉瓜
参见 cassabanana

cuscinetto (It.) 烤干酪三明治

cush (Am.) 蒸粗麦粉
参见 couscous

cushaw 南瓜
参见 pumpkin

cushion 1. 猪后臀肉 2. 枕形夹心酥糖

cusk 单鳍鳕 鳕科长体形食用鱼，产于北大西洋深海水域。体色多样，从淡黄色、淡褐色到蓝灰色均有。

cusk eel 蛇鳚 多种长形鳗状海产鱼类,广泛分布于温带水域。南非产的蛇鳚长1.5米,可供食用。

Cussy, à la (F.) 居西式 用蘑菇泥、块菌片和鸡腰填馅的洋蓟心,加上马德拉沙司作佐料。居西男爵是拿破仑麾下的军官。

custard 蛋奶冻 用鸡蛋、牛奶、糖和香料混合制成的食品,品种包括蛋奶果馅饼和焦糖蛋奶冻等。煮奶冻应除去蛋清、将容器放入热水中慢煮,直到稠如乳脂,称为英式蛋奶冻。蛋奶冻可作为佐食水果、甜食和熔烤食品的配料。

custard apple 番荔枝
参见 sweetsop

custard cup 蛋奶糕烘焙杯 一种形似酒杯的深圆模子,用玻璃或瓷器制成,用于烘制蛋奶糕。

custard marrow 西葫芦
参见 chayote

custard pudding 乳蛋布丁 俗称格司布丁。参见 caramel

custine, veau à la (F.) 炸蘑菇小牛排 用鸡蛋和面包屑涂抹后油炸,淋以番茄沙司食用。

cut 1. 切块 如肉块、蛋糕和干酪等。
2. (酒的)调配,勾兑

cut back 稀释 在浓缩果汁中添加新鲜果汁以增进香味。

cut glass 刻花玻璃 表面有许多刻面的玻璃制品,普遍应用于18世纪早期的英国饮料杯。今天刻花玻璃器皿为名贵餐具制品,造型精美。

cut in 在制作油酥食品时,将黄油和面粉揉和,用手指或两把小刀反复切拌,使其充分拌合均匀。

cut maize 玉米片 把玉米蒸熟、压团后切片制成的一种食品。

cut noodle 切面 以小麦粉加工制成的面食。参见 pasta

cut plug 嚼烟 一种供咀嚼用的压制烟草,常制成薄饼状。

cut straight 粗面粉 保留部分麸皮的粗制小麦粉,也叫标准粉,其无机盐和维生素B含量较精白粉为高。

cut-and-fold 揉入
参见 cut in

cutlass fish 带鱼 鲈形目带鱼科几种鱼的统称,产于大西洋、太平洋和印度洋地区。体长如鳗,尾部ება细,体形扁,是亚洲地区最常见的食用鱼类之一。

cutlery and tableware 刀具和餐具 泛指刀、叉、凹形器皿如碟、匙、盘、咖啡壶和扁平餐具如餐盘等。纯银餐具含银量不低于92%。近年来不锈钢餐具得到了广泛的应用。

cutlet 1. 肉片,肉排 常用于烤或煎。参见 escalope 2. 炸肉饼 或鱼、鸡肉或龙虾肉等做成的炸饼。

cutlings (Am.) 粗大麦粒

cutter 次级牛肉 如老母牛或阉牛的肉,或指牛肉的边脚料,如头、蹄等。

cutthroat trout 山鳟 鲑科鱼游钓鱼,产于北美西部。体有黑斑,被视为上好的食用鱼。

cutting board (Am.) 砧板 一种有凹槽的可使肉汁流出的切肉板,常用山毛榉木制成。也作 chopping board

cutting wheel 滚花刀
参见 jagger

cuttlefish 乌贼 俗称目鱼、墨鱼或柔鱼,海产十腕目头足纲软体动物,与章鱼和枪乌鳢等近缘。体内有石灰质内骨,肉色洁白鲜嫩,含有丰富的蛋白质,是十分美味的食品。

cutturiddi (It.) 烩羊肉 常以迷迭香作调香料。

cutty 短匙 一种短柄汤匙,流行于苏格兰和爱尔兰等地。

Cutty Sark 顺风 著名苏格兰威士忌酒牌,用麦芽酿制。参见 whiskey

cuve (F.) 酿酒桶 一种用木、水泥或金属制成的大槽。葡萄采摘后可放入槽中压碎,用于使其发酵而酿制葡萄酒。

cuve close (F.) 充气法 用人工方法向紧闭的酒桶内充入二氧化碳以制造发泡葡萄酒的方法。该法产生的气泡消失得也快,故为法国酿酒商所禁用。

参见 champagne

cuveau (F.) 小酿酒桶
参见 cuve

cuvée (F.) 1. **一桶酒** 或指一桶酒所酿出的量。 2. **混合葡萄酒,佳酿** 一种勾兑调配酒。为保证酒的醇度和口味一致,常将同一地区著名葡萄园的酒进行混合调配,因此该词也常代表优质酒。

cuvée extra (F.) 特优级葡萄酒
参见 cuvée

cuver (F.) (葡萄酒)桶内发酵

cyathus (Gr.) 古希腊酒杯 一种高底座古式酒杯。

cyclone candy 旋风糖 以糖、蜂蜜、醋、黄油、香草和发酵粉为原料制成的一种硬糖。

cygne (F.) 天鹅 在法国可作为野味食用。参见 swan

cymling (Am.) 夏南瓜
参见 pumpkin

Cynar (It.) 希奈尔酒 意大利的一种开胃葡萄酒,呈琥珀色,味苦,含有奎宁等香味,含酒精18%。常加冰和苏打水,用橙皮装饰调配成鸡尾酒。

Cyprus wines 塞浦路斯葡萄酒 塞浦路斯为地中海岛屿,其酿酒的历史可追溯到公元前900年。常用陶罐存放,以防止风味损失。近年来,塞浦路斯的葡萄酒产量不断增加,为保证质量,葡萄酒均需凭官方颁发的执照才可供出口。

cyser 蜂蜜酒 一种用蜂蜜和苹果汁制成的甜味酒。参见 mead

D

dab 黄盖鲽 一种小比目鱼，长20—30cm，鳞片粗糙，背上有黑色斑点，腹白色，肉质软而易于消化。烹调方法参见 plaice。

dabchick 赤松鸡，水鸡
参见 waterfowl

dace 雅罗鱼 也叫鲮鱼，欧洲的一种淡水鲤科鱼，栖息于宁静的水流中。肉质平淡，可用于炙烤与油炸等。

dadhi (Hi.) 达喜 一种印度酸乳制品。

daffodil garlic 水仙葱 欧洲的一种葱属植物，常开白色的花。可用于调味。

daffy 杜松子酒 因1680年英国教士托马斯·达非 (Thomas Daffy) 首先饮用而得名。参见 gin

dagang babi (Ma.) 猪肉
参见 pork

dagh kebab (Tu.) 烤小牛肉串
参见 shish kebab

dago red 廉价红葡萄酒 一种意大利的红酒，主要在国内消费。

daguet (F.) 幼鹿 指出生不足两岁，其角尚未分叉的小鹿。肉极嫩美，烹调方法与普通鹿相同。该词源自"匕首"的意思，因该幼鹿的角外形很像匕首。

dagwood sandwich (Am.) 大三明治 一种分很多层次的三明治，以各种肉类、莴苣、蔬菜和调味生夹馅料。源自美国 Murat Bernard 画的卡通人物厨师 Dagwood Bumstead 所发明的三明治。

dahl (Hi.) 蒜味烩饭 一种印度风味，以米饭、大蒜、扁豆、葱和调味料等拌成。

dahlia 大丽花 一种观赏花卉，其根茎可供食用，味似菊芋，原产于墨西哥。以比利时安特卫普的园艺学家 Dahl 命名。

daikon (J.) 大根 一种日本白色大萝卜，可生食或煮熟作菜肴。

daim (F.) 鹿
参见 deer

dainty 美味的，可口的
参见 delicious

Daiquiri 代基里酒 也叫大吉利酒，是一种著名的古巴朗姆酒，以产地命名。用该酒作基酒，加糖和柠檬汁可制成大吉利鸡尾酒。

dairy bar 乳品酒吧 一种以供应牛奶、干酪、冰淇淋等为主的餐厅。

dairy butter 新鲜淡味黄油
参见 fresh butter

dairy cattle 奶牛
参见 cow

dairy cream 纯奶油 全部由牛奶提制的奶油，以区别于人造奶油。

dairy food 乳制品 以牛奶为原料加工制造的食品，如奶粉、奶油、干酪、酸奶和炼乳等。

dairy products 乳制品 以牛奶为原料制成的各种食品，如冰淇淋、奶油、炼乳、黄油、干酪、奶粉和各种乳副产品，包括乳清、酪蛋白和乳糖等。乳制品的营养价值很高，含有脂肪、蛋白质、维生素和多种无机矿物质，是许多国家的基本食物。

daisy 1. 雏菊 一种野菊花，其花蕾和叶常可用作凉拌的配料。**2. 代西鸡尾酒** 一种由石榴汁、柠檬汁和烈性酒配制而成的混合饮料。该词也指盛上述鸡尾酒的高脚水杯，一般为平底。

daisy ham 去骨熏腿 也指一些去骨

的熏猪肩肉。

dallop 少量食品
参见 dollop

Dalmatian cherry 马拉斯加樱桃
参见 marasca

dalwood 达尔伍德酒 澳大利亚产的一种优质红葡萄酒。

damascene 西洋李
参见 damson

damasco (P.) 杏子
参见 apricot

Damascus plum 西洋李 也叫大马士革李。参见 damson

Damascus ware 大马士革陶器 穆斯林陶瓷器皿，具有自15世纪以来兴起的土耳其风格。一般在白色坯底上施以透明釉彩，以玫瑰、百合花、郁金香、荷兰石竹等花卉和人物题材作装饰。色彩鲜艳优雅，常用于制各种名贵餐具。

damask 织锦缎 一种艳丽的高级丝绸制品，用于制名贵的餐巾和桌布。

dame-blanche (F.) 香草冰淇淋 一种法式冷饮甜品，在冰淇淋中心置以杏仁牛奶蛋冻。

dame-jeanne (F.) 细颈玻璃瓶
参见 demi-john

damigiana (It.) 细颈玻璃瓶
参见 demi-john

damper 硬烧饼 澳大利亚的一种在篝火上烧成的硬饼。

Dampfnudeln (G.) 面包粉团子 以鸡蛋、糖、黄油拌以面包粉，先在牛奶中煮，再在烤箱中隔水蒸熟，食时佐以烩水果和各种调味汁。

damson 小青梅 也叫西洋李或布拉斯李，是一种呈暗青色的小梅子。味略酸，用于制布丁和果酱。

damson cheese 结晶蜜李酱 用去皮去核的布拉斯加加糖煮成像干酪一样稠度的蜜饯酱，易于保藏。

danablu (Da.) 德那布鲁干酪 丹麦产的一种蓝纹干酪。

Danbo (Da.) 丹博干酪 丹麦产的一种全脂牛乳干酪，呈方形，重5—6千克。

dandelion 蒲公英 菊科蒲公英属多年生杂草，原产于欧亚。其嫩叶带苦味，可作色拉；其根可制作类似咖啡的饮料。

dandelion coffee 蒲公英咖啡 用蒲公英的干根制取的饮料，作为咖啡的代用品。

dandelion spinach 蒲公英嫩叶
参见 dandelion

dandelion wine 蒲公英酒 用蒲公英花发酵制成，以生姜、橙汁、柠檬和葡萄干调味。

dandy funk 花花公子茶点 将硬饼干浸泡在牛奶中，再加黄油和糖蜜，经烘烤而成。

dangleberry 黑果木 一种美国越橘，花为粉红色；果实为蓝黑色，味甜可食。参见 huckleberry

Danish blue 丹麦蓝纹干酪 一种白色软干酪，表面有蓝纹，故名。味咸，辛香味浓。

Danish loaf 丹麦式大白面包 一种方形大面包，以精白粉制成。

Danish pastry 丹麦酥皮果子饼 一种营养丰富的甜点，由发酵面团卷入油脂烤成，其配料还有奶酪、杏仁酱、水果蜜饯和各种果仁等。

Danoise, à la (F.) 丹麦沙司 用擦干酪屑、龙虾酱和白葡萄酒制成的调味汁，用于拌各种色拉。

dansk kage (Da.) 丹麦式蛋糕
参见 Danish pastry

Danzig brandy 但泽白兰地
参见 Danziger Goldwasser

Danziger Goldwasser (G.) 但泽金黄利口酒 混和金色薄片的天然芳香利口酒，以柠檬皮加各种芳香植物，如茴香、苋蒿子等调味。最早在1598年酿成，至今仍按古老配方制作。但泽是波兰港市格但斯克的旧称。

Danziger Silberwasser (G.) 但泽银白利口酒 混入银箔叶片的酒，含酒精40%。参见 Danziger Goldwasser

Dão (P.) 当河葡萄酒 葡萄牙中北部当河地区生产的红葡萄酒或白葡萄酒，是葡萄牙最优秀的佐餐类酒之一。

daphne lilac 桂叶丁香 一种小灌木,叶片小而有柔毛,常用作香料。

daragaluska (Hu.) 汤团,团子
参见 dumpling

D'Arblay, potage (F.) 德阿布莱汤 一种奶油土豆菜丝汤。源自英国女作家 Frances Burney (1752—1840),她在法国大革命时期流亡欧洲各地,后嫁给法国的阿布莱将军。她本人是一位美食家,该汤即以她的名字命名。

D'Arche, Château (F.) 达希酒 一种甜味白葡萄酒,产于法国的索泰尔纳地区。参见 Sauternes

dard (F.) 雅罗鱼,鲮鱼
参见 dace

dariole (F.) 柱形奶油糕点 现指一种圆柱状的糖果印模。参见 custard cup

Darjeeling 大吉岭茶 产于印度北部大吉岭山区一带的名茶,一般为红茶。

dark (咖啡)只加少量牛奶的
参见 white coffee

dark beer 黑啤酒 啤酒一般分黑啤、黄啤或生啤和淡色啤酒三种。其中黑啤以烘过的焦麦芽酿成,色泽暗棕,口味特别芬芳,深受人们喜爱。此外,黑啤的滋补营养作用更为显著。参见 stout

dark down flounder 大菱鲆
参见 brill

dark meat 暗色肉 尤指野味的腿肉等暗红色肉。参见 white meat

dark plum 乌梅
参见 smoked plum

dark roast 焦咖啡 一种炒成深色的咖啡,味香色浓。

Dark Virginia (Am.) 弗吉尼亚烟叶 一种用烟道火烤干的深色烟叶品种。

darne (F.) 鱼片 尤指鲑鱼或鳕鱼的中段大块鱼片。

d'Artagnan, à la (F.) 达达尼昂式 该菜式指用填馅番茄、蘑菇和土豆作配料的菜肴。源自法国作家大仲马(1803—1870)所著的小说《三个火枪手》中的主人公名。

dartois (F.) 千层糕 常以杏仁奶油或果酱等作馅,用作冷拼盘配料。该词源自法国国王查理十世即位前的封号 comte d'Artois。参见 puff paste

dash 酐 鸡尾酒用语,一般少于 1/8 茶匙或等于 4—6 滴酒。

dasheen 芋
参见 taro

dasher 奶油搅拌器
参见 churn

dashi no moto (J.) 汤粉 一种小包装汤汁粉,可即冲即用。参见 ichiban dashi

date 海枣 也叫枣椰,棕榈科常绿乔木。树顶有羽状复叶,果实呈长圆形,像枣,果肉味甜,用树干浸出的汁液可以制糖或酿酒,是北非和西亚地区的主要食品之一。

date fig 无花果干
参见 fig

date palm 海枣
参见 date

date plum persimmon 黑枣 一种落叶乔木,也叫软枣或君迁子。其浆果呈长圆形,熟时由黄色变为蓝黑色,味甜,可供食用。

dating bar 幽会酒吧 酒吧中专供未婚男女约会的地方。

datte (F.) 海枣
参见 date

Dattel (G.) 海枣
参见 date

dattero (It.) 海枣
参见 date

dattero marinato (It.) 醋渍海枣 以油和大蒜作调味料。参见 date

daube à la Bearnaise (F.) 贝亚恩式牛肉 以红葡萄酒浸渍的牛肉片,再用火腿和洋葱作配料炖煮而成。参见 Bearnaise, à la

dauber (F.) 炖煨
参见 coddle

daubiere (F.) 煨肉锅 一般以陶、石料或铜等为原料制成,呈椭圆形,用于炖煨肉类食品。

daucus 野芹 其种子有香味,过去曾作为药物,现主要用于甜酒的调香料。

daumont, à la (F.) 道蒙式 以软鱼子、蘑菇、小龙虾和南蒂阿沙司作配料的大块鱼。道蒙为法国的一种四驾马车,该菜指有4种配料的意思。参见 Nantua, à la

Dauphin (F.) 太子干酪 法国埃诺地方产的一种牛乳干酪,有两种:一种为面包形,重200克;另一种为鱼形,重500克,含乳脂45—50%。

dauphine, à la (F.) 多菲内式 指用土豆泥丸在深油锅中炸黄作配菜的菜式。多菲内在法国南部罗讷河流域,该地以干酪著称,又以著名葡萄酒享誉法国。

dauphinoise, gratin de pommes à la (F.) 多菲内式奶油烙土豆 用薄如纸片的土豆片加牛奶、干酪同烤,再加豆蔻粉等佐味即成。

daurade (F.) 金头鲷鱼 一种海洋鱼类,体长达50厘米,肉色洁白,滋味鲜美,可用于油炸或烤食,佐以番茄沙司。

Dauzac, Château (F.) 多扎克酒 法国梅多克地区的头苑红葡萄酒(Claret)。参见 classé

Davie 达维麦 英国一种大麦品种。参见 barley

daylily 黄花菜 参见 citron daylily

dé (F.) 丁,小方块 参见 dice

De Chevalier, Château (F.) 骑士酒 法国波尔多的格拉夫大地区产的一种优质AC红葡萄酒或白葡萄酒。

De Luze (F.) 德鲁兹酒 法国的著名科涅克白兰地酒或葡萄酒,创始于1800年。该酒用长颈瓶装,口味轻淡,敲击酒瓶会发出清脆的声音。参见 Cognac

De Malle, Château (F.) 马勒酒 法国普雷尼亚克(Preignac)产的一种甜白葡萄酒。

deacon 初生小牛 出生后即宰杀的牛犊,肉质极嫩,味鲜美。参见 veal

deacon porter's hat 羊脂布丁 参见 Brother Jonathan's hat

dead 1.(饮料)走味的 2.(豆类)僵的

dead flour 死面粉 指发面力小的面粉。

dead man 空酒瓶 俚称,指葡萄酒的空瓶,常用复数。

dead soldier 空啤酒瓶 俚称。参见 dead man

Deauvillaise, à la (F.) 多维尔式 用洋葱、奶油烹煮板鱼的方法。多维尔为法国小镇,在英吉利海峡沿岸。

déboucher (F.) 拔出(酒瓶塞) 参见 uncork

debourbage (F.) 澄清(葡萄汁) 酿酒过程之一。

decant 滗析 将酒从酒瓶注入另一酒瓶或细颈滗析瓶,并不搅动酒底沉淀或下层酒液的过程。滗析过的酒酒体纯净,充分醇香。利口酒或烈性酒滗析后必须急速饮用,以免香味损失。

decanter 长颈饮料瓶 以玻璃或金属制成,用于盛水或饮料,也指用于滗析的一种细颈大肚瓶。

decanteur (F.) 长颈饮料瓶 参见 decanter

decarbonized beer 走气啤酒 指啤酒因存放过久而失去冒泡现象,一般也表示质量的下降。

dechiqueter (F.) 切丝 参见 shred

decker sandwich (Am.) 多层三明治 三块面包两层馅的称为double-decker;四块面包三层馅的称为triple-decker。

decoccion (Sp.) 炖,煨 参见 simmer

decoct 熬 将食物和汤汁用慢火长时间煮,这时汤汁变浓,水分蒸发。

decoction process 煮出法 将麦芽汁进行糖化的一种酿酒制造法。

decongeler (F.) 解冻 使冰冻的食物(如肉或鱼)通过自然常温解冻,也可使用微波炉等迅速解冻。

decorate 装饰 泛指菜肴的外形装饰,裱花和点缀,是烹饪的重要内容之一。

decorating tip 裱花嘴 用于挤出蛋

糕上的奶油或蛋白花饰的一种金属套嘴。

decouper (F.) 切开,切割
参见 carving

Deddington pudden pie 但丁顿布丁 一种传统英国菜肴,用于在但丁顿举行的11月集市。以牛奶、鸡蛋、米饭、糖、柠檬皮和其他干果作配料制成。

deep freezer 深度冷冻箱 冷冻温度可低至-24℃以下的厨房冰箱。

deep fry 油炸 把食物完全浸入沸油的一种高温加热方法,其目的是使食品表面很快结硬,以阻止液汁流失。油炸的食品一般均较脆。

deep fryer (Am.) 深油炸锅
参见 deep-fat fryer

deepdish pie (Am.) 深盘果馅饼 一种美式点心,用特制的深盘烤成,常以果子冻作馅,底层无焦皮。

deep-fat fryer 深油炸锅 一种方形炸锅,有铁丝制成的网格,可将油炸的食品完全浸入沸油中或取出,也叫油氽锅。也作 deep fryer

deep-frozen milk 深冻牛奶 一种低温冰冻牛奶,能保存很长时间。

deep-frying basket 油炸网篮 一种金属丝网篮,形状与油炸锅相配,用于沥干油炸食品。

deer 鹿 野生丛林动物。中世纪常用肉类食品之一,现很少食用。鹿肉以出生一年左右者为最嫩,烹调方法以烤和炖为主。

défarde (F.) 烩羊肚

defrost 1. (食品)解冻 2. (冰箱的)除霜

defrutum (L.) 蒸煮葡萄汁 一种通过蒸发使葡萄原汁浓缩为原体积的三分之一的浓汁,用于古罗马的烹调中,为阿庇修斯首创。参见 Apicius

deg. (abbr.) 度
参见 degree

déglacer (F.) 冲淡 以肉汤、肉原汁、奶油或葡萄酒稀释锅底的焦糖结块或肉末酱。

déglaze (F.) 调制肉汁 将煎炒或烤灸后的肉粒汁液放在煎锅内,撇去浮油,再加入适量的汤和其他调味品即成。

deglet nur 枣椰
参见 date

dégorgement (F.) 清除(瓶颈)沉淀 清除香槟酒沉淀的方法。先将酒瓶以一定角度搁在架子上,隔一段时间转动酒瓶若干次,并调节酒瓶的倾斜角度,直到完全倒置。当瓶内沉淀留置于瓶颈近瓶塞部,即很快拔出木塞,排出沉淀,再重新盖紧。过去该工序全凭手工操作,劳动强度很高,现已改为自动化机械操作。

dégraisser (F.) 1. 除去(猪肉的)肥膘 2. 撇去(汤汁的)浮油

degrease 撇去油脂 将热汁中的浮油用浅勺直接轻轻撇去。

degree 度 指温度计量单位,如水的冰点为0℃;沸点为100℃,中间均为100等分,每一等分即为1度。也用于指其他温标。参见 Fahrenheit

degul (Sp.) 菜豆
参见 French bean

dégustateur (F.) 品酒员 对酒的香味、口味,酒体等具有丰富的经验和知识,是酒厂中最重要的技术人员之一。

degustation (F.) 味道
参见 flavour

dehydrated eggs 干蛋粉 一般指将蛋黄脱水干燥制成的蛋粉。

dehydration 脱水 多种食物的保藏方法,在加工时除去食品的水分,以阻止微生物的生长。其方法包括日晒、冷冻干燥、烘烤及真空干燥等。现代脱水设备则可生产各种脱水食品,如干蛋粉、全脂奶粉、脱水蔬菜等。

dehydrofreezing 脱水冷冻
参见 Accelerated freezing and drying

Deitelsberg (G.) 达塔尔斯伯格酒 德国的一种白葡萄酒,以产地命名。

dejeuner (F.) 早餐,午餐
参见 breakfast

dejeuner à la fourchette (F.) 有肉食的早餐

Delaware (Am.) 特拉华葡萄 一种美国红葡萄品种，所酿的酒可不需加糖促酿，该葡萄既可作为水果，也可用于酿制香槟酒。

Delaware punch 特拉华宾治 一种美国鸡尾酒，以白兰地为基酒，加入橙汁和索泰尔纳葡萄酒等调配而成。

délayer (F.) 冲淡，稀释
参见 dilute

Delcrest 德尔克莱斯特 美国的一种烤烟品种名。

delectable 美味的
参见 delicious

Delftware 代尔夫特陶器 一种涂锡釉的荷兰精制陶器，上覆盖一层不透明白釉，釉上绘有以蓝色调为主的装饰花纹。适用于作餐具，以产地得名。也作 Dutch blue

deli (Am.) 熟食店
参见 delicatessen

delicacy 美味食品 指各种精美的佳肴或稀有的美味。

delicate (食物)鲜美的，清淡可口的

delicatessen 熟食店 出售熟食的商店，商品以红肠、酸黄瓜、泡菜、熏鱼、肉类和色拉为主，该词也泛指上述熟食品。

délice (F.) 开胃糕点 但许多餐厅往往理解为"美味的"，有误。

Delice de Saint Cyr (F.) 圣西尔干酪 法国中央省布里地方产的一种全脂牛乳干酪，重 500 克，呈圆形，含乳脂 75%。

delicioso (Sp.) 美味的
参见 delicious

delicious 1. 红蕉苹果 参见 red delicious 2. 美味的 一般指以甜味为主的可口滋味。参见 palatable taste

Delikatessaufschnitt (G.) 冷香肠片

Delikatessen (G.) 熟食
参见 delicatessen

deliquescence 潮解 固体物质因吸收空气中的水分而溶解的过程，诸如食碱、面包和饼干等均会发生潮解。该词也指蘑菇等因过度成熟而发生变软和液化现象。

delizioso (It.) 美味的，可口的
参见 delicious

delly 熟食店
参见 delicatessen

delmonico potatoes (Am.) 德尔芒尼克式土豆 一种美式菜肴名，制法为将土豆先切片，加入奶油、干酪和葱等一同烤熟即成。源自纽约的一家餐厅老板的名字 (Lorenzo Delmonico)。

delmonico steak (Am.) 德尔芒尼克牛排 一种后腰肉牛排。参见 delmonico potatoes

Demerara rum 德梅拉拉朗姆酒 用德梅拉拉蔗糖沉淀酿制的一种朗姆酒，色泽深棕，味醇厚，加入水果汁或香料后比普通F买加朗姆酒口味浓郁，因产于圭亚那的德梅拉拉区而得名。

Demerara sugar 德梅拉拉蔗糖 产于西印度群岛及圭亚那等地的一种淡棕色粗蔗糖。

Demestica (Gr.) 德梅斯蒂加酒 希腊产的一种优质半干红葡萄酒。

demi (F.) 一杯(啤酒) 在法国，其容量相当于半品脱，故名，也就是说三杯这样的啤酒约为 1 升。

demi-bouteille (F.) 小瓶酒 容量约为 35—37 毫升，即普通酒瓶的一半。

demi-deuil, à la (F.) 以黑块菌作配饰的(鸡) 字面含义为"半举哀的"，因为这种菜肴的特色是黑白相间，佐以白汁沙司食用。

demidoff (F.) 蔬菜煮鸡 以块菌片和马德拉沙司作配料，也指一种奶油鸡汤。源自俄国贵族 Anatole Demidoff (1812—1870)，他曾与拿破仑的家属联姻。

demi-Espagnole (F.) 西班牙沙司
参见 demi-glace

demifine (F.) 中等葡萄酒
参见 fine

demi-glace (F.) 浓西班牙沙司 一种经过熬浓的，经撇去油脂和粗滤的棕色肉汁沙司，加入不甜的葡萄酒调

味,常将西班牙沙司熬浓而成。参见 brown sauce

demi-john 细颈玻璃瓶　一种容量为3—10加仑的大酒瓶,常用柳条编织作外包装,并有柳条制的提柄。

demi-pièce (F.) 小酒桶　容量约110升,即大酒桶的一半。

demi-quart (F.) (法国的)斤　约合62.5克。

demi-sec (F.) (酒)半甜的　或指稍淡的,但在指香槟酒时则往往为较甜的,含糖量5—7%。

demi-sel (F.) 微咸味干酪　一种全脂软干酪,味略咸,类似于浓鲜奶油,含盐分为1—1.5%,呈方形,重100克。

demi-tasse (F.) 小咖啡杯　也指一种小甜食杯。

demoiselle (F.) 螯虾　产于法国瑟堡(Cherbourg)。参见 crayfish

demoiselle d'honneur (F.) 贵妇甜点
参见 maid of honour cake

dénerver (F.) 除去筋膜　烹调前加工过程之一,指烹调前将肉中的筋膜和软骨去除。

denier, en (F.) 炸土豆片　因外形似硬币而得名。参见 potato chip

Denis-Mounre 邓尼斯酒　法国著名科涅克白兰地,创始于1838年,曾在1903年被英王爱德华指定为王室御用酒。参见 Cognac

Denominacão do Origen (P.) 酒类产地管制　葡萄牙政府对酒类必标示明原产地以保证质量的管理规定,相当于法国的 AC。尤指下列几种名酒:Madeira, Port, Moscatel, Vinhos Verdes 和 Dão 等。

Denominación de Origen (Sp.) 酒类产地名称监制　西班牙政府规定酒类按产地名称命名的法规,包括三十个左右的地区。参见 Appellation d'Origine

Denominazione di Origine Semplice (It.) 原产地商标管理　意大利的一种酒类管理制,相当于法国的 VDQS。

denoyauteur (F.) 果子去核器
参见 corer

denrée (F.) 食品
参见 food

densimeter 液体比重计　用于测定液体比重的仪器。如酒精比重计是通过以重量固定而体积不同来加以测定的,可计算出酒类含酒精的百分比即酒精度。参见 Gay Lussac

dent corn 马齿种玉米　一种成熟后谷粒顶部呈凹陷形的玉米品种。

dent-de-lion (F.) 蒲公英
参见 dandelion

dent-de-loup (F.) 狼牙状的　指一种菜肴的装饰方法,如切成三角形的炸三明治片或切成三角形的果冻,以作为冷菜的配饰。

dente, al (It.) 耐嚼的
参见 al dente

dentex 金头鲷
参见 daurade

dentice (It.) 海鲷　一种昂贵的鱼。
参见 bream

de-oil 除去油脂　指用压榨方法或化学方法除去谷物或面粉中含有的过量油脂。

dépecer (F.) 把(肉)切成碎块

deplume (F.) (家禽)去毛,煺毛
参见 dress

depot (F.) 酒泥
参见 dregs

Derby 德比干酪　英国德比郡产的一种压制干酪,呈圆柱形,以牛乳制成,经过适当调味,含水分较多。重5—15千克,含乳脂45%。

Derby biscuit 德比饼干　一种加黑葡萄干的英国甜圆饼干。

Derby china 德比瓷　英国德比郡生产的一种细瓷,彩绘高雅美丽。

Derby, poularde à la (F.) 德比子鸡　用米饭、块菌、鹅肝酱和波尔特酒为配料的一种填馅嫩子鸡。

derind 去皮　指蔬菜、水果、熏肉和干酪的去皮初加工过程。

derobé (F.) 去皮的　泛指土豆、豆类和水果等去皮的初加工过程。

Deruta (It.) 德鲁塔瓷器　一种意大

利的花饰陶瓷,以产地命名。

Des Moines squash 冬南瓜
参见 acorn squash

desalination 脱盐 从盐水,特别是从海水中排除盐分的过程,以获得饮用淡水。其方法有蒸馏、阳光蒸发、薄膜渗透、电渗析法和冷冻淡化等,而绝大多数国家仍以蒸馏法为主。

désarêter (F.) 剔骨,去骨
参见 bone

Désaugiers (F.) 德佐吉埃 法国著名美食家、诗人,生卒年代为1772—1827,全名为 Marc Antoine Désaugiers。他常把食品作为他诗歌的题材。

desayuno (Sp.) 早餐
参见 breakfast

desiccate 脱水
参见 dehydration

desiccated milk 奶粉 将鲜牛奶经加热使水分蒸发后制成的干粉,分全脂奶粉与脱脂奶粉两种,易于消化,易于携带和保存,可按容量或重量加水冲调而成。参见 powdered milk

desinare (It.) 午餐
参见 lunch

D'Eslignac (F.) 德斯利涅克 法国贵族名,也是著名的美食家,依其命名了一种清汤。

Desmirail, Château (F.) 德丝米瑞尔酒 法国梅多克的马尔戈(Margaux)地区产的三苑清红葡萄酒。参见 classé

désossé (F.) 去骨的
参见 bone

despumate 撇去泡沫(或杂质) 如除去液体表面浮渣以获得澄清的葡萄酒或蜂蜜。

dessécher (F.) 脱水
参见 dehydrate

dessert 甜食,尾食 西餐的最后一道菜,在美国指馅饼、糕点、冰淇淋、布丁和生熟水果,在英国习惯上为果仁、水果、葡萄酒和甜酒,在法国则食用水果、奶酪和酒,在拉丁美洲国家和西班牙为鸡蛋、牛奶和大果馅饼,在印度则为蜂蜜、甜布丁和硬饼。作尾食的甜酒以波尔多酒、雪利酒、马德拉酒、托卡伊酒和白兰地等为主。

dessert fork 甜食叉 比正餐叉略小,但叉尖稍圆钝。

dessert gel 甜果冻
参见 jelly

dessert knife 点心刀 一种小型餐刀。

dessert plate 小甜食盘 一种中型盘,直径为18—20cm左右,用于放甜食和冷拌菜等。

dessert raisin 甜食葡萄干 一种浅色优质葡萄干,用于制布丁。

dessert spoon 甜食匙 大小介于汤匙与茶匙之间,用于吃甜食。

dessert sugar 细砂糖
参见 granulated sugar

dessert wine 餐point甜酒 指佐餐甜食或在甜食后饮的酒,一般为无气泡酒,常为甜味葡萄酒或雪利酒,含酒精14—21%。

desserte (F.) 剩菜
参见 left over

dessertspoonful 一中匙的量 约合2.5液量打兰。参见 dram

dessous (F.) 杯垫,餐盘托
参见 saucer

dessous-de-plat (F.) 菜盘托
参见 plate

dessus-de-plat (F.) 菜盘罩
参见 cloche

detendre (F.) 冲淡
参见 déglacer

detergent 洗涤剂 泛指各种用于厨房清洁的化学物品,如去污粉、洗洁精和洁瓷粉等,也用于餐具的清洗。

détrempe (F.) 面糊 用于制各种糕点的初加工产品。参见 batter

détremper (F.) 冲淡,稀释
参见 dilute

devein 除去虾线 将虾背部的黑色或白色脊线取出,为烹调初加工过程之一。

devil 辣味的 指用辣椒粉加入食品的调味方法。该词也指以辣椒粉调味的

鸡、烤肉和排骨等,味辣色红,香味浓郁。

devil's bones 圆锥薯蓣 一种野生薯类食品。参见 yam

devil's dozen 十三个
参见 baker's dozen

devil's food (Am.) 巧克力点心 俚称,泛指以深色巧克力作点缀的蛋糕、松饼和曲奇等。该名称源自巧克力的色泽,从而与 angel cake 形成鲜明的对照。

devil's oatmeat 野细叶芹
参见 chervil

devil-fish 大西洋鮟鱇
参见 goosefish

deviling butter 辣味黄油 以黄油、辣椒粉、柠檬汁和辣酱油等拌成,用于涂抹鱼或肉。

devilled almond 辣杏仁 将西班牙杏仁去皮后,用油炸熟,加入胡椒、盐和辣椒粉而成。

devilled ham 辣味火腿 一种以辣酱油(Worcestershire sauce)和黄油涂抹的炙烤火腿片。

devilled nut 辣干果 将杏仁等干果煮烫去皮后,用黄油炸脆,加入盐,辣椒粉、辣酱油等慢炒片刻即成。

devils-on-horseback 熏肉牡蛎卷
参见 angels on horseback

Devizes pie 德维齐斯馅饼 英国威尔特郡(Wiltshire)的一种古老菜点,以小牛头、熏肉、硬煮蛋、浓肉汁等制成。

devon 德文牛 原产英国德文郡的樱红色乳肉兼用牛,肉质优良,产奶浓厚,是著名德文郡乳脂的原料。

Devonshire cream 德文郡奶油 也叫凝脂奶油,为一种浓缩的块状奶油,产于英国的德文郡而得名。制法是将牛奶交替加热和冷却,使其表面浮起一层乳脂,然后逐步浓缩而成。

Devonshire split 德文郡开花面包
同奶油和果酱一起食用。

Devonshire stew 德文郡烩菜 一种19世纪的英国风味菜,以土豆、卷心菜和洋葱切成丝混合牛肉汁,到烩成微黄即成。

dew bit (早餐前的)简便快餐

dew cup 晨饮酒
参见 bracer

Dewar's Pure Malt 杜瓦纯麦芽酒 一种苏格兰的名牌调配威士忌酒。

dewberry 露莓 泛指蔷薇科悬钩子属植物,其果实味甜可食,包括黑莓、欧洲露莓等多种品种。

dewberry flummery 露莓燕麦粥 加柠檬汁和糖调味的一种早餐食品,以燕麦为主要配料煮成。

dew-drink 晨饮酒
参见 bracer

Dewmiel 露蜜酒 一种香草利口酒,以苏格兰威士忌为基酒,含酒精40%。

Dexter 德克斯特牛 一种原产于爱尔兰的红色或黑色小种牛,体质强壮,腿短,可用作菜牛。

dextrin 糊精 一种生化制品,经水解能产生麦芽糖或葡萄糖,用于制造果汁及啤酒。

dextrose 葡萄糖
参见 glucose

dhall (Hi.) 印度扁豆 用于制什锦烩饭或稀粥。参见 kedgeree

dholl (Hi.) 印度扁豆
参见 kedgeree

dhoum nut 姜饼坚果
参见 doum nut

DI (abbr.) 干冰
参见 dry ice

diabetic food 无糖食品 指低糖或无糖的饮料、糕酱、巧克力等。由于严格控制碳水化合物的含量,故可供糖尿病患者食用。

diable (F.) 双层干烤锅 供不加水烤水果和蔬菜的一种炊具,常有一个柄。

diable, à la (F.) 佐辣味沙司的 将鸡从背部对剖,用面包屑撒在表面烤黄,再涂上辣味沙司的烹调方法。参见 devil

diable de mer (F.) 鮟鱇
参见 goosefish

diablotin 美味食品 如油炸碎面包

片、冰冻牛奶蛋糊和纸包巧克力等精致甜食。

diamond flounder 钻石鲽 产于加利福尼亚的一种多斑褐色鲆鱼，也叫钻石比目鱼。

diane (F.) 野味菜肴 指用羊角面包片作配饰的各种野味，如鹿肉、野猪和松鸡等。该菜源自罗马神话中月亮与狩猎女神狄安娜的名字。

diavolino (It.) 辣味炸米饼

dibs (Ar.) 迪布斯浓糖浆 中东地区的一种由葡萄汁、枣汁等制成的甜味食品。

dice 丁 指切成小方块的各种食品，如肉丁、土豆丁等。

dicer 切丁器 将水果、蔬菜等切成小方块的炊事用具。

dicke Bohne (G.) 蚕豆
参见 broad bean

dicke Milch (G.) 酸牛奶 或指凝结的牛奶。

dictame (F.) 牛至
参见 oregano

dictame de crete (F.) 白鲜
参见 cretan dittany

Dieppoise, à la (F.) 迪耶普式 用白葡萄酒煮板鱼，加虾尾、扇贝、蘑菇等作配料而成，也指一种加葱和奶油的炖鱼。迪耶普是法国沿海城镇，滨英吉利海峡，属诺曼底地区。

diet 1. 膳食 指供给每日营养的饮食。**2. 规定饮食** 以保健、治疗、减肥等为目的，由多种食物经配调和烹调处理后制成的食物。

diet cake (Sc.) 肉桂皮柠檬蛋糕

diet kitchen 食疗厨房 指导与烹制符合饮食营养要求的菜肴为主。

diet pill 减肥丸 含有加速新陈代谢或抑制食欲的药用成分等。

dietary 食谱 指每日每餐的计划膳食或特定配制的饮食。

dietary fibre 纤维素
参见 fibrous

dietary laws and food customs 饮食规则与食物习俗 指依社会习俗或宗教规定区分可食或不可食的食品。如伊斯兰教禁食猪肉和死兽肉；犹太教禁食海味；美洲西南部印第安人禁饮烈酒以及素食主义者不食动物性食物等。

dietetics 营养学 研究食品营养尤其是食品疗效的科学。这是一门新的学科，涉及化学分析，食品成分和人体生理等多种知识，并需要了解烹调在营养中的作用等。

diététique (F.) 营养学
参见 dietetics

digby chick 迪格比沙丁鱼 因产于加拿大新斯科舍的海港迪格比水域而得名的一种小鳕鱼。

digester 加压蒸煮锅 一种密封铁制锅，蒸气只可从阀门逸出。参见 pressure cooker

digestif (F.) 餐后酒
参见 dessert wine

digestive biscuit 粗面饼干 一种微甜的圆形饼干，有助于消化。

digestive ferment 消化酶 对食物中淀粉、脂肪、蛋白质等具有消化作用的酶，例如唾液中的酶。其作用是先将天然淀粉变成可溶性淀粉，然后变成多糖物质，最后分解成麦芽糖为人体吸收。

Dijon mustard 第戎芥末酱 一种法国芥末酱，味较辣，常加入白葡萄酒，因产于法国的第戎，故名。

Dijonnaise, à la (F.) 第戎式 指用黑茶藨子作配料的菜式。第戎为法国勃艮第科多尔地区的首府，以牛肉、蜗牛、火腿和姜汁等美食著称。

dika bread 野芒果面包 将非洲野芒果籽和胡椒及其他香料放在一起磨碎加热，拌入略带酸涩味的面团中，是非洲一些地区的主食。

Diktiner (G.) 迪克蒂纳酒 德国生产的一种仿制本尼迪克丁酒。参见 Benedictine

dill 莳萝 或称土茴香，原产于地中海地区，为伞形科一年生草本植物，用于食品调味。一般作色拉、汤汁、酱汁、鱼、三明治、尤其是腌泡菜的调料，其气味强烈而刺鼻，略似黄蒿。

dill oil 莳萝油 从莳萝籽中提取出来的精炼油,无色,稍有甜辣味,被用作芳香剂和调味剂。

dill pickle 莳萝泡菜 一种用新鲜莳萝腌制的酸黄瓜泡菜。

dilute 冲淡,稀释 指将液体加入到另一种液体或半流体中使其含有更多水分的方法。

dim sum (C.) 点心 源自中国广东方言,指春卷、包子和蒸饺等。

dimple (Am.) 杏仁蛋白糖 产于美国新奥尔良地区的一种糖果。

dinatoire (F.) 晚午餐
参见 lunch

dinde (F.) 雌火鸡
参见 turkey

dindon (F.) 火鸡
参见 turkey

dindonneau à la Toulousaine (F.) 图卢兹式火鸡 以栗子、肉糜和牛肝菌等作填馅的火鸡菜肴。

diner 餐车 火车上的餐车备有各种饭菜,有些餐车上的饮食也相当考究。
也作 lunch wagon

diner d'Andouille (F.) 安杜叶杂碎香肠 参见 Andouille

dinette (F.) 小饭间 厨房与备餐室之间相通的小间,备有桌椅,供厨房工作人员就餐用。

Dingac 第涅克酒 南斯拉夫沿海达尔马提亚(Dalmatian)地区产的一种暗红色干葡萄酒,饮后回味微甜,含酒精15%。

dingleberry 红果莓 也叫红果越橘,一种灌木,其红色果实可供食用。

dining alcove 小餐室 指从厨房中分隔出来的小间或在客厅起居室中凹入一部分的餐室。

dining car 餐车 常指火车上的餐厅。参见 diner

dining room 餐厅,食堂
参见 restaurant

dinner 正餐 原指每天的主餐,现在一般指正式的宴会。源自法语 dixheures,意为10点钟,因古代诺尔曼人在上午10点举行正餐。到了英王亨利八世时代,正餐为上午11时,今天则进一步推迟到晚上进行。

dinner cloth 餐巾,台布 一种镶有花边的织物,供讲究的餐宴使用。

dinner fork 正餐叉 一种有较大叉齿的餐叉。

dinner knife 正餐刀 一种尺寸最大的餐刀,刀刃为铜质或银质,并装上华丽的手柄。

dinner plate 餐盘 一种大餐盘,用于盛主菜,直径为23—25cm左右。

dinner service 成套餐具
也作 dinner set

dinner wagon 滑轮送菜车

dinnerware 餐具 总称,泛指任何以金属、玻璃和陶瓷为原料的盘、盆、刀、叉等,有时可用来指一套餐具。

dionise 酒神石 一种暗色具有红条纹的宝石,溶解于水中时被认为能防止酒醉。

diot (F.) 腌肉蔬菜香肠

dip 浇汁 一种奶油沙司,也指加入鱼、熏肉和洋葱的酸奶油浓汤,用于浸饼干、脆炸土豆和油酥面包等。

dip toast 蘸奶油吐司 用牛奶乳脂或融化奶油淋渍的烤面包片。

diplomat, à la (F.) 外交家式 指用公鸡肉冠、腰、胸膜、蘑菇等作配料,再淋以马德拉沙司的一种菜式。

diplomate (F.) 外交家沙司 以龙虾黄油、块菌和白兰地调制而成的一种调汁。

dirty rice (Am.) 鸡杂碎饭 以鸡肝、胜、心和鸡颈肉等加香肠、洋葱、青椒、葱和黄油等配料制成的一种杂烩饭。
参见 Cajun

disaccharide 双糖 由两个单糖分子结合的糖类,如蔗糖和麦芽糖等。

disc 1. 圆片状通心粉 2. (瓶盖)内衬垫

dish 餐盘 一种中心凹陷的大浅盘,用于盛放食品和菜肴,该词也指一盘菜。

dish butter 餐用黄油 用于供早餐时涂抹面包等,常另碟盛放,有时切成薄片。

dish mop 洗碗刷　由细软的棉线绑在刷子上而成。

dish rack (Am.) 餐盘架　在餐厅边供搁放餐盘用，一般为木制。

dish rag 洗碗布
也作 dish towel

dish ring 餐盘垫圈　一种圆环形金属或塑料垫圈，用于垫在餐盘下。

dish towel 洗碗布　一种方块白布，在现代化食堂中，洗碗布的卫生要求很高。

dishcloth 洗碗碟布
参见 dish towel

dishcloth gourd 丝瓜
参见 sponge gourd

dishwasher 洗碗机　以高压热水或蒸汽清洗餐具并烘干的一种电气器具，用于现代化的厨房中。

dishwater 1. 洗碗水　2. 淡而无味的汤　或指淡茶和淡咖啡等。

disinfecting 消毒，灭菌　泛指各种物理或化学消毒方法，以杀灭厨房、餐厅、餐具甚至食品中的细菌。但化学方法灭菌被认为是不彻底的，并有害于健康，因此，积极的方法应该是尽量减少污染源。

dispensaire (F.) 菜谱
参见 recipe

disposal 厨房污物碾碎器
参见 disposer

disposer 厨房污物碾碎器　安装在厨房洗涤槽排水管内的一种电气器具，可将污物垃圾碾碎后冲洗出去。

diss bread 姜汁面包　也指一种姜汁蜜糖饼干。

distasteful (菜肴)滋味差的

distil 蒸馏
参见 distilling

distillation 蒸馏
参见 distilling

distilled liquor 蒸馏酒　指乙醇浓度高于原发酵物的各种酒精饮料，其原料一般是富含天然糖分或淀粉质的物质，如蜂蜜、甘蔗、水果、葡萄、玉米、高粱、米、麦和土豆等，其中葡萄蒸馏酒即白兰地。蒸馏酒产生后，一般须经陈酿使口味圆熟，如美国和加拿大用橡木桶，苏格兰用栎木桶来使威士忌老熟，其时间为 3—40 年。蒸馏酒一般含酒精达 35—80％。

distilled vinegar 醋精　含醋达 20% 以上的高浓度醋。

distilled water 蒸馏水　用蒸馏方法取得的水，清洁透明，不含杂质。

distiller's grain 酒糟　从谷物中蒸馏出酒精后的剩余残渣。

distilling 蒸馏　指将液体转化成气体，再凝结为液体的过程，这时，一些非挥发性的杂质就留在容器内。用这种方法可应用于制纯净的蒸馏水和烈性酒，如白兰地、威士忌和伏特加等。

ditali (It.) 短段型通心面
参见 macaroni

dittany 白鲜　几种香草植物的俗名，如欧洲白鲜、马里兰白鲜等。叶有薄荷香味，幼嫩时可食，并常用于提取精油，作酒类的调香料。

dive (Am.) 低级酒馆　常设在地下室。

dive bouteille (F.) 葡萄酒
参见 wine

diver 潜水鸟　一种脚有蹼的水鸟，肉质粗而有油，烹调方法同野鸭。参见 mallard

divinity fudge 奶油馅蛋糕

dixie 1. 行军铁锅　一种盒形或蛋形铁锅，在野营中用来做野餐。也作 dixy　2. 野营水壶　容量为 12 加仑的一种金属壶。

dixie cup 迪克西纸杯　美国制罐公司生产的一种方便纸杯，用于盛冰淇淋或其他冰冻饮料，风靡世界。

Dixie Nectar (Am.) 波旁威士忌　俚称。参见 bourbon

dixy 行军铁锅
参见 dixie

djendjelem (Ar.) 软姜饼　一种北非特色食品，加糖和胡椒调味，往往有现成的供市售。

djon djon 海地蘑菇　一种帽盖较小的蘑菇品种，能分泌出一种棕黑色的液汁，味鲜美。

dobbin 大酒杯 18世纪的一种可装1/4品脱的大酒杯。

Döbel (G.) 雅罗鱼
参见 chub

dobos torte 榛子夹心巧克力 一种甜点,用许多薄松糕饼制成,含有榛子仁粉和巧克力夹心馅,上涂焦糖浆。源自匈牙利点心师 Lajos Dobos (1924—),据说该甜点就是他创制的。

dobule (F.) 雅罗鱼
参见 chub

D.O.C. (It.) 酒类产地名称监制 相当于法国的 AOC 制,是意大利政府对酒类质量控制的规程。全称是 Denominazione di Origine Controllata

doce (P.) 糖果,甜食
参见 candy

dock 酸模
参见 sorrel

dock glass 品酒用小酒杯
也作 taster

doddie (Sc.) 苏格兰无角牛
参见 Aberdeen Angus

doddy (Sc.) 苏格兰无角牛
参见 Aberdeen Angus

dodger (Am.) 玉米烤饼
参见 corn dodger

dodine(tte) (F.) 填馅鸡 也可用猪肘去骨填馅,一般用肉糜作馅。

doe 雌鹿 或雌兔,常用来腌制,烹调方法同普通鹿肉。参见 deer

dog 狗 食肉目犬科动物,至少在一万年以前就已成为人类的伙伴。在一些国家有食狗肉的习惯,被视为美味。

dog biscuit 硬饼干 因最初用于喂狗,故名。

dog in the blanket 卷形布丁 含有果酱或葡萄干的一种甜点。

dog salmon 大麻哈鱼
参见 chum salmon

dog shark 星鲨 一种海洋鲨鱼,因背部有深色斑点而得名。

dog snapper 狗笛鲷 产于西印度群岛和美国佛罗里达海岸的一种色彩鲜艳的银白色鱼,可供食用。

dog's nose (Am.) 啤酒杜松子酒混合饮料

dogberry 花楸果
参见 mountain ash

dogfish 狗鲨 角鲨科几种小鲨鱼的统称,盛产于北大西洋和北太平洋沿岸。最有名的是白斑角鲨,体灰色,有白色斑点,可供食用,并用于制鱼肝油。

doggie bag 狗食袋
参见 doggy bag

doggy bag 狗食袋 餐馆特意准备供顾客将吃剩饭菜带回家的尼龙袋,过去声称用于喂狗,故名。事实上大多供自己享用。

dogleg 劣质烟叶
参见 tobacco

dog-rose 野蔷薇
参见 eglantier

dogs (Am.) 小红肠 俚称,类似维也纳香肠。该词也可指小红肠夹心面包。

doily 1. 小碗垫 常垫于碗碟或花瓶下,富有装饰性。**2. 小餐巾** 吃甜点心时使用,装饰华丽。

dojo 泥鳅 产于亚洲东部的一种有小斑点的淡棕色小鱼。参见 loach

dolce (It.) 甜食
参见 dessert

dolce latte (It.) 淡味蓝纹干酪
参见 blue cheese

dolce verde (It.) 意大利干酪 一种供餐后用的蓝纹干酪。

Dôle (F.) 多尔酒 瑞士瓦莱州采用加美葡萄品种酿成的一种半干红葡萄酒,为瑞士最优质酒之一。

dolic 豆类食品 包括大豆、蚕豆和豌豆等。参见 broad bean

dollarfish (Am.) 鲳鱼
参见 butterfish

dollop 少量食品 如果酱、土豆泥等呈半流质的一团或酸奶和饮料的少许等。

dolly 乳猪
参见 suckling pig

dolly mixture 彩色什锦糖果

dolly verden 玛红点鲑 分布在阿拉

斯加沿海地区的一种重要食用鱼，体表有橄榄色或红色斑点；体长2—3英尺，重20磅。参见 char

dolma (Ar.) 菜包肉糜卷 一种北非食品，以卷心菜叶裹入米饭、洋葱末、肉糜等，放入砂锅炖煮，与土耳其菜包肉糜卷相似。

dolmadakia (Gr.) 羊肉菜叶包 也作 dolmades

dolmades (Gr.) 希腊式菜叶包
参见 dolma

dolmas (Tu.) 叶包羊肉 用无花果叶包以碎羊肉，以文火烩成，是一种土耳其的民族风味食品。

dolphin 海豚 哺乳动物之一，身体长，背部青黑色，有背鳍，腹部白色，生活在海洋中，偶尔供食用。

dolphinfish 鲯鳅 一种身体长而侧扁的海水鱼，体表为黑褐色，头高眼小，背鳍很长，可供食用。

Dom (G.) 教堂 德国特利尔大教堂所属的葡萄庄园酿制的白葡萄酒均在酒名前冠以此名。

domaine (F.) 葡萄园 法国勃艮第地区的酿酒庄园。参见 château

domestic pigeon 家鸽
参见 pigeon

domestic sausage (Am.) 普通香肠 常大批量生产，质量一般。

domestic science 家政学 指烹饪、缝纫和家庭管理等的知识和技艺。

Dominique (Am.) 多米尼克鸡 美国的家鸡品种之一，腿黄色，羽毛带芦花斑纹，鸡冠是玫瑰色，因原产于西印度群岛而得名。

Domprobst (G.) 顿普罗斯特酒 德国摩泽尔地区产的一种白葡萄酒。

Don Juan (Sp.) 唐璜 英国著名诗人拜伦笔下的人物名，以其命名了一种小巧的鸡肉一口酥(bouchée à la Don Juan)。

Don Perignon (F.) 唐·佩里尼翁 17世纪法国埃佩尔奈附近上维尔修道院僧侣名，首创香槟酒酿制法，并成为著名香槟酒牌之一。参见 champagne

donax (F.) 斧蛤
参见 clam

done 熟的
参见 well-done

done to a turn 烹调适度的
参见 à point

donkey 驴 驴肉肉味嫩美，富含硬蛋白，远胜于马，可用于制成香肠。野驴肉在东方也很受重视，被视为可与鹿肉匹敌的美味。相传16世纪时有一位法国贵族多普拉(Duprat)曾专门饲养了大量的驴供自己享用。

donuts (Am.) 炸面圈
参见 doughnut

donzelle (F.) 小鳗鲡
参见 ophidium

dooar (Hi.) 杜阿尔茶 印度孟加拉地区杜阿尔产的一种红茶。

dop brandy 果渣白兰地 南非的一种劣质酒，用榨出汁后的葡萄果皮和果梗为原料酿成，类似于 marc。

dope (Am.) 可乐饮料 俚称，源自荷兰语的 doop，暗示饮料中含有咖啡因等能使人上瘾的成分。

Doppelkorn (G.) 多普尔康酒 德国产的一种以玉米发酵的烈性酒，有时加入香草调味，含酒精38%。词面含义为"两种谷物"。

Doppelschnitte (G.) 双层面包片 中间夹以肉、香肠并涂以黄油或果酱。

doppio formaggio, al (It.) 干酪放得过多的

dorado 鲯鳅
参见 dolphinfish

dorata (It.) 金头鲷鱼
参见 daurade

dorato (It.) 金黄色
参见 brown

doré (F.) 涂以蛋黄浆料 指在糕点表面刷上蛋黄，该词原意为镀金的。参见 gilding

dorée (F.) 海鲂
参见 John Dory

doria (F.) 以黄瓜作配料的 源自法国将军 André Doria (1466—1560)，

他曾率领舰队击败德国,据说他最喜爱黄瓜。

Dorking 多津鸡 一种有五趾的肉用鸡,产于英国,以产地命名。

dormant (F.) 餐桌饰架
参见 epergne

dormouse 睡鼠 欧洲的一种啮齿类小动物,曾被视为美味。

Dornecy (F.) 多内西干酪 法国尼韦纳地方产的一种羊奶酪,质软,呈圆锥形,重约250克,用稻草包装,含乳脂45%。

Dörrobst (G.) 果脯
参见 preserve

Dorsch (G.) 鳕鱼
参见 cod

Dorset blue 多塞特蓝纹干酪 英国多塞特郡产的一种牛乳干酪,有蓝纹,呈圆柱形,重5—12千克,含乳脂30—40%。

Dortmund beer 多特蒙德啤酒 德国的一种黄啤酒,以产地命名。

dorure (F.) 蛋黄浆料 供涂抹在糕点表面,烘烤后即成为一种金黄色的点缀。参见 gilding

dosage 添瓶 香槟酒酿制工序之一,在取出瓶中沉淀酒泥后须加入一定分量的酒,以保证香槟酒分量准足。该词也可指加入酒的增甜剂。参见 champagne

dose 添瓶
参见 dosage

dot 打点 在菜肴或糕点上盖以点状黄油或麦淇淋。

Dotter (G.) 蛋黄
参见 egg yolk

dotterel 鸻
参见 plover

double (F.) 双份 烹调方法之一,指将两片烤饼或烤肉重叠烤制等,也指饮料或汤汁加浓的。

double beer 烈性啤酒 含酒精约为普通啤酒的两倍,故名。

double boiler (Am.) 套锅 一种带盖双层锅,底锅放热水;上锅用于搅打各种调味汁。参见 bain-marie

double cake 叠层大蛋糕 一般的婚礼蛋糕可叠数层之多,装饰华丽。

double cheese 浓奶油干酪
参见 double cream

double coconut 复椰子 又称海椰子,棕榈科植物,原产于塞舌尔群岛。果实内有两瓣坚果状椰肉,似两个椰子,可食,但商业价值不大,当地人作为主要食品。

double consommé 加浓清汤
参见 consommé

double cream 浓奶油 含脂肪为48%。参见 cream

double decker 多层三明治
参见 decker sandwich

double fond (F.) 套锅
参见 double boiler

Double Gloucester 大格罗斯特干酪 英国产的一种硬干酪,形似磨盘,质地粗糙,味浓,成熟慢,但易于保存。另一种小格罗斯特,即 Single Gloucester,现已不生产。

double old-fashioned glass 大古典杯 指容量为8—10盎司的直筒大酒杯。

double saucepan 双层底锅 上层放食品,下层放水,食品则不会变焦,也叫套锅。参见 double boiler

doubleburger (Am.) 双馅汉堡包 如夹馅中放入两块牛肉饼等。

double-crème (F.) 浓奶油干酪 含脂肪达到60%以上,但不是 double cream。

doubler (F.) 对折 将一片鱼、肉或面皮折成两半的烹调加工方法。

double-stamp whiskey (Am.) 双保威士忌 即具有两张质量保证书的威士忌酒。美国采用酒的入库证和纳税证来表示酒的优质,证明其贮存的年份。参见 bottle in bond

doublier (F.) (宴会用) 双折餐桌布

douce (F.) (酒) 极甜的 尤指香槟酒含糖分在7%以上的。参见 demisec

douce-amère (F.) 甜苦味的

doucereux (F.) 太甜的 指酒或菜肴甜而发腻的口味。

doucette (F.) 野苣
参见 corn salad

doucin (F.) 食用海胆
参见 sea urchin

dough 生面团 面粉加水及其他成分,如发酵剂、起酥油、糖、盐、蛋和香料等揉合而成,用以制作焙烤食品。面团质地厚,有可塑性,因此与面糊不同,通常用来制面包、松软糕点、馅饼等各种食品。参见 batter

dough mixer 和面机

doughball 面疙瘩 常与蔬菜同煮,加入肉片作配料,可作为一道菜肴。

doughboy 炸面团 一种面食,将面团捏成扁圆形,放入油锅中炸熟,趁热食用。该词源自美国与墨西哥交战时的一种士兵食品。

doughnut 炸面圈 也叫多福饼,一种环状油炸面食,营养丰富,松脆可口,表面常撒以糖粉。

doughnut foundry (Am.) 小吃店

doughnut joint (Am.) 低级咖啡馆

doughy 1. 夹有生面团的 2. 半熟的

douille mobile (F.) 裱花嘴
参见 decorating tip

douillon (F.) 酥面梨 梨品种之一,果肉质软而不脆,常用于作全水果饺的馅料。参见 rabot(t)e

doum nut 姜饼坚果 姜饼棕榈植物的坚果,呈橙红色,其味常与姜饼相似,种子外皮可制糖果和蜜饯。也作 dhoum nut

Douro (P.) 杜罗河 葡萄牙的杜罗河谷生产的葡萄可用于酿制著名的波尔特酒。参见 Port

doux (F.) (酒)极甜的
参见 douce

douzaine (F.) 一打
参见 dozen

Douzico 茴香利口酒
参见 Ouzo

douzil (F.) 木制龙头 用于从酒桶中放出酒液。

Douzy, sauce (F.) 餐厅主管沙司
参见 maître d'hôtel

dove 小野鸽 常用作美味食品,以烤与炖为主。

Dover sole 多佛尔油鳎 一种普通扁平鱼类,产于英吉利海峡,属鳎科。体表呈褐色而有斑纹,是重要的食用鱼之一。参见 sole

doves 菜包肉末饭 用卷心菜包以肉末米饭,炖熟后食用。

dovga (R.) 杜夫卡甜点 用酸奶、菠菜、蒿萝和米饭制成的一种俄式点心。

doyenné de comice (F.) 科米斯梨 产于法国南部昂热(Angers)的一种优质梨品种,入口酥软。

doz. (abbr.) 一打
参见 dozen

dozen 一打,十二个

Dr. Brown's Cel-Ray Tonic (Am.) 布朗博士托尼克 一种带芹菜籽香味的充气软饮料,流行于美国纽约市的犹太居住区,源自商标名。

dradoncello (It.) 龙蒿
参见 tarragon

dragée (F.) 糖衣果仁夹心 泛指各种涂以糖衣的甜味果仁,如糖衣杏仁或巧克力夹心等。

Dragon Well tea 龙井茶 一种著名绿茶品种,形状扁平而直,色泽翠绿,产于中国的杭州龙井一带。参见 green tea

dragon's eyes 龙眼,桂圆
参见 longan

dragonet (F.) 野苣
参见 corn salad

draine (F.) 大鸫
参见 thrush

draining 沥水 把经冲洗的食品或以水煮沸的食品中多余水分排出的烹调准备过程,也指制干酪中沥出乳清的过程。

drake 雌鸭
参见 duck

dram 打兰 英制重量单位,约为1/16盎司或1.77克。

Drambuie (Sc.) 特兰布依酒 苏格兰最古老、最优秀的麦芽威士忌酒,最早酿于1745年。色泽金黄,含有石

南、蜂蜜和其他草药等,味甜,含酒精 40%。

draught 桶装生啤酒
参见 bulk

draw 1. (茶叶)泡出味 2. 拉出(鸡或家禽的)内脏

drawn butter 黄油沙司 以黄油、面粉、鱼汁、柠檬汁和切碎的蔬菜与香料等拌成的一种流质奶油沙司。

dredge 撒粉,裹粉 指在糕点或菜肴上撒面粉或糖粉,有时也指腌鱼时拌盐。

dredger 撒粉器 内装面粉、砂糖或其他调味品等,盖上有小孔。

dregs 酒泥,酒渣 指葡萄酒的沉淀,有时也指一种暗红色葡萄酒。

Dresden dressing 德累斯顿调料 以硬煮蛋、洋葱、芥末和其他调味料制成的一种冷拌调汁。

Dresdener Bierkäse (G.) 德累斯顿酸奶酪 德国萨克森地区首府德累斯顿产的一种浓味奶酪,略酸,以啤酒调味。

Dresdener Kuhkäse (G.) 德累斯顿干酪 德国产的一种硬质干酪,以产地命名。

dress 褪毛 指家禽等的初加工过程,用热水除去家禽的羽毛,并洗净,取出内脏等。

dressage de plats (F.) 菜式 菜肴在餐盘中的配置和装饰。

dresser 碗柜 一种靠墙放置的小桌,用以陈列精致的餐具。英国碗柜有一排抽屉,是中产阶级家庭厨房的基本家具,法国碗柜装饰性雕刻更为华丽,用大理石、象牙等镶嵌,十分豪华。

dressing 1. 色拉调料 拌制色拉用的调料很多,如蛋黄酱、油醋沙司、奶油沙司等。 2. 填馅 放入烤鸡或烤鸭中的蘑菇、香料、肉和其它调味料等。

dressoir (F.) 餐具柜、餐具架
参见 cupboard

Dreux à la feuille (F.) 叶包干酪 法国中央省产的一种圆盘形干酪,质软,重500克,含乳脂35%,因外裹树叶而得名。

dried bean curd 腐竹
参见 bean curd stick

dried beef 牛肉脯,牛肉干

dried egg 全蛋粉 鸡蛋破壳后经搅打、干燥而成的粉状蛋制品,能保存较长时间,使用方便,含脂肪34.5%,蛋白质42%。

dried fruit 干果脯 将苹果、桃、李、杏、梅、葡萄等加糖烘干而成,也可自然风干。

dried jujube 红枣
参见 jujube

dried milk 奶粉 将牛奶通过蒸发和脱水,含水分为5%左右,也称干制奶。参见 desiccated milk

dried mushroom 香菇 指一种大香菇的干制品,使用前可经水发开,作为菜肴配料。参见 xianggu mushroom

dried noodles 挂面 一种呈丝状或带状的特制面条,一般搀有少量食盐,因悬挂晾干而得名。

dried peas 干豆 如干豌豆、鹰嘴豆等,经碾碎后作为蔬菜,用于煮汤。

dried small shrimp 虾皮 晒干或蒸熟后晒干的小毛虾。

dried vegetables 菜干 各种经天然脱水的蔬菜,如南瓜干、黄瓜干片和土豆片等,以区别于脱水加工蔬菜。参见 dehydration

drikkevand (Da.) 饮用水
参见 drinking water

drink 饮料 泛指任何饮料,但首指酒类饮料。参见 beverage

drinkable 适于饮用的 有时也可指饮料或酒。

drinkery 酒店,酒吧
参见 bar

drinking cup 酒杯
参见 glass

drinking straw 吸管,麦管
参见 straw

drinking water 饮用水 指可供直接饮用的水,一般要符合多项卫生指标,并且在外观上必须无色无味等。

drip (肉解冻时的)滴汁

drip coffee (Am.) 滴滤咖啡 让沸水慢慢滴入磨碎的咖啡豆所获得的咖啡饮料。也作 French drip

drip grind 细磨咖啡 用滴滤咖啡壶烘煮而成。参见 drip coffee

drip pot 滴滤咖啡壶
参见 dripolator

drip-mat 杯托 即酒杯下的垫子和垫盘等。

dripolator 滴滤咖啡壶 一种三层咖啡壶,上层有孔供冲入沸水;中层为筛网,以存放咖啡粉末;下层为容器,接受可供饮用的咖啡饮料。源自商标名。

dripping 油滴 烤肉时滴下的油汁,可用于拌入糕饼或涂抹在食品表面。

dripping pan 滴油盘 一种方形浅盘,置于烤肉的下方,用以收集烤肉的原汁和油脂。

drisheen 羊血灌肠 爱尔兰科克郡特产,用羊血、牛奶和其他调味料制成。参见 blood pudding

drive-in (Am.) 路边餐厅 驾车旅游者可直接开入餐厅内取得便于携带的饮料和食品,不必下车用餐。

dromedaire (F.) 单峰骆驼
参见 camel

dromedary 单峰骆驼
参见 camel

drop cookie 滴面曲奇饼 一种甜脆点心,制法是用食匙将生面滴于涂上黄油的平锅上,然后烘至松脆即成。

drop dumpling 诺福克汤团
参见 Norfork dumpling

drop scone 滴面烙饼
参见 drop cookie

dropped egg 水煮荷包蛋
也作 poached egg

dropping consistency 滴面稠度 制蛋糕或布丁时检验面糊稠度的方法,当食匙上的面糊在未经摇动时 5 秒钟左右溢出匙边即为适度。

drops 糖果
参见 bonbon

Drouant (F.) 德鲁昂餐厅 巴黎最豪华的著名餐厅之一。

drown 冲淡 指将饮料等加水搀淡的过程。

drudge (Am.) 生威士忌酒
参见 whiskey

drugstore 杂货店 指美国出售药物、糖果、饮料和其他杂物的商店。

drum 石首鱼
参见 croaker

drum can 大水杯 过去用木制,现改为用金属制成,容量为 5 升。

drumhead 鼓形甘蓝 因其顶部呈扁圆形似鼓而得名。参见 cabbage

drumstick 鸡腿下段 常指煮熟的鸡腿肉,因形似鼓槌而得名。

drupe (F.) 单核水果 如桃、杏等含有单颗内核的水果。

dry 1. 干的,不甜的 酒类术语,主要适用于葡萄酒,但指烈性酒时可略带甜味,即比法语中的 sec 要稍甜一些,这时与此相当的应是 extra dry。事实上,干白葡萄酒又比干红葡萄酒略甜。参见有关词条。 2. (食品)干燥的,不新鲜的

dry bread 1. 陈面包 2. 未涂黄油的面包

dry cheese 硬干酪 尤指德国生产的一些硬质干酪。

dry cure 干腌
参见 dry salt

dry gin 干金酒 即金酒的原酒,常用作鸡尾酒的基酒,比较著名的有英国的 Gordon's Dry Gin 等。

dry ice 干冰 固态二氧化碳的商品名,呈致密的雪花状物质,零下 78.5℃时升华。常压制成约 20 千克的方块使用,可用作易腐败肉类和冰淇淋等食品在运输中的冷冻剂。

dry martini 干马丁尼酒 以金酒、味美思等调制的鸡尾酒,以一枚青橄榄或一丝柠檬皮作配饰。

dry milk 奶粉
参见 desiccated milk

dry roast 杀青 绿茶加工制作的一个工序。把摘下的嫩叶加高温烘烤,以破坏茶叶中的酵素,阻止发酵,使茶叶中水分减少,叶片变软,并保持其固有

的嫩绿色。

dry sack 上等中度雪利酒 俚称。参见 sherry

dry salt 1. 干式腌制 在无水分状态下用盐处理或腌制肉类的过程。也作 dry cure 2. 纯盐 指不含钙、镁杂质的精制盐。

dry-pack soup (Am.) 固体汤粉 经加水后可煮成汤food用。

Du Barry, à la (F.) 迪巴里式 指用花菜作配料的汤或调味酱, 也指土豆泥填牡蛎。依法国女伯爵迪巴里命名 (Jeanne Bécu, comtesse du Barry), 她曾为法国国王路易十五所钟爱,法国大革命时被斩首处死。

du jour (F.) 当日特色菜 参见 plat du jour

dubbelsmörgas (Sw.) 三明治 参见 sandwich

Dublin Bay prawn 都柏林虾 参见 scampi

Dublin middle 都柏林香肠 产于爱尔兰首都都柏林的一种中粗香肠。

Dubois, Urbain (F.) 乌尔班·杜布瓦 著名法国大厨师, 生卒年代为1818—1901, 曾担任德国皇帝威廉一世的宫廷御厨多年, 创制了许多名菜佳肴。他一生著作丰富, 如《古典烹饪》(La Cuisine Classique)、《当代烹调》和《世界烹调》等。

Dubonnet (F.) 杜博内酒 法国一种畅销的开胃甜酒, 分红、白两种, 味甜带苦, 含有奎宁等多种调味料, 可用于纯饮或调制鸡尾酒。

Dubonnet cocktail 杜博内鸡尾酒 由等量的杜博内酒和杜松子酒混合, 加入冰和柠檬汁, 再以柠檬皮作配饰而成。参见附录。

duchess, à la (F.) 王妃式 指用土豆泥、鸡蛋和黄油搅和, 拉花制成小杯状, 经烘烤成形后, 或即食, 或缀以巧克力、杏仁和榛子等。也作 pommes à la duchess

duchesse (F.) 1. 王妃甜点 一种法式餐后甜食, 以杏仁、榛子仁、蛋白、糖和巧克力作馅制成。 2. 王妃梨 一种优质法国冬梨品种, 味甜。

duchesse potatoes 鸡蛋土豆泥 将土豆泥拌入鸡蛋, 作为一种配菜, 或制成杯状, 填以各种馅料, 入烤箱烤成。

duck 鸭 鸭科水禽的统称, 品种很多, 一般分潜鸭、钻水鸭和栖鸭三大类。其中绿头鸭发展成为今天的家鸭, 而北京填鸭又是近年来最受欢迎的品种之一。鸭的食用方法很多, 如烤、煮、腌、炖和煮汤等, 是最常见的烹调食品之一。

duck egg 鸭蛋 指家鸭的蛋, 比鸡蛋大而营养丰富, 但由于常有异味而很少用于烹饪, 且不宜作软煮蛋或蛋白酥使用。一般至少须煮沸14分钟才充分成熟。

duckling 幼鸭, 嫩鸭 参见 duck

duckling à l'Alsacienne (F.) 阿尔萨斯式煎鸭 一种红烧鸭, 以酸泡菜作配菜。

Ducs (F.) 杜克干酪 法国勃艮第地方产的一种软质全脂干酪, 重225克, 含乳脂50%。

duel cheese 凝乳干酪 一种奥地利干酪。参见 rennet

duff 水果布丁 一种蒸布丁, 表面硬, 放入苹果的叫苹果布丁; 放入葡萄干和杏等也分别可冠以不同的名称。源自 dough 和 rough 的谐音。

Dugléré (F.) 迪格雷式 指以白葡萄酒、番茄、冬葱、黄油、欧芹和鱼汤制成的沙司为配料的菜式, 以法国著名大厨师 Adolphe Dugléré 命名。

dulce (Sp.) 甜葡萄酒 参见 sweet wine

dulce de leche (Sp.) 牛奶甜食 一种南美洲食品。

dulcifier 使变甜 如加糖到饮料中, 也指设法冲淡酸味、涩味或苦味等。

dull (酒)混浊的, 起雾的 参见 cloudy

dulse 掌状红皮藻 一种可食海藻, 产于北半球广大地区, 用于食品的调味。

Dumas, Alexandre (F.) 大仲马 著

名法国大文豪亚历山大·仲马(1803—1870)是一位美食家,著有《烹饪词典》一书和其他脍炙人口的许多小说。

Dumas, entrecôte (F.) 仲马煎肋排 用牛骨髓切片作配料,再淋以白葡萄酒和葱香沙司。

dumb cake 哑饼 大西洋马恩岛的一种传统无酵饼,用热草灰烤成。据说当未婚姑娘吃过哑饼后,倒退行走到床边睡下,就可梦见自己未来的丈夫。

dumb waiter 回转式食品架 一种开架式冷盘菜架,可旋转,供人们选用各种冷菜。

dumpling 汤团 用发酵小面团制成的一种面食,可煮、蒸或放入汤内与炖煮食品或水果同食。一般捏成小面团状放入水中用文火煮到漂浮起来即成,中国的馄饨和饺子也可视为汤团。许多食谱用香菜,洋葱,干酪、肉、土豆或南瓜泥作馅。苹果或其他水果汤团可作正餐后的甜食。

dun 用盐腌成暗褐色 尤指英国的一种传统腌制鳕鱼的方法,腌成的鱼色泽深褐。

Dunand (F.) 迪南 出生于瑞士的法国著名厨师父子名,声誉相等。父亲曾是孔泰亲王的大厨师;儿子后又继任此职,后又为拿破仑一世服务直至退休。据说马伦戈沙司烩鸡即为小迪南所发明。参见 marengo

duncan 邓肯柚 英国的一种著名葡萄柚品种,个大皮薄,口味宜人,以产地命名。

dundee cake 杏仁水果蛋糕 因产于英国东部邓迪而得名。

dunder 甘蔗汁渣 用于在蒸馏朗姆酒时加速发酵。

dunderfunk 碎渣蜜饼 将脆饼干屑混合废糖蜜后,经烘烤而成。

dunelm 烧羊肉 或烧小牛肉,产于英国的达勒姆(Durham)。

dunfish 褐色腌鳕鱼
参见 dun

Dungeness crab (Am.) 王蟹
参见 king crab

dunk 浸泡 将面包、糕点或炸面圈浸入咖啡、牛奶或茶中。

dunking tray 大餐盘

Dunlop 邓洛普干酪 原产于苏格兰的一种全脂干酪,类似于切德干酪。营养丰富,色白,口味柔和,经压榨而成。参见 cheddar

dunst 粗麸皮面粉 一种中粗面粉品种。

dünsten (G.) 煨炖
参见 coddle

Dunstobst (G.) 烩水果
参见 compote

Durand (F.) 迪朗 著名餐厅业人士,原在法国香槟地区经营餐厅,20世纪初在巴黎开设豪华餐厅,店名为 Au Petit Durand。该餐厅推出多种名菜佳肴,如块菌片佐肉丸、帕尔马干酪佐菊芋等。

durazno (Sp.) 桃子
参见 peach

Durchschlag (G.) 滤斗,筛
参见 sieve

Durham 达勒姆短角牛 一种英国肉用牛品种,以产地命名。

durian 榴莲果 产于马来群岛的一种灌木的果实,呈卵形或球形。果肉柔软,奶油色,味极美,但有令人不快的气味,经烘烤后食用,颇有板栗的风味。

duroc (F.) 黄油煎土豆牛肉 源自法国拿破仑一世时代的一位将军名,据说是 Pierre Duroc (1772—1813)。

Duroc-jersey (Am.) 短头红猪 一种体壮的美国早熟猪品种。

durum flour 硬质面粉 适用于制面条。参见 durum wheat

durum wheat 硬粒小麦 由硬粒小麦磨成的面粉,含面筋蛋白丰富,可用于制细条实心面和通心面等。主要产于美洲和俄罗斯等地。也作 macaroni wheat

dushab (Ar.) 椰枣酒 加葡萄汁和糖浆,是阿拉伯人喜欢的酒之一。

dusky grouse 黑琴鸡 产于美国西部的一种黑色松鸡。

dust 撒粉 将少量糖粉、面粉或面包屑均匀地撒在食品表面。参见 dredge

duster 撒粉瓶 如胡椒粉瓶等。

dusting powder 细粉 指撒在面团表面的面粉或撒在烤饼模中以免饼相互粘结的面包粉。

Dutch belted 荷兰奶牛 一种体型中等的白色奶牛,因体表有黑色条纹而得名。产于荷尔斯泰因等地,是著名的奶牛品种之一。

Dutch blood 熟血粉
参见 blood

Dutch blue 荷兰蓝陶
参见 Delftware

Dutch butter 人造黄油
参见 margarine

Dutch cheese 荷兰干酪 指欧洲生产的几种球形脱脂干酪,以 Edam 最为著名。

Dutch cookery 荷兰烹调 荷兰和比利时与德国接壤,以乳制品最为驰名,风靡世界。埃丹干酪和豪达干酪居欧洲最优秀的干酪之列。荷兰的捕鱼业也很发达,捕鱼量居世界前列。因而荷兰的鱼类菜肴包括鱼子酱十分有名。荷兰的饮料以咖啡为主;酒类则以杜松子酒和啤酒为主。

Dutch cupboard (Am.) 荷兰式餐具柜 参见 Dutch dresser

Dutch cure 荷兰腌鱼法 指在船上捕捞后立即加以腌制的鲱鱼法。

Dutch dresser 荷兰式餐具柜 下层为餐具柜,上层为开放式架子。用于陈列餐盘或陶瓷器皿。

Dutch foil 荷兰金箔
参见 Dutch gold

Dutch gin 荷兰金酒 荷兰产的杜松子酒,口味辣中带甜,比任何美国或英国的杜松子酒丰醇,其配方严格保密。最优秀的荷兰金酒名牌为 Schnapps 等。

Dutch gold 荷兰金箔 一种金色的铜箔,经充分暴露在熔化的锌雾中而染上金色,用于代替真金箔来装饰餐具等。

Dutch lunch 荷兰式便餐 由参加者自带食物或自己付费的聚餐式便餐,一般有干酪和什锦冷肉切片等,也指该种冷肉片。

Dutch macaroon 荷兰杏仁蛋白饼 指上置糖粉配饰的餐后甜品。

Dutch oven 荷兰炖锅 一种有三个脚的圆形金属锅,有密封的盖,可放在搁架上供烤、蒸和炖等,也可利用熄火后的余热烹制食品。

Dutch process 荷兰法 用碱性物质处理可可粉或巧克力,以提高其色泽、香味和口味,因由荷兰人发明而得名。

Dutch sauce 荷兰沙司
参见 Hollandaise sauce

Dutch supper 荷兰式晚餐
参见 Dutch lunch

Dutch treat 各自付账 流行于西方国家的一种消费方式,就餐各方只负担自己消费的数额。

duxelles (F.) 香草蘑菇番茄泥 主要用于作装饰配菜或调味酱,由大厨师拉伐雷纳首创,参见 La Varenne。该词源自法国布列塔尼 Côte-du-Nord 的一个小镇 Uxel,也有人认为是源自一位叫 Marquis d'Uxelle 的侯爵名。

duxelles sauce 杜塞尔沙司 用葱头、蘑菇酱、西红柿泥拌合白葡萄酒和肉汤制成,用于佐食肉蛋或鱼类菜肴。

dwarf banana 粉蕉 产于中美洲和西印度群岛的一种甜味小香蕉,可食用。

dwarf pea 鹰嘴豆
参见 chick pea

D'Yquem, Château (F.) 依坤酒 法国索泰尔纳地区酿制的最优质甜白葡萄酒,是该地唯一的头苑酒。参见 classé

dzo 犏牛 由西藏牦牛和普通牛杂交而成的一种肉用牛品种。

E

ear shell 鲍鱼
参见 abalone

early gas 产气过早 干酪的一种缺陷,其结果常造成不能充分陈化。

early Ohio (Am.) 俄亥俄早熟马铃薯
参见 potato

early purple Guig 早紫 一种樱桃品种名。参见 cherry

ears 贝壳状通心面
参见 conchiglie

earth almond 油莎草
参见 chufa

earth apple 菊芋
参见 Jerusalem artichoke

earth ball 块菌
参见 truffle

earth bread 地面包 用地衣作配料烘制的面包。参见 lichen

earth chestnut 雉足草
参见 earthnut

earthenware 陶器 一种烧成温度未到玻璃熔化点的陶器,外表较粗糙,但有时可上釉,能耐热和耐酸,广泛被用于制作餐具和厨房器皿。

earthnut 1. 雉足草 一种有黑色表皮的地下块茎,味似栗子,可食用。 2. 花生 参见 peanut

earthworm 蚯蚓 一种环节动物,生活在土壤中,以土壤中的腐烂生物体为食,全球共约1800余种。蚯蚓富含蛋白质和多种维生素,在某些国家已成为珍馐佳肴。

earthy flavour 泥土味 葡萄酒酿制中的一种缺陷现象。

East India Sherry 东印度雪利酒
东印度是一个模糊的概念,大约包括今天印度、印度支那和马来半岛等地。18世纪船只从欧洲航行到东方时,因航期较长,船中所带的酒在木桶中充分陈化,故口味特别醇厚。后来便把这种酒返销到欧洲,并称为东印度雪利酒。

Easter biscuit 复活节饼干 一种由面粉、糖、黄油、鸡蛋和醋栗等制成的节日饼干。

Easter egg 复活节彩蛋 用蛋煮熟染色,染以鲜明的色彩,加上装饰,或用巧克力和糖果制成鸡蛋的形状,作为复活节礼品或摆设。复活节一般在每年春分月圆后的第一个星期日,是纪念耶稣死后复活的盛大宗教节日。

Eastern (German) District 东区(德语区) 指瑞士东北部以苏黎世为主的产酒区,生产许多著名的甜红葡萄酒,如 Herrliberg 等。产量少,质量高,多数供本地消费,因而知名度不高。

easy-open can 易拉罐 一种金属饮料罐,如可口可乐或啤酒等。其上端有一刻痕拉攀,饮时只需一拉即可打开,十分方便,但成本较高。

eatable 1. 适合食用的 2. 食品
参见 food

eater 供生吃的水果 以区别于有些口味太酸带苦而仅供烹调或制果酱的水果。

eatery 便餐馆
参见 restaurant

eating apple 供生吃的苹果
参见 eater

eating-house 餐厅
参见 restaurant

eatin' iron (Am.) 餐具 美国西部牛仔俚语,指餐刀、餐叉和匙等。

eats 食品 俚称。参见 food

eau (F.) 水

参见 water

eau de seltz (F.) 汽水
参见 soda water

eau de vie (F.) 白兰地酒 意即"生命之水",泛指任何烈性酒。在古代,烈酒常用来治病,因而认为具有神秘的作用,故名。今天可以指用葡萄或粮食蒸馏而成的普通白兰地,一般含酒精40—45%。参见 brandy

eau de vie de Dantzig (F.) 但泽白兰地 参见 Danziger Goldwasser

eau de vie de fraise (F.) 草莓白兰地 一般含酒精44.5%。参见 eau de vie

eau de vie de grain (F.) 粮食白兰地 指威士忌和杜松子酒等。参见 whiskey

eau de vie de kirsch (F.) 法国樱桃白兰地 指用樱桃汁或果仁发酵的水果白兰地,其酿制方法与 cherry brandy 不同,含酒精40%。

eau de vie de marc (F.) 葡萄残渣白兰地 以蒸馏葡萄果皮、果杆与籽等制成的白兰地酒,风味独特,各地名称不同。口味浓烈苦涩,需要逐渐适应,但深受人们喜爱。

eau de vie de vin (F.) 葡萄白兰地 泛指法国除 cognac 和 armagnac 两种酒以外的白兰地酒,含酒精40%。

eau douce (F.) 淡水
参见 sweet water

eau sucrée (F.) 糖水 通常在丰盛的宴席之后饮用,据说可以帮助消化。在美国的新奥尔良州有母亲在晚上给孩子饮糖水的习惯。

ébarber (F.) 修整
参见 trim

EBC (abbr.) 啤酒色度单位 在5—12单位之间者为淡色啤酒。该词为 European Beer Colour 缩略而成。

ebollizione (It.) 煮沸
参见 boiling

ebouillanter (F.) 焯
参见 blanch

Ebulam (G.) 埃布拉姆酒 一种德国啤酒,由接骨木和桧木子香精调味。

ébullition (F.) 煮沸
参见 boiling

écaillé (F.) 1.(壳)剖开的 2.(鱼)刮去鳞的

écalure (F.) (蔬菜或水果)外皮
参见 peel

écarlate (F.) 腌红的 指经腌泡或盐腌的肉审呈现的那种红色。

Eccles cake 埃克尔斯馅饼 一种以水果、醋栗等作馅的花式馅饼,用糖和黄油浸软后食用,因原产于英国兰开夏郡的埃克尔斯镇,故名。

echalote (F.) 青葱
参见 shallot

échaudé (F.) 烫面团松糕 一种先在水中煮熟,然后在烤箱中烘干的糕点,调味简单,最早在1710年由点心师 Charles-Paul Favart 发明。

échaudér (F.) 焯
参见 blanch

Echézeaux (F.) 埃歇索酒 法国勃艮第地区产的一种优质干红葡萄酒,产地为 Vosne-Romanee。

échinée (F.) (猪)背部里脊肉
参见 sirloin

echinon (F.) 干酪模子
参见 mold

Echourgnac (F.) 埃舒涅克干酪 法国佩里戈尔地方产的一种牛奶干酪,重300克,质软,含乳脂45%。

Echter-Rum (G.) 烈性朗姆酒 一般不纯饮,只供加水搀和饮用或用于调制鸡尾酒。

éclair (F.) 手指形巧克力泡夫 以掼奶油或牛奶蛋糊为馅,外涂巧克力或糖霜的狭长形松软点心。

éclanche (F.) 羊肩肉
参见 shoulder

ecoeurant (F.) 甜腻的,油腻的

écope (F.) 冰淇淋勺
参见 scoop

écorce (F.) 水果外皮
参见 zest

écossaise, à l' (F.) 苏格兰式 指以熏肉为配菜的菜肴。参见 Scotch broth 和 Scotch egg

écosser (F.) 除去(荚,壳)
参见 shell bean

écraser (F.) 压榨
参见 crush

écrémer (F.) 脱脂
参见 skimmed milk

écrevisse (F.) 螯虾
参见 crayfish

écrevisses à la Liegeoise (F.) 列日式水煮螯虾 参见 Liegeoise, à la

écuelle (F.) 麦片粥碗 一种深盘碗,也可用于盛放蔬菜汤。参见 porringer

écume (F.) (啤酒的)泡沫
参见 foam

écumoire (F.) 漏勺
参见 skimmer

écureuil (F.) 松鼠
参见 squirrel

Edam 埃丹干酪 荷兰产半固状牛奶干酪,呈球形,重2—4磅,也有制成长方形的。一般外涂红色石蜡;内部深金黄色,质地柔软,有香味,可作为点心食用。真正的埃丹干酪在外壳上有"荷兰"标记,成熟期越长,香味越浓。

edammer kaas (Du.) 埃丹干酪
参见 Edam

eddo 芋头
参见 taro

Edelfäule (G.) 葡萄白腐病
参见 noble rot

edelweiss camembert (F.) 火绒草卡门培尔干酪 瑞士和德国仿造法国诺曼底卡门培尔干酪而成的一种辛辣奶味干酪。参见 Camembert

edge bone 牛臀骨
参见 T-bone

edger 蛋糕切片器
参见 slicer

edible bird's nest 燕窝 一种小雨燕的巢,是由燕子的唾液腺分泌物经干燥而成。常用于制燕窝汤,据认为是一种名贵佳肴。参见 salangane

edible oil 食用油 泛指人类可食用的油脂,如豆油、菜油、花生油、芝麻油、猪油、橄榄油、牛油和玉米油等。

edible pigment 食用色素 可用于食品着色,分两大类:即天然色素与合成色素。天然色素直接从动植物组织中提取而成,如姜黄素、辣椒红、焦糖和红曲米等;合成色素系以煤焦油为原料制成,如苋菜红、胭脂红和靛蓝等。合成色素有一定毒性,宜慎用。

edible snail 食用蜗牛
参见 snail

EDTA (abbr.) 乙二胺四乙酸
参见 ethylenediamine tetraacetic acid

édulcorant (F.) 甜味剂 为增加食品的甜味而在食品加工处理中用的一类添加剂,包括食糖、蜂蜜和糖精等。

Edward VII 爱德华七世 英国国王,生卒年代为1841—1910。以其命名了许多菜肴,如白葡萄酒烩鱼(barbue Edward VII)和鸡汁沙司(sauce suprême Edward VII)等。

eel 鳗鲡 一种真骨鱼类。形细长而近圆筒形,表面多粘液而光滑,鳞细小,头尖,背鳍、尾鳍已相连。生活在淡水中或海中,品种很多,如白鳗、黄鳝、银鳗和八目鳗等。鳗鲡含有丰富的蛋白质,味鲜美,烹调方法有蒸、煮、炒、炸等。

eelpout 江鳕
参见 burbot

ees eeghian (Gr.) 祝你健康 敬酒用语。

eetzaal (Du.) 餐厅
参见 restaurant

effervescence 泡腾 发酵的酒或苏打水在释放出二氧化碳时发出的嘶嘶声和冒泡现象。

egg 蛋 鸟和爬行动物所产的硬壳体,自远古以来就是人类食物中的蛋白质来源之一。现今绝大多数食用蛋是鸡蛋,其次是鸭、鹅、鹌鹑、鸽、火鸡、鸵鸟以及海龟等的蛋。蛋含有丰富的蛋白质、脂肪、铁质和维生素,是许多食品的骨干成分,如蛋白酥皮、蛋奶酥、蛋糕、色拉酱和各种甜食等。在烹调中,蛋可用于煮、蒸、煎、炒、烤和水煮荷包蛋等,也可作许多菜肴的配菜。

egg apple 茄子
参见 eggplant

egg beater 打蛋器 一种手动或电动的旋转搅拌器,用来打匀鸡蛋,也可用于搅拌奶油等。参见 balloon whisk

egg bread (Am.) 鸡蛋节日面包
参见 challah

egg butter 糖蜜鸡蛋酱 常加入柠檬汁调味,用于涂抹在面包上食用。

egg cheese 鸡蛋干酪 一种芬兰干酪,质半硬,因加入鸡蛋作配料,故名。

egg cream 蛋奶酪 一种用巧克力、糖浆、牛奶、蛋和苏打水配制成的饮料。

egg flip 热蛋奶酒
参见 eggnog

egg foo yong (Am.) 芙蓉蛋 以豆芽、洋葱、肉糜、虾仁等作配料的一种炒蛋,是一种美国式中菜肴。

egg fruit 蛋黄果
参见 canistel

egg plum 蛋形小洋李 一种色泽金黄,味甜;另一种呈红色,有时名称各异。

egg poacher 水煮蛋浅锅
参见 poacher

egg pop (Am.) 蛋诺酒
参见 eggnog

egg powder 蛋粉 用蛋黄经烘干制成的粉末,可以保藏很长的时间。参见 dried egg

egg products 蛋制品 如全蛋粉、蛋黄粉、蛋清、咸蛋、松花蛋等。

egg roll (Am.) 1. 炸蛋卷 一种美国式春卷,以蛋面皮裹以碎肉、蔬菜碎粒等放入深油锅中炸熟而成。 2. 春卷 中国传统食品。参见 spring roll

egg sandwich 鸡蛋三明治 以鸡蛋为主要馅料的夹馅烤面包片。

egg sauce 鸡蛋沙司 各种含有鸡蛋的调味汁,尤指用鱼或肉的碎料制成的白汁沙司,常用鸡蛋增稠。

egg separator 分蛋器 指能自动将蛋黄与蛋清分开的工具。

egg shears 蛋剪 用于切去熟鸡蛋顶端的一种工具。

egg sponge 清蛋浆 一种不加油的搅打蛋浆,松软如同泡沫。

egg washing 蛋浆 将鸡蛋打匀后即成蛋浆,用于涂抹在面团表面,烘烤后即成酥蛋面包。

egg white 蛋白 也叫蛋清,是鸡蛋中粘稠的白色流体部分,烹调中常用作甜点的装饰料,洁白如雪,松软可口。

egg yolk 蛋黄 鸡蛋的中心黄色部分,含有较多的蛋白质和卵磷脂等,营养丰富,常用于作蛋粉、色拉基料、蛋黄酱和蛋糕等。

egg-and-crumb 鸡蛋面包屑 一种由鸡蛋和面包屑混合而成的外涂料,也可在食品外先浸以鸡蛋清,后裹上面包屑,常用于油炸鱼、肉和吐司等。

eggcup 蛋杯 盛放带壳硬煮蛋的小瓷杯,其大小口径与鸡蛋相吻合,常用于英国早餐。

egghot (Am.) 热鸡蛋酒 由鸡蛋加啤酒配制成的一种热饮料,加糖、肉豆蔻和肉桂等加香调味。

eggnog 蛋诺酒 由鸡蛋、糖、牛奶或乳脂配成的一种鸡尾酒,以白兰地或朗姆酒等作基酒,加入调香料。参见附录。

eggplant 茄子 一种直立草本植物,原产于东南亚。其果实呈圆形或长圆形,色泽有白、紫、黄等多种,可作为蔬菜食用。地中海沿岸国家以茄子为主要菜肴配料之一。

eggs Benedict 火腿蛋吐司 在面上浇以荷兰沙司的英国小松饼片,加水煮荷包蛋和烤熟的火腿片作馅。

eggslice 煎蛋锅铲 用于将煎蛋从油锅中取出的一种薄型平头铲。

egg-timer 沙漏 一种玻璃制的尖端相连的双圆锥形器皿,内充以黄沙。当一端的黄沙逐渐全部流入另一端容器时约需 5—8 分钟,这正好是鸡蛋成熟所需要的烹调时间,因而得名。

eggwhisk 打蛋器
参见 balloon whisk

eggwich (Am.) 鸡蛋三明治
也作 egg sandwich

eglantier (F.) 野蔷薇　一种野生花卉植物，其红色的花蕾味涩而芳香，可用于制果酱和葡萄酒的调香料。

eglantine (F.) 野蔷薇
参见 eglantier

eglefin (F.) 黑线鳕
参见 haddock

égoutter (F.) 沥水
参见 draining

égouttoir (F.) 餐具架
参见 plate rack

egrefin (F.) 黑线鳕
参见 haddock

Egri Bikaver (Hu.) 埃格尔酒　匈牙利埃格尔(Eger)产的一种醇厚干红葡萄酒，色泽深红，口味丰富。相传1552年埃格尔城堡被土耳其人围困时，妇女将此酒为匈牙利人斟上，士气大振，土耳其人以为是牛血，故也称Bull's Blood。

égruger (F.) 磨碎
参见 grind

Egypt 埃及　埃及烹调受欧洲影响很深，可与今天欧洲各国的烹调技艺水平媲美。其主食是一种玉米粉面包。菜肴很多，如炭烤羊肉、薄荷汤、大龙虾、杏仁甜点等。埃及的主要水果为枣，其次为甜橙和甘蔗。

Egyptian bean 莲子
参见 lotus seed

Egyptienne, à l' (F.) 埃及式　指以小扁豆作配料的菜肴，常加入牛奶和黄油等作为调味。

Ei (G.) 鸡蛋，蛋
参见 egg

eider (F.) 野鸭
参见 mallard

Eidotter (G.) 蛋黄
参见 egg yolk

eier kichel (Je.) 鸡蛋酥　一种犹太食品。参见 kosher

Eierbecher (G.) 蛋杯
参见 eggcup

Eierkuchen (G.) 煎蛋卷
参见 omelette

Eimer (G.) 桶　德国、奥地利和瑞士等国家的液体容量单位，大约合56至77升。

Ein Dunkles (G.) 黑啤酒
参见 dark beer

ein Prosit (G.) 祝您健康　祝酒用语。

Einback (G.) 长条面包　一般烘成条状，食时可以分掰成小块。

Eingemachtes Kalbfleish (G.) 烩小牛肉　德国黑森林地区风味菜名，常以刺山柑和白汁沙司饰配。

Eis (G.) 冰冻甜食　泛指冰淇淋、冰棍等冷冻食品。

Eisbein (G.) 猪脚爪
参见 trotter

Eisbombe (G.) 冰冻布丁圆蛋糕

Eis-Liköre (G.) 加冰　在德国产的酒瓶上标以此词，表明该酒需加冰饮用。
参见 on the rock

Eiswein (G.) 冬葡萄酒　指用经过冬天霜冻葡萄酿成的优质酒，饮时一直保持冷冻状态。

Eiweis (G.) 蛋白
参见 egg white

ekneck kataif (Tu.) 麦粥
参见 porridge

El Toro (Sp.) 埃尔托洛酒　墨西哥产的一种龙舌兰酒。参见 pulque

eland 麋鹿
参见 moose

elbow macaroni 弯角形通心面
参见 macaroni

elder 煮牛乳腺　英国曼彻斯特地方风味。

elderberry 接骨木果　一种忍冬科植物的浆果，呈红色或紫色，可食。接骨木果可与葡萄合制果冻，与苹果合用以制馅饼，也可用汁酿酒。未绽的花蕾可腌制成蜜饯。

elderflower 接骨木花　用于酿酒、制蜜饯或大麦汤。参见 elderberry

elecampane 土木香糖　一种含有土木香根香料的糖果。

election cake (Am.) 竞选式蛋糕　供总统候选人在宴会上作为东道主分发的一种大蛋糕，配料十分丰富。源自19世纪30年代的美国康涅狄格州习俗。

electric knife 电动餐刀 依靠电力驱动的一种振动刀具,用于切面包、干酪和肉等。

electric mixer 电动搅拌器 一种家用电气用具,可用于搅拌、打蛋、切片、切丝、磨粉、打酱和挤出果汁等。

electronic cookery 电子炊具 采用高频电波穿透食品深部的加工方法,其受热均匀、加工迅速,如微波炉等。参见 microwave oven

eleme figs 榄香无花果 土耳其的一种高级压制无花果蜜饯,字面含义为"精选的无花果"。

elephant 象 高大哺乳动物,可供食用,但较粗硬,象鼻和象腿被视为美味,尤其在亚洲国家更是如此。

elephant's ear 芋头 俚称。参见 taro

elephant's-foot 象脚薯 一种带刺的缠绕植物,原产于非洲南部,其木质块茎含淀粉质。饥荒时当地居民取作食物。俗称霍屯督面包。

elétan (F.) 庸鲽 参见 halibut

elite prim 咸味干酪酱 用牛奶、焦糖和甜干酪调配而成。

Elixir (F.) 甘露制剂 各种香甜的芳香剂,含有不同成分的酒精,有滋补作用。该词原意为古老的长生不老药。

Elixir d'Anvers (F.) 安特卫普甘香酒 比利时产的一种芳草料口酒,味道甜香苦,质量上乘,呈黄绿色,具有独特的风味,含酒精34%。

Elixir de Chine (F.) 中国甘香酒 意大利产的一种无色甜味茴香酒。

Elixir de Spa (F.) 斯帕甘香酒 比利时斯帕镇产的一种淡黄绿色的甜味草药露酒,用矿泉水制成,其最早的配方可追溯到17世纪。这款酒有滋补作用,用球形酒瓶盛装。

elk 麋鹿 也叫大角鹿,主要产于北欧地区,是现存最大的鹿类野生动物,其肉可食。参见 moose

elmassia (Tu.) 煮小牛蹄

elotada (Sp.) (煮食的)嫩玉米

elver 小鳗鱼 参见 eel

élyséene (F.) 爱丽舍式 指以鸡肉和蘑菇为配菜的菜式。爱丽舍宫为法国总统官邸,外有著名的爱丽舍大街(Les Champs Elysées)。参见 salpicon

elzekaria (F.) 甘蓝豆汤 一种法式蔬菜汤名,其配料有卷心菜、四季豆、洋葱和大蒜等。

Embden (G.) 爱腾鹅 一种白色家鹅,原产于德国,喙呈橙色。

embecquer (F.) 填肥(家禽)

embitter 使带有苦味

emborrazar (Sp.) 贴肥肉条 在烤制前贴于鸡、鸭的表面,其目的为使鸡鸭在烹烤过程中吸收油脂。

embrucciate (F.) 奶酪饼 法国科西嘉岛点心,用布罗乔干酪作馅烤成。

émietter (F.) 搓成面包屑 参见 breadcrumb

émincé (F.) 薄片,肉片 尤指薄牛肉片,上盖沙司后放入烘箱中烤熟食用。这种沙司一般以蘑菇、番茄和辣椒等配成。参见 slice

emincer (F.) 切成薄片 常指将胡萝卜、蘑菇、土豆、苹果和肉等切成薄片。参见 slice

emissole (F.) 星鲨 参见 dog shark

Emmaline sauce 爱玛林沙司 一种调味沙司,以南瓜汁、西班牙洋葱、大蒜、芹菜籽、红辣椒、醋和郁金等为配料制成。

Emmental Bavarois (F.) 巴伐利亚埃曼塔尔干酪 德国的一种埃曼塔尔式干酪,以产地命名。含乳脂48%,重70—85千克,果香味浓,口味刺激。

empanada (Sp.) 半圆形馅饼 参见 turnover

empanado (Sp.) 涂以面包屑的 参见 breadcrumb

Empire wine 皇家葡萄酒 指在英国境内酿制并销售的各种葡萄酒,但现在也泛指欧洲共同体各国生产的英国口味葡萄酒。

empois (F.) 淀粉
参见 starch

empotage (F.) 装锅 烹调用语,指将所有配料一起倒入锅内的准备过程。

Emprote 爱伯特蛋白饮料 一种高蛋白饮料的商品名,由英国 Eustrace Miles 公司制造。由奶粉和蛋白及谷物配制而成,蛋白质含量达到33%以上。

emptins 老酵,酵头 通常指在家中用土豆和啤酒花经一次发酵的自制醪面团,留出少许作为下次发酵时使用。

emptyings (Am.) 啤酒酒槽酵母
参见 emptins

emu apple 鸸鹋果 澳大利亚产的一种乔木果实,味酸,大小类似油桃,据说因鸸鹋爱食而得名。

emulsifier 乳化剂 在食品制作中能使一种液体悬浮于另一种液体中的化学添加剂,如人造奶油、起酥油、冰淇淋、色拉等,其目的是使食品增稠、改进外观、延长保存期和使肉类嫩化等。作乳化剂的有蛋黄、蛋白、琼脂、卵磷脂、海藻和木瓜酶等。

emulsify 乳化
参见 emulsifier

emulsion 乳剂 将杏仁或其他植物种子一起研磨成的乳状液体,也指经乳化的油脂。

en brochette (F.) 串烤的 指用铁扦串烤的肉及其他食品。参见 shish kebab

en casserole (F.) 砂锅炖的
参见 casserole

en chemise (F.) 连皮煮的 如土豆、苹果等不去皮的烹调方法。

en croûte (F.) 裹酥面 在肉类食品外滚上一层酥面的烹调方法。

en denier (F.) 脆炸土豆片 薄土豆片经深油锅炸后,味香而脆,深受人们喜爱,是最常用的开胃食品之一。参见 potato chip

en deux service (F.) 两段式上菜法 一道菜分两次先后上桌的服务方法,如烤鸭可先上鸭脯肉,待用毕后再将腿肉和色拉上桌,颇类似中国北京烤鸭的吃法。

en papillote (F.) 纸包的 烹调方法之一,指用油纸包裹食品再进行烘烤加工,以保持其原汁原味。

en pistache (F.) 加香的 烹调方法之一,指以50颗大蒜以及葡萄酒和其他蔬菜等作配料进行炖煮加工。按此方法烹调的食品主要有羊肉和山鹑等。

en sus (F.) 服务费另加
参见 service compris

en treille (F.) 横放 香槟酒酿制中要将酒瓶保持一定角度,而在酒库中则保持横向放置。参见 Champagne

enalbarder (Sp.) 用鸡蛋面糊裹
参见 batter

enamel ware 搪瓷餐具 俗称珐琅制品,指一种不透明或半透明的玻璃状涂层,熔接在金属、玻璃或陶瓷表面,可起到装饰和耐酸碱的防护作用。搪瓷餐具外形美观,坚固耐用,但缺点是易碎。

enante (Sp.) 水田芥
参见 cress

en-cas (F.) 现成菜肴 供客人到来时随时取用的备用熟菜,一经加热即可。据记载,法国国王路易十四就曾将这种饭菜款待过著名剧作家莫里哀,以表示他本人对作家的敬重。

encastré (F.) 填(馅)
参见 stuffing

enchilada (Sp.) 辣椒玉米肉馅卷 美国西南部的一种食品,上桌前用番茄沙司和辣椒调味,味极辣但很可口,色泽鲜红。

encolar (Sp.) 澄清 指用蛋清加入酒或汤中,经加热后使酒或汤变得清澈透明的加工方法。

encornet (F.) 乌贼
参见 cuttlefish

encurtido (Sp.) 酸泡菜
参见 Sauerkraut

endaubage (F.) 焖煮佐料 指用于焖煮菜肴的各种配料,如葡萄酒、白兰地、洋葱、百里香和大蒜等。该词也指焖家禽等菜肴。

endive (Am.) 菊苣 也叫苦苣,原产于印度,其叶片细长或卷曲,称为皱叶莴苣,可作凉拌,其根经磨制后可代替咖啡作饮料。

endive à l'Ardennaise (F.) 阿登式菊苣 以火腿、猪肉和杜松子等作配菜的菜式。

endivia (It.) 菊苣
参见 endive

Endivie (G.) 菊苣
参见 endive

enduire (F.) 涂抹,覆盖
参见 coat

endulce (Sp.) 蜜饯油橄榄

eneldo (Sp.) 莳萝
参见 dill

Energen rolls 麸质面包 英国 Energen 公司的一种市售面包,由小麦粉中加入麦麸而成,常制成卷筒状。

Engadine (G.) 恩加丁干酪 瑞士恩加丁山谷产的一种全脂干酪。

Engelwurzel (G.) 当归
参见 angelica

engineered food 工程食品 也叫仿制食品,泛指经科学加工而提高营养价值的食品。一般以大豆为原料,并拌入各种食品添加剂,其口味与外观都与天然食品相仿。

English bamboo 英国笋 以接骨木嫩芽经盐腌晒干后加醋制成的腌泡食品。参见 elderberry

English breakfast 英式早餐 以火腿、鸡蛋为主的一种简便早餐,佐以红茶和面包。参见 Continental breakfast

English breakfast tea 英式早茶 一种英国式早餐用茶,一般是红茶,常需煮较长时间才予饮用。

English china 骨灰瓷 一种半透明的白色瓷器,由英国在 1800 年左右创始,故名。也作 bone china

English chop 英式碎肉 指从羊腰部剁下的肉,通常将羊肾也卷在内切碎制成,也可使用羔羊或绵羊腰肉。

English cookery 英国烹调 早在 18 世纪,烹调就在英国被视为一种艺术。英国菜以选料严格,重视口味和质地为特色,其牛肉、羊肉、猪肉、大麻哈鱼、板鱼、黄油、干酪以及野味均很出色。英国人喜爱馅饼与布丁,各种甜食十分丰富。英国人的主要饮料是红茶与咖啡,苏格兰的威士忌则在世界上首屈一指。

English dairy cheese 切德干酪
参见 cheddar

English flour 英国面粉 一种软质小麦面粉,是烤制面包用的优质面粉。

English Frontignac 接骨木酒
参见 elderflower

English herring 西鲱 指产于北大西洋的普通西鲱。参见 herring

English marmalade 英国式果冻 加苦味橙皮制成的果冻甜食。参见 marmalade

English monkey 番茄干酪面包俚称。

English muffin 英式松饼 将揉成卷的发酵面团切成圆块,在铁盘上烘烤而成,是英国的最常见食品之一。

English mustard 芥末酱 一种淡黄色芥末,质量上乘。参见 mustard

English service 英国式餐桌服务 一种服务方式,一般先由主人从汤盘中为客人盛汤,依次传递给每位客人,服务员则同时为客人斟酒,这时主妇开始分别为客人上菜。

English sole 侧枝鲽 产于北美太平洋沿岸的一种浅褐色食用鱼。

English vodka 英国伏特加 一种无色无味的优质酒,由于不带任何异味,广泛被用来调配其他酒的基酒。参见 vodka

English walnut 胡桃 产于欧亚大陆的一种普通胡桃。也作 European walnut

English wine 英国葡萄酒 早在 2000 年以前,英国就从罗马人那儿引进并种植了葡萄。到了 12 世纪中叶,廉价的法国波尔多红葡萄酒曾输入到英国。今天,英国产的白葡萄酒有自

己的特色，质量上乘，颇负盛名。

engraisser (F.) 催肥,肥育
参见 fattening

enology 葡萄酿酒学 研究用葡萄酿酒的理论与实践的科学。

énoyauter (F.) 挖去果核
参见 core

enriched bread 营养强化面包 加入维生素、鸡蛋和其他营养物质的面包。

enrober (F.) 涂抹,覆盖
参见 coat

ensaimada (Sp.) 鸡蛋卷

ensalada (Sp.) 色拉
参见 salad

ensalada rusa (Sp.) 俄式色拉 用土豆、胡萝卜、甜菜、豌豆、肉或火腿等作配料制成的一种凉拌菜。

ensopar (Sp.) 浸泡
参见 soak

Ente (G.) 鸭
参见 duck

entière (F.) 整株的 指蔬菜不切碎的烹调方法。

entoloma 粉红伞菌 指一种食用蘑菇,但带有蓝黑色斑点的伞菌有毒,食后会致人胃痛或呕吐。

entonnoir (F.) 漏斗
参见 funnel

entrails 内脏,杂碎
参见 offal

Entrammes (F.) 昂特拉姆干酪 法国曼恩地方产的一种牛奶干酪,重量不固定,含乳脂42%。

entrecôte (F.) 牛排 指牛的上腰部带骨大块肉。参见 steak

entrecôte Bercy (F.) 贝西牛排 浇以贝西沙司的腰肉牛排。参见 bercy

entrecôte château (F.) 厚牛腰排

entrecôte maître de chai (F.) 酒窖主人式牛排 指将牛排放在葡萄枝条上烤熟的一种加工方法。

entrecuisse (F.) (家禽)上腿肉 以区别于下部腿骨间肉。参见 drumstick

Entre-deux-mers (F.) 昂特尔德梅尔 法国波尔多东南产酒地区名,在多尔多涅河和加龙河之间,生产的干白葡萄酒多依此命名,也有中甜白葡萄酒。
参见 Bordeaux wine

entredia (Sp.) 小吃,点心
参见 snack

entrée (F.) 小菜 指两道正菜之间的小碟配菜,如鱼和肉之间的色拉等,也指正餐前的开胃菜。在美国,该词则指主菜或正菜。

entrelarder (F.) 嵌塞猪膘 或将猪肥膘层层叠起等加工方法。参见 lard

entremes (Sp.) 甜食
参见 entremets

entremétier (F.) 煮汤厨师
参见 soup cook

entremets (F.) 甜食 常在主菜与水果之间上桌,故名。现在则往往指正餐后上桌的甜食,如冰淇淋、布丁、搅奶油、水果杯、糖果和蛋奶酥等。参见 dessert

envinagrar (Sp.) 加醋 指在食物中加入醋调味。

envine (F.) (容器)有酒气味的

envoyer (F.) 上菜,斟酒
参见 service

envuelto (Sp.) (墨西哥)炒玉米饼

Enzian (G.) 龙胆甜露酒
参见 Enzian liqueurs

Enzian liqueurs 龙胆甜露酒 德国巴伐利亚产的一种利口酒,用阿尔卑斯山的龙胆属植物配制,据说有医疗价值,用于胃部不适等疾病。

enzyme 酶 由生物体细胞产生的一种有机胶状物质,主要成分为蛋白质。其作用是加速有机体内的生化反应,促进氧化、消化和发酵,以及使碳水化合物转化为糖等。食品工业中用于制面包、干酪和啤酒、葡萄酒的酿造等。

épaissir (F.) 增稠
参见 thicken

epanada (Sp.) 面包粥
参见 panada

epaule (F.) (牛、羊的)肩肉
参见 shoulder

epergne (F.) 餐桌饰架 餐桌中央的

装饰品,通常为银制,常以四足支撑,中心置有一盆,在四个辐射形分支架上各有一盘子,供放置蜡烛、鲜花或调味佐料等。

éperlan (F.) 胡瓜鱼 与鲑鱼有亲缘关系。参见 smelt

Épernay (F.) 埃佩尔奈 法国东北部马恩省城镇,与兰斯同为香槟酒装瓶、储存和销售中心。该城地下有为储藏香槟酒而开凿的长达 30 英里的隧洞。参见 champagne

épice (F.) 1. 香料 作调味用,如丁香、肉桂、豆蔻和胡椒等。 2. 辛辣的,香的 参见 spice

épicer (F.) 用香料调味
参见 spice

epicure 美食家 食品、酒类等的鉴赏家,具有较高的修养和知识。源自希腊哲学家、享乐主义代表伊壁鸠鲁(B.C. 341—270)。

épigramme (F.) 小块鸡肉片 或指羊肉或羊羔的胸肉片,作为一种小碟配菜。

epilobium 柳叶菜 原产于广大温带地区的一种野生草类植物,一些品种的幼嫩部分可供烹食。

épinards (F.) 菠菜
参见 spinach

épinée (F.) (猪)背部里脊肉
参见 sirloin

épine-vinette (F.) 小檗
参见 barberry

épinoche (F.) 刺鱼
参见 stickleback

épiphanie cake 第十二夜蛋糕 一种酥皮松软蛋糕,装饰有国王与王后的偶像,再用金纸折成皇冠作为点缀。

Epiphany 第十二夜蛋糕
参见 épiphanie cake

épluchure (F.) 外皮,果皮
参见 peel

Epoisses (F.) 埃普瓦斯干酪 法国勃艮第地方产的一种软质牛奶干酪,重 300 克,含乳脂 50%。

éponger (F.) 沥干 用布将水煮蔬菜的水分挤出的加工方法。

Epping sausage 埃平香肠 一种 19 世纪无肠衣香肠,以猪肉、羊脂、鼠尾草、柠檬、豆蔻和鸡蛋等为配料制成。

équille (F.) 黄鳝
参见 swamp eel

érable (F.) 枫树
参见 maple

erbaggi (It.) 蔬菜
参见 vegetable

erbazzone (It.) 奶油干酪菠菜汤

Erbse (G.) 豌豆
参见 pea

Erbswurst (G.) 豌豆汤精 由豌豆泥加油和香料等制成的一种香肠状食品,用来稀释制成豌豆汤。

Erdapfel (G.) 土豆
参见 potato

Erdbeere (G.) 草莓
参见 strawberry

Erdbeergeist (G.) 草莓白兰地 产于德国,含酒精 44%。

Erdnüss (G.) 花生
参见 peanut

Eriwani (F.) 埃利瓦尼干酪 一种法国羊奶酪。参见 urda

Ermitage (F.) 厄米蒂奇酒 产于法国罗讷河谷的一种红葡萄酒或白葡萄酒,香味特浓。参见 Hermitage

ermite (F.) 野猪
参见 wild boar

Ersatz (G.) 代用品 如人造奶油、代茶和菊芋咖啡等。

ervy (F.) 软质奶酪 以产于法国香槟省的卡门培尔干酪为代表。参见 Camembert

Esbareich (F.) 埃斯巴拉赫干酪 法国巴斯克地方出产的一种羊奶酪,重 3.5—6 千克,含乳脂 50%。

escabèche (F.) 醋渍野味 一种西班牙风味,除野禽外,还常以鱼、海味和鸡加以醋渍食用,其特点是食品先煮熟,然后用醋浸渍,故不同于其他醋渍方法。

encalfar (Sp.) 烘烤(面包)
参见 bake

escallop (F.) 扇贝
参见 scallop

escalope (F.) 薄肉片 通常指小牛肉片,用面包屑裹后以油炸成。

escalope cordon bleu (F.) 名师小牛肉片 以香肠和干酪相配。参见 cordon bleu

Escarchado (P.) 茴香甜露酒 葡萄牙的一种优质酒,酒中可见到砂糖的晶体颗粒。

escargot (F.) 蜗牛
参见 snail

escargots à la Languedocienne (F.) 朗格多克式蜗牛 以火腿、鲍鱼、番茄和胡桃作配菜。也作 cagaraulat

escargots à la Nimoise (F.) 尼姆式蜗牛 以大蒜、火腿末、鳀鱼酱和香料等佐食的烙蜗牛。

escargots à l'Alsacienne (F.) 阿尔萨斯蜗牛 一种以香料填馅的蜗牛菜肴,以白葡萄酒调味。参见 Alsacienne à la

escarole (F.) 菊苣 一种深绿色宽叶生菜。参见 endive

eschalot (F.) 青葱,冻葱
参见 shallot

Escoffier (F.) 埃斯科非 全名 Auguste Escoffier (1847—1935),法国最伟大的烹饪名家之一,被尊为现代烹饪之父。曾历任巴黎与伦敦等地豪华饭店的大厨师长,著有《烹饪指南》(*Le Guide Culinaire*),至今仍被奉为经典。

escolar (Sp.) 玉梭鱼 一种鲭科鱼,产于地中海和大西洋沿岸,鳞片粗大,富含脂肪,亦称油鱼,是很受欢迎的食用鱼。该词在西班牙语中意为学者,因这鱼眼状如眼镜,故名。

esill 酸醋 一种古代用醋调配的酒,味较酸。

Eskimo pie (Am.) 紫雪糕 一种外涂巧克力的冰淇淋,源自商标名。

esky 便携式冰盒 一种冷饮冷藏盒。

espadon (F.) 剑鱼
参见 swordfish

Espagnole, à l' (F.) 西班牙式 指用西红柿、洋葱、大蒜和胡椒作配料的浓厚沙司。

espinaca (Sp.) 菠菜
参见 spinach

espresso (It.) 蒸汽咖啡 意大利式烧煮咖啡,一种将咖啡粉末置于蒸汽通过的器皿中,经加压蒸汽冲蒸而成的浓咖啡,香味特别浓。该词也指这种咖啡器皿和咖啡馆。

esprit-de-vin (F.) 烧酒 一种含酒精高达84%的烈性酒。参见 alcohol

esprot (F.) 鲦鲱
参见 shad

Espumoso (Sp.) 发泡葡萄酒
参见 sparkling wine

esquinado (Sp.) 蜘蛛蟹
参见 spider crab

Esrom (Da.) 埃斯洛姆干酪 丹麦产的一种牛奶干酪,重1千克,含乳脂45%,形状似面包。

essence 香精
参见 essential oil

essential oil 精油 某些芳香植物体内所含的挥发性物质,可用蒸汽蒸馏或溶剂浸提取得,常用作食品调香料和防腐剂。主要品种有玫瑰、茉莉、金合欢、迷迭香、广藿香、薄荷、丁香、柑橘和樟脑等。提取果皮内的精油常用压榨法,如柠檬等。

Essex 埃塞克斯猪 英国的一种肉质猪品种,能耐粗饲料,毛黑色而带白斑,以产地命名。

Essig (G.) 醋
参见 vinegar

Essig-gurke (G.) 腌酸黄瓜
参见 gherkin

essuie-mains (F.) 擦手毛巾
参见 towel

estaminet (F.) 咖啡馆 法国旧时的一种可允许吸烟的餐厅,现在则常常指一些地下室酒吧。参见 public house

estate (F.) 葡萄园
参见 château

estate bottled 在葡萄产地装瓶的

参见 mise en bouteille

ester 酯 有机化合物之一，是动植物油脂的主要组成部分。低级的酯有香气，能挥发，高级的酯则是蜡状固体或很稠的液体。

esterhazi rostelyos (Hu.) 埃斯特拉齐牛排 一种匈牙利牛排，用酸奶沙司佐食，以埃斯特拉齐亲王的名字命名。

Est-Est-Est! (F.) 埃埃埃酒 一种意大利名酒，色淡黄，气味芬芳，味半干，含酒精11%，饮时需经冰冻。传说法国有一主教来到意大利罗马西北的维泰博，他命仆人安排住宿，吩咐如有好酒，可在墙上写一 Est，结果他发现有三个 Est，故名。

estoficado (F.) 烩鳕鱼 在法国南部尼斯十分普遍的一种菜肴，用洋葱、西红柿、大蒜和罗勒等一同炖煮而成。
参见 stocaficada

estomac (F.) 羊肚
参见 tripe

estomacs mulâtres (F.) 姜饼 美国路易斯安那州的一种风味食品，色泽淡棕，味甜而松软。

estouffade (F.) 酒焖杂烩 法国朗格多克地区风味，用香料、猪肉、蔬菜和四季豆作配料烩成，并采用优质阿马涅克白兰地酒为主。参见 stew

estouffat (F.) 酒焖杂烩
参见 estouffade

estouffat de Noël (F.) 圣诞炖牛肉 以阿马涅克酒和青葱炖的一种牛肉菜肴。

estragon (F.) 龙蒿
参见 tarragon

esturgeon (F.) 鲟鱼 一种淡水鱼类，常用盐腌或烟熏，鲟鱼子也是美味。
参见 sturgeon

étaler (F.) 涂抹 尤指在面包上涂抹黄油。参见 coat

étamine (F.) 漏勺，滤布
参见 strainer

ethanol 乙醇
参见 alcohol

ethylenediamine tetraacetic acid 乙二胺四乙酸 一种食品添加剂，用于蛋黄酱和其他含油脂食品的防哈。
参见 additive

étouffade (F.) 煨炖菜
参见 stew

étouffée (F.) 焖，炖，煨
参见 étuvée

etourneau (F.) 椋鸟
参见 sansonnet

étrangle belle-mère (F.) 竹荚鱼
参见 scad

Etruria ware 伊特鲁立亚瓷器 英国斯塔福德郡制造的一种有红白装饰花纹的黑瓷器，1770年由约西亚·威治伍德发明。

étuvé (F.) 陈熟 指荷兰埃丹干酪或豪达干酪的陈熟程度，一般陈熟1年半，而有的半陈熟干酪则需6个月。

étuvée (F.) 焖，炖 尤指放在烤箱中用低温长时间炖烤的一种烹调加工方法。

eulachon 烛鱼
参见 candlefish

evaporate 蒸发 指液体经表面缓慢转化为气体的一种物理过程。

evaporated milk 淡炼乳 将牛奶在高温与高压下蒸发，使体积浓缩到原来的一半即成，一般不加糖，含乳脂较高。参见 concentrated milk

eve's pudding 伊夫布丁 一种有水果的松软布丁。

évente (F.) 走味的 酒类在长期接触空气后会发生变质，这时酒味淡如水或发酸，不可饮用。

everbearing grape 四季葡萄 印度产的一种矮生葡萄品种，有麝香香味，可用于酿酒。

everlasting pea 宽叶香豌豆
参见 jarosse

Everton toffee 埃弗顿太妃糖 一种硬质糖果，含有奶粉等配料。参见 butter scotch

Evian water 埃维昂矿泉水 法国东南部埃维昂莱班(Evian-les-Bain)产的一种著名矿泉水，无气泡，味略甜。

evier (F.) 厨房洗碗槽

参见 sink

Evora (P.) 埃伏拉干酪 葡萄牙阿伦丹约地方产的一种羊奶干酪,重100—130克,色白质软。

ewe 母绵羊 在法国常用盐渍后食用,肉质较一般羊肉略嫩。

ewe's milk 羊奶 羊奶含蛋白质、脂肪和糖的比例均高于牛奶,因而营养丰富。但羊奶有一种浓烈的膻味,饮用者不多,主要用于制奶酪。

ewer 大口水壶 一种花瓶状水罐,有手柄,颇有装饰性,常放在餐桌上供人们使用。

Excelsior (F.) 埃克塞尔西干酪 法国诺曼底地区产的一种软质干酪。

exhaust fan 厨房排气扇
参见 hood

exocet (F.) 飞鱼
参见 flying fish

Explorateur (F.) 探险家干酪 法国中央省布里地方产的一种牛奶干酪,重250克,含乳脂高达75%。该干酪是第二次世界大战后出现的新产品。

expresso coffee 蒸汽咖啡
参见 espresso

exsuccous 无水分的,干的
参见 dry

extra dry 绝干 指酒精饮料无甜味的或稍带甜味的,尤用于香槟酒。
参见 extra sec

extra heavy concentration 特高浓度 如含固形物40%以上的番茄酱。

extra narrow casing 特细肠衣 一种细香肠肠衣,直径在29mm以下。

extra old 特陈酒 指陈酿达45年以上的高级白兰地酒,价格非常昂贵。也作 X. O.

extra sec (香槟酒)稍甜的 一般含糖分在1.5—3%之间。

extra wide casing 特粗肠衣 直径在45mm以上。参见 extra narrow casing

extract 浸膏 采用加热、蒸馏和蒸发等手段使液体浓缩如半流汁状,然后制成罐头或装瓶出售。牛肉浸膏最为常见,营养丰富,食时只需加入液体稀释即可。

extra-fin (F.) 最优质的
参见 fine

extrait (F.) 浓汁 一种法式调汁,将鱼、肉或家禽与蔬菜同煮,用文火收浓,加入烈性酒,可作为其他菜肴的调味料。

eye 1. (干酪)空孔 2. 肋间精肉

eye-opener 醒神酒 在清晨醒来时空腹饮用的酒,一般为利口酒或葡萄酒等。参见 bracer

F

F. (abbr.) 华氏的
参见 Fahrenheit

faar i kaal (Sw.) 卷心菜烧羊羔肉

fabergé eggs 复活节彩蛋 一套以珠宝镶嵌而成的蛋形工艺品,由工匠 Karl Fabergé 在 1884—1894 年间制成,内有许多杰出的工艺,曾每年献给沙皇作为礼品,故也有人称之为贡蛋。

fabricated food 合成食品 将天然食品经提纯或变性后重新组合的食品,如胡萝卜调味汁、番茄酱和素牛肉等。

face of the rump (Am.) 牛臀肉排

facer 大啤酒杯 常用于指斟满的啤酒杯。

facon de, à la (F.) 按…方式烹调的
参见 à la

fadasse (F.) 淡而无味的
参见 insipid

fade (F.) 淡而无味的
参见 insipid

fadelini (It.) 细通心面 其粗细介于 capellini 和 spaghetti 之间,用于水煮。

fadge 1. 大麦面包 一种圆形苏格兰面包。 2. 爱尔兰土豆糕

Faenze (It.) 法恩扎陶器 一种优质不透明白色彩釉陶器,原产于意大利的法恩扎,故名。参见 faience fine

fag 低级廉价香烟
参见 cigarette

faggeto (It.) 山毛榉果
参见 beechnut

faggot 1. 香料束 参见 bouquet garni 2. 烤肝片 将猪肝片和肥膘、洋葱、香料束和面包屑等包在网油中放入砂锅焖烤而成。

faggot sausage 短串香肠 以猪、牛肉混合制成的一种短形熟香肠。

fagiano (It.) 野鸡,雉
参见 pheasant

fagiolino (It.) 扁豆,刀豆
参见 bean

fagiolo (It.) 菜豆
参见 kidney bean

fagot (F.) 香料束
参见 bouquet garni

fagoue (F.) 小牛胸腺
参见 sweetbread

faham 野茶,代茶 印度洋留尼汪岛和毛里求斯岛等产的一种芳香兰花茶的嫩叶,法国人常用来代替中国茶叶冲泡饮用。

Fahrenheit (G.) 华氏的 温度计量标之一,由德国物理学家 Gabriel Fahrenheit 创制。水在 32°F 时结冰,在 212°F 时沸腾。参见 Celsius

Faienca (It.) 法恩扎陶器
参见 faience fine

faience fine 彩釉精陶 一种涂白色铅釉的英国精陶器,精细耐用,为著名餐具之一。约从 1730 年起输入法国,据说 16 世纪起源于意大利的法恩扎(Faenza),法国、西班牙和德国也有生产。

faine (F.) 山毛榉坚果
参见 beechnut

faints 劣质酒精 在蒸馏制酒过程中的头馏分和尾馏分,味淡,还含有一定杂质。

faire revenir (F.) 微炸 炸到微黄,但不炸透的一种烹调方法。

faire suer (F.) 加盖焖煮 指不加任何液体,只依靠肉的原汁烹调的方法。

fairies' tables 白木耳 俚称。参见

tremella

fairing 黄油小圆饼 通常作为礼品赠送。

fairy ring mushroom 仙女环蘑菇
参见 faux mousseron

fairy shrimp (Am.) 丰年虫 也叫仙虾,一种形似小虾的甲壳动物,体色透明美丽,动作优美,生长于淡水中,可作为食品。

faisan (F.) 雉、野鸡
参见 pheasant

faisan à l'Americaine (F.) 美式嫩炸野鸡 用火腿作主要配料微炸,加入番茄、蘑菇和水芹菜等相配。

faisandage (F.) 风干野鸡
参见 hang

faisselle (F.) 干酪沥干器
参见 draining

fait-tout (F.) 双耳盖锅 一种可供煮、焖或煎等多种用途的厨房用锅。

falafel 炸豆泥 阿拉伯国家常见的一种食品,用豌豆泥加洋葱拌和,入油锅炸后食用。该词也指一种以炸豆泥为馅的三明治。

falcon 隼 也叫秃鹰,为一种食肉猛禽,可经训练后用于猎取小动物。隼肉可供食用,肉质较嫩。

Falernian (It.) 法勒恩酒 意大利坎帕尼亚北部产的一种著名利口酒,酒度低,味甜似糖浆。该酒用苦杏仁、生姜、酸橙汁等调配而成,常作为鸡尾酒的拼料,含酒精6%。法勒恩酒历史悠久,曾受到古罗马诗人的讴歌。

Felernum (It.) 法勒恩酒
参见 Falernian

fall (发酵面团的)回落

fall cure 淡腌鳕鱼 一种加拿大腌鱼方法。

fallow deer 黇鹿 鹿的一种,全身毛呈黄褐色,有白色斑纹,性温顺,肉质嫩美,烹调方法与普通鹿相同。

false banana 假蕉
参见 pawpaw

falstaff (Am.) 福斯塔夫啤酒 产于美国密苏里州的圣路易市。

Fameuse (Am.) 晚秋红苹果 也作 snow apple

famille rose 胭脂红 一种中国瓷器,其特征为不透明的胭脂红色釉,呈粉红色和深红色,产于清朝雍正年间(1723—1735)。

family flour 通用面粉
参见 all-purpose flour

family style 家常式用餐法 指将饮食饭菜放在餐盘中,置于桌上,供就餐者随意自取的方式。

family-sized package 家庭用量包装 一般可供2—4人食用的食品小包装。

fan shell 扇贝
参见 scallop

fanchette (F.) 填馅奶油酥 上涂烘烤蛋白作点缀,尽管口味很好,但近来已不生产。该词是人名弗朗索瓦(Francoise)的变体。

fanchonette (F.) 填馅奶油酥
参见 fanchette

fancy bread 花色面包 一种加入鸡蛋、糖、坚果仁和水果作配料的辫子形面包,不同于常规的酵母发面面包。

fancy sausage 花式香肠 尤指一种半干的生香肠。

fancy-cured bacon 淡腌熏肉

fanfre (F.) 柱形白鲑
也作 pilot fish

Fanny Adams 碎肉炖菜 源自1867年被分尸的年轻女子名,其目的可能是故意耸人听闻,以扩大消费心理。

fannydaddies (Am.) 炸蛤肉 俚称。
参见 clam

fantail mullet (Am.) 扇尾鲻鱼 产于美国佛罗里达州和西印度群岛等地的一种食用鱼。

fantail shrimp (Am.) 炸条虾 一种虾的烹调方法。将大虾肉对剖后拌以蛋白和面包粉,加调味料后以深油锅炸成。

fantaisie (F.) 1. **花色面包** 形状很不规则,如鸡爪、羊角、海螺等,按分量计价。参见 fancy bread 2. **加工食品** 在法国,往往在果酱、甜酒等商标上标以此名。

F. A. O. (Abbr.) 联合国粮食及农业

组织 参见 Food and Agriculture Organization

faon (F.) 幼鹿
参见 fawn

far (F.) 麦片粥 尤指荞麦片粥,流行于法国的布列塔尼地区,也指麦片布丁。

far poitevin (F.) 菜馅卷 法国普瓦图地方风味,以卷心菜叶或莴苣叶包以酢酱草、猪油、奶油、鸡蛋、细香葱和欧芹等,放入肉汁中烩熟食用。

faraona (It.) 珍珠鸡
参见 guinea fowl

farce (F.) 馅
参见 stuffing

farcement (F.) 烘烤菜肴
参见 farcon

farci(e) (F.) 1. 填馅的 2. 填馅菜肴 产于法国南部地区。参见Nicoise, à la

farci poitevin (F.) 填馅卷心菜
参见 poitevin, farci

farcidure (F.) 蔬菜水饺 一种法国中央高原风味。

farcon (F.) 烘烤菜肴 流行于阿尔卑斯山地区的一种地方风味,以腌肉、鸡蛋、糖、牛奶、葡萄干或李子干等为配料风味。

farée (F.) 填馅卷心菜 法国夏朗德地方风味之一。参见 fassoum

farfalle (It.) 蝴蝶形通心面 一种意大利特色面食,可用于烘烤或煮汤。

farfals (It.) 圆粒通心面 一种意大利面食,以面粉、水、牛奶和鸡蛋混合后制成小圆粒状,入沸水煮后食用。

Fargues (F.) 法尔格 法国西南部索泰尔纳的酿酒地区,生产著名的白甜葡萄酒,如 Romer-Lafon 等。参见 Sauternes

farigoule (F.) 百里香
参见 thyme

farina 谷粉 指各种细粉状食品,如马铃薯粉、粗玉米面粉、坚果粉和海藻粉等,用于作布丁及各种早餐食品。有时也指淀粉。

farinaceous food 淀粉食品 用于制布丁、汤和早餐等以谷物为主的食品。

farinada (It.) 芸豆粥 意大利热那亚风味,常待干燥后切成块以油炸成。

farine (F.) 面粉
参见 flour

fariner (F.) (把食品)裹上面粉

farineux (F.) 粉质的,含淀粉的
参见 starch

farl(e) (Sc.) 苏格兰燕麦薄饼 或指一种燕麦蛋糕,外形呈楔形或三角形。

Farmer 法默 指美国烹饪学家Fannie Merritt Farmer (1857—1915)。他从事烹饪教学与著述,著有《烹饪法》一书,并首创匙、杯等标准量具和烹饪操作程序等。

farmer cervelat 农家干熏香肠
参见 saveloy

farmer cheese (Am.) 农家干酪 一种粗制干酪,用全脂或脱脂牛奶经压缩而成。

farmer sausage 农家香肠 一种细绞牛、猪肉制的浓味熏香肠。参见 saveloy

farmhouse bread 农家面包 一种牛奶增味面包,上部制成花饰。

farm-style icecream 农场冰淇淋 一种浓味家庭制冰淇淋。

Faro 法罗啤酒 比利时布鲁塞尔产的一种淡啤酒。

faro (It.) 法罗酒 意大利西西里产的一种干红普通佐餐葡萄酒。

farstufning (Sw.) 烩羔羊肉

farthing bun 水果甜面包 英国的一种小面包,因价格便宜,每只仅售1/4便士(即 farthing)而得名。

Fasan (G.) 雉,野鸡
参见 pheasant

Faschingskrapfen (G.) 狂欢节多福饼 一种维也纳食品,常从每年一月供应到四旬斋。参见 Lent

faséole (F.) 小蚕豆
参见 broad bean

fassoum (F.) 填馅白菜 用熏肉、香肠、米饭、番茄、甜菜叶和洋葱等作馅的一种菜馅卷。

fassum (F.) 填馅白菜
参见 fassoum

fast food 快餐
参见 fast food restaurant

fast food restaurant 快餐馆 一种能迅速将烹调食品供应顾客的餐馆，通常出售汉堡包和清凉饮料。70年代，快餐馆开始供应早餐，增加冰冻夹馅甜食以及各式三明治，并有炸鸡块、海味、肉排和烤牛肉等等。快餐馆中供应的食品便叫快餐。

Fastnacht (G.) 酵母炸面圈 一种德国传统食品，源自狂欢节的最后一个星期三的名称。

fat 1. 脂肪 各种动植物脂肪的总称，包括黄油、麦淇淋、猪油、羊脂、花生油和橄榄油等，广泛用于烹调。该词也指肥肉或肉膘。 2. 油腻的 偶可用于酒类醇厚的。

fat bloom 泛霜 巧克力表面因脂肪析出而发白。也作 bloom

fat pork 猪油果 一种野生果实，可用于榨油。

fat rumped sheep 肥臀羊 分布在西亚和中亚的一种粗毛羊，因脂肪肥厚，且积蓄在尾部为主而得名。

fatback 1. 猪肉背膘 一种五花肥肉，通常加盐作腌肉。 2. 油鲱 一种鲱科海鱼，盛产于美国东海岸，可制油或食用。参见 menhaden

fat-tailed 肥尾羊
参见 fat rumped sheep

fattening 肥育 尤指为使鹅或鸭等达到烹调要求而强行填塞食物的饲养方法。参见 foie gras

fattoush (Ar.) 什锦凉拌

fatty acid 脂肪酸 有机化合物之一，也叫脂肪酸。低级的脂肪酸是无色液体，有刺激气味，高级的脂肪酸则是蜡状固体，主要存在于天然的油脂中。

faubonne (F.) 菜豆浓汤 加入菜丝等作配料的一种法式浓汤。

fausse daurade (F.) 仿鲷 一种外皮呈红色的海洋鳊鱼。参见 bream

fausse tortue, potage (F.) 充海龟汤 常用小牛头代替海龟。参见 mock turtle soup

fausset (F.) 酒桶木塞
参见 cork

fauves (F.) 褐毛兽 尤指鹿一类的野生动物，包括麋、獐和驯鹿等，以区别于黑毛兽（如野猪）和红毛兽（如狐狸等）。被视为野味中的上品。

fauvette (F.) 园莺
参见 becfigue

faux café (F.) 不含咖啡因的咖啡

faux mousseron (F.) 仙女环蘑菇 一种淡色食用菌，有香味，味鲜美，常在草地上排列成环形，据说是仙女所踩的舞步而生成的，但其中一些有毒性，不可食用。

faux-filet (F.) 牛腰肉下端
参见 sirloin

fava (It.) 蚕豆
参见 broad bean

favart (F.) 以鸡肉丸填馅的 源自巴黎喜歌剧的创始者、著名演员法瓦(Favart)。因他最喜欢用鸡肉丸作填馅的菜肴。

faverolle (F.) 法夫罗鸡 一种蛋肉兼用名鸡种，由几种鸡杂交而成，体型中等，单冠，腿部有羽毛。

faverolles (F.) 扁豆 流行于法国南部的名称。参见 mange-tout

favorite, à la (F.) 爱妃式 指用煮洋蓟、填馅莴苣、蘑菇和黄油烤土豆片作配菜的菜式。

Favre (F.) 法夫尔 法国著名厨师与菜谱作者，全名 Joseph Favre (1849—1903)。他创立了法国第一个烹饪团体，并有四卷本《烹饪与营养卫生词典》传世。

fawn 幼鹿 尤指未满周岁的小鹿，肉质极嫩。参见 deer

fayot (F.) 干菜豆
参见 haricot bean

feaberry 鹅莓
参见 gooseberry

feather fowlie (Sc.) 奶油鸡汤 以火腿和蛋黄作配料的一种苏格兰传统菜肴。

featherback 驼背鱼

参见 knifefish

feathering 凝絮状油滴 在稀奶油或热咖啡表面形成的絮状油滴，是均质化乳脂的一种缺陷现象。

Fécamp (F.) 费康 法国北部滨海塞纳省渔港和海滨胜地，位于勒阿弗尔东北，有11世纪的修道院等古迹，曾是北大西洋捕鳕业的中心之一。当地酒厂生产的一种烈性酒(benedictine)驰名世界。

Fécampoise, sole à la (F.) 费康式板鱼 以法国西北部诺曼底的费康地区的板鱼，加虾、扇贝和蘑菇作配菜的风味菜肴。

féche sec (F.) 腌猪肝 常佐以蔬菜色拉作配菜。

fechun (F.) 腌肉填白菜

fecola (It.) 淀粉
参见 starch

fecula 淀粉 也叫生粉或勾芡粉，以葛根、藕、木薯、土豆或玉米等植物淀粉制成的洁白细腻粉末，用于作汤类和菜肴的增稠料或油炸食品的涂抹料。参见 starch

fécule (F.) 淀粉
参见 fecula

fécule de mais (F.) 玉米淀粉
参见 corn starch

fedelino (It.) 宽面条
参见 spaghetti

feed and weed flavour 饲料和牧草味 牛奶、奶油的一种缺陷现象。

feeder steer 菜牛 专指经肥育而成的嫩肉用牛。参见 beef

fegato (It.) 猪肝
参见 liver

fei 菲氏香蕉 产于太平洋波利尼西亚群岛等地的一种野生香蕉，果柄直，果实肥厚，呈淡黄或淡红色，仅供煮熟食用。

Feige (G.) 无花果
参见 fig

Feigwurz (G.) 大茴香
参见 fennel

feijão (P.) 菜豆
参见 haricot bean

feijoada (P.) 巴西炖菜 流行于巴西和南美洲的一种稠厚菜肴，用黑豆和肥肉香肠加以蔬菜制成。

feints 劣质酒精
参见 faints

fell (Sc.) (食品)辛辣的, 刺鼻的

felled dough 软塌的面团 由于过度进行揉捏而致。

fenberry 桑悬钩子 一种野生浆果，可用于制果酱。

fendant (F.) 芳丹葡萄 瑞士瓦莱州产的一种酿酒用白葡萄，在法国称为夏斯拉。酿成的白葡萄酒芳香干洌，但极易上头。参见 chasselas

fendre (F.) 对剖 将整只鸡或整条鱼从背部对半切开的加工方法，用于炙烤。

fennel 大茴香 欧洲的一种草本芳香植物，其嫩茎可作蔬菜食用。茴香子则用于腌泡食品的调香。

fennel oil 茴香油 从茴香籽中提取的一种浅黄色香精油，主要用于烹饪中的调味。

fennel-pear 茴香梨 一种有茴香味的梨品种，有红色或灰黄色外皮，主要产于法国。

fennel-water 茴香籽利口酒
参见 Pernod

fenouil (F.) 茴香
参见 fennel

fenouil à la Provencale (F.) 普罗旺斯式烩茴香 以洋葱、番茄和大蒜作配料的茴香嫩茎菜肴。

fenowlet (F.) 茴香梨
参见 fennel-pear

fenugrec (F.) 葫芦巴
参见 fenugreek

fenugreek 葫芦巴 亚洲的一种草本豆科植物，其种子有香草味，味浓、甜而带苦。用于调制咖喱粉或仿香草调味品。在印度用其幼苗作菜肴食用。

féouse (F.) 腌肉松糕 常加洋葱和奶油调味。

féra (F.) 湖鲑 也叫白鲑，产于法国的萨瓦省、德国的巴伐利亚和日内瓦湖等地。肉色洁白细腻，肥嫩可口，是重要的食用鱼之一。

ferchuse (F.) 焖猪杂碎 将猪心、肝和肺等用猪油烹调，加红葡萄酒、洋葱、大蒜和土豆焖煮而成。是法国勃艮第地区的一种风味菜肴。

ferkel (G.) 乳猪
参见 suckling pig

ferment 酵母
参见 yeast

fermentation 发酵 由酵母或其他发酵物质等使糖类转变为酒精的化学变化。同时产生气泡，使牛奶致酸和面粉胀起等，目的在于改进食品的风味、香气和品质。

fermentazione (It.) 发酵
参见 fermentation

fermented bean curd 豆腐乳 一种副食品，用小块豆腐做坯，经过发酵和腌制而成。品种很多，有红方、青方、糟方和酱方等，是大众喜爱的佐餐食品。

fermented milk 发酵乳 以牛奶、羊奶等为原料，接种酵母或乳酸菌等，使乳糖转化为乳酸或酒。风味独特，其比较著名的有马奶酒和酸乳酒等。参见 koumiss, kefir 和 leben 等词。

fermented soya beans 豆豉 将黄豆或黑豆泡透蒸熟，经过发酵而成，有咸淡两种，可作为菜肴的调味配料。

fermiere, à la (F.) 农妇式 指一些以蔬菜和黄油作配料的肉类菜肴。

fern 蕨 蕨类植物的嫩芽可供食用，常用于拌色拉。

Fernet-Branca (It.) 费内·布兰卡酒 意大利的一种芳香苦味开胃酒，口味苦，不易为初饮者适应。使用高山草本植物的根调味，对胃部有松弛作用。

ferra (Sp.) 白鲑
参见 beluga

ferretti (It.) 通心面
参见 macaroni

ferri, ai (It.) 铁扒烤肉

fersk suppe og kjott (No.) 牛肉胡萝卜汤

Ferté-Macé, tripe de la (F.) 串烤牛肚

festoon (蛋糕的)饰花
参见 frill

feta (Gr.) 费泰干酪 希腊产的一种片状羊奶干酪，以绵羊奶或山羊奶制成，色白质软，在盐水中腌熟，用于佐食橄榄、番茄或新鲜面包等。

Fett (G.) 脂肪, 猪油
参见 lard

fetta (Gr.) 费泰干酪
参见 feta

fetticus 野苣
参见 corn salad

fettuccine Alfredo (It.) 阿尔弗雷多宽面条 以黄油、帕尔马干酪和乳脂调味的意大利式食品。源自罗马一家餐厅老板 Alfredo di Lellio 的名字。

feuillantine (F.) 千层酥 一种松软酥面点心，以油酥面反复重叠，上刷蛋白，再撒上糖粉，经烘烤后食用，常佐食冰淇淋或茶点。

feuillé (F.) 叶状配饰 菜肴配饰之一。

Feuillé de Dreux (F.) 栗叶干酪 法国的一种卡门培尔式干酪，因包在栗叶中出售而得名。

feuilletée (F.) 小千层酥
参见 feuillantine

feuilletée à la Solognate (F.) 索伦式油酥饼 常以野味肉糜作馅的一种千层酥点心。

feuilleton (F.) 夹层烤肉片 以小牛肉或猪肉切成薄片，涂上馅，一层压一层，然后放入烤箱烤熟而成，冷食或热食均可。

feuillette (F.) 大酒桶 容量为114—140升。

fève (F.) 蚕豆
参见 broad bean

fève d'Espagne (F.) 红花菜豆
参见 scarlet runner

féverole (F.) 小蚕豆
参见 broad bean

févette (F.) 嫩青蚕豆

Fiadone (F.) 菲亚多纳干酪 法国科西嘉岛产的一种山羊乳干酪。

fiambre (Sp.) 冷肉片

fiaschino (It.) 小酒瓶
参见 fiasco

fiasco (It.) 长颈大肚酒瓶　主要用于盛酒, 也可盛油, 外裹稻草, 容量为2升。参见 chianti

fiasque (F.) 长颈大肚酒瓶
参见 fiasco

fiatole 条纹鲆　产于地中海的一种比目鱼类, 体表色泽鲜艳, 有金黄色条纹和斑点, 外皮呈灰色。肉极鲜嫩, 烹调方法同江鳕。

fiberglass 玻璃纤维布　一种新型材料, 具有阻燃功能, 而且清洗极其方便, 现被用于制成餐巾和厨房布件。

fibreux (F.) 多纤维的
参见 fibrous

fibrous 多纤维的　食品中含有一定的纤维素, 能有利于消化或改善大肠的功能, 对防治便秘和结肠癌有显著作用。含纤维素多的食品有糙米、蔬菜等。

ficaire (F.) 榕莨
参见 lesser celandine

ficelle (F.) 短棍面包　比普通长棍面包小一半。参见 baguette

ficelle picarde (F.) 火腿蘑菇薄煎饼

fico (It.) 无花果
参见 fig

fiddle fish 吉他鳐
参见 guitarfish

fiddlehead 蕨菜　一些蕨类植物的幼嫩叶片, 常作为蔬菜或凉拌食用。参见 fern

fiddler ray 犁头鳐
参见 guitarfish

fidelini (It.) 细通心面
参见 vermicelli

fideo (Sp.) 细通心面
参见 vermicelli

fidget pie 费杰馅饼　英国的一种传统农家馅饼, 以土豆、羊肉或熏肉、苹果以及调味料制成, 上盖油酥食用。

fielas (F.) 康吉鳗
参见 conger eel

field bean 蚕豆

参见 broad bean

field corn 饲料玉米　一种栽培玉米, 如硬粒包谷等, 其米仁呈白色或黄色, 但不甜, 用于饲养家畜。

field mushroom 野蘑菇
参见 mushroom

field pea 豇豆
参见 cowpea

field scabious 田野山萝卜　欧洲产的一种多年生植物, 可供食用。

fieldfare 北欧鸫　一种在冬季迁移到英国的候鸟, 常捕来制成肉馅饼。参见 thrush

field-poppy oil 野罂粟油　以一种白色罂粟花籽榨出的油, 可代替橄榄油使用。

fiery 味辣的
参见 pungent

Fieuzal, Château (F.) 菲尤扎尔酒　法国波尔多地区格拉夫酿制的一种优质红葡萄酒。

fifth (Am.) 五分之一瓶　俚称, 专指能装1/5加仑酒的酒瓶。

fifth quarter 下水　动物屠宰后的可食内脏和杂碎, 如心、肝、尾、蹄等。参见 offal

fig 无花果　桑科榕属植物, 原产于土耳其及印度等地, 现分布于温带地区, 尤集中于地中海沿岸, 是世界最古老的栽培果树之一。无花果曾是希腊城邦的主要食品, 并出现在宴席上, 现在广泛供鲜食或制干果, 有"穷人的粮食"之称。无花果呈梨形, 成熟后为淡黄至深红色, 皮厚而软, 果肉甜, 含有丰富的钙、磷和铁质, 常用于制糕点和甜食, 也可酿酒。

fig banana (Am.) 无花果香蕉　一种香味酷似无花果的粗短香蕉, 产于热带美洲。

fig meat 无花果酱　以无花果粉加糖和柠檬酸制成, 用作调料。

fig newton 无花果馅饼　一种条状小酥馅饼, 内含无花果馅。

fig of japan 柿子
参见 persimmon

Figaro sauce 费加罗沙司　一种加有

番茄酱的荷兰沙司。源自意大利作曲家罗西尼的歌剧《塞维利亚理发师》中主人公的名字。

figatelli (F.) **香料香肠** 用猪肉与猪肝作填料,加入辛香料,产于法国的科西嘉岛。

fig-bird **无花果鸟** 一种南欧小鸣禽,因喜食无花果而得名,常用于烤食。

figer (F.) **凝结**
参见 coagulate

figue (F.) **无花果**
参见 fig

figue de barbarie (F.) **仙人球**
参见 prickly pear

figue de mer (F.) **海蛸** 一种海洋生物,外形似无花果,可食用,以产于地中海水域为主。

figues sèches (F.) **无花果干**
参见 fig

filante (It.) **发粘的酒**
参见 ropiness

filatello (It.) **细面条**
参见 vermicelli

filbert **榛** 桦木科植物,原产于北温带,主要生产国有土耳其、意大利、西班牙和中国等。其棕色坚果呈圆形或长圆形,称为榛子,常用作甜点、蛋糕、饼干和糖果的配饰。

filbunke (Sw.) **酸牛奶**
参见 yoghurt

file **檫树叶粉** 用作调味和增稠粉,由檫树果实磨制而成。

filefish **单角鲀** 俗称马面鱼,遍布于暖海地区。体形侧扁,可制成鱼干,肉味一般但营养丰富。

filet (F.) **嫩里脊肉**
参见 fillet

filet mignon (F.) **嫩小牛排** 俗称腓里美嫩牛排,指将小牛脊下端制成的嫩煎牛排。

filet mignon de porc à la Normande (F.) **诺曼底式嫩猪排** 以苹果酒烹煮,其配菜为苹果片、洋葱等。

filete (Sp.) **嫩里脊肉**
参见 fillet

Filfar **费尔法酒** 塞浦路斯产的一种橙皮利口酒。

filled cheese **填脂干酪** 由全脂奶或脱脂奶做成的一种干酪,因添加脂肪,故其营养较一般干酪含量高。

filled milk **改脂牛奶** 将脱脂牛奶拌和植物油而成,因含有丰富的维生素,营养价值较高。

filler 1. (糕点的)馅 2. (雪茄烟的)中芯烟草

fillet **嫩里脊肉** 俗称腓里,为猪或牛脊椎间呈长条形的嫩肉,是西方最受推崇的美味,常制成牛排。也指鱼等去骨后的整条鱼片。

fillet steak **腓里牛排**
参见 fillet

fillette (F.) **小酒瓶** 容量为普通酒瓶的一半,约合 1/3 升。

fillmass **糖膏** 制糖时甘蔗汁或甜菜汁经浓缩后形成的赤褐色粘稠液体,是糖蜜和糖结晶的混合物。糖膏经过分蜜阶段即可制成白糖。

filloas (Sp.) **油煎饼**
参见 pancake

filmjölk (Sw.) **酸牛奶**
参见 yoghurt

filo dough **面片** 制成薄如纸的面团,用于烤薄饼。参见 Strudel

filone (It.) **长棍面包**
参见 baguette

filter 1. **过滤** 使液体通过金属细网或滤布以除去杂质的过程。 2. (香烟的)**过滤嘴**

filter coffee **过滤咖啡** 让煮好的咖啡通过一只内衬滤纸的漏斗,这样,经过滤的咖啡无颗粒物质,可直接饮用。

filtre (F.) **过滤**
参见 filter

fin **鳍,鱼翅**
参见 shark's fin

financière, à la (F.) **金融家式** 一种装饰配菜或调味汁,主要用料有鸡冠、鸡腰、胸腺、块菌、蘑菇、肉丸、油橄榄等。也可用作填馅料,加入马德拉葡萄酒。

fine (F.) **上等白兰地**
参见 fine champagne

fine champagne (F.) 上等白兰地 据法国酿酒法规,只有夏朗德地区的优质科涅克酒才可以此命名,该词不是指香槟酒。参见 cognac

Fine de... (F.) 优质白兰地 在法国指不属于科涅克和阿马涅克两大类的其他葡萄白兰地酒。参见 Cognac 和 Armagnac

fine de claire (F.) 上等牡蛎 参见 oyster

fine dried noodles 挂面 俗称卷面,以面粉与适量水搅拌经挂面机切压成条,并由热气流烘干而成。

fine end 牛脊肉 参见 châteaubriand

fine grind (咖啡豆)最小粒

fines (F.) 二苑葡萄酒 参见 premier cru

fines herbes (F.) 欧芹末 原指包括欧芹、龙蒿、香旱芹和细香葱等各种香草的混合调味料。

finest old vintage 陈年优质葡萄酒 简称 f.o.v.,作为优质酒等级之一,受到高度重视。参见 vintage

finger 1. **量指** 鸡尾酒调配术语,指酒杯中的酒按指端估计的数量。 2. **条形焙烤食品** 参见 éclair

finger bowl 洗指钵 一种浅的宽口瓷碗,常装入温水后置于餐桌上,供就餐者在餐间或餐后使用。

finger food 用手指取食的食品 在西菜中按常规可不使用刀叉而直接用手取食,如胡萝卜和面包等。

finger roll 细长面包 一种意大利式卷条形面包。

fingered citron 佛手柑 参见 chayote

fining 澄清 一种制酒操作过程,使饮料或葡萄酒通过过滤或其他手段去除悬浮物而清澈透明。

finished milk 成品奶 指已经过消毒杀菌过程可以加以装瓶的新鲜牛奶。

Finlandia (Fn.) 芬兰伏特加 一种口味圆润的烈性伏特加,酒瓶形状似冰柱,富有特色。

finnan haddie (Sc.) 熏鳕鱼 烹调方法独特,一般要先经过开肚、去头,然后经低温烟熏而成,是苏格兰风味之一。参见 haddock

Fino (Sp.) 菲诺酒 西班牙产的一种优质卡雪利酒,色泽淡,为行家们所推崇,一般含酒精15%。参见 Oloroso

finocchio (It.) 茴香茎 茴香的嫩茎,可用作生食或凉拌,口味类似芹菜,为意大利人十分喜爱的食品之一。参见 fennel

finocchiona (It.) 茴香香肠 意大利托斯卡纳地方特色风味。

Fins Bois (F.) 芬·布瓦 法国科涅克地区的白兰地酒产地,有许多同名村舍,生产的酒往往再经酒商调配后出售。

finte (F.) 河鲱 参见 shad

Fior de latte (It.) 乳花干酪 意大利坎帕尼亚地方产的一种牛奶干酪,重量与形状不固定,味淡新鲜,含乳脂 45%。

Fior dell'alpi (It.) 阿尔卑斯山花酒 意大利产的一种黄色利口酒,酒瓶内有象征圣诞树花纹的砂糖枝皮,故名。

fioravanti (It.) 月桂叶 参见 bay leaf

Fiore sardo (It.) 撒丁干酪 意大利撒丁岛产的一种羊奶酪,重1.5—4千克,含乳脂40%。

fiorentino (It.) 佛罗伦萨式 参见 Florentine, à la

fioretta (It.) (酒等)发霉起毛

fiouse (F.) 腌肉糕 参见 féouse

fire drying 明火烘干 以区别于烤箱烤、日光晒、自然晾干和红外线烘干等多种干燥方法。

fire-cure 熏烤烟叶 把烟叶直接置于火焰上,以使接触浓烟而烤成。

firedog 烤肉铁架 铁架下方可置炭火,以直接炙烤食品。也作 andiron

fireless cooker 焖烧锅 参见 hay box cookery

firewater 烈酒
俚称。参见 spirit

firkin 费尔金 英制容量单位,奶油约合 56 磅,啤酒约合 9 加仑;散粒物质则合 40.91 磅。

firm butter 硬质奶油 一种含脂量较高的黄油或奶油。

firm-ball stage 硬球法 一种糖果制造方法。将炽热的实心糖浆溅落到冷水中,使其迅速凝结成球状颗粒硬糖。控制糖浆的温度可制成内芯硬度不同的糖果,一般温度在 250°F 左右。

firmity 牛奶麦粥
参见 frumenty

first cut 头馏分 俗称酒头,蒸馏酒制造过程中最初产生的酒液,味较淡,质量较次。

first patent 特级面粉 出粉率为 65%的优质面粉。也作 short patent

Fisch (G.) 鱼
参见 fish

fischietto (It.) 空心短面条
参见 Occhi di Lupo

Fischmilch (G.) 鱼白
参见 soft roe

fish 鱼 泛指各种供食用的海水或淡水鱼类,是烹调中最常用的食品之一,一般含有丰富的蛋白质和维生素、矿物质等。鱼容易变质,捕捞后必须立即加以冷冻保藏。鱼的烹调方法很多,常用的是蒸、炸、烤和煮汤,并配以多种调料。

fish and chips 炸鱼加炸土豆条
英国民族风味之一。

fish boiler 煮鱼锅 以铝或其他金属制成的一种大锅,上有沥水的网架,用于煮鱼。

fish carver 切鱼刀
参见 fish knife

fish cream 鱼肉酱 把鱼去骨后捣成泥,拌人香料和调味,作为一种馅料。

fish chowder 杂烩鱼汤
参见 chowder

fish custard (Sc.) 鱼奶羹 以鱼片、鸡蛋、牛奶和盐等制成的一种胶冻状食品。

fish duck 秋沙鸭
参见 merganser

fish finger 冻鱼条 一种涂有面包粉的冷食。

fish flour 鱼粉
参见 fish meal

fish fork 鱼叉 一种四齿餐叉,比色拉叉略大,常与鱼刀同时使用。

fish fry (Am.) 油炸鱼野餐 尤指一种将直接捕得的鱼油炸后食用的野餐。

fish glue 鱼胶
参见 isinglass

fish house punch (Am.) 渔家宾治酒 一种混合饮料,由白兰地、砂糖、利口酒、苦味料等组成,再加入汽水或苏打水。18 世纪创始于美国的费城钓鱼俱乐部。

fish kettle 煮鱼锅 一种有柄椭圆形大锅。

fish knife 鱼刀 一种宽边尖头餐刀,用于取食各种鱼类菜肴和分开鱼骨等。

fish meal 鱼粉 将鱼肉、鱼骨等利用真空干燥制成粉末,脱臭后可供人类食用。鱼粉富含蛋白质和矿物质,其中蛋白质含量高达 70%。

fish mousse 鱼脂冻 将鱼肉捣碎,加奶油和明胶凝冻,置于模子中成形,作为一种冷食,也是一种食疗食品。

fish oil 鱼油 从鱼类或其他水生动物体内提取的脂肪油,可作食用。其中金枪鱼、鲐鱼和尖吻鲈等的肝油中维生素 A 和 D 的含量大约相当于鳕鱼肝油的 100 倍。参见 cod-liver oil

fish paste 鱼酱 常用于涂抹三明治等。参见 fish sauce

fish pie 烤鱼馨 将熟鱼肉拌以白汁沙司,加盐、胡椒、欧芹、洋葱调味,上盖一层奶油土豆,再放入烤箱或以铁格炙烤而成。

fish protein concentrate 浓缩鱼蛋白干粉 一种干燥的高蛋白制品。将鱼煮熟晒干磨成粉末,用以补充食品的营养。参见 fish meal

fish sauce 鱼露 东南亚食谱中的

种液体调味品，其制作方法是先用淡水鱼置于大缸中发酵，几个月后生成棕黄色含丰富蛋白质的液体，将其装瓶即成。流行于泰国和越南等国，中国广东菜中的蚝油制法也相同。

fish stick (Am.) 炸鱼条 将鱼片切成一英寸宽的细条，裹以面包粉，然后用油炸或烤后食用。

fishball 炸鱼丸 通常用土豆泥和鳕鱼泥制成，加入鸡蛋和面包屑使其松软可口。

fishburger 鱼肉汉堡包
参见 hamburger

fishcake 炸鱼饼 将鱼去骨后捣碎，加入土豆、鸡蛋和面包屑，捏成扁平状，以油炸之。

fishery products 水产品 指鱼、虾、蟹、蛤、海蜇、海带等各种水产动植物，其味鲜美，含有高蛋白质、高不饱和脂肪酸、维生素和无机盐，是人类最常用的食品之一。

fishes eggs 鱼子酱
参见 caviar

fish-house cooler (Am.) 特拉华宾治 参见 Delaware punch

fishiness 鱼腥味 奶油、菜肴或干酪的一种缺陷现象，可能是与鱼等存放在一起所致。

fisk (Da. No. Sw.) 鱼
参见 fish

Fisole (G.) 菜豆
参见 haricot bean

Fisolensalat (G.) 菜豆色拉

fitchett pie 费杰馅饼
参见 fidget pie

fiture à l'Italienne (F.) 意大利什锦铁排 参见 fritto misto

five flavours, the 五味 指甜、咸、酸、辣、苦五种滋味，泛指各种味道。

five pack 五支装 一种雪茄烟小包装，每包仅5支。

five spices, the 五香 指花椒、八角、桂皮、丁香和茴香五种调味香料。

Fix 菲克斯鸡尾酒 由烈性酒加糖、柠檬汁、冰等配成，用柠檬片作点缀。参见 附录。

fixing (Am.) 花色配菜
参见 garnish

fizz (Am.) 菲兹鸡尾酒 一种发泡鸡尾酒，由香槟酒、姜汁啤酒、烈性酒、柠檬汁加糖等调配而成。源自该种饮料的气泡发出的嘶嘶声。

fizz water (Am.) 苏打水
参见 soda water

flacon (F.) 小酒瓶 一种供旅行者使用的小酒瓶，容量一般为150毫升。

flageolet 六孔竖笛 一种绿色菜豆，新鲜时如豌豆，其干豆可浸在盐水中，再用欧芹黄油调味食用，是一种法国菜肴。参见 kidney bean

flagnarde (F.) 甜面布丁 以香草和柠檬皮作配饰料的一种法式甜点。

flagon 大肚短颈瓶 一种有手柄的酒壶，用金属或陶瓷制成，用于盛各种葡萄酒。

flagroot 菖蒲根
参见 sweet flag

flake 碎片 指碎的鱼肉或玉米片等。

flake tapioca 烤木薯 一种以木薯粉团制成的食品，食时加成片。

flaki (Po.) 波兰牛肚 一种冷食，用作拼盘中的配料。

flako pack 散肉罐头 指肉质松散的食品罐头，如螃蟹肉和金枪鱼肉罐头等。

flaky pastry 油酥 一种浓厚的加脂肪面团，适宜于作果酱泡夫或肉馅酥饼等。

Flamande, à la (F.) 佛兰德斯式 佛兰德斯为历史地名，在今天指比利时和法国的西北部一带。该式指以填馅白菜、胡萝卜、土豆和芜菁等为配菜佐食猪肉、猪肚和香肠片等的菜式。

flambé (F.) 火烧 法式菜的一种独特服务方式。在食品（如菜肴或蛋糕）表面淋以白兰地等烈性酒，点燃后上桌，这时菜肴发出蓝色火焰，蔚为壮观。火焰熄灭后，菜肴表面留有微焦脆皮，酒香扑鼻，异常可口。

flame tokay 红托卡伊酒 一种匈牙利托卡伊葡萄酒，呈亮红色。参见 Tokay

flameri (F.) 鸡蛋粗粒粉布丁
参见 flamri

flameware 耐热餐具 可直接置于高温或火焰中而不会烧裂的厨房器皿。参见 ovenware

flami (F.) 干酪果馅饼 产于法国勃艮第地区的一种点心,用韭葱调味,上盖油酥,与 quiche 相似。

flamiche (F.) 干酪果馅饼
参见 flami

flaming sword (烧炙食品用的)剑状铁叉

flammekueche (F.) 大开馅饼 用洋葱、奶油、熏肉和干酪作馅制成。也作 tarte flambée

Flammeri (G.) 牛奶冻
参见 blancmange

flamri (F.) 鸡蛋粗粒粉布丁 加白葡萄酒调味的一种甜食,常在餐后食用。

flamusse (F.) 干酪甜点 法国勃艮第风味,类似于 flan。

flan 牛奶果酱饼 一种圆台形果馅饼,以生饼作底和边,填入甜牛奶蛋糊、干酪、果酱或水果馅,但不盖没,并用糖浆涂于表面打光而成,可作为一种甜食。参见 tart

flan case 馅饼硬底壳 制作馅饼时预先制成的底壳,用硬面团压成模子形,不加发酵粉干烤,烤时以干豆粒或米粒衬垫使其成形即成。

flan pastry 泡夫酥面
参见 chou pastry

flanc (F.) 腹肋肉
参见 flank

flanchet (F.) 腹肋肉
参见 flank

flandre (F.) 鲽
参见 flounder

flank 腹肋肉 一般成狭长条状,位置在胸与腿肉之间,主要用于焖煮。

flanken (Am.) 腹肉牛排炖蔬菜

flannel cake 软烙饼 一种美国式烙饼,以小麦粉制成。

flannel scone 苏格兰薄煎饼

flanquer (F.) 加边饰菜
参见 garnish

flap mushroom 伞蘑菇 一种食用菌。参见 agaric

flapjack 1. 甜燕麦饼 一种半圆形烙饼。也作 griddle cake 2. 煎饼,烤饼 以面粉、糖、鸡蛋和柠檬皮等制成。

Flasche (G.) 酒瓶
参见 bottle

flash-cook 快速煮食

flask 小酒瓶
参见 flacon

flat 1. (酒)走气的 或指无气泡的。 2. (食品)淡而无味的

flat car (Am.) 猪排 美国黑人俚语。

flat peach 蟠桃 一种形状较扁的桃子品种,产于中国,为名贵特产品种之一,汁多味甜。

flat silver (Am.) 餐具
参见 flatware

flat wine 低度酒 也指不含气泡的酒。参见 still wine

flatbread 薄脆饼 一种挪威食品,用黑麦面团制成,味干而脆,也指面包干。

flatfish 比目鱼
参见 flounder

flathead 鲉 鲉形目扁平海鱼的统称,分布于印度洋和太平洋的热带区域。体长,向后渐细,鳞片粗糙,最长可达 14 米,重 15 千克,为极有经济价值的食用鱼类。

flatten 1. 将(鱼或肉等)展平 目的是使鱼肉较嫩。 2. (啤酒或葡萄酒等)走气 变得淡而无味。

flatware 餐具 尤指扁平状的浅餐具,如菜盆、餐盘等,以区别于碗、杯等深餐具。但有时也不加区别,泛指各种成套餐具,尤指银餐具。

flauta (Sp.) 玉米烤饼 以鸡肉、莴苣和辣椒酱为佐料,因形似长笛而得名。

flavour 味道 饮食时所觉察到的全部感觉,是饮食时快感的来源。味觉产生于口内,以甜、咸、酸和苦为主。甜味集中于舌尖;咸味分布于整个舌面;酸味产生于两侧;而苦味则在舌

根。此外，化学性质不同可引起不同感觉，如薄荷清凉、芥末胡椒辣口；丁香温热；菠菜发涩。有的食品以生食为佳；有的则须经烹调才可口。

flavour enhancer 增香剂 也指增味剂，如各种调香料、植物香料和味精等。

flavouring 调味香料 在18世纪以前，调味香料与今天有很大的区别，而且几乎到了滥用的地步，如百里香、月桂叶、茴香、牛至等均大量使用。今天的调味香料讲究质量高，数量少并与菜肴相配，许多酒类使用香料也不亚于菜肴，参见各相关词条。

flavouring essence 食用香精
参见 essential oil

flavoursome 浓味的, 美味的
参见 delicious

flawn 奶油果馅饼
参见 flan

flaxseed meal 亚麻仁食品 亚麻仁含有丰富的不饱和脂肪酸，可榨油，加入面粉后可制成可口的食疗食品。

flead 肾油 依附于猪肾或猪肝组织的脂肪，可用作制糕点的配料。

flead cake 肾油脆饼 英国肯特郡的古老食品，用面粉、肾油、盐等制成。

flèche (F.) （猪的）白膘
参见 lard

fleetings 絮状凝乳 可用于制各种干酪，因漂浮于牛奶表面形似软絮而得名。

Fleisch (G.) 肉类
参见 meat

Fleischpastete (G.) 肉馅饼

fleishig (Je.) 肉食品 在犹太饮食法规中指可食的肉类和肉制品。参见 kosher

flensje (Du.) 薄煎饼
参见 crêpe

flesh 1. 肉类食品 2. 果肉

flesh fork 肉叉 一种从煮肉锅中叉肉用的长柄大叉。

fleshing knife 刮肉刀 一种凹形钝刀，用于去除肉皮或骨上的肉。

flet (F.) 鲽

参见 flounder

flétan (F.) 庸鲽
参见 halibut

Fletcherism 弗莱彻主义 美国实业家 Horace Fletcher 创立的一种健康饮食的学说。他认为已找到了健康的钥匙，即任何食品必须咀嚼到在口中成为液体状态时才咽下。

Fleur du maquis (F.) 花香干酪
参见 Brindamour

fleurage (F.) 细麸 撒在面团上，防止相互粘住的麦粉。

Fleurie (F.) 弗勒利酒 法国勃艮第地区博若莱(Beaujolais)产的一种优质干红葡萄酒，有浓郁的果香味，味似丝绸般爽滑可口。

fleuron (F.) 羊角酥 也有其他各种形状，用于作其他菜肴的配饰。

fleurs de vin (F.) 酒花 酒在发酵过程中由于微生物的作用而在表面产生的一种蓝白色花絮。参见 Flor

flint corn 硬质种玉米 一种印第安种玉米，粒极硬，粒端不凹进。

flinty 金属味 酒类由于存放不当而带有的一种异味，是一种缺陷现象。

Flip 弗立浦鸡尾酒 流行于18世纪英国和美国的混合酒，由甜酒、啤酒加糖调配而成，用烫红的铁棒将酒加热饮用。现在则指一种由烈性酒加白兰地等加糖和鸡蛋等调成的冰镇饮料。参见附录。

flip glass 弗立浦杯 一种装饰华丽的刻花玻璃杯，用于盛一种加热的糖啤酒。参见 Flip

flip-iron 弗立浦铁棒 用来烫热弗立浦鸡尾酒。参见 Flip

flipjack 甜燕麦饼
参见 flapjack

flipper 轻度胖听 指两端仍然平整的胖听，只在一端受冲压后稍突起，罐头内食品已预示变质。参见 swell

flitch 腌猪肋 一种大块肋条肉，经盐腌后食用。

flitch of Dunmow 邓姆腌肉 英国邓姆地方赠给终生和睦相处的夫妇的一种整块腌肋肉，该风俗已成为当地

Float 的一种传统。

Float 漂漂酒 一种以白兰地或利口酒为基酒的混合饮料,在酒面上漂以一层牛奶,色泽美丽,味道可口。参见附录。

floating cure 凝块浮起 干酪凝块中因产生气体而形成空穴的一种缺陷现象。

floating island 香草奶油蛋羹 用蛋白经搅打起泡沫后置于香草牛奶冻上,撒以杏仁屑,可作为一种甜食。也指用杏子酱、醋栗和杏仁屑作夹馅的蛋糕,并淋以樱桃酒调味。

flocon (F.) 碎片 如鱼、肉碎片或玉米片等。参见 flake

flode (Da.) 奶油
参见 cream

flodeis (Da.) 冰淇淋
参见 ice cream

flop house 廉价旅馆 常供应便宜的饮食。

flor (Sp.) 酒花 西班牙雪利酒在发酵过程中会产生一种不可预见的有趣物质,称为酒花。而只有有酒花的容器才能酿制出地道的雪利酒,如加入白兰地酒,酒花即立刻消失。

Florence fennel 甘茴香 一种调味香料。参见 fennel

Florentine, à la (F.) 佛罗伦萨式 指以菠菜作垫底,上置鱼或蛋,浇以莫内沙司,再撒上干酪屑烤黄而成的一种菜式。该菜源自意大利佛罗伦萨的 Catherine Medici,她把菠菜带到法国。

Flötemysost (No.) 淡脂干酪 挪威产的一种牛奶干酪,重 500—1000 克,含乳脂33%,质硬味咸。

flottant (F.) 香草奶油蛋羹
参见 floating island

flounder 比目鱼 也叫偏口鱼,是好几种身体扁平的海水鱼类的统称。其特点是两眼生长在头部的一侧,如鲽、鳎、鲆等,烹调方法以煎炸为主,是重要的食用鱼品种。

flour 1. 面粉 由小麦精磨而成的细粉,尤指排除麸皮的混合麦粉,常含有胚乳淀粉和面筋等,可作为商品出售,用于制各种糕点和面包。**2. 谷粉** 如黑麦、大麦、荞麦、稻米等,也指土豆粉、香蕉粉等。

flour enrichment 强化小麦粉 在小麦粉中添加维生素、氨基酸盐和矿物质制成。

flour streaks 生粉心 在面包或通心面中的小块未揉和透的生面粉块,是一种缺陷现象。

flour strings 切面
参见 cut noodle

flour tortilla 面粉薄饼
参见 tortilla

flourcake (Am.) 炸面圈
参见 doughnut

flouring 撒粉 指在即将入油锅炸的鱼、肉或面食外先涂蛋浆后撒面粉或面包屑的烹调初加工过程。

floury 粉状的,面粉似的

floutes (F.) 炸土豆丸 法国阿尔萨斯风味。参见 quenelles

flower cheese 鲜花干酪 英国产的一种蓝纹干酪,因含有玫瑰花、金盏花和紫罗兰的花瓣,故名。

flower gentle 苋菜 一年生草本植物,叶是绿色或紫红色,在中国南方地区普遍栽培。其幼苗可作蔬菜食用;老茎则可供腌渍加工。

flower liqueur 花瓣利口酒 一种日本甜酒,采用樱花、玫瑰花和紫罗兰花等的花瓣制成,色泽红紫,味香甜。

flowering peach 碧桃 一种桃子品种名。

flowering raspberry 香莓 产于北美洲的一种蔓生灌木,其果实呈红色,可食。

flowers of wine 葡萄酒花 由酵母在葡萄酒发酵过程中形成的一种薄膜及泡沫。

flue-cured tobacco 烤烟 在特设的烤房中烤干的烟叶,颜色黄弹性好,是香烟的主要原料。该词也指制烤烟用的烟草。

fluff 奶酥食品 泛指通过搅拌混合空气而变得松软的食品,如蛋白酥、鱼松和搅打奶油等。

fluid shortening 稀起酥油
参见 shortening

fluidounce 液量盎司 液体容量单位，美制约合 1/16 品脱；英制约合 1/20 品脱。

fluke (Am.) 比目鱼
参见 flounder

flummery 果子冻,麦糊 泛指牛奶麦片冻或蛋奶冻等甜食，一般配料有水果、面粉和坚果仁等，经冷冻food用，作为餐后甜点。荷兰式果子冻用明胶致凝；西班牙果子冻则加入奶油、米粉和桂皮等配料。

Flunder (G.) 鲽
参见 flounder

fluorine 氟 在正常情况下，人体从食品中获得所需要的氟，其主要来源就是饮用水。儿童为了牙齿的生长需要，一般需饮用每升水中含氟不少于 1 毫克。含氟较多的食品有鱼和茶，其次为肉、牛奶和鸡蛋。

fluta (F.) 鳝鱼
参见 eel

flute 1. 细长面包卷 2. 细长香槟杯
因形似长笛，故名。

flutefish 长笛鱼 两种长吻细长海产鱼类的统称，即烟管鱼和管口鱼，可供食用。

flying fish 飞鱼 广泛分布于各海洋的一种银汉鱼，体表有二翼或四翼，可供食用。也作 sea swallow

flying sponge 酵头 也叫面引子，能使面团快速发酵。

foam 泡沫 尤指啤酒等在开瓶倒入杯中时在酒面形成的一种轻浮洁白的微细泡沫。

foenugreek 葫芦巴
参见 fenugreek

fofo de bacalhau (F.) 鱼丸
参见 quenelles

fofosch (Hu.) 梭鲈
参见 pike-perch

foie (F.) 肝
参见 liver

foie aux raisins (F.) 葡萄干酒烩鹅肝 法国西南部鲁西荣地方风味。

foie gras (F.) 肥鹅肝 用强制喂食法催肥的鹅的肝，质地细腻坚实，呈粉红色，被公认为上等美味。肥鹅肝以法国的图卢兹地方最为著名，最重可达 1.5 千克。常见的烹调方法为制成鹅肝酱，或作肉冻与果冻的衬底，或嵌入面包或馅饼中，也可加白兰地、香料和块菌等直接烹调食用。鹅肝酱味香可口，价格昂贵。

foin, jambon au (F.) 水煮火腿片

fold 调拌,混合 把较稀的原料均匀地调入较稠的原料中。

fold in 混合
参见 fold

folgaga (It.) 沼地野鸡
参见 pheasant

folic acid 叶酸
参见 vitamin B_{11}

folle (F.) 即兴菜式 菜单用语，指在烹调中的临时发挥。参见 surprise

folle avoine (F.) 燕麦
参见 oat

Folle Blanche (F.) 白福尔葡萄 法国夏朗德地区的一种白葡萄品种，味酸，用于酿制成普通葡萄酒，但蒸馏后而成的白兰地酒质极佳，为上等名酒之一。

follow 添半份菜 餐厅用语。参见 second

foncer (F.) 垫底 指做糕点时在模子里用面团或在炖锅中用熏肉及肥膘片垫底，有时还可用蔬菜等作为菜肴的垫底菜。

fond (F.) 原汤
参见 stock

fond blanc (F.) 白色原汤 以小牛肉或鸡肉为主熬成的原汤，常加入面粉而成为一乳白色浓汁，供其他汤类增稠等。

fond blond (F.) 鸡肉原汤
参见 blond de volaille

fond brun (F.) 棕色原汤 以牛肉、野味或羊肉熬煮而成。参见 fond blanc

fond de tonneau (F.) 酒脚,酒垢

fondant

参见 dregs

fondant 方旦软糖 用砂糖、糖浆、水、牛奶或奶油，经熬制、锤打到无结晶颗粒为止而制成的糖果食品。这种糖果光亮、洁白、柔软而有弹性，可用作其他糖果的糖衣或糖心，易溶于口。

fondant potatoes 软融土豆 一种球状或卵状土豆，先放入水中煮到半熟，然后放在奶油中用文火炖到酥软即成。

fondre (F.) 融化
参见 melt

fonds lié (F.) 佩里戈尔沙司
参见 sauce Perigueux

fondue (F.) 火锅 起源于瑞士的一种乡村烹调方法，很适合聚餐。将肉、水果或面包切成小块，置于沸腾的水或葡萄酒中迅速成熟而食用，常将干酪趁热融化作为调味料。该词也指用于火锅的酒味热融干酪。

fondue au fromage (F.) 干酪火锅
参见 fondue neuchâteloise

fondue bourguignonne (F.) 勃艮第肉丁火锅 用铁叉叉起肉丁，放入油中炸熟，佐以各种调味汁，可蘸以融化干酪食用，但注意不可将肉直接送入口中。

fondue fork 涮肉叉 一种细长的通常有二个尖齿的肉叉，用于烹饪时取涮肉。

fondue neuchâteloise (F.) 干酪火锅 瑞士名菜，以融化的爱芒特干酪和格吕耶尔干酪放入大烤盘中，浇以白葡萄酒和樱桃酒等，然后用长柄叉夹以硬面包块蘸上热的干酪酱食用，并可用大蒜等调料佐食。

fonduta (It.) 火锅
参见 fondue

fonet (F.) 打蛋器
参见 whisk

fontaine (F.) 泉眼
参见 fountain

Fontainebleau (F.) 枫丹白露 法国巴黎以南 60 公里小镇，有弗朗索瓦一世开始所建的宫殿，风景秀丽，以葡萄酒和干酪等著称。

Fontal (F.) 芳塔干酪 法国和意大利等国的一种牛奶干酪，重 12 千克，有淡淡的果香，含奶脂 45%。

Fontanella 芳丹内拉酒 新西兰内皮尔(Napier)产的一种发泡干白葡萄酒，采用法国的 Folle Blanche 白葡萄品种酿成。另一种为干红葡萄酒，则采用 Pinot Noir 紫葡萄制成。

fontanelle, asperges à la (F.) 芳丹式芦笋尖 将芦笋浸入融化黄油与软煮蛋制成的调汁中食用。

fontanges, potage (F.) 酢浆草豌豆汤 用奶油与蛋黄增稠。

fontina (It.) 芳汀那干酪 意大利北部奥斯塔山谷地区出产的半硬质牛奶奶酪，形似圆环，具有米色的天然韧性外壳，有时涂上石蜡。内部为金黄色，香味温和可口，有坚果味，一般重 7—10 千克。

Fontjoncouse (F.) 枫琼古斯干酪 法国朗格多克·鲁西永地区产的一种羊奶酪，质软色白，重 70—100 克，含乳脂 45%。

food 食物,食品 一般指固体状食品，以区别于饮料，含有脂肪、蛋白质、碳水化合物、矿物质和维生素等，为人体维持生长、提供热量的主要来源。

Food and Agriculture Organization (联合国)粮食及农业组织 联合国的常设机构之一，其宗旨为促进世界各国粮食生产及农业的发展，提高生产，组织科研以及为发展中国家提供一定的资金等。

food chopper 食品切碎机
参见 food processor

food colouring 食用色素 用以改善食品外观的添加剂，包括天然色素、无机染料和合成化合物，可用于香肠衣、糖果、烘焙食品、饮料、糕点等。一般认为天然色素安全可靠而无毒性。

food duck 家鸭
参见 domesticated duck

food factor 食物要素 考虑各种食品在全部食用量中的比例和营养分配等。

Food Fair 食品商场 美国公司名,

1935年创立，为第一批美国的超级市场连锁商店，除食品外，也经营保险、房地产和食品加工，并拥有牛乳公司和香蕉公司等附属企业。

food flavouring 调味料 指经化学合成的液体香精，由精油、果汁及其他调香剂配制而成。一般香精均含有醇、醚、酯、酮和酚等有机成分，对人体有一定的影响。

food mill 手磨 一种简单的手摇食品加工器，可将多种食品原料擦成丝或打成浆等。

food mixer 电动食品搅拌机
参见 food processor

food plant 食用植物 如蔬菜及豆类等。

food poisoning 食物中毒 因食用含毒素食物而引起的疾病，主要分三种：存在于动植物体内的自然毒素、微生物和化学毒素。第二类中以葡萄球菌、沙门式菌为常见。此外各种食品添加剂和防腐剂经长期摄入也可产生积累性中毒。食物中毒的症状主要有呕吐、腹泻、腹痛和心血管机能障碍等。

food preservation 食品保藏 指采用冷冻、干制、腌渍、辐射和药物等方法，保存食品使之免于自然变质的技术。低温冷藏适合于蔬菜、水果、家禽和肉类，干制将使食品脱水，真空干燥，发酵腌渍如泡菜、熏肉和香肠，也可指加糖制成蜜饯或果酱，辐射和药物是近年来发展起来的新技术。以上方法的消极方面是食品的营养和维生素均有不同程度的损失。

food press 手磨
参见 food mill

food processor 多功能食品加工器 20世纪后期发展起来的电气设备，可以更换多种不同刀具，完成切片、切丝、剁碎、打浆和研磨等不同功能。由美国工程师维登发明，1971年首次在巴黎展出。

food steamer 蒸笼 用竹笼、木片或金属等制成的一种蒸食物的器具。

foodstuff 食品原料 泛指全部可供加工和烹调食用的原料，包括肉类、鱼类、蔬菜、水果和谷物等。

foo-foo 大蕉泥 一种非洲或拉丁美洲土著居民的食品，用大蕉或南瓜煮熟捣成泥后加入木薯粉和可可粉调味，搓成面团状食用。

fool 奶油果泥 一种甜食，在果酱中拌入搅打奶油而成，经冷冻后放入杯子食用，并可以干果等作为点缀。

fool duck 北美赤鸭
参见 mallard

fool hen (Am.) 松鸡
参见 grouse

forati (It.) 圆柱形粗面条
参见 macaroni

foratini (It.) 圆柱形中粗面条
参见 macaroni

forbidden fruit 柚子 该词字面含义为禁果，据说是夏娃在天国花园中受到蛇的引诱而食的果实，一般误以为是苹果。柚子汁常可酿成一种利口酒，并加入蜂蜜和橙汁，一般含酒精32%。参见 pomelo

force (F.) 加压起泡 法国酿酒术语之一，指将未充分发酵的葡萄酒灌入加压的酒桶中，以产生类似香槟酒气泡的效果。

force 裱花 将奶油或酥面从裱花袋中挤出作为蛋糕的装饰。

forcemeat 加料肉糜 也叫五香碎肉，经充分剁碎及调味的肉或鱼，常加以蛋、面包粉及其他营养配料，可单独作为菜肴上桌，但多数用作填馅料和配菜。也可用于指其他填馅，如块菌、栗子、洋葱、牡蛎等。

forchetta (It.) 餐叉
参见 fork

forcing bag 裱花袋
参见 pastry bag

fore saddle 前背 牛羊肉切块，指包括前腿肉的四分之一胴体。

forehock (猪肉的)前腿肉 常带骨和关节，但比一般腿肉肉质稍粗，用于煮汤最佳。

foreleg ham 小熟火腿 一般指以猪前腿熏制而成的小火腿，而在美国则

Forelle

也可指后腿。参见 ham

Forelle (G.) 鳟鱼
参见 trout

foremilk 初乳 开始挤奶时的头段牛奶，含脂量低，细菌多，一般弃去不用。该词也可指哺乳动物分娩前后阶段的乳汁，含蛋白质比较多。

forequarter 前身 指牛、羊和猪等的前四分之一胴体，包括胸肉、颈肉和肩肉等各切块。

foreshank 前腿 指牛的前腿部肉切块。

foreshot 头馏分 俗称酒头，是蒸馏酒时获得的前段馏分。参见 first cut

forestière, à la (F.) 护林人式 将肉、鸡或野味切成块，加以炸土豆丸和蘑菇，用黄油煎熟即成的一种菜式。

fork 餐叉 一种一端为手柄，另一端为叉齿的进食用具，依功能不同而有鱼叉、肉叉、牡蛎叉等，其大小和齿数也各异。据信最早是在 1610 年左右由英国人 Thomas Corvate 所发明，但也有人认为早在 1379 年法国就已经开始使用餐叉。

forloren hare 北欧杂碎
参见 hotchpotch

formaggino (It.) 小块干酪
参见 cheese

formaggio (It.) 干酪
参见 cheese

formentone (It.) 玉米
参见 maize

forno (It.) 炉灶
参见 stove

forno, al (It.) 1. 烘烤的 2. 烤面条 一种意大利菜肴，将面条先煮后烤，加入干酪和黄油作配料。

forshmak (R.) 碎肉土豆饼

fort(e) (F.) 1. (酒)烈性的 2. (干酪、咖啡)浓味的

fortification 1. (食品的)强化 以提高其营养价值为目的。2. (酒的)加度 如在葡萄酒中掺入白兰地以获得较高的酒精含量。其他如雪利酒、马德拉酒也是加度酒。

fortified wine 加度酒 向正在发酵的酒醪中或已经发酵好的葡萄酒中添加白兰地等烈性酒，以提高其酒精含量。该加度酒一般为开胃酒或餐后消食酒。

fortune cookie 签饼 一种薄酥饼，在其夹层中常有一张印有格言、祝词或预测命运的纸片，流行于美国的一些中餐馆。

fosset (F.) 酒桶木塞
参见 cork

fouace (F.) 火炉烤饼 一种法国传统食品。

fouasse (F.) 火炉烤饼
也作 fouace

Foudjou (F.) 博松干酪
参见 Bosson

foudre (F.) 大啤酒桶
参见 tun

fouée (F.) 熏肉奶油烤饼

fouet (F.) 打蛋器
参见 whisk

fouettage (F.) 搅拌 如打鸡蛋、搅奶油等。

fouette (F.) 甜味搅奶油
参见 Chantilly

fougère (F.) 蕨
参见 fern

Fougeru (F.) 福格鲁干酪 法国中央省布里地方产的一种牛奶干酪，重 500 克，含乳脂 50%，类似于布里干酪。

fouille-au-pot (F.) 砂锅，炖锅
参见 marmite

fouler (F.) 捏，揉(面团)
参见 knead

fount (Am.) 饮料柜 餐厅中出售苏打水和冰淇淋的柜台，即 soda fountain。

fountain 泉眼 指在木板上将面粉围成一圈，中注入水和其他调料，逐渐拌和。

Fouquet's (F.) 福凯餐厅 法国巴黎爱丽舍大街上一家第一流的餐厅名。

four (F.) 烘炉，烤炉
参见 oven

four mendicants 四合干果

four spices 四合香料
参见 quatre-épices

fourchette (F.) 餐叉
参见 fork

fouderaine (F.) 野李露酒 法国的一种家酿利口酒，尤其流行于北部地区，原料以采用冰冻的成熟野李为最佳。

Fourme d'Ambert (F.) 弗姆干酪 法国中部奥弗涅地区产的一种柱状干酪，直径13cm，高19cm，口味柔和。

Fourme de Cantal (F.) 康塔勒干酪 一种口味淡和的干果味干酪，有灰色的干酪皮，质量上乘。

fourneau (F.) 厨房用灶
参见 stove

fourteau (F.) 黄道蟹
参见 poupart

f.o.v. (abbr.) 陈年优质葡萄酒
参见 finest old vintage

fovantini (It.) 细管状通心粉
参见 macaroni

fowl 家禽 指饲养或家养以取得肉、蛋为主的禽类，其中有重要商业价值的为鸡、鸭、火鸡和鹅，是人类的主要食品，如烤鸡、肥鹅肝酱、圣诞火鸡等。

fox 狐狸 狐狸肉很粗老，口味不佳，且有腥臊味，故一般不供食用，但如果先在水中漂浸数小时则很不错。

fox tail millet 小米
参见 millet

foxed (啤酒)变酸的

foxy (葡萄酒)麝香味的 美国康科德(Concord)地区产的葡萄酒所具有的特殊气味，以采用福克斯葡萄品种而得名，香气浓郁，但与狐狸无关，有人误译为狐臭味。

FPC (abbr.) 蛋白鱼粉
参见 fish protein concentrate

fragaria (Sp.) 欧洲草莓
参见 strawberry

fragola (It.) 欧洲草莓
参见 strawberry

fragolina di mare (It.) 小鱿鱼 字面意义为"海草莓"。

fragrant-flowered garlic 韭菜
参见 Chinese chive

fragranza (It.) 香味 尤指酒香。参见 bouquet

fraiche (F.) 新鲜的
参见 fresh

frail 草篓 葡萄采摘时的计量单位，约合30—75磅。该草篓常用灯心草制成。

fraisage (F.) 揉，捏(面团)
参见 kneading

fraise (F.) 1. 草莓 参见 strawberry 2. 新鲜的 尤指鱼、肉、水果和蔬菜等刚上市的。参见 fresh

Fraise, Crème de (F.) 草莓甜露酒 一般含酒精30%。

fraise des bois (F.) 欧洲草莓 一种野生草莓。参见 strawberry

fraise de veau (F.) 小牛肠膜 烹调方法同小牛头。

framboise (F.) 覆盆子
参见 raspberry

Francaise, à la (F.) 法国式 一般指以鸡蛋和面包屑裹的炸土豆泥，填以蔬菜丁、芦笋尖、煮莴苣或菠菜等作配菜的。但烹调法在法国各地互有差异。

Francatelli (It.) 弗朗卡代利 意大利著名大厨师，生卒年代为1805—1876，曾就学于法国大厨师卡雷姆，并担任英国维多利亚女王的宫廷御厨多年，著有《厨师指南》和《当代厨师》等书。

Franc-Comtoise, à la (F.) 弗朗什·孔泰式 指以土豆、白菜、猪肉和香肠薄片煮的浓汤。参见 Franche-Comté

France 法国 法国古典菜肴曾经从宫廷中得到发展和提高，法国的各省又同时存在各种风格迥异而又极具魅力的地方菜肴，很难用几句话所能概括。其调味的丰富、品种的纷繁、用料的讲究、色彩的配合都已登峰造极，在烹调领域中的博大精深无与伦比。法国的香槟酒、葡萄酒和白兰地质量居世界第一。参见各地区相关词条。

Franche-Comté (F.) 弗朗什·孔泰 法国东部贝尔福峡谷以西的山地地区,以其优质葡萄酒著称。该地区以北为阿尔萨斯、南为萨伏伊、西为勃艮第,都是著名的酿酒区。该地的菜肴以牛肉、野味和烩菜为主,水果和干酪也十分著名。

francillon, salade (F.) 日本凉拌 用贻贝、块菌、酸渍土豆制成,也作 salade japonaise。该词源自法国大文豪小仲马的一剧本名。

Francois I (F.) 弗朗索瓦一世 法国国王,生卒年代为1494—1547,以其命名了一种白葡萄酒沙司,常加入番茄、黄油和蘑菇片作配料。

francolin 野鹁鸪 产于地中海的希腊和西西里岛一带。参见 partridge

Franconia potato 弗兰肯土豆菜 将土豆与烤肉同煮,同时不断滴入油脂,以防烤焦。弗兰肯在德国,该菜为当地特色。参见 Franken

frangelico (It.) 榛子利口酒

frangipane 鸡蛋花 原产于热带美洲的一种栀子科灌木,可提取鸡蛋香料作为调香料。据说该香料在中世纪的意大利曾十分流行。

frangollo (Sp.) 玉米粗粉 参见 hominy

frank (Am.) 法兰克福香肠 俚称。 参见 frankfurter

Franken (G.) 弗兰肯 德国的酿酒名,在法兰克福附近,产品几乎全是白葡萄酒,有水果芳香,装在一种称为Bocksbeutal的独特绿色酒瓶中。

Frankental (G.) 弗兰肯塔尔葡萄 也叫汉堡黑葡萄。一种黑色葡萄品种,原产于德国。果实大而多汁,可用于酿酒。

Frankenthal (G.) 弗兰肯塔尔瓷 德国巴伐利亚地区在18世纪创制的一种细白瓷器,以产地命名。

frankfurter 法兰克福香肠 又称热狗,一种浓味混合肉类香肠,习惯夹在圆柱形面包中吃。据说最初在德国城市法兰克福的啤酒店中出售该种食品,1900年前后传入美国。进入本世纪以来,无论是蒸的、烤的或煮的热狗,始终大受欢迎,在快餐店、运动会和烧烤野餐中更是如此。

frankincense 乳香 一种常绿乔木,花冠白色或绿色,核果呈三棱形。该果实的树脂凝结后成颗粒状,可入药,也可作调香料。

Franzbrötchen (G.) 小圆面包 参见 roll

frappa (It.) 糖末油炸糕 呈长形,流行于意大利中部地区。

frappé (F.) 1. 冰奶饮料 用冻牛奶和冰淇淋等搅拌成泡沫状,加香料而成的一种半稠饮料。**2. 碎冰酒** 一种餐后鸡尾酒,用利口酒滋入高杯,加碎冰调配而成。

Frascati (It.) 弗拉斯卡蒂白葡萄酒 意大利中部产的一种有2000多年历史的甜味葡萄酒,以产地命名。色泽金黄,回味醇利,用罗马附近火山灰斜坡产的葡萄品种酿成,含酒精12—14%。

Frascati, à la (F.) 弗拉斯卡蒂式 指以肥鹅肝酱、块菌和芦笋填蘑菇为配菜的菜肴。弗拉斯卡蒂为意大利中部市镇。

frazil (Am.) 屑冰, 片冰 由过冷水形成的一种水内冰,性薄而脆。

freath (啤酒的)溅沫, 起泡

Freccia-Rossa (It.) 弗兰齐亚·罗莎酒 意大利北部伦巴第地区的卡斯坦乔(Casteggio)产的一系列干白葡萄酒,色泽草杆黄,含酒精12%。

fréchure (F.) 炖猪肺 参见 lights

free lunch 免费便餐 指从前在酒吧购酒后可获得一顿免费餐的习惯。

free-run 自流汁 葡萄在充分成熟时自行破裂而流出的液汁,其甜度比普通经压榨而挤出的葡萄汁高。

freestone 离核果实 桃、梅、樱桃等果肉与核不粘连的几种水果。参见 clingstone

freeze drying 冷冻干燥 一种快速干燥方法。食品水分挥发或干燥时营养成分会遭到破坏,而设法使食品中的水分处于高度真空的冷冻状态升华就无此弊病。

freezer 冷冻箱 指家用冰箱中供冷冻食品用的部分,温度一般可保持在-18℃以下。

freezing 冷冻 用低温抑制微生物生长以保藏食品的方法。近年来发展速冻法,对某些食品特别有效。肉类屠宰后可迅速冷冻到-18℃以下,蔬菜、水果则可采用冷冻干燥,其色香味基本不变。参见 cold storage

freezing point 冰点 一般指水结冰时的温度,即0℃或32°F。

Freezomint (F.) 弗利佐明酒 法国的一种常见利口酒,以酿造者命名,有薄荷味,呈绿色,含酒精27%。

frejol (Sp.) 菜豆
参见 haricot

Fremgeye (F.) 弗雷姆日干酪 法国洛林地方产的一种牛奶干酪,形状与重量不定。

frémir (F.) 煨,炖
参见 simmer

french 1. **炸肉排** 将肉排拍松并在表面切出条纹,用平底锅煎炸而成。
2. **切成长条** 将肋肉或菜豆切成细长条的加工方法。

French artichoke 洋蓟
参见 artichoke

French bean 四季豆 也叫菜豆或刀豆,色嫩绿,可连荚食用。烹调方法一般为先以水煮熟,拌以黄油食用。

French bread 法国面包 一种带有一层脆面包皮的开缝面包,长18英寸左右,形似长棍。有时也指各种法国花色面包,如羊角和辫子面包等。

French chop (Am.) 法国羊排 在肋骨末端取肉加以修整,再套上扇形纸饰。

French doughnut 法式油炸面圈 一种形体膨胀的面团,在深油锅中炸成,味脆可口。

French dressing 法式色拉调料 由橄榄油、盐、醋、柠檬汁和胡椒、芥末及其他调味香料制成,味酸辣,常用作调味料。

French drip 滴滤咖啡
参见 drip coffee

French fries 法式炸土豆条 将土豆切成细长条后,先入油锅初炸,取出沥干,食前再用油炸,使其外脆里酥,呈金黄色,为最常见的小吃和快餐之一。

French fryer 法式油炸锅 一种方形平底深锅,配有金属丝网篓,用于盛放即将油炸的食品,并有利于沥油。

French ice cream (Am.) 法式冰淇淋 指一种以乳脂、蛋黄和牛奶为配料制成的冰淇淋。

French mustard 法式芥末酱 以黑芥末粉,加入香草、辛香料、醋和葡萄酒等,味淡。

French pancake (Am.) 法式煎饼
以肉桂或糖等作馅的一种薄煎饼。

French pastry 法式甜馅饼 以蛋糊、水果等作馅的一种酥质点心,通常由油酥面团制成,形式多样,放入烤炉而成。

French pea 豌豆
参见 pea

French roast 法式咖啡 一种炒得较焦的深色咖啡。

French roll 法式小圆面包 一种花式面包,常用于佐食各种汤。参见 roll

French service 法式餐桌服务 一种高级餐饮服务方式,服务员从客人右侧上菜,而面包、黄油等则放在左侧,此外以小餐车在客人面前烹调菜肴为特色。

French spinach (Am.) 滨藜
参见 orach

French 75 法国75鸡尾酒 以柠檬汁、杜松子酒、南美苦味汁和糖为配料制成。

French toast 法式吐司 一种烤面包片。将面包片浸入牛奶鸡蛋面糊中,然后取出迅速煎炸或烘烤而成,一面涂上黄油。

French vermouth 法国苦艾酒 一种不带甜味的味美思酒。参见 vermouth

French wines 法国葡萄酒　法国葡萄酒的产量与意大利持平,占世界总产量的四分之一,但质量则居世界之首。葡萄酒的酿制可追溯到罗马时代。今天,法国对葡萄酒的质量控制有许多法规,极其严格,因而享有世界声誉。参见 AC

frêne (F.) 梣木
参见 ash

fresa (Sp.) 草莓
参见 strawberry

Fresa (It.) 弗雷莎干酪　意大利撒丁岛产的一种农家牛乳干酪,重1.5—3千克,含乳脂百分比不固定。

fresh 新鲜的　该词可有多种含义,如食品未经加工的、冰冻的或淡的、未加调料的等。

fresh butter 淡味黄油　一般黄油为延长保存期均加有少量盐,故淡味黄油需立即食用。

fresh water 淡水　以区别于海水。也作 sweet water

freshwater herring 淡水鲱　一种产于淡水的似鲱类鱼,如澳大利亚的南茴鱼等。因其大小、外观与鲱鱼相似,故名。

fressure (F.) 冷杂拌　以猪、小牛、羊等内脏制的冷盘。

fressure Vendéen (F.) 旺代式冷杂碎　包括猪肝、心、肺等,用猪血同煮后冷食。

fretin (F.) 鱼卵
参见 roe

freux (F.) 白嘴鸦
参见 rook

friand (F.) 1. 肉末千层酥　2. 杏仁小甜糕

friandise (F.) 糖果
参见 candy

friar's omelette 苹果鸡蛋杏力蛋

Fribourg 弗里堡　瑞士西部一州,位于瑞士高原,养牛业和乳制品业十分发达,生产著名格吕耶尔干酪。该地还有一种以弗里堡牛著称的黑白花斑乳肉兼用牛。此外,蔬菜和水果也十分丰富。

fricadelle (F.) 炸牛肉糜丸　以土豆、面包、洋葱等作配料。参见 meatball

fricandeau (F.) 油焖小牛肉　以小牛肉裹上猪油片,放在炭火上烤熟食用,或放入锅中煨焖。

fricando (It.) 油焖小牛肉
参见 fricandeau

fricase (Sp.) 原汁煨肉
参见 fricassée

fricassée (F.) 原汁煨肉　一种泡在淡肉汁中煨炖的小牛肉或鸡肉,常加入各种蔬菜作饰配。

frichti (F.) 菜肴
参见 dish

fricot (F.) 炖肉
参见 stew

fridge 电冰箱
参见 refrigerator

fried banana 炸香蕉片　以黄油嫩煎后加糖即成,作为餐后甜食。

fried chicken (Am.) 炸薰鸡　美国西部牛仔俚语。

fried dough twist 麻花　一种油炸面食制品,分甜、咸等几种口味,脆香宜人。

fried egg 煎蛋　俗称荷包蛋。参见 poached egg

friedcake 油煎饼,炸麻花　可有各种形状,如面圈形、条状或球状等。

Friesekaas (Du.) 弗里斯干酪　荷兰弗里斯地方产的一种大牛乳干酪,重12—20千克,含乳脂48%。

Friesian 荷兰牛　一种有黑白花斑的乳肉兼用牛。参见 Holstein

frigate mackerel 舵鲣　一种似金枪鱼的小海鱼,但与鲣鱼不同。

frige (abbr.) 电冰箱　由 refrigerator 一词截头去尾而成。

frigidaire (Am.) 电冰箱　原为一种商标名称。

frigo (F.) 1. 冻肉　2. 冰箱

frijol (Sp.) 斑豆　产于美国西南部和墨西哥等地的一种菜豆,豆粒小而扁平,色泽棕黑,常用来煮熟后捣成泥,再经油煎食用,也可直接炒食。

frijole refritos (Sp.) 炒斑豆

参见 frijol

frikadelle (Da.) 肉丸
参见 quenelle

frill 荷叶边纸卷饰 套在排骨或大腿骨节等菜肴上的一种装饰纸条,一端蓬松卷曲,色彩鲜艳。

Frinault (F.) 弗里诺干酪 法国奥尔良地方产的一种小牛乳干酪,重140克,依创制者命名。

frire (F.) 炸
参见 frying

frise-beurre (F.) 黄油小刮勺 可把黄油制成贝壳状小块。

frisée (F.) 皱叶莴苣
参见 chicory

frit (F.) 油炸的
参见 frying

fritelle (F.) 马蹄粉炸饼 产于法国科西嘉岛,佐以干酪等配料食用。

friteuse (F.) 油炸锅 配有盖及沥油器,该沥油器由铁丝制成,形似网篮。

frito (Sp.) 油炸玉米饼 一种未发酵的玉米饼点心,放入深油锅中炸透而成。

fritot (F.) 炸脆饼 以鸡肉、羊肉或小牛胸腺作馅,佐以番茄酱食用。

frittata (It.) 煎蛋卷
参见 omelette

frittata ripiena (It.) 蛋饺,蛋卷

frittata semplice (It.) 蛋煎一面
参见 sunny side up

frittella (It.) 脆炸酥点
参见 fritter

fritter 油炸馅饼 主要可分三种:一种是素炸饼即油炸的面糊,另一种是裹菜泥的脆炸饼,还有一种则是以肉或海味作馅的炸肉饼。事实上炸馅饼分类并不严格,比较著名的品种有意大利面糊、日本的炸大虾、印度的炸香饼和美国等地以南瓜和紫罗兰花作馅的油炸花饼等。

fritto (It.) 油炸馅饼
参见 fritter

fritto misto (It.) 什锦铁排 以小块海味、肉类和蔬菜等搅拌后,加入面糊经油炸而成,也叫意大利铁排。

frittons (F.) 油炸腌肉松饼

friture (F.) 油炸
参见 deep fry

friture à l'italienne (F.) 什锦铁排
参见 fritto misto

friture de la Loire (F.) 卢瓦尔式炸鱼 一般炸得很脆,然后以柠檬汁佐食。

Fritz process 弗利兹法 德国发明的一种高速连续搅制奶油的方法,生产的奶油质量上乘,以发明者命名。

frivolités (F.) 松软点心 包括奶油果馅饼、船形糕点等。

frizz (油煎时的)吱吱声

frizzante (It.) 稍微起泡的 酒类术语,指葡萄酒略有泡腾的。参见 effervescence

frizze sausage 弗里兹香肠 一种辣味干香肠。

frog 蛙 一种长蹼的两栖类动物,约有20多品种,包括雨蛙、青蛙或牛蛙等。蛙肉自古以来就被视为美味,其滋味与兔肉相似。易于消化,尤其是蛙腿风味独特。烹调方法很多,主要以油炸或串烤,欧洲以蛙肉为菜肴的国家主要是法国和德国。

frogfish 鮟鱇
参见 goosefish

frokost (Da.) 午餐
参见 lunch

frollo (It.) 臭雉
参见 pheasant

fromage (F.) 干酪
参见 cheese

fromage à la pie (F.) 鲜奶酪 以全脂或脱脂牛奶制成,未经发酵,应趁新鲜食用,有时加入奶油佐味,含乳脂40—45%。

fromage à tartiner (F.) 涂面包用干酪酱

fromage blanc (F.) 鲜奶酪
参见 fromage à la pie

fromage bleu (F.) 蓝纹干酪
参见 blue cheese

fromage de monsieur (F.) 绅士干酪 产于法国诺曼底地区的一种软

干酪。

fromage de soja (F.) 豆腐
参见 bean curd

fromage fondu (F.) 加工干酪 一般含脂肪40%的浓味干酪。

fromage fort (F.) 重味干酪 将牛奶、盐、干酪和香草压入石制容器中，上淋白葡萄酒和白兰地，加封后经发酵而成，气味强烈。

fromage glacé (F.) 冰淇淋
参见 ice cream

fromage piquant (F.) 辣味干酪 产于比利时的雷蒙杜。参见 Remondou

fromage râpé (F.) 擦干酪屑
参见 grate

fromageon (F.) 羊奶软干酪 产于法国南部地区的一种羊奶酪。

fromager (F.) 撒以干酪屑 在面团、菜肴、调味料和馅料中撒上擦干酪屑，然后放入烤炉烘烤的烹调方法。这种干酪以帕尔马干酪最为著名。参见 Parmesan

Froment 弗罗门特 英国 John H. Heron 公司生产的一种麦胚面筋食品，蛋白质含量较高。

fromental (F.) 燕麦
参见 oat

fromenté (F.) 麦糊
参见 flummery

Fronsac (F.) 弗隆萨克酒 法国波尔多地区产的一种优质干红葡萄酒。

Frontignan (F.) 弗隆蒂尼昂酒 法国西南部产的一种增度麝香甜白葡萄酒，质量上乘，采用 Muscat 葡萄品种酿成。美国与澳大利亚等国也能生产类似的葡萄酒。

frost （在糕饼上）撒糖霜
参见 icing sugar

frosted (Am.) 冰霜 一种半冻状果汁冷饮，制法有两种：其一是将果汁冻至半固体状，然后加以搅打而成；其二是将冰块放入果汁中，待其冻结而成。参见 milk shake

frosted chocolate 泛霜巧克力
参见 bloom

frosted glass 毛玻璃 一种将表面打毛的玻璃制品，具有能透光但不能看清物像的效果，除用于装饰餐厅外，大量用于制造玻璃酒具或餐具。

frostfish 1. **胡瓜鱼** 参见 smelt 2. **叉尾带鱼** 参见 cutlass fish

frosting 糖衣
参见 icing

froth 泡沫
参见 foam

frothy 多泡沫的
参见 foam

frozen bean curd 冻豆腐 经冰冻的豆腐，内有许多空隙，比新鲜豆腐松而韧，口味独特，为中国东北地区的副食品之一。

frozen pudding 冻布丁 一种营养丰富的甜牛奶蛋糊食品，含有坚果仁和水果，再浇上朗姆酒或雪利酒调香。也作 ice pudding

Frucht (G.) 水果
参见 fruit

Fruchteis (G.) 果汁冰淇淋 也指冰淇淋水果和冰淇淋水代等冷冻甜食。

fructose 果糖 最甜的单糖，与葡萄糖共存于果汁、蜂蜜和果浆中。果糖与葡萄糖均为蔗糖的组分。参见 glucose

Frühstück (G.) 早餐
参见 breakfast

fruit 水果 多种木本或草本植物果实的总称，种类极多，是人类的主要食品之一。水果在烹饪中用途极广，除吃外，常可制成果冻、果酱和蜜饯，还是菜肴和饮料的主要原料。最常见的水果有苹果、梨、柠檬、橙、草莓、樱桃和菠萝等。

fruit brandies 水果白兰地 用果汁或果仁发酵并蒸馏而成的烈性酒，如苹果白兰地和樱桃白兰地等，一般含酒精40—44.5%。

fruit cocktail 什锦水果色拉 一种由酸味水果和甜味水果拌成的什锦凉拌，常用加度葡萄酒来调香，盛在矮脚酒杯中，作为开胃品或餐后甜食。

fruit cup 什锦水果杯 一份有水果的

冰淇淋，作为开胃品或甜食。
fruit de mer (F.) 甲壳动物
参见 shellfish
fruit dish 水果盘 一种放水果用的高脚大果盘。
fruit fool 奶油果泥
参见 fool
fruit knife 水果刀 一种装饰华丽的金属刀具，过去用银制成，现多采用不锈钢为原料，主要用于水果的去皮、去核和切片等。
fruit liqueur 水果利口酒 用水果等浸入纯白兰地酒而成的甜味酒或用果汁加烈性酒调配而成，以区别于经蒸馏而成的烈性果子白兰地。
fruit punch 果汁宾治 一种混合清凉饮料，以果汁、汽水和葡萄酒等调配而成，常加冰同饮，有时还可拌有水果的块丁。
fruit salad 水果色拉 一种原汁水果碎丁，常用罐头水果切碎拌成，色泽对比强烈。
fruit soup 冷水果羹 以浆果、苹果及桃、梨等水果制成。
fruit spread 水果泥 将苹果、香蕉等磨成酱，加入其他配料，用于涂抹三明治等。
fruit squash 果子冰汁 一种软饮料，用果子汁加糖、水或苏打水而成。
fruit squeezer 水果榨汁器
fruit wine 果子酒 用各种水果酿成的酒，但不包括葡萄酒，通常有甜味，可家酿或市售，其含酒精百分比经严格控制。在英国，最著名的果子酒是苹果酒。
fruitcake 水果蛋糕 一种以果仁、粉、蜜饯、鸡蛋、干果作配料的蛋糕，用白兰地酒调香。
fruits refraichi (F.) 什锦水果色拉
参见 fruit salad
fruity 果香味浓的 葡萄酒质量鉴别标准之一。有些葡萄酒具有其特有的水果香味或葡萄香味，尤其如麝香葡萄酒等香味十分突出。
fruktvin (No.) 果子酒
参见 fruit wine

frullato (It.) 牛奶咖啡冰淇淋 一种混合冷饮甜食。
frullo (It.) 打蛋器
参见 whisk
frumento (It.) 小麦
参见 wheat
frumentone (It.) 玉米
参见 corn
frumenty 香甜牛奶麦粥 一种甜牛奶面糊，十分浓稠，常经过24小时慢火熬煮而成，再加入辛香料、葡萄干和水果等，曾是英国的传统食品之一。
fruta (Sp.) 水果
参见 fruit
fruta bomba (Sp.) 巴婆
参见 pawpaw
Frutigkäse (G.) 弗洛蒂希干酪 瑞士伯尔尼地方产的一种羊乳干酪，质软，呈圆形，重60—80克，有酸味，含乳脂45%，以产地命名。
frutta (It.) 水果
参见 fruit
fry 炸 在油炸锅中放入油脂加热到90℃左右即可放入食品，其温度逐渐升高到160—180℃左右，这时食品表面变黄发脆。油炸时热源一般在下方，并不加盖。该词有时也可泛指油炸的食品，可用于炸的食品范围可参见 frying。
fry bread (Am.) 炸面包 美国西南部那伐鹤印第安人的一种食品，表面涂以蜂蜜和糖粉等。
fry in shallow oil 煎 烹调方法之一，指在锅里放少量油，加热后放入食物使其表面变黄。
fryer 1. **油炸锅** 参见 French fryer 2. **油炸食品** 尤指专供油炸用的一种仔鸡，重量在1.5—2千克之间。
frying 炸 指将食物全部浸没在深油锅的沸油中加热的食品烹调方法，俗称"大锅炸"。由于咸肉、蛋、薄饼、土豆和鸡块等用油炸成本较低，促进了快餐业的发展。肥肉可用自身的油脂炸；鱼和蔬菜可用面粉或面糊沾后炸。油炸常用油料有花生油、玉米油、奶油、黄油和起酥油等。

frying basket 沥油网篮
参见 friteuse

frying pan 油炸锅 一种长柄平底锅,俗称法兰盘,一般用金属制成。

fu (J.) 面筋
参见 gluten

fuchsine 碱性品红 一种紫色片剂,是化学食品染色剂之一,味甜,气味不佳,用于酒类和食品的着色。

fucus (F.) 海草
参见 sea wrack

Fuder (G.) 一桶 德国旧液体容积单位,约为800—1000升;在奥地利为1810.85升。

fudge 法奇软糖 质地柔软、匀和的一种糖果食品,用奶油、牛奶、巧克力和糖一齐熬制而成,比方旦糖稍硬。在糖果冷却时加入黄油和香草精,搅打至乳脂状切成方块即可食用,也可加入酸奶油、核桃肉、葡萄干、花生酱、枫糖浆和各种蜜饯作配料。

fuelless cooker 焖烧锅
参见 hay box cookery

fufu (Sp.) 大蕉泥
参见 foo-foo

fugu (J.) 河豚
参见 puffer

Fulbert-Dumonteil (F.) 富尔贝·迪蒙代 法国作家、美食家,1830年生于多尔多涅。他的一些有关烹调的著名散文曾先后发表在《费加罗报》上,后汇编成为《法国美食》一书。

full straight 全麦面粉 保留麦粒胚芽的粗磨粉,其营养成分要远高于精白粉。

full-bodied (酒体)醇厚的 一般指香味浓郁、口味丰厚而酒精含量较高等几个方面。

fumade (Sp.) 烟熏鲱鱼
参见 kipper

fumaric acid 富马酸 一种食品添加剂,其作用是使馅料、果冻和速溶食品带有一些酸味。

fumé (F.) 烟熏的
参见 smoke

fumé blanc (F.) 索维农白葡萄
参见 Sauvignon Blanc

fumée (F.) 香味 泛指肉的香味或酒香。

fumet (F.) 炖肉浓汁 一种浓缩的炖肉原汁,由鱼、肉等加蘑菇、蔬菜用文火长时间炖焖而成,常用作烹调中的调味。该词有时也指炖肉的香味。

fumigate 熏制 食品加工的一种方法,指用烟火或香花熏食品,使带有某种香味。

funche (Sp.) 玉米粥
参见 polenta

funeral pie (Am.) 葬礼饼 美国宾夕法尼亚州荷兰人后裔在葬礼场合食用的一种传统食品,其配料有鸡蛋、柠檬、葡萄干和糖等。

fungho (It.) 蘑菇
参见 mushroom

fungus 真菌 低等植物的一门,无叶绿素,菌丝体中有明显的细胞核,主要靠菌丝体吸收营养来维持生命。自然界中分布极广,如酵母菌和青霉菌等,而食品中如蘑菇、松蕈和木耳等都是真菌。

funk 霉味 食品发霉变质的刺鼻气味之一。

funnel 漏斗 一种圆锥形容器,中央有孔并呈管状伸长,厨房中可用于将液体或粉末灌装入一些直径较小的容器瓶口等。

fur 酒泥
参见 dregs

fur seal 海狗
参见 ursine seal

furmenty 香甜牛奶麦粥
参见 frumenty

furmint (F.) 富明葡萄 一种很具特色的葡萄品种,在匈牙利用于酿制著名的托卡伊酒以及其他有果香味的佐餐葡萄酒,酒体活泼,在南斯拉夫称为 sipon。

Fusel (G.) 劣质烧酒

fusil (F.) 磨刀铁棒 用于磨刮刀具的一种厨房工具,也叫砥杆。参见 sharpening steel

fusilli (It.) 螺旋形细面条

参见 tortiglioni
fût (F.) 大酒桶
  参见 barrel
fylld blomkal (No.) 填馅花菜
  参见 cauliflower
Fynbo (Da.) 菲英干酪 丹麦菲英岛(Fyn)产的一种牛乳干酪,重6—7千克,色淡黄,呈圆盘形。

G

g (abbr.) 克
参见 gram

Gabel (G.) 餐叉
参见 fork

Gabelbissen (G.) 香腌鲱鱼 产于德国和瑞典等国的一种精美熟食，作为正餐之间的点心。

gabrieles (Sp.) 鹰嘴豆
参见 chick pea

gadelle (F.) 红醋栗
参见 red currant

gâche (F.) 调拌刀 糕饼师用于调拌食品馅心等。

gâcher (F.) 调配
参见 blend

gade (F.) 鳕鱼
参见 cod

gado-gado 凉拌菜
参见 salad

gadoid 鳘鱼 也叫大口鱼，为鳕鱼的一种。参见 cod

gadwall 赤膀鸭 产于北半球极地附近的灰褐色鸭科鸟类，常到淡水浅塘活动，可供食用。

gaelic coffee 爱尔兰咖啡
参见 Irish coffee

gaffelbitar (Sw.) 香料渍鲱鱼
参见 Gabelbissen

gag 红鲔鱼
参见 grouper

gage 青梅，西洋李
参见 greengage

gail 发酵酵
参见 gyle

Gaillac (F.) 盖拉克 法国塔恩地区小镇生产的同名优质白葡萄酒，负有盛名，大量销售到巴黎。另有一些气泡酒，其加工方法与香槟相似。

gaillarde, sauce (F.) 蛋黄沙司
参见 gribiche, sauce

gaillet (F.) 猪秧秧
参见 bedstraw

gaillette (F.) 香肠肉丸
参见 caillette

gainier (F.) 紫荆
参见 judas tree

gal (abbr.) 加仑
参见 gallon

galabart (F.) 黑布丁
参见 black pudding

galactose 半乳糖 一种天然存在的单糖，通常与其他糖相结合。参见 glucose

galantina (It.) 肉冻卷
参见 galantine

galantine (F.) 肉冻卷 有时也指鸡冻，制法是将肉或鸡煮酥烂后使其自然凝冻，常加入香料，然后将肉或鸡扎成卷食用，一般先经冷冻。

galathée (F.) 淡水虾 烹调方法与龙虾相同。参见 lobster

galazyme (F.) 发酵牛奶 一种轻度发酵的酸味牛奶，含少量酒精，类似于克菲尔酒。参见 kefir

galerie de plat (F.) 杯垫
参见 coaster

galetière (F.) 烤饼铁板
参见 galettoire

galette (F.) 烘饼 一般指一些用荞麦粉或玉米粉制的薄烘饼，但有人也用来泛指硬饼干。

galettoire (F.) 烤饼铁板 主要用于烤荞麦饼等。

galichon (F.) 糖杏仁蛋糕 法国艾克斯 (Aix) 地方特色点心。

Galician sausage 加利西亚香肠

一种西班牙香肠，用猪肉和碎牛肉作馅料，经热熏而成。

galicien (F.) 加利西亚蛋糕 一种果酱奶油蛋糕，上撒阿月浑子屑。源自18世纪末期巴黎的一家糕点铺的名字。

galimafrée (F.) 剩菜荤杂烩 一种由吃剩的猪肉或鸡肉为主要配料的杂烩菜，过去专供仆人们食用。参见gallimaufry

galingale 油莎草 一种草本植物，其根茎可食用。

gall 胆汁
参见 bile

gall nut 五倍子 五倍子虫寄生在盐肤木上形成虫瘿，表面灰褐色，也有的寄生在鼠尾草和藤上。含有单宁酸，在东方供食用，或用作食品着色剂。

Gallego (Sp.) 加来戈干酪 西班牙加里斯地方产的一种牛乳干酪，经压制而成，重750—1250克，新鲜时含水分较多。

Gallerte (G.) 冻肉卷
参见 galantine

gallery tray 高边银托盘
参见 tray

galleta (Sp.) 饼干
参见 biscuit

galletta (It.) 烘饼
参见 galette

galley (飞机、船的)厨房

Galliano (It.) 加利亚诺酒 意大利产的一种香草利口酒，色泽金黄，盛入细长独特的高酒瓶，以19世纪意大利的一位英雄命名。

Galliego (Sp.) 塞布雷洛干酪
参见 Cebrero

gallimaufry 炖鸡片 先将鸡在鹅脂中炸黄，加入酒、姜末和盐等配料，在锅中炖。今天该词已摒弃了上述含义，而意为以残肴做成的炖菜。

gallina (It.) 母鸡
参见 hen

gallina en chicha (Sp.) 红葡萄酒烩鸡 萨尔瓦多的一种特色菜。

gallinaccio (It.) 1.鸡油菌 2.雄火鸡 参见 turkey

gallinaccio brodettato (It.) 葡萄酒烩火鸡 加入蔬菜和蛋黄增稠料，是罗马的一种特色风味菜。

gallinule 秧鸡 也叫黑水鸡。参见 rail

gallipot 陶罐 一种有嘴的陶制牛奶罐。

gallize (在酒中)搀糖水 将糖水搀入未完全发酵的葡萄酒内可增加酒的产量。

gallo (It.) 雄鸡
参见 chicken

gallon 加仑 液量单位，英制1加仑等于4.546升；美制等于3.785升。

Galloway (Sc.) 加洛韦牛 产于苏格兰西南部的一种粗壮无角肉用牛，毛卷曲，呈黑色，以产地命名。

gall-topsail 鲶鱼 也叫胡子鲶，是一种可食用的淡水鱼。

galopiau (F.) 面糊煎饼
参见 galopin

galopin 面糊煎饼 用稀面糊作原料摊成的煎饼。

Galotyri (Gr.) 加洛蒂利干酪 希腊产的一种鲜羊奶干酪，其重量，形状和含脂量均不固定。

galuiha rechiada (P.) 填馅阉鸡
参见 capon

galuska (Hu.) 软面条

Gamay (F.) 加美葡萄 法国勃艮第和博若莱地区的一种著名深色葡萄品种，酿成的红葡萄酒有轻盈的香气。而法国卢瓦尔河地区和瑞士等地用该葡萄酿造的酒更为轻淡爽口而舒展，在美国则称为 Napa Gamay。

Gamay Beaujolais (F.) 博若莱加美葡萄 美国加利福尼亚州培育的一种黑比诺葡萄品种，而不是加美葡萄。
参见 Pinot Noir

gamba (F.) 大龙虾
参见 lobster

gambellara bianca (It.) 庚贝列拉酒 意大利威尼斯产的一种干白普通葡萄酒。

gamberetti (It.) 河虾
参见 shrimp

gamberi (It.) 对虾
参见 prawn

Gambetta (F.) 甘必大 全名 Leon Gambetta(1838—1882),是从拿破仑三世到第三共和国的政治活动家,以其命名了一些蛋类菜肴和沙司。sauce Soubise 和 sauce Choron 都曾由他命名。

gambier 黑儿茶 一种茜草科藤本植物,有药用价值,产于马来亚。从其枝叶中提取的淡黄色的儿茶,可与槟榔同嚼。

gambra (F.) 鹧鸪
参见 partridge

gambrel 挂肉钩
参见 allonge

game 野味 指野兽、野禽的肉,一般分三种:小鸟类,如鸫和鹌鹑;飞禽走兽,如松鸡、雉、野兔和松鼠等;大猎物,如鹿、麋、熊和野猪等。野味肉质鲜美,但较粗老,故常浸入酒、醋和香料中,也可烘、烤、炸、熏,是公认的美味佳肴。

Gamel (No.) 加梅尔酒 一种挪威露酒。参见 aquavit

gamelle (F.) 麦片粥碗
参见 porringer

Gammelost (No.) 陈年干酪 挪威产的一种羊乳酪,质软,味酸,有蓝纹,重 2—3 千克。

gammon 腌猪腿 也指熏腿、腊腿、熏猪肋等,常切成片后经扒烤或油炸食用。

Gamonedo (Sp.) 加蒙内多干酪 西班牙奥尼斯地方产的一种牛乳干酪,重 2—5 千克,呈圆柱形,含乳脂 33%。

gamza 紫葡萄 也指用该葡萄酿成的酒,产于保加利亚。

gander 公鹅
参见 goose

gandules (Sp.) 木豆
参见 pigeon pea

ganga (F.) 榛松鸡 产于比利牛斯半岛地区。参见 hazel-grouse

Ganges (F.) 甘吉干酪 法国朗格多克地方产的一种白色软质羊奶酪,呈小圆形,味粗犷,重 120 克,含乳脂 45%。

gangfish 白鲑
参见 salmon

Gans (G.) 鹅
参见 goose

ganse (F.) 花式面包
参见 fancy bread

Gänseleberpastete (G.) 鹅肝酱
参见 foie gras

gantois (F.) 果酱夹层蛋糕 常用青梅酱或李子酱作配料,另加黄油和香料,产于佛兰德斯地区。

gap'n swallow (Am.) 玉米糊布丁 也指一种枫糖浆布丁,用李脯作配饰。

gaper clam 乌蛤 双壳类软体动物,体形大,行动迟缓,俗称穴居蛤。产于北美洲西海岸,可食用,味鲜美。

Gaperon (F.) 加贝隆干酪 法国利芒地方产的一种小牛乳干酪,重 350—500 克,质软色白,呈半圆球形,一般含乳脂 40%。

gar 雀鳝 一种硬鳞淡水鱼,外皮呈红色,可供食用,但味不佳,主要产于美洲。

garambulla (Sp.) 浆果仙人掌 其果实呈椭圆形,可食,产于墨西哥等地。

garance (F.) 茜草
参见 madder

garapiña (Sp.) 菠萝皮水 西班牙的一种清凉饮料。

garapiñado (Sp.) 1. 糖渍的 2. (饮料)冰镇的

Gerardimer (F.) 洛林干酪
参见 Lorraine

garavance 鹰嘴豆
参见 chick pea

garbage disposal unit 厨房垃圾处理系统 一种连接厨房下水道的电气器具,可粉碎厨房垃圾,使下水道不致堵塞。参见 disposer

garbanzo (Sp.) 鹰嘴豆
参见 chick pea

garbias (Sp.) 什锦饼 一种用琉璃苣、野苋、鲜奶酪、蛋黄、面粉加猪油煮熟后再煎炸的菜肴。

garbo (Am.) 嘉宝松饼 一种美国式的英国松饼,以美国著名电影演员 Greta Garbo(1905—1990)的名字命名。

garbure (F.) 鹅肉卷心菜汤 法国贝亚恩地区风味,其配料有猪油、香肠、熏肉和面包等。

Garci-crespo (Sp.) 加西矿泉水 墨西哥的著名矿泉水,虽无强烈味道,但含矿物质种类很多。

garçon (F.) 餐厅侍者 过去流行于法国,但目前已过时,应改称为monsieur,这才显得有教养。参见 waiter

Gard (F.) 加尔 法国朗格多克·鲁西永最东端的产酒地区,在罗讷河三角洲以西,生产大量红葡萄酒和白葡萄酒,几乎全部供本地消费。

garde manger (F.) 1. 冷肉厨师 2. 食品贮藏室 参见 cupboard

garden cress 独行菜 十字花科一年生草本植物,原产于北非。其嫩茎基生叶有辣味,可食,故常栽培用于做色拉,其菜果形扁,可用于调味。

garden egg 茄子
参见 eggplant

garden mint 留兰香
参见 spearmint

garden onion 洋葱 又名葱头或玉葱,以其鳞茎作蔬菜食用。参见 onion

garden orach 滨藜
参见 orach

garden pea 食荚豌豆 一种嫩豌豆,常水煮食用,食时连荚,味美。

garden pepper 庭园椒
参见 pepper

garden sass 蔬菜 可以做菜吃的草本植物,是植物性副食品的统称,其中以十字花科和葫芦科的植物居多,如白菜、油菜、萝卜、黄瓜、南瓜和冬瓜等。参见 vegetable

garden sorrel 酸模 也叫酢浆草,是产于欧洲的一种香味植物,用作生菜和凉拌。参见 sorrel

garden stuff 园艺蔬菜 有时也指经精心培育的园艺水果。参见 garden vegetable

garden vegetable 园艺蔬菜 泛指在家庭后园中培育的各种蔬菜,品种很多,以区别于农村大规模生产的蔬菜。

garden warbler 园莺
参见 becfigue

gardevin (F.) 细颈大酒瓶
参见 bottle

gardon (F.) 欧洲石斑鱼
参见 grouper

garenne (F.) 野兔
参见 hare

garfish 颌针鱼 一种体表有极细硬鳞的海洋食用鱼,外形奇特,口长似针,故名。其肉质精瘦,味淡,不含脂肪。烹调方法与鳗鲡等相同,也可用于煮汤。

garganega (It.) 加加内加酒 意大利威尼斯地区产的一种甜味或不甜白葡萄酒。

gargote (F.) 低级餐馆 一种三流小餐馆,也含有饭菜粗杂低劣的意思。参见 cookshop

gargouillau (F.) 梨子果馅饼
参见 tart

gargoulette (F.) 素烧陶壶 主要用于盛水或酒。

garibaldi (It.) 果酱夹心饼干 一种呈方形或长方形的葡萄干夹心饼干,以意大利民族统一运动领袖加里波第(Giuseppe Garibaldi, 1807—1882)命名。

garland 花红
参见 crab apple

garlic 大蒜 多年生草本植物,花白色带紫,叶子和花轴嫩时也可以做菜。其地下鳞茎味辛辣,有刺激性气味,并有杀菌和抑菌作用,是最常用的调味佐料之一,广泛用于肉类、菜肴和汤等的食品中,尤其是地中海沿岸的烹调特色用料之一。

garlic bolt 蒜苗

参见 garlic sprouts

garlic bread 大蒜奶油面包片 一种法式或意大利式的黄油面包片，一般烘到松脆时食用。

garlic butter 蒜泥黄油 一种调入大蒜泥的食用黄油，主要用作调味料或涂抹于面包上作为佐料。

garlic dill pickles 大蒜莳萝泡菜 以大蒜和莳萝调味的腌黄瓜泡菜。

garlic mustard 蒜芥 一种有大蒜香味的芥菜植物。参见 mustard

garlic oil 蒜油 一种黄色香精油，具有强烈的蒜味，用作调料。

garlic pear 蒜梨 产于牙买加的一种乔木的果实，形似梨，但具有大蒜的辛辣味。

garlic powder 纯大蒜粉 一种高级调味料，有成品供市售。

garlic salt 大蒜盐 用干蒜粉和盐制成的混合物，用作调味料。

garlic sprouts 蒜苗 蒜的花轴，嫩的可吃，含有大蒜素。气味刺鼻，为人们所喜爱的蔬菜之一。

garlicky 1. 有大蒜味的 2. 与大蒜混杂的

garlion 蒜葱 由大蒜和葱头杂交而成，该词为 garlic 和 scallion 的缩略复合词。

garnacha (Sp.) 加尔纳恰葡萄 一种优秀葡萄品种，味极甜。有两种色泽，一种是白色的；另一种则是黑红色的，后者可用于酿制著名的加尔纳恰葡萄酒。

Garnele (G.) 虾
参见 shrimp

garnetberry 红醋栗
参见 red currant

garni(e) (F.) 有配饰菜的 常附在其他词后，表示该菜有配饰菜，如 steak garni。

garnieren (G.) 加配饰于(菜肴)
参见 garnish

garnish 饰菜 用以增加食品色和味的辅助食品，常布置在主菜的周围或中央。简单的饰菜如碎香草、柠檬片、欧芹、油炸面包丁、硬煮蛋和烤番茄等，可赋予食物以不同的色泽、质地、味道和外形。

garniture (F.) 饰菜
参见 garnish

garpike 雀鳝
参见 gar

garri 加里 非洲尼日利亚人的一种主食，用木薯粉制成。

garrubia (Sp.) 野豌豆
参见 vetch

garrupa 石斑鱼 产于南美洲的一种鲈属鱼，可食用。参见 grouper

Gartenkresse (G.) 独行菜
参见 garden cress

garum (L.) 鱼杂酱 意大利罗马地区的一种特色调味酱，以腌鱼鳃和鱼肠等制成，腥味强烈。

garzuolo (It.) 菜心 尤指白菜或卷心菜的菜心。

gas hole (干酪中的)气孔
参见 hole

Gascogne (F.) 加斯科涅 法国西南部滨比斯开湾的大片地区的旧称，现包括阿马涅克和朗格多克等地。以大蒜和黄油为主要配料的菜有很多。

gasconnade (F.) 大蒜烤羊腿

Gasconne, à la (F.) 加斯科涅式 以大蒜与黄油为主要配料的菜式。参见 Gascogne

gasified wine 汽酒 一种充气的葡萄酒。

gaspacho (Sp.) 西班牙凉菜汤
参见 gazpacho

Gaspe cure 加斯佩腌法 一种先淡腌，后干燥的鳕鱼腌制方法，可能源自发明该种腌法的一位厨师的名字。

Gastmahl (G.) 宴会
参见 banquet

gastrologer 烹调学家，美食家 研究与从事烹调技术实践及其理论的专家。

gastronome 美食家
参见 gastrologer

gastronomie (F.) 烹饪学
参见 gastronomy

gastronomy 烹调法 指对食物选择、

烹饪、供应和享受的艺术,有人认为是"有关人类营养的智慧和知识"。早在希腊罗马时代,烹调就已很讲究。世界各国的烹调特色、用料和风格各不相同。今天的法国菜受意大利影响很大,但已自成一格,而中国烹饪有数千年的悠久历史,是全世界公认的烹调王国。

gastro-norm 统一餐具标准 欧洲食品业一致通过的一种厨房用具尺寸标准,以530mm为统一直径制成全部炊具,如锅、盆等,以便叠放整齐划一,节省空间,且便于实现自动化操作。

Gaststätte (G.) 餐厅
参见 restaurant

gâteau (F.) 蛋糕,糕饼 一般比较松软,上饰以果酱、奶油、水果等。参见 cake

gâteau à la Lyonnaise (F.) 里昂蛋糕 一种巧克力栗子蛋糕,为法国南部里昂地区特色。

gâteau Basquaise (F.) 巴斯克蛋糕 一种樱桃或梅子软蛋糕。

gâteau de noce (F.) 婚礼蛋糕
参见 wedding cake

gâteau de pithiviers (F.) 杏仁泡夫馅饼 常以朗姆酒调味。

gâteau des rois (F.) 第十二夜蛋糕
参见 Twelfth Night cake

gâteau Parisienne (F.) 巴黎蛋糕 以鸡蛋花香料及奶油作夹层,上缀蛋白花饰而成,为法国巴黎特色点心。

gâteau St. Honoré (F.) 圣奥诺雷蛋糕 一种油酥面蛋糕,上饰奶油和蛋,再缀以蜜饯樱桃和花瓣。

gattinara (It.) 加蒂纳拉葡萄酒 意大利的一种深红色佐餐葡萄酒。

gaude (F.) 玉米粥 流行于法国勃艮第和弗朗ti·孔泰等地区。

gauffer 蜂窝饼
参见 gaufre

gaufre (F.) 蜂窝饼 一种炸土豆薄脆饼,常切成小蛋奶酥状,类似于 waffle。

Gauloise, à la (F.) 高卢式 指一种以奶油蘑菇、鸡腰与鸡肝等作馅的小馅饼,佐以各种清汤。高卢为古代地名,其大部分地区在今天的法国。

Gay Lussac 盖·吕萨克 法国化学家,生卒年代为1778—1850。创立按容量测定酒中含酒精百分比的方法,其数值与其百分比正好一致,标为GL。由于简明正确,迅速为人们所接受。参见 proof

gayette (F.) 猪肝咸肉肠 以猪肝和菠菜为配料的一种咸肉香肠,产于法国的普罗旺斯和朗格多克地区。

Gazeifié (F.) 人工充气饮料
参见 sparkling wine

gazelle 瞪羚 产于亚洲西北部和非洲中部的野生动物,肉质十分出色。可先用盐轻腌后食用,烹调方法同驯鹿。

gazeux (F.) (饮料)发泡的
参见 sparkling wine

gaznate (Sp.) 椰肉菠萝鸡蛋羹

gazpacho (Sp.) 西班牙冷汤 以西班牙安达卢西亚风味著称的一种冷汤。一般不经烹调,把番茄、大蒜、醋、洋葱、黄瓜、青椒和橄榄油混合在一起,以面包屑增稠即成。也可加入面包块、菜丝、碎硬煮蛋、杏仁或葡萄等作点缀。

geai (F.) 樫鸟 幼樫鸟被视为美味,常用来烤食。参见 jay

gean (F.) 欧洲甜樱桃 也叫黑樱桃,呈心形,有长柄,常用于酿制樱桃酒。

Gebäck (G.) 1. 蛋糕 2. 面包

gebaken (G.) 烘烤
参见 bake

gebie (F.) 白小虾 产于法国沿海地区,大多用于作钓鱼的鱼饵,但也可食用,烹调方法同 shrimp。

Gebildbrot (G.) 异形小面包 如半圆形、连环形、蜗牛形和羊角面包等。大多有象征意义,供各种盛大节日使用。参见 fancy bread

Gebrau (G.) 混合饮料 有时指一些劣质饮料和啤酒等。

gedunk 圣代冰淇淋 一种加有碎水果、坚果仁和果汁等的冷饮,常在快餐

酒吧供应。参见 sundae
gee (Am.) 一加仑烈酒 俚称。参见 gallon
gefilte fisch (Je.) 冷烩鱼 以鸡蛋和面包屑作配料制成的一种犹太风格鱼类菜肴,通常作为冷盘,所用的鱼主要是鲤鱼。
Gefrorene (G.) 冰淇淋
参见 ice cream
gefüllte (G.) 鱼丸冻 一种犹太式菜肴,填有肉、鱼糜、面包屑、鸡蛋和调味料等,一般放在汤中煮熟食用。
gefüllte Schweinerippchen (G.) 填馅猪排 以葡萄干、苹果加朗姆酒调味作配料而成。
gehaktnest (Du.) 肉糜丸 荷兰风味。将猪肉、牛肉或小牛肉磨细,加入面包屑、鸡蛋、洋葱和其他调味料制成。
gekocht (G.) 水煮的
参见 boiling
gel 果子冻,肉冻
参见 jelly
gelati (It.) 意大利胶凝冰糕 用牛奶、糖、调味品加食用明胶制成。
gelatin 明胶 能形成胶冻的动物蛋白质,主要用于食品生产和家庭烹饪中。由动物的皮、骨及软组织提取而成。市售为无色、无臭、无味的颗粒,遇水会膨胀,加热溶解。可用于制作胶冻食品,如肉冻、羹汤和糖果点心;也可用于稳定冰淇淋等泡沫食品。明胶与果胶作用相近。
gelatin dessert (Am.) 水果甜冻 加入草莓、樱桃、苹果或香精的果冻甜食,色彩艳丽,香甜可口,深受儿童喜爱。参见 jelly
gelatina (It.) 肉冻,鱼冻
参见 aspic
gelato (It.) 冰淇淋
参见 ice cream
gelbe Rübe (G.) 胡萝卜
参见 carrot
Gelee (G.) 果子冻,肉冻
参见 jelly
gelée (F.) 果子冻

参见 jelly
gelée au salop (F.) 兰根粉冻
参见 salep
gélinotte (F.) 榛松鸡
参见 hazel-grouse
gelose 琼脂,洋菜
参见 agar
gem (Am.) 松饼,软面包
gemel 交颈双瓶 可以分盛不同液体或调味料的一种瓶,其瓶口常面对相反方向。
gemellion 洗手盆
参见 finger bowl
gem-faced civet 花面狸
参见 masked civet
gemischter Salat (G.) 什锦色拉
参见 salad
Gemüse (G.) 蔬菜
参见 vegetable
Gemüseplatte (G.) 蔬菜拼盘
gendarme (F.) 1. 烟熏鳕鱼 2. 瑞士扁香肠 一种外形做成似鳕鱼的香肠,质硬。
genépi (F.) 艾蒿
参见 wormwood
general pan 双耳盖锅
参见 fait-tout
generic wine 原产地型葡萄酒 指属于原产地,并以该地区命名的葡萄酒,如勃艮第葡萄酒。比较 varietal wine。
generous (酒)味道浓郁的
geneva 荷兰杜松子酒 该词源于法语 genièvre,意为杜松子,因而与瑞士的地名日内瓦(Geneva)无关。
Geneva wines 日内瓦葡萄酒 瑞士日内瓦一带产的葡萄酒,用 chasselas 葡萄品种酿成,多数为轻质的发泡干白葡萄酒,少数为干红葡萄酒,供本地消费。
Genevoise, sauce (F.) 日内瓦沙司 用鱼汤、红葡萄酒、黄油和鳕鱼酱制成的一种调味料,用于佐食鲑鱼等。
genevrette (F.) 刺柏酒 有时也指杜松子酒。参见 juniper
genièvre (F.) 刺柏,桧 一种蓝黑色

浆果,具有强烈芳香,用于腌制食品的调香,也用于糖浆和利口酒的调香,是杜松子酒的主要调香料之一。参见 gin 和 juniper

genipap (Am.) 蜜果
参见 Spanish lime

genista 金雀花 一种草本植物,花朵形似蝴蝶,其花蕾可用醋浸渍后食用,以代替调香料刺山柑。参见 caper

Genoa cake 杏仁果酱蛋糕
参见 Genoese sponge

Genoa salami 热那亚香肠 意大利的一种无烟熏制的猪肉香肠,以产地命名。

Genoese sponge 杏仁果酱小蛋糕 用面粉、黄油、糖、鸡蛋等制成的一种松软小蛋糕。

génoise (F.) 杏仁果酱小蛋糕
参见 Genoese sponge

Genoise, á la (F.) 热那亚式 指用番茄沙司为主要配料的菜式,热那亚在意大利北部,滨利古里亚海。

Genovese, salat (It.) 热那亚白汁沙司 以番茄、小牛肉糜、蘑菇和其他蔬菜加白葡萄酒制成,为意大利热那亚地区风味调味料之一。

gentian 龙胆植物 尤指黄龙胆根等草本植物,含有多种苦味苷,用作滋补药或消化健身酒的配伍。

gentiane (F.) 龙胆利口酒
参见 gentian

gentil homme, potage (F.) 绅士汤 即野味扁豆汤,用野禽肉丸作配菜。源自日内瓦一家餐厅 Hôtel Richemond 的别称 Le Gentilhomme。

Gentsche waterzooi (Fl.) 比利时鱼汤

genuine porgy 真鲷
参见 red porgy

geoduck (Am.) 女神蛤 一种大的食用蛤,产于北美太平洋沿岸。参见 clam

George Sand (F.) 乔治·桑 法国女作家,生卒年代为 1804—1876。她和著名音乐家肖邦交情甚深,以其命名了一种鹅肝菜肴。

georgette, pommes (F.) 烤土豆拼盘 用淡水虾尾作配菜。源自 Victorian Sardou (1831—1908) 所作的剧本中主人公的名字。

geranium oil 香叶天竺葵油 俗称香叶油,用作食品的调香料。

gerboise (F.) 跳鼠
参见 jerboa

Gericht (G.) 菜肴
参见 dish

germ 细菌
参见 bacteria

German beefsteak (Am.) 德国式牛排 一种加洋葱、柠檬汁或生鸡蛋作调味供生吃的牛肉糜体,起源于德国汉堡。

German mustard 德式芥末酱 一种以龙蒿香料、酒和辛辣料制成的芥末调味酱。

German pancake (Am.) 德式煎饼 一种不发酵并以黄油轻炸的煎饼,食前再烘烤到松脆即成。

German pound cake 德式圆蛋糕 类似于杏仁果酱蛋糕,但水果较少。
参见 Genoese sponge

German sausage 德国香肠 一种大腊肠,有许多品种。一般以猪肉、牛肉、小牛肉、肝、熏肉和血混合制成,加入盐、大蒜和香料等配料经干熏而成。

German silver 德银
参见 nickel silver

German wines 德国葡萄酒 早在罗马时代,在今天德国的地方就开始酿制葡萄酒。由于气候欠理想,经研究采用合适的葡萄品种 Riesling 等获得成功。现主要生产白葡萄酒,产地集中在摩泽尔、阿尔和莱茵等地,口味轻盈,清洌爽口。

German-fried potatoes (Am.) 煮得半熟的土豆

germano (It.) 野鸭
参见 mallard

Germany 德国 德国的烹调很具地方色彩,从北海到阿尔卑斯山特色各异。北方港口盛产鱼类,因而鱼汤十分著名,莱茵河的淡水鱼堪称美味,此外鸡和泡菜也富有德国特点。德国又以香肠和熏肉驰名于世。德国的白葡萄酒清洌爽口,慕尼黑的啤酒更是远近闻名。最后,德国的糕点和干酪无论在质量或在数量方面都居世界前列。

germiny, potage (F.) 奶油蛋黄酸味汤

germon (F.) 地中海金枪鱼 肉色洁白而鲜嫩,故也称为白金枪鱼,也产于太平洋海域。参见 tuna

Gerômé (F.) 热罗姆干酪 法国孚日(Vosgne)产的一种半软蓝纹干酪,用全脂奶加凝乳制成,有时加入茴香和芫荽子调香。重 450 克,含脂 45%。

geröstet (G.) 扒烤,炙烤
参见 grill

Gerste (G.) 大麦
参见 barley

gerty 燕麦粉
参见 oatmeal

Gervais (F.) 小瑞士干酪
参见 Petit-Suisse

Geschirr (G.) 餐具 总称,包括炊具和各种烹调器皿。

Geselchtes (G.) 烟熏猪肉

gésier (F.) (禽类的)胗
参见 gizzard

Getränk (G.) 饮料
参见 beverage

Getreide (G.) 小麦
参见 wheat

Getreidekümmel (G.) 茴香酒 一种以茴香和兰芹等调香的利口酒。

Gevrey-Chambertin (F.) 日伏列·香贝坦酒 法国勃艮第地区产的一种干红优质葡萄酒,产于科奴依地方。

gevulde kalfsbors (Du.) 填馅小牛胸肉

Gewürz (G.) 调味品 泛指各种调料和香料。

Gewurzkräuter (G.) 芳香植物 如莳萝、薄荷、香菜和欧芹等。参见 herb

Gewürznelke (G.) 丁香
参见 clove

Gewürztraminer (G.) 香葡萄 法国阿尔萨斯地区及德国、东欧、澳大利亚和加利福尼亚等地产的一种有辛辣味的香葡萄品种,酿成的白葡萄酒口感丰醇而柔和干洌。

Gex (F.) 热克斯蓝纹干酪
参见 Bleu de Gex

gézier (F.) (禽类的)胗
参见 gizzard

gezouten haring (Du.) 盐腌鳕鱼
参见 kipper

ghee (Hi.) 印度酥油 一种半流质的土产黄油,以水牛乳制成。

gherkin 小刺瓜 也叫西印度小黄瓜,极嫩,呈青绿色,表面有刺状突出,故名。外形长圆,适于以醋浸渍制成酸黄瓜。

gherliglio (It.) 核桃仁
参见 walnut

ghi (Hi.) 印度酥油
参见 ghee

ghiacciata (It.) 刨冰 一种有果子露或其他配料的冰屑冷饮。

ghiaccio (It.) 冰 尤指食用冰块。参见 ice

ghiotta (It.) 滴油盘 烤肉时用于承接滴下的油和原汁。

ghost shark 银鲛
参见 chimera

gianduiotto (It.) 软巧克力 意大利都灵产的一种特色糖果。

giant bass (Am.) 黑鲈鱼
参见 bass

giant hyssop 藿香 多年生草本植物,叶子呈心形,花蓝紫色。其茎和叶有香味,有清凉解热和健胃的作用,烹调中用作调香料。

Giant Jeniton 大国光 一种优质苹果品种。

giant rock (Am.) 岩蛤 一种食用蛤。参见 clam

gib fish 雄鲑鱼
参见 salmon

gibassier (F.) 圣诞馅饼
参见 pompe de Noël

gibelotte (F.) 白葡萄酒烩肉

gibier (F.) 野味
参见 game

giblet 家禽杂碎 指家禽经屠宰后的心、腰、肝等,一般均可食用。在法式烹饪术语中,还包括颈、头、尾、蹄和垂肉等。鸭肝和鸭胗被美食家视为美味;而鸡冠则作菜肴的配饰。

Gibson (Am.) 吉布森鸡尾酒 以马丁尼酒为基酒、加入苦艾酒和小洋葱为配料混合而成。源自美国画家 Charles Dana Gibson (1867—1944)。有一次他到酒店要了一杯鸡尾酒,女服务员误把小洋葱代替了传统的橄榄作装饰,因而得名。

Gien (F.) 吉恩干酪 法国奥尔良和卢瓦尔等地产的一种棕色羊奶酪,重仅200克,呈圆盘形。

giggle water 烈酒 俚称。
参见 spirit

Gigha (Sc.) 吉亚干酪 苏格兰的一种全脂牛乳干酪,重 2—3 千克,呈圆柱形,含乳脂高达 48%。

Gigondas (F.) 吉冈达 法国罗讷地区的产酒区,主要生产有浓郁香味的红葡萄酒,据说始于 14 世纪。

gigorit (F.) 红葡萄酒烩猪头 以猪血作配料,为法国夏朗德地方风味。

gigot (F.) 烤羊腿 以羊的后腿肉烤成,有时也指烤鹿腿。

gigot à l'ail (F.) 蒜泥羊腿 大蒜经煮熟后切成末填入羊腿作馅,香味浓烈。

gigot à sept heures (F.) 七小时羊腿 一种非常酥软的羊腿肉菜肴,可用匙直接取食,以焖煮达 7 小时之久而得名。

gigot brayaude (F.) 大蒜填馅羊腿 法国中央高原风味,以白葡萄酒炖煮,蔬菜和香料作配料。

gigue (F.) 腰腿肉
参见 haunch

gilding 涂以蛋黄浆料 将蛋黄或全蛋加少许水调成一种浆料,用于涂刷于糕点或土豆泥馅壳上,使其烘烤后呈金黄色。

gilhead 金头鲷鱼
参见 daurade

Gilka Kümmel (G.) 基尔卡酒 德国汉堡酿制的一种茴蒿利口酒,其声誉可追溯到 19 世纪,含酒精 40%。

gill 及尔 英制液量单位,等于 1/4 品脱。参见 pint

gill fungus 蕈 一种高等菌类,生长在树林里或草地上,种类极多,有的可食用,如香菇和蘑菇等。其地下部分叫菌丝,地上部分为帽状菌盖和杆状菌柄。

gillaroo 爱尔兰鲑鱼
参见 salmon

gilt 小母猪 一般指出生 4—10 个月的嫩猪仔。

gimblette (F.) 环形甜饼
参见 croque-en-bouche

gimlet 1. **螺丝锥** 一种有柄的尖形工具,用于刺穿酒桶取酒。2. **螺丝锥鸡尾酒** 一种用发泡酸橙汁加糖和杜松子酒的混合饮料。参见附录。

gin 金酒 也叫杜松子酒,是香料型蒸馏酒,一般用粮食醪蒸馏的酒为基酒,以杜松子为主要香料,其他香料有桔梗、甘草、柠檬、八角、豆蔻和桂皮等。17 世纪荷兰莱登大学医学院西尔维斯教授制成含杜松子油的利尿药酒,颇受欢迎,很快风靡到民间。英、美的金酒往往含酒精高达 47%。荷兰的老汤姆金酒略甜,含酒精 35%,为金酒上品。

gin and it 金酒与味美思 一种混合鸡尾酒,该词为 gin and Italian vermouth 的缩略词。

gin fizz 杜松子汽酒 以金酒调配苏打水而成的气泡饮料。

gin mill (Am.) 低级酒店
参见 bistro

gin rickey (Am.) 金酒汽水 一种高杯饮料,用金酒、酸橙汁和苏打水调配而成。

gin sour 酸味金酒 加安古斯吐拉苦精、柠檬汁、糖和冰块的一种鸡尾酒,以金酒作基酒。

ginebra (Sp.) 金酒
参见 gin

ginebrada (Sp.) 牛奶千层饼

ginepro (It.) 杜松子
参见 gin

gingembre (F.) 姜
参见 ginger

ginger 姜 姜科多年生草本植物，原产于东南亚。其根茎芳香而辛辣，也称生姜，可用作食品和调味。姜味略苦，干姜粉可用于面包、酱油、咖喱菜肴、糖果、蜜饯和姜汁酒等。以干姜通过蒸馏制得的香精油可用于食品和香料工业。

ginger ale 姜汁汽水 也叫干姜水，一种甜味发泡饮料，用姜汁精、辣椒精、糖、食用色素和汽水混合而成，常用于稀释烈性酒。参见 ginger beer

ginger beer 姜汁啤酒 一种尤受英国公众喜爱的饮料，用生姜、水、糖、酒石酸和酵母等溶合发酵制成，有时加入柠檬汁。姜汁啤酒不经充分发酵即装瓶，含酒精 2%。

ginger cake 姜饼
参见 gingerbread

ginger champagne (Am.) 姜汁香槟 一种不含酒精的美国混合饮料，用姜汁代替酒类加其他配料而成。

ginger liqueur 姜汁利口酒 用生姜根浸入烈性酒而制成的一种餐后酒。

ginger pop (Am.) 干姜水
参见 ginger ale

ginger root 姜根 一种呈棕色的多节根，含有湿润的黄色根肉，其辣味比生姜强烈，可榨油，用作酒的调香料。在西印度群岛和亚洲东部被广泛用作调味料。

ginger shortbread 姜味油酥饼

ginger wine 姜汁酒 在葡萄酒中加入生姜汁、果汁和其他辛香料而成，可用于纯饮或烹调中的调味。其配方常对公众保密。

gingerade 姜汁啤酒
参见 ginger beer

gingerbread 姜饼 以糖蜜和生姜为主要配料的一种花式糕点，上撒糖霜，再装饰以金箔或银箔，十分华丽花俏，尤为儿童所喜爱。起源于 15 世纪的英国。

gingerbread palm 姜饼棕榈 也叫埃及姜果棕，为产于东非的一种乔木。其果实富油脂，甜醇可口，因具有带生姜味的果肉，故名。

ginger-grass oil 香茅油 一种挥发性油，有类似生姜的香味，用于烹饪。

gingernut 小姜饼 一种比一般姜饼更加脆的小点心。参见 gingerbread

gingersnap 薄脆姜饼 一种姜味小甜饼，用生姜汁和蜂蜜调味，加以糖粉，因又薄又脆，折断时有爆裂声 (snap)，故名。

gingery 姜味的，辛辣的

gingko 银杏
参见 ginkgo

ginkgo 银杏，白果 俗称公孙果，是原产于中国的一种高大阔叶乔木的果实，具有白色微青的果肉，常炒食，味极佳，但含有少量氢氰酸，故不可食。

ginnan (J.) 银杏
参见 ginkgo

ginseng 人参 多年生草本植物，其肉质主根肥大，呈黄白色，味苦略甜，有甘草似的芳香，因含有多种有机成分，是十分名贵的滋补药物。产于北美等地还有一种叫西洋参。参见 American ginseng

gippo 肉汤，炖肉

gir 吉尔牛 印度的一种奶牛品种，毛白色，有红棕色斑点。

girarrosto (It.) 烤肉用铁叉
参见 spit

girasole 菊芋
参见 Jerusalem artichoke

giraumon (F.) 西印度南瓜 瓜肉质甜而细腻，有时还带有麝香味，可像黄瓜一样生食，作为凉拌，也可像其他南瓜一样用于煮汤。

girdle 平底浅锅 或一种圆形铁板，做烤饼时用的炊具。参见 griddle

girdle cake 浅锅烤饼
参见 griddle cake

girella 鮑鱼 一种深色海鱼，产于地中海水域，常用于煮法式鱼羹。参见

girelle (F.) 鮨鱼
参见 girella
girofle (F.) 丁香花蕾
参见 clove
giroflier (F.) 丁香
参见 clove
girol(l)e (F.) 鸡油菌
参见 chanterelle
Gislev (Du.) 吉斯列夫干酪 荷兰产的一种有条纹的硬质干酪。
giste (Sp.) (啤酒的)泡沫
参见 foam
gitane, à la (F.) 吉卜赛式
参见 Zingara, à la
gîte (F.) 牛后臀肉
参见 silverside
giulebbe (It.) (煮水果的)糖浆
giuncata (It.) 凝乳
参见 rennet
givrée (F.) 结霜的 指食品糕点等撒以糖霜或冷冻食品上结起的白霜现象。
Givry (F.) 吉孚里酒 法国勃艮第南部产的一种干红葡萄酒。
gizzard (禽类的)肫,沙囊 常被用来制熬汤汁等,也可用水煮熟后切片作为拼盘配料。
Gjetöst (No.) 挪威棕色羊奶酪
参见 urda
GL (abbr.) (酒的)含酒精百分比
参见 Gay Lussac
glacage (F.) 1. 卤汁 2. 糖浆
参见 glaze
glacé (F.) 1. 冰冻的 2. 挂糖衣的
参见 glaze
glacé de sucre (F.) 糖霜 与蛋白拌和则加糖霜酥皮。参见 royal icing
glacé de viande (F.) 肉卤汁 将牛肉、鸡肉或猪肉加骨头熬浓收缩到胶冻状,用于作各种汤或沙司等的增稠料。
glacé icing 糖衣
参见 icing
glacé panaché (F.) 多色冰淇淋
参见 ice cream

glacé royale (F.) 糖霜酥皮
参见 royal icing
glaciere (F.) 冰箱
参见 refrigerator
glacon (F.) 小冰块
参见 ice cube
glaire (F.) 生蛋白
参见 egg white
gland (F.) 橡实
参见 acorn
Glas (G.) 玻璃酒杯
参见 glass
glasieren (G.) (在糕点上)挂糖衣
glass 玻璃器皿 指以玻璃制成的各种容器、餐具、酒瓶、酒杯等。参见 glass shapes
glass shapes 酒杯形状 早在罗马时代,玻璃制作技术就已传入英国,但直到16世纪,酒杯形状仍是威尼斯式的,即不加装饰的直筒重型杯。17世纪以后,出现了轻型装饰杯,有些有杯脚;有些呈花苞状,总共达百余种之多,可用于饮不同的酒,参见各相应词条。
glassa (It.) (糕点上的)糖霜
参见 icing
glassware 玻璃器皿 总称,泛指玻璃制的全部容器和餐具等。参见 glass
glasswort 海莳萝
参见 samphire
Glayra (Sc.) 格瑞拉酒 苏格兰的一种优质香料利口酒,含酒精40%。
glaze 1. 卤汁 烤肉时产生的天然肉汁加入调味和香料即成,烤时可不断反复浇在肉或鸡上,使其色泽光亮,滋味香浓。 2. 糖浆 用于使糕点增加光泽,外形美观。
glazed (食物)浇以肉汁的
Glenfiddich 格兰菲迪思 苏格兰最著名的麦芽威士忌之一,由少数几个家庭式酒坊酿制,有野草香,以独特的三角形瓶盛装,常供出口,含酒精43%。
Glenmist 格兰蜜斯特 苏格兰的一种调配优质威士忌名牌,含有蜂蜜和辛香料等,口味干冽,含酒精40%。

globe artichoke 洋蓟
参见 artichoke

globe urn 球形炊具 一种用酒精灯加热的简易炊具,用于烧煮热饮料。

globefish 河豚
参见 puffer

glogg (Sw.) 格罗格酒 瑞典的一种热宾治酒,用各种香料与葡萄酒、威士忌、白兰地和糖等调配后,加入果仁、葡萄干、橙皮等,趁热饮用,常作为一种圣诞节的传统饮料。参见附录。

gloria (F.) 搀酒咖啡 有时还加入糖。

Gloucester 格洛斯特干酪 英国的一种著名干酪,质硬,外形似礼帽,依含脂量多少分 single Gloucester 和 double Gloucester 两种,重 2—5 千克。

Gloucester pudding 格罗斯特布丁 一种羊脂、苹果与果皮布丁,蒸煮而成。

glouteron (F.) 牛蒡
参见 burdock

glucometer 糖度计 用于测定酒或糖浆中所含糖的百分比的仪器。

glucose 葡萄糖 一种单糖,可经植物的光合作用合成,或由淀粉酶分解而成。存在于水果等的糖蜜中,其甜度为蔗糖的74%。市售有粉末及糖浆两种,用于制糖果或增加酒的甜度等。

glue plant 胶质植物 各种藻类食品,如琼脂等,在中国和日本等地供食用或作致凝剂。

Gluhwein (G.) 热葡萄酒
参见 mulled wines

gluside 糖精
参见 saccharin

glutamic acid 谷氨酸 一种氨基酸,大量存在于蛋白质水解物中,占某些植物蛋白质重量的45%。谷氨酸钠则广泛用作调味品。

glutamine 谷氨酰胺 与谷氨酸有密切关系的一种氨基酸,在蛋白质中含量丰富,并广泛存在于甜菜和胡萝卜等蔬菜中。

gluteline 谷蛋白
参见 gluten

gluten 谷蛋白 俗称面筋。为麦粒等谷物中的灰黄色粉末状混合物,不溶于水,可使面粉富有弹性,常用于提取谷氨酸钠制成味精等调味品,也可作菜肴食用。

gluten bread 面筋面包 供糖尿病人食用,含淀粉很少。

glutinous flour 韧性面粉 添加面筋的面粉,含蛋白质41%。

glutinous millet 黄米 一种去壳的小米品种,颜色很黄,煮熟后很粘,有糯性。

glutinous rice 糯米 又称江米,其可溶性淀粉、糊精和麦芽糖等含量较高。煮熟后粘性强,可形成粘着性团块,适于加工成各种糕点和粘食制品。

glycerine 甘油 一种有机化合物,成分为丙三醇。无色透明,粘稠似糖浆,味微甜,能吸收水分,可用于制糖果或护肤用品等。

glycitoi 山梨醇 一种无环的多醇,大量存在于苹果、桃、杏等果实中,是葡萄糖和果糖的还原产物。在食品工业中可用作甜味剂和湿润剂。

glycogen 糖原 也叫糖元,是一种多糖类有机化合物,为白色粉末,无臭味。糖原存在于动物体内,尤其集中于肝脏,故也可称为肝糖,是动物能量的来源。人体内缺乏葡萄糖时,糖原就会输入血液转化为葡萄糖。

GN (abbr.) 统一餐具标准
参见 gastro-norm

gnocchi (It.) 汤团、团子 一种意大利风味,常用马铃薯或面粉做成,内填肉馅或干酪,然后加各种调味料。

gnocchi alla Romana (It.) 罗马式汤团 一种用粗粒面粉制成的团子,用烤箱隔水烤成。

gnocchi verdi (It.) 绿汤团 意大利北部风味之一,以菠菜、面粉和乳清干酪为原料制成。

gnummarielli (It.) 串烤羊羔杂碎

Goa butter 果阿黄油
参见 kokum butter

goat 山羊 羊的一种，角部略作三角形，角尖向后，四肢强壮，毛色有黑、灰等多种。山羊肉香味突出，嫩酥可口。山羊奶营养价值高，超过牛奶，除可饮用外，广泛用于制成羊奶酪。

goat pepper 山羊椒 一种小辣椒。

goat's beard 野生婆罗门参
参见 salsify

goat's milk 山羊奶 广泛用于制羊奶酪和羊奶蛋糕。因其蛋白质与脂肪含量高于牛奶，故气味较强烈。

goatfish 山羊鱼 一种热带食用鱼，据说其鱼肉微带羊膻味，故名。古时曾经是罗马人的最贵重食用鱼之一。

gobbler 公火鸡
参见 turkey

gobelet (F.) 高脚玻璃杯
参见 goblet

gobie (F.) 虾虎鱼
参见 goby

goblet 1. 高脚玻璃酒杯 有时也指用金属制的高脚水杯。2. 无柄碗形酒杯 有底座，式样比较古朴。

gobo (J.) 牛蒡
参见 burdock

gob-stopper 棒糖
参见 lolly

goby 虾虎鱼 鲈形目多种鱼类的统称，遍布全世界，多数生活在热带海域。有的体色鲜艳；有的身体透明。可用于烹调。

god's good 酵母 俗称。参见 yeast

godard, à la (F.) 鸡肉配菜 以小肉丸、鸡冠、鸡腰、酒和胸腺作配菜，常用块菌作点缀。源自法国作曲家 Benjamin Godard(1849—1895)的名字。

godiveau (F.) 香肠馅饼 一种长形肉馅饼，以牛肉和蘑菇为配料制成。该词也可指一种长形肉丸食品。

godwit 长嘴涉水鸟 一种沼地野禽，在法国常用来烤食，烹调方法同 woodcock。

goéland (F.) 海鸥 在法国用作四旬斋食品，烹调方法同鸭，但肉质粗而无味。参见 Lent

goemon (F.) 海藻
参见 seaweed

gofio (Sp.) 1. 炒面 2. 玉米面甜食

goglet 陶制冷水瓶 印度一种长颈盛水器，通常有气孔，用于使ế水通过蒸发而变凉。

gogues (F.) 烩牛肉蔬菜卷 法国昂热地方风味之一。先将菠菜、洋葱和莴苣以盐腌 12 小时，再加入熏肉、胡椒和香料。然后将牛肉切成 20 cm 长的薄片，将上述馅料卷起，有时还拌以猪血，烩烧一昼夜。最后待冷却后切片食用。

goguette (F.) 扁平香肠 以猪肉作馅，加入大量五香料熏制而成。

golas (Hu.) 浓味菜炖牛肉
参见 goulash

Gold Dollar (Am.) 大金元 美国的一种烤烟品种。

gold flakes 金箔 极薄的小金片，用于高级糕点或烈酒的配饰。参见 Danziger Goldwasser

gold plate 金制餐具 包括镀金餐具的总称。

gold water 金箔酒
参见 Danziger Goldwasser

Goldbeerenauslese (G.) 金黄色白葡萄酒 参见 Auslese

Goldberg (G.) 葡萄园 德国酒类术语，指一些白葡萄酒，产于上述葡萄园，该名称常见于酒牌上。

goldcake 金黄蛋糕 全部用蛋黄而不用蛋白做的黄油蛋糕，以牛奶、糖和香草作配料，色泽金黄，味香宜人。

golden apple 番茄
参见 tomato

golden berry 灯笼果
参见 strawberry tomato

golden buck 干酪面包吐司
参见 Welsh rarebit

Golden Cock gin 金鸡金酒 挪威产的一种名牌杜松子酒，口味十分柔和。

golden delicious 黄蕉 也叫金冠苹果，原产于美国的西弗吉尼亚州，是一种优质苹果品种。

golden egg roll 金黄鸡蛋面包 以蛋黄、植物色素和藏红花等作配料，色泽金黄, 故名。

golden fizz 金黄起泡酒　由杜松子酒、柠檬汁、蛋黄和蔗糖配制而成。

golden gin 金杜松子酒　色泽金黄, 口味干冽, 其色泽来源于酿酒用的木桶。

golden grouper 金鳍鱼　产于太平洋的一种食用鱼。

golden guinea 发泡麝香葡萄酒

Golden Harvest 黄金叶　一种烟叶品种名。参见 tobacco

golden poppy 红柑桔
参见 clementine

golden syrup 金黄色糖浆　用糖蜜、转化糖和淀粉糖浆混合而成, 用于餐桌上的调味。

goldeneye 金眼鸭　即鹊鸭, 鸭科小潜水鸭, 因眼周围呈黄色而得名, 可食用, 但肉味不佳。

goldenrod 一枝黄花　原产于北美的一种菊科植物, 常用来泡茶, 还可制取黄色食用色素。

goldeye 红眼淡水鲱　一种分布于北美湖泊中的食用鱼。

Goldwasser (G.) 金箔酒　一种含有大量小片金叶的酒, 以茴香子和橙汁调味, 现在已改用其他黄色闪光物质代替真金箔。最早产于波兰的革但斯克。参见 Danziger Goldwasser

golubsty (R.) 卷心菜
参见 cabbage

goluptious 美味的
参见 delicious

gombaut (F.) 秋葵
参见 okra

Gombroon ware 冈布龙陶瓷　18世纪穆斯林的晶莹透亮的白色陶瓷器皿, 质地精致, 釉面无光, 外观酷似玻璃。冈布龙为波斯的一个贸易驿站, 最早的陶瓷是从这里装船外销的, 故名。

gomme (F.) 树胶, 果胶　从一种枸橼橙中提取的胶质, 常制成糖浆, 作为鸡尾酒的配料之一。

gomuti 桄榔　马来亚半岛的一种植物, 其生成的甜液可以用来制椰子糖和棕榈酒, 椰髓用于制西谷淀粉。

gondola (It.) 贡多拉酒杯　一种双头尖的酒杯, 源自意大利威尼斯小划船的形状。

gonfler (F.) 胖听
参见 swell

goo (Am.) 甜腻食品　俚称, 泛指含糖较多的食品。

goober (Am.) 花生
参见 peanut

good beef 普通牛肉　一种中等牛肉的质量等级, 在7级等级中属第3级。

Good Friday fritter 蛾, 帽贝　产于马恩岛的一种岩石软体动物, 因相传供耶酥受难日(Good Friday)时食用, 故名。

Good King Henry 亨利藜　一种野生植物, 常长在围墙边, 有时也叫波菜。烹调方法与菠菜相同, 煮时第一道水要倒掉, 因为有苦味。其嫩芽可按芦笋方法食用。该菜肴依1509年在位的英国国王亨利七世命名, 据说是他最喜爱的食品之一。

goodness 面团添加料　如糖、奶油和鸡蛋等。

gooey (Am.) 甜腻的
参见 goo

goosander 秋沙鸭　常见于北半球的一种食用鸭。

goose 鹅　一种鸭科家禽, 常用于代替火鸡作为圣诞菜肴, 其配料以苹果和覆盆子为主。鹅肝很肥, 被视为美味, 尤以法国卢兹的最为著名。参见 foie gras

gooseberry 醋栗　产于北半球的灌木果树, 与茶蔗子同属, 也叫鹅莓。其果实为白、红、黄或绿色的浆果, 味酸可食, 多用来制果冻、罐头、馅饼和其他餐后甜食与果酒。

gooseberry sauce 鹅莓沙司　供佐食鸭、鹅和鲭鱼等。

gooseberry vinegar 鹅莓醋　以鹅莓汁、糖和其他香料经发酵后制成的一种调味汁, 至少在瓶中存放一年才食用, 越陈越香, 是英国的一种古老调料。

goosefish 鮟鱇 鮟鱇科约12种食用鱼的统称,产于世界暖海及温带海洋。鮟鱇体软皮松,头宽扁,最长达1.8米,重34千克,常加工成食品出售。在法国,主要用于煮法式鱼羹。参见 bouillabaisse

goosegog 鹅莓
参见 gooseberry

goque (F.) 菜馅焖牛肉卷 待冷却后切片,再以油炸后食用,为法国昂热地区风味。

gorcock 红色雄松鸡
参见 grouse

Gordon's Dry Gin 戈登干金酒 英国的一种老牌杜松子酒,1769年创始,味干冽爽口,是世界上最畅销的品种之一。

gorenflot (F.) 六角松软蛋糕 含高脂肪,加土豆、香肠、红菜头等作配菜。

goret (F.) 小猪 指出生6个月左右已断乳的嫩猪。参见 suckling pig

Gorgon fruit 芡实 一年生草本植物,生在水池中,叶子像荷叶,花托似鸡头,故也可称为鸡头,其种子可供食用。

Gorgonzola (It.) 戈尔贡佐拉干酪 意大利伦巴第的米兰地区产的一种蓝纹牛乳干酪,质量上乘,呈圆柱形,重6—12千克,含乳脂48%,可与法国的Roquefort 媲美。

gorgot (Am.) 麦粒
参见 wheat

Gorny Doubnyak (R.) 杜布涅亚克酒 俄罗斯产的一种苦味利口酒,含有丁香油和生姜汁等调香料。

gorp (Am.) 什锦果仁

gosling 幼鹅
参见 goose

Goteborg sausage 哥德堡香肠 瑞典一种浓烟熏的干香肠。

Gothaer sausage 哥德式香肠 用瘦肉制成的一种德国夏令香肠。

Gottinger sausage 格廷根香肠 德国一种半干硬质混合香肠。

Gouda 豪达奶酪 荷兰产半硬质牛奶酪,以产地命名。为薄圆环形,外涂黄色石蜡,重10—12磅,而小的豪达干酪重10—12英两。质细腻,呈深金黄色,味浓略咸而质地较硬。是欧洲古老品种之一,最早产于12世纪,在正宗产品外壳打有"荷兰"的印记。

Gouéron (F.) 古龙干酪 法国贝里地方产的一种羊奶酪。

Gouffé (F.) 古夫 法国著名厨师,生卒年代为1807—1877。曾师承烹饪大师卡雷姆(Carême),著有《烹饪之书》(le Liver de Cuisine)。以其命名了一种以芦笋、蘑菇作配料的土豆泥菜肴。

Gougelhopf (G.) 奶油圆蛋糕
参见 Kougelhopf

gougère (F.) 奶油酥面圈 揉入格吕耶尔干酪(Gruyère)和鸡蛋,是法国勃艮第的特色食品之一。

gougnette (F.) 大炸脆饼 一种撒糖粉的发酵饼。

goujon (F.) 鮈鱼
参见 gudgeon

goula pois (F.) 连荚吃的豌豆

goulash 菜炖牛肉 匈牙利传统烩菜,始于9世纪马扎尔牧羊人。纯正的锅烧菜炖牛肉是用油煎过的小牛肉块或羊肉块加洋葱、土豆、大蔥、葛蒿籽、番茄、胡椒等调料炖成。匈牙利另一种名肴叫泡菜烩猪肉,与菜炖牛肉相似,但另加酸乳脂等配料烩炖而成,肉味浓郁,芳香开胃。

goullasch (It.) 菜炖牛肉
参见 goulash

goumi 木半夏 一种灌木,其果实呈桔红色,可食用,主要产于日本等地。

goura (F.) 小肉用鸽
参见 squab

gourami 丝足鱼 产于东南亚的一种攀鲈科淡水食用鱼。

gourd 瓜类 泛指葫芦科的植物,均可食用,如南瓜、笋瓜、西葫芦和黄瓜等。

gourillos (F.) 菊苣根
参见 endive

gourmand (F.) 美食家
参见 gourmet

Gourmay (F.) 古尔梅干酪 法国诺曼底地方产的一种全脂软干酪。

gourmet 美食家 对食品有深入的研究,知识广博,并有丰富的品尝经验。

gourmet exotica 稀有珍肴 如巧克力蚂蚁或熊肉排等,一般经盐腌或制成罐头。

gourmet powder 味精
参见 monosodium glutamate

gournal (F.) 绿鳍鱼
参见 gurnard

gousse (F.) 豆荚
参见 pod

goût (F.) 滋味,口味 对食品口味的理解体现出一个人对食品的鉴赏能力和知识。参见 flavour

goût de terroir (F.) 烈味 酒的浓烈口味,尤指只有产酒地区人们才能适应的一种特殊口味。

goûter (F.) 午后茶点 常包括肉类食品和甜点等。

goveda supa (Yu.) 牛肉汤

goyave (F.) 番石榴
参见 guava

goyère (F.) 干酪奶油馅饼

grace cup 谢恩杯 餐后祝酒用的酒杯,也用于一般的干杯礼仪。

gracile 细长小甜饼干 用核桃和葡萄干做点缀。

Gragnano (It.) 格拉涅亚诺酒 意大利坎帕尼亚地方那不勒斯附近产的一种桑椹色深暗葡萄酒,口味干或半干,含酒精12%。

Graham bread 格雷厄姆全麦面包 一种在加工中不除去麸皮和胚芽的全麦粉制成的面包,一般不经发酵。由美国食品营养专家、牧师 Sylvester Graham (1794—1851) 于1837年创制。

graham flour 全麦面粉 一种富有营养的粗面粉。参见 Graham bread

Grahambrot (G.) 格雷厄姆面包 一种不发酵的麸皮面包。参见 Graham bread

grailing 茴鱼
参见 grayling

grain 1. 谷物,谷粒 如小麦、燕麦、稻米、小米等。 2. 谷,喱 英制最小的重量单位,约等于0.0648克。

grain alcohol 粮谷酒精
参见 grain spirit

grain spirit 粮谷白酒 用谷物,尤指用玉米和麦芽等酿制而成的酒,如威士忌等。

grain whiskey 粮谷威士忌 苏格兰的主要烈性酒产品,用未经发芽的小麦酿成,以区别于麦芽威士忌,一般含酒精40%。

graine de sureau (F.) 接骨木
参见 elderberry

graining 雅罗鱼 一种欧洲产的淡水食用鱼。参见 chub

grains of paradise 天国谷粒 也叫几内亚谷粒,姜科芦苇状植物非洲豆蔻的辛辣种子,含有香精油,可用作调味香料。

graisse (F.) 1. 脂肪,肉膘 2.(烤肉滴下的)油汁 参见 dripping

graisse à la Normande (F.) 诺曼底式猪肉膘 常在加各种香料后用于烹饪。

graisse de vins (F.) 粘丝
参见 ropiness

graisserons (F.) 罐头猪肉

graisseux (F.) 肥的,油腻的
参见 oiliness

gram 克 公制重量单位,约合0.035盎司。

gramolate (F.) 冰霜 一种不含蛋白的果冻,颗粒较粗。也作 granité

Gran Spumante (It.) 格兰酒 意大利生产的一种绝干发泡葡萄酒,按法国香槟法生产,常以Pinot葡萄为原料。

Grana padano (It.) 帕达诺干酪 意大利各地几乎都能生产的一种圆鼓形大干酪,用牛乳制成。重24—40千克,色泽淡黄,外裹蜡布,含乳脂33%。

grana reggiano (It.) 勒佐奶酪 一种有刺激味的全脂硬质奶酪,产于艾米利亚地区,与帕尔马干酪相似。

granada (Sp.) 石榴

参见 pomegranate

granadilla (Sp.) 西番莲
参见 passion fruit

granary loaf 谷仓面包　一种以麦芽和全麦粉制成的混合面包,以形似谷仓而得名。

Granatapfel (G.) 石榴
参见 pomegranate

granatina (It.) 1. 石榴汁　2. 炸牛肉片　以鸡蛋和面包屑裹后再炸而成。

grancevola (It.) 大蟹　产于亚得里亚海。参见 crab

granchi marini (It.) 小虾
参见 shrimp

granchio (It.) 蟹
参见 crab

Grand Cru (F.) 大苑　法国勃艮第地区葡萄园的质量等级称法。参见 Cru Classé

Grand Marnier 大马尼埃酒　也叫橙味利口酒,1880年由法国一家古老酒厂创制。色泽金黄,有橙子特有的芳香,而且醇厚可口,被推崇为世界名酒,与 curaçao 相似,含酒精39%。

grand mousseux (F.) 多气泡的　酒类术语,指香槟酒瓶内具有较高的压力,因而气泡也最多。

Grand Musigny (F.) 大姆西尼酒　法国科奴依地方产的一种勃艮第型的红葡萄酒。

grand noir (F.) 大黑　法国酿酒用葡萄品种名。

grand veneur, sauce (F.) 辣椒沙司　加入红醋栗冻、奶油、血等,用于佐食野味。

grand-duc, oeufs (F.) 莫内沙司水波蛋　以块菌和芦笋尖作配料,字面含义为大公爵式蛋。

Grande Champagne (F.) 大香槟酒　只限于法国大香槟地区产的一种科涅克型白兰地酒。注意该酒不是香槟酒,而是一含酒精40%的无气泡白兰地。

grande cuisine (F.) 高级大菜　从16世纪起发展形成的法式名菜,到19世纪达到登峰造极的地步。以口味丰富、色调柔和、装饰精美著称。其烹饪技术始于美第奇家族的凯特琳公主,她从意大利带来了冷盘、花色肉冻、蛋奶冻、块菌等名菜,又发展出各种调料和餐桌礼节,并对食品原料和烹饪工艺进行了研究。

grandine (It.) 颗粒面食　常放在汤中食用。参见 pasta

Grands Echézeaux (F.) 大埃歇索酒　法国勃艮第地区的 Côte de Nuits 产的一种优质干红葡萄酒。

granita de caffé (It.) 咖啡冰霜
参见 granité

granité (F.) 冰霜　常撒以糖粉,用作果汁饮料的配料。

Granny Smith 史密斯奶奶苹果　澳大利亚产的一种青绿色苹果,由 Maria Ann Smith(?—1870)培育成功,故名。

grano (It.) 小麦
参见 wheat

granola 格兰诺拉燕麦片　以红糖、葡萄干、椰丝和干果等为配料制成的燕麦花卷,用作早餐或营养食品。

grañon (Sp.) 麦仁粥

Grantham gingerbread 格拉什姆姜饼　一种松软的圆形姜味饼干,常用作英国林肯郡和诺福克等地的集市食品。

Grant's 格兰特酒　苏格兰威士忌酒名牌,历史悠久,口味微甜。该词也指一种英格兰肯特郡的樱桃白兰地,酒体轻盈,含酒精25%。

granulated sugar 砂糖　通过离心过筛和结晶等过程而制成的颗粒白糖,分赤砂与白砂两种,色泽越白,质量越好。

granvillaise, colin à la (F.) 油炸盐渍鳟鱼　用虾作配菜,源自法国北方渔港格兰维尔(Granville)。

grape 葡萄　葡萄科植物,有许多品种,原产于北温带,已有数千年的栽培史。葡萄为一种球状浆果,有各种颜色,如黑、绿、白、红和紫等,果肉多汁,味甜,含有丰富的维生素、糖和矿物质。葡萄可作为水果,但绝大部分被

grape brandy 用于酿制葡萄酒。

grape brandy 纯葡萄白兰地 指由葡萄酒蒸馏而成的白兰地,以区别于其他水果白兰地。法国的 Cognac 和 Armagnac 为质量最好的葡萄白兰地,一般含酒精 40%。

grape juice 生葡萄汁 可直接饮用,但大多用于酿酒。

grapefruit 葡萄柚 也叫柚、文旦或朱栾,芸香科柑橘类球形果实。外皮呈柠檬黄色,果肉白、黄或深红,味酸汁多。常用于作什锦水果色拉和蜜饯等。

grapefruit juice 葡萄柚汁 常制成罐头饮料,有甜与不甜的两种。

grapefruit knife 葡萄柚刀 一种有锯齿的弯形小刀,用于切开葡萄柚及去核等。

grapefruit oil 葡萄柚油 一种芳香的黄色挥发油,从葡萄柚的新鲜果皮中提取而成,用作调味香料。

grapefruit spoon 葡萄柚匙 一种有锯齿边缘的小匙,用于切division葡萄柚的果肉。

grapery 葡萄园
参见 vineyard

grapiau (F.) 厚煎饼 产于法国中部,有的加入土豆,有的味甜。也作 sanciau

grappa (It.) 果渣白兰地 意大利的一种干味葡萄渣白兰地。参见 marc

GRAS (abbr.) 安全食品添加剂
全名为 generally regarded as safe。
参见 additive

gras (F.) 肥肉
参见 fat

grasa (Sp.) 肥肉,肥膘
参见 fat

gras-double (F.) 牛肚 常加入火腿、大蒜、蔬菜和香料植物佐味。参见 tripe

grasera (Sp.) (烤肉用)接油盘

grass 生菜 有时也指生菜色拉。参见 cos lettuce

grass carp 草鱼,鲩 一种以水草为食的淡水鱼,属鲤科,肉味美,可食用,但略有泥土味。

grass daylily 金针菜,黄花菜
参见 citron daylily

grass egg 青草蛋 当母鸡吃了青草等青绿色食物后所产的蛋,其蛋黄呈深黄色甚至青绿色。

grass pea 草香豌豆 一种印度植物,用作食品。

grasset 1. 小草鸟 美国的一种鸣禽,肉较肥,故常用作烤食。 2. **(F.)** 薄牛肉片 用牛腹部肉制成。

grasshopper 蚱蜢鸡尾酒 用薄荷甜酒、可可香草甜酒等调制而成的著名鸡尾酒,参见附录。

grasshopper pie (Am.) 蚱蜢馅饼 以薄荷利口酒、明胶和搅奶油作馅的一种美式点心,以其碧绿的色泽而得名。

grasso (It.) (肉)肥的
参见 fat

grate 将(干酪)擦成屑 用礤床把干酪等食品磨成细末或细丝。

gratella (It.) 烤架 俗称铁笆子,用于烤炙各种肉类。

grater 礤床 一种磨碎机械,可将干酪、香料、蔬菜等磨成细丝或细末。

grateron (F.) 凝乳
参见 rennet

graticola, alla (It.) 炙烤食品

gratin (F.) 奶汁干酪烤菜 用面包屑和碎干酪撒在食物的表面,烘烤后形成一层脆皮即成。

gratin à la Languedocienne (F.) 朗格多克烤茄子 用番茄、茄子、大蒜等作配料,上撒欧芹和面包屑,然后入烤炉烤成金黄即成。

gratin à la Provencale (F.) 普罗旺斯式烤土豆 以土豆片作底,上置洋葱、番茄,烤成焦黄即成。

gratin de queue d'écrivisses (F.) 奶油烙虾尾 将虾尾拌以面包屑及白兰地,烙烤直至金黄即成。

gratin savoyard (F.) 烙干酪土豆片
参见 Savoyard, à la

gratinate 烤干酪丝 在食品表面盖上一层干酪屑,然后放在烤板或烤箱下

方,使其表面形成一层松脆的硬皮的烹调方法。

gratiné(e) (F.) 干酪脆皮 食品表面的奶油和干酪经烘烤后形成的脆皮,包括面包屑,可用于制成各种汤料。

gratinée à la Lyonnaise (F.) 里昂牛肉清汤 用鸡蛋、洋葱作配菜,上盖以干酪和烤面包片。

grattons (F.) 猪油渣 也指鹅油渣或火鸡油渣,常加入细盐趁热食用。参见 crackling

grattugia (It.) 礤床 把面包和干酪等擦成细丝或碎末。

gratuite (F.) 赠品 指餐厅中免费供应的点心和饮料等。

gravenche (F.) 湖鲑 主要产于日内瓦湖,背部有弯曲,鳞片色彩丰富。参见 féra

Gravenstein 格雷文斯坦苹果 一种美国苹果,呈黄绿色,有红色条纹,味酸。

Graves (F.) 格拉夫 法国波尔多地区的酿酒地名,在加龙河以西,生产许多以该地名命名的优质干红或干白葡萄酒。

gravlaks (No.) 烟熏鲑鱼
参见 kipper

gravy 肉卤 以土豆、面粉或杏仁粉、香料、葡萄酒或啤酒加肉汁调制而成的一种调味汁,用于为鱼、肉、蔬菜和其他水产食品作调料配料。

gravy boat 船形肉卤盘 一种浅碟,一边有嘴,另一边有手柄,常配以底盘,用于端送肉汁及沙司。参见 sauceboat

gravy browning 酱色
参见 brown gravy

gravy sauce 肉汁沙司 将烤肉时滴下的肉汁加入各种调味料和增稠剂制成的佐餐用沙司。

gray mullet 灰鲻鱼 一种鲻鱼品种。
参见 mullet

gray trout 湖红点鲑 产于暖水地区的一种鲑科鱼,体表有黑或紫红色斑点,可食用。

grayfish 角鲨 一种海洋食用鱼,也指幼青鳕。参见 pollack

grayling 茴鱼 一种鲑类鱼,背鳍高而宽,栖居在淡水湍流中,是极有价值的食用鱼。

graysnapper 灰笛鲷 产于大西洋水域的一种有价值的食用鱼。

graywall 灰斑 番茄果实外皮上的半透明灰褐色斑纹,是由于过分日晒而产生的质变现象。

Grazalema (Sp.) 格拉扎莱玛干酪 西班牙安达卢西亚地方产的一种羊奶酪,呈圆柱形,重3.5千克,含乳脂35%。

grease 1. 肥肉 参见 fat **2. 油脂** 尤指动物油脂,一般从头、蹄和杂碎中提炼而成,质量较差,比黄油柔软。

grease burner (Am.) 煎饼厨师

greasy 含脂肪的,多脂肪的
参见 oiliness

greasy spoon 低级小饭店 价格低廉,一般设在车站附近等,卫生条件很差。

greasy texture 质地滑腻 奶油和干酪的一种缺陷现象。

great barracuda 大魣 一种灰褐色的魣,长达6英尺以上,产于大西洋海域。

Great Bigarrean 小紫 一种樱桃品种名。

greaves 油渣
参见 crackling

greben (Je.) 鹅脂油渣
参见 crackling

greco (It.) 希腊酒 意大利翁布里亚地区产的一种干白葡萄酒。

greco di tufo (It.) 岩希腊酒 意大利坎帕尼亚产的一种干白葡萄酒。

Grecque, à la (F.) 希腊式 指用橄榄油、芫荽或其他香料植物一同焖煮的蔬菜菜肴,如洋蓟和蘑菇等。

Greek olive 希腊橄榄 一种浸渍在盐水和橄榄油中的成熟黑色橄榄,烹调中常用作菜肴的配料。

Greek salad 希腊式色拉 一种蔬菜色拉,以费塔干酪、鳀鱼、刺山柑和油醋沙司拌和而成。

Greek wines 希腊葡萄酒 早在拜占庭时代,希腊就以酿酒著称。今天,希腊是世界上最大的15个酿酒国之一,以首都雅典为中心的地区生产各种红、白葡萄酒。而在南部伯罗奔尼撒半岛的葡萄酒产量占全国的三分之一,多供国内消费。

green 1.(酒)新酿的 2.生的 泛指肉半生未熟或未经腌熏的,水果生的和其他食品嫩绿的。

green bacon 白腌肉 腌而不熏的咸肉,流行于美国中南部,也叫生熏肉。

green bean 青刀豆 一种嫩刀豆品种,食时可连荚,是优质蔬菜品种。

green butter 植物脂 以水芹泥混和盐、辣椒和奶油,用于涂抹饼干和三明治等。

green center 中心发绿 香肠馅中因霉变而形成的色变,是一种缺陷现象。

green Chartreuse 绿查尔特勒酒 由17世纪法国格勒诺布尔的苦修会修士酿成。配方中有一百多种芳香草药,酒味浓烈,比另一种黄查尔特勒酒口味醇厚。

green cheese 1.绿干酪 指一种未成熟的低级乳清干酪,调入撒尔维亚叶粉末作调味,主要产于瑞士等地。 2.生干酪, 新鲜干酪

green corn (Am.) 嫩玉米 印第安甜玉米的幼嫩秆茎,适于作蔬菜食用。

green crab 青蟹 一种生长于沿海淡水中的食用蟹。

green crop 小青菜
参见 pak-choy

green dough 生面团 指未发酵的面团。参见 dough

green fruit taste 生果味 果汁饮料的一种缺陷现象。

green ginger 鲜生姜 将未经晒干的生姜用糖渍后,作为甜食。参见 ginger

green goddess dressing 绿色女神调味料 一种凉拌菜调料,用蛋黄酱、酸奶油、鲲鱼汁、细香葱、欧芹和龙蒿醋等配料调制而成。源自美国女演员 George Arliss(1868—1946),她在一次演出中扮演了绿色女神。

green goods 绿叶蔬菜 指叶片呈青绿色的各种蔬菜,一般含有丰富的维生素和矿物质等,如菠菜、荠菜、青菜、细叶葱等。

green goose 仔鹅 指生长仅10—12周即供应市场的肥幼鹅,食用时不加填馅。

green gram 绿豆 一种绿色小粒豆类,含有较高的碳水化合物和少量蛋白质,适于作粉丝或煮成豆汤,也可用于酿酒。

green kelsey 酸青梅
参见 greengage

green laver 石莼 一种可食的海藻。
参见 sea lettuce

Green Mountain 青山 一种葡萄品种名。

green onion (Am.) 嫩洋葱 一般常带有茎叶,用于凉拌。参见 onion

green pepper 青椒 也叫甜椒,是一种未熟透的青辣椒,但也可能是另一品种,可用作凉拌或炙烤。参见 bell pepper

green ring 绿环 香肠类食品发生霉变时产生的绿色环状物,食用该种香肠可能引起食物中毒。

Green River 青河烟叶 一种深色烟草,主要用作咀嚼,源自商品名。

green soybean 青大豆 俗称毛豆,一种未充分成熟的大豆,可用作蔬菜。

green tea 绿茶 茶叶的一大类,是将茶的嫩芽置于高温中烘烤,破坏茶叶中的酶,使其停止发酵,沏出的茶色淡味香,并保留鲜茶叶原有的绿色。中国的龙井绿茶世界驰名。

green turnip 青萝卜 一种根茎类蔬菜,与萝卜近缘,但呈青绿色,故名。
参见 turnip

green turtle 绿甲海龟 一种大海龟,龟壳背光滑呈绿色或橄榄色,广泛分布于暖海中。龟卵富于营养,龟肉及龟卵均可食用。

greengage 西洋李,青梅 原产于欧洲的一种淡绿或黄绿色的李属植物,主要用于制优良的餐后甜食。以培育

该品种的英国人 Sir William Gage 命名。

greengrocer 蔬菜水果商 出售蔬菜和水果为主的商贩,以区别于 grocer。

greening 青苹 一种绿皮冬苹果品种。参见 apple

Greenland halibut 格陵兰马舌鲽 生长在大西洋北部的一种比目鱼,体重 20—25 磅,体侧有鲜艳的色彩。

greenling 六线鱼 欧鳟的一种,生长在太平洋阿留申群岛和加利福尼亚沿海水域,鳞细小,体黑色或黄色,是日本最常用的食用鱼类之一。

greens 青菜
参见 pak-choy

greenstuff 绿叶蔬菜
参见 green goods

gremille (F.) 梅花鲈 一种淡水鲈鱼品种。

Grenache (F.) 格雷那什葡萄 法国、西班牙和美国等地的一种葡萄品种,常用于酿制同名干红葡萄酒,果香浓郁,色淡味醇。许多桃红葡萄酒也用该葡萄酿成。

grenade (F.) 石榴 可用于制果冻、糖浆和蜜饯等。参见 pomegranate

grenadier (F.) 掷弹兵鱼 一种肉色淡白的海洋鱼,因头部形似法国的掷弹兵军帽,故名。

grenadin (F.) 炖小牛肉片 一般切成三角形或长方形,盖以肥膘同炖而成。

grenadine (F.) 石榴糖浆 一种甜味果汁糖浆,用少量酒和石榴汁调配而成,用作鸡尾酒的调味和上色。源自法语 grenadier,因石榴形状类似于榴弹而得名。

grenki (R.) 热干酪面包片 可加入融化黄油等一同烤到微黄即成,用于佐食罗宋汤。参见 fondue

grenoblois, gateau (F.) 浓味胡桃蛋糕

grenouille (F.) 食用蛙
参见 frog

grenouilles à la Bressane (F.) 奶汁蛙腿 加香料和鸡肉调味。

gresillon (F.) 粗面粉
参见 semolina

gressin (F.) 长棍面包
参见 baguette

grey fish 青鳕
参见 pollack

grey ring 灰色环 香肠的一种缺陷。
参见 green ring

grey wine 淡色葡萄酒 指既不是红葡萄酒或玫红葡萄酒,也不是白葡萄酒的一种中色酒。

greyano vino (Bu.) 格瑞阿诺酒 保加利亚产的一种辣味香料混合酒。

greyskin 灰胡椒鲷 一种鲈鱼,产于太平洋和印度洋的热带海域。

grianneau (F.) 小松鸡
参见 grouse

gribiche, sauce (F.) 蛋黄沙司 以硬煮蛋的蛋黄加油、醋搅拌而成的调味沙司,其配料还有刺山柑碎末、香草、小黄瓜等,用于佐食各种鱼类菜肴。

griblette (F.) 炙烤肉片 常外包肥肉膘同烤而成。

grid 1. 炉栅 参见 gridiron 2. 铁篦子 供烤食品用的一种铁架。

griddle 鏊 一种平底浅铁锅,呈圆形,中心稍凸,用于煎蛋、肉片和烙饼等。

griddle cake (Am.) 薄烤饼 用平底浅锅烘烤而成的一种面饼,薄而脆。

gridiron 烤架 俗称铁笼子,一种金属网架,可直接搁放需加以炙烤的食品。

Griebe (G.) 油渣 鹅脂油渣常加入盐等调味后食用,味香而脆。也指肠中的油脂小块。

Griesknödel (G.) 粗麦粉团子

Griess (G.) 粗粒面粉
参见 semolina

grig 1. 小鳗 2. 矮脚母鸡

griglia (It.) 烤架
参见 gridiron

Grignan (F.) 格利南酒 法国的一种甜味利口酒,由苦修会修士酿制,十分

名贵。口味类似查尔特勒酒,含酒精45%。参见 Chartreuse

grignandes (F.) 脆炸肉丁

grigne (F.) 裂纹 面包表面由烘焙而产生的开裂或焦黄色。

Grignolino (It.) 格利诺利诺葡萄 意大利皮埃蒙特地区的一种深色葡萄,用于酿制许多廉价的普通佐餐用干红葡萄酒。

grignon (F.) 硬面包干 一种烘得很脆的面包,可以用手掰开。

gril (F.) 烤架
参见 gridiron

grill 1. 烤架 参见 gridiron 2. 炙烤 在敞开的烤架或铁板上烤各种肉类、鸡或鱼等,一边涂以卤汁。3. 扒房 参见 grillroom

grill bar 烤肉酒吧 一种供应扒烤牛肉为主的酒吧。

grill car 简便餐车 通常供短途旅客就餐的车厢,其设备和供应的饮食均较简单和便宜。

grillade (F.) 烤肉 泛指烤鱼或烤家禽等,但主要是烤牛肉。

grillardin (F.) 烤肉厨师 指在大餐厅中负责炙烤肉类食品的专职厨师。

grillé (F.) 炙烤的
参见 grill

grilled meat 烤肉 置于铁丝网或铁板上用明火直接烤熟的牛、羊肉。由于肉汁从表面蒸发,故营养成分损失较大。

grille-pain (F.) 烤面包炉
参见 toaster

Grillet, Château (F.) 格利叶 法国罗讷地区的产酒区,在里昂以南,生产的干白葡萄酒居法国前列。

grillettare (It.) 油煎,油炸
参见 fry

grillettes (F.) 烤肥肉片 或烤肥鸭肉片。

grillons (F.) 糖渍猪肉块 有时指一些即兴烹调食品。参见 surprise

grillroom 烤肉餐厅 俗称扒房,供应简易的烤炙食品。

grilse 成熟鲑 尤指溯流而上产卵期的鲑,重约4—12磅,味鲜美。

Grimes Golden 格兰姆斯金苹果 一种金黄色的秋苹果,味甜可口,有深色斑点。以美国水果培育专家 Thomas P. Grimes 命名。

Grimod de la Reynière (F.) 格里莫 法国著名美食家(1758—1838),著有《美食年鉴》(*Almanac des Gourmands*)。他的著作要早于烹饪大师萨伐林。参见 Brillat-Savarin

grind 碾碎,磨碎 指用磨子将食品碾成粉末。

grinder (Am.) 绞肉机
参见 mincer

grindstone 磨刀石 过去厨房中用于磨制刀具,但现在大多改用电动磨刀机。

griot (F.) 次等面粉
参见 patent flour

griotte (F.) 酸樱桃 外皮呈暗红色,用于作糖水樱桃或果酱。参见 morelle

grisette (F.) 食用蘑菇
参见 mushroom

griskin 猪腰肉 一种瘦五花肉或杂碎肉。

Grison's salt beef 格里森牛肉脯 一种薄如纸片的咸牛肉片,源自商标名。

grissini (It.) 长棍面包 其长度在25—75cm之间,原产于意大利。参见 baguette

grist 1. 麦芽 大麦经人工处理后长出的幼芽,可用于酿造酒类或作麦芽糖。2. 谷粉 由谷类经一次磨成的面粉。

gristle 软骨 肉类中坚韧的筋腱状物质,是熬制骨胶的良好原料。参见 cartilage

grits 粗麦粉 一种经粗磨去壳的麦粉,常伴有碎麦粒。在美国,该词也可指粗玉米粉。

gritty texture 颗粒状组织 奶油和冰淇淋因拌制不匀而致的一种缺陷状态。

grive (F.) 鸫肉糜 或制成砂锅菜,味极鲜美,有时统称为野鸟肉糜。参见

thrush

grivelette (F.) 小鸫 产于圣多明各等地。参见 thrush

groats 燕麦片 指完全除去燕麦麸皮并碾压成片的食品,也指大麦片或黑麦片。

grocer 食品杂货商 出售咖啡、蔗糖、面粉、水果、乳制品、肥皂和盐等食品和杂货的商店。

grocery 食品杂货店
参见 grocer

groceteria 自助食品店 一种无人售货的超级市场。该词由 grocery 和 cafeteria 两词缩略而成。

grog 格罗格酒 一种热水加朗姆酒和柠檬汁的混合酒,源自英国海军上将 Edward Vernon(1684—1757)。他的绰号叫 Old Grog,因为他喜欢穿一种叫 grogram 的混纺毛呢大衣。1740 年他命令向水兵发放一种搀柠檬汁和热水的朗姆酒,以防治坏血病,该饮料因而得名。

groggery 酒吧
参见 bar

grogshop 小酒馆
参见 tavern

grolla (It.) 木制酒杯 意大利瓦尔达奥斯塔区特产的一种酒杯,古色古香。

grondin (F.) 绿鳍鱼
参见 gurnard

grongo (It.) 欧洲康吉鳗
参见 conger eel

gronnsaker (No.) 蔬菜
参见 vegetable

groom's cake 结婚蛋糕 常呈宝塔形,上饰巧克力与奶油等花饰。参见 wedding cake

gros plant (F.) 白福尔葡萄 法国布列塔尼地区的特有名称。参见 Folle Blanche

gros-bec (F.) 蜡嘴雀
参见 hawfinch

gros-blanquet (F.) 葡萄梨 一种外皮黄绿色的梨,味甜肉粗。

groseille (F.) 醋栗、茶藨子
参见 currant

Gros-lait (F.) 浓凝乳干酪
参见 Cailles rennaises

gross ton 长吨 约为 1016 千克。参见 ton

gross weight 毛重 食品连同包装或牲畜家禽等连同皮毛在内的重量。

grosserie (F.) 银餐具
参见 silverware

grosso rigato (It.) 短波纹状通心面 一种意大利特色面食,常用于煮汤。

grosura (Sp.) 杂碎,下水
参见 offal

gros-vert (F.) 白晚葡萄 法国一种酿酒葡萄品种。

ground beef 牛肉糜 常用于作各种馅料。

ground cherry 茶藨子属 指醋栗、鹅莓、刺李和覆盆子等浆果。

ground nut 园果 几种具有可食果实或坚果植物的俗称,其中花生最常见;其次,指称马铃薯豆,块茎可食,地茎香豌豆也有可食的块茎。有时将 ground nut 专指花生。参见 peanut

ground rice 米粉 比面粉颗粒略粗,用于作布丁或加入糕点饼干中使其具有一定的质地。

ground sesameseed oil 小磨麻油 也叫香油,用炒熟的芝麻经磨糊加开水搅拌、振荡等工序制成,清澈透明,比大槽麻油更其芝麻香味。

groundfish 底栖鱼 指生活在海底的鱼类,如鳕鱼等。

groundnut kernels 花生仁 花生去壳去皮后的核仁,洁白微黄,富含蛋白质和油脂,可用于制成多种食品或榨油,是最常见的食品之一。

groundnut oil 花生油 质地清澈透明,用于拌沙拉及烹调。也作 peanut oil

grouper 石斑鱼 鲈形目鮨科鱼类的统称,广泛分布于暖海中,体长约 2 米,重达 200 千克,体色一般呈暗绿色,色调鲜艳。种类很多,是上好的食用鱼。

grouse 松鸡 生活在寒冷地带松林中

的一种野禽,身体比斑鸠稍大,形状像鸡。身体大部黑色,间有黄白色杂色斑纹,体肥胖,腿部有力,为公认的名贵野禽品种。烹调方法和鸥鸪相同。

grout 粗麦片粥 泛指一些粗杂的谷类食品。

groux (F.) 荞麦粥
参见 buckwheat

groviera (It.) 格吕耶尔干酪
参见 Gruyère

growler (Am.) 啤酒罐 一种从酒店打啤酒回家饮用的铁皮罐。源自该种酒罐在搬运中发出的声音(growling)。

growth (葡萄的)一熟 指一次收获量,以表明葡萄园所产葡萄酒的质量。
参见 cru

gruau (F.) 燕麦粥
参见 gruel

grub (Am.) 食品 俚称。参见 food

grue (F.) 鹤
参见 crane

gruel 稀粥 以玉米粉、燕麦粉或面粉加水或牛奶煮成的一种流质食品,常供病人食用。

gru-gru 棕榈嫩芽
参见 palm

grumichama 巴西番樱桃 其风味和形状均类似甜樱桃,叶与花有光泽;果实呈红色,但皮较厚。

grüne Bohne (G.) 青豆,扁豆
参见 French bean

Grüner Veltliner (G.) 绿韦尔特利纳葡萄 产于维也纳附近的优秀奥地利酿酒用葡萄品种,酿成的白葡萄酒口味轻盈,活泼。

Grünersalat (G.) 莴苣
参见 lettuce

Grünfäule (G.) 青腐病 苹果、葡萄等由于沾染病菌而引起的早腐现象。

grunt 1. 胡椒鲷 参见 red snapper 2. 咕噜甜点 将软饼的生面糊滴落在煮沸的浆果上再经蒸煮而成,因蒸时,该甜点会发出咕噜声而得名。

Grünwarenhändler (G.) 蔬菜水果商 参见 greengrocer

Grünzeug (G.) 香料植物
参见 herb

Gruyère (F.) 格吕耶尔干酪 瑞士产的一种全奶硬质干酪,色泽淡黄,多孔,有果仁味,经压榨而成,外用蜡纸包装,重30—40千克。法国汝拉省也生产类似的干酪,为世界著名干酪品种之一。

gryphée (F.) 欧洲牡蛎 尤指葡萄牙牡蛎。参见 oyster

grytstek (Sw.) 砂锅菜
参见 casserole

guacamole (Am.) 鳄梨酱 美国墨西哥人的一种主要食品,用鳄梨泥、碎洋葱、番茄和辣椒拌成,并以芹菜叶盛起食用。

guacamote (Sp.) 木薯
参见 tapioca

guacharo (Sp.) 油鸱 其幼鸟的脂肪可用于烹调。

guaguanche (Sp.) 格查乔 产于加勒比海和大西洋的一种梭子鱼,背淡黄色;腹部银白色,可食用。

guamigna rigata (It.) 大半弯状通心面 一种意大利面食。参见 macaroni

guanabana 刺果番茄枝
参见 soursop

guancia di maiale (It.) 巴斯肉饼
参见 Bath chap

guantiera (It.) 果盘,糕点碟

guapote (Sp.) 鲱鱼
参见 herring

guar gum 瓜胶 也叫瓜豆胶,为一种半乳糖或甘露糖类型的植物胶,可用于制口香糖。

guarapo (Sp.) 1.甘蔗汁 2.甘蔗酒
参见 sugarcane

guarnizione (It.) 饰菜
参见 garnish

guarrus 瓜露斯 一种用玉米或大米加糖制成的饮料。

guava 番石榴 桃金娘科乔木或灌木植物,产于热带美洲,有很多品种。果实味甜带酸;果肉呈白色至橙红色,可制果酱、果冻和蜜饯。其鲜果富含维

生素 A、B 和 C，可鲜食或切片后加糖和奶油作为餐后点心。
guava nectar 罐头番石榴汁
guayaba (Sp.) 番石榴
　参见 guava
guazzetto (It.) 煨，炖，焖
　参见 simmer
gudgeon 鮈鱼　鲤科常见小鱼，分布于欧洲及北亚的淡水水域。体淡灰或淡绿色，体侧有黑色斑点，常用于油炸食用或作钓饵。
gueridon (F.) 小餐车　一种安装有小轮子的活动餐台，用于放置各种餐饮服务用具，也常用于在餐桌边现烹现食。
Guernsey 根西奶牛　原产于英吉利海峡根西岛的一种优质乳用牛，毛色浅褐，有白色斑点，所产的牛奶呈淡黄色，营养丰富，含脂量高。
Gugelhupf (G.) 果子糕饼　一种用发酵面团制的半甜糕点，加有葡萄干、香橼和果仁等，在平底锅中烘焙而成。源自德国巴伐利亚的一种酵母糕。
guigne (F.) 长柄黑樱桃　一种酿酒用樱桃品种，味甜。参见 gean
guignette (F.) 沙锥
　参见 snipe
guignolet (F.) 欧洲甜樱桃
　参见 gean
guildive (F.) 甘蔗酒
　参见 rum
guillaret (F.) 甜味糕点
guiller (F.) （啤酒）起泡
　参见 foam
guimauve (F.) 乳脂软糖
　参见 marshmallow
guinda (Sp.) 欧洲酸樱桃
Guinea corn 高粱
　参见 sorghum
Guinea fowl 珍珠鸡　原产于几内亚的一种家禽，羽毛有白色斑点，类似珍珠，可食用，现在世界各地饲养。
Guinea grain 几内亚谷粒
　参见 grains of paradise
Guinea peach 几内亚桃　一种无花果的果实，味似草莓，多吃会致吐。

Guinea pepper 朝天番椒　产于非洲的一种乔木果实，有芳香辣味，用作调味品。
Guinea plum 姜饼树　一种西非大乔木，其果实皮粗可食。
Guinea squash 茄子
　参见 eggplant
guinguet (F.) 酸葡萄酒　一种质量居中、味酸的葡萄酒，含酒精度不高。
guinguette (F.) 低级酒店　常伴有歌舞表演，地处巴黎近郊。源自一种酸味葡萄酒名。参见 guinguet
guinnat 王鲑
　参见 king salmon
Guinness Company Limited 吉尼斯公司　爱尔兰烈性黑啤酒酿造商，总部现设在伦敦。1759 年创立，当初生产各种淡味黑啤酒，18 世纪起专门生产烈性黑啤酒，被人们视为爱尔兰的国酒。今天，吉尼斯啤酒在世界上 120 多个国家都有出售，口味独特。
guirlache (Sp.) 巴旦杏仁糖
　参见 almond
guisado (Sp.) 烩，焖
　参见 simmer
guisar (Sp.) 烧，炖，炒
　参见 stir-fry
guitare (F.) 犁头鳐
　参见 guitarfish
guitarfish 吉他鳐　也叫犁头鳐或扁鲨，因前体扁平而得名，可食用。
Guizot (F.) 基佐　法国著名政治家、历史学家 Francois Guizot (1787—1874)，以其命名了一些小牛肉菜肴。
Gul Rose liqueur 格尔攻酒　土耳其产的一种玫瑰利口酒。
Gulasch (G.) 菜炖牛肉
　参见 goulash
gulf flounder 海湾比目鱼　因产于墨西哥湾而得名。
gull 海鸥　一种大海鸟，肉质粗老，并有一种不愉快的气味，但海鸥蛋十分可口。
gully (Sc.) 切肉刀
　参见 carver
gulyas (Hu.) 菜炖牛肉

gum

参见 goulash

gum 口香糖

参见 chewing gum

gum arabic 阿拉伯树胶

参见 chewing gum

gum tragacanth 西黄蓍胶

参见 tragacanth

gum tragon 角豆胶

参见 carob

gumbo 秋葵汤 美国路易斯安那州法国移民食谱中的炖焖汤菜，以秋葵荚为主要配料而得名，并以面粉、脂肪、洋葱、大蒜、青椒、番茄、香草、香料、鸡、海味、兔肉等作配料。一般在耶稣受难节时食用。参见 okra

gumdrop 球形胶姆糖 用玉米糖浆加入淀粉、明胶和阿拉伯树胶制成的橡皮糖，经模子压制成球形，外裹砂糖而成。

gumi 木半夏

参见 goumi

gunga peas 木豆

参见 pigeon pea

gunnel 鳕鱼

参见 butterfish

gunpowder tea 珠茶 一种中国绿茶，因叶片搓成圆形颗粒状形似珍珠而得名。

gur (Hi.) 原糖 印度产的一种用甘蔗浓汁熬成的棕色粗糖。

Gurken (G.) 黄瓜

参见 cucumber

Gurkensalat (G.) 黄瓜色拉 一种生拌黄瓜片菜肴，为著名德式凉拌之一。

gurnard 鲂鲱 也叫灰鱼或绿鳍鱼，身体略呈圆筒形，后部稍侧扁，生活在海水中，可食用。

gurry 碎鱼肉

参见 fish cream

gusta (Sp.) 菜单

参见 menu

gustation 味道

参见 flavour

gusto (Sp.) 味道

参见 flavour

gut (Am.) 香肠 俚称。参见 sausage

guten Appetit (G.) 祝你胃口好 祝酒用语。

gutta-percha (Sp.) 杜仲胶 由马来西亚和南美洲一些胶树所获得的淡黄色胶乳液，可压成胶块，用于作口香糖的基质。该胶经加热会变软，极耐水。20 世纪下半叶，逐渐被合成树脂所取代。

Guyenne (F.) 吉耶讷 法国地区名，包括吉隆特省和多尔多涅省等地，以块菌、大蒜、洛克福尔干酪和鹅肝酱著称于世。此外，该地的阿马涅克白兰地酒也十分出色。

guzzle 酒，烈酒 俚称。

参见 spirit

gwyniad 鳟类小鱼 产于英国的淡水湖中。参见 trout

gyle 发酵醪 在发酵过程中用于勾兑，常加入烈性酒和淡啤酒中促进发酵。

gymnetre (F.) 地中海鳕鱼

参见 cod

gypsy bread 吉卜赛面包 一种水果面包，常加有暗黑的焦糖汁。

H

haarder (Sw.) 鲻鱼
参见 mullet

haba (Sp.) 蚕豆
参见 broad bean

Habanera, à la (F.) 哈瓦那式 指加入许多不同香料的烹调方式。

haberdine 腌干鳕鱼
参见 herring

habichuela (Sp.) 菜豆
参见 haricot bean

habillage (F.) 色拉调料
参见 dressing

habiller (F.) (食品上)加调料

haché (F.) 切细的,剁碎的
参见 mince

hachee (Du.) 牛肉糜
参见 mince meat

hacher-menu (F.) 将肉剁得极细

hachis (F.) 肉糜
参见 mince meat

hachis Parmentier (F.) 土豆牛肉糜
参见 Parmentier

hachoir (F.) 1. 绞肉机 参见 mincer 2. 砧板 参见 cutting board

hackberry (Am.) 朴果 一种甜味小浆果,用于制蜜饯,产于北美洲。

Hackbrett (G.) 砧板
参见 cutting board

Hackfleisch (G.) 肉糜 也指各种碎肉或肉末。参见 mince meat

haddie (Sc.) 黑线鳕
参见 haddock

haddock 黑线鳕 产于大西洋北部水域的一种重要食用鱼类。体形比普通鳕鱼略小;体侧有一条黑色条纹,故名。烹调方法以烟熏为主。有时该词也指烟熏鳕鱼。

Haferbrei (G.) 麦片粥
参见 porridge

haggis 香羊肚 苏格兰名菜。用羊的心、肝、肺一起搅碎并与牛、羊的板油和燕麦片混和,用洋葱和辣椒粉调味,然后一起装入羊肚中,与萝卜、土豆同煮而成。食时习惯喝苏格兰威士忌酒。

hair tail 带鱼
参见 cutlass fish

hairy china cardamon 砂仁 产于中国的一种草本芳香植物,常用来代替豆蔻作食品的调香料。

hairy vetch 长柔毛野豌豆
参见 vetch

hake 狗鳕 也叫牙鳕或无须鳕,是产于大西洋海域的一种重要食用鱼。身躯细长,鱼嘴尖而突出,肉质鲜嫩。

halaszle (Hu.) 烩鱼

halavah (Tu.) 芝麻酥糖 也指花生酥糖或胡桃酥糖。参见 halvah

halbi (F.) 梨苹果酒 产于法国诺曼底地区的一种果汁酒。

halbran (F.) 小野鸭
参见 mallard

halcyon 翠鸟 原产于希腊半岛的一种燕科鸟类。毛色翠蓝,胸部有红斑。常捕来作为食品,肉味嫩美。此外,其鸟巢也富于一种胶质,颇似中国和东南亚等地的燕窝。希腊神话中称该鸟可在波浪上筑巢。

Halévy (F.) 阿列维 法国作曲家,全名 Fromental Halévy(1799—1862)。和他的外甥、作家 Ludovic Halévy (1834—1908)均为美食家。以他们命名了许多蛋类与鱼类菜肴,如 oeufs pochés Halévy, turbot Halévy 等。

half bottle 半瓶 英国液量单位,约合 12—15 盎司。

half gallon 半加仑 英国液量单位,约合 64 盎司。

half liter 半升 英国液量单位,约合 1 品脱。

half shell 半边贝壳,单瓣壳 如牡蛎等双壳类软体动物的对剖壳,连肉置于餐盘上的上菜方式。

half slice 菠萝半圆片

half-and-half (Am.) 对半啤酒 一种美国式啤酒,以一半淡啤酒和一半黑啤酒掺和而成。

halfbeak 鱵 银汉鱼目飞鱼科海产或淡水鱼。其原意为"半喙",因该鱼下颌细长呈鸟喙。体细长,呈银白色,可食用,肉味嫩美。

half-done 半熟的
参见 done

half-moon (Am.) 半月鱼 产于太平洋海域的一种鲈类鱼,可食用。参见 wahoo

Half-om-Half (G.) 橙味酒 德国与荷兰等地产的一种甜露酒。由橙汁和利口酒各一半调配而成,口味清新,含酒精 33%。

half-pint 半品脱 英制液量单位,约合 8—10 液体盎司或 1/16 加仑。

half-pound 半磅 英制重量单位,合 8 盎司。

halibut 庸鲽 也叫大比目鱼,产于大西洋或太平洋北部水域。体型侧扁,最重可达几百磅,但以重 20 磅上下滋味最佳。烹调方法以炙烤为主。

halibut-liver-oil 鱼肝油 从大比目鱼的肝脏中提取的一种浅黄色脂肪,是维生素 A 和 D 的主要来源之一。

halicoter (F.) 切,剁(肉)
参见 chop

haliotide (F.) 鲍鱼
参见 abalone

haliver 鱼肝油 一种鱼肝油的商品名。该词由 halibut liver 两词缩略而成。参见 cod-liver oil

hallaca 香蕉叶肉饼 委内瑞拉的一种食品,用香蕉叶、肉和玉米芯等作配料制成。

hallah (Je.) 犹太节日面包 一种辫

形白面包或绞股形面包。犹太教徒在安息日或其他节日食用。也作 challah

halleves (Hu.) 菜炖鳕鱼

hallulla (Sp.) 炭烤面包

Hälsingeost (Sw.) 海尔辛堡干酪 瑞典的一种牛乳与羊乳混合干酪,以产地命名。

halvah (Tu.) 芝麻酥糖 起源于巴尔干半岛和地中海东部的一种糖果食品。用蜂蜜、面粉、奶油和芝麻调和后切成方片,并染成各种颜色,有的还加入果仁、杏仁、肉桂等。与搅打乳脂一起热吃或冷吃。

ham 火腿 新鲜的或经过盐渍、烟熏和干燥腌制的猪后腿,但也可用猪肩部肉代替。火腿的蛋白质含量高于牛肉,并含有丰富的铁质、磷和钙以及维生素等。腌制火腿经烟熏后,色泽桔红,香味宜人,是一种优质食品。多数火腿不重腌,味道清淡,但需经长期冷藏。火腿中含有一定数量的亚硝酸钠,被怀疑是致癌物质。

ham and 火腿鸡蛋 即 ham and eggs 的简略形式。

ham and eggery (Am.) 小饭馆 一种价格低廉的路边餐馆。参见 beanery

ham cushion 猪臀软肉
参见 pork

ham loaf 火腿肉糕 由碎火腿肉成,常用于炸或蒸食。

ham shoulder 前肩火腿
参见 ham

Haman's ears 哈门煎饼 因形似耳朵而得名。犹太人为纪念其种族在古代未遭野蛮的哈门人灭绝而在普珥节食用的一种食品。

hamantasch (Je.) 犹太三角糕 一种犹太节日蛋糕。

hambone 带肉大腿骨

hambourgeoise, bifteck à (F.) 牛肉饼汉堡包 参见 hamburger

Hamburg (G.) 1.汉堡鸡 一种红冠青脚的小种鸡,因原产于德国的汉堡而得名。2.**汉堡葡萄** 一种紫葡萄品种,在暖房中培育成功,可用于作水果或酿酒。

Hamburg brandy 汉堡白兰地 一种仿制白兰地。用土豆或甜菜为原料蒸馏而成,加入各种食用香料。

Hamburg parsley 芫菁根欧芹
参见 parsley

hamburger 汉堡包 指熟牛肉饼。汉堡包或汉堡牛肉排均以其发源地命名。19 世纪 50 年代由德国移民带入美国,是著名的大众化快餐食品,现已成为典型美国式食品。在圆面包两半中夹入芥末、莴苣、洋葱、番茄和腌菜等配菜,或以奶酪涂在肉饼上,食法同三明治。汉堡包用肉必须是剁碎或绞细的牛肉末。

hamburger roll 汉堡包面包 一种圆形面包,用于夹入牛肉饼,制成汉堡包。

hamburger steak 汉堡牛排 以绞细的碎牛肉加入各种调料而成,用于夹入汉堡包中作为拼料。参见 hamburger

Hamchen (G.) 猪脚圈
参见 knuckle

hamel 南非阉羊
参见 sheep

hamets (Je.) 曲 一种酵母。犹太人在逾越节时绝对禁止食用发酵食品。
参见 kashrut

hami melon 哈密瓜 一种甜瓜。表面呈绿色或黄色;瓜肉黄色,汁多味甜,含糖量高于一般甜瓜。主要产于中国的新疆等地,以原产地命名。

hamkins 猪前蹄 英国英格兰地方用语。

Hammel (G.) 羊肉
参见 mutton

Hammelkeule (G.) 羊腿
参见 gigot

hammerhead shard 锤头鲨
参见 porbeagle

hammy 有火腿香味的
参见 ham

hamper 食品篮 一种有盖竹篮,用于装食品或菜肴。

Hampshire 汉普夏羊 英格兰短毛肉毛兼用品种。四肢深褐色,无角,肉质佳。有时也指一种黑白花纹的猪,但产于美国肯塔基州的汉普夏。

hamwich 火腿三明治 从词形上就可看出该词为 ham sandwich 的缩略复合词。

han(n)ahill 黑锯鲉 产于大西洋沿岸的一种食用鱼。

hanap 雕花酒杯 中世纪欧洲及文艺复兴时期盛行的一种酒杯,造型精致,有盖和底座。

hanche (F.) 羊腰腿肉
参见 haunch

hand (香蕉的)一串

hand apple 适于生吃的苹果
参见 apple

hand cheese (Am.) 手捏干酪 一种浓味美国软质干酪,因用手捏制成形而得名。

hand of pork 猪前蹄 常用于煮、腌或烤等。参见 trotter

hand up (面团)搓圆 如用手搓法制汤圆或肉丸等。

handle 柄杯 新西兰的一种啤酒量杯,约合一品脱。

hang 风干微腐 将野鸡、鹿肉或牛肉等悬挂起来,使其在空气中老熟陈腐,再用布包紧,继续风干数星期。这时肉类因轻微陈腐而带有一种臭味,但肉质变得鲜嫩干燥。如用盐、酱浸渍或用烟熏后风干,则可保存更长时间。许多美食家特别喜爱这种风干肉类,被视为美味中的上品。

hangover 宿醉 大量饮酒后身体感到不适,头痛甚至恶心昏迷。医治的方法是用柠檬汁加 3—4 茶匙蜂蜜,每小时服一次直到症状消失。因为维生素 C 加糖能解毒。

Hangtown fry (Am.) 牡蛎煎蛋 一种菜肴名,常加入火腿作配料。源自美国西部淘金热时加利福尼亚的城市 Hangtown,该市因经常绞死犯人(hanging)而得名。一个发了财的淘金者曾在该市指名要了牡蛎煎蛋。该市现改名为 Placerville。

hanpen (J.) 半片 用碎鱼肉、碎山芋蒸的四角形或半月形丸子,为日本风味食品之一。

hansa (No.) 汉莎啤酒 产于挪威的卑尔根市的一种优质啤酒。

hansart (F.) 厨房剁肉刀

hanya (Ar.) 祝你健康 敬酒用语。

happy hour 消魂时间 指人们在正餐前二小时左右饮鸡尾酒或其他饮料的时间。酒吧或餐厅往往在这时候到价供应饮料或免费供应一些小吃。源自酒醉时飘飘欲仙的感觉。

har chow fun (C.) 虾仁炒饭 美国式中餐馆菜肴。参见 chow mien

harapo (Sp.) 酒尾 指蒸馏酒的最后一段馏分,味淡,质量较差。参见 first cut

hard 1. 硬的,老的 2. (酒)含酒精度高的

hard bones 汤骨 指用于煮汤的骨,如肩胛骨、胫骨和头骨等。经煮沸脱脂的骨头骨质疏松干燥。

hard butter 硬质脂肪 一种加工脂肪,含固体脂肪比例较高。

hard cake 硬蛋糕 英国约克郡的一种古老茶点,用面粉、黄油、猪油、发酵粉、盐和水等制成。

hard candy 水果硬糖 用食糖和玉米糖浆煮成的不结晶糖果,通常加入水果香精或各种色素。

hard cider 苹果酒 一种甜味的低度酒,由苹果汁发酵而成,有的有气泡。以法国诺曼底地方生产的苹果酒质量最佳,含酒精3—7%。

hard crab 硬壳蟹
参见 hard-shell crab

hard fat 固体脂肪 一种高熔点脂肪,在常温下呈固态,如黄油等。以区别于一些软质液态脂肪。

Hard ford 大叶葡萄 美国的一种酿酒用葡萄品种。

hard maple 糖槭
参见 maple sugar

hard nut 坚果,硬果 一种果壳与果仁均较硬实的果实,如花生、葵瓜子、核桃、松子、榛子等。一般含油脂量及蛋白质均较高,其中脂肪可达50—70%。

hard sauce 甜奶油汁 主要用奶油和糖制成。加人朗姆酒调味,也有加白兰地的。用于圣诞蛋糕或其他浓味布丁的调料。

hard sugar 砂糖
参见 granulated sugar

hard sugar balls 透明豌豆糖 俗称弹子糖,常染上各种颜色,受到儿童们喜爱。

hard swell 硬胖听 用手指压不回去的胖听。参见 swell

hard water 硬水 指含有相当浓度的钙、镁和铁的离子的水。这些离子可形成不溶性皂,在水锅底面形成水垢。硬水不宜饮用。

hard wheat 硬质小麦 用于磨制面粉。参见 semolina

hardbake 杏仁乳脂糖 用糖、杏仁和蜂蜜加乳脂制成。也叫杏仁太妃糖。参见 toffee

hard-ball stage 硬球法
参见 firm-ball stage

hard-boiled (蛋)煮得老的 蛋白与蛋黄都已凝固。也叫硬煮蛋。

hard-crack stage 硬脆法 温度为325°F。参见 firm-ball stage

hardhead 多刺的鱼 如锯鳐、步鱼等鱼类。因含有许多小刺骨,不受人们喜爱。

hardkogt aeg (Da.) 硬煮蛋
参见 hard-boiled

hard-shell crab 硬壳蟹 一种食用海蟹,由于近期内未脱过壳而背壳较硬。

hardtack 船长饼干
参见 captain's biscuit

hardware 厨房设备
参见 kitchen equipment

hare 野兔 与家兔外形相似,但较大。肉质肥腻,可用于烤、烧或煮汤。山地野兔的肉质要优于平原野兔。

hareng (F.) 鲱鱼
参见 herring

harenguet (F.) 黍鲱

参见 shad

hare's lettuce 苦苣菜
参见 endive

hariana 哈里亚纳牛 印度一种役乳兼用牛，体格粗壮。

haricot (F.) 1. **蔬菜炖羊肉** 也作 haricot de mouton 2. **菜豆，芸豆** 包括利马豆和扁豆等。参见 haricot bean

haricot bean 菜豆 也叫芸豆。一种常见的豆科植物，色彩斑斓，有红、白、紫和棕色等。常作为蔬菜食用，烹调方法以煮汤为主。

haricot de mouton (F.) 菜豆炖羊肉 法式菜肴名。以羊肉为主要原料，加芫荽、土豆、洋葱和大蒜等配合炖烩而成。

haricot flageolet (F.) 小腰豆 也叫六孔竖笛。参见 flageolet

haricot mutton 芸豆焖羊肉 以羊颈肉与羊胸肉为主加芸豆焖炖而成。参见 haricot de mouton

haricot vert (F.) 豇豆
参见 green bean

harihari daikon (J.) 脆咸萝卜 将白萝卜切碎，用醋和酱油腌制而成。因嘴嚼时清脆有声而得名。

harina (Sp.) 面粉
参见 flour

haring (Du.) 鲱鱼
参见 herring

Harlem (Am.) 巧克力苏打水 一种美国发泡饮料。源自纽约市的一个黑人聚居区名。

haroseth 赫罗塞思 犹太教徒在逾越节晚餐时的食品。用苹果泥、坚果仁等拌制成糊状而成。该词原为希伯来语。

harput keufta (R.) 填馅肉丸 亚美尼亚风味食品之一。

harsh flavour 辛涩味
参见 astrigent

harslet 冷杂拌
参见 fressure

hartshorn 嗅盐 含有阿摩尼亚的碳酸铵制剂因最早从鹿角中提取而得名。曾用于作点心烘烤时的膨松剂。

hartshorn jelly 小牛骨冻
参见 calf's bone jelly

harusame (J.) 粉丝
参见 vermicelli

Harvard beets (Am.) 哈佛甜菜 美国东北部风味食品。将熟甜菜切成小块或薄片，用玉米粉和醋调味食用。

harvest fish (Am.) 银鲳 产于温暖的大西洋水域，也叫白鲳，可食用。

Harzer Käse (G.) 哈茨乳酪 一种用酸牛奶制成的德国乳酪，产于哈茨山区。质软，味烈，重仅130克，含乳脂20%。

Hase (G.) 野兔
参见 hare

Haselnuss (G.) 榛子
参见 filbert

Hasenpfeffer (G.) 腌泡汁炖兔肉

hash 杂碎 指牛肉、羊肉、猪肉、家禽、鱼、甲壳动物以及土豆蔬菜等切削后余下的碎块。可用不同烹调方法制成菜肴。

hash browns 土豆煎饼 用熟土豆丁拌碎洋葱，捏成饼状放在平底锅中油煎而成。

hash house (Am.) 廉价饭馆
参见 beanery

hash oil 大麻油 大麻制剂中的活跃成分，常掺入咖啡或酒饮用。

hashed brown potatoes 土豆煎饼
参见 hash browns

hashery 廉价饭馆
参见 beanery

haslet 焖猪杂 供食用的猪或羊的内脏，常加入肝泥和五香料作为一道菜肴。参见 offal

hasty pudding (Am.) 玉米糊 一种美国传统食品。用玉米或燕麦片加入牛奶、蜂蜜等制成的一种稀糊状热粥。

hâtelet (F.) 烤肉扦
参见 skewer

hatelette (F.) 小块串烤肉
参见 shish kebab

hatelle (F.) 小块串烤肉 尤指串烤野禽肉。参见 shish kebab

hâtereau (F.) 烤猪肝片 浸以蛋浆和面包屑,然后串烤或油炸而成,佐以各种沙司。

haunch 腰腿肉 尤指羊肉与鹿肉等野味的腰肉和腿肉。

Hauptgericht (G.) 主菜
参见 main course

Hauptmahl (G.) 正餐
参见 dinner

Hausen (G.) 欧洲鳇 其卵可制上等鱼子酱。参见 sturgeon

haut (F.) 1.优质食品 指一些质量优秀的葡萄酒、肉类、干酪和罐头食品等。**2.山坡葡萄** 法国波尔多和卢瓦尔河流域等地种植在山坡的葡萄常冠以此名。参见 clos

haut goût (F.) 1.浓味 2.强烈的芳香

hautboy 麝香草莓
参见 strawberry

Haut-Brion (F.) 上布利昂酒 法国上等波尔多红葡萄酒,产于格拉夫地区,名声显赫。

haute cuisine (F.) 高级烹饪 指最高水平的烹饪技术和美食艺术。法国的烹饪法作为民族烹调风格的范例已超过了一般的要求。由于强调美味和质地,对色、香、味、形的综合欣赏得到了高度的发展。此外,对菜的原料、配料、制作程序和服务方式都极其讲究,一丝不苟。

Havana 哈瓦那雪茄 世界最著名的名牌雪茄之一。

Havarti (Da.) 哈瓦蒂干酪 一种丹麦干酪,源自产地名。多孔,味淡,重约4—5千克,含乳脂45%。

haver 野燕麦 尤指产于英国和苏格兰者。参见 oats

havergrass 野生燕麦
参见 oats

havi (F.) (肉)表面烤焦的

havraise, lapin à la (F.) 勒阿弗尔式烤兔腿 常以熏肉作配菜,佐以奶油沙司。勒阿弗尔(Le Havre)为法国西北部城市,濒临英吉利海峡。

haw 山楂
参见 hawthorn

Hawaii 夏威夷 夏威夷的餐饮特色结合了波利尼西亚土著和中国、日本、朝鲜等的特点。其食品主要有鱼类、虾、蟹、乌贼、海龟等海味以及芋头、椰子、香蕉和面包果等。夏威夷的饮料则以菠萝汁、椰汁和咖啡为主。

Hawaiian crab 夏威夷蟹 产于太平洋的红星梭子蟹,味鲜美。

Hawaiian punch 夏威夷宾治 一种混合果汁,用菠萝、香蕉和柑桔汁等调配而成。

hawfinch 蜡嘴雀 欧洲一种以谷物为食的野雀,在法国被称为 grosbec,通常可用来烤食。

hawthorn 山楂 也叫红果。一种落叶乔木,叶子近于卵形,花白色,果实为球形,呈深红色。山楂味酸带甜,用于制蜜饯和果酱。

hawthorn china 山楂瓷 也叫梅花瓷,一种东方瓷器。在深蓝或黑色底色上画有白色梅花状图案,产于中国和日本等地。

hay box cookery 焖烧 这是一种以保温锅保温的烹饪方法。在锅内塞满干净稻草,设2—3个洞。将食品先加热到沸点,然后放入锅内保温,使其缓慢成熟。这时锅内温度保持在70℃左右。

hayaca (Sp.) 玉米面馅饼 委内瑞拉的一种当地食品,常在圣诞节食用。

hazel 榛
参见 filbert

hazel hen 榛松鸡
参见 hazel grouse

hazel-grouse 榛松鸡 生活在森林中的一种野禽,因有松果味而得名。分欧洲松鸡与亚洲松鸡两大类,以冬季捕食肉味最佳。其毛色红中带棕、黑或灰白斑点;肉色洁白。烹调前常浸入牛奶中,烹调方法同鹧鸪。

hazelnut 榛子
参见 filbert

hazy 混浊的 指啤酒、葡萄酒和果汁等不清澈透明的,常暗示已经变质。

head 1.头 指动物的头部,如猪头、牛头或植物等形似球形的部分。有些球形干酪也可冠以此名。小牛头肉质嫩美,可制成肉馅或头肉冻等。 2.**酒头** 也称头馏分,是蒸馏酒生产过程中首先馏出的一般酒分,质量较差。参见 first cut

head draws 酒头
参见 first cut

head lettuce (Am.) 结球莴苣 也叫卷心莴苣,为一种坚实紧密的球状莴苣。

headcheese (Am.) 头肉香肠
参见 brawn

heady (酒)上头的 指饮后感到头痛、头晕和飘飘然的感觉,是酒类判别质量依据之一,而且说明含酒精度一般较高。

health food 健康食品 指具有健身和疗效的各种食品,如水果、果仁、蔬菜和豆类等。常强调不加任何添加剂的天然食品。

health salad (Am.) 健身色拉 一种美国式色拉。将苹果、胡萝卜、黄瓜等切成细条,加入柠檬汁、盐和酸奶油制成。

heart 心 动物下水之一,尤指羊心与小牛心。食前应先用盐水浸泡,然后用文火炖煮或烤均可。

heart cherry 心形樱桃 一种西班牙樱桃,因果实呈心形而得名。味甜柔软。

heart clam 鸟蛤
参见 cockle

heart of palm 棕榈心 棕榈的幼嫩顶芽,可食,通常用于凉拌色拉。

hearth-cake 火炉烤饼 以一种不发酵的面团放入炉灰中烤熟。这种食品在法国各地均很普遍,尤以 Lerné 地方最为出名,但今天已经很少看到了。

heat-and-eat frozen food 冷冻速制食品 一种以冷冻保存,食前只需加热的方便食品。

heat-and-serve alfoil container 快餐食品铝箔包装 可供食品包装与加热两用,是一种新型食品包装材料。
参见 alfoil

heath hen 黑松鸡
参见 black grouse

heathberry 欧石南浆果 如乌饭树浆果和岩高兰浆果等,用于制果酱。参见 bilberry

heather ale 石南啤酒 一种以石南植物的花加蜂蜜、啤酒花、香料和酵母酿成的淡啤酒,产于苏格兰。

heavenly hash (Am.) 香草甜点 美国中西部风味。以香草薄脆饼涂以掼奶油而成。

heavy 1.(食物)难消化的 2.(酒)烈性的 3.(面包)没发酵好的

heavy cream (Am.) 浓奶油
参见 double cream

heavy wet 麦芽酒 俚称。
参见 ale

Hecht (G.) 狗鱼,梭子鱼
参见 pike

hedge wine 劣质葡萄酒

hedgehog 刺猬 一种食蚁哺乳动物,偶尔捕来烤食。有些人认为是一种美味,但不属于常规食品。

hedgehog hydnum 猴头菇 一种生长在树上的蕈类,因形似猴子的头而得名。除有滋补作用之外,还有抗癌和防衰老等功效,是一种珍贵的食品。

hedgehog tipsy cake 刺猬醉蛋糕 一种18世纪甜点。用制成刺猬状的松软蛋糕浸以葡萄酒与果汁,上涂杏子果酱和巧克力粉,以杏仁作点缀而成。

heel 1.(瓶中的)酒脚 2.面包头 3.干酪硬皮

Heering's cherry brandy 丹麦樱桃白兰地 含酒精24.5%。也作 cherry heering

Hefe (G.) 酵母,曲
参见 yeast

Hefebranntwein (G.) 酒泥白兰地 以酒泥为原料蒸馏而成,质量较差。

Hefestück (G.) 1.发面团 2.发面糕点

Hefeteig (G.) 发面团
参见 dough

Heidelbeere (G.) 欧洲越橘

参见 bilberry

Heidelberg sweet sour loaf 海德堡甜酸肉糕 一种德国风味食品,以产地命名。

heifer 小母牛 出生不满3年的母牛,尚未产过牛犊,肉质嫩。参见 veal

Heineken (Du.) 海纳肯啤酒 产于荷兰的鹿特丹。

helado (Sp.) 冰淇淋
参见 ice cream

helgeflundra (Sp.) 庸鲽
参见 halibut

helianthe tubéreux (F.) 菊芋,洋姜
参见 Jerusalem artichoke

helianthi (F.) 向日葵
参见 sunflower

Helle (G.) 淡啤酒
参见 ale

helva (Ar.) 哈发糕
参见 halvah

helvelle (F.) 马鞍菌 一种食用伞菌,产于欧洲的沼泽草地或树干,尤其是枞树树干上。最好的一种马鞍菌口味类似羊肚菌。参见 morel

hemione (F.) 野驴 产于亚洲的一些山区。烹调方法同驴。参见 donkey

hemlock 毒芹 也叫毒胡萝卜,包括一些伞形科植物。其毒性被不适当地夸大了,其实有许多根本无毒。外形与欧芹相似,但叶片稍厚,边缘有紫黑色斑点,散发出令人不愉快的气味。如处理得法,可用于烹调。

hemp 大麻
参见 marijuana

hen 母鸡 指出生超过1年的雌鸡。蛋肉兼用,重量在2千克以下,肉质较嫩。

hen apple 鸡蛋 俚称。
参见 egg

hen tureen 母鸡陶盘 一种涂釉彩陶大盘,形似母鸡孵蛋。

Henne (G.) 母鸡
参见 hen

Hennesy (F.) 轩尼诗白兰地 法国的著名科涅克白兰地,创始于1765年,其商标为一只握有一把战斧的手臂。口味顺和舒适。参见 Cognac

henon (F.) 鸟蛤
参见 cockle

Henri Duvernois (F.) 亨利·杜弗努瓦 一种龙虾的烹调法。用雪利酒或白兰地加奶油沙司,再以韭菜、蘑菇、大米等作配料制成。词源不详,可能是发明者的姓名。

Henri IV 亨利四世 法国国王(1553—1610)兼美食家。以他命名的是一种配菜,以洋蓟心佐以贝亚恩沙司,炸土豆丸、块菌、水芹等为配料。

henware 翅菜
参见 badderlocks

Herault (F.) 埃罗 法国南部朗格多克·鲁西永地区的产酒地名。以埃罗河谷为中心,生产大量各色红葡萄酒。质量参差不齐,少数为优质白葡萄酒。

herb 芳草植物 烹调中用于调香的各种芳香草本植物。有的以叶,有的以茎调味。其香味浓郁,独特,在法式烹调中使用极广。较常见的如欧芹、洋苏叶、百里香、龙蒿和香旱芹等。

herb beer 芳草饮料 以芳香草药泡制而成的各种软饮料。

herb bouquet 香料束
参见 bouquet garni

herb butter 香草黄油 将新鲜香料植物,如欧芹、百里香、龙蒿和细香葱等切成细末,拌以黄油和柠檬汁,用作三明治等的涂抹料。也可用于佐食鱼和肉等菜肴。

herb liqueurs 芳草利口酒 以富有香味的草本植物为主要调味料的各种利口酒,如茴香酒等。有些甚至同时含有许多香草。因味醇芳香,深受人们喜爱。常作为开胃酒和餐后酒。

herb of kings 王者之香 即罗勒。因古希腊人十分推崇其优雅浓烈的香味,故名。用于烹饪和制香精。参见 basil

herb tea 香茶 在沸水中泡以草本芳香植物,据信有滋补作用和医疗价值。

herb vinegar 香草醋 将新鲜或干香料植物,主要为龙蒿、薄荷和百里香放入罐中,以醋浸没,存放三周,其间

herb-bennet 水杨梅 其根部具有类似丁香的香味,并有滋补和兴奋作用。叶片呈黄色,须在开花前摘取,用于制成凉拌菜。

herbe (F.) 芳草植物
参见 herb

herbe aux chat (F.) 猫薄荷
参见 catmint

herb-ivy 香草藤 一种细香葱品种名,用于作调香料或作凉拌菜。

herbsaint 茴香艾酒 用于代替苦艾酒的一种芳香利口酒。参见 absinthe

Herdwick 赫德韦克羊 英国北部的一种健壮的绵羊品种。参见 sheep

Hering (G.) 鲱鱼
参见 herring

herisson (F.) 刺猬 在法国有些地区被视为一种美味。参见 hedgehog

hermit (Am.) 小甜饼 一种美式小点心,加有葡萄干、核桃和桂皮等配料。

hermit crab 寄居蟹 生活在近海的一种小蟹。烹调时常先除去壳,加百里香调味,再在盐水中清煮即成。也可淋以黄油或利用原壳在炉中烤熟食用。

Hermitage (F.) 厄米蒂齐 法国罗讷河谷的小酿酒区,生产著名的同名红葡萄酒与白葡萄酒。酒味强烈丰醇,富有男子气概,但极易上头。

hero sandwich 英雄三明治 一种夹有各种冷肉、奶酪和蔬菜的面包卷。因该三明治分量很足,只有"英雄"才吃得下,故名。

heroin 海洛因 一种有机化合物,俗称白面。为白色结晶,有苦味,有毒。用吗啡为原料制成,久用可成瘾。

Herradura (Sp.) 马蹄铁龙舌兰酒
产于墨西哥。因商标上有马蹄铁图案,故名。参见 tequila

herring 鲱鱼 也叫曹白鱼,是产于太平洋和大西洋的一种重要食用鱼。可用于炸、烤或制成罐头等。鲱鱼子被视为美味。鲱鱼在历史上曾是英法两国争夺的资源之一,并因而在1429年引起 Battle of Herrings。

herringbone score 人字形划痕 有一种罐头的侧面具有人字形预制划痕,并附有一枚钥匙状小型工具,供开启罐头之用。

Hervé (F.) 埃尔韦干酪 比利时产的一种发酵干酪,质软,经凝乳致凝后过滤加压而成。重100—200克,含乳脂45%。

hervido (Sp.) 蒸
参见 steam

Hessische Bergstrasse (G.) 贝格斯特拉瑟 德国莱茵河东岸的酿酒区,以产口味轻盈、果香浓郁的白葡萄酒为主。该地每年9月的第一个星期举行著名的饮酒节。

Heurigen (G.) 霍利根酒 一种轻质奥地利白葡萄酒。

Hexenring (G.) 仙女环蘑菇
参见 faux mousseron

hibachi (J.) 炭盆 一种轻便加热工具,用于炙烤食品,以木炭作燃料。

hickory 山核桃 产于美洲的一种乔木的坚果,呈长圆形或圆形,表面平滑,外壳薄,色泽棕黑,与普通核桃属于不同的品种。山核桃肉常用于作糕点、糖果等的配料。

hickory-smoking 桃壳烟熏 用山核桃壳为燃料产生的烟气熏制火腿、熏肉和干酪等,风味独特。

hierbabuena (Sp.) 薄荷
参见 peppermint

higado (Sp.) 肝
参见 liver

high 风干微腐
参见 hang

high milling 精磨 指从谷物到面粉的几道研磨过筛工序。

high tea 午后茶点 在傍晚前下午5点钟左右饮的茶点。以肉食与糕点等佐饮。

high wine 烈性酒
参见 spirit

highball (Am.) 高杯酒 也叫开波酒。用威士忌或白兰地等烈性酒作基酒,搀入水或汽水加冰块制成的饮料,盛在高玻璃杯中饮用。参见附录。

highball glass 高杯酒杯 一种直筒状酒杯,容量为 8—10 盎司。

high-boiled goods 硬糖
参见 hard-boiled

highland barley 青稞 大麦的一种,粒大,皮薄。主要产在中国的西藏和青海等地,可做糌粑食用,也可酿青稞酒。

high-melting resistance 难融性 冰淇淋的一种缺陷,一般因含有太多的冰晶而不易融化。

higo (Sp.) 无花果
参见 fig

hilsa herring 鲥鱼 一种海产鱼类,但在春季到中国的长江、珠江等河流中产卵。背部黑绿色,腹部银白色。鳞片含有丰富的脂肪,肉鲜嫩肥腻,是名贵的食用鱼,被美食家视为上品。

Himbeere (G.) 覆盆子
参见 raspberry

Himbeergeist (G.) 覆盆子白兰地 一种德国水果白兰地,含酒精 44.5%。

hind 牛后臀肉
参见 rump

hindbaer med flode (Da.) 覆盆子冰淇淋

hindle wakes 填馅柠檬鸡 英国一种古老的兰开夏郡风味。将梅子干填入鸡内,再浸以柠檬汁,以文火蒸熟食用。

hindquarter 牛后身肉
参见 hindsaddle

hindsaddle 带肋后身肉 常指整块出售的小牛和羊羔的后身。

hindshank 后肘子 牛、羊等后腿上部的肉。

hip flask (Am.) 细颈酒杯 通常用金属制成,用于盛烈性酒。

hipogloso (Sp.) 庸鲽
参见 halibut

hipon (F.) 小虾
参见 shrimp

Hippocras 希波克拉斯酒 欧洲中世纪时的一种加香料的甜药酒,搀以蜂蜜饮用,据信有滋补作用。该名称源自生活在公元前 5 世纪的希腊医生的名字,因为他发明了用布袋过滤这种酒的方法。该酒可作为餐后酒或开胃酒。

hippopotamus 河马 一种两栖厚皮动物,是非洲当地居民的主要肉食品之一。

hirino tis souvlas (Gr.) 烤乳猪
参见 suckling pig

Hirn (G.) 脑
参见 brain

hirondelle (F.) 燕子
参见 salangane

Hirschkeule (G.) 野味后腿肉

Hirse (G.) 粟,小米
参见 millet

hiwi hiwi 丝鳍鳋 新西兰产的一种小海水鱼,可食用。

hiyar salatasi (Tu.) 黄瓜色拉

Hizen (J.) 肥前陶器 一种日本陶器餐具。以装饰华丽、色彩雅致和工艺精美著称,产于九州。

hoagie 花旗三明治 一种用长面包切成片制成的三明治。填入冷切肉、干酪、洋葱、莴苣和番茄等多种配料。也作 hoagy

hoagy 花旗三明治
参见 hoagie

hoarhound 欧夏至草
参见 horehound

hobo stew 蔬菜烩肉 一种杂烩菜肴。词面含义为流浪者。

Hoboken special (Am.) 菠萝冰淇淋苏打 以巧克力作点缀。源自新泽西州的地区霍卜根。

hochepot (F.) 萝卜烩牛肉 一种佛兰德斯式罐炖牛尾汤。用牛肉、牛尾、羊肉、猪肉等,加以白菜、韭葱、土豆及蔬菜作配料炖成。

hochequeue (F.) 鹡鸰
参见 wagtail

hock 1. 猪前腿,肘子 2. 莱茵白葡萄酒 产于德国莱茵河地区。参见 Hockheimer

Hockheimer (G.) 莱茵白葡萄酒 德国莱茵河流域生产的一种口味清新轻盈的白葡萄酒,味不甜。其历史可追溯到17世纪。有时可简称为hock。
hodgepodge 杂烩汤
参见 hotchpotch
hoecake (Am.) 烤玉米饼　流行于中南美洲的一种玉米粉烤饼。因原先将饼置于锄头上入炉烘烤而得名,故也可叫锄头饼。
hog 阉公猪　尤指已长足的,重120磅以上的食用猪。
hog and hominy 猪肉玉米粥　泛指普通食品。
hog apple 猪苹果
参见 spondias
hog banana (Am.) 红皮粉蕉　一种甜味食用香蕉,比一般香蕉小,产于南美洲等地。
hog chitterlings 猪肠　猪下水之一,经洗净后可食用。富含脂肪,被视为美味。
hog peanut 猪花生　一种双果属植物,有可食的地下果实。广泛分布于北美洲等地,过去是印第安人的重要食品之一。
hog plum 猪李　漆树科槟榔属乔木,原产于热带地区。其果实似李子,称蜡肠李,可食,常用于制果酱。因猪喜食此果实而得名。
hog sucker 猪鱼
参见 hogfish
hog's fat 猪脂　依附于猪腰与肋骨间的板油,用于制血肠布丁或其他馅料。
hog's grease 猪油
参见 hog's fat
hog's head cheese 碎猪头肉冻
参见 brawn
hogen mogen (Am.) 烈性酒　俚语。
参见 spirit
hogfish 猪鱼　一种隆头科食用鱼,广泛分布于大西洋沿岸的暖海水流中。鱼体有褐色斑纹,鱼头似猪。
hoggerel 小羊
参见 lamb
hoglet (Am.) 小猪
参见 hog
Hogmany (Sc.) 除夕　苏格兰人在新年前夕食用一种李脯燕麦面包。
hogshead 1. 大桶　容量在63至140加仑之间。 2. 豪格海　液量单位,英国约为52.5加仑;美国约为63加仑。
hogue à la Vosgienne (F.) 孚日式麦粉果子饼　参见 Vosgienne, à la
hogwash 泔脚　厨房饭菜消耗后的剩菜和下脚,因常作为猪食而得名。但该词也可指一些质劣而乏味的饮食。
hoisin sauce 甜面酱　一种用大豆、面粉、糖、水、香料、大蒜、红辣椒等为配料制成的棕红色浓稠酱汁。味香甜,用以佐食虾、肉、家禽和海味食品,是中国烹饪中的烹调料和调味品。
hokeypokey 廉价冰淇淋　以色素和香料配制的可包装冰淇淋。
hokonui 私酒　新西兰毛利族人所酿的一种土酒,源自地名。
hold over 宿醉
参见 hang over
hole (干酪中的)小孔
holishkes (Je.) 圆白菜肉卷　一种犹太食品。
Holland gin 荷兰金酒
参见 Dutch gin
Holland rusk 脆烤面包片
参见 Zwieback
hollandaise (F.) 醋司　也叫荷兰沙司,是一种蛋黄奶油沙司,加醋或柠檬汁调味。味酸可口,用于佐食肉等各种冷菜。
hollande (F.) 荷兰干酪　以著名的埃丹干酪为代表的荷兰干酪质量上乘。该词也指荷兰产的其他食品,如荷兰马铃薯等。参见 Edam
Hollands 荷兰金酒
参见 Dutch gin
holly 冬青
参见 wintergreen
hollyhock 蜀葵　其根部富含有营养的淀粉物质,可食用。
holothurie (F.) 海参
参见 sea cucumber
Holstein 荷尔斯泰因牛　原产于荷兰北部的一种黑白花牛。体型大,产奶量高，含乳脂低。因繁殖于德国的荷尔斯泰因而得名，在英国称为 Friesian。

Holstein, veau (F.) 荷尔斯泰因牛肉　用鸡蛋、鳀鱼等作配菜的一种瑞士式嫩煎小牛肉。

Holsteiner sausage 荷尔斯泰因香肠　一种经生熏和长期干燥的荷兰香肠。

holubsti (R.) 填馅白菜　乌克兰地方风味菜肴之一。

Holunderwein (G.) 接骨木酒
参见 elderberry

Holy Communion 圣餐　基督教新教的一种宗教仪式。教徒们领食少量饼和酒等，表示纪念耶稣。传说耶稣受难前夕与门徒聚餐，曾以饼和酒象征自己的身体和血液，分给门徒们吃。

holy pokes (Am.) 洗礼蛋糕
参见 Baptist cake

Holzapfel (G.) 山楂，沙果
参见 crab apple

homard (F.) 龙虾，螯虾
参见 lobster

homard à la Charentaise (F.) 夏朗德龙虾　浇以科涅克白兰地为配料的一种法式菜肴。参见 Charente

homard à l'Americaine (F.) 美式煎龙虾　菜肴名。以酒味奶油沙司、洋葱、大蒜、西红柿和芳香植物作配料的煎龙虾，常淋以白兰地酒，然后以火点燃后食用。

homard à la Parisienne (F.) 巴黎式龙虾　以蛋黄酱、块菌和蔬菜色拉为配料的龙虾菜式。

home fries 家常土豆片　将半熟的土豆切成片，放入深油锅中炸成金黄即成。外脆里酥，芳香可口。参见 French fries

home-brew 家酿酒　尤指家酿啤酒。

home-freezing 冷冻　指温度在摄氏零下18度的家用冰箱冷冻柜保存食品。

home-made wines and beers 家酿葡萄酒与啤酒　包括家酿苹果酒和蜂蜜酒等。随着饮料价格的上涨，家庭主妇常根据一些酿酒参考书自行酿酒。今天，某些家酿酒的质量已超过大规模酒厂的酒。

homère, crème d' (F.) 蜂蜜酒味蛋奶羹　以桂皮和柠檬皮调味的一种法式蛋羹。

hominy (Am.) 玉米渣　一种去除皮和胚芽的玉米粒或碾碎的粗玉米粉。可用于拌奶油、肉汁或加糖浆作为早餐食品，也可油炸或加工成玉米片，甚至还可酿酒。

hominy grits 玉米穄　指粒大小均匀一致的玉米渣。参见 hominy

homogenised milk 均质牛奶　将牛奶加压通过小孔，使脂肪分解，从而使牛奶表面不存在一层油脂。

homse (Ar.) 炸面团　一种北非风味食品,常外涂蜂蜜。

hone 细磨刀石

hone (Da.) 母鸡
参见 hen

honey 蜂蜜　由蜜蜂酿制的一种极甜的粘稠物质。含有丰富的果糖、矿物质和维生素,是烹饪中的重要用料之一。其芳香和颜色各有不同，一般认为用紫云英苜蓿的花蜜酿制的为最佳。

honey agaric 蜜环菌　一种食用蘑菇品种。参见 agaric

honey ant 蜜蚁　几种不同蚁科昆虫的统称，其共同点是具有独特的贮蜜露。蚁群需要食物时，常刺激蜜蚁将之吐出蜜露。某些国家把蜜蚁视为美味，可整吃或仅食其金黄色的腹部。

honey bee (Am.) 蜜蜂　一种牙买加鸡尾酒名。以朗姆酒、蜂蜜和酸橙汁调制而成。

honey biscuit 蜂蜜饼干　一种用干发酵粉发起的脆饼干，上涂蜂蜜和黄油。

honey cake 蜂蜜蛋糕　以蜂蜜代替糖制成的蛋糕。

honey dew 1. 蜜瓜　白色甜瓜品种，味甜多汁，香味芬芳。中国的白兰瓜即是一种优良的蜜瓜品种。2. 甜味烟　以糖蜜加工的一种烟草品种。源自商品名。

honey peach 水蜜桃 桃的一个品种。其果实的核小,汁多味甜,为优质水果之一。

honeycomb 蜜脾 一种蜂巢状含蜜食物。味甜而有营养,也叫蜂巢蜜。

honeycomb mould 蜜脾冻 搅打蛋白凝结后形成蜜脾状薄层,上置果酱即成,作为一种甜食。

honeycomb texture 蜜脾组织 肉类在煮熟过程中由于过度失去水分而出现的一种疏松状组织,是烹调不当而引起的缺陷现象。

honeydew melon 香瓜 也叫蜜瓜或白兰瓜。表皮光滑,呈白、黄或绿色,果肉极甜,汁水多而可口。

honey-pot 蜜罐葡萄 欧洲一种葡萄品种名,可用于酿酒。

honeysuckle 忍冬 俗称金银花。一种半常绿灌木,产于温带地区。茎蔓生,叶为长椭圆形,花黄色,有香气。其叶和花有清热消炎的作用,而呈黑红色的浆果则常用于制成果冻或酿酒。

Hongroise, à la (F.) 匈牙利式 以辣椒粉拌入奶油沙司,再以洋葱、番茄等为配料,佐食鱼、蛋和肉等的一种菜式。

Honig (G.) 蜂蜜
参见 honey

Honigkuchen (G.) 姜饼
参见 gingerbread

hooch (Am.) 劣质威士忌 在美国禁酒时期的一种私酿酒。源自印第安部落 Hoochinoo, 该部落居民常将此酒售于美国士兵。

hood 厨房排气扇 也叫脱排油烟器,是一种大型吸风罩式动力抽风装置。安装在炉灶上方,用于抽吸排出厨房中由于烹调而产生的油烟废气。

hooker 大杯威士忌酒 俚称。
参见 whiskey

hop 啤酒花 也叫忽布或蛇麻子花,为产于欧亚地区的一种藤本植物,主要用于啤酒的调味和调香。其优点是与麦芽的口味不冲突,因而优于其他芳香植物。在法国和比利时等地,人们常将啤酒花嫩芽当作蔬菜食用。

hop back 酿酒用桶 在桶中注入煮沸的麦芽汁。桶底有筛眼,可过滤出啤酒花渣。

hop joint 低级啤酒馆
参见 public house

hop oil 忽布油 从忽布花中提取的一种棕色芳香油,用于谷物酒的调香。

hopping john (Am.) 咸肉豆饭 美国南方各地的一种新年节日菜肴。源自人们请客人进门时的邀请语"Hop in, John"。其配料有大米、豇豆、咸肉、大蒜和各种调味料。

horchata (Sp.) 杏仁软饮料

horehound 欧夏至草 夏至膏可用于为糕点佐味,也用于制止咳糖。也叫苦汁薄荷。

Horlick's 好力克 英国 Horlick 公司生产的一种麦乳精商品名。以麦精与牛奶为主要原料制成。

horn chestnut 荸荠,地力
参见 water chestnut

hornazo (Sp.) 蛋皮卷

horned orange 佛手柑
参见 buddha's hand

horned pout 鲖鱼
参见 bullhead

hors d'oeuvre (F.) 冷盘 小份开胃美味食品,常在餐前食用,也可用于佐酒菜。以盘子、贝壳或分格餐盘盛放,如鱼子酱、贝类、肉糜、野味、烟熏鲱鱼、盐渍泡菜、小果馅饼和面包片等。

horse chestnut 欧洲七叶树 具有一种富含淀粉的籽果。经除去酸味后可磨成粉,供人们食用。

horse clam 马蛤
参见 gaper clam

horse mackrel 竹荚鱼
参见 scad

horse parsley 马芹 一种伞形草本植物,具有强烈的香味,类似欧芹。生长在路边和沟渠间,喜阴凉,法国南方到处可见。马芹根可供食用,嫩叶则可用于代替欧芹作调香料。

horse's neck (Am.) 果皮 俚称。指

鸡尾酒中作装饰的柠檬皮或橙皮等，常卷成旋状细条。

horsebane 茴香叶水芹 一种欧洲水芹。

horseflesh 马肉 在欧洲许多地方曾以马肉作为食品。肉较粗老，烹调方法可参见各种牛肉。

horsemint 长叶薄荷 几种欧洲薄荷之一。参见 peppermint

horseradish 辣根 十字花科多年生耐寒草本植物。其根肉质，味辛辣，可用作调味剂。常做成辣根汁使用，也可磨碎后装入调味瓶内。

horseradish sauce 辣根沙司 一种芬兰式沙司。用辣根粉加肉汁、黄油、面粉和醋等调配而成，用于佐食土豆和肉类菜肴等。

horseshoe crab 鲎鱼 一种节肢动物。其头胸部的甲壳呈马蹄形，故名。腹部甲壳则呈六角形，生活在海底，肉可食用。

horseshoe piece 猪肘子 即猪前蹄上部的腿肉，一般连骨加工烹调。

hortatiza (Sp.) 蔬菜
参见 vegetable

horticulture bean 园艺豆 一种带壳的豆荚豆，可食用。烹调方法与普通豌豆相同。

Hospices de Beaune (F.) 博讷济贫院 1443 年由勃艮第公爵 Nicolas Rolin 创办的一所慈善机构。由于拥有大片葡萄园，其收入来源为每年 11 月份公开拍卖的该葡萄园酿制的优质葡萄酒。售出时的标价立即成为各地的销售参考价。今天，该机构已拥有 125 公顷土地，并成为旅游胜地，至今仍向公众供应陈年优质名酒。

hot 1. 热的 2. 辣的 指口味刺激的，尤其指食用辣椒后所感觉到的滋味。

hot brown (Am.) 布朗三明治 一种以鸡肉、熏肉和火腿为夹馅料的三明治，用干酪作配料。源自美国一家饭店 Louisville's Brown Hotel。

hot buttered rum 热黄油朗姆酒 在朗姆酒中搀入融化的热黄油，并加入糖和丁香等配料而成的混合酒。

hot cake (Am.) 薄煎饼
参见 pancake

hot cross bun 十字面包 一种用糖霜制成十字架图案的小面包。基督徒常在耶稣受难节时食用。

hot dish 热烤菜肴 以大米、土豆、通心面、蔬菜和肉或鱼一起烘烤而成的食品。

hot dog 热狗
参见 frankfurter

hot oven 速热烘箱 其炉温可迅速升到 250℃ 以上，便于快速烘烤食品。

hot pepper 尖辣椒 一种辣椒植物。个小皮薄，一端较尖，色泽红、绿均有。含有大量辣椒素，故味极辣。富含维生素 C，其含量高于柑橘类水果。可用于烹饪中或磨成辣椒粉作调味料。

hot sandwich 热三明治 仅一面烤热的三明治，夹馅随意。

hot sauce 辣沙司 泛指加入辣椒作配料的各种调味沙司。

hot toddy 热托迪酒 一种香甜热酒。以白兰地或威士忌等加糖和香料用热水冲饮。

hotbed chive 韭黄 一种在冬季培育的韭菜，色泽浅黄，味鲜美，是常用的蔬菜。

hotchpotch 杂烩清汤 以大麦、豌豆和炖肉煮成的汤，有时也可能是浓汤，可加入许多蔬菜作配料。

hotchpotchsoppa (Sw.) 杂烩清汤
参见 hotchpotch

hotel china 饭店瓷 一种经高温焙烧，其成分近似于硬质瓷的高度玻璃化瓷器。适于饭店使用。

hotel rack 羔羊前脊肋肉

hôtelière, à la (F.) 旅馆主式 指以欧芹黄油与蘑菇作配菜的菜式。

hot-fill 热装罐 趁热装入罐头的食品，如番茄酱等。一般装罐温度达 90℃。

hot-house lamb 温室羔羊 也叫冬季肥羔，是一种产羔期上市的肥羔羊肉。

hothouse products 暖房食品 在暖房中用特殊方法培育的水果或蔬菜，

hotplate 1. 保温炊具 一种可携带的食品加热器。其外壳有热水夹层,具有加热和保温的功能。 2. **电热灶** 一种轻便的电热式平锅。

hot-plate goods 平锅煎烤食品 如薄饼和煎饼等。参见 hotplate

hotpot 罐焖土豆牛肉 一种杂烩菜肴,常加入其他蔬菜作配料。一般将土豆铺在上层,不加盖焖煮到土豆呈金黄色即可食用。

Hottentot-bread 霍屯督面包
参见 elephant's-foot

houblon (F.) 啤酒花
参见 hop

Houdan (F.) 乌当鸡 法国著名鸡种,有大的球状鸡冠和黑白相间的羽毛。产于法国巴黎附近的乌当村,故名。

hough 猪肘子
参见 horseshoe piece

Houghton's Verdell 霍顿酒 澳大利亚珀斯附近产的一种口味醇厚的干白葡萄酒,颇似法国阿尔萨斯产的酒。

houmous (Ar.) 鹰嘴豆芝麻酱沙司

hound 角鲨,星鲨
参见 dogfish

households 通用面粉
参见 all-purpose flour

houseleek 野韭 属石莲华属多肉叶质植物,可用作凉拌。参见 Jupiter's beard

houting 尖吻白鲑 产于北海的一种回游鱼类,是优质食用鱼之一。

houx (F.) 冬青
参见 wintergreen

hoven bread 过酸面包 面包因发酵过度而致的一种缺陷现象。

Hovis bread 霍维思面包 含有大量小麦胚芽的一种面包商品名。由英国 Rank Hovis 公司制造。

howtowdie (Sc.) 白煮鸡 以鸡蛋和菠菜作配料的一种苏格兰菜式。

huatia (Sp.) 干酪烤土豆 一种西班牙菜肴名。烘烤时常裹以慈菇叶。

Hubbard 笋瓜 也叫古巴瓜,一种直颈瓶状冬季南瓜。瓜皮光滑,呈黄绿色;瓜肉为橙黄色,坚实而细腻,口味很好。源自培育者的名字。

Hubertus (Hu.) 休伯特斯酒 匈牙利产的最优秀甜味烈性酒,含酒精40%。

huche (F.) 揉面槽
参见 kneading-trough

hucho 哲罗鱼 欧洲产的一种大淡水鱼,可食用。

huck 黑果
参见 huckleberry

huckle 羊腰
参见 offal

Huckle my buff 越橘酒 英国萨塞克斯郡的古老饮料,配料有啤酒、白兰地和鸡蛋等。需加热饮用。

huckleberry 黑果 杜鹃花科分枝小灌木,与乌饭树近缘,产于北美,品种很多。其浆果呈深蓝色到黑色,味酸,可用于酿酒。

Huelva (Sp.) 海尔伐干酪 西班牙产的一种羊奶酪,产地在安达卢西亚。重1.2—1.5千克,含乳脂51%。

huevera (Sp.) 蛋杯 盛煮鸡蛋的容器。参见 eggcup

huevo (Sp.) 蛋,鸡蛋
参见 egg

huevo de faltriquera (Sp.) 生调蛋黄 加糖、牛奶、酒等调合之后生喝的鸡蛋。

huevos rancheros (Sp.) 蛋黄玉米烤饼 以番茄酱和辣椒作配料,为美国墨西哥人的主食之一。

huff juffs (Am.) 洗礼蛋糕
参见 Baptist cake

huffkin 赫夫金面包 英国肯特郡产的一种传统茶点面包,呈扁平状椭圆形,中有圆孔。

Hugo (F.) 雨果 法国大文豪维克多·雨果(1802—1885),其代表作有《巴黎圣母院》、《悲惨世界》和许多诗集等。以其命名了一种奶油浓汤 potage crème Hugo。

huguenote (F.) 小瓦锅

参见 pipkin
Huhn (G.) 母鸡
参见 hen
Hühnerbruhe (G.) 浓汁鸡汤
huile (F.) 油,油脂
参见 oil
huilier (F.) 调味品架
参见 condiment
huître (F.) 牡蛎 牡蛎的烹调方法很多,如用柠檬汁、辣椒和烤黄油面包等作配料烤或烙,更可直接拌大蒜生吃。有时用冰镇白葡萄酒佐食。参见 oyster
huître en cheval (F.) 熏肉牡蛎卷
参见 angel on horseback
hull (Am.) 果壳
参见 husk
hulled rice 糙米 谷皮未被完全脱掉的大米,因而纤维素、无机盐和维生素B含量均高于精白米。
hulluah (In.) 哈鲁瓦 一种印度甜食。用糖水浸渍杏仁、阿月浑子、葡萄干和其他水果,加牛奶、黄油和威士忌酒成。
humble pie 鹿内脏煎饼 旧时在狩猎后分给猎人和仆人食用的一种硬煎饼,以鹿或其他野味的内脏作馅制成。
humbles 内脏,下水 如鹿或猪的心、肝及其他杂碎肉。参见 offal
Humboldt dressing 洪堡德调料 以蟹肉、蟹黄、蛋黄酱和调味料制成的一种色拉调料。源自美国加利福尼亚一个出售该调料叫 Humboldt 的女子,也有人认为该种调料因产于洪堡德镇而得名。
humbug 薄荷丝光糖
参见 peppermint humbug
humita (Sp.) 乌米塔 将嫩玉米磨碎,加上辣椒、西红柿、糖、猪油等调合在一起。然后用玉米大苞包起来煮熟,待冷却之后,再在火中烤热食用,是拉丁美洲居民的一种传统食品。
hummer (G.) 龙虾
参见 lobster
hummermayonnaise (G.) 龙虾蛋黄酱

humming (酒)起泡的
参见 foam
hummus 鹰嘴豆酱 一种流行于中东地区的食品。以磨碎的鹰嘴豆加柠檬汁、橄榄油、大蒜、芝麻酱调成的稀酱,作为正餐前的开胃品。食时以蔬菜和面包蘸着吃。参见 chick pea
humpback salmon (Am.) 细鳞大麻哈鱼 产于大西洋和太平洋北部海域的一种经济鱼类。背鳍很高,故又称驼背鱼。
humpback sucker 亚口鱼 一种食用淡水鱼,产于美国的科罗拉多州。体重可达7磅,味鲜美。
hundreds and thousands 着色珠子糖 常用于装饰糕点等的一种彩色圆粒硬糖。
hundredweight 英担 英制重量单位,约合 100—112 磅。
hung beef 风干牛肉
参见 hang
Hungarian pancake 匈牙利薄烤饼 以果酱蜜饯等作配料的一种匈牙利式烤饼。
Hungarian paprika 匈牙利辣椒粉 一种别有风味的红辣椒粉,略有刺激味。也作 Hungarian pepper
Hungarian sausage 匈牙利香肠 一种用猪肉和牛肉做的辣味生熏香肠。
Hungarian wines 匈牙利葡萄酒 匈牙利种植葡萄的历史可追溯到罗马时代,19 世纪起出口著名的 Tokay 和 Egri 等。匈牙利的发泡葡萄酒生产始于 1882 年,采用的葡萄品种从法国移植,大多供国内消费。
hunter style 猎人式 一种番茄葡萄酒沙司。参见 Chasseur, à la
hunter's beef 猎人牛肉 英国林肯郡风味,以牛肉经罐炖而成。
hunter's pudding 猎人布丁 19 世纪英国沙福克郡(Suffolk)风味。以面粉、羊脂、糖、牛奶、鸡蛋和葡萄干等为配料制成。
hunter's vodka 猎人伏特加

参见 Okhotnichya

Huppemeau (F.) 胡帕莫干酪 法国卢瓦尔地方产的一种干酪,类似著名的布里干酪。参见 Brie

hûre de porc (F.) 猪头肉冻
参见 brawn

hush puppy (Am.) 炸玉米团子 美国南方的一种常见食品,以深油锅炸成。

husk 果壳 泛指谷物的外壳、豆类的荚、玉米苞叶和种子的外皮等。

huso sturgeon 鳇 一种海水鱼,体长可达5米。夏季在江河中产卵,然后回到海洋。肉可食用。

hutspot (Du.) 焖煮牛肉

huzarensla (Du.) 什锦凉拌 将牛肉、土豆、甜菜、酸黄瓜等切成丁,加硬煮蛋片,拌以蛋黄酱,放在莴苣叶上即成。

hvitkalsoppa (Sw.) 白卷心菜汤

HVP (abbr.) 水解植物蛋白
参见 hydrolyzed vegetable protein

hyacinth bean 扁豆 一年生草本植物,茎蔓生,花白色或紫色。荚果呈长椭圆形,扁平。其嫩荚和种子均是普通的蔬菜。

hydria 古希腊提水罐 一种大身细嘴、有两个小提环及一个大手柄的水罐。

hydro-cooling 水冷法 一种将刚收获的蔬菜或水果浸入冰水除热的食品保藏法。

hydrogenated fat 氢化油 经催化加氢使植物油硬化,如可可脂、玉米油、棉籽油和芝麻油等,用于作面点的油酥。

hydrolysis 水解 化合物跟水作用而分解,如淀粉水解生成葡萄糖等。

hydrolyzed vegetable protein 水解植物蛋白 一种增味剂,由大豆蛋白经分解为氨基酸后制成。用于牛肉饼、烩炖菜肴和汤等。

hydromel 蜂蜜酒 以蜂蜜加水发酵而成,为古希腊与古罗马人所喜爱。一般以一份蜂蜜和五份水的比例配制,含酒精11——13%。蜂蜜酒还可以用来稀释烈酒。参见 mead

hyldebaersuppe (Da.) 接骨木汤
参见 elderberry

hypocras (F.) 肉桂酒 以肉桂和甜葡萄酒混合的一种滋补饮料。

hyson (C.) 熙春茶 一种中国绿茶品种。参见 green tea

hyssop 海索草 唇形科庭园草本植物。其花和常绿叶可用作多种食品、饮料和烹饪中的调味。其味甜而苦,如和蜂蜜调配后泡茶可用于治疗呼吸道疾病。用海索草叶提取的精油可制香料或作为汤的配料。

I

IBA (abbr.) 国际酒吧协会
参见 International Bartenders' Association

ibex 野山羊 产于阿尔卑斯山地区,肉可食用,但数目已日趋稀少。参见 goat

ibira (Sp.) 长叶凤梨
参见 pineapple

ICA (abbr.) 国际厨师协会
参见 International Chefs Association

icaque (F.) 可可李果实

ice 冰 纯净的小块冰常用于鸡尾酒,而大块的冰则用于冷藏食品,尤其是肉类和鱼类。该词也指不含牛奶或奶油的果汁冷饮。

ice bucket 冰桶 加入冰块,供冷冻或冰镇香槟酒及白葡萄酒用。一般直接放在餐桌边待用。

ice cellar (Am.) 冰窖 其温度常接近冰点,一般在地下,供放置食品或饮料。

ice chest 冰箱
参见 refrigerator

ice chipper 冰凿 一种有短齿的冰叉,供从冰块上取冰用。

ice cream 冰淇淋 冷冻奶制品,由乳脂、牛奶、糖和其他调味料制成。品种达数百种之多。在美国以香草、巧克力、草莓和果仁冰淇淋最受欢迎。冰淇淋最早在17世纪由意大利人鲍他伦第发明。至今,意大利冰淇淋仍享有世界声誉。

ice cream cone 蛋卷冰淇淋 在一种通常高5英寸的锥形卷筒中盛入各种色泽和口味的冰淇淋。以意大利最为著名。

ice cream fork 冰淇淋叉 一种匙式叉,末端有三短齿,用于食冰淇淋。

ice cream pie 冰淇淋攀 以冰淇淋为馅的一种甜馅饼。

ice cream scoop 冰淇淋勺 常以不锈钢或铜制成。呈勺形,有柄,可挖取冰淇淋球。

ice cream soda (Am.) 冰淇淋苏打水 一种由苏打水加香料和糖浆的甜味软饮料。

ice crusher 碎冰器 在酒吧中用于打碎冰块,以调制鸡尾酒。

ice cube 小方冰块 常用于加入饮料和鸡尾酒等。

ice fish 银鱼
参见 icicle fish

ice fork 冰凿
参见 ice chipper

ice lolly (Am.) 冰棍 或叫棒冰,是一种带小棒的冷饮制品,也指奶油雪糕。有多种口味,如草莓、柠檬和苹果等。

ice milk 牛奶冻 一种用脱脂牛奶制成的软质冰淇淋。

ice pick (餐桌上的)碎冰锥
参见 ice chipper

ice pudding 冻布丁
参见 frozen pudding

ice scoop 冰勺
参见 ice cream scoop

ice sucker 冰棍
参见 ice lolly

ice tea 冰茶 一般指冰镇过的红茶,有时加入柠檬汁,称为柠檬冰茶。

ice tong 冰夹 酒吧中用来夹取小方冰块的用具。

ice tray 冰格 电冰箱中用于制小冰块用。参见 ice cube

ice tub 冰桶

参见 ice bucket

iceberg lettuce (Am.) 球叶莴苣
莴苣的一种品种，具有宽大的叶片，味脆而嫩。参见 lettuce

icebox (Am.) 冰箱
参见 refrigerator

iced 冰镇的　指饮料等含有碎冰块的。参见 chilled

iced coffee 冰咖啡　常加个糖、奶油和少量白兰地酒作配料，是夏天最受欢迎的饮料之一。

iced drink 加冰饮料　俗称刨冰。以果子饮料和碎冰屑组成的一种冷饮。

iced pudding 烤冰淇淋
参见 baked Alaska

iced-bombe 邦布冰果　一种混合冰淇淋，上浇搅打乳脂和冰冻樱桃，作为一种餐后甜食。

Iceland moss 角叉藻
参见 carrageen

ichiban dashi (J.) 高汤　以海带、肉骨和味精等调味料经长时间熬煮而成的一种浓料，是各种菜肴的基汤。还可浓缩成汤粉供市售，即冲即用。类似于西菜烹调中的 stock。

ichthyophagy 以鱼为食的　尤指沿海地区居民仅以鱼为主食的习俗。鱼含有丰富的蛋白质和钙、磷等矿物质，对大脑的发育有益，并且易于消化。

ichtyocolle (F.) 鱼胶
参见 isinglass

icicle fish 银鱼　银鱼科多种半透明鱼类的统称，俗称面鱼或面杖鱼，产于东亚的咸水或淡水中。体细长似鲑，无鳞或有细鳞，长度不超过15厘米，在中国被誉为美味。

icing 糖衣　用食糖、黄油、牛奶和蛋白加水及香料等混合而成，涂在糕点表面经烘烤着色的一层甜味酥皮。作为食品的装饰和增味手段。有时也指单纯的糖粉。

icing sugar 糖粉　一种高度精炼的极细白糖，用于糕点和甜食等的配饰。参见 icing

icy texture 冰屑感组织　冰淇淋的一种缺陷，其原因是配料搅拌不匀所致。

Idaho potato (Am.) 爱达荷土豆
美国一种连皮烤的大土豆。常佐以酸奶油食用，也可用油炸。参见 potato

ide 圆鳍雅罗鱼
参见 chub

Idiazabel (Sp.) 依迪亚扎布干酪　西班牙安达卢西亚产的一种羊奶酪，含乳脂高达53%，重1.25—2千克。

idria (It.) 大口水壶
参见 jug

idromele (It.) 蜂蜜酒
参见 mead

iechyd da (We.) 祝你健康　敬酒用语。

ierchi (R.) 鮈鱼
参见 gudgeon

Igel (G.) 巧克力杏仁蛋糕

igname (F.) 薯蓣,山药
参见 yam

Igny (F.) 伊尼干酪　法国香槟省伊尼修道院产的一种牛乳干酪。重1.3千克，呈圆盘状，含乳脂42%。

iguana 鬣蜥　产于西印度群岛及南美洲的一种大蜥蜴，被当地人视为美味。其卵也常被晒干后腌渍或油炸食用。

ikan (Ma.) 鱼　尤指经烹调的熟鱼。参见 fish

ilang-ilang (Ma.) 依兰依兰
参见 ylang-ylang

Ilchester 伊尔切斯特干酪　一种英国干酪名。

Ile de France (F.) 中央省　以法国首都巴黎为中心的省份。其著名特色菜肴有肝泥酱、贝西调味汁、南特鸭、云雀泥、布里干酪和安杜叶香肠等。

ile flottante (F.) 香草奶油蛋羹
参见 floating island

illipe butter 植物脂肪　尤指巧克力脂。参见 chocolate

imagawa yaki (J.) 今川烧　用烤模子烤的一种长圆形豆馅点心。因最初在江户的神田今川桥出售而得名。

imam bayildi (Tu.) 填馅茄子
参见 eggplant

Imari ware 伊万里瓷器　也叫有田瓷，即肥前国有田窑烧制的日本瓷器，

有青花瓷、黑瓷和上釉白瓷等。19世纪以前就大量出口到欧洲。

imbiber (F.) 浸泡
参见 soak

Imbiss (G.) 点心，小吃
参见 snack

imbottiti (It.) 填馅面条
参见 pasta

imbriquer (F.) 盖交 在面条、米饭或食品上浇盖各种配菜的上菜方式。除装饰作用外，还对食品的调味具有一定的影响。

imbrucciate (F.) 科西嘉奶酪饼
参见 embrucciate

I. M. F. (abbr.) 半干食品
参见 intermediate moisture foods

imitation champagne 仿制香槟酒 一种淡色葡萄汽酒。

imitation cream 仿制奶油 一种人造奶油。参见 margarine

imitation juice powder 仿饮料粉 用色素、香精和有机酸等配制而成。

imitation meat 仿制肉 以植物蛋白为原料制成的一种人造肉。参见 engineered food

imitation milk 代乳品 以非奶食物如植物油、大豆、碳水化合物等按照奶粉营养成分和营养价值经人工仿制而成的粉末状食品。加入蔗糖、维生素和无机盐经喷雾干燥而成。可供婴幼儿食用。

immersion heater 浸入式加热器 将电热器件浸入液体的一种加热工具，如电加热咖啡壶等。

immi 伊末 瑞士的酒计量单位，约等于0.33加仑。

Imo 仿酸奶 一种不含脂肪的代用奶。用明胶、乳酸和植物蛋白制成，适合减肥者饮用。源自商品名。

impanato (It.) 滚上面包屑的
参见 breaded

impastare (It.) 和面，揉面
参见 knead

impératrice (F.) 皇后式 指用米饭拌入掼奶油、牛奶冻和糖渍水果作底的一种甜食。据说拿破仑三世(1808—1873)的皇后 Eugénie 十分喜爱米饭，因而得名。

imperial gallon 英制加仑 容量单位，约合4.546升。

imperial pint 英制品脱 容量单位，约合57毫升。

imperial quart 英制夸脱 容量单位，约合114毫升。

imperial tea 贡茶 一种中国绿茶品种名。参见 green tea

imperiale (F.) 大酒瓶 一种波尔多红葡萄酒瓶，容量为4升，约等于普通酒瓶的8.5倍。

impitoyable (F.) 大品酒杯 用铅晶玻璃制成特定形状，以增强酒的香味。

impromptu (F.) 简易饭菜 字面含义为即兴的。指将饭和菜事先准备，需要时即行加热而成。也指临时烹调的食品，相当于英国的 pot luck。

imu 烤肉浅坑 源自夏威夷语。参见 barbecue

I. N. A. O. (abbr.) (酒类)原产地监制委员会 参见 Institut National des Appellations d'Origine

inari zushi (J.) 醋鱼饭团 日本传统风味食品。用油炸豆腐和腌鱼作配料，将米饭捏成团加醋食用。

in-bottle process 装瓶发酵 羊奶酒等在装瓶后再进行消毒和发酵的加工过程。

in-bulk process 大罐发酵 以区别于装瓶发酵。参见 in-bottle process

incanestrato (It.) 英卡耐斯特拉托干酪 一种意大利西西里岛产的白色牛乳干酪。常掺入山羊乳、盐和各种香料，有强烈的气味。擦碎后用作调味和装饰配菜。

incaparina (Sp.) 廉价蛋白食品 用棉籽、玉米及其他谷物粉加入酵母发酵而成。在拉美国家用于防止蛋白质缺乏症。

incise 花刀
参见 slash

incomplete protein 不完全蛋白质 又称劣质蛋白质。其必需的氨基酸种类及数量不足或比例不当，故在体

内不能合成,也不能构成机体的蛋白质。如白明胶、大米、小麦等谷类蛋白均是不完全蛋白质。

Indian arrowroot 竹芋 一种美洲热带植物。其根状茎含淀粉,常磨成竹芋粉食用,富有营养。参见 arrowroot starch

Indian bread 玉米面包
参见 cornbread

Indian corn 甜玉米
参见 sweet corn

Indian cress 旱金莲
参见 nasturtium

Indian fig 梨形仙人掌
参见 prickly pear

Indian gram 鹰嘴豆
参见 chick pea

Indian kale 芋头
参见 taro

Indian lettuce 圆叶冬青 产于北美洲太平洋沿岸的一种肉质草本植物,常用作凉拌菜。参见 wintergreen

Indian liquorice 相思子 原产于印度。其根可用作甘草的代用品。

Indian millet 高粱
参见 sorghum

Indian mustard 芥菜
参见 leaf mustard

Indian nut 槟榔果
参见 areca nut

Indian pale ale 印度淡啤酒 指过去英国出口到印度销售的一种淡啤酒,但不是印度酿制的酒。参见 pale ale

Indian pear 唐棣
参见 shadbush

Indian potato 甘薯
参见 sweet potato

Indian pudding 玉米粉布丁 用玉米粉、牛奶、糖蜜和黄油等制成的一种甜食,因玉米曾称为 Indian corn。

Indian rice (Am.) 菰
参见 wild rice stem

Indian shuck bread (Am.) 带壳玉米糊

Indian weed 烟草
参见 tobacco

Indian whiskey (Am.) 劣酒 俚称。指美国在西部开发时代由白人出售给印第安人的劣质酒。

Indienne, à l' (F.) 印度式 印度式菜肴指以咖喱、辣酱和大米作主要配菜的食品。

indigestion 消化不良 消化系统的功能障碍,表现为腹部不适、嗳气、厌食、恶心、呕吐和腹泻等。由饮食不调,食物过敏、吸烟喝酒或饮用咖啡过度而引起。

indivia (It.) 菊苣
参见 endive

Indonesian isinglass 琼脂
参见 agar

infarinare (It.) 使裹上面粉 如在烘烤前,在面包上撒上干面粉等。

Inferno (It.) 冥府酒 意大利皮埃蒙特产的一种干红普通葡萄酒。

inflation 膨胀 指干酪或罐头等变质引起的体积增大现象。

infrared cooker 红外线炉 一种无明火的便携式炉,用于野营。

infuse 浸泡,浸渍 如将芳香植物或茶叶泡入沸水,以使液体具有香味。牛奶中可泡以香子兰或柠檬;酒中也可浸泡醋栗和水果等。

infusette (F.) 袋泡饮料 如茶叶、薄荷等。参见 bag tea

infusion 浸剂 将香料植物或药草浸于液体中,经提取有效成分后制成。咖啡、茶和薄荷水等均可视作一种浸剂。

ingberlach (Je.) 姜糖
参见 ginger

ingesta 食物
参见 food

ingredient 烹调原料 指菜肴或饮料等所使用的全部拌料。包括主要原料和调味品等。

Ingwer (G.) 生姜
参见 ginger

injera 画眉草面包 用画眉草籽作配料烤成。产于埃塞俄比亚等地。

inkfish 乌贼

参见 cuttlefish

inn 客栈 供旅客住宿并供应膳食的公共建筑。早在古罗马时代就有客栈,建在商旅经过的地方。到16世纪,英国就已拥有约6000所客栈。今天已为各种旅游饭店所取代。

insalata (It.) 色拉
参见 salad

insalata con tartufi (It.) 块菌色拉 以芹菜心、菊苣叶和白块菌为配料,加入油醋沙司拌制而成的一种意大利色拉。

insect 昆虫 某些昆虫可食,但在西方国家不受重视,而在中东地区被人们视为美味。以蚱蜢、蝗虫、野蜂、蚕蛹和白蚁为主。

insecte comestible (F.) 可食昆虫
参见 insect

insidious (酒)上口淡后劲烈的
参见 heady

insipid 淡而无味的 指食品仅凭味觉感觉不到滋味的现象。

instant 速溶的 指粉末状冲剂,如咖啡和桔子粉等可直接冲入沸水等饮用的。

instant boil 涮 烹调方法之一。把肉片等放在沸水中烫一下,取出后蘸各种调味料吃。

instant coffee 速溶咖啡 将磨细的咖啡粉末拌以填充料,可即冲即饮,但口味不如蒸馏或烧煮的咖啡。

instant food 速溶食品 一种粉状食物,如咖啡、可可、奶粉、大蒜、洋葱、土豆等,可直接冲入沸水做成饮料或汤。

instant milk 速溶奶粉 以全脂鲜牛奶或脱脂牛奶加工而成,具有颗粒疏松、易于溶解等特性,可用温水直接冲调食用。

Institut National des Appellations d'Origine (F.) (酒类)原产地监制委员会 其职能是负责制定和审定酒类,对酒的生产进行全面的质量管理,是法国权威性的专门机构之一。

insulin 胰岛素 胰腺分泌的一种激素,能促进肝脏和肌肉内淀粉的生成,加速组织中葡萄糖的氧化和利用,从而调节体内血糖的含量。胰岛素制剂可治疗糖尿病。

intense 浓郁的 尤指酒类等香味和风味强烈的。

interiora (It.) 杂碎
参见 offal

intermediate moisture foods 半干食品 指介于干食品(如饼干)和湿食品(如果汁)之间的松软食品。蛋糕、果酱等均为半干食品。

International Bartenders' Association 国际酒吧协会 国际酒吧经营者组织,成立于1951年,有28个成员国,总部设在英国伦敦。其宗旨是促进各成员国之间的交往,培养酒吧业专业人员,定期举行竞赛,并制定鸡尾酒标准配方。

International Chefs Association 国际厨师协会 总部设在加拿大的温哥华,成立于1947年,现有50多个成员国。其宗旨为促进各国餐饮业的发展和厨师之间的交流和提高,并举行国际间的烹饪大赛等。

in-the-line service (Am.) 自取菜馆 美国的一种由顾客自持餐盘,自选菜点和食物的服务餐厅。就餐后计价付款。

intoxicant 酒类饮料 泛指能使人致醉的任何饮料。

intoxication 1. 酒精中毒 参见 alcoholism **2. 食物中毒** 参见 food poisoning

intra-muscular fat 夹花脂 俗称五花肉。

invecchiamento (It.) (酒)陈化
参见 age

invert sugar 转化糖 果糖与葡萄糖的混合物。由蔗糖分解而成,也可通过蜂蜜发酵制成。用于作糖果、软饮料和其他食品的增甜剂。

involtini al prosciutto (It.) (中国的)春卷 参见 spring roll

involtino (It.) 肉卷 以小牛肉片或火腿片制成,在黄油中嫩煎即成,呈卷筒状,风味独特。

inzuccare (It.) (酒)上头,醉
参见 heady

iodine 碘 卤属元素。食物中含有少量碘能防治甲状腺肿等疾病。这种食物以海带、水芹和洋葱等为主。

iogurt (It.) 酸牛奶
参见 yoghurt

Iona (Am.) 艾欧那 美国纽约州的一种葡萄品种名。用于酿制一种同名发泡葡萄酒。

Ionian Islands 伊奥尼亚群岛 希腊西岸沿海岛群,从阿尔巴尼亚伸展到伯罗奔尼撒半岛以南。以水果和饲养业著称,并出产葡萄干、葡萄酒、橄榄和鱼。该地的干酪也很有名。

iota triestina (It.) 猪蹄汤 以熏肉、豆类、土豆和泡菜作配料,经较长时间的慢火炖煨而成。汤汁浓,营养丰富。

Iranian wines 伊朗葡萄酒 古代波斯是葡萄种植和葡萄酒酿制的发源地。一直到近代,设拉子葡萄酒(Shiraz)还享有世界声誉。但今天伊朗的葡萄酒酿制仍停留在古老的传统作坊式生产,产量少,仅供国内消费。

iridescent seaweed 虹藻 一种有虹彩色的海藻。用于色拉,或按法国菜豆烹调。

Irish coffee 爱尔兰浓咖啡 一种餐后热饮料。加入爱尔兰威士忌、糖和搅奶油,不使其拌匀即饮。

Irish coffee liqueur 爱尔兰咖啡利口酒 用爱尔兰威士忌作基酒,加入咖啡、蜂蜜和各种香料,色泽深棕,含酒精34.5%。

Irish grape (Am.) 白马铃薯
参见 Irish potato

Irish lord 横纹鲖 一种北海鱼类,是重要的食用鱼。

Irish Mist Liqueur 爱尔兰雾酒 一种蜂蜜加香利口酒。用格兰蜜斯特酒作基酒调配而成,含酒精40%。参见 Glenmist

Irish moss 角叉藻
参见 carrageen

Irish potato 白马铃薯 一种个大色白的普通马铃薯,因广泛种植于爱尔兰而得名。参见 potato

Irish stew 爱尔兰炖肉 一种在浓肉汁中炖煨的羊肉或牛肉,加入土豆、洋葱等作配料。

Irish turkey (Am.) 腌牛肉卷心菜

Irish whiskey 爱尔兰威士忌 主要以麦芽酿制的威士忌。酿制方法与苏格兰相似,具有独特的风味。多数为纯威士忌,含酒精40—45%。也作 Irish wine

Irlandaise, à l' (F.) 爱尔兰式 以土豆为主要配料的菜式。可在烹调过程中加入菜肴或仅作为配饰。

iron 铁 人体血液中的基本矿物质之一,存在于肉类、肝、蛋黄、绿叶蔬菜、干果和矿泉水中。如缺少铁质会引起贫血。

iron taste 铁腥味 啤酒或葡萄酒的一种缺陷现象。

ironware 铁制餐具 铁制餐具的历史最悠久。虽然现代餐具加以铝、铜和不锈钢为主,但铁制餐具的优点十分明显。如能促进人体营养吸收,尤其是铁质的吸收等。

irradiated food 紫外线食品 使食品照射紫外线,可以提高其维生素C的含量。

irrancidire (It.) 哈喇味
参见 rancid

isard (F.) 沙穆瓦羚羊
参见 izard

Ischia (It.) 意西亚酒 意大利坎帕尼亚地区产的红葡萄酒和白葡萄酒名。

ise-ebi tempura (J.) 油炸大虾 一种日本伊势地方风味。用稀面糊裹虾,加入调味后用深油锅炸黄即成,味脆而鲜美。

Isigny (F.) 伊西尼 法国卡尔伐多斯地区的小镇,以黄油著称。该黄油风味浓厚,奶味较强。

isinglass 鱼胶 取自于鱼鳔的一种纯净胶质,尤以鲟鱼鳔为最佳。无色透明,常用作啤酒或葡萄酒的澄清和制成食品胶冻等。

isleta bread (Am.) 熊掌面包 美国普韦布洛印第安人食用的一种玉米面

包，因外形似熊掌而得名。

isoete (F.) 水韭 一种水生植物，与韭葱同类。常用于凉拌。也作quillwort

Isolabella (It.) 伊索拉贝拉酒 意大利产的一种香草利口酒。

Israeli wines 以色列葡萄酒 据圣经记载，在巴勒斯坦地方很早就有葡萄园，但在伊斯兰教传入该地后即取消了酿酒业。19世纪起，以色列恢复生产葡萄酒，今天多数酒仍供出口。以色列人则以喝软饮料为主。

issues (F.) 猪脚爪
参见 trotters

it (abbr.) 意大利苦艾酒
参见 Italian vermouth

Italian beef (Am.) 意大利牛肉 美国的一种廉价辣味熟牛肉。该名称暗示意大利人喜欢浓辣的调料，而实际上在意大利并没有这种食品。

Italian chestnut 甜味板栗
参见 chestnut

Italian cookery 意大利烹调 虽然意大利的面食如通心面和比萨饼享誉世界，但其烹调特色并不局限于此。意大利的干酪如帕尔马和戈贡佐拉使许多美食家倾倒。意大利的香肠和肉制品也令人爱不释手。意大利的葡萄酒可追溯到古罗马时代。今天葡萄酒的产量居世界之首，并包括无法匹敌的其它名酒。意大利堪称世界烹调大国，名不虚传。

Italian corn salad 意大利生菜 欧洲南部产的一种肉质植物，常用于凉拌菜。

Italian dressing 意大利调味汁 指加有大蒜和薄荷的拌色拉调汁。

Italian marrow 夏南瓜
参见 zucchini

Italian pasta 营养面条 以小麦为主制成的干面条，尤指通心面，是意大利的民族特色风味。有时加入鸡蛋或其他原料，用番茄酱等作调味品。参见 macaroni, spaghetti 和 ravioli 等。

Italian Riesling 意斯林 即意大利李斯林葡萄。质量稍逊于德国的莱茵李斯林葡萄，用于酿制多种意大利白葡萄酒。

Italian roast 意大利式焙炒法 指将咖啡炒得较黑的一种方法。泡制的咖啡味较苦。

Italian sandwich 意大利三明治 将整只长形面包对半切开，当中夹肉、干酪和蔬菜等。

Italian turnip 意大利芜菁 一种一年生或二年生的根茎植物，其顶生的嫩叶为拌色拉用的优质蔬菜。

Italian vermouth 意大利苦艾酒 一种有甜味的苦艾酒，也叫意大利味美思。

Italian wines 意大利葡萄酒 意大利在20世纪70年代的葡萄酒产量居世界第一位，与法国并列为世界最大消费国。意大利的酿酒史可追溯到公元前3000年。今天葡萄酒生产集中在西西里和阿尔卑斯山区，但从品种和质量方面看均不及法国。

Italienne, à l' (F.) 意大利式 指用意大利沙司或蘑菇碎丁作配料的菜肴，常加入帕尔马干酪屑。

itayaki (J.) 杉木板烤肉 把大雁或野鸭肉片用酱油和料酒等浸泡后放在杉木板上烤熟，为日本特有风味食品。

iudabah (Ar.) 甜味鸡汁烩饭

ive (F.) 香草藤
参见 herb-ivy

ivoire, à l' (F.) 象牙式 指以乳白色沙司佐食的菜肴，因色泽如同象牙比。

ivrogne de mer (F.) 红鳞鱼 产于地中海和亚德里亚海的一种小鱼，因鳞片呈红色而得名。其肉质粗老，但可食用。

ivy gourd 红瓜 产于亚洲热带地区的一种藤本植物。其果实可食。

izard (F.) 沙穆瓦羚羊 意大利的一种野生羚羊，以产地命名。肉可食，烹调方法与山羊相同。

Izarra (Sp.) 伊查拉酒 一种西班牙利口酒。以白兰地为基酒，加入生长在比利牛斯山的一种叫"星"的香草。该酒与法国的 Chartreuse 相似，色泽分绿色与黄色两种。含酒精绿色为 49%，黄色为 36%。

izer cookie (Am.) 华夫饼干 美国荷兰人后裔的一种脆甜点心。源自荷兰语 izer, 意即烘饼的铁板。

izmir keufta (R.) 茄汁羔羊肉糜饼 一种俄罗斯的传统风味食品。

J

jaal goat 努比亚山羊
参见 Nubian

jabali (Sp.) 野猪
参见 wild boar

jabot (F.) 嗉囊
参见 crop

jabougras (F.) 洋葱汤
参见 bougras

jacana 水雉 产于热带与亚热带地区的一种野生水禽。烹调方法同野鸭。

jachacaldo (Sp.) 蔬菜汤

jack 1. 鲹 参见 scad 2. 苹果白兰地
参见 applejack

jack bean 刀豆 又叫杰克豆,生长在热带地区。有长条形荚,可用作蔬菜。

jack mackerel 宽竹荚鱼 产于澳大利亚等地的一种食用鱼。参见 scad

jack plum (Am.) 爪哇李
参见 Java plum

jack rabbit (Am.) 长耳野兔 产于北美地区的一种野兔,毛色灰,耳长。烹调方法同肉用家兔。参见 rabbit

Jack Rose 杰克玫瑰 一种鸡尾酒。以苹果白兰地为基酒,加入柠檬汁、石榴汁和冰块,摇匀过滤后即成。参见附录。

jack salmon (Am.) 银麻哈鱼 一种溯流而上进行产卵的鲑鱼。肉味鲜美。

jacket potato 带皮煮的土豆 将土豆洗净干燥后,在热烤箱中烤酥,然后再切开加入黄油食用。

jacketed pan 套锅
参见 double boiler

jacketless frankfurter 无肠衣法兰克福香肠 参见 frankfurter

jackfruit 木菠萝 又称菠萝蜜。原产于热带非洲的一种桑科乔木,与面包树有亲缘关系。果实大,长达60厘米,重达18千克。绿色未熟果实可作蔬菜食用,棕色成熟果实则可作为水果,味甜酸而不浓。

jacksmelt 银汉鱼
参见 whitebait

Jackson 杰克逊 指美国总统 Andrew Jackson(1767—1845)。以其命名了一种浓汤和一种土豆菜肴。

Jackstraw salad 杰克斯特劳色拉 以苹果、胡椒、盐、卷心菜和干酪拌成的凉拌。词源不详。

jacky 杜松子酒 俚语。参见 gin

jacobin (F.) 雅各宾 一种蛋奶酥的别称。因在法国大革命时期流行而得名,但在复辟时期则曾改称为 royale。

jacque (F.) 苹果薄煎饼
参见 pancake

Jaen (Sp.) 哈恩葡萄 产于西班牙的一种酿酒葡萄,以产地命名。

Jaffa 雅法橙 原产于以色列雅法的一种椭圆形橙,皮厚味酸。现以巴基斯坦产量最多。

Jagd Kümmel (G.) 猎人茴香酒 德国产的一种有蒿籽的利口酒,含酒精50%。用石坛包装,因瓶贴上有打猎画面,故名。

Jägermeister (G.) 猎人王 德国产的一种深红色香料利口酒,带苦味,含有56种香草成分。含酒精35%。

jagger 滚花刀 用金属或塑料制成的一种弯形锯齿滚刀,供蛋糕厨师用于面团切割和蛋糕滚花等。

jaggery 棕榈糖
参见 palm sugar

jagging iron 滚花刀
参见 jagger

jaiba (Sp.) 蟹

参见 crab

jak (abbr.) 木菠萝
参见 jackfruit

jake 牙买加姜汁酒 用牙买加生姜加入烈酒而成，常用来代替威士忌等烈性酒，口味辛辣刺激。源自地名 Jamaica 的谐音。也作 jakey

jakey 牙买加姜汁酒
参见 jake

jalapeño (Sp.) 青辣椒

jaletina (Sp.) 果冻，果酱
参见 jam

jalousie (F.) 小松饼 一种格子状薄馅饼，以杏仁作馅。

jam 果酱 用水果煮熟加糖制成的一种稠厚甜味食品，用于作馅和涂抹料等。果酱中含有果胶，故其质地类似纤维状结构。

jam buttie 果酱三明治 在英国兰开夏郡的名称。

jam sauce 果酱沙司 以果酱、糖、水和柠檬汁调制而成，用于涂抹布丁等甜食。

Jamaica apple 南美番荔枝
参见 cherimoya

Jamaica banana 牙买加香蕉 一种黄色香蕉，外形较普通香蕉大。

Jamaica cherry 牙买加樱桃 产于西印度群岛，与普通樱桃相似。

Jamaica cucumber 酸黄瓜
参见 gherkin

Jamaica pepper 多香果
参见 allspice

Jamaica plum 猪李
参见 hog plum

Jamaica rum 牙买加朗姆 一种用甘蔗糖汁和蔗渣经缓慢发酵而制成的烈性酒。酒香扑鼻，酒体浓重，质量居各种朗姆酒之上，被视为世界著名酒品之一。常用于调配各种长饮鸡尾酒。

Jamaica tangelo 丑果
参见 ugli

jambalaya 什锦杂烩饭 西印度群岛克里奥尔人的一种主食。用大米、火腿、香肠、虾仁、鸡肉、番茄和芳香植物调味料烩制而成。

jambe de bois (F.) 猪蹄清汤 因猪蹄在汤中形似树木而得名。有时也用牛蹄来煮汤。

jamberry 茶藨子属 如鹅莓、醋栗、刺李等。参见 gooseberry

jambolana 爪哇李
参见 Java plum

jambon (F.) 火腿
参见 ham

jambon à la Bayonnaise (F.) 巴约讷式火腿 以马德拉酒烹制，用香肠、西红柿、米饭和蘑菇作配料。

jambon à la crème (F.) 辣味奶油火腿 参见 jambon à la Morvandelle

jambon à la Morvandelle (F.) 莫尔旺式辣味奶油火腿 以白葡萄酒、刺柏、青葱头和奶油作配菜。也作 jambon à la crème

jambon blanc (F.) 微熏去骨火腿
参见 jambon de Paris

jambon de Paris (F.) 巴黎火腿 一种未经烟熏或仅经微熏的去骨火腿。也作 jambon blanc

jambon de Parme (F.) 帕尔马火腿 一种意大利风味火腿。主要以帕尔马干酪调味，故名。

jambonneau (F.) 小熟火腿
参见 ham

jambose (F.) 杨桃
参见 carambola

jamon (Sp.) 火腿
参见 ham

jamon gallego (Sp.) 烟熏火腿薄片 产于西班牙加利西亚地区的一种风味。

jandagum 角豆胶
参见 carob

janhagel (Du.) 五香脆饼

jannock (Sc.) 燕麦面包 或指一种燕麦粉饼干，为苏格兰地区风味食品之一。

Janse (G.) 奥地利茶点 以咖啡、茶、搅奶油、甜点心或三明治等为主的一种午后茶点。

japan 日本漆器 一种光亮薄胎漆器，

Japan tea 日本茶 一种未发酵的淡色绿茶。色泽以乌黑为主,缀以各种艳丽的图案,常用于制碗碟杯盘和调味罐等餐具。也作 japanware

Japan tea 日本茶 一种未发酵的淡色绿茶。

Japanese apricot 梅 果实酸甜。鲜果除生食外,还可加工成罐头和其他制品。

Japanese artichoke 甘露子
参见 Chinese artichoke

Japanese cookery 日本烹调 日本缺少自然资源,但海洋渔业居世界之首,因而日本的烹调中鱼类和海鲜占了极其重要的位置,如生鱼片、炸大虾、醋鱼饭团等。日本的主食是大米,因而又以大米为主的食品著称于世。日本的菜肴特点崇尚清淡,色泽丰富,烹调方法又以煮、蒸甚至生为主。日本的清酒极有特色,与菜配合十分和谐。

Japanese date plum 柿子
参见 persimmon

Japanese ginger 茗荷 一种日本糖渍姜片。也作 myoka

Japanese Green Tea Liqueur 日本绿茶利口酒 一种稀有的利口酒品种,色泽淡绿,有优雅的茶香。用白兰地作基酒,加入名贵绿茶汁而成。

Japanese herring 圆鳍青鱼
参见 chub

Japanese horseradish 山崳菜
参见 wasabi

Japanese medlar 枇杷
参见 loquat

Japanese moss 琼脂
参见 agar

Japanese pear 沙梨
参见 sand pear

Japanese pepper 秦椒 也叫花椒。果实含挥发油,可用作调味料。

Japanese peppermint 日本薄荷 一种野薄荷,口味稍逊于普通的欧洲薄荷。

Japanese torreya 日本榧 红豆杉科常绿乔木。其木材可制家具和雕刻艺术品,种子在日本可用作食物,所含油脂则可用于烹调。

Japanese whiskey 日本威士忌 日本产的威士忌在亚洲颇负盛名。因采用苏格兰的传统酿造方法经调配而成,在日本国内被视为珍品。

japanware 日本漆器
参见 japan

japonaise, à la (F.) 日本式 指以奶油渍甘露子和面包片作配菜的菜式,用于佐食炸肉饼。参见 Chinese artichoke

japonica apple 日本苹果 一种装饰性水果,香味浓郁,偶供食用。因外观美丽而尽量保存。有时也可切片制成蜜饯。

japonica rice 粳米 一种茎秆较矮的水稻品种,米粒短而粗,性糯。参见 rice

jar 广口瓶 一种大口无颈容器,用玻璃或陶瓷制成,用于盛放食品。

jar opener 开罐器 一种有对开咬口的器具,可打开各种螺旋瓶或广口瓶。

jardinière, à la (F.) 园丁式 指以各种新鲜庭园蔬菜分别烹煮后置于主菜周围,形似花圃。其主菜通常为烤肉或罐焖家禽等。

jargonelle (F.) 早熟梨 法国的一种黄色梨品种,个大汁多,成熟期早。

jarlesberg (No.) 耶尔斯堡干酪 一种半软干酪,以全脂牛奶制成,产于挪威,以产地命名。

jarnac (F.) 蛋白蛋糕 上涂果酱,淋以白兰地。也作 coup de jarnac

jarosse (F.) 宽叶香豌豆 也叫野豌豆或山黧豆。培育后成为一种常见豌豆品种。以产于法国的奥弗涅为最著名。

jarret (F.) 小牛前腿肉
参见 shin

jarretière (F.) 叉尾带鱼
参见 cutlass fish

jarron (F.) 腌罐 用于存放腌鲱鱼等有强烈气味的食品。

jars (F.) 公鹅
参见 goose

Jarzebiak (Po.) 贾兹别克酒 波兰产

的一种优质伏特加。有花楸浆果味，含酒精40%。

jaseur (F.) 连雀
参见 waxwing

jasmine 茉莉花 园艺观赏花卉。其花呈白色，常干制后用于泡茶或在烹调中作调香料。香味清新浓郁。

jasmine tea 茉莉花茶 将常绿灌木茉莉花的白色花瓣经干制后熏制的茶叶，香味浓厚，茶叶中常混有茉莉花瓣。

jatte (F.) 大碗
参见 bowl

jaune d'oeuf (F.) 蛋黄
参见 egg yolk

jaune-mange (F.) 甜蛋黄冻 用蛋黄、白葡萄酒、柠檬、糖和明胶制成的甜食。

Java 爪哇鸡 原产于印度尼西亚爪哇岛的一种培育鸡种，为世界著名鸡种之一。毛呈黑色或黑白花斑，蛋肉兼用。

Java almond 爪哇橄 产于亚洲东部的一种高大乔木。其果实含有丰富的油脂，可榨油用于烹调。

Java bird 禾花雀
参见 reed bird

Java plum 爪哇李 一种玫红色苹果李品种，因产于印度尼西亚的爪哇岛，故名。

Java sparrow 禾花雀
参见 reed bird

Java tea 爪哇茶 产于印度尼西亚爪哇岛的一种茶叶品种，据信有一定滋补作用。

javelin (a) 西猯
参见 peccary

jawbreaker (Am.) 硬蛋糕 18世纪时美国的一种大众食品，呈圆形，配料中有黄油、干酪、鸡蛋和柠檬汁等，因烤得极硬而得名。

jay 樫鸟 产于北美洲和欧洲的一种小鸟，肉味嫩美，常用于烤食，被美食家视为上品。该鸟毛色艳丽，呈粉红色，腿部为白色，尾部黑色，头颈部则为黑白相间色。

jean-doré (F.) 海鲂
参见 John Dory

jellied consommé 明胶清汤 清汤煮成后用明胶致凝，冷冻后食用。风味独特。

jellied egg 全蛋冻 将软煮蛋放入肉冻中，即制成一份菜肴。

jello (Am.) 极乐果子冻 一种胶凝质餐后甜食，有各种水果香味和色泽。源自商标 Jell-O。

jelly 果冻 半透明糖食。制法是将水果或蔬菜汁加糖煮沸，加入果胶、明胶等，待冷却后即成。在美国，果冻常于早餐时涂在面包上。菜蔬果冻中常加入胡椒、番茄和薄荷调味，作为肉食品的佐料。胶冻软糖则采用海藻提出物洋菜制成。该词也指肉冻和其他胶冻状食品。

jelly baby 娃娃软糖 一种做成娃娃形状的凝胶软糖。

jelly bag 果汁过滤袋 用粗布或绒布制成的口袋，用来过滤果汁制果冻。

jelly bean (Am.) 软粒糖豆 一种可供咀嚼的糖果。以果汁调味，加入明胶等，因制成豆粒状而得名。

jelly doughnut (Am.) 果冻炸面圈 一种以果子冻作馅的油炸面团，松脆可口。

jelly glass (Am.) 果冻瓶 一种中型瓶，在家庭中用于存放果冻等甜食。

jelly meat 肉冻 以肉或鱼加明胶制成的胶冻状食品，营养价值很高，适宜老人、婴儿和病人食用。

jelly powder 果冻粉 商品名为啫喱粉，以食用明胶加果汁香精等制成。色彩鲜艳，可加入沸水，待冰冻后食用。

jellyfish 海蜇 也叫水母，为一种有透明伞盖的海洋软体动物，其伞状部分称为海蜇皮，口腕部分称为海蜇头。先用明矾和盐处理后除去水分，再用盐渍食用。味脆可口，常用于凉拌。

jellyroll (Am.) 果冻卷筒蛋糕 以香草、鸡蛋、面粉和果冻等为原料制成的一种美式点心。

jelutong (Ma.) 节路顿胶 一种树胶

jemmy 羊头肉
参见 mutton

jenonar 笛鲷 一种产于印度洋的鲷鱼,为重要食用鱼之一。

jerboa 跳鼠 产于欧洲和南美洲的一种啮齿类哺乳动物。后腿和尾巴较长,毛沙黄色或棕灰色。可食用,烹调方法与松鼠相同。

Jerez (Sp.) 赫雷斯 西班牙西南部城市,以酿制优质雪利酒著称于世。今天该词已成为雪利酒的别称。参见 sherry

jerked beef 风干牛肉条
参见 biltong

jerky (Am.) 风干牛肉条
参见 biltong

jernik-kalwasi (R.) 蜂蜜牛奶麦粉糊

jeroboam 1. 香槟酒大酒瓶 容量为 104 盎司,相等于普通香槟酒瓶的 4 倍。 2. **大波尔多葡萄酒瓶** 容量为 147 盎司,相等于普通葡萄酒瓶的 6 倍。该词源自公元前 912 年以色列王的名字,以其骁勇豪放著称。

jerrican 扁平桶 用于盛水或油,容量为 5 加仑。

Jersey 泽西牛 又称娟姗牛,是一种短角乳牛品种。毛色为淡黄褐色或奶油色,其体表有白斑。原产于英吉利海峡的泽西岛,故名。泽西牛的奶中脂肪异常丰富,但肉用价值比其他牛种为低。

Jersey giant 新泽西大黑鸡 由中国狼山鸡与亚洲大种鸡杂交而成。因在美国新泽西州培育成功而得名。

Jersey tea 冬青茶
参见 winter green

Jerusalem artichoke 菊芋 也称洋姜,菊科向日葵属植物,原产于北美。其地下块茎呈不规则长圆形,皮淡黄、棕或红紫色,肉白而脆。在欧洲普遍作为蔬菜食用,或经腌制和作餐前小菜等。

Jerusalem cucumber 酸黄瓜
参见 gherkin

Jerusalem melon 埃及甜瓜 原产中东地区耶路撒冷,现广泛种植于埃及的一种甜瓜品种。果肉甜而多汁,可用于鲜食或制成甜食。

Jerusalem pea 豇豆
参见 cowpea

Jerzynowka (Po.) 黑莓利口酒 一种著名波兰利口酒。

jesse 耶西鱼 一种多骨的小鱼,烹调方法同 carp。

Jessica 杰西卡 一种以填馅洋蓟心、羊肚菌、土豆和奶油沙司佐食的鸡或小牛肉菜肴。

jésuite (F.) 三角形李酱饼 一种小馅饼,以中等温度烤箱烤成。

jésus (F.) 烟熏猪肝香肠 产于瑞士和法国等地。尤以一种叫 Morteau 的最为著名。

jet de houblon (F.) 啤酒花嫩芽 可作蔬菜食用或作其他菜肴的配饰。参见 hop

jeune (F.) 1.(食品)新鲜的 2.(酒)新酿的

jewfish (Am.) 黑鲈 或指石斑鱼等暖海鱼类。参见 bass

Jew's-ear 黑木耳 一种蕈类植物。参见 black fungus

jicama (Sp.) 豆薯
参见 yambean

jigger (Am.) 小量杯 容量为 1.5 盎司的酒吧用小杯,用于调配鸡尾酒。也指一小杯烈酒或冰淇淋。

jigger pump 啤酒计量泵 用来将散装啤酒压出酒桶的一种泵,并连接有计量装置。

jinjili oil 芝麻油
参见 sesame oil

jirofina (Sp.) 羊脾酱 一种用羊脾和面包等调制成的调味汁。

Jo'burg (Af.) 乔布格酒 南非产的一种开胃酒,风味类似苦艾酒。

Job's tears 薏苡 也叫薏米或药玉米。一种多年生草本植物,茎直立,其果实呈灰白色,可食用或药用。含有大量的淀粉质,常作为主食或菜肴的配菜。

jockeys whips 炸土豆片　俚称。
　　参见 potato chips
jocoque (Sp.) 酸奶酪
　　参见 yoghurt
Joe Mazzetti 菠菜肉糜
　　参见 Little Joe's
Johannisbeere (G.) 红醋栗
　　参见 red currant
Johannisberger (G.) 约翰尼斯堡酒　德国西部的一种上等白葡萄酒，为德国最优秀酒品之一，依产地命名。采用的葡萄品种为 Riesling。
John Barleycorn 大麦约翰　拟人化名称，指麦芽威士忌或啤酒等用大麦为原料酿制的各种酒精饮料。
John Chinaman (Am.) 米饭　俚称。因 19 世纪居住在美国的中国人坚持以米饭为主食的习惯，故名。
John Dory 海鲂　一种普通欧洲食用鱼，用于做法式鱼汤。外表呈棕色，体形扁圆，背鳍高。源自法语 jaune d'ore, 意即金黄色。
johnny carp 鲫鱼
　　参见 crucian carp
Johnny Marzetti (Am.) 烤肉糜通心面　美国俄亥俄州的一种菜肴，以番茄、洋葱、蘑菇和干酪作配料制成。源自该地的一家餐厅老板的兄弟的名字，据说是他所发明的。
johnnycake (Am.) 玉米烤饼　用玉米粉加盐、鸡蛋、油脂和牛奶等混合后放入盘中烤，或放在铁板上烤，上涂油脂而成。该词源自 journey cake, 意指供旅途中食用的饼。
joint 大块肉　指牛、羊等肩部肉或腿部带骨肉。
Joinville, à la (F.) 儒安维尔式　以虾肉、蘑菇、块菌等为配料，加奶油沙司，用来佐食烤鱼。儒安维尔亲王是法国国王路易·菲利普的第三个儿子的封号, 即 prince de Joinville (1818—1844)。
jolerie (F.) 河鲈
　　参见 perch
jolly boy (Am.) 黄油炸糕　以枫糖浆作表层涂抹料食用。

Jonathan 乔纳森苹果　美国的一种红苹果，滋味丰美，可供鲜食或加工成蜜饯。
jonc 灯心草
　　参见 rush
Jonchée (F.) 卡叶博特干酪
　　参见 Caillebotte
jook (Am.) 米粥　源自美国旧金山唐人街中的廉价小酒店 (jook house)。
jook house (Am.) 廉价小酒店　美国加利福尼亚等地的一些简陋酒店。通常有自动唱机、舞厅甚至陪酒女以招徕顾客。源自自动唱机 (juke box)。
Jordan almond 约旦杏仁　该词源于古法语 jardin, 意为果园杏仁。实际上产于西班牙。参见 almond
jordbaer (No.) 草莓
　　参见 strawberry
jorum 大酒杯
　　参见 glass shapes
joseph's coat 苋菜
　　参见 flower gentle
joubarbe (F.) 石莲华属
　　参见 Jupiter's beard
joue (F.) 面颊肉　尤指猪面颊肉。肉质嫩，肥而不腻，有些人特别推崇。英国巴思肉饼专门采用猪面颊肉作配料。参见 Bath chap
joue de lotte (F.) 扁鲨颊肉　在法国被视为一种美味食品。
jowl 猪面颊肉
　　参见 joue
joy-juice (Am.) 酒　俚称。参见 wine
jubilé (F.) 节日式
　　参见 potage jubilé
Jubilee 火烧
　　参见 flambé
Jubilee port 庆典葡萄酒　为 1897 年英国女王维多利亚即位 60 周年纪念而酿造的一种优质葡萄酒。
judas tree 紫荆　开一种玫瑰红的小花，香味芬芳，常在醋中浸渍，用作调香料。也作 cercis
Judic (F.) 朱迪克　指法国著名歌剧演员 Anne Judic (1850—1911)。以

judion 其命名了一种肉汁沙司(glacé de viande Judic)。

judion (Sp.) 宽芸菜豆
参见 haricot bean

judru (F.) 短粗红肠 产于法国勃艮第地区的沙尼(Chagny)。参见 Saucisson

jug 1.大口水壶 一种有柄和壶嘴的水罐,通常用陶瓷或玻璃制成。用于盛放啤酒和其他液体,作为餐桌容器使用。 2.罐焖兔肉 菜肴名。一般先用普通锅煮出汤汁,然后放入罐中加配料焖煮。

jug-jug 腌肉冻 西印度巴巴多斯的一种食品,以火腿片、青豆和熏脆肉制成。

juglans 核桃
参见 walnut

jugo (Sp.) 果汁
参见 juice

juice 汁 泛指果汁、肉汁和蔬菜汁等。果汁中比较常见的有柠檬汁和橙汁等。

juice extracter 果汁压榨器 家庭用果汁压榨器为一种玻璃器皿,用于压榨橙汁和柠檬汁等。工业或厨房用压榨器则是一种电动设备。

juice-joint (Am.) 果汁摊 以出售软饮料为主的一种流动售货摊。

juicy 多汁的 多汁的水果,如梨、菠萝、橙和柠檬等,而肉类在烹调时也会产生味香可口的肉汁。

juif (F.) 犹太食品 指以白葡萄酒和洋葱为主要配料的日常菜肴。按犹太教规,只有星期六才可食用肉和豌豆等。

jujube 枣 鼠李科带刺小乔木,原产中国。果实呈深棕色圆形或长圆形,果肉白色、味鲜脆。枣可供鲜食或炖烤,或用糖浆煮后制成蜜枣或枣味胶糖。枣又可制成枣泥或枣酱。据信有治喉痛的疗效。

juke joint (Am.) 廉价小酒店
参见 jook house

julekake (No.) 圣诞蛋糕
参见 Christmas cake

julep (Am.) 薄荷饮料 流行于美国南部的一种混合饮料。用威士忌酒、白兰地作基酒,有时也可用香槟酒或苹果酒作基酒,加入薄荷、玫瑰香精、糖浆和柠檬汁等调配而成。

Julienas (F.) 朱丽纳酒 法国勃艮第地区博若莱(Beaujolais)产的一种上等干红葡萄酒。

julienne, à la (F.) 切成丝的 指肉或蔬菜切成细丝的烹调方法,有时直接指菜丝汤。最早在1785年由法国著名厨师朱利安(Jean Julien)发明,也叫朱利安清汤。

julkage (Da.) 圣诞蛋糕
参见 Christmas cake

jumble (Am.) 小甜饼 制成各种形状的一种果酱甜脆饼。有环形、S形和半月形等。用橙子酱、柠檬果酱或杏仁酱调味。

jumbo sausage 特大香肠 其肠衣须经专门缝合,类似于卷筒,形粗大。参见 sausage

jumbo shrimp (Am.) 对虾
参见 prawn

jumnapari 印度奶羊
参见 sheep

junacate (Sp.) 青葱头
参见 shallot

juneberry (Am.) 唐棣
参见 shadbush

jungle juice (Am.) 土烧 俚语。指一些家酿烈性酒,一般质量欠佳,并含有杂质。

juniper 桧 又称刺柏,包括几十种芳香常绿乔木或灌木,广泛分布于北半球。其果实和木材可经蒸馏提取精油,用于制成香料或作酿酒用的配料。

juniper berry oil 刺柏子油 即杜松子油,是从欧洲桧属乔木刺柏子中提炼出的香味油。用于作调香剂,也是制杜松子酒的配料之一。

juniper juice (Am.) 杜松子酒
参见 gin

junk 咸牛肉 指过去航海时水手食用的咸牛肉,也指一大块冻肉。

junk food 劣等食物 尤指经化学加工的高热量但无其它营养价值的食品。

junket 冻奶食品 一种加入甜味料的冷冻牛奶,作为餐后甜食。

junket tablet 凝乳片
参见 rennet

Jupiter's beard 石莲华属 泛指几种多肉的叶质植物,如野韭、野蓟等。偶尔可用作凉拌菜。

jural 长面鲹 也叫马鲭。泛指热带海洋中的鲹属食用鱼。

jurancon (F.) 汝拉酒 法国下比利牛斯地区酿的一种干白或干红葡萄酒,以产地命名。酒体醇厚,易醉。据说该酒是法国国王亨利四世最喜欢的酒。

Jurassienne, à la (F.) 汝拉式 汝拉在法国弗朗什·孔泰地区,以干酪著称。该式指各种以汝拉干酪作配菜的菜式。

jus (F.) 汁
参见 juice

jus d'herbes vertes (F.) 调味香草汁 尤指绿色芳香植物的原汁。用于烹调中的调香。

just turning 翻白 蔬菜等充分成熟的一个标志,绿色消失,开始着色或变白。

juter (F.) (在烤肉上)涂卤汁
参见 baste

juteux (F.) 多汁的
参见 juicy

juvert (F.) 欧芹
参见 parsley

juvia (Sp.) 巴西果
参见 Brazil nut

K

K. (abbr.) 千克
参见 kilogram

K ration (Am.) 军用干粮 美国在第二次世界大战中供士兵食用的包装干粮。据说人体需要的全部营养成分均已包括在内。源自发明者、美国生理学家 Ancel Keys。

kaas (Du.) 干酪
参见 cheese

Kabab (Ar.) 烧羊肉 一种北非风味。将羊肉切成方块,加入黄油煮烧,用盐和胡椒调味即成。有时用大蒜、洋葱片和欧芹作配饰。

Kabeljau (G.) 鳕鱼
参见 cod

kabeljou 叫姑鱼 南非产的一种食用鱼,鱼肝含有极丰富的维生素 A。参见 croaker

kabiljo (Sw.) 鳕鱼
参见 cod

Kabinett (G.) 珍品酒 酒类术语。指一些值得收藏的优质葡萄酒,由酿酒厂商选为某年度的代表酒等。

kabob (Hi) 烤肉串 一种印度风味。以羊肉、洋葱、番茄和其他蔬菜串在铁扦上烤成。参见 shish kebab

kabuni (Al.) 葡萄干甜饭

kacha (R.) 荞麦片粥
参见 kasha

kachouri (Sp.) 炸馅饼 南美印第安人的一种食品,用鹰嘴豆泥和碎洋葱为原料经油炸后食用。

Kadarka (Hu.) 卡达卡葡萄 匈牙利优质酿酒用葡萄品种。所酿的酒必须注明该品种名和产地,以埃格尔酒最为著名。酒色鲜红,味浓甘醇。参见 Egri Bikaver

Kadaver (G.) 牛胴体 俗称光牛,指牛经屠宰后的整块牛肉。

kaelder milk 窖藏牛奶
参见 cellar milk

kaernemaelk (Da.) 酪乳
参见 butter milk

Kaffee (G.) 咖啡
参见 coffee

Kaffeeklatsch (G.) 咖啡会 一种非正式聚会,家庭妇女一边喝咖啡一边聊天。

Kaffeekrantz (G.) 葡萄干蛋糕 产于法国的阿尔萨斯地区,食时佐以咖啡饮料。

kaffir beer 班图酒 南非产的一种谷物低度酒。参见 Bantu beer

kaffir bread 面包棕榈
参见 bread palm

kage (Da.) 蛋糕
参见 cake

kagne (F.) 细通心面
参见 vermicelli

kahlúa (Sp.) 咖啡利口酒 原产于墨西哥,现在丹麦等国也获准销售。其风格与 Tia Maria 不同,在美国也很流行。含酒精 26.5%。

kahvi (Fn.) 咖啡
参见 coffee

kail (Sc.) 羽衣甘蓝
参见 kale

kaimak (R.) 蛋奶甜冻
参见 custard

kaiser roll 王冠小面包 原产于奥地利维也纳的一种松软脆皮面包,可作为早餐面包或夹以肉和香肠等食用。该名称源自德语 Kaiser,意即"皇帝",有人认为指奥地利的皇帝 Franz Josef (1830—1916)。

Kaiser Stuhl Rosé 凯泽玫红酒 澳

大利亚产的一种轻质玫红葡萄酒。

Kaiserfleisch (G.) 烟熏乳猪　一种维也纳地方风味。

Kaiserschmarrn (G.) 葡萄干甜煎蛋卷　奥地利维也纳地方风味之一。

kajmar (Yu.) 塞尔维亚奶酪
参见 cheese

kakao (G.) 可可
参见 cacao

kaki (J.) 柿子
参见 persimmon

kakiemon (J.) 柿右卫门瓷器　一种日本名瓷。色泽丰富,常制成名贵的餐具,仿制品很多。

Kalamarakia (Gr.) 油炸目鱼
参见 calamary

Kalb (G.) 小牛肉
参见 veal

kalbasa saseski (R.) 萨拉米香肠
参见 salami

kale 羽衣甘蓝　十字花科一种耐寒的蔬菜,含有丰富的维生素。新鲜的菜叶呈深绿色,常用于煮一种苏格兰甘蓝汤。

kalerei (F.) 杂碎肉冻　以猪蹄、猪尾和猪耳等制成。

kalfkott (Sw.) 小牛肉
参见 veal

kalkvis (南非) 叉尾带鱼
参见 cutlass fish

Kalmar (G.) 乌贼
参见 cuttlefish

Kaltschall (R.) 酒味水果凉拌　一种俄罗斯风味。常以杏子、菠萝、桃、草莓、覆盆子和西瓜等作配料,视需要有时还可加入若干果皮。均切成小块或厚片后加入利口酒、葡萄酒与糖浆即成,食时加冰。

kalvekjott (No.) 小牛肉
参见 veal

kamaboko (J.) 鱼糕　将鱼肉磨成糊状,摊在木板上成半圆柱形蒸熟的一种食品。

Kamikaze (J.) 神风鸡尾酒　以橙汁、橘味酒和伏特加调配而成。源自第二次世界大战中日本的自杀飞机的名字。

kampai (J.) 干杯　敬酒用语。

Kaneel (G.) 桂皮,肉桂
参见 cinnamon

kanga (abbr.) 袋鼠
参见 kangaroo

kangaroo 袋鼠　澳大利亚特产有袋类动物,在当地被当作一种美味。由于袋鼠泛滥成灾,澳大利亚政府已取消禁止捕猎的命令,但仅允许捕杀超过一定体重的雄袋鼠,而且捕猎者要持有许可证。

Kaninchen (G.) 家兔
参见 rabbit

kante 黄油干皮　黄油表面因水分蒸发而形成的硬皮。

kanyak (Tu.) 坎亚克酒　一种土耳其白兰地,从其读音可知来源于法国的科涅克(Cognac)。但价格要低廉得多,其实是一种仿制酒。

kaoliang (C.) 高粱
参见 sorghum

Kapaun (G.) 阉鸡
参见 capon

kapi 泰国鱼酱　东南亚地区流行的一种调味食品。用鱼经腌制后捣碎,加入大蒜、盐、茴香和其他调味料制成。味鲜咸可口,香味浓郁。

kapushiak (Po.) 卷心菜汤
参见 cabbage

karab (R.) 绵羊奶酪
参见 urda

karaka 卡拉卡树　新西兰的一种乔木,产红色的果实,果肉可食用。在当地食品中占有重要地位。

kari (F.) 咖喱
参见 curry

Karidopita (Gr.) 果仁蛋糕

karnemelk (Du.) 酪乳
参见 butter milk

karo syrup 卡洛糖浆　一种玉米糖浆的市售商品名。含有麦芽糖、葡萄糖等营养物质,常供幼儿饮用牛奶时作增甜剂。

Karotte (G.) 胡萝卜
参见 carrot

Karpfen (G.) 鲤鱼
参见 carp

karpi (Fn.) 卡尔比酒 芬兰产的一种蔓越橘利口酒,含酒精29%。

Kartauser (G.) 卡尔托萨酒 德国产的一种仿制查尔特勒(Chartreuse)葡萄酒。

Kartoffel (G.) 马铃薯
参见 potato

Käse (G.) 干酪
参见 cheese

kasha (R.) 荞麦片粥 用荞麦或大麦、小麦、小米等经粗磨后熬成的软糊食品,加入蘑菇或帕尔马干酪作配料。
参见 buckwheat

kasha varnishkas (Je.) 荞麦面条
参见 buckwheat

kasher 犹太食品
参见 kosher food

kashkavel (R.) 卡希卡沃尔干酪 欧洲巴尔干半岛国家产的一种羊奶干酪。其风味颇似意大利干酪。

kashrut (Je.) 饮食教规 指犹太教关于饮食的各种规定。如禁食鱼类中有鳞或有翅者,禁食动物血和反刍分蹄的肉类食品。此外,在逾越节时不得食用酵母食品。

Kasserolle (G.) 砂锅炖肉
参见 casserole

kasza (Po.) 荞麦粗粒面粉
参见 buckwheat

katemfe 卡坦非 非洲的一种甜水果,比蔗糖甜。

katoff, poulet (F.) 蝴蝶鸡 将鸡从背部切开摊平,经炙烤后佐以土豆泥。

Katzenjammer (G.) 宿醉 因饮酒过度引起的头痛和不适等症状。参见 hangover

kaukauna (Am.) 核桃壳烟熏干酪 有荷兰芹子香味。参见 hickory-smoking

kava 卡瓦酒 以南太平洋多数岛屿所产的卡瓦胡椒树的根为原料制成的不含酒精的兴奋性饮料。其色黄绿,味略辛苦,主要成分为生物碱。这种饮料在举行卡瓦庆典时使用,其宗教仪式有严格的规定。

kavakava 卡瓦酒
参见 kava

Kaviar (G.) 鱼子酱
参见 caviare

Kavirma palov (R.) 羔羊烩饭 乌兹别克地方风味。

kaya (J.) 日本榧
参见 Japanese torreya

kazmag (J.) 无酵鸡蛋面包
参见 matza

kazunoko (J.) 鲱鱼鱼白
参见 soft roe

kebab (Tu.) 烤肉串 一般用羊肉为原料,加以洋葱和番茄等。也作 shish kebab

kebbock (Sc.) 纯干酪
参见 cheese

kedgeree 印度什锦烩饭 用大米、青豆、小扁豆、洋葱、鸡蛋、鱼片、乳脂、咖喱和其他调味料混合烩炒而成的一种印度地方风味。

keeling (Sc.) 鳕鱼
参见 cod

keemun (C.) 祁门红茶 一种著名中国红茶,很受西方国家重视。参见 black tea

keeve 大盆 尤指用于酿酒的大桶和大盆。

kefir (R.) 克菲尔酒 或叫酸乳酒。一种以酵母和乳酸菌发酵的轻度发泡酒,含少量酒精。产于巴尔干半岛国家。也作 kefyr 或 kephir

kefta (Ar.) 炙烤羊肉丸 将羊肉切碎后加入香料,再制成肉丸状,用木材火焰直接炙烤而成。

keftede (F.) 汉堡牛排
参见 Hamburger steak

keftes-kebabs (Tu.) 烤羊肉串
参见 shish kebab

kefyr (R.) 克菲尔酒
参见 kefir

keg 小桶 一种小木桶,容量为5—30加仑不等。也可用于装鱼,一般可装60条鲱鱼。

keg beer 桶装啤酒 一种泡沫极其丰

富的生啤酒。

kei apple 南非酸苹果 原产于热带非洲的一种紫色酸果。形似苹果,可食用,但主要用于制泡菜和蜜饯。

Keks (G.) 饼干
参见 biscuit

kelb-el-bahr (Ar.) 狗脂鲤 产于热带非洲和尼罗河的一种大鲤鱼,长达3英尺,形似鲑鱼。为当地人的主要食品之一。

Kellerabfüllung (G.) 在葡萄园装瓶的酒 参见 mise en bouteille

Kellerabzug (G.) 在酒窖(或酒厂)装瓶的 该种酒常不标明产地,表明是一种调配酒。参见 négociant

Kellner (G.) 餐厅服务员
参见 waiter

kelp 大褐藻 也叫海带,多见于太平洋沿岸。直到19世纪早期,一直是钾碱和碘的重要来源。褐藻胶可搀入冰淇淋用于防止冰晶的形成,也可食用,作凉拌或煮汤。

Kelsey plum 凯尔西李 美国的一种灌木果树。由19世纪园艺学家 Harlen Kelsey 培育成功,故名。

kennebee (Am.) 肯尼比土豆 一种大白土豆,类似爱尔兰土豆。产于美国缅因州的肯尼比河沿岸。参见 Irish potato

Kentucky bass (Am.) 狼鲈
参见 black bass

Kentucky coffee tree 加拿大皂荚 原产于美国东部。其籽可作为咖啡代用品冲泡饮料。

Kentucky ham (Am.) 肯塔基火腿 一种烟熏火腿,以山核桃壳、玉米棒或檫树木为燃料熏成。

kephir (R.) 克菲尔酒
参见 kefir

Kerguelen's cabbage 凯尔盖朗甘蓝 十字花科植物。外形似普通甘蓝,因产地得名。叶内含有淡黄色、味极辛辣的精油,富含维生素C,食之可防治坏血病。

kermes 胭脂虫红 用胭脂虫的干体制成的红色食用色素。参见 alkermes

kern 1. 核仁,籽 参见 kernel 2. 腌(肉) 参见 cure

kernel 核仁 指干果果壳内的核仁或泛指小麦和玉米的谷粒等。

Kerner (G.) 克尔纳葡萄 德国近年来出现的最成功的新葡萄品种,由李斯林葡萄和西尔瓦纳葡萄杂交而成。该葡萄成熟早,酿成的白葡萄酒酸度适宜,有宜人的花果香味。

kernmilk (Sc.) 酪乳
参见 butter milk

kerosene (Am.) 煤油 俗称火油。一种石油的低级衍生物,用于作煤油炉的燃料。也作 kerosine

Kerry 凯利牛 爱尔兰的一种黑色小乳牛。所产的牛奶常制成奶粉出口。

kesäkeitto (Fn.) 蔬菜汤

keshka (R.) 牛肉麦片粥

keshy yena (Sp.) 填馅奶酪 西印度群岛的一种食品。将埃丹干酪挖空,填入肉、鸡、鱼或海味的混合料即成。食时略加烘烤。

ketchup 番茄沙司
参见 catsup

ketembilla 南非酸苹果
参见 kei apple

ketmie 秋葵
参见 okra

kettle 水壶 一种有柄厚底煮水容器,容量约为10升,有时也可用于煮水果和蔬菜等。

kettle of fish 鱼味野餐 在河边将刚捕到的鱼,尤其是鲑鱼烹调后食用的野餐会。

keufta (R.) 肉丸
参见 meatball

kexey taint 胡椒味 指干酪变质时,气味变得冲鼻、辛辣而强烈,是干酪的一种缺陷现象。

Key-lime pie (Am.) 酸橙馅饼 一种以酸橙果肉为馅的美国式馅饼。源自佛罗里达州的附近岛屿 Florida Keys。

Kg. (abbr.) 千克
参见 kilogram

khadja puri (R.) 干酪面包 格鲁吉亚地方风味之一，常作为餐后点心食用。

khali (Ar.) 油浸干羊肉 一种北非风味食品。

kharkov (R.) 哈尔科夫香肠 俄罗斯产的一种优质上等香肠。参见 sausage

khat 阿拉伯茶 产于非洲及阿拉伯诸国。其鲜叶可嚼或泡茶。

kheer 印度炼乳 以直接用火加热的敞口锅浓缩的炼乳，含有不少杂质。

khleb (R.) 面包
参见 bread

kholodnik (R.) 奶油鱼汤 加香草、黄瓜和格瓦斯(kvass)作配料煮成。

kibbe(h) 碎羊肉面饼 一种近东地区菜肴，冷热食用均可。

kibble 粗粉
参见 semolina

kichel (Je.) 半甜菱形小饼 用鸡蛋、面粉、糖作配料，经滚压和切割成菱形，烙至膨松而成。

kick (酒瓶的)凹底
参见 punt

kid 小山羊肉 尤指产于地中海沿岸地区的山羊。通常整只烘烤，预先往往在油醋中浸渍，使其更鲜嫩可口。

kid-glove orange (Am.) 羔皮橙 美国的一种柑桔品种。因极容易去皮，就像脱下羔羊皮手套一样轻松而得名。

kidney 腰 泛指猪、牛、羊等的可食肾脏。烹调方法一般为炒或煮汤，味嫩鲜美。

kidney bean 菜豆 也叫芸豆、四季豆或肾形豆，为一种一年生草本植物。茎蔓性，荚果较长，其种子呈球形或肾形，色泽有红、白、褐或蓝黑色，有花斑。其嫩荚和种子均可作蔬菜或粮食食用，营养丰富。

kidney chop 腰肉片 牛腰脊肉中的横断切片，十分嫩美。

kielbasa (Po.) 波兰香肠 一种混合猪、牛肉制成的烟熏小红肠，以大蒜为主要调味料。出售时常连成长串。

kiev (R.) 炸鸡脯 填入大蒜黄油。乌克兰基辅市风味，故名。

kig ha fars (Ar.) 布列塔尼牛肉 以猪肉、牛肉、牛尾等和蔬菜一起炖煮而成。佐以荞麦饺子。

kijafa (Da.) 基雅发酒 丹麦酿制的一种黑樱桃果汁酒，经调香而成。

kike 菱鲆
参见 brill

kilderkin 大桶 英国旧容量单位，约合 80 升或 18 加仑。

kilic baligi sisde (Tu.) 扦烤剑鱼
参见 swordfish

kilki (No.) 醋渍黍鲱
参见 shad

kill-devil 蔗汁酒 产于西印度群岛诸国的一种土制朗姆酒，质劣但价格便宜。

kilo (abbr.) 千克
参见 kilogram

kilocalorie 千卡，大卡 营养学上表示热量或能量单位。参见 calorie

kilogram 千克 也称公斤。公制重量单位，约合 2.21 磅。

kimali burek (R.) 小馅饼卷 可用作开胃小吃。常卷成雪茄烟形状，然后用油炸后食用。

kimchee (Ko.) 泡菜
参见 kimchi

kimchi (Ko.) 泡菜 专指朝鲜泡菜。味酸辣，其中腌黄瓜是不可缺少的成分。其他有芹菜、中国萝卜、洋葱、大蒜和红辣椒，有时还要加入干虾仁、鳀鱼酱和蚝等海味。放入大陶缸中用盐水发酵而成。一般放在地窖中腌 1 个月可食。

king, à la (F.) 浇以奶汁的 一种烹调方式。将食物先切成小粒，浸泡在奶油白汁沙司中，配以蘑菇、甜椒，再撒上胡椒粉即成。参见 chicken à la king

king crab 王蟹 产于北美洲和东南亚海滩的一种拟石蟹，因体型较普通蟹大而得名。

king mackerel 王鲭 也叫大西洋马鲛，是一种著名的游钓食用鱼。

king orange 王柑 一种厚皮橙黄色柑。果肉多，味佳，大小适中。

king prawn 宽沟对虾
参见 prawn

king salmon (Am.) 王鲑 也叫大鳞大麻哈鱼，产于北太平洋水域。肉呈红色，重可达100磅。有很高的商业价值。

kingfish (Am.) 刺鲅
参见 wahoo

kingfisher 翠鸟
参见 halcyon

king-size 超长的(香烟)

king's paprika 上等辣椒 一种匈牙利辣椒。味辣，用于制辣椒粉。

kinnikinnick 烟草代用品 用干树皮和树叶等混合而成。北美印第安人及俄亥俄州早期开垦者等吸用。

kip (Am.) 基普 美国重量单位，等于1000磅或453.6千克。

Kipferl (G.) 新月形酥饼 一种德国点心，类似于法国的羊角面包。参见 croissant

kipper 烟熏鲑鱼 将正值交配期的雄性鲑鱼从背部对剖，清洗后加盐腌渍，烟熏后晒干出售。肉色深红，为上等食品。

kippis (Fn.) 干杯 祝酒用语。

Kir 基尔酒 一种由黑醋栗利口酒和白葡萄酒调配而成的开胃酒。

Kir Gallique (F.) 法国基尔酒 几百年来为法国人所喜爱。常加冰和柠檬汁冲饮。参见 kir

kirin (J.) 麒麟啤酒 一种著名日本产的粮食啤酒。

kirs(e)baer (Da.) 樱桃白兰地
参见 kirsch

Kirsch (G.) 樱桃白兰地 一种无色干味白兰地酒，产于德国的黑森林地区、法国的阿尔萨斯以及瑞士等地。以黑樱桃汁为原料，经发酵蒸馏而成，有苦杏仁味，色泽淡，一般含酒精40%。

Kirsch Peureux (F.) 佩吕樱桃酒 法国酿制的一种无色樱桃利口酒。注意与 kirsch 和 kirschwasser 等不同，其主要区别在其樱桃的品种及口味。

Kirschenknödel (G.) 樱桃布丁

kirschwasser (G.) 樱桃白兰地 产于德国黑森林地区，是同类酒中质量最好的，有独特风味，含酒精44.5%。
参见 kirsch

kirwan, Château (F.) 基尔旺酒 法国梅多克地区产的三苑红葡萄酒。参见 classé

kisel (R.) 奶油浆果 一种俄式甜食。用各种浆果混合放入模子中盖以奶油即成，常用玉米粉增稠。也作 kissel

kishka (Je.) 牛肉肠 一种犹太食品。以洋葱、辣椒、面粉、牛肉末等制成。烤熟后切片食用，作佐烤鸡等菜肴。

kishri (Hi.) 什锦烩饭
参见 kedgeree

kiss 1. 蛋白小甜酥 一种撒上糖粉、椰丝和其他佐料的小点心。2. 小糖果 通常含有巧克力、椰子和果仁等。

kissel 奶油浆果
参见 kisel

kissing 粘连 指面包在烘焙过程中相互的粘皮现象。

kissing crust 面包软皮 指面包在烘制时因相贴而形成的粘连。

Kissingenwasser (G.) 基辛根矿泉水 德国巴伐利亚的天然矿泉水。味微咸，有气泡，据说有疗效。

kitchen 厨房 拥有各种烹调设备如烤箱、深油炸锅和各种炊事用具的加工场所。现代化厨房是一个高度电气化和自动化的部门，是餐厅不可缺少的后备供应地。该词有时也可用来指厨房中的全部设备或全体工作人员。

kitchen brush 厨房刷 用于厨房设备清洗的各种规格刷子，以猪鬃、尼龙或金属丝制成。有些软刷也可用于洗菜等。

kitchen car (火车的)餐车
参见 diner

kitchen equipment 厨房设备 泛指厨房中的全套餐具和炊具。参见各相关词条。

kitchen helper 帮厨 一种厨房下级工作人员。其职责主要有洗菜、家禽褪毛、磨刀和照管炊具等,还要负责厨房设备的清洗和保管等。

kitchen pepper 烹调用胡椒粉 用姜、桂皮、黑胡椒、牙买加胡椒、肉豆蔻、子丁香和盐等混合而成。

kitchen shears 厨房多用剪 一种有锯齿的大剪刀,可用于切肉、蔬菜和面包,甚至还能起螺丝。

kitchen stuff 1.蔬菜 或指供烹调食品的总称。2.厨房下脚 尤指锅上刮下的油垢。

kitchen tool set 厨房炊具架 用于挂长柄锅铲、勺、木匙和刀具等。

kitchener 1.厨师 参见 cook 2.炉灶 参见 range

kitchenette (F.) 小厨房 布置紧凑而又设备齐全。参见 kitchen

kitchenmatch 厨房火柴 一种在任何有磨擦面的地方均能划燃的木梗火柴。

kitchenware 炊具
参见 kitchen equipment

kitron (Gr.) 基特隆酒 希腊产的一种烈性酒,少数有甜味。用白兰地为基酒加入柠檬叶调香。

kiwi 鹬鸵 俗称几维鸟。为产于新西兰的一种无翼鸟。外形略似家鸡,偶可食用。

kiwi fruit 猕猴桃
参见 Chinese gooseberry

kiwi kiwi 鹬鸵
参见 kiwi

kiwi liqueur 猕猴桃利口酒 新西兰的一种开胃利口酒,有近百年的历史。色泽淡绿,果香浓郁,含酒精40%。

kjottpudding (No.) 碎肉糜
参见 mince meat

kleenex (Am.) 纸巾 一种柔软的清洁棉纸,能吸水,可用作手帕、餐巾和擦唇纸等,随用随弃。源自商品名。

Kleie (G.) 麸皮
参见 bran

klekowatsch 克列科瓦察酒 欧洲巴尔干半岛与南斯拉夫等地产的一种杜松子酒,含酒精38%。

klipfish 腌鳕鱼干 一种挪威鱼干。鳕鱼经去骨后腌制一个月,洗去盐再晾干而成。

Klöben (G.) 羊角面包
参见 croissant

klondike 冰盐冻鱼 用冰盐混合物冷藏的脆鱼。

Kloss (G.) 丸子,团子
参见 dumpling

Klosterkäse (G.) 辣味小干酪
参见 cheese

kiukva (R.) 酸果蔓
参见 bilberry

knäckebröd (G.) 脆面包片

Knackwurst (G.) 德国蒜肠 其形状短而粗,以大蒜和猪、牛肉混合制成。法国阿尔萨斯地区也有生产。

knaidel (Je.) 干烟熏香肠
参见 saveloy

Knapost (No.) 克纳斯特干酪 挪威产的一种酸干酪。

knead 揉,捏(面团) 将面团用力压紧、搓捏,目的使其均匀一致,是面制品的初加工过程之一。

kneading-trough 和面槽 过去为木制圆盆,现改用轻质金属盆,用于拌和面团等。

knekkebrod (No.) 黑面包圈 瑞典和挪威等地的一种未经发酵的黑麦面包。常摊平成扁圆形,烤得极松脆。

knife 刀 厨房用刀也叫菜刀,大小形状依用途不同而各异。餐刀或水果刀则较小,用于就餐时切割食品或水果。

knife boy 帮厨
参见 kitchen helper

knife case 刀叉盒 成对地放置在餐具柜内,供存放刀叉等餐具的皮盒或木盒。最早见于17世纪,往往用象牙镶嵌,工艺考究,造型精美。

knife grinder 磨刀机 安装有刚玉制的砂轮,为厨房用具之一。

knife rest 餐刀架 在餐桌上用于搁放餐刀。

knife sharpener 砥杆 切肉时磨刀用的小铁杆。参见 fusil

knifefish 长刀鱼 也叫弓背鱼。鲤形

目一些鱼类的统称,分布于美洲的静水湖泊中。体长,侧扁,呈刀形,可食用。

knish (Je.) 犹太馅饼 以土豆泥、肉、干酪和水果等作馅,制成圆形或方形,再将经发酵的面团层层间隔,经烤制或油煎而成。

knoblauch (G.) 大蒜
参见 garlic

Knöchel (G.) 猪肘,猪蹄
参见 trotter

knock out (Am.) 前胸 牛胴前四分之一,为无脊椎部分的胸肉。参见 breast

Knodel (G.) 汤团,圆子
参见 dumpling

knuckle 脚圈 猪的膝关节,常用于炖煮或熬汤,并常加入蔬菜等相配。

kobu (J.) 海带
参见 kelp

Koch (G.) 厨师
参见 chef

Kochtopf (G.) 深平底锅 一种长柄有边煎锅。

kod (Da.) 肉
参见 meat

kofietafel (Du.) 午餐
参见 lunch

Kognac (G.) 科涅克白兰地
参见 cognac

kogt oksebryst (Da.) 牛前胸肉
参见 knock out

Köhler (G.) 青鳕
参见 pollack

kohlrabi 球茎甘蓝 一种甘蓝属蔬菜,茎膨大,呈萝卜形。食法同花椰菜。参见 cabbage

Kohlsprossen (G.) 球芽甘蓝
参见 Brussel sprout

koji (J.) 米曲 一种酿造日本清酒用的酒曲。参见 yeast

kokanee 科卡尼鱼 产于加拿大哥伦比亚的一种大麻哈鱼,以产地科卡尼湾命名,也叫红鳟。除少量食用外,绝大部分均被用作饲料。

kokkineli (Gr.) 科基内利酒 希腊和塞浦路斯等国产的一种极干玫红葡萄酒,色泽较深。

kokobeh (水果)果皮粗糙的

kokopu 南乳鱼 新西兰的一种食用鱼,形似鳟鱼。源自毛利语。

kokum butter 果阿黄油 也叫印度竹脂,是一种小乔木种子所制成的半固体脂肪,可食用。参见 goa butter

kola liqueur 可乐利口酒 用可乐果、香草、柠檬和橙皮加辛香料酿成的一种甜露酒。

kola nut 可乐果 梧桐科可乐果树的坚果,原产热带非洲。含有咖啡因,味涩。主要用作软饮料的原料。常嚼可乐果,可消除疲劳感以及帮助消化。

kolačeki (Cz.) 填馅小圆面包
参见 kolacky

kolacky 填馅小圆面包 欧洲巴尔干半岛的一种食品。用富有甜味的发酵面团制成,以果酱或坚果泥作馅。

kolbasy (R.) 蒜味烟熏红肠
参见 kielbasa

koldt bord (Da.) 冷拼盘 如烟熏鱼、冷肉片、色拉和奶酪等。参见 hors d'oeuvre

kolokithakia yemista (Gr.) 肉糜填馅南瓜

Kölsch (G.) 科尔希啤酒 德国科隆及杜塞尔多夫地区酿的一种啤酒。

komijnekaas (Du.) 茴香干酪
参见 cheese

komovica (Yu.) 科摩维察酒 南斯拉夫的一种残渣白兰地酒。参见 eau de vie de marc

Kompott (G.) 烩水果
参见 compote

Kona coffee mousse 科纳咖啡奶冻 一种夏威夷点心。用清巧克力、咖啡精、酸奶、奶油、糖和明胶制成,用干果点缀。

Konditor (G.) 点心厨师
参见 chef

Konfekt (G.) 巧克力
参见 chocolate

konfyt 果脯,蜜饯
参见 preserve

königsberger Klops (G.) 辛香糖醋肉丸 以刺山柑等香料作调香剂制成。

konjak (Sw.) 白兰地酒
参见 brandy

Konserve (G.) 罐头食品
参见 canned food

koofthas (Hi.) 咖喱炸肉丸 用猪肉或鸡肉切成碎末捏成肉丸状，以油炸成。

kool (Du.) 卷心菜
参见 cabbage

koolsla (Du.) 凉拌卷心菜丝
参见 cole slaw

Kopfsalat (G.) 莴苣
参见 lettuce

korhaan 鳃盖石鲈 南非及印度洋的一种鲂鲱类食用鱼。

Korn (G.) 玉米
参见 corn

Kornbranntwein (G.) 玉米白兰地 一种风味与威士忌相似的德国白兰地，色泽清澈。参见 brandy

Kosher food 犹太food 按犹太教规制成的食品，常在规定的店铺出售，如肉食中的牛肉和羊肉等。参见 kashrut

Kossuth cake 纸杯蛋糕 一种松软的奶油蛋糕，用冰淇淋或搅奶油作点缀，撒以糖霜并装入纸杯中食用。该蛋糕据说是为纪念一个匈牙利革命领袖 Louis Kossuth (1802—1894) 到达美国而命名的。

kostlich (G.) 美味的
参见 delicious

kotlety (R.) 肉片
参见 cutlet

Kougelhopf (G.) 奶油圆蛋糕 法国阿尔萨斯地区风味食品。用葡萄干、醋栗和杏仁作配料，淋以樱桃酒。据说路易十六的王后玛丽·安托瓦内特 (Antoinette) 十分喜爱这一甜食。

koulibiak (R.) 肉馅面包

koulitch (R.) 醋栗面包 依传统常在复活节期间食用。

koumiss (R.) 马奶酒 亚洲中部牧民用马奶或骆驼奶等发酵制成的酒。常加入蜂蜜和面粉调味，富有营养，易于消化，含酒精仅3%。

kourabi (Sw.) 咖啡甜食

kovsh (R.) 斗勺 俄国酒器。呈船形，带有一个把手，一般用银製成。最早见于16世纪，上刻有皇家双头鹰徽。到了19世纪，俄国还继续生产传统型的斗勺，但图案较为简单。

Kraakporselein (Du.) 青花瓷 最早在中国明代制的一种优质瓷。因原由葡萄牙 kraak 型商船从中国运往欧洲，故名。

Krabbe (G.) 蟹
参见 crab

kraft paper 牛皮纸 一种坚韧的包装材料。但近年来已几乎从食品包装中绝迹，改用各种合成材料如塑料和尼龙等。

Kraftbrühe (G.) 炖肉浓汤
参见 broth

krakowska (Po.) 烤香肠 一种以大蒜调味的波兰式香肠。参见 sausage

krakus vodka (Po.) 克拉库斯伏特加 波兰的一种优质伏特加，用大麦作原料，无色微甜，含酒精40%。

Krambambull (G.) 当归利口酒
参见 angelique

Kranawitter (G.) 克拉那那 奥地利蒂罗尔 (Tyrol) 产的一种杜松子酒，含酒精38%。

Krapfen (G.) 炸面圈
参见 doughnut

Kräppel (G.) 小油煎饼
参见 crêpe

krausen (G.) 啤酒泡沫 由麦芽汁发酵时所产生，泡沫多少并不一定是啤酒质量优劣的标准。

Kraut (G.) 酸泡菜
参见 Sauerkraut

Krauterkäse (G.) 新鲜奶酪
参见 cheese

Krebs (G.) 螯虾
参见 crayfish

Kren (G.) 辣根
参见 horseradish

Krepkaya (R.) 克瑞普卡娅酒 俄罗斯产的一种烈性伏特加,含酒精56.5%。

kreplach (Je.) 三角饺子 用鸡蛋面团制成,以碎肉和碎干酪作馅,煮熟后连汤食用。也可单独为其他菜肴的配饰。

kretek (In.) 丁香香烟 用烟叶和丁香混合卷成。

kristal-Liköre (G.) (酒中)有蔗糖颗粒的 酒类术语。指甜味露酒等含糖量高的酒由于陈放时间过长而析出糖的颗粒现象。

kriter (F.) 上等发泡酒 在酒瓶中进行第二次发酵的低度酒,而不同于白兰地。后者在装瓶后即不再发酵和陈化。

kromeski (Po.) 面拖炸肉饼 将腌猪肉加以蛋奶面糊制成圆饼状,用深油锅炸熟而成。常用作开胃品。

krona pepper 克朗甜椒 色泽鲜红而不辣。参见 pepper

kronenbourg (F.) 克罗农堡啤酒 法国斯特拉斯堡产的一种优质淡啤酒,可与英国的麦酒媲美。参见 barley wine

krug (G.) 大口水壶
参见 jug

kruller (Am.) 油炸麻花
参见 cruller

krupenik (R.) 大麦蘑菇汤

krupnick (Po.) 蜂蜜酒 一种波兰家酿利口酒。参见 mead

Küche (G.) 1. 厨房 参见 kitchen 2. **烹饪法** 参见 cooking

Kuchen (G.) 糕点 一种德国早餐点心。质软,上置葡萄干、苹果片和肉桂等香料。

Kuchenmeister (G.) 大厨师
参见 chef

Kuchlein (G.) 童子鸡
参见 spring chicken

Kudzu vine 葛根 多年生草本植物,茎蔓生。其根可制成淀粉食品。

kugel (Je.) 板油布丁 一种用蛋白、土豆、面包和葡萄干制成的布丁,富有油脂。

Kugelhopf (G.) 奶油圆蛋糕
参见 Kougelhopf

Kulebiaka (R.) 方形大馅饼 以肉、硬煮蛋和调味料等作馅。

kulich (R.) 松软蛋糕 一种发得很高的蛋糕。用于供复活节时作点心食用,常以玫瑰花瓣作点缀。

kumiss (R.) 马奶酒
参见 koumiss

kumle (No.) 生土豆丸
参见 potato

kümmel (G.) 蒔萝利口酒 配料中有荷兰的葛缕子等,常用于调配鸡尾酒。也叫茴香酒。

kumquat 金橘 芸香科金橘属常绿小乔木,原产于东亚。果实呈橘黄色圆形;果肉微酸、多汁。果皮多肉,有甜味,可鲜食或制成罐头、果酱和果冻。在中国常制成蜜饯。金橘树枝在美国一些地区及其他一些国家被用作圣诞节的装饰品。

Kunstbutter (G.) 人造奶油 俗称麦淇淋。参见 margarine

Kürbis (G.) 南瓜
参见 pumpkin

kurini (R.) 绵羊奶干酪
参见 urda

kurkkukeitto (Fn.) 黄瓜汤
参见 cucumber

kutani (J.) 九谷瓷 日本从17世纪起生产的一种著名瓷器,产于九洲的九谷,以色彩创新著称。

kvass (R.) 格瓦斯 一种低度发泡啤酒,主要产于俄罗斯及东欧国家。口味淡和,用面包、面粉加麦芽发酵而成,用薄荷叶和桧子调香。是一种著名的夏季饮料。

K.W.V. (abbr.) (南非)合作酿酒者协会 全名为 Kooperatieve Wijn bouwers Vereniging,是一个独立的全国性酿酒组织,拥有5000个成员。原是国家为调节酒类生产而组织的机构,但现在对控制南非的葡萄酒尤其是雪利酒质量起重大作用,使南非跻身于世界酿酒大国之列。该词在酒瓶商标上十分醒目,表明为优质酒。
kyckling (Sw.) 鸡
参见 chicken
kylix (Gr.) 基里克斯陶杯 古希腊的一种带有双把手柄的浅酒杯。
kyloe (Sc.) 基洛牛 苏格兰西北部地区的一种长角长毛的肉用牛。

L

la carte (F.) 菜单
参见 menu

La Côte (F.) 拉科特 瑞士沃州的产酒地区，在洛桑以西，以白葡萄酒著称。

la cuenta (Sp.) 菜单
参见 menu

La Frita (Sp.) 古巴煎蛋饼 常加入干酪等配料的一种风味食品。

La Mancha (Sp.) 拉曼查 西班牙中部的酿酒区，包括马德里以南的几个省。是传奇人物唐·吉诃德的故乡，至今仍可见到塞万提斯提到过的猪皮酒袋。生产大量干性葡萄酒，一般含酒精15%。

La Rioja (Sp.) 拉里奥哈 西班牙东北的酿酒区名，在阿拉瓦省等地。据说该地生产的酒居西班牙之首，以干白葡萄酒与桃红葡萄酒为主，已有100多年的历史，多为调配酒。

La Vallière (F.) 拉瓦利埃 法国国王路易十四的宠妃 Duchesse de La Vallière (1644—1710)，以其命名了一种羊羔肉菜肴。

La Varenne (F.) 拉伐雷纳 法国著名大厨师，曾任国王亨利四世的宫廷御厨，1650年出版了第一本有系统的菜谱《法国烹饪》(*Le Cuisinier Francais*)。以其命名的一种蛋黄酱，通常拌入各种芳香植物和蘑菇末作配料。

Lab (G.) 凝乳
参见 rennet

Labarde (F.) 拉巴尔德 法国波尔多地区的酿酒地名，面积不大，但生产世界上最优秀的葡萄酒若干种，销售时常冠以玛戈(Margaux)的名称。

label 酒标 指贴在酒瓶上记载酒名、产地、葡萄品种、酿酒商、酿造年代、含酒精度、容量以及口味等多种信息的标签，是了解酒的品质、风味和特色的依据，也是酒在出售时的质量保证。各国酒标详简不一，有的还包括酒的历史起源等。

Label Regional (F.) 地区标签 法国在1976年10月28日通过一项法规，规定凡贴有地区标签的酒类商标表明已达到该地区的优质酒标准。参见 AC

Label Rouge (F.) 红标签 法国在1965年1月18日通过一系列食品质量法规。顾客可根据醒目的红色标签购到优质食品，包括肉类、家禽、干酪、熟食、面点、水果、蔬菜和肉类等。

Labetrank (G.) 清凉提神饮料

Labrador herring (Am.) 拉布拉多鲱鱼 产于北大西洋的一种普通鲱鱼。

Labrador tea 拉布拉多茶 也叫杜香茶或喇叭茶，产于北美洲加拿大东部，是一种矮小的常绿灌木的叶片泡制的茶，供当地居民饮用。

labre (F.) 隆头鱼
参见 wrasse

labrusca (Am.) 拉布鲁斯卡葡萄
参见 catawba

Labskaus (G.) 鱼肉杂烩 一种供海员吃的菜肴，由土豆、鱼、肉和黄瓜等同煮而成。

lace 少量烈酒 指在饮料如茶、咖啡、柠檬汁或啤酒中为增加香味及含酒精百分比所滴加的白兰地或威士忌等。

lace paper 纸质花边 或花边垫纸，用于装饰蛋糕等。

lache (F.) 胡瓜鱼 一种海洋鱼，味美，有很高食用价值。参见 smelt

Lachs (G.) 鲑鱼
参见 salmon

Lachsschinken (G.) 生熏火腿 一种用去骨猪腰部肉制成的火腿，经轻度腌制，微加烟熏，味嫩可口。

Lacombe 拉康姆猪 加拿大培育的一种腌肉型大白猪品种。

Lacovo 乐口福 一种麦乳精商品名。用奶粉、蛋粉、奶油、砂糖、麦精和可可等制成。速溶简便，营养丰富。

lacquerware 漆器
参见 japan

Lacrima Christi (It.) 基督泪葡萄酒 意大利坎帕尼亚那不勒斯附近的一种半干白葡萄酒，呈草秆黄色，含酒精13%。另一种干红葡萄酒，呈红宝石色。据说魔鬼撒旦被逐出天堂之后，在那不勒斯建立了自己的王国，当基督来到这里，发现竟比天堂还美，就伤心地流了泪，故名。

lactaire (F.) 乳白伞菌
参见 lactary

lactary 乳白伞菌 能分泌出一种乳白色的牛奶状浆汁的伞菌，多数可食，但也有一部分有毒。

lactein bread 牛奶面包 尤指一种加脱脂奶粉制成的营养面包。该词由 lacto 和 protein 两词缩略而成。

lactic acid 乳酸 羧酸类有机化合物，存在于某些植物体液和动物血液中，是酸奶、干酪和酪乳等发酵奶制品中的酸性成分之一。乳酸可用于加工干酪、色拉调汁、泡菜及饮料的防腐剂等。

lactic acid bacteria 乳酸菌 能将碳水化合物分解为乳酸的若干种细菌。利用乳酸菌的发酵作用可用于制造酱菜、酸菜、干酪、酸奶和酪乳等。

lactic fermentation 乳酸发酵 以乳酸菌等有机体使糖类或干酪发酵的过程。

lactique (F.) 乳酸
参见 lactic acid

lactobacillus 乳杆菌 广泛分布于饲料、牛奶及奶制品中的一种微生物，可用于制发酵牛奶、嗜酸菌奶、酸牛奶、酸奶酒和各种干酪等。

lactoflavine 核黄素
参见 riboflavin

lactometer 乳比重计 用于测量牛奶中含脂肪的百分比的仪器。

lactoprotein 乳蛋白 泛指乳中的蛋白质、清蛋白、球蛋白和酪蛋白等。牛奶中含有人体必需的全部氨基酸，故是最适合的营养食品之一。

lactose 乳糖 有机化合物，为白色结晶体或粉末，存在于哺乳动物的乳汁中，甜味不如蔗糖，但营养丰富，可用于制成婴儿食品。

ladle 长柄汤勺 一种带曲柄的半球形大汤勺，用于盛汤和麦粥等。

ladog (F.) 拉多加鲱鱼 产于俄罗斯的拉多加湖的一种鲱鱼。

Lady Baltimore cake (Am.) 巴尔的摩夫人蛋糕 一种夹层奶油蛋糕，上置葡萄干、果仁和无花果等。源自美国南卡罗来纳州查尔斯顿市作家 Owen Wister 写的一本小说名。

Lady Westmoreland soup 威斯特摩兰夫人汤 一种嫩卷心菜汤的古老英国名称。

lady's smock 碎米荠
参见 cardamine

ladyfinger 1. 指形小松饼 2. 秋葵
参见 okra 3. 长葡萄 原产于欧洲。味极佳，常作为餐后水果。

ladyfish 海鲢 与北梭鱼近缘的热带海产鱼，体细长，状似狗鱼，有银色细鳞，可食用，一般体重超过10磅，故也叫做 ten-pounder。

Lafayette ginger bread (Am.) 拉斐特姜饼 一种糖蜜奶油姜饼，加入多香料调味。源自美国独立战争时华盛顿将军的战友、法国将军拉斐特的名字。

Lafite, Château (F.) 拉斐特酒 法国梅多克地区的头酒红葡萄酒，起源于1800年。参见 château

Lagacque (F.) 拉加克 法国大革命时期的著名餐厅业主。其餐厅曾一度开设在国王路易十六的杜伊勒利宫内。

lager 窖藏啤酒 也叫淡啤酒,是一种由底部发酵的多泡沫啤酒,因常贮存于冰冷的酒窖中老熟而得名。色澄清,味不甜。该酒最早在德国慕尼黑制,但色泽较深。其后,捷克的比尔森酿成淡色窖藏啤酒,质量超群,并成为世界各国的规范。直至今天,比尔森啤酒仍是窖藏啤酒中的最佳名牌。

lagopede (F.) 雪鹧鸪
参见 lagopus

lagopus 雪鹧鸪 产于比利牛斯半岛森林中的一种野禽,羽毛雪白,类似于松鸡。

Lagrima (Sp.) 拉格里玛酒 西班牙马拉加产的一种加度葡萄酒,少量供出口。

laguiole (F.) 拉吉奥尔干酪 产于法国奥布拉克山区,以产地命名。

Laguipiere (F.) 拉基比尔 18世纪法国著名厨师,被认为是历史上最有天赋的厨师之一,与卡雷姆齐名,1812年死于拿破仑从莫斯科撤退的途中。以他的名字命名了一种沙司(sauce laguipiere)。

laguipiere, sauce (F.) 拉基比尔沙司 一种白色奶油沙司。由块菌、肉豆蔻等作配料,再加入黄油、醋和马德拉酒等经增稠而成。

Laib (G.) 面包
参见 bread

lait (F.) 牛奶
参见 milk

lait de poule (F.) 蛋诺酒
参见 eggnog

lait écréme (F.) 脱脂牛奶
参见 skimmed milk

laitance (F.) 鱼精,鱼白
参见 soft roe

laitances en sabot (F.) 鲱鱼子馅烤土豆

laiteron (F.) 苦苣菜
参见 sow-thistle

laitiat (F.) 果汁乳清饮料 产于法国的弗朗什·孔泰地区。以野生水果汁作配料,口味清新提神。

laitier (F.) 乳制品的 尤指市售的各种乳制品,而不是家常制品。

laitue (F.) 莴苣
参见 lettuce

laitue romaine (F.) 皱叶莴苣
参见 cos lettuce

lake chub 加拿大白鲑
参见 lake herring

lake herring 加拿大白鲑 产于美国和加拿大交界的大湖区,是一种重要的食用鱼。也作 lake chub

lake perch 金鲈
参见 yellow perch

lake salmon (Am.) 湖鲑 产于加拿大和阿拉斯加淡水湖中的鲑鱼,味极鲜美。

lake sturgeon 黄鲟 产于美国大湖区和密西西比河的一种食用鱼,长4—6英尺。

lake trout 湖红点鲑 一种暗色的北美鲑鱼类,体重可达50磅,也叫湖鳟。

Lakka (Fn.) 拉卡酒 芬兰产的一种美味琥珀色利口酒。以北极地区的沼泽云莓为原料。产量不稳定,价格昂贵,含酒精29%。

lakritze (G.) 甘草
参见 licorice

laks (Da. No.) 鲑鱼
参见 salmon

Lalla Rookh (Am.) 酒味奶油蛋糕 常采用薄荷利口酒调香的一种浓味蛋糕。源自 Thomas Moore 所作的长诗中一位美丽的印度公主的名字。

lamb 羔羊肉 指出生不满一年的小羊的肉。羊出生后6—10星期称为乳羊,5—6月称为仔羊。未断奶的羔羊肉口味特别鲜美。英国传统的烤羔羊肉用薄荷酱作调料;法国的羔羊肉则略带淡红色;其他地中海国家喜欢串烤或炖煮。

lamb mint (Am.) 羊薄荷 一种庭园薄荷,常用作调香料。参见 mint

lamb's fry 羊睾丸菜肴
参见 animelles

lamb's lettuce 羊莴苣
参见 corn salad

lamb's stove 填馅羊头 塞入羊杂

碎、菠菜、洋葱和欧芹，在肉汁中以文火炖煮而成。

Lamb's wool 羊毛饮料 一种混合饮料。由热啤酒、糖和苹果汁等调制而成。英国航海家 Samuel Pepys(1633—1705)曾在其日记中保存着配方，流传至今。

lamballe, potage (F.) 豌豆浓酱汤 常用木薯粉增稠。源自法国路易十六的王后安托瓦内特(Marie Antoinette)的侄女 princesse de Lamballe (1742—1792)的名字。

lamb-and-kidney pie 羊羔肉羊腰馅饼

lambanog (Fi.) 拉姆巴诺酒 菲律宾的一种本地烈酒。

lambeau (F.) 碎肉片
参见 rag

Lamberhurst Priory Vineyards 兰伯赫斯特葡萄园 英国肯特郡的大葡萄园，建于1972年，是目前世界上最大的现代化葡萄试验中心。任何能适应英国气候的葡萄品种均已种植，其中主要是来自德国的品种。

Lambert cherry 胶紫 一种紫红色的樱桃品种。

Lambeth Delft 兰贝斯彩釉陶器 17世纪英国的一种名贵陶器，产地在伦敦附近。

lambic (k) (F.) 比利时啤酒 一种味酸可口的烈性啤酒，饮后容易致醉。

lambrusco (It.) 兰布鲁斯科酒 意大利摩德纳地区产的一种干红气泡葡萄酒名，含酒精度不高。

Lambrusco de Sorbara (It) 索尔巴拉酒 意大利艾米利亚·罗马涅地区产的一种亮红宝石色的红葡萄酒。稍有发泡，味干润，是意大利最优质酒之一。含酒精11%。

lambstones 羊睾丸
参见 animelles

lame (F.) 薄片 指极薄的鱼片、肉片等。

lamington 拉明顿蛋糕 一种巧克力椰丝方块蛋糕。以澳大利亚昆士兰州的州长 Baron Lamington (1895—1901)的名字命名。

Lamm (G.) 羊羔
参见 lamb

lampasana (Sp.) 苦苣菜
参见 sow-thistle

lampern 小七鳃鳗
参见 lamprey

lampone (It.) 覆盆子
参见 raspberry

lampourde (F.) 牛蒡
参见 burdock

lampreda (It.) 七鳃鳗
参见 lamprey

lamprey 七鳃鳗 也叫八目鳗，鳗鲡科食用鱼类，被美食家所推崇。烹调方法同普通鳗鲡。

lamproie à la Bordelaise (F.) 波尔多式鳗鱼片 一种以韭葱调香，以红葡萄酒和猪血沙司烩的八目鳗鱼片。

lampsana 稻槎菜 苦苣属植物。其叶片可凉拌生食，而烹调后则变苦。
参见 sow-thistle

Lancashire 兰开夏干酪 英国兰开夏郡产的一种硬质牛乳干酪。质硬，呈圆柱形，重20千克，含乳脂50%。

Lancashire hot-pot 兰开夏郡罐焖羊肉 以土豆作配料。参见 hotpot

lanchow melon 白兰瓜 又称白蜜瓜。味甜，口味与哈蜜瓜相似，瓜皮白色，为瓜中上品。

lancon (F.) 沙鳝
参见 sand eel

land shark (Am.) 瘦肉型猪

land snail 蜗牛
参见 snail

Landaise, à la (F.) 朗德式 法国西部地区朗德省以养鹅著称。该词指用鹅脂烹调的菜肴，加大蒜、洋葱、松果肉和火腿片作配菜。

landier (F.) 烤肉铁扦架
参见 firedog

Landpartie (G.) 野餐
参见 picnic

Landrace 兰德瑞斯猪 北欧培育的一种肉用猪，尤指丹麦的腌肉型白猪。

landrail 秧鸡
参见 rail

lane cake 夹心白蛋糕 以酒、椰子、葡萄干和蜜饯等作为夹心的一种蛋白蛋糕。

Lane's late navel 莱恩晚脐橙 英国的一种优质脐橙品种。参见 navel orange

Langoon (F.) 朗贡酒 一种法国白葡萄酒名。

langosta (Sp.) 刺龙虾 原产于加勒比海水域的一种龙虾,无大螯,以尾部肉为最佳。

langostino (Sp.) 小刺龙虾
参见 langosta

langouste (F.) 龙虾
参见 lobster

langouste à la Bagration (F.) 巴格拉季昂式煮龙虾 将龙虾切成薄片以沸水煮熟,佐以蛋黄酱。参见 Bagration

langouste à la sétoise (F.) 塞特式龙虾 塞特在法国西南部朗格多克地区。该式龙虾常以番茄、大蒜、科涅克白兰地和香料调味汁作配料。

langouste à la winterthur (F.) 烤龙虾片 以虾肉、蘑菇、黄油等作配料,佐以贝夏美沙司,上置干酪烤黄即成。

langoustine (F.) 挪威龙虾
参见 lobster

Langres (F.) 朗格干酪 法国香槟省产的一种方形软质牛乳干酪,重 200—300 克,含乳脂 50%。

langue (F.) 舌 如牛舌或猪舌等,被视为美味。参见 tongue

langue de chat (F.) 狭长巧克力脆饼干 字面含义为猫舌头。该饼干以其外形得名。

langue de Valenciennes Lucullus (F.) 瓦朗斯式腌猪舌 佐以鹅肝酱,为一种地方风味菜式。

Languedoccienne, à la (F.) 朗格多克式 朗格多克为法国西南部地区名,伸展到上加隆讷和上卢瓦尔等地。该地以家禽、鱼和优质麝香葡萄酒著称于世。朗格多克式是指各种以西红柿、蘑菇和大蒜等为主要配料的菜式。

Languedoc-Roussillon (F.) 朗格多克·鲁西永 法国西南部最大的酿酒区,滨地中海,靠近西班牙到罗讷河,生产世界葡萄酒的十分之一,多数为普通葡萄酒。近来,优质酒的比例已有提高。

Langueste (G.) 岩龙虾
参见 lobster

languier (F.) 烟熏猪舌
参见 tongue

lap 淡饮料 指含酸味较少的饮料,以区别于柠檬汁等较酸的饮料。

lap tray 膝餐盘 一种塑料或木质的大餐盘,供在床上就餐用。

lapereau (F.) 幼兔
参见 rabbit

laphroaig (Sc.) 麦芽威士忌 产于苏格兰西部的岛屿 Islay。参见 whiskey

lapin (F.) 兔子 常作为一种野味食品。参见 hare

lapin à la Valenciennes (F.) 瓦朗斯式烩野兔 用葡萄干和李子干作配饰的菜式。瓦朗斯为法国东南部地区名。

lapje (Du.) 牛排
参见 beefsteak

Lapland cheese 拉普兰干酪 以拉普兰地区的驯鹿奶制成的一种哑铃形干酪。拉普兰指挪威、瑞典、苏联西北部科拉半岛和芬兰北部一带的寒冷地区总称。

lapsha (R.) 面条
参见 pasta

lapskaus (No.) 碎肉丁
参见 rag

lapwing 麦鸡,田凫 欧洲及亚洲数量丰富的一种野禽,上体和冠翎呈绿色,胸呈黑色。常用于炙烤。

Laqueuille (F.) 拉奎叶干酪 法国奥弗涅省产的一种蓝纹牛乳干酪。呈圆柱形,重 2.5 千克,色白,质地紧密,含乳脂 45%。

lard 猪油 由猪的脂肪经熬炼而得的

油脂。质软色白,质地如奶油状固体,是一种优质烹调和烘焙用油脂。中性猪油用猪腰周围的板油在49℃下熔制,其所得的熟猪油洁净无色,可用作起酥油和烹调用油等。

lard fruit 猪油果 也叫油渣果或油瓜,为可食用的一种水果。

lard oil 猪脂油 猪脂肪经初步汽蒸后榨出的油。

lard pig 大油猪 主要供熬猪油用的一种大种猪。

lard stearin 熟猪油 俗称大油,经加热熬熬而成,含脂肪99%。

lard type 脂肪型猪 以玉米等饲料催肥供熬油用的猪。

lardaceous 猪油的
参见 lard

lardé (F.) 嵌以肥膘
参见 lardoon

larder 餐具柜
参见 cupboard

larding needle 嵌肥肉针 一种末端为空心开叉的大针,用于将肥肉嵌入瘦肉中。也作 larding pin

lardo (It.) 猪膘,肥肉
参见 lard

lardoire (F.) 嵌肥肉针
参见 larding needle

lardon 夹心用肥肉片
参见 lardoon

lardoon 夹心用肥肉 一种1/2厘米厚、1/2厘米宽、5厘米长的肥肉片,用于夹在瘦肉中。也夹心熏肉。

lardy 含猪油的
参见 fat

lardy cake 猪油果子蛋糕

Large Black (pig) 大黑猪 英国培育的一种体型大,适于制成肉的黑毛猪。

large calorie 大卡
参见 calorie

large jigger (Am.) 大量杯 约合2液量盎司。

Large White 大白猪 也叫约克夏猪。参见 Yorkshire

large yellow croaker 大黄鱼 也称黄花鱼。我国的主要海洋渔业鱼之一,可供鲜食或腌制。参见 croaker

large-fruited hodgsonia 油瓜 一种藤本植物。其叶子近圆形,花冠钟形,黄色。果实为扁圆形,种子可榨油,口味和猪油相似。也叫油渣果或猪油果。

lark 云雀 原产英国的一种小鸣禽。在欧洲大陆上被捕来炙烤或制成馅饼,味极鲜美。

lark plover 籽鹬
参见 seedsnipe

larrup (Am.) 废糖蜜 俚称。参见 molasses

lasagne (It.) 宽面条 一种扁宽的意大利面条。常加入干酪、肉末和番茄酱等卤汁作调味料食用。

lasagne alla bolognese (It.) 波伦亚风味宽面条 以波伦亚香肠佐味的卤汁面条。

lasagne verdi (It.) 绿色宽面条 在扁宽面条中拌入蔬菜汁,一般是菠菜汁,色泽淡绿,清香宜人。

lasagnette (It.) 细管状通心面 通心面中较细的一种。

last 1. 拉斯特 重量单位,约等于4000磅。2. 鲱鱼单位 约13000—20000条鲱鱼。

lasting food 防腐食品 添加防腐剂后而可以耐久保存的食品。参见 preservative

lata (Sp.) 马口铁
参见 tin

late bottled 陈年酒 酒类术语。法国波尔多地区产的红葡萄酒等通常先在木桶中陈酿3—6年,然后装瓶,并且酒在瓶中继续陈化。故该种酒沉淀少,开瓶即可饮用。

latex 植物乳汁 指某些植物叶、茎或根中所含的牛奶状白色汁液,可直接作为饮料饮用。

lathyrus (F.) 香豌豆
参见 marsh pea

latke (Je.) 土豆饼 特指用生土豆磨碎而成的饼状食品。据圣经记载,曾是犹太人的主食。

Latour, Cuâteau (F.) 拉吐尔酒　法国梅多克地区产的头苑红葡萄酒,早在18世纪就已出口到英国。参见 cru

latte (It.) 奶,牛奶
参见 milk

latticelle (It.) 乳清
参见 whey

lattice tart 格子果馅饼
参见 flan

lattuga (It.) 莴苣
参见 lettuce

lattuga crespa (It.) 皱叶莴苣
参见 cos lettuce

Laubenheimer (G.) 劳本海默酒　德国莱茵河地区产的一种淡黄色干白葡萄酒。

Lauch (G.) 韭葱
参见 leek

laulau 捞捞菜　把切碎的烤鱼或肉,加上碎芋叶包在铁树叶片中蒸或烘熟的一种夏威夷土著菜肴。源自夏威夷语。

launce 玉筋鱼
参见 sand eel

laurel 月桂　樟科月桂属常绿灌木或小乔木,也叫甜月桂。原产于地中海地区,是调味料月桂叶的主要来源。参见 bay leaf

laurier (F.) 月桂叶
参见 bay leaf

laurier-cerise (F.) 樱月桂叶
参见 cherry bay

Laval (F.) 拉维尔干酪　法国曼恩省产的一种牛乳干酪,重2千克,呈圆盘形,乳脂40%。

lavaret (F.) 白鲑　产于深湖中。烹调方法同鳟鱼,肉味异常精美。参见 salmon

Lavaux 拉沃　瑞士沃州的产酒区名,在洛桑之东。该山坡陡峭,山势从湖边笔直升起,十分壮观。产白葡萄酒为主。

lavender 薰衣草　唇形科芳香植物。原产地中海沿岸国家,现广泛栽培以取得香精油。薰衣草油无色或淡黄色,是由薰衣草花蒸馏而成。用于香水和调味香料。

laver 紫菜　也叫海苔,为海产红藻。生长在海底,富有营养,呈褐色和紫色,经干燥后可作为食品。可作紫菜汤的主料或其他肉类的佐料,也可置于面包上烤食,味似牡蛎。

laverock 云雀　常捕来用作烤食。参见 lark

lavure (F.) 淡而无味的汤

Laws Peach Bitters 劳士酒　英国的一种桃子苦味酒。

lax (Sw. No.) 熏鲑鱼
参见 salmon

layer brick ice cream 花色多层冰淇淋

layer cake 奶油千层蛋糕　一种甜味夹心蛋糕,通常缀以各种花饰和糖粉。

layon (F.) 山坡地葡萄园　尤指法国安茹地区的山坡葡萄园。参见 clos

Lazy Susan (Am.) 餐桌转盘　置于餐桌中央便于就餐者取食的一种可转动圆盘,上置各种菜肴或调味品。据说有一位叫 Susan 的餐厅女侍因懒于为顾客添菜而发明此盘。

lb. (abbr.) 磅　源自拉丁语 libra。参见 pound

leadware 铅制品　泛指用金属铅制成的装饰性器皿,尤指酒杯等。最早出现于希腊和罗马时代。铅有毒性,故近代已不用于作餐具。

leaf fat 板油　猪的腹腔内壁上呈板状的优质脂肪。以板油熬成的猪油色泽洁白细腻,质量上等。

leaf lettuce (Am.) 散叶莴苣
参见 cos lettuce

leaf mustard 芥菜　一年或二年生草本植物,开黄色小花。其种子黄色,有辣味,磨成的粉末叫芥末,可用作调味品。芥菜品种很多,叶用芥菜叫雪里红,茎用芥菜叫榨菜,而根用芥菜叫大头菜,均是普通的食用蔬菜。

leafy vegetable 叶菜　以叶子为主要用料的菜,如莴苣、甘蓝和菠菜等。也叫叶用蔬菜。

lean (肉)瘦的,精的　瘦肉为人体良好的蛋白质来源,一般含蛋白质16.7%。

lear 肉卤 一种浓稠调味酱,用于汤汁的增稠。

leather breeches 嫩荚菜豆 俗称,指一种可连荚食用的菜豆。

leather cheese 皮干酪 德国的一种多孔圆形干酪。

leatherjacket 烤(煎)玉米饼

leaven 曲 也叫曲霉,真菌的一类。其菌体由许多丝状细胞组成,有的顶端为球形,上有许多孢子,是常见的霉菌。作用于面团或含糖液体能产生二氧化碳而使面团膨松或发酵酿酒。该词也泛指其他类似的发酵过程。

leavening agent 膨松剂 在制作多孔烤食品时使面团产生气体而膨胀的成分,包括空气、蒸汽、酵母、发酵粉和小苏打等。此外,猛烈搅打蛋白、面筋也可产生膨胀。最常用的膨胀剂为酵母。

lebanon (Am.) 莱巴嫩香肠 一种红色辛辣味香肠。由美国宾夕法尼亚州小城莱巴嫩的德籍移民制成,以产地命名。

lebben (Ar.) 酸凝乳
参见 leben

leben (Ar.) 酸凝乳 地中海东部及北非诸国阿拉伯人食用的一种流质状酸牛奶食品。

lebeni (Sp.) 酸凝乳
参见 leben

Leber (G.) 肝
参见 liver

Leberaufstrich (G.) 肝泥酱
参见 foie gras

Leberkäs (G.) 牛肉肝泥酱 一种德国慕尼黑风味食品。

Leberknepfen (G.) 小牛肝丸
参见 Lewerknepfles

Lebkuchen (G.) 蜂蜜姜饼 一种圣诞节小酥饼,通常用蜂蜜、红糖、杏仁、蜜饯果脯、生姜和辛香料等制成。参见 gingerbread

lebrada (Sp.) 烤野兔肉
参见 hare

leche (Sp.) 牛奶
参见 milk

leche asada (Sp.) 牛奶蛋糊 加入白兰地酒调香的一种西班牙式甜食。

leche malteada (Sp.) 鸡蛋奶茶 用牛奶、鸡蛋和果汁等调制的一种饮料。

lechecillas (Sp.) 赘肉 小牛身体内的一种腺体物,因内分泌腺阻塞所形成。被认为是一种美味食品。

lechefrite (F.) 滴油盘 烤肉时用于承接滴下的油。参见 dripping pan

lechon (Sp.) 乳猪
参见 suckling pig

lechosa (Sp.) 巴婆
参见 pawpaw

lechuga (Sp.) 莴苣
参见 lettuce

lecithin 卵磷脂 存在于鸡蛋黄、动物脑中的营养物质。在细胞结构和代谢方面起重要的作用。市售卵磷脂可用作焙烤食品、巧克力和调制食品等的乳化剂。

leckach (Je.) 蜂蜜蛋糕
参见 leckerli

leckerli 蜂蜜蛋糕 或蜂蜜杏仁饼干。产于瑞士的巴塞尔市。味香浓,以柠檬皮作点缀。

lecythos (Gr.) 细颈希腊油瓶
参见 amphora

Lee cake (Am.) 李将军蛋糕 一种橙皮果酱白蛋糕。以美国南北战争时南方统帅 Robert Lee(1807-1870)命名。

leek 韭葱 百合科耐寒植物,与洋葱近缘。味甜柔和,在欧洲广泛用于做汤和炖菜,特别是作土豆的佐料。韭葱原产地中海沿岸,后成为英国威尔士的国徽图案。著名苏格兰菜肴 cock-a-leekie 即以韭葱与鸡煮成。

lees 酒泥,酒垢 葡萄酒等在发酵过程中或老熟过程中产生于桶底的沉淀。参见 sediment

left over 剩菜 指就餐以后用不完的食品,一般都倒掉。但有些餐厅准备了一些食品袋供顾客带回家去。参见 doggy bag

lefteye flounder 牙鲆 一种身体侧扁的薄片状鱼,呈长椭圆形,有细鳞,右侧白色,左侧褐色。生活在浅海中,是常用的食用鱼之一。

Legbar 来格巴鸡 一种杂交鸡种。由棕色的来亨和白洛克两种鸡杂交而成。

Leghorn 来亨鸡 原产于意大利里窝那的一种白羽红冠优良鸡种。参见 Livornese, alla

legumbre (Sp.) 蔬菜
参见 vegetable

légume (F.) 1. 蔬菜 2. 豆类 包括大豆、豌豆、蚕豆、绿豆、豇豆、赤豆和芸豆等。

legumin 豆球蛋白 豆类植物如扁豆、豌豆和蚕豆中含有的蛋白质。该词由 legume 和 albumin 两字缩略而成。

Leicester 莱斯特干酪 英国中部莱斯特郡产的一种牛乳干酪。组织较疏松,以茜草着色,故呈深橙红色。重 20—35 千克,呈圆柱形,含乳脂 45—50%。

leipa (Fn.) 面包
参见 bread

Leipziger Allerlei (G.) 莱比锡烩什锦菜 莱比锡为德国东南部大城市。该菜以各种蔬菜切块混和,加入调料焖烩而成。

leitão assado (P.) 烤乳猪
参见 suckling pig

leite (P.) 牛奶
参见 milk

lekane 意大利彩瓶 一种双柄古餐具,形状像酒壶,装饰精致。有时也指古希腊的碗状餐具。

lekvar (Hu.) 梅子酱 常用于作糕饼的馅料。

lemon 柠檬 芸香科小乔木的果实,呈圆形。果肉味极酸,富含维生素C。世界上以美国和意大利产量最高,约占世界产量的一半以上。柠檬除作鲜果外,可作为糕点和餐后甜食的原料,或制成柠檬汁和柠檬茶等饮料。柠檬的副产品有柠檬油、柠檬酸和果胶,后者是制果子冻的重要原料。

lemon balm 蜜蜂花
参见 melissa

lemon butter 柠檬黄油 拌有柠檬汁的黄油,用于调味或烹调鱼类及蔬菜,也可用来涂抹食品。

lemon cheese 柠檬酪
参见 lemon curd

lemon curd 柠檬酪 用柠檬汁、干酪皮、糖、黄油和鸡蛋煮成的一种稠厚状甜冻。用作食品的涂层或馅料。

lemon custard 柠檬蛋奶冻 以柠檬的外层果皮作调香料。参见 custard

lemon daylily 金针菜
参见 citron daylily

lemon gin 柠檬金酒 以柠檬代替杜松子调香的金酒。

lemon grass 香茅草 一种芳香植物。有柠檬香味,可提取一种棕黄色香精油,用于食品调香。

lemon liqueur 柠檬利口酒 一种以柠檬香味为主的独特利口酒。

lemon meringue pie 柠檬蛋白酥 以玉米粉、鸡蛋、柠檬汁、柠檬皮、黄油、糖制成,上置搅打蛋白酥。

lemon oil 柠檬油 由压榨柠檬皮而取得的一种黄色芳香油。主要用作调香剂和香料油。

lemon phosphate 柠檬汽水
参见 lemonade

lemon sausage 柠檬香肠 一种加柠檬皮作配料的香肠。

lemon shandy 柠檬香迪 以柠檬汁代替生姜的一种饮料。参见 shandy

lemon sole 柠檬鳎 一种欧洲鳎鱼,比普通鳎小,滋味也较差,一般用于油炸和炙烤。参见 sole

lemon thyme 柠檬百里香 一种有柠檬香味的野生芳香植物,可用于烹调。

lemon twist 柠檬薄片 插在鸡尾酒杯边缘作为点缀。

lemon verbena (Am.) 柠檬马鞭草 一种野生植物,其叶片可用于清凉饮料的调香。

lemonade 柠檬汽水 一种软饮料,

用柠檬汁加糖和水等配制而成,少数为发泡饮料。但目前有许多柠檬汽水不是用天然柠檬制成的,而是以柠檬酸和色素配成的人造饮料。

lemonade bases 浓缩柠檬汁 用于配制柠檬汁和柠檬汽水的半制成品。

leng 莱恩柑桔 澳大利亚的一种柑桔品种。

lengua (Sp.) 舌
参见 tongue

lenox(ware) 伦诺克斯瓷器 美国在20世纪初制造的一种细密不透明瓷器。由瓷器商 Walter Scott Lenox 在1920年发明,故名。

Lent 四旬斋 基督教节期,始自大斋首日即圣灰星期三,耶稣复活节前6个半星期,规定在40天内不准进食。
参见 Ash Wednesday

Lenten fare 素菜 源自四旬斋的宗教节日,该时不可吃任何荤食。参见 Lent

Lenten pie 无肉斋饼 也叫素饼,在四旬斋节期食用。参见 Lent

lenticchia (It.) 小扁豆
参见 lentil

lentil 小扁豆 豆科一年生矮小植物,普遍种植于欧、亚、非大陆。营养丰富,含蛋白质、铁、磷和维生素B,主要用于煮汤。小扁豆是历史上最早栽培的植物之一。犹太人祖先以扫用长子名分换到的红豆汤即可能用埃及红色小扁豆煮成。以上典故载圣经《创世记》。

lentil soup 小扁豆汤 以胡萝卜、洋葱和其他蔬菜作配料煮成。

lentille (F.) 小扁豆
参见 lentil

lentisk 乳香黄连木 产于希腊半岛的一种灌木植物,其果实可榨油;其枝杆产生一种胶质,用于拉基酒的调香。
参见 raki

Leo X 利奥十世 意大利籍教皇。原名乔万尼·美第奇,生卒年代为1475—1521。在任期间对科学文艺包括烹饪颇加鼓励。以其命名了 poularde Leo X 等菜肴。

Leognan (F.) 莱昂酒 法国格拉夫地区产的一种红葡萄酒。

Léoville (F.) 莱奥维尔酒 法国梅多克地区产的一种波尔多红葡萄酒。

lepidosteus 美洲肺鱼 产于中南美洲,鳞片呈角质。烹调方法同狗梭鱼。

lepiote 小伞菌
参见 agaric

lepre (It.) 野兔肉
参见 hare

Lerche (G.) 云雀
参见 lark

lessare (It.) 煮,煨
参见 simmer

lesser celandine 榕葵 一种菠菜状植物,其叶片经烫焯后可食用。烹调方法同菠菜。

lesso (It.) 煮
参见 boiling

letchi (F.) 荔枝
参见 lychee

lettuce 莴苣 菊科一年生蔬菜作物,有4个变种。莴苣笋茎粗叶窄,其茎肉质可食;卷心莴苣的叶卷став头状叶球;玻璃生菜叶卷曲而细;长叶莴苣也叫直立莴苣和生菜,常食用其叶片。在英国最多的是卷心莴苣和长叶莴苣,常用于烹食或制色拉。

lettuce in soy 香莴心 罐头食品,以酱油浸渍莴苣笋而成,常作为佐餐用小碟菜。

lettuga (It.) 莴苣
参见 lettuce

levadou (F.) 炖猪肺
参见 lights

levain (F.) 酵母
参见 leaven

leveret 幼野兔
参见 hare

leverpostei (No.) 肝泥馅饼

Levroux (F.) 勒伏鲁干酪 法国 Berry 地方产的一种羊奶干酪。

levûre (F.) 酵母
参见 leaven

levurose (F.) 果糖
参见 fructose

Lewerknepfles (G.) 小牛肝丸　法国阿尔萨斯地区的一种风味食品,以小牛肝泥加肉糜制成。

lexia 苛性葡萄干　一种软而带苦味的葡萄干,主要产于西班牙和澳大利亚等地,用橄榄油处理而成。

Leyden (F.) 莱顿干酪　法国的一种埃丹型干酪,以莳萝和丁香等作调香料。参见 Edam

liaison (F.) 增稠料　可使汤汁或调料变浓,如竹芋粉、蛋黄与奶油的混合汁等。

liani (Ar.) 烩羊肉　一种北非风味。以鹰嘴豆和野芹菜作配料。

liards, pommes en (F.) 炸土豆片　用于佐食野味。

liberty-cabbage 酸泡菜　俚称。参见 Sauerkraut

liche (F.) 地中海金枪鱼　参见 tuna

lichee nut 荔枝　参见 lychee

lichen 地衣　一种真菌和藻类的结合体,可作食品、药物和染料等。如漂游的冰岛地衣可作食品和健胃药。而最有名的地衣染料是苔色素,色泽为紫色或紫红色。另外有一种偏枝地衣则可用于生产香水。

lichette (F.) 干酪薄片　参见 cheese

lichi 荔枝　参见 lychee

licorice 甘草　豆科多年生草本植物,原产于南欧。其根味甜稍苦,略似茴香芹,是咳嗽糖和糖浆等的配料。甘草根经碾压粉碎和煮沸后榨取汁液,再经浓缩而制成柔软半透明的甘草软糖。

lie (F.) 酒渣　参见 sediment

Liebfraumilch (G.) 圣母乳酒　德国莱茵黑森地区产的一种甜味白葡萄酒。原名为 Liebfrauminch, 是沃姆的一座教堂"圣母堂"的名称。后不慎拼写错误,因而传为笑谈。

Liebig, Baron Justus von (G.) 尤斯脱斯·冯·利别西男爵　著名德国化学家,发明牛肉汁的提取方法。

liebre (Sp.) 野兔　参见 hare

Liederkranz (G.) 利德克兰兹干酪　一种软质浓味干酪,口味类似林堡干酪。源自商标名。参见 Limburger

Liegeoise, à la (F.) 列日式　列日为比利时城市。该式指用侧柏或杜松子作配料的菜肴,并佐以奶油沙司。

lier (F.) 增稠　参见 thicken

lierwecke (F.) 葡萄干小圆蛋糕

lietiniai (R.) 肉馅煎饼　立陶宛地方风味食品之一。

lievito (It.) 酵母　参见 leaven

lièvre (F.) 野兔　参见 hare

lievre à la duchambais (F.) 奶油酸味兔肉　常以胡椒和葱头作配料。

lièvre à la royale (F.) 皇家式酒炖兔肉　将兔肉去骨,填入小牛肉糜,再以白兰地或葡萄酒作调味汁,佐以块菌片炖成。

light beer 淡啤酒　一般含酒精不到 3%。参见 ale

light bread (Am.) 白面包　用酵母发酵而成的一种精白粉面包。

light cream 稀奶油　参见 single cream

light foods 低热量食品　指含热量仅为普通食品 1/2—1/3 的食品。

light whiskey 美国淡威士忌　一种窖藏 4 年以下色味较淡的威士忌酒。

lighten 冲淡　指通过加水或蛋清使一些混合食品变稀的过程。

lightning (Am.) 劣等威士忌酒　美国俚语。参见 whiskey

lights 猪肺　或指牛肺,是可食用的内脏之一。在西餐中基本不用,但偶尔可用于煮汤。

Liguria (It.) 利古里亚　意大利西北部一区,滨利古里亚海。盛产蔬菜、花卉、橄榄和葡萄等。

Ligurienne, à la (F.) 利古里亚式

意大利菜式之一。以面食、橄榄油和多香果辣椒等作配料,并以藏红花等染成红色为特色。

Likor (G.) 利口酒
参见 liqueur

Likörwein (G.) 增度葡萄酒
参见 vin doux naturel

lilac 西洋丁香 原产于欧洲和北美洲等地的一种芳香灌木植物。品种很多,可用于提取调香料。但与丁子香有所不同。

Lillet (F.) 利莱酒 法国的一种开胃酒。以白葡萄酒作基酒,加入阿马涅克白兰地与奎宁,使其具有独特的风味。产于加隆讷地区,最早在1872年由利莱家族酿成而得名。

lilyroot 百合 百合属多年生球茎草本植物,富含碳水化合物,可食用。

lima (Sp.) 酸橙
参见 lime

lima bean 利马豆 原产于秘鲁的一种矮小灌木种子,黑色、白色或淡绿色均有,可食用。现广泛种植于美洲和西印度群岛。

Limabohne (G.) 利马豆
参见 lima bean

limacon (F.) 蜗牛
参见 snail

limande (F.) 柠檬鳎
参见 lemon sole

limandelle (F.) 黄盖鲽
参见 dab

Limburger(G.) 林堡干酪 德国和比利时等地产的一种牛乳干酪。味微咸,常加入龙蒿与欧芹增香。质软,气味浓烈,重250—750克,含乳脂40%。

lime 酸橙 广泛栽培于热带地区的一种乔木的果实,呈椭圆或圆形。果皮薄,果肉柔软多汁,味极酸,故名,但也有一种酸橙味较甜。酸橙富含维生素C,以前英国海军用以防治坏血病。

lime blossom 酸橙花蕾 干燥的花蕾可用于泡茶,据信有药效。

lime juice cordial 酸橙香汁 以整只酸橙的汁经浓缩后加柠檬汁、糖、色素和防腐剂制成,用于调配杜松子酒。

lime oil 酸橙油 从酸橙果皮中榨取的一种调味香精油。

lime phosphate 酸橙汽水
参见 limeade

lime punch 酸橙宾治 一种酸橙汁混合饮料。参见 punch

lime squash 酸橙鲜汁 一种以带肉的酸橙汁加糖制成的饮料。

Lime tree leaves 菩提叶 一种酿酒用葡萄品种。

limeade 酸橙汽水 由酸橙汁加糖和香料制成的一种充气饮料。

limequat (Am.) 酸橙金桔 该词由 lime 和 kumquat 缩略而成。

limette (F.) 酸橙
参见 lime

limewater 石灰水 一种碱性的氢氧化钙水溶液,常用于制玉米粉饼或柠檬汁等的过滤溶液。

limmits 减肥饼干 英国一种减肥食品的商品名。由全麦粉添加各种维生素和无机盐制成,是一种低热量食品。

Limoges (F.) 利摩白细瓷 法国的一种精美餐用细瓷器,以产地命名。

limon 柠檬酸橙 一种杂交柑桔品种。该词由 lemon 和 lime 两词缩合而成。

limon (Sp.) 柠檬
参见 lemon

limonade (F.) 酸橙汽水
参见 limeade

Limousine, à la (F.) 利穆赞式 利穆赞为法国中部城市名。该式指以红叶卷心菜、栗子、牛肝菌等作配菜的菜式。

limpa 甜黑麦面包 一种瑞典食品,常涂有糖浆。

limpet 蝛、帽贝 一种海洋腹足类软体动物。有一个扁圆锥形壳体,常依附于岩石上。作为一种海味食用,味鲜美。

limpin' Suzan (Am.) 咸肉红豆饭
参见 hopping John

limpkin 秧鸡 产于美国佛罗里达州与西印度群岛等地。参见 rail

Lincoln 林肯绵羊 英国的一种长毛型肉毛兼用羊,头较大。

Lincoln cheese 林肯干酪 英国林肯郡产的一种软质全脂干酪。

Lincoln Red 林肯红牛 英国的一种乳肉兼用牛,毛呈棕红色。据认为是短角牛的变种之一。

Lindeman's Cream 林德曼甜酒 澳大利亚的一种优质加度葡萄酒,味甜似利口酒,产于科罗瓦(Corowa)。

Lindisfarne liqueur 林迪斯法纳利口酒 英国的一种以威士忌为基酒的利口酒,加蜂蜜和香草调味。

line 垫底
参见 foncer

linen 餐桌布件
也作 table linen

ling 鲂鳕 一种名贵的鳕科海鱼,产于冰岛、不列颠群岛和斯堪的纳维亚附近的深海。体细长,鳞小,呈褐色或淡绿色。通常腌制或晒成鱼干食用。

linge de table (F.) 餐桌布件
参见 table linen

lingonberry 矮越桔
参见 mountain cranberry

lingue (F.) 鲂鳕
参见 ling

linguine (It.) 细舌状通心面 食时通常加海味制的调味汁。参见 macaroni

Linguisa sausage 林吉萨熏肠 一种醋渍猪肉香肠。

Linie (No.) 利尼酒 挪威产的一种北欧露酒,色泽淡黄,一般在橡木桶中陈化多年而成。参见 aquavit

link (香肠的)一串
参见 sausage

linnet 朱顶雀 一种普通小雀,可用来烤食,烹调方法同云雀。参见 lark

linot(te) (F.) 朱顶雀
参见 linnet

Linse (G.) 小扁豆,滨豆
参见 lentil

linseed 亚麻籽 一种普通亚麻的种子,可用于榨制亚麻籽油。亚麻籽油属干性油,在空气中会变稠。其精制油作为一种优质烹调用油受到高度重视。

Linzer Torte (G.) 林茨蛋糕 一种德国式果酱夹心蛋糕。用碎杏仁、面粉、可可、鸡蛋、黄油和辛香料制成,填以果酱或蜜饯作馅。表面有格子花纹,经烘焙后食用,味香浓可口,外形美观。以产地命名。

lion 狮子 狮子肉经过盐醋浸渍后可食用,其肉味类似牛肉,烹调方法也与牛肉相同。但实际上很少有人食用。

lion's paw (Am.) 扇贝 俚称。参见 scallop

lipase taste 油脂酸败味 牛奶的一种缺陷现象,因储藏时间过长所致。

liptauer (Hu.) 利普托尔干酪 一种匈牙利干酪。用羊奶制成,加入辣椒粉和刺山柑调味。

lipto (Hu.) 羊奶乳酪
参见 urda

liquefied cheese 软化干酪 指干酪呈液体状流散而不能成形的一种缺陷现象。

liqueur 甜露酒 俗称利口酒,为香甜型蒸馏酒。酒精含量达 24—60%。常用白兰地作基酒,加水果、香草和糖浆使其带有甜味,以前一直被用作药酒或补酒。果露酒可用水果浸泡在烈性酒中使其带香,如杏子露酒、菠萝露酒、杏仁露酒等。其他如但泽金箔酒、橘味露酒、刺李金酒等也很有名。可用于作餐后酒或加冰饮用。

Liqueur de Sapin (F.) 萨宾酒
参见 Sapindor

Liqueur des Moines (F.) 僧侣利口酒 一种用芳香植物和葡年科涅克白兰地调配而成的甜味酒,具有助消化的出色功效。也作 Monk's Liqueur

liqueur d'or (F.) 金利口酒 法国或荷兰产的一种无色甜味餐后酒,含有金黄色的薄片而得名,可能是仿制但泽金黄利口酒而成。含酒精 41%。
参见 Danziger Goldwasser

liqueur galliano (It.) 加利亚诺酒 意大利的一种香味利口酒。该酒以意大利最早的歌剧作家 Marco da Galliano(1575—1642)命名。

liqueur glass 甜露酒杯 一种高脚玻璃小酒杯,用以盛利口酒,容量为1盎司。

liqueur jaune (F.) 黄色利口酒 尤指法国的查尔特勒酒。参见 Chartreuse

liqueur verte (F.) 绿利口酒 一种绿色的查尔特勒酒。参见 Chartreuse

liquid fire (Am.) 烈性酒 俚语。参见 spirit

liquid fish 浓缩鱼汤 用一种固体汤料,经水冲制而成。

liquid lunch 液体午餐 常指饮酒为主的就餐。

liquid pepper seasoning (Am.) 辣味沙司 参见 tabasco sauce

liquid sugar 液体食糖 通常是精炼的蔗糖或甜菜糖的稠厚饱和溶液。

liquidize 将(水果,菜等)打成泥 常使用一种食物液化器加工而成。

liquor 烈性酒 尤指白兰地、朗姆和威士忌等含酒精度较高的酒。参见 spirit

liquore (It.) 烈性酒
  参见 liquor

liquorice 甘草
  参见 licorice

liquorist 酿酒师 泛指酒厂中的专业技术人员。

Lirac (F.) 里拉克 法国罗讷省的酿酒区,在阿维尼翁西北,主要生产桃红葡萄酒。

Lisbon lemon 里斯本柠檬 一种柑桔品种。

lista de platos (Sp.) 菜单
  参见 menu

lista de vinos (Sp.) 酒单
  参见 wine list

listan (Sp.) 雪利葡萄
  参见 palomino

lit (F.) 底菜
  参见 foncer

litchi 荔枝
  参见 lychee

Lithuanienne, à la (F.) 立陶宛式 指以土豆泥、黄油、酸奶、鸡蛋和香肠等为主要配料的各种菜肴。

litorne (F.) 北欧鸫
  参见 thrush

litre (F.) 升 法国容量单位,约等于1.75品脱。

little barley 小粒大麦 原产于北美的一种生大麦,麦片扁平。参见 barley

Little Joe's (Am.) 菠菜肉糜 一种美国菜肴。以洋葱、牛肉糜、菠菜和辣味沙司制成。源自旧金山的一家餐厅 Joe Mazzetti。

littleneck (Am.) 小帘蛤 一种可以生食的圆形厚壳蛤。原产于美国纽约长岛的一条水湾 Littleneck Bay,名。

Livarot (F.) 利伐洛干酪 法国诺曼底地方 Calvados 产的一种古老的软干酪,呈圆柱形,直径12 cm,高5 cm。包在芦叶中,外皮为红色。气味强烈,质量优异。

liveche (F.) 洛维纪草
  参见 lovage

liver 肝 尤指牛、猪、鸡等供食用的肝。牛肝烹调时间要稍长一些;猪肝则可烤或炸,也可制成肝泥香肠。肝的营养价值很高,含有蛋白质、铁和维生素A和B等。

liver à la crème 奶油烩肝 将小牛肝切成片与蔬菜同烩,加入奶油和醋调味。

liver paste 肝泥酱 将肝煮熟后经碾碎过滤而成。

liver pudding 肝泥香肠
  参见 liver sausage

liver sausage 肝泥香肠 用煮熟的肝泥和瘦猪肉屑加入调味品、辛香料等塞入肠衣中,经煮熟或烟熏而成。

Liverwurst (G.) 肝泥香肠
  参见 liver sausage

livery cupboard 小食品橱 一种可随处固定的食橱,用于存放食品或饮料。

livestock 家畜 农家饲养的哺乳动物

的总称,包括牛、绵羊、山羊、猪、马和骆驼等。主要供食用其肉、奶及内脏,是人类的主要食品之一。

Livornese, alla (It.) 里窝那式 以浓番茄酱、蘑菇和干酪作配菜的食品,是意大利里窝那的特色风味。该地的一种鸡在英国被称为来亨鸡(Leghorn)。

llama (Sp.) 羊驼 南美洲的一种反刍动物,可食用。烹调方法同牛肉。

lo mien (C.) 烙面 中国式面点。用油煎成两面黄,以肉丝、菜丝和各种调味料作配料。

loach 鳅 俗称泥鳅,一种细长水鱼类的统称。体表有细鳞,口周有对须,可食用。

loaded wine 掺水的酒
参见 abondance

loaf 1.**长方面包** 也指一大块食品,如蛋糕、干酪、香蕉块和巧克力等。2.**鱼糕,肉糕** 以鱼糜或肉糜加以面包粉、鸡蛋、牛奶等制成的一种方块食品。

loaf cheese 长方干酪 经横切加工的一种干酪,形似长方形的面包。

loaf pan 面包斗 一种长方形烤斗,用于烤制面包或点心。通常尺寸为长22 cm,宽17 cm,边高8 cm。

loaf sugar 方糖
参见 cube sugar

lobefin 多鳍鱼
参见 bichique

lobio (R.) 菜豆
参见 kidney bean

loblolly 麦片粥 有时泛指各种浓稠的流质食品。

Lobo 拉宝 一种苹果品种名。

lobscouse 水手杂烩 一种用肉片、蔬菜、硬饼干、土豆等和其他配料一起烩制的菜肉面糊食品。

lob-steer (Am.) 牛肉龙虾拼盘
参见 surf-n'-turf

lobster 海螯虾 俗称龙虾,海产甲壳类动物。广泛分布各海洋中,是名贵的食用虾,最大的可达20千克。体背面一般墨绿色,腹面橙黄或红色。烹调方法很多,一般以油醋沙司拌食或烙烤等,也可作蛋的馅料。

labster à l'américaine 美式龙虾 一种嫩煎龙虾。以洋葱、番茄、香草、干白葡萄酒或白兰地酒调味。盛入虾壳中,再淋以柠檬汁、黄油和欧芹拌成的沙司即成。

lobster bisque 龙虾汤
参见 bisque

lobster butter 龙虾黄油 以龙虾肉、黄油和调味汁制成,用于制龙虾汤或红衣主教沙司。参见 cardinal sauce

lobster mayonnaise 龙虾蛋黄酱 以硬煮蛋片、莴苣等作配料的蛋黄酱调料。

lobster Newburg 纽堡龙虾 一种以雪利酒调味的奶油龙虾火锅,加蛋黄等作配料。

lobster roll 龙虾卷 以龙虾肉凉拌作馅心的一种长圆形卷饼。

lobster thermidor 烙龙虾 菜肴名。用龙虾肉、蘑菇、乳脂、蛋黄等切碎混合,淋以雪利酒,一同填入龙虾壳中。然后外涂意大利产的帕尔马干酪,放入烤箱烙烤即成。

lobster tureen 龙虾陶瓷盘 一种白色陶瓷大盘,有盖。因制成龙虾式样,故名。

loche (F.) 泥鳅
参见 loach

locker 抽屉式冷柜 一种营业用冷藏柜,供保存肉类及各种食品。

locker paper 保鲜纸 一种极薄的软封纸,用于食品的速冻和保藏。

locksoy 米粉面食 以大米磨成粉后制成的面条,常加酱油作调味料。

locoum 拌砂软糖
参见 Turkish delight

locust bean 角豆荚果
参见 carob

Löffel (G.) 汤匙
参见 soup spoon

lofschotel (Du.) 烤苣苣菜
参见 endive

loganberry 大杨莓 也叫洛根莓,由黑莓与树莓杂交而成。果实大而酸,比一般覆盆子更大。可单独作为甜品水果或制成果酱与蜜饯。以培育者美国人 J. H. Logan 命名。

logwood 洋苏木 产于墨西哥的一种乔木,尤其在坎庇基等地,该木经煮沸后能产生色素,遇酸变红;遇碱变紫。除去毒素后,可用于甜露酒的着色。

loin 腰肉 指牛、羊或猪的腰部肉和里脊肉。参见 sirloin

loin chop (猪、羊等的)腰肉排

Loire Valley 卢瓦尔河谷 法国主要酿酒区。从卢瓦尔河到河口包括比斯开湾的一些地方,风景秀丽,气候湿润,土壤肥沃,名菜佳肴极多。共有约15个分散的小酿酒区,生产世界著名的各种葡萄酒。

Lokal (G.) 酒吧
参见 bar

loksh (Je.) 宽面条
参见 lasagne

lollipop (Am.) 棒糖
参见 lolly

lolly 棒糖 一种硬糖果。色泽艳丽,形状各异,用木棒或塑料棒支撑,很受儿童喜爱。有时也指冰棍。

lombata (It.) 腰肉,脊肉
参见 sirloin

lomilomi salmon 洋葱鲑鱼肉糜 一种夏威夷当地风味。用手将洋葱和鲑鱼糜捏和,经调味食用。源自夏威夷语。

lomo (Sp.) 牛腰肉
参见 sirloin

London broil 伦敦烤肉 将牛肋肉按纹理斜切成薄片,经扒烤而成。英国伦敦风味。

London Gin 伦敦金酒 指在伦敦地区酿制的一种干性杜松子酒,通常含酒精 40%。

long bean (Am.) 刀豆
参见 sword bean

long drink 长饮酒 尤指用大杯盛的啤酒或鸡尾酒。

long hundredweight 长担 也叫英担。英制重量单位,约合 112 磅。

long life milk 长效牛奶 用超高温杀菌并在无菌条件下包装而成,保存期较长,不易变质。

long milk 粘丝状牛奶 牛奶的一种变质现象。参见 ropiness

long patent 五级面粉 白面粉中的最低等级。参见 patent

long pepper 毕拨 其香味与滋味都和普通胡椒相似,用于作咖喱酱的配料。

long ton 长吨 英制重量单位,约合 1016 千克。参见 ton

long sweetening (Am.) 糖浆 俚语。参见 syrup

longan (C.) 龙眼 俗称桂圆,一种常绿乔木。果实呈球形;壳淡黄或褐色,质薄粗糙。其假种皮也称果肉,呈白色透明状,汁多味甜,可生食或加工成罐头或干制品。

Longaniza sausage 隆戈尼兹香肠 西班牙产的一种醋渍猪肉香肠。

Longchamp, potage (F.) 隆尚式豌豆浓汤 以酢酱草末、香旱芹和细通心粉作配料。隆尚在法国巴黎西部,有著名赛马场。

longe (F.) 小牛腰肉
参见 sirloin

longhorn (Am.) 长角牛 美国得克萨斯州产的优质肉用牛品种,已成为该州的代称。

longies 细长型雪茄
参见 cigar

longjing (C.) 龙井茶
参见 Dragon Well tea

longneck clam 海螂
参见 steamer clam

long-shaped rice 籼米 稻米的一种,比粳米硬实,营养成分相仿。参见 japonica rice

Longton Hall 朗顿瓷器 18 世纪英国斯塔福德郡产的一种精制瓷器,以产地命名。

longue-oreille (F.) 地中海金枪鱼
参见 germon

longuet (F.) 小长棍面包
参见 baguette

Longueville, potage (F.) 隆格维尔

浓汤 常以豌豆、韭葱和莴苣作配料。源自法国女贵族隆格维尔公爵夫人(1619—1679)。她以风流貌美而成为交际明星, 在国王路易十四的宫廷中颇有影响。

lonza (It.) 猪腰肉
参见 sirloin

lonzo (F.) 盐渍猪肉脯 可制成香肠或作开胃食品, 是法国科西嘉岛风味之一。

loofah 丝瓜
参见 sponge gourd

loose cheese 疏松干酪 一种有过多气孔的干酪, 是干酪质量方面的缺陷现象。

looseners (Am.) 李脯 俚称。因李脯有通便促泻的功效, 故名。参见 prune

lophius (F.) 鮟鱇
参见 goosefish

loquat 枇杷 蔷薇科亚热带乔木, 与苹果等有亲缘关系。果实黄色, 呈倒卵形或圆球形; 肉肉多汁, 呈白色和橘黄色; 果味酸度适口。枇杷原产于中国, 后引入日本, 又从日本传播到欧洲。

Lorbeer (G.) 月桂叶
参见 bay leaf

Lord Baltimore cake 巴尔的摩勋爵蛋糕 一种金黄色奶油蛋糕。以蛋白杏仁、果仁和樱桃作馅, 外涂糖浆。源自 1632 年英国勋爵 George Calvin 的名字。

Lord Barrington's plum pudding 巴林顿勋爵李子布丁 英国 19 世纪的一种水蒸布丁。以鸡蛋、牛奶、面包屑、羊脂、葡萄干、豆蔻和醋栗等作配料制成。

Lord John Russell's pudding 约翰·罗素勋爵布丁 19 世纪英国的一种冰冻布丁。以鸡蛋、牛奶、鱼冻、方糖、奶油、白兰地、果皮、樱桃、菠萝和干果等作配料制成。

Lord Sandy's sauce 桑迪勋爵沙司 俚称, 即辣酱油。参见 Worcestershire sauce

lords and ladies 野芋 俚称。参见 taro

lorette, pommes (F.) 弯月形炸土豆丸

lorgnette (F.) 炸洋葱圈 该词原意为"望远镜"。事实上还可指鱼片卷和卷筒状小甜饼等。

loriot (F.) 园莺
参见 becfigue

Lorraine (F.) 洛林干酪 法国洛林地区产的一种全脂牛乳干酪, 重 6 千克, 含乳脂 40—45%。

Lorraine, à la (F.) 洛林式 洛林在法国东北部, 近德国边境。此式指用红葡萄酒煮红叶卷心菜, 并用辣根和煎土豆丸作配料的菜肴。洛林蛋糕也十分著名。参见 quiche

lotah (Hi.) 铜制球形小水壶

lote 江鳕
参见 burbot

lotier (F.) 百脉根
参见 bird's foot trefoil

lotte (F.) 1. 扁鲨 参见 monkfish 2. 江鳕 参见 burbot

lotte de mer (F.) 鮟鱇
参见 goosefish

lotus root 莲藕 水生植物莲荷的地下茎, 可作蔬菜食用。富含淀粉, 也可制成藕粉。

lotus seed 莲子 莲属植物的种子, 含淀粉质, 可作为食品。

Lotvarik(G.) 苹果黄油 指拌有苹果香精的黄油。

lou (F.) 家常风味 法国普罗旺斯地方用语, 相当于 cottage。

lou cagaralaut (F.) 朗格多克式蜗牛
参见 escargots à la Languedocien

lou magret 烤鸭肉片
参见 magret de canard

lou trébuc (F.) 腌肉 泛指经盐腌的猪肉、牛肉、鸡肉、鹅肉和火腿肉等。

loubia 干豌豆
参见 pea

loubine (F.) 灰鲻鱼
参见 mullet

louche (F.) 汤勺

参见 soup ladle

louchir (F.) （酒）变浑浊
参见 cloudy

Louis dressing 路易调味料　以植物油、番茄、糖、醋、洋葱、柠檬汁、大蒜等及其他香料调制而成,用于佐食海鲜食品。

Louis XIV 路易十四　法国国王,生卒年代为1638—1715。在位期间颇有政绩,被誉为"太阳王"。在他统治期间,法国的美食开始兴旺,逐步形成以宫廷烹调为代表的法国古典式烹饪风格。

Louis XVI 路易十六　法国国王,1774—1793年在位。在他统治期间,餐饮业已成为一种高尚的职业。他首先引进土豆作为食品,而过去土豆只作为花卉欣赏而已。

Louis XVIII 路易十八　法国国王,1814—1824年在位。在法国大革命以后,他首次将烹饪学作为一门艺术来重视。他本人也是厨师,据信还创制过菜肴,如块菌莺肉泥(truffes à la purée d'ortolans)等。

louise-bonne (F.) 水蜜晚梨　一种梨品种。参见 pear

Louisiana Sweet (Am.) 路易斯安娜甜橙　一种柑桔品种名。参见 orange

loukinka (F.) 辛香大蒜香肠
参见 andouille

loukomade (Gr.) 甜脆馅酥

loukoumi (Gr.) 碎杏仁玉米糖浆

loup de mer (F.) 尖吻鲈　西欧海岸和地中海产的一种美味食用鱼。

loup marin (F.) 狼鲱
参见 wolf herring

Loupiac (F.) 卢皮亚克　法国波尔多地区的酿酒区,在加龙河以东。产甜白葡萄酒为主,但质量不如邻近的Sauternes。

lovage 洛维纪草　欧防风科的一种芳香植物。其嫩芽可经糖渍食用。其根和种子可用于利口酒的调香,作用类似当归。苏格兰产的洛维纪草有芹菜香味,可用于作焖炖肉类食品的配料。

love and tangle (Am.) 炸面团　类似于中国的油条,形状也相仿。

love apple 番茄　俚称。番茄最早是在1578年从摩洛哥经意大利传遍欧洲的,故称为 pomo dei Moro。译成法语时误拼为 pomme d'amour。参见 tomato

love feast 友爱餐
参见 agape

love pea 红豆
参见 ormosia

loving cup 婚礼杯　欧洲的一种银制双耳杯,用于婚礼、宴会和各种喜庆场合。一般底部较深,法国婚礼杯底部则较浅。有时也称为赞颂杯。

low acid foods 低酸食品　pH值高于4.6。参见 acid food

low diet 清淡饮食　指无肉类的素食,烹调时又少放油、盐等调味品。指饮料时则基本不放糖。

low melting resistance 易融性　冰淇淋的一种缺陷现象。即使在低温下也不坚实。

low mull 菜肉杂烩　其配料因人而异,一般有猪肉、牛肉、洋葱、西红柿、大蒜、丁香、辣椒、柠檬、土豆、米饭和其他调味沙司等。

low protein flour 低蛋白面粉　面筋含量低的一种面粉。参见 gluten

low tea (Am.) 简易茶点　以区别英式午后茶点的一种简单的茶点。常仅饮些软饮料和饼干。参见 high tea

low wine 低度酒　常指一些含酒精度较低的劣质蒸馏酒。味淡,以头馏份或尾馏份组成。参见 faints

low-calorie food 低热量食品　指含有较少脂肪和淀粉的食品,如水果、蔬菜等。

low-proof （酒）含酒精度低的
参见 above proof

Löwenbräu (G.) 狮牌啤酒　德国慕尼黑的一种烈性啤酒名牌。

Löwenzahn (G.) 蒲公英
参见 dendalion

Lowestoft ware 洛斯托夫特瓷器　英国一种软质瓷器,从1757年到

1802年间产于洛斯托夫特城。常用于制各种精美餐具。

lox (Je.) 熏鲑鱼
参见 salmon

loza (Sp.) 陶瓷器皿
参见 earthenware

lozenge 止咳硬糖 含有胶质。参见 cough drop

Lozère (F.) 洛泽尔 法国中央高原南坡的产酒区名,属朗格多克·鲁西永地区。产普通的佐餐葡萄酒。参见 Languedoc-Roussillon

luau 芋叶宴 也叫露奥,原指一种作蔬菜吃的芋叶,现指现代夏威夷的宴席。宴席中包括以下菜肴:芋泥、烤乳猪、芋叶蒸猪肉、腌渍生鲑鱼片、烤甜薯、椰汁煮鸡或鱼以及甜食等。席间还伴有歌舞与音乐。参见 poi

lucas, hareng (F.) 冷烟熏鲱鱼片 用芥末蛋黄酱和莳萝佐味的一种法式菜肴。

luccio (It.) 白斑狗鱼
参见 pike

luccioperca (It.) 梭鲈
参见 pike-perch

lucerne mutton 卢塞恩羊肉 以火腿为主要配料的一种羊肉菜肴,加入香料调味。

lucine (F.) 帘蛤
参见 clam

Lucullus 卢古鲁斯 古罗马名将、美食家,生卒年代为114—57 B. C.。全名为 Lucius Licinius Lucullus。据说他曾经常举行耗费巨款的盛宴。以他名字命名了一种洋蓟心水波蛋肴。

lucullus, oeufs (F.) 洋蓟心水波蛋 上浇奶油沙司,再以鹅肝酱和块菌佐配饰菜。参见 Lucullus

Ludon (F.) 吕东 法国波尔多地区的酿酒区。以优质红葡萄酒著名,如 Haut-Médoc 等。

Ludwigsburg ware 路德维希堡陶瓷 1736—1824年间在德国符腾堡的路德维希堡制作的彩色陶瓷器。以优质奶油色餐具为特色,深受大众喜爱。

luffa (F.) 丝瓜
参见 sponge gourd

lug 水果篮,蔬菜篮 容量为25—40磅不等。

lugana (It.) 卢加那酒 一种意大利产的优质干白葡萄酒名,以产地命名。

luganeghe (It.) 鲜肉香肠 一种香味浓郁而口味较淡的香肠,不经烟熏,常用于代替新鲜肉糜。

Luisiana coffee (Am.) 菊苣咖啡 美国路易斯安那州产的一种混合咖啡。

lukewarm 微温 指不冷也不热的,一般温度在37—62℃之间。

Luksusowa vodka 豪华伏特加 波兰产的一种土豆蒸馏伏特加,无色微甜,口味柔和,使人不觉得酒烈,含酒精44.5%。也作 luxury vodka

lukullisch (G.) 丰盛的 指饭菜质优味佳的。

lumaca (It.) 1. 蜗牛壳面食 因形似蜗牛而得名。**2. 食用蜗牛** 参见 snail

lumaca di mare (It.) 滨螺 一种食用蛾螺。参见 periwinkle

lumache (It.) 梨形饺 一种意大利特色馅饺。参见 ravioli

lumber (Am.) 牙签 俚称。参见 toothpick

lumberjack pie 鹿肉饼
参见 humble pie

lump sugar 方糖,糖块
参见 cube sugar

lumpfish 圆鳍鱼 北大西洋北部的一种软体海水鱼。体呈半透明状,可食用。

lumpiness 片状凝块 乳品罐头的蛋白质凝块,是一种缺陷现象。

lumpsucker 圆鳍鱼
参见 lumpfish

lunch 午餐 介于早餐与晚餐之间的一顿饮食。由于现代化的生活节奏加快,午餐变得越来越简单,常以快餐如汉堡包、比萨饼等为主。

lunch cake 午餐蛋糕 一种普通水果蛋糕。

lunch wagon 餐车
参见 diner

luncheon 午餐会 一般指比较正式的由数人共进的午餐，常伴随一些业务性谈话，菜肴则由各人自己选择。

luncheon meat 午餐肉 一种罐头装的方块肉糜，加有佐料，可直接作为冷食或作其他菜肴的配料。

luncheon roll 便餐肉卷 一种生熏的猪肉香肠卷食品。

luncheonette (Am.) 1. 便餐 2. 小吃店

luncheteria 简易自助餐馆
参见 cafeteria

lunchmobile (Am.) 流动午餐车 由 lunch 和 automobile 两词缩合而成。

lunchroom (Am.) 午餐厅 供应茶点、蛋糕、冰淇淋、三明治和各种软饮料。

Lunel (F.) 鲁内尔酒 法国南部埃罗省产的一种甜味餐后消食酒。

luscious 美味的，甘香多汁的

lustreware 光瓷器皿 一种有铜质光泽的涂釉瓷器，用作厨房及餐厅餐具。

lute 封泥 一种浆状物，干燥时能变硬，故常用来作容器的密封剂。杏仁封泥则是在封泥中拌入杏仁粉，可用于烹调。

lutfisk (Sw.) 软鱼冻 以弱碱溶液浸泡的鳕鱼，其鱼骨已酥软与鱼肉混合在一起而成为凝冻状食品。

Lutomer (Yu.) 柳托梅尔 斯洛文尼亚的市镇名。生产该国最优秀的白葡萄酒，味干，口味轻盈爽口。

lux ham 火腿肠 一种先灌肠腌渍，然后再加以熏制的粗香肠，肉质较一般香肠坚实。

Luxembourg wines 卢森堡葡萄酒 靠近法国与德国边境的摩泽尔河岸的葡萄园，生产以产地命名的卢森堡葡萄酒，多数是轻质干白葡萄酒。

luxury vodka 豪华伏特加
参见 Luksusowa vodka

luzinzeth (Ar.) 奶油杏仁饼 以融化黄油佐食，作为一种甜点。

lychee 荔枝 原产于中国的一种乔木。其果实有硬质外皮；果肉呈白色半透明状，水分多，味极甜。是名贵的水果，也可制成荔枝干。

lye hominy (Am.) 烂玉米糊 以弱碱溶液浸泡而成，因而玉米的香味更加浓郁。

Lyon (F.) 里昂 法国城市名，在法国南部，滨地中海。里昂地区以野味、家禽、肉类、鱼类和香肠著称于世，但最为著名的却是洋葱，并享有"油炸酥饼之都"的美称。

Lyon sausage 里昂香肠 法国里昂产的一种经长期干燥后再烟熏的香肠。

Lyonnaise, à la (F) 里昂式 指以洋葱或洋葱为主的配菜作的各种菜式。
参见 Lyon

lyophilisation 冷冻干燥 简称冻干。该过程需经几次步骤，使被干燥物如水果、蔬菜、牛奶、鱼和肉等达到十分彻底的程度。其次，它还有保存期长、储运方便和还原迅速等优点。参见 freeze drying

lyre 牛颈肉
参见 chuck

lysine 赖氨酸 多种常见蛋白质经水解后释出的一种氨基酸，是人体必需的营养物质之一。

lythe 狭鳕
参见 pollack

M

mabi 蛇藤饮料 一种以蛇藤树皮泡制的饮料。

macabi (Sp.) 北梭鱼
参见 bonefish

macadamia nut 昆士兰果 原产于澳大利亚昆士兰的一种坚果,近似于欧洲榛,后移植到夏威夷。

macaire, pommes (F.) 黄油炸土豆泥饼

macaron (F.) 蛋白杏仁甜饼
参见 macaroon

macaroncelli (It.) 细管状通心面
参见 macaroni

macaroni (It.) 通心面 原产于意大利那不勒斯的一种营养面条,由粗粒面粉制成。干燥后呈细管状或花式小片,尤指直径从 0.6—1.6cm 的通心面条。可用于制布丁、煮汤和焖烤等,常加入番茄和肉糜等作配料,是意大利的著名特色食品之一。

macaroni salad 通心面色拉 将通心面煮熟后冷却,拌入黄瓜、洋葱、胡椒、番茄和莴苣等即成。

macaroni vongole (Am.) 蛤肉酱通心面 也可用其他面条代替。

macaroni wheat 硬粒小麦
参见 durum wheat

macaroon 蛋白杏仁饼 用糖、蛋白、杏仁粉和椰子等制成的一种饼干或小糕饼。烤前,涂阿拉伯胶并点缀以碎杏仁、胡桃、葡萄干、樱桃。其碎屑常加于冰淇淋、馅饼和布丁之中。奶油杏仁则是奶油和蛋白杏仁粉调制的乳脂馅。以柠檬汁、朗姆酒、雪利酒或白兰地调味。

macarra (Sp.) 细长小面包

macarron (Sp.) 1. 通心面 2. 杏仁糕

macassar mace 望加锡肉豆蔻衣 从望加锡肉豆蔻中制取的一种香料。
参见 macassar nutmeg

macassar nutmeg 望加锡肉豆蔻 一种高大的乔木,其果实香味与肉豆蔻相似,可用作香料。望加锡为印度尼西亚地名。

Macau (F.) 马科 法国波尔多地区梅多克的酿酒地名。最优秀的酒有 Château Cantemerle 等,以 Haut-Mèdoc 酒牌出售。

macazuchi (Sp.) 烈味辣椒
参见 chili pepper

maccaboy 马科巴鼻烟 产于马提尼岛的一种烟叶丝,用作鼻烟。参见 snuff

maccherone (It.) 通心面
参见 macaroni

macco (It.) 豌豆泥
参见 pea soup

mace 肉豆蔻干皮 热带常绿乔木肉豆蔻果实的假种皮制成的香料。味微辛,有肉豆蔻的芳香,色淡黄,形扁平,并可榨取肉豆蔻干皮油。用于焙烤食品、鱼、肉、酱汁的调味,并常加入咖喱粉中作配香料。

Macédoine, à la (F.) 马其顿式 一种蔬菜水果凉拌。用各种水果和蔬菜切块混和,加入调料,配入果冻甜点中,作为开胃品或装饰配菜。马其顿为古地名,在今巴尔干半岛。

macedonia (It.) 什锦水果 把各种水果切成小块,加上白糖、柠檬汁和酒等搅拌而成。

macerate 浸渍 用盐水、果汁或葡萄酒将食物浸软食用。尤指水果的浸渍。

macération carbonique (F.) 浸碳

macéré (e) **法** 一种传统酿制博若莱葡萄酒的方法。将整串未破裂的葡萄浸入充以二氧化碳的液体中。发酵时葡萄破裂，使酿成的酒活泼柔和，充满果香味。现在法国南方地区使用该法较普遍。

macéré (e) (F.) 浸渍
参见 macerate

maceron (F.) 马芹
参见 horse parsley

mâche (F.) 野苣
参见 corn salad

machica (Sp.) 炒玉米粉

macinato (It.) 1. 面粉 2. 绞肉，肉末

macintosh (Am.) 麦金托什苹果 一种红色苹果，产于美国北部和加拿大等地。以培育者 McIntosh 的名字命名。

macis (F.) 肉豆蔻衣
参见 mace

mackerel 鲭鱼，鲐鱼 产于北大西洋的一种重要食用鱼。上体呈绿色，有蓝黑色条纹；下体呈银色，含油质丰富，常可新鲜食用或作烟熏。俗称马鲛。

mackerel scad 圆鲹 产于太平洋的一种鲹属鱼，下体呈铅灰色，可食用。

mackerel shark 鲭鲨 或称鼠鲨，产于太平洋和大西洋水域。行动迅速，尾呈新月形。可捕捞以食用，味鲜美。

mackinaw trout 湖红点鲑
参见 lake trout

macock 印第安南瓜 味略甜，肉质粗劣，可作主食。也作 maycock

Mâcon (F.) 马孔 法国勃艮第卢瓦尔地区的酿酒区地名，也指马孔葡萄酒。其特点是酒体醇厚，香味突出，入口和顺。其最著名的酒牌为 Pouilly-Fuissé。

mâconnaise (F.) 1. 马孔酒桶 容量为 212 升 或 58 加仑。2. 马孔酒瓶 容量为 1.33 品脱。参见 Mâcon

Mâconnaise, à la (F.) 马孔式 指用马孔葡萄酒烹制的肉类菜肴。参见 Mâcon

Macquarie perch 麦加利鲈 澳大利亚的一种食用鱼，上体赤褐色，味美无比。

macque, pain de la (F.) 奶油泡夫
参见 chou pastry

macre (F.) 菱
参见 water chestnut

macreuse (F.) 海番鸭
参见 scoter

macrobiotic 长寿饮食 指全谷类饮食或高度限制脂肪的饮食，但实际上往往缺乏必要的营养。

mad apple 茄子 俚称。参见 eggplant

Madagascar bean 棉豆 产于非洲的马达加斯加，故名。参见 kidney bean

madder 茜草 多年生草本植物，也叫茜草红。其根圆锥形，呈黄赤色，叶子为长卵形，花冠黄色，果实红色或黑色。其根可作为红色染料的原料，是用于啤酒和其他食物的天然食用色素。

madder-wort 茜草
参见 madder

made dish 拼盘 用多种拼料做成的一道菜，包括肉类、蔬菜和香料植物等。

Madeira (Sp.) 马德拉酒 原产于大西洋马德拉岛的一种甜型琥珀色葡萄酒，已有 250 年的历史。芳香独特，用于作餐后酒或烹调用酒。一般含酒精 17%。

madeira cake 马德拉蛋糕 以马德拉酒调味的蛋糕，但只能以柠檬或蜜饯柠檬皮作点缀。

madeira nut (Am.) 胡桃 俚称。参见 walnut

madeira sauce 马德拉沙司 以马德拉酒调味的一种棕色沙司。用于佐食烤肉或烟熏肉等深色肉类。

madeja hacer (Sp.) 挂杯
参见 weeping

madeleine (F.) 茶糕 精制法式扇形茶点，常与水果或果子露共食。在面粉中调入鸡蛋、糖和多量的奶油，尽力搅打，然后加碎柠檬皮、香草味、果子酒等。放在传统的 12 格马口铁盘内

烤,烤好即装盘食用,食前还可撒以糖屑。因形似蚌壳,有时也可称为珍贝酥糕。

Madère, vin de (F.) 马德拉酒
参见 Madeira

maderisation (酒)过度陈化
参见 madérisé

madérisé (F.) (酒)过度陈化　酒由于发生氧化而使酒色变浓,酒味变淡的现象。

madia oil 智利葵花子油　可用作橄榄油的代用品。

Madras tea 马德拉斯茶　印度南部马德拉斯省产的一种红茶。

Madrilène, à la (F.) 马德里式　指用番茄或番茄汁作佐料的肉汤或清汤。参见 Espagnole, à l'

maduro (Sp.) 暗色雪茄　也叫马杜洛雪茄,味浓烈。参见 cigar

madzoon 酸牛奶　一种牛奶发酵制品。新鲜全脂或脱脂牛奶经过巴氏消毒后加入乳酸菌发酵而成,易于消化,富有营养。也作 yoghurt

maelk (Da.) 牛奶
参见 milk

mafalde (It.) 中宽面条　一种边缘有连续缺口的长面条。

mafaldine (It.) 宽面条　一种连珠状长面条,为意大利特色通心面之一。

Magdalen College butter 马格达伦学院黄油　以欧芹末、鳀鱼酱作配料调制的黄油涂抹料。最早由英国牛津大学的马格达伦学院厨房制成而得名。

maggiorano (It.) 牛至
参见 marjoram

maggiordomo (It.) 餐厅主管
参见 maitre d'hôtel

maggot (Am.) 绵羊
参见 sheep

magistère (F.) 骑士浓汤　一种以肉、蔬菜等为配料的营养汤,由大厨师萨伐林创制。参见 Brillat Savarin

magney 暗绿龙舌兰　一种有肉质叶片的龙舌兰,是墨西哥龙舌兰酒的原料之一。

magnum (F.) 大香槟酒瓶　容量为53 盎司或 1.5 升,约为普通酒瓶的 2 倍。

magnum bonum 1. 大黄李　2. 大马铃薯

magnum platter (Am.) 木制大托盘　也可代替切肉砧板使用。

magpie 喜鹊　一种有黑白相间羽毛的小鸟,常被捕来煮汤或烤食。幼鸟肉嫩可口,成鸟则干燥乏味。

magra (Sp.) 火腿片
参见 rasher

magret de canard (F.) 烤鸭肉片　用鸭胸脯肉扒烤或油炸而成,但不可过熟。也作 maigret 或 lou magret

magro (It.) 1. 瘦的,不含脂肪的　2. 瘦肉,精肉
参见 lean

maguey (Sp.) 龙舌兰酒
参见 pulque

mahaleb 马哈勒樱桃　欧洲的一种纤细的小樱桃,果实小,质量较次。

Mahl (G.) 1. 食品　2. 一盘菜
参见 dish

mahseer 大头鲃　印度产的一种鲤科大鱼,生长在淡水中,可食用。

mahua 紫荆木　印度尼西亚的一种植物,花多蜜,可用于制一种低度酒精饮料。

Mai Tai (Am.) 迈代鸡尾酒　用朗姆酒作基酒,加入柑香酒、大麦杏仁汁、酸橙汁等,再加以碎冰调配而成,用菠萝片或樱桃作点缀。参见附录。

maia (Yu.) 酸牛奶
参见 yoghurt

maiale (It.) 猪肉
参见 pork

maicena (Sp.) 玉米面
参见 maize

maid 杏仁柠檬蛋糕
参见 maid of honour cake

maid of honour cake 杏仁柠檬蛋糕　一种填有杏仁糊和牛奶柠檬馅的甜蛋糕。源自英国伊丽莎白一世(1558—1603 在位)的宫廷女官制成的糕点。

maigre (F.) 四旬斋食品　最初教会规定只许以素菜进食,后逐渐同意增

加黄油和鸡蛋。然后又加入鱼和水禽,但不许食用肉类和家禽。参见 Lent

maigret (F.) 烤鸭肉片
参见 magret de canard

maillot (F.) 什锦蔬菜 以马德拉沙司佐味,加肉类配菜。

main course 主菜 西餐中在汤以后的各道菜。尤指正餐中的主菜,如鱼、肉和野味等。

Maine lobster (Am.) 缅因龙虾 美国缅因州和拉布拉多等地产的一种大鳌龙虾,也叫美洲龙虾。

maingaux (F.) 鲜奶油 常用于拌水果。也作 mingaux

Maintenon (F.) 梅坦农夫人 法国路易十四时代的贵妇,原名 Françoise d'Aubigne。她是当时著名的厨师资助人、美食家。为增进国王的食欲,发明以洋葱和蘑菇为配料的小牛肉菜肴等。

maintenon, appreil à (F.) 梅坦农洋葱蘑菇末 拌入白汁沙司,作为面点的馅料或另作配菜。参见 Maintenon

Mainzer Käse (G.) 曼扎干酪 德国的一种低脂干酪,重80—150克。

maionese (It.) 蛋黄酱
参见 mayonnaise

Maire 玛伊雷樱桃 一种樱桃品种。

maïs (F.) 玉米,玉米粉
参见 maize

Mais (G.) 玉米,甜玉米
参见 maize

mais frais an naturel (F.) 煮玉米
参见 corn-on-the-cob

maison (F.) 餐厅式 严格地说是指在餐厅内烹调的菜肴。事实上,任何菜都可以使用这个名称,以表示菜的水准。

maito (Fn.) 牛奶
参见 milk

Maitrank (G.) 五月酒 一种美味德国饮料。以莱茵白葡萄酒加柠檬汁、桂叶、香车叶草和糖作配料调配而成。

maître de chai (F.) 酒窖主人 其职责是负责酿酒工作和照管葡萄园。

maître de chai, entrecôte (F.) 酒窖主人式牛排 指用红葡萄酒沙司佐食的牛排。更确切地说,还指用葡萄藤蔓或旧酒桶木片作点缀的酒味炙烤牛排。

maitre d'hôtel (F.) 餐厅主管 在餐厅中负责迎送客人,指导客人点菜,解决就餐中发生的问题以及安排每天的餐饮业务等。该词也指一种黄油欧芹和柠檬汁调配而成的沙司。

maize 玉米 也叫玉蜀黍,一种一年生谷类植物。原产于美洲,品种很多,如甜玉米、硬质玉米、爆裂种玉米等。可作为主食,但营养价值低于其他谷类,并不合法作面包。玉米食品花色繁多,有烤玉米棒、奶油玉米片、玉米布丁、玉米粥和爆玉米花等。除食用外,玉米还是酿酒的原料。

maizena 玉米粉
参见 maize

Majolica (It.) 马约利卡陶瓷 意大利文艺复兴时期的一种彩色装饰陶瓷,常用作餐具。

makomako 马科马科 新西兰的一种乔木。其浆果小而呈红色,成熟时为黑色,可用于酿酒。该词源于毛利语。

Makrele (G.) 鲭鱼
参见 mackerel

Makrone (G.) 蛋白杏仁甜饼
参见 macaroon

makrouda (Ar.) 枣泥菱形饼 一种北非风味。参见 Algeria

malabar almond 榄仁 亚洲的一种乔木,其果仁可食。

malady (葡萄酒) 酸腐

Malaga 马拉加葡萄酒 西班牙的加度葡萄酒。早在18世纪,就已与雪利酒齐名,有些酒保存至今已近百年。美国加利福尼亚也生产一种琥珀色的同名酒。一般含酒精17—19%。

malagueta pepper 月桂籽
参见 bay leaf

Malakoff (F.) 马拉科夫 法国中北部塞纳省城镇,建于1883年,得名于在克里米亚战争中攻占塞瓦斯托波尔的将军名(marechal duc de Malakoff, 1794—1864)。以其命名了一种番茄土豆泥汤,常以菠菜作配饰。

malanga (Sp.) 芋头
参见 taro

malart (F.) 野鸭
参见 mallard

malasado (P.) 炸鸡蛋泡夫 源自葡萄牙的一种油炸点心,外面裹上糖粉食用。

malaxer (F.) 揉捏(面团)
参见 knead

Malbec (F.) 马尔白克葡萄 法国的一种酿酒用红葡萄品种。

Malibu 马利布酒 一种无色的利口酒。用牙买加朗姆酒作基酒,加椰子汁调味,作为许多鸡尾酒的配料。

malic acid 苹果酸 一种有机酸,存在于苹果及未熟水果中。

Miliniak (Po.) 米利涅亚克酒 波兰的一种蜂蜜酒,加以覆盆子汁。呈深琥珀色,用玻璃瓶或陶罐包装。

malique (F.) 苹果酸
参见 malic acid

mallard 野鸭 也叫凫或绿头鸭。形状跟家鸭相仿,雄的头部绿色,背部黑褐色;雌的全身棕色,颜色不鲜艳。野鸭肉质紧密,味鲜美,是名贵的野禽。

mallow 欧锦葵 欧洲产的一种直立草本植物,常用作凉拌生菜,也可按菠菜的烹调方法加工。

malmsey (F.) 芒齐葡萄
参见 malvasia

malnutrition 营养不良 因进食过少或营养不足引起的身体健康状态不良。其原因可能为蛋白质及维生素不足、偏食以及代谢障碍等。

malt 麦芽 在饮料和食品中,用作发酵基质或增加风味,提高营养的谷物产品。通常用大麦经水泡软发芽而成。麦芽含有糖化酶,主要用于啤酒生产,其次也可制造酒精。麦芽糖及麦芽浸膏则可为某些食品增加风味、帮助消化。

malt and date loaf 麦芽枣子蛋糕 一种长面包状蛋糕。以麦芽酱和枣泥为主料,加入牛奶、糖等而成。

malt beverage 麦芽饮料 包括啤酒、强麦酒、烈性黑啤酒等酒精饮料。

malt bread 麦芽面包 一种普通面包,加入酵母、水果、牛奶和糖等,味甜,含麦芽粉未达 6—13%。

malt brewing 麦芽酿酒 酿制麦芽酒及啤酒的过程。尤指在麦芽汁中加入啤酒花和酵母,经发酵后装瓶。

malt coffee 麦芽咖啡 一种咖啡代用品,类似于大麦茶。

malt extract 麦精 用大麦经浸渍、发芽和糖化制成的浸膏,其主要成分是麦芽糖和淀粉酶,并含少量糊精和葡萄糖等。是制啤酒的主要原料之一,还可用来制麦精鱼肝油。

malt liquor 麦芽酒 泛指任何由麦芽酿成的酒,如啤酒即是一种麦芽酒。

malt sugar 麦芽糖
参见 maltose

malt vinegar 麦芽醋 以大麦芽的浸出汁经发酵制成,但不经过蒸馏,直接酿成醋。

malt whiskey 麦芽威士忌 以麦芽汁经发酵及蒸馏制成的一种烈性酒,质量以苏格兰的最佳。纯麦芽威士忌比粮谷威士忌口味浓厚,但一般常供应两者各半的调配酒。威士忌酒在苏格兰的地位正如葡萄酒对于法国一样重要。一般含酒精 40—45%。

Maltaise, sauce (F.) 马耳他沙司 马耳他为地中海岛国,蔬菜、水果和酿造业均很发达。该沙司以荷兰沙司加橙汁制成。

maltase 麦芽糖酶 催化麦芽糖水解成葡萄糖的酶,存在于植物、细菌和酵母中,具有消化淀粉的作用。

malted milk 麦乳精 一种营养食品,由麦芽汁加牛奶等制成,常加冰淇淋制成冷饮或直接冲成热饮食用。麦乳精中常可添加可可粉、奶油、香精、蜂乳和人参等配料。

maltese orange 马耳他橙 也叫血橙,以产地命名。参见 blood orange

Maltese wines 马耳他葡萄酒 马耳他早在古代腓尼基时代就已种植葡萄,酿酒历史十分悠久。但由于该地中海岛屿水源匮乏,质量至今仍属一般。

malting 大麦发芽 尤指麦芽的糖化过程。将大麦浸水沥干,发芽后经加热干燥,用于作为酿制啤酒或威士忌的初级产品。

maltose 麦芽糖 一种单糖,为白色针状结晶。其甜味仅为蔗糖的33%。麦芽糖在有机体中是淀粉被酶分解生成的,可制成葡萄糖及各种糖果,也叫饴糖。

malty 1. 含麦芽的 2. (Am.)啤酒

malty taint 麦芽味 面粉类食品的一种缺陷现象。

malvasia (It.) 马尔伐西亚葡萄 意大利的一种酿酒用葡萄品种,在西班牙、希腊和一些东欧国家也有种植。可用于酿制风味独特的深色葡萄酒和白葡萄酒,口味柔和而丰满。在马德拉地区称该葡萄为芒齐葡萄。

Malvern water 莫尔文矿泉水 英国的一种天然矿泉水,质量上乘,世界驰名,销量很大。产于伍斯特郡的莫尔文。

Malvoisie (F.) 芒齐酒 瑞士产的一种餐后甜白葡萄酒。也作 malvasia

Malz (G.) 麦芽
参见 malt

mamaliga (Ru.) 奶酪谷粉糊 罗马尼亚的一种传统早餐食品,以玉米粉及羊奶酪煮成。

mamelle (F.) 牛乳房
参见 udder

Mamertino (It.) 马梅蒂诺酒 意大利西西里岛产的一种干白葡萄酒,其历史可追溯到罗马恺撒时代。色泽金黄,香味浓烈,含酒精16%。

mamey 曼密苹果
参见 mammee apple

mammee apple 曼密苹果 藤黄科高大乔木,主要产于西印度群岛。花白色,有甜香气;果呈卵球形,黄色或褐色。果肉味甜、芳香,可供鲜食或制成果酱。用曼密苹果花酿造的利口酒,味芳香,也称为克里奥耳水。

mammee sapota 曼密果 一种热带乔木的果实,果实甜,可制果酱。

mammelle (F.) (畜类的)乳房
参见 udder

mämmi (Fn.) 复活节大麦布丁 加入奶油和糖的一种甜煮布丁。

mammola (It.) 香堇菜
参见 violet

mammoth 特大级 橄榄、利马豆质量等级中第一级。

Mammoth Gold 金叶烟 美国一种优质烤烟品种。

Mampe Bitter Drops 曼泼苦味酒 德国产的一种芳香利口酒。

manapua 肉馅蒸包 馅料中加有豆泥和调味料,是夏威夷岛上街头小贩出售的一种大众化食品。

manatee 海牛
参见 sea cow

manche (F.) 羊腿骨 常指腿骨的突出部分。

Manchego (Sp.) 曼查干酪 西班牙拉曼查地方产的一种牛乳与羊乳混合干酪,重2—3千克,含乳脂50%。呈厚圆柱形,色白,表面有花纹。

manchet 精粉面包 起源于17世纪的一种手工捏制成型面包,外形似两头尖、中间粗的梭子。用优质白小麦粉制成。

manchette (It.) 褶边纸 裹在羊腿或肉排的长骨上的包纸。

manchon (F.) 杏仁酱小饼干 以黄油和杏仁丝作点缀。

Manchurian crab 毛山荆子 一种西伯利亚酸味苹果,果实小,仅用于制果酱。

mandarijntje (Du.) 欧洲红橘
参见 tangerine

mandarin 橘子 一种柑桔类植物。果肉甜而多汁;外皮呈桔黄色。源自汉语"满大人",因最早由中国清代官员作为赠品而传到西方。也指用橘皮制的一种甜酒。

mandarin fish 鳜鱼 俗称桂鱼。中

国著名的淡水鱼,口大,鳞片细小,背部呈黄绿色,全身有黑色斑点。肉味鲜美,为鱼中上品。

mandarin oil 橘皮油 由一种中国柑桔皮榨出的芳香油,主要用于调味或调香。

mandarin orange 蜜柑 柑橘的一种,果实大,皮较厚,果肉多汁,味甜可口。

mandarine (F.) 欧洲红橘
参见 tangerine

mandarine, crème de (F.) 橘皮甜露酒 法国、荷兰和丹麦等国酿制的一种甜味利口酒,与库拉索酒相似。
参见 curaçao

Mandel (G.) 杏仁
参见 almond

mandelbrot (Je.) 杏仁面包 常切片后烤黄食用。

Mandeltorte (G.) 杏仁糕点
参见 almond cake

mandioca (Sp.) 木薯(粉)
参见 tapioca

mandlen (Je.) 汤渍烤面包片

mandorla (It.) 1. 杏仁 2. 杏仁露饮料 参见 apricot

mandorlate (It.) 杏仁蛋糕
参见 almond cake

mangel worzel 饲料甜菜 一种粗甜菜。基本上作为牛饲料,但也可供人食用。烹调方法同白萝卜。

mange-tout (F.) 嫩豌豆 指可以连荚吃的嫩豆,包括嫩菜豆、扁豆等。

mango 芒果 产于热带地区的一种乔木果实,呈圆形或梨形,色淡黄。味略酸而甜,芳香多汁,是重要的水果之一。

mango melon 芒果甜瓜 也叫柠檬黄瓜,一种甜瓜品种,果实形似橘子,常用于盐渍或制成蜜饯。

mangold 饲料甜菜
参见 mangel wurzel

mangosteen 倒捻子 一种深棕色柑桔形果实,产于热带地区。果肉有斑点,呈玫瑰红色,可作为制果酱的原料。

mangue (F.) 芒果
参见 mango

Manhatten clam chowder (Am.) 曼哈顿蛤肉杂烩 一种美国风味。用蛤肉糜、咸肉、番茄等蔬菜加入芳香植物调味后炖成。曼哈顿为美国纽约州东南纽约市的一个区,繁华都市的核心,以百老汇、华尔街等名胜著称于世。

manhead 压力锅盖
参见 autoclave

manicotti (F.) 袖筒饺 一种意大利馅饺。内填脱脂凝乳馅饼,因外形似袖筒而得名。

manier (F.) 揉和 指揉和牛油和面粉等。参见 knead

maniguette (F.) 几内亚胡椒
参见 paradise nut

manihot 木薯
参见 cassava

manil(l)a nut 落花生
参见 peanut

Manila paper 马尼拉纸 一种浅黄色食品包装纸。

Manila tamarind 马尼拉罗望子 产于印度尼西亚的一种灌木,其果实可食用。

manilkara zapota 人心果 一种常绿乔木的果实,原产热带美洲。其浆果心形,大如鹅,故名。其果肉为黄褐色,味甘美,可供生食或制饮料。也作 sapodilla

manioc 木薯
参见 cassava

manjar (Sp.) 1. 羹 2. 美味佳肴

manjar principal (Sp.) 面包蛋黄羹

manna 蓝蟹 一种大鳌海蟹,主要用于制罐头。

manna-croup 粗小麦粉
也作 manna kroup

mannitol 甘露醇 一种食品增甜剂,常用于作口香糖等低热量食品的配料之一。

mañoco (Sp.) 玉米粉 有时也指木薯淀粉。

manouls (F.) 酒炖羊肚

参见 trénouls

manqué (F.) 松软大蛋糕 一种上置甜杏仁粉或糖渍水果的大蛋糕,用糕点模压成,流行于巴黎。据说原是一名厨师做坏了一只大蛋糕,急用模子压紧经补救而成。后来反而成为一种特色糕点。

mansard (F.) 林鸽
参见 wood pigeon

mansikkatorttu (Fn.) 草莓馅饼

mante de mer (F.) 虾蛄
参见 mantis shrimp

manteca (Sp.) 1. 奶油 2. 脂肪,板油
参见 butter

mantecato (It.) 意大利冰淇淋 一种奶油味浓的冰淇淋。

manteleria (Sp.) 餐巾,桌布
参见 table linen

mantelikokkare (Fn.) 杏仁蛋奶布丁

mantequilla (Sp.) 1. 黄油 2. 甜奶油汁

mantile (It.) 桌布,餐巾
参见 table linen

mantis shrimp 虾蛄 口足目海产甲壳动物,字面意义为"螳螂虾"。多数生活在近海水域的洞穴中,其中产于日本沿岸的一种可食用。也作 quill fish

manzana (Sp.) 苹果
参见 apple

Manzanilla (Sp.) 曼萨尼亚酒 西班牙酿制的一种清香不甜的雪利酒,色泽金黄。用瓜达卡基维尔河产的山鲁卡葡萄(Sanlucar)作原料。

manzo (It.) 小公牛,小牛肉
参见 calf

maomao 紫蓝海鲂 新西兰的一种蓝色鲽鱼,食用价值很高。该词源于毛利语。

maple 枫树,槭树 原产于南美洲,现广泛种植于加拿大和美国等地。其树干能产生一种浓厚树液,经发酵后可制成醋。也可与糖一起熬制成枫糖浆。

maple cream 奶油枫糖 一种甜食。
参见 maple sugar

maple honey 稀枫糖浆 因其稠度似蜂蜜而得名。

maple sugar 枫糖 也叫槭糖。将枫叶用糖煮到糖浆状,经搅拌后食用。味甜而脆,是加拿大的特色食品之一。

maple syrup 枫糖
参见 maple sugar

maquereau (F.) 鲭鱼
参见 mackerel

maquereau bâtard (F.) 竹荚鱼
参见 scad

marabout (F.) 圆顶大肚咖啡壶

Maracaibo 马拉开波咖啡 委内瑞拉产的一种优质咖啡。

maraîchere, à la (F.) 菜农式 指用各种蔬菜作配菜的烤肉。根据季节不同,蔬菜品种可有不同。

Maran (F.) 麦兰鸡 法国的一种家禽,产大而深棕色的鸡蛋。

marang (Fi.) 香面包果 一种类似面包果的乔木,产于菲律宾,果肉呈白色,味甜可食。

marasca (Sp.) 马拉斯加樱桃 据说原产于南斯拉夫达尔马提亚岛(Dalmatia),是一种苦味野樱桃。其果汁可用来酿制一种浓味樱桃酒。参见 maraschino

maraschino (It.) 马拉斯加樱桃酒 意大利或南斯拉夫产的一种樱桃利口酒,采用马拉斯加樱桃汁酿成。常加入苦杏仁或香子兰等调香,可用作烹调用酒或调配鸡尾酒。该酒与一般樱桃酒不同,含酒精一般为26%。

maraschino cherry 酒渍糖水樱桃 用于作甜点、蛋糕等的点缀配饰。

marasquin (F.) 马拉斯加樱桃酒
参见 maraschino

marasquin de zara (F.) 扎拉樱桃利口酒 参见 Zara

marble beef 五花牛肉 牛肉的胸肋间切块。因瘦肉与脂肪相间,形似大理石花纹而得名。

marble cake 大理石蛋糕 用深浅相间的有色面糊做成具有大理石状花纹的一种甜蛋糕。

marble pea 豆豆
参见 cowpea

marble slab 大理石板 用于制糖果的光滑桌面。

marbling 五花肉 一种肥瘦均匀相间的夹心肉。参见 marble beef

marbré (F.) 以大理石花纹点缀 指一些蛋糕和甜点的花纹处理。参见 marble cake

marc (F.) 果渣白兰地 用葡萄的果皮、果梗经压榨后的残渣酿成的葡萄酒再经蒸馏而成。口味粗犷激烈，有时艰涩而辛辣，但为人们所喜爱。可用作开胃酒，以法国勃艮第和香槟等地为最佳。该词有时也指葡萄、橄榄和其他水果的果渣。

marc de (F.) 果渣白兰地 常标以产地，如 Marc de Bourgogne。法国人日常饮用以此酒为主，唯有在重大节日才饮科涅克白兰地。参见 Cognac

marc de raisin (F.) 葡萄果渣干酪 一种半硬的法国干酪，其表皮采用葡萄果渣压制而成。

marcassin (F.) 幼野猪 出生约一年左右，肉较嫩。参见 wild boar

marcassin à l'Ardennaise (F.) 阿登式烤野猪 用火腿、红葡萄酒和杜松子作配菜的烤乳野猪。阿登地区在法国东北部。

marchand de vin, entrecôte (F.) 酒店老板式牛排 以红葡萄酒、葱、黄油和肉汁烹制的牛排，再以牛骨髓片作配菜。

Marche and Limousin 马歇和利穆赞 法国两古地名。地理位置各异，但烹调风格一致，物产也相似。如肉用牛、淡水鱼、蘑菇、干酪和葡萄酒等。

marchpane 蛋白杏仁糖
参见 marzipan

mare's tail 杉叶藻 一种硬茎田间野草。其嫩芽可食用，常以醋浸渍，烹调方法同芦笋。

maréchale, à la (F.) 陆军元帅式 指用面包粉和鸡蛋裹的肉片、鱼片或鸡片，以油炸熟，配以块菌和芦笋片。

marée (F.) 海鲜食品 总称。参见 sea food

marena (It.) 黑樱桃
参见 morelle

marengo (F.) 马伦戈沙司 用蘑菇、番茄、油橄榄和葡萄酒等制成的一种调味酱。1800年拿破仑攻陷奥地利的马伦戈，当时曾用过这种调味沙司，故名。后来该沙司中又加入虾和蛋，但剔除了蘑菇。

Marengo, à la (F.) 马伦戈式 一种用马伦戈沙司调味的嫩煎鸡肉或小牛肉。参见 marengo

marenne (F.) 法国牡蛎 产于法国马朗的一种绿色培育牡蛎，味极鲜美，以产地命名。

margarine 人造黄油 俗称麦淇淋。主要由一种或多种动植物油脂制成的食品，其中含有油脂、盐、乳化剂、色素和维生素等。可用于烹调及涂抹料。用于制人造黄油的油脂有棉籽油、大豆油、椰子油、玉米油和花生油等。

margarita (Am.) 玛格丽特酒 以龙舌兰酒、橙味白兰地、酸橙汁、柠檬汁和糖等调配而成的一种墨西哥口味鸡尾酒。源自美国洛杉矶一家餐厅调酒师 Daniel Negrete 的女友的名字。

Margaux (F.) 马尔戈 法国波尔多地区的酿酒地名。生产世界驰名的一些红葡萄酒，如 claret。它包括许多小地区和葡萄种植园。

Margaux, Château (F.) 马尔戈酒 法国梅多克地区的一种头苑红葡萄酒。早在17世纪起就出口到英国。

marguerite (Am.) 1. 木茼蒿 产于加那利群岛的一种芳香植物。 2. **糖霜酥饼** 一种美式脆甜点。经烘烤成棕黄色而成。上涂搅打蛋白和糖霜作点缀。

Maria (Sp.) 玛丽亚王后
参见 mercèdès

maribo (Da.) 马利波干酪 丹麦产的一种硬质干酪。

maridaki (Gr.) 银鱼
参见 whitebait

marie rosé (F.) 桃红玛丽沙司 一种

法式调味沙司,以蛋黄酱、芥末、欧芹和番茄酱为配料制成。

Marie-Louise (F.) 玛丽·路易丝 奥地利女大公、法国皇后、拿破仑一世的第二个妻子,生卒年代为1791—1847。以其命名了许多菜肴,如potage crème Marie-Louise 等。

marignan (F.) 酒浸蛋糕 上覆蛋白、糖霜,是一种常见的巴黎式糕点。源自意大利北部城镇名,可能原产于该城镇。

Marigny, à la (F.) 马里尼式 指以甜玉米填馅的洋蓟心,加奶油和烤土豆丸作配菜。源自法国诺曼底的一个村落名。

marigold 金盏花 也叫万寿菊,是原产于西班牙的一种园艺香料植物。1573年传入英国,曾用于作凉拌配料或酿制利口酒。

marihuana 大麻 参见 marijuana

marijuana 大麻 印度大麻或用其花叶等制成的生药。通常切碎、干燥制成大麻卷烟吸用,也可咀嚼或吞服。大麻有麻醉作用,引起欣快感,继而引起倦睡,久用可成瘾。

marinade 腌泡汁 将醋、酒、盐和辛香料、芳香植物等调配而成,用来浸渍鱼、肉等,使其变嫩,香脆可口。

marinara (It.) 水手式 一种意大利南方菜式。指以番茄、大蒜、牛至和植物油为配料制成的浓味沙司调味的菜肴。

marinata (It.) 醋渍汁 以醋、酒、盐和香料等配制而成,用于腌泡鱼和肉等。

marinate 浸渍 用腌泡汁浸渍鱼和肉,使其嫩而可口。

marine algar 海藻 参见 seaweed

marine eel 海鳗 又叫海鳝或勾鱼,是一种肉味鲜美的海水食用鱼。参见 sharp-toothed eel

mariner (F.) 腌泡,醋渍 参见 marinade

marinière, moules à la (F.) 船夫式

洋葱淡菜 菜肴名,常以白葡萄酒、洋葱和各种香料调味。

marisco (Sp.) 甲壳动物 参见 shellfish

Marivaux (F.) 马里沃 法国戏剧家、记者和美食家,全名为 Pierre Marivaux (1688—1763)。其喜剧仅次于莫里哀的作品。主要作品有《帕美拉》和《爱情游戏》等。以其命名了一种配菜,该菜以菜豆、土豆泥、填馅胡萝卜和洋蓟加帕尔马干酪和面包屑,经烙黄而成。

marjolaine (F.) 牛至 参见 marjoram

marjoram 牛至 也叫马郁兰,是一种芳香的薄荷类植物。品种很多,其中原产于葡萄牙的甜牛至质量最佳。用于在烹调中作调香料。主要调味色拉或汤等。

market cream 稀奶油 一种供市售的商品奶油。参见 single cream

market cut 商品肉 把整块肉按若干品级分割出售的肉。

market milk 消毒牛奶 参见 city milk

market-ripe 上市成熟的 即在收获时未充分成熟,而经过一段时间的后熟作用正好供应市场的过程。尤指香蕉和番茄等。

marlin 枪鱼 鲈形目旗鱼科海产鱼类的统称,遍布全球海面。肉味美,极受美食家推崇。一般公认分蓝、黑、纹、白枪鱼等四种。

marly (F.) 草莓奶油馅蛋糕 用朗姆酒加香。

marmalada (P.) 酸果酱 参见 marmalade

marmalade 酸果酱 蜜饯食品。以捣碎的单一或混合酸味水果如柑橘或柠檬的果皮以本身汁液加糖熬煮,经冷凝而成。原产于意大利的塞维尔,现以苏格兰的顿þ果酱最为有名,是英国的主要早餐食品调料之一。

marmelade (F.) 酸果酱 参见 marmalade

marmellata (It.) 酸果酱

参见 marmalade
marmelo (P.) 榅桲
参见 quince
marmite (F.) 砂锅, 炖锅 用金属或陶器制成的带盖高锅, 容量可达200升。也有加压的或蒸汽的炖锅, 主要用于炖煮肉汤和鱼汤等。
marmite norvegienne (F.) 焖烧锅 也叫挪威式炖锅。参见 hay box cookery
marmite, petite (F.) 清炖肉汤
参见 consommé
marmiton (F.) 帮厨
参见 kitchen helper
marmot 土拨鼠 一种啮齿类动物。其大小似猫, 生长迅速, 生活在高海拔地区, 冬季会冬眠。其肉有麝香味, 可经腌制后食用。
Marne Valley (F.) 马纳河谷 法国香槟省的产酒区名。参见 Epernay
marnique 马尼克酒 澳大利亚的一种橘子白兰地酒。
Marocaine, à la (F.) 摩洛哥式 指用绿皮南瓜、辣椒、大米等作配料的羔羊肉菜肴, 配以番茄沙司, 其中辣椒常填以鸡肉糜馅。
Maroilles (F.) 马鲁瓦干酪 法国香槟省产的一种方块形干酪, 产地为阿韦纳 (Avesnes)。外皮呈棕黄色, 味咸浓烈, 质半硬, 重800克, 含乳脂45%。
Marone (G.) 栗子
参见 chestnut
maror (Je.) 苦根 犹太人在逾越节时食用的一种辛辣植物, 用来象征古代以色列人所受的苦难。
marouette (F.) 秧鸡 一种美味野禽。据说法国的查理十世曾下令侍从一发现秧鸡, 立即捕来食用。即使在议会议事, 他也会亲自前去捕捉。烹调方法与鹌鹑相同。参见 rail
marquer (F.) 布置 在炖锅和烧锅中将要烹调的菜排列妥当或设计一定的装饰图案。
marquis, le (F.) 奶油巧克力松软蛋糕
marquise (F.) 酥梨 法国的一种甜味嫩梨, 汁多肉白, 一般在每年11—12月成熟。
marraqueta (Sp.) 麸皮面包
参见 bran
marron (F.) 栗子
参见 chestnut
marron d'Inde (F.) 七叶树
参见 horse chestnut
marron glacé (F.) 蜜饯栗子 一种裹以糖浆的栗子甜食, 味美, 价格昂贵。
marrow 1. 骨髓 动物骨中心的脂肪质, 富有营养, 滋味鲜美。常用于煮汤或炖烩的菜肴中作配料。 2. 南瓜
参见 pumpkin
marrow jam 骨髓酱 以牛骨髓和柠檬汁、柠檬皮、姜和糖制成的胶冻状食品。
marrow pudding 牛骨髓布丁 一种苏格兰风味食品。以白面包屑、牛奶、鸡蛋、牛骨髓、醋栗、葡萄干、糖、香料和面粉等作配料经烘烤而成。
marrow squash 西葫芦 一种皮硬而光滑的椭圆形瓜。
marrow-bone 髓骨 尤指一种带髓的牛骨, 用于煮汤。
marrowfat 大粒豌豆
参见 pea
Marrs Early 马丽早熟 一种柑桔品种名。
Marsala (It.) 马萨拉酒 意大利最著名的一种增香葡萄酒。呈深红色, 味半甜或甜, 类似西班牙的雪利酒。因产于西西里岛的马萨拉镇而得名, 已有200多年的历史。常用于作开胃酒等, 含酒精20%。
Marseillan (F.) 马塞兰酒 法国埃罗省马塞兰镇产的一种洋葱酒。
Marseillais, à la (F.) 马赛式 马赛为法国港口城市, 罗纳河口省省会, 滨地中海。该菜式指以月桂、百里香等香料植物加番茄和海味作配菜的各种菜肴。
marsh hare 沼兔 指麝鼠肉。
参见 muskrat
marsh pea 沼生香豌豆 欧洲沼泽地

marshmallow

区产的一种多年生野豌豆。

marshmallow 乳脂软糖 由谷类糖浆、蛋白和明胶拌合而成的一种糖果。裹以糖粉,质软色淡,可用于制果子冻和冰淇淋等。该词原指药蜀葵,因最初是从该植物根中提炼出胶质的,故名。

marshmallow sauce 乳脂沙司 以碎乳脂、糖和蛋白搅拌而成。

marsouin (F.) 海豚
参见 porpoise

marteau (F.) 鼠鲨
参见 porbeagle

Martell (F.) 马岱尔酒 常译为马嗲利。法国著名的科涅克白兰地酒,创始于1715年。味稍辣。最初年产量仅1400瓶,故价格昂贵。

martin sec (F.) 马丁梨 法国一种烹调用的冬梨品种。大小适中,皮色黄而有灰色斑点,果肉很甜,质硬实。

Martini (It.) 马丁尼酒 原产于意大利的一种苦艾酒,可纯饮或调配鸡尾酒。源自瑞士的一位枪械发明家 Friedrich Von Martini 的名字。

Martini rum 马丁尼朗姆酒 一种深色朗姆酒,有强烈风味。

Maryland (Am.) 马里兰烟 美国一种多叶烤烟品种。

Maryland stuffed ham 马里兰填馅火腿 以卷心菜、洋葱、芥末、辣椒和其他调味料制成馅与煮火腿片相配。

Maryland style canned corn 马里兰式甜玉米罐头 以盐水浸泡的整粒玉米制的罐头。

marzapane (It.) 杏仁软糖
参见 marzipan

marzipan 杏仁软糖 用碎杏仁或杏仁酱、糖和蛋白制成的软糖,可用于作多种糕饼或糖果的馅。质地较硬的则用模具压成水果、蔬菜或动物的形状。一般分德国式和法国式两种。前者粗磨干燥;后者先加糖水煮沸,故质地细腻,色泽洁白。该词源于拉丁文 Marci Pani, 意为圣马克的面包(bread of St. Mark)。

masa 湿粉糊 将玉米浸泡在石灰水中,然后磨细成泥状,用于制不发酵的玉米饼,以红辣椒和蒸肉等作配料。

masato (Sp.) 香蕉玉米粥 南美洲印第安人的主食之一,常加入芋头或白薯。也指一种用香蕉发酵制成的土制低度饮料。

Mascarpone (It.) 马斯卡普尼干酪 意大利伦巴第地区产的一种牛乳干酪,重量为100—200克,含乳脂47%。

mascot 榛子咖啡蛋糕 一种杏仁蛋糕,以冰淇淋、咖啡和榛子泥作配料。

mascotte (F.) 榛子咖啡蛋糕
参见 mascot

mascotte, à la (F.) 马斯喀特式 指以洋葱片,土豆丸和块菌作配菜的嫩炒子鸡。

mash 1. **麦芽汁** 或指碎麦芽等用于发酵酿酒。2. **土豆泥** 用刀背或勺等工具将土豆压成泥。可用于作炸土豆丸或制成土豆馅壳等。

mash liquor 麦芽啤酒
参见 malt beverage

masham 马瑟姆绵羊 英国的一种肉用杂交绵羊,产于约克郡,以产地命名。

mashburn 混合麦片
参见 oatmeal

mashed fruit 果浆 将水果压碎后的果肉、果汁混合物,充作清凉饮料。

masher 食品粉碎器 厨房设备之一,用于将食品捣成泥等。

mashlock 低级面粉面包

mask 溜油
参见 baste

masked civet 花面狸 一种哺乳动物。身体比猫细长,全身灰色,眼鼻部有白色环纹。肉味美,是极珍贵的野味。

maskinongé (F.) 白斑狗鱼
参见 pike

maslin 混合粉 以小麦和裸麦或豆粉、木薯粉等混合而成,可用于烘制营养面包。

mason jar 梅森瓶 一种家庭制罐头食品的带螺盖广口瓶。以19世纪美国发明家 John Mason 的名字命名。

Mason ware 梅森陶瓷　一种坚固的英国陶器,最初制于 1813 年。其装饰风格有中国艺术的特点。有著名的大小餐具和水罐等问世。

masquer (F.) 溜油
　　参见 baste

massecuite (F.) 糖膏
　　参见 fillmass

massena, à la (F.) 马斯内式　指一种牛排,以洋蓟心、贝亚恩沙司和煮牛骨髓作配料。马斯内为法国歌剧作曲家,全名 Jules Frédéric Massenet (1842—1912)。以歌剧《曼依》《熙德》和《复仇女神》等为代表作。

massepain (F.) 蛋白杏仁糖
　　参见 marzipan

massette (F.) 宽叶香蒲
　　参见 bullrush

massico (It.) 马西可酒　意大利坎帕尼亚地区产的一种名贵葡萄酒。

mast 榭果　也叫壳斗,指某些乔木和灌木如山毛榉和橡树的坚果,掉落后散落在林地中。可用作食物。

mastic 乳香酒
　　参见 Masticha

Masticha (Gr.) 乳香酒　希腊产的一种无色或淡黄色甜味利口酒。以乳香树的树脂分泌物加八角茴香等调香而成,含酒精 34.5%。

matagusano (Sp.) 橙皮蜜饯

maté (Sp.) 巴拉圭茶　南美洲各国流行的一种类似茶的饮料,用常绿灌木巴拉圭茶的干叶调制。呈绿色,含咖啡因,鞣酸等,是一种兴奋饮料。过去曾用挖空的瓜加沸水泡,用麦管吸饮。现在则将茶叶放入葫芦。通常清泡,也可加入糖、牛奶和柠檬汁等配料。

matefaim (F.) 厚油煎饼　尤指产于法国卢瓦尔和汝拉地区者。

matelote (F.) 鱼香沙司　以洋葱、酒和鳗鱼或鲈鱼肉等加调香料混合而成。该词也指各种烩炖的鱼类菜肴,以肉汁、红葡萄酒、熏肉、胡萝卜和洋葱等作配料。是法国勃艮第地方风味之一。

matelote à la Normande (F.) 诺曼底式烩鱼　以苹果酒和奶油等作调味料的板鱼和康吉鳗。也适用于小牛肉和家禽等。

Mateus Rosé (F.) 桃红生葡萄酒　葡萄牙产的一种发泡葡萄酒,产于滨海杜罗。参见 vinho verde

matias 葱香硬饼　以面粉、土豆泥、洋葱和韭葱等为配料制成。趁热食用。

matie 幼鲱鱼
　　参见 herring

matignon (F.) 马提翁烩菜　以洋葱、大蒜、火腿、芹菜、月桂和百里香等作配料经烩煮而成。源自人名。一说马提翁为法国勃艮第某村落名。

maton (F.) 致凝奶
　　参见 curdle

matreel 鲐鱼　也叫鲭鱼。蛋白质和脂肪含量较高,可供鲜食或加工成罐头。参见 chub mackerel

matterello (It.) 擀面杖
　　参见 rolling pin

matties (Sc.) 幼鲱鱼　一种苏格兰美味。参见 herring

matured 陈熟,成熟　指成熟的水果等,尤指经过陈化的酒。参见 age

maturing (酒的)陈化　使酒在木桶中或瓶中存放一定时间,以达到醇香浓厚的口味,且质量有所提高。掌握该种过程需要酿酒师一定的知识和技艺。

matza (Je.) 无酵饼　犹太人在逾越节时为纪念举族出埃及前往迦南而食用的饼,一般不经发酵制成。参见 Pesah

matzo(th) 无酵饼
　　参见 matza

matzoon (Bu.) 酸牛奶　最原始的酸奶发酵食品。参见 Bulgarian milk

maubèche (F.) 矶鹞
　　参见 sandpiper

Maulbeere (G.) 桑椹
　　参见 mulberry

Maury (F.) 莫里　法国西南部佩皮尼昂附近城镇,以酿度葡萄酒及玫红葡

mauve (F.) 欧锦葵　一种凉拌用生菜。参见 mallow

mauviette (F.) 肥云雀
参见 lark

mauvis (F.) 红翼歌鸫
参见 redwing

Mavrodaphne (Gr.) 月桂加香酒　希腊产的一种深色甜红葡萄酒，常作为餐后酒饮用。19世纪时最初在帕特雷酿造。酒名中 Mavro 希腊语为葡萄；而 Daphne 则是为纪念一位在年轻时死去的姑娘。

maw 鱼肚　泛指鱼膘、鱼白等食品。

mawkish 淡而无味的
参见 insipid

May drink 五月酒　起源于德国的一种白葡萄酒。一般在春天饮用，以香车叶草调香。参见 May wine

May Duke 珊瑚　樱桃品种之一。

may thorn 山楂
参见 hawthorn

May wine 五月酒　一种搀和饮料。采用香槟酒和莱茵葡萄酒、血红色葡萄酒等调配而成，加香车叶草调香。

mayberry 悬钩子
参见 raspberry

maycock 印第安南瓜
参见 macock

mayo (abbr.) 蛋黄酱
参见 mayonnaise

mayonnaise (F.) 蛋黄酱　由蛋黄、橄榄油、柠檬汁或醋混制的调味品。纯正的蛋黄酱还要加入芥末，味淡而油腻，是多种调汁的底料。加入绿色香草为绿蛋黄酱；加入鳀鱼和刺山柑的芥末酱和大量加入蒜和欧芹的法式蒜泥蛋黄酱等。此外还有千岛沙司和俄式色拉酱等。有人按音译将蛋黄酱称为马乃司沙司。

mayorquina (F.) 卷心菜番茄汤　配以大蒜、洋葱、辣椒和韭葱等辛香料。

maypop (Am.) 粉色西番莲　美国南部的一种攀援植物。花呈白色至淡紫色，浆果为淡黄色，大如鸡蛋，可食用，但淡而无味。

mazagran (F.) 马扎格兰咖啡　一种加糖的黑咖啡饮料，常冲淡后冷冻食用。因原产于阿尔及利亚的村庄马扎格兰而得名。

mazamorra (Sp.) 面糊汤　用碎饼干、饼干渣或玉米碴等制成。

mazapan (Sp.) 蛋白杏仁糖
参见 marzipan

Mazarin (F.) 马萨林　法国大主教，黎塞留的继任者，全名 Jules Mazarin（1602—1661）。他曾创建王室绘画学院，后任法国首相和路易十四的导师。以其名命名了一种杏仁蛋糕。

mazarine 深餐盘　一种有孔金属菜盘。

mazer 硬木酒碗　一种中世纪木质酒碗。碗口和碗托上镶有银线，碗中心有珐琅圆形花纹浮雕。

mazola oil 玉米油
参见 corn oil

mazoum (Bu.) 酸牛奶
参见 Bulgarian milk

mazzard 欧洲甜樱桃
参见 maraschino

McIntosh (Am.) 麦金托什苹果
参见 macintosh

m'darbel (Ar.) 牛肉炸南瓜　将小块牛肉用油炸后与炸小南瓜片混合，佐以辣椒粉和醋，是一种北非风味菜肴。

mead 蜂蜜酒　用蜂蜜、大麦芽与酵母加水发酵而成，加入其他香料。蜂蜜酒的历史可追溯到公元前几千年。德国的摩泽尔与英国常生产质量上乘的蜂蜜酒，其风味根据蜜蜂采集花粉的不同而不同。欧洲有新婚夫妇饮蜂蜜酒的习俗。

meadow mushroom 草菇
参见 straw mushroom

meadow-sweet 绣线菊　一种花卉植物。其嫩叶和花托可浸入酒或蜜醋中，香味芬芳，常作为苦艾酒的配料之一。以绣线菊泡茶具有解痉、利尿和发汗诸功效。

meal 1.饮食　指日常生活中的就餐活动。一般分早、中、晚三餐，但由于地区和社会习俗不同,各饮食就餐的次数、时间、上菜顺序和方法等都不相同。 2.**粗粉** 指谷物和豆类未经精筛的粗粉。

meal planning 餐食安排 餐厅管理人员在餐食安排方面要考虑到各种因素。其中主要有季节、气候、就餐人数、口味习惯,可供应食品以及食品的质地、色、香、味、形等。

mealie-mealie (Af.) 玉米 南非粗玉米粉是当地人的一种主食。

mealy pudding 燕麦粉布丁 以烤香肠、熏肉和鲱鱼等作配料。

mealy texture 结团 奶粉等粉状食品发生变质而产生的一种粉质积聚现象。

measuring cup 量杯 一种玻璃圆筒杯,上有刻度,容量一般为1/2品脱或8—10液体盎司。

measuring jug 量壶 以金属或玻璃制成,壶身有刻度。

measuring pitcher 量筒 一种玻璃直筒,容量为1夸脱。

measuring spoon 量匙 容量不同,依大小排列而成一套。

meat 1.肉类 泛指猪肉、牛肉、羊肉和家禽等各种肉食品。一般含有较丰富的蛋白质、脂肪、矿物质和维生素等。 2.果肉 如水果、干果和糖果等。

meat and bone meal 下脚肉骨粉 一种用碎肉和骨屑制成的粗粉。

meat bar 干肉饼 将肉及油脂经烹调加工处理后而成的一种干燥肉食品。

meat by-product 头蹄及下水
参见 variety meat

meat cattle 菜牛,肉用牛
参见 beast

meat chopper (Am.) 绞肉机
参见 mincer

meat emulsion 肉糜
参见 mince meat

meat factor 瘦肉率 通过测定肉类含氮量来了解其含脂肪的比例。

meat grinder 绞肉机
参见 mincer

meat loaf 肉糕 以肉糜、面包屑和洋葱等其他调味品制成。形似面包,经烘烤而成。

meat pounder 敲肉木槌 俗称牛排锒头,用于敲打肉片使其嫩化。参见 abatte

meat pudding 肉浆,肉布丁 一种英国传统菜肴。以羊脂面壳填以肉糜,外裹腊纸和细白布,经蒸煮而成。

meat purée 肉泥 用鸡肉、兔肉或猪肉捣碎而成的泥状食品。易于消化,是幼儿、老人和病人的适宜食品。

meat scrap 肉屑 常指鸡肉在除去脂肪后经脱水磨碎成粗粉。含有丰富的蛋白质,供病人食用。

meat screen 烤肉用反射板 一种铝制平板。安装在烤架边,用于增加烤肉的温度,并使其四周受热均匀。

meat spread 肉酱 一种用鸡肝、辣味火腿等制成的肉馅食品,用于涂在三明治上。

meat tea 正式茶点 一般在下午5时供应,有肉食冷盘等各种小吃。

meatball 肉丸 将肉剁碎成肉糜,与蔬菜或面包屑混合,做成丸状,再在煎锅中用黄油煎成棕色即成。

meaty food 人造肉食品
参见 engineered food

mebos 非洲蜜饯 通常用盐渍或糖渍而成的各种水果或枣等。

mechouia (Ar.) 烤全羊 一种阿拉伯风味,盛行于北非的突尼斯和摩洛哥等地。将肥羊在炭火上烤,不断浇以卤汁直到金黄,但皮不焦。味香浓郁,可作为野餐食品。

medaglione (It.) 圆形薄肉片
参见 medaillon

medaillon (F.) 圆形薄肉片 一种圆形或椭圆形肉片,由羊肉、牛肉、鸡肉或猪肉的腿肉切成。

Medici porcelain 美第奇瓷器 欧洲最早的软质瓷器,约在1575—1587年期间由美第奇家族赞助而成,故名。该瓷器受威斯陶器、中国瓷器和马约利卡陶器的影响颇深,一般呈蓝色和白色。

Médicis, bombe (F.) 美第奇冰淇淋

美第奇家族统治意大利达八个世纪之久,是佛罗伦萨的奠基者。法国国王亨利二世和亨利四世的王后均出自该著名的家族。该冷饮指以冰冻的桃子片浸在樱桃酒中作为点缀的冰淇淋。

Mediterranean class 地中海鸡种 包括许多来源于西班牙或意大利的来亨鸡、米奴加鸡和安达罗西亚鸡等。

Mediterranean sweet 地中海甜橙 一种柑桔类种名。

medium 1.(罐头的)汤汁 2.(肉类)中等成熟的 参见 à point

medium concentration 中浓度 如番茄酱等含有固形物在29—33%之间的浓度。

medium patent 乙级面粉 出粉率高于65—75%。参见 patent flour

medium-dry (酒等)半干的 参见 dry

medlar 欧楂 欧洲产的一种小乔木。果实似酸苹果,味甜而酸,但有时略有涩味。多用于制罐头。

medlar cheese 欧楂蜜酱 以欧楂、柠檬和糖作配料制成。

Médoc (F.) 梅多克 法国波尔多地区的重要酿酒地。在吉伦特河两岸,北抵波尔多镇,约长80公里,拥有60个左右的最优秀葡萄园。按成熟先后分不同的收获等级,并冠以酿酒的葡萄园名称château。所有的梅多克酒都是优质酒。

medusa 海蜇 也叫水母。源自希腊神话中的蛇发女怪名,被其目光触及者即化为石头。海蜇可食。参见 jellyfish

Meerettich (G.) 辣根 参见 horseradish

megin, tarte au (F.) 奶油干酪果馅饼 法国洛林地区产的一种家常甜点。也作 mougin

Mehl (G.) 面粉 参见 flour

Mehlsuppe (G.) 甜酸粉汤 以韭葱、洋葱、黄油、奶油和肉汁作配料的一种德国风味汤。

mejillon (Sp.) 贻贝,淡菜 参见 mussel

mekong 湄公酒 泰国产的一种烈性粮食酒。

mela (It.) 苹果 参见 apple

melacotogna (It.) 榅桲 参见 quince

melada 粗蔗糖 甘蔗汁经制成糖后,混入废糖蜜,是精炼糖的前产品。

melagrana(ta) (It.) 石榴 参见 pomegranate

melaine (F.) 食用色素 参见 colouring

melange (Am.) 高杯奶油咖啡 参见 white coffee

melangeur (F.) 混和机 将巧克力糊、蔗糖和香料混合,使其达到一定的稠度的机械。

melanzana (It.) 茄子 参见 eggplant

melasse (It.) 废糖蜜 参见 molasses

melba sauce 梅尔巴沙司 以桃子加覆盆子酱为主制成的一种甜味沙司,也常用于涂抹面包吐司。源自英国著名歌剧演员 Nellie Melba (1859—1931)。由当时在伦敦萨伏伊饭店任大厨师的 Escoffier 所发明。

melba toast 梅尔巴吐司 一种烘烤得很脆的极薄面包干。参见 melba sauce

melegueta pepper 非洲胡椒 参见 grains of paradise

melette (F.) 黍鲱 参见 sprat

mélilot (F.) 草木犀 一种芳香植物,用于为刚屠宰的兔子肉调香。

méli-mélo (F.) 什锦菜 参见 assorted

melissa 蜜蜂花 也叫柠檬薄荷,属薄荷科。一种有香味的草本植物,其香味综合的柠檬与薄荷的特点。叶子可用作馅料、调香料和酿酒用。

melisse (F.) 蜜蜂花 参见 melissa

melk (Du.No.) 牛奶

参见 milk

mellorine (Am.) 植物冰淇淋 一种不含奶油的冰淇淋,一般用植物油为原料制成。

mellow 1.(酒)芳醇的 2.(水果)多汁的,成熟的

melocoton (Sp.) 桃子
参见 peach

meloen (Du.) 甜瓜
参见 melon

Melomel 蜂蜜果汁酒 常作为一般的佐餐酒饮用。

melon 甜瓜 泛指各种有柔软的果肉、水分丰富而味甜的瓜果。通常作为餐后甜品食用。

melon baller 西瓜挖瓤勺 也可用于其他瓜果,挖出的瓤呈球形,故名。

melon chino (Sp.) 小香瓜
参见 muskmelon

melon d'eau (F.) 西瓜 专指西班牙产的西瓜,而不是一般的watermelon。后者在法国称为pastèque。

melon de malabar (F.) 暹罗南瓜 烹调方法与普通南瓜相同。

melon fruit 木瓜
参见 papaya

melon musque (F.) 麝香瓜
参见 muskmelon

melon pickle 糖醋西瓜蜜饯 以丁香和肉桂等香料作调香料。

melon surprise (F.) 水果碎粒冻甜瓜 以利口酒的各种水果冷盘,作为餐后甜品食用。

Melone (G.) 西瓜,甜瓜
参见 melon

melongène (F.) 茄子
参见 eggplant

melonnée (F.) 南瓜
参见 pumpkin

melsat (F.) 牛奶禽肉香肠
参见 boudin

melt 1. **鱼精,鱼白** 参见 soft roe 2. **融化** 指黄油等经加热变成流质等过程。

melting 口味柔和的,淡的

melting point 熔点,融点 物质从固体变为液体的温度。如冰的融点为0℃或32°F。

meluggine (It.) 沙果,山楂
参见 crab apple

membrillo (Sp.) 榅桲
参见 quince

Menage (G.) 调味品瓶 放在餐桌上装胡椒粉和醋等。

ménagère (F.) 调味品架
参见 condiment

ménagère, à la (F.) 家常式 泛指蔬菜菜肴,常必须有洋葱作配料。

mendiants (F.) 干果四拼盘 即杏仁、榛子、葡萄干和无花果干,作为餐后甜食。

mendole (F.) 棒鲈
参见 picarel

menhaden 油鲱 一种海鲜鲱科鱼。头大,体侧扁,体长12—16英寸,是一种重要的食用鱼。但目前主要被用于制成鱼粉。

Menominee whitefish 密诺米尼白鲑 一种小白鱼,产于美国北部湖泊和阿拉斯加等地。

menon (F.) 烤山羊羔
参见 lamb

menta (It.) 薄荷
参见 mint

menthe (F.) 薄荷
参见 mint

Menthe, Crème de (F.) 薄荷甜露酒 以薄荷为主要调味的一种利口酒。色泽从无色到亮绿均有,据信有帮助消化等功效。口味清凉,含酒精30%。

menthol 薄荷醇 又名薄荷樟脑,具有强烈薄荷清凉气味的结晶有机化合物。原料来自日本薄荷油,用于卷烟及香料中。

Mentonnaise, à la (F.) 芒通式 指以嫩煎洋蓟、橄榄和大米填馅的南瓜作配菜的。芒通在法国东南部,滨地中海。

Mentuccia (It.) 百草利口酒
参见 Centerbe

menu (F.) 菜单 一种印刷有菜名、餐次和价格的卡纸或小册子,供顾客点

菜或订购,也可作为了解该餐厅供应状况和质量的依据。各餐厅往往分别提供正餐、便餐、客房送餐或宴会的菜单,有的还附有酒单。有的菜单印刷精美,设计华丽,已成为美食家的收藏珍品。据说最早的菜单出现在1541年的法国。

menu rôti (F.) 小烤禽 泛指任何烤食的家禽和野禽。

menu-gibier (F.) 小野禽 如松鸡、鹧鸪和野鸡等。

menus droits (F.) 冷切猪耳肉片

mercèdès (F.) 梅西狄斯 指以蘑菇、土豆、莴苣和番茄等作配菜的。源自西班牙国王阿方索十二世的王后 Maria de Las Mercedes 的名字。

Mercurey (F.) 梅居里酒 法国波尔多地区酿制的一种干红葡萄酒。以产地 Saône-et-Loire 的梅居里村命名。

mère de sole (F.) 黄盖鲽
参见 dab

mere de vinaigre (F.) 醋母
参见 mother of vinegar

mère fillioux, poularde à la (F.) 香肠填馅鸡 佐以块菌、羊胸腺和奶油沙司。

mere goutte (F.) 自流酒 用浸碳法酿成的葡萄酒,味甜而活泼。以法国索泰尔纳的为最著名。参见 macération carbonique

mère poularde, omelette à la (F.) 母鸡杏力蛋 一种松软的煎鸡蛋菜肴。

merenda (It.) 点心,小吃
参见 snack

merendero (Sp.) 咖啡厅
参见 café

merengue (Sp.) 蛋白酥皮 一种甜点心。参见 meringue

merga (Ar.) 羊肉香汤 一种阿拉伯风味。以羊肉或鸡肉熬成汤,加入大量香料,待冰冻后食用。尤可作为病人的食品。参见 couscous

merganser 秋沙鸭 一种普通野鸭。嘴细长,体型长,肉味腥臭,偶尔可供食用。

merguez (F.) 重香料小香肠

meringa (It.) 蛋白酥皮
参见 meringue

meringue (F.) 蛋白酥皮 经猛烈搅拌的蛋清和白糖的混合物,用于制糖果及甜点,也可作水果、布丁和冰淇淋的面饰层。1720年由瑞士面包师 Gasparini 发明。意大利蛋白酥皮用的是热糖浆;美国蛋白酥皮则湿润而稀软,用于浇盖西式馅饼。

merise (F.) 野樱桃
参见 marasca

meritene (Am.) 麦瑞甜 美国的一种脱脂牛奶浓缩食品,为低脂肪高蛋白食品。源自商品名。

merlan (F.) 牙鳕
参见 whiting

merlan bleu (F.) 鲭鱼
参见 mackerel

merlango (It.) 牙鳕
参见 whiting

merle (F.) 乌鸫 常用来制成禽肉糜,俗称画眉。参见 blackbird

Merlot (F.) 梅洛葡萄 法国圣埃米扬地区的一种移植葡萄品种,具有梅多克红葡萄的特色。在瑞士提契诺、意大利皮埃蒙特和南斯拉夫等地酿制一些香味很浓、口味丰厚的红葡萄酒。

merlu (F.) 狗鳕
参见 hake

merluche (F.) 狗鳕,无须鳕
参见 hake

merluchon (F.) 小狗鳕
参见 hake

merlus (F.) 牙鳕 有时也指腌鳕鱼干。参见 whiting

merluzzo (It.) 新鲜鳕鱼
参见 cod

mermelada (Sp.) 酸果酱
参见 marmalade

mérou (F.) 石斑鱼
参见 grouper

merrythought (鸟或家禽的)**叉骨**
参见 wishbone

Mersin (Tu.) 梅尔辛酒 土耳其产的一种橙皮利口酒。按产地命名。

Mertaste 强力鲜味剂 以一种肌苷酸钠为主的化学调味剂,比味精鲜10倍。源自商品名。

merveille (F.) 甜炸馅饼 一种法式甜点,上置香草糖粉,再淋以白兰地酒调香。

merveilles à la Charentaise (F.) 夏朗德式甜馅饼 指淋以科涅克白兰地酒调味的油炸馅饼。

merzipan 杏仁点心 一种用杏仁粉、黄油、糖混合制成动物或士兵形状的高级甜点。参见 marzipan

mesa (Sp.) 餐桌
参见 table

mesange moustache (F.) 禾花雀
参见 reed bird

mescal (Sp.) 龙舌兰酒 墨西哥产的一种无色烈性蒸馏酒。从一种仙人掌属植物的果汁和纤维中发酵酿制,价格较便宜,被称为穷人的酒。含酒精40—45%。参见 tequila

mesclum (F.) 什锦凉拌生菜 配料包括野苣、菊苣、茴香、野生香料植物,甚至某些可食的野草等。味极鲜美。

mescolare (It.) 调拌
参见 blend

mesentery of calf 小牛肠膜 烹调方法同小牛头。参见 caul

mesero (Sp.) 餐厅服务员
参见 waiter

Mesimarja (F.) 梅西玛亚酒 法国产的一种稀有的悬钩子利口酒,色泽深红,香味浓郁,产于皮斯帕尔(Pispanen)。含酒精29%。

mess 粗食 指一份不很精细的普通食品甚至流糊状食品。

mess beef 桶装咸牛肉 每桶约重80磅。

mess gear (Am.) 餐具 就餐用具,指刀、叉、匙、筷等。也作 mess kit

Messager, André (F.) 梅萨热 法国作曲家、指挥家,生卒年代为1853—1929。轻歌剧《贝亚恩人》使他获得声誉。以其命名的菜肴有 pommes paille Messager 等。

Messer (G.) 刀,餐刀
参见 knife

messicano (It.) 大肉卷 也指一种开胃酒。

messire-jean (F.) 秋梨 一种有香味的梨品种,果皮呈棕红色,味甜。

Met (G.) 蜂蜜酒
参见 mead

metabolism 代谢作用 一种生物化学变化过程,指食品消化后其营养成分通过血液为人体所吸收。

metal waiter 金属餐盘 用于客房送餐服务的大餐盘。参见 room service

Metaxa (Gr.) 迈达哈酒 希腊的一种甜味白兰地酒,大多供出口,颇负盛名。

metélt (Hu.) 干面条
参见 pasta

methanol 甲醇 一种有机化合物,为无色液体,略带酒精味。甲醇有毒,在劣质酒中含量较高,饮后轻则致盲,重则致死。

Metheglin (It.) 梅特林酒 意大利的一种干味蜂蜜酒,香味特别浓郁。参见 mead

méthode (F.) 腌猪肉 常指用来作猪油鹅肉卷等。参见 pork

Méthode Champenoise (F.) 香槟酒酿制法 参见 champagne

methusalah 特大酒瓶 一种容量为6½升的酒瓶,等于普通葡萄酒瓶容量的8倍。

metric ton 公吨 合1000千克。参见 ton

mets (F.) 菜肴
参见 dish

mett 半干猪肉香肠
参见 sausage

Metternich 梅特涅 (1773—1859),奥地利外交大臣(1809—1848),首相(1821—1848)。以其命名了一种小牛肉菜肴(selle de veau Metternich)。

mettre la table (F.) 摆台 就餐前在餐桌上依规定摆上指定的餐具等服务过程。

Mettwurst (G.) 瘦肉香肠 用瘦牛肉

和咸猪肉切碎混合,经调味、干制和烟熏而成,一般长5—8cm,在低温下加工。

méture (F.) 玉米脆饼　常以火腿、鸡蛋作配菜。

meule de fromage (F.) 圆盘形干酪
参见 cheese

meunière (F.) 面拖的　将肉、鱼、蔬菜等,尤指鱼裹以面糊,在深油锅中炸成金黄色食用。外脆里嫩,并撒以欧芹末和柠檬汁等调味。

meurette (F.) 鱼香沙司
参见 matelote

Meursault (F.) 默索尔酒　法国勃艮第博讷地区产的一种优质干红葡萄酒。

Mexicaine, à la (F.) 墨西哥式　指以番茄沙司和牛臀肉为主要配料的菜肴,加龙蒿等调香。

Mexican orange 墨西哥橙　一种常绿乔木的果实,以产地命名。

Mexican rabbit (Am.) 干酪烤蔬菜　一种美洲菜肴名,以番茄、青椒、鸡蛋等为配料烤成。该词源自一种英国菜肴干酪面包吐司,但将面包改为蔬菜。
参见 Welsh rarebit

Mexican snapper (Am.) 红笛鲷
参见 snapper

Mexican tea (Am.) 墨西哥茶　据说有恢复体力和医疗作用的一种茶叶。

Mexicanburger 辣味牛肉饼　也叫墨西哥牛肉饼。参见 hamburger

Meyer lemon 野柠檬　也叫北京柠檬或中国柠檬,实际上是一种柑桔。

mezcal (Sp.) 墨西哥龙舌兰酒
参见 mescal

meze (Gr.) 开胃小吃
参见 hors d'oeuvre

mezza bottiglia (It.) 半瓶
参见 half bottle

mezzanelli (It.) 花纹状通心面　也作 mezzani

mezzani (It.) 圆筒状通心面　直径在1.2—1.5mm 之间。

mezzo fiasco (It.) 长颈瓶　意大利一种容量为1升的玻璃圆底酒瓶。

Miami grill (Am.) 迈阿密烤牛排　以小牛排、橙片、香蕉和番茄在明火上炙烤而成。

miche (F.) 大圆白面包
也作 boule

mickey (Am.) 烤土豆　源自美国一些城市街头由爱尔兰人后裔出售的食品名。19世纪时,这些人被称为 micks。

mickey finn (Am.) 劣质威士忌　俚称。指一种加拿大威士忌,饮后极易致醉,对人体有害。

microwave oven 微波炉　现代化烹调炉具之一。其工作原理是采用振动频率为915—2450兆赫的电磁波激发食物中的分子的碰撞而产生热量加工食品。食品成熟度内外一致,清洁、高效、迅速并能杀菌是微波炉的突出优点。

middagmaltid (Da.) 午餐
参见 lunch

middagsmal (Sw.) 午餐
参见 lunch

middlings 小麦粗粉　通常用作动物或家畜的饲料。

Midi (F.) 南方酒　指法国南部地区酿酒庄园等生产的葡萄酒。

midia dolma (Tu.) 米馅贻贝　需用橄榄油烹调。参见 mussel

midolla (It.) 面包心
参见 mie

Midori liqueur 绿色利口酒　日本的一种香瓜汁利口酒。色泽亮绿,味甜如瓜汁,常用于调配鸡尾酒,含酒精23%。

mie (F.) 面包心　去除外皮的面包,切片后供制三明治或吐司等。参见 crumb

miel (F.) 蜂蜜
参见 honey

miele (It.) 蜂蜜
参见 honey

migliaccio (It.) 黑布丁
参见 black pudding

migliassis (F.) 栗粉蛋糕　产于法国科西嘉岛的一种地方风味食品。

mignardise (F.) 糖霜小蛋糕
参见 petit four

mignon (F.) 嫩小牛排
参见 filet mignon

mignonette (F.) 1. 木犀草 也叫野莴苣,其籽可作调香原料,用于作酒类的调香。 2. 白胡椒子 因形似木犀草籽而得名。

mignonette pepper 粗胡椒粉
参见 pepper

mignonne (F.) 红李 一种淡黄色的长形李子品种。

Mignot (F.) 米尼奥 法国17世纪最著名的餐馆业主,大厨师。他发明用纸包糕点的烘烤办法等。

migraine (F.) 米格瑞纳酒 法国欧塞尔(Auxerre)附近产的一种葡萄酒。

mijot (F.) 红葡萄酒面包汤 以面包片、红葡萄酒、肉汤和其他调味料制成。

mijoter (F.) 用文火炖煮
参见 coddle

milanais (F.) 茴香酒松软蛋糕
涂以茴香糖霜和杏子酱作点缀。

Milanaise, à la (F.) 米兰式 指以黄油、干酪、通心粉、火腿丝、腌牛舌、蘑菇、块茎等作配料的鸡、牛肉或炸蛋,佐以番茄沙司。米兰为意大利城市。

Milano sausage 米兰香肠 以猪、牛肉做的一种不经烟熏的香肠。产于意大利的米兰,故名。

milcao (Sp.) 黄油土豆羹 一种智利食品。

Milch (G.) 1. 牛奶 参见 milk 2. 鱼精,鱼白 参见 soft roe

Milchflip (G.) 牛奶酒 用牛奶、鸡蛋和烈性酒调配而成的一种饮料。

milchig (Je.) 乳制品
参见 dairy food

mild ale 淡麦芽酒 英国的一种淡啤酒,含极少量酒花,口味接近古代的传统啤酒,但近年来产量急剧下降。

mild cheese 淡味干酪 只经过2—3个月成熟期的干酪,口味较淡。

mild-and-bitter 混合啤酒 由淡啤酒与苦味啤酒混合而成的饮料。

Mildara Cabernet Shiraz 密尔达拉酒 澳大利亚的一种干红葡萄酒,按法国波尔多酒方式酿制,但采用现代化设备,常陈化6年后出售。

Mildara George 乔治·密尔达拉酒 澳大利亚产的一种极干的雪利型葡萄酒。

mildew 霉 食品由于存放过久霉菌繁殖而产生的一种绿色霉斑,这时食品已经变质,不可再食用。

milfoil 蓍草
参见 alpine yarrow

milhojas (Sp.) 蛋白酥饼
参见 marzipan

miliasse (F.) 玉米粉糕
参见 millas

milieu de table (F.) 餐桌饰架
参见 epergne

milk 1. 奶,乳 哺乳动物乳腺分泌出的一种白色或淡黄色液体,含有不同比例的脂肪、蛋白质和其他营养成分,尤指牛奶。可用作许多饮料、糕点或布丁等的配料。 2. 汁,液 任何类似牛奶的液体,如椰子汁、谷物淀粉汁等。

milk bar 牛奶酒吧 专供应牛奶、奶制品和冰淇淋等的餐厅或柜台,但不供应酒类。参见 bar

milk bread 牛奶面包 含60%以上的奶粉的面包。所用的奶粉,通常为脱脂奶粉。

milk champagne 发泡酸奶 也叫发泡奶酒,是发泡的含酒精牛奶的普通名称。

milk chocolate 牛奶巧克力 以可可粉、牛奶和糖等为配料制成。

milk co-precipitate 牛奶蛋白钙 在脱脂牛奶中加入盐,使牛奶中蛋白质与钙结合产生一种钙乳蛋白,比较容易为人体所吸收。

milk crumb 牛奶可可粉 以奶粉、可可粉和糖混合而成的颗粒,可用于冲饮。

milk fat 乳脂
参见 butterfat

milk fungus 乳菇 一种乳白色食用蘑菇。

milk glass 乳白玻璃杯 一种乳白色的半透明酒杯。

milk gravy 牛奶卤 在牛奶中加入面粉、咸猪油、混合后增稠即成，用于调味。

milk jelly 牛奶冻 一种甜食，以糖、牛奶、柠檬皮和明胶制成。

milk margarine 酸奶麦淇淋 以酸牛奶和人造奶油混合而成，用于作糕点的馅料。

milk plasma 奶浆 牛奶中去除乳脂的部分，包括溶解的酪蛋白、蛋白质和水等。

milk powder 奶粉
参见 desiccated milk

milk powder substitute 代乳粉 用大豆和其他有营养的原料制成的粉末状食品，可以代替鲜牛奶。

milk pudding 牛奶布丁 以全脂牛奶、面粉、糖、水果、香料作配料，经煮或烤成。

milk punch 牛奶宾治酒 一种混合饮料。由一种烈性酒如朗姆酒或威士忌，加入牛奶、糖、肉豆蔻等，冰镇后饮用。参见附录。

milk serum 乳清 指用脱脂牛奶生产干酪时所余的液体部分。其成分为乳糖、水、乳清蛋白和无机盐类。参见 whey

milk shake 牛奶冰淇淋 俗称奶昔，一种混合冷饮。用牛奶、糖、果汁、香料和冰淇淋混合，放入搅拌器中搅拌经冷藏而成。

milk sop 牛奶泡面包片

milk stout 奶啤酒 一种乳状啤酒。

milk toast 牛奶吐司 涂有黄油的烤面包片，趁热食。常浸入热牛奶，用糖和胡椒调味。

milk tree 牛奶树 即托迪棕榈。参见 toddy palm

milk vetch 黄蓍
参见 astragal

milk-fed lamb 小羔羊
参见 lamb

milkfish (Am.) 乳香鱼 产于太平洋的一种食用鱼，与鲱鱼相似，也可烟熏或制成罐头。

milking lamb 奶羊羔 指不满一岁的肥羊羔。参见 lamb

milkweed (Am.) 苦苣
参见 sow thistle

mill 食品粉碎机 可磨制咖啡、香料、面包屑等，也可用于水果榨汁。

millas (F.) 玉米甜糕 法国朗格多克地区点心之一。以玉米粉加糖或奶油趁热食用，或冷冻后切成片以油炸食。也可将玉米粉糊涂在馅饼表面，加樱桃、李、苹果或果酱作点缀，然后涂以黄油，经烤黄后食用。

millassou (F.) 玉米甜糕
参见 millas

millat (F.) 玉米甜糕
参见 millas

mille feuille (F.) 1. 千层酥 参见 puff pastry 2. 蓍草 参见 alpine yarrow

Mille Fiori (It.) 千花酒 意大利从19世纪起就开始酿制的一种香料酒，含酒精40%。

millecanton (F.) 银鱼
参见 whitebait

millefoglie (F.) 千层酥
参见 puff pastry

Millennium 白蜜酒 波兰产的一种蜂蜜酒，呈琥珀色，加入草莓汁调味。用一种十分独特的双耳平底瓶盛装，古色古香，很受人们喜爱。

millepertuis (F.) 小连翘
参见 St. John's wort

miller's thumb 杜父鱼 俚称。参见 chabot

millésime (F.) 标以酿造年代的 法国酒品术语。指酒瓶标签和瓶塞上均印有该瓶酒的酿造年代。因为它是区别酒质量优劣的标准之一，因而为收藏家所珍视。参见 vintage

millet 粟 也叫谷子或小米。一年生草本植物，有穗状圆锥花序，子实圆形或椭圆形，是亚洲、非洲等一些地区的主要粮食作物之一。常烤成饼或煮粥食用,也可用于酿酒。

milliard (F.) 樱桃水果蛋糕
参见 clafoutis

milliasson (F.) 柠檬小蛋糕 以小米粉、糖、鸡蛋和柠檬调香料制成。

Mills 蜜而紫 一种酿酒用葡萄品种名。

milouin (F.) 红头野鸭
参见 pochard

milt 鱼白
参见 soft roe

mimolette Française (F.) 法国半软干酪 参见 Boule de Lille

mimosa 含羞草 一种兰科植物,开黄色或白色的球状花,可食用。一般放在冷拌菜或汤中。也指一种鲜柠檬汁香槟饮料,加蛋黄作点缀。

mimosa salad 含羞草色拉 配料很多,可任意搭配,但一般均浇以蛋黄酱。

Minai ware 米纳衣陶瓷 穆斯林陶瓷制品,13世纪起源于今伊朗境内的苏丹纳巴德。其特色为以白色胎底上珐琅彩绘,品种有碗、高脚杯、酒瓶和大啤酒杯等。

mince 碎末 泛指切成小块或细末的食品,可拌和蔬菜、谷类、豆类、鱼和肉等,以番茄或蘑菇作配料。

mince meat 肉糜,果泥 将肉剁碎或用绞肉机切碎而成的肉酱。也指切细的葡萄干、苹果、香料和其他配料制成的果肉糜,并常经油炸后食用或作各种填馅。

mince pie 肉糜馅饼
参见 mince meat

mincer 绞肉机 手摇与电动均有,可切碎加工硬煮蛋、欧芹、干酪、果皮和蔬菜等。在美国也指一种食品粉碎机。

mineral 矿物质 对人体生长与构成有一定作用的矿物质包括铁、钙、铜、碘、硫、磷、钾、钠和氟等。这些矿物质在食品中含量极微,但当为人体吸收后对健康有至关重要的影响。

mineral water 矿泉水 一种天然泉水,含有盐分或多种矿物质,因而被认为具有医疗作用。世界著名的维希矿泉水和其他许多矿泉水往往被装瓶出售。但在实际销售中,许多人工配制的苏打汽水或果汁汽水也冠以矿泉水的名称出售,应加以区别。

minerales (F.) 矿泉水
参见 mineral water

minestra (It.) 意大利菜丝汤
参见 minestrone

minestrina (It.) 面片汤

minestrone (It.) 意大利菜丝汤 将蔬菜如芹菜、胡萝卜等切成细丝,加入土豆、通心粉、细面条和其他配料煮成。常在汤表面撒以干酪屑。为意大利风味食品之一。

mingaux (F.) 鲜奶油
参见 maingaux

mingle-mangle 杂烩清汤
参见 hotchpotch

minguiche (Sp.) 酸奶蔬菜汤 一种墨西哥浓汤。以青椒、洋葱、干酪和酸牛奶制成。

minim 米尼姆 英制液量单位,英国为0.0616毫升。

minister's face 猪面颊肉 俚称。参见 Bath chap

miniture nip 捏 容量单位,约合2盎司。

minnow 鲹鱼 也叫鲦鱼,为一种身体侧扁的淡水小鱼,长度不超过10 cm,身上有黑色小点,偶用于炸鱼。

Minorca 米诺卡鸡 一种优质蛋肉兼用鸡种,产于地中海的米诺卡岛。参见 Mediterranean class

mint 薄荷 唇形科芳香植物,主要分留兰香和胡椒薄荷两大类。原产于美洲,后传入欧洲。其味清凉芳香,常用于作甜食、糖果、口香糖和烤羊肉等的调香料,也可作鸡尾酒的配料。

mint jelly 薄荷冻 以薄荷、苹果、糖、柠檬汁和色素制成的一种甜食。

mint julep 薄荷冰酒 以威士忌、糖、冰加苏打水调制而成。以一枝薄荷作点缀,故名。

mint oil 薄荷油 用于糖果及菜肴的调香料。

mint sauce 薄荷沙司 吃烤小羊时拌

用，是西菜中的重要调汁之一。由薄荷末、糖、醋等作配料制成。

Minton ware 明顿瓷器 英国斯塔福郡生产的一种精美陶瓷餐具或器皿。最初于1836年生产。源自制造商Thomas and Herbert Minton。

minuta (It.) 菜单
参见 menu

minute, à la (F.) 快速的 指菜肴在极短的时间内烹调而成的，如杏力蛋等。

minute steak 一分钟牛排 一种快熟的薄牛排，加黄油、欧芹末和柠檬汁佐味。烹调方式较简单。

Minze (G.) 薄荷
参见 mint

miot 红葡萄酒面包汤
参见 mijot

mique (F.) 玉米饼饺 法国佩里戈尔地方风味，常经油炸后撒上糖粉，可作为主食或甜食。

mique de mais (F.) 玉米饼饺
参见 mique

Mirabeau, à la (F.) 米拉波式 指法国大革命初期的政治家和演说家Comte de Mirabeau (1749—1791)。以其命名的菜肴均为肉类，上铺呈十字形花纹的鳀鱼条，加橄榄、龙蒿和黄油作配料。

mirabelle (F.) 黄香李 也指法国阿尔萨斯和洛林地区产的以黄香李汁酿成的白兰地酒，含酒精44%。

miracle fruit 奇异果 一种有核浆果，食后可使接着吃的食品带有甜味。

mirepoix (F.) 什锦蔬菜丁 以胡萝卜、洋葱、芹菜加火腿丁用文火煨煮而成。用于佐食鱼、肉和海味菜肴，也可用来作沙司或汤等的调味配料。

mirette, oeufs (F.) 蛋黄馅饼 上置鸡丝与块菌和蘑菇肉丁，再浇以奶油作点缀。

mirin (J.) 糯米甜酒 口味类似于雪利酒的一种日本酒。参见 sake

miristica (It.) 肉豆蔻
参见 nutmeg

miriti palm 米利蒂棕榈 南美洲的一种棕榈植物，有柔软的羽状叶。其果实与芽可食，树液用于酿酒，而茎可制成西米淀粉食用。

mirliton 佛手瓜
参见 chayote

miroir, au (F.) 光亮的 指在食品表面涂刷一层明胶质的菜式。

miroir, oeufs au (F.) 煎荷包蛋 按字面意义为镜子，因蛋白煎得光滑如镜，故名。

mirrauste (Sp.) 杏仁奶酱
参见 almond paste

Mischung (G.) 调配，混和
参见 blend

mise en boite (F.) 罐头制造
参见 canning

mise en bouteille (F.) 在葡萄产地装瓶的酒 法国勃艮第地区和波尔多等地区的葡萄庄园常自设酿酒作坊。由该庄园酿制的酒如直接装瓶一般味清新，未经调配，故口味独特。该种酒必须注明装瓶的庄园名或酒窖名。

Mise en Bouteilleau, Château (F.) 在葡萄庄园装瓶的酒 参见 mise en bouteille

Mise en Domaine (F.) 在葡萄园装瓶的酒 参见 mise en bouteille

mise en place (F.) 到位 指在厨房中一切设备、炊具均安放在指定部位，可以开始烹调。该词是现代化厨房管理中新出现的专用术语之一。

miso (J.) 豆瓣酱 日本独特风味调味料之一。

Mispel (G.) 欧楂
参见 medlar

missel thrush 大鸫 一种以槲寄生果为食的鸫鸟，毛色比普通鸫暗，烹调方法同鸫。参见 thrush

missiasoga (F.) 羊肉干 产于法国科西嘉岛的一种特色食品。

mission 密星 一种西班牙的葡萄品种名，常用于酿制低廉的葡萄酒。

Mission bell 廉价葡萄酒 因经常采用密星葡萄酿制而得名。参见 mission

mission olive (Am.) 密星橄榄 产

于加利福尼亚,常用于榨油或浸渍。

mississa (F.) **熏烤猪肉** 产于法国科西嘉岛的地方风味。

mist 雾酒 一种鸡尾酒。以威士忌为基酒,加冰装入较大的杯子,与冰酒(frappé)相似。适于饭后消遣。参见 cocktail

mistela (Sp.) **生葡萄汁酒** 用葡萄汁加酒精而不经发酵而成的一种混合酒。

mistelle (F.) **生葡萄汁酒**
参见 mistela

mistra (It.) **茴香利口酒**
参见 anis

mitilo (It.) **贻贝,淡菜**
参见 mussel

mitonner (F.) **浸泡** 指将面包长时间浸在汤中或指以小火长时间焖煮。参见 soak

Mittagessen (G.) **午餐**
参见 lunch

Mittelrhein (G.) **中莱茵** 德国最北端的地区之一,在波恩附近,酿制口味清新的多种干白葡萄酒。

mix 1. **速溶食品** 参见 instant food 2. **调拌** 参见 blend

mixed grill 什锦烤肉片 以牛排、腰片、香肠等切成小片,夹以蘑菇、番茄和水芹等炙烤而成。

mixed spice 什锦香料末 以肉桂、肉豆蔻、丁香、荷兰芹、姜和芫荽子等磨成粉末拌和而成,作为布丁、蛋糕和各种甜食的调料。

mixed whole spice 什锦全粒香料 指各种香料不经磨碎经混合而成。参见 mixed spice

mixed-herb vinegar 什锦香醋 以各种芳香植物调香的醋,如罗勒、桂叶、迷迭香、龙蒿、百里香和芹菜等,用作食品的调味或色拉的拌料。

mixer 搅拌器 一种电动厨房机械,用于抽打,搅拌与混和各种食品原料。

mixing glass 调酒杯 杯身有刻度,用于调配鸡尾酒等。

mixologist (Am.) **酒吧调酒师**
参见 bartender

mjölk (Sw.) **牛奶**
参见 milk

mizque (Sp.) **阿根廷燕麦酒**

moano 拟鲱鲤 产于夏威夷的一种重要食用鱼,鱼体上有红色的横条纹。

mobile dough 稀面团
参见 batter

mocha 穆哈咖啡 穆哈为也门塔伊兹省城镇,著名咖啡出口中心。穆哈一词已成为优质阿拉伯咖啡的同义语。该种咖啡粒子小,香味浓郁,别具一格,可制成可可与巧克力的混合料。也可称作摩卡咖啡。

mocha cake 穆哈蛋糕 一种杏仁果酱蛋糕。以穆哈咖啡调料盖在蛋糕表面作配饰。

Mocha ware 摩卡陶器 19 世纪原产于英国的斯塔福郡,有多种彩饰,常作为餐具。

mocha whip 穆哈搅打咖啡 以巧克力粉、速溶穆哈咖啡和浓奶油制成的一种甜食,也可作糕点的馅料。

mochatine (F.) **穆哈蛋糕**
参见 mocha cake

mochi (J.) **年糕** 将大米煮熟后,用木杵捶打使其变得柔软而有弹性,然后压成团状或长条状食用。

mock caviare 仿鱼子酱 一种 19 世纪菜肴。以鲲鱼、欧芹、细香葱等拌入橄榄油、盐和柠檬汁一起碾烂即成,用于作面包吐司等的涂抹料。

mock chicken 仿鸡肉 以其他肉类如小牛肉等制成鸡的形状或模仿鸡的烹调方法做成的菜肴。

mock cream 人造奶油
也作 imitation cream

mock cutlet 碎肉肉排 俗称明治肉排。以鱼、鸡蛋和蔬菜等加肉糜一起制成肉排形状、外裹涂料后以油炸成。

mock duck 充鸭 做成鸭子形状的羊肩肉或猪肩肉。

mock fritter 油煎面包
参见 pain perdu

mock meat 仿肉,素肉
参见 engineered food

mock milk 配制牛奶 一种营养牛

奶，以脱脂牛奶加入植物油和维生素等调配而成。

mock turtle soup 充甲鱼汤 用小牛头、小牛肉或其他肉类加调味品煮成的汤。外形制成甲鱼状，并采用烹调甲鱼的方法制成。源自Lewis Carroll著的《艾丽丝漫游奇境记》一书中的一道菜名。

mode, à la (F.) 时式的 该词可有几种含义：指冷饮食品时浇冰淇淋时；指牛肉切成大块的；而指其他菜肴则指加入蔬菜和其他香料一同炖成浓汁的。

moderne, à la (F.) 现代式的 指以各种蔬菜、小粒土豆和煮莴苣作配菜的菜肴。

moëlle (F.) 骨髓
参见 marrow

moelleux (F.) 柔滑爽口的 酒类术语之一。指酒的口味如丝一般芳香可口的感觉。该种口味以法国索泰尔纳酒为代表，味甜爽滑。参见 Sauternes

Möet et Chandon (F.) 莫耶特·香当 法国埃佩尔奈(Epernay)地区产的著名香槟酒名。参见 champagne

mogollo (Sp.) 细麸面包
参见 bran

Mohn (G.) 罂粟籽
参见 poppy seed

Möhre (G.) 胡萝卜
参见 carrot

Mohrenkopf (G.) 巧克力细条酥
参见 allumette

moisie (F.) 发霉的
参见 mildew

moissac (F.) 莫阿萨克葡萄 产于法国塔恩·加龙省的一种白葡萄品种。

moisten 浇汤 烹调用语。在炖煨菜肴或烧煮肉类的过程中浇淋肉汤、原汤或酒等。

mojarra (Am.) 银鲈，鯔 产于加勒比海地区的一种圆锥形食用鱼。

mojicon (Sp.) 杏仁饼干 一种圆锥形小点心，用于佐饮巧克力茶。

mojo (Sp.) 菜肉饭 一种西班牙式菜肴，以肉、嫩玉米、土豆、瓜菜和大米一起煮成。

moka (F.) 穆哈咖啡
参见 mocha

Mokka (G.) 穆哈咖啡
参见 mocha

Mokka mit Sahne (G.) 奶油咖啡利口酒

molasses 糖蜜，废糖蜜 在制糖过程中逐步由粗糖分离而得的深褐色或淡棕色粘性糖浆。也指用果汁或甜味蔬菜经煮沸浓缩而成的糖浆。常用于作着色剂；也可用于酿制甜酒。

mold 1. 霉菌 一种极其微小的有机物，可致食品腐败和变质，但有些霉菌则被用来提取药品等。**2. 糕点模** 几种用于压制面团、干酪、布丁、果冻和糕点的食品印模。

mole (Sp.) 辣味沙司 一种浓香沙司，由辣椒、牛肉、火腿、巧克力加其他配料制成，用于调烹鸡和肉等。

molette (F.) 滚花刀
参见 jagger

Molke (G.) 乳清
参见 whey

mollet (F.) 软的 如软煮蛋等，蛋白与蛋黄均较柔嫩。

molleta (Sp.) 黑面包 一种粗劣的面包。

mollusc 软体动物 无脊椎动物，体柔软，无关节，肉质，多数具有钙质的硬壳。生活范围很广，分布在水域和陆地，如蚌、螺、蜗牛、蛤和乌贼等，大多可供食用。

Molluske (G.) 软体动物
参见 mollusc

molote (Sp.) 玉米馅饼 一种墨西哥食品。

momordique (F.) 苦瓜
参见 balsam pear

monacanthe (F.) 鳞鲀
参见 triggerfish

monaco (F.) 清炖鸡汤 也指奶油鸡汤。其配料一般有菊芋粉等，用于佐食干酪点心。

monarda 香蜂草 又称美国薄荷。唇形科植物之一，花红色、黄白或淡紫色,有薄荷香味。

monastine (F.) 莫纳斯汀酒 法国的一种黄色利口酒,口味与查尔特勒酒相仿。参见 Chartreuse

Monbazillac (F.) 蒙巴齐亚克酒 法国西南部贝日腊克(Bergerac)产的一种甜白葡萄酒,色泽金黄,其口味类似 Sauternes,但香味较浅。

monder (F.) 热烫
参见 blanch

Mongolian gazelle 黄羊 一种哺乳动物,毛黄白色,有光泽,角短而弯,生活在草原地带。肉味鲜美,是著名的野味食品。

Monk's head cheese 贝勒莱干酪
参见 Bellelay

Monk's liqueur 僧侣酒
参见 Liqueur des Moines

monk's morel 马鞍菌
参见 helvelle

monkey bread 猴面包果
参见 baobab

monkey meat (Am.) 罐头牛肉 俚称。参见 beef

monkey nut (Am.) 花生
参见 peanut

monkey orange 猴桔 非洲的一种小乔木或灌木,果实坚硬,但可食。

monkey rum (Am.) 玉米烧酒 俚称。参见 bourbon

monkey swill (Am.) 酒 俚语。
参见 wine

monkfish 扁鲨 扁鲨属有10余种鱼的统称,体长约2.5米,遍布全世界热带水域。欧洲及地中海沿岸居民常捕作食用,味鲜美。

monoglycerides 甘油一酸脂 一种食品乳化剂,用于防止花生酱的渗水现象或面包的霉变。

monosaccharide 单糖 糖类的基本结构单位,按其分子中碳原子数目分类。单糖有多种重要衍生物,如葡萄糖、果糖和氨基糖等。单糖在人体内不经过分解就能吸收。

monosodium glutamate 味精 学名谷氨酸钠,是从面筋中提取的一种白色结晶物质,用于增加食物尤其是汤类的鲜味。受热时鲜味有所损失。常简称为 msg。也作 gourmet powder

monselat, à la (F.) 蒙斯莱式 指以块菌、洋蓟心和炸土豆作配菜的菜式。源自法国美食家、诗人 Charles Monselat(1825—1888)的姓氏。

Monsieur Fromage (F.) 绅士干酪 法国诺曼底地区产的一种白色软质干酪。用牛乳制造,呈圆柱形,重150克,含乳脂60%。

Mont Aquila (Sp.) 阿基拉酒 牙买加产的一种多香果利口酒,味微苦,有助于消化。

Mont Cenis (F.) 塞尼山干酪 法国一种大而圆的半硬干酪,有蓝纹,与 Roquefort 相似。

Mont Cristo (F.) 基督山 一种杏仁大蛋糕。也作 montpensier

Mont d'or (F.) 1. 蒙多尔酒 瑞士产的一种白葡萄酒。 2. 蒙多尔干酪 法国里昂附近产的一种优质干酪,用牛奶和羊奶混合制成,以产地命名。重120克,含乳脂45%。

Montadale (Am.) 蒙特代尔绵羊 美国的一种无角绵羊,肉毛兼用,以产地命名。

montagnarde, soupe (F.) 山民汤 一种以干酪增味的蔬菜浓汤。

Montasio (It.) 蒙他西奥干酪 意大利弗里奥地区产的一种牛乳干酪。重7—12千克,含乳脂30—40%。

montbardoise, truite à la (F.) 蒙巴杜瓦式鳟鱼 指以青葱、菠菜填馅的鳟鱼。

mont-blanc (F.) 雪山甜点 一种香草奶油和栗子泥甜食,以欧洲阿尔卑斯山的最高峰勃朗峰命名(Mont Blanc)。此峰高度为海拔15771英尺。

mont-bry (F.) 干酪蛋糕 以菠菜、奶油和牛肝菌作配菜。

mont-dore, pommes (F.) 奶油干酪土豆泥

monte-bianco (It.) 雪山甜点

参见 mont-blanc

Monteith (Sc.) 蒙蒂思钵 一种银制大酒钵,常饰有扁形缘口。起源于17世纪的苏格兰,依发明者命名。

Monterey Jack (Am.) 蒙特雷干酪 产于美国加利福尼亚蒙特雷的一种半硬干酪。早在淘金时代由一位叫杰克的人创制,故名。味柔和,质地细腻,有不规则的小孔,色泽淡黄,并混合有香草和干椒等香料,是美国最优秀的干酪之一。

Montespan (F.) 蒙特斯庞夫人 (Françoise, marquise de Montespan, 1641—1707),法国国王路易十四的情妇,以其命名了一种奶油浓汤和白葡萄酒烩板鱼等菜肴。

montglas (F.) 蘑菇肝泥馅 其他配料还有块菌和腌猪舌等,用于果馅饼或一口酥的馅料。

montgolfier, filet (F.) 蒙戈尔费埃里脊肉片 指把肉片拍松扩展成气球状。源自1783年蒙戈尔费埃兄弟首次制成热气球升空,以为纪念。

Monthélie (F.) 蒙坦利酒 法国博讷地区产的一种干红葡萄酒。

Montilla (Sp.) 蒙蒂拉酒 西班牙的一种淡色干白葡萄酒,风味近似Fino,味极苦。产地是离著名的赫雷斯(Jerez)约160公里的科尔多瓦(Cordoba)。但不列为雪利酒。

montmorency (F.) 蒙莫朗西樱桃 原指该樱桃品种,后泛指用该樱桃作主料之一的果馅饼、冰淇淋、蛋糕等,并包括蒙莫朗西樱桃白兰地酒。

montmorency, à la (F.) 蒙莫朗西式 指以蒙莫朗西樱桃为配料的各式菜肴。该樱桃以法国贵族、美食家蒙莫朗西公爵(Anne, duc de Montmorency, 1493—1567)的名字命名。

montone (It.) 羊肉
参见 mutton

Montpellier (F.) 蒙彼利埃 法国城市,埃罗省首府,以其龙虾、贻贝、辣味目鱼和香料红酱沙司等著称。

Montpellier butter 蒙彼利埃黄油 一种可食的绿色黄油,加色素制成,主要用于装饰冷盘。

montpensier 杏仁大蛋糕
参见 Mont Cristo

Montrachet (F.) 蒙特拉雪酒 法国勃艮第地区科多尔产的一种优质干白葡萄酒,被认为是法国最优秀的酒之一。产量少,价格昂贵,与Château Yquem齐名。该词也指一种优质圆柱形小型羊乳酪。

Montreuil (F.) 蒙特勒伊 法国巴黎市郊地名,以盛产优质桃子著称。因此该词指以桃子为配料的各种菜肴,并加入洋蓟心、豌豆、胡萝卜等其他配料。主菜往往是牛肉、板鱼排等。

Montrose, Château (F.) 蒙特罗斯酒 法国梅多克地区的圣埃斯泰夫产的二苑干红葡萄酒。

Monukku 无核红 葡萄品种名,适于制葡萄干。

moo (Am.) 牛肉 俚语。参见 beef

moon cake 月饼 以鲜猪肉、火腿、蛋、豆沙或其他甜味料作馅的一种圆形馅饼,是中国传统节日中秋节的茶点食品之一。

moonfish 月鲹鱼 也叫月亮鱼,属鲹科鲈形目。体薄尾鳍分叉;体色银白或金黄,产于大西洋,可食用。

moonshine 私酿酒 美国禁酒时期非法酿制的劣质烈性酒,通常是玉米威士忌。因在晚间进行酿酒而得名。工艺粗糙,含有对人体有害的成分。

moor game (Sc.) 赤松鸡
参见 grouse

moorhen 泽鸡 一种普通水鸡。参见 waterfowl

moose 驼鹿 也叫大角鹿,在欧洲称麋鹿。体格粗壮,腿长颈短。其头、角可作为装饰品。其肉可食,味似牛肉但较干,脂肪味浓。烹调方法同普通鹿。

moque (F.) 丁香奶脂糖 一种比利时式糖果。以糖蜜、丁香和面粉为配料制成,经烘烤后食用。

mora selvatica (It.) 欧洲黑菊
参见 blackberry

morango (P.) 草莓

参见 strawberry

Morastek Bouschet 盖北塞 一种酿酒用红葡萄品种名。

moray 海鳝 尤指产于地中海水域的一种颜色鲜艳而凶狠的海洋鳗类鱼。无鳍，具有小而圆的鳃孔，体细长，是一种上等食用鱼。

morceau (F.) 小块食物
参见 morsel

Morchel (G.) 羊肚菌
参见 morel

morel 羊肚菌 一种生长在果园及树林中的可食菌类。有强烈的刺激作用，可用于煮汤、制成调味沙司、炖煨或用黄油炸食，也可作其他菜肴的配菜。也作 morille

morelle 黑樱桃 一种外皮为深紫色或深褐色的酸味葡萄品种，其口味与普通酸樱桃不同，用于酿酒或制成蜜饯。

morena (Sp.) 黑面包
参见 rye bread

Morey-Saint-Denis (F.) 莫雷·圣·邓尼斯酒 法国勃艮第 Côte de Nuits 产的一种干红葡萄酒。

morgenmad (Da.) 早餐
参见 breakfast

Morgon (F.) 摩冈酒 法国勃艮第的博若莱地区产的一种干红葡萄酒。

Moriacco (It.) 莫里亚科干酪 意大利产的一种圆柱形牛乳干酪，重15千克，含乳脂量不固定。

morille (F.) 羊肚菌
参见 morel

moringa 辣根树 一种埃及灌木。其可食的荚果可用于榨油，这种油可用于食品的调香。参见 horseradish

Mormon dip (Am.) 牛奶肉汤 美国西部俚语。源自经常食用该种肉汤的基督教摩门教派成员。

Mornay sauce 莫内沙司 以贝夏美沙司为基料，加入奶油、蛋黄和干酪屑的一种浓味沙司。该沙司源自16世纪时法国胡格诺教派领袖 De Plessis Mornay 之名。参见 Bechamel sauce

morning draft 晨酒
参见 bracer

Moro crab (Am.) 石蟹
参见 stone crab

Moro orange 摩洛哥甜橙 一种柑桔品种名。

Moroccan wines 摩洛哥葡萄酒
参见 North African wines

morone 狼鲈 鲈科的淡水鱼或海水鱼，可食用。

morron (Sp.) 圆头辣椒
参见 bell pepper

morsel 小块食物 指菜肴或糕点的一口，即很少量的食品。该词也指小吃或便餐。

mortadella (It.) 熏香肠 以碎牛肉、猪肉肥膘为原料，经胡椒与大蒜调味后塞入肠衣内，煮熟烟熏而成。常作为开胃拼盘。

mortar 臼 也叫研钵。一种用硬质材料制成的碗形研磨工具，以玻璃、陶瓷、石头和金属为常见。参见 pestle

Morteau (F.) 莫多香肠 法国产的一种著名烟熏猪肝香肠。

mortifier (F.) (使野味)微腐
参见 hang

morue (F.) 腌鳕鱼
参见 cod

morue à la Provencale (F.) 普罗旺斯式腌鳕鱼 将鳕鱼片浸入番茄汁，加欧芹、大蒜等炖煮而成。

Morvandelle, à la (F.) 莫尔旺式 莫尔旺在法国中部。该菜式指以白葡萄酒、刺柏、青葱头和奶油作配菜的菜肴，有时还加入辣椒。

moscada (Sp.) 肉豆蔻
参见 nutmeg

Moscatel 麝香葡萄酒 西班牙与法国等地用麝香葡萄(Muscat)酿成的各种加度葡萄酒。

Moscatel de Satubal (P.) 萨图巴尔麝香葡萄酒 葡萄牙最优秀的加度葡萄酒，产地在首都里斯本附近。

Moscatello (It.) 麝香葡萄酒 法国科西嘉岛北部的一种葡萄酒，以葡萄品种得名。

moscato (It.) 圆叶麝香葡萄

参见 muscat

Moscato di Pantelleria (It.) 班德莱利亚酒 意大利最著名的葡萄酒之一,产于西西里岛。酒呈琥珀色,果香味浓郁,有时酒中有起雾现象,含酒精15%。

moscovite (F.) 莫斯科式 指各种奶油甜食,尤其是在莫斯科生产的一种六角形糖果。也指一种六角形的香草冰淇淋。

Moselhect (G.) 奶油干酪烙狗鱼 德国摩泽尔地方风味之一。

Moselle (F.) 摩泽尔 法国东北洛林大区省份,也指流经法国和德国西部的一条莱茵河支流。这些地区的河谷地带有大片葡萄园,生产著名的摩泽尔葡萄酒,主要是无气泡的白葡萄酒。口味清新干冽,果香浓郁,活泼顺畅。

Mosel-Saar-Ruwer (G.) 摩泽尔·萨尔·鲁沃 德国的三条河流名,也即主要的酿酒区。西南抵莱茵河及卢森堡边境,主要产干白葡萄酒。采用独特的长颈绿色酒瓶装。据信有延年益寿的功效。

mosey (水果)过熟的
参见 overripe

Moskovskaya (R.) 莫斯科伏特加 俄罗斯的一种伏特加酒,用粮食和香料酿成,口味比欧洲的伏特加醇厚。饮前经冰镇最佳,含酒精37.5%。

mossberry 酸果蔓
参见 cranberry

mossbunker 油鲱
参见 menhaden

Most (G.) 果汁 尤指发酵中的苹果汁或苹果酒。

mostacciolo (It.) 蜜饯甜食 用面粉、糖、蜜饯和葡萄干等做成。

mostachon (Sp.) 杏仁饼
参见 macaroon

mostarda (It.) 1. 芥末 2. 芥末汁蜜饯 参见 mustard

mostazo (Sp.) 浓葡萄汁

mostèle (F.) 五须鳕 产于欧洲地中海。参见 rockling

mosto (It.) 生葡萄汁

mother of thyme 百里香
参见 thyme

mother of vinegar 醋母 也叫种醋,是酒在变酸的过程中在表面形成的一层厚膜,常用于醋制造过程中的引子。

mother-in-law 岳母酒 英国俚语。指苦味酒与淡啤酒的混合酒。

moti (Hi) 印度鱼香咖喱
参见 curry

motza 无酵饼
参见 matza

mou (F.) 猪肺 或指牛肺。参见 lights

mouclade (F.) 贻贝 以姜黄与藏红花作香料的浓稠酒味沙司调味。参见 mussel

mouette (F.) 海鸥
参见 gull

mouflon (F.) 山羊
参见 goat

mougette (F.) 菜豆
参见 French bean

mougin (F.) 奶油干酪果馅饼
参见 megin, tarte au

mouillage (F.) 搀水
参见 adulterant

mouille bouche (F.) 香柠檬梨 也作 bergamot pear

mouiller (F.) 浇汤
参见 moisten

mouillette (F.) 汤渍吐司

moulage (F.) 成形 指将食品如面团等捏成一定的形状。

mould 1. 霉菌 2. 糕点模
参见 mold

moule (F.) 1. 糕点模 参见 mold 2. 贻贝 参见 mussel

moule marinière (F.) 奶汁贻贝 以蛋黄和奶油制成调味汁,用来佐食去壳的熟贻贝等。

Moulin-à-Vent (F.) 穆兰 法国卢瓦尔地区著名酿酒区,属博若莱省,产一种优质醇厚加度红葡萄酒,以产地命名。该词含义为"风车"。

mountain ash 花楸 蔷薇科乔木的浆果,产于北温带地区,尤指欧洲花楸。其外形美观，鲜红色，味略酸。既是观赏植物，又可用于制果酱和果冻等，或用于佐食野味食品。

mountain chicken 蛤蟆 俚称。尤指产于西印度群岛的一种大蛤蟆，被当地人视为美味。

mountain cranberry 矮越桔 产于北温带高原地区的一种常绿灌木。果实呈暗红色，可制果酱。也作 lingonberry

mountain dew (Am.) 私酿酒 原指苏格兰的一种高地威士忌酒，后泛指美国肯塔基和田纳西州等地的其他私酿烈性酒。

mountain laurel 山月桂 一种香料植物。参见 bay leaf

mountain mint (Am.) 山薄荷 一种优良的薄荷品种。也作 basil mint

mountain oyster (Am.) （动物）睾丸 俚称。偶而用于作杂碎汤的配料。参见 offal

mountain plum 山梅
参见 ximenia

mountain rice 粳米 稻米的一种，米粒短而粗，细腻滑爽。参见 long-shaped rice

mourtain spinach 法国菠菜
参见 orach

mountairol (F.) 烩什锦浓汤 以火腿、鸡肉、牛肉和各种蔬菜烩炖而成，以藏红色调香。

mouse flavour 鼠臭味 葡萄酒由于变质而产生的一种异味。有鼠臭味的酒不可饮用。

mousquetaire, sauce (F.) 火枪手沙司 以蛋黄酱、肉冻和碎青葱头拌合而成。

moussache (F.) 木薯粉
参见 tapioca

moussaka 茄合 一种肉末烧茄片菜肴名。以碎羊羔肉与茄子薄片浇以各种调味沙司和干酪等。该菜为希腊式风味之一。

moussant (F.) 啤酒
参见 beer

mousse (F.) 奶油冻 也可音译为木司。一种有大量泡沫的美味凉菜，以菜泥、果泥为主要原料，与急速搅拌的蛋清和乳脂混和而成。有的甜奶油冻可冰冻食用；也可用家禽肉糜、鹅肝泥、鱼肉糜等作为第一道菜或主菜间的小菜。巧克力和咖啡奶油冻以及水果奶油冻均是不同的品种。该词也指一种起泡的胶冻甜品。

mousseau (F.) 精粉面包
参见 bread

Moussec 穆赛克酒 英国酿的一种发泡葡萄酒，以法国葡萄汁制成。

mousseline (F.) 热奶油冻 以鸡蛋、糖、玉米粉和搅打蛋白制成，加入各种香草，趁热食用。参见 mousse

mousseline sauce 奶油醋沙司 在醋沙司中加入奶油或搅打蛋黄，用热水隔温调制而成，用于佐食鱼或蔬菜。参见 hollandaise

mousseron (F.) 口蘑
参见 Saint George's mushroom

mousseux (F.) 发泡酒 酒类术语。指有天然气泡的葡萄酒，一般不包括香槟酒。但有时香槟酒也用该词来指一些压力适中的有中等程度的气泡。参见 sparkling wines

moussoir (F.) 搅拌器 用于搅拌鸡蛋、巧克力奶油等。

moustille (F.) 半发泡酒
参见 mousseux

moût (F.) 前发酵汁
参见 must

moutarde (F.) （调味用）芥末
参见 mustard

moutardelle (F.) 辣根
参见 horseradish

mouton (F.) 阉公羊
参见 mutton

mouton à la catalane (F.) 卡塔卢尼亚式烩羊肉 以 50 只大蒜加火腿、阿月浑子果肉和其他蔬菜作配料烩成。卡塔卢尼亚在西班牙东北部。

mouture (F.) 三合面粉 以小麦、裸麦和大麦各三分之一混合而成的面粉。

mowrah butter 紫脂木脂 从亚洲的

一种乔木种子中提取的柔软脂肪,味苦,呈白色和黄色,可食用。

moyeau (F.) 蛋黄
参见 egg yolk

Mozart (G.) 莫扎特 奥地利著名作曲家、音乐演奏家,全名Wolfgang Amadeus Mozart(1756—1791)。代表作有《费加罗的婚礼》、《魔笛》和《朱庇特交响曲》等。以其命名了一种饰菜 ganiture Mozart,其配料有土豆片、芹菜和芦笋等。

mozo (Sp.) 餐厅服务员
参见 waiter

Mozzarella (It.) 乳花干酪 意大利坎帕尼亚那不勒斯地方产的一种淡味干酪。由水牛乳制成,色白质软,呈圆形,新鲜时湿润柔软,成熟后变硬而有弹性。重0.5—1千克,含乳脂50%。

msg (abbr.) 味精
参见 monosodium glutamate

muckamuck (Am.) 食品 美国阿拉斯加州 Chinook 印第安人用语。原指大量食品,现也可指大人物。

mud catfish 泥鲇 美国密西西比河的一种大淡水鱼。

mud eel 黄鳝
参见 swamp eel

mud fish 泥鳅
参见 loach

muddle 炖鱼聚餐 一种野餐。将鱼捕到后立即烹调食用。

muddler 饮料搅拌器 尤其用于酒吧调配鸡尾酒等。

muddy water (Am.) 法国啤酒 俚称。意即质量低劣如同泥浆水,含有轻视法国人的意思。

muegano (Sp.) 1. 蜜饯 2. 玉米面饼

muenster (F.) 明斯特干酪
参见 Munster cheese

muffin 英国松饼 一种速制面点。将鸡蛋和面糊搅和,放入杯模中烤成。也指以酵母面团制成的果酱馅饼,加奶油趁热食用。

muffin pan (Am.) 松饼烤盘 一种上平下凹的一组相连杯模的烤盘,直径7cm,深2.5cm。

muffin stand 松饼小桌 一种三层的塔形小方桌,用于放置三明治和松饼等点心。

mug 普通大啤酒杯 一般有柄和嘴,容量大,形状为直筒形。

muge (F.) 鲻鱼
参见 mullet

muggine (It.) 鲻鱼
参见 mullet

muguet angumeux (F.) 铃兰
参见 solomon's seal

mugwort 艾蒿 一种有芳香的苦味植物,可用于食品或酒类的调香。参见 wormwood

muid (F.) 大酒桶 一种容量为60加仑的大木桶。

muisje (Du.) 彩色水果糖

mulacolong (Am.) 炖鸡 美国南部风味。以小牛肉汤、柠檬汁、洋葱汁和郁金等为配料以文火烩炖而成。

mulberry 桑 落叶乔木之一,其果实呈暗紫色,称为桑葚。味略甜适中,可生食或制成蜜饯和果酱。常制成与苹果酱拌和的罐头果酱出售。

mule (Am.) 玉米威士忌酒
参见 bourbon

mulet (F.) 鲻鱼
参见 mullet

mulgikapsad (R.) 猪肉泡菜 爱沙尼亚风味。

mull 热烫饮料 传统方法为将一个烧得通红的铁扦插入饮料或酒中。这时酒发出嘶嘶声,冒出一股强烈的蒸汽,香味四溢,蔚为壮观。

mulled drinks 热烫饮料 一般指不含酒精的饮料,以区别于热葡萄酒。
参见 mulled wines

mulled wines 热葡萄酒 用1瓶红葡萄酒或波尔特酒(Port)加100克方糖,3片丁香和1片茴香,少量豆蔻,一面搅拌一面加热而成,用柠檬皮作点缀。常用于冬天御寒。

Müller-Thurgau (G.) 米勒·图尔高葡萄 德国莱茵黑森地区的一种酿酒用葡萄品种,以李斯林葡萄和西尔瓦纳葡萄杂交而成。用该葡萄酿成的白葡萄酒成熟早,口味甜醇,果香浓郁。在瑞士、英国和奥地利等地也有种植。

mullet 鲻鱼 一种身体长,前部圆、后部侧扁的海水或淡水鱼。头短眼大,鳞片圆形,有红鲻鱼、灰鲻鱼等多个品种。有很高的食用价值,烹调方法可参考鳕鱼。

mulligan (Am.) 杂烩炖菜 用蔬菜、肉和鱼一起炖煮而成。源自印第安人菜肴。

mulligatawny 浓咖喱鸡汤 一种印度风味,流行于泰米尔地区。也指一种浓咖喱鸡酱。

mulse 蜜酒 由蜂蜜和葡萄酒加适量的水配成的一种可口饮料。

multipurpose food 多用途食品 在美国指大豆制品;在印度则指花生制品。

multivitamin fortified milk powder 多维奶粉 加入多种维生素的强化奶粉,供婴幼儿食用。

mum 穆默啤酒
参见 Mumme

mumbled hare 加香兔肉糜 将兔肉放入炖锅中用文火炖烂,加入鸡蛋和黄油不断搅拌成一种均匀的肉糜酱,即成为面包的涂抹料。

Mumme (G.) 穆默啤酒 德国下萨克森地区的一种大麦啤酒,不加啤酒花调香,含酒精较多。

mung bean 绿豆
参见 green gram

mung bean sprouts 绿豆芽 用绿豆在湿暖环境中发出的白色豆芽,可用作菜肴中的配菜。

Munster cheese 明斯特干酪 德国西部明斯特出产的半软质牛奶干酪,气味浓郁,有刺激性的土香气。未成熟的干酪呈圆盘形,直径8英寸。味较淡,用小茴香提味。外表染成橘红色,内部深奶黄色。最初该干酪由法国阿尔萨斯隐修院制成。

muquear (Sp.) 嚼碎玉米 用于作奇恰酒的发酵酒药。参见 chicha

mûr (F.) 成熟的
参见 ripe

mûre (F.) 桑
参见 mulberry

mûre de ronce (F.) 黑莓
参见 blackberry

mûre sauvage (F.) 黑莓
参见 blackberry

murena (It.) 海鳝
参见 moray

Murol (F.) 姆罗尔干酪 一种有粉红色外皮,中有圆孔的淡味干酪。外形扁平,重450克,含乳脂45%。

murphy (Am.) 马铃薯,土豆
参见 potato

Murraya Boniculata 九里香 一种柑桔品种名。

murray crayfish 墨累河龙虾 澳大利亚的一种浅色大龙虾,被认为是一种美味。

Mus (Tu.) 香蕉利口酒

muscade (F.) 肉豆蔻
参见 nutmeg

muscadelle (F.) 麝香梨

muscadet (F.) 麝香葡萄 法国南特及下卢瓦尔地区的一种葡萄品种,早在17世纪就从勃艮第引种,但直到20世纪才用于酿酒。制成的白葡萄酒口味极干,酒体轻盈。今天是布列塔尼地区的唯一优质酒,但口味现在普遍较涩,不够理想。

muscadine 圆叶葡萄 一种黄绿色葡萄品种。植株高大,香味似梅子。种植在美国南方地区为主。主要于酿制一种有麝香味的葡萄酒,味甜,呈琥珀黄色,酒体丰厚浓郁。

muscat (F.) 麝香葡萄 一种香葡萄品种,产于欧洲各地。可用于制葡萄干和酿酒,香味浓郁。该词源自意大利语的 mosca,意为苍蝇。因该葡萄的香味十分诱人,引来了大量苍蝇,故名。参见 muscatel

Muscat d'Alsace (F.) 阿尔萨斯麝香葡萄酒 一种优质干白葡萄酒,被认为该类酒中的世界名酒,也是唯一不甜的葡萄酒。

muscatel 麝香葡萄酒 一种增度餐后酒,呈金黄色或琥珀色,有特别的麝香

味,用麝香葡萄品种酿成。该酒常用于在圣诞节期间饮用,佐以去皮杏仁等甜食。

Muschel (G.) 贻贝,淡菜
参见 mussel

moscolo (It.) 贻贝

muscovado 混合糖 以甘蔗汁经蒸发、浓缩和离心结晶,然后滤去废糖蜜的粗制糖制品。

Muscovite, à la (F.) 莫斯科式 指排列成六角形的菜式。以巴伐利亚奶油、香草冻布丁、醋栗杏仁冰淇淋球以及各种水果或甜酒果冻拼成,上涂一层薄糖霜作点缀。

museau de boeuf (F.) 牛唇
参见 ox palate

muselet (F.) 铁丝封口 指扣在发泡酒酒瓶口的铁丝,以防瓶中压力增高而冲出瓶塞。尤指香槟酒封口。

musette, boeuf en (F.) 牛肩肉卷
也作 boeuf en ballon

mush (Am.) 玉米糊 一种美式食品。将玉米粉放入水中煮成稠粥,也可待其冷却后切成薄片,以油炸后食用。

mushimono (J.) 蒸糕 日本风味食品,也包括大米饭团等。

mushroom 蘑菇 一种复杂的肉质真菌,从地下菌丝体产生。生长在树木、林地中,色白,呈伞盖状,可食用。味极鲜美,是烹饪中最常见的用料之一。法国从1850年起正式人工培育,以产于巴黎和卢瓦尔河一带的最佳。

mushroomburger (Am.) 蘑菇汉堡包 参见 hamburger

Musigny (F.) 姆西尼酒 法国勃艮第地区产的一种最优秀干红葡萄酒,依产地命名。

musk 麝香 雄麝的肚脐和生殖器之间的腺囊的分泌物。干燥后呈块状或颗粒状,味苦,有强烈渗透性的香味,是名贵的香料。

musk deer 麝 也叫香獐子。偶蹄目鹿科小鹿,分布于西伯利亚到喜马拉雅山一带。尾短无角,腹部有麝囊,可产生麝香。肉可食,烹调方法参照羊肉。

musk duck 麝香鸭 原产于南美洲,现在澳大利亚大量繁殖。

muskat nut 香果 一种与肉豆蔻相似的坚果,可用来制取油脂。

Muskateller (G.) 麝香葡萄酒
参见 muscatel

Muskatnuss (G.) 肉豆蔻
参见 nutmeg

muskellunge (Am.) 北美狗鱼 一种极受重视的猎用鱼,体长可达6英尺,体重在60—80磅之间。参见 pike

muskmelon 甜瓜 一年生草本植物。茎蔓生,有软毛,叶子呈卵圆形,花黄色。果实通常为长椭圆形,表面光滑,有香气,味甜多汁。也叫香瓜。

musk-ox 麝牛 一种体形像牛的哺乳动物,头大而阔,四肢稍短,皮下有腺体,有特殊香气,生活在北美洲的极北地区,可食用。

muskrat 麝鼠 啮齿目半水栖鼠形动物,分布于北美洲。体结实肥胖,在肛门附近有麝囊,分泌物有麝香味,故名。其肉可食,市售时称为"沼兔",味鲜美无比。

muslin bag 细布袋 用于装满各种浸泡的调料,使香味进入汤内。

muslin kail 苏格兰菜汤 用大麦和蔬菜等essen成的一种民族风味。

musseau (F.) 牛唇 用于烹调中,味美。有时也指猪唇。

mussel 蚌 也叫贻贝。海水或淡水双壳类软体动物的统称,分布于全世界。贻贝在欧洲已成为重要食品,种类很多。贻贝肉十分鲜嫩,可直接加醋或其他沙司食用;也可煮汤、油炸或炖食。贻贝肉的干制品称为淡菜,也极鲜美。

mussel brose (Sc.) 奶汁贻贝 用牛奶和大麦粥煮贻贝而成。

must 前发酵汁 指处于发酵前阶段或即将发酵的葡萄汁或其他果汁,常与压碎的果肉和果皮混合。该词也指一些新酿的葡萄酒。

mustang grape 白亮葡萄 一种木质藤本植物。浆果色淡,果肉有辛辣味,

可作为水果或酿酒。

mustard 芥末 一种辛辣调味品。将黑芥或白芥的种子碾碎，制成细末状或调成糊状使用，一般加水或醋调成。英国芥末举世闻名，最早于1729年于达勒姆(Durham)制成并大量供出口。

mustard and cress 芹菜芥末 以一种硬质芥菜籽制成，用于色拉或三明治的配料，并以干酪与硬煮蛋等相配合。

mustard family 十字花科 双子叶植物的一科，一年生或多年生草本植物，多产在温带和寒带地方。叶子互生，花瓣四枚呈十字形而得名。常见的蔬菜中的萝卜、白菜、芥菜和花椰菜等均属于十字花科。

mustard greens 芥菜叶
参见 leaf mustard

mustard oil 芥子油 从芥子中提取的淡绿色或黄色油，呈半干性脂肪油，性温和，用于拌制色拉。

mustard sauce 芥末酱 最早在1729年由英国达勒姆地方生产成功，呈颗粒状。法国芥末酱则呈厚酱状，以醋调味，其他还有意大利的奶油芥末酱等。可用于调拌黄油、面粉和醋等，佐食鱼类菜肴为主。

mustard spinach 芥菜
参见 leaf mustard

mustèle (F.) 鼬鱼 产于地中海地区，类似江鳕，烹调方法也相同。其鱼肝被视为美味。

Mutterschaf (G.) 母绵羊
参见 ewe

mutton 羊肉 尤指成年羊肉。烹调方法很多，以烤、烩、炖和炙烤为主。羊头和羊蹄则常用于烩。羊肉富含脂肪，为人类主要肉食品之一。

mutton corn 甜玉米 一种成熟的新鲜玉米。参见 sweet corn

mutton ham 绵羊火腿 腌制方法与一般火腿相同。

muttonburger (Am.) 羊肉汉堡包
参见 hamburger

muttony 羊肉味的，羊膻气的

muzzle 牛唇
参见 ox palate

MXXT film 水合纤维素薄膜 一种透气性很低的食品包装薄膜。

mycology 真菌学 研究真菌的科学。对酿酒业、面包业和医学都很重要。
参见 mycota

mycost (No.) 乳清干酪 一种由山羊奶乳清制成的棕色硬干酪，味温和，产于挪威。

mycota 真菌 一种无叶绿素、无根茎叶的植物生物体，分布于全世界潮湿地区。在一定温度下会造成食品的霉变和植物疾病，但有些真菌如牛肝菌、块菌则是鲜美的食品。以外，酵母菌等又可用于制面包、酿酒、制干酪和其他食品，故和人类的关系十分密切。

mycotoxin 霉菌毒素 由真菌产生的有毒物质，如黄曲霉素和麦角等，有强烈的致癌作用。存在于霉变食品和毒蕈等植物中。

mye (F.) 海蛤
参见 clam

Myer's 迈尔斯酒 牙买加产的一种朗姆酒，主要出口到美国。

myoka (J.) 茗荷
参见 Japanese ginger

Myrat, Château (F.) 密拉酒 法国巴尔萨克(Barsac)地区的二苑甜白葡萄酒。参见 Sauternes

myrobalan plum 樱桃李
参见 cherry plum

myrte (F.) 香桃木
参见 myrtle

myrtille (F.) 欧洲越橘
参见 bilberry

myrtle 香桃木 也称香樱桃，属桃金娘科，为常绿灌木，主要产于南美洲。其浆果呈紫黑色，含有挥发性油，可作香精，也可食用。

mysöst (No.) 乳清干酪
参见 mycost

N

na zdorovie (R.) 祝你健康 敬酒用语。

naartje (Af.) 南非柑桔
参见 orange

nabo (Sp.) 芜青萝卜
参见 turnip

nacarigue (Sp.) 猪肉玉米粉汤 一种中美洲食品。

nacho (Sp.) 小玉米薄饼 用干酪和辣椒酱作配料食用。参见 tortilla

Nachtessen (G.) 晚餐
参见 supper

nacket （苏格兰）小馅饼

ñaco (Sp.) 甜玉米炒面糊

Nadwislański (Po.) 蜂蜜酒 用蜂蜜与樱桃汁酿成，色泽鲜艳，用陶罐盛装。参见 mead

nage, à la (F.) 清煮的 如将小龙虾或淡水虾在大锅中用沸水迅速烫煮后取出，加香料调味。

nagelkaas (Du.) 脱脂奶酪 以丁香和莳萝子调香制成的一种荷兰干酪。参见 cheese

nagerecht (Du.) 甜食
参见 dessert

nagoda (Sp.) 胡桃调味汁

Nahe (G.) 纳厄 德国的产酒区名，在纳厄河西岸。几乎全部生产白葡萄酒。口味富有青春活力，果香浓郁。

nahit (Je.) 鹰嘴豆
参见 chick pea

Nährmittel (G.) 粮食制品 指除面粉外的谷类、淀粉和豆类食品。

Nairac, Château (F.) 纳伊拉克酒 法国巴尔萨克地区产的二苑甜白葡萄酒。参见 classé

naked barley 裸麦
参见 bald wheat

nalesnik (Po.) 薄煎饼卷 以黄油和奶酪作配料，但不加糖，经油煎后食用。

nalysnyky (R.) 干酪煎饼 乌克兰地方风味。参见 nalesnik

namaycush (Am.) 湖鲑
参见 lake salmon

nancèienne, omelette à la (F.) 南茜式杏力蛋 一种法式煎蛋。以洋葱和炸血肠片作配料而成。参见 blood pudding

nandu 美洲鸵鸟 一种鸵鸟。幼鸟的肉极嫩，鸟蛋也可食。参见 ostrich

nanette (F.) 奶汁莴苣 以块菌、蘑菇和洋蓟作配菜。

nangca 木菠萝 与菠萝近缘的一种果实，但口味稍差。

nankeen 南京瓷
参见 Nanking porcelain

Nanking porcelain 南京瓷 一种白底蓝纹的中国瓷器，是瓷器中的上品，用于作高级餐具。

Nantaise, à la (F.) 南特式 南特在法国的布列塔尼，尤以南特鸭著称。该式指以青葱、白葡萄酒和鲻鱼肝做的沙司作配料的。

Nantua, à la (F.) 南蒂阿式 指以虾油沙司为配菜的菜式。参见 sauce Nantua

Napa Gamay (Am.) 加美葡萄
参见 Gamay

napery (Sc.) 餐巾
参见 napkin

napkin 餐巾 就餐时用来揩手与口，一般呈方形，尺寸大小各异。

napkin holder 餐巾架 挂餐巾用的金属架或塑料架。

napkin ring 餐巾环 用于套住餐巾

的小圆环，现已不用。

Naples biscuit 指形小饼干 也叫那不勒斯饼干。参见 ladyfinger

Napoleon 1.拿破仑蛋糕 由多层松软的长方面团制成。各层之间夹有奶油、蛋冻与果子冻等。 2.拿破仑酒 指至少存放 6 年以上的优质白兰地，是酒厂的创牌号酒品。源自法国皇帝拿破仑·波拿巴(1769—1821)。

napoleone (It.) 低脚酒杯 用于饮白兰地酒。

Napolitain, à la (F.) 那不勒斯式 指以宽面条、干酪和番茄酱作配料的菜式，有时也指一种三色冰淇淋。那不勒斯为意大利港市。

napolitano (It.) 那不勒斯馅饼 一种以番茄、干酪和鳀鱼等作馅的意大利点心。参见 Napolitain, à la

nappe (F.) 餐桌布件
参见 table linen

napper (F.) 浇汁 指在各种菜肴或糕点上浇一层肉浆或奶油。

nappy 1.(酒)味烈而有气泡的 2.(苏格兰)麦芽啤酒 3.大浅盘 通常有柄和敞口，用于盛菜。

narang (Ar.) 甜橙
参见 orange

Narbonnaise, à la (F.) 纳博讷式 纳博讷在法国南部，滨地中海。此式指以蛋黄酱、牛奶、杏仁粉制成的沙司佐食蜗牛的方法。该地的葡萄种植也很著名。

narcisse (F.) 水仙
参见 narcissus

narcissus 水仙 水仙的球茎可食用，其烹调方法同菊芋。

nard (F.) 甘松
参见 spikenard

Nardman 诺德曼 一种柑桔品种名。

nargileh 水烟袋 一种有柔软烟管的烟袋，烟可通过贮水盆而得到冷却。流行于近东一带。

narrow-leaved leaster 沙枣 一种落叶乔木，花白色有香味，果实椭圆形，可食用。沙枣生长在沙地，耐旱耐寒，是一种重要的经济作物。

narsharab (R.) 石榴糖浆
参见 pomegranate

narval (F.) 独角鲸
参见 narwhal

narwhal 独角鲸 一种海洋哺乳动物。格陵兰人捕来作为食品，但主要采用其鲸油，用途län广。

Näscherei (G.) 糖果
参见 candy

naseberry 人心果
参见 sapodilla

nasello (It.) 无须鳕
参见 hake

nasi (Ma.) 煮米饭
参见 boiled rice

nasi goreng (Ma.) 海味烩肉饭 一种印度尼西亚风味，味辛辣，由炒米饭加猪肉、鸡、虾和其他海味烩成。

Nassau royale 拿骚利口酒 一种上等利口酒，口味独特。产于巴哈马群岛的首都拿骚，故名。

nasturtium 旱金莲 原产于墨西哥等南美和中美地区的一年生庭园栽培植物。其叶带胡椒味，有时用于色拉；其花呈橙黄、鲜红或鲜黄色，可用于调味；其子味辛辣，也可作调香料。有时也叫水田芥。

nata (Sp.) 奶油
参见 cream

natal 尼驼 一种柑桔品种名。

natillas (Sp.) 蛋奶冻
参见 custard

National flour 英国标准面粉 出粉率为 85%。参见 patent flour

native 英国牡蛎 指直接从埃塞克斯和肯特等沿海的牡蛎养殖场中采来的新鲜牡蛎。参见 oyster

natte (F.) 辫子面包
参见 fancy bread

natto (J.) 纳豆 一种日本豆豉食品。

natur (F.) 纯酒 酒类术语。指酒经发酵后直接装瓶出售，未加糖，也未加以调配，更不允许掺水。

natural brown rice 黄糙米 一种初轧米，仍保留大米的胚芽，故外观色泽较黄。含蛋白质较多，营养丰富，可惜不一定受到重视。

natural cheese 淡味干酪 指未加调味的新鲜干酪。参见 cheese

natural food 天然食品
参见 health food

natural juice 原汁 以新鲜水果制成的天然果汁,不加任何色素和调味料,可用于作为饮料。也指罐头肉的原汁。

natural pigment 天然色素 直接来自动植物组织的色素。除藤黄有剧毒外,其余对人体无害。如姜黄、红花、红曲米、焦糖、胡萝卜素和辣椒红等。

natural wine 佐餐葡萄酒 一种自然发酵的普通酒。参见 table wine

nature, au (F.) 生的 食品未经烹调或未经加入调味的,有时也指仅经过简单加工的。参见 raw

Naturschnitz (G.) 炸小牛肉片
参见 veal

Naturwein (G.) 纯酒
参见 natur

navarin (F.) 萝卜土豆烩羊肉 常加洋葱调味。参见 printanière, à la

navel orange 脐橙 一种无籽柑橙,原产于巴西。因果实顶端有一凹陷似脐而得名。

Naveline 纳夫林 一种柑桔品种名。

navet (F.) 芜菁,萝卜
参见 turnip

navy bean (Am.) 菜豆 一种白色的干菜豆。因曾是美国1856年以来的海军主要食品之一而得名。参见 kidney bean

navy bean soup (Am.) 什锦菜豆浓汤 加胡萝卜、芹菜、牛奶、洋葱、欧芹、番茄和调味料煮成。

nazdar (Cz.) 祝你好运 敬酒用语。

Neapolitan 那不勒斯甜点 一种三色夹层糖果或糕点,每种颜色具有不同的口味。

Neapolitan ice cream 那不勒斯冰淇淋 一种意大利三色冰砖,常见的是巧克力、香草和草莓三种口味。

Neapolitan sandwich 那不勒斯三明治 以白面包和黑面包相间,纵向切开填入不同的夹馅,切成各种花式,

为一种意大利特色。

near beer 淡啤酒 酒精含量低于0.5%的麦芽啤酒。

neat (酒)纯的
参见 natur

neat's foot 食用牛蹄 常用于煮汤和作牛蹄冻。

Nebbiolo (It.) 奈皮奥罗葡萄 意大利巴罗洛、皮埃蒙特等地的最优秀红葡萄品种。酿成的同名红葡萄酒味略甜或有气泡,风味高雅,香味浓郁,陈化期长,含酒精10—13%。

Nebbiolo Spumante (It.) 奈皮奥罗发泡葡萄酒 意大利的一种优质酒,口味类似 Asti Spumante, 但味略干而不甜。

Nebuchadnezzar 特大酒瓶 容量为16升,约等于普通酒瓶的20倍。

neck 1.(酒瓶的)瓶颈 2.(动物的)颈肉 参见 chuck

nectar 蜜汁饮料 一种水果汁、蜂蜜和葡萄酒的混合饮料。

nectarine (F.) 油桃 一种外皮光滑的离核毛桃或粘核桃,生食熟食均可。

needle-beer (Am.) 掺酒精的啤酒

needlefish 颌针鱼
参见 garfish

nefle (F.) 欧楂
参见 medlar

néfle d'Amérique (F.) 人心果
参见 sapodilla

négociant (F.) 酒商,调酒厂 酒类术语。指从葡萄园购入新酿葡萄酒,经统一调配后装瓶出售。其间需经过一个陈化阶段,故酒味醇厚而价格便宜。如由法国的勃艮第等地葡萄园自行直接装瓶,则称为 mise en bouteilles。

Negroni 尼格罗尼酒 一种由甜味美思、苦味汁和杜松子酒调配成的鸡尾酒。

negus 尼格斯酒 一种甜味混合饮料。配料有波尔特酒、柠檬汁、红葡萄酒和热水等,用肉豆蔻增香。源自 Colonel Francis Negus, 他在1732年左右发明该种饮料。

neige (F.) 搅打蛋白
参见 snow

neige de Florence (F.) 面条清汤 因汤清面白,飘浮如雪片而得名。

Nelke (G.) 丁香 参见 clove

Nelson's Blood 朗姆酒 英国海军俚语。朗姆酒酒色清红,为水兵所喜欢。1805 年英军击败西班牙无敌舰队,于是人们把朗姆酒以当时的统帅纳尔逊(1758—1805)命名。

nelumbo (F.) 莲子 参见 lotus seed

nelusko (F.) 冰冻樱桃蛋糕 先将樱桃浸以白兰地酒,沥干后涂以蛋白糖霜,隔水炖热放在蛋糕上,冷却后食用。

nénuphar (F.) 睡莲 一种水生植物,富含淀粉质。莲子可用于烹调,尤其在中国被视为上品。

Neo Muscat 新玫瑰 一种酿酒用葡萄水。参见 Muscat

Nepal pepper 尼泊尔胡椒 一种黄色胡椒,产于印度与尼泊尔等地。和几内亚胡椒相似,但不太辣,反而略有甜味。

neroli (F.) 橙花油 从橙子花蕾中提取的一种挥发性芳香油,可用于糖果和酒类的调香。该词也指一种橙味杏仁蛋糕。

nespola (It.) 欧楂 参见 medlar

nespola di Gioppone (It.) 枇杷 参见 loquat

nessberry 内斯悬钩子 美国的一种杂交果实,香味浓,但不耐装运。用于制果酱。

Nesselrode pie 涅谢尔罗迭馅饼 一种蜜饯馅饼,上缀以栗子和巧克力薄片,加乳脂而成。该饼依 1861 年俄国政治家 Karl Nesselrode 的名字命名。他的厨师 Mony 发明了该种点心。该名常指有栗子作配料的意思。

Nesselrode pudding 涅谢尔罗迭布丁 一种用栗子和樱桃作配料的冻布丁。参见 Nesselrode pie

nest 1. **燕窝** 参见 bird's nest 2. **成套餐具** 尤指尺寸大小依次可套在一起的锅、碗等。

Nestlé Alimentana (F.) 雀巢食品公司 瑞士食品制造业多国公司,拥有 1200 余家工厂、商店和其他机构,分设在 70 多个国家。主要生产奶粉、炼乳、干酪、巧克力、咖啡、冷饮、肉类、水果罐头和酒类等,是世界最大的食品公司之一。

net weight 净重 食品除去包装的封皮或盛器或牲畜家禽等除去毛或皮的重量。参见 gross weight

netted melon 哈蜜瓜 参见 hami melon

nettle 荨麻 一种田野草本植物。其嫩茎有一种令人愉快的微苦味,可用作蔬菜或煮汤,常用黄油或奶油调味。

nettle soup 荨麻汤 加入白汁奶油沙司。参见 nettle

Neufchâtel (F.) 1. **纳沙泰尔** 瑞士的重要酿酒地。以轻质干性半发泡葡萄酒著称于世,口味类似法国的勃艮第葡萄酒。以 Pinot Noir 葡萄为原料酿制。 2. **纳沙泰尔干酪** 法国的一种细长面包状干酪。初呈白色,陈熟后呈深黄色。也作 boudon

Neumagen (G.) 诺玛根酒 德国摩泽尔地区产的一种白葡萄酒。

neutral spirit 高纯中性酒精 一种无色、无味的烈性蒸馏酒,可用于作调配其他烈性酒的基酒,如杜松子酒和威士忌等,含酒精 95%。也作 silent spirit

Neuvic, carpe à la (F.) 诺维克式鲤鱼 以块菌及鹅肝酱填入鱼肚内,浇以红葡萄酒。诺维克在法国多尔多涅省。

Neva, poularde à la (F.) 涅瓦式嫩鸡 指用鸡肉糜、鹅肝酱和块菌作填馅的嫩鸡,用肉汁沙司佐食。涅瓦河在俄罗斯。

neve (It.) (蛋白、奶油的)泡沫 参见 foam

nevera (Sp.) 冰箱 参见 refrigerator

New American cuisine 美国新烹饪 按法国新式烹饪方法烹调的美国菜。参见 Nouvelle Cuisine

New England boiled dinner (Am.) 新英格兰杂烩菜 由猪肉、腌牛肉、土豆、洋葱、胡萝卜和白菜等焖烩而成。新英格兰为美国东部地区名,是殖民地时代13个州的总称。

New England clam chowder (Am.) 新英格兰蛤肉杂烩 用碎蛤肉、咸肉、洋葱、土豆和牛奶等为配料制成,是美国东部地区的特色风味。

New England codfish cake (Am.) 新英格兰鳕鱼片 用土豆泥调味的一种炸鳕鱼片。

New England rum 新英格兰朗姆 指18世纪的美国朗姆酒,采用西印度废糖蜜为原料酿成。曾装运到非洲出售,然后船贩运黑人奴隶来到美洲。

New Hampshire red (Am.) 新罕布什尔红鸡 一种美国优良鸡种,由罗得红鸡培育而成。参见Rhode

New Jersey tea (Am.) 新泽西茶 一种落叶灌木,属鼠李科。可用于代替茶叶泡茶。

New Orleans molasses (Am.) 新奥尔良废糖蜜 一种含糖较多,而色泽较浅的糖蜜。

New Year cake 年糕 用较糯的优质大米或米粉蒸成的糕,是中国过农历年时的应时食品之一。

New York cut (Am.) 上腰肉
参见 sirloin

New York dressed (Am.) 纽约式洗鸡法 洗净准备上市,但不去除头、足和内脏的加工方法。

New Zealand wines 新西兰葡萄酒 19世纪早期,新西兰开始从澳大利亚引进葡萄品种,后又相继从法国、奥地利等聘请酿酒专家,奠定了酿制优质葡萄酒的基础。今天,新西兰以各种增度葡萄酒为主,酿酒地区集中在奥克兰和惠灵顿两地。主要供本国消费。

newburg, à la (F.) 纽堡式 指用纽堡沙司佐味的。参见 Newburg sauce

Newburgh sauce 纽堡沙司 用乳脂、黄油、雪利酒或马德拉酒加蛋黄等调制而成的一种调味沙司。香浓腻厚,用于佐食海味食品。纽堡为美国城市名。

newing 酒花酵母
参见 yeast

Newtown pippin 翠玉 原产于英国德文郡的一种优质青皮苹果品种。后移栽到美国长岛的新镇而得名。

Nezhinskaya Ryafina (R.) 奈金斯卡娅酒 俄罗斯产的一种有花楸果味的烈性利口酒。

niacin 烟酸
参见 vitamin PP

nib 可可豆肉 经炒熟的可可碎肉,用于制饮料。

Nicholoff Red Vodka 尼科洛夫红伏特加 英国一种依古老俄国配方酿制的烈性酒。呈红色,以荷兰伏特加为基酒,最适于调配鸡尾酒,含酒精40%。

nickel silver 德国银 一种镍、铜、锌合金,常用于制各种餐具。

Niçoise, à la (F.) 尼斯式 以法国东南部近地中海的城市尼斯命名的菜式很多。一般指用番茄和番茄沙司、大蒜、鳀鱼、橄榄、新土豆、绿皮南瓜以及罗勒和龙蒿等香料植物作配菜的菜肴。

nicotic acid 烟酸 也称维生素PP,是维生素B的一种。可溶于水,能与糖的代谢。广泛分布于动、植物组织中,尤其是瘦肉。人体每天需要10—20毫克,缺少烟酸会引起糙皮病。

nicotine 烟碱 俗称尼古丁。一种有机化合物,是烟草中所含的生物碱。为无色或淡黄色液体,在空气中变为棕色,味辛辣,有刺激气味。尼古丁有剧毒,能兴奋神经系统然后抑制。

nid (F.) 壳 用于盛放填馅的食品空壳,一般用土豆泥制成。参见 duchesse potatoes

nid d'hirondelle (F.) 燕窝
参见 bird's nest soup

nidor 浓味 尤指烹煮时的香气或烧焦的肉或脂肪的臭味。

Niederungskäse (G.) 凝乳干酪
参见 rennet

**Nieheimer Hopfenkäse (G.) 尼海

姆酸奶酪 产于德国的尼海姆市 (Nieheim)。

niere (G.) 腰子
参见 kidney

Nierenfett (G.) 牛羊脂
参见 suet

Niersteiner (G.) 尼尔斯泰纳酒 德国莱茵的黑森地区酿制的一种半干白葡萄酒。

nigella (F.) 黑茴香 一种芳香植物。其籽有香味,可用作香料。因外皮为黑色而得名。参见 black cumin

nigger baby (Am.) 黑孩子糖 带有种族歧视色彩名称的一种巧克力糖,其外形如一个小孩。现改名为 chocolate baby。

night cap 夜酒 一种在就寝前饮的催眠酒。利口酒、葡萄酒、热可可和烈性酒均可。

nightshade 茄科植物 有几种不同的品种。有的叶片可食,烹调方法同菠菜,而另一些则有毒。

Nile tilapia 尼罗罗非鱼 一种非洲鲫鱼。参见 carp

Nimoise, à la (F.) 尼姆式 尼姆在法国南部,以大蒜和香料著称。故尼姆式菜肴的配料也以大蒜为主。

nimono (J.) 水煮食品 尤指蔬菜等仅以水煮制的菜肴。

ninon (F.) 填馅土豆泥 以土豆泥做外壳,填入鸡冠、腰和骨髓酱制成。

nioi 辣味水 以辣椒、盐和水调配而成的一种软饮料。源自夏威夷语。

Niolin (F.) 阿尼戈干酪
参见 Asco

Niolo (F.) 尼奥洛干酪 法国科西嘉岛产的一种软质羊奶酪。重 500—700 克,含乳脂 45%。

nip 1. 一口,少量(酒) 2. 聂帕 酒液量单位。烈酒约 0.83 盎司;啤酒为 8 盎司。

nipa 聂帕果汁 澳大利亚产的一种以棕榈汁制成的发酵饮料。

nippitate (酒)醇厚的
参见 full-bodied

nippitaty 优质烈性酒 特指优秀的麦芽淡啤酒。

nipplewort 稻槎菜
参见 lampsana

nitrite 亚硝酸盐 一种食品防腐与增色剂,尤用于罐头食品。但现已证实有致癌作用,应慎用。

Nivernaise, à la (F.) 尼韦内式 尼韦内为法国中部山区旧省份。该菜式指以各种蔬菜、包括洋葱、胡萝卜等为主要配菜的菜肴。

niverolle (F.) 雪鸫
参见 snow bird

nizeré (F.) 白玫瑰香精 用于食品增香。参见 essence

noble rot 葡萄白腐菌 当葡萄达到过度成熟时,其所感染的真菌会侵入果皮,使其汁水外溢,葡萄的肉质柔软,汁液味甜,芳香可口。以这种葡萄酿酒具有一种特殊的风味,但由于产量有限,故价格昂贵。法国的 Sauternes 酒是这类优质酒的代表。

Nöbleost (G.) 贵族干酪
参见 Ädelost

nocciolina americana (It.) 花生
参见 peanut

noce (It.) 核桃,胡桃
参见 walnut

noce americano (It.) 巴西果
参见 Brazil nut

nociolino (It.) 欧洲榛
参见 filbert

Nockerln (G.) 小汤圆
参见 noque

ñoclo (Sp.) 纽克罗 一种用鸡蛋、奶油、糖和酒等制成的糕点,为西班牙特有风味食品。

Noël (F.) 圣诞节
参见 Christmas

nog(g) 1. 诺格啤酒 英国产的一种烈性浓啤酒。 2. 蛋诺酒 以蛋黄、牛奶、白兰地和柠檬汁调配而成的一种鸡尾酒,加入肉豆蔻调香。也作 eggnog

nogal (Am.) 诺加核桃 美国的一种小核桃。参见 walnut

noggin 诺金 英制液量单位,合 1/4 品脱。

Noilly Prat (F.) 诺以利酒 法国的一种干性苦艾酒,常用作开胃酒。

noiseté (F.) 榛味干酪 许多羊奶干酪的常用香味是榛子香味。

noisette (F.) 1.榛子 2.小块瘦肉 3.煎土豆片

noisette Brillat-Savarin (F.) 萨伐林羊肉块 以羊肉去骨,由黄油炸黄,佐以鹅肝酱、块菌、芦笋尖和土豆泥等。由法国大厨师 Savarin 发明而得名。

noisette butter 榛色黄油 在锅中炒成棕色的黄油,用于汤类的上色。

Noisette, Crème de (F.) 果仁甜露酒 参见 liqueur

noisette potato 榛形土豆丸 以球状小挖勺从土豆上挖出玻璃弹子丸似的土豆丸,放入黄油中炸至金黄,作为菜肴的配饰。

noisette sauce 榛色沙司 以榛色黄油加醋沙司制成的调味汁。

noisettine (F.) 榛子奶油蛋糕

noix (F.) 胡桃
参见 walnut

nokedli (Hu.) 团子,饺子
参见 dumpling

Nokkelost (No.) 诺克劳斯特干酪 挪威的一种工业化生产的羊奶酪。以荷兰芹调香,重 2.5—5 千克,含乳脂 40%。

nominoè (F.) 栗子奶油汤

nonat (F.) 银鱼
参见 whitebait

non-fat milk 脱脂牛奶 除去脂肪的牛奶,常用于婴幼儿的食品。

non-staple food 副食品 指谷类食品及其制品的主食以外的各种食品,包括鱼、肉、蛋、蔬菜等。

nonnette (F.) 香味小姜饼 上撒糖霜,是法国第戎和雷姆的地方风味。

nonpareil (F.) 巧克力糖珠 用于装饰各种糖果与糕点。

noodle 面条 以面粉、水和鸡蛋制成的面食,以其为长条状而与其他面食有所区别,出现在欧洲及东方的烹调中。常加入调味品佐以肉汤等。东方面条以中国炒面或粉条为主,用水泡软,风味独特。参见 pasta

nopal (Sp.) 仙人球
参见 prickly pear

noque (F.) 小汤圆 法国阿尔萨斯风味。以鸡蛋、黄油和面粉制成,在盐水中煮沸后,加奶油和帕尔马干酪佐味。

Nordost (Sw.) 诺多斯特干酪 一种瑞典全脂干酪,经充分陈化而成,味浓烈刺鼻。

norelle (F.) 茄科植物
参见 nightshade

Norfork dumpling 诺福克汤团 以牛奶、鸡蛋和面粉加调味料搅拌成糊状,用食匙直接取出面糊,一一投入热汤中成熟。也叫面团汤,为英国诺福克地区风味,故名。类似于中国的面疙瘩汤。

Norfork turkey 诺福克火鸡 英国的一种体型中等的火鸡品种,羽毛以深绿色。参见 turkey

nori (J.) 紫菜 也叫海苔。参见 laver

Normande, à la (F.) 诺曼底式 指用贻贝、牡蛎、对虾、螯虾、板鱼片、蘑菇和块菌作配菜的鱼。也指用苹果酒、块菌汁和奶油作配料的肉、鸡和野味等菜肴。诺曼底在法国西北部,滨大西洋,以苹果酒、干酪和水产品著称于世。其次,牛肚和烤鸭也有名。

North African wine 北非葡萄酒 指阿尔及利亚、摩洛哥和突尼斯等国产的葡萄酒。该地滨地中海,土地肥沃,早在罗马帝国时代就已供应欧洲。近代法国在这里的影响明显占优势,生产各种法国口味的调配酒,以甜白葡萄酒为主,主要供出口。

northern spy 北方红玉 美国的一种优质烹调用苹果品种。

norvégien (F.) 杏仁蛋糕 以玉米粉、糖、黄油、鸡蛋、甜杏仁和其他果仁作配料。

Norvégienne, à la (F.) 挪威式 指以冰或冰淇淋作配料的点心。

Norway haddock 挪威鳕
参见 haddock

Norway lobster 挪威海螯虾
参见 scampi

nosh (Am.) 快餐,小吃
参见 snack

nostoc 葛仙米 一种蓝藻类植物,生长在潮湿的地面。其球形的单细胞连成串状,外裹一层胶质,色泽蓝绿,可食用或入药。

Nostrano 诺斯特拉诺酒 瑞士提契诺村(Ticino)产的一种葡萄酒,口味粗犷,以产地命名。

nouet (F.) 布袋
参见 muslin bag

nougat 牛轧糖 以多种果仁或水果碎片与糖浆混合制成的加气糖果。其成分随要求不同而有变化,分松脆和柔韧两种。一般用蜂蜜、杏仁或其他果仁加入蛋白经搅打后制成,有时用蜜饯果片着色和调味。起源于地中海国家。

nougatine (F.) 香草奶油夹心蛋糕
上涂巧克力和杏仁霜,原产于意大利的热那亚。

nouilles (F.) 面条
参见 noodle

nouillettes (F.) 细短面条
参见 noodle

Nouvelle Cuisine (F.) 新式烹饪
20世纪初在法国出现的一种新烹饪流派。其菜肴数量少而质量高,菜盘大而容量小。强调食品的营养和色彩,对调味讲究清淡,反对浓重肥腻。受到包括美食家和大众的普遍欢迎,尤其为减肥者所推崇。

Nova Scotia sprats 迪格比沙丁鱼
参见 digby chick

noyau (F.) 白兰地果仁酒 原意为果核,现指法国生产的几种以果核调配的白兰地酒。

Noyau, Crème de (F.) 核仁甜露酒
以杏仁、桃仁等浸制的利口酒,以有百年以上历史的法国核仁酒最为著名。味甜,呈无色或桃红色,含酒精31.5%。

Nubian 努比亚山羊 山羊的一个品种,原产于非洲。毛短、色纯,奶中脂肪含量高于多数其他山羊。今天以埃塞俄比亚产量最高。

nucleoprotein 核蛋白 由核酸和蛋白质组成的有机物质,存在于动植物的细胞核和细胞质中,是构成生物体的主要物质。

Nudeln (G.) 面条
参见 noodle

nuez (Sp.) 胡桃,核桃
参见 walnut

Nuits-Saint-Georges (F.) 圣乔治酒
法国勃艮第产的一种优质 AC 干红葡萄酒,以产地命名。

nukemum (Ma.) 发酵虾酱
参见 balachan

nulles (F.) 麝香奶油果冻 法国的一种十分流行的甜食。

numble 内脏 指动物的心、肝、肾等。蛋白质含量较高,此外含有多种维生素和铁质。

nun's sign 蛋奶酥点心
参见 soupir de nonne

nun's toast 法式吐司
参见 French toast

Nuragus (It.) 努拉古酒 意大利撒丁岛地区产的一种草秆色干白葡萄酒,依古老配方酿成,含酒精13%。

Nuss (G.) 坚果
参见 nut

nut 坚果 一种坚硬的干果,成熟后果皮不开裂,如栗子、榛子和橡子等。许多坚果是人类的重要食物。

nut butter 坚果仁酱 用作黄油的代用品。

nut forcement 果仁馅 以面包屑、鸡蛋、香草和碎果仁拌和后,用于作填馅鸡的配料。

nut margarine 果仁麦淇淋 用椰子油或花生油等加盐或酸乳搅拌而成,用来代替黄油作调味料。

nut oil 坚果仁油 如椰子油、胡桃油和花生油等。

nut-bearing torreya 日本榧
参见 Japanese torreya

nutburger (Am.) 花生果仁馅饼
参见 hamburger

nutcake 果仁蛋糕
参见 cake

nutcracker 胡桃夹子 也叫坚果钳,用来轧碎坚果的一种钳形工具。

nut-gall 五倍子 也叫没食。鼠李科芳香植物,用于作食品的调香。

nutlet 小坚果
参见 nut

nutmeg 肉豆蔻 一种常绿乔木,也叫肉果。叶子卵状椭圆形,花黄白色。其种子为长圆形,质硬而芳香。肉豆蔻油是一种十分优良的调香料,通常用于糖果、布丁、肉类、蔬菜和饮料的调香。

nutmeg grater 肉豆蔻磨 一种金属磨具,用于磨碎肉豆蔻。

nutmeg oil 肉豆蔻油 从肉豆蔻中提取的一种无色或淡黄色油脂,主要用于作调味香料。

nutpick 果仁扦 一种从坚果中取食果仁的尖头小餐具。

nutrient 营养素 从食物中摄入以维持生理功能的营养物质,如蛋白质、脂肪、碳水化合物、维生素和无机盐等。缺乏上述营养素会引起各种疾病。

nutriology 营养学 研究营养来源及其化学物质的科学。它以人体营养生理需要为依据,以食品为主要来源,以饮食习惯为条件。研究与解决获得合理营养的方法。

nutrition 营养 一般分有机营养物和无机营养物两大类,以提供生命活动所需的能源,如蛋白质、糖类、脂肪和矿物质,有时还包括维生素等。

nutritional supplement 营养增补剂 指在食品加工中添加的维生素和无机盐,用于提供居民缺乏的特殊养分。如面包中加入铁质和维生素 B_1;柑橘饮料中添加维生素 C;婴儿食品中加入维生素 D 等。

nutro-biscuit 营养饼干 印度的一种饼干,以 60% 的面粉和 40% 的花生粉混合而成。

nut-tree 欧洲榛
参见 filbert

Nuworld (Am.) 新世界干酪 由美国威斯康星和明尼苏达州等的一些大学配制而成的一种白色软干酪。因在二次世界大战后才得以制成而得名。

nux (Am.) 茶
参见 tea

Nymphenburg porcelain 宁芬堡瓷器 德国巴伐利亚从 18 世纪起至今生产的一种硬质瓷器。其最有独创性的制品是火锅,造型细致,声誉很高。

O

O. P. Anderson 安德森酒　瑞典产的一种露酒。参见 aquavit

oarfish 皇带鱼　广泛分布于热带深海的一种细长鱼。体亮银色，腹鳍红色呈桨状，背鳍始于头顶如鬃冠，长可达9米，重约300千克。肉质鲜美，受到美食家重视。

oast 烘炉　用于烘干啤酒花、烟草和麦芽等的大型设备。

oat 燕麦　有时也叫雀麦或乌麦。温带地区的一种重要谷类，是主要食物原料之一。其营养成分同小麦一样，主要用于磨成燕麦粉或煮成燕麦粥。

oatcake 燕麦饼　用燕麦粉与水、牛奶和黄油等混和，放在烘炉或铁盘上烤成。

oatmeal 燕麦粥　也指燕麦粉，指除去麦壳经细磨而成的一种谷物，常用于煮粥或烤饼。

oatmeal soup 燕麦浓汤　以牛奶或水加入肉汁、黄油、蛋黄和奶油中，再与燕麦同熬而成。营养丰富，滋味可口。

oatmeal stout 燕麦啤酒　以燕麦为原料酿成的烈性啤酒，酿制方法与普通啤酒相同。

oba 奥巴芒果　原产于非洲的加蓬。其果肉色白，富含油质，香味颇类似可可。最早在1855年左右传入欧洲。
参见 mango

obed (R.) 正餐
参见 dinner

oberholzer 南非脐橙　柑桔品种之一。参见 navel orange

obiad (Po.) 正餐
参见 dinner

oblade 欧鳊　尤指产于地中海的鳊鱼，可用于油炸或水煮。参见 bream

oblate 糯米纸　一种淀粉薄膜。参见 rice paper

oblea (Sp.) 小薄脆饼
参见 obley

obley 小薄脆饼　尤指不发酵的圣餐小面包

O'brien (Am.) 煎土豆丁　一种黄油嫩煎土豆，配以辣椒、洋葱等辅料。

obround can 长圆罐头　一种两边平行、两端呈半圆形的长形罐。该词由 oblong 和 round 两字复合缩略而成。

Obst (G.) 水果
参见 fruit

Obstmost (G.) 水果汁　也指未发酵的果子酒。

oca (It.) 鹅
参见 goose

oc(c)a 南美酢酱草　1829年从南美洲传入欧洲，现广泛种植于英国和欧洲大陆。其块茎可食用，常用黄油炸过淋以肉汁食用。也作 oxalis

occhi di lupo (It.) 短段通心面　一种中空而粗的通心面，是意大利的特色面食之一。

ocean perch 大洋鲈
参见 redfish

ocean whitefish 太平洋白鲑　一种色泽华丽的食用鱼，产于温暖水域中。

Ochsenmaulsalat (G.) 冷肉色拉　以洋葱、油、醋和香料作配料，为德国纽伦堡特色风味之一。

Ochsenschwanzsuppe (G.) 牛尾汤
参见 oxtail

octopus 章鱼　八腕目头足类软体动物的通称，但一般仅指章鱼属。广泛分布于浅水中，体呈囊状，有8条可伸缩的腕。在地中海地区、东方和其他地区长期以来一直被人们视为美味

odeur

佳肴。

odeur (F.) 气味
参见 odor

odo(u)r 气味, 香味 泛指各种食品散发的香味或合成香精的香味。但香味达到一定浓度可能是臭味。

oedicnème (F.) 石鸻
参见 stone-curlew

oeillet (F.) 康乃馨
参见 carnation

oenochoe 大酒壶 一种通常有三瓣花饰的古希腊酒壶。

oenology 酿酒学 涉及酿酒理论与实践的科学。

oenomel 蜂蜜葡萄酒 古希腊的一种葡萄酒蜂蜜混合饮料。参见 mead

oenomètre (F.) 酒度计 尤指测定葡萄酒含酒精百分比的仪器。

oeuf (F.) 鸡蛋, 蛋
参见 egg

oeuf à la neige (F.) 蛋白泡沫
参见 snow

oeuf brouille (F.) 流糊蛋
参见 scramble egg

oeuf de Pâques (F.) 复活节彩蛋
参见 Easter egg

oeuf de pluvier (F.) 鸻鸟蛋 在法国常被人们食用, 而在英国则被禁食。
参见 plover

oeuf de vanneau (F.) 麦鸡蛋 在法国十分普遍, 而在英国则受到禁止。
参见 lapwing

oeuf dur (F.) 硬煮蛋
参见 hard-boiled

oeuf mollet (F.) 去壳软煮蛋
参见 soft-boiled

oeufs à la diable (F.) 醋汁辣味炸蛋
参见 diable, à la

oeufs à l'amiral (F.) 龙虾肉丁炒鸡蛋 参见 amiral, à la

oeufs à l'Andalouse (F.) 安达卢西亚式烤蛋 以西红柿为主要配料。参见 Andalouse, à l'

oeufs à l'Antiboise (F.) 昂蒂布式烤蛋 以大蒜、干酪和鱼为配料的烤蛋。参见 Antiboise, à l'

oeufs à la Bohémienne (F.) 波希米亚煮蛋 上碟以火腿丝和鹅肝酱。

oeufs à la Lorraine (F.) 洛林式烤蛋 下垫熏肉、干酪和奶油等。参见 Lorraine, à la

oeufs à la ménagère (F.) 家常式炸蛋 以蔬菜作底, 佐以番茄沙司的一种蛋类菜肴。

oeufs dur à l'aurore (F.) 朝霞硬煮蛋 以莫内沙司和干酪屑作配料, 再加入番茄酱即成。参见 Mornay sauce

oeufs pochés ducale (F.) 侯爵式荷包蛋 以西红柿、块菌片和鸡汁作配料制成。

Oeuil de Perdrix (F.) 鹧鸪眼酒 法国的一种玫红葡萄酒。在酒类术语中, 指因酒色呈浅红酷似鹧鸪眼睛而得名。

Ofen (G.) 1. 炉灶 2. 烤箱
参见 oven

offal 杂碎 又称下水或内脏, 是牛、羊、猪等非肌肉部分, 可作为食品食用。杂碎一般包括脑、心、肝、舌、肾、肺、骨髓甚至还包括蹄, 可制成黑色布丁、小牛肝、冻脚爪、盐渍牛舌及烧杂碎等多种菜肴。从营养角度看, 内脏比肉更富维生素和蛋白质。

off-flavo(u)r 走味 食品由于腐败变质而失去天然风味和产生异味。

off-licence (酒类)允许外售的 英国一些饭店或餐厅如获得上述执照即可出售酒类, 供顾客自行带出餐厅消费。

ognon (F.) 洋葱
参见 onion

ognonnade (F.) 奶油洋葱泥 加白葡萄酒调香。该词也泛指含有较多洋葱的菜肴。

ogurtsy (R.) 露地黄瓜
参见 ridge cucumber

Ohio pudding (Am.) 俄亥俄布丁 一种以美国俄亥俄州命名的甜味布丁。其配料有甜薯、胡萝卜、黄糖、南瓜、面包粉、奶油、柠檬汁和香草精等。

Ohio squash (Am.) 笋瓜
参见 Hubbard

Ohio wine (Am.) 俄亥俄州葡萄酒

指以美国伊利湖中岛屿上的葡萄酿制的葡萄酒,风味独特。

ohm 大酒桶 一种瑞士酒桶,容量一般约为40升。

oie (F.) 鹅
参见 goose

oignon (F.) 洋葱 有时也泛指外形似洋葱的鳞茎或球茎植物。参见 onion

oil 油 指动物油、植物油和矿物油等。常温下呈液态,与水不相溶。植物油中以花生油、葵花子油和玉米油使用最广;而橄榄油常以其特殊风味著称。动物油以猪油和牛油最常见,用于提制黄油和奶油。鳕鱼油富含维生素A和D。矿物油一般不用于烹调,但有药效。

oil cake 油饼 从各类种子,如大豆、亚麻等经压榨或抽提出油质后剩下的固体残渣。

oil palm 油棕 原产于美洲的一种油料作物,常用于榨取棕油。油棕仁油主要用于制人造黄油、巧克力等食品。

oil plant 油料作物 可作为油料来源的植物总称。可作食用油(如起酥油、人造黄油和色拉油)的原料。包括油橄榄、油棕、亚麻仁、菜籽、蓖麻、芝麻、花生、大豆、葵花子、椰子和玉米等。

oilbird 油鸱 南美洲的一种昼伏夜出鸟类,以油棕榈果为食。其肉含油脂。印第安人常用作烹调和点灯,故名。

oiliness 油腻 指食品和菜肴中含油量过高,使人吃起来有腻感。

oille (F.) 菜肉杂烩
参见 olla podrida

oilseed 油籽 含油量高的植物种子。油籽含有丰富的蛋白质,按含量排列依次为大豆、亚麻子、芝麻、葵花子和椰子。尤其是大豆制品常用于焙烤食品,并可作为肉的嫩化剂和汤料等。其次棉籽粉也可用于制布丁等食品。

oilstone 油石 以油作润滑剂的磨石,用于磨快厨房刀具。

oil-tea camellia 油茶
参见 tea-oil tree

oily 含油的,油腻的
参见 oiliness

oiseau san tête (F.) 薄片牛肉卷
参见 paupiette

oison (F.) 小鹅
参见 goose

Ojen (Sp.) 奥亨茴香酒 西班牙的一种苦艾型香草利口酒,依产地命名。含酒精34%。参见 pastis

Oka 奥卡干酪 加拿大魁北克省奥卡苦修会修士制的一种干酪。

oka (Sp.) 南美酢酱草
参见 occa

oke 芋薯烧酒
参见 okolehao

Okhotnichya (R.) 猎人伏特加 俄罗斯产的一种以白兰地为基酒的利口酒。配方中包括果皮、香草、咖啡和辛香料等。含酒精44%。

okka 小酒桶 容量为1.28升。参见 ohm

okolehao 芋薯烧酒 以野芋和甘蔗糖蜜为原料的蒸馏酒,产于夏威夷。共有两种:一种颜色较深,带烟味;另一种则是无色透明的。源自夏威夷语。

okra 秋葵 锦葵科一年生草本植物,广泛种植于热带和亚热带地区。其嫩果实称为秋葵荚,含有大量粘胶。可用作各种炖菜和秋葵浓汤的配料,也可烹调食用,味似芦笋。秋葵在某些国家可用作咖啡的代用品。

okroshka (R.) 蔬菜冷杂羹 以黄瓜、嫩洋葱、杂碎肉、牛奶或酸牛奶拌成。

oksesteg (Da.) 烤牛肉
参见 roast beef

ol (Da. No.) 啤酒
参见 beer

Öl (G.) 油
参见 oil

oladky (R.) 农舍干酪
参见 cottage cheese

olandese (It.) 1. 荷兰干酪 2. 人造咖啡 如用菊芋粉、焦麦等泡制的代用咖啡等。

old crow (Am.) 老鸦酒 一种大众化的波旁威士忌酒。参见 bourbon

old dough 老面团 一种发酵过头的面团,俗称老酵头,可用于引发新面团。

Old Tom gin 老汤姆金酒 一种早期伦敦杜松子酒,常用于调配鸡尾酒。参见 Tom Collins

old-fashioned glass 古典杯 一种粗矮的圆柱形酒杯,容量为 6 盎司,用于盛加冰的短饮酒为主。

oldwife 油鲱
参见 alewife

oleo margarine (Sp.) 人造黄油 也叫麦淇淋。参见 margarine

olga crab 大秋果 一种红色的大苹果品种。

oliera (It.) (餐桌的)油醋瓶
参见 cruet

olio (It.) 油 尤指橄榄油。参见 olive oil

olive 油橄榄 也叫洋橄榄或齐墩果。一种常绿小乔木,叶子对生,花白色,很香。果实为椭圆形,成熟后呈黑色,经加工后可作蔬菜或腌菜,也可榨取橄榄油。

olive cream cheese 橄榄油干酪 一种软质干酪,拌有青橄榄肉末,色泽青绿。

olive meat 肉馅丸 用作饼类的填馅等,因制成橄榄形而得名。

olive oil 橄榄油 从成熟的洋橄榄的果肉提取的油,呈透明的黄色或淡绿色。大部分用于烹饪和食品保藏。主要生产国集中在地中海沿岸。橄榄油略带苦味,为食品油中上品。

Olivet (F.) 奥利凡干酪 法国奥尔良地区产的一种全脂羊奶酪,色白味咸,重约 300 克,含乳脂 45%。

Olivet bleu (F.) 奥利凡青纹干酪 一种有蓝色外皮的扁圆形干酪,用牛乳制成。有水果香味,奶味浓。外裹树叶出售,与旺多姆干酪相似。参见 Vendôme

Olivier, Château (F.) 奥利维尔酒 法国波尔多地区产的优质红葡萄酒或白葡萄酒。参见 château

olla (Sp.) 土陶壶 一种圆球形广口陶壶或锅,四周有环状壶柄。流行于南美洲地区,可用作炖锅或盛水的器皿。

olla podrida (Sp.) 菜肉杂烩 以番茄、鹰嘴豆、牛肉或其他蔬菜经慢火炖成的一种西班牙式浓味炖菜。有时也可用鸽肉代替牛肉。

ollita (Sp.) 小砂锅
参见 casserole

Oloroso (Sp.) 奥洛罗索酒 西班牙的一种芳香雪利酒。味生甜,呈金黄色,香味浓郁,随着存放年代的增加逐渐变为干性酒。通常含酒精 20%。

Olympia (Am.) 奥林匹亚啤酒 美国华盛顿市产的一种淡啤酒。

omble chevalier (F.) 红点鲑
参见 char

ombre (F.) 欧洲茴鱼
参见 grayling

ombrine (F.) 荫鱼 产于地中海水域,外形颇似河鲈。参见 bass

omelette 煎蛋卷 也叫杏力蛋或摊鸡蛋。制法是先将蛋搅成泡沫状,倒入平底锅中推而不搅,待逐渐凝结时翻成半月形或其他形状。常加入各种配料,如干酪、火腿、蘑菇和肉糜等。上桌前在蛋表面置少许配料,经点缀而成。松软可口,是西菜中最常见的菜肴之一。

omlette à la Beauceronne (F.) 博斯式杏力蛋 指以熏肉、土豆和酢浆草等作配料的煎蛋卷。

omelette à la Landaise (F.) 朗德式杏力蛋 以鹅脂、松果和大蒜作配料的煎蛋卷。

omelette à la Lyonnaise (F.) 里昂式杏力蛋 以洋葱与欧芹作配料为特色。

omelette à la Nicoise (F.) 尼斯杏力蛋 以鳀鱼和番茄作配料为特色。

omelette à la Nivernaise (F.) 尼韦内杏力蛋 以火腿、细香葱和酢浆草作配料的半月形摊蛋。

omelette à la Normande (F.) 诺曼底杏力蛋 以蘑菇、虾和苹果酒作配料为主。

omelette à la Norvegienne (F.) 烘烤冰淇淋 参见 baked Alaska

omelette à la Parisienne (F.) 巴黎式杏力蛋 以洋葱、蘑菇和香肠作配料为主。

omelette à la paysanne (F.) 农夫式杏力蛋 以土豆、酢浆草和香料植物等作配料为特色。

omelette à la Savoyard (F.) 萨瓦式杏力蛋 以干酪与土豆作配料为主。

omelette à l'Espagnole (F.) 西班牙式杏力蛋 以土豆、西红柿与胡椒作配料为特色。

omelette aux fines herbes (F.) 香草杏力蛋 尤指用欧芹末作配料的,加香草调味。

omelette brayaude (F.) 火腿土豆杏力蛋 佐以干酪和奶油调味料。

omelette dubarry (F.) 迪巴里杏力蛋 常以嫩花椰菜作配料。

omelette flambé (F.) 火烧杏力蛋 一种煎蛋盘,上浇白兰地用火点燃后食用。参见 flambé

omelette foulard (F.) 薄绢杏力蛋 以蛋黄多于蛋白的比例加以香料植物煎成,但使蛋从打出一定的泡沫作点缀。

omelette Gauloise (F.) 高卢式杏力蛋 以火腿、大蒜和欧芹为主要配料。

omelette maintenon (F.) 鸡肉蘑菇杏力蛋 上浇白汁沙司,并撒以干酪,烤黄即成。

omelette pan 煎蛋卷盘 一种半圆形煎盘,是煎杏力蛋的专用炊具,盘边缘有卷边。

omelette pannachée (F.) 花色杏力蛋 一种以大杏力蛋裹小杏力蛋的特色菜式。以番茄和菠菜分别作大小杏力蛋的配料。

omelette surprise (F.) 火烧冰淇淋杏力蛋 上置蛋白奶酥。参见 baked Alaska

omelette Talleyrand (F.) 塔列朗杏力蛋 以洋葱、咖喱粉和油炸牛胸腺作配料。

omnibus (F.) 见习餐厅服务员 尤指巴黎的餐厅中正在学徒期间的服务员。其职责包括将定菜单送到厨房,再将菜肴从厨房送到餐厅,另由服务员上桌。参见 waiter

on the rocks 加冰的 酒类术语。指饮料中加冰块或先加冰后倒入饮料,视各种酒的不同性能可先将酒冰镇或待冰融化后再饮。

onager 野驴 产于中亚地区,可作为一种野味食用。

one-star brandy 星牌白兰地 以45%天然白兰地和55%配制白兰地调配而成,一般至少陈化3年。

onion 洋葱 一种原产于亚洲的圆形鳞茎植物。味辛辣强烈,广泛被用作蔬菜和调味料。烹调方法很多,可煮、炸、烤、腌、凉拌或作填馅。洋葱是法国及其他欧洲国家使用最多的食品之一。

onion oil 洋葱油 从洋葱的鳞茎中取得的油,呈黄色,气味辛辣,用作调味油。

onion powder 洋葱粉 以脱水洋葱压成的干粉状调味料,可直接冲成汤等。

onion tureen 洋葱形陶罐 用于放各种沙司或汤。因外形似洋葱的鳞茎而得名。

onopordon 野蓟 烹调方法同洋蓟。参见 artichoke

onos 鮋鱼 产于地中海水域的一种鳕类鱼,富于营养,但有人认为难以消化。是法式鱼羹的常用鱼之一。参见 bouillabaisse

ontbijt (Du.) 早餐 参见 breakfast

oofacomeli (Sp.) 葡萄汁蜜剂 用生葡萄汁和蜂蜜调和后在太阳下晒热发酵而成。

oolong (C.) 乌龙茶 一种在干燥前局部发酵的茶叶,兼有红茶与绿茶的风味,以中国福建的铁观音最为著名。

opacle (Sp.) 发酵草 一种野草,用作龙舌兰酒的发酵料。

opah 月鱼 产于太平洋和大西洋海域暖水区的一种海鱼,长可达2米,重140千克。体色鲜明美观,上部为蓝色;下部玫瑰色。月鱼罕见,但食用价值很高。

open sandwich 菜肴吐司 指一种单片三明治食品。参见 canapé

open-faced pie 牛奶果酱饼
参见 flan

open-textured 组织松散的 指干酪致凝力弱而无法结成团块的缺陷现象。

ophibium 小鳗 产于地中海的一种小鳗鲡,可用于煮法式鱼羹。参见 bouillabaisse

opium 阿片 也叫鸦片或大烟。一种从尚未成熟的罂粟果里取出的乳状液体,干燥后变成淡黄色或棕色固体,味苦。医药上用作镇痛或止咳,久服可成瘾。参见 poppy

Oporto (P.) 波尔图葡萄酒 产于葡萄牙的港市波尔图。波尔图酒大多在此装船启运出口。参见 Port

opssum (Am.) 负鼠 一种可食的啮齿类动物,其肉味类似于野兔肉。

opossum shrimp 糠虾 一种淡水虾,产于北美和北欧。偶供食用。

Oppenheimer (G.) 奥本海默酒 德国莱茵黑森地区产的一种半干白葡萄酒。

oppvarter (No.) 餐厅服务员
参见 waiter

optic 量酒玻璃杯 酒吧中常罩在酒瓶上,用于随时量酒。

or (F.) 金黄色
参见 brown

orach 滨藜 俗称法国菠菜,是和普通菠菜近缘的一种蔬菜,常用于煮汤。参见 spinach

orange 柑橘 芸香科柑橘属小乔木,原产热带亚洲。其中最重要的是甜橙和橘,包括脐橙、血橙和雅法橙等,一般味甜微酸。柑橘含有丰富的维生素C,在西方主要作餐后水果,其次才饮用橙汁。也可用于酿酒。其他副产品有精油、果胶、陈皮和橘酱等。

orange bitters 苦橙汁 加入香料,用作鸡尾酒的配料。参见 bitters

orange blossom 橙花 橙子果树的花蕾,有时连其枝叶作为泡茶或泡菜的香料。该词也指一种橙汁鸡尾酒。

orange flower cream 橙花甜酒 以橙花的酒精浸出液与橙花水加砂糖和酒精制成的甜酒。

orange flower water 橙花水 蒸馏橙花油时分离出的冷凝水,可用作饮料。

orange gin 橙汁金酒 以橙汁调香的杜松子酒。

orange givrée (F.) 冻橙 用半只橙子,去掉果皮,加入冰块而成。可作为餐后甜食。

orange juice 橙汁 从新鲜橙子中压榨出的鲜果汁,可作为餐前开胃饮料或作鸡尾酒的配料之一。

orange mint 橙味薄荷
参见 bergamot mint

orange oil 橙油 从苦橙或甜橙皮中提取的油,用作调香剂。

orange pekoe 橙味白毫茶 印度和斯里兰卡产的一种上等茶叶,尤用嫩枝和嫩叶制成。

orange spoon 橙汁匙 呈渐尖形或齿形匙,用于食橙子果肉或甜瓜。

orange wine 橙酒 用橙汁和橙皮发酵而成的一种低度果汁酒。

orangeade 橙汁汽水 用橙汁和苏打水等制成的一种发泡软饮料。

orangeado (Am.) 蜜饯橙皮

Orangensaft (G.) 橙汁
参见 orangeade

orangequats 橙金桔 一种柑桔品种,由橙子和金桔杂交而成。该词由 orange 和 kumquat 两字缩略而成。

orangette 未成熟小橙 常用于制蜜饯,味较酸,不宜作为水果。

orangine (F.) 橙味蛋糕 一种橙子蛋白夹心蛋糕,以橙皮作点缀。参见 Genoese sponge

orata (It.) 金头鲷鱼
参见 daurade

order 点菜,定菜

参见 carte, à la

Orduña (Sp.) 奥杜那干酪 西班牙巴斯克地方产的一种羊奶酪,重1.2—1.5千克,含乳脂49%。

oregano 牛至 唇形科多年生草本植物,长久以来是地中海地区菜肴的基本成分。其干燥的叶和开花的顶枝用于调味。有浓烈的芳香和辛辣味,意大利人称之为蘑菇草。也作 marjoram

Oregon pea (Am.) 绿豆
参见 green gram

oreille de mer (F.) 鲍鱼
参见 abalone

oreillette (F.) 1. 腌猪耳 2. 酒味脆耳朵酥 一种甜点心,以朗姆酒或阿马涅克酒作调香料,因形似耳朵,故名。

organic food 健康食品
参见 health food

orge (F.) 大麦
参见 barley

orgeat (F.) 杏仁糖浆 以苦杏仁粉和糖、大麦及其他香料制成的一种饮料,常冷冻后饮用。也可作为鸡尾酒的配料之一。

oriental blueberry 乌饭树 一种常绿灌木或乔木,叶互生,呈椭圆形。其果实为紫黑色,味甜,可食用。中国江淮一带常在寒食节时摘乌饭树叶和米同煮,使饭呈黑色,因而得名。

Orientale, à l' (F.) 东方式 指以番茄为主要配料,并包括大蒜、米饭、秋葵、甜椒和藏红花为配料的菜式。

origan 牛至
参见 oregano

origano (It.) 牛至
参见 oregano

Originalabfullung (G.) 在葡萄产地装瓶的(酒) 参见 mise en bouteille

Orleanais, à la (F.) 奥尔良式
奥尔良在法国中部,以家禽、肉糜和奶制品著称,其葡萄酒也十分有名。该式指以鸡为主要配菜的菜式。

Orly, à l' (F.) 奥利式 一种以深锅油炸制鱼片的方式,佐以番茄沙司。奥利在法国中部,以产牙鳕著称。

ormeau (F.) 鲍鱼
参见 abalone

ormer (P.) 鲍鱼
参见 abalone

ormosia 红豆 一种有羽状复叶的乔木果实。荚果扁平,种子鲜红色,主要产于热带地区。也叫相思子。

orohova potica (Yu.) 葡萄干果仁饼

oronge vraie des Césars (F.) 恺撒蘑菇 一种美味野生蘑菇,一般在晚秋季节生长。

orphie (F.) 颌针鱼
参见 garfish

Orpington 奥尔平顿鸡 英国的一种大鸡品种,羽毛为黑色或浅黄色,产于肯特郡的奥尔平顿而得名。

orred (Da.) 鳟鱼
参见 trout

orris oil 鸢尾油 取自鸢尾草根的一种黄色半固体香精油,曾普遍用作饮料和胶冻状点心的香精。但由于会引起过敏反应,现已禁用。

orseille (F.) 苔色素
参见 archil

ortaggo (It.) 1. 蔬菜,青菜 2. 绿叶调味香草 参见 herb

ortanique 柑橙 柑橘与橙子的杂交品种。该词由 orange 和 tangerine 两词缩略而成。

ortie (F.) 荨麻 偶尔用于制汤。参见 nettle

ortolan 圃鹀 欧洲产的一种鸟类。长约6英寸,背褐色,腹部米黄色。在法国南部常以网围捕,经肥育后烤食。滋味鲜美。

ortolan à la landaise (F.) 朗德式烤圃鹀串 将圃鹀填以各种馅,用铁叉串烤。朗德在法国西南部。

orvale (F.) 南欧丹参
参见 clary

Orvieto (It.) 奥维多酒 意大利翁布里亚(Umbria)产的最著名的干白葡萄酒之一。色泽金黄,口味丰富醇厚,用柳条包装酒瓶,含酒精12—13%。

oryx 大羚羊

参见 antelope

orzata (It.) 杏仁糖浆
参见 orgeat

orzo (It.) 大麦
参见 barley

oseille (F.) 酸模
参见 sorrel

Oslo breakfast 奥斯陆早餐 一种早午间餐,如全麦面包、黄油、牛奶、干酪、水果等。因挪威的奥斯陆市从1929年起提倡作为一种学龄儿童课间用餐,故名。

osmazomo (Sp.) 烤肉汁
参见 gravy

osso buco (It.) 炖小牛胫 一种意大利菜肴。先将牛胫骨切成片,以油嫩煎后与大蒜同炖,然后加入番茄和洋葱,用于佐食通心面或米饭。也作 osso bucco

ost (Da. Sw.) 干酪
参见 cheese

Osterei (G.) 复活节彩蛋
参见 Easter egg

ostion (Sp.) 大牡蛎
参见 oyster

ostrich 鸵鸟 一种草原和沙漠鸟类,其双翼已退化,但健步如飞。从古罗马时代就被捕来食用,但今天很少作为食品。犹太教和伊斯兰教禁食鸵鸟肉。

oswego cheddar (Am.) 奥斯韦哥干酪 美国纽约州西部产的一种切德干酪。奥斯韦哥是印第安部落名。

oswego tea (Am.) 红香蜂草茶 有薄荷香味,并有药物效用。为过去奥斯韦哥印第安部落的常见饮料。

otaheite apple 加耶橡果 原产于波利尼西亚的一种乔木的果实,外形似梨,色泽红,果肉为白色,可生食或煮成果酱。其香味颇似松节油。

otaheite gooseberry 酸油柑 热带亚洲的一种乔木,果实味酸可食。

otard (F.) 奥泰尔白兰地 法国科涅克白兰地酒名牌之一。参见 cognac

Othello 奥赛罗酒 塞浦路斯利马索尔(Limassol)地区产的一种醇厚干红葡萄酒。奥赛罗为莎士比亚戏剧中的人物名,因轻信谗言而杀死了自己美丽忠贞的妻子,后自杀以殉情。

otto 玫瑰油
参见 attar of roses

ottopode (It.) 章鱼
参见 octopus

oublie (F.) 华夫饼 最著名的华夫饼产于法国的里昂,呈圆形。而巴黎产的则口味较差。参见 waffle

Oude kaas (Du.) 奥德干酪 荷兰的一种干酪,类似法国的里尔干酪。参见 Boule de Lille

ouha (R.) 清炖鱼汤
参见 velouté

ouillade (F.) 烩菜豆卷心菜汤 常以大蒜作配料,汤浓味美。为法国西南地区风味。

ouillage (F.) 添桶 酿酒术语之一。指酒桶内的酒被取走一部分后再加入同样的酒,但后加入的酒可能陈酿时间较短。混合后,整桶酒的口味可尽量趋于一致。

ouillat (F.) 洋葱汤 或大蒜汤,可加入番茄、韭葱和干酪等配料。参见 touila

ouka (R.) 炖鳕鱼汤 以鲈鱼的原汤汁为基汤,加入切成方块的江鳕,并以欧芹根和芹菜用黄油煎过后作配料,是一种俄罗斯风味。

oulade (F.) 烩肉汤 用土豆、卷心菜、香肠和咸猪肉等烩成。

ouliat (F.) 大蒜洋葱汤 其配菜还有番茄、韭葱和干酪等,气味强烈而刺激。

ounce 盎司 英制重量单位,约合28.35克。如是液体盎司则为29.573毫升。

ouricury oil 小冠椰子油 一种淡黄色食用油。参见 coconut oil

ours (F.) 熊
参见 bear

oursin (F.) 海胆 一种海生动物,可用于生吃或煮汤,也可作杏力蛋填馅。参见 sea urchin

outarde (F.) 大鸨 常用来烤食。参

见 bustard

Ouzo (Gr.) 茴香利口酒 希腊产的一种无色不甜的烈性酒，常加入清水和冰块混合，成乳白色。注意该酒不可受阳光照射，否则香味与酒味丧失殆尽。

Ovaltine 阿华田麦乳精 由英国 Wander 公司制造的一种营养食品商品名。由麦精、牛奶、鸡蛋、可可、豆粉、维生素等为原料制成。

ovar (Hu.) 奥瓦尔干酪 匈牙利的一种橙黄色硬质全脂牛乳干酪。

oven 烘箱 用于热气烹调食物的封闭容器。19 世纪使用烧木柴的金属炉灶，到 40 年代发展了煤气灶，20 世纪初出现了自动温度控制的无焰烘箱，1947 年更出现了微波和电气烘箱。烘箱在厨房中是主要炊具之一，用于肉类、面包、糕点和各种菜肴的烘烤。

oven-dressed 光禽 如光鸡或光鸭。经洗净放血，除去内脏可供直接烹调或上市。

ovenware 耐热玻璃器皿 可直接放入烤箱或接触明火的玻璃器皿，能耐高温而不爆裂。也泛指陶瓷器皿。

overcook 烹调过度 指食品在烘烤或蒸煮时从时间或温度诸方面超过要求与规定。食品在口味、营养和外观方面均有不同程度的损失。

overdone 煮得太烂 指食物水煮过度，从而失去应有的形状和风味。

overlap 盖交
参见 imbriquer

overproof 酒精含量超过标准的
参见 proof

overripe 过熟 指水果、蔬菜过分成熟的或指食品等加工过分的。

over-run 搅起泡沫 在生产冰淇淋时搅入空气以增大体积。

ovo (P.) 蛋，鸡蛋
参见 egg

ox 黄牛 牛的一种，角短，皮毛为黄褐色，也有杂色的。用于耕地或拉车，肉则可食用。该词有时也泛指任何牛类动物。

ox liver 牛肝 烹调方法同小牛肝，但不如小牛肝嫩美。

ox muzzle 牛唇
参见 ox palate

ox palate 牛唇 旧时的一种食品，有时也包括牛鼻、牛舌、牛肝等杂碎冷盘，被视为美味。烹调方法是先将牛唇浸水、焯烫和去掉外皮，然后按小牛头方法炖煮，食时可切成片或油炸，佐以各种调味汁。

ox tongue 牛舌 作为美味食品之一，可冷切成片或热食，含蛋白质丰富。

oxalis 南美酢浆草
参见 occa

oxe (Sw.) 牛肉
参见 beef

Oxford John 焖羊肉 英国 18 世纪菜肴名。源自编写《伦敦烹饪艺术》一书的作者 John Farley 的名字。以柠檬汁和肉豆蔻调香。

Oxford sauce 牛津沙司 以红醋栗酱、橙子与柠檬的果肉、芥末、姜和波尔特葡萄酒拌和而成的一种调味酱，用于佐食鹿肉等野味。该沙司以产地牛津命名。

Oxford sausage 牛津香肠 一种 19 世纪的英国无皮猪牛肉香肠，加入面包、香草、肉豆蔻、柠檬和鸡蛋等配料。以产地命名。

oxheart 牛心樱桃 一种大而甜的樱桃品种。
参见 cherry

Oxo 奥克索牛肉精 英国一种市售商品名。以牛肉汁熬炼而成，可用于直接加入沸水煮成牛肉汤。

oxtail 牛尾 牛尾经去皮后可用于焖煮或制成牛尾汤。1793 年法国大革命时是穷人的主要食品，但现在则已进入高级的餐厅。

oxtunga (Sw.) 牛舌
参见 ox tongue

oxydation (酒)过度陈化
参见 maderisé

Oxygenée (F.) 奥格扎吉尼酒 欧洲的一种茴香酒，用来代替有毒的苦艾酒，含酒精 40%。参见 absinthe

oxymel 蜜醋 以 4 份蜂蜜和 1 份醋的比例调配而成，常作为调味品。

oyonnade (F.) 葡萄酒烩鹅　常与鹅肝及鹅血同煮而成，是一道法式菜肴。

oyster 牡蛎　也称蚝，一种海产双壳类软体动物，生活在海底或沿海浅水岩石上。肉味鲜美、生食烹调均可。也可加工成蚝油作为调味汁以及罐头食品等。在法国尤被视为菜肴中的上品。

oyster bar 牡蛎酒吧　专门供应各种牡蛎菜肴及其他海味的餐厅。

oyster bay 牡蛎餐厅
参见 oyster bar

oyster catcher 蛎鹬　一种水鸟，肉质嫩美可口。烹调方法同 plover

oyster cracker 牡蛎饼干　一种小圆咸梳打饼干。因常与炖牡蛎汤同吃，故名。

oyster fork 牡蛎叉　一种细长的小餐叉，有二齿或三齿，用来食牡蛎及其他贝壳类海味。

oyster knife 牡蛎餐刀　一种短刀身的不开刃餐刀，安有木柄，用于开启牡蛎或蛤等。

oyster mushroom 蚝蘑菇　一种野生蘑菇品种。

oyster plant 婆罗门参
参见 salsify

oyster rockfeller (Am.) 洛克菲勒式牡蛎　美国新奥尔良的牡蛎烹调方法。指以盐撒在牡蛎上直接用明火炙烤，然后涂以浓味调料食用。源自美国富翁 John Rockfeller(1839—1937)的名字。

oyster saloon (Am.) 牡蛎酒吧
参见 oyster bar

oyster tong 牡蛎剔　一种仅有两齿的短小餐叉，用于食牡蛎。参见 oyster fork

oz. (abbr.) 盎司
参见 ounce

P

P. P. cap 扭断式螺旋盖
参见 pilfer proof cap

Paarl 帕尔 南非开普敦省城镇及附近地区,是南非葡萄酒的贸易与销售中心。参见 South African wine

pabrica 红辣椒粉
参见 paprika

Pabst (Am.) 帕布斯特酒 美国威斯康星州的密尔沃基市产的一种啤酒。

pabulum (L.) 食粮,食品
参见 food

pacaret (Sp.) 樱桃酒 产于西班牙赫雷斯的一种水果白兰地。

pachuli (Sp.) 广藿香 一种调味香料。参见 patchouli

Pacific halibut (Am.) 庸鲽 也叫狭鳞庸鲽。产于太平洋,为一种食用海水鱼。

Pacific salmon 太平洋鲑 也叫大鳞大麻哈鱼。参见 salmon

Pacific sardine (Am.) 美洲沙瑙鱼 也叫平洋沙丁鱼。产量极其丰富,可用于制成罐头、鱼粉和鱼油等。具有重要的商业价值。

pack (Am.) 糖蜜烧酒 美国新奥尔良州的一种大众化酒。源自英国的一个将军 Sir Edward Michael Pakenham 的浑名。

package beef 小包装牛肉 肉类小包装是超级市场中主要商品之一。包装上标以重量、规格和价格,很受家庭主妇的欢迎。

packed in oil 罐装油浸食品 以油为主要配料的食品,如油浸鲱鱼等。

packed weight 毛重
参见 gross weight

paddlefish 匙吻鲟,白鲟 一种淡水鱼类。皮光滑,体长常超过4英尺,肉质较粗,鱼卵可制著名的鱼子酱。

paddling 搅拌 以棒状工具将液体或固体颗粒的混合物反复搅动,使其均匀。

padella (It.) 长柄煎锅
参见 frying pan

padellina (It.) 小煎锅
参见 frying pan

paella (Sp.) 杂烩菜饭 西班牙一种世界闻名的特色菜肴。以大米、鸡肉、洋葱、海味、大蒜、番茄、辣椒以及依地区不同的其它配料制成。也指一种有两个柄的煎锅,用于炒烩上述菜饭。

paella Valenciana (Sp.) 巴伦西亚杂烩菜饭 被认为是西班牙杂烩菜饭中最上等的一种。常加入蛤肉、贻贝、大虾和鹰嘴豆等。以藏红花使大米染色作点缀。

pah jook (Ko.) 煮豆饭 一种朝鲜风味食品。

pahutan (Fi.) 巴胡坦芒果 一种菲律宾芒果,其果实可用盐腌后食用。
参见 mango

paillard, paupiettes de sole (F.) 板鱼卷 以鱼肉、蘑菇等作馅,佐以奶汁沙司。

paillasse (F.) 炭烤食品
参见 broil

paille au parmesan (F.) 干酪细条酥 参见 cheese straw

paille, pommes (F.) 炸土豆细条
参见 French fries

paillettes de mais (F.) 玉米薄片
参见 cornflakes

paillon (F.) (包酒瓶的)草套
参见 straw-case

pain (F.) 面包,面制糕点
参见 bread

pain complet (F.) 全麦营养面包
参见 Graham bread

pain de brochet d'Angoulême (F.) 昂古莱姆式狗鱼卷 法国波尔多地方风味。参见 pike

pain de campagne (F.) 乡下面包 一种论斤出售的普通面包。

pain d'épice (F.) 香味姜汁饼
参见 nonnette

pain de singe (F.) 猴面包果
参见 baobab

pain jocko (F.) 长面包
参见 baguette

pain perdu (F.) 油煎面包 先以牛奶或奶油把面包浸透，沥干后用黄油炸，然后撒上糖和肉桂粉，再涂以果酱即成。

paint 刷,涂抹 在食品表面涂抹或刷上油和浓汁等。

painted ladies 烟熏鳕鱼片 俚称。常用色素染色后食用。

pajarete (Sp.) 帕哈雷特酒 一种西班牙高级葡萄酒。

pak-choy (C.) 青菜 也叫小白菜。跟白菜相近的一种植物，叶子直立，呈勺形或圆形，色泽翠绿，是最普通的蔬菜品种之一。

Palace Court salad (Am.) 帕拉斯色拉 一种美式色拉。以莴苣、番茄、洋蓟、蟹肉和蛋黄酱等为配料拌成。源自旧金山一家发明该菜肴的餐厅 Sheraton-Palace。

palaille (F.) 鳗鱼沙丁鱼拼盘

palaise, à la (F.) 王宫式 指以黄油炸土豆丸和奶汁菜豆作配菜的菜式。

palatable taste 鲜味 食物的一种复杂美感，由多种有机酸起主要作用。它不同于其他滋味，风味独特。参见 delicious

Paletinate (G.) 帕拉蒂内特 德国的酿酒区和葡萄种植区，以其甜葡萄酒著名。

Palatinate cherry brandy 帕拉蒂内特樱桃白兰地 英国利物浦莱姆·瓦特公司酿制的一种优质利口酒。风味类似丹麦白兰地酒。

pale (Sc.) 苏格兰乳酪勺

pale ale 淡啤酒 也叫英国黄啤。是一种口味轻淡，略带苦味的麦芽啤酒。

pale wine 白葡萄酒
参见 white wine

pale-baked （面包）未烤黄的
参见 brown

pale-coloured tips 毛尖 茶叶的优质品种之一。以带有茸毛呈灰白色的嫩芽为主构成，味特别清香。

Palestinian citrus 香橼,枸橼
参见 citron

Palestine, à la (F.) 巴勒斯坦式 指以洋蓟为主要配菜的菜肴。

palet (F.) 牛肉糜饼
参见 frankfurter

palet de dames (F.) 冰冻甜点 以柠檬或橙皮以及香子兰等调香。

palette (F.) 猪肩肉 也泛指羊肩肉。
参见 shoulder

palette-knife 铲刀 一种可伸缩的宽平刀，用于涂抹糖粉等糕点面料。

palillo (Sp.) 牙签
参见 toothpick

palinuro (Sp.) 龙虾
参见 lobster

Palisey ware (F.) 帕利西陶瓷 法国16世纪的一种陶瓷器皿，用彩釉涂在刻花上，产生高浮雕图案效果。依15世纪时法国瓷器商 Bernard Palisey 的名字命名。

pall 走味 指食品失去应有的滋味。

palm 棕榈 泛指棕榈科植物，为热带、亚热带乔木或灌木，如椰子、枣椰等。其中最重要的是马来西亚糖棕榈，其液汁可制糖和酿酒，髓部可做西米。椰子的白色果肉可食，并可制成蜜饯或糖果，椰汁为可口饮料；花芽则可制酒。枣椰（也叫海枣）也可食用。

palm butter 棕榈油 一种呈固体状的油脂，主要从棕榈仁中压榨而成。
参见 palm kernel oil

palm chestnut 棕榈栗 棕榈植物中一种叫棕榈桃的果实。其果肉较干，呈粉质，在盐水中煮沸后可经发酵制成饮料。种子呈圆锥形；种仁白色，味

似椰子,富含油质,可用于制取烹调用油。

palm heart 棕榈嫩芽 卷叶棕榈的可食嫩茎,可用作凉拌菜的配料,也可以水煮后作为蔬菜食用。参见 cabbage palm

palm honey 棕榈糖浆 智利的一种以浓缩棕榈树汁而制成的佐餐糖浆。

palm kernel 棕榈仁 为原产于非洲的棕榈坚果的果仁,其外果皮和果仁均含有丰富的油分,可用于榨油。也作 palm nut

palm kernel oil 棕榈仁油 从非洲油棕榈籽中提取的一种白色或淡黄色食用油,类似椰子油。主要用于制人造黄油。

palm nut 棕榈仁
参见 palm kernel

palm oil 棕榈油 从棕榈果肉,尤其是油棕榈果实中提取的一种软质油。可用于烹饪或制人造黄油。

palm sugar 棕榈糖 一种粗糖制品,如印度砂糖等。

palm wine 棕榈酒 用棕榈树发酵汁酿成的酒精饮料。主要有枣椰酒等,口味类似啤酒。

palma (Sp.) 优质级 雪利酒的第一等级,并标明该酒是干味的,即不甜的。参见 treble palma

Palmer, Château (F.) 帕玛酒 法国梅多克地区产的一种三苑葡萄酒。

palmetto (It.) 棕榈嫩芽
参见 palm heart

palmier (F.) 嵌面夹心 常以奶油或果酱作馅心。因呈棕榈叶形状而得名。

palmiste (F.) 卷叶棕榈
参见 cabbage palm

paloise, à la (F.) 王宫式
参见 palaise, à la

palolo 沙蚕 一种海生蠕虫。偶尔被捕来食用。

paloma (Sp.) 鸽
参见 pigeon

palombe (F.) 斑尾林鸽 产于法国南方。参见 wood pigeon

palombella (It.) 斑尾林鸽
参见 wood pigeon

palomino (Sp.) 雪利葡萄 西班牙赫雷斯产的一种酿酒用葡萄品种。主要用于酿制雪利酒。

palomita (Sp.) 爆玉米花
参见 popcorn

palourde (F.) 缀锦蛤
参见 clovisse

palta (Sp.) 鳄梨
参见 avocado

paludine (F.) 田螺
参见 whelk

palus (F.) 冲积土葡萄园 指法国波尔多地区加龙河、多尔多涅河和吉伦特河岸的一些肥沃的葡萄园。生产的葡萄有其独特的风味,与山坡地葡萄园不同。参见 cru

pampano (Sp.) 鲳鲹,卵鲹
参见 pompano

Pampelmuse (G.) 葡萄柚
参见 grapefruit

pamplemousse (F.) 葡萄柚,柚
参见 grapefruit

pampringngada (Sp.) 涂油面包片

pan 1. 锅 一种金属或陶瓷的厨房炊具,形状宽圆而浅,上端开口,用来烹调或烤煮食物。参见 frying pan, saucepan 等。 2. 蕉酱 印度尼西亚食品。将槟榔子和酸榴包在槟榔叶中食用。

pan bagnat (F.) 大三明治 以洋葱、莴苣、鳀鱼、黑橄榄、青椒、番茄和硬煮蛋等作配料,佐以醋沙司。将上述配料置于一个对剖的长条面包内,外涂橄榄油食用。

pan gravy 锅煮肉汁 指用少量水煮肉,加入调味料焖煮但未浓缩的肉汁。

pan work 糖球 一种包糖衣的糖果制品。

pana, alla (It.) 佐以奶油的

panaché (F.) 1. 豆类菜肴 尤指菜豆、小白豆和利马菜豆等,常浇以黄油或奶油沙司佐食。 2. 杂色的,多味的 如水果、肉、蔬菜和冰淇淋混合在一起等。

panada 牛奶面包粥 将面包浸入牛奶、肉汤或沸水中变软后食用。也指一种调味面糊，用面包屑加水而成，用作肉franchise或填馅的结合料。

panada bread 面糊面包
参见 panada

panade (F.) 牛奶面包粥
参见 panada

panais (F.) 欧防风
参见 parsnip

panasserie (F.) 花色面包
参见 fancy bread

panata (It.) 奶油面包汤 意大利北部风味。参见 panada

panatela (Sp.) 细长雪茄 一种两端包扎而侧面笔直平挺的哈瓦那式雪茄。

panbroil (Am.) 煎烤 一种烹调方法。用平底锅加少量油脂加热食品，一般不加盖，以保持食品的原汁。

pancake 薄烤饼 用面糊在平底锅上烙成的薄饼，比面包的历史更为悠久。面糊用面粉、鸡蛋、发酵粉、牛奶、脂肪、糖和盐制成。通常与蜂蜜、水果、蜜饯同吃，也可佐以开胃食品。法式薄烤饼浇酱汁或卷馅后，是一种美味佳肴。俄式薄烤饼则以酵母发酵的荞麦面油煎而成。犹太人薄烤饼卷入奶酪和水果，用奶油炸制而成。

pancake skillet (Am.) 煎饼锅

pancalier (F.) 春卷心菜 一种卷心菜品种。原产于意大利米兰附近的城镇 Pancagliere，故名。法国国王路易十六的宫廷园艺师 La Quintine 将其移植到凡尔赛宫，后成为烹调用蔬菜。

pancho-vila (Sp.) 炒白菜豆 一种智利特色菜肴。将白菜豆用油炒后，用洋葱和大蒜做配菜，加与番茄沙司和帕尔马干酪，最后在上面放一只水波蛋。

pandekage (Da.) 薄煎饼
参见 pancake

pandorato (It.) 维罗纳式蛋糕 以面包或蛋糕浸以牛奶和鸡蛋，然后以黄油炸黄即成。

pandoro (It.) 维罗纳式蛋糕
参见 pandorato

pandowdy (Am.) 苹果布丁 一种深盘烤的餐后甜点。用糖、蜂蜜、香料作馅，包入以面粉和蛋白制成的软质面壳内。用苹果酱涂于表面，趁烤熟时热食。也可待冷却后切开食用。

pane (It.) 面包
参见 bread

pane azzimo (It.) 无酵面包 一种未经发酵的硬面包。参见 matza

panecillo (Sp.) 小圆面包
参见 roll

panela 粗黄糖 产于拉丁美洲国家。用于制糖果、饮料和糕点等。

Panerone (It.) 帕内隆尼干酪 意大利伦巴第地方产的一种牛乳干酪。呈圆柱形，重 6—10 千克，含乳脂 45%。

panetière (F.) 1. 填馅面包吐司 常用蘑菇等作馅，以油炸后食用。 2. 面包柜 一种装饰华丽的面包柜，流行于法国乡村。

panetteria (It.) 面包房
参见 bakery

panettone (It.) 节日果子面包 用酵母发酵面团加葡萄干及果皮蜜饯等烤成。为意大利米兰地区的风味。

pan-fired tea 炒青 一种以平锅烘炒的绿茶品种。

panfish (Am.) 煎小鱼 泛指适于平底锅煎的鱼。

panforte (It.) 节日硬面包 用蜂蜜和果仁等作配料烤成。

panfry 煎，爆 在平底锅中用少量油煎，不加盖，依靠食品本身的原汁烹调的方法。参见 fry

panga 腭骨鱼 非洲的一种食用鱼。

paniche (Sp.) 粗红糖
参见 panocha

panicum 稷 早熟禾科植物，又称黍。在欧亚用作粮食；在美洲则用作饲料或鸟食。黍粉可加入牛奶或肉汁中作为早餐食品。

panier (F.) 柳条篮 装有手柄，可用于盛放或摆设食品。但也指制成柳条篮形状的面包。

panisse (P.) 炸玉米粉饼 以鹰嘴豆

和糖作配料的一种点心。

panizze (F.) 栗粉蛋糕 产于法国科西嘉岛的一种地方风味。

panna (It.) 奶油
参见 cream

panne 猪肉膘 尤指用于制血肠布丁用的肥膘。参见 hog's fat

pannekake (No.) 薄煎饼
参见 pancake

pannequet (F.) 法式煎饼 涂以奶油、果酱和其他调味汁,卷起后撒上糖粉或糖浆,再在烘箱内烤成。

pannikin 小锅 泛指金属制的炊具或餐具。

panning 挂糖衣
参见 icing

panocha (Sp.) 粗红糖 产于墨西哥等地。也指一种红糖奶油核桃甜食。

panoufle (F.) 牛腰端肉
参见 sirloin

panpepato (It.) 香料蜜糖面包

panthay khowse (Bm.) 鸡块面条 一种缅甸风味。

pantothenic acid 泛酸 B 族维生素之一。参见 vitamin

pantry 备餐间 与厨房相连或在厨房中另设的一小间,用于存放餐具、食品、配制色拉等。有时也叫冷菜间。

panure (F.) 面包粉
参见 breadcrumb

panurette (F.) 碎饼干屑 用于代替面包粉作食品的外涂料或糕点模的内衬料。有时也可代替龙虾籽作菜肴的点缀。

pão (P.) 面包
参见 bread

pão doce (P.) 甜面包 一种甜味葡萄牙白面包,食时佐以香肠片。19 世纪起传入美国。

paon (F.) 孔雀
参见 peacock

pap 1. 果肉 2. 牛奶面包粥
参见 panada

papa (Sp.) 土豆
参见 potato

papadum 印度饼 用糯米粉或玉米粉做成细条或小丸,再在植物油中炸熟。食时拌以咖喱调味品。

papagallo (It.) 线鳍鲹
参见 roosterfish

papain 木瓜蛋白酶 一种乳状蛋白消化酶,是番木瓜鲜汁中提取而制成的棕色粉末,用于肉类的软化和啤酒的防冻。

papaw 巴婆
参见 pawpaw

papaya 番木瓜 原产于热带美洲的一种乔木果实。形似甜瓜,果肉多汁,呈深黄或橙红色。果实味甜,有强烈的麝香气味,是人们喜爱的早餐水果,也可制色拉、馅饼、果子露和蜜饯等。未成熟的果汁中含有木瓜嫩化剂,可制成肉类嫩化剂和助消化剂。

papboat 船形软食盘 供病人或婴儿盛放食品。

papero (It.) 小鹅
参见 goose

paper-shell (Am.) 薄壳蛋 泛指其他薄壳食品,如薄壳山核桃等。

paper-towel 纸巾 一种卷筒状有孔的吸水纸,厨房必备。

papier dentille (F.) 纸质花边
参见 lace paper

papillon (F.) 蝴蝶形面食
参见 farfalle

papillote (F.) 1. 油纸 烤肉时用于包裹肉块或骨,以使其不相互粘连。**2. 包糖纸** 色泽艳丽的透明纸或金纸,用于包装糖果。

pappa (It.) 粥,面糊
参见 porridge

pappardelle (It.) 宽通心面 常佐以兔肉及浓厚的沙司,作为主食。

pappilan hätävara (Fn.) 奶油浆果糕点

pappy 多汁的
参见 juicy

paprica (It.) 辣椒粉
参见 paprika

paprika 辣椒粉 用辣椒果实制成的调味品,呈红色。含有丰富的维生素 C、辣椒素和油类,可将肉类、腊肠等食品染红。16世纪出现在匈牙利,今天广泛用于西班牙、墨西哥和巴尔干半岛诸国的菜肴中。

Paprika Hühner (G.) 辣子鸡

paprikás (Hu.) 酸奶辣椒菜肴 一种匈牙利地方风味。

pâquerette (F.) 雏菊
参见 daisy

Pâques (F.) 复活节
参见 Easter egg

paradise nut 几内亚胡椒 一种香味辛辣调味料,过去用得很多,现在仅用于搀和入胡椒粉中,而不再纯用。

paraffin 石蜡 食用石蜡是从石油中提炼出来的一种碳氢化合物,呈固体或液体状。过去仅用于瓶装食品的封口,后发现石蜡油不会产生哈味,就广泛加入到食用油脂中作为防变质的添加剂。制造巧克力食品时也使用石蜡。

paraguante (Sp.) 小费
参见 tip

Paraguay tea 巴拉圭茶
参见 maté

paramach (R.) 炸肉饼 一种俄罗斯风味。

parasol mushroom 伞菌 一种可食菌种,大如餐盘,味极鲜美。烤或炸时要迅速,不可多加烹调,以保持其柔嫩的风味。参见 agaric

paratha (Hi.) 脆炸饼 一种印度食品,用不发酵的面团制成薄饼状,用少量油微炸,略呈松脆状即成。

parboil 煮成半熟 一种初步加工过程,指以沸水暂时煮后取出备用,其后续烹调方法为油炸、烘烤等。

parboiled rice 速煮米 也叫蒸谷米。先将大米经过浸泡、汽蒸到半熟程度,然后烘干或碾磨,以增进质地和口味,食时只需冲以沸水即可。

parch 干火烘烤 目的使食品表面烤透干燥。

parchita (Sp.) 西番莲
参见 passion fruit

parchment coffee 干烘咖啡 一种未经去壳的干咖啡豆,经磨碎后可冲饮咖啡。

parer 去皮刀 用于削果皮或蔬菜。

pareve 中性食品 犹太教用语,指次食禁律上规定既可与肉类又可与乳类同食的食品。现代犹太教则指用植物油而不用乳制品制成的烤饼等食品。也有译为素馨菜的。

parfait (F.) 冻糕 以搅奶油、咖啡、多层水果和冰淇淋等制成的一种冷冻甜食。

parfait amour (F.) 爱情利口酒 一种紫红色利口酒。用柠檬、香子兰、丁香和芫荽等调香,味甜,含酒精30%。也作 citron liqueur

parfait glass 冻糕杯 一种窄形的高杯,用于盛冻糕甜食。

parfum (F.) 香味 尤指用于冰淇淋或冷冻甜点的调香料。

paring knife 削皮刀 一种尖刃小刀,用于水果和蔬菜的削皮。

Paris wrapper 巴黎外包叶 一种优秀烤烟品种。

Paris-Brest (F.) 巴黎·布雷斯特 一种皇冠状大杏仁蛋糕,以杏仁酱馅,上撒杏仁碎屑,为巴黎风味点心。

parisien (F.) 巴黎蛋糕 一种中心有孔的环形松软蛋糕。切成几层,中填杏仁奶油,然后叠起,在中心孔中填以糖渍水果,最后上盖蛋白酥即成。

Parisienne, à la (F.) 巴黎式 指以煮莴苣、洋蓟和小土豆丸作配菜,再浇以肉冻、撒上欧芹碎末等作点缀的菜式。

parkerhouse roll (Am.) 帕克面包 以美国波士顿一家叫 Parker House 的饭店命名的异形面包。

parkin 苏格兰燕麦饼 用燕麦粉、黄油和废糖蜜制成,加生姜调味,并经发酵食用。传统在每年的11月5日盖伊·福克斯节食用。盖伊·福克斯(Guy Fawkes)为英国历史上旨在炸毁议会的火药阴谋案的主犯,容貌丑陋可怕,后被处死。

parliament cake 甜姜饼
参见 gingerbread

Parma ham 帕尔马火腿 一种甜味

意大利腌火腿,切成薄片,作为开胃拼盘之一。

Parmentier (F.) 帕芒蒂埃 全名Antoine Augustin Parmentier (1737—1817)。他在路易十六的位期间于1785年将土豆引进法国种植,并创制了许多以土豆作主料的菜肴。他的名字已成为土豆的代称。

parmentier soup 土豆韭葱汤 一般以文火炖煮,加入肉汁经过滤而成。

Parmesan 帕尔马干酪 一种意大利硬干酪,经多年陈熟干燥而成。色淡黄,具有辛辣味,常擦成碎屑作食品调味,用于细条实心面等,有盒装或铁罐装市售。陈熟干酪香味浓郁,可作胃品和饭后小吃,是世界最佳品种之一。

Parmesane, à la (F.) 帕尔马式 指以帕尔马干酪作配料的菜肴。帕尔马在意大利北部。

parmigiano (It.) 帕尔马干酪 以原产地意大利城市Parma而得名。参见Parmesan

parr 幼鲑
参见salmon

parrillada (Sp.) 烤肉,烤鱼

parrocha (Sp.) 小沙丁鱼
参见sardine

parrot fish 鹦鹉鱼 一种隆头鱼。外形美观,色彩艳丽,主要产于地中海水域,可用于煮法式鱼羹。

parsley 欧芹 伞形科二年生植物,原产地中海沿岸,有香味,欧美人取以鲜食或干用。古罗马人曾用作调味和饰菜,1548年传入英国,因香味适中而用于鱼、肉、汤和色拉的调香,也是法式烹调中混合调味香料的主要成分。汉堡欧芹根大,色白,形似欧防风,在欧洲最受欢迎。也叫香芹或洋芫荽。

parsley flakes 干欧芹叶 用于作菜肴的调香料。

parsley jelly 欧芹糖 用欧芹调味的一种胶冻软糖。

parsley sauce 欧芹沙司 以白黄油面酱(roux)加欧芹碎末制成。

parsley wine 欧芹酒 以欧芹根、糖、

橙子或柠檬等发酵制成,香味浓郁。

parsnip 欧防风 一种欧洲草本植物。其根部经栽培后可用作蔬菜,滋味佳,有滋补作用。常磨成碎末拌入黄油或切成细条拌入面糊以油炸成脆饼,或用于酿酒。也可称为金菜萝卜。

Parson Brown 帕森布朗 一种甜橙品种名。

parson's nose 熟鸡屁股 字面含义为"牧师的鼻子"。据说过去牧师比较肥胖,穷人便将他肥大的鼻子称为鸡屁股,以示讽嘲。

partridge 山鹑 雉科小猎禽。有欧洲的灰山鹑、石鹑和亚洲的鹧鸪等。体型短壮;毛色有红、黑、白等,均有复杂的花纹。中亚南部高山的雪鹑则和松子鸡相似。常可用于烤食,是法国名菜之一。

parures (F.) 碎肉 肉经修整后留下的边碎料。

pasa (Sp.) 葡萄干
参见raisin

pascal (Am.) 绿茎芹菜
参见celery

Pascal Blans (F.) 帕斯卡·布兰葡萄 法国的一种酿酒用葡萄品种。

pascal, oeufs en cocotte (F.) 芥末奶油沙司烤蛋

Paschal lamb 逾越节羔羊 犹太教名词。指在以色列人出埃及前夕过第一次逾越节时所宰杀的羔羊。现代犹太人则用烤羊胫骨代替羔羊。参见Pesah

pasha (Tu.) 咖啡利口酒

pashka (R.) 复活节蛋糕 俄罗斯传统食品。以干酪、酸奶油、黄油、糖、干果、果仁等作配料,上点缀樱桃、胡桃仁和糖渍水果等,也是乌克兰的地方特色之一。

passarelle (F.) 麝香葡萄干
参见muscatel

passata (It.) 果酱,果泥
参见jam

Passé l'an (F.) 巴斯朗干酪 其字面含义为可长年储存的干酪。质硬味烈,外表涂以油脂和赭土,产于法国的

朗格多克地区。

passe-plat (F.) 递菜小窗
参见 serve hatch

passe-pomme (F.) 秋苹果 一种烹调用苹果品种。

passer (F.) 1. 过滤 将沙司、汤、肉汁或蔬菜汁通过细布、滤嘴或丝网等,使液体均匀而无杂质的加工过程。 2. 薄煎 将食品用黄油迅速煎很短时间,使其表面结成脆皮,以供继续进行炖煮等。

passera (It.) 鲽
参见 flounder

passerino (It.) 欧洲鲽
参见 plaice

passe-thé 滤茶器 常挂在茶壶嘴上,以滤出茶水。

passe-tout grain (F.) 未选葡萄酒
指葡萄不分颗粒大小或品种就一起混合酿制的一种勃艮第红葡萄酒。尤指用 Gamay 葡萄或 Pinot 葡萄者。参见上述两词条。

passino (It.) 小漏勺 用于过滤咖啡或茶。参见 colander

passion fruit 西番莲 又叫鸡蛋果或日本瓜,为热带美洲产的草本植物果实。成熟后呈紫色或黄绿色,味酸,口味类似桃子或芒果。可用作生食或制成饮料。也作 granadilla

passoire (F.) 漏勺
参见 colander

Passover bread 逾越节脆饼
参见 matza

Passover wine 逾越节酒 犹太教信徒在逾越节饮的一种甜红葡萄酒。

pasta 面食 用硬质小麦粉与温水混合揉成面团,через 模子挤压成带状、线状、管状等特殊形状。也常用菠菜汁染成绿色或用甜菜汁染成红色。也可加入鸡蛋等,作为主食或配菜。面食种类极多,以意大利最为著名。

pasta frolla (It.) 鸡蛋甜酥面 可用作酥面点心。参见 Savarin

pasta primavera (It.) 春季面条 一种美国式意大利面条。由各种通心面、蔬菜和调料制成,其配料中还有南瓜、豆类、芦笋、蘑菇、番茄、欧芹、干酪和黄油等。但在意大利并没有这种名称。

pasta sfoglia (It.) 甜(咸)酥皮点心

pastaca (Sp.) 玉米炖猪肉

paste 1. 油酥面团 用于作酥皮点心或馅饼等。参见 shortening 2. 酱、馅 如肉酱、鱼酱、肉与肝泥酱等,一般经研磨调拌均匀而成。

pasteboard 擀面板
参见 breadboard

pastel (Sp.) 1. 糕点,馅饼 2. 油酥面团 参见 shortening

pasteles (Sp.) 玉米卷 波多黎各风味。用大蕉叶包裹肉糜、葡萄干、橄榄、杏仁、玉米和刺山柑等。参见 conkies

pastella (It.) 面糊
参见 batter

pastèque (F.) 西瓜
参见 watermelon

Pastete (G.) 糕点,馅饼
参见 paste

pasteurisation 巴氏杀菌 一种煮沸消毒过程,由19世纪法国的著名化学家、医生路易·巴斯德(Louis Pasteur 1822—1895)所首创而得名。

pasteurised homogenised milk 巴氏消毒均质牛奶 牛奶经高温消毒后通过一排细孔,使脂肪均匀分布,因而该种牛奶表面不会产生脂肪凝结现象。

pasticcino (It.) 小点心
参见 snack

pastillage (F.) 糖坯 在制蛋糕过程中大量使用的一种装饰料,如蛋糕制成花瓶状,立柱状或圆台状时的填充料。常用糖粉和面粉、胶质加水拌和而成。现在的糕点中用得较少。

pastille (F.) 1. 薄荷止咳糖 2. 软果糖 参见 bonbon

pastille de menthe (F.) 薄荷止咳糖
参见 cough drop

pastina (It.) (放在汤中的)小面食
煮汤用的字母形小面食。参见 alphabet soup

pastis (F.) 茴香酒 一种法国利口酒，用多种茴香作调香料。酒色清绿，但加水后即变成乳白色，可用作开胃酒。参见 Pernod

pastis landaise (F.) 朗德蛋糕 以杏脯为主要配料的一种酒味糕点。产于法国西南地区。

pastitsada (Gr.) 通心面肉馅饼 以番茄沙司佐味。

pastorella (It.) 淡味软干酪 参见 cheese

pastrami 浓味熏牛肉 尤指用肩肉加调味后经烟熏而成。

pastry 酥皮糕点 用面粉、盐、脂肪和少量水混合成粘稠面团制成的食品，可加糖和香料等配料。一般用蒸汽发酵，丹麦式酥皮糕点则用酵母发酵。上述糕点可作西式馅饼、果馅饼的衬底，加入各种肉馅，也可制成新月形、花边形等多种式样。另一种叫油酥，是将面粉与奶油或起酥油搅拌而成。千层酥则是把面团和奶油反复层叠烘烤而成。

pastry bag 裱花袋 一种漏斗状布袋。在袋口套以有各种花纹的金属或塑料裱花嘴，袋中则可放入土豆泥和搅打蛋白等软质混合料，挤出时即成型。可用于糕点等食品的表面涂层装饰。

pastry blender 面团拌和机 一种厨房器具，由变成半圆形的钢丝和木柄组成。外为容器，可用于将脂肪和油酥打入面团中以制成油酥糕点。

pastry brush 糕点刷 用猪鬃制成的一种软刷，用于在糕点、面包和面团上刷上蛋浆或其他配料，然后入炉烘烤。

pastry cream, French 蛋奶馅 以鸡蛋、牛奶、面粉、糖和调料制成的馅料，用于填入蛋糕和点心等。也作 confectioner's custard

pastry crimper 糕点夹 用于夹取各种糕点。

pastry cutter 糕点切刀 一种有边边的铁皮圆环状刀，用于切出各种形状的糕点。

pastry flour 糕点用面粉 一种软质面粉，含面筋较少。

pastry fork 糕点叉 一种四齿尖叉，边缘有刃口，用于取食松软的奶油糕点。

pastry jagger 蛋糕滚花刀 参见 jagger

pastry tube 糕点裱花嘴 参见 pastry bag

pastry wheel 轮状滚花刀 一种有柄小型有齿划轮，用木或金属制成，用于切割糕点或擀薄的面团。被切割的面团边缘有花纹。参见 jagger

pasty 馅饼 用鲜肉、什锦蔬菜或水果作馅的薄壳面团馅饼。原是英国康沃尔郡矿工的食品。

pat 黄油小块 可作为一种副菜或作早餐面包的涂抹料。

pata (Sp.) 鸭子 参见 duck

pataca (Sp.) 菊芋 参见 Jerusalem artichoke

patasca (Sp.) 玉米炖猪肉 一种阿根廷风味。

patata (It.) 土豆、马铃薯 参见 potato

patate douce (F.) 甜薯 参见 sweet potato

patay (Sp.) 角豆粉面团 参见 carob

patchouli 广藿香 产于印度的一种薄荷科植物，用于提取芳香油。

pâté (F.) 法式馅饼 表示两种特殊的制作法。其一叫砂锅肉糜，用肉、野味或鱼与咸肉共煮于椭圆形瓦钵中，不用烤饼，凉吃。另一是硬壳饼，拌入大量调汁热吃，也可用猪肉片、仔鸡、兔肉或蛋作馅。有一种特殊的鹅肝肉糜酱是风靡世界的名菜佳肴，可冷却后切成片，作为冷拼盘食用。

pâté à chou (F.) 泡夫酥面 参见 choux pastry

pâté à la Génoise (F.) 热那亚蛋糕 一种杏仁果酱蛋糕，泛指用多种甜食制成的松软蛋糕。

pâté de campagne (F.) 肉丁酱 用于作各种菜肴的馅料。

pâté de Chartres (F.) 夏特勒鹌鸪肉泥 法国波尔多地方风味。

pâté de foie gras (F.) 鹅肝酱泥 以肥鹅肝和块菌捣碎制成,嵌以肥肉膘。

pâté de Pâques (F.) 复活节馅饼 以猪肉、鸡肉或兔肉拌以硬煮蛋等作馅而成。

pâté de Pèrigord (F.) 佩里戈尔馅饼 以法国佩里戈尔地区特产的块菌作馅制成。

pâté de pigeon à la Languedocienne (F.) 朗格多克式鸽肉糜 以蘑菇、熏肉、鸡肝、橄榄和煎婆罗门参作配料的一种鸽肉菜式。

pâté en boîte (F.) 午餐肉 一种肉糜罐头。参见 luncheon meat

pâté en pot (F.) 羊杂碎汤 一种非常浓腻的汤,其配料有羊肉块、羊杂碎和蔬菜等。

pâté Vendéen (F.) 旺代肉糜 以猪肉或兔肉制成,以产地命名。

patella 帽贝 一种供生食的单壳类口足动物。参见 limpet

patent digest 白兰地酒 俚称。参见 brandy

patent flour 特级面粉 出粉率40—70%的上等面粉,可用于烤制优质蛋糕和面包。

patent still 连续式蒸馏釜 连续重复烈性酒蒸馏过程的酿酒设备。操作以流水线形式进行,一边以蒸汽冷却,并不断排出废汽,用于酿制多种优质粮食威士忌。该设备1830年由Aeneas Coffey发明。

patience (F.) 巴天酸模
参见 patience dock

patience dock 巴天酸模 一种略带酸味的蔬菜。外形似菠菜,口味柔和,烹调方法同酸模。参见 sorrel

pâtisserie (F.) 糕点 总称。参见 pastry

patissière noix (F.) 小牛腿肉

pâtisson (F.) 西葫芦 一种南瓜属食品的总称。参见 pumpkin

Patna rice 巴特那大米 印度恒河河谷产的一种长粒大米,用于煮咖喱饭等。

pato (Sp. P.) 鸭
参见 duck

pâton (F.) (准备烤面包的)面团
参见 dough

patouille (F.) 稀面团
参见 batter

patranque (F.) 牛奶干酪酱 以牛奶、黄油、干酪和面包粉制成的一种浓汁调料。有时待冷却后切成片,以油炸食。参见 truffade

Patrimonio (F.) 巴特利莫尼奥酒 法国科西嘉岛北部巴斯蒂亚附近生产的各种名酒常冠以此名。

patty 泡夫一口酥 以野味、鱼或肉作馅的一种小酥饼。参见 vol-au-vent

pattyshell 馅饼壳皮 一种加油脂的松面团壳,用来填以拌入乳脂的各种馅料。

paua 新西兰鲍鱼
参见 abalone

pauchouse (F.) 白葡萄酒烩鱼块
参见 pochouse

Pauillac (F.) 波亚克 法国波尔多地区梅多克酿酒区名。在这块小范围区域内酿制出世界最好的一些葡萄酒,如 Château Lafite 等。该地又以乳羊羔著称。

paunch 1. 胃,肚子 2. 去除(野兔、家兔的)内脏

paupiette (F.) 薄片牛肉卷 以五香碎肉作馅,裹在薄片牛肉中,经烘烤而成。也作 oiseau sans tête

Pavé (F.) 方形干酪 指两种干酪。其一是法国奥尔良产的羊奶酪,重250克,色白质软,外表有焦黑色。其二是法国诺曼底的牛奶酪,重600—800克,含乳脂50%,色泽棕黄。

pavé (F.) 方块状食品 如牛排、面包片和方蛋糕等,浇以果冻食用。

pavezno (Sp.) 幼火鸡
参见 turkey

pavie 粘核白桃
参见 clingstone

pavlova 巴芙洛娃蛋糕 一种澳大利亚甜食,为纪念苏联著名芭蕾舞演

员,舞蹈家巴芙洛娃而命名。该蛋糕以蛋白酥加新鲜奶油和水果制成,形状酷似芭蕾舞女演员的短裙(tutu),色泽洁白,十分有特色。

pavo (Sp.) 火鸡
参见 turkey

pavot (F.) 罂粟
参见 poppy

pawnhaus (Am.) 煎玉米肉糊
参见 scrapple

pawpaw 巴婆 木兰目番荔枝科落叶乔木,原产美洲。其果实为短圆柱形,形似香蕉,故也可称为假蕉。巴婆果皮薄而光滑;果肉呈淡黄色,富含淀粉,有麝香味,味甜可口。生果肉可制酸辣酱,煮熟后则是西印度群岛居民的一种主食。

Paxarete (Sp.) 帕萨雷特酒 西班牙赫雷斯地方产的一种雪利酒。参见 Xeres

paya 巴雅酒 非洲的一种土制烧酒。

paysanne, à la (F.) 农民式 指以洋葱、芫菁、芹菜、土豆和熏肉作配料的菜肴,一般是鸡或其他家禽。

pazuly leves (Hu.) 匈牙利菜豆汤

pea 豌豆 豆科一年生草本植物,有数百个品种,栽培遍及全世界。其种子可作为蔬菜嫩食或制成做汤用的干豌豆,有时还可以磨成豌豆粉。

pea bean (Am.) 莞豆
参见 navy bean

pea soup 豌豆汤 将干青豌豆煮熟后熬成泥状的一种浓汤食品,常以火腿骨、蔬菜或牛奶作配料。

peaberry 1. 干果仁 类似豌豆的一种圆形果实,可食用。 2. 珠粒 指一荚单粒的圆粒咖啡豆。

peach 桃 蔷薇科小灌木,原产于中国,后传入欧洲。其果实呈淡黄色、外皮有绒状绒毛。味甜多汁。可作蜜饯、果酱和罐头等,也可酿酒。源自拉丁语 persicum,意为"波斯果"。

peach brandy 桃汁利口酒 用成熟的桃子和桃仁酿成,但不是白兰地酒。味甜丰醇,香味充分,含酒精30%左右。

peach leather (Am.) 桃脯 一种蜜饯,以桃肉加糖浸渍后干燥而成。

peach melba 桃子冰淇淋 以梅尔巴沙司调味的一种冰淇淋圣代。参见 melba sauce

peach wine 桃子酒 以桃子、糖、橙子、柠檬和酵母发酵而成。

peacock 孔雀 在中世纪时,孔雀曾是十分重要的一种菜肴,但现在几乎不再食用。其烹调方法同野鸡类食品。

peaked top 面包顶层脱皮 烤制面包的一种缺陷现象。

peal 1. 一批面包 指面包的一次烘烤量。 2. 幼鲑鱼 参见 salmon

peameal 豌豆粉 将干豌豆磨碎成粉末状,用于作某些食品的涂层或馅料等。

peanut 花生 也叫落花生。豆科一年生作物,原产南美热带地区。其果果含有丰富的蛋白质、脂肪、矿物质和维生素。花生仁主要用于榨油、烤花生或盐渍花生,也用于糕点和制花生酱。

peanut brittle (Am.) 花生糖 以炒熟的花生拌入饴糖,冷却后即成。松脆香甜,十分可口。

peanut butter 花生酱 将花生仁炒熟去皮去胚后碾磨成一种酱泥状食品,用作涂抹料或佐餐料。一般有两种:一种为纯花生酱;另一种则拌入花生碎果肉。

peanut oil 花生油 压榨花生果仁所得的一种无色或黄色干性脂肪油。主要用作色拉油、烹调用油和人造奶油等。

pear 梨 梨属果树的果实,呈长圆形,皮色淡黄,有的有斑点。味甜多汁,品种很多。梨除作为水果食用外,还可烘烤、制罐头或蜜饯、作菜肴的配饰和酿酒等。

pear cashew 梨形鸡腰果 一种热带地区产的大鸡腰果。参见 cashew

pear tomato 梨果番茄 番茄的一种栽培品种,因形状似梨而得名。

pearl 珍珠 软体动物(如牡蛎和蚌等)体内产生的有机物质。一般呈圆形,半透明,具有珠光光泽和变彩。色泽以白为主,但也有其它颜色。珍珠具有滋阴、安神、滋润皮肤等功效,为高级滋补食品之一。

pearl barley 珍珠大麦 一种研磨成小圆粒形的大麦,用作炖烩菜肴的配料或汤的增稠料,也可冲成饮料或制成布丁。

pearl hominy (Am.) 珍珠玉米 一种研磨成中等颗粒的玉米。

pearl mussel 珍珠贻贝 指能生成珍珠或珠母的淡水贻贝,俗称珠蚌。

pearl of Csaba 莎巴珍珠 一种酿酒用葡萄品种。

pearl onion 珠葱,珠蒜 一种小葱头,大小如珍珠。产于南欧。广泛用于烹调中作配菜。

pearl oyster 珍珠贝 一种牡蛎品种。
参见 oyster

pearl sago 珍珠西米 一种颗粒状西米。参见 sago

pearl tapioca 珠粒木薯淀粉 经加工制成珠粒状的木薯粉。煮熟时能膨胀,但不变形。

pearleaf crabapple 海棠 亦称花红,一种红色果实。鲜果味酸甜可口,可生食或用于制成罐头。

pearlware 珍珠瓷 一种洁白光滑的上等瓷器。

pearmain 香蕉苹果
参见 White Winter Pearmain

pease (Sc.) 豌豆
参见 pea

pease pudding 豌豆布丁 将豌豆煮烂、滤清,加以鸡蛋,然后放入布袋或模子煮成布丁状食用,加以各种调料。pease 是 pea 的复数形式。

peau de porc (F.) 猪油渣
参见 crackling

pebrada (Sp.) 大蒜酸辣沙司 以胡椒、辣椒、大蒜和醋调制而成。

pecan (Am.) 山核桃
参见 hickory

pecan pie (Am.) 山核桃馅饼 一种开面馅饼,以山核桃肉、黄油、玉米糖浆和鸡蛋作配料制成。

peccary 西猯 偶蹄目西猯科美洲动物。形似小猪,上切牙似矛,耳小无尾,是重要的狩猎野味。背皮下有一臭腺,发出强烈的麝香味似的气味。肉质坚韧,烹调方法同野猪肉。

pêche (F.) 桃子
参见 peach

pêche Alexandra (F.) 冰淇淋糖渍桃子 以草莓酱作点缀的一份甜食。参见 Alexandra

pêche melba (F.) 桃子冰淇淋 用半只桃子填入奶油,放在冰淇淋衬垫上,再浇上草莓汁即成一种冷冻甜食。参见 peach melba

pechuga (Sp.) 家禽胸脯肉
参见 breast

peck 配克 英制干量单位,约等于 8 夸脱。

Pecket 佩克特酒 比利时产的一种蒸馏酒。

Pecorino (It.) 羊乳酪 意大利西西里岛产的一种羊奶酪。重 4—12 千克,含乳脂 40%。该词含义即为"羊"。

Pecorino Romano (It.) 罗马干酪 意大利罗马地区和撒丁岛等地产的一种羊奶酪。质软,色白,重 6—20 千克,含乳脂至少 36%。

pecten 扇贝
参见 scallop

pectin 果胶 存在于植物细胞组织之间的水溶性碳水化合物。商业上用于制造果冻、果酱、柑橘酱和糖果等。其主要原料来自苹果渣和柑橘下脚。极少量果胶就足以使果酸与糖混合液成为果冻。

pediments (F.) 冷盘插件 一种冷盘的装饰方式,常用各种花饰插在冷盘上。现已不用。

Pedro Ximénez (Sp.) 佩德罗·西梅内茨葡萄 也叫大金粒葡萄。原产于德国,后引种到西班牙的阿尔科斯·蒙蒂拉和马拉加等地大量种植。酿成的同名葡萄酒常用来调配雪利酒,味甜醇香。在南非、澳大利亚和美国的加利福尼亚也有种植。

Pedroches (Sp.) 佩特罗希干酪 西班牙安达卢西亚地方产的一种羊奶酪。重1.5—2.5千克,含乳脂52%。

peel 1.**果皮** 新鲜蔬菜或水果的外皮,或指蜜饯果皮。但一般指经切削后丢弃的外皮或果皮。 2.**长柄面包铲** 供从烤炉中取出面包用的一种长柄铲形工具。

peel oil 果皮香油 尤指柑桔皮榨出的油,用作食品与饮料的调香剂。

peeler 1.**(水果)削皮机** 2.**(香肠)去肠衣机**

peeling 外皮,果皮
参见 peel

peento 蟠桃
参见 flat peach

peigne (F.) 果胶
参见 pectin

peixe (P.) 鱼
参见 fish

pejapalo (Sp.) 黑线鳕
参见 haddock

pejerrey 南美银汉鱼 一种重要食用鱼,体型大,外表似鲭鱼。

Peking 北京鸭 一种著名肥育鸭,毛色纯白,用作北京烤鸭。

pekoe 白毫 也叫香红茶,一种高级中国红茶。从小枝茶树上摘取的头批三片嫩叶,经筛选烘炒而成。大小一致,香味芬芳。有时也指印度与斯里兰卡的优质红茶。

pelamis (F.) 狐鲣
参见 bonito

Pelardon (F.) 佩拉唐干酪 法国朗格多克地方产的一种羊奶酪。重80—120克,含乳脂45%。

pelican 塘鹅 学名鹈鹕,为一种有蹼水禽,喙下方有一袋形斗。肉质粗而肥腻,但可食。

pelletica (It.) 次肉 指带筋的肉,烹调时要除去筋腱等。

Pellkartoffel (G.) 带皮煮的土豆
参见 jacket potato

pelmeny (R.) 馅饺
参见 dumpling

pelure (F.) 果皮,菜皮 指可供食用的修整果皮,如蘑菇或块菌的碎料等。

pemmican (Am.) 干牛肉粉饼 用干肉粉压缩后加入融化的油脂成为一种浓缩食品,供旅游者食用。源自北美洲的一种印第安食品,现在也泛指任何市售的浓缩汤料。

penang 槟榔果
参见 areca nut

Penedès (Sp.) 佩内达斯 西班牙东北部巴塞罗那省的产酒区,滨地中海。大量酿制各种普通佐餐葡萄酒以及发泡葡萄酒。

penguin 企鹅 南极洲的一种海水禽类,偶可食用。

penguin egg 企鹅蛋 企鹅产的蛋类,其口味与质地均同鸸鸟蛋相似。
参见 plover

pénide (F.) 半透明饴糖 与透明的普通饴糖不同。参见 barley sugar

penne (It.) 短通心面 呈斜圆柱形,中空,常用于烘烤。

pennini (It.) 短通心面 比 penne 更短小,其形状和作用相同。

pennyroyal 唇萼薄荷 欧洲的一种多年生薄荷。含有刺鼻的挥发性油脂,用于提取各种香料油。

penuche (Sp.) 奶油软糖 通常用红糖、黄油、果仁、牛奶或乳脂制成。

pepato 辣味干酪 意大利西西里岛产的一种干酪,以牛奶或羊奶制成,拌入辣味香料。

pepe (It.) 胡椒,胡椒粉
参见 paprika

peperonata (It.) 番茄葱头炒辣椒

peperone (It.) 辣椒
参见 pepper

pepino (Sp.) 茄黄瓜 尤指产于秘鲁的一种多汁黄瓜。参见 cucumber

pepita (Sp.) 咸味南瓜子 一种加有多种香料调味的小吃食品。

pepolino (It.) 百里香
参见 thyme

pepper 1.**辣椒** 也称庭园椒,一种茄科植物,富含维生素A及C。产一种可食的红、绿或黄色浆果,可用作调味料或蔬菜。品种很多,有五色椒、朝天椒、灯笼椒和牛角椒等。 2. 胡椒 一种刺激性强的植物果实,常晒干磨成粉,用作调味料。

pepper box 胡椒粉瓶 一种顶端有若干细孔的小瓶或小盒,供餐桌上盛放胡椒粉等调味品。

pepper corn 干胡椒籽 未经磨碎,因而香味优于胡椒粉,用于汤、烩菜、泡菜的调香。

pepper mill 胡椒磨 用于磨碎胡椒籽的手磨。

pepper oil 胡椒油 一种有胡椒香味,但无刺激性的挥发油。取自胡椒籽,用于调味。

pepper pot 1. 红辣椒炖肉 西印度群岛风味。一种以蔬菜、鱼、牛肉、牛肚等为配料,加入木薯调味酱制成一种浓汤状食品,味极辣。 2. **胡椒瓶** 参见 pepper box

pepper sauce 酸辣沙司 将小辣椒浸泡在食用醋内,切碎后存放于玻璃瓶中,用作调味料。

pepper shaker (Am.) 胡椒粉瓶 参见 pepper box

pepper steak (Am.) 辣椒牛排 用青椒、洋葱、番茄加酱油一起烹煮而成。

peppergrass 独行菜 与水芹相似,用作调味料。参见 cress

peppermint 胡椒薄荷 俗称薄荷,多年生草本植物。普遍用作调料,干制后常用于糖果、甜点、饮料、色拉和其他食品的调味。薄荷有浓郁而略甜的香味,回味清凉,微辛辣。以薄荷制成的精油是高级调香料,有挥发性,是糖果、口香糖和牙膏等的重要配料之一。

peppermint glacial (Am.) 薄荷甜露酒

peppermint humbug 薄荷丝光糖 用朗姆酒、糖浆、黄油、辣味黄油和薄荷油制成的糖果,有条纹状花饰。也作 humbug

peppermint oil 薄荷油 从薄荷叶和花尖制得的一种具有薄荷香味的无色或淡黄色香精油,用于食品与饮料调味。

peppermint spirit 薄荷烧酒 用薄荷叶片作香料的蒸馏酒,酒色暗绿。

peppernut (Am.) 辣味糖 一种圣诞甜食,由甜面团加辣味香料制成。

peppery lactarius 乳蘑 一种滋味可口的白色食用蘑菇。也作 peppery mushroom

peppery mushroom 乳蘑
参见 pappery lactarius

Pepsi Cola 百事可乐 美国的一种著名可乐类饮料,与可口可乐齐名。参见 Coca Cola

pepsin 胃蛋白酶 从脊椎动物的胃液中提取的一种生物酶可用作助消化剂。

pequeno almoco (P.) 早餐
参见 breakfast

pera (It.) 梨
参见 pear

perch 鲈鱼 欧洲产的一种淡水鱼,著名的食用鱼之一。肉肥味美,肉质坚实。鲈鱼必须随捕随烧,以黄油炸,用肉汁和白葡萄酒烩以及扒烤等烹调方法为主。

perche (F.) 鲈鱼
参见 perch

perche goujonnière (F.) 梅花鲈
鲈鱼品种之一。参见 perch

perchette (F.) 幼鲈鱼 通常油炸后食用。参见 perch

perciatelli (It.) 细通心面 呈圆筒状,比 mezzani 略细,常用水煮。

percolateur (F.) 渗滤咖啡壶
参见 percolator

percolator 渗滤咖啡壶 使沸水二次流过盛有磨碎咖啡的有孔筛筒,将咖啡汁渗出的一种煮咖啡壶。参见 espresso

perdiz (Sp.) 鹧鸪
参见 partridge

perdiz blanca (Sp.) 白松鸡
参见 grouse

perdreau (F.) 小山鹑
参见 partridge

perdreau à la catalane (F.) 加泰罗尼亚式烩山鹑 以胡椒和苦橙作主要

配料。加泰罗尼亚在西班牙东北部。

perdrix (F.) 山鹑鸪
参见 partridge

père tranquil, potage du (F.) 莴苣浓汤

perejil (Sp.) 欧芹
参见 parsley

perelada (Sp.) 上等西班牙发泡酒

perfume 香精 由某些芬芳物质按适当比例混合的产品。一般取自动植物原料的称天然香精；而经化学合成的称合成香精。常制成酒精溶液，用于食品、饮料、酒类的调香。

perico (Sp.) 1. 小杯牛奶咖啡 2. 宿醉 参见 hangover

Périgord (F.) 佩里戈尔 法国南部多尔多涅省一部分，以块菌和肥鹅肝酱著名。此外，有一种深色葡萄酒，有轻微泥土味也很有名。

Périgourdine, à la (F.) 佩里戈尔式 指以鹅肝酱和块菌作配菜的。参见 Périgord

perilla oil 紫苏油 从亚洲产的紫苏植物种子中得到的一种淡黄色干性油，在远东国家常用作食用油。

perique (Am.) 上等黑色烟草 产于美国路易斯安那州。性烈，含有粘性胶质纤维，主要用于混合成板烟丝。

periwinkle 滨螺 腹足类海产螺类，分布于全世界沿海浅水区域。壳厚而坚，肉味鲜美。也叫蛾螺或油螺。

Perlan 佩尔仑酒 瑞士西部日内瓦州产的一种发泡干白葡萄酒。有浓郁水果香味。

perlant (F.) (酒)有少量气泡的
参见 sparkling wine

perlé (F.) (酒)有少量气泡的
参见 sparkling wine

Perlgraupe (G.) 珍珠大麦
参见 pearl barley

Perlwein (G.) 珍珠酒 卢森堡产的一种发泡葡萄酒。

pernice (It.) 鹧鸪
参见 partridge

pernil (Sp.) 猪腿、肘子

Pernod (F.) 绿茴香酒 法国产的一种黄绿色干利口酒。用茴香代替有毒性的苦艾，加水稀释后，酒呈乳白色，含酒精45%。参见 absinthe

Perrier (F.) 佩里埃矿泉水 法国著名天然矿泉水，无色无味，著称于世。

perroquet de mer (F.) 鹦鹉鱼
参见 parrot fish

perry 梨子酒 将梨子经压榨取得的梨汁发酵和蒸馏酿成的梨子烧酒，有经人工压入气体成为发泡酒。主要产于英国。参见 cider

persane, à la (F.) 波斯式 指以炸茄片、洋葱圈、甜椒和番茄作配菜的羊排菜肴。

Persian lime 波斯酸橙 一种淡黄色卵形酸橙，以产地命名。波斯为今伊朗的古称。

Persian melon 波斯香瓜 一种球形香瓜，也叫波斯柑橘。外表呈绿色，瓜肉桔黄色，以冷冻食用最佳。

Persian walnut 胡桃
参见 English walnut

persicot (F.) 桃仁甜酒 以白兰地、杏仁、核桃、糖和香料配制而成。

persil (F.) 欧芹
参见 parsley

persillade (F.) 欧芹沙司 以切细的欧芹末、大蒜末拌以油和醋，作为佐食冷牛肉片的调味汁。

persillé (F.) 香芹干酪 一种法国干酪，拌有香芹末，并带有绿色霉斑。产于萨瓦省，平均重1—8千克。

persimmon 柿 柿科乔木圆形果实，可食。原产于中国和日本，19世纪传入法国和地中海地区。果肉黄色或红色，外形似番茄，含有维生素A和C。有些品种较涩口，但大多数味甜可口。柿可做餐后水果，用于佐食利口酒，也可炖食或制果酱。

persimmon cake 柿饼 柿子经脱水后加工的食品，味甜不涩口。

Pertsovka (R.) 潘佐夫卡酒 俄罗斯产的一种辣椒伏特加酒，色泽棕红，味极辣，含酒精35%。饮时有闪电般感觉，据说能医治胃部疾患。

peru (P.) 火鸡

参见 turkey

Pesah 逾越节 犹太教三大朝圣期之一,以纪念其举族出埃及前往迦南,在以色列为 7 天。该节日期间最先举行逾越节家宴,共进有象征意义的食物,并食用一种无酵饼。参见 matza

pesca (It.) 桃子
　参见 peach

pesce (It.) 鱼
　参见 fish

pèse sirop (F.) 糖度汁
　参见 saccharometer

pestle 杵,碾槌 一种研磨食品的工具,与 mortar 相配。

pesto (It.) 绿色沙司 由新鲜香草、大蒜和橄榄油制成,作为意大利实心面条的调味佐料。为热那亚特色风味之一。

pet de nonne (F.) 脆蛋奶酥
　参见 soupir de nonne

pétéran (F.) 烩羊肚 以火腿片和羊蹄作配料,加入较多的葡萄酒烩成。为法国西部风味。

Peter's cress 海蓬子
　参见 samphire

Petersilie (G.) 欧芹
　参见 parsley

pétillant (F.) (酒)发泡的 酒类术语。指泡腾程度不及香槟的轻度发泡酒,而且不是天然发泡酒。

petit(e) (F.) 小的 在食品业指质量相对来说较差的。

Petit Bessey (F.) 小贝西干酪 法国波旁地区产的一种牛奶酪,重 250 克,含乳脂 45%。

petit four (F.) 奶油小点心 往往在餐末食用的一种甜食或作早茶及午后茶点。食时佐以罐头水果等。也作 petits fours

petit gris (F.) 栗色小蜗牛
　参见 snail

petit pain (F.) 小圆面包
　参见 roll

petit pot (F.) 小锅 一种上菜用金属锅,可一边加热一边装盘。

petit poussin (F.) 嫩童子鸡 常用于油炸,嫩炒和扒烤等。

petit salé (F.) 咸牛肉 或烤咸牛肉卷。口味适中,并不很咸,但肉精而不肥。

petit-beurre (F.) 奶油甜饼干

petit-dejeuner (F.) 早餐
　参见 breakfast

Petit-Suisse (F.) 小瑞士干酪 法国诺曼底地区产的一种浓腻的淡味全脂干酪,呈小圆柱形,含新鲜奶油 20%。

petite bière (F.) 淡啤酒
　参见 pale ale

Petite Bouschet (F.) 北塞魂 一种酿酒用葡萄品种名。

Petite Champagne (F.) 小香槟 法国科涅克地区生产的一种白兰地酒,常与其他地区产的白兰地酒调配后出售,以获得所需要的口味。但不是香槟酒。

petite duchesse (F.) 王妃甜点
　参见 duchesse

petite gruyère (F.) 小格吕耶尔干酪 外裹铝箔的一种小干酪。参见 Gruyère

petite marmite (F.) 小砂锅菜 以牛肉汤、瘦牛肉、牛骨髓、炖煮蔬菜、卷心菜心等装入砂锅焖煮而成的一种浓汤类菜肴。食时撒以干酪屑。参见 marmite

Petite Syrah 小萨拉葡萄 一种酿酒用葡萄品种,产于美国的加利福尼亚。主要用于酿制各种香味郁浓、酒体坚实的葡萄酒,色泽红、白均可。可能来源于法国罗讷河的葡萄品种 Duriff。

petite-oie (F.) 家禽下水 指家禽的头、爪、内脏等。

petits-pieds (F.) 小鸡禽 指园莺、云雀、鹬等一些小鸟,常用于烤食。

pétoncle (F.) 小扇贝
　参见 scallop

petrin (F.) 和面槽
　参见 kneading-trough

pets-de-donne (F.) 油炸馅饼
　参见 fritter

petticoat tails (Am.) 小油酥 由苏格兰人在美国的后裔烤成的一种甜

点。源自法语 petits gateaux，但错读为现名，并将该油酥制成裙边的形状，以求有名有实。

pettitoes (Sc.) 猪脚爪
参见 trotter

petto (It.) 胸脯肉
参见 breast

petune 烟叶加香 将烟叶浸入或喷洒由优等烟草梗制成的浓浸出液，以提高烟叶的香味。

pevera (It.) （装酒用）漏斗
参见 fennel

pewter work 白镴制品 俗称镴器。是由金属锡、锑和铜组成的一种合金。表面呈蓝灰色，可永久保持光亮的色泽，用于制造各种酒具和餐具。其外观效果可与银质器皿媲美，但由于含有少量的金属铅，故现逐渐被淘汰。因铅不但有毒性，而且容易使容器迅速变黑。

peychaud's bitters 苦精 一种苦味饮料，与安古斯吐拉相似。参见 angostura

pez (Sp.) 鲜鱼
参见 fish

Pfanne (G.) 长柄煎锅
参见 frying pan

Pfannkuchen (G.) 果酱煎饼 用鸡蛋、面粉、白糖、牛奶做成，用果酱作馅，然后以深油锅炸成。

Pfeffer (G.) 胡椒
参见 pepper

Pfefferkuchen (G.) 姜饼 圣诞节特制的一种糕点，常制成小房子形状，是德国的一种传统食品。

pflutten (F.) 粗粉汤团 杂以土豆，以油炸食。为法国阿尔萨斯风味。

phacochère (F.) 疣猪
参见 warthog

pheasant 雉 俗称野鸡，是原产于小亚细亚地区的一种野禽，被美食家视为珍馐佳肴之一。

Philadelphia ice cream (Am.) 费城冰淇淋 用香味乳脂制成，不用鸡蛋和其他增稠剂。费城为美国宾夕法尼亚州港市。

Philadelphia pepper pot (Am.) 费城烩肚 常加入肉和面饺等作配料。源自美国 1778 年独立战争时乔治·华盛顿部队中的一位厨师按其故乡费城方法烹制的菜名。

philernum 法来诺酒 西印度群岛产的一种利口酒。在意大利被拼写成 falernum，并以该名著称于世。

phoque (F.) 海豹
参见 seal

phosphate 磷酸汽水 一种含有少量磷酸的水果汽水。

phosphatide 磷脂 存在于动、植物细胞中含有磷的油脂，有营养价值，是很好的乳化剂。食品工业中广泛用于制糕点和糖果等。

phosphoric acid 磷酸 一种无机化合物，为透明的晶体，呈酸性，在空气中容易潮解。用于作充气饮料等的增酸剂。

phosphorus 磷 构成人体骨骼的元素之一。食品中也有一定含量，尤其是蛋黄和麸皮等。参见 phytic acid

phylloxera 根瘤蚜 一种危害葡萄根瘤的小虫。19 世纪曾从欧洲蔓延到北美洲，几乎使全世界的葡萄园濒于消灭。后经采用抗病害的杂交葡萄苗木使世界酿酒业重新复苏。

physalis 灯笼果
参见 alkekenge

phytic acid 植酸 存在于麸皮、谷粒外层、豆类、杏仁和巴西果等食品之中。含有磷等无机元素。

piballes (F.) 幼鳗
参见 eel

pibilpollo (Sp.) 烤鸭
参见 roast duck

pibronata (F.) 辣椒番茄沙司 产于法国科西嘉岛的特色调味沙司。

picadillo (Sp.) 肉杂碎
参见 hash

picardan (F.) 皮卡尔丹葡萄 法国下朗格多克地区产的一种酿酒用葡萄品种，用于酿成同名玫瑰香白葡萄酒。

picarel (F.) 棒鲈 欧洲产的一种小

淡水鱼，尤产于地中海水域。烹调方法同鳀鱼。

picatoste (Sp.) 烤面包片
参见 crouton

picaut (F.) 火鸡 法国诺曼底地区的名称。参见 turkey

piccalilli 什锦酸辣菜 俗称芥辣菜。以洋葱、花菜、卷心菜、黄瓜、番茄和香料等浸腌在芥末沙司中而成。

piccione (It.) 1. 鸽子 2. 牛腿肉

Piccolit (It.) 皮科利特酒 意大利产的一种深草黄色甜味芳香餐后酒。产地靠近南斯拉夫与奥地利边境。含酒精13—14%。

Pichelsteiner (G.) 蔬菜炖牛肉 常以胡萝卜、土豆和其他蔬菜为配料炖成。

pichet (F.) 有柄小口酒壶 通常用来盛家酿酒，可除去酒的沉淀。一般用陶瓷制成。

pichola (Am.) 辣味烩肉 以新鲜猪肉、番茄、洋葱、辣椒和玉米烩成。美国亚利桑那州风味之一。

picholine (F.) 青油榄 一种大粒橄榄，用作开胃拼盘配料。

Pichon Longueville,Château (F.) 比尚·朗格维尔酒 法国梅多克产的二苑红葡萄酒，酒牌为 Pauillac。

Pickent (G.) 油炸荞麦饼 德国威斯特伐利亚风味，以土豆作配制成。

pickerel 美洲狗鱼 狗鱼科几种北美鱼类的统称。体型较小，有鳞，可食用。参见 pike

pickle 酸泡菜 也指用于浸渍酸菜的香料加盐的水和醋等。参见 Sauerkraut

pickle fork 酸菜叉 一种两齿叉，用于取食酸泡菜等。

pickled cabbage 酸菜 将白菜或卷心菜经发酵盐腌而变酸的菜，一般作为开胃品或佐餐用的酱菜。

pickled egg 醋蛋 以硬壳蛋连壳浸入醋中，若干天后蛋壳软化可食。对人体有一定药效。

pickling cucumber 酸黄瓜 一般由一些表面光滑、个儿小、外形比较一致而适于醋渍的黄瓜经浸渍而成。

pickling spice 醋渍用香料 以丁香、肉桂、五香果、芫荽、芥和胡椒等香料混合而成，用于醋渍蔬菜或水果。

pick-me-up 提神饮料 一种适于清晨饮的混合酒。用白兰地作基酒，常加一个生鸡蛋。

pickpurse 荠菜 一年或多年生草本植物，叶子有羽状分裂，叶片有缺刻。嫩叶绿色，可作为蔬菜食用，有利尿、解热和止血作用，味香可口。

picnic 1. 野餐 在海边、林中和乡间进行的餐饮活动。 **2. 猪前腿肉，猪肩肉** 一种去骨前腿肉，经熏制而成火腿。

picnic biscuit 野餐饼干 一种小而甜的饼干。

picnic hamper 野餐篮 用于盛放食品、饮料、刀叉、餐具、酒杯和餐巾等。

Picodon de St. Agrève (F.) 圣阿格里夫干酪 法国朗格多克地区产的一种羊奶干酪。外皮呈浅蓝或黄色，有干果味，重80—100克，含乳脂45%。

picoussel (F.) 猪肉糜
参见 pâté

picpoule (F.) 比格布尔酒 法国朗格多克和普罗旺斯等地酿的一种红葡萄酒，也指酿制该酒用的葡萄品种。

picton herring 澳大利亚沙瑙鱼
参见 sardine

pie (F.) 喜鹊
参见 magpie

pie 西式馅饼 一种焙烤食品。将发面皮铺衬在浅容器中，加入甜味或咸味的馅，上盖面皮，烘烤到面皮松脆而成。美国家庭传统是苹果馅饼，常以苹果、蛋奶冻之类为馅，也有核桃馅饼、南瓜馅饼、柠檬馅饼等。英国馅饼为猪肉、野味和小牛肉。果馅饼比油酥糕点松酥；另有一种方形敞露大果馅饼是用活底平锅放在烤板上制成的。西式馅饼有时俗称为"攀"。

pie crust 馅饼酥皮
参见 abaisse

pie pan 馅饼烤盘 一种圆形浅盘，供烤馅饼用。

pie plate 馅饼烤板 一种呈扁平形状的浅烤盘。参见 pie pan

pie shell 馅饼壳 一种不发酵的烤制硬ці壳,供填入各种馅料。

piece 1. 酒桶 容量为250升左右。 2. 菠萝小块 一种菠萝圆片的八分之一。

piece montée (F.) 餐桌中央装饰
参见 epergne

pie-crust mix 酥皮粉 一种配制好的粉状食品,经加水即成为酥面团。

pie-grièche (F.) 伯劳
参见 shrike

pied (F.) (猪、牛、羊)蹄
参见 trotter

pied-au-cheval (F.) 大牡蛎
参见 oyster

pied-de-mouton (F.) 食用菌 俗称。参见 fungus

Piedmont 皮埃蒙特 意大利西北部大区,农业生产十分发达。平原产小麦、稻米,也产牛奶和干酪。波河南岸丘陵区以生产全国最优秀的葡萄酒著名。

pieds et paquets (F.) 小牛蹄与填牛肚 佐以葡萄酒及番茄沙司等配料。

Piémontaise, à la (F.) 皮埃蒙特式 指以炸肉丸、米饭、块菌丝、蘑菇、火腿、卤舌等制成的鼓形馅饼作配菜,佐以番茄沙司。皮埃蒙特在意大利北部。

pieplant 大黄
参见 rhubarb

pier-n'-steer (Am.) 牛肉海味拼盘
参见 surf-n'-turf

Pierry (F.) 皮埃利葡萄园 法国埃佩尔奈山坡的著名葡萄园,产各种优质香槟酒。

Piesporter (G.) 比斯博特酒 德国摩泽尔地区产的一种轻质干白葡萄酒,以新酿酒为最佳。

pig 1. 猪 2. (Am.) 猪肉
参见 pork

pig between sheets (Am.) 火腿夹心面包

pig's bladder 猪膀胱 经仔细洗净后吹干,可用于填肉香肚的外层肠衣。

pig's cheek 猪颊肉 常用于盐腌或醋渍。参见 Bath chaps

pig's feet 猪蹄,猪爪 尤指煮熟后再经腌制而成,被视为一种美味食品。

pig's fry 猪内脏 包括心、肝、肠和其他下水,可用于炖、炸和用砂锅烧等。

pig's knuckles (Am.) 烟熏腿肉 也作 bacon hocks

pigeon 家鸽 品种很多,尤指肉用家鸽。营养丰富,滋味鲜美,为菜中的珍品。一般烹调方法有烤、焖和制成鸽肉糜等。

pigeon pea 木豆 一种圆形的菜豆品种,颗粒小,嫩绿时可生食,但通常食用干豆。色泽棕黄,有灰色斑点,常制成罐头。为西印度群岛常用食品之一。

pigeonneau (F.) 小鸽子
参见 pigeon

pigfish 猪鲈
参见 triggerfish

piggvar (Sw.) 菱鲆
参见 turbot

pignatelle (F.) 小蛋奶酥
参见 custard

pignon (F.) 松仁
参见 pinenut

pignut 1. 山核桃 参见 pecan 2. 花生 参见 peanut

pigs in blankets 串烤肉片 将牡蛎、鸡肝、西红柿和腌猪肉薄片用扦子串起,经嫩煎或烘烤而成。

pigwash 泔脚 指餐厅等的剩菜残肴,因通常作为猪的饲料而得名。但该词常用来泛指一些质量低劣的酒或咖啡等饮料。

piirakka (Fn.) 黑麦馅饼

pike 狗鱼 鲑形目淡水鱼类的统称。体形长,鳞小,头长。其中白斑狗鱼可长达1.4米,重约20千克。主要产于北美和欧洲,是重要的食用鱼之一。

pikelet 发面饼 美国的一种传统圣诞节食品。形状为圆形,用铁盘烙烤而成。

pikelet's crush 烤脆面饼
参见 crumpet

pike-perch 梭鲈 产于欧洲中部和东部的一种梭鱼科鱼类。肉色洁白鲜嫩,松散,味美。烹调方法同鲈鱼。

piki (Am.) 薄页玉米饼 美国西部印第安人的一种地方风味。

pilaf(f) 菜肉烩饭 流行于印度、伊朗和其他中亚地区的一种民族风味食品。在大米饭中掺以鲜肉、蔬菜,用黄油煎后加入汤用手抓而食用。其他配料还有羊胸腺、鸡肝、鸡腰、虾、贻贝和各种调味香料。

pilau (F. It.) 肉菜烩饭
参见 pilaf

pilchard 沙丁鱼
参见 sardine

pilco (Sp.) 皮尔科 一种用豆角、嫩玉米和南瓜做的智利风味菜肴。

pile s kesteni (Bu.) 粟子烤鸡

pilet (F.) 针尾松鸡
参见 pintail

pilfer proof cap 扭断式螺纹盖 一种铝皮酒瓶盖。开启时只需将四周的刻痕在旋转中扭断,其上盖即成为普通的螺旋盖。以发明者命名。

pilgrim shell 酒香扇贝
参见 coquille Saint Jacques

pili nut 比列橄榄 橄榄科一种植物的坚果,特别是菲律宾橄榄。果实长6厘米,呈三角形,有坚硬的外壳。其果肉可食,味似扁桃,含有丰富的脂肪。其甜味的油可用于制糖果,而烘烤后的坚果粉则可作巧克力的添加料。

piloncillo (Sp.) 小糖块
参见 sugar

pilot biscuit 航海饼干
参见 captain's biscuit

pilot burner 引火 大煤气灶的炉膛内有一个小的煤气点火口,通常从不熄灭,以备随时点燃大煤气灶用。

pilot fish 柱形白鲑 与鲭鱼同属的一种鲑鱼,烹调方法也可与鲭鱼相同。
参见 mackerel

Pilsen 比尔森啤酒 捷克的一种著名淡啤酒,口味爽冽,以产地命名。该词也指一种高圆锥形啤酒杯,容量在10盎司左右。

Pilsner (Cz.) 比尔森啤酒
参见 Pilsen

Pilz (G.) 蘑菇
参见 mushroom

Piment (G.) 多香果
参见 allspice

piment (F.) 辣椒
参见 pepper

pimenta oil 多香果油 从多香果中提取的一种香精油,呈黄色或淡褐色,具有刺激味。常用于烹调中作调香油。

pimento 多香果辣椒 一种小辣椒,味极辣。产于非洲几内亚等地。

pimento cheese 辣椒干酪 一种加有辣椒粉的瑞士干酪,用切德干酪或纳沙特尔干酪作基料制成。

pimiento (Sp.) 西班牙甜椒 一种圆锥形粗短辣椒品种,原产于西班牙。有特殊的甜味和淡香,烹饪中常用作菜肴的饰配或填馅。

pimiexo (Am.) 加州辣椒 主要用于磨辣椒粉。产于美国的加利福尼亚,故名。

Pimm's Cups 皮姆利口酒 英国的一种有百年历史的利口酒。一般不供纯饮,常掺入柠檬汁而调成鸡尾酒饮用。

pimpon (C.) 苹婆果 也叫凤眼果,可作水果食用。产于中国的广东。

pimprenelle (F.) 地榆 一种苦味生菜,用于凉拌。参见 burnet

pin 1. 啤酒桶 英国酒桶。容量为4.5加仑,约合20.46升。 2. 擀面杖 参见 rolling pin

piña (Sp.) 菠萝
参见 pineapple

piña colada (Sp.) 菠萝朗姆酒 一种高杯饮料酒。由朗姆酒作基酒,混入椰子汁和菠萝汁,加入冰屑调和即成。

pinang 槟榔果
参见 areca nut

Pinard (F.) 比纳葡萄酒 法国产的一种佐餐用红葡萄酒。

pinbone steak (Am.) 腰肉牛排
参见 sirloin steak

pince (F.) 1. (虾、蟹)螯 2. 夹子, 钳子

pincer (F.) 炸黄 指蔬菜或肉先放入黄油中炸至微黄, 然后再加入汤料的烹调方法。

pinch 一捏, 一撮 用食指与拇指所撮捏出的极少量盐或调味品。

pine mushroom 松蕈 蕈的一种, 菌伞呈盖形, 底部为管状。生长在松林中, 可供食用。

pine seed 松仁
参见 pinenut

pineapple 菠萝 也叫凤梨。原产于热带南美洲, 现广泛种植于世界各热带、亚热带地区。果实多肉, 味极甜, 多汁, 常生吃或用作甜食、冷饮和酿酒等。

pineapple cheese 菠萝形干酪 英国切德干酪之一。因外皮切成菠萝状花纹而得名。参见 cheddar

pineapple stick 菠萝条 用于鸡尾酒或凉拌色拉等的配饰。

pineapple surprise 菠萝凉拌 将整只菠萝挖空, 放入菠萝果肉碎块、草莓和其他水果块, 一同上桌。作为一份甜食。

Pineau (F.) 皮诺葡萄酒 法国夏朗德地区产的一种甜白葡萄酒。也指该种葡萄品种, 粒小味甜。也作 pinot

pinée (F.) 腌鳕鱼干
参见 cod

pinenut 松仁 也叫松子或雪松子, 一般为欧洲五针松的果实。颗粒小如黄豆, 稍细长, 常在炒熟后代替杏仁等作为糕点的配饰料。

Pinga (P.) 平格酒 巴西产的一种朗姆酒。以甘蔗或糖蜜作原料, 含酒精40%。参见 rum

pingouin (F.) 企鹅
参见 penguin

pink 鲤科小鱼 或指刚孵化的小茴鱼或小鲑鱼等。

pink gin 午后金酒 一种由杜松子酒和苦味汁配制而成的混合饮料。参见 Plymouth gin

Pink March 汤普森葡萄柚
参见 Thompson grapefruit

pink salmon 细鳞大麻哈鱼
参见 humpback salmon

pink sauce 粉红沙司 一种用以佐食虾肉类菜肴的调味沙司。以番茄酱、蛋黄酱、大蒜、洋葱、糖、辣酱油和辣椒粉等为配料制成。

pink sauerkraut 发红的酸泡菜 泡菜变质而引起的一种色变现象。

pink wine 桃红葡萄酒
参见 rosé

pinoccata (It.) 松子蛋糕

pinolate (Sp.) 面茶 玉米炒面加糖冲制的一种饮料。

pinole (Am.) 炒玉米粉 其作用类似焦麦芽。用于代替咖啡冲制饮料, 也可加入咖啡中一同冲饮。

piñon (Sp.) 松仁
参见 pinenut

Pinot Blanc (F.) 白皮诺葡萄 原产于法国香槟省、勃艮第和阿尔萨斯地区的一种优秀葡萄品种, 与谐同耐葡萄近缘。现也种植于意大利的蒂罗尔、德国、东欧和美国的加利福尼亚等地。酿成的白葡萄酒味干微涩, 色泽禾秆黄, 并用于酿制许多优质气泡酒。

Pinot Gris (F.) 灰皮诺葡萄 一种优质葡萄品种, 用于酿制各种酒体浓重而醇厚的香味白葡萄酒。在匈牙利则用于酿造托卡伊酒。该种葡萄酒比普通白葡萄酒色泽略深。参见 vin gris

Pinot Noir (F.) 黑皮诺葡萄 法国的一种紫红色优质葡萄品种, 是勃艮第科多尔地区的骄傲。酿成的干红葡萄酒香味浓郁, 质地细腻, 酒体均衡绝伦。但在德国、瑞士、奥地利、匈牙利和美国等地用该葡萄酿成的酒, 偶尔包括白葡萄酒却质量一般, 没有什么特色。

pinson de neige (F.) 雪鹀
参见 snow bird

pint 品脱 英制容量单位,相当于0.5夸脱,约等于0.57升。英国合16液量盎司;美国合20液量盎司。

pintade (F.) 珍珠鸡
参见 Guinea fowl

pintadeau (F.) 幼珍珠鸡
参见 Guinea fowl

pintail 针尾鸭 一种长颈水鸟,是受欢迎的野禽。广泛分布于北半球。体表有褐色斑纹,胸白色。其烹调方法可参照野鸭。

pinto bean 斑豆 产于美国西部地区的一种有荚豆类。呈粉红色,可作为蔬菜食用或作动物饲料。

pinwheel 卷筒饼干 一种卷以夹心馅料的筒状薄片饼干,类似蛋卷饼干。

piononos (Sp.) 炸大蕉片 一种波多黎各风味食品,常用加香料的牛肉糜作馅入油锅炸成。

pip 果仁 坚果或其他干果的内仁,如杏仁、榛子、花生和松仁等。

pipa (Sp.) 合435.19磅。

pipe 1. 大桶 指用于盛酒或油的干桶,约合573升或126加仑。 2. 裱花 用裱花袋把奶油或生面裱在糕点上,点缀成花式条纹。

pipe fish 海鳗
参见 sharp-toothed eel

piper 海鲂
参见 John Dory

piper betel 蒟酱
参见 betel

piperade (F.) 番茄甜椒炒蛋 法国巴斯克地区的一种风味菜肴。以大蒜和火腿作配饰。

pipermin (Sp.) 薄荷烧酒

pipikaula 酱渍牛肉 一种夏威夷菜肴,以酱油腌渍干牛肉而成。

piping 糕点条纹花饰
参见 pipe

piping bag 裱花袋
参见 pastry bag

pipit 鹨鸟 一种小鸣禽,在欧洲被捕食。烹调方法与云雀相同。参见 lark

pipkin 小瓦锅 一种旧式瓦锅,有时有脚。

Pippermint (F.) 薄荷利口酒 法国一种大众化酒。色泽绿或白,酒瓶形状独特。

pippin 斑皮苹果 有许多品种,如祝光和翠玉等。果皮一般有黄色、红色和淡绿色,果肉呈黄褐色。口味极好,适于作餐后果品。参见 Newtown pippin

piquant 1. 辣的 泛指刺激性的滋味。 2. 开胃的 指酸或辣味适当而可口的。

piquant sauce 辣酱油 也叫开胃沙司。用于佐食蔬菜、鱼和回锅肉等。
参见 Worcestershire sauce

piqué (F.) 1. (酒)发酸的 2. (肉)嵌以肥膘的

pique-nique (F.) 野餐
参见 picnic

piquepoult (F.) 比格布尔酒
参见 picpoule

piqueta (Sp.) 果渣白兰地
参见 marc

piquette (F.) 葡萄渣水 浸泡葡萄渣而得到的一种饮料,味酸涩淡。有时该词也指一些劣质葡萄酒。

piraruca 巨骨舌鱼 南美洲产的一种巨鳞淡水鱼,可食用。有的可重达500磅,为淡水鱼中最大者。

pirogen (R.) 半圆小馅饼
参见 turnover

pirojki (R.) 俄式半圆馅饼
参见 turnover

piron, rable de lièvre à la (F.) 烤兔腿 先以葡萄酒浸渍,然后以青葱和奶油沙司作佐料烤食。

piroshki (R.) 俄式半圆馅饼
参见 turnover

piruli (Sp.) 棒糖
参见 lolly

pis (F.) (母畜的)乳房
参见 udder

Pischinger Torte (G.) 皮辛格华夫饼干 维也纳的一种巧克力甜味夹心脆饼干。以发明者命名。

pisco (Sp.) 皮斯科酒 南美或秘鲁等地产的一种白兰地。最早酿制于17

世纪,由西班牙殖民者带到秘鲁。口味与法国的葡萄渣酒相似,常用来调制鸡尾酒。

pisco sour 皮斯科酸酒 一种秘鲁鸡尾酒。以皮斯科白兰地为基酒,加砂糖、酸橙汁和蛋白等调配而成。

piscolabis (Sp.) 点心,小吃 2.开胃酒 参见 aperitif

pisello (It.) 豌豆
参见 pea

pismo (Am.) 硬壳蛤 产于美国加利福尼亚的中南部沿海。参见 clam

pissala (F.) 鳀鱼酱油
参见 anchovy sauce

pissaladière (F.) 大馅饼 以鳀鱼、洋葱、黑橄榄等作馅,是法国南方尼斯地区的风味食品。

pissalat (F.) 腌鱼杂碎酱 产于法国普罗旺斯地区。

pissenlit (F.) 蒲公英
参见 dandelion

pistache (F.) 阿月浑子
参见 pistachio

pistache, en (F.) 蒜味羊腿 一种法国西南地区风味。

pistachio 阿月浑子 俗称开心果,为一种产于欧洲南部和小亚细亚的乔木果实。果实呈椭圆形,绿色,可用于烹饪。一般先烫煮去皮,切成碎片作糕点的点缀,现在则制成干果或蜜饯。

piste (Sp.) 玉米面甜粥

pisto (Sp.) 1.素炒青菜 2.肉汁,鸡汁 将肉捣碎后挤出的浓汁,可作为营养品供病人食用。

pistole (F.) 蜜李脯
参见 prune

pistou (It.) 细面条汤 加入蔬菜如番茄等和香料如罗勒与大蒜作配料。汁浓味鲜。

pistou (F.) 绿色沙司 将罗勒、松仁、干酪和番茄捣成泥,拌入黄油即成。
参见 pesto

pit (Am.) 1.(桃、杏等的)核 2.除去(水果的)核

pita (Am.) 填馅面包 原产于中东地区,现成为美国的希腊人、土耳其人和亚美尼亚人后裔的一种特色食品。其填馅有鸡肉色拉、辣肉饭、奶酪和豆芽等。

pitahaya (Sp.) 皮塔哈耶 一种仙人掌属植物,产于美国西南部和墨西哥等。果实多汁可食,色彩鲜艳,大如桃子,果汁呈鲜红色。

pitcaithly bannock (Sc.) 燕麦烙馅饼 呈圆形或扁平形,以燕麦粉、黄油、糖、杏仁、柠檬皮和香菜子等作配料。

pitch 1.(在麦芽汁中)加酵母 2.沉底 指干酪在制造过程中余下的碎屑。

pitchy taste 煤焦油味 葡萄酒变质时产生的一种异味,是劣质酒的缺陷现象之一。

pithiviers au foin (F.) 皮蒂维埃干酪 产于法国奥尔良地区的一种软质浓味干酪。以草灰烘制,呈扁平圆盘状,外皮呈灰色,一般重 300 克。也作 Bondaroy au foin

pithiviers, pâte dé (F.) 皮蒂维埃云雀肉泥馅饼 法国奥尔良地区著名风味菜肴之一。以云雀、杏仁和蜂蜜作配料制成。

piti (R.) 羊羔肉汤 一种俄罗斯地方风味。

Pittsburgh glass 匹兹堡玻璃制品 美国宾夕法尼亚州匹兹堡生产的玻璃制品。该地是美国最大的玻璃制造中心。生产装苹果汁、啤酒和威士忌等的瓶子为主。

pivarunata (F.) 科西嘉烩羊肉 常加辣椒作配料。

piviere (It.) 鸻鸟
参见 plover

pivni polevka (Cz.) 啤酒汤

pizen (Am.) 威士忌酒 俚语。尤指美国的玉米威士忌。参见 bourbon

pizza (It.) 意大利馅饼 又叫皮萨饼,发源于那不勒斯。在盘底铺一层发面皮,上涂橄榄油,放上番茄和莫萨里拉奶酪,快速焙烤,趁热食用。罗马式皮萨饼不放番茄而放洋葱和鳀鱼。1905

年在纽约出售,很快风靡美国,为绝大多数青少年所喜爱,成为美式便餐中的主要食品之一。

pizza margherita (It.) 那不勒斯式馅饼 用番茄和干酪作主要馅料。参见 pizza

place mat 餐桌垫 以棉、布、塑料或草席等制成,以代替桌布。

plafond (F.) 铜制烤柜 一种旧式烘烤炊具,上涂锡,现已不用。

plaice 鲽 鲽科鱼各种有经济价值的鱼,主要产于欧洲。体表有橙或红色斑点,体长达90厘米。另一种叫拟庸鲽则产于北大西洋,是重要的食用鱼。可整条烹煮或切成鱼排加以扒、烤、炸、煎等。

plain bacon 白腌肉
参见 green bacon

plain noodles 素面 一种无肉类食品作佐料的普通面条。

plaisir (F.) 蛋卷形华夫
参见 waffle

plaki (Gr.) 油浸鳕鱼 以大蒜、葡萄干和醋栗等作配料。

planche (F.) 长条肥肉

planche à decouper (F.) 砧板
参见 cutting board

plank (Am.) 橡木板烤 一种烹调方法。将肉或鱼放在橡木板上煎烤,使食品带有橡木的特有香味。

planked steak (Am.) 橡木板烤牛排 以蔬菜作配料,加入各种调味,然后在橡木板上炙烤而成。

plantain 大蕉 芭蕉科植物,与香蕉近缘。果绿色,大于香蕉。大蕉含丰富的淀粉质,但不能生食,一般可煮食或油煎食用,加入椰汁和糖,也可晒干后磨粉作为粮食。东非热带居民以大蕉为主食和制啤酒。

plaquemine (F.) 柿子
参见 persimmon

plaquemine orange 柿橙 一种柿子与橙子的杂交品种。

plastic shield 塑料瓶套 以聚苯乙烯制成的彩印封套,用于作酒瓶的外包装。其优点很多,如减轻瓶子互相撞击的声音、减少粘贴酒标的时间,节约成本等。

plastron 腹甲 甲鱼或龟等的腹部硬甲,呈白色,与背甲和裙边等均是制汤的佳品。参见 turtle

plat (F.) 一盘菜
参见 dish

plat de résistance (F.) 主菜
参见 main course

plat du jour (F.) 当日特色菜 法国餐厅中每日不同的特色菜或时鲜肴,反映了该餐厅的烹调风格和水平,一般价格昂贵。参见 chef's suggestions

platano (Sp.) 大蕉
参见 plantain

plate 餐盘 一种圆形浅盘,包括碟、盆等,以瓷制为最普遍,其次为金属制。早在罗马古希腊时代就已出现。在中世纪以来,餐盘追求豪华,常以金银为材料制成。今天的餐盘常画有花纹和图案,直径以20厘米为最普遍,主要用于盛放菜肴。参见 platter

plate dinner (Am.) 盘餐 全部菜肴都盛在一个大餐盘中的正餐。也作 plate lunch

plate lunch 盘餐
参见 plate dinner

plate rack 餐具架 供放置洗净的餐具,以便沥去水分。

plateau (F.) 托盘,菜盘
参见 tray

plateau de fruits de mer (F.) 海鲜大拼盘 包括牡蛎、小海蛤、大虾、贻贝和海螺等。

platée (F.) 一盘菜肴
参见 plate dinner

plate-pie 盘状馅饼 一种两面均烤成硬酥皮的甜馅饼。

platitude (F.) (酒)淡而无味的
参见 insipid

plato (Sp.) 1.餐盘 2.一盘菜
参见 dish

platter 大浅盘 尤指盛肉用大浅盘,上置多种菜肴的副菜。大多呈椭圆形。

plätter (Sw.) 薄煎饼
参见 pancake

Plattfisch (G.) 欧洲鲽
参见 plaice

pleurote (F.) 北风菌 一种食用菌品种,味鲜美。参见 fungus

plie (F.) 欧洲鲽
参见 plaice

plier (F.) 调拌
参见 fold

plink-plonk 白葡萄酒 澳大利亚俚语。参见 white wine

plombière (F.) 糖渍水果冰淇淋 以杏仁、鸡蛋和掼奶油等制成。

plonk 普通葡萄酒 指质量一般的日常佐餐用酒,产量高,价格便宜。该词原为澳大利亚用语,现流行于英联邦国家。参见 vin ordinaire

plover 鸻 多种胸部突起的海鸟的统称,体型小,为野禽中的珍品。鸻鸟蛋也是一种美味,烹调方法一般为烤。为美食家所推崇。

pluche (F.) 细菜丝 以欧芹、香旱芹、龙蒿、莴苣和酢浆草等切成细丝作为汤的配饰料。

pluck 1. 家禽下水 参见 offal 2. (家禽)拔毛 有时再包括开膛取出内脏和洗净等初加工过程。

plug 1. 瓶塞 酒瓶用木塞。常用优质软木制成,并印有酒厂的标志。瓶塞常是名酒鉴赏家所珍视的藏品。2. 塞状样芯 用空心探子从干酪或黄油中取出,以了解其成熟度或内芯的质量等。

plug tobacco 口嚼烟叶 因制成木塞状而得名。

plum 李子 一种有核水果,有几个品种,色泽从金黄到紫色,大小不等,其中尤以西洋李(gage)为佳。有些适宜于作水果或甜食;有的则可制果酱或酿酒,或用于制色拉、布丁、馅饼或罐头食品等。该词也指梅子。

plum brandies 李子白兰地 欧洲各国酿制的一种水果白兰地,名称各异。一般含酒精 40—45%。

plum duff 葡萄干布丁
参见 plum pudding

plum pudding 葡萄干布丁 用面粉或面包屑、葡萄干、醋栗和其他水果,再加上黄油、鸡蛋、香料及其他调味料制成的蒸布丁。常作为一种圣诞节甜食。

plum tomato 李形番茄 红色樱桃番茄品种之一,呈扁圆形,可用于生吃或烹调。

plumcot 李杏 李子与杏子的杂交品种。该词源于 plum 和 apricot 的缩略复合。

pluvier (F.) 鸻鸟
参见 plover

Plymouth gin 普利茅斯金酒 英国的一种金酒名。无色不甜,口味较浓烈。与苦味剂混合调配后呈浅红色,深受海军官兵的喜爱。含酒精 40%。

Plymouth Rock (Am.) 普利茅斯洛克鸡 美国的一种蛋肉兼用鸡种。体型中等,毛色浅黄,腿长,肉质甚佳。以首批从欧洲来到美洲的清教徒登陆处命名。

poach 水煮 一种烹调方式。在 70—80℃ 的水或其他液体中不加盖加热,以防止食品蛋白质损失。是一种温和的加工方法,用于肉类、鸡蛋、面食和蔬菜等。

poached egg 水煮蛋 俗称水煮荷包蛋或水波蛋。将鸡蛋破壳入沸水中煮 3—5 分钟,蛋黄有些流动为最佳。

poacher 水煮蛋浅锅 一种专用于水煮荷包蛋的金属浅锅,配有手柄和盖,锅内有杯形凹陷或浅槽,每个杯内可各煮一个水煮荷包蛋。

po'-boy sandwich (Am.) 贫儿三明治 参见 Cuban sandwich

pochard (F.) 红头野鸭 一种从欧洲北部迁移来的野禽。肉质肥美,在全法国均加以捕猎。烹调方法和普通野鸭相同。

poche (F.) 裱花袋
参见 pastry bag

poché(e) (F.) 水煮的
参见 poach

pocheteau (F.) 鳐 一种扁平鱼类。

参见 skate

pochouse (F.) 白葡萄酒烩鱼块 以淡水鲜鱼加入熏肉、蘑菇、洋葱等配料炖烩，佐以油炸或烘烤的吐司。有时淋以白兰地酒后点燃上桌。

pocket 袋 啤酒花重量单位，约合76.2公斤。

pocket soup 汤粉冻
参见 cake soup

pod 1.豆荚,荚果 2.剥去(豆类的)荚果

pod corn 苞壳玉米 一种印度玉米,其玉米粒和穗均生长在苞壳中。

podvarku (Yu.) 烤酸泡菜

poêlage (F.) 焖,烩
参见 poeler

poêle (F.) 有柄平底锅
参见 frying pan

poeler (F.) 焖烩 指用烤箱内加盖的锅进行缓慢加热的烹调方法。用于焖烩的食品主要有家禽、小牛里脊和嫩腰肉等。锅中常先放入少量油脂或调味汁,上菜前需经上浆或收缩致浓。

poêlon (F.) 小平底锅
参见 frying pan

poffertje (Du.) 油脆馅饼
参见 fritter

pogge 海盗鱼 鲉形目一些海产鱼类的统称。生活在冷水底层，主要分布于北太平洋。可供食用。

pognon (F.) 大蛋糕 专指产于法国勃艮第地区的一种奶油蛋糕。

pogy 油鲱
参见 menhaden

pohutukawa 新西兰番薯 有红番薯与白番薯两种。该词源自毛利土语。

poi 芋泥 波利尼西亚人用芋芳制作的淀粉质糊状食品,系夏威夷名菜之一。呈蓝灰色软酱状,可保藏一周。香味浓郁,用手指舀取进食。
参见 taro

poignant 辛辣的
参见 pungent

poinsettia 一品红 大戟属最有名的植物,被普遍作为圣诞节的象征。原产于墨西哥,常作为餐桌的装饰品。源自将该花卉加以栽培者的名字。

point, à (F.) 烹调适度的
参见 à point

point d'asperge (F.) 芦笋尖
参见 asparagus

poire (F.) 梨
参见 pear

poire belle-hélène (F.) 海伦式甜梨 一种水煮梨甜食,加以冰淇淋或热巧克力汁佐食。

poire d'Anjou (F.) 安茹梨
参见 Anjou

poire William (F.) 威廉梨子白兰地 法国阿尔萨斯地区产的著名果子白兰地酒,也产于德国与瑞士等地。无色透明,含酒精40%。以梨子品种命名。

poireau (F.) 韭葱
参见 leek

poirée (F.) 甜菜,萘菜
参见 beet

pois (F.) 豌豆
参见 pea

pois chiche (F.) 鹰嘴豆
参见 chick pea

poisson (F.) 鱼
总称。参见 fish

poisson pilote (F.) 柱形白鲑
参见 pilot fish

poisson-chat (F.) 鲇鱼
参见 catfish

poissonier (F.) 鱼类厨师 厨房中以烹调鱼类菜肴见长的专职厨师。

poissonnière (F.) 方形鱼锅

poitevin, far(ci) (F.) 填馅卷心菜 以洋葱、熏肉、香草等作馅料,然后以奶油、鸡蛋、咸肉等制的汤料佐食。

poitín (Ir.) 卜丁酒
参见 poteen

Poitou 普瓦图 法国旧省名。以肥鹅肝酱、家禽、野味、羊肉、鱼、贝壳和虾以及胡桃等驰名。

poitrine (F.) 小牛胸肉

poivrade, sauce (F.) 西班牙辣味沙司 一种棕色沙司,用于佐食野味或牛肉。以胡椒为主料,故名。

poivre (F.) 胡椒,胡椒粉
参见 pepper

poivre d'ane (F.) 香薄荷
参见 savoury

poivre de cayenne (F.) 红辣椒粉
参见 cayenne pepper

poivre rouge (F.) 红辣椒粉
参见 cayenne pepper

poivrier (F.) 胡椒瓶
参见 pepper box

pojarski (R.) 炸肉末排 将鱼或肉糜做成牛排状,以油炸后食用。

pokal 高脚杯 一种玻璃或银制的有盖酒杯。

poke 醋渍鱼块 可加入各种调味汁,是夏威夷岛的一种地方食品。

Pol Roger 波尔·罗杰香槟 一种著名香槟酒名。据说英国前首相温斯顿·丘吉尔最喜饮此酒。

Poland China (Am.) 波中猪 一种有黑白花斑的猪种,以波兰猪和中国猪杂交而成。产于美国的俄亥俄州等地。

Polar 北极烧酒 芬兰产的一种蔓越橘烈性酒。味略甜,香味芬芳,含酒精29%。

polenta (It.) 玉米粥 以意大利皮埃蒙特地方产的玉米制成。作为主食,常待冷却后切成片,以油炸成,佐以熏肉等菜肴。也指法国科西嘉岛的一种栗子粥。

polenta dulce (Sp.) 甜玉米糊 加入茴香、肉桂和香子兰等调香。

Polignac (F.) 波利涅克酒 法国著名科涅克白兰地酒名,有桔子香味。创始于1729年。

polipo (It.) 章鱼
参见 octopus

Polish ham 波兰火腿 一种烟熏陈熟火腿,气味浓烈。

Polish pickles 波兰腌泡菜 一种特色风味。以大蒜、洋葱、醋、香料浸泡的黄瓜为主。

Polish sausage 波兰香肠
参见 kielbasa

Polish white spirit 波兰白酒 伏特加型的一种烈性酒,含酒精高达80%。以不掺水饮者回味最佳。

pollack 青鳕 北大西洋西岸的一种重要海水鱼,与鳕近缘。肉质鲜美。

pollan 白鲑 产于爱尔兰湖泊中的一种淡水鱼,可食用。

pollarronca (Sp.) 龙舌兰酒
参见 tequila

polled durham 达勒姆牛
参见 durham

pollen 细面粉 一种细磨面粉或细麸皮粉。

pollo (Sp.) 子鸡
参见 spring chicken

pollo in salsa picante (It.) 白葡萄酒烩鸡 加入少量醋调味。

pollo tonnato (It.) 金枪鱼酱佐鸡 再加入蛋黄酱等调味料。

pollock 青鳕
参见 pollack

polmone (It.) 猪肺 猪下水之一。
参见 lights

Polonaise, à la (F.) 波兰式 指以融化黄油、欧芹和硬煮蛋作配菜的各种蔬菜菜肴。

Polony (It.) 波洛尼亚香肠 一种半熟风干香肠,配料众多,受波伦亚香肠的风格影响而制成。参见 Bologna

polouri 芋叶炸饼 西印度群岛印第安人的一种地方食品,用芋叶、鹰嘴豆泥等为配料制成。

polpetta (It.) 炸丸子
参见 croquette

polpo (It.) 乌贼
参见 cuttlefish

polse (No.) 香肠
参见 sausage

polvoron (Sp.) 奶油糖酥饼
参见 polynee

polynee 奶油甜酥饼 一种瑞士甜点。用油酥面团制成,填以苦杏仁屑和蛋白馅,上缀以十字形花纹。

polypodium 水龙骨藻 一种可食的海藻,可用作凉拌等。

polyporus 多孔菌 一种蕈类,其菌盖的下面有许多小孔,并有细管与内部

相通。灵芝就是一种多孔菌,可食用,但质地较粗糙。

polysaccharose 多糖　由许多单糖分子组成的糖,如淀粉、糖原和纤维素等。参见 monosaccharide

polyunsaturate 多不饱和脂肪　一种有多键的有机化合物,如植物性油脂,在人体组织中不易积累。

pomace 果渣　葡萄、苹果等经压榨后的残渣,含有果皮、果籽和果杆等,常可用于酿制次质酒。其次,果渣含有大量果胶,可用于使果酱致凝等。

Pomace brandy 果渣白兰地　美国加利福尼亚产的一种白兰地酒,风味类似于意大利的 Grappa。

pomace cap 酒帽　在葡萄酒发酵桶中浮起的酒帽。

pombe (非洲)小米啤酒　源自斯瓦希里语。

pome 梨果　泛指果肉丰厚的水果,包括梨和苹果等。该词也可指菜心。

pomegranate 石榴　一种落叶灌木或小乔木。叶子长圆形,花红、白、黄色均有。果实呈球形,内有数室,室内含有深红色多汁的种子。味甜略涩口,可作为水果、饮料或酿酒等。

pomelo 柚　原产于亚洲和美洲热带地区的一种果实,俗称文旦。有浅黄色较厚的外皮,汁水味甜带酸,是一种普通的水果。

pomerac (Sp.) 加耶橡果
参见 otaheite apple

Pomerol (F.) 波梅罗　法国波尔多地区的酿酒区名,靠近列布尔纳镇。生产优质红葡萄酒,酒味顺畅,最有名的是 Château Petrus 等。

pomfret 乌鲂　鲂形目乌鲂科鱼类的统称,见于大西洋、太平洋和印度洋。鳞细密,尾柄细窄,尾鳍深叉状,也叫乌鲴。味鲜美。

pommé (F.) 苹果酱馅饼
参见 apple pie

pomme 1.苹果　2.土豆　有时泛指类似苹果形状的果实。

pomme cannelle (F.) 番荔枝果
参见 sweetsop

pomme d'amour (F.) 番茄
参见 tomato

pomme d'api (F.) 红皮小苹果
参见 api

pomme de rose (F.) 杨桃
参见 jambose

pomme de terre (F.) 土豆
参见 potato

Pommel (F.) 波梅尔干酪　法国勃艮第地方产的一种软质牛乳干酪。重约150克。

Pomméry (F.) 波梅利　法国著名香槟酒牌名。参见 champagne

pommes à la Basquaise (F.) 巴斯克式烤土豆　以火腿、甜椒、西红柿和大蒜作填馅的烤土豆泥。

pommes à la Landaise (F.) 朗德式鹅脂炸土豆　以大蒜、洋葱末和火腿片作配料。

pommes à la Lyonnaise (F.) 里昂式土豆　即洋葱炸土豆片。

pommes à l'Anglaise (F.) 英国土豆　一种清蒸土豆食品。

pommes à la Normande (F.) 诺曼底式烤土豆　以韭葱与欧芹与土豆层层间隔烤成。

pommes à la Parisienne (F.) 巴黎式土豆丸　指以肉汁和欧芹作配料的土豆丸。

pommes à la paysanne (F.) 农夫式土豆　土豆片夹以酢浆草、大蒜和香料植物,浇以肉汁,经烤制而成。

pommes à la Sarladaise (F.) 萨拉式土豆　以块菌与土豆层叠铺垫在砂锅内,以肥鹅肝佐食。

pommes à la Toulousaine (F.) 图卢兹式鹅肝脂土豆　指加肉汁与大蒜调味的土豆。

pommes Anna (F.) 安娜土豆片
参见 potato chip

pommes basquaise (F.) 巴斯克式烤土豆　将土豆泥制成馅壳,填入胡椒、火腿、大蒜和番茄等配料,经烘烤而成。

pommes Château (F.) 土豆条
参见 French fries

pommes Dauphine (F.) 多菲内式奶油烙土豆　参见 dauphinoise, gratin de pommes à la

pommes de terre Elisabeth (F.) 伊丽莎白式土豆　以土豆泥为主的菜肴，如 pommes Dauphine。参见 dauphinoise, gratin de pommes à la

pommes Saint-Flour (F.) 熏肉丁烙土豆片　以卷心菜作垫底为特色。

pomodoro (It.) 番茄，西红柿　参见 tomato

pomona punch 苹果宾治酒　一种以低度苹果酒和其他果汁调配成的清凉饮料。

pompano 鲳鲹　鲈形目鲹科几种海产鱼的统称，有些是名贵食用鱼。体色银白，尾鳍呈叉形，产于大西洋沿岸及东太平洋。味道鲜美。参见 pomfret

pompe aux grattons (F.) 猪肉馅饼

pompe de Noël (F.) 圣诞馅饼　法国普罗旺斯地区产的一种传统圣诞前夕点心。也作 gibassier

pompelmo (It.) 葡萄柚　参见 grapefruit

Pompey's head 大肉糜丸　以番茄汁和青椒作配料。源自古罗马政治家庞贝 Pompey the Great(106—48 B.C.)的名字。

pomponette (F.) 炸软馅饼　一种法国的开胃甜点。

ponche (Sp.) 宾治饮料　参见 punch

Ponche Soto (Sp.) 邦坎酒　西班牙的一种著名利口酒。酒色棕红，香味优雅，酒瓶装饰华丽，含酒精 32%。

pone (Am.) 手捏玉米饼　流行于美洲中南部的一种印第安人食品。用手掌将硬玉米粒捏成椭圆形，可经烘烤、油煎或水煮食用。也可用甘薯代替玉米，加入黄油、牛奶和香料等，经烘焙食用。

Pongal (Hi.) 奶粥节　印度南部印度教重大节日，也是泰米尔人的元旦。这天家家户户用牛奶煮大米粥，先供神、再奉母牛，最后全家食用。该节名称源自泰米尔语的"煮"一词。

Pontet-canet (F.) 蓬但加涅　法国波尔多地区的著名葡萄园，以生产梅多克红葡萄酒著称。参见 Médoc

Pont-l'Eveque (F.) 蓬莱韦克干酪　法国诺曼底产的一种上等牛奶奶酪，以产地命名。传统形状为4英寸见方，外壳金黄，因置于草垫成熟，故印有十字花纹。内部呈金黄色，有细小孔眼。在未成熟时质地柔软，芳香味随成熟而逐渐强烈。重 350—400 克，含乳脂 50%。

pont-neuf (F.) 蛋白杏仁酥　参见 macaroon

pony 波尼　容量单位，约合1液量盎司。在鸡尾酒用语中也指少量酒。

pony glass 甜酒杯　参见 liqueur glass

poor knight of Windsor 温莎的穷苦骑士　一种油煎面包片的别称。参见 pain perdu

poor man's goose 猪肝洋葱砂锅　俚称，常以土豆作配菜。

poorboy sandwich 贫儿三明治　参见 Cuban sandwich

pop 发泡饮料　泛指汽水、香槟酒和其他发泡软饮料。该词源自这些饮料在打开瓶盖时发出的冲击声。

pop wine (Am.) 果味甜酒　通常价格低廉，是近年来出现的新词之一。

popcorn (Am.) 爆玉米花　以印第安玉米或其他玉米经膨松而成。是世界流行的食品之一。使用一种爆玉米花机，爆成的玉米花形状多样，可拌和盐和黄油或糖食用，也可涂上奶油或糖浆，或佐以花生、杏仁、大蒜、洋葱或干酪等作为开胃食品。

popcorn popper 爆玉米花机　参见 popper

pope 1. 斜齿鲷　一种外形似鲈鱼的淡水鱼。 2. 温酒　一种热饮葡萄酒，加热而不使沸腾，类似主教鸡尾酒。参见 bishop

pope's eye (牛、羊)腿部中心脂肪

pope's nose (煮熟的)鸡屁股　也作 parson's nose

popi (Sp.) 木薯干
参见 tapioca

popone (It.) 甜瓜
参见 melon

pop-out (Am.) 航空便餐 一种预先包装和冷冻的食品,供客机上旅客使用。

popover (Am.) 酥脆饼 美国的一种脆皮松饼。烘焙时膨胀而近似空球,故名。制法为将不发酵的稀面糊倒入杯中,放进很热的烘箱,使其膨胀即成。其配料与英国的约克郡布丁相仿。

popper 爆玉米花机 老式爆玉米花机也叫爆筒,是一种密封的金属加压容器。装入玉米或其他谷物后加热,同时加以转动。待筒内到一定压力时,突然打开筒盖,使玉米膨胀而成。现代化的爆玉米花机则是一种电器设备,加热时不需加压。效率高,质量好。

poppy 罂粟 二年生草本植物,叶呈长圆形,花红色或白色。其叶含有尼古丁,但偶可作蔬菜食用,烹调方法与菠菜相同。果实呈球形,在未充分成熟时流出的液汁可用于制取阿片。罂粟的栽培历史十分悠久,可追溯到公元前1500年的埃及。

poppy seed 罂粟籽 罂粟的细小干种子,可食用。一般作为食品调料和提取罂粟油。罂粟籽呈肾形,深蓝色,略带香味,特别适用于面包和其他焙烤食品。其种子无麻醉性。

poppyseed oil 罂粟籽油 从各种罂粟籽中提取的一种干性油,可用于烹调。其主要成分为亚油酸。

popsicle (Am.) 冰棍
参见 ice lolly

popskull 廉价劣质威士忌 俚语。参见 moonshine

pop-top (Am.) 易拉罐
参见 easy-open can

porbeagle 鼠鲨 产于北大西洋和太平洋的一种尖鼻鲨鱼,因鼻似锤子形而也称为锤头鲨。其尾呈新月形,长达8英尺。肉肥而坚韧,不易消化,常可经盐腌嫩化后食用。

porc (F.) 猪,猪肉
参见 pork

porcelain 瓷器 一种玻璃化陶瓷,以其色白、胎薄、半透明而区别于陶器。瓷器主要分硬质瓷、软质瓷和骨灰瓷三大类,最早产于中国。瓷器质地细腻,造型优美、色彩艳丽、轻巧耐用,被广泛用作餐具和工艺品。

porcelet (F.) 乳猪
参见 suckling pig

porcupine 豪猪 一种长有硬毛的哺乳动物。幼豪猪肉尤其嫩美可口。

porgy 鲷 鲈形目鲷科约百余种海产鱼类的统称,但在淡水中产卵,广泛分布于热带及温带水域。背鳍小,体型扁,主要品种有真鲷、赤鲷和羊头鲷等。味鲜美,是重要的食用鱼。

pork 猪肉 包括新鲜和腌制的食用猪肉,但严格地说应该只指鲜猪肉。以猪腿、猪里脊、腰肉和肩肉为佳。常用于烤、扒、炸等,也可用于制香肠、馅饼、肉糜、肉冻、肉汤等,是人类最常用的肉类之一。

pork floss 猪肉松 由瘦猪肉加工而成的一种松软食品,易于消化,为佐餐佳品。

porkburger 猪肉汉堡包
参见 hamburger

porker 肥育小猪 指出生在六个月之内的幼猪,但已不是乳猪。

porkling 肥小猪
参见 porker

poroto (Sp.) 红花菜豆
参见 scarlet runner

porpoise 海豚 一种短鼻海豚,尽管含油脂量很高,但也在一些地方供食用。海豚油常提炼成一种食用油。

Porree (G.) 韭葱
参见 leek

porret (te) 韭芽
参见 leek

porridge 麦粥 用麦片加以牛奶或水煮成的浓稠状食品。也可泛指用其他谷类煮成的粥或用谷类加鲜肉和蔬菜等同煮的粥。

porringer 粥碗 一种有一层或二层的圆形浅碗，一般有盖，用金属制成。源自16世纪的英国，可能用于盛肉汤或麦片粥等。

porro (It.) 韭葱
参见 leek

port 波尔图葡萄酒 葡萄牙北部杜罗地区生产的著名葡萄酒，一般为红酒。味甘性醇，因在波尔图城陈酿装瓶，故名。葡萄牙政府以法律形式划正产地、土质、葡萄品种和风味。该酒风味醇厚，一般先在木桶中陈酿数年才供饮用。有时也译成波尔特酒或砵酒。

porte-bouteille (F.) 瓶垫 常置于餐桌上备用。参见 coaster

porte-couteau (F.) 餐刀架

porte-plat (F.) 碗垫，杯垫
参见 coaster

porter 黑啤酒 一种深色甜味啤酒，含少量啤酒花，但泡沫多而浓，含酒精4%。因旨在为搬运工等劳动阶层酿制而得名。

porterhouse 小酒馆，小饭店 以出售黑啤酒与其他麦芽蒸馏酒而得名。

porterhouse steak 小酒馆牛排 一种上腰肉牛排，从腰肉厚端切下，包括丁字骨（T-bone）部分。

portion （饭菜的）一客

portion pack 份包装 香肠、干酪等的一种小包装，每包正好为一份菜肴的量。

Portland cheese 波特兰干酪 一种美国的切德干酪，以产地命名。参见 cheddar

porto (P.) 波尔图酒
参见 port

Portofino (It.) 波多菲诺酒 意大利地中海沿岸利古里亚地区酿制的一种干白葡萄酒。呈柠檬黄色，味涩，含酒精10—11%。

port-royal, salade (F.) 波洛亚色拉 以苹果、法国菜豆、土豆、硬煮蛋和蛋黄酱作配料的一种凉拌菜。

Port-salut 圣保兰干酪
参见 Saint Paulin

portugaise (F.) 葡萄牙牡蛎
参见 oyster

Portugaise, à la (F.) 葡萄牙式 指以番茄填馅、加黄油和大蒜为配菜的菜式。

Portugieser (G.) 波杜齐萨酒 德国莱茵河地区产的一种佐餐用红葡萄酒。注意该词与葡萄牙无关。

Portuguese sweet bread 葡萄牙甜面包 参见 pão doce

Portuguese wines 葡萄牙葡萄酒 葡萄牙是世界主要葡萄酒生产国之一，以马德拉酒与波尔图酒为最著名。早在600多年前就开始出口到英国。产酒地区集中在首都里斯本和当（Dão）及杜罗（Douro）等地。

Portwein (G.) 波尔图酒
参见 port

Porty Reek long-lick (Am.) 糖蜜俚称。字面含义指糖的产地 Puerto Rico。

Porzellan (G.) 瓷器
参见 porcelain

posata (It.) 一副餐具 指刀、叉、匙等。

poscafé (Sp.) 餐后咖啡

posel (We.) 凝乳牛奶
参见 rennet

positano (It.) 波齐达诺酒 意大利产的一种半甜苦艾酒，用作开胃酒。

posset 牛奶甜香酒 一种热饮料。以牛奶、糖、香料作原料，加入淡啤酒或雪利酒，使成凝冻状，加入面包增稠。据说起源于英国的古老配方，可用于治感冒。

posset cup 牛奶甜酒杯 一种双柄带嘴有盖容器，流行于18世纪的欧洲。

postre (Sp.) 甜食
参见 dessert

pot 1. 罐 泛指金属或陶瓷制成的圆形餐具。 2. 炖锅 泛指烧锅、炒锅等，也包括炖煮的菜肴。

pot ball 团子，饺子
参见 dumpling

pot barley 去壳大麦 一种苏格兰大麦，营养丰富，用于煮汤和烩菜，但烹调时间宜较长一些。

pot cheese 瓷罐装干酪 一种大颗粒脱脂干酪，与农舍干酪相似，装入瓷罐出售。参见 cottage cheese

pot liquor (Am.) 锅汤 烹煮肉块与蔬菜后在锅中的剩余液汁。

pot luck 简易饭菜
参见 impromptu

pot roast 罐焖牛肉卷 一种长卷状食品，用老牛肉或其他肉类经文火长时间炖焖，上盖黄油和蔬菜作饰配而成。

pot still 罐式蒸馏器 尤用于蒸馏各种麦芽威士忌酒等。参见 still

potable 适于饮用的
参见 drinkable

potage (F.) 浓汤 浓汤可分菜汁浓汤、奶汁浓汤和肉汁浓汤三种。其主要用料分别为蔬菜、奶油和肉类等，常用鸡蛋和其他配料增稠而成。参见 consommé

potage à la fermier (F.) 农妇式浓汤 以豆类作配料的一种菜丝汤。

potage à la Germain (F.) 圣日耳曼浓汤 一种以黄油增稠的豌豆汤。

potage à la Marigny (F.) 马里尼式浓汤 指以碎扁豆配菜的汤。

potage à la paysanne (F.) 农夫浓汤 一种什锦蔬菜汤。

potage à la Portugaise (F.) 葡萄牙浓汤 以米饭、洋葱、熏肉、大蒜和番茄等作配料煮成。

potage balvet (F.) 豌豆浓汤 任意以蔬菜作配料即可。

potage Céléstine (F.) 塞勒斯丁浓汤 以芹菜、韭葱和土豆作配料。参见 Céléstine

potage crème Bagration (F.) 巴格拉季昂奶油浓汤 一种法式浓汤，以板鱼、通心面和奶油等为主要配料。参见 Bagration

potage crème Sorel (F.) 索莱尔奶油鸡汤 以鸡肉、猪舌、蘑菇片和奶油作配料制成。参见 Agnes Sorel

potage d'Arblay (F.) 德阿布莱 以蛋黄、奶油、土豆和其他蔬菜作配料的一种法式浓汤。

potage de poissons à la Nimoise (F.) 尼姆鱼汤 一种蔬菜鱼肉浓汤，以蛋黄和蒜泥增稠。

potage jubilé (F.) 节日汤 一种蔬菜碎丁和豌豆浓汤。

potage saint claud (F.) 圣克劳德浓汤 一种莴苣豌豆浓汤，常以炸面包丁作点缀。

potage santé (F.) 健康汤 一种土豆泥浓汤，另加酢浆草、蛋黄和黄油作配料。

potager (F.) 汤厨师 专门负责煮肉汤、清汤和其他汤类的专职厨师。

potaje (Sp.) 浓汤，肉汤
参见 potage

potation 酒类 泛指酒精性饮料。

potato 马铃薯 俗称土豆，茄科块茎植物。原产于秘鲁等安第斯山地区，16世纪起由西班牙人传入欧洲，并广泛栽种，尤其是爱尔兰的主要作物。马铃薯富含淀粉，皮色从淡黄到深紫，肉色白或黄色，可作主食、蔬菜、磨粉以及作为增稠料等。炸土豆片和土豆条均是风靡世界的著名快餐食品。

potato bean (Am.) 利马豆
参见 lima bean

potato cheese 土豆干酪 以德国图林根酸乳酪加入土豆泥制成，加香旱芹与啤酒调味。

potato chip 炸土豆片 一种土豆片，在深油锅中炸成，可加入干酪、洋葱和熏肉等佐食。

potato crisps 脆炸土豆片
参见 potato chip

potato croquette 炸土豆泥丸 形似小木塞，加入鸡蛋和面包粉，以油炸成。

potato masher 土豆捣泥器 一种有长柄的有孔器具，把土豆捣成泥后从小孔挤出，然后用一种钢丝刀切割，以利于油炸。

potato quenelle 土豆泥丸 用水煮而不用油炸。参见 potato croquette

potato salad 土豆色拉 将土豆切成丁，煮熟，拌入色拉调料，以细香葱、芹菜、洋葱和调味品拌成。

potato sausage 土豆泥香肠 以牛肉

和土豆泥为主要配料,加入各种调味而成。

potato-leaved-tomato 大叶番茄 一种优秀番茄品种。

pot-au-feu (F.) 浓味蔬菜炖肉 加入面包、米饭或面条,还有肉等,与 marmite 相似,富有营养。传统配料为牛肉、甜菜、韭葱、卷心菜、土豆、香肠、羊肉等均可。种类繁多,常放入砂锅内炖成。

pot-bouille (F.) 家常菜
参见 bonne femme

potcheen 卜丁酒
参见 poteen

potée (F.) 1. 炖陶罐菜 2. 猪肉蔬菜浓汤

potée à la Lorraine (F.) 洛林式蔬菜炖肉 以猪肉、熏肉、香肠、卷心菜等做的一种炖肉菜肴。

potée auvergnate (F.) 猪肉烩菜汤 以土豆、洋葱、萝卜、韭葱和大蒜作配料,为法国中央高原风味之一。

poteen 卜丁酒 爱尔兰酿制的一种私酒,由大麦、土豆、糖或废糖蜜为原料制成,性烈,往往含有多种杂质,甚至含有甲醇。饮用不慎可致失明或有生命危险。参见 moonshine

potet (No.) 土豆,马铃薯
参见 potato

potherb 调味香草 泛指各种芳草植物,如薄荷和欧芹等。参见 herb

potherb mustard 雪里蕻 一年生草本植物,芥菜的变种。叶子多为长圆形;花鲜黄色,可作为普通蔬菜食用或用盐腌食。也叫雪里红。

potiron (F.) 笋瓜 一种嫩黄瓜。参见 cucumber

potje vleesch (Du.) 兔肉砂锅菜 也可用小牛肉或鸡肉做成。该词源自佛兰芒语,为比利时的佛兰德斯地方风味。

potlikker (Am.) 锅汤
参见 pot liquor

potpie (Am.) 菜肉馅饼 俗称锅贴。以菜与肉为馅,裹入馅皮中,放入平锅中用油煎炸或煮而成。

potrock (R.) 浓汤
参见 potage

potted cheese 罐式干酪 以切德干酪、黄油、葡萄酒或烈性酒加调料放入罐中压实而成。

potted jam 果酱罐头 或玻璃瓶装的果酱。

pottery 陶器
参见 earthenware

pottle 大杯葡萄酒 也可指烈性酒,其容量一般为 0.5 加仑。

pouchouse 白葡萄酒烩鱼
参见 pochouse

pouding (F.) 布丁
参见 pudding

pouding de Noël (F.) 圣诞布丁 一种李子蜜饯布丁。参见 Christmas pudding

pouding Ecossais (F.) 苏格兰布丁 指一种燕麦布丁。

Pouget, Château (F.) 普热酒 法国梅多克地区产的四苑干红葡萄酒。参见 cru

Pougues (F.) 布格矿泉水 一种微咸的矿泉水,产于纳韦尔省的布格地区。

pouillard (F.) 小鹧鸪
参见 partridge

Pouilly-Fuissé (F.) 微熏酒 和 Pouilly-Fumé 齐名的一种优质干白葡萄酒,价格便宜,但产地在法国的勃艮第。

Pouilly-Fumé (F.) 微熏酒 法国卢瓦尔河地区产的一种有轻微烟熏味的干白葡萄酒,口味雅致轻盈。

poulard(e) 阉小母鸡 经切除卵巢的肥小母鸡,肉极嫩美,一般出生在7—8个月左右。

poulard en vessie (F.) 鸡肉馅猪膀胱 一种著名法式菜肴名。

poularde à la Bayonnaise (F.) 巴约讷烤鸡 一种浸以柠檬汁的洋葱烤鸡。

poularde Célestine (F.) 塞勒斯丁嫩煎鸡块 以蘑菇、西红柿、奶油和白葡萄酒等作配料。参见 Célestine

poularde véronique (F.) 葡萄佐水煮鸡 以奶油沙司作佐料。

poule (F.) 母鸡
参见 hen

poule au pot Henri IV (F.) 亨利四世式罐焖鸡 用火腿、猪肝作填馅,浸以葡萄酒焖煮而成。亨利四世是法国国王(1553—1610)。

poule de neige (F.) 白松鸡
参见 grouse

poule en compote (F.) 冬葱烩鸡丁 法国西南部地区风味。

poulet (F.) 小鸡,童子鸡
参见 spring chicken

poulet à l'Andalouse (F.) 安达卢西亚式烩鸡 一种用火腿和大米作填馅的鸡,用红辣椒粉作点缀。

poulet à la Nicoise (F.) 尼斯烤鸡 指用番茄沙司、绿皮南瓜、洋蓟和土豆等作配料者。

poulet à la Parisienne (F.) 巴黎嫩鸡 指以白葡萄酒沙司佐食的鸡。

poulet à la reine (F.) 王后鸡
参见 chicken à la king

poulet Alexandra (F.) 亚历山德拉炸鸡 一种以洋葱和奶油沙司作配饰料的肥嫩炸鸡。

poulet de Beaulieu (F.) 博留鸡 用洋蓟、土豆和橄榄作配料,再加入白葡萄酒煮的鸡。博留在法国卢瓦尔地区,滨地中海。

poulet en casserole (F.) 砂锅炖鸡 以黄油先将嫩鸡炸黄,再以文火放入砂锅炖,不断浇以卤汁即成。

poulet farci à l'Ariégeoise (F.) 阿列日式填馅鸡 以火腿、大蒜和鸡肝作填馅,浇以肉汁。参见 Ariégeoise, à l'

poulet rivoli (F.) 炸嫩子鸡 以煎土豆、块菌和雪利酒作配料的一种菜式。

poulet sauté à la Bohemienne (F.) 波希米亚煎鸡 以西红柿、大蒜、辣椒、洋葱和茴香作配料煎成。

poulette, à la (F.) 宝贝式 指各种肉类的烹调方式,常以蘑菇、洋葱和宝贝沙司作调料。参见 sauce à la poulette

Pouligny-Saint Pierre (F.) 布里尼·圣皮埃尔干酪 法国南部布里尼产的一种金字塔状羊奶干酪。外表呈青绿色,重225—250克,含乳脂45%。

pouliot (F.) 唇萼薄荷
参见 pennyroyal

poultry 家禽 总称,如鸡、鸭、鹅和火鸡等。参见 fowl

poultry needle 穿扎家禽用针 一种细长的铁针,用于将家禽、鱼、肉等填入馅后穿扎缝起。参见 truss

poultry seasoning 家禽填馅料 以欧芹、牛至、鼠尾草、百里香等香料植物混合而成,用于填塞家禽和肉类等。

pound 磅 英制重量单位,合453.6克。

pound cake 磅蛋糕 一种重料蛋糕,以面粉、奶油、糖等配料重量正好各1磅组成。

pountari (F.) 熏肉菜卷 以卷心菜叶裹熏肉、香肠和猪肥膘制成。

pounti (F.) 菠菜蛋奶酥 以熏肉、瑞士甜菜和杏脯等作配料。

poupart (F.) 黄道蟹 一种大蟹,产于法国的海岸,可食用。

poupelin (F.) 黄油蛋糕 以甜味掼奶油、冰淇淋或水果冻等作馅料制成。

poupetou (F.) 层叠肉卷 以小牛肉加馅料夹层重叠而成。

pour batter 搅合面糊 用等量面粉和水搅拌而成,其稠度以能从碗或容器边缘自由倾倒出来为准,故名。

Pourly (F.) 布立干酪 法国勃艮第地区产的一种羊奶酪,重300克,含乳脂45%。

pourpier (F.) 马齿苋
参见 purslane

pourriture noble (F.) 葡萄白腐菌
参见 noble rot

Pousse Café (F.) 彩虹酒 一种著名鸡尾酒,适于在餐后与饮咖啡后饮用。利用几种酒的不同比重与色泽,使酒在酒杯中分层次稳定而不相混,艳丽如彩虹,故名。也指一种白兰地和利

口酒及咖啡的混合酒。参见本书附录。

poussière (F.) 撒粉
参见 dredge

poussin (F.) 小鸡 指一种极嫩的童子鸡,重量不到2磅。参见 spring chicken

poussoir (F.) 香肠填馅器 一种厨房器具,可将肉糜加压填入香肠衣中,同时具有排出肠衣中空气的功能。

poutargue (F.) 咸鳎鱼子
参见 boutargue

pouter 宽胸鸽 一种野鸽。参见 dove

powder 粉 泛指经研磨而成的粉状食品,如面粉、辣椒粉和冰淇淋粉等。

powdered coffee 速溶咖啡
参见 instant coffee

powdered milk 奶粉 一种供市售的奶制品,含有丰富的蛋白质、脂肪和矿物质,用罐头或塑袋盛装,冲饮方便。

powdered sugar 糖粉
参见 icing sugar

pozzy 果酱
参见 jam

praire (F.) 帘蛤 一种供食用的海水蛤,产于地中海和大西洋沿岸。参见 clam

prairie chicken (Am.) 北美松鸡
参见 grouse

prairie oyster 1. 生全鸡蛋 用整个鸡蛋或蛋黄添加调味料、醋和白兰地等佐料,一口吞下的食用方法为主,供病人恢复体力用。2. 公牛睾丸煮熟食用,被认为是一种美味。

pralina (It.) 果仁糖
参见 praline

praline (F.) 果仁糖 将糖、果仁和香草精熬制成的糊状物。在法国糖果业中用作糕点和糖果的馅料,类似糖衣杏仁。在美国,有以山核桃肉或椰子作基料的糖果。也可作为巧克力的馅料、糖衣和乳脂的调味和各种糕点的配料。

praliner (F.) 糖衣杏仁 一种撒上糖粉的杏仁糖。

pranzo (It.) 1. 正餐 参见 dinner
2. 宴会 参见 banquet

pratelle (F.) 粉红蘑菇 一种种植蘑菇,口味不同于野生蘑菇。

pratie 土豆,马铃薯
参见 potato

prawn 对虾 也叫明虾,产于温暖水域的一种甲壳类动物,有突出的锯齿和纤细的步足,被视为名贵高档食品。味极鲜美,肉质嫩白,广泛用于炸、煮等菜肴,也可制色拉、罐头和其他配菜。爱尔兰首都都柏林附近的大对虾质量特佳,世界驰名。

prawn cocktail 虾肉凉拌 以莴苣和蛋黄酱作配料,一般作为正餐的头道开胃品。

prayer plant 巴西条纹竹芋

precook 预煮,预热
参见 preheat

predaceous diving beetle 龙虱 一种体形呈扁卵圆形的昆虫,在东方一些国家被捕来供食用。

preheat 预热 将烤箱事先加热到所需的温度,然后放入需烘焙的食品;也指在盛热菜前预先给餐盘烤热。

Preignac (F.) 布雷涅克酒 一种无气泡的甜葡萄酒,果香味浓。产于法国的索泰尔纳地区。

Preiselbeere (G.) 欧洲越橘
参见 bilberry

prèle (F.) 杉叶藻
参见 mare's tail

premier (F.) 新鲜的
参见 fresh

premier cru (F.) 头苑葡萄酒 酒类术语。指法国梅多克地区最先收获的葡萄所酿制的酒,质量极佳。该词指勃艮第酒则为二苑。参见 classé

Premier Grand Cru Classé (F.) 最优等级葡萄酒 仅指圣埃米利永葡萄酒的专用术语。参见 Saint Emilion

Première Taille (F.) 第二次压榨香槟酒 酒类术语。其质量也属第二等。参见 cuvée

Premières Côtes de Bordeaux (F.) 波尔多 法国酿酒地区名,在多尔多

涅河和加龙河之间，生产优质干红葡萄酒或半干白葡萄酒。

prepared food 预制食品 经过洗、切或其他预处理，可直接进行加工，包括蔬菜的净菜或肉类的小包装等。

pré-salés (F.) 海滨羊 以海滨牧草催肥的嫩羊，其羊肉色泽较普通羊肉深暗。

présent (F.) 荷兰干酪
参见 Edam

présentoir (F.) 大垫盘 可放置陶罐、菜盘等。

preservative 防腐剂 可推迟或终止食品变质或发酵的物质。如二氧化硫用于果酱、香肠、饮料和苹果酒、啤酒等；硼酸用于沙司、泡菜等；硝酸盐类用于熏肉和火腿；山梨酸用于面粉制品等。但醋和其他传统食品保藏手段不属于防腐剂范围。

preserve 蜜饯 一种甜食。在各式水果或某些蔬菜中加糖熬煮，然后冷凝加入果胶而成。

preserved egg 松花蛋 一种蛋制食品，也叫皮蛋。用水混合石灰、粘土、食盐和稻谷壳等包在鸭蛋外，使其凝固变味而成。因在蛋青上形成松针似的花纹而得名。松花蛋的蛋白为半透明状，呈暗黑色，味鲜美可口，深受人们喜爱。但含有少量铅元素等，长期食用会引起积累性中毒。

preserved fruit 蜜饯
参见 candied fruit

preserving (食品)保藏 指用加热、冷冻、干燥、盐腌、酯渍和蜜饯等方法，包括用其他化学手段保藏食品的方法。而食品制罐是综合的食品保藏方法。

press 压榨 指食品通过加压或通过筛网以取得液汁或制成糊状的加工过程。

pressée (F.) 果汁 指一次压榨出的果汁，如橙汁等。

pression (F.) 桶装啤酒 也叫散装啤酒，因出售时依靠拉杆压出，故名。以区别于瓶装啤酒。

Presskopf (G.) 猪肉杂碎

pressoir (F.) 葡萄榨汁机

pressure cooker 压力锅 一种密封的有盖煮锅。食品起始加热温度不高，但迅速超过一般食品加热温度。过热蒸汽可从阀门逸出，因而气压可达1.2—1.5大气压。以压力锅烹调的食品软、酥、香，成熟快，滋味浓郁。

présure (F.) 凝乳酶
参见 rennet

prêtre (F.) 星斑鱼 一种小海鱼，产于法国沿海。肉质肥美，体侧有银色星形斑点而得名。

pretzel 椒盐卷饼 一种松脆光滑略带咸味的脆饼，原产于德国及阿尔萨斯地区。将生面条拧成松散的结，稍煮，外加蛋汁和盐，经烘焙而成。可用于佐食啤酒和小吃，以芥末作佐料。

prezzemolo (It.) 欧芹
参见 parsley

pricked (酒)变酸的

prickly ash 花椒 一种草本植物的干籽，用于作调味香料。

prickly pear 仙人球 由产于热带美洲的一种针叶植物霸王树所结出的球形果实，其果肉常可食用或酿酒。

prima colazione (It.) 早餐
参见 breakfast

primal parts 初步分块 如猪胴的前腿、后腿、背、颈和肋条等5部分。

primeur (F.) (果实的)初熟

priming 浓糖液 常加在啤酒中增甜。

primost (No.) 乳清干酪
参见 whey cheese

primrose 樱草花 花呈黄色，连叶片可作色拉等的配饰。

primrose colour 樱草色 奶油变质出现的一种淡黄色色变现象。

primrose vinegar 樱草花醋 以糖、醋母、水和樱草花等放入容器中发酵而成的一种香醋，用作调味料。

primus 普利姆斯汽化炉 一种燃烧汽化汽油的轻便炉子，供野餐时使用。源自商标品。

princesse, à la (F.) 公主式 指以块菌、芦笋尖和白汁沙司佐食的板鱼或鸡肉等。

princesse à la berrichonne (F.) 杏仁酥面点心

principio (Sp.) 正菜
参见 entrée

printanière, à la (F.) 春季式 可以指几种菜式。一种是胡萝卜、白萝卜、扁豆、豌豆和芦笋尖制成的蔬菜清汤。另一种是以炸土豆丸和一些蔬菜制成的配菜。也指一种肉汁砂锅菜,其配料有肉汁洋葱、胡萝卜、四季豆和芦笋等。

Priorato (Sp.) 普利奥拉多酒 西班牙塔拉戈纳省(Tarragona)产的一系列优质红葡萄酒与白葡萄酒。口味从甜到干均齐全,一般含酒精13—20%。

pris (F.) 凝结 如果冻、蛋冻、琼脂等的凝结现象。

prisultre (F.) 生腌火腿 法国科西嘉岛的专用名称。参见 prosciutto

prix fixe (F.) 菜单价格已定的
参见 table d'hôte

Procea 高蛋白面包 英国 Procea 公司生产的一种营养白面包。

process(ed) butter 精制黄油 经融化、精炼和除去杂质的一种高级加工黄油。

process(ed) cheese 加工干酪 将几种干酪经加热融化后,再搅拌混合与重新调味制成的干酪。一般使用切德干酪、荷兰干酪和格吕耶尔干酪等作原料。

process(ed) egg 加工蛋 用油或水玻璃处理过的蛋。

profiteroles (F.) 泡夫夹心酥球 可用干酪、巧克力、甜蛋冻、酥面奶油、掼奶油或果酱作夹心。

progressive dinner 轮餐 一种到每户人家吃一道菜,连吃几家吃完一顿正餐的习惯。本世纪50年代随着市郊住房开发而逐渐普及。

prohibition 禁酒令 在法律上,指防止酒精饮料的酿制、销售和运输,目的在于以法律手段实行戒酒。例如,美国在1919年正式通过全国禁酒令,1933年撤销。基督教新教徒有一种禁欲苦行的倾向,也提倡禁酒。

promessi (It.) 软干酪
参见 cheese

proof 1.酒精标准度 显示各种烈性酒或葡萄酒中酒精浓度比例,按重量或体积的液体比重来表示。世界上流行英制、美制和 GL 制三种。Gay Lussac 2.泡发粉 将发酵粉置于温水中,加少许糖搅匀直至发泡,以测定发酵粉是否已失效。

proost (Du.) 干杯 敬酒用语。

propina (Sp.) 小费
参见 tip

propyl gallate 棓酸丙酯 一种抗氧化剂,用于植物油、肉类制品和口香糖等食品中。

prosage 素肠 一种不含肉类的香肠。

prosciutto (It.) 生腌火腿 一种切得很薄的五香火腿。经空气自然风干,食时可不经烹调,并以甜瓜佐食。原产于意大利的帕尔马。

prosciutto de Parma (It.) 帕尔马火腿片 一种享有盛名的意大利火腿。以产地命名。

prosit (L.) 祝您健康 敬酒用语。

protease 蛋白酶 有机化合物,存在于动物体内。种类很多,其作用是把复杂的蛋白质分解成简单的、便于吸收的氨基酸。

protective foods 健康食品 指含有多种维生素和矿物质,且符合卫生及质量标准的食品。包括奶制品、鸡蛋、肉类、鱼类、蔬菜、水果和谷物等。

protein 蛋白质 一种复杂的氨基酸与其他元素的化合物。是动植物细胞的基本构成成分,也是人类的主要营养来源之一。动物蛋白质主要来自肉类、家禽、鸡蛋、鱼类、牛奶和干酪;植物蛋白质则来自豆类、谷类和干果类。

protein concentrate 蛋白质制品 人类和动物的营养物,从蔬菜或肉类中提取或制作。最普遍的是叶蛋白和鱼蛋白,其质量接近含有高蛋白的大豆。可供婴儿和病人食用,用以补充蛋白质的不足。

protein milk 高蛋白质牛奶 一种改

良牛奶，其蛋白质含量很高，但脂肪与碳水化合物含量则较低。

protone 蛋白乳儿糕 英国的一种婴儿营养食品，含蛋白质比例较高。源自商品名。

protose steak (Am.) 素牛排 以植物蛋白制成的一种食品，不含肉类。用于犹太教食品。参见 kosher food

prove 醒发 面团的第二次发酵过程，是进行火炉烘烤前的步骤之一。

Provencale, à la (F.) 普罗旺斯式 指以番茄、大蒜、洋葱、橄榄、茄子和鳀鱼等作配菜的。普罗旺斯在法国南部。参见 Provence

Provence (F.) 普罗旺斯 法国南部地区，滨地中海。以鱼、海鲜、蔬菜、干酪、水果和葡萄酒著称。大蒜是普罗旺斯的最基本调味料，但比北方的大蒜气味柔和。

provision tree 圭亚那瓜栗 热带美洲的一种水生乔木果实，呈褐色，可供食用。

Provolone (It.) 熏干酪 意大利坎帕尼亚地方产的一种浅色硬质干酪。呈梨形，用烟熏而成，重4—5千克，含乳脂44%。

prugna (It.) 李子
参见 plum

prugna seccha (It) 李脯
参见 prune

Pruht 普鲁特酒 西印度群岛产的一种朗姆酒。

prune 李脯 一种由新鲜李子经糖渍加工而成的带核蜜饯。肉质紧密，味甜可口，富含维生素 A，可作为糕点的点缀或甜食。该词有时也泛指梅干或其他果脯。

prune butter 李脯酱 将甜李脯经水煮和过滤后加入肉桂、丁香等调香而成的一种涂抹料。

pruneau (F.) 李脯
参见 prune

prunelée (F.) 李脯酱
参见 prune butter

prunell 黑刺李酒 以白兰地作基酒，加入黑刺李汁等调配而成的一种甜味利口酒。

Prussian carp 银鲫鱼
参见 carp

psalliote (F.) 蘑菇
参见 mushroom

pseudo-ginseng 三七 也叫田七。多年生草本植物，根肉质，呈圆锥形。其块根有止血作用，但近年来已开发为药膳配料之一。

pt. (abbr.) 品脱
参见 pint

ptarmigan 雷鸟 一种小野禽，属松鸡类，产于北欧地区。其毛色在冬季为白色，故也叫白松鸡或山松鸡。肉质稍逊于普通松鸡，烹调方法与松鸡相同。

ptisan 大麦茶 用大麦粒炒成微焦后冲入沸水而成的一种夏季清凉饮料。

ptomaines 尸碱 存在于腐败变质或加有色素的食品中的一种有毒物质，是引起食物中毒的原因之一。

pub (abbr.) 酒店
参见 public house

public house 酒店 指英国等地供应酒精饮料的商店，人们常在此进行社交和娱乐活动。该处价格比较便宜，现常常设在地下。

puchero (Sp.) 炖菜杂烩 南美洲风味。以牛肉、香肠、腌肉加各种蔬菜等炖煮而成。

pudding 布丁 一种蒸煮或烤熟的松软海绵状食品。配料主要有面粉、果仁、糖、乳脂、鸡蛋和香料等。是西菜中最常见的食品之一。

puddingwife 虹海猪鱼 产于西印度群岛和美国佛罗里达沿海的一种青铜色隆头鱼，可食。

pudim (P.) 布丁
参见 pudding

puerco (Sp.) 猪肉
参见 pork

Puerto Rico molasse 波多黎各糖蜜 一种以朗姆酒为配料的深褐色糖蜜。

Puerto Rico Rum 波多黎各朗姆酒 以著名百卡地(Bacardi)朗姆酒为代表的朗姆酒。口味轻盈，最适宜于调配鸡尾酒,含酒精40%。
puff 油酥面点
参见 puff paste

puff drying 膨松干燥 食品干燥方法之一,用膨化或泡沫化使奶粉、玉米花等干燥。

puff paste 油酥面点 俗称嵌面或千层酥,通常用等量的面粉和黄油做原料制成。加工时,先捏成面团,加入一次黄油就反复折叠擀平,务使黄油不要挤破面层,然后放入烘箱。有时可加各种甜味料或咸味料。

puff pastry 千层酥
参见 puff paste

puffed food 膨化食品 通过高压加热后突然减压的方法,使谷粒中的蒸汽急剧膨胀而成,例如爆米花等。这些食品的特点是松脆可口,易于消化。

puffer 河豚 也叫鲀,主要分布于世界温带水域。因在受到干扰后能充气或充水鼓胀如球而得名。许多种类有毒,尤其集中在内脏中。河豚肉味鲜美无比,在日本由经过特殊训练的厨师烹调,成为名贵的佳肴。

puit d'amour (F.) 爱之泉 一种奶油酥皮甜点,以鹅等酱作夹心。

puking 溅泡 啤酒等酒类发酵时产生的翻腾现象。

pulë me orrë (Al.) 胡桃烩鸡

pulenta (F.) 栗粉面包 产于法国的科西嘉岛。

Puligny-Montrachet (F.) 布里尼酒 法国勃艮第博讷(Beaune)地区产的一种优质干白葡萄酒。

pulled bread 烤脆面包心 将面包硬皮内的柔软面包心趁热取出,再在温热的烤箱内烘脆即成。

pullet 小母鸡 指出生不满一年的嫩仔鸡。

pulp 果肉 水果等除外皮和核以外的多肉部分,含有较多的水分和糖等。

pulpa (Sp.) 果肉
参见 pulp

pulpeta (Sp.) 烤小牛肉片 加入大蒜、香草、橄榄和硬煮蛋等配料。食时淋以雪利酒。

pulpuszta (Hu.) 香味软质干酪

pulque 龙舌兰酒 也叫墨西哥啤酒,为一种乳浊状白色饮料,风味似酸乳,含酒精约6%。含汁液含糖分10%,发酵后常加入陈龙舌兰酒,是墨西哥的主要饮料。也作 maguey

pulse 干豆类 指晒干的豌豆、扁豆和菜豆等,蛋白质含量很丰富。

pultöst (No.) 布尔托斯特干酪 一种在山区酿造的挪威干酪,以酸乳制成。

pumace 果渣
参见 pomace

pummelo 柚子
参见 pomelo

Pumpernickel (G.) 酸味黑麦粗面包 用未经筛选的粗黑麦粉,经发酵制成酸味面团,再烤成深棕色即成。

pumpkin 南瓜 一年生草本植物。其茎横断面呈五角形,能爬蔓,花黄色。果实一般为扁圆形或梨形,嫩时绿色,成熟后则为赤褐色。果实和种子均可食用,常用于作蔬菜、煮汤、凉拌和制南瓜饼等。也叫倭瓜或番瓜等。

pumpkin pie 南瓜饼 将南瓜煮烂成瓜泥,混合鸡蛋、牛奶、糖和调味料,放入饼模中烤成。

pumpkin pie spice (Am.) 南瓜饼香料 用于作南瓜饼调味的各种香料的混合,如姜、丁香和肉桂等。常磨成粉使用。

pumpkin seed 南瓜子 南瓜的干制种子。炒熟后可食用。

punch 宾治酒 一种变化很多的冷热混合饮料。最常见的是以葡萄酒、蒸馏酒或淡啤酒作基酒,加入柠檬汁、苏打水或其他调香料调配而成。该词源自印第安语,意为数字5。因最初的宾治酒由5种配料组合而成而得名。参见附录。

punch à la romaine (F.) 罗马式宾治酒 以柠檬汁、蛋白、糖和朗姆酒制成的一种白色饮料,有助于消化。

punch bowl 宾治酒碗 一种以金属、玻璃或瓷制成的大型深碗,配以杯、勺等。用于混合与调配宾治等混合饮料。

punch cup 宾治杯 一种有柄酒杯。用于从宾治酒碗中取出酒饮用。

punch marquise (F.) 侯爵夫人宾治 以甜白葡萄酒、科涅克白兰地以火点燃饮用的一种宾治酒。用柠檬片作点缀。

puncheon 大酒桶 用于盛白兰地或朗姆酒的大木桶。容量为327—545升,约合72—120加仑。

punches (Sp.) 玉米花
参见 popcorn

pungent 辛辣的 指菜肴的滋味或气味有强烈刺激的。

pungent sauce 辣酱油
参见 Worcestershire sauce

punk 干燥无味 尤指水果和蔬菜口味淡而干的。

Punsch (G.) 宾治酒
参见 punch

punt (酒瓶的)凹底 目的是为了增加酒瓶的强度,而不是减少容量。

Punt e Mes (It.) 奎宁苦味酒 意大利产的一种苦味酒。加多种香草调香,常加入冰块或苏打水同饮。该名称字面意义为0.5。

punto, al (It.) 烹调适中的
参见 à point

pupitre (F.) 香槟酒架 一种专供香槟酒作陈化处理的木架,架上放置香槟酒瓶,可横放或倒放。该过程可参见 rémuage。

pupu 开胃食品 源自夏威夷语。指昆士兰果、烧烤野味、椰子干和中国的馄饨等。通常在当地波利尼西亚餐厅中放在一个大餐盘上,用牙签取食。

puré (Sp.) 泥
参见 purée

pure jelly 纯果冻 只含果汁45%和糖55%两种配料,经冷冻后食用。

purée (F.) 泥 泛指研成泥状的各种食品,如豆沙、肝泥酱、土豆泥、栗子与豌豆泥等。有时也指质地均匀稠密的浓汤。

purée Bretonne (F.) 布列塔尼菜豆泥 以布列塔尼沙司调味,故名。参见 Bretonne, à la

purgatorio (It.) 番茄辣酱 由辣椒粉加番茄汁调制而成,色泽鲜红。

puri (Hi.) 印度小麦饼 一种经轻微油煎的麦饼。

puritano 标准雪茄 一种中等大小,两端尖的雪茄。参见 cigar

purl 补尔酒 英国的一种古老的滋补饮料,配方在各地略有不同。一般是把艾蒿浸泡在麦芽酒中,加入糖、姜汁和其他辛香料,趁热饮用。可作为兴奋饮料。

purple common perilla 紫苏 一种一年生草生植物。其嫩叶可作蔬菜食用。

purple crab 紫蟹 产于太平洋加利福尼亚沿岸的一种小圆蟹,外壳呈紫红色。

purple granadilla 鸡蛋果 巴西的一种西番莲属植物,生长在热带,果实呈深紫色,可食。常用于制果子露、蜜饯和饮料。

purple perilla 紫苏 一年生草本植物。茎方形,叶子卵形,呈紫黑色,花淡紫色。其嫩叶可作凉拌菜,而种子则可用于榨油。

purple wine 深红葡萄酒
参见 red wine

purpoo mulligatawny (Hi.) 咖喱汤 尤指印度与斯里兰卡的一种地方风味汤。

purslane 马齿苋 一年生草本植物。茎淡红色,叶子小,呈倒卵形,花黄色。茎和叶子可供食用,一般用于凉拌。也叫长寿菜或景天草。

push-up (酒瓶的)凹底
参见 punt

Puter (G.) 雄火鸡
参见 turkey

putrefaction 腐败变质 在以微生物为主的各种因素作用下所发生的食品变质。可使食品质量降低,丧失食用价值。如肉、鱼、禽、蛋的腐臭;粮谷的霉变;蔬菜水果的腐烂以及油脂的酸败等。

pyment (Sp.) 西班牙蜂蜜酒
参见 mead

Pyrénées-Orientales (F.) 东比利牛斯 法国朗格多克·鲁西永的酿酒地区,近西班牙边境,濒临地中海。生产著名红葡萄酒。

Pyrex 派热克斯玻璃器皿 一种高级的耐热玻璃餐具,以硼硅酸为原料制成。源自制造厂商名。其热膨胀系数仅约普通玻璃的三分之一,在温度急剧变化时不会破裂。

Q

Qmp (abbr.) 最优等酒
参见 Qualitätswein mit Prädikat

qt. (abbr.) 夸脱
参见 quart

quab (R.) 淡水河鱼

quadrillé (F.) 方格蛋糕

quaglia (It.) 鹌鹑
参见 quail

quahog (Am.) 圆蛤 美国大西洋沿岸所产的一种硬壳蛤,味鲜美。参见 clam

quaich (Sc.) 双耳酒杯 一种苏格兰浅型酒杯。

quail 鹌鹑 产于欧洲及亚洲的一种猎鸟。长约7英寸,上部有棕黑色斑点,腹部呈白色,是公认的珍禽美味。可用于烤、烧、填馅或做成鹌鹑肉冻等。

Quaker bread (Am.) 双连面包 用老人燕麦片加小麦粉烤成的一种营养面包。

Quaker oats 老人燕麦片 源自商标名,图案为一白胡子老人形象。该词原指基督教教友会信徒。

quaking custard (Am.) 奶油蛋白冻 一种美国式甜点。

Qualitätswein (G.) 上等酒 酒类术语。指等级高于普通的佐餐酒(Tafelwein),含酒精不低于9%。常产于规定的一些地区。

Qualitätswein mit Prädikat (G.) 最优等酒 酒类术语。有时标为 QmP,相当于法国的 AC 优质酒。

quantity cooking 大锅烹调 适用于大型食堂的食品烹调方式,与精细的小锅菜有很大区别。其所使用的设备规模大并有一套专门的菜谱作指导。

quarg 粗制酸奶酪 指未经成熟即供食用的一种初加工脱脂奶酪,味较酸。

Quark (G.) 凝乳 牛奶变酸时凝结的物质。参见 rennet

Quarkkäse (G.) 乳酪蛋糕 也指一种凝乳制的干酪。

quart 夸脱 英制液量单位,约合1加仑的1/4而得名。在英国合32液量盎司;在美国合40液量盎司。该词也指1夸脱容量的瓶装酒。

quart de vin (F.) 1/4升小瓶酒
参见 quarter bottle

quartanier (F.) 四岁的野猪
参见 wild boar

quarter 1. **牛前身** 或指后身。牛胴对剖后的前身或后身均等于牛身的四分之一,故名。前身包括肩肉和胸肉;后身则包括腿肉和腰肉。该词也指羊前身或后身。2. **菠萝扇形片**

quarter bottle 小酒瓶 容量为普通酒瓶的1/4,约为188毫升。

quartern 1. **夸脱仑** 液量单位。相当于1/4品脱。2. **四磅大面包** 也作 quartern-loaf

quartern-loaf 四磅大面包
参见 quartern

quartier (F.) 牛羊肉后身 常包括腿肉。参见 quarter

Quartirolo (It.) 四季干酪 意大利伦巴第地方产的一种牛奶酪。重2.5千克,含乳脂45%。

quasi (F.) 牛腿肉
参见 rump

quass (R.) 格瓦斯 一种俄国式清凉饮料,用面包和水果等发酵制成。参见 kvass

quassia 啤酒苦味剂 产于一种叫做苦木的乔木树汁。参见 bitters

quassia cup 苦木酒 将苦木熬煎液加香料、硼酸、橙皮和糖与酒精一起调配而成。

quatre mendiants (F.) 四合干果 指由葡萄干、杏仁、无花果和榛子四种干果组成的点心盒，色泽各异。源自法国历史上的四派托钵僧团（Mendicant orders）。

quatre-épices (F.) 四合香料 一种混合调香料，由生姜、肉豆蔻、白胡桃和丁香等组成。

quatre-quarts (F.) 四合糕 以面粉、糖、黄油和鸡蛋等4种配料等量制成。

quatsche (F.) 李子白兰地
参见 Quetsch

que apreveche (Sp.) 祝你好胃口 敬酒用语。

Queen Anne's lace 野胡萝卜
参见 wild carrot

queen cake 王后蛋糕 一种心形纸杯小蛋糕，以面粉、黄油、鸡蛋、糖、果皮和干果等为配料制成。

queen conch 凤螺 一种热带海螺。用于鱼色拉、杂烩海鲜和其他菜肴的配料。其外壳可用于制贝壳浮雕工艺品。

Queen Henrietta Maria's marmalade of cherries 玛丽亚王后果酱 由英国国王查理一世的王后以醋栗、樱桃和糖制成的一种调味果酱。

Queen of Vineyard 葡萄园王后 欧洲的一种优质白葡萄品种。

queen olive 王后油橄榄 产于西班牙塞维尔地区的一种橄榄。果实呈长圆形，易于保存，风味独特。参见 olive

Queensland nut 昆士兰果
参见 macadamia nut

Queensland trumpeter 断斑石鲈 产于热带印度洋的一种海水食用鱼。

Queensware 女王瓷 英国的一种乳白色名贵陶瓷，常制成高档餐具。

queijadinha de amêndoas (P.) 杏仁干酪小蛋糕

queijo (P.) 干酪
参见 cheese

queijo da ilha (P.) 依尔哈干酪 产于葡萄牙亚速尔群岛的一种硬干酪。参见 cheese

quenelle (F.) 鱼丸，肉丸 将鱼或肉糜拌以鸡蛋，加入调味料，可直接放入水中煮熟或裹以面包屑和鸡蛋用油炸食。作为配菜或开胃菜。

quern 小手磨 用于磨香料及干果等。

quesadilla (Sp.) 干酪点心 以干酪、白糖作夹心的一种玉米饼点心。

queso (Sp.) 干酪，奶酪
参见 cheese

queso de bola (Sp.) 球形干酪 西班牙加利西亚产的一种半硬干酪，类似荷兰的埃丹干酪。参见 Edam

queso gallego (Sp.) 加利西亚干酪 西班牙产的一种软质全脂干酪。

queso helado (Sp.) 冰淇淋
参见 ice cream

Quetsch (G.) 李子白兰地 德国及法国阿尔萨斯地区以欧洲李果实酿制的一种水果白兰地。含酒精44%。

queue (F.) 1. 大酒桶 容量为400升。2. 尾巴 如猪尾和牛尾，均可煮汤。

queue de boeuf (F.) 牛尾汤
参见 oxtail

quiche (F.) 猪油火腿蛋糕 以腌猪肉丁和干酪等作馅制成。尤其是法国阿尔萨斯和洛林等地的一种风味食品。源自德语 Küche, 意即蛋糕。

quiche Lorraine (F.) 洛林蛋糕 以干酪、腌肉丁、牛奶蛋糊作馅的一种酥壳蛋糕。

quick bread (Am.) 速发面包 将面团或面糊加入干发酵粉或小苏打，立即烘烤而成。包括玉米面包和松饼等。

quick fry 爆 用热油快煎再加作料芡粉的烹调方法。

quick oven 速热烘箱
参见 hot oven

quick thorn 英国山楂
参见 hawthorn

quick-and-dirty (Am.) 小吃店 俚称。指小吃店或快餐部以快为特色，

quick-boil 余 烹调方法之一。把食物放在沸水中稍微一煮即取出。用于余的食品有蔬菜、面食等。

quick-freezing 速冻 一种快速冷冻食品的过程。这时在食品之间只形成细小的冰晶,从而不会破坏组织的细胞。其保藏效果要优于家庭冷冻。食物尤其是肉类能充分保鲜,色泽不变,解冻后口味新鲜。

quick-frozen food 速冻食品
参见 quick-freezing

quick-lunch counter 快餐车 设在路边的一种流动快餐供应车,就餐者则站立用餐。流行于英国。

quid 嚼烟
参见 chewing tobacco

quiddany 鲜果冻 以新鲜水果制成的果冻或果酱。

quignon (F.) 大块面包片 指一种从整只面包上切下的楔形片。

quill fish 螳螂虾 一种形似螳螂的海水虾,属足类甲壳动物,可食用。
参见 mantis shrimp

quille (F.) 细长酒瓶
参见 bottle

quillet (F.) 香草杏仁酥 一种著名的巴黎点心。以鸡蛋、糖、面粉、香草粉和杏仁粉制成,缀以奶油作点缀。

quill-wort 水韭
参见 isoete

quimboliyo (Sp.) 香蕉叶玉米饼

quimper, maquereau à la fccon de (F.) 水煮鲭鱼 以鸡蛋、黄油和香草等作配料,趁冷食用。为法式名菜之一。

quince 榅桲 一种蔷薇科果树的果实,呈扁圆形或梨形,原产于伊朗和土耳其。味芳香,生食有涩味,但蜜饯后质量极佳。可用于炖苹果或烤苹果的调味。其果肉烹煮后呈粉红色,可用于制成蜜饯酱。

quince compote 糖渍榅桲 用香草糖浆煮熟而成,作为一道烩水果甜食。
参见 quince

quinine 奎宁 也叫金鸡纳霜,是从金鸡纳树皮中提取而成的一种白色结晶粉末,味苦。临床上曾是主要的治疟疾特效药,现在则常用于调配具有滋补作用的饮料。

quinnat 大鳞大麻哈鱼
参见 king salmon

quinquina (Sp.) 金鸡纳树
参见 chinchona

quinta (P.) 葡萄园 葡萄牙的种植葡萄与酿酒庄园,相当于法国的 château。

quintal 1.英担 英制重量单位,约合 100—112 磅。2.公担 公制重量单位,约合 100 千克。

quire pancake 豆蔻煎饼 按 18 世纪配方制成的一种浓味煎饼,常加入雪利酒。参见 crêpe

quitasol (Sp.) 伞菌 一种野生可食蘑菇。参见 agaric

Quitte (G.) 榅桲
参见 quince

quoorma (Hi.) 淡味咖喱酱
参见 curry

qutaif (Ar.) 杏油薄煎饼 煎饼必须做得薄如纸,放入杏仁油中煎,再佐以糖浆和玫瑰水。是一种阿拉伯特色风味食品。

R

Raband-Promis, Château (F.) 拉班酒 法国索泰尔纳地区产的头苑甜白葡萄酒。参见 Sauternes

rabano (Sp.) 白萝卜
参见 turnip

rabarbaro (It.) 大黄
参见 rhubarb

rabbit 家兔 一种啮齿类哺乳动物。品种很多，肉味嫩美，含有丰富的蛋白质，但脂肪含量低，是常用的肉类食品之一。烹调方法有炸和烤等，其他如炖煨、烧煮、切片和剁泥等均可。

rabbit berry 兔果
参见 buffalo berry

rabbit fish 银鲛 产于大西洋深水海域，尾较长。可供食用。

rabbit food (Am.) 凉拌菜 俚称。
参见 salad

rabbiteye (Am.) 兔眼越橘 美国东南部的一种特有品种，经大量栽培，用作罐头原料。

rabes (F.) 咸鳕鱼子
参见 caviar

Rabinowka (R.) 拉宾诺卡酒 白俄罗斯及东欧酿制的一种利口酒。以花楸果汁为原料，十分独特。

rabiole (F.) 芜菁
参见 turnip

rable (F.) 兔脊肉 常用于烤食。参见 rabbit

rabonnir (F.) 使(酒)变醇
参见 age

rabot(t)e (F.) 全水果饺 一种烘烤面点。常以整只水果如苹果或梨作馅。

racahout (Ar.) 可可糊 由米粉、可可粉和土豆粉加糖制成的阿拉伯食品。常加入香草和兰根等调味，可供病人食用。

race 姜根 生姜的根部气味浓烈。参见 ginger

Rachel (F.) 拉舍尔式 指以洋蓟心和牛骨髓片为配菜的牛肉菜肴，并以波尔多沙司和葡萄酒相佐。源自法国歌星 Elisa Rachel Félix (1821—1858)的名字。

racine (F.) 根菜植物 指以植物的根作为食品的，如藕，兰根等。参见 root vegetables

rack 羊脊肉 常包括羊的颈部和肋部的肉，适宜于作烤羊肉或羊排。

racking 榨酒 从酒泥或葡萄酒沉渣中经沉淀压榨进一步分离出酒液，这实际上是一种大规模的滗析。参见 decant

Raclette (F.) 拉克利特干酪 法国萨瓦地区的著名干酪。方法是先将干酪在火上烘烤，一面将烤软的部分刮下食用。这时干酪很热，常用以佐食土豆。该菜式也是瑞士瓦莱州的一种特色风味。

racoon 浣熊 一种野生小动物，生长在美洲的森林地区，常被捕食。烹调方法同野兔。

racy (酒)芳香的 指酒的口味鲜美或食品的原味具有芳香等。

radicchio (It.) 菊苣
参见 endive

Radieschen (G.) 红皮白萝卜
参见 radish

radikia me ladi (Gr.) 煮蒲公英叶 常用作凉拌菜配料。参见 dandelion

radis (F.) 红皮白萝卜
参见 radish

radish 红萝卜 也称四季萝卜，十字花科植物。通常食用其肥大肉质根。

形状有球形、长圆形和圆锥形等。外表白色、红色、粉红和紫色均有。味淡,嫩脆,易煮烂;有的味辣,质硬。常用于生吃,作为蔬菜煮食或拌制色拉。在烹饪中还常被刻成花卉、动物等形状作为菜肴的装饰点缀。

radish rose 红萝卜玫瑰花 雕刻成玫瑰花形状的红萝卜,放在色拉或冷拼盘中央作为装饰点缀。

rafano (It.) 辣根
　　参见 horseradish

raffia 酒椰 产于非洲马达加斯加的一种椰树果实。常用于酿酒,故名。

raffinade (F.) 绵白糖
　　参见 castor sugar

raffinose 绵白糖
　　参见 castor sugar

rag 1. 碎肉片 指切碎的肉,往往是修整后的下脚料。2. 桔络 柑桔果肉外的白色网络,有药效。参见 tangerine pith

ragbröd (Sw.) 大麦面包
　　参见 barley

ragfish 槛鱼 一种海水鱼,骨骼极软,常经油炸食用。

ragoule (F.) 乳菇 一种可食用的蕈类。参见 barigoule

ragoût (F.) 浓味蔬菜炖肉 以少量黄油炒黄,再以文火炖煨各种肉、鱼、蔬菜和鸡等。也可称为五香浓汁肉末。

ragu (It.) 西红柿肉末卤汁

Ragusano (It.) 拉古萨干酪 意大利西西里岛拉古萨镇产的一种羊奶酪。重6—12千克,含乳脂50%。

rahat lakoum (Tu.) 拌砂软糖
　　参见 Turkish delight

Rahm (G.) 奶油
　　参见 cream

Rahmschnitzel (G.) 奶汁肉片 以小牛肉或猪肉片加酸牛奶或奶油和柠檬汁作配料制成的一种德国式菜肴。

raidir (F.) 热油烙烤 烹调加工方法之一。食用油黄油煎炸时,其温度以黄油刚冒出轻烟为标准。

raie (F.) 鳐鱼 一种海水扁平鱼类。
　　参见 skate

raifort (F.) 辣根,冬萝卜
　　参见 horseradish

rail 秧鸡 产于欧洲大陆地区的一种野生水禽,肉质与鹌鹑相似。味鲜美,常用于烤食或油炸。

rainbow trout 虹鳟 产北美洲太平洋沿岸与欧洲的一种鳟鱼。头大口小,背部呈绿色,腹部白色,体侧有明显的粉红、红或淡紫色条纹,故名。是极受欢迎的食用鱼之一。

rainbow wrasse 鉈鱼
　　参见 girella

raine-claude (F.) 青梅
　　参见 greengage

Rainier 赤阳 一种供新鲜食用的苹果品种名。

raioles (F.) 方形饺
　　参见 ravioli

raised pastry 发面点心
　　参见 raised pie

raised pie 发面馅饼 以热水拌和面粉制成面团,烘烤结束后冷却,再填入肉汁和馅料使其一同放入冰箱冷冻。食时保持低温。

raisin 无核葡萄干 指经人工天然烘干的葡萄,含糖分很高。其口味与普通新鲜葡萄不同,可用于糕点的点缀、制成蜜饯或酿酒。该词也指制成无核葡萄干的葡萄品种,以产于西班牙的为最佳,其次,中亚各国、南非和澳大利亚等地也有生产。

raisin bran 葡萄干小麦片 一种早餐食品。

raisin de Corinthe (F.) 科林斯葡萄干 一种希腊无核葡萄干,味甜。

raisin de Malaga (F.) 马拉加葡萄干 以麝香葡萄干燥后制成,质量上乘,用于糕点及布丁等的配饰。产于西班牙的马拉加,故名。

raisin grape 葡萄干葡萄 指专门用于制作葡萄干,而不用于酿酒的葡萄。
　　参见 raisin

raisin wine 葡萄干葡萄酒 将葡萄干浸泡后发酵酿成的一种低度葡萄酒。

raisiné (F.) 葡萄蜜饯酱 将葡萄、榅桲或梨等水果放在葡萄酒或苹果酒中慢慢熬煮收浓而成的一种蜜饯果酱。可用作食品的涂抹料。

raising agent 膨松剂 使食品内部充入空气而膨松。如酵母菌的发酵过程和小苏打中的碱性物质与酸起中和反应而产生二氧化碳等。也可以由人工搅打蛋白等使其膨胀。

raising powder 发面粉 俗称干发酵粉。参见 raising agent

raito (F.) 番茄红葡萄酒沙司 加入大蒜和胡桃,用于佐食鱼类菜肴的一种调味沙司。

raiton (F.) 小鳐
参见 skate

rajadillo (Sp.) 巴旦杏脯
参见 almond

raki 拉克酒 巴尔干半岛诸国及土耳其等产的一种茴香型利口酒。以无花果、海枣、当归和乳香黄连木胶质作调香料。口味近似白兰地,并易于与希腊的茴香酒 ouzo 相混淆。拉克意为"狮乳"。含酒精 34—40%。

rakia 拉基亚酒 中欧国家产的一种浓味葡萄酒。

raku ware 乐陶 日本的一种粗劣的黑柄陶器,创始于 15—16 世纪。适用于泡茶。

rale (F.) 秧鸡
参见 rail

Ralls 国光苹果 一种优质苹果品种名。

Ralls Janet (Am.) 晚熟苹果 类似于中国的国光苹果。

ram 公山羊,公绵羊
参见 goat

rambour (F.) 朗布尔苹果 一种色泽红白相间的苹果,适用于烘烤食用。产于法国的朗布尔地区。

ramekin 小干酪蛋糕 将干酪、面包屑、松面团和鸡蛋等拌和后放入蛋糕模中烘烤而成的一种点心。

ramequin (F.) 小干酪蛋糕
参见 ramekin

ramereau (F.) 小林鸽

参见 wood pigeon

ramino (It.) 奶油勺

Ramos gin 拉莫斯金酒 杜松子混合饮料,由杜松子酒、乳脂、蛋白、柠檬汁与酸橙汁和糖作调料经剧烈摇动与过滤而成。饮时再加入少量苏打水。源自美国新奥尔良一个叫 Henry Ramos 的酒吧店主。

Ramoun (F.) 巴鲁斯干酪
参见 Barousses

ramp 熊葱
参见 ramson

rampion 风铃草 欧洲产的一种桔梗植物,具有可食的块茎和叶,常作凉拌菜。口味类似菠菜。

ramson 熊葱 也叫阔叶葱,是生长在北美洲的一种野葱。叶绿色而细长,球茎小而白。香味浓烈,但常用于生食。

rana (It.) 蛙
参见 frog

rancid 哈喇味 指油脂、干酪或熏肉等因存放过久而产生的一种不愉快腐臭味,食用时还会产生麻舌的感觉。食品有哈味表示已经变质。

rancio (F.) 1.哈喇的 某些甜葡萄酒所特有的气味,饮时需有一个适应过程。有人喜欢;而有人认为是油脂变质的气味。该词源自西班牙语,因西班牙近法国边境地区酿的酒当有此气味。**2.陈年葡萄酒** 法国 Midi 地区产的一种红葡萄酒或桃红葡萄酒。口味类似西班牙的马德拉酒。

range 炉灶 一种可控制火力的烹饪装置,以煤、煤气或电作能源,是厨房的重要设备之一。现代化的电灶还包括烤肉温度计、电动炙叉、立式烤箱、除尘器和指示灯等装置。

rangette (Am.) 小炉灶 带有烤箱的小型移动式烹调设备。可用煤气点燃,顶部有几个炉盘。

rangpur 酸橙
参见 lime

Ranhofer, Ch. 兰霍弗 19 世纪美国纽约德尔莫尼可餐厅的著名大厨师,著有《美食家》菜谱等。

ranina 虎乳酒
参见 Tiger milk

rankins 干酪布丁 其配料常有酪乳、干酪、面包屑、芥末、蛋黄和辣椒等。

rapa (It.) 芜菁
参见 turnip

rape (F.) 1. 礤床 厨房器具之一。用于将食品擦成细丝或碎末。参见 grater。2. 果渣,果肉 用于榨汁的苹果或梨,也指葡萄的果渣。

rape 油菜 一年生或二年生草本植物,也叫芸苔。茎直立,叶子互生。花黄色,其果实为角果,内有黑色种子,可用于榨取菜籽油,是烹调中的常用植物油之一。

rape oil 菜油 从油菜籽或萝卜籽中取得的一种黄色干性油。主要作食用油。

râper (F.) 将(干酪)擦成屑
参见 grate

Raphael, salade (F.) 拉斐尔色拉 以土豆为主,加入辣味蛋黄酱、黄瓜片、芦笋尖、番茄和辣根等配料,再浇以醋沙司。该式以意大利文艺复兴时期画家拉斐尔(1483—1520)名字命名。

rappini 小芜菁 俗称大头菜,用作蔬菜。参见 turnip

rare 半生的 指肉类等食品未煮熟的,稍微带血的程度。

rarebit 干酪吐司
参见 Welsh rarebit

rareripe 1. 洋葱嫩芽 2. (水果、蔬菜)早熟的 参见 overripe

rascasse (F.) 猪鱼
参见 hogfish

rasher 油煎熏肉片 指将火腿薄片或炖熏腌肉片经油煎而成的一份菜肴。

rasp 礤床
参见 grater

Raspail (F.) 拉斯佩尔酒 法国的一种香料植物利口酒。色泽淡黄,其酿造历史可追溯到 1847 年。依创始者命名。

raspberry 悬钩子 蔷薇科灌木,原产于亚洲东部,有时也叫覆盆子。其果实有红、黑和紫等色泽,多汁液,富含铁质和维生素 C。通常加奶油或冰淇淋作餐后水果,或制成果酱和果子冻。也用作发面点心的馅心及利口酒的调味等。

raspberry vinegar 酸味覆盆子糖浆

rassolni (F.) 腌黄瓜汤
参见 gherkin

Rasteau (F.) 拉斯托 法国罗讷河以东的酿酒地。生产甜味餐后酒为主。

rastegai (R.) 开花饺 一种两端捏紧,中间开馅的饺子。为俄罗斯地方风味之一。

rasura (Sp.) 酒石
参见 tartar

rat 老鼠 据说 1870 年巴黎被围期间,人们开始用老鼠作为食品。营养状况良好的老鼠肉质很佳,有麝香味。而在酿酒厂捕得的老鼠质量尤佳,故为美食家所推崇。常可炙烤,加入少量油和冻葱。

rat cheese 硬干酪 指由工厂制造的一种粗劣干酪。

rata (F.) 炖菜、焖菜 用土豆或菜豆等作主要原料而成。

ratafia 1. 果仁利口酒 用烈酒浸泡桃仁、杏仁等再加香而成。不经蒸馏,常以白兰地为基酒,经调配后饮用。是法国的一种家酿酒。2. 小甜饼 以杏仁糊为主要配料。流行于法国的南部地区。

ratatouille (F.) 什锦菜肉糊 法国南部普罗旺斯地区的一种风味菜肴。配料有茄子、青椒、南瓜、番茄、大蒜、洋葱和肉片。加入多种调味,经油煎后炖烂食用,冷热均可。

ratatouille nicoise (F.) 尼斯式焖菜 用橄榄油烧笋瓜、番茄、茄子和洋葱等的什锦焖菜蔬菜肴。

rate egg 嫩煮蛋
参见 soft-boiled egg

ratfish 银鲛
参见 rabbit fish

Rathskeller (G.) 市议会地下餐馆 按德国市议会地下酒窖式样建成的街面下啤酒餐馆。

raton (F.) 干酪馅饼

raton-laveur (F.) 浣熊
参见 racoon

ratonnet (F.) 小羊肉串
参见 shish kebab

rattle (Am.) 牛前身
参见 forequarter

Raute (G.) 芸香
参见 rue

ravanello (It.) 小红皮萝卜
参见 radish

rave (F.) 萝卜,芜菁
参见 turnip

raveggiolo (It.) 鲜奶酪 产于意大利托斯卡纳地区的一种软质牛奶奶酪。

ravier (F.) 椭圆形冷盆盘
参见 platter

ravigote (F.) 酸辣调味酱 将菠菜捣成泥,加入细叶芹末和食用醋,并用龙蒿、细香葱和刺山柑等芳香调味料混合而成的一种调味沙司。

ravigote butter 酸辣黄油 一种绿色的调味黄油。以龙蒿、欧芹、细香葱等香料植物作配料,用于佐食炙烤肉类。

ravioli (It.) 意大利方饺 一种典型的意大利面食,也叫煮合子。外形似正方形的扁枕,用干酪、菠菜、五香碎肉和其他配料作馅入汤料中煮成。

ravioli à la Nicoise (It.) 尼斯式方饺 一种法国化的意大利方饺。以瑞士莙荙菜、菠菜、肉糜和干酪屑作馅。参见 ravioli

ravison rape oil 菜籽油 从菜籽中制取的油,其中含亚油酸14.2%。是一种优良的食用油。

raw 生的 指在食品加工中未经加热或未煮熟的,也指直接食用的蔬菜和水果等。

raw bar (Am.) 海鲜店 专门供应生海鲜,尤其是生牡蛎、贻贝等贝类或甲壳动物的餐厅。

raw cream 生奶油 一种粗制奶油或干酪。

ray 鳐
参见 skate

rayon de miel (F.) 蜜脾 一种蜂窝状含蜜食品。参见 honeycomb

rayte (F.) 番茄红葡萄酒沙司
参见 raito

razor clam 蛏 双壳纲竹蛏科海产贝类,常见于潮水夹带的泥沙中。壳窄长,斧足大而活跃,肉色白,味鲜美。

razor shell 蛏
参见 razor clam

razorback (Am.) 半野猪 和野猪近缘的一种野生动物,散见于美国南方的一些州中。烹调方法与家猪相同。

razza (It.) 鳐
参见 skate

razzente (It.) (酒等)有泡沫的
参见 sparkling wine

ready-to-eat 方便食品
参见 prepared food

realgar 雄黄 一种矿物,成分为硫化砷,呈橘黄色,有光泽,能入药,有解毒作用。中国历来有在端午节饮雄黄酒的习俗。

ream 1.泡沫 指啤酒、蛋清等表面形成的泡沫。2.生奶油 参见 raw cream

Rebensaft (G.) 葡萄汁
参见 grape juice

Rebfleisch (G.) 鹿肉
参见 deer

Rebhuhn (G.) 鹧鸪
参见 partridge

Reblochon (F.) 雷布洛尚干酪 法国汝拉省产的一种扁圆盘状小干酪,重450克。也产于萨瓦省等其他地区。

receta (Sp.) 菜谱
参见 recipe

réchaud (F.) 1.轻便电热锅 2.保温锅 参见 hotplate

réchauffé (F.) 回锅 指菜肴重新加热或重烧的加工过程。

recheio de castanha (It.) 栗子泥 填入鸡腹内的馅料之一。

recherché (F.) 精选的,上等的
参见 choice

reciente (Sp.) 1.新鲜的 2.面肥,酵母

recipe 菜谱 也叫食谱。一种记载菜

récolte (F.) 葡萄收获
参见 vintage

reconstitute 泡发 将干果、干菜、蹄筋、海产干制品经加水浸泡胀发的加工过程。

reconstituted cream 冲调稀奶油 由奶油乳化后经复原而成的一种稀奶油。

recoupage (F.) 搀酒 在酒中搀水或其他液体。

recoupe (F.) 1. 二罗面粉 用制精白粉剩下的麸皮磨出的面粉。2. 水酒 用酒精搀水作成的酒。

recoupette (F.) 三罗面粉 由二罗面粉的麸皮再磨而产生的面粉,一般用于制淀粉。

recrépi (F.) 重新整形的 常指鱼、蟹等剔除外壳和制脂,加入调味料再重新组合成鱼或蟹形状的菜肴。

rectification 调酒 将各种蒸馏酒进行第二次蒸馏以取得更纯的酒,或通过添加香料调味使酒的质地明显提高的过程。尤指伏特加与杜松子酒等,一般威士忌与白兰地则蒸馏一次。

recuire (F.) 重复烹调 尤指糕点在烤制前加入配料、整形及其他加工手段,然后烘烤而成。

recuite (F.) 乳清干酪
参见 whey cheese

red algae 红藻 红藻产于热带和亚热带海岸附近,其中紫菜和掌状红皮藻可食用。煮熟后仍保持其色泽和胶性,可作为明胶的代用品用于布丁和冰淇淋等食品中。

red bass 笛鲷
参见 red snapper

red bayberry 杨梅 一种常绿灌木或乔木,叶子狭长。果实表面有粒状突起,呈紫红色或白色。味酸甜,是一种常见的水果。

red bean 赤豆 也叫红小豆或小豆。一年生草本植物,其种子呈暗红色,碳水化合物含量较高。常磨碎后用于作糕点的馅料,俗称豆沙。

red beet 红甜菜头
参见 beet

red belly 湖红点鲑
参见 lake trout

red cabbage 红叶卷心菜 叶子呈深红色,主要用于作泡菜。也可切成丝,作为汤菜和炖菜等的配饰菜。

red cabbage casserole 红卷心菜砂锅 以苹果、洋葱、熏肉、芹菜子和醋为配料。有时还加入红葡萄酒。

red char 高山红点鲑 欧洲的一种食用鲑鱼。

red cod 红小褐鳕 产于澳大利亚的一种食用鱼。

red crab 红蟹 产于墨西哥的一种红色浅水蟹。

red currant 红醋栗 一种小灌木,也可称为茶藨子。其果实呈红色,味酸,富含维生素C。可用于制果酱,常用来佐食烤羊肉等肉类菜肴。

red currant jelly 红醋栗酱
参见 red currant

Red Dane 丹麦红牛 产于北欧地区的一种高产乳牛,因毛色红而得名。

red delicious 红蕉 一种优质秋季苹果,外皮红色,原产于美洲。味香可口。

red drum 眼斑石首鱼
参见 channel bass

red flannel hash 红肉丁烤菜 用咸腌牛肉、甜菜、土豆和其他蔬菜碎料制成,因甜菜汁呈红色,故名。

red grouper 红石斑鱼 产于大西洋沿岸的一种常见海水鱼,体长可达3英尺,体色随年龄增加而渐趋红色。

red gurnard 短鳍红娘鱼 一种地中海的红鲷鱼。烹调方法与鲷鱼相同。
参见 mullet

Red Hermitage 厄米蒂齐红葡萄酒
参见 Shiraz

red herring 熏青鱼 将青鱼经盐腌后熏熟。肉色深红,味鲜咸可口。

red hind 血点石斑鱼 分布于美洲。体色不一,具有红色斑点,可食用。参见 grouper

red hot 红肠面包
参见 frankfurter

red juice orange 血橙 一种柑桔品种。参见 blood orange

Red June 丹顶 一种苹果品种名。

red Malaga 马拉加红葡萄 原产于西班牙南部马拉加地区的一种大红葡萄。

red meat 1.鲜红色肉 2.牛肉或羊肉
参见 dark meat

red milk 红奶 乳牛患乳房炎而引起牛奶中带血或由于微生物引起的牛奶色变,是食用牛奶的一种缺陷现象。

red mullet 红鲻鱼 俗称海山鲗,正式名称还有金线拟鲱鲤等。肉质鲜美,是受到高度重视的食用鱼。

red nettle 红荨麻 一种田野草本植物。其可食的根可代替中国蓟。参见 Chinese artichoke

red orpiment 雄黄
参见 realgar

red paint (Am.) 番茄酱 俚称。参见 catsup

red pepper 红辣椒
参见 chili pepper

red pepper paste 红辣椒酱 加入洋葱和姜,以油浸渍,是克里奥尔地区的特色调味料之一。

red plum 红李 美国的一种野生李品种。

red pontiac (Am.) 红皮甘薯
参见 sweet potato

red porgy 真鲷 俗称加级鱼。通体红色,有稀疏的蓝色斑点,生活在深海,是中国沿海的重要海产食用鱼之一。

red raspberry 红覆盆子 也叫北美黑莓,常用于制蜜饯和果酱。

red ripe 赤熟 水果蔬菜等呈深红色的一种成熟度。

red rockfish 赤裙鱼 北美产的一种优质食用鱼。

red salmon 红大麻哈鱼 鲑科食用鱼类,体无斑,产于北太平洋海域。重达3千克,味美无比。

red sauce (Am.) 番茄沙司 俚称。指意大利风格的番茄汁,即加入大蒜、洋葱、蛤肉、牛至、月桂叶、欧芹和胡椒等香料调味成。

red sindhi 辛迪红牛 印度产的一种乳用红色瘤牛,广泛用于杂交。

red snapper 笛鲷 俗称红鱼。一种身体呈红色,而鳍黑色的深海鱼类,分布于中国南海和大西洋南部水域。色彩鲜丽,可食用。

red spot 红斑 面包或咸鱼出现红斑点,是一种缺陷现象。

red start 红尾鸲 一种候鸟,在欧洲受到高度重视。烹调方法同云雀。参见 lark

red stopper 菱叶番樱桃 产于美国佛罗里达州与西印度群岛的一种小乔木,果实为橙黄色。

red whelk 红油螺 欧洲油螺,因贝壳微带红色而得名。

red wine 红葡萄酒 用红葡萄或其他深色葡萄经发酵酿成,因保留了皮层所含的天然色素而呈现红色。参见 wine

redeye gravy (Am.) 香肠肉汁 收集蒸烤香肠时的滴油原汁加咖啡等调味而制成的一种调汁,用于佐食火腿、饼干等食品。

redeye mullet 梭鱼 生活在沿海、江河或咸淡水交界水域的一种鱼类。体细长,头短而宽,有大鳞,背部青灰色、腹部青白色。可食用。

redfish 鲈鲉 产于北大西洋欧美沿岸的重要商品食用鱼,也称大洋鲈、玫瑰鱼和挪威鳕等。外形似鲈,口大,体表呈红色,故名。

reduce 熬浓 将汤汁用旺火加热收干,使其变成一种浓稠的半流质。

reduire (F.) 熬浓
参见 reduce

redwing 红翼歌鸫 画眉科小鸟。在欧洲大陆常被捕来烤食。

reed bird 禾花雀 也叫爪哇雀,为一种雀类飞禽。每年要吃掉许多谷物,对稻田威胁很大。禾花雀肉味鲜美,可用于烤食,为美食家所推崇。

reefer (Am.) 冰箱,冷藏车
参见 refrigerator

reel oven 绞盘烤炉 一种在转轮上挂有几个烤盘的烤炉。烘烤时转轮转动而使各个烤盘均匀受热。

reeve 雌流苏鹬
参见 ruff

reeves shad 鲥鱼
参见 hilsa herring

refection 小吃,茶点
参见 snack

refezione (It.) 便餐,小吃
参见 refreshment

reflector oven 反射炉 一种厨房用烘烤炉灶,其热量通过炉内金属板反射到食品上,从而对食品进行加工。

réforme, à la (F.) 改良式 指一种羊肉片配菜,由伦敦改良俱乐部的厨师们所创制。包括胡萝卜、火腿、块菌及煮蛋白。也指由上述配料加波尔特葡萄酒和红醋果酱的棕色沙司。

Refosco Nostrano (It.) 列福斯科酒 意大利最北端,靠近南斯拉夫边境地区产的一种深色干葡萄酒。味辛辣,含酒精12%。

refraîchi (F.) 新鲜的
参见 fresh

refraichissements (F.) 清凉饮料
参见 refreshment drink

refraîchissoir (F.) 冰桶 旧时用陶制或金属制的大桶,用于冰镇饮料。

refresco (Sp.) 1.冷饮 2.小吃,点心
参见 refreshment

refresh 冷激 也叫水化。用此方法使食品保鲜或使脱水食品恢复水分。

refresher 清凉饮料 泛指使人恢复体力的饮料与食品。

refreshing 保鲜 指采用冷藏、速冻、辐射、煮沸或添加防腐剂的方法等使食品保持风味,防止腐败变质并减少营养损失等。

refreshment 茶点,点心 泛指各种小吃、便餐和清凉提神饮料。

refreshment drink 清凉饮料 泛指清凉爽口的饮用液体,包括碳酸饮料、乳酸菌饮料、果汁饮料、矿泉水饮料等。

refried beans 炒斑豆
参见 frijol

refrigerator 冰箱 用电力或气体进行恒温控制的冷藏装置。速冻食品的发展又迅速导致在家庭中使用冷冻和冷藏两种功能的冰箱。其冷冻柜可达到$-18°C$甚至$-32°C$,使食品可保藏数月而不变质。

refrigerator car 冷藏车 一种装有冷藏库的运货车,用于运输新鲜肉类、鱼、水果与蔬菜等。

refrigerator dish 冰碗 一种有盖玻璃碗或塑料盒,用于放置需加以冰冻或冷藏的食品。

refroidi (F.) 冷冻的,冰镇的
参见 chilled

regaifa (Sp.) 蛋卷
参见 egg roll

regal (F.) 宴会
参见 banquet

régalade, à la (F.) 仰饮式 指一种将液体直接倒入口中而不接触嘴唇的饮酒方式。

régence (F.) 摄政式 一种浓厚配菜。以块菌、小肉丸、肥鹅肝酱和蘑菇等配料制成。

Regenpfeifer (G.) 鸻
也作 plover

reggiano (It.) 勒佐干酪 意大利艾米利亚勒佐地方产的一种硬质牛乳干酪。

regional cooking in France 法国地区烹调 法国的各省均有其独特的烹调风格、特色菜肴和地方物产,与法国古典烹调有极大的区别。其数量之多,风味之浓令人眼花。参见各有关词条。

reglisse (F.) 甘草
参见 licorice

reguigneu (F.) 炸火腿片
参见 ham

Reh (G.) 鹿肉
参见 venison

rehoboam 大酒瓶 容量为4.8升,相当于普通酒瓶的6倍。

rehydrate 水化 指使脱水食物恢复水分的加工过程。参见 refresh

Reibekase (G.) 干酪碎屑
参见 cheese paring

Reims (F.) 兰斯 法国东北部香槟——阿登大区城市,位于巴黎东北,为葡萄酒和香槟酒主要产地,和埃佩尔奈同为法国香槟酒的生产中心。参见 Epernay

reina (Am.) 棘鲈酒 美国加利福尼亚白酒与啤酒的混合酒。

reindeer 驯鹿 产于北极寒冷地区的一种大鹿,肉质虽不如野鹿或獐,但为当地人所重视。驯鹿舌被认为是一种美味。

reindeer cheese 驯鹿奶酪 以驯鹿奶制成的一种凝乳干酪,产于芬兰、挪威和瑞典等地。

reine (F.) 嫩母鸡 介于子鸡与肥子鸡之间的一种母鸡,肉味最佳。

reine, à la (F.) 王后式 指用子鸡或鸡肉酱作佐料的菜式。

reine pédauque, omelette (F.) 王后式杏力蛋 蛋中加入苹果酱和奶油,上置蛋白酥。参见 omelette

reine pédauque, salade (F.) 王后式色拉 将 1/4 莴苣,淋以奶油调味汁,上置樱桃与橙皮即成。

reine-claude (F.) 青梅子 这一法语词来源于法国国王弗朗索瓦的妻子克劳德王后。而英国名称则起源于培育者 Sir William Gage。参见 greengage

reine-des-pres (F.) 绣线菊
参见 meadow-sweet

reine-jeanne, consommé à la (F.) 鸡肉丸清汤 以香芹叶作配饰的一种法式清汤。

reinette (F.) 斑皮苹果 法国的一种苹果品种,味芳香可口。参见 pippin

Reis (G.) 大米,饭
参见 rice

Reisauflauf (G.) 大米布丁
参见 rice pudding

reishu (J.) 冷酒 一种日本果子酒,因通常不加热饮用而得名。

relâcher (F.) 冲淡,稀释

relevé (F.) 主菜
参见 main course

reliefs (F.) 剩菜
参见 left over

religieuse (F.) 巧克力蛋糕 一种外涂奶油的深色法式蛋糕,外形呈金字塔圆锥形,颇似着黑衣的修女形象。

relish 风味菜 与主菜的质地和风味不同的或刺激性的配菜。与主菜一起食用,以增进食欲,但量很小。通常是酸味的蔬菜丝、甜酸水果或加香料的酱汁等。印度酸辣酱、朝鲜辣泡菜、意大利芥末水果、酸黄瓜、洋葱、酸苹果和马来西亚辣椒酱等都是著名风味菜。

relleno (Sp.) 填馅辣椒

remolacha (Sp.) 甜菜根
参见 beetroot

remonter (F.) 加料 在调味料中增加一种配料或在葡萄酒中加入酒精。

Remoudou (Be.) 列姆杜干酪 比利时列日地方产的一种正方形牛乳干酪。质硬色黄,重200—500克,含乳脂45%。

rémoulade (F.) 浓烈沙司 一种类似蛋黄酱的调味沙司。以蛋黄、醋、芥末、香料和油脂制成,用于佐食冷肉片。

remove 主菜
参见 main course

rémuage (F.) 摇沉 用香槟法生产发泡酒的过程之一。其方法是将酒瓶逐渐倾斜放置,直至倒置,使瓶颈处积起酒渣等沉淀,然后迅速拔出瓶塞,取出沉淀后重新盖紧。

Remy Martin (F.) 人头马 法国著名科涅克白兰地酒,创始于1714年,口味优雅,价格昂贵,年产量仅四万瓶。

renaissance, à la (F.) 文艺复兴式 指以小株嫩蔬菜作配菜的,用以佐食烤肉的菜式。

rendan santan (Ma.) 椰子鸡(或肉)

以姜调味,并以椰肉、鸡肉等同煮而成。

render 1. 精制油 经将脂肪融化和澄清的食用油。2. 精炼(油脂)

renetta (It.) 斑皮苹果
参见 pippin

Renke (G.) 湖红点鲑
参见 lake trout

renne (F.) 驯鹿
参见 reindeer

rennet 凝乳 能使牛奶致凝或在干酪制造中使干酪致凝的物质。分动物凝乳和植物凝乳两种。前者常从小牛的胃液中提取;后者则指猪秧秧和无花果等。

rennin 凝乳酶 存在于动物胃液中,提取后制成一种黄色粉末或颗粒,主要用于制作干酪和凝乳食品。

renversé (F.) 糖油格司布丁
参见 caramel custard

repas (F.) 饮食,膳食
参见 meal

repast 膳食,饮食
参见 meal

repère (F.) 蛋白面酱 用蛋白和面粉拌成的酱状调料,用于嵌入装饰性配菜的间隙。

repiso (Sp.) 劣质葡萄酒

repollo (Sp.) 卷心菜
参见 cabbage

reposer (F.) 醒发 指将发酵面团揉捏成型后暂放片刻的过程。

reputed quart 英国标准酒瓶 一种深色酒瓶,容量为760毫升,约合1/6加仑。

requin (F.) 鲨鱼
参见 shark

rere-supper 半夜餐
参见 réveillon

resinato (It.) 树脂加香酒
参见 Retzina

restaurant 餐馆 餐馆一词源自法国人布朗热。他于1765年在巴黎首先使用,意谓滋补品,即肉汤,后来就获得通用。法国大革命后,巴黎出现500余家餐馆,名菜佳肴琳琅满目。现在,世界各地餐馆纷纷兴起。法国以马克西姆饭店最为有名,而亚洲式的日本餐馆和中国餐馆在西方国家也很兴旺。人们视到餐馆就餐为高尚的享受。

restauratiewagen (Du.) 餐车
参见 diner

restes (F.) 剩菜
参见 left over

restoran (R. Tu.) 餐厅
参见 restaurant

retes teszta (Hu.) (包有水果的)薄面卷

retort 1. 压煮 一种加压蒸煮食品的方法,常使用压力锅。2. 压力锅 参见 autoclave

retort pouch 软罐头 用复合薄膜袋包装的各种可加压杀菌的食品,可直接蒸煮加热。

Rettich (G.) 小红萝卜
参见 radish

Retzina (Gr.) 树脂加香酒 起源于希腊的一种红葡萄酒。口味刺激,历史悠久,有兴奋作用,常用松脂作调香料。

réveillon (F.) 半夜餐 也叫夜宵,指在深夜进行的晚餐,有时也指除夕家宴。源自法国在圣诞节午夜弥撒后举行的节日食俗。通常在餐厅中邀请了众多的宾客,气氛热烈,菜肴丰盛。

revel bun 宴会面包 一种色泽金黄而有光泽的小圆面包,最早出现于19世纪。由面粉、黄油、奶油、糖、鸡蛋、肉豆蔻和藏红花等为配料制成。因最早仅供宴会使用而得名。

revelled bread 全麸面包
参见 all bran

revenir, faire (F.) 轻炸 指使食品微黄而不完全加以炸熟的程度。

reverdir 使重新变绿 绿色蔬菜等在烹调中往往丧失鲜嫩的绿色。于是加入硫酸铜进行着色,使其看来好像很鲜绿可爱。但由于该法使菜肴含有毒素,故多年以来一直受到禁止。

reversion 剩菜
参见 left over

revolcado (Sp.) 番茄辣椒烩面包

Reynella Flor 雷纳拉花酒 南澳大利亚产的一种增度干白葡萄酒,按西班牙雪利酒方法配制。

Rhabarber (G.) 大黄
参见 rhubarb

Rheinhausen (G.) 莱茵豪森 德国莱茵河北岸的酿酒区。气候温暖湿润,生产世界上最优秀的一些白葡萄酒,口味雅适,果香浓郁。

Rheinhessen (G.) 莱茵黑森 德国莱茵河流域酿酒地区。在沃尔姆斯(Worms)附近有最早酿于1404年的雷司令白葡萄酒。

Rheinish (G.) 莱茵白葡萄酒
参见 Hockheimer

Rhein-Pfalz (G.) 莱茵·普法尔兹 德国莱茵河西岸的酿酒地区,生产的干白葡萄酒口味圆润醇和。

Rhine wine 莱茵葡萄酒 产于德国莱茵河谷的葡萄酒。尤指酒体轻,无甜味的干白葡萄酒,含酒精7—10%。

rhinoceros 犀牛 一种哺乳动物,产于亚洲或非洲的热带森林中,属奇蹄目。形略似牛,颈短,四肢粗大,鼻子上有一个或两个角,皮粗厚,食草为生,其肉可食用,据说比象肉有滋味。

Rhode Island greening (Am.) 罗得岛黄绿苹果 美国一种烹调用苹果品种。

Rhode Island Red 罗得岛红鸡 美国的主要蛋肉兼用鸡种,腿淡黄色,毛色微红,体型大。因原产于罗得岛而得名。

Rhone (F.) 罗讷 法国勃艮第以南,邻近里昂的地名。所生产的红葡萄酒称为Côte rotie,是佐食冷盘、香肠、家禽的佳饮料。味醇厚强劲,价格居中,产量很少但质量优异。

rhubarb 大黄 蓼科大黄属植物,具有肥硕肉质的叶柄,可食用。叶柄味酸,常和草莓一起用来做馅,或用在蜜饯和果羹中,也用于制甜酒和开胃酒。大黄还常用于入药,性凉,有通便利尿的功效,药用价值很高。

rhubarb vinegar 大黄醋 以大黄为主要调味料的食用醋。一般在木桶中陈化一年以上再食用。

rhubarb wine 大黄酒 以大黄为主要配料酿成的甜味酒,据信有滋补作用。

rhum, au (F.) 以朗姆酒调味的
参见 rum

rhumé (F.) 搀朗姆酒的
参见 rum

rhyton (Gr.) (希腊)角状酒杯

rib 肋骨,肉排 牛胸部第6—12肋骨间带厚肉。

rib back 肋条肉 猪的带肋骨而不带脊椎的肉块。

rib chop, Frenched (Am.) 小牛肋肉片

rib roast (Am.) 烤肩肋肉 常指带骨或去骨的肋肉,经烤熟后食用。

ribbon 甜味蛋黄条卷 一种甜点。以蛋黄、面粉和糖为主要配料,制成长条状食用。

ribbon fish 带鱼
参见 cutlass fish

ribes (It.) 红醋栗
参见 red currant

rib-eye steak (Am.) 里脊牛排 一种由里脊肉制成的上等牛排,俗称牛腓利。参见 fillet

ribier (F.) 利比埃葡萄 原产于法国的一种大粒深色葡萄品种。

riblette (F.) 嫩煎肉片

riboflavin 核黄素 也叫维生素B_2。参与碳水化合物的代谢和体内生物氧化作用,对皮肤和眼睛有益。主要存在于动物肝脏、乳制品、鸡蛋、瘦肉和绿叶蔬菜中。

Ricard (F.) 里卡尔茴香酒 产于法国,其风格类似于Pastis。当搀和矿泉水或清水时会变成乳白色,含酒精44.5%。

ricciarello (It.) 杏仁粉小点心 产于意大利锡耶纳市。

ricco de mare (It.) 海胆
参见 sea urchin

rice 大米 粮食作物水稻的去壳子实,其栽培历史可追溯到公元前3000年。

rice bird 禾花雀
参见 reed bird

rice boiler (Am.) 双层套锅
参见 bain-marie

rice flour 米粉 由糯米或大米研磨成的细粉，常加工成各种饼和糕点等。

rice meal 米粉
参见 rice flour

rice paper 米纸 一种薄而精细的半透明纸，用于糖果的衬层包装。

rice pudding 米饭布丁 以牛奶、糖、黄油和肉豆蔻等作配料制成的一种点心。

rice water 米汤 也叫粥汤，用少量大米加水煮成，常供病人食用。

rice wine 米酒 以大米或糯米为原料酿成的一种低度酒。酒色从黄到红均有，以中国黄酒和日本清酒为主要代表。

ricefield eel 黄鳝
参见 swamp eel

ricer (Am.) 米粒拉模 一种炊事用具，拉出端有细孔，供将煮烂的蔬菜或其他软食拉压出如米粒粗细的长条。

rich 丰厚的 可指食物浓腻肥厚的，也可指酒类丰醇浓重的。

Richard Delicious 红冠 一种苹果品种名。

riche, à la (F.) 利希式 指以利希沙司佐味的板鱼。该沙司由白兰地酒加龙虾黄油调制而成。创制者是法国巴黎的一家叫利希咖啡馆的餐厅。该餐厅现已不复存在。

Richelieu (F.) 黎塞留 法国政治家、枢机主教 Cardinal de Richelieu (1585—1642)，多次担任摄政，使混乱政局趋于稳定。以其命名了多种菜肴和其他食品，如黎塞留杏仁蛋糕，黎塞留炸鱼片和黎塞留蘑菇配菜等。

rickey 里基酒 原指一种不含酒精的甜饮料，配料为酸橙汁、糖和苏打水，后再加入烈性酒成为高杯饮料。饮时可加冰块，再以橙皮作配饰。源自美国肯塔基州一位叫 Joe Rickey 的好饮酒的人。

ricotta (It.) 乳清干酪 一种意大利脱脂干酪。将牛奶经脱脂后用文火煮沸，然后加以提炼而成。色泽洁白，有时不成形。

ricottina (It.) 小乳清干酪
参见 ricotta

riddle 粗筛 网眼空隙较大。参见 sieve

riddling 除去(瓶颈)沉淀
参见 rémuage

ridge cucumber 露地黄瓜 栽培在果园或田野里的黄瓜，以区别由温室栽培的黄瓜品种。

ridge grill 凸纹铁扒板
参见 grill

rieska (Fn.) 无酵面包 一种呈扁平形状的麦粉面包。

Riesling (G.) 李斯林葡萄 也叫雷司令葡萄，是德国最优秀的葡萄品种，现遍及全世界。用其酿成的白葡萄酒酒体平衡，色清干冽，花香浓郁，是最名贵的酒品之一。其他品种有莱茵李斯林和意大利李斯林，后者口味稍甜。

rifreddo (It.) 冷盘
参见 cold dish

rigatoni (It.) 波纹状通心面
参见 macaroni

rigodon (F.) 大开馅饼 产于法国勃艮第地区，以熏肉丁、火腿丁作馅，或以水果和干果为馅。

Rigotto de Pelussin (F.) 佩鲁桑干酪 一种法国产的硬质羊奶干酪。味柔和，外形呈小鼓状，色泽淡蓝。

rijstaffel (In.) 米饭席 荷兰人统治印度尼西亚时形成的一种考究的饮食。现广泛存在于荷兰和各国的印度尼西亚餐馆中。米饭席由大米饭拌和各种菜肴，如咖喱、肉、鱼、青菜、水果、果仁、鸡蛋、酱汁和调味品制成。味甜酸咸香均齐。一席米饭有 40 种配菜不足为奇，往往要吃上几个小时。

rillauds (F.) 熟肉酱
参见 rillettes

rillettes (F.) 熟肉酱 以猪肉、鹅肉和兔肉等制成。在法国各地的制法各有不同。也作 rillauds

rillons (F.) 油渣 尤指猪肉膘或鹅脂经油炸后剩下的油渣。参见 crackling

rince-doigts (F.) 洗指钵
参见 finger bowl

rincette (F.) 涮杯酒 酒饮完后而又自斟自饮的酒，或喝完咖啡后斟入的酒。

rind 果皮 植物果实的皮，分内果皮、中果皮和外果皮三层。参见 zest

rind rot 皮腐病 干酪变质引起的外皮腐败，有异味，往往不再可食用。

Rinderbraten (G.) 烤牛肉
参见 roast beef

ring 1. **圆环** 指呈环状的食品，如洋葱圈、菠萝去芯圆片和面包圈等。2. **边饰** 参见 border

ring dove 斑尾杯鸽 一种野生鸽子品种，产于欧洲许多地方，因尾部有花斑而得名。烹调方法同家鸽。

ring-biscuit 环形小饼干
参见 croque-en-bouche

Rinnen (G.) 利嫩干酪 一种以苋蒿子加香的酸奶干酪。

riñone (Sp.) 腰子
参见 kidney

rinse 冲洗 指用水冲洗食品的加工过程。

ripe 成熟的 一般专指水果和蔬菜等，但也可指饮料等可口的。

ripen 1. **使(干酪)熟化** 以加强香味、口味、稠度与质量等。2. **(肉的)嫩化** 在冷藏时经过酶的作用，使肉质更嫩，味道更鲜美。

ripieno (It.) 馅
参见 stuffing

ripopée (F.) 酒泥
参见 dregs

Rippechen mit Sauerkraut (G.) 酸菜猪肋 德国法兰克福的一种特色风味菜。

Rippenspeer (G.) 胸肋骨
参见 rib

ris (F.) 小牛胸腺
参见 sweetbread

rise 发面 将面粉加水和发酵粉揉和制成面团，置于 24℃—27℃ 的温度环境中，使其膨胀的加工过程。

risi e bisi (It.) 火腿洋葱米汤 一种意大利米兰风味。

riskrem (No.) 奶油米布丁 以杏仁、香草和糖作配料的一种北欧点心。

riso (It.) 大米, 米饭
参见 rice

risotto (It.) 肉汁烩饭 一种意大利风味菜肴。以肉丁、海鲜、蔬菜、奶油、干酪末、蘑菇和番红花香料作配料经调制而成。色泽艳丽悦目，滋味可口。

rissole (F.) 炸鱼肉丸 一种法式配菜。以鱼肉糜作馅，外裹面糊，常加入大蒜、洋葱和胡椒等，放入沸油锅中炸熟而成。

rissolé (F.) 烤黄的 指食品撒上面包屑后烤成微黄而不焦的程度。

rissolette (F.) 小炸鱼丸
参见 rissole

river crab 河蟹 螃蟹的一种，也叫清水蟹。头胸部甲壳扁圆，呈灰褐色，腹部甲壳扁平，白色。雌的为圆形，雄的为尖形。肉味鲜美，为美食家所推崇。

river prawn 河虾 澳大利亚产的一种淡水大虾，也叫长螯虾。

river shad 河鲱 产于美洲的一种西鲱，尤指密西西比河流域中的淡水河鲱，可食用。

riverbank grape (Am.) 河岸葡萄 美国东部的一种野生葡萄品种，常用于酿酒。

Riverside navel 河岸脐橙 柑桔品种之一。参见 navel orange

Rivesaltes (F.) 里韦萨尔特酒 法国西南部佩皮尼昂产的一种醇厚的葡萄酒。红葡萄酒与白葡萄酒均有。

riz (F.) 大米

参见 rice

riz à l'indienne (F.) 咖喱米饭
参见 Indienne, à l'

rizzar (Sc.) 腌黑线鳕 一种苏格兰风味。参见 haddock

roach 石斑鱼
参见 grouper

roast 烤 食品烹饪法。用辐射热烹调肉、玉米、马铃薯和其他蔬菜的过程。一般在反射炉内进行,温度在150℃—200℃之间。还可外涂调料起焦,或用铁叉串烤并淋以卤汁等。

roast beef 烤牛肉
有时也指一种粗馅牛肉烤制香肠。参见 roast meat

roast coffee 中度焙炒咖啡 咖啡的色泽、香味很大程度取决于焙炒的时间和温度。一般以中度焙炒为宜。

roast duck 烤鸭 一种美味食品。烤鸭的要求很高,要做到皮脆里酥。中国的北京烤鸭中外驰名。参见 Peking

roast meat 烤肉,炙肉 在烤炉内变熟的肉。由于肉汁排出,水分蒸发,故具有特殊风味,但营养成分损失较多。

roast slicer 烤肉用刀 刃口锋利,适于切配烤肉和烤禽的厨房刀具。

roaster chicken 烤鸡 重量在3—5磅之间的仔鸡,生长期5—9个月。肉质嫩,适于炙烤。

roasting ear 烤玉米穗 味极甜。通常用明火或在烤箱中烘烤而成。

roasting jack 烤肉叉 一种有两个齿的长柄铁叉,用于烧烤肉类等。现代化厨房中则开始采用电动烤肉叉。

roasting pan 烤肉盘 指常与电烤箱规格配套的一些窄边金属盘。

rob (Am.) 果子蜜 一种果汁糖浆或水果浓汁。制法是将果子汁加热,使其蒸发变稠,加入蜂蜜或糖混合而成。

Rob Roy 罗布·罗伊鸡尾酒 由苏格兰威士忌、甜味苦艾酒、苦味汁和冰块经搅拌过滤而成,并用樱桃作配饰。参见附录。罗布·罗伊是英国历史人物,一位劫富济贫的绿林好汉。

robalo (Sp.) 黑线鳕
参见 haddock

robe de chambre, en (F.) 1. 冰淇淋纸盒 2. 连皮煮的土豆

Robert sauce 罗伯特沙司 一种棕色沙司,以醋、碎洋葱和芥末等加黄油等制成。该沙司由18世纪时巴黎的一位餐厅主 Vinot Robert 发明而得名。

robin 知更鸟 一种小鸟,烹调方法同云雀。美国的知更鸟比欧洲的大一些。

robine (F.) 八月香梨
也作 royale

Robiola (It.) 罗比奥拉干酪 意大利伦巴第和皮埃蒙特地方产的一种软质全脂干酪。常调以橄榄油,色淡黄,含乳脂40—50%。

roblot (F.) 鲭鱼
参见 mackerel

roborant 强壮剂 能改善人体的神经调节,内分泌机能或补充某种缺乏的成分,使虚弱者得以恢复健康的补剂,如人参、维生素、牛肉精和肝制剂等。

robust 浓酽的 如香料的浓烈香味或酒的浓郁醇香等。

robust coffee 粗壮咖啡 原产于非洲的咖啡品种之一。

robust herbs 浓味香料植物 如莳萝、薄荷与洋紫苏等。

Roc (F.) 开胃酒
参见 aperitif

Rocamadour (F.) 罗卡马杜 法国洛特省宗教朝拜地,以其绵羊干酪著称。

rocambole (F.) 胡蒜 欧洲的一种圆葱品种,常用作烹调中的调香。

Rochelaise, à la (F.) 拉罗谢尔式 指具有法国夏朗德省风味的。拉罗谢尔为该省市镇名。

rock and rye (Am.) 黑麦利口酒 一种美国调配威士忌酒,加入桔子、柠檬、菠萝和樱桃调味而成。

rock bass 岩鲈 泛指栖息岩石之间的鲈科鱼类,一般可食用。

rock cake 糖衣脆饼 加入水果和香

料等佐料烘烤而成的一种粗制面饼。

rock candy (Am.) 冰糖
参见 crystal sugar

rock lobster 岩龙虾 产于好望角的一种龙虾品种,常被用来冷冻制成罐头出售。

rock oyster 岩牡蛎 指生长在岩石边的牡蛎品种,肉味鲜美。

rock partridge 红鹧鸪 在欧洲南方尤其在阿尔卑斯山地区常见的一种野禽,因腿部羽毛呈红色而得名。雌鸟色彩艳丽,据说原产于希腊,由法国安茹的雷纳王带到普罗旺斯。烹调方法与松鸡或鹧鸪相同。

rock pigeon (Am.) 岩鸽 一种美国野鸽。烹调方法同家鸽。

rock salmon 青鳕
参见 pollack

rock tripe 石耳 在日本被称为"岩草"或"石蕈",为一种地衣植物。其所含热量较高,生长缓慢,不能作为粮食,但可用于制色拉或油炸后食用。

rocket cress 芝麻菜 或叫紫花南芥,为十字花科一年生草本植物。原产于地中海地区。开白色或浅黄色花。叶片大而平滑,气味浓烈。鲜嫩时叶片可用于拌制色拉;而种子则用于提炼出调香用的油脂。

rocket salad (Am.) 山芥
参见 winter cress

rockfish 鲉鱼 泛指岩鲋、条纹鲋、黑眼鲷、若鲋等许多有价值的海产鱼。

rockfish muddle (Am.) 炖鲉鱼 以鲉鱼、咸猪肉、黄油、鸡蛋、奶油、洋葱、番茄等炖成。为美国北卡罗来纳州风味。

Rockingham ware 罗金汉陶瓷 英国约克郡罗金汉侯爵地产上生产的一种陶瓷器。重量轻,带有洛可可风格的图案,制作技术精湛,是著名的餐具瓷器之一。

rockling 五须鳕 一种鳕鱼,主要产于欧洲的地中海水域,可食用。

rock-week 海草
参见 sea wrack

rocky road (Am.) 牛奶巧克力糖

俚称。以杏仁、奶粉、黄油、巧克力和花生等制成,外面裹以蜡纸出售。也指牛奶巧克力冰淇淋。

rodaballo (Sp.) 大菱鲆
参见 turbot

rodkal (Da.) 红叶卷心菜
参见 red cabbage

roe 鱼子 雌鱼的卵块称为硬鱼子;雄鱼的精块称为软鱼子,均可作为美味的食品。其中鲟鱼子是硬鱼子中的上品,而软鱼子则于冷菜拼盘作正菜间的小菜。英国人爱吃熏鳕鱼子。参见 caviar 和 soft roe

roe deer 狍子 鹿的一种,耳朵和眼都大,颈长尾短,毛为棕褐色,是一种重要的野味。

roebuck 獐 一种形似鹿的野味。烹调方法同鹿,肉极鲜美。

Rogen (G.) 鱼卵,鱼子
参见 roe

rognon (F.) 腰子
参见 kidney

rognons de veau à la Liegeoise (F.) 列日式砂锅小牛腰 用杜松子作增香料的一种比利时菜肴。

rognure (F.) (食品修整后的)边料
参见 trimming

rogomme (F.) 甜烧酒

Rohkostplatte (G.) 蔬菜色拉
参见 vegetable salad

Rohrzucker (G.) 蔗糖
参见 sucrose

rohu 若胡鲮 一种可食的印度鲤鱼。

roi des cailles (F.) 秧鸡
参见 rail

roll 1. 小圆面包 常用于佐食色拉等凉拌菜。可涂上黄油,作为一种副菜。小圆面包是西餐中最常用的食品之一。**2. 卷** 泛指各种制成卷状的食品,如肉卷、菜卷、水果卷和面卷等。

roll cheese 圆筒状干酪 一种直径为9英寸的英国干酪。

roll out (将面团)擀平 用擀面杖将油酥面团、甜面团及其他食品压延成厚薄一致的扁平状,用于烘烤或其他烹调。

rolled cabbage 菜包肉糜卷
参见 dolma

rolled ham 扎腿 一种扎成圆形的熟火腿,也叫扎肉。

rolled rib roast 腓里牛排 一种去骨里脊嫩牛排。参见 fillet

rolled rump (Am.) 猪臀肉卷 也可以牛臀肉制成,通常烤食。

rolled sandwich 单片三明治卷 以单层面包片涂上馅料卷成,有时夹以芦笋尖等配料。

roller 擀面杖
参见 rolling pin

rolling 滚沾 把面粉、糖或盐沾入面团或食品。

rolling kitchen 流动炊车 指常挂在旅游车后面的餐车

rolling pin 擀面杖 用于展平面团,通常用木、玻璃等材料制成。

Rollmops (G.) 醋溜鲱鱼肉糜卷

Rollot (F.) 罗洛干酪 法国皮卡蒂地方产的一种软质牛乳干酪,有时制成心形,色泽棕黄,重 300 克,含乳脂 45%。

roly-poly 果酱布丁卷 将面团摊开,裹以肉糜、果酱、糖浆和其他调料后卷成蛋筒状,用布包后蒸熟即成。

Romadur 罗马杜干酪 其风味与香气与林堡干酪相似。参见 Limburger

romaine (F.) 长叶莴苣
参见 cos lettuce

Romaine, à la (F.) 罗马式 一种以菠萝、鳀鱼、安娜土豆和番茄沙司作配料的菜肴。

romaine lettuce 生菜
参见 cos lettuce

Roman wormwood 罗马蒿 一种蒿属植物,是制苦艾酒的原料之一。

Romanée (F.) 罗曼讷酒 法国勃艮第地区产的一种红葡萄酒。

Romanée-Conti (F.) 罗曼讷·孔蒂酒 法国勃艮第地区产的一种优质红葡萄酒。该地的葡萄曾毁于葡萄根瘤蚜病害,直到 1952 年才应用嫁接法恢复种植。

Romanian wines 罗马尼亚葡萄酒 罗马尼亚的葡萄园主要分布在喀尔巴阡山东南的山坡直到布加勒斯特一带。2000 年前就有种植,但曾被下令全部铲除,到 15 世纪时才逐渐恢复。今天,葡萄酒已有一定的声誉,质量得到保证,主要出口到东欧各邻国。

Romano (It.) 罗马干酪 用绵羊奶制成,质硬味冲,色灰白,现改用牛奶。有粒状结构,带有黑绿色条纹。

Romanov, à la (F.) 罗曼诺夫式 指以蘑菇、黄瓜、土豆和辣根等为配菜的菜式。罗曼诺夫为侨居法国的一个俄国贵族。

romarin (F.) 迷迭香
参见 rosemary

rombo liscio (It.) 菱鲆
参见 brill

Rome beauty (Am.) 瑞光 美国纽约州罗姆附近产的一种红黄色苹果品种。

Romeldale (Am.) 罗曼代尔羊 美国的一种优秀绵羊品种,成熟快,肉质佳。

Romer-Lefon, Château (F.) 罗摩·拉丰酒 法国法尔格 (Fargue) 地区产的二苑白葡萄酒。参见 classé

rompre (F.) 反复揉捏(面团)
参见 kneading

ron (Sp.) 朗姆酒
参见 rum

roncador 鮸鱼 也叫鳘鱼,为一种常见食用鱼品种。主要供鲜食,而内脏和鱼骨则用于制成鱼粉。

ronce (F.) 欧洲黑莓
参见 bramble

rond de gigot (F.) 带骨羊腿薄切片

rondelle (F.) 水果圆片 如菠萝片、柠檬片等。

rook 白嘴鸦 一种鸦,也叫秃鼻乌鸦。可食用,常制成鸦肉糜酱馅饼。

room (Du.) 奶油
参见 cream

room service 客房送餐服务 旅馆的服务项目之一。供客人在客房中用餐,但费用一般较高。

roomijs (Du.) 冰淇淋

参见 ice cream

rooster spur pepper 乌辣椒
参见 bird pepper

roosterfish 线鳍鲹 分布于加利福尼亚湾的一种游钓鱼,重量达 10—32 千克,可食用。

root 块根 以块根、根茎等为食品的植物,如萝卜、土豆等。参见 root stock

root beer 无醇饮料 以如冬青油、蒲公英等为原料制成的饮料。

root stock 根茎 具有地下茎的植物,用作食品,如甘薯、土豆、芋头、胡萝卜、萝卜、芥菜头、竹笋、藕、荸荠、姜和慈菇等。有些含有较丰富的碳水化合物。

root vegetable 根菜类蔬菜 如胡萝卜、白萝卜、欧防风、婆罗门参、甜菜等以根为主要食用部分的蔬菜。通常可用于作凉拌色拉或生食,但也用于作各种配菜。

rootie (Hi.) 面包
参见 bread

ropa de mesa (Sp.) 餐巾
参见 napkin

rope 粘丝
参见 ropiness

ropiness 粘丝 牛奶在受到细菌沾染后产生的粘丝现象,或指面粉和面包变质后出现的结丝粘滑状态。白葡萄酒变质时也有类似的现象。

ropy 发粘的,粘丝的
参见 ropiness

ropy bread 粘性面包 由粘腐病菌引起的一种缺陷现象。

Roquefort (F.) 罗克福尔干酪 法国朗格多克的比利牛斯地区产的一种硬质羊乳酪,是世界上最著名的干酪之一。呈淡黄色,具有大理石般的清楚的蓝纹。羊膻味强,呈鼓形,外裹灰色铝箔。平均重 2.5—3 千克,含乳脂 52%。该干酪的表面按传统印有一头红色的羊的标记。

roquette (F.) 芝麻菜
参见 rocket cress

Roquevaire (F.) 罗克凡尔酒 法国罗讷河地区的 Bouche-du-Rhône 镇产的一种甜味利口酒。

roquille (F.) 蜜饯橙皮
参见 candied peel

rorqual 鳁鲸
参见 sei whale

rosado (Sp.) 玫红葡萄酒
参见 rosé

rosato (It.) 玫红葡萄酒
参见 rosé

rosbif (F.) 烤牛肉
参见 roast beef

rose 玫瑰 一种落叶灌木,茎干直立,刺很密,小叶呈椭圆形。花为白色、红色或紫色,有浓郁的芳香。除作为观赏植物之外,玫瑰花瓣可用于熏茶、做香料和蜜饯等。

rosé (F.) 玫红葡萄酒 或称桃红葡萄酒与浅红葡萄酒。将红葡萄原料在发酵后即除去皮层,留下一部分色素即成。另一种方法是将红葡萄酒与白葡萄酒调配而成。少数也有在白葡萄酒中加入色素。以第一种方法为最正规,其产量只占所有葡萄酒的 5%。

Rosé, Créme de (F.) 玫瑰利口酒 法国的一种优质酒。用玫瑰油作主要调料,再加入柠檬汁和香草等制成。

Rosé de Gamay (F.) 加美玫红葡萄酒 瑞士瓦莱州(Valais)产的一种不甜生葡萄酒。

Rose D'Italia (It.) 意大利玫瑰 一种酿酒用葡萄品种。

rose hip 蔷薇果 大蔷薇的红色果实,富含维生素 C,可用于制成果酱、饮料和调味汁。

rose petal 玫瑰花瓣 可用于提炼玫瑰油,作调香料,或糖渍后作为菜肴的点缀。

rose syrup 玫瑰糖浆 一种食用色素,呈玫瑰红色。用于布丁、冷饮和食品着色。

rose water 玫瑰花精 将玫瑰花瓣蒸馏后提取的玫瑰油或香精,作为糖果的调香料。参见 Turkish delight

rosée (F.) 极嫩的
参见 rare

rosefish 玫瑰鱼
参见 redfish

roselle 玫瑰茄 产于印度、爪哇和菲律宾等热带地区的一种锦葵科草本植物。其纤维可制织物和绳索。花萼肉质，呈红色，味酸可口，可用于制饮料、调味品、果冻、蜜饯和酸辣酱。叶和茎作蔬菜或色拉。在非洲，其种籽也可食用。

rosemarino (It.) 迷迭香
参见 rosemary

rosemary 迷迭香 唇形科多年生常绿小灌木。叶有茶香，味辛辣微苦。少量鲜叶或干叶可用于食品调香，尤其用于鸡、鸭、香肠、海味、炖菜、汤、土豆、萝卜和羔羊肉等。现在也用于味美思酒的配料。迷迭香据信能加强记忆，在传统医学中是补剂和搽剂的常用芳香成分。

Rosenkohl (G.) 球芽甘蓝
参见 Brussel sprout

rosette (F.) 猪肉干肠 类似于salami，以法国里昂产为最佳。也作 rosette de Lyon

rosette iron (Am.) 圆盘形烤板

rosetto (It.) 红鳊鱼 一种海水鱼。
参见 bream

rosina (Am.) 葬礼饼
参见 funeral pie

Rosine (G.) 葡萄干
参见 raisin

Rosmarin (G.) 迷迭香
参见 rosemary

rosolatura (It.) 烤黄, 烘黄
参见 brown

rosoli (Sp.) 玫瑰露酒
参见 rosolio

rosolio (F.) 玫瑰露酒 一种加香甜酒。用蒸馏酒作基酒，加入糖和香料，如玫瑰花瓣、桔花水、肉桂和丁香等。产于法国与意大利等国。

rosolo (It.) 烘烤
参见 roast

rospo (It.) 鮟鱇
参见 goosefish

rosquete (Sp.) 黄油牛奶玉米饼

rosquilla (Sp.) 面包圈 一种螺旋状蛋糕。

Rossini, à la (F.) 罗西尼式 罗西尼为19世纪意大利著名的歌剧作曲家，全名 Gioacchino Rossini (1792—1868)。主要作品有《塞维利亚的理发师》、《灰姑娘》和《威廉·退尔》。该式指以蘑菇、块菌和肥鹅肝酱为主要配料的各种菜式。

rossini salad 罗西尼色拉
参见 salad

rossolis (F.) 1. 茅膏菜 参见 sundew 2. 玫瑰酒 参见 rosolio

rossolye (R.) 什锦色拉 以土豆、生洋葱、胡萝卜、鲱鱼、牛肉、硬煮蛋等作配料，浇以酸奶油制成的一种凉拌食品。

rostbiff (Sw.) 烤牛肉
参见 roast beef

Rostbraten (G.) 罐焖牛肉
参见 pot roast

rosticceria (It.) 熟食
参见 delicatessen

Rostkartoffeln (G.) 炸土豆条
参见 French fries

rota (Sp.) 罗达酒 西班牙北部地区产的一种干红葡萄酒。

rotary beater 转页电动打蛋器 有可旋转的叶片，用于搅打蛋白或全蛋。另一种为手动机械，作用相同。

Rote kirsch (G.) 樱桃利口酒 一种德国酒。味甜带苦，色泽深红。但与另一种叫 kirschwasser 的不同。

rotengle (F.) 红眼鱼 一种与石斑鱼相似的淡水鱼，烹调方法也相同。参见 grouper

rotgut (Am.) 劣质蒸馏酒

Rothbury Estate Reserve 罗思贝利酒 澳大利亚悉尼附近生产的各种干红或干白佐餐葡萄酒。

rôti (F.) 烤
参见 roast

rôtie (F.) 吐司 即烤面包片。参见 toast

rôtie à la brioche (F.) 铁扦烤的
参见 spit-roasting

rotissrie (F.) 烤肉店　也可指烤肉铁扦或烤炉。

Rotkohl (G.) 红叶卷心菜
参见 red cabbage

rotskjor (No.) 纵向对开连尾鱼片

Rotwein (G.) 红葡萄酒
参见 red wine

Rouen ware 鲁昂陶瓷　鲁昂以其精美的彩陶和瓷器成为法国主要陶瓷中心。鲁昂瓷常按荷兰和中国式样制作,并以幅射状垂饰为特点。色泽高雅华贵,风格珍奇。其中小花瓶、化妆品瓶和调味瓶以举世稀珍。最早出现于1725年。

Rouennais, à la (F.) 鲁昂式　鲁昂为法国西北部城市,以鸭子著称于世。该式指以生鸭肝酱、胡椒粉和柠檬汁等拌制的鲁昂沙司为主要调料的菜式。

rougail (F.) 鲁吉尔调味酱　一种克里奥耳地区的调味酱。味极辣,用辣椒、番茄、青苹果、茄子和鱼等制成。

rouge (F.) 红葡萄酒
参见 red wine

rouge, au (F.) 红色的　指以红色调味汁,如番茄沙司、红辣椒等调味的菜肴。

rouge de rivière (F.) 阔嘴鸭　常用于烤食的一种野味。也作 shovel duck

rouge-gorge (F.) 知更鸟
参见 robin

rouge-queue (F.) 红尾鸲
参见 red start

rouget (F.) 红鳞鱼
参见 red mullet

rough 1.(肉质)粗老的　2.(酒味)浓烈的

rough-puff pastry 粗油酥面　一种快速制嵌面油酥的方法。将脂肪切成小块,拌入其他配料,用擀面杖擀3—4次即可。这种方法的油酥面不如泡夫油酥松脆和膨胀。参见 puff paste

roughage 粗食　指一些含有较多纤维质的食品,如米糠和豆渣等。一般不供食用,但如使用得当,可促进人体消化器官的功能。

roughy 连鳍鲑　澳大利亚的一种淡水食用鱼,被视为美味。

rouille (F.) 红辣沙司　以红辣椒和大蒜拌以面包糊制成,味极辣,用于佐食鱼汤。产于法国地中海沿岸。

rouilleuse, poulet (F.) 血汤鸡　以大蒜和红葡萄酒为主料,加鸡血增稠的一种法式菜肴。

roulade (F.) 鱼肉卷　指多种呈卷状的食品,如蔬菜卷、牛肉卷和煎蛋卷等。

rouladine (F.) 小圆面包
参见 roll

roulé (F.) 1.卷肉　2.卷筒形蛋糕

roulette (F.) 滚花刀
参见 jagger

round (Am.) 1.牛大腿肉　参见 silverside　**2.(猪、牛、羊的)小肠**

round bone (Am.) 股骨　猪或牛的大腿股骨,用于煮原汤。参见 stock

round clam (Am.) 圆蛤
参见 quahog

round potato (Am.) 白土豆
也作 Irish potato

round steak (Am.) 牛腿肉

roundfish 普通鱼　与扁平鱼类如比目鱼等相区别。参见 flatfish

round-grained rice 粳米
参见 japonica rice

rouse 拌盐　在鱼身上撒盐或在凉拌菜上拌盐。

Roussanne (F.) 鲁萨纳　法国的一种酿酒用白葡萄品种。

rousselet (F.) 红皮梨　一种夏季梨品种,因外皮呈红色而得名。果肉味甜,吃口好,常用于制蜜饯。

roussette (F.) 糖粉炸糕　一种圆片状炸糕。用牛奶、面粉、橙花汁和白兰地酒作配料,上撒糖粉,可作为餐后甜食。

roussi (F.) 黄油面酱
参见 roux

Roussillon (F.) 鲁西永　法国产酒区名,在法国西南部。参见 Languedoc

roussir (F.) 使成焦黄　烹调加工方

法之一。用烧热冒烟的黄油来使食品上色。

rout cake biscuit 杏仁饼干 一种古老英国点心。参见 petit four

roux (F.) 黄油面酱 一种增稠料,用面粉和黄油同炒成棕色即成。用于汤或调料的增稠。

rowan jelly 花楸果酱 常用于佐食野味等。

rowanberry 花楸
参见 mountain ash

royal (F.) 蛋奶冻 可用于作清汤的点缀。参见 custard

Royal Copenhagen 哥本哈根瓷 一种丹麦宫廷用的细瓷。质地细密,价格昂贵。

royal fizz 鸡蛋菲兹酒 以金酒、鸡蛋和苏打水调配而成。参见 附录。

royal icing 糖霜酥皮 以蛋白和糖粉制成,用作糕点的配饰。常涂在杏仁酱上面,时间一久便可硬化。

royal jelly 王浆 也叫蜂乳或蜂皇浆。一种浓稠白色营养物质,是由工蜂头部的腺体分泌而成。王浆含有蛋白质、碳水化合物、维生素、微量元素和泛酸等,味甜,被认为是一种滋补食品。

royal macadamia (Am.) 昆士兰果
参见 macadamia nut

Royal Mint-Chocolate Liqueur 皇家薄荷巧克力利口酒 创始于英国,但在法国酿造的一种新型利口酒,含酒精 29%。

Royal Rose 皇家玫瑰 英国的一种酿酒用葡萄品种。

royal worcester 伍斯特瓷 英国伍斯特郡产的一种细瓷,因获得王室的准许特制而得名。

royale (F.) 1. **牛奶蛋糊配菜** 将牛奶蛋糊放入模子炖熟,冷却后切成各种形状,加入清汤即成为装饰菜式。2. **八月香梨** 一种甜而多汁的梨。也作 robine

royale, à la (F.) 皇家式 一种酒焖鱼或鸡的烹调菜式,以块菌和其他调味料作配菜。

royan (F.) 大沙丁鱼 与普通沙丁鱼相似,滋味鲜美。因产于法国南部的 Royan,故名。

royktlaks (No.) 烟熏鲑鱼
参见 kipper

Roze (G.) 玫红葡萄酒
参见 rosé

RP (abbr.) 软罐头
参见 retort pouch

rub in (将油脂)擦入面团 将油脂切成小块,用手指或工具揉擦入面团中,以制成油酥面团。

rubacco 红烩牛肉 常以面粉作增稠料。汤汁深棕,味香可口。

ruban (F.) 甜味蛋黄条卷
参见 ribbon

Rübe (G.) 芜菁萝卜
参见 turnip

rubion (Sp.) 荞麦
参见 buckwheat

Ruby Cabernet 宝石红卡百内 一种酿酒用红葡萄品种。1946 年由加州大学的 Harold Paul Olmo 用卡百内·索维农葡萄和佳丽酿葡萄杂交而成。

Ruby Port 宝石红波尔图酒 一种醇厚甜味葡萄酒,色泽红艳透亮。一般先在酒桶中陈化,然后立即进行调配装瓶出售。该酒在酒瓶中还要继续陈化一段时间。

Ruby Red Blush 红玉葡萄柚 一种柑桔品种名。

ruby wine 宝石红红葡萄酒 红葡萄酒的一种,色泽深红透明。参见 red wine

rudder fish 鲳鱼 产于地中海的一种小鱼,肉味嫩美,烹调方法同 turbot。

ruddy duck 硬尾鸭 美洲产的一种鸭品种,肉肥多油。也叫黄油鸭。

rue 芸香 芸香科多年生灌木或草本植物,原产欧亚及加那利群岛。叶常绿,叶片呈半透明状,香味强烈。几世纪以来就常切成细末作为调味香料。

ruff 流苏鹬 一种小野禽。过去一直被视为美味,烹调方法与山鹬相同。

参见 woodcock

ruffed grouse 流苏松鸡　与流苏鹬相似。参见 ruff

ruffle 斜齿鳊
参见 pope

rugbrod (Da.) 大麦面包
参见 barley bread

rugosa rose 玫瑰
参见 rose

rugola 芝麻菜
参见 rocket cress

Rühre (G.) 流糊炒蛋
参见 scrambled egg

ruin 劣质杜松子酒　俚称。参见 gin

Ruländer (G.) 鲁兰特葡萄　原产于法国勃艮第地区,现广泛种植于德国和法国的一种葡萄品种。可用于酿制一些果香味很浓的干白葡萄酒。

rum 朗姆酒　也称兰姆酒或老姆酒,最早在1667年酿成。为一种糖蜜蒸馏酒,分柔和清淡的古巴类型和厚重浓烈的牙买加类型两大种。其独特风味取决于酵母种类、蒸馏方法和勾兑条件等。除纯饮外,最适宜调配成鸡尾酒,一般含酒精40—48%。

rum and coke 朗姆可乐　朗姆酒与可口可乐的混合饮料。

rum baba 朗姆婆婆蛋糕
参见 baba au rhum

rum ball 朗姆酒味球糖　含有可可粉、玉米糖浆、朗姆酒和多种香料的一种硬糖果。

rum tum tiddy (Am.) 奶酪番茄汤　加入芥末和鸡蛋等,可作为一道主菜。

Rum Verschniff (G.) 弗雪尼夫朗姆酒　德国产的一种烈性调配酒,含朗姆酒至少5%。

rumfustian 糖蜜酒　由杜松子酒、葡萄酒、强化啤酒、蛋黄、蔗糖与辛香料等混合而成的一种热饮料。

rummer 大酒杯
参见 mug

rump 牛后臀肉　牛腰后部和牛后腿之间的精肉。常用于烤和焖等。

rumpy loaf 酥蜜面包　在面团表面涂上蜜后烤制的一种小圆甜面包。

rumrousal 牛奶宾治酒
参见 milk punch

runcible spoon 三齿叉　一种带有三个宽而弯的尖齿和利刃的餐具,用于叉食腌制食品或餐前小吃等。

runddlet 小琵琶桶　旧液量单位,约18加仑。

Runkelrübe (G.) 甜菜根
参见 beetroot

runner 军曹鱼　一种食用海鲤鱼品种。

runner bean 红花菜豆
参见 scarlet runner

runny (面团)软的,发起的

ruote (It.) 车轮状通心面
参见 macaroni

rusa 卢莎草　一种印度香草。可用于提取卢莎油,作调香料使用。

rush 灯心草　一种有香味的印度灯心草,可用于作香料。其根也可制成酒浸液用于治疗胃部不适等。

rusk 硬脆面包片　一种甜味或咸味面包,常切成片后再烘干变脆食用。

Russe, à la (F.) 俄罗斯式　指以酸黄瓜、腌牛舌、香肠和刺山柑为主要配料的菜式。

russet pear 红皮梨
参见 rousselet

Russian cookery 俄罗斯烹调　由于地处欧亚两个洲,因而俄罗斯烹调特色也兼具欧亚不同的特征。复活节在俄罗斯具有重要的意义,届时各种名菜名点争奇斗艳,如烤全羊、烤全猪、复活节彩蛋等。俄罗斯菜的冷餐开胃品也很著名,其鱼子酱是十分昂贵的美味。俄罗斯菜中凝乳的比重很大。俄式菜汤几乎成为该菜式的代表。此外,伏特加酒也是必须特别提及的名酒。

Russian crab 王蟹
参见 king crab

Russian dressing (Am.) 俄罗斯调汁　以蛋黄酱、青椒、辣根、泡菜、鱼子酱和细香葱等调成的一种辣味调汁。这是一种以美国人眼光想象的俄罗斯风味调料。

Russian olive 沙枣 一种小乔木。产黄色的香味果实,主要成分为碳水化合物。可供熬糖、生吃与酿酒等。

Russian rum 俄罗斯朗姆酒 一种朗姆酒,以味醇香浓著称。也产于乌兹别克塔什干等地。

Russian salad 俄罗斯色拉 一种什锦蔬菜凉拌。以腌牛舌、蘑菇、香肠、块菌和龙虾肉等作配料,加入各种蔬菜丁和蛋黄酱而成。

Russian service 俄式餐桌服务 指食品在厨房加工切配后置于大食盘上,服务员则从客人左侧派菜,依逆时针方向顺序为客人服务的方式。

Russian stout 俄罗斯烈性啤酒 过去英国为沙皇家族酿制的一种高酒度特色啤酒。至今沿用旧称。

Russian tea 俄罗斯茶 以中国绿茶泡出后,加入柠檬汁、朗姆酒和果酱而成的浓稠饮料。

Russian turnip (Am.) 芜菁甘蓝
参见 rutabaga

Russian wine 俄罗斯葡萄酒 泛指俄罗斯各地产的葡萄酒。其范围很广,西起罗马尼亚边境,穿越克里米亚,直到远东地区。其中尤以伏尔加河三角洲产量最高,质量也最好。

russinkaka (Sw.) 葡萄干蛋糕

russula 红菇 一种外表红色、肉白色的香味蘑菇。产于法国各地,有很多品种。常用于烹调。

russule (F.) 红菇
参见 russula

rusty 锈斑 一种铁红色色斑,出现在水果和熏肉等表面与深部。有锈斑的食品说明存放时间过长,并开始腐烂变质。

rutabaga 芜菁甘蓝 有粗大的淡黄色根,可作为蔬菜食用。但在法国很少食用。

rutales 芸香目 有多种有花植物,产于热带森林。如印度杜果、美洲腰果、柠檬、酸橙和苦木等。用于制印度酸辣酱、腌菜、冷饮、果子汁、糖浆、果冻、糖和苦味汁等。

rye 黑麦 广泛栽培于欧洲和北美洲的一种谷类作物。其种子常被用于磨粉制成面包,以前还可经炒焦后作为咖啡的代用品。黑麦还用于酿制一种威士忌酒。

rye and Indian 黑麦玉米粉面包 一种混合谷类面包,经烤熟后食用。

rye bread 黑麦面包 以纯黑麦粉或高比例黑麦粉制的面包,俗称黑面包。有时加入香菜子调味。

rye whiskey 黑麦威士忌 以黑麦为主酿成的威士忌。主要产于美国与加拿大等地。含酒精40%。参见 American whiskey

S

Saanen (F.) 萨纳干酪 瑞士弗里堡地方产的一种软质牛乳干酪,呈圆盘形,重40—45千克,含乳脂48%。

saba (Fi.) 沙巴蕉 菲律宾产的一种普通烹饪用香蕉。参见 banana

sabalo 大海鲢 产于大西洋的一种食用鱼。参见 tarpon

sabayon (F.) 意大利蛋黄酱 一种轻质泡沫状甜沙司,由雪利酒或白葡萄酒加鸡蛋和糖制成。参见 zabaglione

sablage (F.) 铺沙 一种餐桌布置方法。以不同颜色的沙排列在餐布上构成具有装饰作用的图案。

sablé (F.) 油酥蛋糕 产于法国的诺曼底地区。

sablefish 裸盖鱼 也叫黑紫鱼或黑鳕,产于太平洋海域,体型修长,可用于腌制或熏制食用。

sablier (F.) 沙漏
参见 egg-timer

sabodet (F.) 猪头肉香肠 常切成厚片,趁热食用。

sabot (F.) 鱼精,鱼白
参见 soft roe

saboyano (Sp.) 朗姆酒蛋糕
参见 baba au rhum

sabra 萨布拉酒 以色列产的一种橙味利口酒,以雅法橙为主要原料酿制,并用巧克力调香。参见 Jaffa

saccharin 糖精 一种环状亚胺结晶,无营养价值。其甜度为蔗糖的350倍,烹饪中可作食品增甜剂,尤适用于减肥者和糖尿病患者使用。糖精在1879年发明,目前占人工甜味剂的70%。但美国在1980年宣布糖精为致癌物质,禁止使用。

saccharine sorghum 甜高粱
参见 sorghum

saccharometer 糖度计 用于测量酒和饮料中的含糖量。

saccharomycete 酵母菌 真菌的一种,呈黄白色,圆形或卵形,内有细胞核和液泡等。利用酵母菌的化学作用可用于酿酒、制酱和面团的发起等。

sachertorte (G.) 萨歇尔蛋糕 用黄油、鸡蛋、糖、面包屑、巧克力和香料等作配料,分层烘烤。再用李子酱粘合,酒上巧克力细屑。该蛋糕名称来源于19世纪奥地利的一家旅馆的名字。

sack (Sp.) 萨克葡萄酒 一种无果味不甜的西班牙葡萄酒,颇负盛名。16世纪起从西班牙加那利群岛传入英国。

sack mead 萨克蜂蜜酒 以萨克葡萄酒为基酒拌入蜂蜜,作为餐后酒,味甜。

sacristain (F.) 小千层酥
参见 puff paste

sad (面包)未烘透的

saddle (家禽的)后背肉 指带有脊骨的里脊肉,包括腰肉。也指青蛙的背肉和后腿肉。

sadware 白镴
参见 pewter work

safflower 红花 菊科一年生草本植物,原产亚洲和非洲。其花红色、橙色或白色。干花可提取红花素,还可用作藏红花调味品的搀和剂。红花油富含不饱和脂肪,具有很高的食用价值。主要供制造人造黄油、食用油和色拉油。

saffron 藏红花 鸢尾科球茎植物,又称番红花。其辛辣的金色柱头十分名贵,可用于食品的调味和上色,并具有独特的香气和苦味,是英国、巴尔干等地面包和法式浓味炖鱼的重要配料之一。藏红花原产于小亚细亚,16世纪时传入欧洲，是世界上最贵重的香料之一。

safran (F.) 番红花
参见 saffron

Saft (G.) 1. 果汁　2. 肉汁

sagamite (Am.) 玉米粉布丁
参见 Indian pudding

sagan (F.) 烩菜饭　以肉汁、米饭、蘑菇和猪脑酱为配料制成。

sage 洋苏叶　也叫鼠尾草，是一种半灌木状植物。叶呈灰绿色，味辛辣而芳香，用于食品的调香，如肉类、汤类和牛奶布丁等。洋苏叶花可用作凉拌。

sage cheese 洋苏叶干酪　用切细的洋苏叶或洋苏叶汁加香的一种斑纹生干酪，类似于切德干酪。参见 cheddar

sage grouse 艾松鸡　产于北美洲西部的一种大松鸡，因其食物中包括洋苏叶等艾草，故名，但肉质不佳。

sage oil 洋苏叶油　从洋苏叶中提取的香精油。呈淡黄色或淡绿色，用作食品调香。

sage tea 洋苏叶茶　以洋苏叶泡制的一种芳香饮料。

sagne (It.) 面食
参见 pasta

sago 西米　由几种热带棕榈树干所贮存的碳水化合物制成的食用淀粉，其主要原料是西谷椰子和西米棕榈。取出含淀粉的干髓磨成粉，过滤掉木质纤维后通过筛子制成颗粒状即成。西米是太平洋西南地区的主食，在世界各地，还被制成糕饼、布丁、汤料和增稠剂等。

sago palm 西谷椰子　产于印度和马来西亚的一种棕榈类植物，树干可用于提取西米。

sago pudding 西米布丁　一种以西米粉、牛奶、鸡蛋等制成的布丁。

sagou (F.) 西米
参见 sago

sagu (It.) 西米
参见 sago

saguin (Am.) 菲律宾香蕉
参见 banana

sahina (Sp.) 芋叶炸饼
参见 polouri

Sahne (G.) 奶油
参见 cream

saibor (Sp.) 餐具架
参见 cupboard

saignant (F.) （肉）半生的
参见 rare

saigneux (F.) 小牛颈肉
参见 chuck

Saigon cinnamon 西贡肉桂　一种优质食品调香料。参见 cassia

sailfin (Am.) 宽帆鲈　美国南部海域的一种宽背鳍鱼，体表呈橄榄绿色，有黑色斑纹，可食用。

sailfish 旗鱼　鲈形目旗鱼科重要食用鱼，分布于全世界温、热带水域。体较细长，背鳍宽大如船帆，故名。体长约 3—4 米，重约 90 千克。

saindoux (F.) 熟猪油　味淡，未加任何调味料。参见 lard

sainete (Sp.) 酱油，调料
参见 sauce

Saint George's mushroom 口蘑　一种食用菌，属白蘑科。茎杆硬直，帽盖圆而呈球状。色泽多种多样，盛产于春季。味鲜美，含有多种无机盐和维生素。常用于作烤羊肉的配菜之一。

Saint Michel (F.) 圣米歇尔蛋糕　一种夹层水果蛋糕，以奶油和烤杏仁作馅。

Saint Paulin (F.) 圣保兰干酪　最早由 Port Salut 修道院的特拉普修士制成的一种半软质金黄色全脂干酪。重 2 千克，呈圆盘状，质地细腻柔软。后泛指以该压榨法制成的同类干酪，如 Bonbel 等。丹麦仿制的圣保林干酪奶香味更浓。

Saint Pierre (F.) 海鲂
参见 John Dory

Saint Winoc (F.) 圣维诺克干酪
参见 Bergues

Saint-Albray (F.) 圣阿尔勃雷干酪　法国的一种工业化生产的干酪。呈大

圆盘形,中有一孔,重2千克,含乳脂50%。

Saint-Amour (F.) 圣阿姆尔酒 法国勃艮第的博若莱(Beaujolais)地区产的一种优质干红葡萄酒。

Saint-Emilion (F.) 圣埃米利翁 法国波尔多的酿酒大区,在多尔多涅河西岸,生产许多醇美的红葡萄酒。该地区葡萄园有280个左右,产量也居波尔多地区之首。

Saint-Estèphe (F.) 圣埃斯泰夫 法国波尔多的梅多克酿酒区。世界上最优秀的红葡萄酒之一Claret即产于此。

Saint-Florentin (F.) 圣佛罗伦萨干酪 也叫苏梅特林干酪。参见soumaintrin

Saint-Germain, à la (F.) 圣日耳曼式 指以豌豆或豌豆泥炒洋蓟作配菜的菜式。

Saint-Hallvard 圣哈尔佛酒 挪威产的一种金黄色利口酒。以土豆为原料,加入多种芳香料而成。

Saint-Honoré (F.) 圣奥诺雷蛋糕 一种巴黎风味。以酥面作衬的奶油果子蛋糕。

Saint-Hubert (F.) 圣于贝尔 猎人的保护神。以该名称命名的都是一些野味菜肴,以蘑菇和胡椒等作配料。

Saint-Jacques (F.) 酒香扇贝 参见coquille Saint Jacques

Saint-Joseph (F.) 圣约瑟夫 法国罗讷河的酿酒区,生产不少质优价廉的各种葡萄酒。

Saint-Julien (F.) 圣朱利安 法国波尔多的梅多克主要酿酒区,拥有许多著名的酿酒葡萄庄园。参见château

Saint-Laurent (F.) 圣洛朗 法国波尔多的梅多克酿酒村落,生产的优质红葡萄酒以Haut Médoc的酒牌出售。

Saint-Malo, sauce (F.) 圣马洛沙司 一种佐食鱼类菜肴的白汁沙司。以洋葱、蘑菇、芥末、鲍鱼汁和香料植物作配制成。

Saint-Martin (F.) 圣马丁酒 法国波尔多地区产的一种优质白葡萄酒。

Saint-maure (F.) 圣摩尔干酪 法国图赖讷地方产的一种长圆棍形蓝纹羊奶酪,重300克。

Saint-Memehould (F.) 圣曼默胡 法国马纳省地区名,以猪蹄著称于世。也指一种佐食猪蹄的辣味沙司,以芥末、青葱、酸黄瓜和醋为配料制成。

Saint-Nectaire (F.) 圣涅克坦干酪 法国奥弗涅(Auvergne)地方产的一种干酪。用牛乳制成,重1.5千克,呈圆盘形,含乳脂45%。

Saint-Peray (F.) 圣佩赖 法国罗讷河地区的产酒小区,在瓦朗斯镇对面。该地的葡萄品种来自罗马,为稀有品种。所酿制的白葡萄酒口味滞丰。

Saint-Saëns (F.) 圣沙昂鸡脯 常以炸块菌、鹅肝酱、鸡肝和芦笋尖作配料。

saisir, faire (F.) (用旺火)迅速煎炸 以保持肉类食品的原汁和原味。

saithe 绿青鳕 参见pollack

sake (J.) 清酒 淡黄色微甜带苦的日本烈性米酒,含酒精可达18%。因酒色清而透明,故名。清酒是日本的民族饮料,用于各种庆典场合。饮前往往烫热,用小瓷盅吸饮。其酒杯上带有一种装置,呷酒时会发出哨声。

sal (Sp.) 盐 参见salt

sala de pranzo (It.) 餐厅 参见restaurant

salacca (It.) 西鲱 参见herring

salad 色拉 也叫沙拉,泛指不同品种的凉菜。一般分蔬菜色拉、水果色拉、豆类色拉和肉、禽或海味的混合色拉等几种。蔬菜色拉有莴苣、水芹、卷心菜、菠菜、番茄、洋葱、黄瓜、辣椒、蘑菇和土豆,以蛋黄酱调拌;混合色拉则在蔬菜中加入海味、禽肉和干酪等,包括牛肉、火腿、青豆、橄榄和各种鱼类。最简单的色拉浇汁是醋油沙司,其次有蛋黄酱、乳脂和葱、欧芹等香料。法式浇头是甜和辣味的混合,用番茄

salad bowl 色拉碗 一种深型大瓷碗,也可为玻璃或塑料碗,用于搅拌凉拌菜。

salad burnet 地榆
参见 burnet

salad cream 色拉油调料 由橄榄油和鸡蛋为主调成的凉拌菜调料。参见 mayonnaise

salad dressing 色拉调料 以食油、醋、柠檬汁、蛋黄与淀粉等为配料调制而成的一种加味料。也叫调味色拉油。

salad fork 色拉叉 一种短的四齿叉,用于取食色拉或糕点。

salad oil 色拉油 用于调拌色拉的食油,如橄榄油、玉米油和花生油等。一般是熟油,色泽淡,不含杂质。

salad plant 莴苣,生菜
参见 lettuce

salad plate 色拉盘 一种用于盛放凉拌菜的餐盘,一般直径为18厘米。

salad servers 色拉餐具 通常为相配的一组餐具,如叉和匙等。安有长柄,用于从色拉碗中取食。

salad soup 西班牙凉菜汤
参见 gazpacho

salade (F.) 色拉
参见 salad

salade à la Flamande (F.) 佛兰德斯色拉 以土豆、菊苣、洋葱和咸鳕鱼片为配料,佐以醋沙司食用。

salade à l'Allemande (F.) 德式色拉 用苹果、鲱鱼、洋葱、土豆拌成,淋以酸奶油沙司。

salade à l'Americaine (F.) 美式色拉 以芹菜、黄瓜、西红柿和硬煮蛋拌成。参见 Américaine, à l'

salade à la Russe (F.) 俄罗斯色拉 一种什锦蔬菜丁色拉。用腌牛舌、香肠、龙虾、块菌等为配料,另用鲍鱼、刺山柑和酸黄瓜等作点缀。

salade Arlésienne (F.) 阿尔色拉 以土豆、菊芋、橄榄、鳀鱼和西红柿等为配料制成的一种凉拌菜。参见 Arles

salade bagration (F.) 通心粉色拉 用通心粉、洋蓟心、西红柿、硬煮蛋、块菌和蛋黄酱制成的一种凉拌菜。参见 Bagration

salade bouchèrie (F.) 肉铺式色拉 用煮牛肉、土豆、西红柿和硬煮蛋等为配料凉拌而成。

salade Cancalaise (F.) 康卡勒式色拉 以莴苣作底的水煮牡蛎凉拌。参见 Cancalaise, à la

salade d'Albignac (F.) 阿尔比涅克凉拌 以块菌、芹菜、鸡肉、虾和硬煮蛋为配料拌成。

salade dubarry (F.) 迪巴里色拉 以花椰菜、萝卜、水芹丝和色拉油、柠檬汁、胡椒等拌和而成的一种凉拌。参见 Dubarry, à la

salade francillon (F.) 日本凉拌
参见 salade japonaise

salade impéria (F.) 皇家色拉 以莴苣叶填以块菌和芦笋尖为配料的凉拌。

salade Italienne (F.) 意大利色拉 以蛋黄酱拌土豆丁、胡萝卜、橄榄、刺山柑、硬煮蛋和番茄等配料制成。

salade japonaise (F.) 日本凉拌 以西红柿、橙子、菠萝为配料,浇以柠檬汁和酸奶油,或用贻贝、芹菜、土豆和块菌片为配料。也作 salade francillon

salade Niçoise (F.) 尼斯色拉 一种著名凉拌菜。常用配料有莴苣、番茄、硬煮蛋、鳀鱼、橄榄、菜豆、洋葱、洋蓟、辣椒、刺山柑等。用大蒜醋沙司和橄榄油作调汁,再加以龙蒿、罗勒等香料。

salade Normande (F.) 诺曼底色拉 以土豆、芹菜、火腿等配制而成,加以奶油调味料。

salade orientale (F.) 东方色拉 以米饭、洋葱、甜椒、番茄和黑橄榄为配料拌成。

salade Parisienne (F.) 巴黎色拉 一种以龙虾、块菌、蛋黄酱等作配料的蔬菜色拉。

salade pernollet (F.) 佩诺莱色拉 以块菌、龙虾、蛋黄酱作配料,用大片

萵苣叶作点缀即成。

salade simple (F.) 清色拉 将蔬菜加多种调味料而成,视蔬菜生熟分为两个品种。

salade variée (F.) 什锦色拉
也作 salade composée

salade Waldorf (F.) 沃尔多夫色拉 以苹果、芹菜、桃仁和蛋黄酱拌成,以纽约著名大旅馆沃尔多夫饭店命名。

saladier (F.) 色拉盘 一种比一般餐盘稍大的浅盘,用于盛放色拉等凉拌菜。也指一盆色拉。参见 salad plate

saladier à la Lyonnaise (F.) 里昂式杂烩 用小牛头、猪羊蹄和牛鼻等制成,佐以醋沙司。

salado (Sp.) 咸的
参见 saltish

salage (F.) 1. 腌,盐渍 2.(调味时)加盐

salaison (F.) 盐水
参见 brine

salak (Ma.) 萨拉卡梨 菲律宾的一种棕榈植物果实,味似凤梨。

salal 白珠树 产于北美洲太平洋沿岸。其浆果呈暗紫色,大小类似葡萄,可食。

salamander 1. 鲵 俗称娃娃鱼。一种两栖动物,身体长而扁,眼小口大,四肢短,生活在山谷的清溪中。是极珍贵的美味食品。**2. 顶火烤炉** 热量来自上方的一种烤炉。用电或煤气作能源,用于糕点和撒干酪的菜肴的表面烘烤等。

salamandre (F.) 1. 油炸面包屑 2. 顶火烤炉 参见 salamander

salambo (F.) 泡夫酥面小蛋糕 以樱桃奶油作馅。

salami (It.) 萨拉米香肠 产于意大利和匈牙利等国的一种浓味香肠。新鲜时较柔软,经风干而发硬,具有良好的保存性能。用不同比例的猪、牛肉制成,可用作开胃拼盘,但食前以经冷藏者为最佳。

salami cotto (It.) 熟萨拉米香肠
以猪肉为主,加少量牛肉,腌制三天后蒸熟食用。

salamis de Strasbourg (F.) 斯特拉斯堡香肠 法国一种烟熏猪牛肉香肠,以产地命名。

salamoia (It.) 浓盐水
参见 brine

salangane 金丝燕 一种东方燕子。其唾液分泌所筑成的燕窝为一种珍馐佳肴,极受人们推崇,据信有滋补作用。参见 bird's nest soup

salangid 银鱼
参见 whitebait

Salat (G.) 色拉
参见 salad

salatino (It.) 咸饼干
参见 cracker

Salbei (G.) 洋苏叶
参见 sage

salcali köfte (Tu.) 茄汁牛肉丸

salchicha (Sp.) 腊肠,香肠
参见 sausage

salcochado (Sp.) 煮
参见 boiling

salda (F.) 香肠熏肉浓汤 加入各种蔬菜作配料,如卷心菜和扁豆等。为法国西南地区风味。

salé (F.) 1. 腌猪肉,咸肉 参见 bacon **2. 有咸味的,盐渍的** 参见 brine

salep 兰根粉 产于欧亚大陆的一种兰科植物。其干燥的块茎含有胶质和淀粉,可食用,味似木薯粉。

salep soup 兰根汤 以兰根粉、蔬菜汁、龙蒿和酱油冲成的一种浓汤。

saleratus (Am.) 干发酵粉 烹调用小苏打。参见 baking powder

saleron (F.) 小盐盅
参见 salt cellar

Salers (F.) 萨莱干酪 法国中部奥弗涅产的一种圆柱形干酪,质硬,重354克。

salicoque (F.) 大虾,对虾
参见 prawn

saliere (F.) (餐桌上的)盐瓶
参见 condiment

salignac (F.) 科涅克白兰地
参见 Cognac

saline water 盐水 尤指咸味矿泉水。

Salisbury steak (Am.) 汉堡牛排
参见 hamburger

salle à manger (F.) 餐厅
参见 restaurant

Sally Lunn 萨莉·伦恩甜饼 一种趁热抹上黄油食用的茶点。源于1797年英国巴思一位名叫萨莉·伦恩的女子沿街叫卖的点心。

Salm (G.) 大马哈鱼
参见 salmon

salmagundi (It.) 酸辣鱼肉杂烩 以肉、鱼、鸡和硬煮蛋为主,加上洋葱、鳀鱼酱、欧芹和醋等调味料制成,是一种古老的意大利式晚餐菜肴。

Salmanazar 萨尔马纳扎酒 瑞士沃州(Vaud)产的红葡萄酒。以黑比诺与加美葡萄酒调配而成,果香味浓。

salmi (F.) 五香野味 将天鹅或鹅等野禽加大量调味烤后,再以葡萄酒蒸煮而成。

salmigondis (F.) 杂烩回锅肉 以各种蔬菜作配菜。

salmis de palombes (F.) 五香烤鸽 加入洋葱、火腿和蘑菇作配料,并用红葡萄酒焖烤而成。为法国西南地方风味。

salmon 鲑鱼 也叫大麻哈鱼,鲑形目鲑科鱼类的统称,是名贵的食用鱼。产于太平洋和大西洋近海,上溯淡水产卵,再回到海中。鲑在海洋中为银白色,但在生殖期则变成淡红色。肉味鲜美,常制成罐头出售或经腌制和烟熏后食用。

salmon paste 鲑鱼酱 常做成罐头出售,用于作茶点的涂抹料。

salmon trout 湖红点鲑
参见 lake trout

salmonberry (Am.) 云莓
参见 cloudberry

salmone (It.) 鲑鱼
参见 salmon

salmonella 沙门氏菌 一种常见的致病细菌,存在于肉类、奶制品和家禽中。它能在许多食品中产生酸性气体,使食品变质。在加工和烹调食品时,如不经过彻底加热消毒,就可能引起食物中毒。

salmorejo (Sp.) 醋味麻辣酱油 用水、醋、油、盐、胡椒等配制的调味汁。

salo (R.) 腌猪肉
参见 bacon

salonu nerede (Tu.) 餐厅
参见 restaurant

saloon 餐厅,酒馆 泛指供应酒与饮料的地方。

saloop 萨鲁普 流行于南美洲的一种热饮。用牛奶、糖加檫木粉的浸出液调制而成。

salpicon (F.) 蘑菇肉丁配菜 以鸡肉、野味、鱼、肉、蔬菜、蘑菇等切成小丁,拌以沙司作为面食、馅饼或开胃菜肴吐司的馅料。另一种则是甜味配菜,由水果浸以甜酒制成。

salsa (It.) 调味汁,沙司
参见 sauce

salsiccia (It.) 香肠,腊肠
参见 sausage

salsiera (It.) 小调味瓶
参见 condiment

salsifis (F.) 婆罗门参
参见 salsify

salsify 婆罗门参 欧洲的一种二年生草本植物。其根成纺锤状,呈白色,可食。味略甜,似欧防风,也有人认为像牡蛎。可用作沙司、奶油的佐料,或作为炸酥丸的馅心。野生婆罗门参的嫩茎可拌制色拉。

salt 食盐 无机化合物,成分是氯化钠。为无色或白色结晶,呈粒状或块状,味咸。烹调中是最常用的调味剂和防腐剂。食盐的来源主要有海盐、池盐、岩盐和井盐四种。

salt butter 咸味黄油 过去为防止黄油变质,常故意加入盐,所以一般市售黄油均带有咸味。现在为保持黄油的原味,已生产淡味黄油。

salt cellar 盐瓶 一种玻璃或金属器皿,放在餐桌上供人使用。常配有小匙或制成小瓶,上开几个小孔。

salt fish 咸鱼 指把鳕鱼等鱼类一经

捕捉,立即加盐腌制的加工保藏方法。
salt grinder 食盐粉碎机 一种木制小磨,可将盐磨成精细的粉末。
salt horse 腌牛肉 俚称。一般流行于航海的水手中。
salt junk 咸牛肉干
参见 salt horse
salt meadow 海滨羊
参见 pré-salé
salt of soda (Am.) 小苏打
参见 baking soda
salt potato (Am.) 盐水土豆 一种纽约特色风味。用小的新土豆浸在盐水中煮成。
salt shaker (Am.) 盐瓶
参见 salt cellar
salt spoon 盐匙 放在敞口盐缸内的一种小匙。
salted 盐腌的 指用盐涂抹于食品表面或将食品浸入盐水中等加工方法。用盐腌的食品很多,如肉类、鱼类和蔬菜等。
salted almond 咸杏仁 用西班牙杏仁拌以色拉油和盐,然后烤至发脆即成。
salted nuts 咸味果仁 将胡桃、杏仁、榛子或山核桃肉等先用开水焯烫去皮,然后在黄油中炸黄,撒上精盐即成。味香脆可口,是一种十分常见的食品。
salt-free diet 无盐膳食 指不加盐的食品以及其他含钠量低的食品,如小麦粉、蔗糖、蔬菜、水果和坚果等。用于防治高血压、心脏病及肾病等。
saltimbocca (It.) 香味小牛肉卷 用香草植物裹起,佐以鲲鱼酱,也可用火腿卷代替小牛肉。是一种罗马风味食品。
saltine 咸味梳打饼干
参见 cracker
saltish 略带咸味的
saltpetre 硝石 学名硝酸钾,是一种略带苦味的辛辣化学药品。在腌制食品业中用于使食品保持原来的色泽。
salt-rising bread 面肥发酵面包 用上次发面剩下的酸味酵头发酵制成的面包。属于一种自然发酵过程。
saltwater taffy 咸味太妃糖 用白糖拉丝,加入许多色素和奶油调香而成。因产于沿海地区,故名。
saltwater trout 海水鳟 如灰鳟等。
参见 trout
salud, pesetas, y amor (Sp.) 祝你健康、富有和爱情美满 敬酒用语。
salumeria (It.) 熟肉店
参见 delicatessen
salute (It.) 祝你健康 敬酒用语。
salver 托盘 用于端上食品和饮料的大浅盘,尺寸大小各异。
salvia (It.) 洋苏叶
参见 sage
salvietta (It.) 餐巾
参见 napkin
salvy butter 软奶油 一种经充分压炼的奶油制品。
Salz (G.) 盐
参见 salt
Salzstange (G.) 咸味罂粟籽面包
samarilla (Sp.) 欧百里香
参见 thyme
sambal 辣椒酱 印度尼西亚和马来西亚食谱中的一种香料调味品,其基本配料有新鲜红番椒、虾酱、柚子汁、椰丝、糖和盐等。常作为蔬菜、水果和肉类等的配菜。
sambayon (It.) 意大利蛋黄酱
参见 sabayon
sambuco 甘草接骨木 一种调香料。味清香,用于意大利利口酒的调香。
samlet 幼鲑
参见 salmon
Samos (Gr.) 萨摩斯酒 希腊萨摩斯岛产的一种甜白葡萄酒。
samovar (R.) 茶炊 一种铜制或银制的煮茶器具,由一大容器和中心细管组成,下烧炭火,边煮边饮。流行于旧时的俄国。现代茶炊则用煤油或电加热,由于装饰精美,已成为一种工艺品。
samp (Am.) 1. 玉米粥 2. 玉米碴粗粉
samphire 海蓬子 小茴香科的一种肉质草本植物,也叫海莳萝或海马齿。

产于欧洲,其叶经腌制后可食用,味辛辣可口。也作 Peter's cress

samshou (C.) 粮食白酒
参见 spirit

San Pietro (It.) 海鲂
参见 John Dory

San Sadurni de Noya (Sp.) 圣萨杜尼·德诺亚 西班牙城镇,在巴塞罗那以西40公里。该地的酿酒业可追溯到1551年,拥有世界上最大的酒窖。1870年首先在此酿成发泡酒,按法国香槟法酿成的发泡酒居于世界最优秀酒之列。

san Simon (Sp.) 圣西蒙干酪 西班牙产的一种金黄色蛋形干酪,重2千克,含乳脂40%。

Sancerre (F.) 桑萨尔酒 法国卢瓦河谷地区尼韦奈(Nivernais)产的一种轻质干白葡萄酒或干红葡萄酒,香味极浓。

Sancerrois (F.) 克瑞桑西干酪
参见 Crézancy

sanchaque (Sp.) 墨西哥嫩牛肉

sanciau (F.) 甜味厚煎饼
参见 grapiau

sanco (Sp.) 红味葱头豆腐 一种墨西哥菜肴。以面粉、牛羊血和葱头等作配料制成。

sancocho (Sp.) 香蕉烩肉 西印度群岛上说西班牙语的居民的一种食品。以木薯泥、香蕉和各种肉或蔬菜炖烩而成。

sand blackberry 沙黑莓 产于美国东部的一种黑色浆果植物,味甜可口。

sand borer 鱚鱼 也叫沙钻鱼。一种长20厘米左右的银白色鱼,体圆筒形,生活在近海沙底。偶可供油炸食用。

sand cake 重油蛋糕 一种马德拉式蛋糕,由玉米粉、香料、丝兰和香蕉等为配料制成。

sand dab (Am.) 沙鲽 一种小比目鱼。常蘸以玉米糊用油炸食用,或经盐水浸渍后佐以醋,用洋葱圈作配饰。

sand eel 玉筋鱼 鲈形目玉筋鱼科海鱼。盛产于北部海域,体形似鳗,呈银白色,偶可食用。也称沙鳝。

sand food 根寄生豆 一种矮生草本植物,具有可食的块茎,味似甘薯。

sand grape 沙葡萄 一种灌木状野生葡萄,果实黑色,味甜。

sand lance 玉筋鱼
参见 sand eel

sand pear 沙梨 落叶乔木,叶子为长圆形,果实为球形,呈赤褐色或青白色。通常是一种杂交品种。

sand smelt 沙银汉鱼
参见 whitebait

sandarach 雄黄 一种桔黄色矿物,成分为硫化砷,有毒性。中国在端午节有饮雄黄酒的习俗。

sander 小牧羊人馅饼 以牛肉或羊肉糜,加洋葱、肉汁和调料等放入碟中,盖以土豆泥,再在烤箱中烤黄即成。

sandfish 沙鱼 几种产于沙质沿岸的海鱼的统称。有一种叫喙鲑,体细长。在印度洋及太平洋沿岸地区被视为美味。

sandgrouse 沙鸡 一种形状像鸽的鸡种,生活在草原地带。嘴小脚短,只有三趾,背部暗褐色,有黑色条纹。可食用。

sandia (Sp.) 西瓜
参见 watermelon

sandpiper 鹬 多种海鸟的统称,包括沙锥和丘鹬等。参见 snipe 和 woodcock 等词。

sandre (F.) 梭鲈 一种淡水鱼,被认为是美味。参见 pike-perch

sandwich 三明治 以两片面包夹入肉、奶酪或其他食物的快餐食品。源自18世纪桑威奇伯爵约翰·蒙塔古,因他将面包片夹肉片拿到牌桌上吃,结果很快风行欧洲大陆。现在它出现在所有西方食谱中,任何面包或面卷,无论冷热都可制成三明治。英国用鱼酱、黄瓜和番茄;北欧则用单片面包加馅;美国的夜总会三明治夹以鸡片、咸肉、莴苣或牛肉、干酪和番茄;而热三明治夹花生酱是美国学生的主要食品。
sandwich cake 软三明治
参见 Victoria sponge sandwich
sandwich loaf 三明治面包 用于作三明治的长方形面包。外层常切去,夹以干酪、黄瓜片、番茄和橄榄等。
sandy 砂质的 一般指冰淇淋和炼乳的粗糙质地,呈砂粒状,是一种典型的缺陷现象。
sang (F.) 血
参见 blood
sangaree (Sp.) 桑格里酒 一种高杯冷饮。以波尔特葡萄酒,淡啤酒或烈性酒加糖,倒入平底杯混和即饮,用肉豆蔻作点缀。参见附录。
sang-cuit (F.) 熟血 用于作各种沙司或血肠布丁的配料。也作 sanguette
Sangiovese-di-Romagna (It.) 罗马涅葡萄酒 意大利北部艾米利亚·罗马涅地区产的一种宝石红干葡萄酒,含酒精12%。
sangler (F.) 冰镇 把冰放在容器外面,使容器内的冰淇淋或冰水保持低温。
sanglier (F.) 野猪
参见 wild boar
sangri (Sp.) 桑格里酒 以马德拉葡萄酒、冰水、糖和豆蔻香料配制而成。参见附录。
sangria (Sp.) 桑格利亚酒 以葡萄酒、糖、柠檬汁和水混合而成的清凉饮料。该词意为"流血的",因酒色鲜红如血而得名。
sangue (F.) 血肠布丁
参见 blood pudding
sanguette (F.) 熟血
参见 sang-cuit
sanguinaccio (It.) 1. 猪血香肠 2. 猪血饮料
sanguine (F.) 1. 红瓤柑桔 2. 鸡血洋葱煎饼
Sanlucar (Sp.) 山鲁卡葡萄 西班牙的一种葡萄品种,产于瓜达尔基维尔河,常用于酿制雪利酒。
Sanpelle grino (It.) 桑贝列·格利诺 意大利产的一种起泡矿泉水,味甘洌,富含矿物质。
sansonnet 椋鸟 一种小野禽,产于法国南方。常可烤食,烹调方法同云雀。也作 starling
Santa Gertrudis 圣热特鲁迪斯牛 20世纪在美国得克萨斯州大王牧场培育成功的一种优质肉用牛。通身红色,额部有小白斑。能在饲料不足、气候炎热的环境中生存。
santé (F.) 祝你健康 敬酒用语,即 à votre santé 的缩略语。
Santi (Fn.) 节日酒 芬兰产的一种淡啤酒,风味类似香槟,但后劲大。由于芬兰人十分好客,因而饮时要小心喝醉。
santoreggia (It.) 香味薄荷 用于烹调中的调香。
sanve (F.) 田芥菜
参见 watercress
Saône-et-Loire (F.) 索恩·卢瓦尔 法国勃艮第的酿酒区名,生产极富特色的干白葡萄酒。
sapaceau (F.) 鸡蛋宾治酒
参见 punch
sapid (食品)有滋味的
参见 palatable taste
Sapindor (F.) 萨宾利口酒 也叫 Liqueur de Sapin。产于法国的汝拉山区,近瑞士边境。采用19世纪的配方酿成,口味辛辣,色泽翠绿,盛于树杆状的瓶内出售。
sapinette (F.) 云杉啤酒
参见 spruce beer
sapodilla 人心果 热带美洲产的一种乔木的果实。形似苹果,果肉呈灰黄或淡红色,含有胶质,味甜。可食用或提炼出作为胶姆糖的基质。
sapotille (F.) 人心果
参见 sapodilla
sapsago (Am.) 瑞士青干酪
参见 Schabzeiger
sapsis (Am.) 豌豆麦粥 一种印第安人的主食品。
saracen corn 荞麦
参见 buckwheat
Saratoga chips (Am.) 炸土豆片 因

Saratoga chop (Am.) 萨拉托加烤羔羊 用去骨羔羊肩肉切成大块,串在烤肉叉上用明火炙烤而成。

Saratoga water (Am.) 萨拉托加矿泉水 产于纽约州附近的一种瓶装矿泉水。

产于美国纽约州的萨拉托加市而得名。参见 potato chip

Sarawak pepper 沙捞越胡椒 产于北婆罗州的一种白胡椒。今属北加里曼丹。

sarbotiere (F.) 锡制冰壶
参见 pewter work

sarcelle (F.) 绿翅鸭
参见 arcanette

sarda (It.) 沙丁鱼
参见 sardine

Sarde, à la (F.) 撒丁式 指以菜豆、干酪、米饭、蘑菇和番茄沙司作配料的菜。撒丁岛为意大利岛屿。

Sardelle (G.) 鳀鱼
参见 anchovy

sardenaira (It.) 比萨馅饼 产于意大利里维埃拉的一种特色比萨饼。参见 pizza

sardina (It. Sp.) 沙丁鱼
参见 sardine

sardine 沙丁鱼 一种小回游鱼,因原产于意大利的撒丁岛而得名。在美国,人们则把小鲱鱼也称为沙丁鱼。沙丁鱼极易变质,因而常制成罐头或用油、盐等腌制食用,作为开胃拼盘。沙丁鱼的成鱼称为 pilchard。

sardine butter 沙丁黄油 用作涂抹料的一种调味黄油,因混有沙丁鱼酱而得名。

sardinha (P.) 沙丁鱼
参见 sardine

sardo (It.) 羊奶酪 因产于意大利的撒丁岛而得名

sargasso 马尾藻 一种海藻,产于西班牙。常用作凉拌菜。

sargeant fish 军曹鱼
参见 cobia

Sarladaise, à la (F.) 萨尔拉式 指以块菌为配菜的。萨拉为法国西南部城市。

sarma le umplute (Ru.) 填馅卷心菜

sarments (F.) 葡萄嫩枝 用于扒烤波尔多式牛排的配饰。

Sarno sausage 萨尔诺香肠 一种生熏的猪、牛肉香肠。

sarrasin (F.) 荞麦(粉) 用于作一种煎饼。参见 buckwheat

sarrasine, à la (F.) 佐以荞麦饼的 常以番茄、甜椒和米饭作填馅料。

sarriette (F.) 香薄荷
参见 savory

sarsaparilla 菝葜 百合科几种热带藤本植物,产于美洲。其根可制取芳香调味剂,曾是流行的补药。也可用于淡啤酒和其他发泡软饮料的调香。

sarsarie 咖喱串烤肉 一种南非风味菜。将肉串好后放入咖喱调料中浸三天再进行烹调即成。

sartén (Sp.) 长柄煎锅
参见 frying pan

Sartène (F.) 萨尔泰纳酒 法国科西嘉岛产的一种优质白葡萄酒或玫红葡萄酒。以产地命名。

sartu (It.) 那不勒斯烩饭 用蔬菜、家禽、野味等作配菜。

sashimi (J.) 生鱼片 日本风味菜肴。其制法是将非常新鲜的鱼,一般是金枪鱼、鲱鱼、比目鱼、鳗、鲤鱼或河虾、龙虾、蛤和鲍鱼等甲壳动物切成薄片或条块,拌入盐、酱油和米酒等佐料直接食用,不经烹调。味鲜嫩可口,具有独特的风味。

sass 蔬菜
参见 vegetable

sassafras 檫树 北美的一种樟科乔木。其树皮和根、叶具有香味,可用调料。根约含2%的檫树油,曾是淡啤酒的特有配料之一。

Sassenage (F.) 萨斯纳热干酪 法国的一种牛羊奶混合干酪,依产地命名。类似罗克福尔干酪。参见 Roquefort

sassparilla 菝葜
参见 sarsaparilla

satay (In.) 烧烤腌肉 俗称沙嗲。将肉或鸡串起浸以盐水,然后烧烤食用。用一种口味十分丰富的沙司佐食。

satay sauce (In.) 沙嗲酱 一种辣味浓厚沙司。以花生酱和各种辣味料及香味料制成,用于佐食烧烤肉类或鸡等。

satin 杜松子酒 俚语。参见 gin

satsuma (J.) 萨摩柑桔 日本栽培柑桔之一。果实大小中等,无核,多汁。现也种植于西班牙和美国等地。

Satsuma ware 萨摩陶器 产于日本九州的一种硬质黄釉陶器,历史悠久。

satyrion 兰根 一种兰花植物,其根茎含有可食的淀粉质,气味类似山羊肉。该词词义为希腊神话中的半人半羊神的名字。参见 salep

Saubohne (G.) 蚕豆 参见 broad bean

sauce 沙司 泛指各种调拌食物的调味料。有的浓厚,有的稀淡。其种类很多,比较常见的有蛋黄酱、醋沙司、奶油沙司和贝夏美沙司等,是西菜中最重要的配料之一。

sauce à la Chasseur (F.) 猎人沙司 一种浓味棕色沙司。用蘑菇、葱头、白葡萄酒作配料,用于佐食野味。

sauce à la Hongroise (F.) 匈牙利沙司 以辣椒粉、洋葱末为调料的白色奶油沙司。

sauce à la Lyonnaise (F.) 里昂沙司 以洋葱与白葡萄酒配制的调味汁。

sauce à l'amiral (F.) 海军元帅沙司 一种以鳀鱼酱和调味香草拌成的咸味沙司,用于佐食海味食品。

sauce à la Napolitain (F.) 那不勒斯沙司 一种棕色沙司。以辣根、红醋栗冻、香料、马德拉酒、火腿丁、葡萄干和糖水桔子等制成,用于佐食牛肉或野味。

sauce à l'ancienne (F.) 古风沙司 一种奶油酒味沙司,以蘑菇、洋葱等作配料。

sauce à la Portugaise (F.) 葡萄牙沙司 以洋葱和香料植物作配料的浓番茄沙司。

sauce à la poulette (F.) 宝贝沙司 以黄油、蛋黄、醋、柠檬汁和欧芹末拌和而成的一种酸调味汁。

sauce à la Romaine (F.) 罗马沙司 一种辛香味棕色沙司。微甜,以醋栗、无核葡萄干和松果等作配料。

sauce à la Russe (F.) 俄罗斯沙司 一种白汁沙司。以芥末、香草、糖和葡萄汁调味。

sauce Allemande (F.) 德国沙司 也叫酸奶油沙司。用蛋黄和酸奶油作配料制成的调味汁。

sauce aux amandes (F.) 杏仁鳀鱼酱 参见 sausson

sauce Bearnaise (F.) 贝亚恩沙司 即一种鸡蛋黄油调味汁。用蛋黄、醋、黄油、白葡萄酒和龙蒿叶等配制而成。

sauce bigarade (F.) 酸橙沙司 以鸭卤、酸橙汁、橙皮丝等加入白葡萄酒或马德拉酒为配料的调料汁。

sauce blanche (F.) 白汁沙司 以白葡萄酒、奶油加面粉调成的一种白色调味汁。用于佐食鱼类食品。

sauce Bordelaise (F.) 波尔多沙司 加入波尔多红葡萄酒的一种棕色沙司。

sauce Bretonne (F.) 布列塔尼沙司 一种浓汁奶油沙司。以蔬菜丝、鸡蛋、鸡肉和洋葱作配料制成。

sauce brune (F.) 棕色沙司 参见 brown sauce

sauce Byron (F.) 拜伦沙司 以红葡萄酒和块菌拌和而成的一种沙司。拜伦为著名英国诗人,美食家。参见 Byron

sauce chivry (F.) 香芹沙司 用白葡萄酒、葱、龙蒿和香旱芹作配料制成。

sauce Choron (F.) 肖隆沙司 一种番茄沙司加白汁奶油沙司调和的调味汁。参见 sauce Bearnaise

sauce Colbert (F.) 科尔贝沙司 一种龙蒿肉汁沙司。

sauce de pissenlit (F.) 蒲公英沙司 以蒲公英叶碎末为主要配料,用于佐食熏肉和炸面包片。

sauce diable (F.) 辣味沙司 用肉汤和醋作基料,加葱、红辣椒和辣酱油等调味。味辣可口。

sauce Diane (F.) 狄安娜沙司 一种奶油沙司,以胡椒、硬煮蛋片和块菌等为配料制成。该沙司以法国国王亨利二世(1519—1559)的情妇Diane de Poitier命名。

sauce diplomat (F.) 外交家沙司 即龙虾油奶油沙司。加块菌丁,用以佐食鱼类菜肴。也作sauce riche

sauce Espagnole (F.) 西班牙沙司 一种棕色基本沙司。由焦黄油面酱、棕色原汤、洋葱、胡萝卜、芹菜、欧芹、百里香、月桂等为配料制成,有的还加入蘑菇和熏肉丝。西班牙沙司是许多其他沙司的基料。

sauce hussarde (F.) 轻骑兵沙司 以番茄、冬葱、欧芹等作配料的一种调味沙司。

sauce Indienne (F.) 印度沙司 即咖喱奶油沙司。

sauce Italienne (F.) 意大利沙司 以蘑菇、火腿、龙蒿等切成碎末制成的一种棕色沙司。

sauce mère (F.) 母沙司 即沙司的基汁,用于制备其他沙司,如白汁沙司等。

sauce Nantua (F.) 南蒂阿沙司 以贝夏美沙司为基料,加入奶油、龙虾黄油等制成。用于佐食鱼、蛋和贝类菜肴。南蒂阿在法国的东北部。

sauce Nicoise (F.) 尼斯沙司 以蛋黄酱拌番茄酱、龙蒿和青椒等配料制成的浓厚沙司。参见Nicoise, à la

sauce Normande (F.) 诺曼底沙司 以浓鱼汤、奶油、白葡萄酒或苹果酒等制成的一种白色调味汁,常加蛋黄和黄油增稠。参见Normande, à la

sauce palaise (F.) 王宫沙司 以薄荷代替龙蒿作香料的一种贝亚恩沙司。参见sauce Bearnaise

sauce Parisienne (F.) 巴黎沙司 以芦笋、干酪作主料,拌入油、柠檬汁、辣椒粉和香旱芹等配料而成。

sauce pauvre homme (F.) 贫民沙司 以肉汁、醋、青葱、欧芹和面包屑等制成的一种调味料。

sauce Perigueux (F.) 佩里戈尔沙司 一种棕色沙司,加以马德拉酒和碎块菌等配料。

sauce Piemontaise (F.) 皮埃蒙特沙司 以碎洋葱、块菌、松果、大蒜等制成的一种白沙司,用于佐食鸡肉菜肴。

sauce piquante (F.) 棕色辣沙司 加醋、碎刺山柑、黄瓜和香料等作配料。

sauce régence (F.) 摄政沙司 以洋葱泥、火腿、鸡肉或胸腺调制成的一种浓厚棕色沙司。

sauce rémoulade (F.) 芥末蛋黄酱沙司 将硬煮蛋碾碎,拌入油、醋、香料末、刺山柑、酸黄瓜和芥末等制成,味酸辣。

sauce riche (F.) 浓味沙司 以龙虾黄油增浓的奶油沙司,加以块菌丁。也作sauce diplomat

sauce Rouennaise (F.) 鲁昂沙司 以红葡萄酒与青葱加肝泥制成的棕色沙司。

sauce royale (F.) 鸡汁沙司 一种以奶油或黄油增稠的浓味白沙司。

sauce soubise (F.) 苏比兹沙司 一种浓味洋葱沙司。

sauce suprême (F.) 鸡汁沙司 参见sauce royale

sauce Talleyrand (F.) 塔莱朗沙司 一种浓稠的奶油块菌沙司。参见Talleyrand, Marquis de

sauce tureen 调汁盅 一种有盖小磁盆,配有一把小匙,用于盛放调味汁。

sauce verjuté (F.) 酸葡萄汁沙司

sauce Victoria (F.) 维多利亚女王沙司 一种以波尔特酒和红醋栗冻制成的棕色沙司。以桂皮和丁香调香,用于佐食鹿肉与野味等。

sauceboat 船形汤碗 也叫汁斗,一种带唇口和手柄的金属或陶瓷碗,用于盛装调味汁。有些装饰十分奢华。

saucedish 水果碟 一种供盛放糖水水果的小浅碟。

sauceless 淡而无味的 参见insipid

saucepan 煮锅 一种有柄有盖深锅,

用于多种烹调用途。参见 saucepot

saucepot 炖锅 一种无柄有盖深锅，类似烧锅，比煮锅稍深。

saucer 1. 调汁碟 常置于餐桌上盛放调味沙司。2. 杯托 一种小浅碟，上置茶杯、咖啡杯等。

saucer champagne 大香槟酒杯 一种喇叭状高杯，专用于饮香槟酒。

saucer glass 香槟酒杯
参见 champagne glass

saucier (F.) 沙司厨师 专门负责制备各种沙司和调味汁的厨师。

saucière (F.) 船形汤碗
参见 sauceboat

sauciflard (F.) 红肠,灌肠
参见 salami

saucisse (F.) 香肠
参见 sausage

saucisse à la catalane (F.) 加泰罗尼亚式煎香肠 以大蒜、橙皮和香料植物作配料煎成。加泰尼亚在西班牙东北部。

saucisse à la Madrilène (F.) 马德里香肠 一种环形猪肉或小牛肉香肠,加入沙丁鱼片作配料。

saucisse de Strasbourg (F.) 斯特拉斯堡焊牛肉香肠

saucisson (F.) 1. 大红肠 一种粗大的灌肠,切成片或块食用。2. 灌肠形大面包

saucisson campagnard (F.) 农舍粗制香肠 以牛肉和猪肉混合制成。

Sauerbraten (G.) 酸炖牛肉 一种加香料的德式炖牛肉。将切好的牛腿肉加入洋葱、月桂叶、杜松子、豆蔻和胡椒提味的红葡萄酒和醋,浸泡数天,然后风干,再经煨炖而成。常用土豆和面条作佐餐食品。

Sauerkraut (G.) 酸泡菜 将卷心菜切成丝,泡入盐水中,任其发酵和酸化而成。常用刺柏子调香。每次当制成的泡菜取出后应加入盐和清水。食时佐以熏肉和香肠。泡菜在欧洲一度失传,13世纪时重新从中国传入西方。

sauge (F.) 洋苏叶,鼠尾草
参见 sage

saumon (F.) 鲑鱼
参见 salmon

saumon à la Norvegienne (F.) 挪威式鲑鱼 指常做成鱼冻食用的鲑鱼。

Saumur (F.) 索米尔 法国卢瓦尔河谷安茹地区名。产多种优质白葡萄酒、发泡酒和卡百内红葡萄酒等。其特点是果香浓,口味清新。其发泡酒质量仅次于香槟酒,有时统称为 Saumur-Champigny。

saumuré (F.) 用盐水浸渍
参见 brine

saupiquet (F.) 辣调味汁 在中世纪,该调味汁主要用于佐食烤野兔。现在在法国南部的普罗旺斯仍保持该习惯,并在调味汁中加入奶油和葡萄酒,故滋味更加浓郁芳香。

saupoudrer (F.) 撒粉,裹粉
参见 dredge

saur 烟熏咸鳕鱼 该词原拼为 sauret 或 soret,后改定今名。

saurel 竹荚鱼 一种鲹科食用鱼。参见 scad

saury 竹刀鱼 一种体形细长的海鱼,分布于热带水域,可食用。

sausage 香肠 将炫重调味的细肉块,如猪肉或猪牛肉混合,加入牛奶或谷类粉固形,填塞在动物小肠制成的肠衣内,扎成圆筒形,再经熏制而成。也可用禽肉或鱼肉制,用盐、丁香、大蒜和辣椒等调味。

sausage bull 香肠牛 适宜于制香肠或波伦亚大红肠的肉用公牛。

sausage dough 香肠馅 如猪牛碎肉、面粉、猪血、以及调味料等。

sausage meat (无肠衣的)香肠肉馅

sausage roll 香肠肉馅卷 将香肠裹上湿面粉,然后入油锅煎而成。

sausageburger (Am.) 香肠汉堡包
参见 hamburger

sausso(u)n (F.) 杏仁鳀鱼酱 加橄榄油和薄荷等调味,涂于面包上,作为一种开胃小吃。也作 sauce aux amandes

sauté (F.) 炒,嫩煎
参见 stir-fry

sauté with starchy sauce 滑溜 烹调方法之一。把肉、鱼等切好,加茨粉拌匀,用油炒后加葱、蒜等作料,再勾茨,使汤汁变稠即成。

sauté-pan 平底煎锅 一种浅型薄底锅。过去用铜制成,现已将不锈钢或铝作为材料。

sauterelle (F.) 蚱蜢虾
参见 squill-fish

Sauterne (F.) 索泰尔纳 法国波尔多地区著名葡萄酒产地,在加龙河西岸。生产一种金黄色甜味葡萄酒,以葡萄庄园命名。其方法是采用过度成熟的葡萄,经孢霉引起贵腐现象,再经发酵而成。质量上乘,味甜清香,含酒精17%。参见 noble rot

sauteuse (F.) 平底煎锅
参见 sauté-pan

sauvage (F.) 野味
参见 game

Sauvignon Blanc (F.) 白索维农葡萄 法国的一种优良葡萄品种,用于酿制香味独特、有野草味或烟熏味的白葡萄酒。在卢瓦尔河和波尔多地区也可酿制口味较涩的葡萄酒。

savarin (F.) 萨伐林蛋糕 一种环状大蛋糕,浇以朗姆酒,上置水果凉拌。以厨师 Brillat-Savarin 命名。参见该词条。

saveloy 干烟熏香肠 一种粗短的猪肉香肠,味辛辣。采用硝石使其染成红色,常以块酒和阿月浑子等作配料,作为开胃拼盘的配份。也作 cervelas

saveur (F.) 滋味
参见 flavour

Savigny (F.) 萨维尼酒 法国勃艮第的博讷地区产的一种优质干红葡萄酒。

savory 香薄荷 唇形科一年生芳香植物。其干叶及花芽可作填馅用的佐料。味芳香温和,类似于百里香,微带辛辣。在德国称为豆草。

savouring 品味 辨别与欣赏食物的滋味,尤指酒的品味,被视为一门高深的知识和艺术。首先是判明酒的色泽、杂质和平衡感;接着是香味,最后是品尝。其方法是啜小口酒,使舌尖抵牙齿,然后在口中来回数次,深呼吸,以体会其酒体、酒精度和甜度等。擅长品酒的专家被称为品酒师。

savoursome 美味的
参见 delicious

savoury 1. 香薄荷 2. 浓味小点心 通常作为末道菜或开胃菜,风味浓郁可口。

Savoy (F.) 萨瓦 法国东南部的山区,向东延伸到瑞士边境,直达日内瓦湖畔。酿制多种优质葡萄酒。此外,该地的干酪、野味、香草、香肠和肉糜饼也十分有名。

savoy cabbage 皱叶甘蓝 一种卷心白菜,因叶片皱折卷曲而得名,一般在冬季上市。

Savoyard, à la (F.) 萨瓦式 指以格吕耶尔干酪和土豆为配菜的菜式。参见 Savoy

Savuto (It.) 萨武托葡萄酒 意大利南端的一种宝石红干红葡萄酒,产地为卡拉布里亚(Calabria)。含酒精13—16%。

sawbill 秋沙鸭
参见 merganser

sawfish 锯鳐 几种像鲨的鳐类的统称,体长而扁,分布于热带浅水区域。可食用和炼油,据说小锯鳐味道鲜美。

sawo manila (Ma.) 人心果
参见 sapodilla

saxifrage 虎耳草 多年生草本植物。其分枝细长如丝状,紫红色;叶子略呈圆形,红色。虎耳草的叶子常用于煮汤、作凉拌或作菜肴的配饰等。

Sazerac (Am.) 萨兹拉克酒 以威士忌为基酒,加入糖、苦味汁、茴香酒和碎冰块经搅拌过滤而成的一种鸡尾酒,以柠檬皮作配饰。源自1850年美国新奥尔良的一家餐厅 Sazerac Coffee House。

scabbard fish 鞘带鱼 一种叉尾带鱼,产于热带海域,尤其非洲的安哥拉沿海。也叫刀鱼。

scabious 山萝卜 一种有多汁叶片的根茎植物,可用于拌色拉,叶子可按菠菜方法烹调。

scad 鲹 也叫竹荚鱼,为身体侧扁的一种细鳞海水鱼,胸鳍呈镰刀状,尾鳍分叉,食用价值很高。

scaillin (Ir.) 热甜奶酒 以爱尔兰威士忌、黄油、牛奶和糖等调配而成。趁热饮用。

scald 1. 焯 参见 blanch 2. 褐斑 也叫热伤斑。苹果等水果在受到挤压或造成创伤后在表面形成的斑点,色泽褐黑,质软,是腐烂的前兆。

scale 1. 鱼鳞 2. 秤 计量器具,形式多种多样。有弹簧秤、盘秤、杆秤和电子秤等。

scallion 大葱 一种无鳞茎的洋葱品种,色绿味冲。有时泛指洋葱、韭葱、小白葱和冻葱等。

scallop 扇贝 一种海洋双壳类软体动物,有好几个品种,如深海扇贝、洒红扇贝和冰岛扇贝等。烹调方法有沾面包粉油炸或加奶油调汁调味等,被认为是一种美味。

scalloped egg 扇贝佐蛋 以切른硬煮蛋放入扇贝壳中,加入鳀鱼和白汁沙司,再撒以面包屑在炉中烘烤成。

scalloped slice 皱齿纹扇贝切片 如土豆、胡萝卜等的加工切片,用于食品的装饰。

scallopini (It.) 油炸薄肉片 将切薄的小牛肉片经嫩煎后裹以面粉再入油锅炸成。

scallops 1. 扇贝形薄肉片 2. 焙烤一种以牛奶、湿面团和调味料混合放入烤箱的烹调方法。

scalogne (It.) 大葱
参见 scallion

scaloppa (It.) 煎牛肉片

scamorza (It.) 牛乳干酪 以牛乳代替水牛乳制成的 Mozzarella 干酪。

scampi 挪威海螯虾 也叫都柏林虾。甲壳纲十足目动物,广泛分布于大西洋北部和地中海。螯钳长,几乎与体等长。可供鲜售、烹调后出售或以冻虾形式出售,被视为一种美味佳肴。

scandent hop 葎草 一年生或多年生草本植物。茎蔓生、密生短刺,花淡绿色,可用作开胃剂。

Scandinavian cookery 斯堪的纳维亚烹调 指瑞典、挪威和丹麦诸国的特色菜肴。以熏肉香肠等拼盘为主,包括各种烟熏的鱼类食品。这些国家的啤酒均很有名,尤以丹麦产的最佳。另以露酒著称。参见 smorgasbord

scannello (It.) 牛臀肉
参见 rump

scapece (It.) 腌炸鱼

scare (F.) 隆头鱼
参见 wrasse

scarlet runner 红花刀豆 豆科攀援豆类植物。其豆粒呈红褐色,豆荚嫩,可食用。参见 green bean

scarole (F. It.) 苦苣
参见 sow-thistle

scatula (It.) 罐头食品
参见 can 和 tin

scented tea 香片茶 指与花瓣一同窨制的茶叶,如茉莉花茶等。

Schabzeiger (G.) 青干酪 德国与瑞士等地生产的一种乳清硬质干酪,表面有蓝纹。

Schale (G.) 1. 蛋壳 2. 果皮

schaleth (F.) 犹太食品
参见 juif

Schank beer 尚克啤酒 德国的一种著名低度啤酒。

Schaumtorte (G.) 水果蛋白糖

Schaumwein (G.) 香槟汽酒 德国的一种发泡葡萄酒,常充入二氧化碳来增加气泡量,质量仅次于 Sekt。

schav borsht (R.) 酢浆草汤
参见 sorrel

Scheibe (G.) 熏肉片
参见 bacon

Schellfisch (G.) 黑线鳕
参见 haddock

schenk beer 鲜啤酒 用深层发酵法在冬季酿成的啤酒,不经过窖藏阶段陈化就直接出售。

schichtkuche (Du.) 奶油千层蛋糕
参见 layer cake

schidionata (It.) 串烤肉
参见 shish kebab

schidione (It.) 烤肉铁叉,炙叉
参见 spit

Schiedam gin 斯希丹金酒 荷兰产的一种杜松子酒,含酒精40%。以产地命名。

schifela (It.) 熏猪肩肉 常用于佐食一种蔬菜凉拌,其配料一般为土豆、洋葱和盐渍萝卜等。

Schinken (G.) 火腿,腿肉
参见 ham

Schlossabzug (G.) 葡萄庄园
参见 château

Schmaltz (G.) 油脂 在多数情况中指融化的鸡油脂肪。

Schnapps (G.) 烈性杜松子酒 泛指各种烈性蒸馏酒,尤指荷兰、德国与北欧诸国产杜松子酒。用茴香、黄蒿和桧子等调香,一般含酒精40—45%。

schnecke 蜗牛形花卷片 一种烘烤小圆面包,以发酵面团卷成花卷形状,再横切成片,切面朝下经烘烤而成。

Schnitz (G.) 蜜饯苹果片

schnitz and knepp 苹果干汤团 用苹果干、汤团和熏火腿同煮而成的点心。

Schnitzel (G.) 炸小牛肉片 裹以面包粉和鸡蛋。参见 escalope

Schokolade (G.) 巧克力
参见 chocolate

schooner (Am.) 大啤酒杯 俚称。
参见 mug

Schwamm (G.) 蘑菇
参见 mushroom

Schwarzwurst (G.) 熏肉洋葱香肠 法国阿尔萨斯地区风味之一。

Schweinefleisch (G.) 猪肉
参见 pork

sciroppo (It.) 糖浆
参见 syrup

scollop gourd (Am.) 西葫芦
chayote

scone 烤饼 一种起源于英国的快速焙烤食品,享有盛名。其配料为大麦或燕麦面粉、苏打、奶油、鸡蛋和盐。将面团揉成圆形或三角形,夹入葡萄干烤成。常系以奶油趁热食用。

scoop 1. 长柄大水勺 2. 冰淇淋勺 一种有柄的半球形勺,用于取冰淇淋、土豆泥等松软食品。

score 花刀
参见 slash

scorpion fish 鲉
参见 tigerfish

scorsonere (F.) 鸦葱
参见 scorzonera

scorza amara (It.) 苦皮酒 意大利罗马涅地区产的一种干红葡萄酒。

scorzonera 鸦葱 与婆罗门参相似的一种根茎植物,外皮为黑色而不是白色,烹调方法也相同。参见 salsify

Scotch (Am.) 苏格兰威士忌
参见 Scotch whiskey

Scotch bap 苏格兰面包 一种外皮柔软,顶层撒以干粉,呈扁圆柱形的佐餐小面包。

Scotch beef sausage 苏格兰牛肉香肠 以羊肚或猪肚做肠衣的生香肠,也叫香肚。

Scotch blackface 苏格兰黑面羊 一种长毛肉用羊品种。

Scotch broth 苏格兰肉汤 一种羊肉蔬菜大麦浓汤,以熏肉为配菜煮成。

Scotch bun 苏格兰黑面包
参见 black bun

Scotch cure 苏格兰盐腌法 指捕捞后立即加盐腌制鲱鱼的方法。

Scotch egg 苏格兰煎蛋 把煮老的鸡蛋去壳后包在香肠肉内,再蘸以面包粉放入深油锅中煎成。食时切成两半,以熏肉为配菜。

Scotch mist 苏格兰雾 一种鸡尾酒,以威士忌和柠檬片等配成。参见附录。

Scotch pudding 苏格兰布丁 以鸡蛋、朗姆酒、面包粉、牛奶、果脯、牛骨髓等作配料,放在隔水炖锅中蒸煮而成。

Scotch whiskey 苏格兰威士忌 以苏格兰的专用蒸馏釜制成的特产威士忌酒。用玉米或大麦作原料,被认为

是世界上最优质的威士忌。玉米威士忌酒体轻盈；而麦芽威士忌则浓重醇厚。市售一般以两种威士忌调配而成，含酒精40%。

Scotch woodcock 苏格兰吐司 一种涂有鳀鱼酱的面包吐司，上盖一层嫩炒蛋作配料。

scoter 海番鸭 鸭科的几种潜鸭，生活在寒冷地区的海洋中，肉质肥腻，以幼鸭味最鲜美。

scouring pad 百洁布 一种用氧化铝和耐磨纤维制成的布块，在厨房中可用于打擦和清洗餐具。

scrabbed eggs 奶油煮鸡蛋 只加盐和胡椒粉调味。

scrag 1. 排骨 2. (烧汤用的)羊颈肉

scrambled egg 炒鸡蛋 也叫流糊蛋。将蛋黄和蛋白一起搅拌，加入少许牛奶，然后经油翻炒而成。炒时不使蛋结成块，适当加入蘑菇、熏肉末和香草作配饰。味香可口，嫩而爽滑。

scrap 油渣 将动物脂肪熬炼出油脂后剩下的脆香油渣，可加盐食用。该词也泛指食渣或其他渣状碎屑。

scrap dough 碎屑面团 用切割的余料重新揉成的面团。

scrape (在面包上)涂黄油

scraper 刮刀 一种可弯曲的刮勺，用于刮碗碟等。

scrapple (Am.) 煎玉米肉糊 将玉米粉放入肉汁中，用猪肉、猪骨和干酪同熬，煮成玉米糊后加入香料调味，然后灌入模子冷却，切片后以油煎食用。源自美国宾夕法尼亚州的荷兰风味菜式。

screwdriver (Am.) 螺丝刀鸡尾酒 以伏特加、橙汁和冰调配的一种长饮酒。参见附录。

scrod (Am.) 大西洋幼鳕
参见 haddock

scrub sponge 百洁布
参见 scouring pad

scrumpy 家酿苹果酒 小规模酿制的土制苹果酒，一般不加标签和酒名出售。

scullery 1. 洗碗室 2. 餐具存放室

scullion 砂锅、炖锅
参见 marmite

sculpion 杜父鱼 鲉形目杜父鱼科多种鱼类的统称。主要产于北半球海水或淡水水域。胸鳍大呈扇形，可食用，但味不佳，经济价值不大。

scum 泡沫，浮渣 浮在沸腾的液体表面的泛渣和泡沫。有时由于蛋白质的凝固而结皮，故在烹调中要随时撇去。

scungilli 浓味酱海螺肉
参见 periwinkle

scuppernong 圆叶葡萄
参见 muscadine

scurvy grass 辣根菜
参见 cochlearia

scuttle 1. 瓜果篮 2. 大玻璃杯 可用于盛各种啤酒。

scyphus 古希腊水瓶 一种有柄的平底瓶，有各种纹饰。

sea anemone 红海葵 色泽鲜艳的海洋珊瑚类动物，无骨，可用于煮汤。大量产于地中海水域。参见 actinia

sea bass 鲐鱼 一种海水食用鱼，种类很多。与 perch 相似。

sea biscuit 硬饼干
参见 captain's biscuit

sea bread 硬饼干
参见 captain's biscuit

sea bream 海鲷 一种鲈科鱼，产于地中海，其特征是在双眼之间有一鲜明的金黄色半月形花纹。肉质鲜美，可用于炙烤、扒、煮或油炸食用。

sea clam 浪花蛤
参见 surf clam

sea cole 海甘蓝
参见 sea kale

sea coot 海番鸭
参见 scoter

sea cow 海牛 生活在海洋中的一种哺乳动物。形状略像鲸，前肢似鳍，尾巴为圆形；皮厚无毛，呈灰黑色。其肉可供食用，味似猪肉，是西印度群岛地区居民的主要食品之一。

sea crab 海蟹 螃蟹的一类，也叫白蟹。生活在海滨，比一般河蟹大。常见的一种甲壳扁，略呈菱形，腹部白色,最后一对脚扁平,可食用。

sea cucumber 海参 一种深褐色的棘皮软体动物,身体呈圆柱状,体壁多肌肉,种类很多,是珍贵的名菜佳肴,但西餐中很少使用。

sea devil 鮟鱇 俚称。参见 goosefish

sea ear 鲍鱼
参见 abalone

sea eel 海鳗
参见 sharp-toothed eel

sea fox 长尾鲛 一种浅海鲨鱼,可食用。

sea grasshopper 蚱蜢虾
参见 squill-fish

sea hedgehog 海胆
参见 sea urchin

sea hog 海豚
参见 porpoise

sea kale 海甘蓝 十字花科多年生植物,原产于欧亚大陆海滩的峭壁。形似甘蓝,有肉质的根茎。其嫩叶可烹食,味脆,常在水中煮熟后,加入奶油或干酪烤食。

sea lark 海雀
参见 summer snipe

sea lettuce 石莼 俗称海白菜。为一种绿色海藻,生长在海洋岩石岸边或富含有机物的半咸水中。富含维生素A、B和C。可用于制色拉和汤。在日本烹调中使用尤其多,但口味一般。

sea lion (Am.) 长角牛
俚称。参见 longhorn

sea mantis 蚱蜢虾
参见 squill-fish

sea perch 1. 鲈鱼 参见 surf perch 2. 海鲫 参见 bass

sea pie 咸肉馅饼 以牛肉作馅,羊脂面团作饼壳制成,供水手航海时食用。

sea plum (Am.) 牡蛎
俚称。参见 oyster

sea purslane 法国菠菜
参见 orach

sea scorpion 杜父鱼
参见 sculpion

sea shell 海洋贝壳动物 尤指可食的软体动物,如峨螺、蛤蜊、牡蛎和扇贝等。

sea sleeve 乌贼
俚称。参见 cuttlefish

sea slug 海参
参见 sea cucumber

sea swallow 飞鱼
参见 flying fish

sea tangle 海带
参见 kelp

sea trout 欧鳟 泛指生长在太平洋北部水域的各种鳟属鱼,其中比较主要的有红点鳟和六线鱼等,是重要的食用鱼品种。

sea turtle 海龟 海龟科海栖龟类的统称。适应水中生活,见于全球各地沿海的温暖水域。海龟肉和卵可食用。

sea urchin 海胆 一种呈扁平球形的海洋棘皮动物,具有薄而脆的外壳,可食生或制汤。

sea wolf 欧洲鲈鱼
参见 bass

sea wrack 海草 一种细丝状海藻。据说北欧一些国家曾在食品匮乏时用作主食。在日本则被视作高营养食品食用。海草可作凉拌,因其含有胶质,故更多被用作调味配料。

seady 1. (鱼)长满鱼子的 2. (腌猪肉)有黑色颗粒的

seafood 海味 可食水产动物的总称。既包括海水生物,有时也包括淡水生物,如鱼类、甲壳动物、软体动物、头足类动物、蛙类、棘皮动物等。比较著名的食品如鲟鱼、鳟鱼、龙虾、对虾、蚌、蛤、鱿鱼、海参、鳕鱼、金枪鱼、鳗鱼等。有的海味能生吃;有的则烤、炖、炸、烧或蒸食。海味煮汤十分鲜美,为美食家所珍视。

seafood bar (Am.) 海鲜酒吧 一种专门供应龙虾,牡蛎和蟹等食品的餐厅。

seafood cocktail (Am.) 海鲜杯 以蟹肉、龙虾肉和大虾肉加调味沙司拌成的一种开胃凉拌。

seafood fork (Am.) 海鲜叉 一种小

三齿叉,用于从蟹或龙虾壳中取食蟹肉或虾肉,也用于食蛤和牡蛎等。

seal 海豹 一种哺乳动物,生长在温带和寒带的大湖或海中。四肢短而平,趾有蹼,后肢与尾巴相连。毛灰黄色带棕黑色斑点。其脂肪可炼油,是北美洲爱斯基摩人的主要食物之一。

seam 皱纹 干酪因存放过久表面收缩而致,是一种缺陷现象。

sear 烙黄,烤焦 用强火快速将肉烤成褐色,只涂以少量油脂的烹调方法。

season 调味 在菜肴中加入各种调味品或香料,以增加口味。

seasoning 调味品 也叫佐料,是食品中不可缺少的辅料,起到调节口味,增进食欲等重要作用。最基本的调味品是盐和胡椒,其次是各种芳香植物等,总数达百余种。

seau à glace (F.) 冰桶
参见 ice bucket

seaweed 海藻 泛指生活在海洋中的各种藻类,如海带、紫菜、石花菜、龙须菜和石莼等,种类繁多,一般均可食用。

sébille (F.) 木碗 在厨房中常用于打蛋浆或调制芳香佐料等。

sec (F.) (酒)干的,不甜的 酒类术语。指酒等含糖分不超过2%。但在指香槟酒或其他发泡酒时可为微甜的,一般含糖分在3—5%之间。参见 dry

secchio (It.) 塞基奥 意大利液量单位,约等于2.377加仑。

secco (It.) (酒)干的,不甜的
参见 sec

seche (F.) 枪乌贼
参见 calamary

Sechsämtertropfen (G.) 萨姆特洛芬酒 德国巴伐利亚地区酿制的一种微带苦味的甜水果利口酒。

seckel (Am.) 红棕皮小甜梨

seco (Sp.) (酒)干的,不甜的
参见 sec

second 追加菜 指在餐厅就餐时,要求再上一份同样的菜肴或饮料。

sedano (It.) 芹菜
参见 celery

seder 逾越节家宴 犹太教徒的家宴,于犹太教历尼散月15日举行。开始时由家长把生芹菜等蘸醋或盐水分给家人,再食用羊胫骨和煮鸡蛋,一面诵祷文。然后分食无酵饼和苦味野菜等,最后用饭。参见 Pesah

sediment 酒垢 沉淀在酒瓶底部的酒渣。由粮谷、葡萄和酵母的细小颗粒组成。酒垢的存在虽然不影响口味,但会使酒混浊而影响外观。许多酒尤其是香槟酒均要经过摇沉工序。

sediment beer 沉渣啤酒 当啤酒桶出空后剩留在桶底的少量啤酒,因混有沉渣而得名。

seed cake 籽香饼 含有芳香植物种子如香菜子或芫荽子的蛋糕或烤饼。加入马德拉酒和柠檬皮作配料。

seed fat 植物籽 由植物籽粒榨出的食用油,如豆油、花生油、葵花子油、芝麻油、菜籽油、棉籽油、核桃油、芥籽油等。其共同特点是不饱和脂肪酸含量较高。也叫籽油。

seed leaf 宽烟叶 一种制雪茄用的上等烟叶。

seedsnipe 籽鹬 鸻形目鸟类统称,产于南美洲。可作为野禽食用。

Seehund (G.) 海狗酒 德国的一种混合酒,类似于鸡尾酒。由朗姆酒、葡萄酒加柠檬汁调配而成。

seer 日本马鲛 广泛分布于太平洋水域的一种食用鱼,肉质佳。

Seezunge (G.) 鳎
参见 sole

sego lily 钟花百合 产于北美洲西部的一种草本植物。其球茎可食用。

sei whale 鳁鲸 一种外形像鱼的小鲸鱼。体长6—9米,头上有喷水孔,体背部黑色,腹部白色,曾广泛被捕来供食用。

Seibel Blanc (F.) 白塞贝尔葡萄 法国的一种酿酒用葡萄品种,酿成的同名葡萄酒颇负盛名。

Seibel Noir (F.) 黑塞贝尔葡萄
参见 Seibel Blanc

seiche (F.) 乌贼

参见 cuttlefish

seidel 大啤酒杯 这种杯子常有盖。
参见 mug

seigle (F.) 1.黑麦粉 2.黑麦面包
参见 rye bread

Sekt (G.) 发泡酒 专指德国生产的各种发泡白葡萄酒,口味不同,甜与不甜的均有。据德国的酿酒法,该酒必须至少在酒窖中陈化 9 个月以上。该种酒最早酿于 19 世纪,但目前仅以最优质的酒供出口。

sel (F.) 盐
参见 salt

self raising flour 自发面粉 在面粉中调和发酵粉,烹调时可省时省力。

selin (F.) 欧芹
参见 parsley

sella (It.) 家禽后背肉
参见 saddle

selle (F.) 脊肉 指羊的带脊肋肉。

Sellerie (G.) 芹菜
参见 celery

Selterwasser (G.) 矿泉汽水
参见 mineral water

seltz (F.) 汽水
参见 soda water

Seltzer (G.) 塞尔兹矿泉水 一种德国矿泉水,以原产于 Nieder Selters 而得名。仿制者很多。

selvaggina (It.) 野味
参见 game

selz (It.) 汽水,苏打水
参见 soda water

semel (It.) 小圆面包 专指泡在咖啡或牛奶中食用的面包。参见 roll

semenza (It.) 盐炒南瓜子

semi-condemned meat 高温肉 指须经高温处理才能食用的肉,一般为不易煮烂的肉。

semi-dry wine 半干葡萄酒 口味介于甜味与干味之间。参见 dry

semi-fermented tea 半发酵茶 介于绿茶与红茶之间的一种加工方法,如乌龙茶等。参见 black tea

semi-fresh egg 半鲜蛋 指鸡产蛋后间隔超过 3 天而不到 7 天的蛋。

semi-preserved food 半保藏食品 指杀菌不足,只能短期保存或需低温保存的食品。

semi-scalding 低温热烫 家禽拔毛前的初加工工序,温度为 50—55℃。
参见 scald

semi-sparkling wine 半发泡葡萄酒 指呈中等程度气泡的酒。参见 sparkling wine

Semillon (F.) 赛米雄葡萄 法国吉伦特省等地的一种优秀葡萄品种。用于酿制各种浓腻的甜白葡萄酒,尤其是索泰尔纳酒,口味柔和芳醇。在澳大利亚称该葡萄为李斯林葡萄。

Semmelknödel (G.) 白面包团子 将浸软的面包加面粉、鸡蛋煮成的团子。

semola (It.) 粗粒面粉 用于制布丁。
参见 semolina

semolina 粗粒面粉 制作面糊用的精制硬小麦粗粉,也可用于制作谷类早餐食品、布丁及麦片粥。

semoule (F.) 粗粒面粉
参见 semolina

Senancole (F.) 塞南科列酒 法国马赛附近的一种黄色利口酒,有 400 多年历史。由修道士采集各种香料植物作配料酿成。

senape (It.) 芥末
参见 mustard

sendecho (Sp.) 玉米精 将玉米浸印后发开,晒干,捣碎后再第二次浸泡,经煮熟过滤后即成的一种饮料。

senelle (F.) 山楂
参见 hawthorn

Senf (G.) 芥末
参见 mustard

Sennchen (G.) 森亨葡萄酒 一种德国产的白葡萄酒名。

separator 奶油分离机 用于从牛奶中分离出奶油的一种电气机械。

sepia (F.) 乌贼
参见 cuttlefish

sépiole (F.) 小乌贼
参见 cuttlefish

Seppelt's Great Western Imperial

Reserve 塞佩尔茨酒 澳大利亚维多利亚州产的著名发泡葡萄酒。用法国香槟法酿制,以酿酒厂命名。

Septmoncel (F.) 塞蒙赛干酪 产于法国汝拉山区。由山羊奶及牛奶混合制成,以产地命名。

sept-oeil (F.) 八目鳗
参见 lamprey

sequete (Sp.) 面包干

Sercial (F.) 塞西尔葡萄 法国一种酿酒用葡萄品种,用于酿制口味最干的一些增度马德拉酒。色泽淡,适宜作开胃酒。有人认为这样的酒才是真正的雷司令酒。参见 Riesling

serendipity berry 锡兰莓 一种很甜的草莓属果实。

serenella (It.) 欧丁香 一种调味用香料。

serpent gourd 蛇瓜 也叫蛇豆,一种一年生攀援植物。果实可作蔬菜。

serpent's tooth 蛇牙 爱尔兰一种冰冻饮料。以威士忌、甜味美思、茴香酒、柠檬汁和安吉斯吐拉苦精等配制而成。

serpolet (F.) 欧百里香
参见 wild thyme

serve 1. 端出(饭菜) 2. 斟(酒)
参见 service

serve hatch 递菜小窗 位于厨房和餐厅之间,供服务员递送饭菜等。

server 咖啡具 或茶具,包括壶、糖缸、奶油罐、杯和托盘等。

service 1. 上菜,斟酒 常指每次撤完菜后,揩净餐桌,重新再上菜等的过程。**2. 餐饮服务方式** 世界各主要国家,如法国、美国、英国和俄国均有其独特的服务方式。参见各相关词条。

service cabinet 服务冷柜 一种商店冷藏柜或自动食品售货柜。

service compris (F.) 服务费已计 如无标明,则客人用餐一般要另付10—15%的服务小费。参见 tip

service-berry 花楸果
参见 mountain ash

servidor (Sp.) 餐厅服务员
参见 waiter

serviette (F.) 餐巾
参见 napkin

servilleta (Sp.) 餐巾,餐巾纸
参见 napkin

serving spoon 分菜匙 比一般餐匙大,用于分配菜肴。

sesame 芝麻 一种一年生草本植物,又称脂麻或胡麻。广泛被用于榨油、作为食品及调味等,特别用于面包及其他焙烤食品。其香味固定,富于营养。也可加糖制成芝麻酥糖等甜品。

sesame oil 芝麻油 也叫麻油或香油。性质稳定,呈黄色,能抗氧化酸败,常用作色拉油、烹调油、糕饼起酥油和人造黄油等。芝麻油中亚油酸含量高达43.7%,还含有维生素B和E,是一种营养丰富的优质油。

sesame seed paste 芝麻酱 将芝麻磨碎加工而成的酱,用作调味品。也作 sesame soy

sesame soy 芝麻酱
参见 sesame seed paste

set 1. 凝结 指用多种方法使汤汁或奶制品变浓变稠直至成形。其方法除单纯加热外常添加各种致凝剂,如明胶等。**2. (餐具的)一套**

seta (Sp.) 蘑菇
参见 mushroom

Sétoise, langouste à la (F.) 塞特式龙虾 指以番茄、大蒜和白兰地制成的调汁佐食的龙虾。塞特港是法国地中海港市。该菜式与 homard à l'Americaine 相似。

Sève (F.) 塞伏酒 法国产的一种橙味芳草利口酒,以白兰地作基酒经调配而成。

seven sweets and seven sours (Am.) 甜酸副菜 美国宾夕法尼亚州荷兰式菜肴中的配菜。以甜味或酸味的水果、蜜饯等组成。数量品种并不如字面所示局限于七种。

sévigné (F.) 塞维涅汤 一种法国浓汤。以著名17世纪女作家,侯爵夫人 Sevigne Rabutin-Chantal (1626—1696) 命名。

Sevillano (It.) 塞维拉诺 一种油橄

榄品种名。

Seville orange 酸橙 因产于西班牙的塞维尔而得名。参见 citrus aurantium

Sèvres (F.) 塞夫勒瓷器 法国一种精美餐具瓷或陶,以产地命名。

Seyssel (F.) 塞色尔酒 法国安省(Ain)产的一种白葡萄酒。

Seyval Blanc (F.) 白塞伐尔葡萄 法国园艺学家将法国和美国葡萄进行杂交而成的一种新葡萄品种。其酿成的酒有令人愉快的果香味,但口味较滞重。

sfilatino (It.) 棍子面包
参见 baguette

sfogliata (It.) 酥皮点心
参见 pastry

sgrassare (It.) 撇沫
参见 skim

shad 西鲱 鲱科几种上溯江河产卵的食用海鱼的统称。上体呈蓝绿色,腹部银白色,多刺,但肉质鲜美,鱼卵在美国被视为珍品。烹调方法有腌、煮、炙烤等多种。常佐以辛辣的调味汁食用。

shadbush (Am.) 唐棣 一种灌木植物,有好几个品种。结一种红色或紫色的浆果,可食用。也作 juneberry

shaddock 柚 该词源自一位英国船长的名字。他在 1696 年将柚的种子从印度尼西亚带到巴巴多斯岛加以种植。参见 pomelo

shag 强味板烟丝 俗称马合烟,是一种切碎的烟草品种。

shagbark hickory 粗皮山核桃 其坚果有香味。

shaggy ink cap 毛墨汁盖伞 一种有黑色苞囊的可食伞菌,其烹调方法与普通蘑菇相同。但必须趁新鲜幼嫩时而且伞边尚呈粉红色时食用。当伞边色泽加深发黑即不可再食,否则有毒。

shaggymane 毛头鬼伞 一种普通供食用的伞菌。参见 shaggy ink cap

shake 摇匀 鸡尾酒用语中指将各种配料放入专用的摇壶中摇匀,经过滤后饮用。

shaker 1. **摇壶** 参见 cocktail shaker 2. **胡椒粉瓶** 一种装胡椒粉的小瓶,盖上有小孔,置于餐桌上备用。

shallot 小葱 也叫冻葱或青葱,多年生百合科芳香草本植物。其叶中空,呈圆筒形,鳞茎为小圆柱形,色白。常作为普通蔬菜或调味。

shallow frying 炒
参见 stir-fry

shamrock 白花酢浆草 以爱尔兰威士忌、干苦艾酒加数滴薄荷甜酒和绿查尔特勒酒调配而成的一种鸡尾酒,加冰摇匀饮用。白花酢浆草是爱尔兰的国花。

shandy 香迪啤酒 一种啤酒与柠檬水配成的混合饮料,配料分量为各半。

shandy gaff 香迪啤酒 常指一种啤酒与姜汁的混合饮料。参见 shandy

shank (Am.) (牛,羊的)腿肉

shark 鲨鱼 生活在热带和亚热带洋的一种食肉鱼类。通常为深灰色,常供食用。其肉富含蛋白质;肝脏可制成鱼肝油。鲨鱼鳍称为鱼翅,是名贵菜肴之一。

shark's fin 鱼翅 鲨鱼的鳍经加工之后,其软骨条叫做鱼翅,是珍贵的食品。一般用于煮汤。

sharp 1. **(气味)刺鼻的,辛辣的** 2. **二级面粉** 一种粒子较粗的面粉。参见 semolina

sharpen 加辣 烹调用语。指在食品中加入辛辣的调料和醋或柠檬汁等。

sharpening steel 砥杆 俗称磨刀杆。一种用硬质合金制成的金属棒,表面有锉痕,在厨房或肉铺中用于随时磨刮刀具。

sharp-toothed eel 海鳗 重要经济鱼类之一,也称狼牙鳝。供鲜食或制成罐头;肝可制鱼肝油。

shashlik (R.) 烤羊肉串
参见 shish kebab

shave 燎毛
参见 singe

shchav (R.) 酢浆草汤
参见 sorrel

shchi (R.) 蔬菜肉汤 以卷心菜和绿

叶蔬菜放入肉汤中煮成。

she-crab soup (Am.) 蟹粉汤 美国南卡罗来纳州风味。以青蟹肉、蟹黄、蔬菜和雪利酒为配料制成。常用蛋黄使汤带有漂亮的橙黄色。

shea 牛油果树 非洲的一种乔木。其果实的籽含有丰富的油脂,可供食用或制皂等。

shea butter 牛油果油 用鳄梨果实提取出的一种白色或黄色固体油脂,可用于烹调。参见 avocado

sheeny (Je.) 猪肉
参见 pork

sheep 绵羊 羊的一种,公羊有螺旋状大角;母羊角细小或无角,尾肥大,毛白色。羊肉可食用,羊奶营养丰富,并常用于制成羊奶酪,经济价值很高。

sheep's head (Am.) 羊头鲷 产于大西洋沿岸的一种海产食用鱼,体长有条纹,可食用。

Sheffield 设菲尔德银餐具 英国的一种精美餐具。造型优雅,享有盛名。产地在约克郡的设菲尔德,故名。

Sheffield stout 设菲尔德烈性啤酒 英国的一种古老饮料。色淡,常掺和矿泉水、云杉啤酒或朗姆酒。参见 spruce beer

sheldrake 麻鸭 欧洲产的一种翘鼻鸭,其中绿头鸭体型稍大。

shell 1. 壳 泛指蛋壳、贝壳等呈壳形的东西。 2. 贝壳形通心面 参见 macaroni

shell bean (Am.) 去荚豆荚 如扁豆或蚕豆等要除去豆荚才可食用,以区别于可连荚食用的刀豆等。

shell egg 带壳蛋 带壳的水煮蛋,以区别于水波蛋或炸蛋。

shelled shrimp 虾米 一种去壳的干燥小虾,蛋白质含量很高,可作汤或其他配菜。

shellfish 贝类 食用甲壳动物、软体动物和棘皮动物的统称。甲壳类有龙虾、螯虾、对虾、小虾和蟹等;软体类有蚌、蛤、蚝、贻贝和鲍鱼等;头足类有章鱼、鱿鱼和乌贼;棘皮类则有海参。贝类食品通常以浓味酱汁食用。

shepherd's pie 牧羊人馅饼 用碎肉包裹在以土豆制的外壳中,经烘烤而成,味美。

shepherd's purse 荠菜
参见 pickpurse

sherbet 冻果汁露 用水、糖、牛乳或乳脂加调味而成的一种甜饮。也可加入蛋白或胶质使其质地细腻,并用水果或白葡萄酒调味。另一种法式饮料叫"冰冰",是一种清凉果汁饮料,不含任何牛奶成分,与冻果汁露相似。

sherbet cup (Am.) 冰果汁杯 也可放其他甜食。

sherry 雪利酒 西班牙赫雷斯等地出产的一种风味独特的加度葡萄酒,其独特风味在于酿造方法。在发酵一段时间后,稍微透入空气,促使酒液近似发霉,从而带有特殊的坚果味,并用陈年雪利酒勾兑而成。含酒精16—18%。雪利酒分曼萨尼亚、菲诺、阿蒙蒂拉多和比诺德巴斯托四大类。味甘甜醇厚,色泽有琥珀、金黄和纯白等。

sherry cobbler (Am.) 冰雪利酒 用雪利酒、柠檬汁和糖等配制而成的一种鸡尾酒,也叫库布勒酒。参见附录。

sherry glass 雪利杯 一种有脚酒杯,容量为2—2½液体盎司。

shii-take (J.) 香菇
参见 dried mushroom

shilpit (酒等)平淡无味的
参见 insipid

shin 牛前腿肉 常用于做汤和原汁汤料。

shiny-leaved yellowhorn 文冠果 一种落叶小乔木或灌木,有羽状复叶。花瓣呈白色,并有紫色条纹。果实绿色,可以吃,也可用于榨油。

ship biscuit 船长饼干
参见 captain's biscuit

ship stuff 低级面粉 一种麸皮含量很高的粗面粉。参见 patent flour

shir(r) 烤蛋 指拌和奶油与面包屑烤成的一种蛋类菜肴。

Shiraz 1. **设拉子葡萄** 世界最古老的葡萄品种之一,在法国被称为 Hermitage。伊朗以该葡萄酿成同名葡萄酒。2.设拉子烟草 一种温和的波斯烟草品种。

Shirly Temple 秀兰·邓波儿 一种不含酒精的软饮料,专供儿童模仿成人饮鸡尾酒时使用。源自美国著名童星 Shirly Temple(1925—)。

shirodashi (J.) 白酱汤 日本大阪风味之一,以南瓜和芥菜为主要配料,但不加酱油。

shish kebab (Tu.) 羊肉串 用羔羊肉串在铁扦上放在明火上烤熟的食物。其方法是先将羊肉片浸渍在柠檬汁、橄榄油和香料中,然后将其和胡椒肉桂等串在一起烤。也可将羊肝、舌、小牛肉、野味、鸡、猪肉等用此法串烤。用于佐餐饭和蔬菜,流行于中东等地。

shive 酒桶软木塞
也作 plug

shivowitza (Hu.) 李子白兰地
参见 Sljivovica

shoestring potato (Am.) 炸土豆细条 参见 French fries

shoofly cake (Am.) 馨官馅饼 一种餐后甜食。用废糖蜜、热水与苏打混合,倒入煎锅,加面粉、黄油和蔗糖拌和,烘至发泡状即成。字面含义为 shoot away the flies(打苍蝇)。

shop paper 薄包装纸

short bread 松脆饼 一种小酥饼,原产于苏格兰。用面粉、少量糖和较大比例的黄油或其他油脂烤成。

short broth 葡葡酒奶汁烩鱼
参见 court-bouillon

short drink 短饮酒 指用小酒杯盛的混合烈性饮料,有时也指不搀水的纯烈性酒。参见 long drink

short filler 短心叶 作小雪茄烟芯用的一种烟叶。

short horn 短角牛 起源于英格兰北部的一种高产乳用牛,毛色为红、白及棕色等。

short loin (Am.) 牛排 由牛前腰脊肉制成的嫩牛排。

short oat 短燕麦 一种欧洲山区燕麦。参见 oat

short patent 特级面粉
参见 first patent

short rib (Am.) 软肋,后肋肉 介于肋条肉与板油间的末端切块。

short sponge 油酥发面团
参见 sponge

short texture 结构疏松 干酪压制不紧的一种缺陷现象。

short ton 短吨 合 2000 磅或 907.2 千克。参见 ton

short yearling 一岁菜牛 指育龄在 9—12 个月之间的菜牛。

shortcake (Am.) 油酥饼 一种高脂酥饼。用起酥油为主要调料,不加糖,味特脆松。该词也指一种加水果作配料的甜酥饼。

shortcrust pastry 酥皮面团 将油酥揉入面团,使其成为一种面包屑状松碎面团,用于制各种松脆糕点和点心。

shortening 起酥油 添加到面团或面糊中可使焙烤食品松脆的动、植物油脂,主要包括奶油、猪油、植物油和人造奶油等。起酥油含脂肪 80—100%,要求口味柔和、无不良气味、色浅。可用于制膨化食品、面包、曲奇、脆饼和蛋糕等。

shortometer 面团测松仪 面包师用的一种装置,用于测出油脂使面团发松的程度。

shot glass (Am.) 小烈性酒杯 一般只容纳一饮而尽的少量威士忌酒等,底部厚,杯身矮小。

shot pepper 细胡椒粉 一种以白胡椒子磨成的细粉,其颗粒类似于木犀草籽。参见 mignonette

shoulder 前腿连肩肉 肉类分割的前四分之一,常用于红烧、罐焖和烤,也可做成炖肉。羊肩肉的烹调方法和羊腿相同。

shovel duck 阔嘴鸭 一种野禽,常用于烤食。参见 mallard

shoveller 阔嘴鸭
参见 mallard

shred 1.切丝 把将蔬菜或肉等切得很薄的片或丝。2.(食品的)薄片,丝

shredded coconut 椰丝 将成熟的

椰肉切成丝，加入糖和盐等调料，部分加以干燥而成的食品，可用作糕点馅料等。

shredded suet 猪油米粉 将猪油和筛净的碎米粉混合而成的一种粗粉，可用于制糕点。

shredded wheat 小麦片 一种早餐用谷物。参见 porridge

shredder 切丝机 一种厨房机械。装有多把有锋利刃口的有孔金属刀片，用于切各种食品。

Shrewsbury cake 什鲁斯伯里饼 一种微甜的薄脆饼，产于英国西部城镇，故名。

shrike 伯劳 一种栖鸟，其烹调方法与云雀相同。参见 lark

shrimp 虾 甲壳纲十足目动物，与龙虾、螯虾等近缘。体呈半透明状，品种很多，如褐虾、对虾等，有的是淡水虾，习惯称为河虾。有重要经济价值，常用于制成罐头或开胃拼盘，也可制成虾酱等佐餐，是人类最主要的海味食品之一。

shrimp cocktail (Am.) 虾仁杯 以明虾肉制成的一种开胃品。在西餐中常用作第一道菜。

shrimp creole 克里奥尔虾饭 一种杂烩饭，以虾、甜椒和西红柿为主要配料。参见 Créole, à la

shrimp roe 虾子 虾的卵，干制后为橙黄色，可用作调味品。

shrimper's sauce (Am.) 番茄沙司 俚称。参见 tomato sauce

shrub 果汁甜酒 将白兰地、砂糖、果汁等配成的一种混合饮料。先放在木桶中陈化，然后进行过滤，加入苏打水冰镇后饮用。曾是 18 世纪英国的一种大众饮料。

shuck 坚果壳 如核桃、杏仁、花生、松仁基至包括玉米的外壳。

Sicilian salami 西西里萨拉米香肠 一种能长期放置的非熏制型猪肉大香肠。

Sicilienne, potage de grenouilles à la (F.) 西西里式蛙腿汤 将蛙腿碾烂，拌入鲜肉汁，再加入奶油、蛋黄和阿月浑子黄油增稠。西西里为意大利岛屿。

side 熏肉肋排 指猪、牛、羊的胸肋排均可。

side dish 副菜
参见 accessories

side meat (Am.) 去骨胸侧肉 尤指盐腌或烟熏的肋肉。

side seal pouch 内折式宽底袋 一种无菌食品包装。袋底向内凹入折叠，撑开即成宽底。

sideboard 餐具柜 存放盘碟、酒瓶、小菜和其他小吃的厨房家具。通常包括食橱和抽屉，还可存放刀叉和餐巾等。

sidra (Sp.) 发泡苹果酒
参见 cider

Sieb (G.) 筛
参见 sieve

sieve 筛子 一种网眼状厨房用具，可用于过滤、擦搓浆状或粉状食品。

sift 筛 将面粉、糖或其他颗粒状食品用筛子细筛，使去粗存精。

sikbaj (Ar.) 烩羊头 一种阿拉伯风味。

sild (No.) 幼鲱鱼 在挪威常用于制罐头，大量出口。

silent butler (Am.) 烟灰缸 一种有柄带盖盛器，用于收拾餐桌上的残屑和烟灰等。参见 ashtray

silent spirit 高纯中性酒精
参见 neutral spirit

silk leaf 丝叶烟 一种优质烤烟品种名。

silky 丝样柔和的 评价酒类口味的指标之一。指酒入口时爽滑顺畅的感觉。

sill (Sw.) 鲱鱼
参见 herring

sillabub 乳酒冻 以牛奶或奶油与酒和果汁等混合而成的饮料。

Sillery (F.) 雪勒利酒 著名法国香槟酒。产于马恩省的雪勒利，故名。
参见 champagne

sillsillat (Sw.) 鲱鱼色拉

silure (F.) 鲇鱼

参见 catfish

silver 银 一种具有银白色色泽的贵金属，常用于制造昂贵的餐具，具有导热快，加工精细和耐腐蚀等优点。

silver beet 莙荙菜
参见 chard

silver birch 纸皮桦 也叫银桦，产于北半球广大地区。其树汁可用于酿制一种提神饮料，在美国用于酿制桦酒。

silver bream 白鳊鱼 一种可食淡水鱼。参见 bream

silver carp 鲢鱼 一种身体侧扁的淡水鱼，鳞细，背部青黑色，腹部白色，是中国的重要食用鱼之一。

silver conger 海鳗
参见 sharp-toothed eel

silver fizz (Am.) 银发泡酒 以柠檬汁、杜松子酒和蛋白配制成的一种混合饮料。

silver hake 牙鳕 一种无须鳕，产于新英格兰。参见 whiting

silver herring 银鲱 大量用于制成罐头的一种轻度烟熏鲱鱼。

silver paper 银箔，铝箔 一种光滑而极薄的金属包装材料，称为银箔的实质上都是铝箔。参见 aluminum foil

silver plate 银餐具
参见 silverware

silver pomfret 银鲳
参见 butterfish

silver salmon 银鲑 产于北太平洋的一种银大马哈鱼，肉色淡，但口味甚佳。

silver streak 银冰酒 以茴香酒、金酒和柠檬汁等调配而成的一种鸡尾酒。

silver water 银箔酒 俗称。参见 Danzig Silberwasser

silverbelly 银腹鱼 产于澳大利亚与新西兰的一种银鲈。

silverside 1. 银边鱼 也叫沙银汉鱼。参见 whitebait 2. 牛后臀肉 指牛的上股肉或腿肉顶端。

silver-skin onion 珠葱
参见 pearl onion

silverware 银餐具 以金属银制成的各种餐具的总称，包括刀、叉、盘、匙、碗和其他器皿。

Simment(h)al (G.) 西门塔尔牛 瑞士的一种体型较大的浅白或淡黄乳肉兼用牛。

simmer 煨 烹调方法之一。指用文火慢慢烹煮，温度一般为85℃左右，使液体热而不沸腾。这时食物容易迅速变软变烂，汁液收干。常用于烹调较难煮熟的食品，如牛肉和豆类等。

simmer down 煨浓
参见 simmer

simnel 西姆纳尔蛋糕 一种表面涂杏仁酱的水果蛋糕，常在复活节或圣诞节食用。

simple sugar 单糖
参见 monosaccharide

simple syrup 净糖浆 以糖和水组成，不加任何其他配料的糖浆，用于作饮料和糖果的原料。

simsin seed 芝麻
参见 sesame

sinew 筋腱 牛腿或猪腿根端或周围的结缔组织，坚韧而有弹性。但在烹调前应先行除去，否则在加热时会使肉块收缩而不能成形，而且不易酥软。

singe 燎毛 烹调前的初加工过程之一。指用火烧去鸡鸭或猪的体表细毛。

singe (F.) 罐头牛肉
参见 beef

singer (F.) 撒以面粉 使汤料增稠的方法之一。

singing kettle 叫壶
参见 whistling kettle

singin' hinnie 醋栗蛋糕 英格兰北部诺森布里亚地方的一种炉烤蛋糕。以面粉、猪油、黄油、盐、发酵粉、牛奶和醋栗等为配料烤成。食时切开，佐以热黄油。

single 纯威士忌 俗称。指未经调配的原酒。参见 whiskey

single cream 稀奶油 只经一次分离而成，含脂率为18%。参见 double cream

single cream cheese 稀奶油干酪 用一次分离的稀奶油加凝乳酶和发酵剂制成,含脂肪 25—30%。

single fillet 对开鱼片 将一条鱼切成对剖两片的加工方法。

single Gloucester 小格洛斯特干酪 产在英国。一般在春夏季制成,经两个月成熟。形似扁平圆盘,质软,组织细腻。

single service package 一次性包装 指不需回收的食品包装,用后即弃。

single service portion 份餐 供一个人吃一餐的饭菜。

single strength 单一浓度 未经浓缩或稀释的原果汁,可直接饮用。

sink 厨房洗涤槽 用于洗蔬菜、炊具和其他用品等,故要求随时保持清洁。洗涤槽一般以陶瓷、石料、铸铁或不锈钢制成,呈方形或长方形,中有放水口和落水管,用橡皮塞封闭。

sink tidy 网罗 设在厨房下水道口的一种金属丝网,用于收集冲下的垃圾杂物,以免下水道堵塞。

sinker (Am.) 饼干、炸面圈
参见 doughnut

sinkers and suds (Am.) 炸面圈和咖啡

siphon 1.虹吸管 2.苏打水瓶 凭借一个金属压杆在瓶上方压出苏打汽水,用厚玻璃制成。也作 siphon bottle

sipon (Yu.) 富明葡萄
参见 furmint

sippets 肉汁浸面包片 一种切成小块的面包片,先以油干炸后,然后加以肉或汤菜食用。

sippy diet 药膳 用牛奶、乳脂、谷粉、小麦和鸡蛋等制成的饮食,据信能治疗消化性胃病。

Sir Robert Walpole's dumpling 罗伯特·沃波尔爵士团子 英国 18 世纪的一种水煮团子。以面包屑、羊脂、橙皮、肉桂、鸡蛋、糖和醋果为配料制成。在水中煮熟食用。

sirloin 上腰肉 尤指牛背里脊肉与腿肉间的腰肉牛排。据说英国国王查理二世最喜爱这种牛肉,特封为腰肉爵士(Sir Loin),故名。但也有人认为这是无稽之谈,而是源自法语 surlonge,意即上腰肉。

sirloin steak 牛腰肉排 通常在油中煎熟食用。参见 steak

sirnaya (R.) 香草布丁 以农舍干酪、果脯、糖和硬煮蛋作配料制成。

sirnichky (R.) 干酪的小煎饼 一种乌克兰风味,加酸奶油和果酱作馅。

sirop (F.) 糖浆 一种甜味剂。用浓缩果汁、糖和水果等制成。参见 syrup

sirop d'erable (F.) 枫糖
参见 maple sugar

Sirup (G.) 糖浆
参见 syrup

sis kebebi (Tu.) 串烤羊肉
参见 shish kebab

six-pack 开口纸箱 因能装 6 瓶饮料或罐头而得名。

sizables 半烟熏猪肉 其重量一般为 55—66 磅。

sizzle (烧得)嘶嘶作响

sizzling platter 嘶嘶作响的美味菜肴 如牛排、炸龙虾等。因温度很高,上菜时嘶嘶作响而得名。

skal (Da. Sw.) 祝你健康 敬酒用语。

skate 鳐 一种胸鳍很发达的无鳞扁平鱼。鱼体呈菱形,体重超过 100 磅。鳐鱼肝为美食家所推崇,可制成酱状,用于抹涂面包片。

skewer 烤肉扦 一种用木或金属制的扦子,较考究的用银扦。将蔬菜如黄瓜、西红柿、蘑菇和肉类如羊肉、鸡冠、猪肝片等串起烘烤食用。装饰性很强,是西餐中的常用工具之一。也指烤肉叉。

skillet 长柄锅 用来炸、煮、炖食物的炊具,通常用生铁、铜、铝和其他金属制造。美国殖民时代,长柄锅是铸铁的浅平底锅,用铁丝挂在活动吊钩上。其优点是有长柄和脚,俗称"三脚锅"。20 世纪 20 年代,美国开始出现电热长柄锅。

skilletburger (Am.) 菠菜肉糜
参见 Little Joe's

skilly 稀麦片粥 过去是囚犯或贫民院中穷人的主要食品。

skim 撇沫 撇去汤汁表面的泡沫或浮渣。

skimmed milk 脱脂牛奶 经人工脱脂的牛奶。一般用奶油分离机分离脂肪后剩下的乳汁,保留了全部蛋白质等重要成分。

skimmer 漏勺 一种网状器皿。用于使食物沥水并盛起,尤用于煮饺子等。

skimming dish 撇沫盘 用于盛放从汤汁表面撇出的泡沫浮渣。

skin 1. (动物的)皮 2. (香肠)肠衣

skink 牛皮汤 用牛皮或牛关节熬成的一种浓汤。

skinker 酒壶,水瓶

skinkestek (No.) 烤火腿

skip mackerel (Am.) 蓝鲑
参见 bluefish

skipjack 小鲔鲣 广泛分布于暖海的一种重要食用鱼。上体呈黄色;下体银色。

skirret parsnip 泽芹
参见 chervis

skoal (Sc.) 祝你健康 敬酒用语。

skoblianka (R.) 小牛肉片
参见 stroganoff

skuet 串烤牡蛎 以熏肉片、牡蛎和青椒、番茄等串烤而成。按英国 18 世纪的配方加以调味。

skunk egg (Am.) 洋葱 俚称。参见 onion

skyr 冰岛酸凝乳 由甜乳脂与酸乳脂加糖制成的一种餐后甜食。

sla (Du.) 莴苣凉拌
参见 lettuce

slab bacon 厚块熏肉 俗称厚块培根肉。一般以熏腌肋条肉制成。

slack (面包)未烘干的,未烤透的

slack dough 软面团 一种无弹性的软松面团。

slainte (Ir.) 祝你健康 敬酒用语。

slash 花刀 指在烹调前在鱼背部用刀划出浅切斜痕。其目的是使调味能够深入鱼内,外观富有装饰性等。

slate cod croaker 鲵鱼 也叫鳖鱼。生活在海中的一种食用鱼类。身体长而侧扁,外表呈棕褐色。

slaughter house 屠宰场 大量屠宰猪、羊、牛等的场所。有完备的各种屠宰机械和冷冻设备。

slaw (Am.) 卷心菜色拉
参见 cole slaw

sleepy 过熟 指水果等由于存放过久而开始腐烂。

sleepy cream 低酸分离奶油 指不用搅乳法分离的奶油。

sleeve fish 乌贼
参见 cuttlefish

slender acanthopanax 五加 一种落叶灌木。叶有长柄,花黄绿色,果实球形,呈紫黑色。其根和树皮可入药,常用于浸渍制成祛风强筋骨的药酒。

slender vetch 野豌豆 产于欧洲与亚洲,可食用。也称作小扁豆。

slice 1. (食物)薄片 2. 切片刀 刀宽而薄,用于切片。

sliced lengthwise 纵向切片 指青刀豆等不切成短段,而纵向切成细薄条片的一种加工方法。

slicer 切片机 一种手动或电动的切片工具。用于切土豆、萝卜等蔬菜以及肉、火腿等。

slimming bread 低淀粉面包 一种低淀粉高面筋面包,含蛋白质高,有利于减肥,故名。

slimy mackerel 鲐鱼
参见 chub mackerel

slimy milk 粘丝牛奶
参见 ropiness

sling 斯林酒 通常由威士忌、白兰地、杜松子酒加苏打水、糖、苦味汁等为配料的一种混合鸡尾酒。以柠檬皮作配饰,再撒以豆蔻粉。

slip 小比目鱼
参见 plaice

slipcote 科尔维克干酪
参见 Colwick

slipper 跳封,滑封 指罐头部分卷边未封完整,可引起漏气或食品变质。

sliver 细长薄片 如烟叶、土豆片等。

slivovitz 李子白兰地

参见 Sljivovica

Sljivovica (Yu.) 李子白兰地 南斯拉夫拥有7500万棵李树，因而其李子白兰地酒首屈一指，一般含酒精26%。但供出口的酒经过第二次蒸馏，含酒精40—45%。

sloe 黑刺李
参见 blackthorn

sloe gin 黑刺李金酒 英国的一种深红色甜味烈性酒。用金酒作基酒，加入黑刺李的浓汁调味，有助于消化，一般含酒精27%。

sloke 食用海藻
参见 seaweed

slop 流质食品 如粥、藕粉以及一些不含酒精的软饮料等。

sloppy Joe 菠菜肉糜
参见 Little Joe's

slosh (Am.) 稀薄饮料

slotted spoon 漏勺
参见 skimmer

slow cooker 电气低温锅
参见 crock pot

slow fire 文火 焖煮或煨炖等时所用的比较弱的火。

slug 牛前胴 指牛身的前四分之一切块，一般不包括脊部肉。

smack 滋味
参见 flavour

small ale 淡啤酒 一种低度啤酒。用少量大麦芽，而不用啤酒花制成的淡味廉价饮料。也作 small beer

small beer 淡啤酒
参见 small ale

small foxtail millet 粟 一种小米。除用作主食外，大量用于酿酒。参见 millet

small fruit 小型水果 用于餐桌食用的水果，如覆盆子、醋栗和草莓等。

small goods 肉类副产品 澳大利亚用语。

small salad (Am.) 水芹芥末色拉 用于作三明治的夹馅料。

small white 小白猪 产于英国的一种食用猪，肥膘厚，瘦肉不足。

smallage 旱芹 一种具有浓烈香味的草本植物，可食用，也叫野芹菜。早在古罗马时代就被用于作凉拌菜。

smallmouth buffalo 小口牛鱼
参见 buffalofish

smaltost (Sw.) 软干酪
参见 cheese

smarmy 油腻的
参见 oily

smash 1.(含有碎果肉的)果子露 2.薄荷苏打 以威士忌或朗姆酒作基酒，加入果汁和冰块，并用一小枝薄荷作点缀。

smearwurst sausage 瘦肉香肠
参见 Mettwurst

smell 香味, 气味 食品的香味在餐前与就餐中均对增进食欲有密切联系。也是优质食品的特点之一。

smelt 胡瓜鱼 也叫银白鱼，与鲑和鳟近缘，产于北部冷水区。体形细长，上体半透明，两侧呈银白色。其肉质细嫩多油，有特殊气味，食用价值很高。常以欧芹、番茄、柠檬片、面包和荷兰沙司等作配料食用。

smetana (R.) 酸奶油

smitane (F.) 洋葱酸奶沙司

Smitherm process 史密萨加热法 一种蒸煮土豆片的方法，用脂肪作载热体直接加热。以发明者命名。

Smithfield ham (Am.) 史密斯菲尔德火腿 一种陈熟的烟熏火腿，用以花生饲养的猪的肉制成。产于美国弗吉尼亚州的史密斯菲尔德而得名。

smoke 烟熏 一种食品加工方法，主要用于保存鱼和肉等。其方法是先将鱼或肉用盐渍过，再经烟熏处理。木材等燃烧后产生的烟气中含有多种化学物质，熏制时即依附于食品的表面。这样，既改善了鱼或肉的风味，同时又经脱水作用延长了食品的保存期。

smoked bacon slab 整块培根 一种未切片的大块熏腌肋条肉。

smoked herring 烟熏鲱鱼
参见 kipper

smoked jujube 黑枣
参见 jujube

smoked plum 乌梅 俗称酸梅。是

smoked salmon paste

一种经过熏制的梅子,外面黑褐色,有解热驱虫的功效。暑天常用于泡制饮料酸梅汤。

smoked salmon paste 烟熏鲑鱼酱 用于作面包和开胃吐司的涂抹料。

smoking 吸烟 吸入并呼出植物原料特别是卷烟、雪茄和烟斗的烟丝所产生的烟气。美洲印第安人最早使用烟草。哥伦布等早期开发者把烟草传入欧洲。今天人们已认识到吸烟危害健康。参见 tobacco

smørrebrød (Da.) 单片三明治 以黄油、鱼、肉、肝泥、香肠、干酪和鸡蛋等盖在面包片表面即成。可用作午餐、晚餐、茶点或其他非正式场合的食品。

smooth (酒味)淡而温和的 酒的品评标准之一。指不辛辣,饮后也上不上头的酒。参见 heady

smooth texture 细腻组织 冰淇淋、干酪和炼乳等结构均匀一致,无颗粒与松散现象,是上等品的标准之一。

smör (Sw.) 黄油
参见 butter

smörgas (Sw.) 黄油面包
参见 bread-and-butter

smörgasbord (Sw.) 瑞典式自助餐 提供各种鱼、奶酪、热菜和凉菜的自助餐。在瑞典农村,常用于款待客人。这时所有的菜都陈列在餐桌上,由就餐者自己选用。现在的自助餐有各种面包、奶油、奶酪、盐渍鲱鱼、肥鹅肝、冷肉、色拉、醋腌鲑鱼、肉丸、土豆、洋葱和什锦杂烩等瑞典名菜。

smørrebrød (Sw.) 黑麦面包 瑞典等北欧国家用黑麦为主烘烤的一种面包,味香质脆。

smother 1. 炖、焖 用文火焖煮食物,放入少量的水,并加盖的一种烹调方法。2. 盖 把一种煮过的食物盖于另一种食物配料上。

snab 便餐 一种介于两餐之间的小吃。

snack 小吃 在饭餐之间的少量食物。内容和次数随习俗不同而异,一般便于携带,制作简便,富有营养。如印度的谷物、豆类;美国的爆玉米、花生和热狗;西班牙的奶酪、蔬菜和玉米饼;中国的海味、蜜饯和菜包子等。

snack bar 小吃店
参见 snack

snack table (Am.) 便餐桌 一种可以折叠和携带的小桌。

snackery 小吃店
参见 snack

snail 蜗牛 一种软体动物,头部有两对触角,腹面有扁平的脚。壳呈扁圆形、球形或椭圆形。常在庭园中加以人工培育,尤其在法国受到高度重视,被认为是一种名贵的佳肴。烹调方法以烙烤等为主,加入大量大蒜等芳香植物。食用时将蜗牛肉重新放入蜗牛壳或蛤壳中上桌。

snail shell 蜗牛壳 用洗净的蜗牛壳来填装各种海味菜肴或蜗牛肉,经烤上桌,是一种美味。

snake 1. 蛇 在东方常被用作食品,可制成蛇肉羹或其他菜肴。为中国南方的美食家所珍视,认为有滋补功效。
2. 劣质威士忌

snake eel 乌鳢
参见 snakehead

snake gourd 蛇瓜 也叫蛇豆,为葫芦科藤本植物,果形奇特,可食用。

snake melon 菜瓜 也叫生瓜或白瓜,甜瓜的一个变种。果实呈长筒形。皮绿白或浓绿;果肉质坚而汁少,可作蔬菜或酱腌。

snakehead 乌鳢 俗称黑鱼。一种淡水鱼类,身体呈圆柱形,头扁口大,背部灰绿色,腹部灰白色,身有黑色斑纹。为重要的食用鱼之一。

snap 薄脆饼干 产于北欧国家。以各种芳香植物调香而成。

snap bean 嫩刀豆 可连荚食用的一种蔬菜,因用手一折会发出响声而得名。参见 green bean

snapdragon 抢吃葡萄干游戏 传统圣诞娱乐。将葡萄干放在一个大浅盘中,浇上白兰地酒以火点燃。参加游戏的人从火中抢吃葡萄干。

snap-on cap 卡口瓶盖 一种用手压

即可盖紧的饮料瓶盖,也叫咬封盖。参见 pilfer proof cap

snapper (Am.) 笛鲷 生长在暖海的一种鱼类。形似鲈鱼,体长约2英尺,体表呈红色,是重要的食用鱼。

snapping turtle 甲鱼 也称鳖。肉味鲜美,富于营养,被视为珍馐美味。

sneaky (Am.) 劣酒,酒脚 参见 dregs

snickerdoodle (Am.) 肉豆蔻饼干 美国康涅狄格州一种风味食品,常掺入各种果仁或葡萄干作点缀。

snifter 矮脚白兰地酒杯 特征是口小体圆。参见 glass shape

snipe 沙锥 一种沼泽候鸟,喙较长,毛色有条纹。捕捉后应立即食用,烹调方法同丘鹬。参见 woodcock

snock 锯盖鱼,舒鱼 与鲈鱼、金枪鱼和剑鱼等同科的一种鱼,产于南非水域。参见 barracuda

snook 锯盖鱼 一种食用鲈科鱼。也作 snock

snow 1. 搅打蛋白 以蛋白和糖用打蛋器搅打而成的奶油状泡沫,用作各种糕点的馅料。**2. 白雪布丁** 以甜果肉、蛋白等加入松软蛋糕中,浸以果汁成为一道甜食。

snow apple 晚秋红苹果 参见 Fameuse

snow bird 雪鸦 一种野禽,毛色灰白,常在冬天被捕食。烹调方法与云雀相同。

snow partridge 雪雁 一种松鸡,烹调方法也和松鸡相同。

snow pea 青豆 一种淡绿色的豌豆,常用于中国的烹调中。

snow pear 雪梨 一种欧洲梨的品种,常用于制梨子酒。

snow pudding 白雪布丁 一种加有搅打蛋白和明胶制成的松软布丁,因色泽雪白,故名。

snowball 雪球 一种苹果馅甜布丁。先以巧克力冰淇淋衬在布丁模边缘,然后填入香草蛋奶冻和水果丁,凝冻后取出,外涂白色的香草奶油即成。该甜点色泽洁白如雪,故名。

snowy texture 结冰霜的 冰淇淋组织中出现冰屑,是一种质量缺陷现象。

snuff 鼻烟 用烟叶制成的粉末,以鼻吸入或擦在牙齿上。其制法除将烟叶磨细外,反复发酵,加入玫瑰油、薰衣草、丁香和茉莉等香料酿成。

snuffbox 鼻烟壶 盛放鼻烟的小盒,常加以装饰。材料有银、铜、角料、龟甲、木材和玻璃等。精美的鼻烟壶镶有宝石或绘以图画。中国的一种内绘鼻烟壶被视为艺术珍品。

so ba (J.) 荞麦面条 一种淡青色薄面条,是日本的传统食品之一。

soak 浸泡 将食品浸入液体,使其变软、脱盐或加入各种调香料等。如将面包浸入牛奶或葡萄酒中,然后食用。

Soave (It.) 索阿维 意大利北部威尼斯地区的酿酒地名,在维罗纳以东。生产以产地命名的干白葡萄酒。酒呈琥珀色,有浓郁的花香味,含酒精11%。

sobronade (F.) 什锦蔬菜浓肉汤 主要配料有火腿、萝卜、洋葱、胡萝卜、芹菜、韭葱、大蒜和各种香料,产于佩里戈尔地区。

socca (F.) 鹰嘴豆粉煎饼 参见 chick pea

soccoscio (It.) 牛腿肉 参见 rump

socket 裱花嘴 参见 pastry bag

sockeye 红大麻哈鱼 一种很有价值的太平洋鲑属鱼,也叫红鲑。体重平均以5磅,但食用价值很高。参见 red salmon

sockeye salmon 红大麻哈鱼 参见 red salmon

soconusco (Sp.) 上等巧克力 参见 chocolate

soda 1. 小苏打 参见 baking powder **2. 食碱** 指碳酸钠的无色晶体,市售为白色固体。可用作洗涤剂,烹调中还可用于中和发面团中的酸味。

soda bread 苏打面包 用小苏打和酸牛奶发酵的一种速制面包。

soda cracker 苏打饼干 一种松脆饼

干，用小苏打发酵。也叫 soda biscuit。参见 cracker

soda fountain 冷饮柜 一种冷饮供应设备，饮料可自动从龙头放出。

soda pop 苏打汽水 包括姜汁啤酒和可乐饮料等发泡饮料。

soda water 苏打水 俗称汽水，指充有二氧化碳的一种甜味溶液。气泡很多，可纯饮，但常用于调配鸡尾酒，称为威士忌苏打或白兰地苏打。

sodden 1.（面包）未烤透的 2.泡湿的，发潮的

sodium bicarbonate 碳酸氢钠 俗称小苏打。参见 baking powder

sodium glutamate 味精
参见 monosodium glutamate

sodium hydrosulfite 次硫酸钠 俗称保险粉，用于蜜饯、饼干、罐头、食糖和糖果的漂白。

sodium nitrite 亚硝酸钠 一种黄色粉末，可溶于水，主要用作肉类罐头和香肠等的发色剂，但已被认为是一种致癌物质。

sodium perborate 硼砂
参见 borax

soep (Du.) 汤
参见 soup

soffritto (It.) 洋葱烩菜 将洋葱切成碎块，以黄油焖过，再与其他蔬菜同烩而成。

sofrito (Gr.) 大蒜沙司小牛肉 其配料通常还有番茄、胡椒、火腿、香料和各种调味料。

soft 1.（食品等）软的 2.（饮料）不含酒精的 参见 soft drink

soft diet 软食 指含纤维素少的饮食。其特点是易消化、细软、无刺激，如藕粉、豆腐等。

soft dough 软面团 将谷物粉揉制成面团的初级阶段，质地较软，故名。

soft drink 软饮料 指不含酒精的饮料。一般充入二氧化碳，常含有甜味和香料等。而不含香料和甜味料的则称为苏打水或汽水。严格说来，咖啡、茶、牛奶、可可和未稀释的果汁不作为软饮料对待，但是人们也常通称为软饮料。

soft flour 软质面粉 一种含淀粉多而面筋较少的面粉。参见 semolina

soft gums 软果糕 用水果和糖熬煮而成，有一定弹性，很受儿童欢迎。

soft paste 软瓷 一种纹理细密的不透明中国瓷，与真瓷相似。参见 porcelain

soft pork 软猪肉 以含油脂丰富的饲料（如花生和大豆等）喂养肥育的猪，该种猪的肉质细腻柔软，脂肪丰富。

soft roe 鱼精，鱼白 雄鱼的精子,有丰富的蛋白质和磷质。将鱼白洗净，除去血丝，可用于炸、煮或作为配菜食用。

soft water 软水 含低浓度钙、镁和铁离子的水。参见 hard water

soft wheat 软麦 一种低蛋白软小麦面粉，适宜于做糕点。

soft-ball stage 软球法 将炽热糖浆逐滴投入冷水以形成一个个软球以制造糖果。其温度一般为 240°F。参见 firm-ball stage

soft-boiled （蛋）煮得嫩的
参见 hard-boiled

soft-shell clam 海蜊
参见 clam

soft-shelled crab (Am.) 软壳蟹 蜕壳时的美国蓝蟹，可食用。

soft-shelled turtle 鳖 俗称甲鱼。爬行动物，生活在水中，其背甲上有软皮，形状像龟。鳖肉鲜美，有滋补用，为美食家所推崇。

softening 1.软化 将食品浸入液体，然后进行烹调的加工方法。2.（水果的）发软 有的预示即将变质，如梨。而有的则刚刚可以食用，如柿子等。参见 blet

soggy 未烤透的

soggy ice cream 冰晶冰淇淋 因料太稀薄，使冰淇淋组织中带有冰晶颗粒，是一种质量缺陷现象。

sogliola (It.) 鳎
参见 sole

Soissonaise, à la (F.) 苏瓦松式 苏

瓦松为法国北部城市。该式指以白菜豆为主要配料的菜肴。

soja bean 大豆
参见 soybean

solar furnace 太阳灶　利用太阳能产生热量的一种烹调装置。常见的是由很多块平面反射镜构成一个抛物面,使太阳光聚焦产生热能。

Sole (G.) 盐水
参见 brine

sole 鳎　俗称板鱼,鲽形目几种比目鱼的统称。体侧扁,呈片状长椭圆形,像舌头,有细鳞。两眼生在身体的右侧,背鳍与尾鳍相连。鳎滋味鲜美,是最常见的食用鱼之一,烹调方法很多,配料各异。

sole à la dauphine (F.) 王妃式炸板鱼　用虾尾、块菌、蘑菇和鱼丸作配料。

sole à la diplomat (F.) 外交家式板鱼　在板鱼中填入小鳕鱼泥,再用龙虾油奶油沙司佐味,还可点缀块菌片、龙虾片等。

sole à la Indienne (F.) 印度式板鱼　以苹果、番茄、椰子汁、咖喱粉和奶油作配料的板鱼。

sole à la ménagère (F.) 家常式烤板鱼　以蔬菜作底,佐以红葡萄酒享用。

sole à la Normande (F.) 诺曼底式焗板鱼　以苹果酒与奶油沙司煮成,佐以诺曼底沙司。

sole à la Trouvillasie (F.) 特鲁维尔式煮板鱼　以扇贝、虾和蘑菇作配菜,再浇以奶油沙司。

sole Breteuil (F.) 布勒特伊板鱼　以牡蛎、黄油等作配料的炸板鱼。参见 Breteuil, baron de

sole dorée (F.) 金黄炸板鱼　在板鱼外蘸以面粉后入热黄油中炸脆,再配以柠檬片作点缀。该鱼色泽金黄,香脆可口。

sole Marguery 马格利式板鱼　一种以蛋黄、黄油、白葡萄酒去贻贝和虾为配料的炸板鱼片。原为巴黎一家餐厅 Café de Marguery 所创制,故名。但事实上这道菜在美国更为普及。

sole mariniere (F.) 海鲜板鱼　以贻贝和虾仁作配饰的水煮板鱼块。

sole meunière (F.) 面拖板鱼　以黄油炸熟,淋以柠檬汁、融化黄油和欧芹末等调汁。

sole paysanne (F.) 乡下板鱼　以蔬菜作配料的水煮板鱼。

sole riche (F.) 浓味板鱼　以浓味沙司佐食的煮板鱼,以龙虾片和块菌作配料。

sole Richelieu (F.) 黎塞留式炸板鱼　以鸡蛋和面包屑裹板鱼,佐以块菌和欧芹黄油等作配料。

sole Saint-Germain (F.) 圣日耳曼式板鱼　以板鱼排裹以面包粉和黄油,以火扒烤,配以小圆土豆丸和贝亚恩沙司。参见 Béarnaise sauce

sole Valentine (F.) 瓦伦丁式板鱼　以黄油炸的一种板鱼。源自圣瓦伦丁节(St. Valentine Day)。该节日也叫情人节,是日年轻姑娘有向自己情人送礼物的习俗。

sole véronique (F.) 斗牛士式板鱼　将板鱼排在原汁汤中焖熟,加入葡萄酒、冻葱和蘑菇,再淋以奶油即成,用葡萄作点缀。

sole Victoria (F.) 维多利亚式板鱼　用虾肉、块菌和龙虾沙司作配菜的水煮板鱼。

sole Walewska (F.) 瓦莱夫斯卡板鱼　以龙虾、块菌、干酪等作配料,加黄油烤即成。瓦莱夫斯卡是拿破仑一世的波兰籍情妇。

solera (Sp.) 多层木桶陈酿　陈化雪利酒和马德拉酒的方法,最早由西班牙赫雷斯的葡萄酒酿造商所采用。方法是将一组排列整齐的酒桶依 3—15 层叠起,新酿酒置于顶层,陆续与下层的陈酿酒搀和。最后酿成的酒陈化质量一致,口味醇厚。

solette (F.) 小板鱼
参见 sole

solférino, potage (F.) 索尔费里诺浓汤　意大利加尔达湖畔地方风味。其配料有胡萝卜、韭葱、土豆和番茄等,以蒜泥黄油增稠。

solianka (R.) 鲟鱼汤 现在也可用其他肉质坚实的鱼做汤。参见 sturgeon

solid cream 超脂奶油 含脂肪量达到 75% 的一种奶油。也作 super cream

solid fat 固体脂肪 一种高熔点脂肪。参见 hard fat

solilem (F.) 阿尔萨斯蛋糕 以面粉、糖、酵母、鸡蛋、奶油等为配料。烤制发起后剖开,夹以融化黄油等,趁热食用。

sollaghan 索拉干 马恩岛一种传统圣诞早餐食品,以燕麦粉做成。

sollo (Sp.) 鲟鱼
参见 sturgeon

Solognote, à la (F.) 索洛涅式 索洛涅是法国卢瓦尔河南岸的森林地区。该式的菜肴以蘑菇、块菌和野味为主。

solomon's seal 铃兰 一种黄精属植物,也叫萎蕤。其嫩芽可食,烹调方法同芦笋。

soma (It.) 索玛 意大利液量单位,约等于 22 加仑或 100 升。

somen (J.) 粗面 一种细条小麦面条,日本风味食品。

somerset brick 烘烤长面包 不用烤箱而直接用火烤成的硬面包。

sommelier (F.) 饮料总管 饭店或餐厅中的管理人员之一。具有丰富的有关酒和饮料的知识和调配经验。有时也指酒品服务人员或调酒师。

son (F.) 米糠,麸皮
参见 bran

soor dock (Sc.) 酪乳
参见 buttermilk

sop 汤渍面包 也叫面包汤。将面包片浸泡在牛奶或肉汤中即成。可作为一道菜肴。

sopa (Sp.) 面包汤 把面包块浸泡在牛奶、酒或汤中而成。参见 sop

sopa a Portugesa (P.) 鱼汤 一种葡萄牙风味鱼汤。

sopaipilla (Sp.) 油炸馅饼
参见 fritter

sopeton (Sp.) 油烤面包

SOPEXA (abbr.) (F.) 法国农产品与食品销售促进协会 其标记为由法国三色旗组成的一个公鸡。全称为 Société pour l'Expansion des Ventes et Produits Agricoles et Alimentaires。

soppa (Sw.) 汤
参见 soup

sopressata (It.) 意大利香肠 以猪肠为肠衣制成的一种干熏香肠。

Sopron (Hu.) 索普隆酒 匈牙利北部的一种陈年红葡萄酒。原料采用加美葡萄(Gamay),味略甜。

sorb-apple 花楸果 一种口味极涩的果实,有时用于酿酒。也作 mountain ash

sorbe (F.) 花楸果
参见 sorb-apple

sorbet (F.) 什锦果子露 以各种水果混合,冷冻后食用。也指什锦水果冰糕。

sorbetiere (F.) 锡壶
参见 pewter work

Sorbett (G.) 冰果子露
参见 sorbet

sorbic acid 山梨酸 一种食品防腐剂,主要用于干酪、糖浆、酒类和干果等的防霉。

sorbitol 山梨醇糖 一种食品增甜剂,用于减肥食品、低糖食品和口香糖中。

Sorel (F.) 索雷尔 法国国王查理七世的情妇。以其命名的菜肴有奶油鸡汤等。参见 potage crème Sorel

sorghum 高粱 原产于中国的一种重要谷物品种。茎秆细长,谷粒呈红棕色。谷粒经磨制成粉后广泛被用作主食品,也可直接加以发酵酿成一种无色透明的烈性酒。故该词也指高粱酒。

sorg(h)o 芦粟 一种高粱属禾秆植物,俗称甜高粱。主要食用其富含糖分的茎秆汁水,有时可用于制糖蜜。

sorrel 酸模 俗称酢浆草。一种多年生草本植物,味微酸带苦,形似菠菜。叶可作为蔬菜、色拉配菜和炒蛋配料,也常用于煮成奶油酸模汤。

sosaties (Af.) 花菜羊肉 一种串烤羊

sot-l'y-laisse (F.) 鸡腱　俚称,有时也指鸡屁股。字面含义为"只有傻瓜才扔掉的"。

sotol 龙舌兰酒
参见 tequila

sottaceto (It.) 泡菜
参见 Sauerkraut

soubise (F.) 苏比斯沙司　以洋葱、米饭、豆蔻、胡椒和贝夏美沙司等制成的一种调味酱。源自法国18世纪的一位陆军元帅 Charles de Rohan (1715—1787),他曾被封为苏比斯亲王。他本人是一位美食家,依其命名的菜肴都是以洋葱泥为主的沙司调味。

souchet (F.)　1. **油莎草**　参见 galingale　2. **阔嘴鸭**　参见 mallard

souchong (C.) 小种茶　一种中国红茶品种名。

souci (F.) 金盏花
参见 marigold

sou-fassum (F.) 烤卷心菜　以大米和香肠等作配料的一种法式菜肴。也可用瑞士莙达菜代替卷心菜。

soufflé 蛋奶酥　俗称沙弗来,一种餐后甜食。用打得透的蛋白加牛奶、巧克力、糖、干酪和其他配料等搅拌后放入烤箱烘烤即成。质地酥松、滋味甜香,是一种很常见的点心。烘烤后应立即上桌食用,时间隔久了会使蛋奶酥塌陷而失去弹性。

soufflé dish 沙弗来圆模　用金属或陶瓷制成,用于烘烤沙弗来。

soufflé omelette (F.) 沙弗来杏力蛋　一种甜味杏力蛋。以蛋白与蛋黄分开搅打,然后依次下锅形成一种黄中有白的松软煎蛋饼。

soufflé potatoes 土豆奶油沙弗来　用土豆泥加蛋黄、蛋白与黄油等调味料,经充分拌和后烘烤起酥即成。可作为餐后甜食。

soul food (Am.) 心灵食品　美国南部黑人的传统食物,如小肠、火腿、玉米面包与萝卜缨等。因为他们认为食用上述食物可以增强信心。该词是本世纪60年代才出现的新词。

soult 腌酥猪猪爪　一种南非菜肴。先将猪爪煮酥,然后用盐腌几天后冷冻食用。

soumaintrin (F.) 苏梅特林干酪　法国勃艮第地区产的一种圆形黄色干酪。也作 Saint-Florentin

sound 鳔　鱼鳔一般不食用,但鲟鱼鳔常用于制鱼胶。

soup 汤　液状食物。以牛肉、家禽、鱼、豆类或蔬菜加入调味品,在水、原汤或其他汁液中熬煮而成。在西方,清淡的汤往往作为头道菜;浓稠的汤则是便餐中的主菜。北欧地区将水果汤作为餐后甜食。煮汤的原料十分丰富,比较常用的有通心粉、土豆、卷心菜、豌豆、鸡蛋、干酪、熏肉、乳脂、野味、鱼和各种肉类等。

soup bone 汤骨　用于熬汤的骨,如猪牛胫骨、鸡壳等。

soup cook 煮汤厨师　专管烹调各种浓汤、清汤和蔬菜类的厨师,有时还要兼管蛋类和蔬菜类汁的菜肴。他的职责和切肉厨师、冷菜厨师等有明确的分工。

soup cup 汤盘　一种有两个手柄的大汤盘。

soup plate 汤盘　一种宽边的深盘,用于盛汤。

soup spoon 汤匙　一种圆勺形大匙,用于舀汤。

soup tureen 有盖汤碗　比一般碗大,用于盛汤。

soupa (Gr.) 汤
参见 soup

soupcon 少许　指加入少量的配料,通常是香料植物或调味品等。

soup-cum-stew 烩肉汤

soupe (F.) 浓汤,羹
参见 soup

soupe à la biere (F.) 洋葱啤酒汤　一种用奶油增稠的德国式浓汤。

soupe à la bonne femme (F.) 家常汤　以韭葱、土豆、黄油和香旱芹等为配料做的汤。

soupe à la Savoyarde (F.) 萨瓦莱汤　指以干酪屑作配料的菜汤。

soupe albigeoise (F.) 阿尔比汤 以牛肉、猪肉、鹅肉和蔬菜、大蒜为配料煮成。参见 Albigeoise, à la

soupe arlésienne (F.) 阿尔汤 以洋葱、胡萝卜、韭葱、土豆、大蒜和咸肉作配料的汤。参见 Arlésienne, à l'

soupe au pistou (F.) 罗勒大蒜浓汤 参见 basil

soupe bagration (F.) 通心粉汤 以通心粉、小牛肉等熬成的汤,佐以擦干酪丝作点缀。

soupe des vendanges (F.) 葡萄收获汤 一种乡下式菜肉浓汤,因常在葡萄收获季节饮用而得名。

soupe du bergèr (F.) 牧人汤 一种大蒜洋葱汤,味浓而强烈。参见 ouliat

soupe-en-famille (F.) 家庭牛肉菜汤 美国路易斯安那州的一种地方风味汤,因常在全家团聚时食用而得名。

souper (F.) 晚餐 参见 supper

soupery (Am.) 餐厅 参见 restaurant

soupfin shark 翅鲨 该种鲨鱼的鱼翅最适宜于煮熬成一种凝冻状的鱼翅羹,营养丰富。

soupière (F.) 有盖汤碗 参见 soup tureen

soupir de nonne (F.) 脆蛋奶酥 以蛋奶酥入烤箱烘烤,使表面结起一层脆皮即成。参见 soufflé

soup-meagre 素汤 以蔬菜与鱼为主的汤。

sour (Am.) 酸酒 以烈性酒、糖、柠檬汁和碎冰调配而成的一种鸡尾酒。也指酸味的。

sour buttermilk 酸酪乳 生产酸奶油时的副产品。参见 buttermilk

sour casing 酸肠衣 香肠制品的一种缺陷现象。指香肠外围变酸,预示变质。

sour cream 酸奶油 经过乳酸发酵的奶油。

sour cream dressing 酸奶调料 以酸奶油、醋、洋葱、糖、盐和胡椒作配料制成。

sour glass 酸酒杯 一种漏斗式小高脚杯,容量为6盎司。

sour half-and-half 高脂酸奶 一种酸奶,含有11%以上的乳脂,营养丰富。

sour mash 酸麦芽糊 将粗碎谷粉与麦芽粗粉用热水拌和,用于酿制啤酒或威士忌。其原始酸度已经调节适度,供加入酵母发酵即成。

sour milk 酸牛奶 参见 yoghurt

sour orange 酸橙 一种略带苦味的酸味橙子,主要用于制果酱。该品种与一般酸橙有所不同。参见 lime

sour-cake (Am.) 酸发糕 以燕麦粉或黑麦粉发酵制成,味酸,松软可口。

sourdough (Am.) 酸面团 由酒精与乳酸发酵制成的面团,可用于作发面的引子。

sourire (F.) (用文火)煨 参见 simmer

souris (F.) 羊腿肉 参见 gigot

soursop 刺果番荔枝 木兰目番荔枝科乔木,也叫瓜纳巴纳树,原产热带美洲。其果实呈圆或椭圆形,重达5千克。皮绿色,味芳香。其白色果肉有芒果和菠萝的香味,可食用。果肉经过滤后可作为牛奶蛋糊、冰淇淋和各种饮料的配料。

sour-sweet 酸甜味的

sous cloch (F.) 加盖炖煮的 如一种砂锅菜的焖炖烹调方法。

sous-chef (F.) 副厨师 主要在大厨师的指导下执行具体的烹调任务。参见 chef

Souse (G.) 醋渍猪肉冻 或小牛肉冻,为德国特色风味食品之一。

soused herring 醋渍鲱鱼片 先将鲱鱼块用压力锅煮软,加入醋、洋葱、龙蒿和其他香料调香即成。

sous-noix de veau (F.) 小牛上股肉

souter's clod 苏格兰面包卷

South African brandy 南非白兰地 南非采用法国的葡萄品种酿制白兰

地,质量上乘,达到法国白兰地的水平,因而远销世界各地。但在科涅克酒等名牌前,略逊一筹。

South African wine 南非葡萄酒 1655年在开普敦由荷兰移民首次酿出了南非最早的葡萄酒。今天,葡萄酒产地仍在以开普敦为中心的地区内。采用优秀的法国葡萄品种,质量由KWV控制。一般含酒精11—17%。参见KWV

South-down 南当羊 英国的一种肉用绵羊品种。

Southern Comfort (Am.) 南康福特酒 一种著名利口酒,由波旁威士忌作基酒,以桃汁调味。可纯饮或调配鸡尾酒,含酒精43%。

southern hots sausage 南方辣味香肠 以牛肉、油渣和智利辣椒为配料制成的一种熏制香肠。

southern pea 圆粒扁豆

southern style (Am.) 南方式 一种餐饮服务方式。尤指将鸡整只烹调后上桌,然后用手指撕开食用的方式。

Souvarov, à la (F.) 苏沃洛夫式 一种用砂锅炖煮的野禽或鸡,以块菌、白地和鹅肝作配料。源自18世纪一个俄国贵族的名字。

souvlakia (Gr.) 炭火串烤肉

sow-belly (Am.) 咸猪肚

sowens (Sc.) 燕麦糊 一种苏格兰风味食品,常先经过发酵。

sow-thistle 苦苣菜 一种口味类似菊苣的植物。其叶片含有白色汁水,可用于凉拌。苣苣根也可食用,烹调方法类似婆罗门参。

soy 大豆 参见soybean

soy flour 豆粉 一种经精筛除去表皮然后磨碎的豆制品,可作为食品原料。

soy protein 大豆蛋白 用于香肠、午餐肉、肉汁、汤和调料等含有肉类成分的食品的致凝。其基本形式为豆粉和浓缩豆汁等。

soy sauce 酱油 一种深棕色的调味汁,用大豆发酵制成,用作调味品。

soya bean 大豆 参见soybean

soya cheese 豆腐 参见bean curd

soya flour 豆粉 可混合其他面粉后制成蛋糕、布丁、沙司、汤和其他糕点等。

soybean 大豆 一年生豆科植物及其可食的种子,也叫黄豆,是世界上最重要的豆类。大豆原产中国,富于营养,其中蛋白质含量最为丰富,其次是脂肪。大豆被广泛用来制豆浆、豆腐、酱油,也可烘烤作小吃,豆芽则作蔬菜食用。豆油可加工成人造黄油、起酥油、人造奶酥。豆粉则可代替肉类食用。

soybean milk 豆浆 参见soymilk

soybean oil 豆油 一种淡黄色干性油,用压榨大豆的方法提取而成,是食品烹调中的主要用油之一。

soybean protein concentrate 大豆浓缩蛋白 含蛋白质高达70—74%,可用作面包等的配料。

soybean protein isolate 大豆分离蛋白 一种接近纯蛋白质高营养物质,含蛋白质超过90%。

Soyer, Alex 阿历克斯·索耶 法国大厨师、烹饪改革家,生卒年代为1809—1859。1848年到爱尔兰,又在1854年到达克里米亚,成为改革派的首领。他用法国风格来做英国菜,发明了野营炉,写有多本烹饪书籍。

soymilk 豆浆 也叫豆奶,指以大豆为原料制成的一种牛奶代用品。可分两种,一种是将速溶大豆粉直接冲泡,另一种则是将大豆浸泡后磨成浆状而成。豆浆含有丰富的蛋白质,又容易为人体所吸收,是十分理想的高营养饮料。

spa water 矿泉水 源自比利时著名矿泉水产地Spa。参见mineral water

spaccaossa (It.) 剔肉刀

space food 航天食品 专指在空间失重状态时供宇航员食用的食品。经预先按营养比例配方和调味预制在软管式包装中。

spadefish 白鲟，匙吻鲟
参见 sturgeon

spadona (It.) 长梨 一种外皮呈浅绿色，白瓤多汁的梨。

spaetzli (It.) 宽面条
参见 lasagne

spaghetti (It.) 实心细面条 有很多规格。调味沙司也有许多，往往因人而异。一般干制品直径在1.5—2.8毫米之间。原义为"细线"。

spaghettini (It.) 实心极细面条 干面直径在0.6—1.2毫米之间。参见 spaghetti

spalla (It.) 猪肩肉
参见 shoulder

spam (Am.) 罐装火腿肉 第二次世界大战时曾成为英国最常见的食品。人们大量进行贮存，以备战争之需。原为商标名，至今仍有出售。

spanakopeta (Gr.) 菠菜馅饼

Spanischer Pfeffer (G.) 红辣椒

spanish brandy 西班牙白兰地 西班牙白兰地产地在赫雷斯（Jerez），以出口到中南美洲为主。有些是由雪利酒蒸馏而成，可与法国的同类产品比美，但稍逊色于科涅克与阿马涅克等名牌。

Spanish chestnut 欧洲栗 产于欧洲地中海沿岸地区的一种大乔木的果实，富有营养。

Spanish cookery 西班牙烹调 西班牙南方与北方分为风格不同的两大体系。中部以羊肉和鹰嘴豆为主；海边则以鱼和甲壳动物为主。西班牙杂烩包括猪肉、鸭、鸡、鱼和香肠，并以蔬菜和玉米作配料。西班牙的西瓜为水果中珍品，而西班牙的酒又以雪利酒著称于世，是欧洲第三大酿酒国。

Spanish gourd 南瓜
参见 pumpkin

Spanish lettuce 圆叶冬青
也作 Indian lettuce

Spanish licorice 甘草精 用作调香料。参见 licorice

Spanish lime 蜜果 原产于西印度群岛的一种乔木。其核果绿色；果肉为黄色或白色。味甜多汁，可食用。

Spanish lobster 西班牙龙虾 一种大而动作迟钝的甲壳类动物，可用作食品。

Spanish mackerel 鲅鱼 也叫马鲛或燕鱼，产于大西洋北部，身体呈纺锤形，鳞细，背部蓝黑色，腹部银灰色。重达100磅，是重要的食用鱼。

Spanish olive 西班牙式橄榄 一种在青橄榄中镶嵌红橄榄的配菜方式。

Spanish omelet 西班牙式杏力蛋 指以青椒、洋葱、番茄沙司为配料的煎蛋卷。

Spanish onion 西班牙洋葱 其特点是鳞茎大，气味刺激。

Spanish oyster plant 西班牙洋蓟 生于欧洲南部的一种大蓟科植物，常食用其根和叶，类似婆罗门参。参见 salsify

Spanish pear (Am.) 鳄梨
参见 avocado

Spanish potato (Am.) 甜薯
参见 sweet potato

Spanish rice 西班牙式米饭 用洋葱、青椒和番茄等作配料的大米炒饭。

Spanish toast 西班牙吐司 调味比法国吐司更加浓烈。参见 French toast

Spanish wines 西班牙葡萄酒 早在公元前600年的罗马时代，西班牙就开始酿制葡萄酒。16世纪时出现了大规模酿酒作坊。今天，西班牙生产各种风格的葡萄酒，产量仅次于意大利和法国，居世界第三位。一般含酒精11—20%。

Spanna (It.) 奈皮奥罗葡萄
参见 Nebbiolo

sparerib （猪）排骨 带肉的猪肋骨，俗称小排骨。

Spargel (G.) 芦笋
参见 asparagus

sparklet 碳酸胶丸 一种盛有液体二氧化碳的小瓶，用于家庭自制汽水发泡饮料。

sparkling water 汽水
参见 soda water

sparkling wine 发泡葡萄酒 泛指能产生气泡的各种葡萄酒,以白葡萄酒为主。酿造方法主要有香槟法、夏尔马法、转换法和充气法四种。参见 champagne, Charmat 和 rémuage 等词条。

sparrow grass 芦笋 俗名。参见 asparagus

spat 幼蚝 一种幼牡蛎,肉质极嫩。参见 oyster

Spätburgunder (G.) 仿勃艮第 一种德国葡萄品种,用于酿制优质葡萄酒。口味爽滑如丝,果香浓郁。

spatchcock 生炒鸡丁 鸡杀后立即切成小块下锅炒成,味极嫩美。

Spatel (G.) 木勺
参见 spatula

Spätlese (G.) 晚秋采摘酒 酒类术语。指品质很高的葡萄酒,尤指手工采摘葡萄作原料者。

spatula 木勺,木匙 一种常用厨房炊具。以木制成,有大小多种规格。形似餐匙,但底面较平。用于调制黄油、调料或烹调中的搅拌等,也称刮刀。

Spatzle (G.) 鸡蛋面疙瘩 烹调方法很多,以水煮与油炸为主。

spawn 鱼卵
参见 roe

spearmint 留兰香 又称绿薄荷,唇形科芳香草本植物。叶光滑,呈橄榄绿色。鲜用或干用于糖果、饮料、果子冻、色拉、汤、乳酪、鱼、肉和蔬菜的调味。其芳香和味道均与胡椒薄荷相似,但较淡,且有清凉的回味。

spearmint oil 留兰香油 从留兰香叶中提取的一种香精油,用于调香。

specialité (F.) 名菜,风味 尤指某一地方或某一餐厅的特色风味菜肴。

speciality cut (Am.) 猪杂碎 指内脏及下水。参见 offal

speck 1. 肥肉 2. 鲸脂 泛指其他海洋动物的脂肪。

speckled trout 斑鲑,斑鳟
参见 trout

Speech House pudding 演讲厅布丁 按英国格洛斯特郡配方烹调。以面粉、鸡蛋、糖、黄油、小苏打、牛奶和覆盆子果酱作配料制成。

speedwell 婆婆纳
参见 brooklime

sperm whale 抹香鲸 鲸的一种,也叫巨头鲸。体重可达 60—70 吨,头部大,占全身长约三分之一。其脂肪可制油和蜡,其肠内的分泌物叫龙涎香,是贵重的调香料。参见 ambergris

Sperrkäse (G.) 硬质干酪
参见 cheese

spezie (It.) 辛香调味料
参见 spice

sphyrene (F.) 舒鱼
参见 barracuda

spianatoia (It.) 擀面板
参见 breadboard

spianatoio (It.) 擀面杖
参见 rolling pin

spice 辛香料 泛指各种芳香植物制品,如胡椒、肉桂、肉豆蔻、众香果、生姜、丁香等。用于食品如糕点、酒和烹调中的调香,或专门制成调味酱。

spice cabinet 香料柜 由一列排列整齐、规格一致的抽屉组成,用于存放香料和草药等。

spice nut 浓香小酥饼 一种香味很浓的松脆小甜点。

spicebush 香灌木 俗称美国山胡椒,是一种樟科落叶灌木,原产于北美东部。果实红色,肉质,其嫩枝、叶和果实均可煮茶饮用。

spiced salt 椒盐 把焙过的花椒和盐碾碎后制成的调味品。

spicery 香料调味品
参见 spice

spicy 1. 辛辣的 2. 用香料调味的

spider 带柄三脚平底锅 用于架在明火上进行烹调。

spider crab 蜘蛛蟹 与蟹同属的一种小甲壳动物。烹调方法也相同。

spidery 1. 芳香调味品 2. 辣味,香味

spiedini (It.) 细段状通心面 一种用于烘烤食用的意大利特色面食。

Spiegelei (G.) 油炸鸡蛋 也叫虎皮蛋,由白煮蛋去壳后入深油锅炸成。

spigot 酒桶木塞
参见 plug

spiked beer (Am.) 搀烈酒的啤酒

spikenard 甘松 一种香料，常制成油膏，香味浓烈，有苦味。今天在马来西亚烹调中仍广泛使用。

spinach 菠菜 藜科一年生蔬菜作物。叶内可食，略呈三角形，色泽鲜绿，富含铁质和维生素 A、C 等。可煮汤、凉拌和炒食，也可作其他菜肴的配饰。

spinacio (It.) 菠菜
参见 spinach

spiny lobster 龙虾 具有扇形尾的大虾，有两根细长的触须，产于大西洋和地中海。烹调方法很多，滋味鲜美。

spiral slice 旋片 尤指菠萝旋片罐头。

spirit 烈性酒 俗称白酒或烧酒，是从发酵的粮食酒或果子酒等蒸馏而成。一般无色透明，含酒精量较高。著名的烈性酒品种有白兰地、朗姆、威士忌和伏特加等。

spirit lamp 酒精灯 过去多用于加热火锅等，现已改作其他用途。

Spiritusgehalt (G.) 酒精度
参见 proof

spisestue (Da. No.) 餐厅
参见 restaurant

spit 烤肉叉，烤肉扦 用金属制成的一种固定或转动式尖细棒，用于串穿肉类在火上炙烤。参见 skewer

spitchcock 烤鳝，烤鳗 将鳝鱼切成块，先在黄油中微炸，加入香料和面包粉作外涂料，最后炙烤而成。

spit-roasting 叉烤肉 在火堆中旋转肉叉，使烤肉均匀受热，一面浇以卤汁。也可叉烤野味和禽类等。

spitzenberg (Am.) 晚熟苹果 一种红黄色尖头苹果。

Spitzkäse (G.) 浓味凝乳干酪 产于瑞士，香味浓郁。

splash (Am.) 汽水 俚称。尤指搀和威士忌等烈性酒的汽水。

split 1. 小瓶饮料 容量一般为普通酒瓶的一半。2. 冲淡 用水或其他软饮料使酒变淡的过程。

split pea 裂荚干豌豆 用于煮汤或烩炖菜肴。

Spode 斯波德陶瓷 一种著名英国陶瓷餐具。源自发明者 Josiah Spode (1754—1827) 之名。

spondias 猪李果 一种印度乔木，其果实可食，常用于制蜜饯或酿酒。

spongada (It.) 蛋白冰饮 一种以冰水混合物加搅打蛋白调配而成的甜味冷饮。

sponge 1. 杏仁果酱蛋糕 参见 Genoese sponge 2. 发面团 参见 sponge dough

sponge dough 发面团 面包制造中第一次发酵的面团，因松软如海绵而得名。

sponge gourd 丝瓜 葫芦科丝瓜属一年生攀援植物，栽培于温带地区。果形似黄瓜，嫩绿时可作蔬菜食用；老熟后呈草黄色。果肉内为网状纤维束，形似海绵，故名。干制后可用于洗涤餐具。

sponge pudding 海绵布丁 或指软蛋糕。指加有发酵粉的生面包制的食品，因质地松软而得名。

sponging flour 发面用面粉 俗称酵头面粉，用于制发面团。

spoom 冰淇淋果汁饮料 常加入葡萄酒和搅打蛋白，放入玻璃杯中食用。

spoon 匙 用于进餐、分发食品或烹调食物的餐具，为一带柄的浅碗形小容器。多用银、镀银、不锈钢和瓷制作，也有用木制的。

spoon bread (Am.) 匙面包 一种湿粉面包。以牛奶、米粉、蛋、油脂和酵母制成的稀糊状面包，因需用食匙从烤盘中舀吃而得名。

spoon dumpling 诺福克汤团
参见 Norfolk dumpling

spoon food 流体软食 如汤、粥、面糊食品等。

spot 眼斑石首鱼
参见 channel bass

spotted dick 葡萄干布丁
参见 spotted dog

spotted dog (Am.) 葡萄干布丁 俚

称。形状似小圆面包,因点缀有葡萄干似点点圆斑,故名。

spotted maigre 黄姑鱼 中国沿海的一种常见鱼类,可食用。

spotted sea trout 湖红点鲑
参见 gray trout

sprag 幼鳕鱼
参见 trout

sprat 西鲱 欧洲的一种小鲱鱼,也叫黍鲱。常可供炙烤、油炸和烟熏等食用。以柠檬芥末沙司作佐料。参见 shad

spread (Am.) 涂抹料 如涂抹面包的黄油或果酱等。

spread eagle chicken 飞鹰烤鸡 将鸡从背部切开,摊平,除去胸骨,加入油或黄油经炙烤而成,佐以各种调味,因摊成展翼飞翔的鹰图案而得名。

spremuta (It.) 果汁饮料
参见 sherbet

sprig 香草枝 一些香草如薄荷、欧芹等的整枝,用于烹调中的调香料,也用于鸡尾酒的配饰。

sprightliness 酸味,辛辣味
参见 spicy

spring chicken 童子鸡,雏鸡 指出生 6 个月以内的嫩鸡,常用于油炸。

spring form pan 脱开式蛋糕模 一种烘蛋糕用的圆形金属模子,其模子底部和边道即可脱开。

spring lamb 幼羔羊 指在冬季和初春出生的羊羔。

spring onion 大葱 一种有绿色或白色外皮的小葱,用于作色拉和其他菜的调香配料。也作 scallion

spring roll 春卷 中国传统点心。以薄面皮裹以竹笋、肉丝、蘑菇、木耳、大白菜等多种配料,入深油锅炸而成。呈扁长圆形,外脆里软,鲜美可口。

spring salmon 大鳞大麻哈鱼
参见 king salmon

springer 轻度胖肿
参见 swell

springeric 茴香饼 一种拌有茴香籽的小硬饼,表面饰有多种花纹与图案。通常流行于德语国家,适于圣诞节食用。

Springerle (G.) 茴香酥 一种茴香味小点心,印有擀面杖图案。

sprinkle 浇汁
参见 arrosée

sprinkler 洒粉瓶 用于撒细盐或胡椒粉的小瓶,瓶盖上有若干小孔。

sprit (Du.) 蛋白白脱饼干

Spritz (G.) 裱花小点心 一种黄油面团,用裱花袋挤出,烘烤而成。

Spritzer (G.) 轻发宅酒 以莱茵白葡萄酒、苏打水和矿泉水混合而成的一种德国式鸡尾酒。

sprout 1. 嫩芽 参见 bean sprout 2. 孢子甘蓝 参见 Brussels sprout

spruce beer 云杉啤酒 一种英国啤酒。将云杉树叶放入糖浆中煮,加入酵母发酵而成。呈黑色,是一种优质低度饮料。

spud 土豆 俚称。源自用于挖掘土豆的铲子名。参见 potato

spugnola (It.) 食用菌
参见 fungus

spumante (It.) 发泡酒 可指多种不甜的发泡葡萄酒,以 Asti Spumante 为最著名。

spume 泡沫 通过煮沸、搅拌等在液体中产生的泡沫。参见 foam

spumoni (It.) 千层冰淇淋 用不同颜色、香味和质地制成的冰淇淋。有时夹以蜜饯和果仁,作为餐后冷饮甜食。

spumoso (P.) 气泡酒
参见 sparkling wine

spun sugar 拔丝糖 将糖水熬热起丝,用于作糕点的点缀。

spuntino (It.) 点心,小吃
参见 snack

squab 矮肥鸽 肉用家鸽品种,常剁碎后加入苹果泥或洋葱泥作馅食用。

square egg skillet (Am.) 方形煎蛋锅 一种可煎一个鸡蛋的小形平底锅,呈方形。煎成后夹入三明治中。

squash 1. 南瓜 葫芦科小果南瓜品种,如笋瓜和南瓜等。形状多样,从扁形到长圆。色泽从白、奶油色到黄色。通常作为蔬菜。参见 pumpkin 2. 橙汁饮料 常含有橙子的果肉。

squashy 1. 松软的,压碎的 2. (水果)熟透的

squaw cabbage 印度莴苣 用于作调味蔬菜。参见 lettuce

squaw fish 海鲫 产于北美洲太平洋海岸的一种食用鱼。

sqeeze cap 压封盖 一种杯形玻璃瓶的封盖,一般用塑料制成。

squeezer 水果榨汁器

squid 鱿鱼
参见 calamary

squill 海葱 产于南欧与北非的一种鳞茎植物,类似洋葱。

squill-fish 蚱蜢虾 一种海产龙虾品种,产于西班牙、意大利和英国等的沿海水域。烹调方法与普通龙虾相同。

squinado 蜘蛛蟹
参见 spider crab

squirrel 松鼠 一种野生的啮齿类哺乳动物。外形略像鼠,但体型稍大,尾巴蓬松而肥大,是珍贵的毛皮动物。在欧洲也被捕来作为野味食用,肉味略似兔肉。

squirrel dew (Am.) 酒 俚称。参见 wine

squirrel dumpling (Am.) 水饺
参见 ravioli

St. Domingo apricot 曼密苹果
参见 mammee apple

St. George's mushroom 口蘑
参见 Saint George's mushroom

St. John's bread 角豆
参见 carob

St. John's wort 小连翘 一种苦味草本植物,具有浓香。其花瓣的浸泡汁可用于酿酒。

St. Nectaire (F.) 圣内克坦干酪 一种法国硬质干酪,味柔和,外形扁平,外皮呈紫灰色。

St. Panteleimon 圣潘特雷蒙酒 塞浦路斯产的一种甜白葡萄酒,口味类似于法国的 Sauternes。

St. Raphael (F.) 圣拉斐尔酒 法国的一种开胃葡萄酒,以红葡萄酒为基酒,加入奎宁汁调香。

Stachelbeere (G.) 醋栗,鹅莓
参见 gooseberry

stachys 甘露子
参见 Chinese artichoke

Staffordshire ware 斯塔福德郡陶器 起源于18世纪英国的一种优质上釉陶器,以产地命名。

stag 雄鹿 该词也可泛指公火鸡、公牛或公猪等雄性动物。

Stahlwaren (G.) 刀叉
参见 cutlery and tableware

stainless steel 不锈钢 一种铁镍和铬的合金,不怕酸碱的腐蚀,因而是最好的制餐具的材料。强度高,传热快,可用于制厨房用具如刀、叉、餐盘和壶、杯等。

stainless steel sponge 不锈钢绵 专用于擦洗厨房炊具。

stale 1. (食品)霉的,不新鲜的 2. (烟、酒)走味的

stalk 茎,叶柄 如芹菜的主杆茎和瓜类的蒂杆等。

stammpot (Du.) 菜底烟熏香肠 加入土豆和小牛肉肥膘作配菜,是荷兰的地方风味之一。

stamnos 希腊酒坛 一种古代葡萄酒盛器。开口宽大,肩部有一对平卧式的柄。

stamp and go (Am.) 油炸米饼 俚称。参见 cala

standard wheat flour 标准粉 中国确定以"八五粉"为标准粉,即每100斤小麦碾磨出85斤面粉,其营养高于精白粉,但色泽较深。

Stanley, poulet (F.) 斯坦利鸡 一种嫩子子鸡,以块菌、奶油、洋葱等作配料制成。

staple food 主粮,主食 如谷物、土豆等作为主要食品等,以区别于蔬菜、水果和肉类等副食品。

star anise 八角茴香
参见 badian anise

star apple 星苹果 山榄科热带乔木。原产于西印度群岛及中美洲,为栽培果树。果实大小形似苹果;果心呈星

star of Bethlehem 虎眼万年青 具有可食根茎的一种植物,烹调方法参见 salsify。

starch 淀粉 一种无色无味的粒状或粉状复杂碳水化合物,存在于谷类、豆类和薯类食品中。是人类的主食来源之一,烹调中常作为汤类的致凝剂。

starch products 淀粉产品 淀粉是贮藏于大多数植物中的一种碳水化合物,作为普通人饭食的主要成分,为人类提供廉价的能源。主要的淀粉食品包括谷物,如小麦、稻米和玉米;以及马铃薯、甜薯等。并广泛应用于食品工业。

star-gazy pie 沙丁鱼油酥饼 将沙丁鱼不除去头,放在饼上作点缀。因鱼眼睛像点点星星而得名。

starka (Po.) 斯泰卡酒 波兰产的一种琥珀色伏特加酒。酒名意为陈年酒,含酒精43%。

Stärkemehl (G.) 淀粉
参见 starch

Starking 红星 一种苹果品种名。

starling 椋鸟 也叫燕八哥,外形似画眉,但较小。参见 sansonnet

starna (It.) 灰鹧鸪
参见 partridge

Staropolski (Po.) 斯泰波尔斯基酒 波兰产的一种多年陈酿蜂蜜酒,以陶罐盛,色泽金黄,含有芳香味。

starter 酵母 用来引起发酵作用的有机物,尤指在制醋、酿酒过程中存在的致酵物质。参见 yeast

steak 牛排 从牛胴体的各种多肉部位切下的大块带骨肉片,尤指里脊肉、上腰肉和腿肉。该词一般指即将烹调或已经烹调好的牛排。

steak au poivre (F.) 胡椒牛排 先将粗磨的黑胡椒压入牛排中,烹调后用沙司调味。也常有加白兰地增味的。

steak Diane 黛安娜牛排 以奶油沙司为调味汁烹煮的牛排,加入白兰地增味。

steak frenching machine 牛排拍松机 一种机械装置,可代替牛排锤头。参见 steak hammer

steak griller 牛排烤格 一种格栅状电气烤炉,用于烤炙牛排、汉堡包等。

steak hammer 牛排锤头 一种锤形工具,用于敲击肉排。其目的为破坏肉的纤维组织,使肉变得柔嫩。

steak knife 牛排餐刀 一种有锯齿形刃口的餐刀。

steak tartare (F.) 蛋黄牛排 以碎牛肉饼佐以洋葱末、刺山柑、芹菜等配料,以生鸡蛋点缀,再以辣酱油佐食。

steak-and-kidney pudding 牛排腰子布丁 将牛排和腰子蒸熟后,淋以肉汁,放入深餐盘中,上盖羊脂面酱,并以牡蛎和磨菇作饰配。

steakburger 牛排汉堡包 以剁碎的牛排作夹馅。参见 hamburger

steam 蒸 烹调方法之一。将食品放入底层有孔或格栅的有盖容器中,使下面的水保持沸腾,有时还加压,以利用蒸汽加热或蒸熟食物。用蒸的方法烹调可以使食品保持鲜嫩,而香味和维生素损失较小。

steam beer 沸泡啤酒 美国的一种高度发泡啤酒。色泽金黄,酒体丰厚,口味刺激并具有浓烈的麦芽香味。19世纪中叶出现于美国西海岸等地。

steam box 蒸笼 一种厨房设备,用于蒸煮食品。

steam casserole 气锅 原产中国云南省的一种砂锅,中央有通到锅底而不伸出锅盖的空管。烹调时在管子周围放食物,连砂锅一起隔水蒸,水蒸气从管子进入砂锅,使食物蒸熟并保留原汁。

steam table 蒸汽桌 一种有几个开口的大餐桌,开口内放置烹调好的食物容器,一边蒸煮,一边食用。

steam-bake 蒸烤 一种结合蒸与烤的烹调方式。一方面使食品保持湿润;另一方面用慢火使食品成熟。其方法一般是将food品放在装有水的大容器内隔水放入烤箱内成。

steamer 蒸锅 一种套锅。其上边底

steamer clam 海蛤 一种食用贝类,外壳柔软,味美。参见 clam

stean 陶罐
参见 earthenware

stearin 硬脂 脂肪中的白色固体,是硬脂酸和甘油的化合物,主要存在于动物油中。

steccare (It.) (在瘦肉中)嵌肥膘
参见 lardoon

steeg (Da.) 牛排
参见 steak

steel 砥杆 一种刻有凹纹的铁棒,用于厨房或肉铺的磨刀。参见 sharpening steel

steel wool 钢丝绒 用于清洗厨房中的油污和餐具,常加入洗涤剂使用。

Steen 斯蒂恩葡萄 南非最优秀的白葡萄品种。酿成的酒轻盈活泼,果香浓郁。据说是法国白谢尼葡萄的引进品种。参见 Chenin Blanc

steep 浸泡 将食品浸没到冷水或热水中,停留一定时间,以使食品软化、脱色或除去异味。

steer 小阉牛 未成年的小牛,肉鲜嫩。一般在2岁到4岁之间进行阉割。

steer beef 小阉牛肉 肉质特别嫩美,为牛肉中上品。

steerburger (Am.) 汉堡包
参见 hamburger

stegt al (Da.) 油炸鳗鱼

stein 大啤酒杯 用玻璃制成,容量为1品脱。有时也用陶瓷制成。

Stein (G.) 果核
参见 kernel

Steinhaeger (G.) 桧子酒 德国的一种桧子金酒,用石罐盛装,含酒精38%。

stem tuber 块茎 地下茎的一种,呈块状,含有大量的淀粉质。表面常有凹入的芽眼,可食用。最常见的块茎食物是马铃薯。

stemware 有脚器皿 泛指凹形玻璃器皿中有脚的,如实心圆柱形脚和扁平脚,用于盛饮料和甜食等。

sterilise 消毒 以高温杀灭食品中的微生物,也叫杀菌。根据不同的食品,应选择不同的温度和消毒时间。

sterilised milk 消毒牛奶 以高温煮沸过的牛奶,可不经冷藏而保存较长时间,并不变质。该种牛奶有一种独特的香味。参见 pasteurisation

sterlet 小体鲟 产于欧洲里海。肉质味美,尤以其鱼子制成美味的鱼子酱食品,被视为高级珍肴。参见 sturgeon

stevioside 甜菊苷 一种非营养性的天然甜味剂,比蔗糖甜300倍。参见 saccharin

stew 炖 烹调方法之一。将肉、禽类或蔬菜等一起放入有盖容器中,加水煨炖到烂熟。一般从不沸腾,温度在85—95℃之间。用于炖煮的食品可先切成块,汤汁则可用奶油、蛋黄或干酪等增稠。该词也泛指炖菜。

stew in soy sauce 卤 烹调方法之一。用盐水加五香料或用酱油焖煮大块的鱼、鸡或肉等。

stewpot 炖锅 一种双柄有盖锅。参见 stew

stick candy 棒糖
参见 lolly

sticking (面团)发僵 指面团由于温度过低或酵母变质等停止发酵的现象。

sticking piece 牛颈肉
参见 chuck

stickleback 刺鱼 一种小淡水鱼。滋味平常,常用油炸食。

stifado (Gr.) 烩牛肉

stiff 1. (面团)硬的 2. (酒)含酒精度高的

stiffened lard 硬质猪油 一种高饱和度熟猪油,在常温下呈固态。参见 hard fat

stiffle (Am.) 荤杂烩 以咸肉、海味和蔬菜等一起炖烩而成。

stiffly beaten 打擦 将稀奶油通过搅打使变得稠厚有劲。

stifftail 硬尾鸭 一种雁科小野鸭,产于热带美洲和非洲等地,可食用。

still 1. (酒)无气泡的 2. 蒸馏釜 一

种罐式蒸馏器。下为燃烧锅,用细长管道引出酒液加以冷却。这是一种古老的蒸馏酒的器具,现在已改用连续式蒸馏釜等。参见 patent still

still wine 无气泡酒 指未充气的或不含气泡的葡萄酒,但不是气已经释放完的酒。参见 flat

stillage 酒糟 经提炼出酒精以后剩余的谷物渣滓,可作为饲料。

stillroom 储藏室 与厨房相邻的房间,供存放酒类、腌制品、罐头食品和饮料等。

Stilton 斯蒂尔顿干酪 产于英国斯蒂尔顿的一种蓝纹干酪。用全脂牛奶加乳脂制成,一般陈熟2年以上。食时先切开顶部,用匙挖出少许。这个顶部即成为一个天然的盖子。如觉干酪太硬,可倒入波尔特酒软化。该干酪重4—6千克,含乳脂55%。

stinger (Am.) 薄荷鸡尾酒 以白兰地或威士忌酒作基酒,加入苏打水或薄荷冰水调配而成。

stingo 烈性啤酒 俚称。参见 stout

stinkbush 美洲茴香
参见 fennel

stinking cheese 发臭干酪 干酪变质的一种缺陷现象。

stir 搅动 用汤匙在容器内搅拌食品或饮料,使其冷却。或用匙、叉、打蛋器等使食品混和均匀。

stirabout 麦片粥,玉米粥 用燕麦粉或玉米粉加入牛奶或水煮成的一种稀粥。因一面加热一面搅动而得名。

stirer 搅拌棒 指用于搅拌鸡尾酒的一种器具。

stir-fry 炒 烹调方法之一。将食物放在锅里,加少量油迅速翻动使其成熟。这时锅下的火一般应很旺。

stocaficada (F.) 烩鳕鱼 将鳕鱼对剖,再以洋葱、番茄、大蒜和罗勒调味后用文火烩成,是法国南部尼斯一带的风味。

stoccafisso (It.) 鱼干
参见 stockfish

stock 原汤 俗称高汤或大汤。将肉、骨和蔬菜等经长时间炖而成的一种汤料。烹饪中作为许多菜的基料,味香肥厚,在西菜中得到广泛应用。

stock beer 窖藏啤酒 一种有良好保藏性能的烈性啤酒。

stock pot 汤锅 熬煮原汤用的大锅,容量一般为8—9升。

stockfish 鱼干 常指不加盐而仅在户外晒干的鳕鱼干,含水分在12—15%之间。

stodgy bread 硬面包 一种不松软的面包,可能因存放时间过长而致。

Stolichuaya (R.) 斯托利恰耶酒 俄罗斯产的一种伏特加酒,含酒精40%。

Stollen (G.) 葡萄干布丁
参见 spotted dog

stolovaya (R.) 餐厅
参见 restaurant

stone 1. 果核 2. 㗉 英国重量单位,约等于6.35千克。3. 磨刀石 根据不同材料,用油或水润滑。

stone bass 多锯鲈 鲈形目灰色大鱼,分布于地中海及大西洋东侧,一般生活于近海。鱼身可长达2米,重36千克以上,可食用。

stone china 硬质白陶 英国的一种白色不透明陶制器皿。

stone crab (Am.) 石蟹 一种外壳十分坚硬的蟹,主要产于美国佛罗里达州沿海。肉味鲜美,但仅限于其大螯肉可食。渔民常捕来石蟹后,拔下大螯,再抛回海中,而蟹螯以后又会重新长出。

stone crayfish 石龙虾 产于欧洲中部的一种淡水龙虾,实际与龙虾不同。

stone cream 酒味奶油硬糖 17世纪英国汉普夏郡一种甜味糖果。以柠檬、糖、奶油、白葡萄酒、鱼胶等经熬制再经冷却后浇入餐盘底部凝结而成。

stone fruit 硬核水果 如桃、梅、杏等。

stonecrop 景天草
参见 purslane

stone-curlew 石鸻 欧洲产的一种小鸟。大小中等,肉味鲜美,与普通鸻相似。烹调方法同山鹑。参见 plover

stone-leek 大葱
参见 scallion

stoneware 粗陶器 一种不透明的灰色或着色陶器,经高温烧焙而成。玻璃化性能良好,不渗水,是优质厨房器皿之一。

stopper 塞子 以玻璃、橡胶、塑料、软木或其他材料制成的各种形状或各种大小的塞子,用于盖紧瓶子、陶罐等容器。

Stör (G.) 鲟鱼
参见 sturgeon

store cheese (Am.) 贮藏干酪 美国的一种切德式干酪。参见 cheddar

stot (t) 小公牛 有些是阉小公牛。

stoup 大酒杯 英格兰北部一种盛酒的容器,大如酒壶。

stout 黑啤酒 一种酿造啤酒,色泽暗黑,由烘过的麦芽制成。含酒精比例较高,有滋补作用。据说爱尔兰产的黑啤酒质量最佳。

stove 炉灶 以煤气、电或其他能源加热的烹调器具。

stracciatella (It.) 浓鸡汤 或牛肉汤。加入粗粒面粉、鸡蛋和干酪屑等配料煮成。

stracotto (It.) 酒烩蔬菜牛肉

straight 1. (酒等)纯的 参见 natur 2. 普通面粉 参见 patent flour

straight whiskey 纯威士忌 实际上指威士忌含量必须超过 51%。

strainer 漏勺 一种厨房用具。用于撇去汤等表面的泡沫或捞出汤中的固体食品而沥去水。也指一种粗网滤筛。

Strasborg sausage 斯特拉斯堡香肠 法国产的一种以牛肉、小牛肉和猪肉混合而成的熟熏香肠。

Strasbourgeoise, à la (F.) 斯特拉斯堡式 指以酸泡菜、鹅肝酱、咸肉和香肠作配菜的。斯特拉斯堡在法国东北部,近德国边境。

straw 麦管 一种细长的空心吸管,最初用麦管制成,延用此名至今。现在一般用纸或塑料等制成,用于吮吸各种饮料。

straw mushroom 草菇 一种有独特风味的野生蘑菇。形状与普通蘑菇不同,常作蔬菜食用。

straw stem 细脚酒杯 一种葡萄酒杯,其杯脚较细长,故名。

straw wine 禾秆葡萄酒 一种甜白葡萄酒,颜色很淡,产于地中海地区。因将葡萄在禾秆上干燥而得名。含酒精 16%。

strawberry 草莓 蔷薇科草本植物上生长的浆果。严格地说,它是许多瘦果嵌入膨大的茎端而成。汁多味酸甜,可作为水果食用;也可制成冷饮、果酱和甜点。草莓富含维生素C、铁和其他矿物质。草莓脆饼是美国的传统点心。

strawberry festival 草莓节 在草莓成熟季节举行的一种节日活动。届时有集市,供应新鲜草莓和草莓馅饼等。

strawberry guava 草莓番石榴 产于亚热带的一种小乔木。果实呈深红色,用作鲜果或制成果酱。

strawberry tomato 灯笼果 原产于热带美洲地区的一种黄色浆果。大小如同樱桃,原作为房屋装饰,但其成熟的果实可食。一般先浸以融化黄油,晒干后用于制果酱或甜食。该果以形似灯笼而得名。

straw-case 草套 裹在酒瓶外面的用稻草扎的套子。尤指法国或意大利的一些特色酒使用的套子。

streak-of-lean (Am.) 猪肉 俚称
参见 pork

streaky pork 五花肉 肥瘦分层间的猪肉,在前腿和腹部之间。

strega (It.) 斯特雷加酒 一种以意大利古老配方酿制的一种滋补蒸馏酒。配料中包括 70 种以上的香料植物,色泽淡黄,有浓郁的香味,含酒精 40%。

strength 1. 酒精浓度 以容量或重量的百分比表示的酒中含酒精的比例。参见 proof 2. 面粉筋力 即含蛋白质量。高筋力面粉可制成优质面包。

Streusekuchen (G.) 碎粒糕点 先在糕点上撒上碎面粒,然后烘烤而成。

Streusel (G.) 糖粉奶油碎末 用黄

油、蔗糖和面粉等混合制成,用于撒在糕点表面作涂料。

Streuzucker (G.) 绵白糖
参见 caster sugar

strike 盐腌
参见 salted

string 1. (豆荚的)筋,卷须 2.细面条

string bean (Am.) 长刀豆
参见 green bean

stringa (It.) 裱花袋
参见 pastry bag

strip 1. 去脉烟叶 除去中脉的烟叶,以备烘烤。2. 奶脚 参见 stripping

striped bass (Am.) 条纹鲭 原产于美国的一种重要食用鱼。上体呈橄榄色,体表有许多条纹,故名。体重可达100磅。

striped sole 条鳎 鳎的一种。右侧淡褐色,有黑色条纹,左侧白色或淡黄色,是一种优质食用鱼品种。参见 sole

stripping 奶脚 挤奶时最后挤出的一段奶。其特点是含脂肪量高,细菌少。

Stritzel (G.) 奥地利圣诞蛋糕 将面团发酵,切成不同大小的九块,折叠后层层相叠,刷以鸡蛋,再撒上盐和香菜子即成。

stroganoff (R.) 施特罗加诺夫牛肉饼 将牛肉切成薄片,并用肉汤、酸奶酪、芥末、洋葱和其他调味料制成。以19世纪俄国外交家、贵族 Bavil Stroganoff 的名字命名。

stromateur 鳎鱼
参见 rudder fish

Strudel (G.) 薄面卷 一种极薄的面卷,填入苹果碎末、醋栗、果仁和香料等,是德国巴伐利亚地区风味。

Strudel leaves 薄面卷皮 一种现成的市售面卷皮,常装入塑料袋内,可供人们在家庭中制作。

strutto (It.) 猪油
参见 lard

Stückzucker (G.) 方糖
参见 cube sugar

stud 点缀,镶嵌 将丁香、大蒜或其他调味料嵌入食品的表面。如丁香嵌入火腿或洋葱嵌入面包等,作为一种装饰手段。

stufa (It.) 炉灶
参见 stove

stufato (It.) 炖肉,煨肉
参见 stew

stuff 填馅料 一般以蔬菜、肉类、蜜饯和油脂等为主,用于制各种馅饼或填馅菜肴。

stuffed cabbage roll 填馅菜卷 以卷心菜叶包以各种口味配料的馅,如火腿丝等,放入砂锅中烘焙而成。

stuffed camel 填烤骆驼 阿拉伯贝都因人的婚礼用菜肴。用整只骆驼包羊,羊包鸡,鸡包鱼,鱼包蛋。

stuffed potato 填馅土豆 将土豆连皮烤,切开取出土豆内芯。将取出的土豆芯混入黄油、干酪和其他调味,重新填入土豆壳中,再烤黄即成。

stuffed tomato 填馅番茄 从番茄顶层切下一层薄片,挖出番茄中的果肉。将果肉与各种调味混合后重新装入番茄中,盖上原来的一层薄片"盖子"。可生吃或在烤箱中略烤即成。

stuffing 馅 以面包屑、蔬菜、香料、香草、肉糜、鱼糜等拌合鸡蛋、原汤、沙司、牛奶或柠檬汁等充填入其他食品中,如鸡、鸭、鸡腿、蔬菜卷、面闭中。也可涂抹于食品的面上。种类繁多,方法各异,以提高菜肴的色、香、味等。

stum 断酿 在正在发酵的酒汁中加入葡萄汁,以防止发酵过度的方法。该种酒也叫断酿酒。

sturgeon 鲟 鲟科多种温带淡水鱼类的统称。肉质肥美,卵可制鱼子酱,鳔可作鱼胶。其中最有价值的是俄国鲟,产于黑海和里海间的河流中,其次为小体鲟和闪光鲟等,体重可达90—800千克。鲟鱼子酱为美食家所推崇,视为美味。

sturgeonburger (Am.) 鲟鱼汉堡包
参见 hamburger

sturine 鲟精蛋白 存在于鲟鱼精子中的鱼精蛋白。参见 soft roe

suave (Sp.) 炸玉米粉卷

参见 taco

subgum (多种蔬菜)什锦的

subric (F.) 炸小肉丸 也指炸小鱼丸,作为开胃小吃。

subrowka (R.) 芳香露酒
参见 zubrowka

subsidiary foodstuff 副食品 泛指除主食外的蔬菜、鱼、肉、调味品等。

sub-zero storage 低温冷库 一种供存放速冻食品的冷库,其温度在 0°F 或 −17.8°C 以下。

suc (F.) 汁,液 如肉汁、菜汁和柠檬汁等。

sucarelle, escargots à la (F.) 苏萨莱蜗牛 以番茄、大蒜、香肠加白葡萄酒烙成的蜗牛荟肴。传统食法为不用叉取,而直接从蜗壳中吸出。

succades 蜜饯 一种糖渍水果,用鲜果加糖制成,或裹上糖屑食用。

succo (It.) 汁,液
参见 suc

succotash (Am.) 玉米煮豆 一种起源于印第安人的风味食品,以 50—75% 玉米和 25—50% 菜豆合煮而成,常加入腊肉作配料。

succory 菊苣
参见 chicory

succulent (F.) 1. 多汁的 2. 美味的

sucée (F.) 水果脆馅饼 用烤箱烤成,作为点心食用。

sucker 鲤属鱼 因鱼嘴有较厚的软唇而得名。淡水鲤属鱼有草鱼、鳙鱼和鲤鱼等,此外美洲的牛鱼也属该种鱼。

sucket fork 蜜饯叉 用来吃甜食或蜜饯的小金属餐具。一端有两至三个肉,另一端为茶匙大小的勺子。

suckling pig 乳猪 指出生不满 6 个月的幼猪,肉质嫩,常用来作烤乳猪,为西式菜肴中的名菜之一。

sucrage (F.) 加糖汁 酿酒术语。指在酿酒过程中在葡萄汁中加入糖水,以促其发酵。

sucre (F.) 糖
参见 sugar

sucre d'erable (F.) 枫糖
参见 maple sugar

sucre roux (F.) 红糖
参见 brown sugar

sucreries (F.) 甜食,糖果
参见 dessert

sucrose 蔗糖 有机化合物,为白色结晶,有甜味。以甘蔗为原料制成,也可用甜菜为原料。日常食用的白糖中主要成分是蔗糖。

suedoise (F.) 水果块冻 常淋以甜露酒调香,作为一道餐后甜食。

Suédoise, à la (F.) 瑞典式 指用肉豆蔻和奶油沙司作配料的菜式。

suet 牛羊板油 一种硬质脂肪,存在于牛或羊的腰肾部,融化后即成为牛羊脂。可用于作填馅料,加入肉糜、布丁和糕点中。

suet pudding 牛油布丁 由斩碎的牛板油加面粉、面包屑、葡萄干与各种辛香料制成的一种蒸布丁。

Suffolk 萨福克牛 英国东部萨福克郡产的一种无角黑头黑脚的肉用牛品种。

Suffolk ham 萨福克火腿 以萨福克牛腿肉制成的一种深色甜味火腿,以产地英国的萨福克郡而得名。

sugar 糖 又称蔗糖。一种甜味结晶食品和调料,是植物汁液中的主要糖分,常与果糖和葡萄糖存在于蜂蜜中。蔗糖在高温中溶化转变成麦芽糖,温度再高则成为焦糖。糖的来源有甘蔗、甜菜、槭树和高粱等。市售品种有冰糖、砂糖、方糖和绵白糖等,其他糖类中有玉米糖、果糖、麦芽糖和葡萄糖等。

sugar apple 番荔枝
参见 sweetsop

sugar basin (餐桌上的)糖缸
参见 sugar bowl

sugar beer 糖啤酒 英国的一种家酿啤酒,用麦芽、蜂蜜、糖加啤酒花酿成,味较甜,是茶点最佳饮料之一。

sugar beet 甜菜
参见 beet

sugar bowl 糖缸 一种有盖容器,通常有两个手柄,用于盛放食糖。

sugar candy 硬糖 或指冰糖。一种

由纯蔗糖制成的优质糖果,色泽洁白透明,形似冰晶。

sugar cure 糖渍 水果类食品的处理和保存方法之一。

sugar maple 糖械、枫糖 北美加拿大的一种槭属乔木,其叶含有糖分。参见 maple sugar

sugar pea 食荚豌豆 一种连荚食的嫩豌豆。豆荚中无筋丝,也可水煮。参见 garden pea

sugar pear 糖梨 以甜味著称的一种梨品种。

sugar plum 糖杏 一种球形或圆盘形糖果或蜜饯。

sugar shell 贝壳形糖匙 一种用模子压制成形的糖匙,与糖碗配套使用。

sugar stick 棒糖 参见 lolly

sugar tongs 糖夹 用铝制成一种爪形或匙形夹具,用于夹起糖块。

sugar vinegar 糖醋 从制糖或制淀粉的下脚中通过酒精发酵制得的食醋。

sugar wafer shells 小贝壳 一种贝壳形威化饼干。

sugarberry 美洲朴 一种具有甜味果实的灌木植物,生长于美洲。

sugarcane 甘蔗 高大的多年生草本植物,在全世界热带和亚热带均有栽培。其茎秆内含有甜味汁液,是糖和糖浆的主要来源。蔗糖浆还可用于生产酒精和高蛋白酵母产品。甘蔗汁则可作为清凉饮料。

sugarcoated haw on a stick 糖葫芦 用竹签把山楂果或海棠果等穿成一串,蘸上溶化的冰糖、白糖或麦芽糖而制成,是一种受儿童欢迎的甜食。

sugarloaf 塔糖 一种圆锥形糖块。由精制砂糖制成,用模子压出成形。

sugee (Hi.) 细白麦粉 类似于木薯粉和粗粒面粉,用于制作布丁和面包等,产于印度的加尔各答地区。

sugna (It.) 猪油、猪膘 俗称大油。参见 lard

sugo (It.) 汁 泛指果汁、肉汁和番茄汁等。

suif (F.) 牛羊板油 参见 suet

suimono (J.) 菜肉清汤

Suisse, à la (F.) 瑞士式 指以瑞士干酪和蔬菜作配料的菜式。

suizo (Sp.) 纺锤形松软小面包

sujee (Hi.) 碎小麦粒 尚未磨成细粉的小麦粒,可用于煮麦粥。

sukiyaki (J.) 鸡素烧 一种日本菜肴,也叫日本火锅。将薄牛肉片、豆腐、蘑菇、洋葱、粉条及蔬菜在单锅(一种浅铁锅)内迅速炒熟,一边用酱油、糖和清酒调味。食时放在每人一份打好的生鸡蛋内沾食,可边加热边吃。

süllo (Hu.) 鱼 参见 fish

sultan 苏丹鸡 一种普通白鸡,原产于土耳其。

sultana 无籽葡萄 原产于土耳其,现广泛种植于世界各地。色泽从淡黄到深棕色,用作糖果、糕点、布丁、肉糜和腌渍菜肴等的配料。这种葡萄含糖分和铁质很高,常用于制成葡萄干或酿酒。

Sultana, à la (F.) 苏丹式 指以阿月浑子果仁或阿月浑子黄油作主要用料的,并加入块菌泥小开馅饼作配料的吐司。用来佐食鸡脯或鸡腰菜肴。

Sülze (G.) 猪头肉冻 参见 brawn

sumashi wan (J.) 豆腐汤 以虾仁、海带、鸡肉和酱油等为配料煮成的日本风味汤。

sumire (J.) 薰衣草利口酒 日本产的一种紫色酒,含有佛手柑、杏仁、香草和柑橘的混合香味。

summer flounder (Am.) 小比目鱼 产于大西洋水域。烹调方法同 flounder。

summer grape 夏葡萄 原产于北美的一种野葡萄,现广泛种植于欧洲,果实小,但味甜适口。

summer pudding 夏季布丁 一种冷冻甜食。以水果为主作馅,如红醋栗、黑加仑子、覆盆子、酸果蔓等。然后用面包或松软蛋糕盖入布丁模中,

summer sausage 夏季香肠 经过干式腌制的烟熏硬质香肠，不需冷藏即可保存很久。

summer savory 夏季香薄荷 一种直立一年生薄荷，叶片呈椭圆形，用作调味料。

summer snipe 海雀 一种水鸟，也可称为矶鹬，肉味鲜嫩可口，烹调方法同山鹬。

summer squash 西葫芦
参见 pumpkin

sundae (Am.) 圣代 一种冷饮甜品，由冰淇淋、碎坚果仁和水果等为配料制成。

Sunday pudding 星期日布丁 英国19世纪流行的一种甜味布丁。以面粉、面包屑、羊脂、葡萄干、鸡蛋、糖等制成，因常在星期日食用而得名。

sundew 茅膏菜 一种芳香植物。其叶片可作蔬菜食用或作凉拌菜的配料。

sunfish 太阳鱼 北美淡水鱼类，属鲈形目。鱼体较宽，被认为是一种上等食用鱼。

sunflower 向日葵 一年生草本植物，茎很高，叶子互生，有长叶柄，开黄花，其圆盘状花序常朝向太阳，故也叫朝阳花或葵花。种子叫葵花子，可用于榨油或经盐炒后作为一种小吃。

sunflower seed oil 葵花籽油 人类主要食用油之一，含有较多的不饱和脂肪酸。

sunket 精美花式糕点
参见 fancy bread

sunlight flavour 日晒味 一种令人不快的气体，是牛奶或啤酒常有的一种缺陷现象。

sunny side up (Am.) 蛋煎一面 指蛋黄朝上的煎鸡蛋方法。

sunshine bread 阳光面包 实际上是指由紫外光照射过的面团制成的面包。

suolasilli (Fn.) 盐腌鲱鱼

super cream 超脂奶油 含脂肪量达75%。参见 single cream

superburger (Am.) 特大汉堡包
参见 hamburger

superconcentrated juice 超浓缩果汁 一种高浓度果汁，呈糖浆状，用于作各种冲饮料的基质。

supérieur (F.) 优质的 指酒质量高且含酒精度也较高的。

supermarket 超级市场 一种新型商品零售企业。一般规模较大，商品丰富，种类齐全，并以开架形式陈列，供顾客自选，故也可称为自选商场。商品包装上印有专门供电脑识读的条形码，在出口处付款。

supernaculum 优品 尤指高级酒精饮料。

suplicacion (Sp.) 薄饼鸡蛋卷

Suppe (G.) 汤
参见 soup

supper 晚餐 不一定是正餐，但一定是每天最后的一顿餐食。参见 dinner

suprême sauce (F.) 鸡汁沙司 一种浓腻的调香奶油沙司，以鸡原汁为主要配料。

suprêmes de volaille Verdi (F.) 威尔地式炸子鸡 以肥鹅肝酱、块菌和通心面作配菜的一种嫩炸菜式。参见 Verdi, Giuseppe

Supro 沙布罗 东非生产的一种婴儿高蛋白食品商品名，含蛋白质24%。

sur lie (F.) 纯酒 指直接取自酒桶的酒。口味新鲜，果汁味浓，未掺和任何其他配料。尤用于麝香葡萄酒的酒标用语。参见 muscadet

surard (F.) 接骨木醋 以接骨木作香料的食用醋。参见 elderberry

suret (F.) 微带酸味的

surette 厚叶贝森尼木 一种热带乔木，其黄色浆果味酸可食。

surf and turf 牛肉海味拼盘 用去头龙虾或小虾等海味作配料的里脊牛肉拼盘。

surf clam (Am.) 浪花蛤 指各种生长于海浪下的蛤蜊，故名。产于美国的新英格兰地区，肉味鲜美。

surf perch 海鲫　鲈形目海鲫鱼类的统称,分布于北太平洋地区,原产于日本,可食用。

surfine (F.) 最高级　法国酒等级中最高一级,其质量极优,但价格昂贵。参见 fine champagne

surf-n'-turf (Am.) 牛肉海味拼盘　出现在本世纪六七十年代美国餐厅的一种简便菜肴,常将牛肉和龙虾等置于一只餐盘上。

surlonge (F.) 牛的前脊肉

surmullet 拟鲤鲤
也作 red mullet

surprise 即兴特色菜　烹饪用语。指令人惊讶的任何食品,往往是厨师的即兴创造或杂烩。点菜时,顾客需要询问清楚。

surtout (F.) 餐桌饰架
参见 epergne

sushi (J.) 寿司　日本烹调名菜之一。以醋调拌米饭,外加青菜、鸡蛋和生鱼片等制成冷盘菜。可用手把米饭团成圆形,以山嵛菜做配;也可在紫菜上铺以米饭和生鱼片等,卷成圆柱状切开而成,常用生姜调味。

susina (It.) 李子
参见 plum

susina verde (It.) 青梅
参见 greengage

suspiro (Sp.) 鸡蛋甜点心

Sussex dumpling 苏塞克斯团子　一种盐水煮的硬面团子。苏塞克斯是英国的一个郡。

Sussex pond pudding 苏塞克斯布袋布丁　用羊脂、醋栗混合,裹以黄油丸和糖放入布袋中水煮而成。按英国 19 世纪的一种配方制成。

Sustagen (Am.) 苏斯他根　美国的一种粉状营养食品名。由 Mead Johnson Laboratory公司制造。含有脱脂牛奶、酪蛋白、麦芽糖、糊精和葡萄糖等,还有维生素和矿物质。

suze (F.) 龙胆根汤　一种开胃菜肴,汤呈黄色,味极苦。也指龙胆根酒。参见 gentian

suzette, crêpe (F.) 薄煎饼　以桔子奶油沙司作调料的薄煎饼,再淋以桔子利口酒。

svičková pecene (Cz.) 酸奶油腌牛肉

svinestek (Sw.) 烤猪肉
参见 roast meat

swallow 燕子
参见 salangane

swallow's nest soup 燕窝汤
参见 bird's nest soup

swamp cabbage 蕹菜　俗称空心菜或翁菜,一种一年生草本植物。茎中空,其嫩梢可食用,为夏秋季的主要叶用蔬菜之一。

swamp eel 黄鳝　多种细长鳗形鱼类的统称,产于淡水水域。体长 20—70 厘米,无鳞。往往蓄养在池塘或稻田中。在东方是高档食用鱼,蛋白质含量十分丰富。

swamp seed (Am.) 稻米　俚称。参见 rice

swamproot (Am.) 威士忌酒　俚称。
参见 whiskey

swan 天鹅　一种优雅美丽的长颈白色候鸟,在中世纪曾被视作美味,与孔雀同是宴会上的珍馐佳肴。今天已不再食用,偶而用幼天鹅经填入肉糜作为菜肴。

swan mussel 天鹅贻贝　一种普通淡水贻贝。

swan potato 慈姑　其块茎含有淀粉,可食。参见 arrowhead

swanky 劣质啤酒

swats (Am.) 鲜啤酒
参见 beer

sweat (烟叶)发酵　指烟叶在陈化期间的自然发酵,使烟叶质地变软,带有芳香。

sweat box 回潮箱　使果干、杏仁、核桃和脱水蔬菜等达到所需水分的专用箱。

swede 芸苔
参见 Swedish turnip

Swedish meatball (Am.) 瑞典肉丸　用肉豆蔻和奶油沙司作配料,用于瑞典式自助餐。参见 smörgasbord

Swedish potato sausage 瑞典式土豆香肠 用猪、牛肉加土豆淀粉经短时间干燥而成的一种熏肠。

Swedish punch 瑞典宾治酒 瑞典产的一种黄色甜味利口酒，由阿拉克酒加各种芳香料制成。

Swedish turnip 芸苔 一种粗而美味的根茎植物，色泽金黄。参见 caribbean cabbage

sweet 1. 甜的 2. (水)淡的，无异味的

sweet basil 罗勒
参见 basil

sweet birch 香桦 也称黑桦或红桦，产于北美洲，高达 18—24 米，可提取一种香桦油。以前用作冬青油代用品，现用于酿制桦木啤酒。

sweet butter 淡黄油 指未加盐的黄油，或以朗姆酒拌和的黄油。参见 fresh butter

sweet buttermilk 甜酪乳 在生产粗制黄油时取得的副产品。参见 buttermilk

sweet calabash 苹果西番莲 产于西印度群岛，果实大如苹果，故名。可食用。

sweet cherry 甜樱桃 一种较高大的乔木，果实为心形甜樱桃。

sweet chervil 香根芹 一种多年生甜雪维菜，其根形有茴香味。

sweet cicely 香胡萝卜 一种芳香植物。过去曾用于烹调，但现已少用。

sweet corn 甜玉米 原产于北美洲的一种橙红色小粒玉米。其果仁的含糖量较高，常用于烹调各种菜肴。

sweet cream butter 甜奶油 用未经发酵成熟的甜味稀奶油制成的奶油。

sweet cumin 茴香子
参见 aniseed

sweet curd 甜凝乳 从牛奶中的粗凝乳酶制成，经调成甜味后，迅速煮成稠蜜状食用。

sweet flag 菖蒲 一种多年生沼泽草本植物。叶细长，其茎与根有辛辣味，可食。

sweet herb 芳草植物
参见 herb

sweet lemon 甜柠檬 一种不酸的柠檬，但往往反而淡而无味。

sweet majoram 薄荷属植物 如牛至等香料作物，可作烹调中的香料。

sweet mash 发酵醪 用新鲜酵母制成的粮谷醪，用作酿制蒸馏酒的基酒。

sweet oil 纯净食用油 如橄榄油、菜子油等。

sweet orange 甜橙 原产于东南亚和中国的一种柑桔品种，皮薄，味甜，多汁。

sweet pepper 甜椒 俗称灯笼椒或柿椒，呈长圆形，味温和，用作蔬菜为主。参见 bell pepper

sweet potato 甜薯 也叫白薯、地瓜或山芋，原产于美洲，是一种热带藤本植物。其块根呈白色、棕色、粉红色甚至紫色，富含淀粉，可作为蔬菜或主食，也可用于酿酒。

sweet turnip 芜菁甘蓝
参见 rutabaga

sweet violet 香堇菜
参见 violet

sweet water 淡水 以区别于海水等不可供饮用的水。

sweet wine 甜葡萄酒 甜度为每100毫升酒含糖分不少于 1 克。参见 dry

sweet woodruff 艾蒿
参见 wormwood

sweetbell redpepper 灯笼椒
参见 bell pepper

sweetbread 小牛胸腺 也指羔羊胸腺，为牛或羊胸部的一种腺体组织，包括胸膜和胰脏等。在西方被视为一种美味佳肴，烹调方法很多。

sweetbriar 野蔷薇
参见 eglantier

sweetened fried flour 油茶面 将面粉搀牛骨髓或牛油炒熟，加糖、芝麻等，吃时用滚水冲成糊状。

sweetening agent 甜味剂 也叫甜味料，指蔗糖、砂糖、果糖、葡萄糖、麦芽糖、乳糖、糖精、甘油和蜂蜜等。

sweetfish 香鱼 一种鲑科香味海鱼，产于日本及中国台湾。体淡黄或橄榄

色,形似小鳟鱼。

sweetie 糖果,蜜饯
参见 candy

sweetmeat 糖果
参见 candy

sweet-pickle 香腌食品 指以芳香植物浸泡和腌渍的肉类和蔬菜等。

sweet-scented osmanthus 木犀 也叫甜桂花。一种常绿小乔木或灌木,花小,为白色或黄色,有特殊的香气。烹调中用作调香料。

sweet-sour plum juice 酸梅汤 把乌梅放在水中泡过或煮过再加糖而成的一种夏季饮料,滋味酸甜可口。

sweets 糖果
参见 candy

sweetsop 番荔枝 番荔枝科小灌木,原产西印度群岛和热带美洲。果黄绿色,果肉奶油黄色,味甜,呈乳蛋糕状。可生食,也可加糖制成可口的饮料。

swell 胖听,胀罐 罐头食品变质时产生的气体使罐头顶盖或两侧膨胀的现象。

swell heads (罐头)胖顶
参见 swell

swellfish 河豚
参见 puffer

swicky (Am.) 威士忌酒 俚称。参见 whiskey

swiftlet 金丝燕 一种穴居小鸟,种类繁多,产于东南亚和南太平洋诸岛。其巢大部或全部由唾液构成,是燕窝汤的原料。

swill 残汤剩菜 俗称泔脚。也作 pigwash

swimming crab 梭子蟹 海蟹的一类,头胸部的甲壳因略呈梭形而得名。螯长而大,其最后一对足扁平,可食用,肉味鲜美。

swine cress 臭荠 一种气味难闻的水芹菜。也作 wart cress

swirling 揉,捏(面团)
参见 knead

Swiss chard 莙荙菜
参见 chard

Swiss cheese (Am.) 瑞士干酪 一种有大圆孔穴的干酪,因从瑞士进口到美国而得名。

Swiss club sausage 瑞士小吃香肠 一种轻煎的猪肉香肠。

Swiss roll 圣诞树蛋糕
参见 Yule log

Swiss steak (Am.) 瑞士牛排 一种两面沾面粉的圆形牛排。在黄油中炸黄,用洋葱、番茄及其他调味料一起用文火焖煮而成。

Swiss wines 瑞士葡萄酒 瑞士的葡萄种植可追溯到罗马时代,今天的葡萄品种均来自法国与德国。其酿酒区以沃州与瓦莱州为主,生产白葡萄酒较多。

switchel 生姜糖蜜饮料 用蜂蜜加水和朗姆酒配成,再以生姜和醋调味。

swizzles 碎冰鸡尾酒 以蒸馏酒作基酒,加入柠檬汁、酸橙汁、苦味料和糖等搅拌到表面起泡沫,加入冰经过滤后饮用。是一种起源于西印度群岛的鸡尾酒。参见附录。

sword bean 刀豆 原产于东南亚的一种缠绕热带植物。其荚果和种子均可食,味嫩、色泽碧绿。

swordfish 剑鱼 鲈形目剑鱼科唯一品种,分布于世界热带和温带海ދ,为上等食用鱼。体长无鳞、背鳍高,最长可达4.6米,最重达450千克。

Sydney Smith's salad dressing 西德尼·斯密浇汁 以土豆、芥末、橄榄油、蛋黄、洋葱和鳀鱼等为配料制成的一种色拉浇汁。源自英国人《爱丁堡评论》创办人 Sydney Smith (1771—1845)。

syllabub 乳酒冻 一种以牛奶或奶油加苹果酒、糖、果汁和柠檬皮作配料的冰冻甜食,最早出现于1830年美国的圣诞宴会中。

sylt (Sw.) 果酱
参见 jam

Sylvaner (G.) 西尔瓦纳葡萄 德国的一种普通酿酒用葡萄品种,广泛用于酿制一些半干的白葡萄酒,口味柔和。在意大利的蒂罗尔和法国的阿尔萨斯等地用该葡萄酿酒质量上乘。在

sylvette, sole (F.) 煎板鱼排 以蔬菜丝、块菌作配料,再以番茄填以鱼酱煎后作点缀,淋以雪利酒即成。

syngnathe 海鳗
参见 sharp-toothed eel

synthetic beverage 合成饮料 指不用天然原料而经由香精、色素等配制而成的人造饮料。

synthetic cream 合成奶油 以植物油为原料制成的人造奶油。参见 margarine

Syrah (F.) 希拉葡萄 法国罗讷河谷的最优秀红葡萄品种。用该葡萄酿制的葡萄酒色泽紫红,充分陈熟。据说美国,曾将该葡萄误称为李斯林葡萄。该葡萄来自古代波斯的设拉子葡萄苗木,也有人认为是源自意大利的西西里岛。

Syrian coffee 叙利亚咖啡 一种加甜的浓咖啡,以黑豆蔻调香。

syrup 糖浆 用蔗糖加水加热溶解后制成的一种饱和溶液,质地浓稠,其浓度在60%左右。可用于作矫味剂、浸渍蜜饯和制糖果等。

syrup blend 配制糖浆 在蔗糖浆中加入转化糖、淀粉糖或枫糖等制成的混合糖浆。

szekely (Hu.) 捷凯里干酪 匈牙利产的一种羊奶干酪,外裹肠衣出售。

T

tabac (F.) 烟叶,烟丝
参见 tobacco

tabasco 指天椒 美国产的一种红色辣椒品种,味极辣。

tabasco sauce 辣味沙司 用辣味指天椒、醋和其他调味料制成的一种著名沙司,色泽鲜红,味极辣。

table 餐桌 餐厅中的餐桌形状多种多样。一般有方形、圆形、长方形、新月形或半圆形等。有的餐桌很大,上置一个可以转动的圆盘。有的则可以拼接或拆装,起多种不同的作用。

table beet 菜用甜菜
参见 beet

table cream 菜用奶油 以区别于制糕点用奶油,一般仅用于调入咖啡等饮料中。

table d'hôte (F.) 公司菜,客饭 餐厅供应的一种定额饭菜。包括开胃菜、主菜、餐后甜食和饮料等,顾客无选择余地,但价格较便宜。

table glass (餐桌上的)玻璃器皿

table jelly 餐用果冻 一种市售商品,经着色和调味,有固体和晶体两种。只需冲入热水即可食用。俗称喵喱粉。

table knife 普通餐刀 一般用镀铬不锈钢制成。

table linen 餐桌布件 指餐厅内使用的各种布制餐巾、桌布、垫布和方巾等。

table salt 精盐 一种精制细盐,常混有微量钙、磷和锰的化合物以保持干燥。一般放在餐桌上备用或撒在面包上调味。

table service 成套餐具
参见 tableware

table tea 片茶 将茶末压成薄片状小块,一般可泡成一杯茶。该词有时也指一种精选小块砖茶。

table waters 矿泉水 指天然矿泉水或人工矿泉水。一般无色无味,可用于纯饮或搀加烈性酒。参见 mineral water

table wine 佐餐葡萄酒 价格适中的普通葡萄酒。味甜或不甜,色泽红、白或淡红均有。供日常消费用,以区别于名酒。一般含酒精不超过14%。

tablespoon 1.汤匙,大匙 主要用于分菜而不是用于进食的大匙。2.一汤匙 容量单位,约为3/8盎司。

Tablett (G.) 送菜托盘
参见 tray

tablette (F.) 巧克力条
参见 chocolate

tableware 餐具 盛放食品与饮料的器皿的总称。以陶瓷、玻璃、塑料及金属制品为最普遍,包括酒器、盘碟、托盘等。用途各异,种类繁多。

tablier de sapeur (F.) 扒牛肚 法式菜名。以牛肚裹鸡蛋和面包屑,扒烤后佐以芥末蛋黄酱和贝亚恩沙司。

tabling 桌布,餐巾
参见 table linen

tabouleh (Ar.) 小麦色拉 中东地区的一种阿拉伯食品。将小麦煮熟、碾碎,再浸入热水中使其松软,滤干后与切碎的洋葱、香菜、薄荷、番茄混和,再浇以橄榄油和柠檬汁即成。

tacaud (F.) 鳕鱼
参见 cod

taccola (It.) 豌豆
参见 pea

tack 硬面包 供水手食用的一种粗制食品,常泛指各种粗劣食品。

taco (Sp.) 炸玉米粉卷 以未经发酵

的玉米卷填以干酪、鱼、鸡、豆类和莴苣等,经油炸成。源自墨西哥地方风味。

tadjin helou (Ar.) 嫩烩羊肉 一种阿拉伯风味菜肴。以羊肉或牛肉烩烂,加入时鲜蔬菜、葡萄干、榅桲等配料,上盖酥面,入炉烘烤而成。

Tafelaquavit (G.) 芫荽露酒 产于北欧地区的一种露酒,含酒精45%。参见 aquavit

Tafelwein (G.) 普通葡萄酒 德国档次最低的一种葡萄酒,以莱茵、摩泽尔、梅思等地生产为主,含酒精至少达8%。

taffy (Am.) 太妃糖
参见 toffee

tafia (Sp.) 塔菲亚酒 产于西印度群岛的一种朗姆酒。参见 rum

tagliarini (F.) 扁薄面条 产于法国科西嘉岛的一种特色面条。

tagliatelle verde (It.) 绿面条 一种菠菜细通心面。

tagliere (It.) 切肉砧板
参见 cutting board

taglierini (It.) 细挂面
参见 vermicelli

tahini (Ar.) 调味芝麻酱 中东烹饪中常用的一种芝麻酱制品。加大蒜、柠檬汁、盐和鹰嘴豆酱混合,用作鱼和蔬菜的调味汁。

tahn (R.) 稀酸牛奶 俄罗斯的一种夏季饮料名。

tail fish 带鱼
参见 cutlass fish

tailing 尾粉 碾制面粉的下脚料,粒粗,含有很多杂质。

tailladin (F.) 薄柠檬片
参见 lemon

taille (F.) 汤渍面包片
参见 sop

Taillevent, Guillaume (F.) 纪尧姆·塔叶旺 著名法国大厨师(1326—1395)。法国最古老的菜谱《肉类菜》(Viandier)的作者。

tailloir (F.) 切肉砧板
参见 cutting board

taint 变质的,有异味的

taju (Sp.) 甜姜茶
参见 ginger ale

take out (Am.) 外卖菜 专供顾客带出餐厅的饭菜,该词也可指专营外卖菜的餐厅。也作 take away

takin 羚牛 一种哺乳动物,形状像水牛,也叫扭角羚。尾短,毛棕色,生活在高山上,可作为野味食用。

Taleggio (It.) 塔列齐奥干酪 意大利伦巴第地方产的一种软质牛乳干酪。外形为方形,色泽淡黄,重1.8千克,含乳脂48%。

talibur (F.) 全水果饺
参见 rabot(t)e

talisker (Gr.) 塔利斯克酒 希腊斯基罗斯岛(Skiros)产的一种麦芽威士忌。

tall glass 高脚酒杯
参见 glass shape

tallboy 1.高脚酒杯 2.高脚酒柜

Talleyrand, Marquis de (F.) 塔列朗侯爵 法国大革命时期前后的政治家、外交家和美食家,生卒年代为1754—1821。曾雇用著名大厨师Carême,以其命名了一些蘑菇、鹅肝、干酪和通心菜等为配料的不同菜肴。

talline (F.) 椰子油
参见 coconut oil

tallow 牛脂 一种无臭无味的白色蜡状脂肪,由板油或类似植物油组成,用于制造人造黄油。

tallowy 哈喇味的 油脂因存放过久变质而产生的不愉快气味。参见 rancid

tallowy discolouration 油脂泛白 干酪的一种褪色缺陷现象。

tallywag 锯鲔 产于大西洋沿岸的一种海洋鲐鱼类食用鱼。参见 bass

talmouse (F.) 干酪蛋糕 可作为一种餐后甜食。参见 cheesecake

talo (Sp.) 烤玉米面饼

talvina (Sp.) 杏仁霜,杏仁粥
参见 almond paste

tamago-yaki (J.) 烤鸡蛋 一种日本

式风味食品。

tamale (Sp.) 玉米粽子 墨西哥食品,即用玉米面蒸熟的小饼。将生石灰处理过的玉米磨成稠糊,摊在玉米皮上,加少量馅,然后包成团,扎好蒸熟。常以肉、奶酪、红辣椒、香草、鱼和各种蔬菜作馅。芳香可口,风味独特。

tamara 五香粉 以肉桂皮、茴香子、丁香、豆蔻和芫荽等研磨而成,广泛用作调味品。

tamarin (F.) 罗望子
参见 tamarind

tamarind 罗望子 豆科常绿乔木,原产于热带非洲。其果实呈肉桂色,大而扁平,味酸,故也常称为酸豆。可用于制成食品和饮料等。

tamarind ball (Am.) 罗望子糖 以罗望子果汁和棕色糖制成的一种糖果。牙买加风味。

tambour (F.) 1.细糖粉筛 2.小形甜饼干

tamier (F.) 欧薯 一种甜薯品种。参见 sweet potato

tamis (F.) 罗筛,绢筛
参见 tammy

tammy 罗筛,绢筛 一种极细的丝绢制成的筛子,用于调味汁的过滤。

tampala 三色苋 原产于东方的一种野生蔬菜,见 calaloo 和菠菜。

Tamworth 塔姆沃思猪 起源于爱尔兰的一种瘦肉型猪,体型长而大,毛呈棕红色。

tanche (F.) 丁鲅
参见 tench

tandoori cookery 唐杜里烹饪法 一种印度烹饪法。把木炭置于圆筒形泥炉中。炉高1米,埋入地下。将木炭点燃,然后把浸有凝乳和香料的肉在炭火中烤。一边浇以卤汁,使肉烤成橘红色即成。用此法烤制的卤汁无皮烤鸡是最受推崇的菜肴。

tanela (Sp.) 蜂蜜千层饼

tang 浓味 指食后留在舌部而经久不消的浓烈滋味或香味。

tangelo 橘柚 由红橘和柚子杂交而培育成的品种。该词由 tangerine 和 pomelo 两词缩略复合而成。

tangerine 橘 芸香科植物,可能原产于东南亚。果形小,果皮薄,果肉柔细多汁,味浓,含大量维生素C。橘皮味芳香,可提取精油,用于酒类的调香。橘味甜微酸,常作为水果和甜食。

tangerine pith 橘络 在橘皮和果肉中间的网络形纤维,有止渴止吐的疗效。

tangle (Am.) 1. 威士忌酒 俚语。参见 whiskey 2. **海带,昆布** 参见 kelp

tanglefoot 烈酒 俚称。尤指廉价威士忌酒。

tangoa (Am.) 橙汁
参见 orangeade

tangor 橘橙 一种深色易于去皮的柑桔品种。该词由 tangerine 和 orange 两词缩略而成。

tangy (食品)有强烈杂味的 如烟熏味、泥土味、哈喇味等,总之气味不纯说明食品质量有问题。

tank method 桶装法
参见 sparkling wine

tankard 大酒杯 16世纪至18世纪时在北欧和殖民地时期的美洲广泛用于饮麦酒的杯子。杯体通常呈圆筒形,有一个带铰链的盖。一般用牛角、牙雕和陶瓷制作。一些大号大酒杯常用于作礼品。

tanner's dock (Am.) 野麦 俚称。
参见 canaigre

tannia 芋芳
参见 taro

tannin 单宁 一种涩味可溶性复杂化合物。广泛存在于葡萄果汁中,其作用为调节葡萄酒的口味。单宁对酒的贮藏起重要作用,红葡萄酒如含单宁太少,不能充分陈化,但单宁过多则会掩盖葡萄酒的正常风味。

tansy 艾菊 一种有强烈芳香的苦味草本植物。用作调味,也指用艾菊汁制成的一种布丁。

tansy mustard (Am.) 艾菊芥 北美洲的一种类似水芹的草本植物,有强烈芳香。

tantalus 透明酒柜 使顾客可看见柜中的酒瓶。

tapenade (F.) 金枪鱼酱 以橄榄、刺山柑、鲔鱼等碾碎作配料,常涂在面包上食用。

taper corned beef tin 梯形咸牛肉罐头 一种形状如锥形或梯形的罐头,具有广告效果。

Tapio (Fn.) 塔皮奥酒 芬兰产的一种杜松子利口酒。按古老配方酿制,无色不甜,含酒精29%。

tapioca 木薯淀粉 用木薯根制成的淀粉,用以制作面包或汤汁食品,尤其是布丁、汤的增稠剂。制法为先将木薯块根加热成小粉团,再烤成片状或圆粒状,后者称为珍珠木薯粉。烹饪时膨胀,成为糊状半透明胶状食品。木薯粉为西印度群岛和亚洲人的家常食品,如泰国的椰子木薯布丁和越南的木薯薄煎饼等。

tapioca-macaroni 配制通心粉 以木薯淀粉、花生粉等混合料制成的粉料,用于制通心面。

taplash 淡酒 指口味淡而无味的走气啤酒等。

tappit hen (Sc.) 大酒瓶 一种容量为1.2—6.8升的深绿色酒瓶。也指苏格兰的一种酒壶,有球形把手。

taproom 酒吧
参见 bar

taquillo (Sp.) 蛋卷

tar (Am.) 浓咖啡
俚语。参见 coffee

taramosalate (Gr.) 烟熏鳕鱼子酱

tarangana (Sp.) 猪血肠
参见 blood pudding

tare 巢菜
参见 vetch

targhana (R.) 干酸乳面团 常用于煮汤,为俄国古老食品之一。

tari (F.) 棕榈酒 旧时曾用作药酒。
参见 palm

tarif des consommations (F.) (餐厅)价目表

taro 芋,芋头 天南星科草本植物,原产于东南亚。其地下块茎大而呈圆形,富含淀粉,可作为蔬菜、布丁和面包等。波利尼西亚人用芋制成一种易消化的薄芋糊。芋叶也可炖食,但因芋头和芋叶含有毒性,故不可生食。

tarocco (It.) 塔罗可柑桔 产于意大利西西里岛的一种柑桔品种。

tarpon 大海鲢 产于大西洋和太平洋沿岸的海产鱼。体银白色,与鲱鱼近缘,体长可达2米,重45千克,是著名的食用鱼之一。

tarragon 龙蒿 菊科丛生状芳香草本植物,其味略似茴香。其干叶和花头用于食品烹调,特别是鱼、鸡、炖菜、炒蛋、干酪、蔬菜和腌制食品的调味,也有将鲜叶用于色拉的。用鲜龙蒿浸醋别有风味。现产于欧洲各地,但以法国最佳。

tarragon vinegar 龙蒿醋 以龙蒿调味的食用醋。

Tarragona (Sp.) 塔拉戈纳 西班牙主要酿酒区。以各种佐餐用红葡萄酒著称于世,并以塔拉戈纳甜酒驰名。

tart 1. 酸味的,辛辣的 2. 奶油果馅饼 俗称果子挞。以牛奶蛋糊、果冻、果酱或水果等作馅的一种开馅酥壳糕点。

tarta (Sp.) 蛋糕,果馅饼
参见 tart

tartar 酒石 一种暗红色或白色沉积物,存在于葡萄汁中。与酵母或其他悬浮物能结成团块而成为酒桶或酒瓶中的酒垢。酒石可作为酿酒时的酵母。

tartar sauce 蛋黄沙司 即芥末蛋黄酱。由蛋黄、芥末、刺山柑、酸黄瓜、橄榄油和洋葱等制成,作为佐食鱼的调味配料。

tartar yeast 酒石酵母
参见 tartar

tartaric acid 酒石酸 一种有机化合物,为无色结晶,味极酸,也叫果酸。在葡萄和梨等的水果中含量较高,也可从酒石中提取。酒石酸有助消化和缓泻作用,可制成药品、发酵剂和糖果的配料。

tartaruga (It.) 鳖,甲鱼
参见 turtle

tarte (F.) 奶油果馅饼
参见 tart

tarte à l'Alsacienne (F.) 阿尔萨斯式水果馅饼 以杏子酱或其他果酱作馅。参见 Alsacienne, à l'

tarte flambée (F.) 大开馅饼
参见 flammekueche

tarte tatin (F.) 翻面苹果蛋糕
参见 upside-down cake

tartelette (F.) 奶油水果小馅饼
参见 tart

tartina (It.) 奶油面包片
参见 tartine

tartine (F.) 奶油面包片 常夹以火腿和香肠等,类似于三明治,可作为开胃食品。

tartlet 小果馅饼
参见 tart

tartouffe (F.) 土豆
参见 potato

tartouillat (F.) 苹果馅饼 产于法国勃艮第地区的一种水果馅饼。

tartrazine 柠檬黄 又称酒石黄,是世界各国广泛使用的人工合成食用色素之一。用于果味水、汽水、酒类、糖果和糕点等的着色。

tartrique (F.) 酒石酸
参见 tartaric acid

tartufo (It.) 块菌,黑菌
参见 truffle

Tascherin (G.) 馅饺
参见 turnover

tass (Sc.) 小酒杯 一种有足无柄的苏格兰式酒杯,常用于饮烈性酒。

tassard (F.) 鲅
参见 wahoo

tasse (F.) 有柄杯
参见 cup

tassie (Sc.) 苏格兰小酒杯
参见 tass

taste 味觉
参见 flavour

tasteless 淡而无味的
参见 insipid

taster 1.试味员 一种专业技术人员,受食品厂或酒厂等雇用,能以尝味来鉴定食品或酒的口味和质量等。2.品味杯 专用来品评酒类的小酒杯。

tastevin (F.) 小品味杯 常用银制成。
参见 taster

tasty 美味,鲜味
参见 delicious

tater (Am.) 土豆 俚称。
参见 potato

tâte-vin (F.) 品酒杯
参见 taster

tatou (F.) 犰狳
参见 armadillo

Taube (G.) 肉鸽
参见 dove

taupe (F.) 鼠鲨
参见 porbeagle

taureau (F.) 公牛
参见 bull

tautog 黑隆头鱼
参见 blackfish

tava kebab (R.) 羔羊肉饼

Tavannes (F.) 塔伐纳酒 法国产的一种红葡萄酒,以产地命名。

Tavel (F.) 塔沃尔酒 法国西南部朗格多克地区产的一种干红葡萄酒。

Tavel Rosé (F.) 塔沃尔玫红酒 法国最优秀的玫红色干味葡萄酒,含酒精13%,产于罗讷省。据说路易十四最推崇该酒。

tavern 酒馆 销售饮料但只供堂饮的场所。历史上酒馆始终与商业、旅游等平行发展。在古代,中、低级酒馆能烹调美味的饭菜。美国于1634年在波士顿设立第一家酒馆。美国革命时期,酒馆被称为"自由的摇篮"。今天,酒馆仍然是社会活动的中心之一。

tavern table 酒店桌 一种矩形或椭圆形餐桌,有活动桌脚,流行于18世纪的法国和英国等地。

tawny port 褐色波尔图酒 一种在木桶中陈化,因而失去原来色泽的调配葡萄酒。酒体浓厚,酒色深褐,味干不甜。至少在桶中陈化15年以上。

taza (Sp.) 酒杯
参见 glass

T-bone 丁字排骨 猪或牛前腰部瘦肉

tbsp. (abbr.) 汤匙
参见 tablespoon

tchadi (R.) 玉米干酪面包 格鲁吉亚地区产的一种玉米粉面包,以费塔干酪作配料。参见 feta

te (It.) 茶,茶叶
参见 tea

tea 茶 以茶树的嫩芽和芽制成的饮料,可热饮或冷饮。茶原产于中国,后传入日本和南亚。世界上约有一半人喝茶,其商业价值仅次于咖啡。英国午后茶点的习惯始于1840年。到20世纪40年代又创制了袋泡茶和速溶茶。茶含有B族维生素和咖啡因,因而具有兴奋作用。茶的颜色和收敛性是由于含单宁所致。茶的品种很多,主要分绿茶、红茶和乌龙茶等。

tea and coffee service 茶具和咖啡具 用来斟茶和煮咖啡的成套器具。各件图案互相称配,包括茶壶、咖啡壶、牛奶罐、茶叶罐、糖缸、糖夹、茶匙和放茶的小盘、滤茶器、茶杯、咖啡杯和茶碟等。设计精美,为餐厅或家庭必备的器皿。

tea bag 袋泡茶 用少量茶叶装入由布或滤纸制的小袋中,然后冲入开水饮用。

tea basket 茶点篮 用于盛放午餐点心或其他食品的一种竹篮。

tea biscuit 茶点饼干 一种脆甜小饼干,适于午后茶点时食用。

tea bread 茶点 一种小圆甜面包或甜点心。

tea caddy 茶叶罐
参见 caddy

tea cake 茶点蛋糕 轻软的扁平状蛋糕,常轻微烘烤或涂以奶油。

tea cart 茶点车 供应茶水、饮料和点心的小餐车。

tea ceremony 茶道 日本一种历史悠久的习俗。源于禅宗教义,意在美化生活和殷勤待客。最有名的茶道提倡者为16世纪的千利休,他首创茶道闲适恬静的风格,着重道德、品行和修养。茶室一般9英尺见方,内设壁龛、炉灶、水壶和火盆。客人从小门匍匐而入,以示谦卑。然后互敬香茗。其煮茶、品茶和敬茶均有一定的礼仪。

tea cloth 茶巾 一种具有装饰花纹的小布巾。也指饮茶点时用的小桌布。

tea cream 茶酪 指加入茶中的稀奶油。

tea cup 1. 茶杯 一种有耳柄的瓷杯,配有衬碟,用于饮红茶为主。**2. 一杯** 容量单位,约等于120毫升。

tea kettle 茶水壶 一种有柄水壶,以陶瓷或金属制成,供烧水或沏茶用。

tea knife 茶点刀 一种供切糕点用的小餐刀。

tea maker 1. 沏茶匙 一种有孔的有盖匙,可装填茶叶,用于沏茶。**2. 电茶壶** 一种有定时装置的茶具,可将沸水压入茶壶中沏茶饮用。

tea pack 茶叶小袋 可装入供一次沏茶用的少量茶叶。参见 tea bag

tea pot 茶壶 供泡茶、斟茶的带嘴器皿,常以金属或陶瓷制成。

tea punch 冰茶宾治 以浓茶、橙汁、柠檬汁、菠萝汁、糖和冰屑制成的一种软饮料,但有时还加入朗姆酒或白兰地等。

tea ring 甜茶面圈 一种环形甜点,用面团发酵制成,供茶点食用。

tea seed oil 茶籽油 从茶属植物的干燥籽中提取的油。常用来代替橄榄油作凉拌的调拌油,也可用作油炸食品的烹调用油。

tea service 茶具 金属或陶瓷饮茶器皿,如不锈钢及银制的茶壶、茶盘、茶杯,也包括牛奶壶、糖缸和热水壶等。也作 tea set

tea set 成套茶具 由茶壶、糖缸、奶油碟、带茶托的茶杯和点心盘等组成,通常由瓷制成。

tea things 茶具
参见 tea service

tea time 茶点时间 指午后较晚或傍晚较早的一段时间,常在此时用茶点。
参见 high tea

tea tray 茶托盘 可容纳茶壶、牛奶壶、糖缸和几个茶杯的一种扁平盘。

tea urn 茶炊 用铜铁等制的烧水器具，一般有两层，在中间烧火，四面装水，供沏茶用。参见 samovar

teaboard 茶盘 递送茶杯用的托盘。

teabowl 茶碗 中国或日本的茶碗多无手柄，英国的古茶碗也无柄。现代的茶碗则往往有柄。

teal 凫 俗称水鸭，常用于烤食，以柠檬片和水芹菜等作配料，滋味比普通鸭稍差。

tea-oil tree 油茶 一种常绿灌木，叶子互生。其果实内有黑褐色的种子，可榨油，称为茶油。油茶是中国湖南、江西和福建等地的特产。

teaspoon 1. 茶匙 一种小匙，用于调咖啡或茶。2、一茶匙 容量单位，常缩略为 tsp.，约合 1/8 盎司。

tee (Fn.) 茶，茶叶
参见 tea

Teelöffel (G.) 茶匙
参见 teaspoon

teff 画眉草 产于埃塞俄比亚的一种小米属谷类植物，蛋白质含量较高。可制成面包，是当地人的主食。

teflon 聚四氟乙烯 俗称塑料王。作为餐具或炊具的外涂层，它具有不粘不焦的独特功能。因而这种锅容易清洗，节约油类的消耗，是现代化厨房的好伙伴。

tegame (It.) 长柄平底锅
参见 frying pan

Teig (G.) 生面团
参见 dough

Teigrolle (G.) 擀面杖
参见 rolling pin

tejate (Sp.) 玉米可可茶 一种清凉饮料。

te-komplet (Da.) 茶点 通常包括面包、蛋糕和茶。参见 thé-complet

Teleme Jack (Am.) 坦莱姆干酪 类似蒙特利干酪的一种美国干酪，产于加利福尼亚。参见 Monterey Jack

Teller (G.) 餐盘，碟
参见 plate

telur (Ma.) 鸡蛋，蛋
参见 egg

temp. (abbr.) 温度
参见 temperature

tempeh 大豆发酵食品 一种印度尼西亚风味食品。

temperance drink 无醇饮料
参见 soft drink

temperance movement 戒酒运动 提倡节制饮酒或绝对禁酒的运动。早在 1800 年，教会就开始实行起誓戒酒。1808 年美国纽约州萨拉托加成立世界上最早的戒酒组织。1862 年创立的圣公会戒酒协会一直到 20 世纪仍是世界上最大的戒酒组织。1909 年成立国际戒酒联合会，其分会遍于全球。

temperature 温度 尤指烹调某一食品使达到最大成功所需的一定炉温。如油炸食品和焖烤食品所需的温度就不同。因而严格掌握温度是进行科学的有效烹调的关键之一。

temple orange 橘橙
参见 tangor

tempura (J.) 炸大虾 一种传统日本风味，负有盛名。有时泛指用油炸的鱼和虾等海味食品，佐以各种调味汁食用。

tench 丁鲅 广泛分布于欧洲的食用鲤科鱼，体粗壮，鳞小，皮厚而粘，体色淡绿或淡黑，重约2千克，生长在淡水中，是重要的食用鱼之一。

tender 1. (食品)软的，嫩的 2. (饮料)稀薄的，淡的

tendergreen 菠棱芥 原产于东亚的一种芥菜，其膨大的根茎和叶片均可作蔬菜食用。

tenderized beef 嫩化牛肉 经快速排酸嫩化处理的牛肉。

tenderizer 嫩化剂 使肉类嫩化的一种粉状物质，主要是木瓜酶和菠萝蛋白酶等。加热时活性降低。

tenderloin (Am.) 嫩腰里脊
参见 sirloin

tendon 蹄筋
参见 Achilles tendon

tendre (F.) 嫩的，柔软的

tenedor (Sp.) 餐叉
参见 fork

Tennessee whiskey (Am.) 田纳西威士忌 一种纯威士忌,至少含有51%的玉米威士忌。

ten-pounder 海鲢
参见 ladyfish

tent (Sp.) 浓红葡萄酒 西班牙产的一种暗红色甜味葡萄酒。

tepary bean (Am.) 四角豆 墨西哥南部地区的一种耐旱豆类,可作为食品。

tequiche (Sp.) 玉米面茶

tequila 龙舌兰烧酒 也叫特奎拉酒。用墨西哥产的龙舌兰胶液经蒸馏制成。无色透明,不经陈酿,含酒精40—50%。一般蒸馏两次,酒味柔和。在橡木桶中陈酿的酒呈淡黄色,可用于调配鸡尾酒或纯饮。

Teran (Yu.) 特朗酒 南斯拉夫产的一种红葡萄酒。

terefa (Je.) 禁忌食品 特指根据犹太教律不宜食用的食品,如贝类和猪肉等。

tergoule 桂皮米布丁 一种甜食,以桂皮为主的香料作主要配料制成。

teriyaki (J.) 照烧 也叫烧三样。一种日本烹饪方法,指烧烤时外层涂以浓味酱油、日本米酒和糖,有时还以大蒜和姜调味。在欧化的日本烹调法中,其调味汁常用作腌渍和烤肉的浇汁,用于烹调小牛肉、鸡、金枪鱼和鲱鱼等。

Terlano (It.) 蒂拉诺酒 意大利蒂罗尔(Tyrol)产的一种干白葡萄酒,含酒精11—15%。

ternera (Sp.) 小牛肉
参见 veal

Terrano (It.) 丹拉诺酒 意大利产的一种优质深色红葡萄酒。

terrapene (F.) 海龟
参见 terrapin

terrapin 海龟 产于北美洲沿海的一种小海龟,其肉被视为上等美味,可蒸煮食用。

terre-noix (F.) 花生
参见 peanut

Terret Noir (F.) 黑旦雷葡萄 法国酿制红葡萄酒用的一种葡萄品种。

terriné (F.) 长方形陶罐 也指用其他金属制成的长方形器皿,用于炖煮或上菜。以该种器皿烹制的菜肴也常以此命名。

terriné de porc (F.) 陶罐烩猪肉 将猪肉、土豆片、火腿片铺在罐内,以大蒜和刺柏子调味,浇以白葡萄酒,用文火焙烩而成。

testugine di mare (It.) 鳖,甲鱼
参见 turtle

tête d'aloyau (F.) 牛腰端肉
参见 sirloin

tête de cuvée (F.) 头酿 酒类术语。指以本年度第一次压榨的葡萄酿成的最优质酒,相等于 Grand Cru。

Tête de Moine (F.) 贝勒莱干酪
参见 Bellelay

tête de mort (F.) 荷兰干酪
参见 Edam

tête-de-Maure (F.) 荷兰球形干酪
参见 Edam

tetera (Sp.) 茶壶
参见 tea kettle

tetra-pack 四角纸盒 俗称红宝。一种用复合薄膜包装牛奶或橙汁等饮料的四角形包装。

têtras (F.) 松鸡
参见 grouse

têtras-lyre (F.) 黑琴鸡 产于欧洲森林地区的一种松鸡。毛黑色,因尾部呈竖琴形而得名,是一种美味的野禽。

texel (Du.) 蓝纹羊奶酪
参见 Roquefort

textured soybean protein 大豆组织蛋白 也叫人造肉。用脱脂大豆粉经水解提取蛋白,除去纤维素后加压加温。常加入面筋、油脂和调味品,经冷却干燥而成。口味类似肉类,适于制肉饼、饺子和汉堡包等。蛋白质含量为50%。

Thanksgiving Day 感恩节 美国盛大节日之一。为纪念1621年普利茅斯殖民地的丰收而感谢上帝的恩赐。

第一次感恩节是在1789年11月26日庆祝的,由美国总统乔治·华盛顿主持。1941年起定为每年11月最后的星期四。

tharfcake 生面烙饼 用无酵面粉或玉米粉制成面团,再擀薄烘焙的一种烙饼。

Tharparkar 塔帕卡尔牛 原产于巴基斯坦的一种浅灰色印度奶牛品种,依产地命名。

thaw (食物)解冻

thé (F.) 茶,茶叶
参见 tea

The Dean's Cream 剑桥奶油布丁 英国18世纪的一种传统甜食。用覆盆子果酱、桔子果酱、雪利酒、白兰地、奶油和松软的蛋糕制成,上缀以樱桃等水果。

thé-complet (F.) 茶点 包括面包和蛋糕等的一种简易午后茶点。

thee (Du.) 茶,茶叶
参见 tea

therid (Ar.) 面包浓肉汤 一种阿拉伯风味浓汤,以橄榄油、鸡蛋、醋、肉和面包粉制成。

thermidor, homard (F.) 嫩煎龙虾 一道古典菜肴。将龙虾连壳嫩煎,浇以白葡萄酒和奶油沙司,再撒上帕尔马干酪经烤黄而成。

thermometer 温度计 用于测量温度的仪器。有许多品种,如空气温度计、烤箱温度计和油炸锅温度计等。

thermos 保温瓶 俗称热水瓶。由具有真空夹层的容器制成。但也有金属夹层的大保温桶,用于放置食品、咖啡、茶和汤,也可放置冷饮食品。

thiamine 硫胺 存在于猪肉、猪肝、麦胚、牛奶和鸡蛋中。可维持人体正常代谢和神经消化系统作用。也叫维生素 B_1。

thicken 增稠,勾芡 用面粉或淀粉、蛋黄、糯米、土豆泥等调成汁,加入汤内使其变稠。

thigh 1. 上段鸡腿肉 2. 火腿 俚称。
参见 ham

thimbleberry 香莓
参见 bilberry

thimbleful (酒等)少量的

thin gruel 稀粥 由谷物加水或牛奶煮成的薄粥。

thin mints 巧克力面饰小点心

thin white 清蛋白 蛋白中粘度低的稀薄成分。

thistle 蓟 有许多品种的野生植物。常食用其花冠,类似花椰菜。有时食用其叶和茎,类似刺菜蓟。参见 cardoon

Thomas Rivers 伏令夏橙 一种柑桔品种名。

Thompson grapefruit 汤普森葡萄柚 一种葡萄柚品种,依培育者命名。

Thompson seedless 汤普森无籽葡萄 一种无核白葡萄品种名,常用于酿制发泡葡萄酒和白兰地,产于美国的加利福尼亚。

thon (F.) 金枪鱼
参见 tuna

thonné (F.) 鱼味小牛肉 以金枪鱼汁、柠檬汁、香草和黄油作配料经长时间浸渍而成。

Thorins (F.) 托林斯酒 法国卢瓦河流域的索恩-卢瓦尔(Saône-et-Loire)省产的一种上等勃艮第红葡萄酒。

thorn apple 山楂果
参见 crab apple

thourins (F.) 牛奶洋葱汤 加入干酪和面包片作配料的一种法式浓汤。

Thousand Boon 千欢 一种酿酒用葡萄品种名。

thousand island sauce 千岛沙司 一种俄式调味料。用青椒、细香葱、泡菜和红辣椒等作配料制成。也作 thousand island dressing

thread 1. 拔丝 将糖煮到240°F 时形成的一种丝状结晶。**2. (酒瓶口)螺纹线**

three-decker 三层夹心面包
参见 decker sandwich

three-star brandy 三星白兰地 以60%天然原料和40%调配原料制成的优质白兰地酒。一般至少陈化5年。参见 two-star brandy

threpsology 营养学 研究食品营养成分与人体对营养的吸收作用的科学。

thrush 鸫 雀属鸟类之一,色彩朴素,常捕来供炙烤后食用。但在英国受到保护。

Thunfisch (G.) 金枪鱼
参见 tuna

Thuringer (G.) 图林根香肠 德国的一种调味香肠,分新鲜与熏制两个品种,依产地命名。参见 summer sausage

thyme 百里香 唇形科具有刺激性气味的草本植物。其干叶和花蓬常作家禽、填馅、蛋、鱼、肉、黄油、调汁、汤、香肠、色拉、蔬菜、干酪等多种食品的调味剂。英国菜炖兔即用百里香调味,十分驰名。

Thymian (G.) 百里香
参见 thyme

thymus 小牛胸腺
参见 sweetbread

ti 朱蕉 百合科植物,为热带乔木或灌木,原产于亚洲及太平洋island屿。其部分地下茎含有淀粉,可食用。

Tia Maria 蒂亚·玛利亚酒 牙买加产的一种利口酒。以朗姆酒为基酒,配方对外保密,据说有蓝山咖啡参配料。酒色棕黄,含酒精31.5%。

tian (F.) 浅陶盘 也泛指以陶盘烹制的菜肴,如 gratin à la Provencale。

ticazo (Sp.) 玉米酒

Ticino 提契诺州 瑞士的酿酒区,居民操意大利语。以生产优质红葡萄酒为主,多数供当地消费。

titbit 小片姜味 如小块糕点或菠萝片等。

Tiddly 蒂达利酒 英国产的一种低度酒。也叫微葡酒。

tidy 有孔网罗
参见 sink tidy

tied house 酒厂酒吧 由酿酒厂经营的酒吧,主要供应本厂酒品。

tiède (F.) 微温的
参见 lukewarm

tiff 低度酒精饮料 尤指啤酒、混合酒和宾治酒等。

tiffin 英国午餐茶点 流行于印度等地的一种仿英国式茶点。

tiger melon 虎皮甜瓜 瓜皮有黄绿色条纹,故名。

Tiger Milk 虎乳酒 南斯拉夫西北部近奥地利边境地区产的一种甜白葡萄酒。用过度陈熟的葡萄酿成,常作为餐后酒饮用。也作 Ranina

tigerfish 虎鱼 鲀或锯脂鲤等鱼类的统称。产于亚、非的淡水中,重454克以上,可食用。

tignard (F.) 圣富瓦蓝纹干酪
参见 Bleu de Sainte-Foy

tikitiki (J.) 米糠 稻谷的外壳,常制成一种米糠饮料,用于防治脚气病。

Tillamook (Am.) 蒂拉摩克干酪 产于美国俄勒冈州的一种黄色干酪。声誉很高,口味浓烈和柔和的品种均有,也是切德干酪之一。

tilleul (F.) 椴树 干燥椴花可用于冲饮成美味饮料。

Tilsit (F.) 提尔西特干酪 瑞士产的一种全脂牛乳干酪。风味温和,略有咸味。重约4—5千克,含乳脂45%。

timbale (F.) 1.鼓形馅饼 一种供冷食或热食的圆模馅饼。以金属圆模或杯子成形。烤前先衬以面酱、通心粉或土豆泥,以鱼、肉、乳脂、龙虾和干酪等作馅。用作点心或配菜。也叫香烤三昧。2.鼓形金属圆模

timbale case 鼓形金属圆模
参见 timbale

timbale iron 鼓形金属圆模 有一长柄的金属馅饼圆模。参见 timbale

timballo (It.) 鼓形馅饼
参见 timbale

timer 定时器 一种发条弹簧装置。有时连接在微波炉、烤箱或其他厨房设备中,用来掌握烹调或加工的时间。

timo (It.) 百里香
参见 thyme

tin 食品罐头 一种用马口铁制的带盖容器,用于包装饼干、甜食、肉、鱼和香烟等。美国用语为 can。

tin cow (Am.) 罐头牛奶 俚称。参

见 canned milk

tinca (It.) 丁鲅
参见 tench

tinello (It.) 小酒桶

tinfoil 锡箔 金属锡的薄片,无毒,用于作食品和烟叶的包装材料。但事实上许多称为锡箔的薄纸都是铝箔。

tinker (Am.) 小鲐鱼
参见 mackerel

tinned food 罐头食品
参见 canned food

tinplate 镀锡薄板 俗称马口铁。用途很广,可用于制造厨房设备和罐头等。但制造工艺复杂,成本偏高,现已大量改用铝板及耐热玻璃等其他材料。

Tintaine, la (F.) 茴香利口酒 法国的一种药草利口酒。以茴香为主要调味,酒瓶中置一枝茴香作为点缀。

Tintenfisch (G.) 乌贼
参见 cuttlefish

tintillo (Sp.) 淡红葡萄酒
参见 rosé

tinto (Sp.) 红葡萄酒
参见 red wine

tinware 锡器 以纯锡或镀锡金属制的实用或装饰物件。如锡酒壶和锡餐具等。

Tio Pepe (Sp.) 蒂奥·贝贝酒 西班牙产的一种不甜的雪利酒。

tioro (F.) 洋葱鱼汤
参见 ttoro

tip 小费 餐厅与服务业中流行的一种惯例,是顾客表示对服务质量的感谢或鼓励,或希望得到较迅速服务的表示。小费一般占就餐费用的10—15%。该词是 to insure promptness 的缩略语。

tippy tea 毛尖茶 含有较多嫩茶叶的上等茶。

tipsy cake 酒味蛋糕 一种浸以葡萄酒或白兰地的夹层蛋糕。涂以蛋黄酱、蜜饯,上盖搅打乳脂,用杏仁作点缀。

tipsy pudding 酒味布丁 浸以葡萄酒或樱桃酒的布丁,佐以牛奶蛋冻。

Tiquira (P.) 提基拉酒 巴西产的一种木薯根烈性酒,含酒精40—45%。

tirage 香槟酒发酵 酿造香槟酒有其独特的原料与工艺。法国香槟酒世界驰名,其配方对外保密。参见 champagne

tire-bouchon (F.) 螺丝锥
参见 corkscrew

tisane (F.) 大麦汤 用大麦泡制的汤。现改用椴树花或春黄菊等作原料,是一种温和的滋补饮料。

tisane de champagne (F.) 淡香槟酒 参见 champagne

Tischwein (G.) 普通佐餐葡萄酒
参见 table wine

tiste (Sp.) 玉米可可茶 中美洲国家的一种饮料,由炒玉米粉、可可、糖和果红色素制成。

tiswin 中心酒 美国西南部印第安人饮用的一种发酵饮料。

titmouse 禾花雀
参见 reed bird

tjener (Da.) 餐厅服务员
参见 waiter

tleitli (Ar.) 肉糜通心面 一种北非风味食品,常加入一个鸡蛋作配饰。

to go 外卖
参见 take out

toad-in-the-hole 湿面烤牛排 以约克布丁糊加香肠和牛肉片制成的一种英国式食品。

toast 1. 吐司 烤成棕色或油炸的热面包片。2. 敬酒,干杯 源自将烤面包片加香料用于佐酒的习俗。

toast melba 梅尔巴吐司 一种无涂料的脆烤薄面包片。

toast rack 吐司架 放在餐桌上供放面包片。

toaster 电烤炉 也叫三明治炉。一种电气炊具,有多个或单个烤格,用于烘烤面包片等。

toasting fork 烤叉 一种长柄金属叉,用于将面包或肉直接放在火上烘烤。

toastmaster's glass 宴会东道主酒杯 一种英国玻璃酒杯,大小形状与普通酒杯相仿,但容量只有一般的四分之一,因酒杯中心几乎是实心的,只有盛酒部分呈凹形,是主持宴会人以免饮酒过量而设计的酒杯。

toast-wich (Am.) 夹肉烤面包片
参见 sandwich

tobacco 烟草 烟草为一种高大的直立草本植物。其经加工的叶可制成烟丝、鼻烟和嚼烟,也可提取烟碱,俗称尼古丁。烟草最早由北美印第安人栽培,后传入欧洲。烟草制品以雪茄和纸烟最为常见。其尼古丁含量在2—20%之间,以纸烟最高,烤烟最低。

toby 1. 托比啤酒杯 用于盛淡色啤酒的有柄大杯。造型矮胖,为头戴三角卷边帽的老人形象。也作 toby jug 2. 托比烟 用烈性下等烟叶制的一端渐细的长条雪茄。

tocan (F.) 幼鲑
参见 salmon

tocana (Ru.) 奶油鸡丁

tocane (F.) 1. 新鲜葡萄汁 2. 新酿香槟酒

tocino (Sp.) 猪油
参见 lard

toddy 托迪酒 以威士忌作基酒,加肉桂、丁香、糖、橙汁和苏打水调配而成的一种鸡尾酒,一般热饮。

toddy palm 托迪棕榈 一种热带棕榈树,也叫牛奶树 (milk tree)。其树汁可用于酿制酒精饮料。

toffee 太妃糖 一种奶油乳脂糖。用废糖蜜或砂糖加热熬制成焦糖状,拌入奶脂、果仁、色素和香料。质地柔软,呈淡棕色,是一种受欢迎的糖果制品。

toffee apple 太妃苹果 一种外涂奶油乳脂的烤苹果,用细棒插起食用。

toffy 太妃糖
参见 toffee

tofu (C.) 豆腐
参见 bean curd

Toggenburg 吐根堡山羊 一种乳用山羊品种。起源于瑞士吐根堡河谷,是美国主要山羊品种之一。体型较小,面部有白色条纹。其奶色较白,易消化。

togus (Am.) 牛奶玉米糕 以牛奶、玉米粉、糖蜜、酸奶和面粉为配料制成的一种蒸糕。

toheroa 双带蛤 新西兰的一种海洋双壳软体动物,肉鲜美,尤用于煮汤食用。

toilette (F.) 网油
参见 caul

tokaj (Hu.) 托卡伊葡萄酒
参见 Tokay

Tokay 托卡伊葡萄酒 匈牙利产的最著名餐后酒,以过度成熟的 Furmint 葡萄酿成。酒体通常呈暗金黄色,味极甜,据说有滋补强身的功效。尤以 Aszu Tokay 牌最为出色,价格昂贵。

Tokay Szamorodni (Hu.) 扎莫罗尼托卡伊酒 匈牙利托卡伊酒品种之一,价格便宜,质量上乘。

toke 干食品 尤指面包、饼干等含水分较少的食品。

Toll House cookie (Am.) 巧克力杏仁曲奇 美国最大众化的甜点心之一。源自波士顿一家旅馆 Toll House Inn 的名字。

Tom and Jerry (Am.) 汤姆与杰利 一种加热甜味饮料。以朗姆酒、肉桂、丁香加苏打水调配而成。以蛋黄或蛋白作点缀。

Tom Collins (Am.) 汤姆科林斯 以柠檬汁、金酒、苏打水为配料调配而成的一种著名鸡尾酒。最早出现于1945年,以创制者 John Collins 命名。

Toma (It.) 多玛干酪 意大利皮埃蒙特地方产的一种牛奶干酪,重2—8千克,含乳脂比例不固定。

tomate (F.) 1. 石榴酒 2. 番茄
参见 tomato

tomate de mer (F.) 红海葵 可用作煮鱼汤。参见 sea anemone

Tomatensaft (G.) 番茄汁
参见 tomato juice

tomates à l'Antiboise (F.) 昂蒂布式西红柿 将西红柿烤黄,配上大蒜、鳀鱼酱或金枪鱼酱等配料。参见

Antiboise

tomates à la Provençale (F.) 普罗旺斯式烙番茄 将番茄切成两半,上置面包屑、大蒜和香草烙成一份菜肴。

tomatillo 醋栗
参见 currant

tomato 番茄 俗称西红柿。茄科一年生植物,原产于南美洲。果实鲜红、绯红或黄色,形状有圆形、长圆形等。果肉柔嫩多汁,可作色拉生食或作蔬菜烹调,也可制成果酱或沙司。番茄富含维生素,营养丰富,是理想的美味食品。

tomato fondue 奶油烤番茄 将番茄去皮压制后加黄油烤熟,再加入调味即成。可作为配菜使用。

tomato juice 番茄汁 除烹调上使用外,最多的用途是调配鸡尾酒。如加入伏特加酒即称为 Bloody Mary。

tomato juice cocktail 调配番茄汁 将不同品种的番茄汁根据酸度,色泽等要求按比例调配而成。

tomato paste 番茄酱 以洋葱、糖、油脂和香料等作配料制成的番茄调料,常用于烹调。

tomato sauce 番茄沙司
参见 catsup

tomato sausage 番茄香肠 以猪肉或小牛肉加入番茄为主的配料制成的香肠。

tomato scone 番茄小蛋糕 以番茄汁代替牛奶制成的小茶点蛋糕。

tomber (F.) 原汁炖肉 烹调后的肉汁浓稠如同糖浆。

tomcod 小鳕鱼 产于大西洋温带水域的一种优质食用鱼,与普通鳕鱼相似。参见 cod

tome au raisin (F.) 葡萄干软奶酪

tomino (It.) 羊奶酪
参见 urda

tomme (F.) 小干酪 干酪制造业的专门用语之一,以区别于许多大干酪。如 Tomme d'Aligot 是指小阿里戈干酪。参见 Aligot

tomme fraîche (F.) 阿里戈干酪
参见 Aligot

Tompkins king 伏金星 一种苹果品种名。

ton 吨 公制重量单位,合 1000 千克。

tonalchile 朝天番椒
参见 Guinea pepper

tondino (It.) 小盘,浅碟

tongs 食品夹钳 有各种不同的形状和尺寸,如方糖夹、芦笋夹和蛋糕夹等。

tongue 食用牛(猪)舌 被美食家所推崇的一种美味,可用于烤、煮和腌等,冷热均可。食时常佐以一定的调味汁或浇以肉冻。

tongue cress 大叶水芹 一种园艺水芹,叶片大而呈舌状,故名,可用于作扒烤肉或鸡的配菜。

tongue sole 舌鳎 一种海产小比目鱼,分布在亚洲热带水域。体扁平,呈舌形,故名。有些可食用,但大多无经济价值。

tonic 1. 托尼克 一种气泡加香饮料,一般以奎宁水经混合而成。可纯饮或调制鸡尾酒。**2. 强壮剂** 参见 roborant

tonka beans 香豆 也叫顿加豆,为产于南美洲的一种豆科植物。其种子含有香味,故名。可用于制香料。

Tonkin pea 豇豆
参见 cowpea

tonne (F.) 大酒桶

tonneau (F.) 小酒桶,木桶

tonno (It.) 金枪鱼
参见 tuna

toot (Sc.) 吐特酒 苏格兰的一种蒸馏烈性酒。

toothful 一小口 指一小口食品或一口酒,尤指白兰地的一小口。

toothpick 牙签 以竹、木或象牙等材料制成的一种尖状短签,用于饭后剔牙或用来插入三明治、黄瓜、橄榄等作为取食的工具。

top fermentation 上发酵 温度在 14℃ 到 30℃ 之间发生的旺盛发酵。这时,酵母上升到酒体上面。常用于酿制上面啤酒、黑啤酒和高酒度葡萄酒等。

top milk 上层奶 在容器中存放的牛奶上层,富含上浮的乳脂。

topinabour (F.) 菊芋,洋姜
参见 Jerusalem artichoke

topper 上层食品 装箱水果的上层,其质量一般要优于下层。

topping opener 顶盖开罐刀 一种开罐头刀具。从卷边侧面切开,以保持罐盖完整。参见 can-opener

topside 牛上股肉
也作 silverside

torchon (F.) 胡椒粉瓶
参见 duster

tord-boyaux (F.) 劣等烈酒

tord-goule (F.) 桂皮米布丁
参见 tergoule

tordo (It.) 鹅
参见 thrush

Toro (Sp.) 托洛酒 西班牙萨莫拉地方产的一种上等红葡萄酒。

toronja (Sp.) 葡萄柚
参见 grapefruit

torpedo 单鳍鳐 产于地中海的一种鳐鱼。烹调方法同鳐。参见 skate

torpille (F.) 单鳍鳐
参见 torpedo

torréfacteur (F.) 烘烤炉
参见 oven

torrefy 轻烤 一种烹调加工方法。指将食品在火上或平底锅上略微加以煎烤。

torrone (It.) 牛轧糖
参见 nougat

torsk 单鳍鳕
参见 cusk

torta (Sp.) 单层馅饼 用面包或饼干做底,并涂有甜味馅料。

torta castagnina (F.) 栗粉果馅饼 以葡萄干、杏仁、桃仁和松仁作馅,淋以朗姆酒。产于法国科西嘉岛。

tortada (Sp.) 大馅饼 常以鸡肉或猪肉作馅。

torte (F.) 果仁大圆糕饼 用鸡蛋、糖、碎果仁以及面包屑烘成的一种扁圆形糕饼。有时填有果酱;加上糖霜、巧克力或咖啡作点缀。也指德国和阿尔萨斯地区的一种草莓奶油蛋白酥。

tortellini (It.) 指环状馅饺 一种意大利特色面食,以肉糜和干酪作馅,入沸水中煮成。参见 ravioli

tortiglioni (It.) 螺旋状通心面 意大利面食之一。常用于烘烤。参见 lasagne

tortilla (Sp.) 玉米粉圆饼 墨西哥人用不发酵的玉米做的扁平面包。传统方法是将玉米用生石灰煮,使谷粒软化,用手磨碾碎加工而成。可拌食各种墨西哥菜或制汤。另外也可加入肉、豆、干酪等为馅,放入调汁烘烤。

tortillon (F.) 绞花状糕点
参见 fancy bread

tortoni 什锦冰淇淋 一种含有大量乳脂的冰淇淋,以碎杏仁、马拉斯加樱桃等作配饰。

tortue (F.) 甲鱼
参见 turtle

tortue-fausse (F.) 充甲鱼汤
参见 mock turtle

Toscane, à la (F.) 托斯卡纳式 托斯卡纳在意大利西北部。该式指以通心面、鹅肝酱和块菌丁作配菜的菜式。常袋以面包屑和干酪屑,用于佐食小牛肉、炸鸡和小牛胸腺等美食。

toss 搅匀 一种烹调手法。指将各种食品原料在平底锅中轻轻摇匀。也指将锅中的食品向上方抛起,如将煎饼抛起翻转手法。

tossed salad 拌色拉 用绿叶菜加入切片番茄、黄瓜等,再用油状调味料凉拌而成。

tostada (Am.) 脆玉米饼

toston (Sp.) 1.烤小猪 2.油煎面包片

tot 小杯酒

totano (It.) 柔鱼、鱿鱼
参见 calamary

totelots (F.) 面条色拉 一种法式凉拌,配料中以面条和硬煮蛋为主,但往往趁热食用。

tôt-fait (F.) 煎饼,烤饼
参见 flapjack

Töttchen (G.) 辣味烩肉 德国明斯

特(Münster)风味食品之一。

touffe (F.) 一束　如一束欧芹或细香葱等。

tough 1.(面团)稠的,粘的　2.(肉)老的,粗的

touiller (F.) 搅拌,搅匀
参见 blend

toulia (F.) 番茄洋葱汤　以韭葱、干酪和大蒜等作配料。也作 ouliat

Toulousaine, à la (F.) 图卢兹式　图卢兹在法国西南部,是朗格多克-鲁西永地区的上加龙省省会,以肥肉生熏香肠和鹅肝酱著称于世。该式指以块菌、小牛胸腺、鸡肉丸、鸡腰和奶油沙司等为配料的菜式。

toupin (F.) 煨肉锅　一种圆形细颈陶锅。

Tour d'argent (F.) 金塔餐馆　法国巴黎最古老的餐馆之一,创始于1582年。据说法国国王亨利四世曾在此用餐,并使用了刚发明的餐叉。该餐厅最著名的菜肴均是各种用鸭制成的特色风味。

tourain (F.) 牛奶洋葱汤
参见 thourins

tourain à la Périgordine (F.) 佩里戈尔洋葱汤　以番茄、蛋黄和干酪作配菜的一种法式浓汤。

Touraine, à la (F.) 图赖讷式　图赖讷为法国卢瓦尔河地区名,以水果、蔬菜、鱼和各种轻质红葡萄酒著称。该式指以李子干和葡萄酒为菜肴配料的菜式。

tourer (F.) 揉捏(面团)
参见 knead

tourin (F.) 牛奶洋葱汤　常加入干酪增味。为法国西南地方风味。参见 thourins

tournado (F.) 腓里牛排　用从牛里脊肉中段切下的嫩肉块制成的牛排。1855年最早出现于巴黎的一些餐厅中。参见 fillet

Tournai porcelain 图尔奈瓷器　18世纪中叶产于比利时图尔奈。以名胜、神话、花卉和图案作为题材,艺术效果完美。其特点是盘碟边缘都有细微的凹凸纹。可作为贵重餐具。

tournebroche (F.) (烤肉用)旋转铁叉　参见 spit

tourner (F.) (蔬菜)切削成形
参见 turn

tournesol (F.) 向日葵
参见 sunflower

touron (F.) 夹心杏仁糖　产于法国的朗格多克地区。类似牛轧糖,常以阿月浑子、榛子仁和杏仁等作夹心。

tourri (F.) 番茄洋葱汤
参见 toulia

tourte (F.) 圆馅饼,圆面包

tourte corse (F.) 科西嘉圆馅饼　以栗子粉、干果、松果等作馅料的一种法国地方风味食品。

tourteau (F.) 图托蟹　一种大蟹,可食用。参见 crab

tourteau fromagé (F.) 图托干酪　法国波尔多地区的一种羊奶干酪。外皮呈黑色,经烘烤而成。

tourterelle (F.) 斑鸠
参见 turtle dove

tourtière (F.) 鸡肉馅饼　以婆罗门参等作配料制成。

tous-les-mois (F.) 美人蕉淀粉　取自美人蕉的根状茎。常作为竹芋粉出售,用于制成婴儿食品。

toute-bonne (F.) 1.野菠菜　2.巴梨
参见 Bartlette

toute-épice (F.) 黑种草子粉　一种调味用香料粉末。

tovagliato (It.) 桌布,餐巾
参见 table linen

tovuk palov (R.) 鸡肉饭　乌兹别克地方风味。参见 pilaff

towel 擦手毛巾　现在已用餐巾纸等代替。参见 kleenex

towel gourd 丝瓜
参见 sponge gourd

toyo (Fi.) 酱油
参见 soy sauce

trafiqué (F.) 掺水的酒
参见 abondance

tragacanth 西黄蓍(胶)　一种紫云英属植物,产于欧洲和亚洲等地。其叶

子可经提炼取得一种胶质,在水中会膨胀而形成凝胶状物质。食品工业中常用作增稠剂或乳化剂。

trago (Sp.) **白酒,烧酒**
参见 spirit

trail (鱼或家禽的)**杂碎**

Traminer (G.) **香葡萄**
参见 Gewürztraminer

tranche (F.) 1. **薄片** 2. **牛腿内侧肉**

tranche grasse (F.) **整条牛腿肉**

tranche Napolitain (F.) **那不勒斯夹心冰淇淋** 一种砖状奶油冰淇淋。有几个夹层,夹层中为乳冻,一般有三种颜色,食时切片即可。为意大利那不勒斯特色食品。

trancheur (F.) **切肉厨师** 或切肉服务师。专门负责在餐厅中现场切配各种肉类,直接供顾客取用。是一名有比较熟练技术的高级服务人员。

tranchoir (F.) 1. **菜刀** 2. **切肉砧板**
参见 cutting board

trancia (It.) **薄熏肉片**

transparent icing 透明糖霜 一种极薄的糖霜涂层,点缀在糕点上。制作需要一定的技艺。

Transvasement 转换法
参见 sparkling wine

Trappist cheese 苦修会干酪
参见 Port Salut cheese

Trappistine (F.) **苦修会利口酒** 法国产的一种以白兰地为基酒的利口酒。按格雷斯修道院的古老配方酿成,加入许多种香草药和香草。色泽黄绿,含酒精45%。

trattoria (It.) **意大利菜馆**
参见 restaurant

Traube (G.) **葡萄**
参见 grape

Trautmannsdorf (G.) **特劳曼斯多夫** 奥地利的一位伯爵,生卒年代为1749—1827。以其名命名了一些甜食和糖果。

Travarice (Yu.) **特拉伐利斯酒** 南斯拉夫产的一种水果白兰地。加有多种香草植物,有药效。

tray 托盘 方形或圆形的浅盘。四周边缘略高,用金属或其他材料制成。餐厅中可用于送餐或送饮料。

tray-top table 盘桌 一种其四周边缘略高于桌面的茶几。

treacle 糖蜜 一种混合糖浆,由糖、玉米饴糖和蜂蜜等混合而成。呈金黄色,味极甜。该词有时也指浓缩的甜味果汁。

treacle mustard 糖蜜饼 英国萨福克郡的一种古老配方。以糖浆、鸡蛋和油酥面团烤黄,待冷却后食用。

Trebbiano (It.) **特列比亚诺葡萄** 意大利中部滨亚得里亚海地区的一种重要葡萄品种。用其酿成的白葡萄酒味干冽,色泽金黄,香味充分。在法国常称为 ugni blanc。

treble palma 珍品酒 雪利酒质量的最优级。

trebuc (F.) **腌肉** 包括腌猪肉、鹅肉、鸡肉和火鸡肉等。也作 tromblon

tree ripe 树上成熟的 果实在未采摘前即已成熟的。参见 market-ripe

tree tomato 树番茄 南美洲的一种灌木。果实呈卵形,色泽红褐,滋味似番茄,故名。

trefah (He.) **不洁食物** 按犹太教规所禁食的各种食品,如猪肉、无鳞鱼、甲壳类食物、包括虾蟹和其他食物。
参见 kosher food

treize desserts de Noël (F.) **圣诞十三式甜点** 法国普罗旺斯地区传统圣诞前夕用点心。有十三种花式,如各种干果、鲜果、糖果、蜜饯和小蛋糕等。

tremella 银耳 也叫白木耳。一种真菌,长在栎树等木段上,色白,半透明,富于胶质。在中国被广泛用作滋补食品。

trempage (F.) **浸软(的食品)**

trempette (F.) **浸泡** 在食用前将面包或糖块浸泡在汤或饮料中。

trencher (切面包用)**垫板**

trenette (It.) **细长面条**
参见 vermicelli

trénoules (F.) **酒炖羊肚** 一种法式菜名,以番茄、火腿和白葡萄酒作配料。参见 tripe

trepang 海参
参见 sea cucumber

Tres Castillos 甜茴香酒 波多黎各产的一种利口酒。

très sec (F.) 极干的
参见 extra dry

Tresterschnapps (G.) 果渣白兰地 产于德国的莱茵地区。参见 marc

treuffe (F.) 土豆
参见 potato

trevally 黑鲹 也叫乔治鲹，为产于澳大利亚的一种鲹科食用鱼。

trianon, à la (F.) 三色的 指包括三种色泽的一些菜肴。

trichiure (F.) 带鱼
参见 cutlass fish

triclinium 罗马式餐桌 一种有三个座位的三角形餐桌。

trifle 葡萄酒蛋糕 一种冷甜食。将蛋糕浸人葡萄酒、雪利酒和果汁，上盖掼奶油、蛋白酥和樱桃等，然后放入一个大玻璃盘内食用。

triggerfish 鳞鲀 一种具有直立背鳍的鲀属食用鱼。体表艳丽，有金属光泽。肉味嫩美，但少数有毒。其鱼鼻外形似猪鼻，故也可称为猪鲈。主要产于美国长岛以南海域。

trigle (F.) 海鲂
参见 John Dory

triglia (It.) 红鲻鱼
参见 mullet

trigo (Sp.) 小麦
参见 wheat

trim 修整 对肉类或蔬菜用刀切去边角或其他不需要的部分，以使其外观改进而符合烹调的要求。

trimmings 修整下脚料 肉或蔬菜经修整后的边料。可用于熬制原汁汤料或调汁等。

trinchero (Sp.) 大餐盘 用于切割食物的垫盘。

trinciare (It.) 切碎, 剁碎

trinque (Sp.) 烧酒
参见 spirit

tripa (Sp.) 食用牛肚
参见 tripe

tripe 食用牛肚 牛肚形状如绒毯或蜂窝。洗净后经以牛奶慢火焖煮，加入洋葱和白汁沙司然后取出切成细条食用。也可裹以鸡蛋和面包屑，以油炸食。牛肚菜肴在英国尤其受到人们的欢迎。

tripe à la cadurcienne (F.) 卡奥尔式牛肚 一种以藏红花作调味的烹调方式。卡奥尔(Cahors)在法国佩里戈尔地区。

tripettes (F.) 羊肚
参见 tripe

tripettes à la mode de Corse (F.) 科西嘉式烤羊肚 佐以番茄沙司为主的一种法式菜肴。

triple sec (F.) 极干的 原指葡萄酒或利口酒甜酒不甜的，尤指一些高酒度的橘皮酒等。有人认为该词指上述橘皮酒中含有橙皮、苦橙花和鸢尾根三种调香料的意思。参见 curaçao

triple-crème (F.) 浓奶油干酪 通常含脂肪 75% 以上。参见 super cream

tripotcha (F.) 香味牛肉黑布丁
参见 black pudding

tripoux (F.) 填馅羊蹄 法国中央高原风味食品。

trique-madame (F.) 白景天草
参见 stonecrop

tritical 小黑麦 由小麦与黑麦杂交培育而成。其蛋白质含量及赖氨酸含量高于其他小麦。适于种植在高寒地区，可用于作为主食。

trivet 三脚架 置于餐桌上垫放热菜的金属架。也指有三个脚的一种炖锅。

trocken (G.) (酒)干的, 不甜的
参见 dry

Trockenbeerenauslese (G.) 最上等酒 酒类术语。其质量居于首位，数量稀少，价格昂贵。一般指味甜、酒体厚的葡萄酒，口味类似于利口酒。

trognon (F.) (蔬菜、水果的)核心
参见 core

trois-six (F.) 三六烧酒 旧时一种含酒精 85% 以上的烧酒。因饮时常取此酒三份，加三份水而成。

Trollinger (G.) 特洛林格葡萄 原产于意大利的蒂罗尔,现种植于德国的符腾堡(Württemberg)。用于酿制轻质清新白葡萄酒为主。

tromblon (F.) 腌肉
参见 trébuc

trompette de la mort (F.) 丰饶角蘑菇 一种滋味鲜美的蘑菇。也作 corne d'abondance

troncon (F.) 厚肉块
参见 chunk

tropical lemon 热带柠檬 用于加入金酒或伏特加酒中作调味料。其口味介于苦柠檬和奎宁水之间。

tropical margarine 热带麦淇淋 一种含硬脂较多的人造奶油,不易融化。

trota (It.) 鳟鱼
参见 trout

Trotosky Apricot Brandy 托洛托斯基杏子白兰地 由英国酿制,含酒精24%。

trotter 脚爪 指小牛蹄或猪蹄,常用于炖煮成小牛蹄冻等菜肴。

trough 和面槽 用于拌和面团等,常为陶制或金属制。

trough shell 蛤蜊 一种双壳类软体动物。参见 clam

Trousseau (F.) 特鲁索葡萄 法国的一种用于酿制红葡萄酒的葡萄品种。

trout 鳟鱼 属鲑科,大多居住于清澈的浅水区。颜色鲜艳,肉味肥美。有许多品种,如虹鳟、河鳟、褐鳟等。而湖鳟的烹调方法可与鲑鱼相似。

troutlet 小鳟鱼
参见 trout

trout-perch 鲑鲈 鲑鲈科两种黑斑鱼的统称。见于北美淡水水域,可食用。

Trouvillaise, à la (F.) 特鲁维尔式 特鲁维尔在法国西北的诺曼底地区。该式指以虾、扇贝和蘑菇作配料的菜式。

trucha (Sp.) 鳟鱼
参见 trout

truche (F.) 土豆 法国贝里地区的称法。参见 potato

truck crops 蔬菜 因经常由卡车装运上市出售而得名。参见 vegetable

truckle 小圆筒形乳酪

true water beetle 龙虱
参见 predaceous diving beetle

truelle (F.) 弯柄木匙 用于烹调鱼类菜肴等。参见 spatula

truffade (F.) 干酪土豆泥 法国中央高原风味食品。以阿里戈干酪拌入土豆泥,烤后加入大蒜和熏肉等配料制成。

truffe (F.) 块菌
参见 truffle

truffe blanche (F.) 白块菌
参见 truffle

truffe en croûte (F.) 块菌脆馅饼 以鹅肝酱和熏肉作配料的一种法式馅饼。

truffiat (F.) 土豆馅饼
参见 duchess

truffle 块菌 美味的食用真菌,成熟后为深黑色,俗称黑蘑菇。原产于热带。小者如豌豆;大者如柑橘。在法国烹调中,一种棕黑色圆形块菌最为珍贵,主要产地在佩里戈尔。块菌深藏地下,常训练猪或狗来寻找。滋味鲜美,价格昂贵,为美食家所推崇。

truite (F.) 鳟鱼
参见 trout

truite arc-en-ciel (F.) 虹鳟
参见 rainbow trout

truite au bleu (F.) 蓝鳟 一种鳟鱼,因背呈蓝色而得名。其特点是必须捕得后立即烹调,否则肉质不够理想。

truite d'Europe (F.) 河鳟 产于欧洲的一种淡水鱼。参见 trout

trumpeter 鸫
参见 agami

trunkfish 箱鲀
参见 boxfish

Trusoy 全脂大豆粉 英国 Soya Products 公司生产的一种加热营养食品商品名。

truss 捆扎 将鸡的翅膀、大腿用线固定的一种加工方法。目的是使鸡成形,然后进行烤、煮或蒸等烹调。这种

Truthahn (G.) 雄火鸡
参见 turkey

trypsin 胰蛋白酶　胰液所含的一种消化酶,能把蛋白质分解成氨基酸由人体吸收。

tsa-tsai (C.) 榨菜　由二年生草本植物芥菜的变种茎经加工处理而成。味鲜微辣,为佐餐佳品。参见 mustard

tsp. (abbr.) 一茶匙
参见 teaspoonful

ttoro (F.) 洋葱鱼汤　以番茄和大蒜作配料。为法国西南地方风味。

tub 小酒桶　过去用于装走私的劣质烈性酒的木制小桶,容量为4加仑。

tuba (Fi.) 棕榈酒　产于菲律宾的一种以棕榈树汁发酵而成的土制酒。

tube pan (Am.) 环形锅　一种深盘环状糕点锅,烤制时可使糕点的中心与边缘同时成熟。

tuberose 晚香玉　龙舌兰科多年生草本栽培花卉植物。花呈蜡白色,可用于制食用香料。

Tuborg (Da.) 图博格酒　丹麦首都哥本哈根产的一种淡啤酒。

tuck (Am.) 食品,糕点　俚语。尤指甜味糖食。

tuckahoe 茯苓　一种地下真菌植物,内部坚实,呈红色;外部为棕色皮层,可食。

tucker-bag 食品袋　澳大利亚一种供丛林旅行用的食品口袋。

tucunare (Sp.) 土库丽鱼　南美洲产的一种淡水鳍属鱼,形似鲈鱼。有很高的食用价值。

tuica (Ru.) 朗姆酒李利口酒

tuile (F.) 杏仁饼干　因常压制成瓦状,故名。

tukum dolma (R.) 填馅肉丸　乌兹别克地方风味。

tulip 郁金香　产于欧洲的一种名贵花卉。除观赏作用外,其根茎可食用。烹调方法与菊芋相同。该词也指一种郁金香花状的香槟酒杯。

tullibee 白鱼　北美洲的几种白鱼,如水口白鱼等,有很高的食用价值。

tumbilo (Sp.) 南瓜
参见 pumpkin

tumbler 玻璃水杯　一种底座稳固的无脚杯,颈部呈尖形或凸形。

tun 大啤酒桶　容量为252加仑或1145升。

tuna 金枪鱼　也叫鲔鱼,产于暖和的海域。肉质坚实,最长可达10英尺。有时泛指鲭科鱼类,食用价值很高。可用于炸、扒、煮和制成罐头等。油浸金枪鱼罐头是开胃冷盘中的珍品。

tunge (Da.) 牛舌
参见 tongue

Tunisian wine 突尼斯葡萄酒
参见 North African wine

tunny 金枪鱼
参见 tuna

turban (Am.) 缠头巾式　也叫土耳其式。指将鸡肉、冷小牛肉、块菌、牛舌和其他食品装饰成过去土耳其人戴的缠头巾式样作点缀的菜式。

turbinado 分离砂糖　一种部分精制的砂糖。在分离时经过水洗、烘干,因而色泽较白。常用于食品工业。

turbit 短喙鸽　一种肉用家鸽名种,味嫩。参见 pigeon

turbot 大菱鲆　欧洲的一种大比目鱼,泛指其他鲽科鱼。体重可达30—40磅,是极受重视的食用鱼。根据不同大小可加以烤或炸等。

turbotière (F.) 菱形烧鱼锅　也指用于炖煮菱鲆的鱼锅。

Turckheim (F.) 图尔克海姆酒　法国阿尔萨斯地方产的一种白葡萄酒。

tureen 汤碗　一种盛流质食物的有盖容器。一般盛放汤或调味汁,放在餐桌上备用。最早的汤碗为银质或陶瓷,有的制成动物或植物形态。

turkey 火鸡　也叫吐绶鸡,为原产于北美洲的一种红肉鸡。火鸡有古铜色的羽毛,主要供作为圣诞节或感恩节的主要食品。近年来,由于价格昂贵,许多西方家庭改用鹅来代替。

turk's cap 圆盘南瓜　以形似旧时土耳其人的帽饰而得名。

turk's head pan (Am.) 土耳其式蛋

糕圈模 参见 turban

turkey Tetrazzini 戴德拉齐尼式烤火鸡 由意大利人 Luisa Tetrazzini 发明,故名。制法为将面包屑撒在火鸡表面烘烤起焦,再以蘑菇、杏仁和面条作配料。食时采用任何稠粘的沙司作佐料,如番茄沙司和蛋黄酱等。

turkeyburger (Am.) 火鸡肉汉堡包 参见 hamburger

Turkish bean 红花菜豆 参见 scarlet runner

Turkish blood 红血酒 以勃艮第红葡萄酒和烈性啤酒混合而成的一种红色鸡尾酒。

Turkish coffee 土耳其咖啡 一种特色风味磨碎咖啡制品。饮时需先在糖浆中熬煮,故香浓甜腻。

Turkish cookery 土耳其烹调 土耳其菜肴的特色兼有中亚地方色彩和希腊风味,并受到伊朗等国的影响。土耳其以烤羊肉、羊肉串等著称。其蔬菜如洋蓟、茄子、南瓜和菜豆等也很丰富。主食为面包和大米。土耳其的烹调特点以五香、辛辣和色泽浓腻为主。

Turkish delight 拌砂软糖 以糖、明胶和其他致凝剂如玉米粉等拌和煮沸后待其呈透明状时,加入香料和色素。冷却后切成小方块,撒以细糖粉即成。有时泛指土耳其点心。

Turkish pasta 拌砂软糖 参见 Turkish delight

Turkish pepper 帽椒 参见 bonnet pepper

Turkish wine 土耳其葡萄酒 土耳其在中古时期起就已开始酿制葡萄酒。19 世纪遍及全世界的葡萄根瘤蚜虫害没有波及到土耳其,因而保存了许多葡萄名品。今天土耳其的酿酒地区以首都安卡拉为中心,并包括近伊朗的一些边境地区。土耳其葡萄酒的含酒精度一般为 15% 左右。

turmeric 郁金 即姜黄,姜科草本植物。自古就用于调味和香料。味辛辣稍苦,通常磨碎出售。可作为芥末的调味配料和咖喱粉、开胃食品、腌制食品以及烹饪蔬菜、鱼、蛋、家禽、猪肉和米等的酱料。郁金原产于印度南部和印度尼西亚等地。

turn (蔬菜)切削成形 指把土豆、胡萝卜和其他蔬菜切成两端稍尖的长条形,也可切成圆形或椭圆形等。作为各种菜肴的配饰。

turn spit 旋转式烤肉叉 过去以人工或驯练狗等动物来转动,以使肉受热均匀。现在大厨房中有电动烤肉叉。

turn table 转盘式餐桌 参见 Lazy Susan

turner 翻勺 一种宽板状有孔金属勺,用于油炸食品时翻动提取之用。

turnip 芜菁 俗称大头菜。一种有白色果肉的蔬菜。据说在英王乔治一世时从德国传入英国。可作蔬菜食用,也可煮汤或焖煮。其他品种有 rutabaga 和 swede 等。

turnip cabbage (Am.) 芜菁甘蓝 参见 rutabaga

turnip tops 芜菁嫩叶 一种有辛辣味的蔬菜叶片。烹调方法同其他绿叶菜。

turnover 半圆形馅饼 一种特别的馅饼。将圆形面皮对半折叠,装满美味馅料即成。开口的半边常压合或卷合,可烤可炸。其馅常为肉、硬煮蛋、菜泥、橄榄和葡萄干等。俄式烤饼常加入干酪;而美国的玉米馅饼呈半圆形,裹入牛肉、洋葱、萝卜丝或水果馅。作为传统午餐食品。

turrada (Sp.) 烤面包片 参见 toast

turron (Sp.) 杏仁糖,花生糖 也可用其他果仁制成,如阿月浑子、榛子和胡桃等。

Turteltaube (G.) 斑鸠 参见 turtle dove

turtle 龟,鳖 爬行动物,产于亚热带和温带地区。行动缓慢,性情温和。其肉和卵可食,常制成汤,据信有滋补强身的功效。龟994种类很多,大如海龟,小至甲鱼或称鳖,均是有名的菜肴。

turtle dove 斑鸠 欧洲常见的一种野生雉鸟,常烤食。烹调方法与一般家鸽相同。

turtle herbs 市售香料植物 指经初步加工可直接用作调香料的香料植物。包括百里香、月桂叶、罗勒和牛至等。

Tuscany 托斯卡纳 意大利中部大区,濒临第勒尼安海,为富饶的农业区之一。专门生产小麦等谷类、蔬菜和水果,饲养牛、马、猪和家禽。其橄榄油和葡萄酒也十分著名。

tushi (R.) 腌泡蔬菜
参见 Sauerkraut

tutter (Du.) 祝你健康 敬酒用语。

tutti-frutti (It.) 蜜饯果脯冰淇淋 也指什锦水果或什锦蔬菜。

TV dinner (Am.) 电视餐 一种速冻盒装便餐。其用料有肉、鸡、鱼、蔬菜和甜食等,食前只须稍事加热即可。最早生产于 1953 年。

Twelfth Night cake 第十二夜蛋糕 一种松软的奶油鸡蛋糕,形似皇冠。在蛋糕中藏入一颗象征性的豆粒或其他纪念品,得到的人就被推举为该节日的国王或王后。该习俗流行于巴黎及卢瓦尔河流域地区。

twin-spout teapot 双嘴茶壶 该茶壶由两部分组成。其一可倒出茶水,另一个则可倒出热水。

twist 1. **水果皮** 如柠檬、橙子或酸橙果皮。制成卷条状作为鸡尾酒的配饰或点缀。2. **绞辫式面包** 也叫绞花面包或辫子面包。

twist single and fold 单扭花包装 将糖果放在包装纸中心,然后提起四角,在糖块顶部扭紧即成。

twister (Am.) 油炸麻花
参见 cruller

two-bean succotash (Am.) 玉米煮豆 美国衣阿华州风味之一。以利马豆和豌豆加黄玉米一同煮成。

two-star brandy 双星白兰地酒 含有 55% 天然原料和 45% 配制原料的白兰地酒,一般至少陈化 4 年。

typhales 香蒲 一种单子叶植物,为沼泽、池塘和河边的直立漂浮植物。其根状茎含有可食淀粉;嫩茎可作蔬菜或色拉;花粉富有营养,可作糕点的添加剂。被称为野生植物中最有用的应急食物。

Tyrol (G.) 蒂罗尔干酪 产于奥地利蒂罗尔的一种酸味奶酪。

tzimmes (Je.) 茨米斯 一种甜味组合菜肴。由胡萝卜、土豆、干果和肉类一起用铝锅炖熟而成,为一种犹太民族风味。

Tzuica (Ru.) 朱依卡酒 罗马尼亚产的一种李子白兰地酒。

U

ube (Fi.) 参薯
参见 white yam

uccello (It.) 小牛肉卷
参见 veal bird

udder 牛乳房 可用来盐腌或烟熏。烹调方法同小牛肉片。

Ude, Louis Eustache (F.) 路易·厄斯塔什·于德 法国著名大厨师,曾任路易十六的宫廷御厨,后成为塞夫顿伯爵。1827年出版《法国厨师》一书。

udon (J.) 玉米面条 日本特有风味。也可用普通面粉或荞麦粉制成。

ugli 柚桔 红桔和葡萄柚的杂交品种,原产于牙买加,也叫丑果。常在炭火中烤食。

ugly fruit 柚桔
参见 ugli

ugni blanc (F.) 白羽霓葡萄 法国的一种白色酿酒用葡萄,在意大利被称为特列比亚诺葡萄。美国加利福尼亚等地将该葡萄酿成佐餐用干白葡萄酒。

uisgebeatha (Du.) 威士忌酒
参见 whiskey

uitsmijer (Du.) 鸡蛋菜肴吐司
参见 canapé

ukha sucha (R.) 清炖鱼汤 俄式鱼汤的品种很多,使用的鱼包括小鲈鱼、梭鲈、丁鲹、鳕鱼、鳗鲡和鳟鱼等。以洋葱、欧芹、月桂等作调香料。汤色清亮,以小火炖烩而成。参见 consommé

uku 短鳍笛鲷 夏威夷产的一种灰蓝色鲷鱼,被视为珍品。该词源自夏威夷语。

ullage 缺量 指瓶中容量不足或渗漏。

Ulloa (Sp.) 加来戈干酪
参见 Gallego

ulluco 落葵 产于秘鲁或玻利维亚的一种块根植物。其口味类似土豆,曾试图移植到欧洲,但未成功。也作 ullucus

ulmaria 野生婆罗门参 可用于麝香葡萄酒的调香。参见 salsify

ultra heat treated milk 高温消毒牛奶 在270°F(132℃)高温中煮2秒钟后装瓶,可不经冷冻保存数月而不变质。

ulua 羽鳃鲹 也叫竹荚鱼。源自夏威夷土语。参见 scad

ulva 石莼
参见 sea lettuce

umbles 鹿内脏 鹿的可食用内脏,包括肝、肾和心等。过去仅供富人家的仆人食用。

umbra 茴鱼
参见 grayling

umbrine 地中海鲔 肉质极其嫩美。主要产于地中海水域,故名。烹调方法同普通鲔鱼。参见 bass

umido (It.) 番茄调料 以番茄为主,加入辛香料的一种意大利式沙司。

Umlage (G.) 配饰菜
参见 garnish

uncooked 生的,未煮熟的
参见 raw

uncork 拔瓶塞 指拔出酒瓶的木塞,一般使用螺丝锥等工具。香槟酒瓶内有一定的压力,拔塞时需掌握一定的技术。尽量不可使酒液冲出瓶口或泛起酒渣。其关键是动作缓慢,酒瓶不可晃动等。

Underberg (G.) 恩德堡酒 德国的一种芳香苦味酒,可用于治疗胃部不适。

undercooked 未煮透的
参见 rare

undercutting 背剖 鲑鱼加工刀法之一。一般指沿脊骨从背部左右切开以便盐渍等。

underdone 嫩煎 牛排等的嫩煎一般指在热油锅内略煎即行取出的程度，肉色红或带血。参见 rare

undernourished 营养不良 指缺乏充足的食物或摄入营养物质低于健康及生长所必需分量两种情况。

under-proved loaf 僵发面包 指面团醒发不足即加以烘烤的面包，形态瘪，口味不佳。

undersalted meat 淡腌肉 一种仅放少量盐腌制的猪肉，味淡，不宜久放。

undressed 1.未加调料的 2.(鱼或家禽)未剖洗的 尤指未褪毛的鸡等。

unfermented tea 绿茶
参见 green tea

unfermented wine 未发酵酒 指葡萄汁或其他果汁，还包括一些粮食的汁液等。即将进行发酵酿酒。

unflavored (菜肴)未经调味的

unhopped (啤酒)未加啤酒花的
参见 hop

unicorn plant 角胡麻 玄参目角胡麻科草本植物，原产于北美。花紫色或奶油色，果实粗壮，可食用。

Unicum bitters 乌尼科姆苦味酒 意大利的一种芳香利口酒。采用匈牙利的古老配方酿成。

United States 美国 美国的印第安人保留了其原始的烹调风格和特色菜肴。从殖民者来到美洲以后，美国的菜肴就具有自己的特色。今天美国豪华餐厅林立，另一方面又以快餐、汉堡包、炸鸡和土豆条风靡市场。美国今天又成为世界第二大葡萄酒消费国，其加利福尼亚的葡萄酒质量已跃居世界前列。美国人喜爱牛排、火腿、鸡、龙虾、苹果饼和冰淇淋等。

univalve 单壳软体动物 如蜗牛和蛾螺等，可食用。参见 mollusc

Universal Product Code (Am.) 通用条形码 食品等商品外包装表面以二进位制程序印刷的条纹符号。可记录商品名、销售厂商和价格等。在超级市场等供低功率激光束扫描识读后计价，有利于快速自动累进收款。

unleavened dough 死面 一种经加水调合而未经发酵的面团，烘烤后质地较硬。

unmold 扣出 指将模制食品取出模具的过程。

unpalatable 淡而无味的
参见 insipid

Untertasse (G.) 餐盘
参见 plate

untruss 解开(扎紧的鸡)
参见 truss

unusual foods 非常规食品 这一名称的内容往往因地而异。如诺曼底人不习惯使用橄榄油；而希腊人则认为是常规食品。目前公认的一些非常规食品如下：象鼻、水牛、犀牛、鳄鱼尾、猴脑、蟒蛇肉和鲸鱼肉等。

uovo (It.) 蛋，鸡蛋
参见 egg

UPC (abbr.) 通用条形码
参见 Universal Product Code

upérisation (F.) 超杀菌法 指牛奶在150℃高温蒸汽中消毒1秒钟。杀菌效果比较彻底。

upland cress 独行菜
参见 garden cress

upside-down cake 翻面水果糕 将水果切成薄片密排在烤盘中。烤盘事先涂以糖浆，然后浇以搅合面糊。烘烤后将果糕翻转在盘中，使水果面向上食用。

uranoscopus 猪鼻鱼
参见 hogfish

urda (Ru.) 羊奶酪 以发酵羊奶乳清制成的奶酪，口味与牛奶酪不同。该词有时也指羊奶乳清酒。

urn 热咖啡壶
参见 coffeepot

ursine seal 海狗 一种哺乳动物。四肢短像鳍，趾间有蹼，毛呈紫褐色或黑色。生活在海洋中，但也能上陆爬行。

可食用,有滋补作用。

Uruguay potato 乌拉圭土豆　一种南美植物,其食用块茎与普通土豆相似。参见 potato

U.S.A.brandy 美国白兰地　美国的白兰地产量居世界前列。主要产地集中在加利福尼亚。其酿制方法与口味均和欧洲白兰地相似。

U.S.A.pint 美制品脱　一种旧液量单位,使用到19世纪早期,约合480毫升。

U.S.A.rum 美国朗姆酒　美国是世界上主要朗姆酒生产国之一。以肯塔基州为主,具有独特风味。与牙买加产的朗姆酒口味不同。

U.S.A.wines 美国葡萄酒　美国有近30个州酿制葡萄酒,但以加利福尼亚为最主要,而纽约州则历史最长。现在美国葡萄酒生产采用最先进设备与技术,质量接近或超过欧洲,跃居世界前列。

ushky (R.) 小团子汤
参见 dumpling

uslero (Sp.) 擀面杖
参见 rolling pin

usquebaugh (Du.) 威士忌酒
参见 whiskey

utrennii (R.) 早餐
参见 breakfast

uva (It.) 葡萄
参见 grape

uzhin (R.) 晚餐
参见 supper

V

vaca (Sp.) 牛肉
参见 beef

vache (F.) 母牛，奶牛
参见 cow

Vacherin (F.) 伐歇尔干酪 法国萨瓦省沙布利地方产的一种牛乳干酪。有几个品种，瑞士的格吕耶尔也有相同的品种。前者重1—1.5千克，后者则重达9千克。含乳脂45%。该词也指以伐歇尔干酪作馅料的香草奶油蛋糕。

vacuum carafe 真空保温瓶
参见 thermos

vacuum coffee maker 真空煮咖啡壶 一般有上下两个容器。上部装磨碎咖啡及过滤装置，密封连接盛水的下部容器。水煮沸后会升到上部，冷却时又会因压力减小而透过咖啡层。味香质纯。

vacuum container 保温桶 一种双层金属桶，可用于食品和饮料的保温或冷藏。

vacuum flask 真空保温瓶
参见 thermos

vacuum preservation 真空保藏法 利用真空环境使食品脱水和减少氧化来保存的方法。它可以是真空干燥使水果脱水，真空冰冻使肉类、蔬菜和鸡蛋脱水，也可以将食品封入铝箔袋中经高温杀菌后抽出空气密封保藏等。

vadra (Ru.) 瓦德拉 罗马尼亚的酒用计量单位，约合3.34加仑。

vaffel (No.) 华夫饼干
参见 waffle

vainilla (Sp.) 香草
参见 vanilla

vairon (F.) 鲦鱼
参见 minnow

vaisselier (F.) 碗橱
参见 cupboard

vaisselle (F.) 餐具
参见 flatware

Valais 瓦莱州 瑞士主要酿酒区之一，在上罗纳河西岸。气候干热，主要生产Malvasia类型干白餐后葡萄酒，常供出口。

Valdepeñas (Sp.) 巴尔德佩尼亚斯 西班牙的产酒区名，位于马德里和马拉加之间。生产欧洲驰名的醇厚葡萄酒。参见 sherry

valdespino (Sp.) 巴尔德斯皮诺酒 西班牙的一种上等雪利酒，以产地命名。参见 sherry

Valdeteja (Sp.) 巴尔德坦拉干酪 西班牙巴尔德坦拉地方产的一种羊奶酪。重800克左右，质硬。

valdiviano (Sp.) 炖牛肉
参见 ragoût

Valencia (Sp.) 巴伦西亚 西班牙的产酒区，以其烈性甜味餐后酒著称于世。现在酿造的葡萄酒则含酒精在9—18%左右。

Valenciennes, à la (F.) 瓦朗斯式 指以大米、多香果、辣椒和番茄作配菜，加白葡萄酒调味。瓦朗斯是法国东南部市镇。

valesniki (R.) 面拖炸肉饼
参见 kromeski

vallée d'auge, poulet (F.) 苹果酒煮鸡 也可煮小牛肉，加苹果片和奶油作配料。

Valois, à la (F.) 伐鲁瓦式 指以贝亚恩沙司调味的糕点和菜肴。伐鲁瓦为法国巴黎东北方城镇名。参见 Béarnaise sauce

Valpantena (Sp.) 巴尔班特那酒 西

班牙巴伦西亚产的一种宝石红干红葡萄酒，以陈化18个月者为最佳。含酒精11%。

Valpolicella (It.) 瓦尔波利切拉 意大利东北部威尼托地区的加尔达湖产酒区。生产的干红葡萄酒果香味浓，呈樱红色，回味甜。含酒精12%。

Van der Hum (Af.) 范德亨姆酒 南非产的一种橙味酒，与curaçao口味不同。已有100多年历史。其字面含义为"匿名者"，因为该酒由不知名的人酿成。含酒精31%。

vanaspati 强化人造奶油 一种将花生油、棉籽油或麻油经精炼氢化而成的混合植物油，与麦淇淋相似，并加以一定比例的维生素而成。

vandoise (F.) 圆鳍雅罗鱼
参见 chub

vanilla 香子兰 兰科热带攀援植物。其蒴果广泛用作调味剂，现在常用于各种甜食、饮料特别是巧克力、冰淇淋、糖果和焙烤食品的调香料。成品香子兰豆是一种扁叶香子兰经加工的果实，原无香味，要经过酶的作用才发出特有香味。经酒精抽提制成一种黑色的半固体浓缩物，俗称香草精。

vanilla pod 香草秆 香子兰植物经提取后用制成。呈深褐色，溶化在酒精中即成为香草香精。

vanille, crème de (F.) 香草利口酒 由香子兰籽浸出的一种甜露酒。味甜醇厚。

vanilline 香草香精
参见 vanilla

vanneau (F.) 麦鸡
参见 lapwing

vanner (F.) 快速搅拌 使搅拌物均匀而不结皮。

vapid （酒）淡而无味的
参见 insipid

vaporization 蒸发 也叫汽化，是物质从液态或固态转变为气态的现象。一般说来，食品经过加热时伴随蒸发过程。

vareniki (R.) 方形馅饺 常以肉或干酪作馅，为俄式点心之一。

varié (F.) 什锦的
参见 assorted

variegated carp 鳙鱼 俗称胖头鱼，为重要的淡水食用鱼之一。身体暗黑色，鳞细密，头很大。

varietal wine 品种葡萄酒 指以酿酒用葡萄品种命名的酒，以区别某些以葡萄产地命名的酒。品种酒如李斯林(Riesling)和卡百内(Cabernet)等。
参见 generic wine

variety meat (Am.) 头蹄及下水 家畜经屠宰后去除骨骼和整块肉所剩下的可食部分，如蹄、舌、耳等。通常经加工后出售。

varlet (F.) 牙鳕
参见 whiting

varsovienne, à la (F.) 华沙式 指以卷心菜、土豆和肉丸等作配菜的。华沙为波兰的首都。

vasellame (It.) 餐具(总称)
参见 flatware

vaso (Sp.) 玻璃杯
参见 glass

vasque (F.) 浅口盆 一种陶瓷浅盆，可用于餐桌摆设，或作冷盘用盆。

vassoio (It.) 托盘、茶盘
参见 tray

vat 大槽 盛放液体用。其容积大小不等，一般为100升，约合22加仑。

Vatel (F.) 瓦特尔 著名法国餐厅主管，生卒年代为1635—1671。曾任路易十四的厨师长，后因获取额外高收入被揭露而自杀。后人对其真实烹调水平因而也表示怀疑。

vatrouschki (R.) 小干酪蛋糕
参见 vatrushika

vatrushika (R.) 小干酪蛋糕 一种带馅蛋糕，以奶油与干酪作馅烘成。

Vaucluse (F.) 沃克吕兹 法国普罗旺斯·阿尔卑斯大区省份，罗讷河为其西部边界。盛产甜瓜和葡萄，并以优质葡萄酒 Châteauneuf-du-pape 驰名。

Vauclusienne, truite à la (F.) 沃克吕兹式鳟鱼 以橄榄油炸的鳟鱼菜肴，风味独特。参见 Vaucluse

Vaud 沃州 瑞士的大产酒区。在日内瓦湖北岸,一直延伸到洛桑一带。生产口味柔和的果香红葡萄酒和白葡萄酒。

VDL (abbr.) 利口酒
参见 vin de liqueur

VDN (abbr.) 加度甜味葡萄酒
参见 vin doux naturel

VDQS (abbr.) 特优质酒
参见 vins délimités de qualité supérieure

veal 小牛肉 指出生 3—14 星期的小牛的肉。颜色淡灰发白,组织柔软细密,含少量白色脂肪。超过 15 星期到 1 年则称为仔牛,但一般也通称小牛肉。以腿肉、里脊、肩肉和胸肉为最佳。往往去骨炙烤,炖煮或作馅。维也纳牛排即采用涂面包屑的小牛肉。

veal bird 小牛肉卷 将小牛肉切成薄片,卷入馅,再经炖熟食用。

veal cutlet 炸小牛排 将小牛腿肉切成小块,经油炸后拍平,沾上面包屑而成。

veal francese (It.) 法式小牛肉 将小牛肉片拍嫩,浸以黄油和白葡萄酒,再沾上蛋黄和面粉炸成。其配料常有番茄酱、干酪和火腿等。

veal Parmesan (It.) 帕尔马小牛肉 和法式小牛肉制法相似。参见 veal francese

vealer 仔牛 指出生满 3 个月的小牛。尚在哺乳期的小牛肉色泽浅灰,肉质极嫩。参见 veal

veau (F.) 小牛肉
参见 veal

veau, tête de (F.) 小牛头
参见 calf's head

vedro (R.) 酒桶 一种俄式酒桶,容量一般为 12.39 升。

veeno (Am.) 葡萄酒 俚称。参见 wine

vegan 净素食者 指绝对的素食主义者。从不食任何荤菜,包括奶制品。

vegeburger (Am.) 素食汉堡包 指一种无肉的汉堡包。该词由 vegetable 和 hamburger 两字缩略而成。

vegetable 蔬菜 指草本植物的新鲜可食部分。可生食或烹食,如黄瓜、莴苣、萝卜、南瓜、茄子、豆类、韭、葱、甜菜、芹菜、土豆等。一般含水分、维生素和碳水化合物,但含蛋白质和脂肪极少。

vegetable brush 蔬菜刷 用于洗整枝蔬菜的一种硬刷。

vegetable butter 植物脂 一种人造黄油,但其稠度与质地均与动物油脂相似。

vegetable caviar 蔬菜什锦 一种俄国式冷食。以茄子、洋葱、欧芹和番茄用橄榄油煮烂即成。

vegetable cheese 豆腐
参见 bean curd

vegetable chowder 蔬菜杂烩 以各种蔬菜切成丁煮烂而成的菜肴。参见 ratatouille

vegetable colouring 植物色素 以植物为原料制成的食用色素,如茜草红、姜黄和胭脂红等。参见 colouring

vegetable dish 蔬菜盘 一种菜肴名。以烤土豆、花菜和卷心菜等做成。

vegetable fat 植物性脂肪 将植物油通过氢化处理而制得的一种油脂,如人造黄油。

vegetable gelatin 植物胶 以植物提取而得的各种凝胶物质,如琼脂。以区别于骨胶。

vegetable gold 藏红花
参见 saffron

vegetable liver 素肝泥 以茄子和调味料制成的一种犹太菜肴,以代替鸡肝泥。参见 kosher food

vegetable marrow 菜瓜 南瓜属一年生草本植物。其果实呈长椭圆形,皮白或绿色,可作为蔬菜食用。

vegetable milk 豆浆
参见 soybean milk

vegetable oil 植物油 以植物果实或种子榨出的食用油,如芝麻、葵花子、玉米、花生、油菜、大豆和橄榄等。植物油含不饱和脂肪酸较多,故为减肥者所偏爱。

vegetable oyster 婆罗门参

vegetable pear
参见 salsify
vegetable pear 佛手瓜
参见 chayote
vegetable pickles 什锦酱菜
参见 chowchow
vegetable plate 素菜盘　各种蔬菜、豆类等组成的主菜拼盘。参见 vegetable dish
vegetable protein 植物蛋白　如谷类、豆类和坚果中含有的食物蛋白。其中大豆的蛋白质为完全蛋白质，故营养价值最高。
vegetable rennet 植物凝乳　指能使牛奶凝结的植物，如睡茄等。
vegetable sponge 丝瓜
参见 sponge gourd
vegetable stock 蔬菜汤汁
参见 stock
vegetal (Sp.) 蔬菜
参见 vegetable
vegetarianism 素食主义　因营养或宗教原因而主张以蔬菜、水果等非动物食物为主食的理论和习惯，但允许食用蛋和牛奶制品。素食最初仅限于佛教徒等宗教集团。英国在 1809 年起出现素食运动。
veggies (Am.) 蔬菜　俚称。参见 vegetable
veil fat 网油
参见 caul
velouté (F.) 鲜肉汁沙司　一种白色奶油状调味汁。以小牛肉或鸡肉，甚至鱼经熬煮后，加入面粉和黄油增稠制成。
velvety (酒)丝样爽口的
参见 silky
venado (Sp.) 鹿肉
参见 venison
venaison (F.) 野味肉　泛指鹿或野猪等的肉。参见 venison
vendace 白鲑　一种淡水鱼，可供食用。但仅产于苏格兰及英格兰的少数湖泊中。
vendange (F.) 葡萄收获期
参见 vintage
Vendôme (F.) 旺多姆干酪　法国奥尔良旺多姆地方产的一种全脂干酪。质硬色淡，重 250 克，含乳脂 50%。旺多姆为历史名城，今天则以食品加工业著称。
Venetian glass 威尼斯玻璃制品　指从 13 世纪至今在威尼斯生产的各种玻璃制品。工匠掌握了使玻璃着色的技术后就制成模仿大理石的玻璃和玻璃雕刻。其主要产品为酒杯。形状精致，色泽缤纷，是玻璃器皿中的上品。
veneziana (It.) 威尼斯蛋糕　一种半圆形的软蛋糕。
venison 鹿肉　鹿肉的质地、颜色和口味和牛、羊肉相似，但不肥腻，含有丰富的蛋白质。鹿肉的腿肉、里脊肉和腰肉可制成鹿排或鹿肉片。烹调时间不可过长，也可先腌渍再经焖炖食用。该词有时也可泛指各种野味肉，如野猪等。
venitienne, à la (F.) 威尼斯式　以龙蒿、欧芹、刺山柑等香料植物作配料的各种菜肴。
ventrèche (F.) 烟熏猪脯肉
参见 breast
ventresca (It.) 金枪鱼肚　以油浸金枪鱼鱼肚制成的一种意大利特色风味。
venus (F.) 鸟蛤
参见 cockle
verbena 马鞭草　美洲产的一种草本植物，可用于泡菜的调香。原产于秘鲁和智利，现种植于欧洲各地。具有淡淡的柠檬香味，也可直接泡茶饮用。据信对消化有益。
verbessert (G.) (在葡萄汁中)加糖
参见 Chaptalization
verdagon (F.) 酸葡萄汁　也指一种新酿葡萄酒。未经陈酿，色泽青绿，味稍酸涩，但口味清新。
verdelho (P.) 凡代尔酒　一种增degree马德拉半干葡萄酒，色泽金黄。参见 Madeira
verderol (Sp.) 鸟蛤
参见 cockle
Verdi, Giuseppe (It.) 威尔第　意大利杰出的歌剧作曲家，生卒年代为

1813—1901。其最著名的作品有《茶花女》、《弄臣》和《阿依达》等。他又是一位美食家,以其命名的菜通常均以块菌和通心面作配菜。

verdicchio (It.) 威尔第其奥酒 意大利马尔凯(Marche)地区产的一种轻质干白葡萄酒。呈淡琥珀色,置于希腊式双耳罐中出售。含酒精12—14%。

Verdot (F.) 凡尔多葡萄 法国的一种酿酒用葡萄品种。

Verdun dragées (F.) 凡尔登丝光糖 起源于13世纪的一种法国糖果。外表艳丽,负有盛名。常被用于婚礼等喜庆场合,一般有杏子果酱夹心。

verdura (It. Sp.) 绿叶蔬菜
参见 green goods

verduresse (F.) 1. 绿叶蔬菜 2. 香草植物 参见 herb

verdurette (F.) 香味辣沙司 加细香葱、香旱芹、龙蒿和硬煮蛋等作配料。

verdurière, omelette à la (F.) 凡尔杜式杏叶蛋 以莴苣、酢浆草、龙蒿、香旱芹及欧芹等香草切成细末作馅。

verenika (Je.) 面条
参见 pasta

Vergennes (F.) 凡尔琴尼葡萄 法国产的一种酿酒用白葡萄品种。

vergeoise (F.) 劣质砂糖
参见 granulated sugar

verjuice 生果汁 以野生小苹果或未熟的葡萄等制成的酸味果汁。

verjus (F.) 酸葡萄汁
参见 verdagon

vermicelli (It.) 1. 细条面 意大利的一种细而薄的面条,直径小于圆条面。参见 macaroni **2. 粉丝** 由绿豆淀粉加工而成。色白而半透明,可用于煮汤。

vermouth 味美思 以芳香药草提香的增葡饮料。以苦艾、刺柏、丁香、奎宁、橘皮、肉豆蔻和芫荽等多种不同的香草作配料制成。法国味美思色白味干;意大利味美思色暗味甜。常用于作开胃酒或作鸡尾酒的配份。

vermouth, British 英国味美思 一种调配酒。其风味模仿意大利或法国酒。

vermouth, French 法国味美思 一种调配酒,其配料有香料、辛香料、白兰地等。口味比意大利味美思更干,色泽更淡,历史悠久。含酒精达到22—23%。

vermouth, Italian 意大利味美思 一种调配酒。色泽较深,但味较甜。

vermut (It.) 味美思
参见 vermouth

vernaccia (It.) 维内齐亚葡萄 意大利中部和南部地区包括撒丁岛等地的一种白葡萄品种,用于酿制酒度较强的干白葡萄酒或雪利酒。

Véron (F.) 韦龙餐厅 巴黎著名餐厅。但在持续经营500年之后于1921年停业。

verrat (F.) 野猪
参见 wild boar

verre (F.) 玻璃酒杯
参见 glass

verseur (F.) 直柄咖啡壶
参见 coffeepot

vert (F.) 1. 苦艾酒 参见 absinthe **2. 生的,未煮熟的** 参见 raw

vert-cuite (F.) 煮半熟的
参见 parboil

vert-pré (F.) 佐以欧芹的 以欧芹蛋黄酱或以欧芹、水芹、土豆条和黄油佐食的各种烤肉菜肴,尤指烤牛肉。

verveine (F.) 马鞭草
参见 verbena

very old 陈白兰地酒 酒类标记。指陈年达8—12年的白兰地酒。常缩略为VO。

very superior old 陈年白兰地 酒类标记。指陈年达12—17年的白兰地酒,也有人认为可达20年。常缩略为VSO。

very superior old pale 极陈白兰地 酒类标记。指陈年达18—24年的白兰地酒,也有人认为可达20—30年。常缩略为VSOP。

very very superior old pale 最陈白兰地 酒类标记。指陈年达25—40

verza

年的白兰地酒,也有人认为达30—40年。常缩略为 VVSOP。

verza (It.) 卷心菜
参见 cabbage

vesou (F.) 蔗汁
参见 sugarcane

Vesperbrot (G.) 简易午后茶点
参见 high tea

vespétro (F.) 凡斯彼得罗酒 以白兰地为基酒,加入茴香、小茴香、芫荽和当归调香,再用糖甜化的一种利口酒。该酒产于法国的梅斯(Metz)。据说路易十五曾一次饮了很多这种酒,结果恢复了健康。

vessel 餐具,容器 如碟、碗等凹形或圆柱形餐具,尤用于盛放液体。参见 flatware

vessie (F.) 猪膀胱
参见 bladder

Vesuvio (It.) 维苏威酒 意大利的一种紫红色发泡葡萄酒,产于坎帕尼亚地区(Campania),含酒精11%。

vetch 巢菜 俗称野豌豆。为深棕色的小豆荚,其荚果含有丰富的淀粉,味似栗子。

vetkousic 龙须海棠 产于非洲南部的一种海棠属植物。其幼叶可代替菠菜食用。

Veuve de Vernay (F.) 伏内酒 法国波尔多地区产的一种发泡葡萄酒。味干与半干均有。

viande (F.) 肉类
参见 meat

viande blanche (F.) 白肉类 指家禽肉、小牛肉和猪肉等。参见 white meat

viande noir (F.) 黑肉类 指野味肉,如野猪肉或鹿肉等。参见 dark meat

viande rouge (F.) 红肉类 指牛肉、羊肉等。参见 red meat

Viandox (F.) 牛肉精 源自商品名。
参见 beef essence

Vichy 维希矿泉水 法国中央高原著名旅游胜地维希产的一种矿泉水。质量上乘,世界驰名。

vichy carrots 维希胡萝卜汁 以黄油和水煮胡萝卜熬浓即成。因原来使用维希矿泉水而得名。

Vichyssoise, crème à la (F.) 维希式奶油韭葱汤 用土豆、洋葱、奶油等作配料,常供冷食。这种汤是由美国纽约里茨饭店的大厨师,法国人Louis Diat 创制的。

vicia (Sp.) 角豆
参见 carob bean

Victor Harbour 维克托港 澳大利亚南澳大利亚州城镇和海滨游览胜地,风景优美,为该地菜牛、奶牛、水果和酒类销售中心。

Victoria 维多利亚女王 英国维多利亚女王(1819—1901)对烹饪和美食造诣很深。以她命名的菜肴不少,如蘑菇泥填馅番茄、洋蓟配菜等。参见有关词条。

Victoria sponge sandwich 维多利亚软三明治 以等量面粉、糖、脂肪、鸡蛋等制成的奶油状蛋糕,作为三明治的夹心。

victual(l)ing house 餐馆
参见 restaurant

videlle (F.) 水果去核器
参见 corer

vide-pomme (F.) 水果去核机
参见 corer

Vidrecome (G.) (德国的)大酒杯
参见 mug

vielle curé (F.) 神父酒 一种法国利口酒,产于波尔多地区一座修道院。呈棕色,芳香味甜,但易致醉上头。

Vienna loaf 维也纳面包 一种牛奶面包。两头尖,表面有一层涂糖浆的脆皮。

Vienna porcelain 维也纳瓷器 指1719—1864年间在奥地利首都维也纳陶瓷厂制造的瓷器。以富丽的彩绘闻名,形式多样、色调各异。制成的餐具呈现宝石样的外观,其艺术技巧属于微型绘画范畴。

Vienna roll 王冠小面包
参见 kaiser roll

Vienna sausage 维也纳香肠 一种用薄肠衣灌入猪牛肉的混合香肠。外

Vienne steak 维也纳炸牛排
参见 Wiener schnitzel

Vienne wafer 维也纳薄脆饼 其特点是在薄脆饼上撒以糖粉和杏仁粉。

Viennois beignet (F.) 炸奶油酥面丸 常填入奶油、蛋冻与果酱等作馅。

Viennoise, à la (F.) 维也纳式 指以鸡蛋和面包屑裹后油炸的方式。用橄榄、刺山柑、柠檬、鳀鱼和硬煮蛋等作配菜。

vierge (F.) 1.优级橄榄油 指压榨出的第一段油。2.奶油柠檬冻 用于佐食芦笋。以黄油、胡椒、盐和柠檬汁制成。

Viertel (G.) 四分之一量 德国酒的计量单位，约合 1.731 加仑。

vieux (F.) (酒)陈的
参见 age

vigne (F.) 葡萄苗木
参见 vine

vigneronne, à la (F.) 酿酒师式 指以葡萄、葡萄叶、葡萄酒或葡萄残渣等作点缀的菜式。

Vikings 海盗 指 11—12 世纪活动于欧洲沿海的北欧海盗。其食品的风格形成了今天的瑞典自助餐，可参见 smorgasbord

vignoble (F.) 葡萄园 尤指法国各地的酿酒葡萄庄园。参见 cru

Villeroi (F.) 维勒鲁瓦 法国 19 世纪著名家族名。以该家族命名的菜很多，如维勒鲁瓦炸牛排等。这些菜有常裹以鸡蛋和面包粉，佐以白汁沙司食用。

Villeroux (F.) 维勒鲁 著名法国厨师，卡雷姆的朋友。曾发明火腿煎蛋卷等名菜。

vin (F.) 葡萄酒
参见 wine

vin blanc (F.) 白葡萄酒 该词有时也指一种佐食鱼类菜肴的沙司。用白葡萄酒、蛋黄、鱼原汁和黄油等制成。
参见 white wine

vin cachete (F.) 美酒 即以封蜡封口的酒。因经多年陈酿而口味特别醇厚。

vin chaud (F.) 热烫酒 加糖与香料而趁热饮的一种混合酒。参见 mulled wine

vin coupé (F.) 搀水的酒
参见 abondance

vin de côtes (F.) 山坡葡萄酒 其质量比附近的低地葡萄酒优良。

vin de garde (F.) 贮藏酒 适宜于长期贮藏的葡萄酒，越陈越香。

vin de liqueur (F.) 利口酒
参见 liqueur

vin de Malvoisie (F.) 芒齐酒
参见 Malmsy

vin de paille (F.) 禾秆黄白葡萄酒 白葡萄酒的色泽一般均带有不同程度的黄色，有的浅黄，有的深黄。禾秆黄是类似稻、麦禾秆的色泽。

vin de pays (F.) 产地优质酒 其质量等级仅次于 VDQS 酒，含酒精一般为 9%。

vin de table (F.) 佐餐酒 指普通供日常饮用的葡萄酒。其含酒精量已标明在瓶贴上，但其中最优秀的酒则已达到 VDQS 标准。参见 vin ordinaire

vin doux (F.) 新鲜葡萄汁 指葡萄压榨后产生的原汁，供发酵酿酒，但也可作为饮料单独饮用。

vin doux naturel (F.) 加度甜味葡萄酒 指法国地中海沿岸朗格多克和鲁西荣以及佩皮尼昂等地酿制的加糖增度酒，一般含酒精 22%。

vin fou (F.) 强发泡酒 产于法国的汝拉地区。字面意义为"疯狂的酒"，因气泡特别强烈，故名。

vin gris (F.) 淡黄色白葡萄酒 字面含义为灰葡萄酒。实际只是指该色泽淡而言，比禾秆黄更淡一些。

vin maison (F.) 家酿酒 餐厅中常用作普通佐餐酒。

Vin Mousseux (F.) 发泡葡萄酒
参见 Mousseux

vin oeil de perdrix (F.) 浅红葡萄酒
参见 rosé

vin ordinaire (F.) 普通葡萄酒 指质量中等的酒。价格低廉,但产量高于任何上等酒,尤其受到酿酒地区居民的欢迎。

vin pur (F.) 纯酒 指未掺水的酒,而不一定是未经调配的酒。

vin rouge (F.) 红葡萄酒
参见 red wine

vinage (F.) 加度酒 指在葡萄酒中加入一定量的酒精的酒。参见 fortification

vinagrada (Sp.) 醋味水 一种清凉饮料。

vinagron (Sp.) 酸葡萄汁
参见 verdagon

vinaigre (F.) 醋 字面含义为变酸的酒。用于浸、渍、凉拌和制调味汁。参见 vinegar

vinaigrette 1. 醋沙司 参见 hollandaise **2. 香醋盒** 用金银制成的放香料小容器。因混有薰衣草醋而得名。

vinapon (Sp.) 玉米酒

vinasse (F.) 残酒 酿制蒸馏酒后残留于容器中的淡酒液。也指酒精和废糖蜜等经发酵后的残渣。

vinazo (Sp.) 浓葡萄酒 一种加度酒。
参见 vinage

vincent (F.) 绿沙司
参见 sauce vert

vine 葡萄苗木 野生葡萄的种植在《圣经·创世记》中就有提及。广泛种植于亚洲和欧洲,但罗马人最早使用葡萄来酿酒。现在葡萄苗木的品种不下于上千种。该词有时也指葡萄园。

vine fretter 葡萄根瘤蚜
参见 phylloxera

vine louse 葡萄根瘤蚜
参见 phylloxera

viñedo (Sp.) 葡萄园
参见 vineyard

vinegar 食醋 用发酵苹果汁、麦芽酒、葡萄酒、淡酒精或米酒经发酵氧化制成的酸性液体。通过加香用作烹饪中的调味剂或防腐剂。

vinegar blink (Am.) 白葡萄酒 俚称。参见 white wine

vinegar candy (Am.) 醋味糖 19世纪的一种美国糖果。以糖、白醋、糖蜜、黄油和巧克力等为配料制成。

vinegar concentrate 醋精 一种经蒸馏而成的食用醋。无色透明,含醋约30%。

vinegar pie 糖醋馅饼 将水、醋、黄油和红糖制成的一种面粉稠料。填充在点心的面壳内,经烘烤而成。

Vinelli (It.) 维涅利酒 意大利的一种粗制葡萄酒,用果渣酿成。参见 marc

vineyard 葡萄园 也泛指一般果园,如桃园、苹果园等。

vinho (P.) 葡萄酒
参见 wine

vinho verde (P.) 生葡萄酒 葡萄牙北部地区以各种未熟葡萄酿制的红、白、玫红葡萄酒。早期出口到英国,尤其受到海军官兵的欢迎。含酒精度很低。

viniculture 葡萄栽培学
参见 viticulture

vinification 葡萄酿酒 通过发酵使葡萄汁或其他果汁转变为酒精的过程。

vinillo (Sp.) 白葡萄酒
参见 white wine

vinjak (Yu.) 白兰地酒
参见 brandy

vino (It.) 葡萄酒
参见 wine

Vino Santo (It.) 圣酒 意大利托斯卡纳地区产的一种著名甜白葡萄酒。色泽金黄,含酒精15—18%。1349年罗马天主教教廷为逃避瘟疫迁到佛罗伦萨,教皇将当地的 Santos 酒命名为圣酒,沿用至今。

vinossity 葡萄酒品性 指葡萄酒的典型酒体、香味和色泽等特性。

vins délimités de qualité supérieure (F.) 特优质酒 酒类术语,常缩略成 VDQS。通常指欧洲共同市场酿制的酒,其质量已达到法国的原产地名称监制标准,即在酒瓶上贴上

该醒目标签。参见 Appellation Contrôlee

vintage 葡萄收获量 指某一特定的葡萄园在某一年度中的产量。该词绝大多数却用于指某一种葡萄酒所生产的年度。

vintage wine 佳酿酒 一种在特定地区特定年份生产的特殊类型葡萄酒。通常标明其酿造年份，质量上乘。

vintage year 酿造年份 生产佳酿酒的年代，一般标明在酒瓶瓶贴上。

Viognier (F.) 维奥尼埃葡萄 法国罗讷地区的一种稀有但出色的葡萄品种。酿成的酒口味柔和、香气浓郁，质量上乘。以白葡萄酒为主。

violet 堇菜 或称紫罗兰，为矮小灌木或草本花卉植物，栽培已数百年。有些地区将菜叶用作蔬菜生食或煮食。也用于制糖浆、糖果和酒等。堇菜叶呈蓝紫色，香味浓郁。以法国图卢兹地区最负盛名。

violeto (Sp.) 粘核白桃
参见 clingstone

violette (F.) 堇菜
参见 violet

Violettes, Crème de (F.) 紫香堇利口酒 以紫罗兰花瓣浸出液发酵酿制。其中最有名的为 Crème Yvette。

violon (F.) 提琴鱼 一种扁平鱼，与鳐相仿，因形似提琴，故名。参见 guitarfish

Virginia (Am.) 弗吉尼亚 一种美国大叶烤烟品种。

Virginia Bright Leaf (Am.) 佛光 美国弗吉尼亚州产的一种烤烟品种。

Virginian ham (Am.) 弗吉尼亚火腿 指以胡桃壳烟熏，加入香料，而且制该火腿的猪曾用桃子饲养，风味独特。

virgouleuse (F.) 冬梨 法国里摩日附近的一种优质梨，汁多味甜。参见 pear

Virol (Am.) 威洛尔 美国 Virol 公司生产的一种营养饮料。以麦芽汁、淀粉糖浆、鸡蛋和维生素为原料制成。

virtiniai (R.) 填馅圆子 立陶宛风味。

vis (Du.) 鱼
参见 fish

viscera 动物内脏
参见 offal

viscogen 粘精 一种人工合成的奶油增稠剂。

Vishnyovaya Nalivka (R.) 娜列芙卡酒 俄罗斯产的一种甜味樱桃利口酒。

visniski (R.) 泡夫酥面烤馅饼
参见 coulibiac

vitamin 维生素 人体生长所必需的多种有机化合物，对机体的新陈代谢、发育和健康有极重要的作用。维生素一般分水溶性和脂溶性两种。缺乏维生素会引起生理机能障碍及多种疾病。维生素的来源主要在动、植物食品中，也可经化学合成。但如烹调不当，则会造成损失。

vitamin A 维生素A 一种脂溶性淡黄色结晶。存在于动物肝脏、蛋黄和奶油中，尤以鳕鱼、鲨鱼的肝中含量最为丰富。缺乏维生素A可致夜盲症等疾病。

vitamin B_1 维生素B_1 维生素的一种，为无色针状结晶，能溶于水。有增进食欲和帮助消化的作用，又能促进生长和维持生理机能等。缺乏维生素B_1会引起脚气病，食欲不振和消化不良等。在米糠、麸、菠菜和肝脏中含量最多。也叫硫胺素。

vitamin B_2 维生素B_2 维生素的一种，为黄色结晶，稍有苦味。存在于酵母、肝脏和奶制品中。缺乏维生素B_2会引起口角炎、眼病、皮炎和贫血等。也叫核黄素。

vitamin B_{11} 维生素B_{11} 一种结晶黄色有机化合物，能溶于水，存在于新鲜的绿叶蔬菜和肝脏中。对体内核酸的合成有重要意义。缺乏维生素B_{11}会引起贫血。也叫叶酸。

vitamin B_{12} 维生素B_{12} 维生素的一种，为暗红色固体，能溶于水和酒精。有刺激骨髓造血机能的作用，在肝和肾里面含量较多。也叫钴胺素。

vitamin C 维生素C 维生素的一种，

vitamin D 为无色结晶,能溶于水和酒精,受热容易被破坏。能增强人体抵抗力,促进伤口愈合等。缺乏维生素C会引起皮下或齿龈出血及坏血病。在新鲜蔬菜、水果和辣椒中含量较多。也叫抗坏血酸。

vitamin D 维生素D 维生素的一种,为无色无臭的结晶,能溶于油脂。可促进体内钙和磷的吸收,对骨骼的发育非常重要。主要存在于牛奶、蛋黄和鱼肝油中。缺乏维生素D会引起佝偻症或骨骼疏松症等。

vitamin E 维生素E 一组由多种生育酚组成的脂溶性维生素。缺乏维生素E会引起不育和肌肉营养不良等。主要存在于植物的叶子与种子里。

vitamin K 维生素K 维生素的一种,为黄色油状液体,溶于油脂。能促进凝血酶元的生成而使血液凝固,临床上用于作止血剂。绿色蔬菜、花生内果皮和鱼肉等中含量较多。

vitamin P 维生素P 维生素的一种,为黄色结晶,溶于乙醇和丙酮。主要存在于柠檬、柑橘、荞麦、烟叶和蔬菜中。缺乏维生素P会使毛细血管变脆和出血。也叫柠檬素。

vitamin PP 维生素PP 维生素的一种,为白色结晶。溶于水和酒精,有促进细胞新陈代谢的作用。缺乏维生素PP会引起皮炎、皮肤粗糙和脱皮等症。牛奶、鸡蛋和新鲜蔬菜中含量较多。也叫烟酸或维生素B_5。

vitellin 卵磷蛋白 鸡蛋卵黄中的主要蛋白质。参见 protein

vitello (It.) 小牛肉
参见 veal

vitelotte (F.) 长形土豆 法国产的土豆品种之一,外皮呈红色。参见 potato

Viti (F.) 优质酒 瑞士提契诺(Ticino)地方酿制的优质酒标记。

viticulture 葡萄栽培学 研究葡萄种植、收获以及酿酒的科学。

vitreous china 玻璃瓷器 一种优质透明上釉瓷器。它具有一层致密的釉层,略透明或半透明,光泽度极好,是一种名贵的餐具。

vittel (F.) 维特矿泉水 法国产的一种无气泡矿泉水。稍呈碱性,饮时需经冰镇。

vittles 食品
参见 food

vive (F.) 龙腾鱼
参见 weever

viveur (F.) 以辣椒调味的

Vladimir (R.) 弗拉基米尔式 指以炒黄瓜、南瓜、酸奶油、辣椒和辣味沙司佐食的俄国式菜肴。

vlattero (Gr.) 醋栗利口酒

VO (abbr.) 陈白兰地酒
参见 very old

vodka (R.) 伏特加 以土豆为原料经蒸馏而成的一种烈性酒。无色无味,除纯饮外,是最理想的鸡尾酒基酒之一。现在世界各国均有伏特加酒生产,一般含酒精37—80%。

voidee 离席点心 在宴会结束后或退席前送到餐桌的葡萄酒、糖果与甜点。

Voisin (F.) 伏瓦赞 巴黎著名酒窖和酒店,以其勃艮第酒和波尔多酒驰名,尤以其鹅肝酱著称。光顾的名流包括作家都德、左拉等。

volailles (F.) 家禽 包括鸡、火鸡、鸭、鸽、鹅和珍珠鸡等。参见 fowl

vol-au-vent (F.) 鸡肉一口酥 松软可口,以油炸成。可有各种馅,往往趁热食用。也作 bouchée à la reine

volière, en (F.) 羽饰 菜肴饰配方式之一。主要以野禽如野鸡、松鸡等漂亮的羽毛来装饰该种野禽肉菜肴。

Volnay (F.) 伏尔内酒 法国勃艮第地区博讷产的一种优质干红葡萄酒。

Voltaire Café (F.) 伏尔泰咖啡馆 巴黎著名餐馆名,声誉显赫,以其肉类菜肴驰名。该餐馆以法国著名作家 F.M.A. de Voltaire (1694—1778) 命名。第二次世界大战中歇业。

vongola (It.) 蛤
参见 clam

vopalliere (F.) 烧烤鸡片 裹以肥膘,以块菌作配菜的一种法式名菜。

Vorgericht (G.) 开胃小吃

参见 appetizer
Vorratskammer (G.) 食品储藏室
参见 pantry
Vorspeise (G.) 开胃菜
参见 appetizer
Vosgienne, à la (F.) 孚日式 孚日在法国东北部。此菜式指以醋和白葡萄酒煮李子作为菜肴配菜的烹调方法。
Voslauer (G.) 沃斯劳酒 奥地利维也纳以南产的一种干红葡萄酒,以产地命名,质量极优。为音乐家莫扎特和斯特劳斯等所推崇。
Vosne (F.) 沃斯涅酒 法国科多尔(Côte d'Or)地区产的一种红葡萄酒。
Vouvray (F.) 孚伏雷酒 法国卢瓦尔河谷地区产的一种优质发泡葡萄酒。有麝香味,类似香槟酒。
voyage 杏仁甜饼 以面包屑代替面粉制成的一种甜点,属于德国式风味食品。
vrai mousseron (F.) 口蘑
参见 Saint George's mushroom
vraie tortue (F.) 龟,鳖
参见 turtle
VSO (abbr.) 陈年白兰地
参见 very superior old
VSOP (abbr.) 极陈白兰地
参见 very superior old pale
VVSOP (abbr.) 最陈白兰地
参见 very very superior old pale

W

wabble 烤羊腿
参见 gigot

Wabe (G.) 蜜脾
参见 honeycomb

Wachsbohne (G.) 黄刀豆
参见 wax bean

Wachtel (G.) 鹌鹑
参见 quail

wad 咀嚼物　如嚼烟、口香糖等。

wader 涉禽　鸟的一类,其颈、嘴和脚等均较长,适于在浅水中涉行和捕食鱼虾等。一般是候鸟,可供食用。有的肉质较好,如鹭、沙锥等。

wading bird 涉禽
参见 wader

wafer 1. 薄脆饼干　一种不发酵的薄形糕饼。味脆,呈方形,有时有夹心。
2. 糯米纸　参见 rice paper

wafer bread 薄面包片　尤指美国西南部印第安人食用的烤玉米面包片。

wafer iron 薄脆饼铁模　一种成对的长柄夹钳,具有模制花纹。烘焙时可将花纹压在薄饼上。

wafer-paper (Am.) 米纸
参见 rice paper

Waffel (G.) 华夫饼干
参见 waffle

waffle 华夫饼干　用专用饼铛烤成的松脆而带有凸起花纹的饼干。可用稀面糊流动成均匀的薄层作面料,常夹以奶油、蜂蜜、果酱和海味等馅层,是公众喜爱的早餐食品和开胃食品。美式华夫饼干以发酵粉发酵;法式华夫饼干则用酵母发酵。

waffle batter 华夫面糊　用于制华夫饼干的稀面糊。以面粉、盐、糖、发酵粉、鸡蛋、牛奶和黄油为原料加水拌和而成。

wagon-restaurant (F.) 火车餐车
参见 diner

wagtail 鹡鸰　一种小鸟,在法国常用于烤食。参见 lark

wahoo 刺鲅　鲈形目鲭科食用鱼。体细长,尾鳍呈新月形,故也叫月鱼。产于北美洲东海岸,外皮灰白,肉质较硬,重达 55 千克。

waiter 餐厅服务员　负责接受顾客点菜、引座、送菜、斟酒和结帐等多项服务工作。此外,服务员对菜肴的配料、口味和加工方法也应比较熟悉。高级服务师还要掌握熟练的熟菜切配技术。

waiter's friend 螺丝锥
参见 corkscrew

waitress 餐厅女服务员
参见 waiter

wakame (J.) 裙带菜　一种海生藻类植物,可供食用。

Waldmeister (G.) 香车叶草
参见 woodruff

waldorf salad (Am.) 沃尔多夫色拉　以苹果、芹菜等切成丁,加胡桃和蛋黄酱拌成。源自美国纽约著名大饭店 Waldorf Hotel 的名字。

Waldschnepfe (G.) 丘鹬
参见 woodcock

walewska (F.) 龙虾板鱼排　以块菌、龙虾黄油和莫内沙司作配料。该词源自法国拿破仑一世的波兰籍情妇瓦莱夫斯卡的名字。

Wall up 淡味啤酒　源自伦敦本地语。
参见 beer

waller 欧鲇
参见 wels

walleye (Am.) 金鲈
参见 yellow perch

wall-eyed pollack 狭鳕
参见 pollack

Walnuss (G.) 核桃
参见 walnut

walnut 胡桃 也叫核桃,为落叶乔木胡桃树的果实。原产于北美和欧洲南部。坚果可食,有灰胡桃和黑胡桃等多个品种。种子味甜,含油,常用作干果或甜食的配料,也可用于酿酒。

walnut ketchup 胡桃酱 将青核桃肉浸入盐水,碾碎后经过过滤获得汁水,煮沸后加入一些胡桃肉装瓶即成。

warbler 园莺 一种受到保护的野禽,肉味嫩美。也作 garden warbler

warm with 糖水白兰地 俚称。指在白兰地酒中加糖和热水的饮用方法。

warming stone 试烤石 用于测定烤炉在开始烘烤前的升温程度。

warming tray 电热餐盘 可加热或保温的一种电气餐盘。

wart cress 臭荠
参见 swine cress

warthog 疣猪 产于非洲的一种野猪,烹调方法同野猪一样。参见 wild boar

wasabi (J.) 山葵菜 十字花科草本植物。其根呈浓绿色,质嫩,可供食用。

wash 1. 糖渣汁 一种暗色粗糖汁和泡沫浮渣的混合汁。2. 牛奶蛋清汁 糕点师用来浇刷在烤制食品表面,使食品上光。

wash over 涂抹酱 用于涂在面包表面,如蛋清和糖蜜等。

washed-curd cheese 洗清凝乳干酪 在干酪压制前先清洗凝乳,去除部分乳清、乳糖和可溶性盐类,使成为质地松软的凝乳,再制成切德干酪。参见 cheddar

Washington cake (Am.) 华盛顿蛋糕 一种有多层果酱的奶油蛋糕,用柠檬片作配饰。源自一位叫 Martha Washington (1731—1802) 的女厨师为其女儿作的婚礼蛋糕。

washy (食物)稀薄的

wassail 1. 宴会啤酒 加香料和烤苹果肉, 通常在圣诞节前夜饮。2. 精粉面包 参见 wastel bread

waste disposal 厨房垃圾处理器
参见 garbage disposal

wastel bread (Am.) 精粉面包 一种细白的烤制面包。

water 水 一种无色无味的液体。是酿制葡萄酒、啤酒及蒸馏酒的最重要媒介,又是人体不可缺少的物质之一。含钙质高的水称为硬水,对人体不利,需经软化后饮用。该词有时也可指矿泉水。

water apple 番荔枝
参见 sweetsop

water bewitched 高淡化饮料 将烈性酒搀和大量的水或茶而成。也指淡而无味的任何混合饮料。

water biscuit 淡饼干 用面粉和水制成的薄脆饼干,仅加少许盐或油脂。也叫无辅料饼干。

water bottle 长颈饮料瓶
参见 decanter

water buffalo 水牛 牛的一种。角很大,呈新月形,毛灰黑色。暑天喜欢浸于水中,适于水田耕作。水牛肉可供食用,但质量逊于黄牛肉。

water chestnut 1. 菱 也叫菱角。一种水生植物,其坚果有角状突起,含淀粉质,可供食用。2. 荸荠 参见 Chinese water chestnut

water horehound 水薄荷
参见 peppermint

water ice 冰果汁
参见 sorbet

water kale (Am.) 清蔬菜汤

water lily 睡莲
参见 nénuphar

water of life 烈性酒 如威士忌与白兰地等。源自法语 eau-de-vie, 意即"生命之水"。

water parsnip 水芹菜 其叶片与芹菜相似,可用作凉拌。但其根有毒。

water pimpernel 婆婆纳
参见 brooklime

water rice 菰
参见 wild rice stem

water shield 莼菜 一种水生植物。其飘浮叶的上部呈橄榄绿色,下部为红色,可供食用。

water softener 水软化装置 通过中和水中的碳化钙产生沉淀的方法使水质软化的装置。参见 water

water souchet 原汁焖鱼 在陶制有盖容器内焖炖的鱼、鸡或肉等。原汁原汤,味特鲜美,类似中国的气锅菜肴。

water spinach 蕹菜 俗称空心菜。一年生草本植物,茎蔓生,中空,叶为卵圆形,叶柄长。其嫩茎叶可做蔬菜食用。

water-brose (Sc.) 粗玉米粉粥
参见 porridge

water-down 冲淡,掺水
参见 allongé

watercress 水田芥 十字花科多年生植物。产欧亚大陆。生长在水中或水面,其嫩梢可作色拉,其叶呈淡绿色,有胡椒味,富含维生素 C。

waterfowl (Am.) 水禽 各种鸭、鹅和天鹅的统称,包括潜鸟等。野生的水禽可作为野味食用。

wateriness (食物)淡而无味

waterless cooker 无水蒸锅 一种厚底密盖容器。食物仅依靠自身的原汁煮熟,但不变焦。

watermelon 西瓜 一种葫芦科多汁瓜果。原产热带非洲,现栽培于各大陆。果实呈圆形或长圆形,果肉甜而多汁,色泽有黄、白、红等。外皮有条纹或无条纹,重量达 1—20 千克。常作为餐后水果食用,富含维生素 A 和 C。西瓜种植据信已有 4000 多年历史。西瓜皮可腌食或制成西瓜酱。

waternut 菱
参见 water chestnut

watery 淡而无味的
参见 insipid

waterzootje (Du.) 原汁焖鱼
参见 water souchet

Wawel (Po.) 瓦沃尔酒 波兰产的一种蜂蜜酒。用蜂蜜加苹果或黑莓汁酿成,再加入芳香物质,如啤酒花、杜松子等,含酒精 12—14%。瓦沃尔是古代波兰的首都。

wax (Am.) 枫糖蜜
参见 maple sugar

wax bean (Am.) 黄刀豆 一种黄色的嫩刀豆。参见 green bean

wax gourd 冬瓜
参见 Chinese watermelon

waxed paper 蜡纸 在纸表面涂上很薄的白蜡层,可防水和油。用于食品的储藏或包装。

waxwing 朱喙蜡翅鸟 一种雀形鸟科,外观美丽,也称连雀。在法国常被捕来食用。烹调方法同 lark。

waxy starch 糯性淀粉 一种谷物淀粉。其淀粉含量较高,而蛋白质则相应较少。

waxy texture 蜡状组织 指奶油不新鲜而变硬发干,是一种缺陷现象。

weak 1.(面粉)含谷壳少的 一般由软质小麦制成的缘故。2.(酒味)淡的

weak feints 酒尾 蒸馏烈性酒时在后期获得的馏出液,味较淡。

weakfish (Am.) 欧鳟
参见 sea trout

web 蹼 鸭等水禽脚趾间的肉膜。据认为是一种美味。

wedding cake 婚礼蛋糕 为婚礼而专门制作的一种不发酵的深色水果蛋糕,装饰华丽;另一种是松软的白色奶油蛋糕。用彩色糖霜作点缀。

wédélie (F.) 水苋菜
参见 flower gentle

Wedgwood 韦奇伍德陶瓷 一种高级薄釉陶瓷,装饰有浅浮雕。发明人为 Josiah Wedgwood (1730—1795)。

weenie 维也纳香肠
参见 Vienne sausage

weeping 挂杯 酒体浓的酒质地较稠厚,将酒杯倾斜后扶正,可见到杯壁上缓缓流淌的酒汁,就像眼泪一样。酒体薄的酒则无上述现象。这也是鉴别酒体厚薄的简单方法。参见 body

Weetabix 维他必克斯 英国一种小麦薄片早餐食品的商品名。

weever 龙腾鱼 产于欧洲近海沙滩的一种可食鱼类。肉质白而坚实，体型长，呈粉红色或黄色，味鲜美。烹调方法同 whiting。

weight 重量 食品计量的主要方法。公制一般为公斤或千克；英制为磅及盎司等。参见各相关词条。

Weihnachtsstollen (G.) 圣诞蛋糕 一种长方形的奶油蛋糕，装饰华丽。

Wein (G.) 葡萄酒
参见 wine

Weinbrand (G.) 优质白兰地
参见 brandy

Weinessig (G.) 葡萄酒醋 从葡萄酒中制得的食用醋。参见 wine vinegar

Weissherbst (G.) 浅红葡萄酒
参见 rosé

Weisslacker (G.) 啤酒干酪
参见 Bierkäse

Weisswurst (G.) 小牛肉香肠 德国慕尼黑特色风味之一。

weizen (G.) 小麦
参见 wheat

well 井 这个名称在烹调中有几种含义。如揉制面团前在面粉中留出的空洞；也指在馅饼中捏空以备放入馅料等。参见 fountain

well salt 井盐 地层中的盐质溶解在地下水中，由汲取这种水制成的食盐叫井盐。质量比一般海盐好。

well-done (肉等)煮得很透的 其标准为面部无鲜红色，但不太老。参见 rare

well-textured loaf 质地良好的面包 以松软有弹性、内部多孔细密为特征。

Wellington 惠灵顿公爵 英国将军，生卒年代为 1769—1852。他曾于 1815 年在滑铁卢战胜过拿破仑，因而获得 Iron Duke 的称号。以其命名了一种鱼类菜肴(barbue Wellington)。

wels 欧鲇 鲇科鱼类。原产于欧洲中部，是欧洲最大的淡水鱼之一。重达 300 千克，体长无鳞，头大而扁，是重要的食用鱼。

Welsch (G.) 万尔希葡萄 德国的一种酿酒用葡萄品种名。

Welschkohl (G.) 皱叶甘蓝
参见 savoy cabbage

Welschkorn (G.) 玉米
参见 maize

Welsh bean (Am.) 四季豆
参见 French bean

Welsh dresser 威尔士食柜 一种餐厅用碗柜。桌面以上为敞架，下面为抽屉，供存放餐具。

Welsh mountain 威尔士山绵羊 一种体型较小的白色有角绵羊，肉质很好。产于威尔士的山区，故名。参见 sheep

Welsh mutton 山绵羊肉
参见 Welsh mountain

Welsh onion 大葱 一种有细长鳞茎的葱属植物，用于调味。

Welsh rabbit 干酪面包吐司
参见 Welsh rarebit

Welsh rarebit 干酪面包吐司 一种作为点心食用的英国糕点。在烤面包片或薄脆饼上配以熏肉片或鸡蛋，并涂上融化的干酪。

Welsh runt 威尔士小种牛 产于英国威尔士地区的一种肉用牛品种。

Welsh venison 烧羊腰肉 加入波尔特酒调味，是英国剑桥大学的一种特色菜。

Wensledale 文斯利代尔羊 一种英国无角杂交羊，毛肉兼用，产于约克郡。也作 Wensleydale

Wensledale 文斯利代尔干酪 产于英国约克郡的一种圆柱形干酪，含脂量高，有蓝纹。另一种未充分成熟的干酪呈扁平状，色白，可在新鲜时食用。类似切达干酪。参见 cheddar

Werderkäse (G.) 韦尔德干酪 一种德国凝乳干酪，以产地 Werder 命名。

Wermut (G.) 苦艾酒
参见 absinthe

Wessex Saddleback 韦塞克斯猪 英国的一种猪品种。体黑色，颈部有一白圈，与汉普郡猪相似。

West Highland 西部高地牛 苏格兰高地产的一种肉用牛。毛呈灰褐色或黑色。

West Indian gherkin 西印度黄瓜
参见 gherkin

West Indian locust 李叶豆 北美洲西印度群岛的一种乔木,其木质的荚果可食。

western (Am.) 西方三明治 以青椒杏力蛋、火腿片和洋葱作夹馅的面包片。也作 western omelette

Westphalian ham 威斯特伐利亚火腿 以燃烧刺柏枝的烟熏成,风味独特,产于德国。

wet 浸泡
参见 soak

wether 阉羊 指在性成熟前就加以去势的一种公绵羊。肉质较嫩。

wey 韦 英国的谷物重量单位,约合 48 蒲式耳(bushel)。

WGS (abbr.) 优质名酒牌标记。原文为 Oesterreichisches Weingutesiegel。参见 AOC

whale 鲸 一种哺乳动物,种类很多。生活在海洋中,体长可达 30 米,是现在世界上最大的动物。其前肢形成鳍,后肢退化,鼻孔在头的上部,用肺呼吸。鲸肉可吃,但需事先经充分浸泡。鲸油可制麦淇淋等,现主要用于医药工业。

wheat 小麦 禾本科一年生草本作物,最早种植于公元前 7000 年左右。品种很多,主要有硬粒小麦、紧粒小麦和普通小麦等。按种植的时期不同又可分春小麦和冬小麦等。其子实可制粉,可烘制面包,制糕点、饼干和通心粉等。除作为粮食之外,小麦又广泛用于制淀粉、面筋和酿酒。

wheat germ 小麦胚芽 富含维生素 B,但在碾制过程中大量损失。现已出现胚芽制成品,用于添加到食品中。也指麦芽糖。参见 albumen

wheatear 麦鹟 一种小鸟,在法国被用于烤食。烹调方法同 lark。

wheel 轮形干酪 一种扁平的圆形大干酪。参见 cheese

whelk 滨螺
参见 periwinkle

whey 乳清 在制干酪过程中从较浓的凝乳部分中分离出来的含水物质。含有糖、矿物质和乳蛋白等多种营养成分。

whey cheese 乳清干酪 以白蛋白制成的一种干酪食品,与奶酪不同。

whey wig 薄荷酪乳 英国一种 19 世纪饮料,常在收获季节饮用。流行于威斯特摩兰等地。

whinberry 欧洲越橘
参见 bilberry

whip 搅打 将奶油、蛋白等反复用力搅打,在搅打过程中不断搅入空气而使体积增大。该词也指一种稀奶油甜点心。

whipped butter 稀黄油
参见 creamed butter

whipped cream 搅打乳脂
参见 whipping cream

whipping cream (Am.) 搅打奶油 一种经搅打起泡沫的稀奶油,含脂肪 36%。可用于作点心上的配饰以及其他烹调配料。

whippoorwill 豇豆
参见 cowpea

whisk 打蛋器 俗称抽子。通常用铁丝制成,用于搅打蛋白、奶酪或土豆泥等。

whisker 须状灰白色霉 生长在面包或其他食品表面的丛生状菌丝。

whiskey 威士忌酒 一种蒸馏酒。从粮谷如黑麦、大麦、玉米或土豆中发酵蒸馏而成。口味干冽香醇,尤以苏格兰产的威士忌最佳。其他如美国、加拿大和爱尔兰等国家也生产优秀的威士忌,一般含酒精 40—45%。也作 Scotch

whiskey sour 威士忌酸酒 以威士忌为基酒,加入苦精、柠檬汁、糖和碎冰调混而成。用樱桃一颗作点缀。该词也指盛威士忌酸酒的一种瘦长型高脚玻璃杯。

whiskin 浅水碗
参见 bowl

whisky 威士忌酒
参见 whiskey

whistler 金眼鸭
参见 goldeneye

whistling kettle 叫壶 在壶嘴处安有一个哨笛,水在接近沸点时其蒸汽驱动哨笛而发出响声。

white 精白粉 小麦面粉中最白的一种,为优等面粉。参见 patent flour

white beer 白啤酒 一种以小麦为原料经过乳酸发酵制成的浅色啤酒,以区别于黄啤和黑啤。

White Burley 白肋 一种上等烟叶品种。

White Chianti 白基昂蒂酒 意大利托斯卡纳地方产的一种发泡白葡萄酒。参见 Chianti

white chocolate 白巧克力 以可可香精、奶油和糖等制成的巧克力。色泽奶白,香味芬芳,与普通巧克力不同。

white cigar 白雪茄烟 以哈瓦那浅色烟叶制成的一种优质雪茄。

white coffee 1. 牛奶咖啡 2. (Am.) 威士忌酒, 烈酒 俚称。参见 whiskey

white fungus 银耳
参见 tremella

White Gold 白金 一种烤烟品种名。
参见 tobacco

white hake 白鳕 即长鳍鳕,是大西洋美国海岸产的一种重要食用鱼。

White Holland 荷兰大白鸡 一种毛色全白的大火鸡,肉质较嫩。

white horehound 白夏至草
参见 horehound

white lady (Am.) 白衣女人 一种鸡尾酒名。以等量柠檬汁、薄荷利口酒、橙味酒和冰块调配而成。原由伦敦的 Harry Mac Elhone 创制,1929年改变配方,又加入半只鸡蛋白。

white lupine 白羽扁豆 与法国扁豆近缘,产于地中海地区。参见 French bean

white meat 白肉 指淡色的肉食品,如猪肉、鸡肉、小牛肉和鱼肉等。因肉煮熟时呈淡白色而得名,尤指鸡脯肉。参见 red meat

white mint 白薄荷 一种胡椒薄荷。其茎和叶呈淡绿色,产于欧洲。参见 peppermint

White Mule 白骡 美国产的一种威士忌型蒸馏酒。

white mullet 白鲻 产于大西洋和太平洋沿岸的一种银色鲻鱼。

white mustard 白芥 欧洲的一种芥属植物。叶有粗毛,种子呈淡绿色,可制芥末和芥子油。

white partridge 雷鸟 一种形状似鸡的野禽,冬季毛色白,夏季则为淡黄或褐色。可供烤食。

white pepper 白胡椒
参见 pepper

white port 白波尔图酒 一种酒体浓厚的淡黄色餐后酒。味干,与雪利酒口味相似。参见 port

white potato 白马铃薯
参见 Irish potato

white pudding 浅色香肠 用牛肉、猪肉和内脏一起碾碎,搀入面包屑、香草、洋葱和辛香料,一起灌入肠衣中,趁新鲜煎或烤熟食用。也叫白布丁。

white rot 1. 散黄 鸡蛋变质后蛋白与蛋黄混合的一种液体。有腐臭味。 2. (葡萄) 白腐病菌 参见 noble rot

white roux 白色油炒面酱 用于勾芡,但不将面粉炒黄。参见 roux

white salmon 白鲑 产于美国科罗拉多河谷的一种唇part鱼,长达5英尺以上。

white sapota 香柠果 产于墨西哥的一种乔木。其果实呈圆形,多肉质,可食用。

white sauce 白汁沙司 先以面粉略炒,未经炒黄即作为增稠剂,加入牛奶、奶油和其他芳香调味料即成。是许多其他沙司的基料。

white stew 白烩肉 如羊肉、兔肉、小牛肉等,常加入蔬菜作配料。

white stock 白色原汤 不加有色调味料,以小牛排、子鸡肉等熬成,常用于制白沙司。参见 stock

white streakiness 白色条纹 干酪组织质地不均而造成的条纹,是一种缺陷现象。

white sturgeon 白鲟 北美太平洋沿岸产的一种最大淡水鱼。长达 11 英尺，重约半吨，是极重要的食用鱼。

white sugar 白糖 由甘蔗或甜菜的汁熬炼出糖蜜后制成的白色或微黄色结晶。颗粒小，味甜。其品种有绵白糖和白砂糖等。

white vegetables 白根菜 根部呈白色的蔬菜，如香芹菜等。以区别于绿叶菜。

white wheat 白小麦 一种颗粒呈白色或淡黄的小麦。质软，适于制糕点。

white wine 白葡萄酒 指由浅色葡萄为原料，或以深色葡萄经除去外皮和籽后为原料发酵酿成的葡萄酒。其特点是酒体轻，味甜和不甜均有。色泽浅黄，禾秆黄到深黄均可。

white wine cup 白酒杯 一种水果色拉。以薄荷与白瓜作配料，淋以白兰地和白葡萄酒。

White Winter Pearmain 青蕉苹果 也称白龙苹果。培育者为美国的皮尔曼，故名。

white yam 白薯蓣 也叫参薯，广泛栽培于澳大利亚与波利尼西亚地区。具有优质白色肉根，供烤食、煮食或与牛奶、椰子同煮。是当地土著居民的主食。

white yolk 淡卵黄 指蛋黄色泽较淡者。

whitebait 银汉鱼 一种细长而无鳞的幼鱼，也叫银鱼。身体微透明，分布于温带水域。常可用油炸食。

whitebass 白鲈 北美洲的一种淡水鱼，与黄鲈相似，但体形较短而扁。可供食用。

whitebill 白喙鱼 西印度群岛水域产的一种沙丁鱼。

whitecake 蛋白蛋糕 一种奶油蛋糕，但不用蛋黄，以蛋白作配料。

whitefish 1. 白鲑 鲑科的一种食用鱼。尤指生活在欧洲或北美洲的淡水鲑鱼，肉质多油脂。2. 白鱼 泛指鱼肉呈白色的非油脂类鱼，如鳕、鳎、鲽等。

white-flowered gourd 葫芦 参见 calabash

white-tail 岩雀 一种尾部为白色的候鸟，尤在法国为人们所重视。烹调方法同云雀。

whitethorn 山楂 参见 hawthorn

whiteware 白色陶瓷 各种浅色器皿的总称，如瓷器、白坯瓷、白陶、炻器和玻璃器皿。但不一定是纯白的。

whiting 牙鳕 泛指银色无须鳕，石首鱼和鲔鱼等海洋食用鱼，主要产于欧洲。因肉质鲜嫩，常拌入柠檬汁炸食。

whole milk 全脂奶 未经脱脂处理的牛奶，含脂肪量在 35—40% 之间。

whole wheat meal 全麦粉 以全麦粒制成的面粉。其维生素 B 和无机盐含量较高。

wholemeal flour 全麦面粉 一种营养面粉，含有丰富的蛋白质和维生素。

wholesome food 卫生食品 指营养成分比较全面的食品。

whortleberry 欧洲越橘 参见 bilberry

wicker-bottle 柳条瓶 酒瓶外裹以柳条，具有独特的风格。

wickerwork 柳条篮 用柳条编织成的面包篮、水果篮或蔬菜篮。

wide hog casing 粗猪肠衣 一般直径为 38—43mm，可用于制大香肠。

widgeon 赤颈鸭 一种鸭科水禽，产于欧洲、美洲和非洲等地，可供食用。其烹调方法与普通家鸭相同，常佐以浓肉汁、醋栗酱和葡萄酒等。

Wiener (G.) 维也纳香肠 参见 Vienna sausage

Wiener schnitzel (G.) 维也纳炸牛排 一种小牛肉排。以肉末、洋葱、香草、柠檬汁、橄榄、番茄酱和鳀鱼酱作配料。牛排外涂以鸡蛋和面包屑，然后用油炸后食用。

Wienerwurst (G.) 维也纳香肠 参见 Vienna sausage

wienie 维也纳香肠 参见 Vienna sausage

wig 香芹菜小面包

wiggle 奶油青豆烩鱼 以虾和蛤肉等

作配料。

wijn (Du.) 葡萄酒
参见 wine

Wild (G.) 野味
参见 game

wild almond 野杏　非洲南部乔木。其种子有时可用来代替咖啡。

wild angelica 林白芷　欧洲的一种草本植物,可用于调味。也叫野青果。

wild basil 野罗勒　属薄荷科,用于作调香料。参见 basil

wild boar 野猪　幼野猪肉常经盐渍和加工后按猪肉方法烹调。一般以出生1年之内的幼野猪为最佳,超过1年者,应浸渍较长时间。野猪常在夜间外出挖食块菌,这种食过块菌的野猪肉香味尤其出色。

wild carrot 野胡萝卜　伞形科二年生植物,与胡萝卜相似。根肥大可食,味辛辣,有一股令人不快的气味。

wild cherry 野樱桃　果实深红,味酸,主要用于酿酒。

wild chestnut 野栗　产于非洲南部的一种灌木。其坚果含有核仁,可经烤熟食用。

wild chicory 野苣　一种凉拌用蔬菜,常切开后以醋浸渍食用。味香而脆嫩,略带苦味。

wild date palm 野枣椰　其树液可用于制糖。

wild duck 野鸭
参见 mallard

wild fowl 野禽　尤指水禽,如野天鹅、雁和野鸭等。

wild garlic 野蒜　一种野生的草本植物,形似大蒜,味辛辣,可用于菜肴的调味。

wild ginger 细辛　也叫野姜,细辛属植物的通称。为多年生草本植物,广泛分布于北温带地区。品种主要有加拿大细辛和欧洲细辛等。有香气,其干燥的根茎可代生姜。味辛辣,可用作调味香料。

wild goose 雁　一种野生候鸟,偶而被捕来食用。肉质较粗,且有腥味。烹调方法与鹅相同。

wild grape 野葡萄　一种圆叶葡萄。果实呈黄绿色甚至黑色,偶可用于酿酒。

wild jujube 酸枣　一种落叶灌木或小乔木。枝上有刺,叶子椭圆形。果实长圆形,呈暗红色。果肉味酸,可供食用或制果酱。其核仁可入药,有健胃作用。

wild mango 野芒果　产于非洲的一种苦木科乔木。果实黄色可食,但比普通芒果更有经济价值。可用于榨油及调味。

wild prune 野梅　非洲南部乔木。果实鲜红,味似樱桃。

wild rhubarb 野麦
参见 canaigre

wild rice stem 菰　俗称茭白,是一种有白色根茎的水生植物。主要产于美洲、南欧和中国。菰的嫩茎经黑粉菌侵入寄生后能促进其细胞增生而形成肥大嫩茎。常用作蔬菜食用或作其他菜肴的配饰。

wild sweet potato (Am.) 野芋　一种牵牛花科植物。其白色的块根含有淀粉质,可供食用。

wild thyme 欧百里香　生长在欧洲河岸与山坡的一种多年生百里香,广泛用于食品的调香。

wild yeast 野生酵母　出现于空气中和果实表面的各种天然酵母。与人工培养的酵母不同。

Wilfa tart 威尔法果馅饼　流行于英国约克郡的一种传统点心,以果酱和干酪作馅。每年8月初为纪念圣威尔夫里德(Saint Wilfrid)而制,他是英格兰基督教的教士,生活在公元7世纪。

Wilking 威尔京　一种杂交柑桔名,产于英国。

William pear 威廉梨　欧洲的一种著名秋梨品种,常用于制梨汁和梨子白兰地。

willowware 柳树图瓷餐具　一种白底蓝花瓷。以小桥、柳树、流水等画面作为主要图案装饰。18世纪中叶从中国传入欧洲,后来各地竞相仿制。个别为红花瓷,质量上乘,被视为

Wiltshire side 威尔特夏式半片腌肉
英国一种以半片方式腌熏的猪肉。

Windbeutel (G.) 奶油泡夫
参见 puff paste

window bag 开窗纸盒 一种带透明薄膜的硬纸盒,可显示纸盒内食品。

windsor bean 温莎豆 即蚕豆。参见 broad bean

wine 葡萄酒 由新鲜葡萄汁发酵酿成的酒,是世界上消费量最大的酒类之一。葡萄酒主要分红葡萄酒、白葡萄酒和浅红葡萄酒等,其酒体、色泽、口味、品种和含酒精百分比均有不同。世界葡萄酒消费最多的国家依次为意大利、法国、德国和美国等;而葡萄酒产量最多、质量最好的国家当推法国。

wine bar 酒吧 以出售酒类和饮料为主。参见 bar

wine biscuit 竹芋饼干 因常用于佐食葡萄酒而得名。参见 arrowroot

wine cellar 酒窖 贮藏酒的地方。一般在地下,常保持较低的恒温。

wine cooler 冰酒器 使酒冷却或保持低温的一种容器,尤指装在小轮架上镶有金属内壁的一种木制冰桶。最早出现于 18 世纪。

wine cradle 酒篮 餐厅高级服务中使用的一种藤编或金属丝篮,供酒瓶呈倾斜状放置。其目的除装饰效果外,主要使酒瓶内不致泛起酒渣。

wine cutting 切酒 蒸馏酒在勾兑前的工序之一,即首先除去酒头和酒尾。

wine ferment 酒酵母 俗称曲。参见 yeast

wine flower 酒花 葡萄酒或醋表面产生白色的霉斑,是变质的标志之一。

wine glass 葡萄酒杯 一种有杯脚的玻璃杯。形式多样,容量为 4 盎司左右。法国勃艮第酒杯外形似球形,而德国式酒杯则较细长。

wine grape 酿酒葡萄 以区别于作为水果食用的葡萄。外观与糖分均与后者有区别。

wine jelly 酒味啫喱 一种果冻状甜食。

wine label 酒标
参见 label

wine lees 酒垢
参见 dregs

wine list 酒单 餐厅、酒吧或宾馆中提供的其可售酒品种及价格的一览表,常与菜单分开。

wine making 葡萄酒酿造 葡萄酒是发酵的葡萄汁。由于葡萄产地、气候、土壤、品种和酿酒技术的不同,生产的葡萄酒风味各异、品种繁多。一般说来,葡萄收获后要经过压榨、粉碎取汁、发酵、澄清、陈酿等各个阶段。红葡萄酒是将皮、籽、果汁一起发酵,果皮色素溶入果汁内;白葡萄酒则去除皮和籽。葡萄酒陈酿一般用橡木桶,时间至少 1 年到 3 年。

wine of ipecas 吐根酒 将吐根植物浸泡在雪利酒中制得的一种酒精饮料。

wine palm 酒棕榈 如智利棕榈,其树液可用于酿酒。

wine press 葡萄榨汁机 一种起源于古埃及古希腊的筐形桶,通过踩踏压榨出葡萄汁。现代化的榨汁机是一种大型机械,通过挤、压、榨等多道工序榨汁,并将杂质经过滤除去。

wine rack 酒瓶架 以金属或木料制成,使酒瓶在贮藏中能保持一定的倾斜度。

wine ropiness 葡萄酒粘丝
参见 ropiness

wine server 斟酒器 一种玻璃器皿。可放入冰块,下有龙头供放出酒液。

wine shop 酒店 专门供应酒及菜的餐厅或咖啡馆。

wine skin 皮酒袋 用动物皮(主要是牛皮)制成的口袋,用于盛酒。尤指美国过去实行禁酒令时期,顾客常将酒放在棕色牛皮袋中饮用。参见 brown bag

wine taster 品酒师 酒厂雇用的一种技术人员。具有丰富的知识和经验,可品评出酒的质量优劣,以保证每一次产品的口味一致。

wine vinegar 葡萄酒醋 以红葡萄酒

或白葡萄酒进一步发酵制成的食用醋。用于制作调色拉调料、沙司等。

wine yeast 酒酵母　专用于酿酒的酵母。参见 yeast

wineberry 悬钩子
参见 raspberry

Winesap 醇露　一种苹果品种名。皮红色，成熟于春夏季，味涩而脆。现主要产于美国的弗吉尼亚等地。

winged yam 白薯蓣
参见 white yam

Winger process 温格法　用过氧化氢和加热杀菌相结合的牛奶保藏方法，以发明者命名。

winter apple 冬苹果　一种晚熟苹果，能在冬季保存完好。

winter cabbage 冬甘蓝　栽培于温带地区，可在野外过冬的一种优良甘蓝品种。

winter cherry 灯笼果
参见 strawberry tomato

winter cress 山芥　十字花科植物，产于欧洲和亚洲等地。其外形似水芹，可用作凉拌。

winter crookneck 冬季弯颈南瓜　以保藏性能优良而出名，外表光滑，有各种条纹。

winter melon 冬甜瓜
参见 casaba

winter onion 冬洋葱　一种能保存几年的冬栽洋葱，鳞茎较普通洋葱小。

winter pear 晚熟梨　易于存放较长时间的优秀品种。

winter radish 冬萝卜　东方的一种栽培萝卜。根部厚实，可保存过冬。

winter savory 香味薄荷　一种多年生半灌木，叶片有百里香味，广泛被用作烹饪的调香料。

winter squash 笋瓜　也叫冬南瓜，为一年生蔓生植物。叶子为圆形，果实长圆形，一般为黄白色。表面光滑，可做蔬菜，尤用于煮汤。

winter wheat 冬小麦　秋季播种，开春收获的一种小麦品种。参见 wheat

wintergreen 冬青　一种常绿灌木，也叫鹿蹄草。叶片光滑，有芳香，可提取冬青油，作为调香料。法国科西嘉岛常把冬青浆果经烘烤后磨成粉冲饮，以代替咖啡。冬青的嫩芽可作凉拌，味似芦笋，冬青叶还可酿酒。在美国则有人直接用冬青叶泡茶。

Winterkohl (G.) 冬甘蓝
参见 kale

wintersweet 野牛至
参见 marjoram

winy 有葡萄酒风味的

wire hood 铁丝网罩　装在香槟酒瓶口以免因瓶内压力太大而冲开瓶塞的保护网罩。一般用铁丝制成。

wire strainer 笊篱　用金属丝或竹篾条等制成的能漏水的用具，有长柄。厨房中用于捞取汤圆或水饺等。

wirken (G.) 揉制(面团)
参见 knead

wishbone (鸟或家禽的)叉骨　也叫如愿骨。二人同扯吃剩的叉骨，得较长一段断片者据说即能满足自己的愿望。

wishwash 淡而无味的饮料

Wisniowka (Po.) 威斯尼诺卡酒　波兰产的一种樱桃利口酒。以伏特加为基酒，含酒精40%。

witch 美首鲽　产于大西洋海域的一种比目鱼。参见 plaice

Wittwenkuss (G.) 杏仁糕点
参见 almond cake

wok (C.) 镬　中国式炒菜锅，以区别于各种西式平底锅。

wolf fish 鲇鱼
参见 catfish

wolf herring 狼鲱　俗称宝刀鱼。一种身体细长的鲱科鱼类，广泛分布于印度洋和太平洋热带海岸。被视为珍味佳肴。

won ton (C.) 馄饨　也叫云吞。以面皮包以馅心，放在水中煮熟，与汤同食。常以肉、菜和其他配料加调味料作馅。该词源自汉语广东方言。

wood apple 木苹果　东南亚的一种小乔木。果实有硬皮，味酸，酷似山楂。

wood grouse 榛松鸡

wood pigeon

wood pigeon 林鸽 新西兰的一种野鸽,也指亚洲的珠颈斑鸠等。烹调方法同家鸭。

woodcock 山鹬 一种野生候鸟。羽毛有花斑,喙稍长。每年10月到次年1月到达苏格兰。其肉质嫩美味鲜,常用于烤食或制成肉糜。

wooden spoon 木勺,木匙
参见 spatula

wooden ware 木制餐具 以木为材料的各种特色餐具,如木碗、木勺等。

woodpecker 啄木鸟 在法国被作为食用鸟之一,烹调方法同鸫。参见 thrush

woodruff 香车叶草 茜草科野生芳香植物。其花白色;其叶常可用作香草或入药,气味香甜。可作为冰镇水果饮料和葡萄酒的调香料。

woof 鲇鱼 英国约克郡的特有称法。
参见 catfish

Wop salad (Am.) 美男子色拉 美国路易斯安那州的一种特色凉拌。以莴苣、橄榄、大蒜、鳀鱼、牛至和刺山柑等为配料制成。

Worcestershire sauce 辣酱油 起源于英国伍斯特郡的一种调味酱油。含有醋、胡椒、芥末、酱等多种成分,风味独特。

work 揉,搽(面团)
参见 knead

wormseed 土荆芥 也叫山道年,一种苋属灌木,开芳香的花。冲制的饮料对人体有恢复精力的功效。

wormwood 蒿 菊科蒿属植物,广泛分布于世界许多地区。龙蒿叶具苦味或香味,可供调味;艾蒿和洋艾则用于苦艾酒等的调香。

wort 麦芽汁 未加啤酒花的麦芽浸出液,是一种稀释糖化醪,可进一步经发酵制成啤酒。

wrap 包,裹 将肉类食品包在铝箔、羊皮纸、蜡纸或猪网油内,再盖上布,然后进行烹调的方法。

wrasse 隆头鱼 鲈形目多种鱼的统称,广泛分布于全球热带和温带海域。体形长而纤细,重达7—10千克,为普通食用鱼类之一。肉质粗糙,常用于煮鱼汤。

wreaths 面包圈 亦可泛指其他圆圈形食品。

wreckfish 多锯鲈
参见 stone bass

wrinkle 起皱 指谷物、豌豆或香肠等由于表面干燥而引起的收缩现象。

wt. (abbr.) 重量
参见 weight

Wurst (G.) 香肠
参见 sausage

Württemberg (G.) 符腾堡 德国内卡河西岸产酒区,邻近斯图加特。生产某香味浓的各种红、白葡萄酒。

Wurzburger (G.) 维尔茨堡酒 德国巴伐利亚地方产的一种浓味黑啤酒,以产地命名。

Würze (G.) 香料,调味料
参见 condiment

Wyandotte (Am.) 怀恩多特鸡 美国一种著名鸡种。蛋肉兼用,很有独特风味。

Wyborowa (Po.) 威勃罗瓦酒 波兰产的一种粮食伏特加酒,含酒精38%。

X

X 普通啤酒 印在啤酒桶上的啤酒含酒精度标志。XX 为烈性啤酒；XXX 为最烈性啤酒。

xanthin 茜草黄 一种食用色素。参见 madder

Xantos (It.) 圣酒 14 世纪意大利酿制的一种甜白葡萄酒。参见 Vino Santo

xapoipa (Sp.) 薄煎饼
参见 pancake

Xavier, potage (F.) 沙勿略浓汤 一种法式奶油鸡丁蛋黄汤。以天主教耶稣会创始人之一，传教士圣方济各·沙勿略(1506—1552)的名字命名。

Xérès (F.) 赫雷斯 西班牙地名，是著名的雪利酒产地，已成为雪利酒的代名词。酒色呈深琥珀色，芳香浓郁，酒度较烈。参见 sherry

Xereswein (G.) 雪利酒
参见 sherry

xerophagy 干食品饮食节制 指仅食用面包或其他低水分食品以达到饮食节制的目的。严格杜绝水分的摄入。

xianggu mushroom 香菇 寄生在栗、榭等树干上的一种蕈类，其菌盖表面呈黑褐色，有裂纹，菌柄白色。有冬菇、春菇等多种，味鲜美无比。也叫香蕈。

ximenia 山梅 产于热带地区的一种果实。以非洲加蓬的齐梅尼亚得名，可供食用。

xiphias (Gr.) 剑鱼
参见 swordfish

Xmas cookies 圣诞曲奇饼
参见 cookie

Xmas fruitcake (Am.) 圣诞蛋糕
参见 Christmas cake

X.O. (abbr.) 特陈白兰地
参见 extra old

xocoat(y)1 苦味饮料
参见 chocotl

XX 烈性啤酒
参见 X

xynogala (Gr.) 酸奶酪
参见 clabber

Y

yabbies (Am.) 螯虾
参见 crayfish

yablouchni (R.) 冻苹果汤 一种俄国风味。以苹果为主制成的甜食,经冰冻后食用。

yack (F.) 牦牛
参见 yak

yahni (Gr.) 茄汁食品 希腊菜肴常以番茄酱或番茄汁佐味,风味颇似意大利菜,并以橄榄油调味。

yak 牦牛 产于西藏的一种驯养动物。外形似牛,毛呈深黑色,牛毛很长。其肉可供食用,牦牛奶口味与羊奶相似。

yakimono (J.) 1. 陶瓷 参见 porcelain **2. 烤肉** 也指烤鱼或烤鸡等具有日本风味的烤制菜肴。常加入酱油等调味。

yakitori (J.) 烤鸡肉串 用小竹扦或铁叉烤的一种小腌鸡块。日本风味食品之一。

Yale boat pie (Am.) 耶鲁馅饼 一种适于作野餐食品的油酥馅饼。其馅料通常有猪肉、鸡肉和海味等。源自美国耶鲁大学学生的野餐食品。

yam 薯蓣 俗称山药,原产于热带地区的一种根茎植物。最大的薯蓣重达100千克。其外皮厚而有细毛,薯肉呈白色、黄色或红色,富含淀粉,味甜,可烤熟后作为主食。有人常将一种有桔黄色内芯的甜薯误称为薯蓣,其实是完全不同的两个品种。

yam potato 甜薯
参见 sweet potato

yamadon 黄豆蔻油 可用作食品的调香油,用肉豆蔻果实提取而成。参见 nutmeg

yambean 豆薯 豆薯属藤本植物,原产于美洲。块根呈不规则球形,皮褐色,肉白色,鲜嫩多汁,味甜。其块根液汁呈乳状,也可生食或煮食。

yangtao (C.) 杨桃
参见 carambola

yanta (Sp.) 午餐
参见 lunch

yaourt (F.) 酸奶
参见 yoghurt

yapok 糠虾
参见 opossum shrimp

yapon 约本树 一种常绿灌木。其叶片可制成一种黑色饮料,为印第安人常用食品之一。参见 chocotl

yard-long cowpea 豇豆
参见 cowpea

yarrow 蓍草
参见 alpine yarrow

yearling 一岁幼畜 指出生仅1年的幼山羊、幼猪或幼小牛。肉质较嫩。

yeast 酵母 一种单细胞植物菌株,能迅速繁殖。将其加入含有糖或淀粉的液体中(如麦芽汁或果汁等),能发酵产生二氧化碳和酒精,故可用于酿制啤酒、葡萄酒或使蛋糕、面包等膨松。酵母含有丰富的维生素B。一般市售有很多品种,主要呈颗粒状和半流质乳脂状两种,色泽淡黄。

yeast cake 1. 酵母蛋糕 专指以酵母发酵的蛋糕和糕点。**2. 鲜酵母** 一种呈小方块状的酵母,用于面包等的发酵。

yeast extract 酵母浸膏 指经过酸处理的酵母,是食品维生素B的主要来源之一。可用作食品涂抹料或汤汁的调味料。

yeast granules 颗粒酵母
参见 yeast

Yecla (Sp.) 耶克拉 西班牙东部产酒地区，以耶克拉镇为中心。主要酿制各种红或玫红葡萄酒。

yellow cat 黄鲇鱼 泛指北美的几种鲇属鱼，如扁头鲇等。参见 catfish

yellow Chartreuse 黄查尔特勒酒 一种口味较甜的查尔特勒酒，用100多种芳香草药配制而成。最早在17世纪由法国 Grenoble 地区的苦修会僧侣酿成，据信有药效。参见 Chartreuse

yellow croaker 黄鱼 也叫黄花鱼，是一种生活在海中的食用鱼。身体侧扁，尾巴狭窄，头大，侧线以下有分泌黄色腺体的物质。是重要的经济鱼类之一。

yellow mombin 猪李
参见 hog plum

yellow perch (Am.) 金鲈 主要产于北美洲的一种鲈科鱼。体表呈金黄色，且有深绿色条纹。是很重要的食用鱼。也作 lake perch

yellow rail 黄秧鸡 美国产的一种小秧鸡。身体下部为暗黄色，背部有褐色或黑色条纹。

yellow rice 黄变米 由于含水分较高，大米在贮运过程中易为真菌浸染霉变而呈黄色。黄变米含有多种致癌毒素，并会引起食物中毒。

yellow tramp 黄魁 一种苹果品种。参见 apple

yellow vegetable 黄根菜 指根茎呈黄色的蔬菜，如胡萝卜等。参见 white vegetable

yellow yam (Am.) 甜薯
参见 sweet potato

yellow yolk 黄卵黄 指深色蛋黄。
参见 white yolk

yellowberry 云莓
参见 cloudberry

yellowfin tuna 黄鳍金枪鱼 太平洋及大西洋的银纹金枪鱼。比蓝鳍金枪鱼小，肉质更细嫩。

yellowtail 蛳鱼 一种体形侧扁的海水鱼。背部褐色，鳞小而圆，尾鳍分叉，是重要的食用鱼之一。

yema (Sp.) 蛋黄
参见 egg yolk

yerba (Sp.) 芳香植物
参见 herb

yerba maté (Sp.) 巴拉圭茶
参见 maté

yering 耶令酒 澳大利亚产的一种干红葡萄酒。

yerkis (R.) 酒烩鲈鱼 一种俄罗斯风味。将鲈鱼背部对剖后加入黄油和白葡萄酒烩煮，冷却后佐以蛋黄酱食用。

yill-caup (Sc.) 淡啤酒杯 源自苏格兰方言。

ylang-ylang (Ma.) 依兰依兰 亦称芳香树，是产于亚洲南部一种木兰目番荔枝科乔木。原意为"花中之花"。其花瓣有奇香，可经蒸馏后制成食用香精和香水。也作 ilangilang

ymer (Da.) 伊梅尔 丹麦产的一种乳酸饮料。

yoghurt 酸牛奶 也叫酸乳酪或酸奶。是一种略带酸味的半流体状发酵制品，由脱脂牛奶加入嗜酸菌和固形剂制成。营养丰富，有助消化，是一种老幼皆宜的理想食品。

yoghurt dressing 酸奶调汁 以酸牛奶、洋葱、醋和芳香植物作配料调成，用作色拉的调料。

yogurt 酸牛奶
参见 yoghurt

yolk 蛋黄
参见 egg yolk

York ham 约克火腿 英国约克郡原产的一种腌火腿。口味柔和、肉色淡红，被认为是欧洲火腿之冠。

York imperial 约克苹果 一种优质烘烤用苹果品种。皮红色，因最早植于英国的约克郡而得名。

Yorker 约克夏猪
参见 Yorkshire

Yorkshire 约克夏猪 也称大白猪，由北英格兰的白猪和中国白猪杂交而成。肉质好，全身白色，耳竖立，是世界上分布最广的优良猪种。

Yorkshire apple cake 约克夏苹果糕 英国的一种传统甜食。以苹果、柠檬等制成糊状糕点,加面粉拌匀,蒸煮成熟后食用。

Yorkshire pudding 约克夏布丁 与蛋奶酥相似的一种面糊布丁。在英国习惯上和烤牛肉同食。原是用于在牛肉下吸收肉汁,现则分开焙烤,和肉汤一起作为头道菜或牛肉配菜。最早出现于1747年。

Yorkshire rarebit 干酪面包吐司
参见 Welsh rarebit

young 1. (肉)新鲜的,嫩的 2. (酒、干酪)新酿的,刚发酵的

young hyson 嫩叶熙春茶
参见 hyson

youngberry 杂交悬钩子 美国西部和南部的一种大黑莓。果实大,色泽红或黑,味极甜。也叫杨氏大粒黑莓。

Yquem (F.) 依坤酒 法国依坤酒堡酿制的一种著名优质干白葡萄酒。参见 château

yubbo (Ar.) 玫瑰蜂蜜蛋糕 一种北非阿拉伯风味。以蜂蜜、玫瑰花瓣、橄榄油和蒲公英作配料制成。

yuca 木薯
参见 cassava

yucca 丝兰 百合科植物,产于南美洲。其果实可经烤制后食用;其嫩茎则可代替芦笋。为当地人所珍视。

Yule log 圣诞树蛋糕 一种夹有果酱和奶油馅的卷筒形蛋糕。上涂巧克力酱,使其似树段状,然后撒以糖粉。是欧洲的一种圣诞节甜食。

Yvette (F.) 紫罗兰甜露酒
参见 Crème Yvette

Z

zabaglione (It.) 意大利蛋黄酱 将蛋、糖和葡萄酒及果汁混合,隔热水搅打成淡黄色稀糊,盛入杯中热饮,也可冷却后饮用。俗称冲蛋稀。

zabaione (It.) 意大利蛋黄酱 以糖、酒等调蛋黄制成。参见 zabaglione

Zadar 扎达尔 克罗地亚古城,风景如画,以樱桃酒酿制著称于世,并拥有较发达的鱼品加工业。

zafferano (It.) 藏红花
参见 saffron

Zagarese (It.) 扎加列斯酒 意大利南部阿普利亚(Apulia)产的一种深红色烈性甜红葡萄酒,含酒精18%。

zahari (Sp.) 石榴
参见 pomegranate

zahora (Sp.) 午餐会
参见 luncheon

zakuska (R.) 开胃品 包括在主菜前食用的各种冷热点心,如鲱鱼、鱼子酱、香肠、热干酪酥和其他蔬菜等。食时佐以伏特加酒。参见 hors d'oeuvre

zalbarscial (R.) 冷罗宋汤 一种甜菜黄瓜汤。参见 borsch

zamia 泽米 苏铁科矮小粗壮植物,原产美洲热带地区。其茎呈芜菁状,与其根同富含淀粉质。可供食用。

zampino (It.) 填馅猪腿 将猪腿去骨,在冷水中浸3小时,然后用线捆扎煮炖3小时,食时佐以土豆泥。是一种意大利风味。

zanahoria (Sp.) 胡萝卜
参见 carrot

Zander (G.) 梭鲈
参见 pike-perch

zandia (Sp.) 西瓜
参见 watermelon

zandre (F.) 梭鲈
参见 pike-perch

zangola (It.) 搅乳器
参见 churn

zanpone (It.) 填馅猪腿
参见 zampino

Zante currant 扎特葡萄 一种无籽小葡萄,产于希腊的扎金索斯(Zakinthos)。

zap 辛辣的,刺激的

zapote (Sp.) 人心果
参见 sapodilla

Zara (Yu.) 扎拉酒 克罗地亚达尔马提亚村产的一种樱桃利口酒。风味独特,常用于糕点、冰淇淋等的调香配料。

zarf 金属咖啡杯柄 流行于地中海沿岸的一种装饰形咖啡杯柄。

zarzuela (Sp.) 西班牙炖海鲜 可包括许多种鱼,加入大蒜和洋葱调味。

zavtrak (R.) 早餐
参见 breakfast

zdrowie twóje (Po.) 祝你健康 敬酒用语。

zeaxanthin 玉米黄素 存在于玉米和蛋黄中的一种类胡萝卜素,可作为食品着色剂。

zebu 瘤牛 产于印度与中国西藏等地的一种牛,因肩部生长一个高大的肉瘤而得名。其牛乳和牛肉均可供食用。由于其抗干旱与抗病害的能力很强,现已引种到美国。

zedoary 蓬我术 一种印度姜属植物。味略苦,可用作芳香剂与发汗药。

zee (F.) 海鲂
参见 John Dory

Zeeland oyster 西兰牡蛎 产于比利时的施凯尔德河口(Scheldt)的一种著名牡蛎。

Zeltingen (G.) 采尔丁根酒 德国摩泽尔地方产的一种优质白葡萄酒。

zenzero (It.) 生姜
参见 ginger

zephire (F.) 西风肉丸 一种椭圆形肉馅丸子。常以鹅肝和鸡肉作馅，因肉丸松软轻柔而得名。

zephyr (F.) 泡沫状食品 法国菜单用语。

Zeppelinwurst (G.) 法兰克福肝泥香肠

zest 1. 柑橘外皮 包括柠檬或橙子的深色外皮层，用作调味或调香料。2. (酒的)风味,香味

zesteur (F.) 柑橘去皮刀 用于切取柑橘外皮用作调香料。参见 zest

zewelmai (F.) 奶油洋葱馅饼 一种法国阿尔萨斯地方风味。

zibet 细香葱 产于热带亚洲地区。用于色拉、烤肉和沙司的调香。参见 chive

Zichorie (G.) 菊苣根
参见 chicory

ziegar 乳清干酪 一种加凝乳酶和醋酸制成的食品。参见 whey

Ziegler (G.) 齐格勒酒 德国产的一种白葡萄酒名。

zimino (It.) 1. 调味卤 用菠菜、大蒜、芹菜和酒等调成。2. 烩鱼 意大利热那亚特色菜肴之一。

ziminu (F.) 科西嘉鱼羹
参见 bouillabaisse

Zimt (G.) 肉桂
参见 cinnamon

zinfandel (F.) 馨芳葡萄 一种优质红葡萄品种，用于酿制丰醇而有果香、口味独特而稍带涩味的血红色佐餐葡萄酒。原产于意大利普利亚，现广泛种植于美国的加利福尼亚等地。

zingara (F.) 牛肉番茄汁 一种吉卜赛风味食品。以龙蒿、番茄、火腿、猪舌、蘑菇和块菌为配料，用于佐食肉片或鸡片。

Zingara, à la (F.) 吉卜赛式 指以龙蒿、番茄、火腿、猪舌和蘑菇为主要配料的菜式。

Zingel (G.) 金鲈 产于多瑙河的淡水中。参见 yellow perch

zingiber 姜
参见 ginger

zip code wine 地区编码酒 在法国酒类专门术语中指不可以地区命名的普通酒，而只能在酒标上以地区编码命名。参见 Appellation d'Origine

ziste (F.) 内果皮
参见 albedo

zite (It.) 粗通心面 比 zitoni 略粗一些，呈圆筒状，用于水煮。

zitoni (It.) 中粗通心面 直径为1.3厘米的圆筒状通心面，用于水煮。

Zitrone (G.) 柠檬
参见 lemon

zizania (F.) 茭白
参见 wild rice stem

Zolotaya Osen (R.) 金秋酒 一种苦味利口酒，以高加索红枣、椴梓和苹果等作原料酿成。

zorilla (Sp.) 长角牛 一种体表有白色斑点的牛。参见 longhorn

zubrowka (Po.) 芳香露酒 一种波兰调配酒。以伏特加为基酒，加入多种芳香植物或药草。在酒瓶中常浸入一些草杆，色泽禾秆黄或绿，味不甜。

zucca (It.) 南瓜
参见 pumpkin

zucchini (It.) 夏南瓜 也叫密生西葫芦，为产于意大利的一种深绿色南瓜品种。外皮光滑，果肉细嫩，常作为蔬菜食用，也可榨出南瓜汁作为饮料。

Zucker (G.) 糖
参见 sugar

Zuica (Yu.) 珠伊卡酒 罗马尼亚产的一种野李白兰地酒，含酒精36%。

zumaque (Sp.) 葡萄酒
参见 wine

Zunge (G.) 1. 鳎 参见 sole 2. 牛舌
参见 tongue

zuppa (It.) 肉汤,浓汤
参见 broth

zuppa alla pavese (It.) 帕维亚汤 一种泡有炸面包片，打上鸡蛋并撒上奶酪屑的肉汤。

zuppainglese (It.) 英式点心 一种餐后甜食,如发面饼、奶油蛋糕、布丁等。一般用朗姆酒调香,表面涂以乳脂,再用水果片作点缀。

Zweitfrühstuck (G.) 晚早餐 以香肠、三明治等组成的第二顿早餐。以区别于仅包括咖啡和面包的第一顿早餐。

Zwetschenwasser (G.) 李子白兰地 产于德国及东欧国家。常伴有杏仁味,含酒精 44.5%。

Zwieback (G.) 脆烤面包片 以鸡蛋面包切片后烘烤,然后涂以甜味料经再次烘脆而成。

Zwiebel (G.) 洋葱
参见 onion

Zwiebelkuchen (G.) 洋葱蛋糕 用剁碎的洋葱以及乳脂和蛋为配料制成。

zylopia 木椒 一种热带乔木的种子,可用于代替胡椒作调味料。

zymase 酿酶 一种能使糖分解的生物酶。最初在酵母菌中发现,其作用为使糖酵化成为酒精。

zymology 发酵学 研究发酵机制和过程的科学,尤指对面包、葡萄酒等食品的发酵原理、温度和条件的研究。

zymometer 发酵计 用于测定液体的发酵程度。

zymoscope 发力仪 通过测定糖释放二氧化碳的量来了解酵母发酵能力的一种仪器。

zymotachegraph 发力仪
参见 zymoscope

zymurgy 酿造学 研究酒类发酵过程的一门学科。

zythogala (F.) 啤酒奶 一种啤酒与牛奶的混合饮料。

zythos (Gr.) 扎索斯酒 希腊产的一种很畅销的苦味酒。

Appendix

Recipes for Cocktails

附　　录

鸡　尾　酒　配　方

A1 一流
 1 oz. grand marnier
 2 oz. gin
 1 dash lemon juice
 1 twist lemon

Abbey 寺院
 1 ½ oz. gin
 2 tbsp. orange juice
 1 dash orange bitters
 1 maraschino cherry

Acapulco 阿卡普尔科
 1 ½ oz. light rum
 ½ oz. lime juice
 ¼ oz. triple sec
 ½ tsp. sugar
 ½ egg white
 2 fresh mint leaves

Acapulco gold 阿卡普尔科金
 3 oz. pineapple juice
 ½ oz. concentrated grapefruit
 1 oz. coconut cream
 2 oz. fresh cream

Adam and Eve 亚当与夏娃
 1 oz. dry gin
 1 oz. fruit liqueur
 1 dash lemon juice

Addington 阿丁顿
 1-2 oz. sweet vermouth
 1-2 oz. dry vermouth
 1 twist lemon peel
 Club soda

Adonis 阿多尼斯
 2 oz. dry sherry
 1 oz. sweet vermouth
 1 dash orange bitters

Affinity 亲密
 ¾ oz. Scotch whiskey
 ¾ oz. dry vermouth
 ¾ oz. sweet vermouth
 2 dashes angostura bitters
 1 twist lemon peel
 1 maraschino cherry

After-dinner charge 饭后乐趣
 1 oz. sciarada
 ½ oz. peppermint schnapps
 ½ oz. heavy cream

Alabama 亚拉巴马
 1 ¾ oz. brandy
 ½ oz. lemon juice
 1 tsp. curaçao
 ½ tsp. sugar
 1 orange peel

Alaska 阿拉斯加
 1 ½ oz. gin
 ¾ oz. yellow chartreuse
 2 dashes orange bitters

Ale flip 啤酒弗立浦
 2 pt. ale

Ale sangaree

3 eggs
½ tbsp. ground ginger
8 oz. brown sugar
4 oz. brandy
1 lemon rind

Ale sangaree　啤酒桑格里
½ tsp. superfine sugar
1 pt. ale
Nutmeg

Alexander　亚历山大
¾ oz. brandy
¾ oz. crème de cacao
¾ oz. heavy cream
Grated nutmeg

Alexander coffee　亚历山大咖啡
¾ oz. gin
¾ oz. coffee liqueur
¾ oz. heavy cream

Alexander sister　亚历山大姐妹
¾ oz. gin
¾ oz. white crème de menthe
¾ oz. heavy cream

Alexander with gin　金酒亚历山大
¾ oz. gin
¾ oz. crème de cacao
¾ oz. heavy cream

Alexander with prunelle　梅子亚历山大
¾ oz. gin
¾ oz. prunelle
¾ oz. cream
Ground cinnamon

Alexander young　小亚历山大
1 ½ oz. bourbon whiskey
½ oz. pineapple juice
½ oz. orange juice
½ oz. lemon juice
1 dash grenadine
1 dash angostura bitters

Alfonso cocktail　阿方索
1 oz. dubonnet
4 oz. chilled champagne
1 dash angostura bitters
1 twist lemon peel
1 cube sugar

Alice mine　艾丽丝
½ oz. dry vermouth
4 dashes sweet vermouth
1 oz. grand marnier
½ oz. gin
1 dash angostura bitters

Allegheny　艾利尼
1 oz. bourbon
1 oz. dry vermouth
¼ oz. blackberry liqueur
¼ oz. lemon juice
1 dash angostura bitters
1 lemon peel

Allen　艾伦
1 ½ oz. gin
¾ oz. maraschino
1 dash lemon juice

Allies　同盟
1 oz. gin
1 oz. dry vermouth
2 dashes kümmel

Almond eye　杏眼
1 oz. gin
1 oz. brandy
½ oz. amaretto
1 oz. lemon juice
1 tsp. grenadine
Club soda

Aloha　阿洛哈
1 oz. light rum
½ oz. midori liqueur
½ oz. lime juice
½ oz. dry vermouth
1 cube papaya

Alvear palace　艾尔维尔宫
1 oz. vodka
½ oz. pineapple juice
¼ oz. apricot brandy

Amaretto cobbler　苦杏柯布勒
1 ½ oz. gin
2 oz. orange juice
1 oz. lemon juice
½ oz. amaretto
2 slices orange

Amaretto cream　苦杏奶酒
1 oz. amaretto
1 oz. miscari

½ oz. heavy cream
Ambrosia 甘醇
 1 oz. applejack
 1 oz. brandy
 1 dash triple sec
 Juice of one lemon
Amer Picon cooler 亚马·皮孔库勒
 1 ½ oz. amer picon
 1 oz. gin
 ½ oz. cherry liqueur
 ½ oz. lemon juice
 1 tsp. sugar
 Club soda
American beauty 美洲佳人
 ¾ oz. brandy
 ¾ oz. dry vermouth
 ¾ oz. orange juice
 1 oz. port
 1 dash white crème de menthe
 1 dash grenadine
American rose 美洲玫瑰
 1 ½ oz. brandy
 1 dash pernod
 1 tsp. grenadine
 ½ ripe mashed peach
 Chilled champagne
Americana 亚美利加那
 1 tsp. 100-proof bourbon
 ½ tsp. sugar
 4 oz. brut champagne
 1 dash bitters
 1 slice brandied peach
Americano 亚美利加诺
 1 ¼ oz. campari
 1 ¼ oz. sweet vermouth
 1 lemon peel
 Club soda
Andalusia 安达卢西亚
 1 ½ oz. very dry sherry
 ½ oz. cognac
 ½ oz. light rum
 1 dash angostura bitters
Angel punch 天使宾治
 1 cup sugar syrup
 2 qt. white grape juice
 1 pt. lemon juice
 1 block of ice
 1 qt. strong green tea
 2 qt. chilled club soda
Angel's cocktail 天使鸡尾酒
 1 oz. dry gin
 2 dashes angostura bitters
 3 dashes orange juice
 1 dash grenadine
Angel's delight 天使之喜悦
 ¼ oz. grenadine
 ¼ oz. crème yvette
 ¼ oz. triple sec
 ¼ oz. heavy cream
Angel's face 天使脸
 1 oz. dry gin
 ½ oz. apricot brandy
 ½ oz. apple brandy
Angel's kiss 天使吻
 ¼ oz. crème de cacao
 ¼ oz. heavy cream
 ¼ oz. crème yvette
 ¼ oz. brandy
Angel's tip 天使翼
 3 oz. brown crème de cacao
 1 oz. cream
Anger's rose 愤怒的玫瑰
 1 oz. cointreau
 1 oz. bourbon whiskey
 1 oz. pineapple juice
 1 dash campari
 1 dash egg white
Animador 歌舞演员
 1 oz. sweet vermouth
 1 oz. gin
 1 oz. aperitif delor
Ante 安迪
 1 oz. apple brandy
 ½ oz. triple sec
 1 oz. dubonnet
Appetizer No.1 开胃酒1号
 1 ½ oz. dubonnet
 ¼ cup orange juice
Apple and ginger 苹果姜汁白兰地
 1 ½ oz. applejack
 ¾ oz. ginger-flavored brandy

½ oz. lemon juice
½ tsp. sugar

Apple blossom 苹果花
1 ½ oz. applejack
1 oz. apple juice
½ oz. lemon juice
1 tsp. maple syrup
½ cup crushed ice
1 slice lemon

Apple blow 苹果花
3 oz. applejack
4 dashes lemon juice
1 tsp. sugar
1 egg white
Club soda

Apple brandy cooler 苹果白兰地库勒
2 oz. brandy
1 oz. light rum
3 oz. apple juice
½ oz. lime juice
1 tsp. dark Jamaica rum
1 slice lime

Apple brandy sour 苹果白兰地酸酒
2 oz. apple brandy
½ tsp. bar sugar
½ slice lemon
1 cherry
Juice of ½ lemon

Apple buck 苹果巴克
1 ½ oz. applejack
1 tsp. ginger-flavored brandy
½ oz. lemon juice
Iced ginger ale

Apple byrrh 苹果比尔
1 oz. calvados
½ oz. byrrh
½ oz. dry vermouth
½ tsp. lemon juice
1 lemon peel

Apple dubonnet 苹果杜波内
1 oz. calvados
1 oz. red dubonnet
1 oz. slice lemon

Apple egg bowl 苹果蛋酒
1 qt. applejack
3 qt. milk
½ cup sugar
1 cup heavy sweet cream
1 tbsp. vanilla extract
12 eggs
Ground cinammon

Apple ginger fix 苹果姜汁菲克斯
1 oz. applejack
1 oz. ginger-flavored brandy
½ oz. lemon juice
½ tsp. sugar
1 tsp. water
1 slice lemon

Apple ginger punch 苹果姜汁宾治
24 oz. apple brandy
2 oz. maraschino liqueur
2 oz. kirsch
1 qt. pineapple juice
24 oz. green ginger wine
1 qt. ginger beer
2 red apples
2 yellow apples

Apple ginger sangaree 苹果姜汁桑格里
1 ½ oz. apple brandy
½ oz. green ginger wine
1 slice lemon
Grated nutmeg

Apple grand marnier 苹果橘味酒
1 oz. calvados
½ oz. grand marnier
½ oz. cognac
1 lemon peel
1 orange peel

Apple grog 苹果格罗格
1 oz. applejack
1 tbsp. brown sugar
4 oz. water
2 whole eggs
½ oz. 151-proof rum
1 peel of lemon
whole spice

Apple knocker 苹果诺克
2 ½ oz. applejack
½ oz. sweet vermouth

3 oz. orange juice
½ oz. lemon juice
1 tsp. sugar
½ cup crushed ice

Apple rum rickey 苹果朗姆里基
¾ oz. applejack
¾ oz. light rum
¼ large lime
1 orange peel
Iced club soda

Apple Suisse 苹果瑞士
2 oz. applejack
½ oz. heavy cream
½ tsp. supar
½ egg white
1 dash grenadine
½ cup crushed ice

Apple tree 苹果树
1 ½ oz. applejack
1 ½ oz. sweet cider
1 dash dry vermouth
1 lemon peel

Applecar 苹果车
1 oz. applejack
1 oz. triple sec
1 oz. lemon juice

Applejack cocktail No.1 苹果白兰地1号
1 ½ oz. applejack
1 tsp. grenadine
1 tsp. lemon juice

Applejack cocktail No.2 苹果白兰地2号
1 oz. applejack
1 tsp. sugar syrup
2 dashes orange bitters
1 dash angostura bitters

Applejack cocktail No.3 苹果白兰地3号
2 oz. applejack
1 tsp. fine sugar
1 tsp. lime juice
4 dashes curaçao

Applejack collins 苹果白兰地科林斯
2 oz. applejack
1 oz. lemon juice
1 tsp. sugar
2 dashes orange bitters
1 slice lemon
Iced club soda

Applejack daisy 苹果白兰地代西
1 ½ oz. applejack
½ oz. lime juice
1 tsp. raspberry syrup
1 tsp. ginger brandy
1 slice lime
Iced club soda

Applejack flip 苹果白兰地弗立浦
4 oz. applejack
1 whole egg
2 tsp. superfine sugar
½ cup crushed ice
Nutmeg

Applejack manhattan 苹果曼哈顿
1 ¾ oz. applejack
¾ oz. sweet vermouth
1 dash orange bitters
1 maraschino cherry

Applejack old-fashioned 苹果古典
1 ½ oz. applejack
1 cube sugar
1 dash angostura bitters
1 dash club soda
1 twist lemon peel

Applejack punch 苹果白兰地宾治
2 qt. applejack
6 oz. grenadine
2 cups orange juice
2 qt. chilled ginger ale
1 block of ice
Fruit to garnish

Apricot anise fizz 杏子茴香菲兹
1 ¾ oz. gin
½ oz. apricot-flavored brandy
¼ oz. anisette
½ oz. lemon juice
1 lemon peel
½ brandied apricot
Iced club soda

Apricot cooler 杏子库勒

Apricot lady

2 oz. apricot brandy
2 dashes grenadine
1 twist orange peel
1 twist lemon peel
Iced club soda

Apricot lady 杏子夫人
1 ½ oz. light rum
1 oz. apricot-flavored brandy
½ oz. lime juice
½ tsp. curaçao
½ egg white
¼ cup crushed ice
½ slice orange

Apricot No.1 杏子1号
1 ½ oz. apricot brandy
1 oz. orange juice
1 oz. lemon juice
1 dash gin

Apricot No.2 杏子2号
1 ½ oz. apricot brandy
½ oz. gin
2 tsp. orange juice
1 tsp. lemon juice

Apricot pie 杏子攀
1 oz. light rum
1 oz. sweet vermouth
½ tsp. apricot-flavored brandy
½ tsp. lemon juice
½ tsp. grenadine
1 orange peel

Apricot sour 杏子酸酒
1 ½ oz. apricot brandy
½ oz. lemon juice
1 oz. orange juice
½ slice orange
1 maraschino cherry
Iced club soda

Apricot Tom and Jerry 杏子汤姆和杰里
½ tsp. ground allspice
½ tsp. ground cinnamon
1 ½ tsp. sugar
1 oz. apricot brandy
1 oz. blended whiskey
1 oz. milk
1 oz. heavy cream
1 oz. egg white
Grated nutmeg

Aquaduct 水渠
1 ½ oz. vodka
¼ oz. curaçao
¼ oz. apricot liqueur
½ oz. lime juice
1 orange peel

Aquavit fizz 露酒菲兹
2 ½ oz. aquavit
½ oz. lemon juice
1 tsp. sugar
1 tsp. cherry liqueur
1 lemon peel
1 brandied cherry
½ egg white
Iced club soda

Aquavit rickey 露酒里基
1 ½ oz. aquavit
1 tsp. dry kümmel
¼ large lime
Iced club soda

Artillery 炮兵
1 ½ oz. gin
½ oz. sweet vermouth
2 dashes angostura bitters
1 lemon peel

Artilleryman's punch 炮兵宾治
1 qt. 86-proof bourbon
9 oz. light rum
4 oz. dark Jamaica rum
6 oz. apricot-flavored brandy
12 oz. lemon juice
24 oz. orange juice
1 qt. strong black tea
¼ cup sugar

Aunt Agatha 阿加莎婶婶
2 oz. light rum
3-4 oz. chilled orange juice
1 dash angostura bitters

Aunt Betsy's favorite 贝西婶婶宾治
1 bottle dry red wine
2 cups tawny or ruby port
1 cup brandy
1 stick cinnamon

6 cloves
8 cubes sugar
Peels of 2 oranges

Aurum 金橘
1 oz. sweet vermouth
½ oz. aurum
½ oz. gin

Aztec punch 阿兹特克宾治
1 gallon tequila
3 cups lemon juice
1 cup superfine sugar
1 ½ gallon grapefruit juice
2 qt. cold black tea
1 ½ tsp. ground cinnamon
1 block of ice

B.&B. 本尼迪克丁白兰地
1 oz. benedictine
1 oz. brandy

B.&B. collins 本尼迪克丁白兰地科林斯
2 oz. cognac
½ oz. lemon juice
½ oz. benedictine
1 tsp. sugar
1 slice lemon
Iced club soda

Babbie's special 巴比特级
1 ½ oz. apricot brandy
¾ oz. heavy cream
1 dash gin

Bacardi 百卡地
1 ½ oz. bacardi rum
½ oz. lime juice
1 tsp. grenadine

Bacardi special 百卡地特级
1 ½ oz. light rum
¾ oz. gin
1 ½ tbsp. lime juice
1 tsp. grenadine

Bachelor's bait 单身汉之诱饵
2 oz. gin
½ tsp. grenadine
1 dash orange bitters
1 egg white

Balalaika 巴拉莱卡
1 oz. vodka
1 oz. cointreau
1 oz. lemon juice

Bali Hai 巴里海
1 oz. light rum
1 oz. okolehao
2 oz. Tom collins
3 oz. lime juice
2 oz. champagne

Baltimore bracer 巴尔的摩晨酒
1 oz. brandy
1 oz. anisette
1 egg white

Baltimore eggnog 巴尔的摩蛋诺
12 eggs separated
½ pt. peach brandy
2 cups superfine sugar
3 pt. milk
1 pt. brandy
1 pt. heavy cream
½ pt. light rum
Nutmeg

Bamboo 竹
½ oz. dry sherry
½ oz. dry vermouth
1 dash orange bitters

Banana bliss 香蕉布立斯
1 oz. brandy
1 oz. banana liqueur

Banana daiquiri 香蕉代基里
1 ½ oz. light rum
½ oz. banana liqueur
½ oz. lime juice
½ peeled banana
½ cup crushed ice

Banana mango 香蕉芒果
1 ½ oz. light rum
¼ oz. banana liqueur
½ oz. mango nectar
½ oz. lime juice
1 slice fresh mango

Banana rum frappé 香蕉朗姆冰酒
½ oz. banana liqueur
½ oz. light rum
½ oz. orange juice
1 slice orange

Banshee 女妖

1 oz. banana liqueur
½ oz. white crème de cacao
½ oz. cream or milk
½ cup crushed ice
1 slice banana

Barbados bowl 巴巴多斯酒缸
1 cup sugar
1 bottle light rum
8 oz. 151-proof rum
1 qt. pineapple juice
12 oz. lime juice
12 oz. mango nectar
2 sliced limes
8 medium-size ripe bananas

Barbados planter's punch 巴巴多斯农场主宾治
2 oz. barbados rum
½ oz. heavy dark rum
1 oz. lime juice
2 tsp. sugar
3 dashes angostura bitters
1 slice lime
Ground nutmeg

Barbary coast 巴巴里海滩
1 oz. gin
1 oz. scotch whiskey
1 oz. crème de cacao
1 oz. cream

Barbican 碉堡
1 ½ oz. scotch whiskey
½ oz. drambuie
¼ oz. passion fruit juice

Barbotage of champagne 香槟气泡
6 oz. chilled champagne
1 tsp. lemon juice
1 tsp. sugar syrup
1 dash angostura bitters
1 twist orange peel

Barley water 大麦茶
2 oz. pearl barley
3 tsp. sugar
1 pt. boiled water
½ peeled lemon

Baron 男爵
½ oz. dry vermouth
1 ½ oz. dry gin
1 oz. triple sec
½ tsp. sweet vermouth

Baronial 巴伦尼尔
1 ½ oz. lillet
½ oz. lemon juice
2 dashes angostura bitters
2 dashes cointreau

Barracuda 梭鱼
1 oz. golden rum
½ oz. galliano
1 oz. pineapple juice
¼ oz. fresh lime juice
2 dashes gomme syrup

Barrier reef 大堡礁
1 oz. gin
¾ oz. cointreau
1 dash angostura bitters
1 cup ice cream
1 dash curaçao

Bartender 酒吧侍者
½ oz. gin
½ oz. sherry
½ oz. dubonnet
½ dry vermouth
1 dash grand marnier

Basic eggnog 蛋诺
2-3 oz. brandy or light rum
1 whole egg
1 tbsp. superfine sugar
1 cup milk
½ cup crushed ice
Nutmeg

Basic tea punch 浓茶宾治
2 cups strong tea
6 cups any fruit juice
1 block of ice
2 cups chilled ginger ale
Club soda
Sugar to taste

Basic zoom 变焦镜
2-3 oz. liqueur
1 tsp. heavy cream
1 tsp. honey
3 ice cubes

Basis filled 奠基

Bastard 私生子
4 oz. chilled dry white wine
½ oz. cointreau
½ oz. cognac
1 orange peel

Bastard 私生子
1 oz. dry vermouth
1 oz. sweet vermouth
½ oz. brandy
2 dashes angostura bitters
1 slice lemon
Iced club soda

Batido de Pina 巴蒂多·德庇那
2 oz. light rum
⅔ cup fresh pineapple
½ cup crushed ice
1 sprig fresh mint
Superfine sugar

Battering ram 好斗的羊
1 oz. light rum
1 oz. dar jamaica rum
4 oz. orange juice
½ oz. wild turkey
½ oz. lime juice
1 slice lime
Iced tonic water

Bayard fizz 骑士菲兹
2 oz. gin
½ oz. lemon juice
2 tsp. maraschino liqueur
1 tsp. raspberry syrup
1 slice lemon
Iced club soda

Beachcomber 细浪
2 oz. light rum
¾ oz. cointreau
1 ½ tbsp. lime juice
2 dashes maraschino

Beachcomber's gold 浪之金
1 ½ oz. light rum
½ oz. dry vermouth
½ oz. sweet vermouth

Beauty spot 美人痣
2 oz. dry gin
½ oz. sweet vermouth
½ oz. dry vermouth
1 tsp. orange juice

Bee's kiss 蜜蜂吻
1 ½ oz. light rum
1 tsp. honey
1 tsp. heavy cream

Bee's knee No.1 蜜膝1号
1 ½ oz. gin
1 tsp. honey
1 tbsp. lemon juice

Bee's knee No.2 蜜膝2号
1 ½ oz. light rum
¾ oz. orange juice
½ oz. lime juice
1 tsp. sugar
2 dashes orange bitters
1 orange peel

Beer buster 酒友
1 ½ oz. 100-proof vodka
2 dashes tabasco sauce
Iced cold beer

Belery bat 贝勒利蝙蝠
1 oz. sciarada
1 oz. dark jamaica rum
2 oz. papaya nectar
2 dashes angostura bitters
1 slice lemon
Iced club soda

Bellini 贝利尼
1 qt. peach pureé
1 tbsp. lemon juice
3 qt. chilled champagne
Sugar to taste
(for 12 people)

Belmont 贝尔蒙特
2 oz. gin
¾ oz. heavy cream
½ oz. grenadine syrup

Benedictine cocktail 本尼迪克丁鸡尾酒
2 oz. benedictine
1 dash angostura bitters
1 cherry

Bentley 本特利
1 oz. dubonnet
1 oz. applejack brandy

Berliner 柏林人
1 ½ oz. gin

¼ oz. dry kümmel
½ oz. dry vermouth
¼ oz. lemon juice

Bermuda blanc 白色百慕大
4 oz. chilled dry white wine
½ oz. light rum
1 tsp. lime juice
1 slice lime

Bermuda bouquet 芳香百慕大
1 ½ oz. gin
1 oz. triple sec
1 oz. apricot brandy
1 tsp. powdered sugar
Juice of ¼ orange
Juice of ½ lemon

Bermuda bourbon punch 百慕大波旁宾治
3 tbsp. jasmine tea
3 cups boiled water
1 bottle bourbon
8 oz. madeira
8 oz. lemon juice
1 ¼ oz. falernum
1 qt. ginger ale
1 ½ oz. pernod
3 slices of lemon

Bermuda highball 百慕大高杯
¾ oz. gin
¾ oz. dry vermouth
¾ oz. brandy
Club soda or ginger ale

Bermuda rose 百慕大玫瑰
1 ½ oz. gin
1 dash grenadine
1 dash apricot brandy
1 tbsp. lime or lemon juice

Berries and cream 黑莓与奶油
1 oz. blackberry brandy
1 oz. strawberry liqueur
1 oz. cream
½ oz. lime juice

Betsy Ross 贝茜·罗斯
1 ½ oz. brandy
1 ½ oz. port
1 tsp. sugar
1 dash curaçao
1 egg yolk
Nutmeg

Between the sheets 就寝
¾ oz. light rum
¾ oz. brandy
¾ oz. cointreau
½ oz. lemon juice

Biffy 比菲
1 ½ oz. gin
¾ oz. swedish punch
1 ½ tbsp. lemon juice

Bijou or jewel 珠宝
¾ oz. dry gin
¾ oz. chartreuse
¾ oz. sweet vermouth
1 dash orange bitters
1 cherry and lemon peel

Billy Hamilton 比利·汉密尔顿
1 oz. brandy
1 oz. orange curaçao
1 oz. crème de cacao
1 egg white

Billy Taylor 比利·泰勒
2 oz. gin
1 tsp. superfine sugar
2 tbsp. lime juice
Club soda

Bimbo punch 少女宾治
1 qt. brandy
1 lb. lump sugar
1 large block of ice
6 large lemons sliced
Orange slices

Bird-of-paradise fizz 天堂鸟菲兹
2 oz. gin
2 tbsp. lemon juice
1 tsp. superfine sugar
1 tsp. grenadine
1 egg white
Club soda

Biscayne 比斯开
1 oz. gin
½ oz. light rum
½ oz. forbidden fruit
½ oz. lime juice
1 slice lime

Bishop 主教
2 oz. gin
2 oz. ginger wine

Bishop No.2 主教 2 号
1 tsp. superfine sugar
4 oz. claret
2 tbsp. lemon juice
1 slice orange
¼ cup orange juice
1 tsp. rum

Bitter banana cooler 苦味香蕉库勒
1 ½ oz. light rum
¼ cup sliced banana
¼ cup pineapple juice
½ oz. lime juice
½ cup crushed ice
2 dashes bitters
Iced bitter-almond soda

Bitter bourbon lemonade 苦味波旁柠檬汁
2 oz. bourbon
1 oz. lemon juice
½ oz. lime juice
1 tsp. grenadine
1 tsp. sugar
1 slice lemon
Iced bitter-lemon soda

Bitter brandy and sherry 苦味白兰地雪利
1 oz. brandy
1 oz. oloroso sherry
½ oz. cherry liqueur
1 tsp. lemon juice
1 slice lemon
Iced bitter-lemon soda

Bitter lemon bracer 苦味柠檬晨酒
2 oz. vodka
2 oz. orange juice
½ oz. lemon juice
1 lemon peel
1 orange peel
1 slice orange
Iced bitter-orange soda

Bitter lemon cooler 苦味柠檬库勒
1 ½ oz. dry vermouth
1 oz. gin
1 tsp. strawberry syrup
1 tsp. lemon juice
1 lemon peel
Iced bitter-lemon soda

Bitter orange cooler 苦味橙汁库勒
3 oz. sweet vermouth
½ oz. lemon juice
½ oz. cherry brandy
2 ½ oz. orange juice
2 dashes angostura bitters
1 slice orange
Orange soda

Bitter pernod 苦味绿茴香酒
1 oz. pernod
1 oz. vodka
1 oz. lemon juice
1 slice lemon
Iced bitter-lemon soda

Bitter planter's punch 苦味农场主宾治
2 oz. golden rum
1 tsp. sugar
1 tsp. grenadine
½ oz. lemon juice
1 slice lemon
Iced bitter lemon soda

Bittersweet 苦甜
1 ¼ oz. sweet vermouth
1 ¼ oz. dry vermouth
2 dashes angostura bitters
1 dash orange bitters
1 orange peel

Black and tan 黑褐色
Milk
Cola
Ice cubes

Black cherry rum punch 黑樱桃朗姆宾治
1 bottle light rum
4 oz. 151-proof rum
4 oz. dark Jamaica rum
8 oz. lemon juice
4 oz. orange juice
4 oz. lime juice

Black cow

8 oz. peter heering
8 oz. crème de cassis
1 qt. club soda

Black cow 黑母牛
8 oz. sarsaparilla
1-2 oz. vanilla ice cream

Black devil 黑魔
2 oz. light rum
½ oz. dry vermouth
1 black olive

Black hawk 黑鹰
1 oz. blended whiskey
1 oz. sloe gin
½ oz. lemon juice
1 maraschino cherry

Black magic 黑色魔术
2 dashes mandarine Napoleon
Juice of 2 grapes
Dry sparkling wine

Black Russian 黑俄罗斯人
1½ oz. vodka
¾ oz. kahlua

Black stripe No.1 黑条1号
2 oz. dark rum
1½ tbsp. molasses

Black stripe No.2 黑条2号
1 tsp. molasses
2 oz. dark rum
1 twist lemon peel

Black tea punch 红茶宾治
2 cups raspberry syrup
3 cups strong black tea
1 cup crushed pineapple
1 qt. orange juice
2 qt. chilled club soda
1 cup lime juice
1 large block of ice

Black velvet 黑天鹅绒
6 oz. chilled stout
6 oz. chilled champagne

Blackberry demitasse 黑莓小杯
1 oz. blackberry liqueur
1 tbsp. blackberry jelly
½ oz. cognac
½ oz. water
½ tsp. lemon juice

½ thin slice lemon

Blackthorn 黑刺李
1 oz. Irish whiskey
1 oz. dry vermouth
3 dashes angostura bitters
3 dashes pernod

Blackthorn No.2 黑刺李2号
1 oz. sloe gin
1 oz. sweet vermouth
2 dashes orange bitters
1 lemon peel
1 maraschino cherry

Blanche 洁白
¾ oz. cointreau
¾ oz. anisette
¾ oz. white curaçao

Blarney stone 布拉尼钻石
1½ oz. Irish whiskey
½ tsp. pernod
½ tsp. curaçao
½ tsp. maraschino
1 dash angostura bitters
1 twist orange peel
Olive

Blended comfort 调配康福特
2 oz. blended whiskey
½ oz. southern comfort
¼ cup frozen peach
½ oz. dry vermouth
1½ oz. lemon juice
1 oz. orange juice
1 slice lemon
1 slice orange in syrup

Blenheim 布伦海姆
1 oz. applejack
½ oz. apricot-flavored brandy
¾ oz. lemon juice
1 tsp. grenadine
1 dash orange bitters

Blenton 布伦顿
1½ oz. gin
¾ oz. dry vermouth
1 dash angostura bitters

Blinker 信号灯
1½ oz. rye whiskey
¾ oz. grenadine

2 oz. grapefruit juice
Block and fall 陷落
 1 oz. cointreau
 1 oz. apricot brandy
 ½ oz. anisette
 ½ oz. applejack brandy
Blood and sand 血与沙
 ½ oz. scotch whiskey
 ½ oz. orange juice
 ½ oz. cherry brandy
 ½ oz. sweet vermouth
Bloodshot 红眼睛
 1 oz. vodka
 2 oz. beef bouillon
 2 oz. tomato juice
 1 dash lemon juice
 2 dashes worcestershire sauce
 Celery salt
Bloody bullshot 红血雄牛
 1 oz vodka
 1 oz. tomato juice
 1 oz. chilled beef bouillon
 1 tsp. lemon juice
 1 dash salt
 1 dash worcestershire sauce
 1 dash tabasco
Bloody Caesar 血恺撒
 1 oz. vodka
 4 oz. tomato juice
 2 dashes worcestershire sauce
 1 dash lemon juice
Bloody Maria 血玛丽亚
 1 oz. tequila
 2 oz. ice-cold tomato juice
 1 tsp. lemon juice
 1 dash tabasco sauce
 1 dash celery salt
 1 slice lemon
Bloody Mary 血玛丽
 1 ½ oz. vodka
 3 oz. tomato juice
 ½ oz. lemon juice
 1 dash worcestershire sauce
 1 dash celery salt
 1 dash tabasco sauce
 1 dash black pepper

 1 slice lemon
 1 celery stick
 Salt
Blue angel 蓝天使
 ½ oz. blue curaçao
 ½ oz. parfait amour
 ½ oz. brandy
 ½ oz. lemon juice
 ½ oz. heavy cream
Blue blazer 蓝焰
 6 oz. Irish whiskey
 2 tbsp. honey
 ¼ cup boiling water
 1 lemon peel
Blue bottle 蓝酒瓶
 1 oz. gin
 ½ oz. blue curaçao
 ½ oz. passion fruit juice
Blue devil 蓝魔
 1 ½ oz. gin
 ½ oz. blue curaçao
 ½ oz. lemon juice
 1 slice lemon
Blue Hawaiian 蓝夏威夷人
 1 oz. white rum
 ½ oz. blue curaçao
 2 oz. pineapple juice
 1 oz. coconut cream
 1 cup crushed ice
Blue jacket 蓝上衣
 1 oz. gin
 ½ oz. blue curaçao
 ½ oz. orange bitters
Blue lady 蓝色佳人
 1 oz. blue curaçao
 ½ oz. gin
 ½ oz. fresh lemon juice
 1 dash egg white
Blue lagoon 蓝色环礁
 ½ oz. vodka
 ½ oz. blue curaçao
 Lemonade
Blue moon 异想天开
 1 ½ oz. gin
 ¾ oz. crème de yvette
Blue mountain 蓝山

1 ½ oz. dark rum
¾ oz. vodka
¾ oz. tia maria
1 tbsp. orange juice

Blue negligée　蓝色的疏忽
1 oz. ouzo
1 oz. parfait amour
1 oz. green chartreause
1 cherry

Blue ribbon　蓝绶带
½ oz. gin
½ oz. white curaçao
¼ oz. blue curaçao

Blue star　蓝星
½ oz. lillet
½ oz. orange juice
1 oz. gin
1 oz. blue curaçao

Blue train No.2　蓝色列车 2 号
2 oz. brandy
2 oz. pineapple juice
Chilled champagne

Blueberry punch　越橘宾治
1 bottle 100-proof vodka
16 oz. metaxa brandy
16 oz. blueberry syrup
12 oz. lemon juice
2 qt. club soda
2 lemons, thinly sliced
1 pt. blueberries

Blueberry rum fizz　越橘朗姆菲兹
2 ½ oz. light rum
½ oz. blueberry syrup
¾ oz. lemon juice
1 tsp. triple sec
1 slice lemon
3 large fresh blueberries
Iced club soda

Bluebird　知更鸟
2 oz. gin
4 dashes angostura bitters
4 dashes curaçao
1 lemon peel
1 maraschino cherry

Bob dandy　花花公子鲍勃
2 oz. dubonnet
1 oz. brandy

Bobby Burns　波比彭斯
1 oz. scotch whiskey
½ oz. sweet vermouth
½ oz. dry vermouth
3 dashes benedictine

Bolero　波莱罗舞
1 ½ oz. light rum
¾ oz. apple brandy
¼ tsp. sweet vermouth
1 lemon peel

Bolo　玻罗
2 oz. light rum
1 tbsp. lime juice
2 tbsp. orange juice

Bomb　炸弹
9 oz. sherry
1 ½ oz. cointreau
1 ½ oz. orange juice
1 dash orange bitters
2 dashes pimento dram
6 olives

Bombay　孟买
1 oz. brandy
½ oz. dry vermouth
½ oz. sweet vermouth
½ tsp. curaçao
¼ tsp. pernod
1 slice fresh or canned mango

Bombay punch　孟买宾治
3 cups lemon juice
1 cup superfine sugar
1 qt. brandy
1 qt. medium-dry sherry
¼ pt. maraschino
¼ pt. curaçao
4 qt. champagne
2 qt. club soda
Fruit garnish

Bonnie prince　波尼王子
1 ¼ oz. gin
½ oz. lillet
¼ oz. drambuie

Boomerang　飞旋标
1 oz. dry vermouth
1 oz. gin

1 dash bitters
1 dash maraschino
1 lemon peel

Booster 后援
2-3 oz. brandy
1 tsp. curaçao
1 egg white
Grated nutmeg

Border crossing 跨越边界
1 ½ oz. tequila
½ oz. cranberry liqueur
½ oz. lime juice
1 tsp. sugar
1 slice lime

Borinquen 波林坤
1 ½ oz. light rum
½ oz. passion-fruit syrup
¾ oz. lime juice
½ oz. orange juice
1 tsp. 151-proof rum
½ cup crushed ice

Bosom caresser 情人
2 oz. brandy
1 oz. curaçao
1 egg yolk
1 tsp. grenadine

Bossa Nova special 波莎诺娃特级
1 oz. galliano
1 oz. white rum
¼ oz. apricot brandy
2 oz. pineapple juice
¼ oz. lemon juice
1 dash egg white

Boston cocktail 波士顿鸡尾酒
¾ oz. gin
¾ oz. apricot brandy
1 ½ tsp. grenadine

Boston flip 波士顿弗立浦
1 ½ oz. rye whiskey
1 ½ oz. madeira
1 tsp. sugar
1 whole egg

Boston sour 波士顿酸酒
2 oz. whiskey
1 tsp. bar sugar
1 egg white

Juice of ½ lemon
Carbonated water

Bourbon and madeita julep 波旁马德拉薄荷酒
1 ½ oz. bourbon
1 ½ oz. madeira or amontillado sherry
¼ oz. lemon juice
½ tsp. sugar
1 pineapple stick
4 sprigs mint

Bourbon collins 波旁科林斯
2 oz. 100-proof bourbon
½ oz. lemon juice
1 tsp. sugar
2 dashes bitters
1 slice lemon
Iced club soda

Bourbon cream 波旁奶油
1 oz. bourbon
½ oz. wild Turkey liqueur
1 oz. heavy sweet cream

Bourbon daisy 波旁代西
1 ½ oz. bourbon
½ oz. lemon juice
1 tsp. grenadine
1 tsp. southern comfort
½ slice orange
1 pineapple stick

Bourbon eggnog 波旁蛋诺
1 qt. milk
1 qt. heavy cream
1 ½ cup superfine sugar
12 eggs separated
Crushed ice
Nutmeg

Bourbon milk punch 波旁牛奶宾治
2 oz. bourbon
1 tsp. sugar
8 oz. milk
Grated nutmeg

Bourbon rumbo 波旁兰博
¾ oz. bourbon
¾ oz. golden rum
½ oz. sweet vermouth

1 tsp. sugar
1 dash angostura bitters
1 slice orange in syrup
Chilled club soda

Bourbon sloe-gin fix 波旁野梅菲克斯
1 ½ oz. bourbon
½ oz. sloe gin
½ oz. lemon juice
½ tsp. sugar
1 tsp. water
1 slice lemon
1 slice brandied peach

Bourbonella 波旁乃拉
1 oz. bourbon whiskey
½ oz. dry vermouth
½ oz. orange curaçao
1 dash grenadine

Bourbonnaise 波旁内
1 ½ oz. bourbon
½ oz. dry vermouth
¼ oz. crème de cassis
¼ oz. lemon juice

Brandied apricot 白兰地杏子
1 ½ oz. brandy
½ oz. apricot-flavored brandy
½ oz. lemon juice
1 orange peel

Brandied apricot flip 白兰地杏子弗利浦
1 oz. brandy
1 oz. apricot-flavored brandy
1 small egg
1 tsp. sugar
Grated nutmeg

Brandied banana collins 白兰地香蕉科林斯
1 ½ oz. brandy
1 oz. banana liqueur
½ oz. lemon juice
1 slice lemon
1 slice banana
Iced club soda

Brandied cordial médoc 白兰地梅多克
1 ½ oz. brandy
½ oz. cordial médoc
½ oz. lemon juice
1 orange peel

Brandied madeira 白兰地马德拉
1 oz. madeira
1 oz. brandy
½ oz. dry vermouth
1 lemon peel

Brandied moka 白兰地穆哈
1 qt. strong hot coffee
1 qt. rich hot chocolate
1 ¼ pt. brandy
30 coffee ice cubes
Whipped cream
Cinnamon or chocolate bits

Brandied peach fizz 白兰地桃子菲兹
2 oz. brandy
½ oz. peach-flavored brandy
½ oz. lemon juice
1 tsp. sugar
1 tsp. banana liqueur
1 slice brandied peach
Iced club soda

Brandied peach sling 白兰地桃子司令
1 ¾ oz. brandy
½ oz. peach-flavored brandy
¾ oz. lemon juice
1 tsp. sugar
1 slice brandied peach
1 lemon peel
Iced club soda

Brandied port 白兰地波尔图
1 oz. tawny port
1 oz. brandy
½ oz. lemon juice
1 tsp. maraschino liqueur
1 slice orange

Brandy and amer picon 白兰地亚马皮孔
2 oz. cognac
½ oz. amer picon
1 lemon peel
1 orange peel

Brandy apricot frappé 白兰地杏

子冰酒
¾ oz. brandy
½ oz. apricot-flavored brandy
¼ oz. crème de noyaux

Brandy berry fix 白兰地草莓菲克斯
2 oz. brandy
1 tsp. strawberry liqueur
½ oz. lemon juice
1 tsp. sugar
2 tsp. water
1 slice lemon
1 large strawberry

Brandy blazer No.1 白兰地火焰1号
2-3 oz. brandy
1 cube sugar
1 twist orange peel

Brandy blazer No.2 白兰地火焰2号
2-3 oz. brandy
1 twist orange peel
1 twist lemon peel
1 lump sugar

Brandy buck 白兰地巴克
1½ oz. brandy
½ oz. lemon juice
1 tsp. crème de menthe
Iced ginger ale
Fresh grapes

Brandy cassis 白兰地醋栗
1 oz. brandy
½ oz. lemon juice
2 tsp. crème de cassis
1 lemon peel

Brandy cobbler 白兰地柯布勒
1½ oz. brandy
½ oz. curaçao
½ oz. lemon juice
1 tsp. sugar
1 tsp. kirschwasser
1 pineapple stick

Brandy crusta 白兰地古色古香
2 oz. brandy
½ oz. curaçao
2 tsp. lemon juice
1 tsp. maraschino liqueur
1 dash bitters
½ peel lemon

Brandy eggnog bowl 白兰地蛋诺杯
1 bottle cognac
½ cup sugar
4 oz. jamaica rum
3 qt. milk
8 oz. heavy cream
12 eggs
Grated nutmeg

Brandy fino 白兰地菲诺
1½ oz. brandy
½ oz. very dry sherry
½ oz. drambuie
½ slice orange
1 lemon peel

Brandy fix 白兰地菲克斯
1½ oz. brandy
½ oz. cherry brandy
4 oz. fresh lemon juice
1 tsp. gomme syrup
1 slice lemon
1 cherry

Brandy flip 白兰地弗立浦
3 oz. brandy
1 tsp. superfine sugar
2 tsp. heavy cream
1 whole egg
Nutmeg

Brandy float 白兰地漂酒
1-2 cube ice
½ oz. brandy
Chilled club soda

Brandy gump 白兰地傻瓜
½ oz. brandy
½ oz. lemon juice
2 dashes grenadine

Brandy melba 白兰地梅尔巴
1½ oz. brandy
¼ oz. peach liqueur
¼ oz. raspberry liqueur
½ oz. lemon juice
2 dashes orange bitters
1 slice fresh or brandied peach

Brandy milk punch 白兰地牛奶宾治
1 oz. brandy
2 oz. milk
1 tbsp. sugar

Brandy mint fizz 白兰地薄荷菲兹
2 oz. brandy
2 tsp. white crème de menthe
1 tsp. crème de cacao
½ oz. lemon juice
½ tsp. sugar
2 large mint leaves
Iced club soda

Brandy puff 白兰地泡夫
1 ½ oz. brandy
1 ½ oz. milk
Chilled club soda

Brandy punch 白兰地宾治
1 oz. brandy
4 dashes curaçao
Dry ginger ale

Brandy sangaree 白兰地桑格里
½ tsp. sugar
2 oz. brandy
1 tsp. madeira
1 orange peel
Iced club soda
Grated nutmeg

Brandy shrub 白兰地果汁甜酒
1 qt. brandy
1 qt. sherry
2 lb. lump sugar
1 cup lemon juice
Peel of one lemon

Brandy smash 白兰地薄荷酒
1 oz. brandy
1 tbsp. powdered sugar
6 leaves fresh mint

Brandy sour No.1 白兰地酸酒 1 号
3 oz. brandy
1 oz. sugar syrup
½ oz. lemon juice
½ tsp. curaçao

Brandy sour No.2 白兰地酸酒 2 号
2 oz. brandy
½ tsp. bar sugar

Juice of ½ lemon
Club soda

Brave bull 勇牛
1 oz. kahlua
1 oz. tequila
1 lemon peel

Brazil 巴西
1 ½ oz. sherry
1 ½ oz. dry vermouth
1 dash pernod
1 dash angostura bitters
1 twist lemon peel

Breakfast 早餐
1 oz. ruby port
½ oz. crème de cacao
½ oz. fresh lemon juice
2 dashes golden rum
1 dash egg white

Breakfast nogg 早餐蛋酒
3 oz. milk
1 oz. orange curaçao
1 oz. brandy
1 egg

Brewer street rascal 啤酒街浪子
4 oz. grapefruit juice
1 oz. mandarine napoleon
⅓ oz. vodka
1 dash egg white

Bright berry 大坚果
4 oz. chilled dry red wine
½ oz. strawberry liqueur
1 tsp. cognac
1 fresh strawberry

Brighton punch 布赖顿宾治
1 oz. bourbon
1 oz. cognac
¾ oz. benedictine
1 oz. orange juice
½ oz. lemon juice
1 oz. iced club soda
1 slice lemon
½ slice orange

Brittany 布列塔尼
1 ½ oz. gin
½ oz. amer picon
¼ oz. orange juice

¼ oz. lemon juice
1 orange peel

Broken spur 断马刺
3 oz. white port
½ oz. dry gin
½ oz. sweet vermouth
1 tsp. anisette
1 egg yolk

Bronx 布朗克斯
1 ½ oz. gin
½ oz. dry vermouth
½ oz. sweet vermouth
2 tbsp. orange juice

Bronx golden 金色布朗克斯
1 ½ oz. gin
½ oz. dry vermouth
½ oz. sweet vermouth
2 tbsp. orange juice
1 egg yolk

Bronx silver 银色布朗克斯
1 oz. gin
½ oz. dry vermouth
1 egg white
Juice of ½ orange

Bronx terrace 布朗克斯阳台
2 oz. gin
1 oz. dry vermouth
1 dash lime cordial

Brooklyn 布鲁克林
1 oz. rye whiskey
1 oz. sweet vermouth
1 dash maraschino
1 dash amer picon

Brown cocktail 棕色鸡尾酒
¾ oz. gin
¾ oz. rum
¾ oz. dry vermouth

Buby 布比
2 oz. gin
2 oz. lemon juice
1 tsp. grenadine

Buckey's martini 巴基马丁尼
2 ¼ oz. vodka
¼ oz. dry vermouth
1 large ripe black olive

Bucks fizz No.1 巴克斯菲兹1号
1 ½ oz. gin
½ tsp. sugar
¼ cup orange juice
Chilled champagne

Bucks fizz No.2 巴克斯菲兹2号
3 oz. fresh orange juice
8 oz. chilled champagne

Buenas Tardes 布宜那斯·塔兹
1 oz. tequila
5 oz. chilled apple juice
1 oz. lemon juice
1 slice lemon

Bulldog 猛犬
1 ½ oz. cherry brandy
¾ oz. gin
Juice of ½ lime

Bulldog highball 猛犬高杯
2-3 oz. gin
½ cup orange juice
Ginger ale

Bulldog No.1 猛犬1号
1 ½ oz. cherry brandy
¾ oz. light rum
1 ½ oz. lime juice

Bullshot 雄牛
2 oz. gin
3 oz. chilled beef bouillon

Bullshot No.2 雄牛2号
4 oz. beef bouillon
1 ½ oz. vodka
1 tsp. lemon juice
1 dash tabasco sauce

Bunny bonanza 财源
1 ½ oz. tequila
1 oz. apple brandy
½ oz. lemon juice
1 tsp. sugar
½ tsp. curaçao
1 slice lemon

Bunny mother 母兔
1 ¼ oz. vodka
1 oz. orange juice
1 oz. lemon juice
1 tsp. sugar
¼ oz. grenadine
¼ oz. cointreau

½ slice orange
1 maraschino cherry

Bushranger 土匪
1 oz. rum
1 oz. red dubonnet
2 dashes angostura bitters
1 lemon peel

Buttered apple grog 奶油苹果格罗格
1 oz. apple brandy
1 oz. dry vermouth
2 oz. apple juice
1 tsp. syrup
1 tsp. sweet butter
1 slice lemon
¼ baked apple
2 whole cloves
Sugar

Buttered bourbon and ginger 奶油波旁姜汁酒
1 oz. bourbon
1 oz. ginger-flavored brandy
1 tsp. sweet butter
6 oz. apple juice
1 cinnamon stick
Freshly grated nutmeg

Butterfly 蝴蝶
¾ oz. dry vermouth
¾ oz. sweet vermouth
½ oz. red dubonnet
½ oz. orange juice

Buttonhook 纽扣钩
½ oz. pernod
½ oz. apricot brandy
½ oz. brandy
½ oz. white crème de menthe

Byculla 拜卡拉
1 oz. sherry
1 oz. port
1 oz. curaçao
1 oz. ginger

Byrrh brandy 比尔白兰地
¾ oz. byrrh
¾ oz. cognac
¾ oz. dry vermouth

Byrrh cassis 比尔醋栗
1 ¼ oz. byrrh
¼ oz. crème de cassis
½ oz. lemon juice
1 slice lemon
Iced club soda

Byrrh cassis cooler 比尔醋栗库勒
2 oz. byrrh
½ oz. crème de cassis
1 slice lemon
Iced club soda

Byrrh cocktail No.1 比尔1号
1 ¼ oz. byrrh
1 ¼ oz. gin
1 lemon peel

Byrrh cocktail No.2 比尔2号
1 oz. byrrh
1 oz. rye whiskey
1 oz. dry vermouth

Byrrh special 比尔特级
1 ½ oz. byrrh
1 ½ oz. gin

Caballo 卡巴洛
6 oz. grapefruit juice
1 ½ oz. tequila
1 oz. amaretto

Cabaret No.2 卡巴莱2号
1 ½ oz. gin
½ tsp. dry vermouth
¼ tsp. benedictine
2 dashes angostura bitters
1 maraschino cherry

Cablegram 电报
3 oz. rye whiskey
2 tbsp. lemon juice
1 tsp. superfine sugar
Ginger ale

Cadiz 卡地斯
¾ oz. amontillado sherry
¾ oz. blackberry liqueur
½ oz. triple sec
½ oz. heavy cream

Cafe aux cognac 科涅克咖啡
4 oz. strong hot coffee
1 oz. brandy
1 tsp. superfine sugar
1 peel lemon

Cafe brulot 咖啡布鲁罗
  9 oz. brandy
  1 twist lemon peel
  2 twists orange peel
  2 sticks cinnamon
  12 whole cloves
  1 ½ cup strong hot coffee
Cafe charentais 咖啡夏朗德
  1 demitass hot strong coffee
  1 oz. brandy
  1 tbsp. whipped cream
  Sugar
Cafe de Paris 巴黎咖啡馆
  2 oz. gin
  3 dashes pernod
  1 tsp. heavy cream
  1 egg white
Cafe diable 咖啡魔鬼
  2 ½ cups strong black coffee
  2 sticks cinnamon
  8 whole allspice
  4 cardamon seeds
  5 oz. cognac
  3 oz. grand marnier
  2 oz. sambuca
  2 tbsp. sugar
  Grated nutmeg
Cafe granite 咖啡花岗岩
  1 cup sugar
  2 cups water
  1 cup extra-strong coffee
  4 oz. coffee liqueur
Cafe liegeoise 奶油冰咖啡
  4 oz. strong coffee
  4 oz. vanilla ice cream
  1 oz. brandy
Cafe royal 皇家咖啡
  1 demitasse strong hot coffee
  1 ½ oz. brandy
  1 lump sugar
Californian 加利福尼亚人
  1 ½ oz. sweet vermouth
  1 oz. blended whiskey
  2 oz. orange juice
  1 tsp. orgeat
Calm voyage 幽静的航行
  ½ oz. galliano
  ½ oz. passion-fruit syrup
  2 tsp. lemon juice
  ½ oz. light rum
  ½ cup crushed ice
  ½ egg white
Calvados 苹果白兰地
  1 oz. calvados
  1 oz. orange juice
  ½ oz. cointreau
  ½ oz. orange bitters
Calvados fizz 苹果白兰地菲兹
  2 oz. calvados
  ½ oz. lemon juice
  1 tsp. sugar
  1 tsp. heavy cream
  1 slice lime
  ½ egg white
  Iced club soda
Calypso cooler 卡利普索库勒
  2 ½ oz. light rum
  1 oz. pineapple juice
  ½ oz. lime juice
  1 tsp. sugar
  1 slice pineapple
  1 slice lime
  Iced club soda
Cameron's kick 卡梅伦之狂热
  ¾ oz. scotch whiskey
  ½ tbsp. orgeat syrup
  ¾ oz. Irish whiskey
  ½ tbsp. lemon juice
Canadian apple 加拿大苹果
  1 ½ oz. canadian whiskey
  ½ oz. calvados
  ¼ oz. lemon juice
  1 tsp. sugar
  1 slice lemon
  Ground cinnamon
Canadian blackberry fix 加拿大黑莓菲克斯
  1 ½ oz. canadian whiskey
  ½ oz. blackberry brandy
  ½ oz. lemon juice
  ½ tsp. sugar
  1 slice lemon

1 fresh blackberry

Canadian campari 加拿大堪培利
1 oz. canadian whiskey
½ oz. campari
1 oz. dry vermouth
1 lemon peel

Canadian cherry 加拿大樱桃
1½ oz. canadian whiskey
½ oz. peter heering
¼ oz. lemon juice
¼ oz. orange juice

Canadian cocktail 加拿大鸡尾酒
1½ oz. canadian whiskey
½ oz. lemon juice
¼ oz. curaçao
1 tsp. sugar
2 dashes bitters

Canadian mist 加拿大雾酒
1 oz. canadian whiskey
1 twist lemon peel

Canadian No.1 加拿大人1号
1½ oz. curaçao
3 dashes jamaica rum
1 tsp. superfine sugar
2 tbsp. lemon juice

Canadian old-fashioned 加拿大古典酒
1½ oz. canadian whiskey
2 dashes angostura bitters
½ tsp. curaçao
½ tsp. lemon juice
1 lemon peel
1 orange peel

Canadian pineapple 加拿大菠萝
1½ oz. canadian whiskey
½ oz. pineapple juice
½ oz. lemon juice
½ tsp. maraschino liqueur
1 pineapple stick

Canadian stave 加拿大乐谱
1½ oz. canadian whiskey
1 oz. red dubonnet
¼ tsp. angostura bitters
2 dashes tabasco sauce
2 tsp. lemon juice
½ egg white

Caramel cow 焦糖牛奶
2 oz. vanilla ice cream
1 oz. caramel
½ oz. crème de cacao
1½ oz. milk

Cara sposa 卡拉司波萨
1 oz. coffee liqueur
1 oz. curaçao
½ oz. heavy cream
½ cup crushed ice

Caraway flip 葛缕子弗立浦
1½ oz. aquavit
½ oz. lemon juice
½ oz. orange juice
1 small egg
2 tsp. sugar
Ground nutmeg

Carbonated lemonade 苏打柠檬汁
2 tsp. sugar
Juice of 1 lemon
Carbonated water

Cardinal No.1 红衣主教1号
¾ oz. gin
¾ oz. campari
¾ oz. dry vermouth
1 lemon peel

Cardinal No.2 红衣主教2号
2 oz. light rum
¾ oz. orzata
1 tsp. grenadine
¼ oz. triple sec
1 oz. lime juice
1 slice lime

Cardinal punch 红衣主教宾治
3 cups lemon juice
1 cup superfine sugar
1 large block of ice
1 pt. brandy
2 qt. claret
1 cup sweet vermouth
1 bottle chilled champagne
1 qt. club soda
1 slice orange
3 slices fresh pineapple

Cardinale 基点

½ oz. crème de cassis
Dry red wine

Carib 加勒比人
1 oz. light rum
1 oz. gin
½ oz. lime juice
1 tsp. sugar
1 slice orange

Caribbean champagne 加勒比香槟
½ tsp. light rum
½ tsp. banana liqueur
1 dash orange bitters
4 oz. brut champagne
1 slice banana

Caribbean coffee 加勒比咖啡
1 oz. light rum
½ oz. crème de cacao
6 oz. cold strong coffee
1 oz. heavy sweet cream
1 whipped cream

Caribbean mule 加勒比佬
1½ oz. light rum
½ oz. dark jamaica rum
½ oz. lime juice
¼ oz. triple sec
¼ oz. maraschino
1 slice lime
1 sprig mint
Iced ginger beer

Caribbean sling 加勒比司令
2 oz. light rum
½ oz. lime juice
½ oz. lemon juice
½ oz. triple sec
1 tsp. sugar
1 piece cucumber rind
Iced club soda

Caribbean sunset 加勒比日落
½ oz. gin
½ oz. crème de banana
½ oz. fresh cream
½ oz. blue curaçao
½ oz. lemon juice
1 dash grenadine

Carnival 狂欢节
1 oz. brandy
1 oz. apricot brandy
1 oz. lillet
1 dash kirsch
1 dash orange bitters

Carrol 卡罗尔
1½ oz. brandy
¾ oz. sweet vermouth
1 maraschino cherry

Carry nation punch 卡里宾治
1 cup sugar syrup
3 cups lemon juice
2 qt. chilled ginger ale
1 qt. orange juice
1 block of ice
1 cup pineapple juice
Slices of orange and lemon

Carthusian cooler 卡都西亚库勒
1 oz. yellow chartreuse
1 oz. bourbon
Iced club soda

Caruso 卡鲁索
1 oz. gin
1 oz. dry vermouth
1 oz. green crème de menthe

Casablanca 卡萨布兰卡
2 oz. golden rum
1 tsp. lime juice
¼ tsp. curaçao
1 dash angostura bitters
¼ tsp. maraschino liqueur

Casey's cannonball 凯茜快车
1½ oz. okolehao
1 dash curaçao
1 black olive

Casino 赌场
2 oz. gin
½ tsp. maraschino
2 dashes orange bitters
2 dashes lemon juice

Cecil pick-me-up 塞西尔提神酒
1 oz. brandy
1 tsp. superfine sugar
4 oz. chilled champagne
1 egg yolk

Chablis cooler 夏布利库勒

½ oz. grenadine
½ oz. lemon juice
1 oz. vodka
¼ tsp. vanilla extract
Iced club soda

Chablis cup No.1 夏布利杯1号
2 slices lemon
3 slices pineapple
1 oz. benedictine
1 bottle chablis
12-16 ice cubes

Chablis cup No.2 夏布利杯2号
½ cup kirsch
½ cup grand marnier
2 cups sliced fruits
12-16 ice cubes
1 bottle chablis
2-3 sprigs of fresh mint

Champagne blues 蓝色香槟
1 bottle curaçao
8 oz. lemon juice
4 bottles champagne
Peels of 2 lemons

Champagne cassis 香槟醋栗
4 oz. chilled champagne
4 oz. crème de cassis

Champagne cassis highball 香槟醋栗高杯
6 oz. chilled champagne
1 dash crème de cassis
2 dashes kirsch

Champagne cobbler 香槟柯布勒
½ tsp. lemon juice
½ tsp. curaçao
4 oz. chilled champagne
1 slice orange
1 small pineapple stick

Champagne cocktail No.1 香槟鸡尾酒1号
4 oz. chilled champagne
2 dashes angostura bitters
1 twist lemon or orange peel
1 lump sugar

Champagne cocktail No.2 香槟鸡尾酒2号
1 oz. southern comfort
4 oz. chilled champagne
1 dash angostura bitters
1 twist lemon peel

Champagne cocktail No.3 香槟鸡尾酒3号
1 oz. brandy
4 oz. chilled champagne
1 twist orange peel

Champagne cocktail No.4 香槟鸡尾酒4号
1 oz. cognac
2-3 dashes angostura bitters
4 oz. chilled champagne
1 lump sugar

Champagne cocktail No.5 香槟鸡尾酒5号
1 oz. crème de cacao
1 oz. benedictine
4 oz. champagne
2 small sugar cubes

Champagne cooler 香槟库勒
1 oz. brandy
1 oz. cointreau
6 oz. chilled champagne
1 sprig mint

Champagne cup 香槟杯
4 oz. brandy
3 oz. orange curaçao
1 oz. maraschino
1 bottle champagne

Champagne fizz 香槟菲兹
¼ cup orange juice
4 oz. chilled champagne

Champagne flip 香槟弗立浦
1 oz. orange juice
3 dashes orange curaçao
1 tbsp. gomme syrup
1 egg yolk
1 oz. chilled champagne

Champagne fraise 香槟草莓
½ tsp. strawberry liqueur
½ tsp. kirschwasser
4 oz. iced brut champagne
1 large fresh strawberry

Champagne julep 香槟薄荷酒
1 oz. brandy

6 oz. chilled champagne
1 lump sugar
4 sprigs fresh mint
Mint leaves

Champagne Manhattan　香槟曼哈顿

1 oz. canadian whiskey
¼ oz. sweet vermouth
1 dash bitters
3 oz. iced brut champagne
1 brandied cherry

Champagne Napoleon　香槟拿破仑

1 oz. mandarine napoleon
1 dash orange juice
Champagne

Champagne normande　香槟诺曼底

1 tsp. calvados
½ tsp. sugar
1 dash angostura bitters
4 oz. iced brut champagne

Champagne noyaux　香槟杏仁

½ oz. crème de noyaux
1 tsp. lime juice
4 oz. iced brut champagne
1 slice lime
1 large toast almond

Champagne old-fashioned　香槟古典酒

½ oz. grand marnier
½ oz. forbidden fruit
1 dash orange bitters
4 oz. iced brut champagne
1 slice lemon

Champagne orange punch　香槟橙汁宾治

2 qt. orange sherbet
3 qt. chilled champagne
1 cup grand marnier
1 cup brandy
Orange slices

Champagne pick-me-up　香槟提神酒

1½ oz. brandy
3 dashes curaçao
4 oz. chilled champagne
3 dashes fernet branca

Champagne Polonaise　香槟波兰舞

1 tsp. blackberry liqueur
½ tsp. cognac
4 oz. iced brut champagne

Champagne punch　香槟宾治

1 oz. framboise
2 tbsp. lemon juice
8 oz. chilled champagne
1 slice orange

Champagne punch No.1　香槟宾治1号

3 cups lemon juice
1 cup superfine sugar
1 large block of ice
½ pt. curaçao
1 pt. brandy
2 qt. chilled champagne
1 qt. chilled club soda
Fruits

Champagne punch No.2　香槟宾治2号

1 cup orange juice
½ cup lemon juice
½ cup superfine sugar
½ cup light rum
½ cup dark rum
1 cup pineapple juice
2 bottles chilled champagne
1 large block of ice

Champagne punch No.3　香槟宾治3号

1 qt. strong black tea
1 large block of ice
1 bottle dark rum
1 bottle bourbon
1 bottle brandy
2 cups grand marnier
2 cups orange juice
2 bottles chilled champagne
Sugar to taste

Champagne punch No.4　香槟宾治4号

4 tsp. sugar

1 tsp. orange bitters
½ cup lemon juice
½ cup orange juice
6 oz. brandy
2 bottles chilled champagne
1 block of ice

Champagne punch with a kirsch 香槟樱桃宾治
4 bottles brut champagne
5 oz. iced kirsch liqueur
5 oz. iced oloroso sherry
4 iced lemon juice
16 oz. iced orange juice

Champagne punch with maraschino 香槟樱桃宾治
6 oz. maraschino liqueur
6 oz. cognac
1 tsp. orange bitters
2 oranges thinly sliced
1 lemon thinly sliced
4 bottles brut champagne

Champagne sherbet punch 香槟果冻宾治
2 qt. lemon sherbet
5 bottles iced brut champagne
1 tsp. angostura bitters

Champs Elysses 香榭丽舍大街
1½ oz. cognac
½ oz. yellow chartreuse
½ oz. lemon juice
1 dash angostura bitters

Chanticleer 雄鸡
2-3 oz. gin
1 tbsp. lemon juice
1 tbsp. raspberry syrup
1 egg white

Chapala 恰帕拉
1½ oz. tequila
½ oz. orange juice
½ oz. lemon juice
1 dash orange-flower water
2 tsp. grenadine
1 slice orange

Chapel hill 教堂山
1½ oz. blended whiskey
½ oz. curaçao

½ oz. lemon juice
1 slice orange in syrup

Chappelle 查佩尔
1 oz. gin
1 oz. sweet vermouth
2 tsp. lime juice
2 slices fresh pineapple

Charles 查尔斯
1½ oz. brandy
1½ oz. sweet vermouth
1 dash orange bitters

Chartreuse champagne 查尔特勒香槟
½ tsp. green chartreuse
½ tsp. cognac
4 oz. iced brut champagne
1 lemon peel

Chartreuse cognac frappé 查尔特勒科涅克冰酒
¾ oz. yellow chartreuse
¾ oz. cognac

Chartreuse cooler 查尔特勒库勒
2 oz. yellow chartreuse
3 oz. orange juice
1 oz. lemon juice
1 slice orange
Iced bitter lemon soda

Chatham 查塔姆
1¼ oz. gin
½ oz. ginger-flavored brandy
¼ oz. lemon juice
1 ginger piece in syrup

Cherry blossom 樱花
1 oz. cherry brandy
1 oz. brandy
¼ tsp. curaçao
¼ tsp. grenadine
¼ tsp. lemon juice

Cherry champagne 樱桃香槟
½ oz. iced peter heering
4 oz. iced brut champagne
½ pitted fresh cherry

Cherry daiquiri 樱桃代基里
1½ oz. light rum
½ oz. lime juice
½ oz. tart cherry liqueur

¼ tsp. kirschwasser
1 peel lime

Cherry ginger frappé 樱桃姜汁冰酒

1 oz. cherry liqueur
¼ oz. kirschwasser
¼ oz. ginger-flavored brandy
1 brandied cherry
1 piece ginger in syrup

Cherry isle 樱桃岛

1 oz. aquavit
1 oz. cherry liqueur
1 slice lime
  Iced club soda

Cherry planter's punch 农场主樱桃宾治

1 oz. kirschwasser
½ oz. dark jamaica rum
½ oz. lime juice
2 dashes angostura bitters
1 tsp. sugar
1 slice lime
½ slice orange
  Grated nutmeg

Cherry rum 樱桃朗姆

1 ¼ oz. light rum
¾ oz. cherry liqueur
½ oz. heavy cream
½ cup crushed ice

Cherry rum cobbler 樱桃朗姆柯布勒

1 ½ light rum
1 oz. cherry-flavored brandy
½ tsp. sugar
½ oz. lemon juice
1 maraschino cherry
1 slice lemon

Cherry rum cola 樱桃朗姆可乐

1 ½ oz. golden rum
¾ oz. cherry liqueur
1 tsp. lemon juice
1 slice lemon
  Iced cola

Cherry rum fix 樱桃朗姆菲克斯

1 ½ oz. light rum
½ oz. peter heering

½ oz. lemon juice
1 tsp. sugar
1 tsp. water
1 slice lemon
1 brandied cherry

Cherry vodka 樱桃伏特加

1 ¼ oz. vodka
½ oz. lime juice
½ oz. peter heering

Chi Chi 奇奇

1 ½ oz. vodka
1 oz. coconut cream
4 oz. pineapple juice
2 cups crushed ice

Chicago 芝加哥

1 oz. brandy
1 dash curaçao
1 dash angostura bitters
1 slice lemon
  Frosted sugar

Chico 黑刺藜

1 oz. tequila
1 oz. blackberry-flavored brandy
½ oz. lemon juice
1 tsp. sugar
1 slice lemon
  Iced club soda

Chief's calabash 西葫芦

2 oz. okolehao
1 tbsp. orgeat syrup
3 oz. coconut milk
1 pineapple stick

Chinese cocktail 中国鸡尾酒

1 ½ oz. dark rum
¾ oz. grenadine
3 dashes curaçao
3 dashes maraschino
1 dash angostura bitters

Ching Ching daisy 亲亲代西

1 ½ oz. dark rum
½ oz. lemon juice
1 dash grenadine
½ tsp. sugar

Chiquita 奇奎特

1 ½ oz. vodka
½ oz. banana liqueur

¼ cup sliced ripe banana
½ oz. lime juice
1 tsp. sugar
¼ cup finely crushed ice

Chiquita punch 奇奎特宾治
1 ½ oz. banana liqueur
1 ½ oz. cream
¾ cup crushed ice
1 ½ oz. orange juice
¾ oz. grenadine

Chocolate black russian 巧克力黑俄国佬
2 oz. chocolate ice cream
1 oz. kahlua
½ oz. vodka
1 ½ oz. milk

Chocolate eclair 巧克力泡夫
2 oz. chocolate ice cream
1 oz. eclair
½ oz. light rum
1 ½ oz. milk
1 tbsp. sweet chocolate shavings

Chocolate mint 巧克力薄荷
2 oz. chocolate ice cream
1 oz. peppermint schapps
½ oz. vodka
1 ½ oz. milk

Chocolate orange frappé 巧克力橙子冰酒
¾ oz. white crème de cacao
¾ oz. orange juice
1 tsp. galliano

Chocolate rum 巧克力朗姆
1 oz. light rum
½ oz. white crème de cacao
½ oz. white crème de menthe
½ oz. heavy cream
1 tsp. 151-proof rum

Chocolate soldier 巧克力兵
1 oz. brandy
1 oz. dry vermouth
1 oz. crème de cacao

Chocolatier 巧克力
2 oz. Chocolate ice cream
1 oz. dark jamaica rum
½ oz. crème de cacao

1 oz. milk
1 tbsp. sweet chocolate shaving

Chop nut 碎干果
1 oz. vodka
½ oz. coconut liqueur
½ oz. crème de banane
1 oz. orange juice
1 dash egg white

Christmas cheer 圣诞祝酒
4 bottles red wine
1 pt. water
¼ bottle dark rum
1 lemon
12 cloves
½ tsp. ground cinnamon
Nutmeg

Cicero 西塞罗
1 oz. orange juice
1 oz. honiggoscherl
1 oz. dry vermouth
Demi-sec champagne

Cider cup No.1 苹果酒杯1号
1 qt. sweet cider
4 oz. sweet sherry
4 oz. brandy
1 pt. chilled club soda
Slices of apple

Cider cup No.2 苹果酒杯2号
1 qt. sweet cider
1 ½ oz. maraschino
1 ½ oz. curaçao
1 ½ oz. brandy
12 oz. chilled club soda
1 lemon or orange peel
12-16 ice cubes

Cinderella 灰姑娘
1 oz. lemon juice
1 oz. orange juice
1 oz. pineapple juice

Cinzano 沁扎诺
3 oz. cinzano vermouth
2 dashes orange bitters
2 dashes angostura bitters
1 twist orange peel

Clam juice cocktail 蛤汁杯
1 tsp. tomato catsup

5 oz. clam juice
½ tsp. celery salt
2 dashes tabasco sauce

Claret cobbler 红酒柯布勒
4 oz. dry red wine
½ oz. lemon juice
½ oz. orange juice
½ oz. maraschino liqueur
½ slice orange
½ pineapple stick

Claret cocktail 红酒鸡尾酒
1 oz. dry red wine
1 oz. brandy
¼ oz. curaçao
¼ oz. lemon juice
½ tsp. anisette
1 orange peel

Claret cooler 红酒库勒
4 oz. dry red wine
1 oz. orange juice
3 oz. iced club soda
½ oz. brandy
½ oz. lemon juice
1 orange rind
1 slice lemon

Claret cup No.1 红酒杯1号
1 cup lemon juice
1 cup sugar syrup
2 cups orange juice
½ cup pineapple juice
½ cup curaçao
¼ cup maraschino
2 bottles claret
2 qt. chilled soda

Claret cup No.2 红酒杯2号
12-16 ice cubes
4 tsp. superfine sugar
6 oz. chilled club soda
½ oz. triple sec
2 oz. brandy
1 pt. claret
　Cucumber peels
　Mint sprigs
　Fruits in season

Claret lemonade 红酒柠檬汁
8 oz. claret
4 tbsp. lemon juice
2 tsp. superfine sugar
1 slice lemon

Claret punch 红酒宾治
3 cups lemon juice
1 cup superfine sugar
1 large block of ice
1 pt. brandy
½ pt. curaçao
3 qt. claret
1 qt. chilled club soda
　Fruits in season

Claret punch No.1 红酒宾治1号
½ oz. lemon juice
4 oz. claret
1 tsp. bar sugar
　Club soda

Claret rum cooler 红酒朗姆库勒
3 oz. dry red wine
1 oz. light rum
½ oz. kirschwasser
½ oz. falernum
3 oz. iced club soda
1 slice orange
1 large strawberry

Claret sangaree 红酒桑格里
1 tbsp. sugar
1 oz. claret
　Juice of 1 lemon
　Grated nutmeg

Claridge 克拉里奇
1 oz. gin
1 oz. dry vermouth
½ oz. cointreau
½ oz. apricot brandy

Clark and randolph fizz 克拉克伦多夫菲兹
1 ½ oz. pineapple juice
1 oz. gin
1 egg white
　Soda water

Classic 古典
1 oz. brandy
½ oz. curaçao
½ oz. maraschino
1 tbsp. lemon juice

1 lemon peel

Classic champagne 古典香槟
4 oz. iced brut champagne
1 dash angostura bitters
½ tsp. sugar
1 lemon peel

Cloister 修道院
1 ½ oz. gin
½ oz. grapefruit juice
¼ oz. lemon juice
¼ oz. yellow chartreuse

Clover club 三叶草俱乐部
1 ½ oz. gin
½ oz. grenadine
2 tbsp. lime juice
1 egg white

Clover leaf 三叶草
1 oz. gin
2 tsp. grenadine
1 egg white
1 mint leaf
Juice of 1 lime

Club 俱乐部
1 ½ oz. gin
½ oz. sweet vermouth
1 maraschino cherry or olive

Club cocktail 苏打鸡尾酒
2-3 ice cubes
2 dashes angostura bitters
1 cube sugar
Chilled club soda

Clubman 交际家
1 oz. irish mist
4 oz. orange juice
1 dash egg white

Coaster 银盘
1 oz. gin
3 dashes angostura bitters
Club soda

Coco loco 可可罗可
2 oz. tequila
1 fresh green coconut

Coconut cooler 椰子库勒
1 ½ oz. coco ribe
½ oz. brandy
1 ½ oz. papaya nectar
½ oz. lemon juice
1 slice lemon

Coconut cooler in shell 椰壳库勒
1 oz. canned cream coconut
1 ½ oz. light rum
1 oz. heavy cream
½ cup crushed ice
1 coconut shell

Coconut daiquiri 椰子代基里
½ oz. white rum
1 oz. coconut liqueur
2 oz. fresh lime juice
1 dash egg white

Coconut fizz 椰子菲兹
2 oz. coco ribe
1 oz. lemon juice
½ egg white
1 slice lemon
Iced club soda

Coconut gin 椰子金酒
1 ½ oz. gin
½ oz. lemon juice
¼ oz. maraschino liqueur
¼ oz. cream of coconut

Coconut grove 椰林
1 ½ oz. coco ribe
½ oz. triple sec
½ oz. lime juice
1 slice lime
Iced club soda

Coconut tequila 椰子龙舌兰酒
1 ½ oz. tequila
½ oz. cream of coconut
½ oz. lemon juice
1 tsp. maraschino liqueur
½ cup crushed ice

Cocoribe milk punch 椰汁宾治
2 oz. cocoribe
4 oz. milk
1 small egg

Coexistence collins 共存科林斯
2 oz. vodka
½ oz. lemon juice
1 tsp. sugar
1 tsp. kümmel
1 lemon peel

1 cucumber peel
Iced club soda

Coffee cooler 咖啡库勒
4 oz. cold coffee
1 ½ oz. vodka
1 oz. heavy cream
1 oz. coffee liqueur
1 tsp. sugar
1 dip coffee ice cream

Coffee cream 咖啡奶油
1 oz. coffee liqueur
1 oz. brandy
1 oz. heavy cream

Coffee eggnog 咖啡蛋诺
1 ½ oz. canadian whiskey
1 oz. coffee liqueur
1 small egg
4 oz. milk
½ oz. heavy cream
1 tsp. sugar
½ tsp. instant coffee
Ground coriander seed

Coffee flip 咖啡弗立浦
1 oz. cognac
1 oz. tawny port
1 small egg
1 tsp. sugar
Grated nutmeg

Coffee grand marnier frappé 咖啡橙汁冰酒
1 oz. coffee liqueur
½ oz. grand marnier
½ oz. orange juice
1 slice orange

Coffee grasshopper 咖啡蚱蜢
¾ oz. coffee liqueur
¾ oz. white crème de menthe
¾ oz. cream

Coffee merger 咖啡托拉斯
1 oz. brandy
1 oz. cointreau
1 oz. strong black coffee
Iced cubes

Coffee milk punch 咖啡牛奶宾治
1 oz. coffee liqueur
1 oz. dark rum
1 small egg
1 tsp. sugar
5 oz. milk
1/2 oz. heavy sweet cream
Grated nutmeg

Coffee No.2 咖啡 2 号
1 ½ oz. brandy
¾ oz. port
2 dashes curaçao
2 dashes sugar syrup
1 egg yolk
Grated nutmeg

Coffee roiano 咖啡罗亚诺
1 ½ oz. roiano
½ oz. coffee liqueur
½ oz. heavy cream
½ cup crushed ice

Coffee rum cooler 咖啡朗姆库勒
1 ½ oz. dark jamaica rum
1 oz. coffee liqueur
½ oz. lime juice
1 slice lime
Iced club soda

Cognac coupling 科涅克联合
1 ½ oz. cognac
1 oz. tawny port
½ oz. pernod
1 tsp. lemon juice
½ tsp. peychaud's bitters

Cognac menthe frappé 科涅克薄荷冰酒
1 oz. green crème de menthe
½ oz. cognac
2 large mint leaves

Cold Irish 冷爱尔兰酒
1 ½ oz. Irish whiskey
2 tsp. Irish mist
½ oz. crème de cacao
Iced coffee soda
Whipped cream

Cold turkey 冷火鸡
1 ½ oz. cream sherry
½ oz. wild turkey liqueur
1 oz. orange juice
1 slice orange

Colonial 殖民

1 ½ oz. gin
½ oz. grapefruit juice
1 tsp. maraschino

Colonial tea punch 殖民茶汁宾治
1 qt. strong tea
2 cups sugar
1 qt. dark rum
1 oz. brandy
4 cups crushed ice
12 lemons

Columbia 哥伦比亚
1 ½ oz. light rum
½ oz. strawberry syrup
½ oz. lemon juice
1 tsp. kirschwasser

Combination 联合
1 oz. gin
½ oz. dry vermouth
½ oz. amer picon
6 dashes lemon juice
6 dashes orange curaçao

Combo 同居
2 ½ oz. dry vermouth
½ tsp. curaçao
¼ tsp. angostura bitters
½ tsp. sugar
1 tsp. cognac

Comfort sangaree 康福特桑格里
1 oz. bourbon
1 oz. southern comfort
1 tsp. lemon juice
1 tsp. peach-flavored brandy
½ tsp. sugar
Iced club soda
Grated nutmeg

Commodore 舰队司令
1 ½ oz. blended whiskey
2 tsp. lime juice
1 tsp. orange juice
1 tsp. strawberry liqueur
1 dash orange bitters

Commonwealth 联邦
1 ¾ oz. canadian whiskey
¼ oz. lemon juice
½ oz. van der hum liqueur
1 tangerine peel

Conca d'Ora 康卡多拉
1 oz. gin
¼ oz. cherry brandy
¼ oz. triple sec
¼ oz. maraschino
1 orange peel

Conch shell 贝壳
4 oz. light rum
½ oz. lime juice

Continental 大陆式
1 ¾ oz. light rum
½ oz. lime juice
½ tsp. sugar
½ tsp. green crème de menthe

Cool banana 凉香蕉
1 oz. crème de banane
¾ oz. triple sec
¼ oz. grenadine
1 oz. double cream
1 dash egg white

Cool colonel 冷静的上校
1 oz. bourbon
1 oz. southern comfort
3 oz. chilled black coffee
2 tsp. lemon juice
2 tsp. sugar
Iced club soda

Cool Guanabana 冷瓜那巴那
1 ½ oz. light rum
½ oz. dark jamaica rum
½ oz. lime juice
4 oz. guanabana nectar
Grenadine syrup

Cool jazz 冷爵士乐
1 oz. dry white wine
¾ oz. banana liqueur
½ oz. lime juice
1 slice banana

Copenhagen 哥本哈根
1 oz. gin
1 oz. aquavit
¼ oz. dry vermouth
1 large stuffed olive

Copperino 科帕里诺
1 oz. galliano
1 oz. kahlua

1 oz. fresh cream
Cordial Médoc　梅多克露酒
　1 oz. gin
　½ oz. cordial médoc
　½ oz. dry vermouth
　¼ oz. lemon juice
Cordial Médoc cup　梅多克露酒杯
　1 oz. cordial médoc
　½ oz. cognac
　1 oz. lemon juice
　½ tsp. sugar
　1 slice orange
　Iced brut champagne
Cordial Médoc sour　梅多克酸露酒
　1½ oz. gin
　½ oz. cordial médoc
　½ oz. lemon juice
　½ slice orange
Corkscrew　螺丝锥
　1½ oz. light rum
　½ oz. dry vermouth
　½ oz. peach liqueur
　1 slice lime
Coronation　加冕
　¾ oz. dry vermouth
　¾ oz. dubonnet
　¾ oz. gin
Coronation crystal　加冕水晶
　1 bottle white wine
　3 glasses marsala or madeira
　1 slice lemon
　1 bottle soda water
　Sprigs of borage
Coronation No.2　加冕2号
　1½ oz. brandy
　¾ oz. curaçao
　1 dash peach bitters
　1 dash white crème de menthe
Corpse reviver　起死回生
　1 oz. brandy
　½ oz. calvados
　½ oz. sweet vermouth
Count Currey　柯里伯爵
　1½ oz. gin
　1 tsp. powdered sugar
　Chilled champagne

Country-club cooler　乡村俱乐部库勒
　3 oz. dry vermouth
　1 tsp. grenadine
　Chilled club soda
Cranberry cooler　蔓越橘库勒
　1 oz. cranberry liqueur
　1 oz. brandy
　½ oz. triple sec
　Iced tonic water
Cranberry eye　蔓越橘酒
　4 oz. chilled dry red wine
　½ oz. cranberry liqueur
　½ oz. brandy
　1 slice orange
Cranberry fizz　蔓越橘菲兹
　1 oz. cranberry liqueur
　1 oz. vodka
　¾ oz. lemon juice
　1 tsp. sugar
　½ egg white
　1 slice lemon
　Iced club soda
Cranberry flip　蔓越橘弗立浦
　1 oz. cranberry liqueur
　1 oz. brandy
　1 small egg
　Grated nutmeg
Cranberry rum punch　蔓越橘朗姆宾治
　1 oz. light rum
　1 oz. dark jamaica rum
　4 oz. chilled cranberry juice
　2 oz. orange juice
　½ oz. lemon juice
　1 slice lemon
Cranberry sangaree　蔓越橘桑格里
　1 oz. cranberry liqueur
　1 oz. blended whiskey
　1 orange peel
　Grated nutmeg
Cranbourbon　蔓越橘波旁
　2 oz. bourbon
　1 dash angostura bitters
　1 tsp. sugar
　½ oz. lemon juice

1 strip cucumber rind
Iced cranberry juice

Creamy orange 奶油甜橙
1 oz. orange juice
1 oz. cream sherry
½ oz. heavy cream
2 tsp. brandy

Creamy screwdriver 奶油螺丝刀
6 oz. orange juice
2 oz. vodka
1 small egg
¾ cup cracked ice
1 tsp. sugar

Crean gin fizz 奶油金酒菲兹
1½ oz. gin
1½ oz. milk
3 tsp. sugar
4 tbsp. lime juice
Club soda

Crème de rhum 朗姆甜酒
1 oz. white rum
1 oz. crème de banane
1 oz. orange squash
1 dash cream

Creole 克里奥尔
1½ oz. light rum
1 dash tabasco sauce
1 tsp. lemon juice
Iced beef bouillon
Salt and pepper

Creole cooler 克里奥尔库勒
1 pt. milk
8 oz. crushed pineapple
2 oz. orange juice
1 oz. lime juice
Sugar

Crimson 深红
2 oz. gin
2 tsp. lemon juice
1 tsp. grenadine
1 oz. port

Cross bow 弩弓
1 oz. gin
1 oz. cointreau
1 oz. crème de cacao

Croton 克罗顿
1¾ oz. bourbon
¼ oz. cocktail sherry
1 lemon peel

Crusta 古色古香
1 oz. curaçao
1 oz. angostura bitters
2 oz. orange juice
Icing sugar

Crystal slipper 水晶鞋
1½ oz. gin
½ oz. crème yvette
2 dashes orange bitters

Cuanavaca collins 瓜那瓦加科林斯
1 oz. tequila
1 oz. gin
1 oz. lime juice
2 tsp. sugar
1 slice lime
Iced club soda

Cuba libre 自由古巴
2 oz. golden rum
½ lime
Iced cola drink

Cuba libre cocktail 自由古巴鸡尾酒
1 oz. light rum
½ oz. 151-proof rum
½ oz. cola drink
½ oz. lime juice
½ tsp. sugar
1 lime peel

Cuban cooler 古巴库勒
3 oz. rum
1 twist lemon peel
Ginger ale

Cuban No.1 古巴佬1号
1½ oz. brandy
¾ oz. apricot brandy
2 tbsp. lemon juice

Cuban No.3 古巴佬3号
2-3 oz. light rum
¾ oz. apricot brandy
1½ tbsp. lime juice

Cuban special 古巴特级
1 oz. light rum
½ tsp. curaçao

1 tbsp. pineapple juice
1 tbsp. lime juice
1 stick pineapple
1 maraschino cherry

Cucumber champagne　黄瓜香槟
1 oz. benedictine
½ oz. lemon juice
8 oz. iced brut champagne
1 cucumber peel

Cupid　丘比特
3 oz. sherry
1 tsp. superfine sugar
1 egg

Cupid's bow　丘比特之弓
¼ oz. gin
¼ oz. forbidden fruit liqueur
¼ oz. aurum
¼ oz. passion fruit juice

Curacao cooler　库拉索库勒
1 oz. blue curaçao
1 oz. vodka
½ oz. lime juice
½ oz. lemon juice
1 lemon peel
1 lime peel
1 orange peel
Iced orange juice

Currier　皮革匠
1 ½ oz. blended whiskey
½ oz. kümmel
¼ oz. fresh lime juice
¼ oz. lime juice
1 slice lime

Cynar Calypso　西奈·卡利普索
1 oz. cynar
1 oz. light rum
1 oz. pineapple juice
1 oz. lime juice
1 tsp. grenadine

Cynar screwdriver　西奈螺丝刀
1 oz. cynar
1 oz. vodka
4 ½ oz. ice-cold orange juice

Cynar sour　西奈酸酒
1 oz. cynar
1 oz. brandy

2 oz. orange juice
½ slice orange
1 oz. lemon juice

Czarine　女沙皇
1 oz. vodka
½ oz. dry vermouth
½ oz. apricot brandy
1 dash angostura bitters

Daily mail　每日邮报
1 oz. rye whiskey
1 oz. amer picon
1 oz. orange squash
3 dashes orange bitters

Daiquiri　代基里
1 ½ oz. white rum
½ oz. fresh lime juice
3 dashes lime juice

Daiquiri blossom　代基里花
1 oz. white rum
1 oz. fresh orange juice
1 dash maraschino

Daiquiri liberal　自由代基里
1 oz. white rum
½ oz. sweet vermouth
1 dash amer picon

Dame Melba　梅尔巴夫人
¾ oz. peach-flavored brandy
¾ oz. dry framboise
½ oz. lemon juice

Damn the weather　鬼天气
1 oz. gin
½ oz. sweet vermouth
1 tsp. curaçao
½ oz. orange juice

Dandy　花花公子
1 oz. rye whiskey
1 oz. dubonnet
1 dash angostura bitters
3 dashes cointreau

Danish gin fizz　丹麦金酒菲兹
1 ½ oz. gin
½ oz. cherry liqueur
¼ oz. kirschwasser
½ oz. lime juice
1 tsp. sugar
1 slice lime

1 maraschino cherry
Iced club soda

Danish toddy 丹麦托迪
2 oz. peter heering
1 oz. aquavit
½ oz. kümmel
5 oz. cranberry juice
1 slice orange
1 cinnamon stick
2 whole cloves
2 whole allspice

Darb 巨人
¾ oz. gin
¾ oz. dry vermouth
1 tsp. lemon juice
¾ oz. apricot brandy

Dean's gate 院长之门
1 oz. light rum
½ oz. lime juice cordial
½ oz. drambuie

Deauville 多维尔
½ oz. brandy
½ oz. calvados
½ oz. cointreau
1 tbsp. lemon juice

Deep sea 深海
1 oz. dry vermouth
1 oz. gin
½ tsp. absinthe substitute
1 dash orange bitters

Delmonico No.1 代蒙尼可1号
¾ oz. dry gin
½ oz. dry vermouth
½ oz. sweet vermouth
½ oz. brandy
1 lemon peel

Delmonico No.2 代蒙尼可2号
1 ½ oz. gin
1 oz. dry vermouth
1 dash orange bitters
1 lemon peel

Delta 三角洲
1 ½ oz. blended whiskey
½ oz. southern comfort
½ oz. lime juice
½ tsp. sugar

½ slice orange
1 slice fresh peach

Dempsey 登普西
1 oz. gin
1 oz. calvados
2 dashes pernod
2 dashes grenadine

Depth charge 深渊
1 oz. brandy
1 oz. calvados
2 dashes grenadine
4 dashes lemon juice

Derby 德比
2 oz. gin
2 dashes peach bitters
2 sprigs fresh mint

Derby fizz 德比菲兹
1 oz. whiskey
1 tsp. lemon juice
1 tsp. sugar
1 whole egg
3 dashes curaçao
Club soda

Derby No.2 德比2号
1 oz. whiskey
1 ½ tbsp. lime juice
½ oz. sweet vermouth
½ oz. white curaçao
Mint leaves

Derby rum fix 德比朗姆菲克斯
2 oz. light rum
½ oz. lime juice
½ oz. orange juice
1 tsp. sugar
2 tsp. water
1 slice orange in syrup
1 maraschino cherry

Devil 魔鬼
1 oz. port
1 oz. dry vermouth
2 dashes lemon juice

Diabolo 空竹
1 ½ oz. dry white port
1 oz. dry vermouth
¼ tsp. lemon juice
1 lemon peel

Diamond fizz 钻石菲兹
1 oz. gin
2 tbsp. lemon juice
1 tsp. superfine sugar
Club soda

Diana 黛安娜
2 oz. white crème de menthe
½ oz. brandy
½ cup crushed ice

Diki-Diki 迪基·迪基
2 oz. clavados
½ oz. swedish punch
½ oz. grapefruit juice

Diplomat 外交家
3 oz. dry vermouth
1 oz. sweet vermouth
1 dash maraschino
1 maraschino cherry

Dixie 迪克西
¾ oz. gin
½ oz. pernod
½ oz. dry vermouth
2 dashes grenadine
2 tbsp. orange juice

Dixie whiskey 迪克西威士忌
1 ½ oz. whiskey
½ tsp. superfine sugar
¼ tsp. curaçao
1 tsp. lemon juice
½ tsp. white crème de menthe
1 dash angostura bitters

Doctor 医生
1 ½ oz. swedish punch
3 tbsp. lime juice

Doctor funk 乡下博士
3 oz. dark rum
1 tsp. sugar
1 tsp. pernod
1 tbsp. lemon juice
1 tsp. grenadine
1 small lime
Club soda

Dorado cocktail 剑鱼鸡尾酒
2 oz. tequila
2 tbsp. lemon juice
1 tbsp. honey

Double Derby 双德比
2 ½ oz. bourbon
2 oz. strong black tea
2 oz. claret
1 oz. red currant syrup
1 oz. orange juice
½ oz. lemon juice
1 slice orange in syrup

Down yonder 远方
1 oz. bourbon
½ oz. peppermint schnapps
2 oz. peach nectar
½ oz. lemon juice
1 slice fresh peach

Dracula 吸血鬼
1 ½ oz. light rum
4 oz. cranberry juice
1 oz. lemon juice
½ tsp. grenadine
2 dashes angostura bitters

Dragon punch 龙骑兵宾治
3 pt. porter
3 pt. ale
½ pt. brandy
½ pt. sherry
½ cup sugar syrup
3 large lemons thinly sliced
2 bottles chilled champagne
1 block of ice

Dr. Cook 库克博士
¾ oz. gin
1 tbsp. lemon juice
1 dash maraschino
1 egg white

Dry Manhattan cooler 曼哈顿库勒
2 oz. blended whiskey
1 oz. dry vermouth
2 oz. orange juice
½ oz. lemon juice
½ oz. orgeat or orzata
1 maraschino cherry
Iced club soda

Dry martini cocktail 马丁尼鸡尾酒
2 oz. gin
2 dashes dry vermouth

Dry sherry collins 雪利科林斯
- 3 oz. very dry sherry
- 1 oz. gin
- 1 oz. lemon juice
- 1 tsp. sugar
- 1 slice lemon
- Iced club soda

Dry vermouth cobbler 味美思柯布勒
- 3 oz. dry vermouth
- 3 oz. club soda
- 1 twist lemon peel

Dry white wine cup 白葡萄酒杯
- 3 bottles dry white wine
- 1 bottle bianco vermouth
- 1 large bottle lemonade
- Slices of orange
- Sprigs of mint

Du Barry 迪巴利
- 1½ oz. gin
- ¾ oz. dry vermouth
- 1 dash bitters
- ½ tsp. absinthe substitute
- 1 slice orange

Dubonnet cocktail 杜波内鸡尾酒
- 1¼ oz. red dubonnet
- 1¼ oz. gin
- 1 lemon peel

Dubonnet fizz 杜波内菲兹
- 2 oz. dubonnet
- 1 tsp. cherry brandy
- ¼ cup orange juice
- 1 tbsp. lemon juice
- Club soda

Dubonnet Manhattan 杜波内曼哈顿
- 1½ oz. dubonnet
- 1½ oz. whiskey
- 1 maraschino cherry

Dubonnet on the rocks 杜波内加冰
- 4 oz. dubonnet
- 1 twist lemon peel

Dubonnet punch 杜波内宾治
- 1 bottle dubonnet
- 1 pt. gin
- 1 qt. chilled club soda
- 6 limes
- Crushed ice
- Mint leaves

Dubonnet royal 皇家杜波内
- 2 oz. dubonnet
- 1 oz. gin
- 2 dashes angostura bitters
- 2 dashes orange curaçao
- 1 dash pastis

Duchess 公爵夫人
- 1 oz. pernod
- 1 oz. dry vermouth
- 1 oz. sweet vermouth

Duke 公爵
- 1 oz. drambuie
- ½ oz. orange juice
- ½ oz. lemon juice
- 1 egg
- 1 dash champagne

Duke of Marlborough 马尔勃罗公爵
- 1½ oz. sherry
- 1½ oz. sweet vermouth
- 3 dashes raspberry syrup
- 2 tbsp. lime juice

Dulcet 美味
- 1 oz. vodka
- ½ oz. curaçao
- ½ oz. anisette
- ½ oz. apricot liqueur
- 1 tsp. lemon juice
- ½ brandied apricot

Dundee 邓迪
- 1 oz. gin
- ½ oz. scotch
- ½ oz. drambuie
- ¼ oz. lemon juice
- 1 lemon peel

Dunhill 71 登喜路71
- 1 oz. brandy
- 1 oz. orange chocolate liqueur
- 1 oz. crème de banane

Dunhill 74 登喜路74
- 2 oz. gin

½ oz. apricot brandy
¼ oz. peach brandy
¼ oz. orange squash
¼ oz. lemon barley water
1 egg white
Earthquake 地震
¾ oz. gin
¾ oz. whiskey
¾ oz. pernod
East India 东印度
1 oz. brandy
¼ oz. orange curaçao
¼ oz. pineapple juice
1 dash angostura bitters
East Indian 东印度人
1½ oz. sherry
1½ oz. dry vermouth
1 dash orange bitters
East-West 东西方
2 oz. sake
2 dashes angostura bitters
1 slice lemon
Iced cranberry juice
Eastern whiskey sour 东方威士忌酸酒
2 oz. bourbon
1 dash orange syrup
1 dash rock candy syrup
½ lemon
½ orange
Mint sprigs
Eau de vie campari 白兰地堪培利
½ oz. framboise
½ oz. kirschwasser
1 oz. campari
½ oz. lemon juice
½ tsp. grenadine
1 orange peel
Iced club soda
Eclipse 蚀
½ oz. grenadine
1½ oz. sloe gin
¾ oz. gin
1 twist orange peel
1 maraschino cherry
Ed's baby 埃迪的孩子

1 oz. rum
½ oz. cherry brandy
½ oz. curaçao
¼ oz. banana liqueur
Juice of 1 lime
Egg sour 鸡蛋酸酒
1 oz. orange curaçao
1 oz. brandy
1 tsp. gomme syrup
1 egg
Lemon juice
Eggnog 蛋诺酒
¼ tsp. vanilla
1 tbsp. superfine sugar
1 cup milk
1 whole egg
Pinch salt
Nutmeg
Eggnog framboise 木莓蛋诺酒
4 oz. milk
1 oz. framboise
1 small egg
½ oz. cognac
½ oz. dark jamaica rum
2 tsp. sugar
Grated nutmeg
Eight bells 八座钟
1 oz. jamaica rum
½ oz. van der hum
½ oz. dry vermouth
½ oz. orange and lemon squash
El Diablo 魔鬼
½ oz. crème de cassis
1½ oz. tequila
½ lime
Ginger ale
Elephant's eye 象眼
1 oz. dark jamaica rum
1 oz. sweet vermouth
½ oz. triple sec
½ oz. lime juice
1 slice lime
Iced tonic water
Elk 麋鹿
1 oz. dry gin
1 oz. prunelle

2 dashes dry vermouth

Elk's own 麋鹿自身
1 ½ oz. rye whiskey
1 tsp. superfine sugar
¾ oz. port
1 tsp. lemon juice
1 egg white
1 small pineapple stick

Embassy royal 皇家使馆
1 oz. dubonnet
½ oz. drambuie
½ oz. sweet vermouth
2 dashes orange squash

Emerald isle 翡翠岛
2 oz. gin
1 tsp. green crème de menthe
3 dashes bitters

Emerson 爱默生
1 ½ oz. gin
1 oz. sweet vermouth
1 tsp. maraschino
Juice of ½ lime

Emilia 伊米丽亚
½ oz. barcardi rum
¼ oz. grand marnier
¼ oz. apricot brandy
1 dash orange bitters

Empire glory 帝国之荣光
1 oz. rye whiskey
½ oz. ginger wine
½ oz. fresh lemon juice
2 dashes grenadine

Empire peach cup 帝国桃杯
2 bottles chilled moselle
2 tbsp. superfine sugar
1 bottle sprkling moselle
2 large ripe peaches
Crushed ice

English mule 英国佬
3 oz. green ginger wine
1 ½ oz. gin
1 ½ oz. orange juice
1 piece ginger in syrup
Iced club soda

English rose 英国玫瑰
1 ½ oz. gin

¾ oz. apricot brandy
¾ oz. dry vermouth
1 tsp. grenadine
¼ tsp. lemon juice

Ethel Duffy 埃塞尔·杜菲
¾ oz. apricot brandy
¾ oz. white crème de menthe
¾ oz. curaçao

Evans 伊文思
2 oz. rye whiskey
1 dash apricot brandy
1 dash curaçao

Everybody's Irish 大众爱尔兰
1 ½ oz. Irish whiskey
6 dashes green chartreuse
3 dashes crème de menthe
Olive

Eye opener No.2 开眼界 2 号
1 ½ oz. rum
1 tsp. pernod
1 crème de cacao
1 tsp. curaçao
½ cup crushed ice
1 egg yolk

Fairy belle 绝色仙女
2 oz. gin
½ oz. apricot brandy
1 tsp. grenadine
1 egg white

Fallen angel 落魄的天使
3 oz. gin
4 tbsp. lemon or lime juice
2 dashes green crème de menthe
1 cherry

Fancy brandy 奇幻白兰地
2 oz. brandy
¼ tsp. curaçao
¼ tsp. superfine sugar
1 dash angostura bitters
1 lemon peel

Farmers 农夫
1 oz. gin
½ oz. dry vermouth
½ oz. sweet vermouth
2 dashes angostura bitters

Femina 费米娜

1 ½ oz. brandy
½ oz. benedictine
½ oz. orange juice
1 slice orange in syrup

Fern gully fizz 羊齿菲兹
1 oz. dark rum
1 oz. light rum
1 oz. pineapple juice
¾ oz. lime juice
1 tsp. sugar
1 slice pineapple
1 slice lime
Iced club soda

Fernet 费尼
1 oz. brandy
1 oz. fernet branca
1 dash angostura bitters
2 dashes gomme syrup

Fernet branca 费尼布兰卡
2 oz. gin
½ oz. sweet vermouth
½ oz. fernet branca

Fernet menthe 费尼薄荷
2 oz. fernet branca
1 oz. green crème de menthe

Festival 节日
¾ oz. apricot brandy
¾ oz. crème de cacao
¾ oz. heavy cream
1 tsp. grenadine

Fiesta punch 节日宾治
1 bottle sweet white wine
1 bottle soda water
1 can pineapple juice
3 oz. lemon juice
Sugar to taste

Fig leaf 无花果叶
1 ½ oz. sweet vermouth
1 oz. light rum
1 ½ tbsp. lime juice

Fine and dandy 花花公子
1 ½ oz. gin
½ oz. cointreau
½ oz. lemon juice
1 dash angostura bitters
1 maraschino cherry

Finlandia 芬兰人
1 oz. aquavit
½ oz. vaklova liqueur
Chilled orange juice

Fino 菲诺
1 oz. fino sherry
1 oz. sweet vermouth
1 slice lemon

Fino Mac 菲诺·麦克
2 oz. dry sherry
1 oz. ginger wine

Fino martini 菲诺马丁尼
2 oz. gin
½ oz. fino martini
1 olive

Fino rickey 菲诺里基
¾ oz. very dry fino sherry
¾ oz. gin
¼ large lime
Iced club soda

Fiord 狭湾
1 oz. brandy
½ oz. aquavit
½ oz. orange juice
½ oz. lime juice
1 tsp. grenadine

Firecracker 爆竹
1 bottle red wine
1 pt. water
8 oz. granulated sugar
2 lemons
4 small sticks cinnamon
4 cloves

Fireman's sour 消防队酸酒
2 oz. light rum
½ oz. grenadine
½ tsp. bar sugar
Juice of 1 lime
Club soda

Fireworks 烟火
¼ oz. grenadine syrup
¼ oz. crème de cassis
¼ oz. apricot brandy
¼ oz. cointreau
¼ oz. green chartreuse
¼ oz. cognac

¼ oz. kirschwasser

First night 第一夜
- 1 oz. brandy
- ½ oz. van der hum
- ½ oz. tia maria
- 1 tbsp. cream

Fish house punch No.1 渔家宾治 1号
- 3 cups lemon juice
- 1 cup superfine sugar
- 1 qt. brandy
- 1 pt. peach brandy
- 1 pt. rum
- 1 qt. club soda
- 1 qt. strong black tea
- Fruits in season

Fish house punch No.2 渔家宾治 2号
- 2 bottles dark rum
- 2 bottles golden rum
- 2 bottles brandy
- 1 cup peach brandy
- 1 block of tea ice
- 3 qt. water
- 3 cans frozen lemonade

Fish house punch No.3 渔家宾治 3号
- 1 cup water
- 1 cup superfine sugar
- 3 cups lemon juice
- 3 pt. dry white wine
- 1 bottle dark rum
- 1 bottle golden rum
- 1 bottle brandy
- 4 oz. peach brandy
- 1 block of ice

Fish house punch No.4 渔家宾治 4号
- 1 cup sugar
- 1 qt. cold water
- 1 bottle cognac
- 1 bottel golden rum
- 1 bottle jamaica rum
- 24 oz. lemon juice
- 6 oz. peach-flavored brandy

Fish house punch No.5 渔家宾治 5号
- 1 qt. golden rum
- 1 bottle cognac
- 1 pt. lemon juice
- 1 cup sugar
- 1 qt. ice water
- 24 oz. frozen sliced peaches

Fixer 维修工
- 1 oz. brandy
- ½ oz. crème de noyaux
- ¼ oz. prunelle
- ¼ oz. cream

Flag 旗帜
- 1 ½ oz. apricot brandy
- 1 tsp. crème yvette
- ½ cup crushed ice
- 4 dashes curaçao
- 1 oz. dry red wine

Flamingo 火烈鸟
- 1 ½ oz. dry gin
- ½ oz. apricot brandy
- 1 tsp. grenadine
- Juice of ½ lime

Floradora 佛罗拉多拉
- 2 oz. gin
- 3 tbsp. lime juice
- 1 tbsp. grenadine syrup
- ½ tsp. superfine sugar
- 2 oz. club soda

Florentine punch 佛罗伦丁宾治
- 2 bottles coffee marsala wine
- 2 bottles Italian rosé wine
- 1 bottle brandy
- 4 oz. lemon juice
- 2 oranges

Florida 佛罗里达
- ½ oz. dry gin
- 1 oz. orange juice
- 1 ½ tsp. kirschwasser
- 1 ½ tsp. triple sec
- 1 tsp. lemon juice

Florida punch 佛罗里达宾治
- 2 cups superfine sugar
- 1 cup lime juice
- 3 cups water
- 1 qt. ginger ale

96 oz. blended orange juice
16 ice cubes
Fluffy duck 绒毛鸭
1 oz. gin
1 oz. advocaat
½ oz. cointreau
¾ oz. fresh orange juice
Soda water
Flying Dutch 荷兰飞人
2 oz. gin
¼ oz. dry vermouth
Little curaçao
Flying grasshopper 飞蚱蜢
1 oz. vodka
½ oz. green crème de menthe
½ oz. white crème de cacao
Fog cutter 雾中小艇
½ oz. dry gin
1 ½ oz. rum
½ oz. brandy
1 oz. orange juice
1 ½ oz. lemon juice
1 ½ tsp. orgeat syrup
Foggy day 雾天
1 ½ oz. gin
¼ oz. pernod
1 slice lemon
1 peel lemon
Foghorn 雾号
3 oz. gin
1 slice lemon
Ginger ale
Forester's delight 护林人之喜悦
1 oz. bourbon whiskey
1 oz. cointreau
2 dashes blue curaçao
2 dashes lemon juice
Formosa spring 宝岛之春
1 oz. vodka
½ oz. bacardi light rum
¾ oz. galliano
½ oz. cointreau
½ oz. fresh lemon juice
1 slice pineapple
1 green cherry
Forty eight 四十八

½ oz. gin
½ oz. apricot brandy
¼ oz. orange curaçao
¼ oz. dry vermouth
1 dash lemon juice
Fourth degree 第4度
1 oz. gin
1 oz. dry vermouth
1 oz. sweet vermouth
2 dashes pastis
Fourth of July 7月4日
½ oz. bourbon
½ oz. galliano
½ oz. kahlua
½ oz. orange juice
½ oz. cream
1 cherry
Fox river 狐狸河
1 ½ oz. rye whiskey
½ oz. crème de cacao
4 dashes peach bitters
1 twist lemon peel
Foxhound 猎狐狗
1 ½ oz. brandy
½ oz. cramberry juice
1 tsp. kümmel
1 tsp. lemon juice
½ slice lemon
Fraise fizz 草莓菲兹
1 ½ oz. gin
1 oz. fraise
½ oz. lemon juice
1 tsp. sugar
1 lemon peel
1 large strawberry
Iced club soda
Fraise royale 草莓香槟
1 dash fraise liqueur
2 fresh strawnerries
Champagne
Franken Jack 法兰肯·杰克
1 oz. gin
1 oz. dry vermouth
½ oz. apricot brandy
½ oz. cointreau
1 maraschino cherry

Freakness 奇想
 1 ½ oz. whiskey
 ¾ oz. sweet vermouth
 ½ tsp. benedictine
 1 dash angostura bitters
 1 twist lemon peel

Free silver 自由银币
 1 ½ oz. dry gin
 ½ oz. dark rum
 ½ tsp. powdered sugar
 1 tbsp. milk
 Juice of ½ lime

French 75 法兰西75
 1 ½ oz. gin
 1 oz. lemon juice
 1 tsp. sugar
 Iced brut champagne

French colonial 法属殖民地
 1 ½ oz. golden rum
 ½ oz. crème de cassis
 ½ oz. cointreau
 ½ oz. lemon juice
 1 slice lemon
 Iced tonic water

French connection 法国的联系
 1 ½ oz. brandy
 1 ½ oz. amaretto

French curve 曲线规
 4 oz. chilled dry white wine
 1 tsp. pernod
 1 tsp. maraschino liqueur
 1 slice lemon
 ½ slice orange

French foam 法国泡沫
 1 tsp. sugar
 1 tsp. angostura bitters
 1 tsp. brandy
 1 tsp. kirschwasser
 1 split ice-cold champagne
 1 lemon sherbet

French pick-me-up 法国提神酒
 1 ½ oz. pernod
 1 oz. cognac
 ½ oz. lemon juice
 2 tsp. sugar
 1 small egg
 Nutmeg

French pousse-café 法国彩虹酒
 ½ oz. green chartreuse
 ½ oz. maraschino
 ½ oz. cherry brandy
 ½ oz. kümmel

Frisco 旧金山
 1 ½ oz. bourbon
 1 ½ oz. benedictine
 1 twist lemon peel

Frisco sour 旧金山酸酒
 ½ oz. benedictine
 2 oz. whiskey
 1 slice lemon
 1 slice lime
 Juice of ¼ lemon
 Juice of ½ lime

Frosty dawn cocktail 霜晨鸡尾酒
 1 ½ oz. light rum
 1 oz. orange juice
 ½ oz. falernum
 ¼ oz. maraschino liqueur

Froth blower 啤酒迷
 2 oz. dry gin
 1 tsp. grenadine
 1 egg white

Froupe 弗鲁普
 1 oz. brandy
 1 oz. sweet vermouth
 1 tsp. benedictine

Frozen apple 冰苹果
 1 ½ oz. vodka
 ¼ oz. calvados
 ½ oz. lime juice
 ¼ cup diced fresh apple
 ¼ cup finely crushed ice
 ½ tsp. sugar

Frozen apple and banana 冰苹果与冰香蕉
 1 ½ oz. applejack
 ½ oz. banana liqueur
 ½ oz. lime juice
 ½ cup crushed ice
 1 slice banana

Frozen applecar 冰冻苹果车
 1 ½ oz. applejack

½ oz. lemon juice
¼ cup diced peeled apple
½ cup crushed ice
1 tsp. sugar

Frozen apple daiquiri 冰冻苹果代基里
1 ½ oz. light rum
½ oz. lime juice
½ oz. lemon juice
½ cup crushed ice
1 tsp. sugar
1 wedge apple with skin

Frozen aquavit 冰冻露酒
1 ½ oz. aquavit
½ oz. lime juice
1 tsp. sugar
½ cup crushed ice
½ egg white
1 tsp. kirschwasser

Frozen banana daiquiri 冰冻香蕉代基里
1 ½ oz. light rum
½ oz. lime juice
½ slice ripe banana
½ cup finely crushed ice
1 tsp. sugar

Frozen banana mint 冰冻香蕉薄荷
1 oz. banana liqueur
1 oz. peppermint schnapps
½ cup sliced banana
¾ cup crushed ice
2 large mint leaves

Frozen Berkeley 冰冻伯克利
1 ½ oz. light rum
½ oz. brandy
½ oz. passion fruit
½ oz. lemon juice
½ cup crushed ice

Frozen blackberry tequila 冰冻黑莓龙舌兰
1 ½ oz. tequila
1 oz. blackberry liqueur
½ oz. lemon juice
½ cup crushed ice
1 slice lemon

Frozen black currant 冰冻黑加仑子
1 oz. crème de cassis
1 oz. pineapple juice
½ oz. brandy
½ cup crushed ice
1 slice orange

Frozen brandy and port 冰冻白兰地波尔图
1 oz. brandy
1 oz. port
1 tsp. powdered sugar
½ cup crushed ice
1 small egg
Grated nutmeg

Frozen brandy and rum 冰冻白兰地朗姆
1 oz. brandy
1 oz. golden rum
½ oz. lemon juice
1 tsp. sugar
½ cup crushed ice
1 egg yolk

Frozen coco banana 冰冻可可香蕉
2 oz. cocoribe
½ cup sliced banana
½ cup crushed ice
½ oz. lemon juice

Frozen daiquiri 冰冻代基里
1-2 oz. light rum
½ oz. lime juice
1 tsp. sugar
½ cup crushed ice

Frozen guava daiquiri 冰冻番石榴代基里
1 ½ oz. light rum
1 oz. guava nectar
½ oz. lime juice
1 tsp. banana liqueur
½ cup crushed ice

Frozen matador 冰冻斗牛士
1 ½ oz. tequila
2 oz. pineapple juice
½ oz. lime juice
½ cup crushed ice

1 pineapple stick

Frozen mint daiquiri 冰冻薄荷代基里
2 oz. light rum
½ oz. lime juice
1 tsp. sugar
6 large mint leaves
½ cup crushed ice

Frozen orange daiquiri 冰冻橙汁代基里
1 ½ oz. light rum
¾ oz. guava syrup
½ oz. lime juice
½ oz. orange juice
½ cup crushed ice

Frozen passion-fruit daiquiri 冰冻西番莲代基里
1 ½ oz. light rum
½ oz. passion-fruit syrup
½ oz. lime juice
½ oz. orange juice
¼ oz. lemon juice
½ cup crushed ice

Frozen peach daiquiri 冰冻桃子代基里
1 ½ oz. light rum
½ oz. lime juice
¼ oz. peach syrup
½ cup frozen peach
½ cup crushed ice

Frozen pineapple daiquiri 冰冻菠萝代基里
1 ½ oz. light rum
½ oz. lime juice
½ tsp. sugar
4 canned pineapple chunks
½ cup crushed ice

Frozen sesame daiquiri 冰冻芝麻代基里
1 ½ oz. rum
½ oz. sesame seed syrup
½ oz. lime juice
½ oz. dry vermouth
½ oz. orange juice
½ cup crushed ice

Frozen soursop daiquiri 冰冻刺荔代基里
1 ½ oz. light rum
¼ oz. dark jamaica rum
1 oz. soursop nectar
¼ oz. lime juice
¼ cup sliced banana
½ cup crushed ice

Frozen steppes 冰原
1 oz. vodka
1 cup vanilla ice cream
½ oz. brown crème de cacao

Frozen sunset 冰冻日落
1 ½ oz. tequila
½ oz. lime juice
½ oz. grenadine
½ cup crushed ice
1 slice lime

Furore 激情
1 oz. aurum
½ oz. brandy
¼ oz. lillet
¼ oz. orange juice

Futurity 未来
1 oz. sloe gin
1 oz. sweet vermouth
2 dashes angostura bitters

Gaspe 加斯佩
2 oz. very dry sherry
1 oz. canadian whiskey
½ oz. vaklova liqueur
1 peel lemon

Gaucho 高乔人
½ oz. gin
1 dash angostura bitters
½ oz. lemon juice

Gauguin 高更
2 oz. light rum
½ oz. passion-fruit syrup
½ oz. lemon juice
¼ oz. lime juice
½ cup crushed ice
1 maraschino cherry

Gazette 新闻公报
1 oz. brandy
1 oz. sweet vermouth
1 tsp. lemon juice

1 tsp. sugar syrup

General Harrison's eggnog No.1 哈里森将军蛋诺1号
1 tsp. superfine sugar
8 oz. claret
1 whole egg
Nutmeg

General Harrison's eggnog No.2 哈里森将军蛋诺2号
8 oz. sweet cider
1 tsp. superfine sugar
½ cup crushed ice
1 whole egg
Nutmeg

Georgia rum cooler 佐治亚朗姆库勒
2 ½ oz. light rum
½ oz. lemon juice
1 tsp. salted peanuts
1 tsp. grenadine
1 tsp. falernum
½ cup crushed ice
Iced club soda
Ground cinnamon

Gibson 吉布森
2 oz. gin
1 dash dry vermouth
1 pickled pearl onion

Gilroy 吉尔罗伊
¾ oz. gin
¾ oz. cherry brandy
½ oz. dry vermouth
½ oz. lemon juice
1 dash orange bitters

Gimlet 螺丝钻
2 oz. gin
2 oz. lime juice

Gin aloha 金酒阿洛哈
1 ½ oz. dry gin
1 ½ tsp. triple sec
1 oz. pineapple juice
1 dash orange bitters

Gin and campari 金酒堪培利
1 oz. gin
1 oz. campari
1 orange peel

Gin and ginger cooler 金酒姜汁库勒
1 oz. gin
1 oz. ginger brandy
½ oz. lemon juice
1 tsp. sugar
4 oz. ginger ale
1 slice lemon
1 small preserved ginger

Gin and it 苦艾金酒
2 oz. gin
1 tsp. Italian sweet vermouth

Gin and Jerry 金酒杰里
4 oz. gin
1 oz. yellow chartreuse
3 oz. orange juice
1 tsp. sugar
1 egg
Ground cinnamon

Gin and lime 金酒酸橙
1 ½ oz. gin
1 ½ oz. fresh lime juice
1 ½ oz. orange juice
1 tsp. rose's lime juice
1 lime peel

Gin and sin 金酒与罪
1 oz. dry gin
1 oz. lemon juice
1 tbsp. orange juice
1 dash grenadine

Gin and tonic 金酒托尼克
1 oz. gin
1 slice lemon
Tonic water

Gin aquavit 金酒露酒
1 ½ oz. gin
1 ½ oz. aquavit
1 ½ oz. lemon juice
1 tsp. sugar
1 tsp. heavy cream
½ egg white

Gin bracer 金酒晨酒
2 oz. gin
½ oz. catsup
½ oz. lemon juice
1 dash tabasco sauce

1 dash celery salt
¼ tsp. worcestershire sauce
Gin buck　金酒巴克
1 ½ oz. gin
½ oz. lemon juice
1 slice lemon
Iced ginger ale
Gin cassis　金酒醋栗
1 ½ oz. gin
½ oz. lemon juice
½ oz. crème de cassis
Gin coco　金酒椰子
2 oz. gin
1 fresh coconut
Gin daisy　金酒代西
1 ½ oz. gin
½ oz. lemon juice
1 tsp. raspberry syrup
1 slice lemon
1 sprigs mint
Iced club soda
Gin fix　金酒菲克斯
2 oz. gin
1 oz. fresh lemon juice
1 tsp. gomme syrup
Crushed ice
Gin fizz　金酒菲兹
2 oz. gin
1 oz. lemon juice
1 tsp. sugar
1 slice lemon
Iced club soda
Gin mint fix　金酒薄荷菲克斯
2 oz. gin
½ oz. lemon juice
1 tsp. sugar
2 tsp. water
1 tsp. white crème de menthe
2 large mint leaves
Gin rickey　金酒里基
1 ½ oz. gin
¼ large lime
Iced club soda
Gin sling　金酒司令
2 dashes gomme syrup
1 ½ oz. gin
Juice of 1 lemon
Soda water
Gin sour　金酒酸酒
1 ½ oz. gin
½ oz. lemon juice
¼ oz. orange juice
1 tsp. sugar
½ slice orange
1 maraschino cherry
Gin southern　南方金酒
1 ½ oz. gin
1 ½ oz. southern comfort
¼ oz. grapefruit juice
¼ oz. lemon juice
Gin swizzle　金酒碎冰酒
2 oz. gin
½ tsp. angostura bitters
½ oz. lime juice
1 tsp. sugar
Iced club soda
Ginger square　姜汁酒
1 oz. ginger brandy
Ginger ale
Gingerman　卖姜人
2 oz. chocolate ice cream
1 oz. ginger-flavored brandy
½ oz. light rum
1 ½ oz. milk
Gingersnap　姜饼
3 oz. vodka
1 oz. ginger wine
Club soda
Glascow　格拉斯哥
1 ½ oz. scotch
¾ oz. lemon juice
¼ oz. dry vermouth
¼ oz. orzata
Gloom chaser　幽暗
½ oz. grand marnier
½ oz. white curaçao
½ oz. grenadine
½ oz. lemon juice
Glühwein　热红酒
½ pt. red wine
1 slice lemon
1 piece cinnamon

2 cubes sugar
Godfather 教父
1 ½ oz. scotch or bourbon
¾ oz. amaretto
Godmother 教母
1 ½ oz. vodka
¾ oz. amaretto
Gold coaster 金杯托
1 oz. dry vermouth
1 oz. brandy
½ oz. lemon juice
2 oz. pineapple juice
1 tsp. maraschino liqueur
1 slice fresh pineapple
Golden Cadillac 金卡迪拉克
1 oz. galliano
2 oz. crème de cacao
2 oz. heavy cream
Crushed ice
Golden dawn 金色黎明
½ oz. gin
½ oz. calvados
½ oz. apricot brandy
½ oz. orange juice
1 dash grenadine
Golden daze 金色迷雾
1 ½ oz. dry gin
½ oz. peach brandy
1 oz. orange juice
Golden dream 金梦
½ oz. galliano
½ oz. cointreau
½ oz. orange juice
½ oz. cream
Golden gate 金门
1 oz. gin
2 tbsp. orange juice
1 pinch superfine sugar
Golden gate No.2 金门2号
¾ oz. light rum
¾ oz. gin
1 tsp. 151-proof rum
½ oz. lemon juice
½ oz. crème de cacao
½ tsp. falernum
1 slice orange

Golden gin fizz 金酒菲兹
2 ¼ oz. gin
1 oz. lemon juice
2 tsp. sugar
1 slice lemon
1 egg yolk
Iced club soda
Golden gleam 金色微光
1 oz. brandy
1 oz. grand marnier
½ oz. lemon juice
½ oz. orange juice
Golden hornet 金黄蜂
1 ½ oz. gin
½ oz. dry sherry
½ oz. scotch
1 twist lemon peel
Golden medallion 金奖
1 oz. galliano
1 oz. cognac
1 oz. fresh orange juice
1 dash egg white
Golden screw 金螺钉
1 ½ oz. vodka
3 oz. orange juice
1 dash angostura bitters
Golden slipper 金拖鞋
¾ oz. yellow chartreuse
¾ oz. apricot brandy
1 egg yolk
Golden tang 金果珍
1 oz. vodka
½ oz. strega
¼ oz. crème de banane
¼ oz. orange squash
Golf 高尔夫
1 ½ oz. gin
½ oz. dry vermouth
2 dashes angostura bitters
1 olive
Granada 格拉纳达
1 oz. dry sherry
1 oz. brandy
½ oz. curaçao
1 slice orange
Iced tonic water

Grand marnier frappé 橙皮冰酒
 1 oz. grand marnier
 ¼ oz. plum-flavored brandy
 ¼ oz. orange juice
 1 slice lemon
Grand passion 激情
 2 oz. gin
 1 oz. passion-fruit nectar
 1 dash angostura bitters
Grand royal fizz 皇家菲兹
 2 oz. gin
 2 tbsp. orange juice
 2 tbsp. lemon juice
 1 tsp. superfine sugar
 ¼ tsp. maraschino
 2 tsp. heavy cream
 Club soda
Grand slam 猛击
 2 oz. swedish punch
 ½ oz. sweet vermouth
 ½ oz. dry vermouth
Grapefruit 柚子
 1 oz. gin
 1 oz. grapefruit juice
 1 dash gomme syrup
Grapefruit cooler 柚子库勒
 2 oz. blended whiskey
 4 oz. grapefruit juice
 ½ oz. red-currant syrup
 1 tsp. lemon juice
 ½ slice orange
 ½ slice lemon
Grapefruit nog 柚子蛋诺
 1 oz. lemon juice
 1 tbsp. honey
 1 oz. brandy
 ½ cup grapefruit juice
 1 small egg
 ½ cup crushed ice
Grasshopper 蚱蜢
 1 oz. white crème de cacao
 1 oz. green crème de menthe
 1 oz. cream
Great secret 隐私
 1 ½ oz. gin
 ½ oz. lillet

 1 dash angostura bitters
 1 orange peel
Greek buck 希腊巴克
 1 ½ oz. brandy
 ½ oz. lemon juice
 1 tsp. ouzo
 1 slice lemon
 Iced ginger ale
Greenbriar 绿蔷薇
 2 oz. dry sherry
 1 oz. dry vermouth
 1 dash peach bitters
Green devil 绿魔
 1 ½ oz. gin
 ½ oz. lime juice
 ¼ oz. green crème de menthe
 2 sprigs mint
Green dragon No.1 青龙1号
 1 ½ oz. dry gin
 1 oz. green crème de menthe
 ½ oz. kümmel
 ½ oz. lemon juice
 4 dashes peach bitters
Green dragon No.2 青龙2号
 1 ½ oz. green chartreuse
 1 ½ oz. brandy
Green dragon No.3 青龙3号
 1 ½ oz. vodka
 ¾ oz. green crème de menthe
Green opal 绿蛋白石
 ½ oz. dry gin
 ½ oz. anisette
 1 oz. absinthe substitute
Green room 绿房间
 1 ½ oz. dry vermouth
 ½ oz. brandy
 2 dashes curaçao
Gringo 格林戈
 1 oz. tequila
 4 oz. tomato juice
 1 tsp. catsup
 1 tsp. lemon juice
 tsp. horseradish
 Tabasco sauce
Grog 格罗格
 2 oz. dark rum

1 tbsp. lemon juice
1 piece cinnamon stick
3 cloves
1 slice lemon
1 cube sugar
　Boiling water

Guanabana　瓜那巴那
1 oz. light rum
1 oz. guanabana nectar
1 tsp. lime juice

Guanabana cooler　瓜那巴那库勒
2 oz. light rum
4 oz. guanabana nectar
1 oz. orange juice
½ slice orange
1 slice lime
　Chilled club soda

Guards　卫队
2 oz. gin
1 oz. sweet vermouth
3 dashes orange curacao

Guava cooler　番石榴库勒
1 oz. rum
1 oz. guava nectar
1 oz. orange juice
1 tsp. sugar
½ oz. maraschino liqueur
½ oz. lime juice
½ oz. pineapple juice
½ slice lemon
1 canned guava shell
　Iced club soda

Guava milk punch　番石榴牛奶宾治
2 ½ qt. guava nectar
1 cup light cream
1 pt. light rum
6 oz. golden rum
3 oz. 151-proof rum
¼ cup sugar
12 lemon peels
12 orange peels

Gypsy　吉卜赛
2 oz. vodka
½ oz. benedictine
1 tsp. lemon juice

1 tsp. orange juice

Habitant　居民
1 oz. blended canadian whiskey
1 oz. lemon juice
1 tsp. maple syrup
1 slice orange
1 maraschino cherry

Happy apple rum twist　苹果朗姆橙皮
1 oz. light or dark rum
3 oz. apple juice
1 tbsp. lime juice
1 twist lime peel

Happy medium　快乐的女巫
½ oz. gin
½ oz. pimms No.1
½ oz. cointreau
¼ oz. lillet
¼ oz. orange squash

Happy youth　快乐青年
½ oz. cherry brandy
1 oz. fresh orange juice
1 cube sugar
　Champagne

Harlem　哈莱姆
1 ½ oz. dry gin
¾ oz. pineapple juice
½ tsp. maraschino
　Pineapple chunks

Harry's pick-me-up　哈利提神酒
2 oz. brandy
6 oz. chilled champagne
1 tsp. grenadine
2 tbsp. lemon juice

Harvard　哈佛
1 oz. brandy
½ oz. sweet vermouth
1 tsp. grenadine
2 tsp. lemon juice
1 dash angostura bitters

Harvard cooler　哈佛库勒
3 oz. applejack
1 tbsp. sugar syrup
2 tsp. lemon juice
　Club soda

Harvard wine　哈佛酒

1 oz. dry vermouth
¾ oz. brandy
1 dash orange bitters
Club soda

Harvey cowpuncher 哈维·考彭却
1 ½ oz. galliano
Milk

Harvey Wallbanger 哈维·沃尔班格
1 ½ oz. vodka
4 ½ oz. orange juice
¾ oz. galliano

Havana 哈瓦那
1 ½ oz. light rum
¾ oz. pineapple juice
½ tsp. lime or lemon juice

Havana club 哈瓦那俱乐部
1 ½ oz. light rum
¾ oz. dry vermouth

Havana No.1 哈瓦那1号
1 oz. apricot brandy
½ oz. swedish punch
½ oz. gin
1 dash lemon juice

Hawaiian daisy 夏威夷代西
1 ½ oz. light rum
½ oz. pineapple juice
1 tsp. lime juice
1 tsp. grenadine
1 tsp. 151-proof rum
1 chunk papaya in syrup
Iced club soda

Hawaiian No.1 夏威夷人1号
1 ½ oz. gin
¾ oz. pineapple juice
1 dash orange bitters
1 egg white

Hawaiian No.2 夏威夷人2号
2 oz. gin
1 oz. curaçao
1 oz. orange juice

Hesitation 犹豫
1 ½ oz. swedish punch
½ oz. rye whiskey
1 dash lemon juice

Hibernian special 爱尔兰特级
1 oz. dry gin
1 oz. cointreau
1 oz. green curaçao
1 dash lemon juice

High pocket 富裕
2 oz. dry vermouth
½ oz. cherry brandy
½ oz. brandy
½ oz. lemon juice
Iced apricot nectar

Highland cooler 高原库勒
2-3 oz. scotch whiskey
2 dashes angostura bitters
2 tbsp. lemon juice
1 tbsp. superfine sugar
Ginger ale

Highland sling No.1 高原司令1号
1 oz. scotch whiskey
1 tsp. superfine sugar
3 oz. milk
Nutmeg

Highland sling No.2 高原司令2号
1 ½ oz. scotch whiskey
¾ oz. sweet vermouth
2 dashes orange bitters
Olive

Hillsborough 山城
1 oz. brandy
1 oz. muscari
½ oz. lemon juice
1 lemon peel

Hippocras 香料补酒
1 tsp. mace
½ tsp. ground white pepper
2 cups sugar
2 bottles alsatian wine
2 sticks cinnamon
2 lemons

Hock sparkler 发泡莱茵葡萄酒
3 bottles hock
1 glass brandy
1 bottle sekt
1 melon
Sugar to taste

Hoffman house 霍夫曼屋
1 ½ oz. dry gin

¾ oz. dry vermouth
2 dashes orange bitters
1 olive

Hokkaido 北海道
1 ½ oz. dry gin
1 oz. sake
½ oz. triple sec

Holland house 荷兰之家
1 ½ oz. gin
½ oz. dry vermouth
1 tbsp. lemon juice
1 slice pineapple
¼ tsp. maraschino

Honeybee 蜜蜂
2 oz. light rum
½ oz. lemon juice
1 tbsp. honey

Honeydew cooler 甘露库勒
1 ½ oz. gin
¼ tsp. pernod
¾ oz. lemon juice
½ tsp. sugar
½ cup crushed ice
1 tbsp. heavy cream
½ cup diced honeydew melon
Iced club soda

Honeymoon 蜜月
1 ½ oz. applejack
¾ oz. benedictine
2 tbsp. lemon juice
3 dashes curaçao

Honolulu No.1 檀香山1号
1 ½ oz. dry gin
1 dash bitters
¼ tsp. orange juice
¼ tsp. pineapple juice
¼ tsp. lemon juice
¼ tsp. powdered sugar

Honolulu No.2 檀香山2号
¾ oz. dry gin
¾ oz. maraschino
¾ oz. benedictine

Honolulu punch 檀香山宾治
1 cup superfine sugar
1 cup lemon juice
1 pt. brandy

1 pt. dark rum
1 block of ice
4 bottles chilled champagne
2 ripe pineapples

Hoopla 套圈
1 oz. brandy
1 oz. cointreau
1 oz. lillet
1 oz. lemon juice

Hoots Mon 胡茨芒
1 oz. scotch whiskey
½ oz. lillet
½ oz. sweet vermouth

Hop toad 跳蟾
¾ oz. light rum
¾ oz. apricot brandy
¾ oz. lime juice

Horse's neck 马颈
3-4 ice cubes
1 lemon
Ginger ale

Horse's neck No.2 马颈2号
2-3 oz. whiskey
1 lemon
Ginger ale

Horse's neck with gin 马颈金酒
2 oz. gin
½ oz. lemon juice
1 peel lemon
Iced ginger ale

Hot apple toddy 热苹果托迪
8-12 oz. calvados
4 tsp. superfine sugar
1 medium-sized apple
Nutmeg

Hot brick toddy 热砖托迪
2 oz. whiskey
1 tsp. sweet bitters
1 tsp. superfine sugar
¼ tsp. cinnamon
1 tbsp. hot water

Hot buttered apple 热黄油苹果
2 oz. applejack
½ oz. ginger wine
4 oz. water
1 piece cinnamon

1 tsp. sugar
1 tsp. sweet butter
2 whole cloves
Grated nutmeg

Hot buttered Irish   热黄油爱尔兰威士忌
1½ oz. blended Irish whiskey
½ oz. orange juice
½ oz. lemon juice
4 oz. water
1 tsp. sugar
2 dashes angostura bitters
1 tsp. sweet butter
1 piece lemon peel
2 whole cloves

Hot buttered rum   热黄油朗姆
2-3 oz. rum
1 twist lemon peel
1 stick cinnamon
2 cloves
1 tbsp. sweet butter
Sweet cider
Nutmeg

Hot cocoribe orangeade   热椰子橙汁
2 oz. cocoribe
4 oz. orange juice
2 oz. water
1 stick cinnamon
½ slice orange

Hot drambuie toddy   热特兰布依托迪
2 oz. drambuie
½ oz. lemon juice
1 slice lemon
1 slice orange
4 oz. boiling water
1 piece stick cinnamon

Hot eggnog   热蛋诺
2 oz. hot cognac
1 tbsp. sugar
1 tsp. dark jamaica rum
¾ cup hot milk
1 egg
Salt
Ground nutmeg

Hot gin toddy   热金酒托迪
2-3 oz. gin
2 tbsp. lemon juice
2 cubes sugar
1 lemon peel

Hot grapefruit mug   热柚子杯
4 oz. grapefruit juice
2 oz. orange juice
1 oz. gin
½ oz. rock-and-rye
1 tbsp. honey
2 tsp. sweet butter
Ground nutmeg

Hot Irish and port   热威士忌波尔图
1 oz. blended Irish whiskey
3 oz. tawny port
2 oz. water
1 piece cinnamon
1 slice orange

Hot port flip   热波尔图弗立浦
3 oz. port wine
1 oz. cognac
1 tsp. sugar
¼ tsp. instant coffee
1 small egg
1 tbsp. heavy cream
Grated nutmeg

Hot whiskey toddy   热威士忌托迪
2 oz. bourbon
1 cube sugar
1 slice lemon
Nutmeg

Hudson bay   哈德逊湾
1 oz. gin
½ oz. cherry liqueur
½ oz. orange juice
¼ oz. lime juice
¼ oz. 151-proof rum
1 slice lime

Hula-hula   草裙舞
1½ oz. dry gin
¾ oz. orange juice
¼ tsp. powdered sugar

Hundred percent   百分之百
1½ oz. swedish punch

½ tbsp. lemon juice
½ tbsp. orange juice
2 dashes grenadine

Hunter 猎人
2 oz. rye whiskey
1 oz. cherry brandy

Hurricane 飓风
1 oz. light rum
1 oz. golden rum
½ oz. passion-fruit syrup
2 tbsp. lime juice

Iced mint tea 冰薄荷茶
2 cups boiling water
1 qt. cold water
6 strips lemon peel
1 bunch fresh mint
6 sprigs mint
Ice cubes
Sugar to taste

Iced rum coffee 冰朗姆咖啡
1 oz. light rum
1 tsp. dark jamaica rum
6 oz. double-strength coffee
2 tbsp. whipped cream
Sugar

Iced rum tea 冰朗姆茶
1½ oz. light rum
½ oz. 151-proof rum
6 oz. strong black tea
1 tsp. sugar
1 tsp. falernum
1 tsp. lemon juice
1 slice lemon
2 large mint leaves

Ichiban 第一
1½ oz. brandy
4 oz. milk
¼ oz. curaçao
1 egg yolk
Nutmeg

Ideal 理想
1 oz. gin
1 oz. dry vermouth
¼ tsp. maraschino
½ tsp. lemon juice

Imperial 帝国
1½ oz. gin
1½ oz. dry vermouth
½ tsp. maraschino
1 dash bitters

Imperial fizz 帝国菲兹
1½ oz. rye whiskey
2 tbsp. lemon juice
½ tsp. superfine sugar
Chilled champagne

Inca 印加
½ oz. gin
½ oz. dry vermouth
½ oz. sweet vermouth
½ oz. dry sherry
1 dash orgeat syrup
1 dash orange bitters

Incognito 乔装打扮
1 oz. brandy
½ oz. lillet
1 dash apricot brandy
1 dash angostura bitters

Income tax 所得税
1½ oz. gin
1½ tsp. dry vermouth
1 tsp. sweet vermouth
1 dash bitters
Juice of ¼ orange

Independence swizzle 独立碎冰酒
2 oz. dark trinidad rum
3 dashes angostura bitters
1 tsp. honey
1 tsp. sugar
½ oz. lime juice
1 slice lime

Indian river 印第安河
1½ oz. blended whiskey
½ oz. grapefruit juice
¼ oz. raspberry liqueur
¼ oz. sweet vermouth

Ink street 墨水街
1 oz. rye whiskey
1 oz. lemon juice
1 oz. orange juice

Inspiration 灵感
½ oz. gin
½ oz. dry vermouth

½ oz. calvados
½ oz. grand marnier
1 cherry

Interplanetary punch　星际宾治
1 bottle light rum
4 oz. dark jamaica rum
12 oz. peppermint schnapps
1 qt. mango nectar
12 oz. heavy sweet cream
1 qt. orange juice
8 large sprigs mint
1 large fresh mango
6 thin slice orange

Irish almond　爱尔兰杏仁
1 ½ oz. blended Irish whiskey
½ oz. orange juice
½ oz. lemon juice
2 tsp. orgeat
1 tsp. toasted almond slices

Irish apple bowl　爱尔兰苹果杯
20 oz. applejack
20 oz. blended Irish whiskey
10 oz. lime juice
4 lime sliced
2 large red delicious apples
2 qt. ginger ale

Irish canadian sangaree　爱尔兰加拿大桑格里
1 ¼ oz. canadian whiskey
½ oz. Irish mist liqueur
1 tsp. orange juice
1 tsp. lemon juice
Grated nutmeg

Irish coffee　爱尔兰咖啡
5-6 oz. fresh hot black coffee
1 oz. Irish whiskey
1 tsp. sugar
Sweetened whipped cream

Irish cooler　爱尔兰库勒
3 oz. Irish whiskey
Peel of 1 lemon
Club soda

Irish cresta　爱尔兰克雷斯特
1 oz. Irish whiskey
½ oz. Irish mist liqueur
½ oz. orange juice

1 egg white

Irish fix　爱尔兰菲克斯
2 oz. Irish whiskey
½ oz. lemon juice
1 tsp. sugar
2 tsp. water
½ slice orange
½ slice lemon
2 tsp. Irish mist

Irish shillelagh　爱尔兰席雷拉
1 ½ oz. Irish whiskey
½ oz. sloe gin
½ oz. light rum
2 tbsp. lemon juice
1 tsp. superfine sugar
2 slices fresh peach
2 fresh raspberries
1 strawberry
1 cherry

Irish tea　爱尔兰茶
1 oz. blended Irish whiskey
6 oz. hot black tea
3 whole cloves
3 whole allspice
1 piece stick cinnamon
1 tsp. sugar
2 tsp. honey
1 slice lemon
Grated nutmeg

Isle of the blessed coconut　快乐的椰岛
1 ½ oz. light rum
½ oz. cream of coconut
½ oz. lime juice
¼ oz. lemon juice
¼ oz. orange juice
½ tsp. sugar
½ cup crushed ice

Italian aperitif　意大利开胃酒
3 oz. punt e mes
1 dash dry vermouth
1 dash campari
1 slice lemon
1 squeeze lemon

Italian perfume　意大利香水
4 oz. chilled dry white wine

½ oz. Italian brandy
1 tsp. amaretto
1 slice lemon

Itza paramount 伊扎首长
1 oz. gin
½ oz. drambuie
½ oz. cointreau
1 cherry

Jack and Jerry 杰克与杰里
1 oz. heavy cream
1 cup milk
2 tbsp. sugar
¼ tsp. ground cinnamon
¼ tsp. ground mace
¼ tsp. ground ginger
8 oz. applejack
1 pt. hot milk
2 eggs separated

Jack rose 杰克玫瑰
1 ½ oz. applejack
½ oz. grenadine
1 ½ tbsp. lime juice

Jack-in-the-box 玩偶盒
1 oz. applejack brandy
1 oz. pineapple juice
1 dash angostura bitters

Jackson square 杰克逊广场
1 ½ oz. bourbon
½ oz. peppermint schnapps
3 dashes bitters
1 lemon peel
Iced club soda

Jade 翠玉
1 ¾ oz. golden rum
½ tsp. green crème de menthe
½ tsp. curaçao
1 ½ tsp. lime juice
1 tsp. sugar
1 slice lime

Jamaica elegance 牙买加优雅
1 ½ oz. golden jamaica rum
½ oz. brandy
½ oz. pineapple juice
1 oz. lime juice
1 tsp. syrup
1 slice lime

Jamaica ginger 牙买加姜
1 ½ oz. light rum
½ oz. dark jamaica rum
½ oz. 151-proof rum
½ oz. falernum
½ oz. lime juice
½ slice pineapple
1 cube preserved ginger
Iced ginger beer

Jamaica glow 牙买加之光
1 ½ oz. gin
½ oz. dry red wine
½ oz. orange juice
1 tsp. jamaica rum

Jamaica Joe 牙买加·乔
1 oz. jamaica rum
1 oz. tia maria
1 oz. advocaat
1 dash grenadine

Jamaica rum 牙买加朗姆
2 oz. jamaica rum
½ oz. gomme syrup
1 dash angostura bitters

Jamaica rum sour 牙买加朗姆酸酒
2 oz. jamaica rum
1 oz. club soda
3 dashes lemon juice
1 tsp. bar sugar
1 cherry
½ slice orange

James Beard's Coffee 詹姆士·比尔德咖啡
1 cup hot coffee
½ cup heavy cream
1 tsp. superfine sugar
2 tbsp. whipped cream
2 oz. Irish whiskey
Nutmeg

Japanese 日本人
2 oz. brandy
¼ oz. orgeat or orzata
¼ oz. lime juice
1 dash angostura bitters
1 lemon peel

Japanese fizz 日本菲兹
2 ¼ oz. blended whiskey

¼ oz. port
½ oz. lemon juice
1 tsp. sugar
1 orange peel
1 pineapple stick
Iced club soda

Jean Lafitte 简·拉菲特
1 oz. gin
½ oz. triple sec
½ oz. absinthe substitute
1 tsp. powdered sugar
1 egg yolk

Jerry's joy 杰里的喜悦
1 oz. vodka
1 oz. lillet
1 oz. cointreau
1 dash orange bitters
1 dash egg white
1 cherry

Jeyplak 吉普来克
1 ½ oz. gin
¾ oz. sweet vermouth
¼ tsp. absinthe substitute
1 cherry

Jockey club 赛马俱乐部
2 oz. gin
2 dashes crème de noyau
1 dash orange bitters
1 dash angostura bitters
¼ tsp. lemon juice

Jocose julep 幽默薄荷酒
2 ½ oz. bourbon
½ oz. green crème de menthe
6 mint leaves
1 tsp. sugar
1 oz. lime juice
3 sprigs mint
Iced club soda

Jo's club 乔俱乐部
1 oz. light rum
1 oz. dubonnet
4 dashes orange bitters

John collins 约翰·科林斯
2 oz. Dutch gin
1 tsp. sugar
½ oz. lemon juice
1 slice lemon
1 slice orange
1 maraschino cherry
Iced club soda

John Simon 约翰·西蒙
½ oz. gin
½ oz. grand marnier
½ oz. crème de noyau
½ oz. orange squash
1 dash angostura bitters

Joulouville 茹尔维尔
1 oz. gin
½ oz. apple brandy
½ oz. lemon juice
¼ oz. sweet vermouth
¼ tsp. grenadine

Journalist 记者
1 ½ oz. gin
1 ½ tsp. dry vermouth
1 ½ tsp. sweet vermouth
½ tsp. lemon juice
½ tsp. triple sec

Judge Jr. 法官
¾ oz. gin
¾ oz. light rum
¾ oz. lemon juice
¾ tsp. grenadine

Julie Marie 朱丽·玛利
½ oz. white rum
¼ oz. aurum
¼ oz. bronte liqueur
½ oz. orange squash
1 egg white

Jur 朱尔
6 oz. dry white wine
1 tbsp. crème de cacao
1 twist lemon peel

Kahlua toreador 咖啡斗牛士
1 oz. kahlua
2 oz. brandy
1 egg white

Kangaroo 袋鼠
1 ½ oz. vodka
¾ oz. dry vermouth
1 twist lemon peel

Ke kali nei au 芙蓉

1 ½ oz. light rum
1 ½ oz. passion-fruit juice
½ oz. kirsch
2 tbsp. lemon juice
1 oz. sugar
1 oz. dark rum
½ cup crushed ice
   Red hibiscus
   Green coconut

Keelplate 龙骨
2 oz. tomato juice
1 oz. clam juice
2 dashes worcestershire sauce
2 dashes celery salt

Kelvin 66 凯尔文66
½ oz. aquavit
½ oz. grand marnier
½ oz. dubonnet
½ oz. orange squash
1 cherry

Kentucky 肯塔基
1 ½ oz. bourbon
½ oz. lemon juice
½ oz. pineapple juice
1 tsp. maraschino liqueur

Kentucky sunset 肯塔基日落
1 oz. bourbon
½ oz. strega
½ oz. anisette
1 twist lemon

Kerry cooler 凯利库勒
2 oz. Irish whiskey
1 ½ oz. madeira
1 oz. orgeat
1 oz. lemon juice
1 slice lemon
   Iced club soda

King Alphonse 阿方索王
1 ½ oz. crème de cacao
½ oz. heavy cream

King Cole 科尔王
2 oz. bourbon
1 dash fernet branca
2 dashes sugar
1 slice orange
1 slice pineapple

King's daiquiri 国王代基里
½ oz. fresh lime juice
½ oz. parfait amour
1 ½ oz. white rum
¼ tsp. sugar
1 dash egg white

King's peg 纯白兰地
2 oz. brandy
6 oz. chilled champagne

Kingston No. 1 金斯敦1号
1 oz. dark rum
½ oz. kümmel
½ oz. orange juice
1 dash pimento dram

Kir 基尔
½ oz. crème de cassis
1 oz. dry white wine

Kir royale 皇家基尔
2 dashes crème de cassis
   Champagne

Kirsch Cuba libre 樱桃自由古巴
1 ½ oz. kirschwasser
½ lime
   Iced cola drink

Kirsch nightcap 樱桃夜酒
1 oz. kirschwasser
3 oz. single wine
4 oz. water
1 piece cinnamon
2 whole cloves
1 tsp. sugar
1 lemon peel

Kirsch rickey 樱桃里基
1 ½ oz. kirschwasser
¼ large lime
2 black cherries
   Iced club soda

Kiss-in-the-dark 偷吻
¾ oz. dry gin
¾ oz. cherry brandy
¾ oz. dry vermouth

Knickerbocker special 灯笼裤
3 oz. dark rum
½ oz. raspberry syrup
½ oz. lemon juice
½ oz. orange juice

½ oz. orange curacao
1 cube pineapple
Knock out　昏迷
¾ oz. dry gin
¾ oz. dry vermouth
½ oz. absinthe substitute
1 tsp. crème de menthe
Kremlin colonel　克里姆林上校
2 oz. vodka
½ oz. lime juice
1 tsp. sugar
2 large fresh mint leaves
Kretchma　克里奇玛
1 oz. vodka
1 oz. crème de cacao
½ oz. lemon juice
½ tsp. grenadine
Kümmel blackberry frappé　茴罗黑莓冰酒
½ oz. kümmel
½ oz. blackberry liqueur
1 tsp. lemon juice
La Jolla　拉乔拉
1 ½ oz. brandy
½ oz. banana liqueur
2 tsp. lemon juice
1 tsp. orange juice
Ladies　女士
1 ½ oz. whiskey
1 dash angostura bitters
2 dashes pernod
3 dashes anisette
Small pineapple sticks
Lady be good　贤妻
1 oz. brandy
½ oz. white crème de menthe
½ oz. sweet vermouth
Ladyfinger　小脆饼
1 oz. gin
½ oz. kirsch
½ oz. cherry brandy
Lafayette punch　拉斐特宾治
1 cup superfine sugar
1 bottle chilled moselle wine
4 bottles chilled champagne
6 oranges
1 block of ice
Lait de vie　生命之乳汁
2 oz. brandy
4 oz. milk
½ oz. heavy cream
½ oz. grenadine
Grated nutmeg
Lasky　拉斯基
¾ oz. dry gin
¾ oz. grape juice
¾ oz. swedish punch
Latin dog　拉丁狗
½ oz. sciarada
½ oz. pernod
Chilled grapefruit juice
Layer cake　千层糕
½ oz. crème de cacao
½ oz. heavy cream
½ oz. apricot brandy
1 maraschino cherry
Leap year　闰年
1 ½ oz. gin
¼ oz. sweet vermouth
¼ oz. grand marnier
1 dash lemon juice
1 twist lemon peel
Leapfrog　跳蛙
1 ½ oz. gin
2 tbsp. lemon juice
Ginger ale
Leave it to me No. 1　让我来1号
2 oz. gin
1 tsp. raspberry syrup
1 tsp. lemon juice
1 dash maraschino
Leeward　下风头
1 ½ oz. light rum
½ oz. calvados
½ oz. sweet vermouth
1 lemon peel
Lemon rum cooler　柠檬朗姆库勒
2 oz. light rum
1 tsp. 151-proof rum
2 oz. pineapple juice
½ oz. lemon juice
½ oz. falernum

Lemon squash 柠檬汽水
  1 slice lemon
  Iced bitter-lemon soda
Lemon squash 柠檬汽水
  2 tsp. bar sugar
  1 lemon peel
  Soda water
Lemonade 柠檬汁
  1 oz. raspberry syrup
  5 oz. ice water
  2 tsp. sugar
  Juice of 1 lemon
Lemonade d'orgest 杏仁柠檬汁
  ½ tsp. bar sugar
  1 oz. orgeat syrup
  Juice of 1 lemon
Leviathan 列维坦
  2 oz. brandy
  1 oz. sweet vermouth
  1 oz. orange juice
Liberty 自由
  2 oz. applejack brandy
  1 oz. white rum
  1 dash gomme syrup
Lillet cocktail 利莱鸡尾酒
  1 ½ oz. lillet
  1 oz. gin
  1 lemon peel
Limbo 地狱门
  1 oz. peach brandy
  4 oz. pineapple juice
Linstead 林斯特德
  1 ½ oz. whiskey
  1 ½ oz. pineapple juice
  ¼ tsp. superfine sugar
  ¼ tsp. pernod
  ½ tsp. lemon juice
  1 dash angostura bitters
  1 twist lemon peel
Little devil 小淘气
  ¾ oz. gin
  ¾ oz. light rum
  ¼ oz. cointreau
  ¼ oz. lemon juice
Little princess 小公主
  1 oz. white rum
  1 oz. sweet vermouth
Lollipop 棒糖
  ¾ oz. cointreau
  ¾ oz. green chartreuse
  ¾ oz. kirsch
  1 dash maraschino
London 伦敦
  1 oz. gin
  2 dashes maraschino
  2 dashes sugar syrup
  2 dashes orange bitters
  1 twist lemon peel
London buck 伦敦巴克
  2 oz. dry gin
  Juice of ½ lemon
London fog 伦敦雾
  1 oz. white crème de menthe
  1 oz. anisette
  1 dash angostura bitters
London special 伦敦特级
  8 oz. chilled champagne
  2 dashes peychaud's bitters
  1 twist orange peel
  1 cube sugar
Lorenzo 洛伦佐
  1 oz. vodka
  1 oz. tuaca liqueur
  ½ oz. lime juice
Los Angeles 洛杉矶
  2 oz. scotch whiskey
  1 oz. lemon juice
  1 egg
  1 dash sweet vermouth
Loudspeaker 扩音器
  ¾ oz. gin
  1 oz. brandy
  ¼ oz. lemon juice
Love 爱情
  2 oz. sloe gin
  ½ tsp. lemon juice
  ½ tsp. raspberry juice
  1 egg white
Low hill 矮山
  1 ½ oz. rye whiskey
  ¾ oz. dry vermouth
  1 dash maraschino
  1 dash angostura bitters

1 dash pernod

Lucky tip 幸福之翼
1 oz. vodka
½ oz. crème de banane
½ oz. lemon squash
1 egg white

Luxury 豪华
2 oz. brandy
2 dashes orange bitters
3 oz. chilled champagne

M. & M. punch 麦克宾治
1 oz. rum
¼ oz. blackcurrant syrup
¼ oz. lemon juice
Boiling water

Macaroni 通心粉
1½ oz. pernod
½ oz. sweet vermouth

Madama Rosa 罗莎大妈
1½ oz. light rum
½ oz. cherry brandy
2 oz. orange juice
½ oz. lime juice
Iced tonic water

Madeira mint flip 马德拉薄荷弗立浦
1 oz. madeira
1 oz. chocolate-mint liqueur
1 small egg
1 tsp. sugar
Grated nutmeg

Magic trace 魔迹
1 oz. bourbon whiskey
½ oz. drambuie
¼ oz. dry vermouth
¼ oz. orange juice
¼ oz. lemon juice

Magnolia 木兰花
2 oz. gin
1 oz. heavy cream
2 tbsp. lemon juice
½ tsp. grenadine

Mai Tai 迈代
3 oz. light rum
½ oz. lime juice
¼ tsp. triple sec

¼ tsp. orzata
½ tsp. sugar
1 slice lime
1 sprig mint
1 pineapple stick
1 dash grenadine

Maiden's blush No. 1 少女红嫣1号
2 oz. gin
¼ tsp. lemon juice
1 tsp. curaçao
1 tsp. grenadine

Maiden's blush No. 2 少女红嫣2号
1½ oz. gin
¾ oz. pernod
1 tsp. grenadine

Maiden's prayer No. 1 少女的祈祷1号
¾ oz. gin
¾ oz. cointreau
¼ oz. lemon juice
¼ oz. orange juice

Maiden's prayer No. 2 少女的祈祷2号
¾ oz. gin
¾ oz. lillet
½ oz. calvados
½ oz. apricot brandy

Mainbrace 大桅索
¾ oz. gin
¾ oz. triple sec
¾ oz. grape juice
1 lemon peel

Mallorca 马洛卡
1 oz. white rum
½ oz. dry vermouth
½ oz. crème de banane
½ oz. drambuie

Mamie Taylor 玛米·泰勒
3 oz. scotch whiskey
1 tbsp. lime juice
1 slice lemon
Ginger ale

Mandeville 曼德维尔
1½ oz. light rum

1 oz. dark Jamaica rum
¾ oz. lemon juice
1 tsp. pernod
½ oz. cola drink
¼ tsp. grenadine
1 slice orange

Mango cooler　芒果库勒
3 oz. mango nectar
1½ oz. vodka
½ oz. lemon juice
1½ oz. orange juice
½ oz. cointreau
1 slice mango
1 slice orange

Mango daiquiri　芒果代基里
2 oz. light rum
1 oz. curaçao
½ cup mango pureé
2 tbsp. lime juice
1 tbsp. sugar
1 cup crushed ice

Mangoade　芒果汁
¼ cup lime juice
¼ cup sugar
2 cups cold water
2 cups orange juice
1 tsp. orange rind
2 cups ripe mango juice

Manhasset　曼哈塞
1½ oz. blended whiskey
½ oz. lemon juice
½ oz. dry vermouth
¼ oz. sweet vermouth
1 peel lemon

Manhattan　曼哈顿
2½ oz. blended whiskey
¾ oz. sweet vermouth
1 dash angostura bitters
1 maraschino cherry

Manhattan cooler　曼哈顿库勒
4 oz. claret
3 dashes rum
2 tbsp. lemon juice
2 tsp. superfine sugar
1 orange peel

Manhattan Milano　米兰曼哈顿
1 oz. kirschwasser
2 oz. sweet vermouth
1 brandied cherry

Maple leaf　枫叶
2 oz. bourbon whiskey
1 oz. lemon juice
1 tbsp. maple syrup

Mar del Plata　马德普拉脱
2 oz. gin
½ oz. dry vermouth
¼ oz. benedictine
1 dash grand marnier

Margaret Duffy　玛格丽特·杜菲
1½ oz. swedish punch
½ oz. brandy
2 dashes bitters

Margarita　玛格丽特
2 oz. tequila
1 tbsp. lemon juice
½ oz. cointreau
1 cut lime
　Salt

Marsala martini　马萨拉马丁尼
¾ oz. gin
¾ oz. dry vermouth
¾ oz. dry marsala
1 lemon peel

Martinez　马丁尼兹
2 oz. gin
½ oz. dry vermouth
½ tsp. maraschino liqueur
2 dashes orange bitters

Martini dry　干马丁尼
2 oz. gin
½ oz. dry vermouth
1 twist lemon peel

Martini, Holland style　荷兰马丁尼
2 oz. Dutch genever gin
½ oz. dry vermouth
1 twist lemon peel

Mary garden　玛丽花园
1½ oz. dubonnet
1½ oz. dry vermouth

Mary Kümmel　玛丽蒔萝酒
1 oz. kümmel
1 oz. vodka

3 oz. tomato juice
1 tbsp. lemon juice
1 dash tabasco sauce

Mary Pickford 玛丽·匹克福特
1 ½ oz. light rum
1 ½ oz. pineapple juice
½ tsp. grenadine
½ tsp. maraschino

Maurice 莫里斯
1 oz. dry gin
½ oz. sweet vermouth
½ oz. dry vermouth
1 dash bitters
Juice of ¼ orange

Maxim 格言
1 oz. dry gin
1 oz. dry vermouth
1 dash white crème de cacao

May blossom fizz 五月花菲兹
1 oz. swedish punch
1 tsp. grenadine
2 tbsp. lemon juice
Club soda

May fair 五月集市
1 oz. gin
½ oz. apricot brandy
½ oz. orange juice
1 dash pimento dram

Mc. Brandy 小白兰地
1 oz. brandy
1 oz. apple juice
1 tsp. lemon juice
1 slice lemon

McClelland 麦克利兰
1 ½ oz. sloe gin
¾ oz. curaçao
1 dash orange bitters

Mediterranean 地中海
1 oz. gin
½ oz. blue curaçao
Lemonade

Melba champagne 梅尔巴香槟
½ oz. raspberry brandy
4 oz. iced brut champagne
1 frozen raspberry sherbet
1 fresh raspberry

Merry K 快乐的凯
2 oz. bourbon whiskey
1 oz. orange curaçao
1 twist lemon

Merry widow fizz 风流寡妇菲兹
1 oz. fresh lemon juice
1 oz. fresh orange juice
1 egg white
1 oz. dubonnet
Soda water

Merry widow No. 1 风流寡妇1号
1 oz. sherry
1 oz. sweet vermouth
1 twist lemon peel

Merry widow No. 2 风流寡妇2号
1 ¼ oz. dry gin
1 ¼ oz. dry vermouth
½ tsp. benedictine
½ tsp. absinthe substitute
1 dash orange bitters
1 lemon peel

Merry widow No. 3 风流寡妇3号
1 oz. cherry brandy
1 oz. maraschino
1 maraschino cherry

Mexican clover club 墨西哥三叶草俱乐部
1 ½ oz. tequila
¾ oz. lemon juice
½ oz. grenadine
½ oz. heavy sweet cream
½ egg white

Mexican coffee 墨西哥咖啡
1 oz. kahlua coffee liqueur
4 oz. hot black coffee
Ground cinnamon
Whipped cream

Mexican connection 墨西哥亲戚
1 oz. tequila
1 oz. amer picon
Chilled orange juice

Mexican milk punch 墨西哥牛奶宾治
1 oz. tequila
1 oz. dark rum
5 oz. milk

1 oz. heavy cream
1 samll egg
2 tsp. sugar
Ground nutmeg

Mexican mule　墨西哥佬
1 oz. tequila
Juice of ½ lime
Iced ginger beer

Mexicano　墨西哥人
2 oz. light rum
½ oz. kümmel
½ oz. orange juice
1 dash angostura bitters

Mexico pacifico　墨西哥微风
1 oz. tequila
½ oz. lime juice
1 oz. passion-fruit syrup
½ cup crushed ice
1 slice lime

Mia vida　我之见
1 oz. tequila
½ oz. kahlua
½ oz. crème de cacao
½ oz. heavy cream
Sweet chocolate

Miami beach　迈阿密海滩
1 oz. scotch whiskey
1 oz. grapefruit juice
1 oz. dry vermouth

Midnight sun　午夜太阳
1 ½ oz. aquavit
½ oz. grapefruit juice
½ oz. lemon juice
1 tsp. sugar
½ tsp. grenadine
½ slice orange

Mikado　天皇
2 oz. brandy
¼ oz. curaçao
¼ oz. crème de noyau
¼ oz. orange curaçao
¼ oz. orgeat syrup
1 dash angostura bitters

Millionaire No. 1　百万富翁1号
1 ½ oz. gin
¾ oz. pernod

1 egg white
1 dash anisette

Millionaire No. 2　百万富翁2号
1 ½ oz. bourbon
½ oz. curaçao
1 dash grenadine
1 egg white

Million dollar　百万美元
1 ½ oz. gin
¾ oz. sweet vermouth
1 tsp. grenadine
1 tbsp. pineapple juice
1 egg white

Mimosa　含羞草
4 oz. champagne
¼ cup orange juice

Minnehaha　米尼哈哈
1 oz. gin
½ oz. dry vermouth
½ oz. sweet vermouth
½ oz. fresh orange juice
1 dash pastis

Mint collins　薄荷柯林斯
2 oz. gin
½ oz. lemon juice
1 tsp. sugar
½ cup crushed ice
1 slice lemon
4 large mint leaves
Iced club soda

Mint gin　薄荷金酒
1 ½ oz. gin
½ oz. lemon juice
1 tsp. sugar
1 slice lemon
½ slice orange
2 sprigs fresh mint

Mint julep　薄荷酒
3 oz. bourbon
1 tsp. superfine sugar
4 sprigs fresh mint

Mint royal　皇家薄荷
1 oz. brandy
1 oz. royal mint chocolate liqueur
1 oz. lemon juice
1 egg white

Mint tequila 薄荷龙舌兰酒
 1 ½ oz. tequila
 ½ oz. lemon juice
 1 tsp. sugar
 ½ cup crushed ice
 6 large mint leaves

Mississippi mule 密西西比佬
 1 ½ oz. gin
 ¼ oz. crème de cassis
 ¼ oz. lemon juice

Mistletoe mull 檞寄生热酒
 1 bottle burgundy
 1 pt. water
 8 oz. granulated sugar
 1 stick cinnamon
 4 cloves
 2 lemons

Misty Irish 雾中爱尔兰
 1 oz. blended Irish whiskey
 ½ oz. Irish mist
 1 oz. orange juice
 ½ oz. lemon juice
 1 tsp. sugar
 ½ cup crushed ice
 1 brandied cherry

Mixed mocha frappe 穆哈冰酒
 ¾ oz. coffee liqueur
 ¼ oz. white crème de menthe
 ¼ oz. crème de cacao
 ¼ oz. triple sec

MJ special MJ 特级
 ½ oz. brandy
 ½ oz. apricot brandy
 ½ oz. dubonnet
 ½ oz. orange squash
 1 dash grenadine
 1 egg white

Mobile mule 活动驴
 2 oz. light rum
 Juice of ½ lime
 Iced ginger beer

Mocha cooler 穆哈库勒
 1 oz. light rum
 ½ oz. galliano
 6 oz. strong coffee
 1 tsp. sugar
 Heavy cream

Modern lemonade 现代柠檬汁
 1 ½ oz. sherry
 4 tbsp. lemon juice
 1 ½ sloe gin
 1 twist lemon peel
 2 tbsp. sugar

Modern No. 1 摩登1号
 1 ½ oz. sloe gin
 ¾ oz. scotch whiskey
 1 dash pernod
 1 dash grenadine

Modern No. 2 摩登2号
 3 oz. scotch whiskey
 1 dash lemon juice
 1 dash pernod
 2 dashes jamaica rum
 1 dash orange bitters
 1 maraschino cherry

Mojito 莫奇托
 1 oz. golden rum
 2 dashes gomme syrup
 1 dash soda water
 6 mint leaves
 Juice of ½ lime
 Sugar

Moldau 莫尔多
 1 oz. gin
 ½ oz. plum brandy
 ½ oz. orange juice
 ½ oz. lemon juice
 1 brandied cherry

Molokai 莫洛开
 1 oz. sake
 1 oz. cranberry liqueur
 2 oz. orange juice
 1 slice orange

Mona Lisa 蒙娜丽莎
 1 oz. amer picon
 1 oz. orange curaçao
 1 oz. benedictine
 1 tbsp. double cream
 Cinnamon

Monk's wine 僧侣之酒
 4 oz. chilled dry white wine
 1 tsp. green chartreuse

1 slice lemon

Monkey gland 猴腺
1 oz. gin
½ oz. orange juice
2 dashes pastis
2 dashes grenadine

Montana 蒙大拿
1 oz. brandy
1 oz. dry vermouth
2 dashes port
2 dashes angostura
2 dashes anisette

Monte Carlo imperial 超级蒙特卡罗
1 oz. gin
½ oz. lemon juice
½ oz. white crème de menthe
4 oz. chilled champagne

Montmartre 蒙马特尔
1 ½ oz. gin
½ oz. sweet vermouth
½ oz. triple sec
1 maraschino cherry

Moomba cocktail 姆巴
¾ oz. bacardi rum
¾ oz. grand marnier
½ oz. orange juice
¼ oz. lemon juice
1 dash grenadine
1 orange peel

Morning 早晨
1 oz. brandy
1 oz. dry vermouth
2 dashes pernod
2 dashes maraschino
2 dashes curaçao
2 dashes orange bitters
1 maraschino cherry

Morning glory 牵牛花
1 oz. blended whiskey
1 oz. brandy
2 dashes angostura bitters
3 dashes sugar syrup
1 dash pernod
2 dashes curaçao
Chilled club soda

Morning glory fizz 牵牛花菲兹
2 oz. scotch whiskey
2 dashes pernod
1 tsp. superfine sugar
2 tbsp. lemon juice
1 ½ tbsp. lime juice
1 egg white
Club soda

Morro 莫罗
1 oz. gin
½ oz. golden rum
½ oz. lime juice
½ oz. pineapple juice
1 tsp. sugar

Moscow mule 莫斯科佬
2 oz. vodka
Juice of ½ lime
Iced ginger beer

Moselle bowl 摩泽尔宾治
12 oz. grand marnier
16 oz. brandy
½ cup sugar
4 bottles of 24 oz. moselle
1 qt. large strawberrier
1 ripe medium-sized pineapple

Mother Sherman 谢尔曼大妈
2 oz. apricot brandy
1 oz. orange juice
4 dashes orange bitters

Moulin rouge 红磨坊
½ oz. brandy
2 oz. pineapple juice
1 cherry
Dry sparkling wine

Mr. Manhattan 曼哈顿先生
3 oz. gin
1 tsp. orange juice
¼ tsp. lemon juice
1 cube sugar
4 mint leaves

Mule's hind leg 驴后腿
½ oz. gin
½ oz. applejack
½ oz. benedictine
½ oz. apricot brandy
½ oz. maple syrup

Mulled claret 香甜克拉列酒
 1 cup boiling water
 ½ cup sugar
 1 lemon sliced
 1 orange sliced
 12 whole allspice
 12 whole cloves
 4 cinnamon sticks
 Dry red wine

Mulled kümmel 香甜荷罗酒
 2 oz. kümmel
 1 oz. vodka
 ½ oz. lemon juice
 1 tsp. sugar
 3 oz. water
 2 tsp. butter
 1 piece stick cinnamon
 1 slice lemon
 ½ oz. aquavit

Mulled madeira and bourbon 香甜马德拉波旁酒
 2 oz. madeira
 1 oz. bourbon
 1 oz. lillet
 ½ tsp. orange bitters
 4 oz. water
 1 tbsp. brown sugar
 1 cinnamon stick
 2 whole cloves
 ½ slice lemon
 1 orange peel

Mulled port 香甜波尔图酒
 4 oz. ruby port
 1 oz. dark jamaica rum
 4 oz. water
 ½ oz. lime juice
 1 tsp. sugar
 1 piece orange peel
 1 piece stick cinnamon

Mulled Scotch 香甜威士忌
 2 oz. hot Scotch
 1 oz. hot drambuie
 2 dashes bitters
 1 oz. boiling water
 1 maraschino cherry
 1 lemon peel

Muscatel flip 麝香弗立浦
 2 oz. brandy
 ¼ cup muscatel
 1 whole egg
 1 tsp. superfine sugar
 1 tbsp. heavy cream
 Nutmeg

Muskmelon 甜香瓜
 1 ½ oz. light rum
 ½ oz. lime juice
 ½ oz. orange juice
 ¼ cup sliced cantaloupe meat
 ½ cup crushed ice
 ½ tsp. sugar
 1 cube cantaloupe meat

Myrtle bank punch 桃金娘宾治
 1 oz. 151-proof rum
 1 tbsp. lime juice
 1 tsp. grenadine
 1 tsp. superfine sugar
 1 tbsp. maraschino

Nap frappé 午睡冰酒
 1 oz. kümmel
 1 oz. green chartreuse
 1 oz. brandy

Napoleon 拿破仑
 3 oz. gin
 1 dash dubonnet
 1 dash curaçao
 1 dash fernet branca
 1 twist lemon peel

Nashville eggnog 纳什维尔蛋诺
 1 pt. brandy
 1 pt. golden rum
 1 qt. bourbon
 3 qt. double cream
 1 lb. sugar
 18 eggs

Navy grog 海军格罗格
 1 oz. dark jamaica rum
 ½ oz. light rum
 ½ oz. lime juice
 ½ oz. orange juice
 ½ oz. pineapple juice
 ½ oz. guava nectar
 ¼ oz. falernum

½ cup crushed ice
4 large mint leaves
2 cherries

Nectarine cooler 油桃库勒
2 oz. vodka
3 oz. iced orange juice
¼ cup sliced nectarine
1 tsp. sugar
1 slice fresh nectarine
1 slice lemon
½ cup crushed ice
Iced club soda

Negroni 尼格罗尼
1 ½ oz. sweet vermouth
1 ½ oz. campari
1 ½ oz. gin
1 twist lemon peel

Netherland 尼德兰
1 oz. brandy
2 dashes curaçao
2 dashes orange bitters
1 lemon peel
1 slice lemon
Powdered sugar

Nevada 内华达
1 oz. dark rum
1 oz. grapefruit juice
½ oz. fresh lime juice
½ oz. gomme syrup

New Orleans 新奥尔良
1 ½ oz. bourbon
1 dash orange bitters
1 dash anisette
2 dashes pernod
2 dashes angostura bitters
½ tsp. superfine sugar
1 twist lemon peel

New Orleans buck 新奥尔良巴克
1 ½ oz. light rum
½ oz. lime juice
½ oz. orange juice
2 dashes peychaud bitters
1 slice lime
Iced ginger ale

New Orleans fizz 新奥尔良菲兹
2 oz. gin

2 tbsp. lemon juice
1 tsp. superfine sugar
1 tsp. heavy cream
1 dash orange-flavored water
1 egg white
Club soda

New world 新世界
1 ¾ oz. blended whiskey
½ oz. lime juice
1 tsp. grenadine
1 lime peel

New York 纽约
2 oz. rye whiskey
1 ½ tbsp. lime juice
½ tsp. superfine sugar
1 dash grenadine
1 twist lemon peel

New York sour 纽约酸酒
2 oz. whiskey
1 tbsp. claret
2 tbsp. lemon juice
1 tsp. superfine sugar
1 maraschino cherry
½ slice lemon

Newton special 牛顿特级
1 ½ oz. brandy
½ oz. cointreau
1 dash bitters

Nightcap flip 夜酒弗立浦
1 oz. anisette
1 oz. orange curaçao
1 oz. brandy
1 egg yolk

Night light 夜灯
2 oz. white rum
1 oz. orange curaçao
1 egg yolk

Night shade 夜荫
1 ½ oz. bourbon
½ oz. sweet vermouth
½ oz. orange juice
¼ tsp. yellow chartreuse
½ slice orange
½ slice lemon

Nightmare 恶梦
¾ oz. gin

¾ oz. dubonnet
½ oz. cherry brandy
½ oz. orange juice

Nine picks 九支签
1 oz. pernod
1 oz. curaçao
1 oz. brandy
1 egg yolk

Nineteen 十九
3 oz. dry vermouth
½ oz. gin
½ oz. kirsch
1 dash pernod
3 dashes sugar syrup

Nineteen No. 2 十九2号
¾ oz. gin
¾ oz. kirsch
¾ oz. dry vermouth
1 dash angostura bitters
¼ tsp. sugar syrup
1 maraschino cherry

None but the brave 勇往直前
1½ oz. brandy
¾ oz. pimento dram
1 tsp. superfine sugar
1 dash jamaica ginger
1 dash lemon juice

North pole 北极
1 oz. dry gin
½ oz. lemon juice
½ oz. maraschino
1 egg white
Whipped cream

Northern lights 北方之光
1 oz. aquavit
1 oz. light whiskey
1 dash angostura bitters
½ tsp. grenadine
1 slice lemon
½ slice orange
Iced club soda

Oahu gin sling 瓦胡金酒司令
2 oz. gin
½ oz. crème de cassis
½ oz. benedictine
1 oz. lime juice
1 tsp. sugar
1 lime-rind spiral
Iced club soda

Ocho Rios 奥乔·利奥斯
1 oz. guava nectar
1½ oz. jamaica rum
½ oz. heavy cream
½ oz. lime juice
½ tsp. sugar
½ cup crushed ice

Ogle 秋波
4 egg yolks
1 qt. beer
2 oz. sugar syrup
Nutmeg

Old Etonian 老伊顿人
1 oz. gin
1 oz. lillet
2 dashes orange bitters
2 dashes crème de noyau

Old fashioned 古典
3 oz. bourbon
2 dashes soda water
1 dash angostura bitters
1 twist lemon peel
1 slice orange
1 lump sugar

Old fashioned artichoke 古典洋蓟
1 oz. gin
½ oz. dry vermouth
½ oz. cynar
1 slice lemon
Iced club soda

Old Georgia julep 老佐治亚薄荷酒
1 oz. apricot brandy
1 cube sugar
4 mint leaves
Crushed ice

Old Nick 老尼克
1 oz. rye whiskey
½ oz. drambuie
¼ oz. orange juice
¼ oz. lemon juice
2 dashes orange bitters
1 cherry

Old pal 老朋友
1 oz. rye whiskey
1 oz. dry. vermouth
1 oz. campari

Olympic 奥林匹克
¾ oz. brandy
¾ oz. curaçao
¾ oz. orange juice

Opal 乳白
1 oz. gin
½ oz. triple sec
½ oz. orange juice
¼ tsp. superfine sugar
½ tsp. orange flower water

Opening 开幕式
1 oz. rye whiskey
½ oz. grenadine
½ oz. sweet vermouth

Opera 歌剧
1 ½ oz. gin
¼ oz. dubonnet
¼ oz. maraschino
1 twist orange peel

Oracabessa 俄拉卡贝莎
1 oz. banana liqueur
½ oz. lemon juice
½ oz. 151-proof rum
1 slice banana
1 slice lemon

Orange almond bowl 橙子杏仁宾治
6 oz. almond
2 tbsp. melted butter
18 oz. blended whiskey
1 qt. orange juice
8 oz. sweet vermouth
1 tsp. orange bitters
1 ½ qt. quinine water
    Peel of 2 oranges

Orange bloom 橙花香
1 oz. gin
½ oz. sweet vermouth
½ oz. cointreau
1 maraschino cherry

Orange blossom 橙花
1 ½ oz. gin
2 oz. orange juice
½ oz. curaçao
½ oz. lemon juice
2 drops orange flower water
¼ cup cracked ice
½ slice orange

Orange buck 橙子巴克
1 ½ oz. gin
1 oz. orange juice
½ oz. lemon juice
1 slice orange
    Iced ginger ale

Orange cadillac 橙子卡迪拉克
1 oz. galliano
¾ oz. white crème de cacao
¼ oz. fresh orange juice
1 oz. cream
1 cup crushed ice

Orange champagne 橙子香槟
4 oz. iced brut champagne
2 tsp. curaçao
1 peel of orange

Orange colada 橙子可拉达
4 oz. orange juice
1 oz. light rum
1 oz. dark jamaica rum
1 tbsp. coconut snow
1 tsp. sugar
1 cup crushed ice

Orange comfort 橙子康福特
½ oz. southern comfort
½ oz. anisette
¼ oz. orange juice
¼ oz. lemon juice
1 slice orange in syrup

Orange cooler in shell 橙皮库勒
1 oz. 151-proof rum
1 tsp. sugar
½ oz. curaçao
½ oz. lime juice
1 slice orange in syrup
1 large orange

Orange eggnog 橙子蛋诺
3 tbsp. frozen orange juice
¾ cup milk
1 egg

Orange flower 橙花
 1 oz. curaçao
 ½ oz. cherry liqueur
 ½ oz. orange juice
 1 tsp. lemon juice
 1 dash orange flavor water
 ½ cup crushed ice

Orange gin fizz 橙子金酒菲兹
 2 oz. gin
 1 ½ oz. orange juice
 ½ oz. lemon juice
 2 tsp. triple sec
 1 tsp. sugar
 2 dashes orange bitters
 1 slice orange
 Iced club soda

Orange juice Hawaiian 夏威夷橙汁
 ½ cup chilled orange juice
 1 slice pineapple
 1 dash lemon juice
 1 sprig mint

Orange milk 橙子牛奶
 2 tbsp. superfine sugar
 1 pt. milk
 Peels of 2 oranges

Orange oasis 橙子绿洲
 4 oz. orange juice
 1 ½ oz. gin
 ½ oz. cherry liqueur
 1 slice orange
 Iced ginger ale

Orange wake-up 橙子提神酒
 4 oz. fresh orange juice
 ½ oz. cognac
 ½ oz. light rum
 ½ oz. sweet vermouth
 1 slice orange

Orange warmer 橙子热饮
 6 cups boiling water
 1 cup grand marnier
 6 cups orange juice
 ½ cup superfine sugar
 6 tsp. tea
 Whole cloves
 Orange slices

Orchid 兰花
 2 oz. gin
 1 egg white
 1 dash crème yvette

Oriental 东方
 1 oz. rye whiskey
 ½ oz. sweet vermouth
 ½ oz. white curaçao
 ½ oz. fresh lime juice

Ostend fizz 奥斯顿菲兹
 1 ½ oz. kirschwasser
 ½ oz. creme de cassis
 ½ oz. lemon juice
 1 tsp. sugar
 1 slice lemon
 Iced club soda

Ouzo cognac rickey 希腊茴香利克
 1 oz. ouzo
 1 oz. cognac
 ¼ large lime
 Iced club soda

Pago Pago 帕果帕果
 1 ½ oz. golden rum
 ½ oz. fresh lime juice
 ½ tsp. green chartreuse
 ¼ tsp white crème de cacao
 ½ oz. pineapple juice

Pall Mall 佩尔梅尔
 1 ½ oz. gin
 ½ oz. sweet vermouth
 ½ oz. white crème de menthe

Palm breeze 棕榈微风
 1 oz. dark rum
 ½ oz. yellow chartreuse
 ¼ oz. crème de cacao
 1 dash grenadine
 Juice of ½ fresh lime

Palmetto 帕梅托
 1 ½ oz. light rum
 1 ½ oz. sweet vermouth
 2 dashes orange bitters
 1 twist lemon peel

Palmetto cooler 帕梅托库勒
 2 oz. bourbon
 ½ oz. apricot ljqueur
 ½ oz. sweet vermouth

3 dashes angostura bitters
Iced club soda
Fresh mint

Panama cooler　巴拿马库勒
2 oz. iced Rhine wine
2 oz. iced dry sherry
1 oz. orange juice
½ oz. maraschino liqueur
1 tsp. lime juice
1 dash angostura bitters
1 oz. club soda
1 slice lemon

Panama No. 1　巴拿马1号
1½ oz. dark rum
¾ oz. crème de cacao
¾ oz. heavy cream

Pancho villa　潘乔别墅
1 oz. light rum
1 oz. gin
1 oz. apricot brandy
1 tsp. cherry brandy
1 tsp. pineapple juice

Pansy　三色堇
1 oz. pernod
6 dashes grenadine
2 dashes angostura bitters

Pantomime　哑剧
1 oz. dry vermouth
1 dash grenadine
1 dash orgeat syrup
1 egg white

Paradise　天堂
1 oz. gin
½ oz. apricot brandy
½ oz. orange juice

Parisian　巴黎人
1 oz. gin
1 oz. dry vermouth
½ oz. crème de cassis

Parisian blonde　巴黎金发女郎
¾ oz. dark rum
¾ oz. curaçao
¾ oz. heavy cream

Parisian No. 2　巴黎人2号
1 tbsp. grenadine
1 cup cold milk

Park avenue　林荫大道
1 1/2 oz. gin
¾ oz. sweet vermouth
1 tbsp. pineapple juice

Parlor punch　客厅宾治
12 lemons
2 lb. sugar
2 tbsp. English tea
1 cup dark rum
1 cup raspberry syrup
Club soda

Parson Weems　韦姆斯牧师
2 oz. chocolate ice cream
½ oz. cherry flavored brandy
½ oz. maraschino liqueur
½ oz. brandy
½ oz. milk

Parson's special　牧师特级
4 dashes grenadine
2 oz. orange juice
1 egg yolk
1 dash soda water

Passion daiquiri　西番莲代基里
1 oz. light rum
½ oz. passion-fruit juice
2 tbsp. lime juice
1 tsp. superfine sugar

Passion fruit cooler　西番莲库勒
4 oz. passion-fruit nectar
1½ oz. light rum
1 oz. gin
½ oz. lemon juice
1 oz. orange juice
2 sprigs mint

Patricia　帕特丽夏
1 oz. vodka
1 oz. sweet vermouth
1 oz. orange curaçao
1 twist lemon

Payoff　高潮
2 oz. vanilla ice cream
¾ oz. amaretto
¾ oz. brandy
1½ oz. milk
1½ tbsp. toasted almonds

Peace cup　和平杯

2 oz. water
2 oz. maraschino
1 bottle dry sparkling wine
2 tbsp. caster sugar
2 slices pineapple
2 dozens strawberries

Peach blossom　桃花
1 tsp. lemon juice
½ tsp. powdered sugar
2 oz. gin
½ peach

Peach blow fizz　桃花菲兹
2 oz. gin
½ oz. strawberry liqueur
½ oz. lemon juice
½ tsp. sugar
1 tsp. heavy cream
1 slice lemon
1 large fresh strawberry
Iced club soda

Peach buck　桃子巴克
1 oz. vodka
2 tsp. peach-flavored brandy
½ oz. lemon juice
1 slice lemon
1 slice fresh peach
Iced ginger ale

Peach daiquiri　桃子代基里
2 oz. light rum
1 tbsp. lime juice
1 tsp. superfine sugar
½ peach peeled

Peanut punch　花生宾治
2 tbsp. cornstarch
6 tbsp. peanut butter
½ cup water
2 cups milk
Sugar to taste

Pear rickey　梨子里基
1 ½ oz. dry pear brandy
¼ large lime
2 wedges fresh pear
Iced club soda

Peggy　蓓姬
¾ oz. dry vermouth
1 ½ oz. gin

¼ tsp. absinthe substitute
¼ tsp. dubonnet

Pensacola　朋沙可拉
1 ½ oz. light rum
½ oz. guava nectar
½ oz. orange juice
½ oz. lemon juice
½ cup crushed ice

Pensacola punch　朋沙可拉宾治
2 cups superfine sugar
6 cups water
1 lb. grapefruit
92 oz. grapefruit juice
3 cups. lime juice
Crushed ice
Lime slices
Maraschino cherries

Pensennis eggnog　潘生尼斯蛋诺
1 bottle bourbon
2 qt. heavy cream
1 lb. superfine sugar
12 eggs
Nutmeg

Perfect　完美
1 ½ oz. gin
½ oz. dry vermouth
½ oz. sweet vermouth

Perfect lady　完美佳人
1 oz. gin
½ oz. peach brandy
½ oz. lemon juice
1 egg white

Perfectual　完美无缺
1 oz. sweet vermouth
1 oz. dry vermouth
4 dashes crème yvette
2 dashes crème de cacao

Pernod and peppermint　绿茴香薄荷酒
1 oz. pernod
1 oz. peppermint schnapps
1 oz. lime juice
1 slice lime
Iced club soda

Pernod curaçao frappé　绿茴香库拉索冰酒

½ oz. pernod
½ oz. curaçao
1 tsp. lemon juice
1 tsp. orange juice
1 slice orange

Pernod flip 绿茴香弗立浦
1 oz. pernod
½ oz. cointreau
2 tsp. lemon juice
1 small egg
1 tsp. sugar
Grated nutmeg

Pernod frappé 绿茴香冰酒
1 ½ oz. pernod
2 dashes angostura bitters
½ oz. anisette
½ cup shaved ice

Pernod martini 绿茴香马丁尼
2 oz. gin
½ oz. dry vermouth
½ tsp. pernod

Pernod No. 1 绿茴香酒1号
2 oz. pernod
½ oz. water
1 dash sugar syrup
1 dash angostura bitters

Petake cocktail 毕坦克
2 oz. golden rum
1 oz. cointreau
1 dash van der hum
1 dash pineapple juice
1 dash papaya juice
1 dash lime juice

Peter Pan 彼得·潘
2 dashes bitters
¾ oz. orange juice
¾ oz. dry vermouth
¾ oz. gin

Petite fleur 小花
1 oz. white rum
1 oz. cointreau
1 oz. grapefruit juice

Philip Brown's punch 菲利浦·布朗宾治
4 bottles dry white wine
1 bottle brandy
1 bottle golden rum
3 oz. frozen lemonade
2 qt. club soda
Block of ice

Philomel 费罗梅尔
2 oz. sherry
¾ oz. rum
1 ½ oz. quinquina
1 ½ oz. orange juice
1 pinch ginger

Phoebe snow 菲比白雪
1 ¼ oz. brandy
1 ¼ oz. red dubonnet
¼ tsp. pernod

Picador 皮卡多
2 oz. tequila
1 oz. kahlua
1 twist lemon peel

Picasso 毕加索
1 ½ oz. cognac
½ oz. red dubonnet
½ oz. lime juice
1 tsp. sugar
1 orange peel

Picca 辣泡菜
1 oz. Scotch whiskey
½ oz. galliano
½ oz. punt-e-mes
1 cherry

Piccadilly 皮卡迪利
2 oz. gin
1 oz. dry vermouth
1 dash pastis
1 dash grenadine

Pick-me-up 提神酒
1 ½ oz. rye whiskey
¾ oz. fernet branca
3 dashes pernod
1 slice lemon

Pick-me-up No. 1 提神酒1号
1 oz. cognac
1 oz. dry vermouth
1 oz. pastis

Pick-me-up No. 2 提神酒2号
1 oz. brandy
4 oz. milk

Picon

1 dash angostura bitters
1 tsp. sugar
Soda water

Picon 皮孔
1 oz. amer picon
1 oz. sweet vermouth

Picon grenadine 皮孔石榴酒
1½ oz. amer picon
¾ oz. grenadine
Chilled club soda

Picon on the rocks 皮孔加冰
1½ oz. amer picon
½ oz. lemon juice
1 slice lemon
Club soda

Picon Picon 皮孔皮孔
1 oz. amer picon
1 oz. French orange juice
1 dash chilled soda

Pike's Picon 派克皮孔
4 oz. chilled dry red wine
½ oz. amer picon
1 tsp. grenadine
1 orange peel

Pimm's cup 皮姆杯
2 oz. pimm
1 piece cucumber peel
1 slice lemon
Lemon soda

Pina colada 皮那可拉达
2 oz. golden rum
2 oz. coconut cream
4 oz. pineapple juice
1 maraschino cherry
1 pineapple stick

Pina fizz 皮那菲兹
1½ oz. light rum
½ oz. dark rum
2 oz. pineapple juice
3 tbsp. lime juice
½ oz. orgeat syrup
½ oz. falernum
1 pineapple stick
1 cup crushed ice

Pineapple cooler in shell 菠萝库勒
1 large sliced pineapple
6 oz. light rum
3 oz. orange juice
1 oz. lime juice
½ oz. maraschino liqueur
½ cup pineapple sherbet

Pineapple daiquiri 菠罗代基里
2 oz. light rum
½ oz. cointreau
1 tsp. lime juice
½ cup pineapple juice
½ cup crushed ice

Pineapple fizz 菠罗菲兹
3 oz. light rum
½ tsp. superfine sugar
2 tbsp. pineapple juice
1 dash lime juice
Club soda

Pineapple lemonade 菠罗柠檬汁
1 oz. brandy
1 tsp. sugar
1 dash raspberry syrup
1 twist lemon peel
1 pineapple stick
2 slices pineapple
Club soda

Pineapple mint cooler 菠罗薄荷库勒
2 oz. gin
½ oz. white crème de menthe
3 oz. pineapple juice
1 oz. lemon juice
1 pineapple stick
1 green cocktail cherry
Iced club soda

Pineapple mist 菠罗雾酒
2 oz. crushed pineapple
1½ oz. light rum
1 maraschino cherry

Pineapple punch 菠罗宾治
2 bottles chilled okolehao
1 qt. chilled pineapple juice
1 cup chilled lemon juice
1 pt. chilled club soda
Block of ice
Strawberries

Ping Pong　乒乓
- 1 oz. sloe gin
- 1 oz. crème yvette
- 1 tsp. lemon juice

Pink almond　粉红杏仁
- ½ oz. crème de noyaux
- ½ oz. orgeat or orzata
- 1 oz. blended whiskey
- ½ oz. kirschwasser
- ½ oz. lemon juice
- 1 slice lemon

Pink California sunshine　粉红加州阳光
- 4 oz. pink champagne
- 4 oz. orange juice
- 1 dash crème de cassis

Pink carnation　粉红康乃馨
- 2 oz. vanilla ice cream
- ½ oz. cranberry liqueur
- ½ oz. cherry-flavored brandy
- ½ oz. brandy
- 1 ½ oz. milk

Pink Creole　粉红克里奥尔
- 1 ½ oz. golden rum
- ½ oz. lime juice
- 1 tsp. heavy cream
- 1 tsp. grenadine
- 1 black cherry

Pink gin　粉红金酒
- 2 oz. gin
- 2 dashes angostura bitters

Pink lady No. 2　红粉佳人 2 号
- 1 ½ oz. gin
- 1 tsp. grenadine
- 3 tbsp. lemon juice
- 1 egg white

Pink pussy　粉红猫
- 1 oz. campari
- ½ oz. peach brandy
- 1 dash egg white

Pink pussy cat　粉红猫咪
- 1 oz. dry gin
- 1 dash grenadine
- 2 oz. pineapple juice

Pink ribbon　粉红缎带
- 1 oz. strawberry liqueur
- ½ oz. triple sec
- ½ oz. brandy
- ½ oz. lemon juice

Pink rose　粉红玫瑰
- 1 oz. gin
- 1 tsp. grenadine
- 1 tsp. lemon juice
- 1 tsp. cream
- 1 egg white

Pink rum and tonic　粉红朗姆托尼克
- 2 ½ oz. light rum
- ½ oz. lime juice
- 1 tsp. grenadine
- 1 slice lime
- Iced tonic water

Pink squirrel　粉红松鼠
- 1 oz. crème de noyaux
- 1 oz. white crème de cacao
- ¾ oz. heavy cream

Pink veranda　粉红游廊
- 1 oz. golden rum
- ½ oz. heavy jamaica rum
- 1 ½ oz. cranberry juice
- ½ oz. lime juice
- 1 tsp. sugar
- ½ egg white

Pink whiskers　粉红胡子
- ¾ oz. apricot brandy
- ¾ oz. dry vermouth
- 2 dashes white crème de menthe
- 1 tsp. grenadine
- 2 tbsp. orange juice
- 1 oz. port

Pinky　粉红
- 2 oz. ruby port
- 1 oz. strawberry liqueur
- ½ oz. heavy cream
- 1 large strawberry

Pirates　海盗
- 1 ½ oz. dark rum
- ¾ oz sweet vermouth
- 1 dash angostura bitters

Pirouette　脚尖旋
- 1 oz. gin
- ½ oz. grand marnier

Pisco punch
  1 oz. orange juice
  1 tsp. lemon juice
  1 orange peel

Pisco punch 皮斯科宾治
  1 tsp lime juice
  1 tsp. pineapple juice
  3 oz. pisco brandy
  1 cube pineapple
  1 ice cube

Pisco sour 皮斯科酸酒
  1½ oz. pisco brandy
  ½ oz. lemon juice
  1 tbsp. sugar
  1 tbsp. egg white
  Angostura bitters

Pistachio cream 阿月浑子奶油
  2 oz. vanilla ice cream
  1 oz. pistachio liqueur
  ¼ oz. brandy
  1½ oz. milk

Pistachio lime collins 阿月浑子科林斯
  1½ oz. gin
  1 oz. pistachio liqueur
  1 oz. lime juice
  1 slice lime
  Iced club soda

Plain sherry cocktail 雪利鸡尾酒
  3 oz. sherry
  2 dashes maraschino
  2 dashes pernod

Planters No. 1 农场主1号
  1½ oz. light rum
  1½ oz. orange juice
  1 dash lemon juice

Planters No. 2 农场主2号
  1½ oz. dark rum
  ¾ oz. lemon juice
  ¾ oz. sugar syrup

Planter's punch No. 1 农场主宾治1号
  3 oz. rum
  2 oz. club soda
  2 dashes angostura bitters
  2 tsp. superfine sugar
  2 tbsp. lime juice
  1 maraschino cherry
  1 stick pineapple
  1 slice orange
  1 slice lemon

Planter's punch No. 2 农场主宾治2号
  1 tsp. pineapple juice
  1 tbsp. lime juice
  2 tbsp. lemon juice
  ¼ cup orange juice
  2 oz. light rum
  ¾ oz. dark rum
  1 maraschino cherry
  1 stick pineapple
  1 slice orange
  Mint sprigs

Planter's punch No. 3 农场主宾治3号
  1 oz. lime juice
  2 tbsp. superfine sugar
  3 oz. dark rum
  4 oz. crushed ice
  Nutmeg

Playmate 游伴
  ½ oz brandy
  ½ oz. apricot brandy
  ½ oz. grand marnier
  ½ oz. orange squash
  1 egg white
  1 dash angostura bitters
  1 twist orange peel

Plum aperitif 梅子开胃酒
  1½ oz. dry vermouth
  ½ oz. cognac
  ¼ oz. prunelle
  1 slice lemon

Plum rickey 梅子里基
  1½ oz. plum brandy
  ¼ large lime
  3 wedges fresh ripe plum
  Iced club soda

Polish sidecar 波兰侧车
  ¾ oz. gin
  ¾ oz. Polish blackberry liqueur
  ¾ oz. lemon juice

Pollyanna 波利雅那

2 oz. gin
½ oz. sweet vermouth
½ oz. grenadine
3 slices orange
3 slices pineapple

Polo No. 2 马球2号
1½ oz. gin
¼ oz. grapefruit juice
¼ oz. orange juice

Polonaise 波兰舞曲
1½ oz. brandy
½ oz. blackberry liqueur
½ oz. dry sherry
1 tsp. lemon juice
2 dashes orange bitters

Polynesia 波利尼西亚
1½ oz. light rum
1 oz. passion fruit syrup
¼ oz. lime juice
½ egg white
½ cup crushed ice

Polynesia apple 波利尼西亚苹果
1 oz. applejack
¾ oz. pineapple juice
½ oz. brandy
1 pineapple stick

Polynesia paradise 波利尼西亚乐园
1½ oz. golden rum
1 tsp. brown sugar
¾ oz. lime juice
½ oz. sweet vermouth
¼ oz. triple sec
½ cup crushed ice

Polynesia pick-me-up 波利尼西亚提神酒
1½ oz. vodka
½ cup pineapple juice
½ tsp. curry powder
½ tsp. lemon juice
1 tbsp. heavy cream
2 dashes tabasco sauce
½ cup crushed ice
Cayenne pepper

Polynesia punch bowl 波利尼西亚宾治
1 bottle light rum
6 oz. cream of coconut
1 qt. pineapple juice
3 cups. orange juice
8 oz. sloe gin
5 oz. peppermint schnapps
1 cup lemon juice
12 slices fresh pineapple
12 slices orange
1 pt. iced club soda

Pompano 彭帕诺
1 oz. gin
½ oz. dry vermouth
1 oz. grapefruit juice
4 dashes orange bitters
1 slice orange

Ponce de leon 狮子石
1½ oz. light rum
½ oz. grapefruit juice
½ oz. mango nectar
1 tsp. lemon juice

Poop deck 波普德克
1 oz. brandy
½ oz. blackberry brandy
½ oz. port

Poppy 罂粟
¾ oz. crème de cacao
1 oz. gin

Port and starboard 左右舷
1½ oz. grenadine
½ oz. green crème de menthe

Port Antonio 安东尼港
1 oz. golden rum
½ oz. dark jamaica rum
½ oz. lime juice
½ oz. coffee liqueur
1 tsp. falernum
1 slice lime

Port Arms 军火港
3 oz. port
1 oz. brandy
1 oz. orange juice
½ oz. lemon juice
1 tsp. triple sec
½ slice orange
1 slice lemon

Iced club soda

Port cassis 波尔图醋栗
- 2½ white port
- ½ oz. creme de cassis
- ½ oz. lemon juice
- 1 slice lemon
- Iced club soda

Port cobbler 波尔图柯布勒
- 1 tsp. orange juice
- 1 tsp. curaçao
- 4 oz. port
- 1 slice orange
- 1 pineapple stick

Port collins 波尔图科林斯
- 2 oz. white port
- 1 oz. gin
- 1 oz. lemon juice
- 1 tsp. sugar
- 1 slice lemon
- Iced club soda

Port Maria 玛丽亚港
- 1½ oz. light rum
- ¾ oz. pineapple juice
- ½ oz. lemon juice
- 1 tsp. falernum
- Grated nutmeg

Port No. 1 波尔图1号
- 3 oz. port
- 1 dash brandy
- 1 twist orange peel

Port No. 2 波尔图2号
- 3 oz. port
- 2 dashes curaçao
- 1 dash orange bitters
- 1 dash angostura bitters

Port sangaree No. 2 波尔图桑格里2号
- ½ tsp. superfine sugar
- 2 oz. port
- 1 tbsp. brandy
- Club soda
- Nutmeg

Port wine 波尔图酒
- 2 oz. port
- ½ oz. brandy

Portamento 波塔门托
- 2 oz. tawny port
- 1 oz. bourbon
- 2 dashes bitters
- 1 tsp. lemon juice
- 1 slice lemon

Portcullis 吊闸
- 2 oz. ruby port
- 1 oz. cherry brandy
- 4 oz. cranberry juice
- 1 oz. lemon juice
- 1 slice lemon

Pousse café 81 彩虹81
- ½ oz. grenadine
- ½ oz. crème de menthe
- ½ oz. galliano
- ½ oz. kümmel
- ½ oz. brandy

Pousse café No. 1 彩虹1号
- ¾ oz. apricot brandy
- 1½ tsp. sweet cream

Pousse café No. 2 彩虹2号
- 1 tsp. maraschino
- ½ oz. triple sec
- ½ oz. rum
- ½ oz. brandy

Pousse café No. 3 彩虹3号
- ½ oz. grenadine
- ½ oz. crème de yvette
- ½ oz. crème de menthe
- ½ oz. chartreuse
- ½ oz. green chartreuse
- ½ oz. brandy

Pousse café No. 4 彩虹4号
- ½ oz. grenadine
- ½ oz. crème de cacao
- ½ oz. crème de menthe
- ½ oz. maraschino
- ½ oz. crème de yvette
- ½ oz. brandy

Pousse café No. 5 彩虹5号
- ½ oz. grenadine
- ½ oz. maraschino
- ½ oz. crème de menthe
- ½ oz. crème de violet
- ½ oz. chartreuse
- ½ oz. brandy

Pousse l'amour　爱的彩虹
½ oz. maraschino
½ oz. benedictine
½ oz. brandy
1 egg yolk

Prado　草原
1½ oz. tequila
¾ oz. lime juice
½ oz. maraschino liqueur
1 tsp. grenadine
½ slice lemon
½ egg white
1 maraschino cherry

Prairie chicken　松鸡
1 oz. gin
1 egg white
Salt and pepper

Prairie hen　母松鸡
2 dashes vinegar
2 dashes tabasco sauce
2 tbsp. worcestershire sauce
1 whole egg
Salt and pepper

Prairie oyster　生全蛋
1½ oz. cognac
½ oz. worcestershire sauce
2 tsp. cider vinegar
1 tsp. catsup
½ tsp. angostura bitters
1 egg yolk
Cayenne pepper

Prairie oyster No. 2　生全蛋2号
1 egg yolk
2 dashes vinegar
1 dash tabasco sauce
1 tsp. worcestershire sauce
1 pinch salt and pepper

Prairie oyster No. 4　生全蛋4号
1 oz. port
3 grinds black pepper
1 egg yolk
1 tbsp. worcestershire sauce
Celery salt

Presbyterian　长老会
2 oz. bourbon
1 twist lemon peel
Chilled ginger ale
Chilled club soda

Presto　敏捷
1½ oz. brandy
¾ oz. sweet vermouth
1 dash pernod
1 dash orange juice

Prince Charles　查尔斯王子
1 oz. cognac
1 oz. drambuie
1 oz. fresh lemon juice

Prince Edward　爱德华王子
1¾ oz. scotch
½ oz. lillet
¼ oz. drambuie
1 slice orange in syrup

Prince of Wales　威尔斯亲王
6 oz. chilled champagne
1 oz. madeira
1 tsp. curaçao
1 oz. brandy
1 slice orange
1 dash angostura bitters

Prince's smile　王子的微笑
2 oz. gin
1 oz. calvados
1 oz. apricot brandy
1 dash lemon juice

Princeton　普林斯顿
1½ oz. gin
½ oz. port
2 dashes orange bitters
3 cubes ice
1 twist lemon peel

Puerto apple　波多黎各苹果
1 oz. applejack
¾ oz. light rum
½ oz. lime juice
1 tsp. orgeat
1 slice lime

Puerto Rican pink lady　波多黎各红粉佳人
1¾ oz. golden rum
¾ oz. lemon juice
1 tsp. grenadine
½ cup crushed ice

½ egg white

Punt e mes negroni　奎宁尼格罗尼
¾ oz. punt e mes
¾ oz. gin
¾ oz. sweet vermouth
Soda water

Pussy foot　骑墙
1 oz. orange juice
1 oz. lemon juice
1 oz. lime juice
1 dash grenadine
1 egg yolk

Quaker No. 1　教友1号
¾ oz. light rum
¾ oz. brandy
1 tbsp. lemon juice
2 tbsp. raspberry syrup

Quaker No. 2　教友2号
1 oz. rye whiskey
1 tbsp. lime juice
1 oz. brandy
1 tsp. raspberry syrup

Quarter deck　后甲板
2 oz. dark rum
1 oz. dry sherry
1 dash lime juice

Quebec　魁北克
1½ oz. canadian whiskey
¼ oz. amer picon
½ oz. maraschino liqueur
½ oz. dry vermouth

Queen　女王
½ oz. gin
½ oz. dry vermouth
½ oz. sweet vermouth
½ oz. pineapple juice

Queen Elizabeth　伊丽莎白女王
1½ oz. gin
½ oz. dry vermouth
1½ oz. benedictine

Queen Elizabeth No. 2　伊丽莎白女王2号
1 oz. brandy
1 oz. sweet vermouth
1 dash curaçao
1 maraschino cherry

Queen Elizabeth Wini　伊丽莎白维尼王后
1 oz. dry vermouth
1 oz. benedictine
1 tbsp. lime juice

Quelle vie　生活
1½ oz. brandy
¾ oz. kümmel

Quiet sunday　安静的周日
1 oz. vodka
½ oz. amaretto
4 oz. fresh orange juice

Rabbit's foot　独脚兔
¾ oz. applejack
¾ oz. light rum
½ oz. orange juice
½ oz. lemon juice
¼ oz. grenadine
1 slice orange

Rac　皇家汽车俱乐部
1 oz. gin
½ oz. dry vermouth
½ oz. sweet vermouth
1 dash grenadine
1 dash orange bitters
1 twist orange peel
1 cherry

Racquet club　网球俱乐部
2 oz. gin
½ oz. dry vermouth
2 dashes orange bitters

Raffles bar sling　抽奖司令
2 oz. gin
1 oz. cherry brandy
2 dashes angostura bitters
3 dashes benedictine
Juice of ½ lime
Ginger beer

Rainbow　虹
¼ oz. green crème de menthe
¼ oz. cherry heering
¼ oz. yellow chartreuse
¼ oz. brandy

Rainbow cocktail　彩虹鸡尾酒
½ oz. crème de cacao
½ oz. crème de violette

½ oz. yellow chartreuse
½ oz. maraschino
½ oz. benedictine
½ oz. brandy

Ramos gin fizz 拉莫斯金酒菲兹
2 oz. gin
½ oz. heavy cream
2 tsp. sugar
½ oz. lemon juice
¼ oz. lime juice
½ tsp. orange-flower water
1 cup crushed ice
1 slice lemon
1 egg white
Iced club soda

Rancho Contento 康坦托牧场
1 ½ oz. tequila
4 oz. orange juice
¼ oz. dry vermouth
¼ oz. sweet vermouth
1 slice orange

Raspberry rickey 覆盆子里基
1 ½ oz. himbeergeist
¼ large lime
3 fresh raspberries
Iced club soda

Raspberry vinegar 覆盆子醋
12 lb. fresh raspberries
3 qt. cider
Sugar

Raymond hitch 雷蒙德山口
3 oz. sweet vermouth
¼ cup orange juice
1 dash orange bitters
1 slice pineapple

Red apple 红苹果
1 oz. 100-proof vodka
1 oz. apple juice
½ oz. lemon juice
½ tsp. grenadine
1 dash orange bitters

Red bait 红饵
1 oz. sloe gin
½ oz. dark Jamaica rum
2 oz. guava nectar
½ oz. lime juice

1 slice lime
Iced tonic water

Red carpet 红地毯
1 oz. red wine
1 oz. chamberry fraise
½ oz. strawberry liqueur
1 slice lemon
Iced club soda

Red cloud 红云
1 ½ oz. gin
½ oz. apricot liqueur
½ oz. lemon juice
1 tsp. grenadine
1 dash bitters

Red Dane 红丹麦人
1 ½ oz. aquavit
2 oz. cranberry juice
½ oz. lime juice
1 tsp. sugar
1 slice lemon

Red hackle 红颈毛
1 oz. brandy
½ oz. dubonnet
½ oz. grenadine

Red kir 红基尔酒
4 oz. chilled dry red wine
½ oz. crème de cassis
1 slice lemon

Red light 红灯
4 oz. chilled dry red wine
½ oz. cordial medoc
½ oz. cointreau
1 slice lemon

Red lion 红狮
1 oz. grand marnier
1 oz. gin
1 tbsp. orange juice
1 tbsp. lemon juice
1 twist lemon peel

Red Manhattan 红色曼哈顿
4 oz. chilled dry red wine
½ oz. sweet vermouth
1 tsp. sugar
1 dash angostura bitters
1 orange peel
Iced club soda

Red peril 红色风险
1 oz. sloe gin
½ oz. vodka
2 oz. papaya nectar
½ oz. lime juice
1 slice lime
Iced club soda

Red wine cooler 红葡萄酒库勒
2 tsp. superfine sugar
1 tsp. water
1 tbsp. orange juice
1 slice lemon
Chilled red wine

Regent star 摄政星
1 oz. gin
½ oz. orange curaçao
¼ oz. dry vermouth
¼ oz. passion fruit juice

Renaissance 复兴
1½ oz. gin
½ oz. dry sherry
½ oz. heavy cream
Grated nutmeg

Rendezvous 相逢
1½ oz. gin
½ oz. kirschwasser
¼ oz. campari
1 lemon peel

Resolute 决心
2 oz. gin
1 oz. apricot brandy
1 tbsp. lemon juice

Rhett butler 雷特总管
1½ oz. southern comfort
1 tsp. lime juice
1 tbsp. lemon juice
1 tbsp. curaçao
½ tsp. superfine sugar

Rhine raspberry 莱茵覆盆子
2 oz. riesling
1 oz. vodka
¼ cup raspberry syrup
2 tsp. grenadine
½ oz. lemon juice
½ cup crushed ice
Iced club soda

Rhine wine punch 莱茵酒宾治
1 cup sugar syrup
2 cups lemon juice
1 pt. dry sherry
½ pt. brandy
½ pt. black tea
3 qt. chilled dry rhine wine
8 thin cucumber peels
1 qt. chilled club soda
1 block of ice

Riesling cup 雷司令杯
1 bottle riesling
½ bottle dry cider
1 small bottle lemonade
Lemon slices

Ritz fizz 里茨菲兹
1 dash amaretto
1 dash blue curaçao
1 dash lemon juice
Champagne

Road runner 马路长跑者
1 oz. vodka
½ oz. amaretto
¼ oz. coconut milk
Nutmeg

Roadster 赛车
1 oz. gin
1 oz. grand marnier
1 oz. orange juice
1 twist lemon peel

Rob Roy 罗布·罗伊
2 oz. scotch
½ oz. sweet vermouth
1 dash orange bitters
1 cherry

Rob Roy, holiday style 假日罗布·罗伊
2 oz. scotch
½ tsp. drambuie
¼ oz. dry vermouth
¼ oz. sweet vermouth
1 maraschino cherry

Roberta May 罗伯塔·梅
1 oz. vodka
1 oz. aurum
1 oz. orange squash

1 dash egg white
Robson 罗布森
1 oz. dark rum
½ oz. grenadine
¼ oz. orange juice
¼ oz. lemon juice
Rock-and-rye cooler 冰糖威士忌库勒
1 ½ oz. vodka
1 oz. rock-and-rye
½ oz. lime juice
1 slice lime
Iced bitter lemon soda
Rock-and-rye toddy 冰糖威士忌托迪
2 oz. rock-and-rye
2 dashes angostura bitters
3 oz. boiling water
1 slice lemon
1 cinnamon stick
Grated nutmeg
Rolls Royce 罗尔斯·罗伊斯
½ oz. dry vermouth
½ oz. sweet vermouth
¼ tsp. benedictine
1 ½ oz. gin
Roman cooler 罗马库勒
1 ½ oz. gin
½ oz. punt e mes
½ oz. lemon juice
1 tsp. sugar
1 lemon peel
Iced club soda
Roman Frullati 罗马弗路拉蒂
3 oz. gin
¼ cup diced apple
¼ cup diced ripe pear
¼ cup frozen sliced peach
1 oz. maraschino liqueur
1 oz. orzata or orgeat
½ cup crushed ice
Rome Pope 罗马教皇
1 qt. milk
1 cup sugar
1 pt. light rum
1 vanilla bean

12 egg yolks
Rose 玫瑰
1 oz. gin
½ oz. apricot brandy
½ oz. dry vermouth
½ oz. lemon juice
1 tsp. grenadine
1 lemon peel
Rose hall 玫瑰厅
1 oz. dark jamaica rum
1 oz. orange juice
½ oz. banana liqueur
1 tsp. lime juice
1 slice lime
Rose in June fizz 六月玫瑰菲兹
1 ½ oz. gin
1 ½ oz. framboise
½ cup orange juice
4 tbsp. lime juice
Club soda
Rose punch 玫瑰宾治
3 qt. chilled rose wine
1 cup cranberry liqueur
½ cup brandy
1 qt. large strawberries
1 pt. iced club soda
16 thin slices pineapple
Ross royal 皇家罗斯
1 oz. brandy
1 oz. crème de banane
1 oz. mint chocolate liqueur
Roselyn 罗丝琳
¾ oz. dry vermouth
1 ½ oz. dry gin
½ tsp. grenadine
1 twist lemon
Roy Howard lillet 罗伊霍华德利莱酒
2 oz. lillet
1 oz. brandy
1 oz. orange juice
2 dashes grenadine
Royal clover club 皇家三叶草俱乐部
2 oz. gin
2 tbsp. lemon juice

Royal gin fizz

1 tbsp. grenadine
1 egg yolk

Royal gin fizz　皇家金酒菲兹
2½ oz. gin
1 oz. lemon juice
2 tsp. sugar
1 whole egg
1 slice lemon
　Iced club soda

Royal Hawaiian　皇家夏威夷人
1½ oz. gin
1 tsp. cointreau
1½ oz. pineapple juice
½ oz. lime juice
　Fresh pineapple

Royal mail　皇家邮件
½ oz. sloe gin
½ oz. van der hum
½ oz. orange juice
½ oz. lemon juice
1 dash pastis

Royal No. 1　皇家1号
½ oz. gin
2 tbsp. lemon juice
1 tsp. superfine sugar
1 whole egg

Royal romance　皇家浪漫史
1 oz. gin
½ oz. grand marnier
½ oz. dry passion fruit juice
1 dash grenadine

Royal smile　高贵的微笑
2 oz. gin
1 oz. calvados
3 dashes grenadine
3 dashes lemon juice

Royal victor　皇家胜利者
1 oz. gin
1 oz. liqueur d'or
½ oz. cointreau
½ oz. lemon squash
1 dash fresh lemon juice
1 cherry

Royalist　保皇党人
1 oz. dry vermouth
½ oz. bourbon
½ oz. benedictine
1 dash peach bitters

Ruby　红宝石
2 oz. red wine
½ oz. maraschino liqueur
½ oz. lemon juice
1 dash angostura bitters
1 slice lemon

Ruby fizz　红宝石菲兹
3 oz. sloe gin
1 tsp. raspberry syrup
2 tbsp. lemon juice
1 egg white
　Club soda

Ruddy Mary　红玛丽
1½ oz. aquavit
½ cup tomato juice
1 tbsp. heavy cream
1 dash tabasco sauce
¼ oz. lemon juice
¼ oz. catsup
¼ cup crushed ice
½ egg yolk

Rum and coconut cooler　朗姆椰子库勒
2½ oz. light rum
1 oz. cream of coconut
½ oz. lemon juice
1 slice lemon
1 maraschino cherry
　Iced club soda

Rum and pineapple cooler　朗姆菠萝库勒
2 oz. light rum
2 oz. pineapple juice
½ oz. lemon juice
1 tsp. 151-proof rum
1 tsp. sugar
1 dash angostura bitters
1 pineapple chunk
1 papaya chunk in syrup
　Iced club soda

Rum and sherry　朗姆雪利
1½ oz. light rum
¾ oz. sherry
1 maraschino cherry

Rum aperitif 朗姆开胃酒
1 oz. dry vermouth
1 oz. light rum
1 tsp. dark rum
1 tsp. raspberry syrup
½ oz. lemon juice
1 lemon peel

Rum buck 朗姆巴克
1 ½ oz. light rum
½ oz. lime juice
1 slice lime
Iced ginger ale
Toasted almond

Rum cassis 朗姆醋栗
1 oz. light rum
1 oz. dry vermouth
2 tsp. crème de cassis
1 slice lime
Chilled club soda

Rum citrus cooler 朗姆柑桔库勒
2 oz. light rum
1 oz. orange juice
½ oz. lime juice
½ oz. cointreau
1 tsp. sugar
1 slice lime
½ slice lemon
Iced Seven-up

Rum coconut fizz 朗姆椰子菲兹
2 ½ oz. light rum
½ oz. cream of coconut
½ oz. lime juice
1 slice lime
Iced club soda

Rum cow 朗姆奶牛
1 oz. light rum
1 cup milk
2 tsp. sugar
1 dash angostura bitters
2 drops vanilla
Nutmeg

Rum cup with white wine 朗姆白葡萄酒宾治
1 pt. light rum
10 oz. dry white wine
1 cup orange juice
½ cup lime juice
2 oz. orgeat
2 oz. falernum
2 oz. triple sec
6 slices lime
6 large sprigs mint

Rum curaçao cooler 朗姆库拉索库勒
1 oz. dark jamaica rum
1 oz. curaçao
½ oz. lime juice
1 slice lime
½ slice orange
Iced club soda

Rum dubonnet 朗姆杜波内
1 ½ oz. light rum
¾ oz red dubonnet
1 tsp. lime juice
1 lime peel

Rum eggnog 朗姆蛋诺
1 tsp. gomme syrup
3 oz. milk
1 oz. dark rum
1 egg

Rum fizz 朗姆菲兹
1 ½ oz. rum
¾ oz. cherry brandy
½ tsp. sugar
2 tbsp. lemon juice
Club soda

Rum frappé 朗姆冰酒
2 oz. light rum
1 scoop orange sherbet

Rum old-fashioned 朗姆古典酒
2 oz. light rum
2 dashes bitters
1 twist lemon peel
1 slice orange
1 maraschino cherry
1 cube sugar

Rum pineapple fizz 朗姆菠罗菲兹
2 oz. golden rum
½ oz. 151-proof rum
½ cup fresh diced pineapple
½ egg white
2 tsp. sugar

½ oz. lemon juice
½ oz. lime juice
½ cup crushed ice
1 slice lime
Iced club soda

Rum punch 朗姆宾治
1 bottle medium dark rum
2 vanilla beans
1 cup fresh lime juice
4 cups strong black tea
Large block of ice

Rum punch No. 2 朗姆宾治2号
2 oz. orange juice
2 oz. pineapple juice
2 oz. papaya nectar
1 oz. lime juice
2 oz. dark rum
1 sprig mint

Rum royale 皇家朗姆
1 oz. light rum
2 oz. sauternes
1 oz. lemon juice
2 oz. pineapple juice
1 tsp. sugar
1 dash peychaud bitters
1 cube pineapple
1 maraschino cherry

Rum screwdriver 朗姆螺丝刀
1 ½ oz. light rum
3 oz. fresh orange juice
1 slice orange

Rum shrub 朗姆果汁甜酒
4 qt. dark rum
1 lb. lump sugar
2 pt. orange juice

Rum sidecar 朗姆侧车
1 ½ oz. golden rum
½ oz. cointreau
½ oz. lemon juice
¼ oz. dark jamaica rum

Rum sour 朗姆酸酒
1 ½ oz. barbados rum
1 tsp. sugar syrup
1 slice orange
1 cherry
Juice of ½ lemon

Russian 俄国人
1 oz. vodka
1 oz. crème de cacao
1 oz. gin

Russian carmarel 俄式焦糖
1 oz. caramel
1 oz. vodka
1 oz. heavy cream
Grated nutmeg

Russian coffee 俄式咖啡
¾ oz. coffee liqueur
¾ oz. vodka
¾ oz. heavy cream
½ cup crushed ice

Russian espresso 俄式蒸汽咖啡
1 ½ oz. vodka
½ oz. espresso
½ tsp. lemon juice
1 lemon peel

Russian iced tea 俄式冰茶
2 tbsp. English tea
3 cups sugar
1 cup fresh mint leaves
1 cup lemon juice
Mint sprigs
Lemon slices
Crushed ice

Rusty nail 锈钉
1 oz. scotch
1 oz. drambuie

Rye highball 大麦高杯
1 oz. rye whiskey
1 twist lemon
Ginger ale
Crushed ice

Rye lane 大麦街
1 oz. rye whiskey
1 oz. white curaçao
1 oz. orange juice
2 dashes crème de noyaux

Saguenay 萨格内
1 oz. light rum
1 oz. dry vermouth
1 tsp. lemon juice
2 tsp. crème de cassis

Saketini 米酒马丁尼

2 oz. gin
½ oz. sake

Salome 莎乐美
1 oz. gin
1 oz. dubonnet
1 oz. dry vermouth

Salty dog 咸狗
4 oz. grapefruit juice
2 oz. gin
1 pinch salt

Salute 敬礼
1 tbsp. campari
6 oz. chilled champagne

Sambuca coffee frappé 甘草咖啡冰酒
1 oz. sambuca
½ oz. coffee liqueur
Roasted coffee beans

San Francisco 旧金山
¾ oz. sloe gin
¾ oz. sweet vermouth
¾ oz. dry vermouth
1 dash angostura bitters
1 dash orange bitters
1 maraschino cherry

San Juan 圣胡安
1 oz. light rum
1 oz. grapefruit juice
1 tsp. cream of coconut
2 tsp. lime juice
2 tsp. 151-proof rum
½ cup crushed ice

San Juan sling 圣胡安司令
¾ oz. light rum
¾ oz. cherry liqueur
¾ oz. benedictine
1 lime peel
½ oz. lime juice
Iced club soda

Sanctuary 圣殿
1 oz. red dubonnet
½ oz. amer picon
½ oz. cointreau
½ oz. lemon juice
1 slice lemon

Sangaree 桑格里
¾ oz. lemon juice
½ oz. orange juice
½ oz. rose syrup
4 oz. dry red wine
2 oz. club soda

Sangria 桑格利亚
1 bottle dry red wine
1 whole orange
1 ripe peach
6 slices lemon
1 oz. cognac
1 oz. triple sec
1 oz. maraschino liqueur
1 tbsp. sugar
6 oz. iced club soda

Sangria No. 1 桑格利亚1号
1 slice orange
1 slice lemon
1 cored apple
1 bottle red dry wine
2 oz. brandy
1 pt. chilled club soda
¼ cup superfine sugar
Iced cubes

Sangria No. 2 桑格利亚2号
1 qt. dry red wine
1 qt. chilled club soda
12 cubes ice
Peel of 1 orange
Lemon slices
Sugar to taste

Santa Cruz rum daisy 圣诞老人朗姆代西
3 oz. rum
3 dashes sugar syrup
3 dashes maraschino
2 tbsp. lemon juice

Santa Fe 圣菲
1 ½ oz. brandy
½ oz. grapefruit juice
½ oz. dry vermouth
1 tsp. lemon juice

Santiago 圣地亚哥
3 oz. light rum
2 dashes grenadine
4 dashes lime juice

Sarasota 萨拉索塔
- 2 oz. cream sherry
- 3 oz. papaya nectar
- 1 oz. light rum
- ½ oz. lime juice
- 1 slice lime

Saratoga 萨拉托加
- 2 oz. brandy
- ½ oz. pineapple juice
- 1 tsp. lemon juice
- ½ tsp. maraschino liqueur
- 1 dash angostura bitters

Satan's whiskers 撒旦的胡子
- ½ oz. gin
- ½ oz. grand marnier
- ½ oz. dry vermouth
- ½ oz. sweet vermouth
- ½ oz. orange juice
- 1 dash orange bitters

Saucy Sue No. 1 漂亮的苏1号
- 2 oz. applejack
- ½ tsp. apricot brandy
- ½ tsp. pernod

Saucy Sue No. 2 漂亮的苏2号
- 1 oz. brandy
- 1 oz. calvados
- 1 dash apricot brandy
- 1 dash pernod
- 1 orange peel

Savannah 大草原
- 1 oz. gin
- 1 dash crème de cacao
- 1 egg white
- Juice of ½ orange

Sazerac 沙兹拉克
- 2 oz. rye whiskey
- 1 tsp. cold water
- 1 dash peychaud's bitters
- 1 dash pernod
- 1 twist lemon peel
- 1 cube sugar

Scarlet O'hara 猩红的奥哈拉
- 1 oz. southern comfort
- 2 oz. cramberry juice
- 2 tsp. lime juice

Scorpion 毒蝎
- 2 oz. light rum
- 2 oz. orange juice
- ½ oz. lemon juice
- 1 oz. brandy
- ½ oz. orzata
- ½ cup crushed ice
- 1 slice orange

Scotch apple 威士忌苹果
- 1½ oz. scotch
- ½ oz. apple brandy
- 4 oz. apple juice
- ½ oz. orange juice
- ½ oz. lemon juice
- 1 orange peel
- 1 lemon peel

Scotch buck 威士忌巴克
- 1 oz. scotch
- ½ oz. ginger-flavored brandy
- ½ lime
- Iced ginger ale

Scotch cooler 威士忌库勒
- 3 oz. scotch whiskey
- 3 dashes white crème de menthe
- Chilled club soda

Scotch frog 苏格兰青蛙
- 1 oz. vodka
- ½ oz. galliano
- ½ oz. cointreau
- 1 dash angostura bitters
- 1 tbsp. maraschino juice
- Juice of 1 lime

Scotch horse's neck 威士忌马颈
- 3 oz. scotch
- ½ oz. sweet vermouth
- ½ oz. dry vermouth
- 1 lemon peel

Scotch mist 威士忌雾酒
- 1 oz. scotch whiskey
- 1 twist lemon
- Crushed ice

Scotch orange fix 威士忌橙子菲克斯
- 2 oz. scotch
- ½ oz. lemon juice
- 1 tsp. sugar
- 2 tsp. water

1 tsp. curaçao
1 orange peel

Scotch sangaree 威士忌桑格里
½ tsp. honey
2 oz. scotch
1 lemon peel
Iced club soda
Grated nutmeg

Scotch sidecar 威士忌侧车
1 ½ oz. scotch
¾ oz. lemon juice
¾ oz. cointreau

Scotch solace 安慰
2 ½ oz. scotch
½ oz. honey
½ oz. triple sec
4 oz. milk
1 oz. heavy cream

Scotch sour 威士忌酸酒
1 oz. scotch
1 oz. lemon juice
½ oz. sugar syrup

Screwdriver 螺丝刀
1 ½ oz. vodka
4 ½ oz. orange juice
1 tsp. lemon juice

Screwdriver with sherry 螺丝刀雪利
2 oz. oloroso sherry
1 oz. vodka
½ cup orange juice
½ cup crushed ice

Sea breeze 海风
1 oz. vodka
½ oz. dry vermouth
½ oz. blue curaçao
½ oz. galliano
1 twist lemon

Sea rover 海盗船
1 ½ oz. aquavit
½ oz. strawberry liqueur
½ oz. lime juice
1 lime peel

Seaboard 海滨
1 oz. blended whiskey
1 oz. gin
½ oz. lemon juice
1 tsp. sugar
2 sprigs mint

Sebastian 塞巴斯蒂安
1 oz. gin
¼ oz. rum
¼ oz. grapefruit juice
¼ oz. curaçao
¼ oz. lemon juice

Secret 秘密
1 oz. scotch
3 dashes white crème de menthe
Chilled club soda

Self starter 起动器
1 oz. gin
½ oz. lillet
¼ oz. apricot brandy
2 dashes pernod

Sensation 感觉
1 oz. gin
1 tbsp. lemon juice
1 tsp. maraschino
3 sprigs fresh mint

September morn 九月的早晨
3 oz. light rum
1 tsp. grenadine
1 ½ tsp. lime juice
1 egg white

Sesame 芝麻
1 ½ oz. light rum
½ oz. lime juice
½ oz. sesame seed syrup

Seventh heaven 七重天
1 oz. gin
2 tbsp. grapefruit juice
1 tsp. maraschino

Sevilla No. 1 塞维拉1号
1 oz. dark rum
1 oz. sweet vermouth
1 twist orange peel

Sevilla No. 2 塞维拉2号
1 oz. light rum
1 oz. port
½ tsp. superfine sugar
1 whole egg

Seville 塞维尔

1 oz. gin
½ oz. fino sherry
½ oz. orange juice
½ oz. lemon juice
½ tsp. sugar

Shady grove cooler 树荫库勒
1 tsp. gomme syrup
1 oz. gin
  Juice of 1 lemon
  Ginger beer

Shamrock 酢浆草
1 oz. Irish whiskey
1 oz. dry vermouth
3 dashes green chartreuse
3 dashes green crème de menthe
  Olive

Shandy 香迪
6 oz. chilled beer
6 oz. chilled tart lemonade

Shandy gaff 香迪加夫
6 oz. chilled beer
6 oz. chilled ginger beer

Shanghai 上海
1½ oz. dark rum
½ oz. anisette
¾ oz. lemon juice
2 dashes grenadine

Shannon shandy 谢农香迪
1 oz. Irish mist
1 dash angostura bitters
  Dry ginger ale

Shark's tooth 鲨鱼齿
1½ oz. golden rum
¼ oz. lemon juice
¼ oz. passion fruit syrup
¼ oz. sweet vermouth
¼ oz. sloe gin
1 dash bitters
1 orange peel

Shaw Park 肖派克
1 oz. golden rum
½ oz. cointreau
¼ oz. apricot liqueur
½ oz. lime juice

Sherbet punch 果冻宾治
1 qt. ginger ale

1 pt. orange sherbet
1 large piece of ice
  Mint leaves

Sherried coffee 雪利咖啡
1¼ oz. oloroso sherry
1¼ oz. coffee liqueur
2 tsp. heavy cream

Sherry and egg 雪利蛋酒
2 oz. sherry
1 whole egg

Sherry cobbler 雪利柯布勒
3 oz. sherry
1 tsp. superfine sugar
1 tsp. orange juice
1 slice orange
1 small pineapple stick

Sherry gimlet 雪利螺丝钻
2 oz. very dry sherry
1 oz. gin
1 oz. lime juice

Sherry sour 雪利酸酒
2 oz. very dry sherry
2 tsp. sugar
½ oz. lemon juice
1 oz. orange juice
½ slice orange

Sherry twist 雪利汁
1 oz. dry sherry
½ oz. orange juice
½ oz. scotch whiskey
2 dashes cointreau

Shinto 辛托
1 oz. sake
1 oz. suntory whiskey
½ tsp. sugar
2 dashes angostura bitters
1 slice lemon
  Iced club soda

Ship 船
4 oz. sherry
½ oz. whiskey
2 dashes rum
2 dashes prune syrup
2 dashes orange bitters

Shirley Temple 秀兰·邓波儿
  Ginger ale

Grenadine

Shoo-in 十拿九稳
1 oz. brandy
½ oz. dark jamaica rum
1 oz. light rum
½ oz. maraschino liqueur
2 oz. chilled grapefruit juice
2 oz. chilled pineapple juice

Shore leave 上岸假
1 oz. sloe gin
1 oz. light rum
½ oz. lime juice
1 slice lime
Iced tonic water

Shriner 施里纳
1 oz. sloe gin
1 oz. brandy
2 dashes bitters
2 dashes sugar syrup
1 twist lemon peel

Sidecar 侧车
2 oz. brandy
½ oz. cointreau
½ oz. lemon juice

Silent third 沉默第三
1 oz. scotch whiskey
1 oz. cointreau
1 oz. lemon juice

Silk stockings 丝袜
1 ½ oz. tequila
1 oz. white crème de cacao
1 ½ oz. fresh cream
1 dash grenadine
Crushed ice

Silver bullet 银弹
1 oz. gin
½ oz. kümmel
½ oz. lemon juice

Silver gin fizz 银色金酒菲兹
2 oz. gin
1 oz. lemon juice
2 tsp. sugar
1 egg white
Club soda

Silver jubilee 银色盛会
1 oz. gin
½ oz. crème de banane
½ oz. cream

Silver king 银国王
1 ½ oz. gin
2 tbsp. lemon juice
2 dashes sugar syrup
2 dashes orange bitters
1 egg white

Silver kirsch 银樱桃酒
1 ½ oz. positano
1 oz. kirschwasser
½ oz. lemon juice
1 tsp. sugar
¾ cup crushed ice
½ egg white

Silver stallion 银马
1 oz. gin
1 tbsp. lime juice
2 tbsp. lemon juice
¼ cup crushed ice
½ scoop vanilla ice cream
Club soda

Silver streak 银色条纹
1 oz. dry gin
1 oz. kümmel
Crushed ice

Silver sunset 银色黄昏
1 oz. vodka
½ oz. apricot brandy
½ oz. lemon juice
3 oz. orange juice
1 dash campari
1 dash egg white
1 slice lemon
1 cherry

Simmering plum 炖梅酒
5 oz. hot black tea
2 oz. plum brandy
1 oz. white crème de menthe
1 tsp. sugar
½ oz. heavy cream
1 piece stick cinnamon
Ground coriander

Simpatico 怜悯
2 oz. peppermint schnapps
1 oz. white rum

1 slice lemon
Iced bitter lemon

Singapore 新加坡
1½ oz. canadian whiskey
¼ oz. sloe gin
¼ oz. lime juice
½ oz. lemon juice
1 cucumber peel

Singapore gin sling 新加坡金酒司令
1 oz. gin
1 oz. cherry-flavored brandy
1 oz. lime juice
1 slice lime
1 cherry
Iced club soda

Sir Walter 沃尔特爵士
1½ oz. brandy
¾ oz. light rum
1 tsp. curaçao
1 tsp. grenadine
1 tsp. lemon juice

Six bells 六座钟
1 oz. dark rum
½ oz. orange curaçao
½ oz. fresh lime juice
2 dashes angostura bitters
1 dash gomme syrup

Ski jumper 滑雪者
1½ oz. aquavit
1 tsp. kümmel liqueur
1 tsp. lemon juice
1 slice lemon
Iced bitter lemon

Sleephead 昏睡
2 oz. brandy
1 orange peel
3 fresh mint leaves
Ginger ale

Slipstream 滑流
½ oz. brandy
½ oz. grand marnier
½ oz. lillet
½ oz. orange juice
2 dashes angostura bitters
1 egg white

Sloe and bitter 野梅苦酒
1 oz. sloe gin
1 oz. tequila
½ oz. lemon juice
1 slice lemon
Iced bitter lemon

Sloe brandy 野梅白兰地
2 oz. brandy
½ oz. sloe gin
1 tsp. lemon juice
1 lemon peel

Sloe comfortable screw 野梅螺钉
1 oz. vodka
½ oz. sloe gin
½ oz. southern comfort
4 oz. fresh orange juice

Sloe cranberry cooler 野梅蔓越橘库勒
2½ oz. sloe gin
6 oz. cranberry juice
1¼ oz. lemon juice
1 slice lemon

Sloe dog 野梅酒
1 oz. sloe gin
½ oz. gin
2 oz. grapefruit juice
1 slice lemon

Sloe gin 野梅金酒
2 oz. sloe gin
1 dash orange bitters
1 dash dry vermouth

Sloe gin fizz 野梅金酒菲兹
1 oz. sloe gin
1 oz. gin
½ oz. lemon juice
1 slice lemon
Iced club soda

Sloe lime frappé 野梅酸橙冰酒
1 oz. sloe gin
½ oz. light rum
1 slice lime

Sloe Swede 瑞典野梅
1½ oz. aquavit
½ oz. sloe gin
½ egg white
1 tsp. sugar

¾ oz. lemon juice
1 slice lemon
Iced club soda
Sloe tequila 野梅龙舌兰
1 oz. tequila
½ oz. sloe gin
½ oz. lime juice
½ cup crushed ice
1 cucumber peel
Sloe vermouth 野梅苦艾酒
1 oz. sloe gin
1 oz. dry vermouth
½ oz. lemon juice
Sloppy Joe's No. 1 懒汉乔1号
¾ oz. light rum
¾ oz. dry vermouth
¾ tsp. curaçao
¼ tsp grenadine
3 tbsp. lime juice
Smile 微笑
1 oz. gin
1 oz. grenadine
½ tsp. lemon juice
Smiling duchess 微笑女公爵
1 oz. gin
1 oz. lillet
½ oz. apricot brandy
½ oz. crème de noyaux
1 cherry
Smiling ivy 笑藤
1 oz. dark rum
1 oz. peach liqueur
1 oz. pineapple juice
1 dash lemon juice
1 egg white
Smiling through 笑逐颜开
1 oz. rum
1 oz. grand marnier
1 oz. maraschino
1 dash fresh lemon juice
1 dash grenadine
1 cherry
Snake-in-the-grass 草中蛇
½ oz. gin
½ oz. dry vermouth
½ oz. cointreau

½ oz. lemon juice
Snicker 暗笑
1 ½ oz. gin
¾ oz. dry vermouth
½ tsp. maraschino
1 dash orange bitters
1 tsp. sugar syrup
1 egg white
Snifter 小酒杯
¾ oz. galliano
¾ oz. brandy
1 tsp. white crème de menthe
½ cup finely crushed ice
Snowball 雪球
1 oz. gin
¼ oz. crème de violette
¼ oz. white crème de menthe
¼ oz. anisette
¼ oz. heavy cream
Snowberry 雪浆果
1 ½ oz. strawberry liqueur
1 oz. codka
½ oz. rock candy syrup
1 oz. lemon juice
5 oz. water
½ large strawberry
1 slice lemon
½ oz. kirschwasser
Snowshoe 雪地靴
1 oz. aquavit
½ oz. blackberry brandy
1 mug hot black tea
1 stick cinnamon
1 slice lemon
Sugar to taste
Soda aperitif 苏打开胃酒
¾ oz. dry vermouth
¾ oz. campari
¾ oz. crème de cassis
Club soda
Soft touch 软着陆
1 ½ oz. dry white wine
½ oz. heavy sweet cream
½ oz. lemon juice
1 tsp. sugar
½ egg white

Sol de mayo 五月阳光
- 1 oz. scotch whiskey
- ½ oz. cointreau
- ½ orange juice

Sonny boy 宝贝儿子
- ½ oz. peach brandy
- ½ oz. orange curaçao
- 2 dashes angostura bitters
- Champagne

Soul kiss No. 1 魂之吻1号
- 1 ½ oz. sweet vermouth
- 1 ½ oz. dry vermouth
- 1 oz. dubonnet
- 1 oz. orange juice

Sourteq 酸龙舌兰酒
- 2 oz. tequila
- 1 oz. fresh lemon juice
- 2 dashes gomme syrup
- 1 dash egg white

Southern banana comfort 南方香蕉酒
- 1 oz. golden rum
- 1 oz. southern comfort
- ¼ cup sliced banana
- ½ oz. lime juice
- 1 tsp. sugar
- ½ cup crushed ice

Southern bride 南方新娘
- 1 ½ oz. dry gin
- 1 oz. grapefruit juice
- 1 dash maraschino

Southern comfort strawberry frappé 南方草莓冰酒
- ¾ oz. southern comfort
- ¾ oz. strawberry liqueur
- 1 orange peel
- 1 slice lemon

Southern cross 南十字星
- 1 bottle tawny port
- ½ cup grapefruit juice
- 2 tbsp. superfine sugar
- ½ tsp. mixed spice
- ¼ cup raisin
- 1 cup water
- Juice of 1 lemon

Southern gin 南方金酒
- 2 oz. gin
- 2 dashes orange bitters
- 2 dashes curaçao
- 1 twist lemon peel

Southern ginger 南方姜酒
- 1 ½ oz. bourbon
- 1 oz. ginger
- ¼ oz. lemon juice
- ½ tsp. ginger-flavored brandy
- 1 lemon peel

Southern peach 南方的桃子
- 1 oz. southern comfort
- 1 oz. peach liqueur
- ½ oz. heavy cream
- 1 slice brandied peach

Southern punch 南方宾治
- 1 ½ oz. bourbon
- ½ oz. brandy
- 1 oz. lemon juice
- ½ oz. sugar syrup
- 1 tbsp. rum
- Club soda

Southern raspberry 南方覆盆子
- ¾ oz. framboise
- ¾ oz. southern comfort
- ¾ oz. lemon juice
- 1 tsp. sugar
- 1 slice lemon
- Iced club soda

South Pacific 南太平洋
- 1 ½ oz. brandy
- ½ oz. lemon juice
- ¼ oz. crème d'ananas
- ¼ oz. white crème de menthe
- 1 pineapple stick

South side 南方
- 2 oz. gin
- 2 tbsp. lemon juice
- ½ tbsp. superfine sugar
- 2 sprigs fresh mint

Soyer au champagne 丝绸香槟
- 4 oz. chilled champagne
- 2 dashes brandy
- 2 dashes maraschino
- 2 dashes curaçao
- 1 tbsp. vanilla ice cream

1 slice orange
1 maraschino cherry

Spanish town 西班牙镇
1 oz. light rum
2 dashes curaçao
Nutmeg

Spanish vodka martini 西班牙马丁尼
2 oz. vodka
1 oz. dry sherry
1 twist lemon peel

Sparkling galliano 发泡高卢酒
½ oz. galliano
4 oz. iced brut champagne
½ tsp. lemon juice

Spencer 短大衣
1 ½ oz. gin
¾ oz. apricot brandy
1 dash angostura bitters
1 dash orange juice
1 twist orange peel
1 maraschino cherry

Spiced apple flip 香料苹果弗立浦
3 oz. applejack
1 tbsp. lemon juice
⅛ tsp. ground cloves
⅛ tsp. ground cinnamon
1 egg
Grated nutmeg

Spiced cider cup 香苹果醋杯
1 qt. sweet cider
½ tsp. whole cloves
¼ cup sugar
¼ tsp. whole allspice
2 cinnamon sticks

Spiced lemonade 香柠檬汁
1 cup sugar syrup
1 cup lemon juice
1 qt. water
1 stick cinnamon
12 whole cloves
Crushed ice

Spring feeling 春天的感情
1 oz. dry gin
½ oz. chartreuse
1 tbsp. lemon juice

Spritzer 喷雾器
6 oz. dry white wine
1 lemon
Chilled club soda

Sputnik 人造卫星
1 ½ oz. vodka
½ tsp. superfine sugar
¾ oz. fernet branca
1 tsp. lemon juice

St. Augustine 圣奥古斯丁
1 ½ oz. light rum
1 oz. grapefruit juice
1 tsp. cointreau
1 lemon peel

St. Charles punch 圣查尔斯宾治
1 ½ oz.. brandy
3 oz. port wine
4 dashes orange curaçao
1 oz. lemon juice

St. Croix cooler 圣十字库勒
2 oz. light rum
½ oz. dark Jamaica rum
1 oz. brandy
1 tbsp. brown sugar
2 ½ oz. orange juice
1 ½ oz. lemon juice
1 dash orange-flavored water
Peel of ½ large orange
Iced club soda

St. Germain 圣日耳曼
1 oz. green chartreuse
1 oz. lemon juice
1 oz. grapefruit juice
1 egg white

Stanley 史坦利
¾ oz. dry gin
¼ oz. rum
1 tsp. grenadine
Juice of lemon

Star daisy 明星代西
1 oz. gin
½ oz. fresh lemon juice
1 oz. calvados
2 dashes grenadine
½ tsp. powdered sugar
Soda water

Star No. 1 明星1号
 1 oz. applejack
 1 oz. sweet vermouth
 1 dash orange bitters

Starboard light 右舷灯
 1 oz. sloe gin
 ½ oz. green crème de menthe
 ½ oz. lemon juice

Steeple Jack 烟囱工
 2 oz. apple brandy
 2 ½ oz. iced apple juice
 2 ½ oz. iced club soda
 1 tsp. lime juice
 1 slice lime

Stinger 司丁格
 2 oz. brandy
 1 oz. white crème de menthe

Stone fence No. 1 石栏1号
 2 oz. applejack
 2 dashes angostura bitters
 Sweet cider

Stony brook 石溪
 1 ½ oz. blended whiskey
 ½ oz. triple sec
 ¼ tsp. orzata
 ½ egg white
 1 lemon peel
 1 orange peel

Straight law 公正法律
 3 oz. dry sherry
 1 oz. dry gin
 1 twist lemon peel

Strait sling 海峡司令
 1 oz. gin
 ½ oz. benedictine
 ½ oz. cherry brandy
 2 dashes angostura bitters
 2 dashes orange bitters
 Juice of 1 lemon
 Soda water

Stratosphere 同温层
 1 oz. rum
 ½ oz. brandy
 ½ oz. tart cherry liqueur
 ½ oz. lemon juice
 1 tsp. sugar

Strawberry blonde 草莓金发女
 1 oz. strawberry liqueur
 6 oz. Rhine wine
 ½ oz. kirschwasser
 1 slice lime
 3 fresh strawberries
 Iced club soda

Strawberry cream cooler 草莓奶油库勒
 1 ½ oz. gin
 1 oz. lemon juice
 ¼ cup frozen strawberry
 2 tbsp. heavy cream
 1 tsp. sugar
 Iced club soda

Strawberry daiquiri 草莓代基里
 1 ½ oz. light rum
 ¼ cup strawberry
 ½ oz lime juice
 1 tsp. sugar
 ½ oz. heavy cream
 ½ tsp. maraschino liqueur
 ½ cup crushed ice

Strawberry dawn 草莓黎明
 1 oz. dry gin
 1 oz. coconut cream
 3 fresh strawberries
 2 cups crushed ice

Strawberry kiss 草莓吻
 1 oz. strawberry liqueur
 ½ oz. kirschwasser
 ½ oz. light rum
 ½ oz. orange juice
 1 tsp. lemon juice
 1 large strawberry

Strawberry rum flip 草莓朗姆弗立浦
 1 oz. strawberry liqueur
 1 oz. light rum
 1 tsp. lemon juice
 1 tsp. sugar
 1 small egg
 Grated nutmeg

Strawberry swig 草莓饮
 1 ½ oz. gin
 ¼ oz. strawberry liqueur

¼ oz. lime juice
1 dash orange bitters
1 slice lime

Strawberry vermouth cooler 草莓苦艾库勒
2½ oz. dry vermouth
1 oz. gin
¼ cup fresh strawberry
2 tsp. strawberry syrup
1 slice lemon
¼ cup crushed ice
Iced club soda

Strawberry vin blanc 草莓白葡萄酒
4 oz. chilled dry white wine
1 oz. strawberry liqueuer
1 slice lemon
1 fresh strawberry
Iced club soda

Strawberry white port 草莓白波尔图
4 oz. white port
½ oz. strawberry liqueur
1 slice lemon
1 strawberry
Iced tonic water

Strega sour 斯特雷加酸酒
1½ oz. gin
½ oz. lemon juice
½ oz. strega
1 slice lemon

Suisse 瑞士
1½ oz. pernod
½ oz. anisette
¼ oz. heavy cream
½ egg white

Summer bourbon 夏日波旁
1½ oz. bourbon
3 oz. orange juice
1 pinch salt

Summer girl soda 夏日女孩苏打
1 tsp. grenadine
1 scoop sherbet of raspberry
1 cup orange juice
1 cup vanilla ice cream
Chilled club soda

Summer light 夏之光
2 oz. dry vermouth
3 oz. dry white wine
Iced bitter lemon

Sundown sour 日落酸酒
1 oz. triple sec
2 oz. grapefruit juice

Sun-moon lake cooler 日月潭库勒
1 oz. scotch
3 dashes crème de menthe
½ oz. orange juice
1 maraschino cherry
1 slice orange
Chilled soda water

Sunny dream 美梦
1½ oz. soft ice cream
½ oz. orange juice
¼ oz. apricot brandy
¼ oz. cointreau
1 slice orange

Sunrise 日出
1½ oz. tequila
½ oz. lime juice
4 oz. chilled orange juice
1 tsp. grenadine
1 wedge of lime

Sunrise anise 日出茴香
1½ oz. tequila
½ oz. anise
4 oz. chilled orange juice
1 tsp. grenadine

Sunshine 阳光
1½ oz. dry gin
¾ oz. sweet vermouth
1 dash bitters
1 orange peel

Surf rider 冲浪者
2 oz. sake
1 oz. light rum
3 oz. pineapple juice
Iced bitter lemon soda

Surfer's paradise 冲浪者的乐园
3 dashes angostura bitters
1 oz. lime juice
Lemonade

Svetlana 斯维特拉娜

1½ oz. 100-proof vodka
½ oz. sweet vermouth
¼ oz. kirsch
¼ oz. orange juice
1 orange peel

SW 1　西南1号
1 oz. vodka
1 oz. campari
1 oz. fresh orange juice
1 dash egg white

Swedish sidecar　瑞典侧车
1 oz. aquavit
½ oz. cointreau
½ oz. lemon juice
½ oz. orange juice

Sweet martini cocktail　甜马丁尼
2 oz. gin
1 oz. sweet vermouth
1 cherry

Sweet memories　甜蜜的回忆
1 oz. white rum
1 oz. dry vermouth
1 oz. orange curaçao

Sweet offering　甜蜜的礼物
1 oz. caramel
½ oz. crème de cacao
½ oz. light rum
½ oz. lime juice

Sweet talk　甜言蜜语
1 oz. blackberry brandy
½ oz. brandy
½ oz. heavy cream

Sweet William　可爱的威廉
¾ oz. pear brandy
¾ oz. apricot liqueur
¾ oz. heavy cream
Ground cinnamon

Tahiti club　塔希提俱乐部
2 oz. golden rum
½ oz. lime juice
½ oz. pineapple juice
1 tsp. maraschino liqueur
1 slice orange

Tall blonde　高个金发女郎
1 oz. aquavit
½ oz. apricot liqueur

1 slice lemon
Iced bitter lemon

Tall Dutch eggnog　荷兰蛋诺
1½ oz. advocaat
1½ oz. light rum
½ oz. 151-proof rum
1 oz. orange juice
6 oz. milk
1 tsp. sugar
½ cup crushed ice
Ground cinnamon

Tall islander　高个岛民
2 oz. light rum
3 oz. pineapple juice
1 oz. lime juice
1 tsp. Jamaica rum
1 tsp. sugar syrup
1 slice lime
Iced club soda

Tall Limone　托尔·利蒙纳
1 oz. sciarada
1 oz. gin
½ oz. lemon juice
1 slice lemon
Iced bitter lemon

Tall Margarita　托尔·玛格丽特
1½ oz. tequila
½ oz. cointreau
¾ oz. lemon juice
1 slice lemon
Iced bitter lemon

Tall midori　托尔绿酒
1 oz. midori
1 oz. dark Jamaica rum
½ oz. lime juice
Iced tonic water

Tall Muscari　托尔·姆斯卡列
1 oz. muscari
1 oz. vodka
3 oz. orange juice
Iced tonic water

Tall order　点菜
3 oz. dry vermouth
4 oz. strawberry nectar
Iced club soda

Tall Sack　托尔塞克

3 oz. cream sherry
2 oz. apricot nectar
3 oz. orange juice
½ oz. lemon juice
½ slice orange

Tall Sardinian　托尔萨丁尼亚
1 oz. synar
1 oz. vodka
2 oz. orange juice
1 slice orange
Iced tonic water

Tall sunrise　托尔日出
2 oz. tequila
½ oz. lime juice
½ oz. curaçao
1 tsp. crème de cassis
1 slice lime
Iced club soda

Tall tawny　托尔托尼
3 oz. tawny port
1 oz. white rum
2 oz. papaya nectar
2 oz. orange juice
1 papaya peel
Iced club soda

Tamarind cooler　罗望子库勒
3 oz. tamarind nectar
2 oz. chilled mango nectar
1 oz. orange juice
1 oz. pineapple juice
1 ½ oz. light rum
½ oz. 151-proof rum
1 slice lemon
2 sprigs mint

Tamarind punch　罗望子宾治
3 qt. cold water
½ lb. tamarind
　Sugar to taste

Tango　探戈
1 oz. gin
½ oz. sweet vermouth
½ oz. dry vermouth
2 dashes orange curaçao
1 dash orange juice

Taxco fizz　塔克斯科菲兹
2 oz. tequila

1 ½ tbsp. lime juice
½ tsp. sugar
2 dashes orange bitters
Club soda

Tea punch　热茶宾治
1 qt. strong hot tea
12 oz. frozen lemonade
1 cup frozen orange juice
1 bottle vodka
1 large block of ice
　Lemon slices
　Strawberries

Tee off　分离
1 oz. brandy
½ oz. pepper schnapps
2 oz. pineapple juice
2 oz. chilled orange juice

Temptation　诱惑
2 oz. rye whiskey
¼ oz. orange curaçao
¼ oz. pastis
¼ oz. dubonnet
1 twist orange peel

Tempter　魔鬼
1 oz. port
1 oz. apricot liqueur

Tequila cocktail No. 1　龙舌兰1号
2 oz. tequila
1 oz. dry vermouth
1 dash vanilla extract

Tequila cocktail No. 2　龙舌兰2号
2 oz. tequila
1 tbsp. grenadine
2 tsp. lime juice
2 dashes orange bitters
½ cup grapefruit juice

Tequila colada　龙舌兰可拉达
1 ½ oz. tequila
4 oz. pineapple juice
1 oz. cream of coconut
½ cup crushed ice

Tequila cooler　龙舌兰库勒
1 ½ oz. tequila
2 oz. ginger wine

Tequila fizz

2 oz. orange juice
½ oz. lime juice
1 slice lime
½ slice orange
Iced tonic water

Tequila fizz 龙舌兰菲兹
2 oz. tequila
1 ½ oz. lemon juice
2 tsp. sugar
2 dashes angostura bitters
1 small egg
Salt
Iced club soda

Tequila fresa 龙舌兰弗雷莎
1 ½ oz. tequila
¾ oz. strawberry liqueur
½ oz. lime juice
¼ tsp. orange bitters
1 slice lime
1 fresh strawberry

Tequila guayaba 龙舌兰瓜亚巴
1 ½ oz. tequila
½ oz. guava syrup
½ oz. lime juice
½ oz. orange juice
1 orange peel

Tequila miel 蜂蜜龙舌兰
1 ½ oz. tequila
½ oz. honey liqueur
4 oz. grapefruit juice

Tequila old-fashioned 古典龙舌兰酒
1 ½ oz. tequila
1 tsp. water
½ tsp. sugar
2 dashes angostura bitters
1 lemon peel
Iced club soda

Tequila rickey 龙舌兰里基
1 ½ oz. tequila
¼ large lime
1 slice orange in syrup
Salt
Iced club soda

Tequila sour 龙舌兰酸酒
1 ½ oz. tequila
1 tsp. bar sugar
½ slice lemon
1 cherry
Juice of ½ lemon

Tequila sunrise 龙舌兰日出
1 ½ oz. tequila
½ tsp. crème de cassis
3 dashes grenadine
1 tbsp. lime juice
Peels of ½ lime
Chilled club soda

Tequini 特吉尼
1 ½ oz. tequila
½ oz. dry vermouth
1 dash angostura bitters
1 twist of lemon peel

Texas fizz 得克萨斯菲兹
1 oz. gin
½ oz. lemon juice
½ oz. orange juice
2 dashes gomme syrup
1 dash egg white
Soda water

Thanksgiving special 感恩特级
¾ oz. dry gin
¾ oz. dry vermouth
¾ oz. apricot flavored brandy
tsp. lemon juice

Third rail No. 1 第三轨1号
3 oz. dry vermouth
2 dashes curaçao
2 dashes crème de menthe
1 twist lemon peel

Third rail No. 2 第三轨2号
¾ oz. brandy
¾ oz. calvados
¾ oz. light rum
1 dash pernod

Thistle 蓟
1 ½ oz. scotch whiskey
1 ½ oz. sweet vermouth
2 dashes angostura bitters

Three miles 三英里
1 ½ oz. white rum
¾ oz. brandy
1 dash lemon juice

1 tsp. grenadine
Three stripes 三条纹
  1 oz. dry gin
  ½ oz. dry vermouth
  1 tbsp. orange juice
Thunder 雷
  3 oz. brandy
  1 tsp. sugar syrup
  1 egg yolk
  1 pinch cayenne pepper
Thunderclap 雷鸣
  ¾ oz. dry gin
  ¾ oz. blended whiskey
  ¾ oz. brandy
Tidal wave 浪潮
  1 oz. mandarine Napoleon
  1 dash fresh lemon juice
  1 peel lemon
Tiger's milk 虎乳
  1 ½ oz. dark rum
  2 tsp. sugar
  1 oz. brandy
  4 oz. heavy cream
Tiger's tail 虎尾
  4 oz. fresh orange juice
  1 oz. pernod
  1 slice lime
Tipperary 蒂帕瑞利
  ½ oz. Irish whiskey
  ½ oz. sweet vermouth
  ½ oz. chartreuse
TNT 梯恩梯
  2 oz. brandy
  1 oz. orange curaçao
  1 dash angostura bitters
  1 dash pastis
Tobago 多巴哥
  1 oz. golden rum
  1 oz. gin
  1 tsp. 151-proof rum
  2 tsp. lime juice
  ½ cup crushed ice
  1 tsp. guava syrup
  1 lemon peel
Toddy 托迪
  1 oz. brandy
  1 tsp. sugar
  1 twist lemon
Tom and Jerry 汤姆与杰里
  1 oz. dark Jamaica rum
  1 tsp. bar sugar
  ¼ tsp. ground allspice
  ¼ oz. brandy
  1 egg
  Hot water
Tom collins 汤姆科林斯
  2 oz. gin
  1 tsp. sugar
  ½ oz. lemon juice
  1 slice lemon
  1 slice orange
  1 maraschino cherry
  Iced club soda
Tomate 托玛特
  2 oz. pernod
  1 tsp. grenadine
  Cold water
Torridora cocktail 斗牛士
  1 ½ oz. light rum
  ½ oz. coffee liqueur
  ¼ oz. heavy cream
  1 tsp. 151-proof rum
Tovarich 同志
  1 oz. vodka
  1 tbsp. lime juice
  1 oz. kümmel
Trade winds 贸易风
  2 oz. golden rum
  ½ oz. lime juice
  ½ oz. plum brandy
  1 ½ tsp. sugar
  ½ cup crushed ice
Trilby No. 1 特里尔比1号
  1 oz. gin
  1 oz. sweet vermouth
  1 tsp. crème yvette
  2 dashes orange bitters
Trilby No. 2 特里尔比2号
  ¼ oz. scotch whiskey
  ¼ oz. sweet vermouth
  2 dashes pernod
  2 dashes angostura bitters

¼ oz. parfait amour liqueur

Trinidad punch 特立尼达宾治
1 oz. dark rum
1 oz. lime juice
1 tbsp. gomme syrup
2 dashes angostura bitters
1 twist lemon

Trinity 三合一
1 oz. gin
1 oz. sweet vermouth
1 oz. dry vermouth

Trio 三重奏
¾ oz. dry vermouth
¾ oz. sweet vermouth
¾ oz. gin

Trocadero 特罗卡代罗
2 oz. sweet vermouth
2 oz. dry vermouth
1 dash grenadine
1 dash orange bitters

Trois rivieres 三条河
1½ oz. canadian whiskey
½ oz. red dubonnet
¼ oz. cointreau
1 orange peel

Tropical 热带
1½ oz. dry vermouth
1½ oz. crème de cacao
1½ oz. maraschino
1 dash angostura bitters
1 dash orange bitters

Tropical cocktail 热带鸡尾酒
2 oz. gin
1 oz. guava nectar
1 oz. pineapple juice
3 ice cubes

Tropical dawn 热带黎明
1½ oz. dry gin
1½ oz. fresh orange juice
¾ oz. campari

Tulip 郁金香
¾ oz. calvados
¾ oz. sweet vermouth
½ oz. apricot brandy
1 tbsp. lemon juice

Turf 草地
1 oz. gin
1 oz. dry vermouth
¼ oz. pernod
¼ oz. lemon juice
1 slice lemon

Tuxedo 夜礼服
3 oz. sherry
¾ oz. anisette
2 dashes maraschino
1 dash perchaud bitters

Twelfth night 第十二夜
1 bottle red wine
1 apple
Cloves
Hot water

Twelve miles out 十二英里外
¾ oz. calvados
¾ oz. light rum
¾ oz. swedish punch

Twentieth century 二十世纪
1 oz. gin
½ oz. crème de cacao
½ oz. lillet
½ oz. lemon juice

Twin hills 双峰
2 oz. blended whiskey
¼ oz. lemon juice
¼ oz. lime juice
2 tsp. benedictine
1 tsp. sugar
½ slice lemon
½ slice lime

Typhoon 台风
1 oz. dry gin
½ oz. anisette
1 oz. lime juice
Chilled champagne

Ulanda 尤兰达
1½ oz. gin
¾ oz. cointreau
1 dash pernod

Uncle Harry's punch 哈利叔叔宾治
2 bottles chilled Rhine wine
½ cup orange juice
½ cup lemon juice

¾ cup curaçao
¾ cup golden rum
2 qt. chilled club soda
2 bottles chilled champagne
Mint leaves

Union Jack　英国旗
1 ½ oz. gin
¾ oz. crème yvette

Unisphere　单星
1 ½ oz. golden rum
1 tsp. grenadine
½ oz. lime juice
½ tsp. benedictine
½ tsp. pernod

Upstairs　楼上
3 oz. dubonnet
1 tbsp. lemon juice
Club soda

Up-to-date　当代
1 oz. rye whiskey
1 oz. dry vermouth
½ oz. grand marnier
1 dash angostura bitters
1 lemon peel

Valencia　巴伦西亚
2 oz. apricot brandy
1 oz. orange juice
4 dashes orange bitters

Valencia smile　巴伦西亚微笑
2 oz. apricot brandy
1 oz. orange juice
4 dashes orange bitters
Champagne

Vanderbilt　范德比尔特
1 oz. brandy
1 oz. cherry brandy
2 dashes angostura bitters
2 dashes gomme syrup
1 twist lemon
1 cherry

Velvet hammer No. 1　天鹅绒槌1号
1 ½ oz. vodka
½ oz. crème de cacao
½ oz. cream

Venetian sunset　威尼斯日落
1 oz. dry gin
½ oz. grand marnier
½ oz. campari
½ oz. dry vermouth
1 cherry

Verboten　禁令
1 oz. gin
½ oz. forbidden fruit juice
½ oz. lemon juice
½ oz. orange juice
1 brandied cherry

Vermouth No. 1　苦艾酒1号
3 oz. dry or sweet vermouth
2 dashes angostura bitters

Vermouth and ginger　苦艾姜酒
1 oz. vermouth
1 oz. ginger-flavored brandy
1 slice lemon
Iced ginger ale

Vermouth cassis　苦艾醋栗
2 oz. dry vermouth
½ oz. crème de cassis
Iced club soda

Vermouth cooler　苦艾库勒
2 oz. dry vermouth
2 tbsp. raspberry syrup
1 slice orange
Club soda

Vermouth maraschino　苦艾樱桃酒
2 oz. dry vermouth
½ oz. maraschino liqueur
½ oz. lemon juice
2 dashes orange bitters
1 maraschino cherry

Vermouth No. 2　苦艾酒2号
2 oz. sweet vermouth
1 tsp. curaçao
1 tsp. amer picon
½ tsp. superfine sugar
1 dash angostura bitters
1 twist lemon peel
1 maraschino cherry

Vermouth triple sec　苦艾橙皮酒
1 oz. dry vermouth
½ oz. triple sec

1 oz. gin
2 dashes orange bitters
1 lemon peel

Vesuvio 维苏威
3 oz. dry white wine
1 tsp. apricot liqueur
1 tsp. amaretto
1 slice cucumber

Victor 胜利者
1 oz. sweet vermouth
½ oz. gin
½ oz. brandy

Victory 胜利
1½ oz. pernod
1½ oz. grenadine
Club soda

Villa nova 新别墅
1 oz. ruby port
1 oz. brandy
3 dashes angostura bitters
1 lemon peel
Iced club soda

Violet fizz 紫罗兰菲兹
1½ oz. gin
½ oz. crème yvette
2 tbsp. lemon juice
½ tsp. auperfine sugar
Club soda

VIP 贵宾
1 oz. bitter cinzano
1 oz. rye whiskey
1 oz. cointreau
1 twist orange peel

Virgin 纯洁
¾ oz. gin
¾ oz. forbidden fruit liqueur
¾ oz. white crème de menthe

Virgin Mary 童贞女玛丽
4 oz. tomato juice
½ oz. lemon juice
2 dashes worcestershire sauce
2 dashes celery salt

Visitor 游客
1 oz. gin
1 oz. cointreau
1 oz. crème de banane
1 dash orange juice
1 egg white

Viva Villa 维瓦维拉
1 oz. tequila
1 tsp. sugar
Juice of 1 lime

Vodka and bitter lemon 伏特加苦柠檬汁
4 oz. bitter lemon juice
2 oz. vodka

Vodka champagne punch 伏特加香槟宾治
1 bottle iced vodka
2 bottles chilled champagne
Lemon slices
Cucumber peels

Vodka fraise 伏特加草莓
¾ oz. vodka
¾ oz. light rum
½ oz. strawberry liqueur
½ oz. lime juice
½ tsp. grenadine
Large fresh strawberry

Vodka Gibson 伏特加吉布森
2 oz. vodka
½ oz. dry vermouth
1 pickled pearl onion

Vodka gimlet 伏特加螺丝钻
1½ oz. vodka
1½ tbsp. lime juice
1 tsp. superfine sugar

Vodka grand marnier 伏特加橙酒
1½ oz. vodka
½ oz. grand marnier
½ oz. lime juice
1 slice orange

Vodka Gypsy 伏特加吉卜赛
1½ oz. vodka
¾ oz. benedictine
1 dash orange bitters

Vodka martini 伏特加马丁尼
2½ oz. vodka
½ oz. dry vermouth
1 twist lemon peel

Vodka old-fashioned 伏特加古典酒

2 oz. vodka
1 tsp. water
½ tsp. sugar
2 dashes angostura bitters
1 lemon peel

Vodka orange punch　伏特加橙子宾治
3 bottles iced vodka
18 oz. frozen orange juice
1 cup cointreau
1 dash lemon juice
Orange slices

Vodka salty dog　伏特加咸狗
2 oz. vodka
4 oz. superfine sugar
1 peel lemon
Salt

Vodka sour　伏特加酸酒
1 ¾ oz. vodka
¾ oz. lemon juice
1 tsp. sugar
1 slice lemon
1 maraschino cherry

Vodkatini　伏特加丁尼
2 oz. vodka
2 dashes dry vermouth
1 twist lemon

Voluptuous　色情
1 oz. tequila
1 ½ oz. banana liqueur
½ cup sliced ripe banana
1 cup crushed ice
1 tsp. sugar
½ oz. lemon juice

Waikiki beachcomber　威基基细浪
¾ oz. gin
¾ oz. triple sec
1 tsp. fresh pineapple juice

Waldorf No. 1　沃尔多夫1号
2 oz. Swedish punch
½ oz. dry gin
¼ oz. lemon juice

Wall's blue　墙中天空
1 oz. gin
1 oz. triple sec
Juice of 1 lime

Wallick　沃立克
1 ½ oz. gin
1 ½ oz. dry vermouth
1 tsp. triple sec

Ward Eight　第八区
1 oz. bourbon
3 dashes grenadine
1 slice orange
1 slice lemon
1 maraschino cherry

Ward's frappé　监护者冰酒
1 oz. green chartreuse
1 oz. brandy
Rind of 1 lemon

Warsaw　华沙
1 ½ oz. vodka
½ oz. blackberry liqueur
½ oz. dry vermouth
1 tsp. lemon juice
1 lemon peel

Washington　华盛顿
2 oz. dry vermouth
1 oz. brandy
2 dashes sugar syrup
2 dashes angostura bitters

Wassail　祝君健康
10 tsp. brown sugar
2 bottles dry sherry
2 cups. superfine sugar
½ tsp. grated nutmeg
½ cup water
1 tsp. ground ginger ale
1 cup brandy
3 allspice berries
10 small apples
6 eggs

Waterbury　沃特伯里
2 oz. brandy
1 tbsp. lemon juice
½ tsp. superfine sugar
2 dashes grenadine
1 egg white

Waterloo　滑铁卢
1 oz. mandarine Napoleon
4 oz. fresh orange juice

Watermelon cassis　西瓜醋栗

Watermelon cooler

2 oz. gin
½ cup diced watermelon
½ oz. crème de cassis
½ cup crushed ice
¾ oz. lemon juice
1 slice lemon
Iced club soda

Watermelon cooler 西瓜库勒
2 ½ oz. light rum
½ oz. lime juice
¼ oz maraschino liqueur
1 tsp. sugar
½ cup diced watermelon
½ cup crushed ice
1 slice lime

Wax 蜡
1 oz. gin
1 oz. pastis
3 dashes gomme syrup
1 egg white

Webster 韦勃斯特
1 oz. gin
1 oz. brandy
½ oz. dry vermouth
Juice of 1 lime

Wedding belle 婚礼少女
¾ oz. gin
¾ oz. dubonnet
¼ oz. cherry brandy
¼ oz. orange juice

Weep no more 不要哭
1 oz. dubonnet
1 oz. brandy
1 oz. lime juice
1 dash maraschino

Wembley 温布里
1 oz. scotch whiskey
1 oz. dry vermouth
1 oz. pineapple juice

West Indies swizzle 西印度碎冰酒
½ bottle Jamaica rum
6 oz. fresh lime juice
6 tsp. sugar
6 sprigs mint

Western rose 西方的玫瑰
1 oz. gin
½ oz. dry vermouth
½ oz. apricot brandy
1 dash lemon juice

Whip 马车夫
½ oz. brandy
½ oz. pastis
½ oz. dry vermouth
½ oz. curacao

Whiskey 威士忌
2 oz. scotch whiskey
½ oz. orange curaçao
2 dashes angostura bitters
1 cherry

Whiskey cobbler 威士忌柯布勒
2 ½ oz. blended whiskey
¾ oz. lemon juice
½ oz. grapefruit juice
1 ½ tsp. orgeat
½ slice orange
1 slice brandied peach

Whiskey cocktail 威士忌鸡尾酒
1 ½ oz. rye whiskey
½ tsp. sugar syrup
1 dash angostura bitters

Whiskey curacao fizz 威士忌库拉索菲兹
2 oz. blended whiskey
½ oz. curaçao
1 tsp. sugar
1 oz. lemon juice
½ slice orange
Iced club soda

Whiskey daisy 威士忌代西
1 ½ oz. blended whiskey
½ oz. lemon juice
1 tsp. red currant syrup
1 tsp. yellow chartreuse
1 slice lemon
Iced club soda

Whiskey honey 威士忌蜂蜜
3 oz. whiskey
1 tsp. honey
1 twist lemon peel

Whiskey Mac 威士忌麦克
2 oz. scotch whiskey
2 oz. ginger wine

Whiskey ouzo fix 威士忌茴香菲克斯
- 2 oz. blended whiskey
- ½ oz. lemon juice
- 1 tsp. sugar
- 2 tsp. water
- 1 tsp. ouzo
- 1 lemon peel

Whiskey punch 威士忌宾治
- 1 ½ cup lemon juice
- 4 cups orange juice
- 2 tbsp. superfine sugar
- 3 oz. curaçao
- 1 bottle bourbon
- 2 qt. chilled club soda
- 1 qt. iced tea
- Fruits to garnish

Whiskey sour 威士忌酸酒
- 1 oz. lemon juice
- 1 ½ oz. bourbon
- ½ oz. sugar syrup
- 1 cherry

Whiskey toddy 威士忌托迪
- ½ tsp. sugar
- 2 tsp. water
- 2 oz. bourbon
- 1 lemon peel

Whist 静思
- 1 oz. calvados
- ½ oz. light rum
- ½ oz. sweet vermouth

White bear 白熊
- 1 ½ oz. vodka
- ¾ oz. crème de cacao
- 1 tbsp. heavy cream

White cargo 白色货物
- 1 oz. gin
- ½ scoop vanilla ice cream
- White wine

White elephant 白象
- 1 ½ oz. gin
- 1 oz. sweet vermouth
- 1 egg white

White lady 白衣佳人
- 2 oz. gin
- 1 oz. cointreau
- 1 oz. lemon juice

White lily 白百合花
- ¾ oz. gin
- ¾ oz. light rum
- ¾ oz. cointreau
- 1 dash pernod

White rose 白玫瑰
- 1 ½ oz. gin
- ¾ oz. maraschino
- 2 tbsp. orange juice
- 3 tbsp. lime juice
- 1 egg white

White sangria 白桑格利亚
- 1 bottle dry white wine
- 2 slices lemon
- 2 slices lime
- 1 oz. cognac
- 2 tbsp. sugar
- 1 peel cinnamon
- 8 large strawberries
- 6 oz. iced club soda
- 1 whole orange

White satin 白罗缎
- ½ oz. gin
- 1 oz. white curaçao
- ¼ oz. lemon juice

White way 白路
- ¾ oz. brandy
- ¾ oz. anisette
- ¾ oz. pernod

White wine cooler 白葡萄酒库勒
- 6 oz. dry white wine
- ½ oz. brandy
- 2 dashes orange bitters
- 1 tsp. kümmel
- 2 tsp. superfine sugar
- ½ oz. lemon juice
- Iced club soda

Whizz bang 爆竹
- 2 oz. scotch whiskey
- 1 oz. dry vermouth
- 2 dashes pastis
- 2 dashes grenadine
- 2 dashes orange bitters

Why not 为什么不
- 1 oz. gin

1 oz. apricot brandy
½ oz. dry vermouth
1 dash lemon juice

Widow's dream 寡妇梦
2 oz. benedictine
1 ½ oz. heavy cream
1 whole egg

Widow's kiss 寡妇吻
1 oz. calvados
½ oz. yellow chartreuse
½ oz. benedictine
1 dash angostura bitters
1 strawberry

Will Rogers 威尔·罗杰斯
1 ½ oz. gin
1 oz. dry vermouth
1 tbsp. orange juice
1 dash triple sec

William of Orange 奥伦治的威廉
1 oz. brandy
½ oz. curaçao
½ oz. orange bitters

Wine and bitters 葡萄酒苦精
4 oz. chilled dry white wine
2 dashes angostura bitters
1 slice lemon
½ slice orange
1 tsp. sugar
Iced club soda

Wine cobbler 葡萄酒柯布勒
4 dashes orange curaçao
1 tsp. gomme syrup
Claret

Woodstock 木材
1 ½ oz. gin
1 oz. lemon juice
¼ oz. maple syrup
1 dash orange bitters

Wyoming swing 怀俄明秋千
2 oz. sweet vermouth
2 oz. dry vermouth
2 oz. fresh orange juice
1 tsp. superfine sugar

Xanthia 詹西亚
¾ oz. yellow chartreuse
¾ oz. cherry brandy
¾ oz. gin

XYZ XYZ
1 oz. dark rum
¾ oz. cointreau
¾ oz. lemon juice

Yale 耶鲁
1 ½ oz. gin
½ oz. dry vermouth
1 tsp. crème yvette
1 dash bitters

Yard of flannel 法兰绒
1 qt. ale
4 tbsp. superfine sugar
½ tsp. grated nutmeg
½ tsp. ground ginger
½ cup dark rum
4 whole eggs

Yashmak 耶西麦克
½ oz. rye whiskey
½ oz. pernod
½ oz. dry vermouth
½ tsp. sugar
1 dash angostura bitters

Yellow bird 黄鸟
1 ½ oz. white rum
½ oz. galliano
½ oz. cointreau
½ oz. fresh lime juice
1 slice lime
Crushed ice

Yellow daisy 黄色代西
1 oz. gin
1 oz. dry vermouth
½ oz. grand marnier

Yellow dwarf 黄矮星
1 oz. cream
1 oz. orgeat syrup
1 dash soda water
1 egg yolk

Yellow fingers 黄手指
1 oz. gin
1 oz. blackberry brandy
½ oz. banana liqueur
½ oz. heavy cream

Yellow parrot 黄鹦鹉
1 oz. pastis

1 oz. yellow chartreuse
1 oz. apricot brandy

Yellow plum 黄梅
1 ½ oz. mirabelle
½ oz. lemon juice
½ oz. orange juice
1 tsp. maraschino liqueur
1 tsp. sugar

Yellow Sea 黄海
1 ½ oz. vodka
½ oz. light rum
½ oz. galliano
¼ oz. maraschino
1 tbsp. sugar
Juice of 1 lemon

Yolanda 约兰达
½ oz. gin
½ oz. brandy
½ oz. anisette
1 oz. sweet vermouth
1 dash grenadine
1 twist orange peel

York special 约克特级
3 oz. dry vermouth
1 oz. maraschino
4 dashes orange bitters

Yucatan tonic 尤卡坦奎宁水
1 ½ oz. tequila
½ oz. crème de cassis
½ lime
Iced tonic water

Zaza 扎扎
2 oz. red dubonnet
1 oz. gin
1 slice orange

Zenith 天顶
2 oz. gin
1 tbsp. pineapple juice
1 stick pineapple
Chilled club soda

Zeus 宙斯
2 oz. campari
1 oz. vodka
1 twist lemon peel

Zombie 笨蛋
¾ oz. 90-proof rum
1 tsp. sugar
1 ½ oz. golden rum
¾ oz. light rum
¾ oz. pineapple juice
½ oz. 151-proof rum
¾ oz. papaya juice
3 tbsp. lime juice
1 maraschino cherry
1 sprig mint

Zoom 变焦镜头
1 tsp. honey
1 tsp. cream
1 oz. whiskey

主要参考书目

Concise Encyclopaedia Britannica (1984)

New Larousse Gastronomique
 by Prosper Montagné
 The Hamlyn Publishing Group Limited, Paris (1986)

International Dictionary of Food and Cooking
 by Ruth Martin
 Constable Publishing House, London (1988)

The Pocket Guide to French Food and Wine
 by Tessa Youell & George Kimball
 Xanadu Publishing House, London (1985)

The Dictionary of American Food and Drink
 by John F. Mariani
 Tickner & Fields Publishing House, New York (1983)

Le Livre d'Or du Fromage-Encyclopédie Pratique des Fromages du Monde
 par P. Androuët et J. Dutertre
 Editions Atlas, Paris (1984)

Drinks A to Z
 by Norman and Sonia Allison
 Longman Group Limited, Harlow, London (1985)

Classical Cooking, the Modern Way
 by Eugen Pauli
 Van Nostrand Reinhold Company, New York (1980)

French Regional Cooking
    by Anne Willan
    Marshal Editions Limited, London (1983)

The Cook's Book
    by Howard Hillman
    Avon Publishing Board, New York (1981)

图书在版编目(CIP)数据

英汉餐饮词典/陈丕琮编著.—上海:上海译文出版社,2008.6
ISBN 978-7-5327-4534-0

Ⅰ.英... Ⅱ.陈... Ⅲ.①烹饪—词典—英、汉②饮食—词典—英、汉 Ⅳ.TS972－61

中国版本图书馆 CIP 数据核字(2008)第 036998 号

本书中文简体字专有出版权归本社独家所有,
非经本社同意不得连载、摘编或复制

英汉餐饮词典

陈丕琮 编著

上海世纪出版股份有限公司
译文出版社出版、发行
网址:www.yiwen.com.cn
200001 上海福建中路193号 www.ewen.cc
全国新华书店经销
上海市印刷三厂印刷

开本 787×960 1/32 印张 21.5 插页 2 字数 1,055,000
2008年6月第1版 2008年6月第1次印刷
印数:0,001—5,000册
ISBN 978-7-5327-4534-0/Z·154
定价:32.00元

如有质量问题,请与承印厂质量科联系。T:021-65434876